BECKETT

Basketball Card
ALPHABETICAL CHECKLIST

NUMBER 1

Edited by
DR. JAMES BECKETT & ROB SPRINGS
with the Price Guide staff of
BECKETT BASKETBALL CARD MONTHLY

Beckett Publications • Dallas, Texas

Copyright © 1997 by Dr. James Beckett

All rights reserved. No part of this book shall be reproduced in any form or by any means, electronic or mechanical, including photocopying, recording, or by any information or retrieval system, without written permission from the publisher. Prices in this guide reflect current retail rates determined just prior to printing. They do not reflect for-sale prices by the author, publisher, distributors, advertisers, or any card dealers associated with this guide. Every effort has been made to eliminate errors. Readers are invited to write us noting any errors which may be researched and corrected in subsequent printings. The publisher will not be held responsible for losses which may occur in the sale or purchase of cards because of information contained herein.

BECKETT is a registered trademark of

BECKETT PUBLICATIONS
DALLAS, TEXAS

Manufactured in the United States of America
First Printing
ISBN 1-887432-31-0

Beckett Basketball Card Alphabetical
Table of Contents

About the Author 4
About This Book 4
Introduction 4
How To Collect 5
   Obtaining Cards 5
   Preserving Your Cards 7
   Collecting vs. Investing 7
How To Use
the Alphabetical Checklist .. 7
Legend 10
Additional Reading 21
Advertising 21
Acknowledgments 236

Index to Advertisers

Beverly Hills
Baseball Card Shop 17
Card Sharks 1608
Christy's 1608
Collector's Corner 21
Dave & Alex's
Card and Comic Shop 1608
Edward's Basketball Card Plus..1609
Freedman Collectibles 1608
Porky's Sports Emporium 1608

Player Listings

A 23
B 31
C 48
D 61
E 71
F 77
G 81
H 93
I 107
J 109
K 119
L 127
M 133
N 156
O 159
P 165
Q 176
R 176
S 191
T 210
U 216
V 216
W 218
Y 234
Z 234

About the Author

Jim Beckett, the leading authority on sport card values in the United States, maintains a wide range of activities in the world of sports. He possesses one of the finest collections of sports cards and autographs in the world, has made numerous appearances on radio and television, and has been frequently cited in many national publications. He was awarded the first "Special Achievement Award" for Contributions to the Hobby by the National Sports Collectors Convention in 1980, the "Jock-Jaspersen Award" for Hobby Dedication in 1983, and the "Buck Barker, Spirit of the Hobby" Award in 1991.

Dr. Beckett is the author of *Beckett Baseball Card Price Guide, The Official Price Guide to Baseball Cards, The Sport Americana Price Guide to Baseball Collectibles, The Sport Americana Baseball Memorabilia and Autograph Price Guide, Beckett Football Card Price Guide, The Official Price Guide to Football Cards, Beckett Hockey Card Price Guide, The Official Price Guide to Hockey Cards, Beckett Basketball Card Price Guide, The Official Price Guide to Basketball Cards,* and *The Sport Americana Baseball Card Alphabetical Checklist.* In addition, he is the founder, publisher, and editor of *Beckett Baseball Card Monthly, Beckett Basketball Card Monthly, Beckett Football Card Monthly, Beckett Hockey Monthly, Beckett Future Stars, Beckett Racing Monthly,* and *Beckett Tribute* magazines.

Jim Beckett received his Ph.D. in Statistics from Southern Methodist University in 1975. Prior to starting Beckett Publications in 1984, Dr. Beckett served as an Associate Professor of Statistics at Bowling Green State University and as a vice president of a consulting firm in Dallas, Texas. He currently resides in Dallas with his wife, Patti, and their daughters, Christina, Rebecca, and Melissa.

About This Book

Isn't it great? Every year these books gets bigger and better with all the new sets coming out. But even more exciting is that every year there are more collectors, more shows, more stores, and more interest in the cards we love so much.

Many of the features contained in the other *Beckett Price Guides* have been incorporated into this premier edition since condition grading, terminology, and many other aspects of collecting are common to the card hobby in general. We hope you find the book both interesting and useful in your collecting pursuits.

This alphabetical checklist presents all the cards issued for any particular player (or person) included in the card sets listed in our annual Beckett Basketball Price Guide. In some cases, it also includes cards that are checklisted but not yet priced in any of our books. It will prove to be an invaluable tool for seasoned and novice collectors alike. Although this book was carefully compiled and proofread, it is inevitable that errors, misspellings and inconsistencies may occur. Please keep a record of any errors that come to your attention and send them to the author, so that these corrections may be incorporated into future editions of the *Beckett Basketball Card Alphabetical.*

Welcome to the world of basketball cards.

Jim Beckett

Introduction

Welcome to the exciting world of basketball card collecting, America's fastest-growing avocation. You have made a good choice in buying this book, since it will open up to you the entire panorama of this field in the simplest, most concise way.

The growth of *Beckett Baseball Card Monthly, Beckett Basketball Card Monthly, Beckett Football Card Monthly, Beckett Hockey Monthly, Beckett Future Stars and Beckett Racing Monthly* is an indication of the unprecedented popularity of sports cards. Founded in 1984 by Dr. James Beckett, the author of this Price Guide, *Beckett Baseball Card Monthly* contains the most extensive and accepted monthly Price Guide, collectible glossy superstar covers, colorful feature articles, "Short Prints," Convention Calendar, tips for beginners, "Readers Write" letters to and responses from the editor, information on errors and varieties, autograph collecting tips and profiles of the sport's Hottest stars. Published every month, *BBCM* is the hobby's largest paid circulation periodical. The other five magazines were built on the success of *BBCM*.

So collecting basketball cards — while still pursued as a hobby with youthful exuberance by kids in the neighborhood — has also taken on the trappings of an industry, with thousands of full- and part-time card dealers, as well as vendors of supplies, clubs and conventions. In fact, each year since 1980 thousands of hobbyists have assembled for a National Sports Collectors Convention, at which hundreds of dealers have displayed their wares, seminars have been conducted, autographs penned by sports notables, and millions of cards changed hands. The Beckett Guide is the best annual guide available to the exciting world of basketball cards. Read it and use it. May your enjoyment and your card collection increase in the coming months and years.

How to Collect

Each collection is personal and reflects the individuality of its owner. There are no set rules on how to collect cards. Since card collecting is a hobby or leisure pastime, what you collect, how much you collect, and how much time and money you spend collecting are entirely up to you. The funds you have available for collecting and your own personal taste should determine how you collect. Information and ideas presented here are intended to help you get the most enjoyment from this hobby.

It is impossible to collect every card ever produced. Therefore, beginners as well as intermediate and advanced collectors usually specialize in some way. One of the reasons this hobby is popular is that individual collectors can define and tailor their collecting methods to match their own tastes. To give you some ideas of the various approaches to collecting, we will list some of the more popular areas of specialization.

Many collectors select complete sets from particular years. For example, they may concentrate on assembling complete sets from all the years since their birth or since they became avid sports fans. They may try to collect a card for every player during that specified period of time.

Many others wish to acquire only certain players. Usually such players are the superstars of the sport, but occasionally collectors will specialize in all the cards of players who attended a particular college or came from a certain town. Some collectors are only interested in the first cards or Rookie Cards of certain players. This is the guide for collectors interested in pursuing the hobby this way.

Obtaining Cards

Several avenues are open to card collectors. Cards still can be purchased in the traditional way: by the pack at the local candy, grocery, drug or major discount stores.

But there are also thousands of card shops across the country that specialize in selling cards individually or by the pack, box, or set. Another alternative is the thousands of card shows held each month around the country, which feature anywhere from eight to 800 tables of sports cards and memorabilia for sale.

For many years, it has been possible to purchase complete sets of basketball cards through mail-order advertisers found in traditional sports media publications, such as *The Sporting News, Baseball Digest, Street & Smith* yearbooks, and others. These sets also are advertised in the card collecting periodicals. Many collectors will begin by subscribing to at least one of the hobby periodicals, all with good up-to-date information. In fact, subscription offers can be found in the advertising section of this book.

Most serious card collectors obtain old (and new) cards from one or more of several main sources: (1) trading or buying from other collectors or dealers; (2) responding to sale or auction ads in the hobby publications; (3) buying at a local hobby store; and/or (4) attending sports collectibles shows or conventions.

We advise that you try all four methods since each has its own distinct advantages: (1) trading is a great way to make new friends; (2) hobby periodicals help you keep up with what's going on in the hobby (including when and where the conventions are happening); (3) stores provide the opportunity to enjoy personalized service and consider a great diversity of material in a relaxed sports-oriented atmosphere; and (4) shows allow you to choose from multiple dealers and thousands of cards under one roof in a competitive situation.

CHRISTY'S
SPORTS CARDS & MEMORABILIA
Tokyo, JAPAN
Top Dealer of Sportscards & Memorabilia in JAPAN

$BUYING$WANTED$BUYING$

Waxboxes, Insert Cards, Figures,
UDA, Autographed Item, Game Used Item,
Old Jordan Shoes, T-Shirt, Lithograph, Book,
and Any other item related to NBA & M. Jordan

TOUGH Stuff to Find & Close Out Items
Sales List Welcome

Kengo Miyazaki
OWNER

1-20-15 JINNAN, WADA-BUILD. 4F, SHIBUYA-KU, TOKYO, JAPAN 150
OPEN DAILY 11-8PM SUNDAY 10-7PM
TEL +81-3-3770-3585   FAX +81-3-3770-3585

EDWARDS
Basketball Cards Plus

Baseball + Football + Hockey
Hall of Famers • Semi Stars
Insert Cards • Commons
1886-1997 • Team Sets

Want Lists Filled
International Orders Welcome

1/4 miles SW of Katella & 55 Fwy
4 miles SE of Disneyland

1016 N. Tustin Ave.
Orange, CA 92867 USA

Ph: (714) 744-1141
Fax: (714) 744-0660

Mon-Sat 8:55 am to 7:05 pm

ALWAYS BUYING/FREE SHIPPING

AN AD IN BECKETT SCORES BIG!

"We get several calls a day from our Beckett ad. Dollar for dollar, you can't beat it."   *- Stan Fitzgerald*
Stan's Sports Memorabilia
Caldwell, NJ

"We've gotten a lot of very positive responses and sales from our Beckett advertising. It's all good."
- Tim Stone
The Whiz Kids
Costa Mesa, CA

BECKETT
PUBLICATIONS

To advertise call
972-448-4665

Preserving Your Cards

Cards are fragile. They must be handled properly in order to retain their value. Careless handling can easily result in creased or bent cards. It is, however, not recommended that tweezers or tongs be used to pick up your cards since such utensils might mar or indent card surfaces and thus reduce those cards' conditions and values.

In general, your cards should be handled directly as little as possible. This is sometimes easier to say than to do.

Although there are still many who use custom boxes, storage trays, or even shoe boxes, plastic sheets are the preferred method of many collectors for storing cards.

A collection stored in plastic pages in a three-ring album allows you to view your collection at any time without the need to touch the card itself. Cards can also be kept in single holders (of various types and thickness) designed for the enjoyment of each card individually.

For a large collection, some collectors may use a combination of the above methods. When purchasing plastic sheets for your cards, be sure that you find the pocket size that fits the cards snugly. Don't put your 1993-94 Jam Session cards in a sheet designed to fit 1986-87 Fleer.

Most hobby and collectibles shops and virtually all collectors' conventions will have these plastic pages available in quantity for the various sizes offered, or you can purchase them directly from the advertisers in this book.

Also, remember that pocket size isn't the only factor to consider when looking for plastic sheets. Other factors such as safety, economy, appearance, availability, or personal preference also may indicate which types of sheets a collector may want to buy.

Damp, sunny and/or hot conditions — no, this is not a weather forecast — are three elements to avoid in extremes if you are interested in preserving your collection. Too much (or too little) humidity can cause the gradual deterioration of a card. Direct, bright sun (or fluorescent light) over time will bleach out the color of a card. Extreme heat accelerates the decomposition of the card. On the other hand, many cards have lasted more than 75 years without much scientific intervention. So be cautious, even if the above factors typically present a problem only when present in the extreme. It never hurts to be prudent.

Collecting vs. Investing

Collecting individual players and collecting complete sets are both popular vehicles for investment and speculation.

Most investors and speculators stock up on complete sets or on quantities of players they think have good investment potential.

There is obviously no guarantee in this book, or anywhere else for that matter, that cards will outperform the stock market or other investment alternatives in the future. After all, basketball cards do not pay quarterly dividends and cards cannot be sold at their "current values" as easily as stocks or bonds.

Nevertheless, investors have noticed a favorable long-term trend in the past performance of basketball and other sports collectibles, and certain cards and sets have outperformed just about any other investment in some years.

Many hobbyists maintain that the best investment is and always will be the building of a collection, which traditionally has held up better than outright speculation.

Some of the obvious questions are: Which cards? When to buy? When to sell? The best investment you can make is in your own education.

The more you know about your collection and the hobby, the more informed the decisions you will be able to make. We're not selling investment tips. We're selling information about the current value of basketball cards. It's up to you to use that information to your best advantage.

How to Use the Alphabetical Checklist

This alphabetical checklist has been designed to be user friendly. The set code abbreviations used throughout are easily identified and memorized. The format adopted for card identification is explained below. However, the large number of card sets contained in this volume require that the reader become familiar first with the abbreviations and format used in card identification. PLEASE READ THE FOLLOWING SECTION CAREFULLY BEFORE ATTEMPTING TO USE THE CHECKLIST.

CARD SHARKS
ST: CF463

Tel: (818) 563-2667 · Fax: (818) 563-4996
"Visit our Online Catalog."
Website: www.card-sharks.com
"Sportscard & Collectible Headquarters for the World."

HOURS:		
Mon.–Sat. 10 to 7pm	Arto	1507 Colorado Blvd.
Sun. 12 to 5pm	Harry	Eagle Rock, CA 90041
	Arthur	E-mail: Cards800@aol.com

BEVERLY HILLS BASEBALL CARD SHOP
OWNER: MATT FEDERGREEN
- Baseball, Basketball, Football, Hockey
- Packs, Sets, Stars, Inserts
- Autographs & Memorabilia
- Your Specialty Gift experts!

1137 So. Robertson (Between Olympic & Pico)
Los Angeles, CA 90035
(310) 278-4263, (310) 278-0887 FAX (310) 278-0717

BUY / SELL / TRADE
11-6 Tuesday-Friday, 11-5 Saturday • Closed Sunday & Monday
"Best in the West, We only sound expensive"

PORKY'S
T.J. SCHWARTZ — PRESIDENT
MON.-SAT. 11-7
CLOSED SUNDAY

BASEBALL CARDS & STUFF, INC.
"We Have It All"

SPECIALIZING IN PRE-1970 — BUY, SELL, TRADE
INVESTMENT QUALITY SPORTS CARDS — APPRAISAL SERVICE
SPORTS & MOVIE CELEBRITY — 12458 MAGNOLIA BLVD.
AUTOGRAPHS & COLLECTIBLES — NORTH HOLLYWOOD, CA 91607
VINTAGE COMIC BOOKS — (818) 760-3800
AUTHORIZED SALVINO DEALER — FAX (818) 766-7900

"Buy and Sell with Confidence"
- Basketball
- Baseball
- Football
- Hockey
- Phonecards

Freedman Collectibles
Access to that one special item!
SportsNet: MA240

Ellis R. Freedman
17 Green Park — (617) 965-7635
Newton, MA 02158 — Fax: (617) 332-8361
Hours: 9am-9pm EST Daily — E-mail: FCSPTS@aol.com

COLLECTOR'S CORNER
ANTIQUES • BASEBALL CARDS • COINS
We Fill Want Lists

1 Greenwood St. • Worcester, MA 01607
508-754-2062 • Fax 508-754-0760

Dave's & Alex's Card & Comic Shop
1013 Pecan
McAllen, TX 78501
(210) 682-8891
Fax:(210) 618-5444
SportsNet TX307

Complete Sets — Hours: Mon-Fri 10-8,
Traded Sets — Sat 10-6, Sun 12:30-5:30
Autographed Items — ★ Buy ★ Sell ★ Trade ★
Wax Boxes — ★ Comics ★ Special Orders
Wholesale / Retail Se Habla Español
Now Available • World Cup Soccer Albums

Baseball Cards
Football Cards
Basketball Cards
Pictures • Supplies

GET CUSTOMIZED PLAYER SEARCHES ONLINE WITH THE BECKWORLD™ INTERACTIVE PRICE GUIDES!

BECKETT ONLINE

Football, Baseball, Hockey, Basketball, Racing, and Kenner Starting Lineup.

Each less than $2 per month!

http://www.beckett.com

The player cards are listed alphabetically by the player's current last name. Where appropriate, nicknames (e.g., [Fat] Lever) and former names (e.g., Chris Jackson) are given in parentheses with the player's current name. Different players with identical first and last names are most often distinguished by middle initials or other additional information (e.g., school [Adams, John Louisville versus Adams, John LSU] or sport [Anthony, Greg BB]). In the absence of such information, players are distinguished by numbers (e.g., Green, Al 1 and Green, Al 2). The codes following the player's names are indented and give the set names and numbers of the cards on which the players appeared. When the year of issue extends beyond one calendar year (e.g., 1992-93), an abbreviated form of the earliest date is given for the year of issue (92 for 1992). The set code abbreviations are designed so that each code is distinctive for a particular card set.

Depending on the particular card set, the set code abbreviations consist of from three to four different elements: a) Year of issue (listed in ascending chronological order); b) Producer or sponsor; c) Set code suffixes (commonly used for insert cards); and d) Card number (always preceded by a dash). Here are a few examples of a typical listing:

Bird, Larry
81Top-E101
Year: 1981, Producer: Topps, Card Number: E101

O'Neal, Shaquille
95UppDecECG-327
Year: 1995, Producer: Upper Deck, Set Code Suffix: Electric Court Gold, Card Number: 327.

Stockton, John
92TopArcG-57G
Year: 1992, Producer: Topps, Set Code Suffix: Archives Gold, Card Number: 57G.

When two different producers issued cards for a player in the same year, the cards are listed alphabetically according to the maker's name (e.g., 1991 Courtside precedes 1991 Star Pics).

Note that mainly postal abbreviations have often been used to identify college sets (e.g., VA for Virginia).

Many cards can be distinguished by three parameters. For some cards, however, it is necessary to have four parameters for unambiguous identification. For example, there are two 1988-89 Dallas Mavericks Bud Light card sets. Note in the following sample entry the use of set code suffixes to distinguish different cards from each of these sets:

Davis, Brad
88MavBudLB-15
1988-89 Dallas Mavericks Bud Light Big League Cards #15

88MavBudLCN-15
1988-89 Dallas Mavericks Bud Light Card Night #15

The card number typically corresponds to the particular number on the card itself; in some instances, the card number also involves letter prefixes. For example, the 1990-91 North Carolina Promo cards are numbered "NC1-NC10." In playing card sets (e.g., 1986-87 DePaul), the letter prefixes "C", "D", "H" and "S" have been added to the card numbers to denote the suits clubs, diamonds, hearts and spades, respectively. Cards in unnumbered sets are usually entered alphabetically according to the player's last name and assigned a number arbitrarily. In sets in which all the cards are numbered, a single unnumbered card is marked either "x(x)" or "NNO" for "no number".

Lastly, the user of this checklist will notice that the cards of players from sports other than basketball (as well as subjects not even from the world of sports) are contained in this checklist. This circumstance arose because of the decision to include multi-sport sets containing basketball cards in this checklist. (With the Sportscaster series and most issues found in our Future Stars magazine, however, a decision was made to include only the basketball-related cards in the alphabetical checklist.) In the price guide, these multi-sport card sets are typically indicated by an asterisk (*), which is placed after the set code suffix in the alphabetical checklist.

Legend

Abbreviations   **Set Name**

Abbreviation	Set Name
3MCanOG	3M Canadian Olympic Greats
5Maj	5 Majeur
76eKod	76ers Kodak
76eMcDS	76ers McDonald's Standups
88'CalW	88's Calgary WBL
ACCTouC	ACC Tournament Champs
ActPacHoF	Action Packed Hall of Fame
ActPacHoF	Action Packed Hall of Fame
ActPacP*	Action Packed Promos *
AdvR74*	Adventure R749 *
AirFor	Air Force
Ala	Alabama-Birmingham
AllJamSDR	All-Star Jam Session D. Robinson
AllJamSTB	All-Star Jam Session T. Brandon
ALLJamSTBT	All-Star Jam Session T. Brandon Ticket
AreHol1N*	Arena Holograms 12th National *
Ari	Arizona
AriColC*	Arizona Collegiate Collection *
AriColCP*	Arizona Collegiate Collection Promos *
AriSpoCS*	Arizona Sports Collectors Show *
AriSta*	Arizona State *
AriStaCC*	Arizona State Collegiate Collection *
AriStaCCP*	Arizona State Collegiate Collection Promos *
Ark	Arkansas
ArkColC*	Arkansas Collegiate Collection *
ArkTic	Arkansas Tickets
AshOil	Ashland/Aetna Oil
AssGPC$100	Assets Gold Phone Cards $100
AssGPC$1000	Assets Gold Phone Cards $1000
AssGPC$25	Assets Gold Phone Cards $25
AssGPP	Assets Gold Printer's Proofs
AssGSS	Assets Gold Silver Signatures
AssPC$100	Assets Phone Cards $100
AssPC$1000	Assets Phone Cards $1000
Aub*	Auburn *
AusFut3C	Australian Futera 300 Club
AusFutA	Australian Futera Airborne
AusFutAAP	Australian Futera Abdul-Jabbar Adidas Promo
AusFutBoBW	Australian Futera Best of Both Worlds
AusFutC	Australian Futera Clutchmen
AusFutDG	Australian Futera Defensive Giants
AusFutHA	Australian Futera Honours Awards
AusFutHTH	Australian Futera Head To Head
AusFutII	Australian Futera Instant Impact
AusFutLotR	Australian Futera Lords of the Ring
AusFutMR Redemption	Australian Futera MVP/Rookie
AusFutN	Australian Futera NBL
AusFutNA	Australian Futera NBL All-Stars
AusFutNFDT	Australian Futera NBL Futera Dream Team
AusFutNFF	Australian Futera NBL Future Forces
AusFutNH	Australian Futera NBL Heroes
AusFutNH	Australian Futera New Horizons
AusFutNOL	Australian Futera NBL Outer Limits
AusFutNP*	Australian Futera NBL Promos *
AusFutNTTPC	Australian Futera NBL Ten Thousand Point Card
AusFutOT	Australian Futera Offensive Threats
AusFutSC	Australian Futera Star Challenge
AusFutSG	Australian Futera Super Gold
AusFutSS	Australian Futera Signature Series
AusStoN	Australian Stops NBL
AviClyD	Avia Clyde Drexler
Bay*	Baylor *
Ble23KP	Bleachers/Classic 23K Promos
Ble23KSO	Bleachers/Classic 23K Shaquille O'Neal
BleAll	Bleachers/Classic All-Gold
Bow	Bowman
BowBes	Bowman's Best
BowBesAR	Bowman's Best Atomic Refractors
BowBesCAR	Bowman's Best Cuts Atomic Refractors
BowBesCR	Bowman's Best Cuts Refractors
BowBesHR	Bowman's Best Honor Roll
BowBesHRAR	Bowman's Best Honor Roll Atomic Refractors
BowBesHRR	Bowman's Best Honor Roll Refractors
BowBesP	Bowman's Best Picks
BowBesPAR	Bowman's Best Picks Atomic Refractors
BowBesPR	Bowman's Best Picks Refractors
BowBesR	Bowman's Best Refractors
BowBesRo	Bowman's Best Rookies
BowBesRoAR	Bowman's Best Rookie Atomic Refractors
BowBesRoR	Bowman's Best Rookie Refractors
BowBesS	Bowman's Best Shots
BowBesSAR	Bowman's Best Shots Atomic Refractors
BowBesSR	Bowman's Best Shots Refractors
BowBesTh	Bowman's Best Throwbacks
BowBesThAR	Bowman's Best Throwback Atomic Refractors
BowBesTR	Bowman's Best Throwback Refractors
Bra	Bradley
BraBufL	Braves Buffalo Linnett
BraSch	Bradley Schedules
BreforE	Bread for Energy
BreforH	Bread for Health
BucActP	Bucks Action Photos
BucCarN	Bucks Card Night/Star
BucDis	Buckmans Discs
BucGreB	Bucks Green Border
BucLif	Bucks Lifebuoy/Star
BucLin	Bucks Linnett
BucOpeP*	Bucks Open Pantry *
BucPlaC	Bucks Playing Cards
BucPol	Bucks Polaroid
BucPol	Bucks Police/Spic'n'Span
BulCro	Bullets Crown/Topps
BulDaiC	Bulls Dairy Council
BulEnt	Bulls Entenmann's
BulEqu	Bulls Equal
BulEqu	Bulls Equal/Star
BulGunB	Bullets Gunther Beer
BulHawM	Bulls Hawthorne Milk
BulInt	Bulls Interlake
BulJew	Bulls Jewel/Nabisco
BulPep	Bulls Pepsi
BulPol	Bullets Police
BulPol	Bulls Police
BulSta	Bullets Standups
BulWhiHP	Bulls White Hen Pantry

Legend • 11

BYU	BYU
Cal	California
CalStaW	California State Women
CanKraO3	Canadian Kraft Olympic 3D
CanKraSOPC	Canadian Kraft Summer Olympic Poster Cards
CanKraWOPC	Canadian Kraft Winter Olympic Post Cards
CanOly	Canadian Olympians
CanSumO	Canadian Summer Olympics
CanWinO	Canadian Winter Olympics
CanWinOMW	Canadian Winter Olympic Medal Winners
CAOMufY	CAO Muflon Yugoslavian
CarDis	Carvel Discs
CasHS	Cassville HS
CavNicB	Cavaliers Nickles Bread
CelCit	Celtics Citgo
CelCitP	Celtics Citgo Posters
CelLin	Celtics Linnett
CelLinGB	Celtics Linnett Green Borders
CelTri	Celtics Tribute
CenCou	Center Court
ChaBarCE	Charles Barkley Collector's Edition
ChaHOFI	Champion HOF Inductees
Cin	Cincinnati
ClaAceSO	Classic Acetate Shaquille O'Neal
ClaAssPC$100	Assets Phone Cards $100
ClaAssPC$1000	Assets Phone Cards $1000
ClaAssPC$200	Assets Phone Cards $200
ClaAssPC$2000	Assets Phone Cards $2000
ClaAssPC$25	Assets Phone Cards $25
ClaAssPC$50	Assets Phone Cards $50
ClaAssSS*	Assets Silver Signature
ClaAut	Classic Autographs
ClaBKRPP	Classic BK Rookies Printer's Proofs
ClaBKRSS	Classic BK Rookies Silver Signatures
ClaBKVE	Classic BK Visions Effects
ClaBKVS	Classic BK Visions Sample
ClaC3*	Classic C3 *
ClaC3FP	Classic C3 Four-Sport Promo
ClaC3GCC*	Classic C3 Gold Crown Club *
ClaC3MA	Classic C3 Mashburn Autograph
ClaC3P*	Classic C3 Promos *
ClaChrJ	Classic Chromium Jumbos
ClaDeaJ	Classic Deathwatch Jumbos
ClaDraDD	Classic Draft Draft Day
ClaDraECN	Classic Draft East Coast National
ClaDraPP	Classic Printer's Proofs
ClaFutP	Classic Futures Promo
ClaGol	Classic Gold
ClaGolP	Classic Gold Promo
ClaIntP*	Classic International Promos *
ClaLegotFF	Classic Legends of the Final Four
ClaMcDF	Classic McDonald's Four-Sport
ClaMcDFL	Classic McDonald's Four-Sport LPs
ClaMutP	Classic Mutombo Promo
ClaNat*	Classic National *
ClaNatP*	Classic National Promos *
ClaNatPA	Classic National Party Autographs
ClaPCP	Score Board Phone Card Promo
ClaPre	Classic Previews
ClaPro	Classic Promos
ClaShoP2*	Classic Show Promos 20 *
ClaSup*	Classic Superheroes *
ClaTriP	Classic Tri-Star Promos
ClaWorCA	Classic World Class Athletes
Cle	Clemson
CleColC*	Clemson Collegiate Collection *
CleColCP*	Clemson Collegiate Collection Promos *
CleMicJV	Cleo Michael Jordan Valentines
CleSch*	Clemson Schedules *
CleWom	Clemson Women
CliHan	Clippers Handyman
CliSta	Clippers Star
ColCho	Collector's Choice
ColChoB	Collector's Choice Blow-Ups
ColChoCtG	Collector's Choice Crash the Game Scoring Silver Redemption
ColChoCtGA	Collector's Choice Crash the Game Assists
ColChoCtGA	Collector's Choice Crash the Game Assists/Rebounds
ColChoCtGAG	Collector's Choice Crash the Game Assists/Rebounds Gold
ColChoCtGAGR	Collector's Choice Crash the Game Assists/Rebounds Gold Redemption
ColChoCtGAR	Collector's Choice Crash the Game Assists Redemption
ColChoCtGASR	Collector's Choice Crash the Game Assists/Rebounds Silver Redemption
ColChoCtGR	Collector's Choice Crash the Game Rebounds
ColChoCtGRR	Collector's Choice Crash the Game Rebounds Redemption
ColChoCtGRS	Collector's Choice Crash the Game Rookie Scoring
ColChoCtGRSR	Collector's Choice Crash the Game Rookie Scoring Redemption
ColChoCtGS	Collector's Choice Crash the Game Scoring
ColChoCtGS1	Collector's Choice Crash the Game Scoring 1
ColChoCtGS1R	Collector's Choice Crash the Game Scoring 1 Redemption
ColChoCtGS1RG	Collector's Choice Crash the Game Scoring 1 Redemption Gold
ColChoCtGS2	Collector's Choice Crash the Game Scoring 2
ColChoCtGS2R	Collector's Choice Crash the Game Scoring 2 Redemption
ColChoCtGS2RG	Collector's Choice Crash the Game Scoring 2 Redemption Gold
ColChoCtGSG	Collector's Choice Crash the Game Scoring Gold
ColChoCtGSG1	Collector's Choice Crash the Game Scoring Gold 1
ColChoCtGSG2	Collector's Choice Crash the Game Scoring Gold 2
ColChoCtGSGR	Collector's Choice Crash the Game Scoring Gold Redemption
ColChoCtGSR	Collector's Choice Crash the Game Scoring Redemption
ColChoDT	Collector's Choice Debut Trade
ColChoDT	Collector's Choice Draft Trade
ColChoDTPC	Collector's Choice Debut Trade Player's Club
ColChoDTPCP	Collector's Choice Debut Trade Player's Club Platinum
ColChoGF	Collector's Choice Game Face
ColChoGS	Collector's Choice Gold Signature
ColChoHACA	Collector's Choice Hardaway A Cut Above
ColChoIDoD	Collector's Choice Int'l Decade of Dominance
ColChoIE	Collector's Choice Int'l European
ColChoIEGS	Collector's Choice Int'l European Gold Signatures

12 • Legend

ColChoII	Collector's Choice Int'l I	FinCor	Finest Cornerstone
ColChoII	Collector's Choice Int'l II	FinDisaS	Finest Dish and Swish
ColCholJ	Collector's Choice Int'l Japanese	FinHotS	Finest Hot Stuff
ColCholJC	Collector's Choice Int'l Jordan Collection	FinIroM	Finest Iron Men
ColCholJGSI	Collector's Choice Int'l Japanese Gold Signatures I	FinLotP	Finest Lottery Prize
		FinMaiA	Finest Main Attraction
ColCholJGSI	Collector's Choice Int'l Japanese Gold Signatures II	FinMarM	Finest Marathon Men
		FinMys	Finest Mystery
ColCholJI	Collector's Choice Int'l Japanese I	FinMysB	Finest Mystery Borderless/Silver
ColCholJI	Collector's Choice Int'l Japanese II	FinMysBR	Finest Mystery Borderless Refractors/Gold
ColCholJSS	Collector's Choice Int'l Japanese Silver Signatures	FinRacP	Finest Rack Pack
ColCholNE	Collector's Choice Int'l NBA Extremes	FinRef	Finest Refractors
ColCholSEH	Collector's Choice Int'l Special Edition Holograms	FinVet	Finest Veteran/Rookie
		FivSpD	Five-Sport Die-Cut
ColCholSI	Collector's Choice Spanish I	FivSpNEP	Five-Sport NFL Experience Previews
ColCholSI	Collector's Choice Intl Spanish II	Fla	Flair
ColChoJACA	Collector's Choice Jordan A Cut Above	FlaAnt	Flair Anticipation
ColChoJC	Collector's Choice Jordan Collection	FlaCenS	Flair Center Spotlight
ColChoJHB	Collector's Choice Jordan He's Back	FlaClao'	Flair Class of '95
ColChoM	Collector's Choice Mini-Cards	FlaHotN	Flair Hot Numbers
ColChoMG	Collector's Choice Mini-Cards Gold	FlaNewH	Flair New Heights
ColChoPC	Collector's Choice Player's Club	FlaPerP	Flair Perimeter Power
ColChoPCP	Collector's Choice Player's Club Platinum	FlaPla	Flair Playmakers
ColChoS1	Collector's Choice Stick-Ums 1	FlaPlaM	Flair Play Makers
ColChoS2	Collector's Choice Stick-Ums 2	FlaRej	Flair Rejectors
ColChoSS	Collector's Choice Silver Signature	FlaScoP	Flair Scoring Power
ColColP*	Collegiate Collection Promos *	FlaSho	Flair Showcase
ColMarO	Colonels Marathon Oil	FlaShoCo'	Flair Showcase Class of '96
ColSta	Collect-A-Card Jerry Stackhouse	FlaShoHS	Flair Showcase Hot Shots
Com	Comspec	FlaShoLC	Flair Showcase Legacy Collection
ComSweOA	Comet Sweets Olympic Achievements	FlaStaS	Flair Stackhouse's Scrapbook
Con	Connecticut	FlaUSA	Flair USA
Con	Converse	FlaUSAKJ	Flair USA Kevin Johnson
ConLeg	Connecticut Legends	FlaWavotF	Flair Wave of the Future
ConPitA	Condors Pittsburgh ABA	Fle	Fleer
ConSta	Converse Staff	"Fle""ThS"	"Fleer ""The Shots"""
ConWom	Connecticut Women	FleAll	Fleer All-Defensive
CosBroPC*	Costacos Brothers Poster Cards *	FleAll	Fleer All-Stars
CouCol	Cousy Collection	FleAusS	Fleer Australian Sprite
CouColP	Cousy Collection Preview	FleAwaW	Fleer Award Winners
CouFla	Courtside Flashback	FleCarA	Fleer Career Achievement
CouFlaPS	Courtside Flashback Promo Sheet	FleClaE	Fleer Class Encounters
CouHol	Courtside Holograms	FleClyD	Fleer Clyde Drexler
DavLip	David Lipscomb	FleDecoE	Fleer Decade of Excellence
DavRobFC	David Robinson Fan Club	FleDewS	Fleer/Mountain Dew Stackhouse
Day	Dayton	FleDikM	Fleer Dikembe Mutombo
DelFli	Dell Flipbooks	FleDomW	Fleer Dominique Wilkins
DePPlaC	DePaul Playing Cards	FleDouD	Fleer Double Doubles
DonKazP	Donruss Kazaam Promo	FleDra	Fleer Drake's
Duk	Duke	FleEndtE	Fleer End to End
EasCar	East Carolina	FleEur	Fleer European
EasIll	Eastern Illinois	FleEurA	Fleer European All-Defensive
EasTenS	East Tennessee State	FleEurAW	Fleer European Award Winners
Emb	Embossed	FleEurCAA	Fleer European Career Achievement Awards
EmbGoII	Embossed Golden Idols		
Emo	Emotion	FleEurLL	Fleer European League Leaders
EmoN-T	Emotion N-Tense	FleEurTT	Fleer European Triple Threats
EmoX-C	Emotion X-Cited	FleFirYP	Fleer First Year Phenoms
EmpSta	Emporia State	FleFlaHL	Fleer Flair Hardwood Leaders
Eva	Evansville	FleFraF	Fleer Franchise Futures
ExhSpoC	Exhibits Sports Champions *	FleGamB	Fleer Game Breakers
Fai	Fairfield	FleInt	Fleer Internationals
FarFruS	Farley's Fruit Snacks	FleLarJ	Fleer Larry Johnson
FaxPaxWoS*	Fax Pax World of Sport *	FleLarJP	Fleer Larry Johnson Promo
FCA	FCA	FleLeaL	Fleer League Leaders
FCAFinF	FCA Final Four	FleLivL	Fleer Living Legends
Fin	Finest	FleLotE	Fleer Lottery Exchange

FleLuc1	Fleer Lucky 13
FleMutP	Fleer Mutombo/Wilkins Promo
FleNBAS	Fleer NBA Superstars
FlePro	Fleer Pro-Visions
FleRooP	Fleer Rookie Phenoms
FleRooPHP	Fleer Rookie Phenoms Hot Pack
FleRooR	Fleer Rookie Rewind
FleRooS	Fleer Rookie Sensations
FleS	Fleer Sprite
FleSch	Fleer Schoolyard
FleSha	Fleer Sharpshooters
FleSpaSS	Fleer Spalding Schoolyard Stars
FleSprGH	Fleer Sprite Grant Hill
FleStaA	Fleer Stackhouse's All-Fleer
FleStaS	Fleer Stackhouse's Scrapbook
FleSti	Fleer Stickers
FleSup	Fleer Superstars
FleSwiS	Fleer Swing Shift
FleTeaL	Fleer Team Leaders
FleTeaNS	Fleer Team Night Sheets
FleTeaP	Fleer Team Patches/Stickers
FleTeaS	Fleer Team Stickers
FleThrS	Fleer Thrill Seekers
FleTonP	Fleer Tony's Pizza
FleTotD	Fleer Total D
FleTotO	Fleer Total O
FleTotOHP	Fleer Total O Hot Pack
FleTowoP	Fleer Towers of Power
FleTriT	Fleer Triple Threats
FleUpd	Fleer Update
FleUSA	Fleer USA
FleUSAH	Fleer USA Heroes
FleUSAWE	Fleer USA Wrapper Exchange
FleWheS	Fleer Wheaties Sheets
FleYouL	Fleer Young Lions
Flo*	Florida *
FloMcD	Floridians McDonald's
FloSta*	Florida State *
FloStaCC*	Florida State Collegiate Collection *
FooLocSF*	Foot Locker Slam Fest *
ForHayS	Fort Hays State
FouAsedB	Fournier Ases del Baloncesto
FouNBAE	Fournier NBA Estrellas
FouNBAES	Fournier NBA Estrellas Stickers
FouSpGol	Four-Sport Gold
FouSpMP	Four-Sport MBNA Promos
FouSpPP	Four-Sport Printer's Proofs
FouSpPro	Four-Sport Promos
FouSpSTC	Four-Sport Shaq-Fu Tip Cards
FreSta	Fresno State
FreStaW	Fresno State Women
FroRowBO	Front Row Billy Owens
FroRowCL	Front Row Christian Laettner
FroRowDM	Front Row Dikembe Mutombo
FroRowDP	Front Row Dream Picks
FroRowH	Front Row Holograms
FroRowIP	Front Row Italian Promos
FroRowLG	Front Row LJ Grandmama
FroRowLGG	Front Row LJ Grandmama Gold
FroRowLJ	Front Row Larry Johnson
FroRowLPG	Front Row LJ Pure Gold
FroRowP	Front Row Premier
FroRowSA	Front Row Stacey Augmon
FroRowSS	Front Row Steve Smith
Geo	Georgetown
Geo	Georgia
GeoColC	Georgetown Collegiate Collection
GeoTec	Georgia Tech
GeoTecCC*	Georgia Tech Collegiate Collection *
Glo	Globetrotters
Glo84	Globetrotters 84
GloCocP2	Globetrotters Cocoa Puffs 28
GloPhoC	Globetrotters Phoenix Candy
GloPro	Globetrotters Promos
GloWonB	Globetrotters Wonder Bread
HakOlaFC	Hakeem Olajuwon Fan Club
HalofFB	Hall of Fame Bookmarks
Haw	Hawaii-Hilo
HawBusB	Hawks Busch Bavarian
HawCok	Hawks Coke/WPLO
HawEssM	Hawks Essex Meats
HawMajM	Hawks Majik Market
HawPizH	Hawks Pizza Hut
HeaBoo	Heat Bookmarks
HeaPub	Heat Publix
Hoo	Hoops
Hoo100S	Hoops 100 Superstars
HooActP	Hoops Action Photos
HooAdmC	Hoops Admiral's Choice
HooAllM	Hoops All-Star MVP's
HooAllP	Hoops All-Star Panels
HooAnn	Hoops Announcers
HooBigN	Hoops Big Numbers
HooBigNR	Hoops Big Numbers Rainbow
HooBloP	Hoops Block Party
HooChe	Hoops Checklists
HooCol	Hoops CollectABooks
HooDavB	Hoops David's Best
HooDraR	Hoops Draft Redemption
HooFactF	Hoops Face to Face
HooFifAG	Hoops Fifth Anniversary Gold
HooFlyW	Hoops Fly With
HooGolMB	Hoops Gold Medal Bread
HooGraA	Hoops Grant's All-Rookies
HooGraHD	Hoops Grant Hill Dunks/Slams
HooHeatH	Hoops Head to Head
HooHIP	Hoops HIPnotized
HooHoo	Hoops HoopStars
HooHotL	Hoops Hot List
HooLarBV	Hoops Larry Bird Video
HooMagA	Hoops Magic's All-Rookies
HooMagAF	Hoops Magic's All-Rookies Foil-Tech
HooMagAJ	Hoops Magic's All-Rookies Jumbos
HooMagC	Hoop Magazine/Mother's Cookies
HooMagCAW	Hoop Magazine/Mother's Cookies Award Winners
HooMcD	Hoops McDonald's
HooMorMM	Hoops More Magic Moments
HooNatP	Hoops National Promos
HooNSCS	Hoops NSCC Sheet
HooNumC	Hoops Number Crunchers
HooPowP	Hoops Power Palette
HooPowR	Hoops Power Ratings
HooPre	Hoops Predators
HooPre	Hoops Preview
HooPro	Hoops Prototypes
HooPro0	Hoops Prototypes 00
HooProP	Hoops Promo Panel
HooProS	Hoops Promo Sheet
HooRoo	Hoops Rookies
HooRooH	Hoops Rookie Headliners
HooSch	Hoops Schick
HooSco	Hoops Scoops
HooScoFAG	Hoops Scoops Fifth Anniversary Gold
HooShe	Hoops Sheets
HooSil	Hoops Silver

14 • Legend

HooSky	Hoops SkyView
HooSla	Hoops Slamland
HooSlaD	Hoops Slam Dunk
HooStaF	Hoops Starting Five
HooSup	Hoops Superfeats
HooSupC	Hoops Supreme Court
HooTeaNS	Hoops Team Night Sheets
HooTopT	Hoops Top Ten
HorHivF	Hornets Hive Five
HorSta	Hornets Standups
HosU.SOGM	Hostess U.S. Olympic Gold Medalists
Hou	Houston
ICCGolM	ICCOA Gold Medallion
IceBea	Icee Bear
IHSBoyA3S	IHSA Boys A 3-Point Showdown
IHSBoyA3S	IHSA Boys AA 3-Point Showdown
IHSBoyASD	IHSA Boys A Slam Dunk
IHSBoyAST	IHSA Boys A State Tournament
IHSBoyAST	IHSA Boys AA State Tournament
IHSGirA3S	IHSA Girls A 3-Point Showdown
IHSGirA3S	IHSA Girls AA 3-Point Showdown
IHSGirAST	IHSA Girls A State Tournament
IHSGirAST	IHSA Girls AA State Tournament
IHSHisRH	IHSA Historic Record Holders
Ill	Illinois
ImaNU	Images NFL Update
ImaP	Images Promo
ImpDecG	Impel Decathlon Gold
ImpHaloF	Impel Hall of Fame
ImpPin	Imprinted Pins
ImpU.SOH	Impel U.S. Olympic Hopefuls
Ind	Indiana
IndGreI	Indiana Greats I
IndGreI	Indiana Greats II
IndMagI	Indiana Magazine Insert
IndSta*	Indiana State *
Iow	Iowa
IowWom	Iowa Women
Jac	Jacksonville
JacCla	Jacksonville Classic
JamMad	James Madison
JamSes	Jam Session
JamSesDC	Jam Session Die Cuts
JamSesFI	Jam Session Fuel Injectors
JamSesFS	Jam Session Flashing Stars
JamSesG	Jam Session Gamebreakers
JamSesP	Jam Session Pop-Ups
JamSesPB	Jam Session Pop-Ups Bonus
JamSesR	Jam Session Rookies
JamSesRS	Jam Session Rookie Standouts
JamSesSDH	Jam Session Slam Dunk Heroes
JamSesSS	Jam Session Show Stoppers
JamSesSYS	Jam Session Second Year Stars
JamSesTNS	Jam Session Team Night Sheets
JamSesTS	Jam Session Ticket Stubs
JazChe	Jazz Chevron
JazOldH	Jazz Old Home
JazSmo	Jazz Smokey
JazSta	Jazz Star
JetAllC	Jets Allentown CBA
JMSGam	JMS Game
Kah	Kahn's
Kan	Kansas
KedKed*	Keds KedKards *
KelColG	Kellogg's College Greats
KelColGP	Kellogg's College Greats Postercards
KelPep*	Kellogg's Pep *
KelTeaUP	Kellogg's Team USA Posters
Ken	Kentucky
KenBigB	Kentucky Big Blue
KenBigB1	Kentucky Big Blue 18
KenBigB2	Kentucky Big Blue 20
KenBigBDTW	Kentucky Big Blue Dream Team/Award Winners
KenBigBTot8	Kentucky Big Blue Team of the 80's
KenColC*	Kentucky Collegiate Collection *
KenPolOA	Kent Police Olympic Athletes
KenProI	Kentucky Program Insert
KenSch*	Kentucky Schedules *
KenSovPI	Kentucky Soviet Program Insert
KenWomS	Kentucky Women Schedules
KinCarJ	Kings Carl's Jr.
KinLin	Kings Linnett
KinSaf	Kings Safeway
KinSmo	Kings Smokey
KniAla	Knicks Alamo
KniFriL	Knicks Frito Lay
KniGetP	Knicks Getty Photos
KniMarM	Knicks Marine Midland
Kod	Kodak
LakAlt*	Lakers/Kings Alta-Dena *
LakBAS	Lakers BASF
LakBelB	Lakers Bell Brand
LakCheP	Lakers Chevron Pins
LakDenC	Lakers Denny's Coins
LakFor*	Lakers Forum *
LakSco	Lakers Scott's
LimRocLB	Lime Rock Larry Bird
LinPor	Linnett Portraits
LitBasBL	Little Basketball Big Leaguers
LitSunW*	Little Sun Washington *
LosAngOPC	Los Angeles Olympic Post Cards
Lou	Louisville
LouColC*	Louisville Collegiate Collection *
LouSch	Louisville Schedules
LouTec	Louisiana Tech
LSU*	LSU *
LSUAll*	LSU All-Americas *
LSUColC*	LSU Collegiate Collection *
LSUColCP*	LSU Collegiate Collection Promos *
MagPep	Magic Pepsi
Mai*	Maine *
Mar	Marquette
Mar	Maryland
MarPlaC	Marshall Playing Cards
MarWom	Marshall Women
MatInsR	Mattel Instant Replay
MavBoo	Mavericks Bookmarks
MavBudLB	Mavericks Bud Light BLC
MavBudLCN	Mavericks Bud Light Card Night
MavMilL	Mavericks Miller Lite
MavTacB	Mavericks Taco Bell
McDJor*	McDonald's Jordan/Joyner-Kersee *
McDNotBNM	McDonald's Nothing But Net MVPs
McNSta*	McNeese State *
Mem	Memphis
MemSta	Memphis State
Met	Metal
MetCyb	Metal Cyber-Metal
MetDecoE	Metal Decade of Excellence
MetFreF	Metal Freshly Forged
MetImp	Metallic Impressions
MetMaxM	Metal Maximum Metal
MetMetE	Metal Metal Edge
MetMetF	Metal Metal Force
MetMolM	Metal Molten Metal

MetNet	Metal Net-Rageous
MetPlaP	Metal Platinum Portraits
MetPowT	Metal Power Tools
MetPreM	Metal Precious Metal
MetRooRC	Metal Rookie Roll Call
MetRooRCSS	Metal Rookie Roll Call Silver Spotlight
MetScoM	Metal Scoring Magnets
MetSilS	Metal Silver Spotlight
MetSliS	Metal Slick Silver
MetStaS	Metal Stackhouse's Scrapbook
MetSteS	Metal Steel Slammin'
MetSteT	Metal Steel Towers
MetTemS	Metal Tempered Steel
Mia	Miami
Mic	Michigan
MicStaCC2	Michigan State Collegiate Collection 20
MicStaCC2*	Michigan State Collegiate Collection 200 *
MicStaCCP*	Michigan State Collegiate Collection Promos *
MilLitACC	Miller Lite/NBA All-Star Charity Classic
Min	Minnesota
Mis	Missouri
Mon	Montana
Mon*	Montana Smokey *
MonSta	Montana State
MulAntP	Multi-Sport Anti-Gambling Postcards
Mur*	Murad *
MurSta	Murray State
NabSugD*	Nabisco Sugar Daddy *
NabSugD1*	Nabisco Sugar Daddy 1 *
NabSugD2*	Nabisco Sugar Daddy 2 *
NBAMem	NBAP Members
NBAPlaA	NBA Players Assn.
NBAPlaA8	NBA Players Assn. 8x10
Neb*	Nebraska *
NetGet	Nets Getty
NetKay	Nets Kayo/Breyers
NetLif	Nets Lifebuoy/Star
NewMex	New Mexico
NewMexS	New Mexico State
NewMexSA*	New Mexico State ATG *
NikMicJ	Nike/Warner Michael Jordan
NikMicJL	Nike Michael Jordan/Spike Lee
NikPosC*	Nike Poster Cards *
NorCar	North Carolina
NorCarCC*	North Carolina Collegiate Collection *
NorCarCCP*	North Carolina Collegiate Collection Promos *
NorCarPC	North Carolina Playing Cards
NorCarS	North Carolina Schedules
NorCarS	North Carolina State
NorCarSCC	North Carolina State Collegiate Collection
NorCarSPC	North Carolina State Playing Cards
NorDak*	North Dakota *
NotDam	Notre Dame
NugPol	Nuggets Police
NugPol	Nuggets Police/Pepsi
NugPol	Nuggets Police/Wendy's
OhiSta	Ohio State
OhiStaW	Ohio State Women
OhiValCA	Ohio Valley Conference ATG
OklSta	Oklahoma State
OklStaCC*	Oklahoma State Collegiate Collection *
OreSta	Oregon State
OutWicG	Outlaws Wichita GBA
PacDanM	Pacific Dan Majerle
PacMarO	Pacers Marathon Oil
PacPreGP	Pacific Presidential Gold Prism
PacPriDS	Pacific Prism Samples
PacPriG	Pacific Prism Gold
PacPriO	Pacific Prism Olajuwon
PanSpaS	Panini Spanish Stickers
PanSti	Panini Stickers
ParMea*	Partridge Meats *
PenSta*	Penn State *
PepAll	Pepsi All-Stars
PhiMor*	Philip Morris *
PisSta	Pistons Star
PisUno	Pistons Unocal
Pit	Pittsburgh
PolAnfH	Memphis Sheriff Anfernee Hardaway
PosAueT	Post Auerbach Tips
PosCer*	Post Cereal *
PosHonP	Post Honeycomb Posters
PriNewOW	Pride New Orleans WBL
PriSti	Prism/Jewel Stickers
Pro	Providence
ProCBA	ProCards CBA
ProMag	Pro Mags
ProMagDC	Pro Mags Die Cuts
ProMagLIS	Pro Mags Lost In Space
ProMagRS	Pro Mags Rookie Showcase
ProMagUB	Pro Mags USA Basketball
ProSetC	Pro Set Club
ProSetP	Pro Set Prototypes
ProSetPF*	Pro Set Pro Files *
ProStaP*	Pro Stars Posters *
Pur	Purdue
PurWom	Purdue Women
QuaIro	Quaker Iron-Ons
QuaSpoO*	Quaker Sports Oddities *
ReaActP*	Real Action Pop-Ups *
ReeShaK	Reebok Shawn Kemp
RocJacitB	Rockets Jack in the Box
RocTeal	Rockets Team Issue
RoyCroC	Royal Crown Cola
RoyDes	Royal Desserts
SanJosS	San Jose State
SchUltNP	Scholastic Ultimate NBA Postcards
ScoBoaDD	Score Board Draft Day
ScoBoaNP*	Score Board National Promos *
Sky	SkyBox
SkyAll	SkyBox All-Rookies
SkyAto	SkyBox Atomic
SkyAut	SkyBox Autographics Black
SkyAutB	SkyBox Autographics Blue
SkyBlil	SkyBox Blister Inserts
SkyBluC	SkyBox Blue Chips
SkyBluCF	SkyBox Blue Chips Foil
SkyBluCP	SkyBox Blue Chips Prototypes
SkyBro	SkyBox Broadcasters
SkyCanM	SkyBox Canadian Minis
SkyCenS	SkyBox Center Stage
SkyClo	SkyBox Close-Ups
SkyDavR	SkyBox David Robinson
SkyDraP	SkyBox Draft Picks
SkyDyn	SkyBox Dynamic
SkyDynD	SkyBox Dynamic Dunks
SkyE-X	SkyBox E-X2000
SkyE-X	SkyBox E-XL
SkyE-XACA	SkyBox E-X2000 A Cut Above
SkyE-XACA	SkyBox E-XL A Cut Above
SkyE-XB	SkyBox E-XL Blue
SkyE-XC	SkyBox E-X2000 Credentials
SkyE-XNA	SkyBox E-X2000 Net Assets
SkyE-XNB	SkyBox E-XL No Boundaries

16 • Legend

Code	Name	Code	Name
SkyE-XNBT	SkyBox E-XL Natural Born Thrillers	SkyZ-FZ	SkyBox Z-Force Zebut
SkyE-XSD2	SkyBox E-X2000 Star Date 2000	SkyZ-FZ	SkyBox Z-Force Zensations
SkyE-XU	SkyBox E-XL Unstoppable	SkyZ-FZZ	SkyBox Z-Force Zebut Z-peat
SkyEmAuEx	SkyBox Emerald Autograph Exchange	SmoLarJ	Smokey's Larry Johnson
SkyGolT	SkyBox Golden Touch	SniU.SOC	Snickers U.S. Olympic Cards
SkyGraH	SkyBox Grant Hill	Sou*	Southern *
SkyHeaotC	SkyBox Head of the Class	SouCal*	Southern Cal *
SkyHigH	SkyBox High Hopes	SouCarCC*	South Carolina Collegiate Collection *
SkyHotS	SkyBox Hot Sparks	SouLou*	Southwestern Louisiana *
SkyInt	SkyBox Intimidators	SouMis	Southern Mississippi
SkyKin	SkyBox Kinetic	SouMisSW	Southwest Missouri St. Women
SkyLarTL	SkyBox Larger Than Life	SP	SP
SkyLotE	SkyBox Lottery Exchange	Spa	Spalding
SkyMagJV	SkyBox Magic Johnson Video	SPAll	SP All-Stars
SkyMaraSM	SkyBox Mark and See Minis	SPAllG	SP All-Stars Gold
SkyMel	SkyBox Meltdown	SPCha	SP Championship
SkyMilP	SkyBox Milestone Promos	SPChaCotC	SP Championship Champions of the Court
SkyNes	SkyBox Nestle		
SkyNetS	SkyBox Net Set	SPChaCotCD	SP Championship Champions of the Court Die-Cut
SkyNewE	SkyBox New Edition		
SkyOlyT	SkyBox Olympic Team	SPChaCS	SP Championship Championship Shots
SkyPepSA	SkyBox Pepsi Shaq Attaq	SPChaCSG	SP Championship Championship Shots Gold
SkyPro	SkyBox Promos		
SkyPro	SkyBox Prototypes	SPChaDC	SP Championship Die Cuts
SkyProS	SkyBox Promo Sheet	SPChaFPH	SP Championship Future Playoff Heroes
SkyRagR	SkyBox Ragin' Rookies	SPChaFPHDC	SP Championship Future Playoff Heroes Die Cuts
SkyRagRP	SkyBox Ragin' Rookies Promos		
SkyRev	SkyBox Revolution	SPChaJC	SP Championship Jordan Collection
SkyRooP	SkyBox Rookie Prevue	SPChaPH	SP Championship Playoff Heroes
SkyRub	SkyBox Rubies	SPChaPHDC	SP Championship Playoff Heroes Die Cuts
SkySch	SkyBox Schick		
SkySchT	SkyBox School Ties	SPDie	SP Die-Cuts
SkyShaT	SkyBox Shaq Talk	SPGamF	SP Game Film
SkyShoS	SkyBox Showdown Series	SPHol	SP Holoviews
SkySkyF	SkyBox SkyTech Force	SPHolDC	SP Holoview Die Cuts
SkySlaU	SkyBox Slammin' Universe	SPInsI	SP Inside Info
SkySpoP	SkyBox Sportslook Promo	SPInsIG	SP Inside Info Gold
SkySta	SkyBox Standouts	SPJorC	SP Jordan Collection
SkyStaH	SkyBox Standouts Hobby	Spo*	Sportscaster *
SkySto	SkyBox Story-of-a-Game	SpoCha	Sports Challenge
SkyThuaL	SkyBox Thunder and Lightning	SpoIllfKI*	Sports Illustrated for Kids I *
SkyTriT	SkyBox Triple Threats	SpoIllfKI*	Sports Illustrated for Kids II *
SkyUSA	SkyBox USA	SpoKinR*	Sport Kings R338 *
SkyUSA	SkyBox USA Texaco	SpoSer1*	Sportscaster Series 1 *
SkyUSAB	SkyBox USA Basketball	SpoSer2*	Sportscaster Series 2 *
SkyUSAB	SkyBox USA Bronze	SpoSer3*	Sportscaster Series 3 *
SkyUSABS	SkyBox USA Bronze Sparkle	SpoSer4*	Sportscaster Series 4 *
SkyUSADP	SkyBox USA Dream Play	SpoSer5*	Sportscaster Series 5 *
SkyUSAG	SkyBox USA Gold	SpoSer6*	Sportscaster Series 6 *
SkyUSAGS	SkyBox USA Gold Sparkle	SpoSer7*	Sportscaster Series 7 *
SkyUSAKJ	SkyBox USA Kevin Johnson	SpoSer8*	Sportscaster Series 8 *
SkyUSAOTC	SkyBox USA On The Court	SpoSer9*	Sportscaster Series 9 *
SkyUSAP	SkyBox USA Portraits	SpoSer1*	Sportscaster Series 10 *
SkyUSAP	SkyBox USA Prototypes	SpoSer1*	Sportscaster Series 11 *
SkyUSAQ	SkyBox USA Quads	SpoSer1*	Sportscaster Series 12 *
SkyUSAS	SkyBox USA Silver	SpoSer1*	Sportscaster Series 13 *
SkyUSASS	SkyBox USA Silver Sparkle	SpoSer1*	Sportscaster Series 14 *
SkyUSAT	SkyBox USA Tip-Off	SpoSer1*	Sportscaster Series 15 *
SkyUSAWE	SkyBox USA Wrapper Exchange	SpoSer1*	Sportscaster Series 16 *
SkyZ-F	SkyBox Z-Force	SpoSer1*	Sportscaster Series 17 *
SkyZ-FBMotC	SkyBox Z-Force Big Men on the Court	SpoSer1*	Sportscaster Series 18 *
SkyZ-FBMotCZ	SkyBox Z-Force Big Men on the Court Z-peat	SpoSer1*	Sportscaster Series 19 *
		SpoSer2*	Sportscaster Series 20 *
SkyZ-FLBM	SkyBox Z-Force Little Big Men	SpoSer2*	Sportscaster Series 21 *
SkyZ-FSC	SkyBox Z-Force Slam Cam	SpoSer2*	Sportscaster Series 22 *
SkyZ-FST	SkyBox Z-Force Swat Team	SpoSer2*	Sportscaster Series 23 *
SkyZ-FV	SkyBox Z-Force Vortex	SpoSer2*	Sportscaster Series 24 *
SkyZ-FZ	SkyBox Z-Force Z-Cling	SpoSer2*	Sportscaster Series 25 *

SpoSer2*	Sportscaster Series 26 *	
SpoSer2*	Sportscaster Series 27 *	
SpoSer2*	Sportscaster Series 28 *	
SpoSer2*	Sportscaster Series 29 *	
SpoSer3*	Sportscaster Series 30 *	
SpoSer3*	Sportscaster Series 31 *	
SpoSer3*	Sportscaster Series 32 *	
SpoSer3*	Sportscaster Series 33 *	
SpoSer3*	Sportscaster Series 34 *	
SpoSer3*	Sportscaster Series 35 *	
SpoSer3*	Sportscaster Series 36 *	
SpoSer3*	Sportscaster Series 37 *	
SpoSer3*	Sportscaster Series 38 *	
SpoSer3*	Sportscaster Series 39 *	
SpoSer4*	Sportscaster Series 40 *	
SpoSer4*	Sportscaster Series 41 *	
SpoSer4*	Sportscaster Series 42 *	
SpoSer4*	Sportscaster Series 43 *	
SpoSer4*	Sportscaster Series 44 *	
SpoSer4*	Sportscaster Series 45 *	
SpoSer4*	Sportscaster Series 46 *	
SpoSer4*	Sportscaster Series 47 *	
SpoSer4*	Sportscaster Series 48 *	
SpoSer4*	Sportscaster Series 49 *	
SpoSer5*	Sportscaster Series 50 *	
SpoSer5*	Sportscaster Series 51 *	
SpoSer5*	Sportscaster Series 52 *	
SpoSer5*	Sportscaster Series 53 *	
SpoSer5*	Sportscaster Series 54 *	
SpoSer5*	Sportscaster Series 55 *	
SpoSer5*	Sportscaster Series 56 *	
SpoSer5*	Sportscaster Series 57 *	
SpoSer5*	Sportscaster Series 58 *	
SpoSer5*	Sportscaster Series 59 *	
SpoSer6*	Sportscaster Series 60 *	
SpoSer6*	Sportscaster Series 61 *	
SpoSer6*	Sportscaster Series 62 *	
SpoSer6*	Sportscaster Series 63 *	
SpoSer6*	Sportscaster Series 64 *	
SpoSer6*	Sportscaster Series 65 *	
SpoSer6*	Sportscaster Series 66 *	
SpoSer6*	Sportscaster Series 67 *	
SpoSer6*	Sportscaster Series 68 *	
SpoSer6*	Sportscaster Series 69 *	
SpoSer7*	Sportscaster Series 70 *	
SpoSer7*	Sportscaster Series 71 *	
SpoSer7*	Sportscaster Series 72 *	
SpoSer7*	Sportscaster Series 73 *	
SpoSer7*	Sportscaster Series 74 *	
SpoSer/*	Sportscaster Series 75 *	
SpoSer7*	Sportscaster Series 76 *	
SpoSer7*	Sportscaster Series 77 *	
SpoSer7*	Sportscaster Series 78 *	
SpoSer7*	Sportscaster Series 79 *	
SpoSer8*	Sportscaster Series 80 *	
SpoSer8*	Sportscaster Series 81 *	
SpoSer8*	Sportscaster Series 82 *	
SpoSer8*	Sportscaster Series 83 *	
SpoSer8*	Sportscaster Series 84 *	
SpoSer8*	Sportscaster Series 85 *	
SpoSer8*	Sportscaster Series 86 *	
SpoSer8*	Sportscaster Series 87 *	
SpoSer8*	Sportscaster Series 88 *	
SpoSer1*	Sportscaster Series 101 *	
SpoSer1*	Sportscaster Series 102 *	
SpoSer1*	Sportscaster Series 103 *	
SpoWinOH	Sports-Quebec Winter Olympic Hopefuls	
SPPreCH	SP Holoviews	
SPSPxFor	SP SPx Force	
SpuPol	Spurs Police	
SpuPolS	Spurs Police/Diamond Shamrock	
SPx	SPx	
SPxGol	SPx Gold	
SPxHolH	SPx Holoview Heroes	
SRAutG	SR Autobilia Garnett	
SRAutPP	SR Auto Phonex Promo	
SRAutS	SR Autobilia Stackhouse	
SRCluP	SR Club Promos	
SRDraDDGS	SR Draft Day Draft Gems Signatures	
SRDraDKAJ	SR Draft Day K. Abdul Jabbar	
SRDraDRS	SR Draft Day Reflections Signatures	
SRDraDSSS	SR Draft Day Show Stoppers Signatures	
SRDraDSTS	SR Draft Day Swat Team Signatures	
SRFam&F	SR Fame & Fortune	
SRFam&F#P	SR Fame & Fortune #1 Pick	
SRFam&FCP	SR Fame & Fortune Collector's Pick	
SRFam&FSS	SR Fame & Fortune Star Squad	
SRFam&FTF	SR Fame & Fortune Top Five	
SRGolSP	SR Gold Standard Promos	
SRKroFFTP	SR Kromax Flash From The Past	
SRKroJ	SR Kromax Jumbos	
SRKroP	SR Kromax Promos	
SRKroSAP	SR Kromax Super Acrylium Promo	
SRSpoS	SR Sports Slammers	
SRSpoS	SR Sports Stackers	
SRTetM	SR Tetrad Mail-In *	
St.Bon	St. Bonaventure	
Sta	Star	
StaAll	Star All-Rookies	
StaAllG	Star All-Star Game	
StaAllGDP	Star All-Star Game Denver Police	
StaAllT	Star All-Rookie Team	
StaAre	Star Arena	
StaAwaB	Star Award Banquet	
StaBesotB	Star Best of the Best	
StaBesotN	Star Best of the New/Old	
StaCelC	Star Celtics Champs	
StaChaB	Star Charles Barkley	
StaClu	Stadium Club	
StaCluBT	Stadium Club Beam Team	
StaCluBT	Stadium Club Big Tips	
StaCluCA	Stadium Club Class Acts	
StaCluCAAR	Stadium Club Class Act Atomic Refractors	
StaCluCAR	Stadium Club Class Act Refractors	
StaCluCC	Stadium Club Clear Cut	
StaCluDaD	Stadium Club Dynasty and Destiny	
StaCluDP	Stadium Club Draft Picks	
StaCluF	Stadium Club Fusion	
StaCluFDI	Stadium Club First Day Issue	
StaCluFFP	Stadium Club Frequent Flyer Points	
StaCluFFU	Stadium Club Frequent Flyer Upgrades	
StaCluFR	Stadium Club Finest Reprints	
StaCluFRR	Stadium Club Finest Reprint Refractors	
StaCluGM	Stadium Club Golden Moments	
StaCluGPPI	Stadium Club Gallery Player's Private Issue	
StaCluHR	Stadium Club High Risers	
StaCluI	Stadium Club Intercontinental	
StaCluM	Stadium Club Matrix	
StaCluMH	Stadium Club Mega Heroes	
StaCluMO	Stadium Club Members Only	
StaCluMO5	Stadium Club Members Only 50	
StaCluMO5	Stadium Club Members Only 59	
StaCluMOI	Stadium Club Members Only I	
StaCluN	Stadium Club Nemeses	
StaCluPZ	Stadium Club Power Zone	

StaCluR1	Stadium Club Rookies 1
StaCluR2	Stadium Club Rookies 2
StaCluRM	Stadium Club Reign Men
StaCluRR	Stadium Club Rim Rockers
StaCluRS	Stadium Club Rising Stars
StaCluRS	Stadium Club Rookie Showcase
StaCluSF	Stadium Club Special Forces
StaCluSM	Stadium Club Shining Moments
StaCluSS	Stadium Club Spike Says
StaCluSS	Stadium Club Super Skills
StaCluST	Stadium Club Super Teams
StaCluSTDW	Stadium Club Super Teams Division Winners
StaCluSTMP	Stadium Club Super Teams Master Photos
StaCluSTNF	Stadium Club Super Teams NBA Finals
StaCluTC	Stadium Club Top Crop
StaCluTotF	Stadium Club Team of the Future
StaCluW	Stadium Club Wizards
StaCluWA	Stadium Club Welcome Additions
StaCluWS	Stadium Club Warp Speed
StaCluX	Stadium Club X-2
StaClyD	Star Clyde Drexler
StaCoa	Star Coaches
StaCouK	Star Court Kings
StaCouK5	Star Court Kings 5x7
StaCruA	Star Crunch'n'Munch All-Stars
StaDavRI	Star David Robinson I
StaDavRI	Star David Robinson II
StaDavRI	Star David Robinson III
StaDeeB	Star Dee Brown
StaDerCI	Star Derrick Coleman I
StaDerCI	Star Derrick Coleman II
StaDomW	Star Dominique Wilkins
StaGatSD	Star Gatorade Slam Dunk
StaHakO	Star Hakeem Olajuwon
StalsiT	Star Isiah Thomas
StaJamW	Star James Worthy
StaJohS	Star John Stockton
StaJulE	Star Julius Erving
StaKarA	Star Kareem Abdul-Jabbar
StaKarM	Star Karl Malone
StaKevJ	Star Kevin Johnson
StaLakC	Star Lakers Champs
StaLarB	Star Larry Bird
StaLas1R	Star Last 11 ROY's
StaLitA	Star Lite All-Stars
StaMagJ	Star Magic Johnson
StaMicJ	Star Michael Jordan
StaPatE	Star Patrick Ewing
StaPro	Star Promos
StaSchL	Star Schick Legends
StaSixC	Star Sixers Champs
StaSlaD	Star Slam Dunk
StaSlaDS5	Star Slam Dunk Supers 5x7
StaTeaS5	Star Team Supers 5x7
StaTimH	Star Tim Hardaway
StaTomC	Star Tom Chambers
Sun	Suns
Sun25t	Suns 25th
Sun5x8TI	Suns 5x8 Team Issue
Sun5x8W	Suns 5x8 Wendy's
SunA1PB	Suns A1 Premium Beer
SunCarM	Suns Carnation Milk
SunCirK	Suns Circle K
SunGiaS	Suns Giant Service
SunHol	Suns Holsum
SunHumDD	Suns Humpty Dumpty Discs
SunPep	Suns Pepsi
SunPol	Suns Police
SunSmo	Suns Smokey
SunTeaI8	Suns Team Issue 8x10
SunTopKS	Suns Topps/Circle K Stickers
Sup	Supercampioni
SupKay	Supersonics Kayo
SupKTWMC	Supersonics KTW-1250 Milk Cartons
SupPixCG	Superior Pix Chrome Gold
SupPixP	Superior Pix Promos
SupPol	Supersonics Police
SupPor	Supersonics Portfolio
SupShu	Supersonics Shur-Fresh
SupSmo	Supersonics Smokey
SupSunB	Supersonics Sunbeam Bread
SupTacT	Supersonics Taco Time
SupTeal	Supersonics Team Issue
Syr	Syracuse
SyrNat	Syracuse Nationals
TCMCBA	TCMA CBA
TCMLanC	TCMA Lancaster CBA
TCMNBA	TCMA NBA
TedWilE	Ted Williams Eclipse
TedWilHL	Ted Williams Hardwood Legends
TedWilKAJ	Ted Williams Kareem Abdul-Jabbar
TedWilP	Ted Williams Promo
Ten	Tennessee
TenTec	Tennessee Tech
TenWom	Tennessee Women
Tex*	Texas *
TexA&MCC*	Texas A&M Collegiate Collection *
TexAaM	Texas A&M
TexTecW	Texas Tech Women
TexTecWNC	Texas Tech Women NCAA Champs
TimBurK	Timberwolves Burger King
Top	Topps
TopArc	Topps Archives
TopArcG	Topps Archives Gold
TopArcMP	Topps Archives Master Photos
TopBeaT	Topps Beam Team
TopBeaTG	Topps Beam Team Gold
TopBlaG	Topps Black Gold
TopChr	Topps Chrome
TopChrPF	Topps Chrome Pro Files
TopChrR	Topps Chrome Refractors
TopChrSB	Topps Chrome Season's Best
TopChrY	Topps Chrome Youthquake
TopDraR	Topps Draft Redemption
TopFinR	Topps Finest Reprints
TopFinRR	Topps Finest Reprint Refractors
TopForL	Topps Foreign Legion
TopFra	Topps Franchise/Futures
TopGal	Topps Gallery
TopGalE	Topps Gallery Expressionists
TopGalPG	Topps Gallery Photo Gallery
TopGalPPI	Topps Gallery Player's Private Issue
TopGol	Topps Gold
TopHisGO	Topps History's Greatest Olympians
TopHobM	Topps Hobby Masters
TopHolC	Topps Holding Court
TopHolCR	Topps Holding Court Refractors
TopKelTR	Topps Kellogg's Raptors
TopMagP*	Topps Magic Photos *
TopMysF	Topps Mystery Finest
TopMysFB	Topps Mystery Finest Borderless
TopMysFBR	Topps Mystery Finest Bordered Refractors
TopMysFBR	Topps Mystery Finest

	Borderless Refractors	UltFabFGM	Ultra Fabulous Fifties Gold Medallion
TopMysFR	Topps Mystery Finest Refractors	UltFamN	Ultra Famous Nicknames
TopNBAa5	Topps NBA at 50	UltFreF	Ultra Fresh Faces
TopNBAS	Topps NBA Stars	UltFulCT	Ultra Full Court Trap
TopNBASF	Topps NBA Stars Finest	UltFulCTG	Ultra Full Court Trap Gold
TopNBASFAR	Topps NBA Stars Finest Atomic Refractors	UltGivaT	Ultra Give and Take
		UltGolE	Ultra Gold Edition
TopNBASFR	Topps NBA Stars Finest Refractors	UltGolM	Ultra Gold Medallion
TopNBASI	Topps NBA Stars Imagine	UltIns	Ultra Inside/Outside
TopNBASR	Topps NBA Stars Reprints	UltJamC	Ultra Jam City
TopNBASRA	Topps NBA Stars Reprint Autographs	UltJamCHP	Ultra Jam City Hot Pack
TopOlyH	Topps/M&M's Olympic Heroes	UltJamSCI	Ultra Jam Session Cassette Insert
TopOwntG	Topps Own the Game	UltKarM	Ultra Karl Malone
TopOwntGR	Topps Own the Game Redemption	UltPla	Ultra Playmakers
TopPanFG	Topps Pan For Gold	UltPlaE	Ultra Platinum Edition
TopPosI	Topps Poster Inserts	UltPow	Ultra Power
TopPowB	Topps Power Boosters	UltPowGM	Ultra Power Gold Medallion
TopProF	Topps Pro Files	UltPowITK	Ultra Power In The Key
TopRataR	Topps Rattle and Roll	UltProS	Ultra Promo Sheet
TopRul	Topps Rulers	UltRebK	Ultra Rebound Kings
TopSeaB	Topps Season's Best	UltRej	Ultra Rejectors
TopShoS	Topps Show Stoppers	UltRisS	Ultra Rising Stars
TopSpaP	Topps Spark Plugs	UltRisSGM	Ultra Rising Stars Gold Medallion
TopSpe	Topps Spectralight	UltRooF	Ultra Rookie Flashback
TopStaoS*	Topps Stadium of Stars *	UltScoK	Ultra Scoring Kings
TopSudI	Topps Sudden Impact	UltScoKHP	Ultra Scoring Kings Hot Pack
TopSupS	Topps Super Sophomores	UltScoKP	Ultra Scoring Kings Plus
TopSupT	Topps Super Teams	UltScoP	Ultra Scottie Pippen
TopTeaC	Topps Team Checklist	UltStaR	Ultra Starring Role
TopTeaP	Topps Team Posters	UltStaS	Ultra Stackhouse's Scrapbook
TopTeaS	Topps Team Stickers	UltUSAB	Ultra USA Basketball
TopTes	Topps Test	UltUSBPS	Ultimate USBL Promo Sheet
TopThiB*	Topps Thirst Break *	UniOil	Union Oil
TopTopF	Topps Top Flight	UniOilB*	Union Oil Booklets *
TopUSAWNT	Topps USA Women's National Team	UNL	UNLV
TopWhiK	Topps Whiz Kids	UNL7-E	UNLV 7-Eleven
TopWorC	Topps World Class	UNLHOF	UNLV HOF
TopYou	Topps Youthquake	UNLSeatR	UNLV Season to Remember
TraBla	Trail Blazers/Franz	UNLSmo	UNLV Smokey
TraBlaBP	Trail Blazers British Petroleum	UppDec	Upper Deck
TraBlaF	Trail Blazers Franz	UppDec1PC	Upper Deck 15000 Point Club
TraBlaF	Trail Blazers Franz/Star	UppDec2NJE	Upper Deck 23 Nights Jordan Experience
TraBlaIO	Trail Blazers Iron Ons	UppDecA	Upper Deck All-Division
TraBlaMZ	Trail Blazers Mr. Z's/Star	UppDecA	Upper Deck All-NBA
TraBlaP	Trail Blazers Police	UppDecA	Upper Deck All-Rookies
TraBlaP	Trail Blazers Portfolio	UppDecAC	Upper Deck All-Star Class
TraBlaP	Trail Blazers Posters	UppDecAW	Upper Deck All-Star Weekend
TraBlaT	Trail Blazers Texaco	UppDecAWH	Upper Deck Award Winner Holograms
UCL	UCLA	UppDecBB	Upper Deck Box Bottoms
UCLColC	UCLA Collegiate Collection	UppDecBPJ	Upper Deck Dook Ball Park Jordan
UDMJCJ	Upper Deck Michael Jordan Championship Journals	UppDecBPJG	Upper Deck Ball Park Jordan Gold
		UppDecCAM	Upper Deck Chinese Alliance MVP's
Ult	Ultra	UppDecCBA	Upper Deck Chinese Basketball Alliance
UltAll	Ultra All-Defensive	UppDecDPP	Upper Deck Draft Preview Promos
UltAll	Ultra All-NBA	UppDecDPS	Upper Deck Draft Party Sheets
UltAll	Ultra All-Rookies	UppDecDT	Upper Deck Draft Trade
UltAllGM	Ultra All-NBA Gold Medallion	UppDecE	Upper Deck European
UltAllS	Ultra All-Rookie Series	UppDecEAWH	Upper Deck European Award Winner Holograms
UltAllT	Ultra All-Rookie Team		
UltAllTGM	Ultra All-Rookie Team Gold Medallion	UppDecEC	Upper Deck Electric Court
UltAwaW	Ultra Award Winners	UppDecECG	Upper Deck Electric Court Gold
UltBoaG	Ultra Board Game	UppDecETD	Upper Deck European Triple Double
UltCouM	Ultra Court Masters	UppDecFBC	Upper Deck Fast Break Connections
UltDecoE	Ultra Decade of Excellence	UppDecFE	Upper Deck Foreign Exchange
UltDefG	Ultra Defensive Gems	UppDecFH	Upper Deck Future Heroes
UltDouT	Ultra Double Trouble	UppDecFM	Upper Deck French McDonald's
UltDouTGM	Ultra Double Trouble Gold Medallion	UppDecFMT	Upper Deck French McDonald's Team
UltFabF	Ultra Fabulous Fifties	UppDecFT	Upper Deck Flight Team

UppDecGE	Upper Deck Generation Excitement
UppDecGK	Upper Deck German Kellogg's
UppDecH	Upper Deck Holojams
UppDecJC	Upper Deck Jordan Collection
UppDecJGH	Upper Deck Jordan Greater Heights
UppDecJH	Upper Deck Jordan Heroes
UppDecJHBR	Upper Deck Jordan He's Back Reprints
UppDecJRA	Upper Deck Jordan Rare Air
UppDecJWBB	Upper Deck Jerry West Box Bottoms
UppDecJWH	Upper Deck Jerry West Heroes
UppDecJWS	Upper Deck Jerry West Selects
UppDecLBH	Upper Deck Larry Bird Heroes
UppDecLT	Upper Deck Locker Talk
UppDecM	Upper Deck McDonald's
UppDecM	Upper Deck McDonald's/Paris
UppDecMH	Upper Deck MVP Holograms
UppDecMJ	Upper Deck Mr. June
UppDecMV	Upper Deck Michael's Viewpoints
UppDecNBN	Upper Deck Nothing But Net
UppDecP	Upper Deck Promos
UppDecP	Upper Deck Prototypes
UppDecPAW	Upper Deck Predictor Award Winners
UppDecPAWR	Upper Deck Predictor Award Winners Redemption
UppDecPLL	Upper Deck Predictor League Leaders
UppDecPLLR	Upper Deck Predictor League Leaders Redemption
UppDecPM	Upper Deck Predictor MVP
UppDecPMR	Upper Deck Predictor MVP Redemption
UppDecPPotM	Upper Deck Predictor Player of the Month
UppDecPPotMR	Upper Deck Predictor Player of the Month Redemption
UppDecPPotW	Upper Deck Predictor Player of the Week
UppDecPPotWR	Upper Deck Predictor Player of the Week Redemption
UppDecPS	Upper Deck Predictor Scoring
UppDecPS1	Upper Deck Predictor Scoring 1
UppDecPS2	Upper Deck Predictor Scoring 2
UppDecPSR	Upper Deck Predictor Scoring Redemption
UppDecPTVCR1	Upper Deck Predictor TV Cel Redemption 1
UppDecPV	Upper Deck Pro View
UppDecRE	Upper Deck Rookie Exchange
UppDecRE	Upper Deck Rookie Exclusives
UppDecREG	Upper Deck Rookie Exchange Gold
UppDecRotYC	Upper Deck Rookie of the Year Collection
UppDecRS	Upper Deck Rookie Standouts
UppDecS	Upper Deck SE
UppDecS	Upper Deck Sheets
UppDecSBtG	Upper Deck SE Behind the Glass
UppDecSDCA	Upper Deck SE Die Cut All-Stars
UppDecSDS	Upper Deck Slam Dunk Stars
UppDecSE	Upper Deck Special Edition
UppDecSEC	Upper Deck SE Electric Court
UppDecSEG	Upper Deck SE Electric Court Gold
UppDecSEG	Upper Deck Special Edition Gold
UppDecSEJ	Upper Deck Special Edition Jumbos
UppDecSG	Upper Deck Smooth Grooves
UppDecSiSS	Upper Deck Stay in School Sheets
UppDecSUT	Upper Deck SE USA Trade
UppDecTD	Upper Deck Triple Double
UppDecTM	Upper Deck Team MVPs
UppDecU	Upper Deck UD3
UppDecU	Upper Deck USA
UppDecUAHAM	Upper Deck USA Anfernee Hardaway American Made
UppDecUCCA	Upper Deck UD3 Court Commemorative Autographs
UppDecUCT	Upper Deck USA Chalk Talk
UppDecUES	Upper Deck USA Exchange Set
UppDecUFYD	Upper Deck USA Follow Your Dreams
UppDecUFYDES	Upper Deck USA Follow Your Dreams Exchange Set
UppDecUGM	Upper Deck USA Gold Medal
UppDecUJH	Upper Deck USA Jordan's Highlights
UppDecUMJAM	Upper Deck USA Michael Jordan American Made
UppDecUOC	Upper Deck U.S. Olympic Champions
UppDecUOCMI	Upper Deck U.S. Olympic Champions Magical Images
UppDecUOCRoG	Upper Deck U.S. Olympic Champions Reflections of Gold
UppDecUOCRoG	Upper Deck U.S. Olympic Champions Reign of Gold
UppDecUSCS	Upper Deck USA SP Career Statistics
UppDecUSCSG	Upper Deck USA SP Career Statistics Gold
UppDecUSS	Upper Deck UD3 Superstar Spotlight
UppDecUTWE	Upper Deck UD3 The Winning Edge
UppDecWCBB	Upper Deck Wilt Chamberlain Box Bottom
UppDecWCH	Upper Deck Wilt Chamberlain Heroes
UppDecWJ	Upper Deck Walmart Jumbos
UTE	UTEP
Van	Vanderbilt
VanSch	Vanderbilt Schedules
Vic	Victoria
VicGalOG	Victoria Gallery Olympic Greats
Vir	Virginia
VirTec*	Virginia Tech *
VirWom	Virginia Women
WakFor	Wake Forest
WarSmo	Warriors Smokey
WarTeal	Warriors Team Issue
WarTop	Warriors Topps/Safeway
Was	Washington
WasSta	Washington State
Web StS	Weber State
WesVirS	West Virginia Schedules
Whe*	Wheaties *
WheCerB*	Wheaties Cereal Boxes *
WicSta	Wichita State
WilCar	Wild Card
WilCarP	Wild Card Promos
WilCarRHR	Wild Card Red Hot Rookies
WilCarRP	Wild Card Redemption Prototypes
Wis	Wisconsin
WomBasA	Women's Basketball Association
WooAwaW	Wooden Award Winners
WriSta	Wright State
Wyo	Wyoming
WyoWom	Wyoming Women

Additional Reading

Each year Beckett Publications produces comprehensive annual price guides for each of the four major sports: *Beckett Baseball Card Price Guide, Beckett Football Card Price Guide, Beckett Basketball Card Price Guide*, and *Beckett Hockey Card Price Guide*. The aim of these annual guides is to provide information and accurate pricing on a wide array of sports cards, ranging from main issues by the major card manufacturers to various regional, promotional, and food issues. Also other alphabetical checklists, such as *The Beckett Baseball Card Alphabetical, The Beckett Football Card Alphabetical* and *The Beckett Hockey Card Price Guide and Alphabetical*, are published to assist the collector in identifying all the cards of any particular player. The seasoned collector will find these tools valuable sources of information that will enable him to pursue his hobby interests.

In addition, abridged editions of the Beckett Price Guides have been published for each of the four major sports as part of the House of Collectibles series: *The Official Price Guide to Baseball Cards, The Official Price Guide to Football Cards, The Official Price Guide to Basketball Cards,* and *The Official Price Guide to Hockey Cards*. Published in a convenient mass-market paperback format, these price guides provide information and accurate pricing on all the main issues by the major card manufacturers.

Advertising

Within this Price Guide you will find advertisements for sports memorabilia material, mail order, and retail sports collectibles establishments. All advertisements were accepted in good faith based on the reputation of the advertiser; however, neither the author, the publisher, the distributors, nor the other advertisers in this Price Guide accept any responsibility for any particular advertiser not complying with the terms of his or her ad.

Readers also should be aware that prices in advertisements are subject to change over the annual period before a new edition of this volume is issued each spring. When replying to an advertisement late in the baseball year, the reader should take this into account, and contact the dealer by phone or in writing for up-to-date price information. Should you come into contact with any of the advertisers in this guide as a result of their advertisement herein, please mention this source as your contact.

Acknowledgments

A great deal of diligence, hard work, and dedicated effort went into this year's volume. However, the high standards to which we hold ourselves could not have been met without the expert input and generous amount of time contributed by many people. Our sincere thanks are extended to each and every one of you.

A complete list of these invaluable contributors appears after the alphabetical section.

Aamot, Craig
91Mar-1
92Mar-1
Aarden, Pyra
95Neb*-4
Aaron, Laurie
92IowWom-1
Abbey, Everette
94IHSBoyAST-354
Abbott, Jeff
92KenSch*-1
93KenSch-1
Abbott, Jim
91Mic*-1
92ClaWorCA-45
Abbott, Jon
90AriColC*-84
Abdelnaby, Alaa
87Duk-30
88Duk-1
90FleUpd-U78
90StaPic-6
90TraBlaF-9
91Fle-344
91Hoo-423
91HooTeaNS-22
91Sky-232
91TraBlaF-5
91UppDec-213
92Hoo-187
92Hoo-415
92Sky-198
92Sky-362
92StaClu-365
92StaCluMO-365
92Top-350
92TopGol-350G
92Ult-227
92UppDec-70
92UppDec-311
93Fle-9
93FleInt-1
93Hoo-9
93HooFifAG-9
93JamSes-10
93JamSesTNS-1
93PanSti-194
93StaClu-78
93StaCluFDI-78
93StaCluMO-78
93StaCluSTNF-78
93Top-89
93TopGol-89G
93Ult-9
93UppDec-134
93UppDecE-99
94Fin-197
94FinRef-197
94Fla-298
94Fle-360
94Top-364
94TopSpe-364
94Ult-323
Abdul-Aziz, Don Smith (Zaid)
69Top-52
70Top-39
71SupSunB-7
71Top-109
73Top-160
74Top-88
74Top-169
75Top-49
Abdul-Jabbar, Lew Alcindor (Kareem)
69Top-25
69TopRul-10
70Top-1
70Top-2
70Top-5
70Top-75
70TopPosI-13
71MatInsR-1
71Top-100
71Top-133
71Top-138
71Top-139
71Top-140
71Top-142
71TopTri-37
72Com-1
72IceBea-10
72Top-100
72Top-163
72Top-171
72Top-172
72Top-173
72Top-175
73BucLin-2
73LinPor-77
73Top-50
73Top-153
73Top-154
73Top-155
74BucLin-1
74NabSugD*-25
74Top-1
74Top-91
74Top-144
74Top-145
74Top-146
75CarDis-15
75NabSugD*-25
75Top-1
75Top-90
75Top-126
76BucDis-12
76Top-100
76Top-126
77DelFli-1
77PepAll-4
77SpoSer1*-1124B
77SpoSer2*-203
77SpoSer2*-2208
77SpoSer3*-3012
77Top-1
78RoyCroC-1
78Top-110
79LakAlt*-3
79Qualro-1
79Top-10
80Top-14
80Top-43
80Top-44
80Top-50
80Top-131
80Top-132
80Top-140
80Top-162
81Top-20
81Top-55
81Top-W106
82LakBAS-1
83LakBAS-1
83Sta-14
83StaAllG-14
83StaAllG-xx
83StaAllG-xx
83StaSixC-3
84LakBAS-1
84Sta-173
84Sta-282
84StaAllG-14
84StaAllGDP-14
84StaAre-D1
84StaAre-D9
84StaAre-D10
84StaAwaB-1
84StaAwaB-24
84StaCelC-2
84StaCelC-8
84StaCelC-16
84StaCelC-18
84StaCelC-20
84StaCouK5-1
85JMSGam-20
85LakDenC-1
85PriSti-1
85PriSti-9
85Sta-26
85StaCruA-7
85StaKarA-1
85StaKarA-2
85StaKarA-3
85StaKarA-4
85StaKarA-5
85StaKarA-6
85StaKarA-7
85StaKarA-8
85StaKarA-9
85StaKarA-10
85StaKarA-11
85StaKarA-12
85StaKarA-13
85StaKarA-14
85StaKarA-16
85StaKarA-17
85StaKarA-18
85StaLakC-1
85StaLakC-8
85StaLakC-10
85StaLitA-8
85StaTeaS5-LA1
86Fle-1
86FleSti-1
86StaBesotB-1
86StaBesotN-5
86StaCouK-2
87Fle-1
87FleSti-8
88BucGreB-1
88Fle-64
88FouNBAE-5
88FouNBAES-1
89PanSpaS-210
89PanSpaS-278
89SpoIllfKl*-42
91UCLColC-2
91UCLColC-10
91UCLColC-33
91UCLColC-93
91UCLColC-109
92CouFla-18
92CouFlaPS-1
92FouSpLPs-LP14
92UppDecS-6
93KelColGP-1
93LakFor*-BC4
95AusFutAAP-K1
95AusFutAAP-K2
95AusFutArG-135G
95AusFutAAP-K4
95SRDraDKAJ-K1
95SRDraDKAJ-K2
95SRDraDKAJ-K3
95SRDraDKAJ-K4
95SRDraDKAJ-K5
95SRKroFFTP-FP10
95SRKroFFTPS-FP10
95SRTetT-T4
95TedWilCon-C1
95TedWilE-EC5
95TedWilG-G3
95TedWilKAJ-KAJ1
95TedWilKAJ-KAJ2
95TedWilKAJ-KAJ3
95TedWilKAJ-KAJ4
95TedWilKAJ-KAJ5
95TedWilKAJ-KAJ6
95TedWilKAJ-KAJ7
95TedWilKAJ-KAJ8
96ClaLegotFF-11
96TopFinR-1
96TopFinRR-1
96TopNBAS-1
96TopNBAS-51
96TopNBASF-1
96TopNBASF-51
96TopNBASF-101
96TopNBASFAR-1
96TopNBASFAR-51
96TopNBASFAR-101
96TopNBASFR-1
96TopNBASFR-51
96TopNBASFR-101
96TopNBA3I-I3
96TopNBASR-1
Abdul-Rahman, Walt Hazzard (Mahdi)
69Top-27
70Top-134
71Top-24
72Top-93
73Top-128
91UCLColC-6
91UCLColC-77
92CouFla-17
Abdul-Rauf, Chris Jackson (Mahmoud)
88LSU*-4
88LSUAll*-1
90FleUpd-U25
90Hoo-392
90HooTeaNS-7
90LSUColC*-2
90LSUColC*-18
90LSUColC*-91
90LSUColC*-189
90LSUColC*-190
90LSUColCP*-2
90Sky-357
90StaPic-62
91Fle-49
91FleRooS-8
91FleTonP-120
91FleWheS-2
91Hoo-52
91Hoo-461
91Hoo-509
91HooTeaNS-7
91LitBasBL-15
91PanSti-53
91Sky-70
91Sky-465
91Sky-492
91SkyCanM-13
91UppDec-89
91UppDec-319
91UppDecRS-R17
92Fle-57
92FleDra-14
92FleTonP-30
92Hoo-56
92Hoo100S-24
92PanSti-74
92Sky-60
92Sky-288
92SkyNeS-16
92SpoIllfKl*-461
92StaClu-77
92StaCluMO-77
92Top-8
92TopArc-135
92TopArcG-135G
92TopGol-8G
92Ult-49
92UppDec-117
92UppDec-449
92UppDec-499
93Fin-114
93Fin-191
93FinMaiA-7
93FinRef-114
93FinRef-191
93Fle-50
93FleNBAS-1
93Hoo-52
93Hoo-287
93HooFifAG-52
93HooFifAG-287
93JamSes-52
93PanSti-79
93PanSti-B
93Sky-60
93SkyCenS-CS8
93StaClu-322
93StaCluFDI-322
93StaCluMO-322
93StaCluSTNF-322
93Top-4
93Top-112
93TopBlaG-13
93TopGol-4G
93TopGol-112G
93Ult-49
93UltAwaW-1
93UppDec-44
93UppDec-20
93UppDecE-140
93UppDecPV-58
93UppDecS-123
93UppDecSEG-123
93UppDecSEG-123
93UppDecTM-TM7
94ColCho-103
94ColChoGS-103
94ColChoSS-103
94Emb-23
94EmbGoll-23
94Fin-282
94Fin-325
94FinLotP-LP10
94FinRef-282
94FinRef-325
94Fla-38
94Fle-56
94FleLeaL-1
94Hoo-48
94Hoo-255
94HooPre-P1
94HooShe-7
94JamSes-45
94PanSti-125
94ProMag-31
94Sky-40
94SP-61
94SPCha-52
94SPChaDC-52
94SPDie-D61
94StaClu-102
94StaClu-126
94StaCluFDI-102
94StaCluFDI-126
94StaCluMO-102
94StaCluMO-126
94StaCluSTNF-102
94StaCluSTNF-126
94Top-325
94TopSpe-325
94Ult-47
94UppDec-260
94UppDecE-104
94UppDecSE-20
94UppDecSEG-20
95ColCho-3
95ColCho-372
95ColChoCtG-C17
95ColChoCtGS-C17
95ColChoCtGS-C17B
95ColChoCtGS-C17C
95ColChoCtGSG-C17
95ColChoCtGSG-C17B
95ColChoCtGSG-C17C
95ColChoCtGSGR-C17
95ColChoIE-103
95ColChoIJI-103
95ColChoISI-103
95ColChoPC-3
95ColChoPC-372
95ColChoPCP-3
95ColChoPCP-372
95Fin-182
95FinDisaS-DS7
95FinMys-M33
95FinMysB-M33
95FinMysBR-M33
95FinRef-182
95Fla-30
95Fle-41
95FleEur-54
95FleEurLL-1
95Hoo-38
95HooMagC-7
95JamSes-25
95JamSesDC-D25
95Met-24
95MetSilS-24
95PanSti-154
95Sky-166
95Sky-253
95SkyE-X-20
95SkyE-XB-20
95SP-34
95SPCha-26
95SPCha-124
95StaClu-107
95StaClu-251
95StaCluMO5-33
95StaCluMOI-107B
95StaCluMOI-107R
95Top-156
96TopGal-67
95TopGalPPI-67
95Ult-44
95Ult-299
95UltGolM-44
95UppDec-220
95UppDecEC-220
95UppDecECG-220
95UppDecSE-19
95UppDecSEG-19
96BowBes-6
96BowBesAR-6
96BowBesR-6
96ColCho-45
96ColCho-319
96ColCholI-37
96ColCholI-162
96ColCholJ-3
96ColCholJ-372
96ColChoM-M22
96ColChoMG-M22
96Fin-190
96FinRef-190
96FlaSho-A86
96FlaSho-B86
96FlaSho-C86
96FlaShoLC-86

96FlaShoLC-B86
96FlaShoLC-C86
96Fle-25
96Fle-245
96Hoo-39
96Hoo-237
96HooSil-39
96HooStaF-23
96Met-209
96MetPreM-209
96Sky-184
96SkyE-X-61
96SkyE-XC-61
96SkyZ-F-22
96SkyZ-F-131
96SkyZ-FZ-22
96SP-95
96StaClu-108
96StaCluWA-WA7
96Top-3
96Top-193
96TopChr-3
96TopChr-193
96TopChrR-3
96TopChrR-193
96TopNBAa5-3
96TopNBAa5-193
96Ult-239
96UltGolE-G239
96UltPlaE-P239
96UppDec-288
96UppDec-328
Abdur-Rahim, Shareef
96AllSpoPPaF-84
96AllSpoPPaF-108
96BowBesP-BP7
96BowBesPAR-BP7
96BowBesPR-BP7
96BowBesRo-R3
96BowBesRoAR-R3
96BowBesRoR-R3
96ColCho-346
96ColCho-361
96ColChoCtGS2-C28A
96ColChoCtGS2-C28B
96ColChoCtGS2R-R28
96ColChoCtGS2RG-R28
96ColChoCtGSG2-C28A
96ColChoCtGSG2-C28B
96ColChoDT-DR3
96ColChoM-M175
96ColChoMG-M175
96ColEdgRR-1
96ColEdgRRD-1
96ColEdgRRG-1
96ColEdgRRKK-1
96ColEdgRRKKG-1
96ColEdgRRKKH-1
96ColEdgRRRR-1
96ColEdgRRRRG-1
96ColEdgRRRRH-1
96ColEdgRRTW-1
96ColEdgRRTWG-1
96ColEdgRRTWH-1
96Fin-54
96Fin-259
96Fin-284
96FinRef-54
96FinRef-259
96FinRef-284
96FlaSho-A29
96FlaSho-B29
96FlaSho-C29
96FlaShoCo'-1
96FlaShoLC-29
96FlaShoLC-B29
96FlaShoLC-C29
96Fle-262
96FleLuc1-3
96FleRooS-1
96FleS-38
96FleThrS-1
96FleTowoP-1
96Hoo-278
96HooGraA-1
96HooRoo-1
96HooStaF-28
96Met-135
96Met-220
96MetCyb-CM1
96MetFreF-FF1
96MetMetE-12
96MetMolM-11
96MetPreM-220
96PacPow-1
96PacPowGCDC-GC1
96PacPowITP-IP1
96PacPowJBHC-JB1
96PrePas-3
96PrePasA-3
96PrePasJC-J4
96PrePasL-3
96PrePasNB-3
96PrePasP-1
96PrePasS-3
96ScoBoaAB-3
96ScoBoaAB-3A
96ScoBoaAB-3C
96ScoBoaAB-PP3
96ScoBoaAC-11
96ScoBoaACA-2
96ScoBoaACGB-GB11
96ScoBoaBasRoo-4
96ScoBoaBasRoo-87
96ScoBoaBasRooCJ-CJ18
96ScoBoaBasRooD-DC3
96Sky-122
96Sky-200
96SkyE-X-76
96SkyE-XC-76
96SkyE-XSD2-14
96SkyInt-1
96SkyLarTL-B1
96SkyNewE-1
96SkyRooP-R1
96SkyRub-122
96SkyRub-200
96SkyZ-F-139
96SkyZ-FZ-R3
96SkyZ-FZ-1
96SkyZ-FZZ-1
96SP-145
96SPPreCH-PC39
96StaCluCA-CA6
96StaCluCAAR-CA6
96StaCluCAR-CA6
96StaCluR1-R3
96StaCluR2-R1
96StaCluRS-RS2
96Top-128
96TopChr-128
96TopChrR-128
96TopChrY-YQ11
96TopDraR-3
96TopNBAa5-128
96TopYou-U11
96Ult-116
96Ult-264
96UltAll-1
96UltFreF-1
96UltGolE-G116
96UltGolE-G264
96UltPlaE-P116
96UltPlaE-P264
96UltRisS-1
96UltScoK-28
96UltScoKP-28
96UppDec-129
96UppDec-163
96UppDec-358
96UppDecPS2-P19
96UppDecPTVCR2-TV19
96UppDecRE-R11
96UppDecSG-SG7
96UppDecU-4
96VisSigBRR-VBR3
97ScoBoaASP-REV4
Abe, Sanshiro
96PenSta*-21
Abebe, Bikila
76PanSti-78
Abercrombie, Tywands
88MarWom-15
Aberden, Stu
84MarPlaC-H1
84MarPlaC-H2
Abernathy, Ted
68ParMea*-1
Abernathy, Tom
86IndGreI-30
Able, Forrest
55AshOil-73
89LouColC*-51
Abner, Mike
94IHSBoyA3S-1
Abood, Tom
89LouColC*-152
Abraham, Clifton
92FloSta*-45
Abraham, Faisal
94Mar-1
95Mar-1
Abram, Mike
88LouColC-78
88LouColC-141
88LouColC-159
89LouColC*-36
89LouColC*-289
Abrams, James
93EasTenS-15
Abrams, Wayne
80TCMCBA-24
81TCMCBA-2
82TCMCBA-73
Ackerman, Tim
94CasHS-115
94CasHS-116
Ackerman, Todd
94CasHS-115
94CasHS-117
Ackermann, Rosemarie
76PanSti-130
Ackles, George
88UNL-4
89UNLHOF-4
90UNLHOF-6
90UNLSeatR-6
90UNLSeatR-15
90UNLSmo-1
91Cla-19
91Cou-2
91FouSp-167
91FroR-5
91FroRowP-108
91StaPic-16
91WilCar-25
Acres, Mark
89Hoo-73
89Hoo-307
90Hoo-213
90HooTeaNS-19
90Sky-198
91Hoo-407
91HooTeaNS-19
91Sky-199
91UppDec-201
92StaClu-397
92StaCluMO-397
92Top-380
92TopGol-380G
Adair, Jerry
91OklStaCC*-85
Adams, Alvan
75Sun-1
76Sun-1
76Top-75
77SunHumDD-1
77Top-95
78Top-77
79Top-52
80SunPep-5
80Top-68
80Top-156
81SunPep-1
81Top-60
81Top-W79
83Sta-110
84Sta-38
84SunPol-33
85Sta-35
85StaLas1R-10
86Fle-2
87Fle-2
87SunCirK-1
92Sun25t-9
Adams, Charles
94IHSBoyASD-1
Adams, Craig
93AusStoN-13
Adams, David
90AriColC*-35
90AriColC*-112
Adams, Don
72Top-77
73Top-139
74Top-4
Adams, George
75Top-264
89KenColC*-131
Adams, Jack
55AshOil-1
Adams, Jerry
89ProCBA-71
Adams, Jody
90TenWom-1
92TenWom-1
Adams, John LOU
89LouColC*-197
Adams, John LSU
90LSUColC*-111
Adams, John R. KEN
88KenColC-96
88KenColC-238
Adams, Kent
91TexA&MCC*-51
Adams, Michael
85KinSmo-5
88Fle-33
88NugPol-14
89Fle-38
89Hoo-52
89NugPol-1
89PanSpaS-136
90Fle-46
90Hoo-91
90Hoo-361
90Hoo100S-24
90HooActP-53
90HooCol-25
90HooTeaNS-7
90PanSti-61
90Sky-71
91Fle-367
91Fle-398
91Hoo-51
91Hoo-443
91Hoo-530
91Hoo100S-25
91HooTeaNS-27
91Sky-67
91Sky-300
91Sky-308
91Sky-431
91Sky-589
91Sky-650
91UppDec-43
91UppDec-435
91UppDec-456
92BulCro-WB7
92Fle-228
92FleAll-1
92FleSha-8
92FleTonP-1
92Hoo-230
92Hoo-293
92Hoo100S-97
92PanSti-188
92Sky-245
92SkyNes-1
92SkyThuaL-TL4
92SpolIIfKI*-92
92StaClu-134
92StaCluMO-134
92Top-67
92Top-114
92Top-206
92TopArc-60
92TopArcG-60G
92TopGol-67G
92TopGol-114G
92TopGol-206G
92Ult-184
92UppDec-36
92UppDec-139
92UppDecE-8
92UppDecE-103
92UppDecM-P42
93Fin-56
93FinRef-56
93Fle-213
93Hoo-220
93HooFifAG-220
93JamSes-230
93PanSti-239
93Sky-180
93StaClu-258
93StaCluFDI-258
93StaCluMO-258
93StaCluSTNF-258
93Top-371
93TopGol-371G
93Ult-192
93UppDec-29
93UppDec-236
93UppDecE-250
93UppDecPV-37
93UppDecS-5
93UppDecSEC-5
93UppDecSEG-5
94ColCho-63
94ColCho-294
94ColChoCtGA-A1
94ColChoCtGAR-A1
94ColChoGS-63
94ColChoGS-294
94ColChoSS-63
94ColChoSS-294
94Fin-243
94FinRef-243
94Fla-187
94Fle-228
94Fle-253
94Hoo-216
94Hoo-310
94HooShe-2
94HooShe-4
94JamSes-17
94PanSti-21
94ProMag-131
94Sky-169
94Sky-210
94StaClu-246
94StaCluFDI-246
94StaCluMO-246
94StaCluSTNF-246
94Top-354
94TopSpe-354
94Ult-17
94UppDec-304
94UppDecE-19
95ColCho-116
95ColChoIE-63
95ColChoIE-294
95ColChoIJI-63
95ColChoIJI-294
95ColChoISI-63
95ColChoISI-75
95ColChoPC-116
95ColChoPCP-116
95FieEur-20
95Hoo-228
95Top-83
96ColCholI-16
96ColChoIJI-116
Adams, Ron
89FreSta-1
Adams, Scott
90MurSta-9
91MurSta-1
Addison, Rafael
91Hoo-398
91HooTeaNS-17
91Sky-636
91UppDec-429
92Fle-385
92Hoo-143
92Sky-150
92SkySchT-ST7
92StaClu-117
92StaCluMO-117
92Top-345
92TopGol-345G
92Ult-312
92UppDec-260
93Fle-129
93Hoo-136
93HooFifAG-136
93PanSti-212
93UppDec-93
94Fla-210
94Ult-236
96ColCho-212
Addison, Sue
92FloSta*-16
Adell, Darnell
89NorCarSCC-68
89NorCarSCC-175
Adelman, Rick
68RocJacitB-1
69Top-23
70Top-118
71Top-11
71TraBlaT-1
72Com-2
72Top-117
73Top-27
74Top-7

75Top-67
83TraBlaP-NNO
84TraBlaP-5
89Hoo-291
89TraBlaF-1
90Hoo-326
90Hoo-353
90HooTeaNS-22
90Sky-322
90TraBlaF-7
91Fle-166
91Hoo-242
91Hoo-273
91Sky-399
91TraBlaF-4
92Fle-185
92Hoo-260
92Sky-276
92TraBlaF-7
93Hoo-251
93HooFifAG-251
93TraBlaF-2
95Hoo-178
95WarTop-GS4
96Hoo-257
Adkins, Adrian
91SouCarCC*-14
Adkins, Earl
55AshOil-13
89KenColC*-90
Adkins, Keith
88KenSovPI-3
Adkins, Paul
89KenColC*-276
Adkins, Rusty
90CleColC*-156
Adler, Doug
91SouCal*-96
Adrian, Charlie
91GeoColC-88
91GeoColC-93
Adrian, Jeff
94CasHS-129
Adubato, Richie
88MavBudLB-NNO
90Hoo-310
90HooTeaNS-6
90Sky-306
91Fle-42
91Hoo-226
91HooTeaNS-6
91Sky-383
92Fle-47
92Hoo-244
92Sky-260
Affholter, Erik
91SouCal*-43
Agassi, Andre
93LakFor*-5
Agee, Arthur
95ClaBKR-81
95ClaBKRAu-81
95ClaBKRPP-81
95ClaBKRSS-81
Agee, Brad
90Tex*-1
Agrums, Lucas
92AusFutN-70
93AusFutN-88
93AusStoN-65
94AusFutN-93
94AusFutN-182
95AusFutN-69
Aguirre, Mark
83Sta-49
84Sta-250
84StaAllG-15
84StaAllGDP-15
84StaAre-B1
84StaCouK5-3
85Sta-160
86DePPlaC-D3
86DePPlaC-S10
86DePPlaC-S11
86Fle-3
86StaCouK-1
87Fle-3
87FleSti-9
87MavMilL-1
88Fle-27
88FleSti-1
88FouNBAE-13
88FouNBAES-2
88MavBudLB-24

89Con-1
89Fle-44
89Hoo-95
89PanSpaS-128
90Fle-54
90Hoo-101
90HooTeaNS-8
90PisSta-1
90PisUno-1
90Sky-82
91Fle-57
91FleTonP-91
91FleWheS-3
91Hoo-59
91HooTeaNS-8
91PisUno-1
91PisUno-15
91Sky-78
91Sky-439
91UppDec-165
91UppDecS-5
92Fle-62
92Hoo-62
92Sky-66
92StaClu-66
92StaCluMO-66
92Top-86
92TopArc-1
92TopArc-12
92TopArcG-1G
92TopArcG-12G
92TopArcMP-1981
92TopGol-86G
92Ult-55
92UppDec-209
92UppDec-483
92UppDec1PC-PC6
93Fin-40
93FinRef-40
93Fle-58
93Fle-305
93Hoo-60
93Hoo-350
93HooFifAG-60
93HooFifAG-350
93JamSesTNS-4
93PanSti-167
93Sky-235
93Sky-303
93StaCluFDI-325
93StaCluMO-325
93StaCluSTNF-325
93Top-185
93Top-295
93TopGol-185G
93TopGol-295G
93Ult-55
93Ult-265
93UppDec-390
93UppDecF-147
Ah You, Junior
90AriStaCC*-56
Aherne, Brian
48TopMagP*-J16
Aikman, Troy
91ProSetPF*-1
90OlaMcDf-1
93CosBroPC*-1
93CosBroPC*-2
94ClaIntP*-1
94ScoBoaNP*-10
94ScoBoaNP*-20A
Ainge, Danny
77SpoSer8*-8608
83Sta-27
84Sta-2
84StaAre-A2
84StaCelC-6
84StaCelC-12
85JMSGam-11
85Sta-96
85StaLakC-4
85StaLakC-12
85StaTeaS5-BC5
86Fle-4
87Fle-4
88CelCit-1
88Fle-8
88KinCarJ-7
88Sta-133
89Hoo-215
89KinCarJ-7
89PanSpaS-7

90Fle-162
90FleUpd-U79
90Hoo-253
90Hoo-427
90Hoo100S-83
90HooActP-133
90HooTeaNS-22
90PanSti-39
90Sky-242
90Sky-407
90TraBlaBP-1
90TraBlaF-10
91SMaj-13
91Fle-167
91FleTonP-68
91Hoo-171
91HooTeaNS-22
91LitBasBL-1
91PanSti-32
91Sky-233
91Sky-453
91Sky-590
91TraBlaF-6
91UppDec-279
91WooAwaW-11
92Fle-177
92Fle-410
92Hoo-188
92Hoo-450
92PanSti-44
92Sky-199
92Sky-316
92Sky-388
92StaClu-252
92StaCluMO-252
92SunTopKS-1
92Top-360
92TopArc-13
92TopArcG-13G
92TopGol-360G
92Ult-336
92UppDec-75
92UppDec-322
93Fin-41
93FinRef-41
93Fle-162
93Hoo-168
93HooFifAG-168
93HooShe-5
93JamSes-173
93PanSti-32
93Sky-144
93StaClu-55
93StaCluFDI-55
93StaCluMO-55
93StaCluM05-1
93StaCluSTNF-55
93Top-186
93TopGol-186G
93Ult-144
93UppDec-79
93UppDec-465
93UppDec-504
93UppDecF-225
93UppDecS-2
93UppDecSEC-100
93UppDecSEG-100
94ColCho-222
94ColChoGS-222
94ColChoSS-222
94Fin-12
94FinRef-12
94Fla-15
94Fle-174
94Hoo-165
94HooShe-12
94JamSes-146
94PanSti-173
94ProMag-105
94Sky-127
94StaClu-118
94StaClu-119
94StaCluFDI-118
94StaCluFDI-119
94StaCluMO-118
94StaCluMO-119
94StaCluSTDW-SU118
94StaCluSTNF-118
94StaCluSTNF-119
94Top-90
94TopSpe-90
94Ult-145
94UppDec-215

94UppDecE-52
95ColChoIE-222
95ColChoIJI-222
95ColChoISI-3
95Fle-141
95FleEur-179
95Ult-138
95UltGolM-138
96Hoo-269
Aitch, Matthew
90MicStaCC2*-141
Akerfelds, Darrell
91ArkColC*-31
Akers, Marvin
89KenColC*-14
Akii-Bua, John
76PanSti-126
Akinkunle, Adebayo
94Bra-15
95Bra-14
Akridge, Bill
89LouColC*-214
Alarie, Mark
89Fle-157
89Hoo-94
90Fle-190
90Hoo-295
90HooTeaNS-26
90PanSti-145
90Sky-285
91Hoo-444
91HooTeaNS-27
91Sky-287
91UppDec-363
Albeck, Stan
84NetGet-1
85Bra-S10
90Bra-1
Albergamo, Nacho
88LSUAII*-8
90LSUColC*-129
Albert, Eddie
48TopMagP*-J34
Albert, Frankie
57UniOilB*-3
Albert, Marv
90HooAnn-1
Albert, Steve
90HooAnn-2
Alberts, Charles
89KenColC*-95
Alberts, Marcie
93OhiStaW-1
94OhiStaW-1
Alberts, Trev
93Neb*-1
Aldo, Alon
92GloPro-P2
Aldama, Santiago
92UppDecE-128
Aldrich, Ken
88Jac-1
Aleksinas, Chuck
77Ken-10
77KenSch-1
78Ken-17
78KenSch-1
84Sta-150
89KenColC*-54
Alepra, Matt
94IHSBoyASD-33
Aloogvich, Derrick
92UNL-1
Alexander, Chad
94TexAaM-1
Alexander, Charles
90LSUColC*-5
Alexander, Chris
91Vir-1
92Vir-1
93Vir-1
Alexander, Cory
91Vir-2
92Vir-2
93Vir-2
95ClaBKR-27
95ClaBKRAu-27
95ClaBKRPP-27
95ClaBKRSS-27
95ClaBKV-27
95ClaBKVE-27
95Col-1
95Col-62
95Col-93

95ColChoPCP-211
95Fin-139
95FinVet-RV29
95FivSp-27
95FivSpAu-27
95FivSpD-27
95Fla-199
95Fle-280
95Hoo-283
95PacPreGP-21
95Sky-243
95SP-164
95SPHol-PC32
95SPHolDC-PC32
95SRAut-29
95SRDraD-31
95SRDraDSig-31
95SRFam&F-1
95SRSigPri-1
95SRSigPriS-1
95SRTet-22
95StaClu-336
95Top-232
95TopDraR-29
95Ult-263
95UppDec-301
95UppDecEC-301
95UppDecECG-301
96CleAss-25
96ColCho-326
96ColChoI-91
96ColChoIJ-211
96ColLif-L1
96PacPreGP-21
96PacPri-21
96Sky-185
96SkyRub-185
96StaClu-53
96StaCluM-53
96Top-136
96TopChr-136
96TopChrR-136
96TopNBAa5-136
96UppDec-292
Alexander, Dan
90LSUColC*-177
Alexander, Darwyn
91OklSta-6
91OklSta-32
91OklSta-42
Alexander, Eugene
90KenProI-3
Alexander, Grover
48TopMagP*-K12
Alexander, Ken
92FloSta*-46
Alexander, Matthew
92AusStoN-21
95AusFutN-51
96AusFutN-54
Alexander, Rex
55AshOil-61
Alexander, Todd KAN
89Kan-54
Alexander, Todd SMU
89ProCBA-159
Alexander, Victor
91Cla-11
91ClaAut-1
91Fle-284
91FouSp-159
91FroRowP-01
91FroRU-62
91UppDec-10
91UppDecRS-R21
95UppDecS-11
91WilCarRHR-7
92Fle-72
92Hoo-71
92Sky-76
92StaClu-348
92StaCluMO-348
92Top-316
92TopGol-316G
92Ult-62
92UppDec-264
93Fin-7
93FinRef-7
93Fle-66
93Hoo-68
93HooFifAG-68
93JamSes-67
93PanSti-5
93Sky-72

93StaClu-120
93StaCluFDI-120
93StaCluMO-120
93StaCluSTNF-120
93Top-7
93TopGol-7G
93Ult-63
93UppDecE-155
93UppDec-261
93UppDecS-85
93UppDecSEC-85
93UppDecSEG-85
93WarTop-12
94ColCho-352
94ColChoGS-352
94ColChoSS-352
94Fin-17
94FinRef-17
94Fla-49
94Fle-70
94Hoo-63
94PanSti-133
94Sky-52
94StaClu-59
94StaCluFDI-59
94StaCluMO-59
94StaCluSTNF-59
94Top-148
94Top-149
94TopSpe-148
94TopSpe-149
94Ult-244
94UppDec-221
94WarTop-GS2
95ColChoIE-352
95ColChoISI-133
95Fin-57
95FinRef-57
95FleEur-73
95Top-94
Alexander, William
91GeoTecCC*-92
Alexjev, Vassili
76PanSti-224
Alfejeva, Lidia
76PanSti-136
Alford, Steve
87IndGreI-1
87IndGreI-12
87IndGreI-20
89Hoo-143
90Hoo-81
90Sky-59
91Sky-56
91UppDec-250
93FCAFinF-1
Ali, Ali
94IHSBoyA3S-18
Ali, Muhammed
76PanSti-79
77SpoSer1*-103
81PhiMor*-1
81TopThiB*-54
83HosU.SOGM-21
83TopHisGO-92
83TopOlyH-7
92VicGalOG-24
93LakFor*-6
Ali, Waseem
94TexAaM-7
Alibegovic, Teo
89OreSta-1
90OreSta-1
91ProCBA-89
Alicea, Edwin
90FloStaCC*-2
Alicea, Luis
90FloStaCC*-32
Allaria, Mark
94IHSBoyAST-63
Allen, Anthony
86Geo-3
87Geo-3
88Geo-3
89Geo-3
91GeoColC-35
Allen, Bob
84MarPlaC-D11
Allen, Doug
90AriStaCC*-14
Allen, Eric A. ARI
90AriStaCC*-32
Allen, Eric MSU
90MicStaCC*-14

90MicStaCC2*-67
Allen, Ermal
88KenColC-57
89KenColC*-154
Allen, Frank
90MurSta-10
91MurSta-3
92MurSta-1
Allen, Greg
90FloStaCC*-84
Allen, Jeff
94Wyo-1
Allen, Jerome
95ClaBKR-47
95ClaBKRAu-47
95ClaBKRPP-47
95ClaBKRSS-47
95ClaBKV-47
95ClaBKVE-47
95Col-54
95Col-96
95Col2/1-T9
95ColIgn-I15
95FivSp-39
95FivSpAu-39
95FivSpD-39
95Fle-281
95Hoo-271
95PacPreGP-47
95SRDraD-6
95SRDraDSig-6
95SRFam&F-2
95SRSigPri-2
95SRSigPriS-2
95StaClu-320
96PacPreGP-47
96PacPri-47
Allen, Joe
85Bra-D6
85Bra-D13
94Bra-1
Allen, John (Sonny)
92OhiValCA-1
Allen, Josh
94IHSBoyAST-44
Allen, Kelvin
92MemSta-2
95UppDecCBA-46
Allen, Lucius
69SupSunB-1
69Top-6
70Top-31
71Top-27
72Top-145
73BucLin-1
73LinPor-78
73NBAPlaA-1
73Top-88
74Top-19
75Top-52
76Top-34
77Top-87
78Top-6
91UCLColC-48
Allen, Mark
94IHSBoyAST-354
Allen, Mike
88KenSovPI-4
Allen, Phog (Forrest C.)
68HalofFB-1
92CenCou-13
Allen, Randy
89KinCarJ-40
90Hoo-254
90Sky-243
Allen, Ray
93Con-1
94Con-1
95Con-1
96AllSpoPPaF-12
96BowBesP-BP5
96BowBesPAR-BP5
96BowBesPR-BP5
96BowBesRo-R5
96BowBesRoAR-R5
96BowBesRoR-R5
96ColCho-278
96ColCho-381
96ColChoDT-DR5
96ColChoM-M159
96ColChoMG-M159
96ColEdgRR
96ColEdgRRD-2
96ColEdgRRG-2

96ColEdgRRKK-2
96ColEdgRRKKG-2
96ColEdgRRKKH-2
96ColEdgRRRR-2
96ColEdgRRRRG-2
96ColEdgRRRRH-2
96ColEdgRRTW-2
96ColEdgRRTWG-2
96ColEdgRRTWH-2
96Fin-22
96Fin-252
96FinRef-22
96FinRef-252
96FlaSho-A35
96FlaSho-B35
96FlaSho-C35
96FlaShoCo'-2
96FlaShoLC-35
96FlaShoLC-B35
96FlaShoLC-C35
96Fle-212
96FleLuc1-5
96FleRooS-2
96FleS-20
96FleSwiS-1
96Hoo-279
96HooGraA-2
96HooRoo-2
96HooStaF-15
96Met-136
96Met-186
96MetCyb-CM2
96MetFreF-FF2
96MetMetE-13
96MetMolM-12
96MetPreM-186
96PacPow-2
96PacPowGCDC-GC2
96PacPowITP-IP2
96PacPowJBHC-JB2
96PrePas-5
96PrePas-39
96PrePasA-5
96PrePasAu-1
96PrePasJC-J3
96PrePasL-5
96PrePasNB-5
96PrePasNB-39
96PrePasP-2
96PrePasS-5
96PrePasS-39
96ScoBoaAB-5
96ScoBoaAB-5A
96ScoBoaAB-5B
96ScoBoaAB-5C
96ScoBoaAB-PP5
96ScoBoaAC-14
96ScoBoaACA-3
96ScoBoaACGB-GB4
96ScoBoaBasRoo-5
96ScoBoaBasRoo-84
96ScoBoaBasRooCJ-CJ4
96ScoBoaBasRooD-DC5
96Sky-63
96Sky-201
96SkyAut-1
96SkyAutB-1
96SkyE-X-37
96SkyE-XC-37
96SkyE-XNA-19
96SkyE-XSD2-13
96SkyEmAuEx-E1
96SkyNewE-2
96SkyRooP-R2
96SkyRub-63
96SkyRub-201
96SkyZ-F-140
96SkyZ-FZ-2
96SkyZ-FZ-R1
96SkyZ-FZ-2
96SkyZ-FZZ-2
96SP-136
96SPPreCH-PC21
96StaCluR1-R5
96StaCluR2-R19
96StaCluRS-RS4
96Top-217
96TopChr-217
96TopChrR-217
96TopChrY-YQ9
96TopDraR-5
96TopNBAa5-217
96TopYou-U9
96Ult-60

96Ult-265
96UltAll-2
96UltFreF-2
96UltGolE-G60
96UltGolE-G265
96UltPlaE-P60
96UltPlaE-P265
96UppDec-69
96UppDecRE-R7
96UppDecU-5
Allen, Reginald
92Ala-1
93Ala-3
93Ala-13
Allen, Sam
72BraSch-1
Allen, Sonny
89ProCBA-126
Allen, Ted
48ExhSpoC-1
Allen, Terry
90CleColC*-15
Allen, Tyree
85ForHayS-1
Allison, Brady
94IHSBoyAST-193
Allison, Doug
91SouCarCC*-36
Allison, Odis
71WarTeal-1
Allouche, Danny
95Mis-1
Allyson, June
48TopMagP*-F9
Alston, Derrick
94Cla-62
94ClaG-62
94Fla-280
94Fle-342
94FouSp-33
94FouSpAu-33A
94FouSpG-33
94FouSpPP-33
94Hoo-358
94PacP-1
94PacPriG-1
94Sky-266
94SP-28
94SPDie-D28
94SRGolS-1
94SRTet-41
94SRTetS-41
94Top-332
94TopSpe-332
94Ult-308
94UppDec-293
95Fle-134
95FleClaE-1
95PanSti-46
95SRKro-26
95StaClu-271
95TedWil-1
95Ult-130
96TopSupT-ST20
Alvarado, Sean
87Kan-1
Alvarado, Tony
94IHSBoyA3S-15
Alworth, Lance
91ArkColC*-2
Amaechi, John
95ClaBKR-67
95ClaBKRAu-67
95ClaBKRPP-67
95ClaBKRSS-67
95ClaBKV-38
95ClaBKVE-38
95Col-87
95PacPreGP-51
96PacPreGP-51
96PacPri-51
Amaker, Tommy
92CouFla-1
Amaya, Ashraf
93Cla-11
93ClaF-21
93ClaG-11
93FouSp-11
93FouSpG-11
95Fle-270
96ColChoM-M6
96ColChoMG-M6
96TopSupT-ST28

Ambrose, Kyle
91GeoTecCC*-47
Ammaccapone, Danielle
90AriStaCC*-83
Amman, Richard
90FloStaCC*-186
Andarise, John
89HooAnn-1
90HooAnn-3
Andaya, Shawn
91TexA&MCC*-45
Anderegg, Robert
90MicStaCC2*-103
Andersen, Greta
57UniOilB*-43
Andersen, Ladell
87BYU-6
88BYU-17
Andersen, Morten
90MicStaCC2*-25
90MicStaCC2*-93
Anderson, Bobby
90FloStaCC*-180
Anderson, Brad
90AriColC*-67
90AriColC*-114
Anderson, Dan
75TraBlaIO-1
Anderson, Derek
92OhiSta-2
93OhiSta-5
Anderson, Dwight
78Ken-7
78KenSch-2
79Ken-7
79KenSch-1
82TCMCBA-11
88KenColC-115
89KenColC*-19
Anderson, Eddie
90Neb*-28
Anderson, Eric
86EmpSta-1
Anderson, Eric W. IND
91IndMagI-1
92Cla-52
92ClaGol-52
92Fle-392
92FouSp-47
92FouSpGol-47
92ForR-1
92Hoo-432
92StaClu-286
92StaCluMO-286
92StaPic-21
92Top-259
92TopGol-259G
92Ult-318
93Hoo-376
93HooFifAG-376
93Top-329
93TopGol-329G
Anderson, Ernest
91OklStaCC*-45
Anderson, Forddy
85Bra-C11
Anderson, Forrest
90MicStaCC2*-172
90MicStaCC2*-190
Anderson, Gary ARK
91ArkColC*-50
Anderson, Gary HS
94IHSBoyAST-183
Anderson, Greg
88Fle-101
88SpuPolS-1
89Fle-85
89Hoo-7
89Hoo-342
89PanSpaS-169
90FleUpd-U51
90Hoo-173
90HooTeaNS-15
90PanSti-100
90Sky-155
91Fle-272
91Hoo-354
91HooTeaNS-7
91Sky-68
91UppDec-314
92Fle-54
92Hoo-54
92PanSti-69
92Sky-57

93Fle-280
93Hoo-330
93HooFifAG-330
93HooShe-2
93Sky-219
93Ult-241
93UppDec-402
94Fle-64
94Hoo-56
94PanSti-45
94Ult-55
94UppDec-130
96ColCho-327
Anderson, Jim GT
91GeoTecCC*-38
Anderson, Jim ORSt
89OreSta-3
89OreSta-16
90OreSta-2
91OreSta-2
92OreSta-1
Anderson, Joe
85ForHayS-2
Anderson, Jorgen
55AshOil-62
Anderson, Josh
94IHSBoyAST-130
Anderson, Kareem
91OreSta-2
92OreSta-2
93OreSta-1
Anderson, Karl
89OreSta-2
90OreSta-3
91OreSta-3
Anderson, Kenny
89GeoTec-1
89GeoTec-2
89GeoTec-3
89GeoTec-20
90GeoTec-1
90GeoTec-2
90GeoTec-3
91Cou-3
91Fle-322
91FroR-2
91FroRowP-2
91Hoo-547
91Hoo-XX
91HooMcD-50
91HooTeaNS-17
91KelColG-1
91Sky-514
91StaPic-5
91StaPic-70
91UppDec-444
91UppDecRS-R36
91UppDecS-13
91WilCar-96
91WilCar-96B
91WilCarP-P2
92Fle-140
92FleTonP-2
92Hoo-144
92Sky-151
92SkySchT-ST4
92StaClu-69
92StaCluMO-69
92Top-95
92TopArc-140
92TopArcG-140G
92TopGol-95G
92Ult-114
92UltPla-1
92UppDec-127
92UppDec-366
92UppDecA-AD5
92UppDecAW-26
93Fin-94
93Fin-174
93FinRef-94
93FinRef-174
93Fle-130
93Hoo-137
93HooAdmC-AC3
93HooFifAG-137
93HooShe-3
93JamSes-137
93PanSti-213
93Sky-120
93Sky-329
93SkyCenS-CS7
93SkySch-1
93SkyThuaL-TL4

93StaClu-2
93StaClu-330
93StaCluFDI-2
93StaCluFDI-330
93StaCluMO-2
93StaCluMO-330
93StaCluSTNF-2
93StaCluSTNF-330
93Top-222
93TopBlaG-3
93TopGol-222G
93Ult-118
93UppDec-2
93UppDec-226
93UppDec-243
93UppDec-448
93UppDecE-39
93UppDecE-211
93UppDecPV-60
93UppDecS-165
93UppDecS-215
93UppDecSDCA-E9
93UppDecSEC-165
93UppDecSEC-215
93UppDecSEG-165
93UppDecSEG-215
93UppDecTD-TD6
93UppDecWJ-243
94ColCho-193
94ColCho-307
94ColChoCtGA-A2
94ColChoGAR-A2
94ColChoGS-193
94ColChoGS-307
94ColChoSS-193
94ColChoSS-307
94Emb-58
94EmbGolI-58
94Emo-60
94EmoX-C-X1
94Fin-7
94Fin-201
94Fin-260
94FinCor-CS5
94FinIroM-2
94FinLotP-LP12
94FinMarM-3
94FinRef-7
94FinRef-201
94FinRef-260
94Fla-93
94FlaPla-1
94Fle-139
94FleAll-1
94FleTeaL-6
94Hoo-130
94Hoo-224
94HooMagC-17
94HooPowR-PR33
94HooSupC-SC28
94JamSes-115
94PanSti-77
94ProMag-84
94Sky-103
94Sky-190
94Sky-339
94SkySkyF-SF1
94SP-112
94SPCha-78
94SPCha-92
94SPChaDC-17
94SPChaDC-92
94SPDie-D112
94SPHol-PC17
94SPHolDC-17
94StaClu-108
94StaClu-347
94StaCluDaD-1B
94StaCluFDI-108
94StaCluFDI-347
94StaCluMO-108
94StaCluMO-347
94StaCluMO-DD1B
94StaCluMO-RS1
94StaCluRS-1
94StaCluSTNF-108
94StaCluSTNF-347
94Top-10
94Top-138
94TopOwntG-1
94TopOwntGR-6
94TopSpe-10
94TopSpe-138
94Ult-114

94UppDec-120
94UppDecE-134
94UppDecE-193
94UppDecETD-TD6
94UppDecFMT-17
94UppDecPLL-R13
94UppDecPLLR-R13
94UppDecSE-144
94UppDecSEG-144
94UppDecSEJ-17
95ColCho-127
95ColCho-337
95ColCho-382
95ColCho-400
95ColChoCtG-C2
95ColChoCtGA-C17
95ColChoCtGA-C17B
95ColChoCtGA-C17C
95ColChoCtGAG-C17
95ColChoCtGAG-C17B
95ColChoCtGAG-C17C
95ColChoCtGAGR-C17
95ColChoCtGASR-C17
95ColChoCtGS-C2
95ColChoCtGS-C2B
95ColChoCtGS-C2C
95ColChoCtGSG-C2B
95ColChoCtGSG-C2C
95ColChoCtGSGR-C2
95ColChoDT-T3
95ColChoDTPC-T3
95ColChoDTPCP-T3
95ColChoIE-164
95ColChoIE-193
95ColChoIE-307
95ColChoIJI-164
95ColChoIJI-193
95ColChoIJI-307
95ColChoISI-164
95ColChoISI-193
95ColChoISI-88
95ColChoPC-127
95ColChoPC-193
95ColChoPC-382
95ColChoPC-400
95ColChoPCP-127
95ColChoPCP-337
95ColChoPCP-382
95ColChoPCP-400
95Fin-7
95FinDisaS-DS17
95FinMys-M5
95FinMysB-M5
95FinMysBR-M5
95FinRef-7
95Fla-82
95Fle-112
95Fle-336
95FleEur-143
95Hoo-101
95Hoo-218
95Hoo-393
95HooNatP-1
95HooNumC-5
95HooSla-SL29
95JamSes-67
95JamSesDO-D07
95JamSesP-1
95Met-68
95MetSilS-68
95MetSilS-1
95PanSti-19
95ProMag-84
95ProMagDC-1
95Sky-77
95Sky-130
95Sky-291
95SkyE-X-7
95SkyE-XB-7
95SkyHotS-HS5
95SkyKin-K7
95SP-12
95SPCha-10
95StaClu-20
95StaCluBT-BT13
95StaCluMO5-5
95StaCluMOI-20
95StaCluMOI-N7
95StaCluMOI-WZ6
95StaCluN-N7
95StaCluSS-SS6
95StaCluW-W6
95StaCluWS-WS11

95Top-17
95Top-75
95TopMysF-M8
95TopMysFR-M8
95TopPowB-17
95Ult-111
95Ult-300
95UltGolM-111
95UppDec-115
95UppDecEC-115
95UppDecECG-115
95UppDecSE-139
95UppDecSEG-139
96BowBes-49
96BowBesAR-49
96BowBesR-49
96ColCho-312
96ColCholl-101
96ColCholl-127
96ColCholl-172
96ColCholl-190
96ColCholJ-127
96ColCholJ-337
96ColCholJ-382
96ColCholJ-400
96ColChoM-M112A
96ColChoMG-M112A
96Fin-199
96Fin-256
96FinRef-199
96FinRef-256
96FlaSho-A50
96FlaSho-B50
96FlaSho-C50
96FlaShoLC-50
96FlaShoLC-B50
96FlaShoLC-C50
96Fle-9
96Fle-240
96FleAusS-1
96Hoo-13
96Hoo-190
96Hoo-234
96HooSil-13
96HooStaF-22
96Met-100
96Met-206
96MetPreM-206
96Sky-181
96SkyAut-2
96SkyAutB-2
96SkyRub-181
96SkyZ-F-128
96SkyZ-FLBM-1
96SP-90
96StaClu-110
96StaCluCA-CA8
96StaCluCAAR-CA8
96StaCluCAR-CA8
96StaCluWA-WA16
96Top-184
96TopChr-184
96TopChrR-184
96TopNBAa5-184
96TopSupT-ST3
96TraBla-4
96Ult-235
96UltGulE-G235
96UltPlaE-P235
96UltScoK-22
96UltScoKP-22
96UppDec-157
96UppDec-282
96UppDec-327
Anderson, Kim
78TraBlaP-1
91Mis-1
Anderson, Kristi
92Neb*-15
Anderson, Lee
91DavLip-16
92DavLip-16
Anderson, Michael
91ProCBA-68
92UltUSBPS-NNO
Anderson, Mike ARK
91ArkColC-19
93Ark-15
Anderson, Mike LSU
90LSUColC*-39
Anderson, Mike NEB
93Neb*-2
Anderson, Milerd
89KenColC*-274

Anderson, Mitchell
83Sta-134
84Sta-226
85Bra-D11
85Sta-139
91WilCar-64
Anderson, Nick
89MagPep-1
90Fle-132
90FleRooS-7
90Hoo-214
90Hoo-373
90HooTeaNS-19
90PanSti-123
90Sky-199
91Maj-50
91Fle-143
91FleTonP-66
91Hoo-147
91Hoo100S-68
91HooTeaNS-19
91PanSti-70
91Sky-200
91UppDec-228
91UppDec-477
92Fle-158
92FleTeaNS-9
92Hoo-160
92PanSti-152
92Sky-169
92SkySchT-ST10
92StaClu-35
92StaCluMO-35
92Top-142
92TopArc-115
92TopArcG-115G
92TopGol-142G
92Ult-128
92UppDec-161
92UppDec-368
92UppDecM-OR1
93Fin-81
93FinRef-81
93Fle-147
93Hoo-152
93HooFifAG-152
93HooSco-HS19
93HooScoFAG-HS19
93HooShe-6
93JamSes-156
93PanSti-185
93Sky-132
93SkyDynD-D1
93StaClu-333
93StaCluFDI-333
93StaCluMO-333
93StaCluSTNF-333
93Top-50
93Top-113
93TopGol-50G
93TopGol-113G
93Ult-133
93UppDec-228
93UppDec-269
93UppDec-454
93UppDecE-219
93UppDecS-79
93UppDecSEC-79
93UppDecSEG-79
94ColCho-78
94ColChoGS-78
01ColChoCC-70
94Emo-67
94Fin-107
94Fin-111
94FinRef-107
94FinRef-111
94Fla-105
94Fle-157
94Hoo-148
94HooPowR-PR37
94HooShe-11
94JamSes-132
94PanSti-93
94ProMag-91
94Sky-116
94SP-123
94SPCha-100
94SPChaDC-100
94SPDie-D123
94StaClu-58
94StaCluFDI-58
94StaCluMO-58
94StaCluSTDW-M58

94StaCluSTMP-M1
94StaCluSTNF-58
94Top-155
94Top-203
94TopSpe-155
94TopSpe-203
94Ult-131
94UppDec-339
94UppDecE-136
94UppDecSE-65
94UppDecSEG-65
95ColCho-163
95ColCholE-78
95ColCholJI-78
95ColCholSI-78
95ColChoPC-163
95ColChoPCP-163
95Fin-28
95FinRef-28
95Fla-94
95Fle-126
95FleEur-163
95Hoo-114
95Met-75
95MetSilS-75
95PanSti-37
95Sky-86
95Sky-146
95Sky-265
95SkyE-X-96
95SkyE-XB-96
95SP-93
95StaClu-149
95StaCluMOI-149
95Top-118
95TopGal-125
95TopGalPPI-125
95TopMysF-M7
95TopMysFR-M7
95Ult-123
95UltGolM-123
95UppDec-124
95UppDec-151
95UppDec-330
95UppDecEC-124
95UppDecEC-151
95UppDecEC-330
95UppDecECG-124
95UppDecECG-151
95UppDecECG-330
95UppDecSE-145
95UppDecSEG-145
96ColCho-107
96ColCho-362
96ColCholl-114
96ColCholJ-163
96ColChoM-M167
96ColChoMG-M67
96Fin-106
96FinRef-106
96Fle-76
96FleAusS-38
96Hoo-109
96HooSil-109
96HooStaF-19
96Met-67
96Sky-80
96SkyAut-3
96SkyAutB-3
96SkyE-X-49
96SkyE-XC-49
96SkyRub-80
96SkyZ-F-61
96SkyZ-FZ-61
96SkyZ-FZ-3
96SP-77
96StaClu-77
96StaCluM-77
96Top-52
96TopChr-52
96TopChrR-52
96TopNBAa5-52
96Ult-77
96UltGolE-G77
96UltPlaE-P77
96UppDec-85
96UppDec-154
Anderson, Nicole
90UCL-18
Anderson, Richard
83NugPol-35
83Sta-182
88TraBlaF-1
89Fle-126

89Hoo-182
90Hoo-49
90Sky-25
Anderson, Roderick
95ClaBKR-75
95ClaBKRPP-75
95ClaBKRSS-75
Anderson, Ron
84Sta-214
8976eKod-1
89Fle-112
89Hoo-32
89PanSpaS-47
90Fle-138
90FreSta-1
90Hoo-224
90PanSti-128
90Sky-210
91Fle-150
91Hoo-155
91HooTeaNS-20
91PanSti-171
91Sky-210
91Sky-451
91UppDec-180
92Fle-166
92Hoo-169
92Sky-178
92StaClu-105
92StaCluMO-105
92Top-87
92TopArc-43
92TopArcG-43G
92TopGol-87G
92Ult-135
92UppDec-217
93Fle-155
93Hoo-161
93HooFifAG-161
93PanSti-230
Anderson, Shandon
92Geo-1
93Geo-1
96ColEdgRR-37
96ColEdgRRD-37
96ColEdgRRG-37
96FlaShoCo'-3
96Hoo-280
96Met-218
96MetPreM-218
96ScoBoaBasRoo-50
96Sky-202
96SkyE-X-73
96SkyE-XC-73
96SkyRub-202
96SkyZ-F-141
Anderson, Susan
90Tex*-2
Anderson, Taz
91GeoTecCC*-156
Anderson, Tim
90ProCBA-141
91ProCBA-38
Anderson, Willie
88SpuPolS-2
89Fle-140
89Hoo-235
89PanSpaS-167
89PanSpaS-171
90Fle-168
90Hoo-263
90Hoo100S-86
90HooActP-139
90HooTeaNS-23
90PanSti-6
90Sky-252
91Fle-182
91FleWheS-6
91Hoo-188
91Hoo-565
91Hoo100S-86
91HooTeaNS-24
91PanSti-78
91Sky-254
91Sky-547
91UppDec-282
92Fle-201
92FleTonP-3
92Hoo-204
92PanSti-91
92Sky-218
92StaClu-47
92StaCluMO-47

92Top-48
92TopArc-101
92TopArcG-101G
92TopGol-48G
92Ult-162
92UppDec-170
93Fin-154
93FinRef-154
93Fle-375
93Hoo-195
93HooFifAG-195
93JamSes-201
93PanSti-104
93Sky-276
93Top-76
93TopGol-76G
93Ult-167
93UppDec-74
93UppDecS-33
93UppDecSEC-33
93UppDecSEG-33
94ColCho-340
94ColChoGS-340
94ColChoSS-340
94Fin-143
94FinRef-143
94Fla-132
94Fle-201
94Hoo-191
94JamSes-168
94PanSti-197
94Sky-148
94StaClu-206
94StaCluFDI-206
94StaCluMO-206
94StaCluSTDW-SP206
94StaCluSTNF-206
94Top-128
94TopSpe-128
94Ult-169
94UppDec-212
94UppDecE-29
94UppDecSE-78
94UppDecSEG-78
95ColCho-150
95ColChoDT-T21
95ColChoDTPC-T21
95ColChoDTPCP-T21
95ColCholE-340
95ColCholJI-340
95ColCholSI-121
95ColChoPC-150
95ColChoPCP-150
95Fin-24
95FinRef-24
95FinVet-RV7
95Fla-193
95Fle-260
95FleEur-205
95Hoo-338
95JamSes-103
95JamSesDC-D103
95Met-196
95PanSti-127
95Sky-203
95StaClu-306
95Top-171
95TopGal-91
95TopGalPPI-91
95Ult-247
95UppDec-258
95UppDecEC-258
95UppDecECG-258
96ColCholl-150
96ColCholJ-150
96TopKelTR-1
Anderzunas, Wally
70Top-21
Andolsek, Eric
90LSUColC*-99
Andrade, Lauren
94WyoWom-1
Andres, Ernie
86IndGreI-27
Andreu, Enrique
92UppDecE-124
Andrews, Brian
94AusFutN-92
Andrews, Harold
89LouColC*-65
Andrews, Jim
88KenColC-46
88KenColC-152
88KenColC-196

Andrews, Paul
83KenSch-1
84KenSch-16
89KenColC*-55
Andrianov, Nikolai
76PanSti-206
Androff, Dan
92Haw-1
Andrus, Steve
88BYU-7
Andrykowski, Kathy
80PriNewOW-1
Angela Mayho, Dela
94WriSta-18
Angelo, Lou
90NorCarCC*-113
Anheuser, Rick
89NorCarSCC-1
89NorCarSCC-2
89NorCarSCC-3
Anke, Hannelore
76PanSti-259
Annison, Doug
93LSU-1
Ansley, Michael
89MagPep-2
90FleUpd-U66
90Hoo-215
90HooTeaNS-19
90Sky-200
91Hoo-148
91ProCBA-201
91Sky-201
91UppDec-224
Anson, Adrian (Cap)
90NotDam-NNO
Anspach, Paul
76PanSti-34
Anstey, Chris
96AusFutN-70
96AusFutNFF-FFC2
Anthis, Steve
91OklSta-19
Anthony, Greg
88UNL-2
89UNL7-E-1
89UNLHOF-2
90UNLHOF-3
90UNLSeatR-3
90UNLSeatR-15
90UNLSmo-2
91Cla-6
91Cou-4
91CouHol-1
91Fle-325
91FouSp-155
91FroR-7
91FroR-42
91FroRowP-51
91HooTeaNS-18
91StaPic-15
91UppDec-7
91UppDec-448
91UppDecRS-R37
91WilCar-16
92Fle-148
92FleRooS-1
92FleTonP-4
92Hoo-152
92Sky-160
92SkySchT-ST13
92StaClu-2
92StaCluMO-2
92Top-166
92TopArc-141
92TopArcG-141G
92TopGol-166G
92Ult-121
92UppDec-236
93Fin-66
93FinRef-66
93Fle-137
93Hoo-143
93HooFifAG-143
93HooShe-4
93JamSes-145
93JamSesTNS-7
93JamSesTNS-9
93KniAla-1
93PanSti-221
93Sky-254
93SkySch-2
93StaClu-34
93StaCluFDI-34

93StaCluMO-34
93StaCluSTDW-K34
93StaCluSTMP-K1
93StaCluSTNF-34
93Top-375
93TopGol-375G
93Ult-124
93UppDec-292
93UppDecS-112
93UppDecSEC-112
93UppDecSEG-112
94ColCho-91
94ColChoGS-91
94ColChoSS-91
94Fin-124
94FinRef-124
94Fla-270
94Fle-147
94Hoo-139
94HooShe-10
94PanSti-85
94ProMag-86
94StaClu-67
94StaCluFDI-67
94StaCluMO-67
94StaCluSTNF-67
94Top-264
94TopSpe-264
94Ult-122
94UppDecSE-59
94UppDecSEG-59
95ColCho-296
95ColCho-393
95ColCholE-91
95ColCholJI-91
95ColCholSI-91
95ColChoPC-296
95ColChoPC-393
95ColChoPCP-296
95ColChoPCP-393
95Fin-212
95FinDisaS-DS28
95FinRef-12
95FinVet-RV6
95Fla-140
95Fla-196
95Fle-271
95FleEur-152
95Hoo-349
95HooMagC-28
95JamSes-111
95JamSesDC-D111
95Met-112
95Met-202
95MetSilS-112
95PanSti-199
95ProMag-141
95Sky-148
95Sky-212
95SkyE-X-85
95SkyE-XB-85
95SPCha-110
95StaClu-133
95StaClu-198
95StaCluMOI-133EB
95StaCluMOI-133ER
95Top-178
95TopGal-88
95TopGalPPI-88
95Ult-188
95Ult-255
95UltGolM-188
95UppDec-257
95UppDecEC-257
95UppDecECG-257
95UppDecSE-174
95UppDecSEG-174
96BowBes-57
96BowBesAR-57
96BowBesR-57
96ColCho-157
96ColCho-193
96ColCho-394
96ColCholl-106
96ColCholl-183
96ColCholJ-296
96ColCholJ-393
96ColChoM-M85
96ColChoMG-M85
96ColChoS2-S28
96Fin-212
96FinRef-212
96Fle-112

96FleAusS-33
96Hoo-163
96Met-103
96Sky-123
96SkyRub-123
96SkyZ-F-92
96SkyZ-FZ-92
96SP-118
96StaClu-89
96StaCluM-89
96Top-187
96TopChr-187
96TopChrR-187
96TopNBAa5-187
96Ult-117
96UltGolE-G117
96UltPlaE-P117
96UppDec-163
96UppDec-308
97SchUltNP-1
Anthony, Kevin
90NorCarCC*-46
Anthony, Terry
90FloStaCC*-16
Anthony, Tyrone
90NorCarCC*-68
90NorCarCC*-91
90NorCarCCP*-NC6
Apisa, Robert
90MicStaCC2*-15
Applebaum, Herb
89NorCarSCC-136
89NorCarSCC-176
Applegate, Troy
85ForHayS-3
Arcega, Jose A.
92UppDecE-121
Arcement, Gerard
95UppDecCBA-59
Archbold, Darin
92Cla-14
92ClaGol-14
92FouSp-13
92FouSpGol-13
92FroR-2
Archer, Mike
90LSUColC*-12
Archibald, Nate
71Top-29
72Com-3
72Top-115
72Top-169
72Top-171
72Top-172
72Top-176
73KinLin-1
73LinPor-60
73Top 1
73Top-153
73Top-154
73Top-158
74Top-170
75CarDis-1
75Top-5
75Top-15
75Top-124
76BucDis-1
76Top-20
76Top-129
77SpoSer9*-912
77Top-127
78RoyCroC-2
78Top 20
79Top-110
80Top-4
80Top-78
80Top-124
80Top-172
81Top-3
81Top-45
81Top-E100
83Sta-39B
84StaAre-C1
89UTE-1
92UppDecAW-1
93ActPacHoF-26
94SRGolSHFSig-1
95ActPacHoF-1
95SRKroFFTP-FP6
95SRKroFFTPS-FP6
96StaCluFR-2
96StaCluFRR-1
96TopNBAS-2
96TopNBAS-52

96TopNBAS-102
96TopNBASF-2
96TopNBASF-52
96TopNBASF-102
96TopNBASFAR-2
96TopNBASFAR-52
96TopNBASFAR-102
96TopNBASFR-2
96TopNBASFR-52
96TopNBASFR-102
96TopNBASI-I22
96TopNBASR-2
96TopNBASRA-2
Ard, Jim
71Top-191
Arden, Eve
48TopMagP*-F16
Argento, Phil
88KenColC-95
88KenColC-241
Ariri, Obed
90CleColC*-48
90CleColC*-176
Arizin, Paul
57Top-10
61Fle-2
61Fle-45
92CenCou-12
93ActPacHoF-43
96TopFinR-3
96TopFinRR-3
96TopNBAS-53
96TopNBAS-103
96TopNBASF-3
96TopNBASF-103
96TopNBASFAR-3
96TopNBASFAR-103
96TopNBASFR-3
96TopNBASFR-53
96TopNBASFR-103
96TopNBASI-I23
96TopNBASR-3
Arlauckas, Joe
91WilCar-54
Armfield, Lachlan
92AusFutN-25
93AusFutHA-5
93AusFutN-16
93AusStoN-41
94AusFutN-18
94AusFutN-123
95AusFutN-82
96AusFutN-17
Armstrong, B.J.
87Iowa-1
89BulEqu-1
90Fle-22
90Hoo-60
90Sky-37
91SMaj-30
91Fle-25
91FleWheS-5
91Hoo-26
91HooMcD-63
91HooTeaNS-4A
91HooTopN 4D
91PanSti-118
91Sky-34
91Sky-435
91Sky-489
91UppDec-184
92Fle-28
92FleTeaNS-3
92FleTonP-5
92Hoo-27
92PanSti-132
92Sky-28
92SpoIlIfKI*-308
92StaCluMO-87
92Top-73
92TopArc-116
92TopArcG-116G
92TopGol-73G
92Ult-24
92UppDec-169
92UppDecM-CH1
92UppDecS-8
92UppDecS-9

93Fin-62
93FinRef-62
93Fle-25
93Fle-221
93Hoo-25
93Hoo-288
93Hoo-292
93HooFifAG-25
93HooFifAG-288
93HooFifAG-292
93HooGolMB-1
93HooShe-1
93JamSes-27
93PanSti-149
93Sky-42
93StaClu-74
93StaCluMO-74
93StaCluSTNF-74
93Top-174
93TopGol-174G
93Ult-26
93UppDec-169
93UppDec-207
93UppDec-257
93UppDecE-115
93UppDecS-95
93UppDecS-3
93UppDecSDCA-E3
93UppDecSEC-95
93UppDecSEG-95
94ColCho-80
94ColCho-210
94ColChoGS-80
94ColChoGS-210
94ColChoSS-80
94ColChoSS-210
94Emb-13
94EmbGolI-13
94Emo-11
94Fin-25
94Fin-252
94FinMarM-9
94FinRef-25
94FinRef-252
94Fla-20
94Fle-29
94FleAll-2
94Hoo-23
94Hoo-225
94Hoo-252
94HooMagC-4
94HooShe-5
94HooSupC-SC6
94JamSes-25
94PanSti-29
94ProMag-16
94Sky-21
94Sky-314
94SkySkyF-SF2
94SP-48
94SPCha-40
94SPChaDC-40
94SPDie-D48
94StaClu-85
94StaClu-276
94StaCluFDI-85
94StaCluFDI-276
94StaCluMO-85
94StaCluMO-276
94StaCluSTNF-85
94StaCluSTNF-276
94Top-9
94Top-245
94Top-301
94TopSpe-9
94TopSpe-245
94TopSpe-301
94Ult-25
94UppDec-31
94UppDecE-116
94UppDecSE-10
94UppDecSEG-10
95ColCho-19
95ColCho-267
95ColCholE-80
95ColCholE-210
95ColCholJI-80
95ColCholJI-210
95ColCholSI-80
95ColCholSI-210
95ColChoPC-80
95ColChoPC-267
95ColChoPCP-19

95ColChoPCP-267
95Fin-81
95FinDisaS-DS26
95FinRef-81
95Fla-131
95Fle-21
95Fle-219
95FleEur-30
95Hoo-20
95Hoo-304
95Met-105
95Met-148
95MetSilS-105
95PanSti-128
95Sky-171
95SP-44
95StaClu-260
95Top-95
95Top-228
95Ult-177
95Ult-215
95UltGolM-177
95UppDec-227
95UppDecEC-227
95UppDecECG-227
95WarTop-GS5
96BowBes-56
96BowBesAR-56
96BowBesR-56
96ColCho-52
96ColCholI-19
96ColCholI-36
96ColCholJ-19
96ColCholJ-267
96ColChoM-M93
96ColChoMG-M93
96Fin-15
96FinRef-15
96Fle-185
96Hoo-52
96HooSil-52
96Sky-154
96SkyAut-4
96SkyRub-153
96StaClu-49
96StaCluM-49
96Top-43
96TopChr-43
96TopChrR-43
96TopNBAa5-43
96TopSupT-ST9
96UppDec-38
96UppDec-144
96UppDecGK-40
Armstrong, Bruce
89LouColC*-157
Armstrong, Cardell
86EmpSta-2
Armstrong, Darrell
92UltUSBPS-NNO
96Sky-196
96SkyRub-175
Armstrong, Jack
91FooLocSF*-4
Armstrong, Jerry
89LouColC*-98
Armstrong, Neil
91OklStaCC*-32
Armstrong, Paul
48Bow-13
50BreforH-1
Armstrong, Steve
91Haw-1
Armstrong, Trace
90AriStaCC*-84
90AriStaCCP*-9
Arndt, Charles
91SouCarCC*-53
Arneson, Mark
90AriColC*-48
Arnett, Clayton
94IHSBoyAST-29
Arnette, Jay
63Kah-1
64Kah-4
Arnold, Murray
92AusFutN-61
92AusStoN-52
Arnott, Jason
94ClaNatP*-1
Arnsparger, Bill
90LSUColC*-155
Arnzen, Bob

71Top-94
90NotDam-51
Aronberg, Ric
90CleColC*-85
Aronshone, Liz
90AriStaCC*-59
Arroyo, Michael
94IHSBoyA3S-48
Arthur, Jean
48TopMagP*-F19
Artmeier, Dick
90FloStaCC*-109
Ash, Doug
88NewMex-1
89NewMex-1
90NewMex-1
91NewMex-1
Ashe, Arthur
77SpoSer1*-1904
81PhiMor*-2
Ashen, Don
91UCLColC-115
Ashley, Robert
55AshOil-37
Ashley, Ryan
94IHSBoyASD-48
Ashmeade, Rich
91Con-1
Askew, Presley
88NewMexSA*-1
Askew, Vincent
89ProCBA-103
90ProCBA-155
91Fle-285
91Hoo-365
91HooTeaNS-9
91UppDec-410
92Hoo-459
92StaClu-353
92StaCluMO-353
92Top-251
92TopGol-251G
92Ult-360
93Fle-380
93Hoo-407
93HooFifAG-407
93Sky-281
93Ult-342
93UppDec-138
94ColCho-317
94ColChoGS-317
94ColChoSS-317
94Fla-308
94Fle-210
94HooShe-14
94Sky-285
94Top-282
94TopSpe-282
94Ult-335
94UppDec-68
94UppDecE-126
95ColCho-70
95ColCholE-317
95ColCholJI-317
95ColCholSI-98
95ColChoPC-70
95ColChoPCP-70
95Fin-99
95FinRef-59
95Fle-175
95PanSti-262
95StaClu-252
95Ult-169
95UltGolM-169
95UppDecSE-82
95UppDecSEG-82
96ColCho-144
96ColCholI-149
96ColCholJ-70
96SkyAut-5
96SkyAutB-5
96StaClu-102
96Top-64
96TopChr-64
96TopChrR-64
96TopNBAa5-64
Askins, Keith
90HeaPub-1
91Fle-305
91Hoo-386
91HooTeaNS-14
91UppDec-130
92Fle-366
92FleTeaNS-7

92Hoo-411
92Sky-122
92StaClu-369
92StaCluMO-369
92Top-273
92TopGol-273G
92Ult-290
93Hoo-358
93HooFifAG-358
93Top-194
93TopGol-194G
93UppDec-25
94Top-324
94TopSpe-324
95UppDec-269
95UppDecEC-269
95UppDecECG-269
96ColCho-82
96ColChoM-M44
96ColChoMG-M44
96Top-67
96TopChr-67
96TopChrR-67
96TopNBAa5-67
96TopSupT-ST14
96UppDec-63
96UppDec-149
Aspegren, Kelly
94Neb*-19
Astbury, Andy
90AriStaCC*-106
Astle, Alan
87BYU-21
88BYU-4
88BYU-18
Atha, Dick
57Top-14
Atherley, Scott
87Mai*-7
Atiyeh, George
90LSUColC*-149
Atkins, Chucky
96ScoBoaBasRoo-59
Atkins, Ken
81Ari-1
Atkins, Mark
92Mis-1
93Mis-1
Atkins, Michi
92TexTecW-1
92TexTecWNC-13
92TexTecWNC-20
Atkinson, Kenny
90ProCBA-123
Attles, Al
61Fle-1
69Top-24
70Top-59
71WarTeal-2
93WarTop-9
Atwater, Steve
91ArkColC*-27
Aubrey, Lloyd
90NotDam-39
Aubuchon, Chet
90MicStaCC2*-181
Auer, Joe
91GeoTecCC*-64
Auerbach, Red (Arnold)
68HaloFB-2
84StaCelC-1
84StaCelC-23
92CenCou-27
92CouCol-16
92CouCol-17
93ActPacHoF-11
94CelTri-1
Aughburns, Ernest
92Glo-51
Augmon, Stacey
88UNL-1
89UNL7-E-2
89UNLHOF-1
90UNLHOF-2
90UNLSeatR-2
90UNLSeatR-15
90UNLSmo-3
91Fle-241
91FroRowP-47
91FroRowP-82
91FroRowP-99
91FroRowSA-1
91FroRowSA-2
91FroRowSA-3

91FroRowSA-4
91FroRowSA-5
91FroRowSA-6
91FroRowSA-7
91FroRU-56
91Hoo-554
91Hoo-566
91HooTeaNS-1
91Sky-521
91Sky-548
91StaPic-17
91UppDec-1
91UppDec-5
91UppDec-439
91UppDec-478
91UppDecRS-R24
91WilCar-47B
91WilCarRHR-6
92Cla-95
92ClaGol-95
92ClaMag-BC4
92Fle-1
92Fle-295
92FleRooS-2
92FleTonP-73
92FroRowDP-11
92FroRowDP-12
92FroRowDP-13
92FroRowDP-14
92FroRowDP-15
92Hoo-1
92PanSti-115
92Sky-1
92SkySchT-ST13
92StaClu-54
92StaCluMO-54
92Top-97
92TopArc-142
92TopArcG-142G
92TopGol-97G
92Ult-1
92Ult-215
92Ult-JS215
92Ult-NNO
92UppDec-68
92UppDec-142
92UppDec-312
92UppDecA-AR5
92UppDecAW-27
92UppDecE-8
92UppDecE-108
92UppDecJWS-JW14
92UppDecS-7
93Fin-32
93FinRef-32
93Fle-1
93Hoo-1
93HooFifAG-1
93JamSes-1
93PanSti-131
93Sky-24
93SkySch-4
93StaClu-310
93StaCluFDI-310
93StaCluMO-310
93StaCluSTDW-H310
93StaCluSTNF-310
93Top-265
93TopGol-265G
93Ult-1
93UppDec-35
93UppDec-180
93UppDecE-91
93UppDecFT-FT1
93UppDecLT-LT2
93UppDecPV-26
93UppDecPV-101
93UppDecS-136
93UppDecS-199
93UppDecSEC-136
93UppDecSEC-199
93UppDecSEG-136
93UppDecSEG-199
94ColCho-59
94ColCho-372
94ColChoGS-59
94ColChoGS-372
94ColChoSS-59
94ColChoSS-372
94Emb-1
94EmbGoII-1
94Emo-1
94Fin-151
94Fin-310

94FinLotP-LP14
94FinMarM-11
94FinRef-151
94FinRef-310
94Fla-1
94Fle-1
94Hoo-1
94HooPowR-PR2
94HooShe-1
94JamSes-1
94PanSti-5
94ProMag-1
94Sky-1
94SP-31
94SPCha-28
94SPChaDC-28
94SPDie-D31
94SPHol-PC25
94SPHolDC-25
94StaClu-113
94StaClu-327
94StaClu-342
94StaCluCC-1
94StaCluFDI-113
94StaCluFDI-327
94StaCluFDI-342
94StaCluMO-113
94StaCluMO-327
94StaCluMO-342
94StaCluMO-CC1
94StaCluSTNF-113
94StaCluSTNF-327
94StaCluSTNF-342
94Top-86
94TopFra-2
94TopSpe-86
94Ult-1
94UppDec-271
94UppDecE-1
94UppDecSE-1
94UppDecSEG-1
95ColCho-141
95ColCho-203
95ColCho-366
95ColChoIE-59
95ColChoIE-372
95ColChoIEGS-372
95ColChoIJGSI-153
95ColChoIJI-59
95ColChoIJI-153
95ColChoISI-59
95ColChoISI-153
95ColChoPC-141
95ColChoPC-203
95ColChoPC-366
95ColChoPCP-141
95ColChoPCP-203
95ColChoPCP-366
95Fin-2
95FinRef-2
95Fla-1
95Fla-151
95Fle-1
95Fle-201
95FleEur-1
95Hoo-1
95HooSla-SL1
95JamSes-1
95JamSesDC-D1
95Met-1
95Met-121
95MetSilS-1
95PanSti-64
95ProMag-1
95Sky-1
95SkyE-X-1
95SkyE-XB-1
95SkyKin-K4
95SP-1
95SPCha-1
95StaClu-140
95StaCluMOI-140
95Top-154
95TopGal-113
95TopGalPG-PG5
95TopGalPPI-113
95TopTopF-TF16
95Ult-1
95Ult-201
95UltGolM-1
95UppDec-4
95UppDecEC-4
95UppDecECG-4
95UppDecSE-91

95UppDecSEG-91
96ColCho-6
96ColCho-166
96ColCho-239
96ColCholI-6
96ColCholI-203
96ColCholI-156
96ColCholJ-141
96ColCholJ-203
96ColCholJ-366
96ColChoM-M85
96ColChoMG-M85
96Fin-178
96FinRef-178
96Fle-1
96Fle-178
96Hoo-1
96Hoo-209
96HooStaF-8
96Met-110
96Sky-150
96SkyRub-149
96SkyZ-F-110
96SPx-1
96SPxGol-1
96StaClu-159
96TopSupT-ST1
96Ult-177
96UltGolE-G177
96UltPlaE-P177
96UppDec-143
96UppDec-213
96UppDec-325
96UppDecGK-12
Augustine, Jerry
79BucOpeP*-1
Auksel, Pete
89NorCarSCC-4
89NorCarSCC-5
89NorCarSCC-6
Auriemma, Geno
93ConWom-1
96ClaLegotFF-WC5
Ausbie, Geese (Hubert)
71Glo84-21
71Glo84-22
71Glo84-23
71Glo84-24
71Glo84-25
71Glo84-26
71Glo84-64
71Glo84-66
71Glo84-69
71GloCocP2-1
71GloCocP2-4
71GloCocP2-6
71GloCocP2-7
71GloCocP2-9
71GloCocP2-18
71GloCocP2-19
73LinPor-109
74GloWonB-4
92Glo-37
92Glo-71
Austefjord, Haakon
90ProCBA-49
Austin, Alex
90ProCBA-166
91ProCBA-92
Austin, Cliff
90CleColC*-51
Austin, Clyde
89NorCarSCC-7
89NorCarSCC-8
89NorCarSCC-9
92Glo-52
92Glo-66
Austin, Isaac
91Cla-38
91FouSp-186
91FroRowP-53
91FroRU-60
92Fle-432
92Hoo-471
92Sky-402
92StaClu-383
92StaCluMO-383
92Top-313
92TopGol-313G
92Ult-361
93JamSes-220
Austin, Jody
92AusFutN-85

Austin, Neville
89Geo-1
90Geo-9
Austin, Stephanie
88MarWom-10
Austin, Woody
92FroR-3
Autry, Adrian
94Cla-25
94ClaG-25
94PacP-2
94PacPriG-2
94SRTet-42
94SRTetS-42
95SRKro-38
95SupPix-44
95SupPixAu-44
95TedWil-2
Avent, Anthony
91Cla-9
91Cou-5
91FouSp-157
91FroR-9
91FroRowP-105
91StaPic-24
91WilCar-6
92Fle-371
92FleTeaNS-8
92Sky-368
92StaClu-352
92StaCluMO-352
92Top-321
92TopGol-321G
92Ult-295
92UppDec-313
92UppDecRS-RS10
93Fin-203
93FinRef-203
93Fle-114
93FleRooS-1
93Hoo-119
93HooFifAG-119
93JamSes-119
93PanSti-122
93Sky-108
93StaClu-157
93StaCluFDI-157
93StaCluMO-157
93Top-91
93TopGol-91G
93Ult-105
93UppDec-115
93UppDecE-64
94ColCho-358
94ColChoGS-358
94ColChoSS-358
94Fin-239
94FinRef-239
94Fla-249
94Fle-158
94Hoo-149
94PanSti-94
94Top-78
94TopSpe-78
94Ult-132
94UppDec-154
94UppDec-12
95ColCho-245
95ColChoDT-T26
95ColChoDTPC-T26
95ColChoDTPCP-T26
95ColCholE-358
95ColCholJI-358
95ColCholSI-139
95ColChoPC-245
95FleEur-164
95StaClu-72
95StaCluMOI-72
95Top-59
95UppDec-77
95UppDecEC-77
95UppDecECG-77
96ColCho-160
Averitte, Bird
74Top-231
75Top-229
76Top-49
77Top-8
Averkamp, Jeff
94IHSBoyASD-3
Avezzano, Joe
90FloStaCC*-163
Avitable, Tony

90FloStaCC*-152
Aw, Boubacar
94Geo-4
96Geo-8
Awrey, Don
75NabSugD*-22
Awtrey, Dennis
71Top-124
72IceBea-1
72Top-139
73LinPor-37
73Top-114
74SunTeal8-1
74Top-74
75Sun-2
75Top-39
75Top-130
76Sun-2
77SunHumDD-2
79BulPol-20
79SupPor-1
Ayers, Brian
91DavLip-6
92DavLip-6
Ayers, Randy
91OhiSta-1
91StaPic-59
92OhiSta-1
93OhiSta-1
Azim, Ali
94IHSBoyAST-196
Azinger, Paul
90FloStaCC*-181
Azzi, Jennifer
89SpoIllfKl*-164
92ClaWorCA-47
94UppDecU-79
94UppDecUGM-79
96ClaLegotFF-4
96TopUSAWNT-1
96TopUSAWNT-13
96UppDecU-61
Babashoff, Shirley
76PanSti-249
83TopHisGO-87
83TopOlyH-1
91ImpHaloF-51
96UppDecUOC-6
Bach, John
85StaCoa-1
Back, Adrian
89KenColC*-279
Bacon, Henry
88LouColC-40
88LouColC-129
88LouColC-162
88LouColC-189
89LouColC^-226
89LouColC^-244
89LouColC^-284
Badari, Tibor
76PanSti-175
Badgro, Red
91SouCal*-17
Baechtold, Jim
92OhiValCA-2
Baer, Buddy
48TopMagP*-A24
Baer, Max
33SpoKinR^* 44
48TopMagP*-A13
56AdvR74*-89
Baesler, Scott
88KenColC-94
90KenProl-2
Baffour, Erasmus
94IHSBoyAST-62
Bagdon, Ed
90MicStaCC2*-6
Bagley, John
83Sta-229
84Sta-215
85Sta-153
86Fle-5
87Fle-5
88Fle-77
89Hoo-163
89PanSpaS-25
90Hoo-38
90Sky-13
91Fle-247
91Hoo-338
91HooTeaNS-2
91UppDec-488

92Fle-10
92FleTeaNS-1
92PanSti-162
92StaClu-398
92StaCluMO-398
92Top-254
92TopArc-23
92TopArcG-23G
92TopGol-254G
92Ult-8
92UppDec-216
Bailey, Ace
33SpoKinR*-29
Bailey, Carl
80TCMCBA-18
81TCMCBA-31
Bailey, Damon
88KenSovPI-5
91IndMagI-2
92Ind-1
93Ind-1
94Cla-18
94ClaG-18
94FouSp-44
94FouSp-197
94FouSpAu-44A
94FouSpG-44
94FouSpG-197
94FouSpPP-44
94FouSpPP-197
94PacP-3
94PacPriG-3
94SRGolS-2
94SRTet-43
94SRTetS-43
95Ima-32
95SRKro-34
95SupPix-52
95SupPixAu-52
95TedWil-3
Bailey, Don
91SouCarCC*-180
Bailey, James BRAD
90Bra-2
Bailey, James L.
79SupPol-2
80Top-34
80Top-81
80Top-91
80Top-157
81Top-W96
83Sta-74
84KniGetP-1
84Sta-26
Bailey, Kim
92HorHivF-NNO
Bailey, Mark
90Bra-3
Bailey, Thurl
83Sta-135
84Sta-227
84StaAwaB-23
85Sta-140
86Fle-6
87Fle-6
88Fle-111
88JazSmo-1
89Fle-151
89Hoo-251
09JazOldl I-1
89NorCarSCC-10
89NorCarSCC-11
89NorCarSCC-12
89PanSpaS-178
89PanSpaS-181
90Fle-182
90Hoo-285
90Hoo100S-95
90HooActP-151
90HooTeaNS-25
90JazSta-5
90PanSti-54
90Sky-274
915Maj-51
91Fle-197
91Fle-316
91FleTonP-64
91Hoo-205
91Hoo100S-94
91PanSti-84
91Sky-276
91Sky-635
91UppDec-139
91UppDec-418

92Fle-131
92FleTonP-6
92Hoo-134
92PanSti-83
92Sky-141
92StaClu-78
92StaCluMO-78
92Top-59
92TopArc-32
92TopArcG-32G
92TopGol-59G
92Ult-109
92UppDec-184
93Fle-122
93Hoo-128
93HooFifAG-128
93HooGolMB-2
93JamSes-129
93PanSti-95
93Sky-115
93StaClu-12
93StaCluFDI-12
93StaCluMO-12
93StaCluSTNF-12
93Top-82
93TopGol-82G
93Ult-113
93UppDec-75
93UppDecS-133
93UppDecSEC-133
93UppDecSEG-133
94ColCho-141
94ColChoGS-141
94ColChoSS-141
94Fle-131
94PanSti-165
94ProMag-76
94Ult-107
94UppDecE-144
95ColChoIJI-141
95ColChoISI-141
Bailey, Tom
90FloStaCC*-166
Bailey, Tony
92MurSta-2
Bailey, Winfred
90FloStaCC*-170
Bain, Bill
91SouCal*-70
Bair, Brent
88Vir-1
Baird, James
91NorDak*-5
Bakalli, Migjen
90NorCarS-1
91NorCarS-1
92NorCarS-1
Bakehorn, Jill
90CleColC*-158
Baker, Brent
94IHSBoyA3S-47
Baker, Dawn
90UCL-28
Baker, Duane
90CleColC*-159
Baker, Jerry
90HooAnn 1
Baker, Kathy
88MarWom-10
Baker, Kevin
92Min-3
93Min-1
Baker, Mark
91OhiSta-2
92FroR-4
Baker, Robbie
92FloSta*-47
Baker, Ron
91OklStaCC*-29
Baker, Shannon
92FloSta*-48
Baker, Vin
92SpoIllfKl*-417
93Cla-5
93ClaChDS-DS21
93ClaF-9
93ClaG-5
93ClaLPs-LP5
93ClaSB-SB6
93Fin-139
93FinRef-139
93Fle-321
93FleLotE-8

93FouSp-5
93FouSpG-5
93Hoo-363
93HooDraR-LP8
93HooFifAG-363
93HooMagA-8
93JamSes-120
93JamSesRS-1
93JamSesTNS-6
93JamSesTNS-8
93Sky-244
93Sky-306
93SkyDraP-DP8
93SkySch-3
93StaClu-307
93StaCluFDI-307
93StaCluMO-307
93StaCluSTNF-307
93Top-306
93TopGol-306G
93Ult-106
93Ult-282
93UltAlIS-1
93UppDec-330
93UppDec-490
93UppDecPV-85
93UppDecRE-RE8
93UppDecREG-RE8
93UppDecRS-RS19
93UppDecS-69
93UppDecS-213
93UppDecSDCA-E8
93UppDecSEC-69
93UppDecSEC-213
93UppDecSEG-69
93UppDecSEG-213
93UppDecWJ-490
94ColCho-42
94ColCho-180
94ColChoGS-42
94ColChoGS-180
94ColChoSS-42
94ColChoSS-180
94Emb-52
94EmbGolI-52
94Emo-53
94Fin-66
94FinLotP-LP22
94FinRef-66
94Fla-83
94FlaHotN-1
94Fle-123
94FleRooS-1
94FleTeaL-5
94FleYouL-1
94Hoo-116
94Hoo-428
94HooMagC-15
94HooNSCS-NNO
94HooPowR-PR29
94HooSupC-SC25
94Ima-59
94ImaSI-SI2
94JamSes-104
94JamSesSYS-1
94PanSti-69
94PanSti-C
94ProMag-71
94Sky-91
94Sky-192
94Sky-301
94SkyRagR-RR15
94SkyRagRP-RR15
94SkySlaU-SU1
94SP-101
94SPCha-84
94SPChaDC-84
94SPDie-D101
94SPHol-PC15
94SPHolDC-15
94StaClu-129
94StaCluCC-15
94StaCluFDI-129
94StaCluMO-129
94StaCluMO-CC15
94StaCluMO-ST15
94StaCluST-15
94StaCluSTNF-129
94Top-93
94TopSpe-93
94TopSupS-3
94Ult-102
94UltAllT-1
94UltJamC-1

94UppDec-3
94UppDec-210
94UppDecE-154
94UppDecS-2
94UppDecSDS-S1
94UppDecSE-51
94UppDecSEG-51
95ColCho-42
95ColCho-197
95ColCho-380
95ColCho-406
95ColChoCtGA-C9
95ColChoCtGA-C9B
95ColChoCtGA-C9C
95ColChoCtGAG-C9
95ColChoCtGAG-C9B
95ColChoCtGAG-C9C
95ColChoCtGAGR-C9
95ColChoCtGASR-C9
95ColCholE-42
95ColCholE-180
95ColCholEGS-180
95ColCholJGSI-180
95ColCholJI-42
95ColCholJI-180
95ColCholJSS-180
95ColCholSI-42
95ColCholSI-180
95ColChoPC-42
95ColChoPC-197
95ColChoPC-380
95ColChoPC-406
95ColChoPCP-42
95ColChoPCP-197
95ColChoPCP-380
95ColChoPCP-406
95Fin-20
95FinMys-M36
95FinMysB-M36
95FinMysBR-M36
95FinRef-20
95FinVet-RV8
95Fla-74
95Fla-229
95Fle-100
95FleAll-6
95FleDouD-1
95FleEur-127
95FleFraF-1
95Hoo-89
95Hoo-363
95HooBloP-11
95HooNatP-2
95HooSla-SL26
95JamSes-59
95JamSesDC-D59
95Met-61
95MetMetF-1
95MetSilS-61
95PanSti-118
95ProMag-72
95Sky-69
95Sky-140
95Sky-289
95SkyAto-A6
95SkyE-X-46
95SkyE-XB-46
95SkyE-XNB-5
95SP-73
95PAll-AS6
95PAllG-AS6
95PCha-58
95PCha-132
95PChaCotC-C15
95PChaCotCD-C15
95StaClu-25
95StaCluMO5-16
95StaCluMOI-51
95StaCluMOI-BT5
95StaCluPZ-PZ12
95StaCluX-X9
95Top-70
95TopGal-7
95TopGalPG-PG1
95TopPanFG-1
95TopWhiK-WK11
95Ult-100
95Ult-301
95UltGolM-100
95UltRisS-1
95UltRisSGM-1
95UppDec-182
95UppDecAC-AS8
95UppDecEC-182

95UppDecECG-182
95UppDecSE-47
95UppDecSEG-47
96BowBes-9
96BowBesAR-9
96BowBesR-9
96ColCho-84
96ColChoCtGS1-C15A
96ColChoCtGS1-C15B
96ColChoCtGS1R-R15
96ColChoCtGS1RG-R15
96ColChoCtGSG1-C15A
96ColChoCtGSG1-C15B
96ColCholI-86
96ColCholI-197
96ColCholI-170
96ColCholI-196
96ColCholJ-42
96ColCholJ-197
96ColCholJ-380
96ColCholJ-406
96ColChoM-M137
96ColChoMG-M137
96ColChoS1-S15
96Fin-49
96Fin-143
96Fin-268
96FinRef-49
96FinRef-143
96FinRef-268
96FlaSho-A60
96FlaSho-B60
96FlaSho-C60
96FlaShoLC-60
96FlaShoLC-B60
96FlaShoLC-C60
96Fle-61
96Fle-134
96FleAusS-5
96FleGamB-8
96FleS-21
96Hoo-87
96Hoo-328
96HooHeatH-HH5
96HooHotL-1
96HooSil-87
96HooStaF-15
96Met-55
96MetCyb-CM3
96MetPowT-1
96Sky-64
96SkyE-X-38
96SkyE-XC-38
96SkyNetS-1
96SkyRub-64
96SkyThuAL-6
96SkyZ-F-50
96SkyZ-F-169
96SkyZ-FZ-50
96SkyZ-FZ-4
96SP-60
96SPx-29
96SPxGol-29
96StaClu-116
96StaCluF-F11
96StaCluGPPI-7
96StaCluHR-HR3
96StaCluTC-TC6
96Top-25
96TopChr-25
96TopChrPF-PF4
96TopChrR-25
96TopHobM-HM20
96TopMysF-M18
96TopMysFB-M18
96TopMysFBR-M18
96TopNBAa5-25
96TopProF-PF4
96TopSupT-ST15
96Ult-61
96Ult-124
96UltBoaG-1
96UltGolE-G61
96UltGolE-G124
96UltPlaE-P61
96UltPlaE-P124
96UltScoK-15
96UltScoKP-15
96UppDec-150
96UppDec-247
96UppDecFBC-FB27
96UppDecGE-G9
96UppDecPS2-P9

96UppDecPTVCR2-TV9
96UppDecSG-SG11
96UppDecU-52
96UppDecUTWE-W9
97SchUltNP-2
Bakken, Dave
82Vic-1
Balanis, Rod
89GeoTec-4
90GeoTec-4
91GeoTec-1
92GeoTec-6
Baldridge, Brad
91ProCBA-18
Baldwin, Chuck
90CleColC*-72
Baldwin, Dale
87Ken*-18
Baldwin, Scott
91Neb*-4
Balentine, Charles
82Ark-1
Balkcom, Thomas
91GeoTecCC*-118
Ball, Brian
94IHSBoyA3S-46
Ball, Cedric
90ProCBA-125
Ball, Jermaine
93Eva-1
Ball, John
91UCLColC-126
Ball, Larry
89LouColC*-154
Ball, Michael
87Sou*-3
Ball, Sam
89KenColC*-103
Ball, Steve
94IHSBoyAST-197
Ballard, Greg
77BulSta-1
80Top-84
80Top-172
81Top-E94
83Sta-205
84Sta-186
87Fle-7
Ballenger, Mike
81KenSch-1
Ballesteros, Seve
93FaxPaxWoS*-22
Balter, Sam
91UCLColC-128
Baltzegar, Marty
91SouCarCC*-16
Baly, Bijou
89FreSta-2
Bando, Sal
79BucOpeP*-2
90AriStaCC*-171
Bandy, David
91TexA&MCC*-74
Bane, Eddie
90AriStaCC*-46
Banks, Calvin
90SouCal*-1
Banks, Carl
88FooLocSF*-1
90MicStaCC2*-83
Banks, Ernie
57UniOilB*-41
77SpoSer1*-1207
Banks, Freddie
89ProCBA-203
90ProCBA-194
Banks, Gene
83Sta-242
84Sta-65
85Sta-118
87Fle-8
Banks, George
95ClaBKR-44
95ClaBKRAu-44
95ClaBKRPP-44
95ClaBKRSS-44
95ClaBKV-44
95ClaBKVE-44
Banks, Louis
91ProCBA-141
Banks, Tyro
92Haw-2
Banks, Willie
88NewMex-2

89NewMex-2
90NewMex-2
91NewMex-2
Banner, Shonna
91SouCarCC*-48
Banning, Shea
94IHSBoyASD-61
Bannister, Alan
90AriStaCC*-34
Bannister, Floyd
90AriStaCC*-82
Bannister, Ken
84KniGetP-2
84Sta-27
89Hoo-326
90CliSta-1
90Sky-390
91Sky-122
Bannister, Roger
81TopThiB*-56
Bantom, Mike
73LinPor-98
74SunTeal8-2
74Top-124
75Top-97
77Top-68
78Top-123
79Top-9
80Top-34
80Top-122
81Top-MW89
Banwart, Neil
94IHSBoyAST-72
Baptist, James
93Bra-13
94Bra-14
95Bra-13
Barbee, Dick
89KenColC*-173
Barber, Miller
91ArkColC*-9
Barclay, George
90NorCarCC*-121
Barco, Barry
90FloStaCC*-50
Barden, Ricky
90NorCarCC*-81
Bardo, Steve
90ProCBA-138
90StaPic-4
91FroR-75
91FroRowIP-1
91FroRowP-20
91FroRU-73
91WilCar-117
92Fle-321
92StaClu-335
92StaCluMO-335
92Top-307
92TopGol-307G
Bargen, Mike
95Mar-2
Bari, Lynn
48TopMagP*-F17
Barker, Chuck
94Mia-1
Barker, Cliff
88KenColC-27
88KenColC-151
89KenColC*-48
Barkley, Charles
83NikPosC*-57
84Sta-202
84StaCouK5-41
85JMSGam-4
85Sta-2
85StaAllT-3
85StaGatSD-NNO
85StaTeaS5-PS8
86Fle-7
86StaBesotB-2
86StaCouK-3
87Fle-9
87FleSti-6
88Fle-85
88Fle-129
88FouNBAE-17
8976eKod-2
89Fle-113
89FleSti-4
89Hoo-96
89Hoo-110
89HooAllP-4
89PanSpaS-48

89PanSpaS-263
89PanSpaS-287
89SpoIIIfKI*-29
90Fle-139
90FleAll-1
90Hoo-1
90Hoo-225
90Hoo-374
90Hoo100S-73
90HooActP-2
90HooActP-120
90HooAllP-2
90HooCol-13
90HooTeaNS-20
90PanSti-127
90PanSti-J
90Sky-211
90StaChaB-1
90StaChaB-2
90StaChaB-3
90StaChaB-4
90StaChaB-5
90StaChaB-6
90StaChaB-7
90StaChaB-8
90StaChaB-9
90StaChaB-10
90StaChaB-11
90StaPro-1
915Maj-14
915Maj-15
915Maj-38
91Fle-151
91Fle-213
91Fle-391
91FlePro-3
91FleTonP-15
91FleWheS-1
91Hoo-156
91Hoo-248
91Hoo-487
91Hoo-531
91Hoo-575
91Hoo100S-71
91HooAllM-12
91HooMcD-30
91HooMcD-51
91HooPro-7
91HooTeaNS-20
91LitBasBL-2
91PanSti-94
91PanSti-98
91PanSti-169
91PanSti-188
91Sky-211
91Sky-316
91Sky-317
91Sky-424
91Sky-478
91Sky-530
91SkyCanM-35
91SkyMaraSM-530
91SkyMaraSM-544
91SkyPro-211
91UppDec-31
91UppDec-70
91UppDec-345
91UppDec-454
91UppDecS-3
91UppDecS-14
92ClaWorCA-52
92CouFla-2
92Fle-178
92Fle-265
92Fle-411
92FleAll-2
92FleDra-41
92FleTonP-74
92Hoo-170
92Hoo-294
92Hoo-336
92Hoo-451
92Hoo100S-72
92HooSupC-SC7
92ImpU.SOH-8
92PanSti-39
92Sky-179
92Sky-389
92SkyOlyT-7
92SkyThuaL-TL3
92SkyUSA-1
92SkyUSA-2
92SkyUSA-3
92SkyUSA-4

92SkyUSA-5
92SkyUSA-6
92SkyUSA-7
92SkyUSA-8
92SkyUSA-9
92SkyUSA-101
92SpoIIIfKI*-140
92StaClu-197
92StaClu-360
92StaCluBT-15
92StaCluMO-197
92StaCluMO-360
92StaCluMO-BT15
92Sun25t-26
92SunTopKS-2
92Top-107
92Top-270
92TopArc-44
92TopArcG-44G
92TopBeaT-1
92TopBeaTG-1
92TopGol-107G
92TopGol-270G
92Ult-206
92Ult-337
92Ult-NNO
92UltAll-7
92UltProS-NNO
92UppDec-26
92UppDec-334
92UppDec-435
92UppDec1PC-PC11
92UppDecA-AD18
92UppDecA-AN10
92UppDecAW-11
92UppDecAW-40
92UppDecE-6
92UppDecMH-21
93ChaBarCE-1
93ChaBarCE-2
93ChaBarCE-3
93ChaBarCE-4
93ChaBarCE-5
93ChaBarCE-6
93ChaBarCE-7
93ChaBarCE-8
93ChaBarCE-9
93ChaBarCE-10
93ChaBarCE-11
93ChaBarCE-12
93ChaBarCE-13
93ChaBarCE-14
93CosBroPC*-3
93FaxPaxWoS*-5
93Fin-125
93Fin-200
93FinMaiA-21
93FinRef-125
93FinRef-200
93Fle-163
93Fle-229
93FleAll-13
93FleLivL-1
93FleNBAS-2
93FleTowOP-1
93Hoo-169
93Hoo-269
93Hoo-295
93HooFactF-6
93HooFifAG-169
93HooFifAG-269
93HooFifAG-295
93HooScoFAG-HS21
93HooShe-5
93HooSupC-SC1
93JamSes-174
93JamSesG-1
93PanSti-3
93PanSti-4
93PanSti-33
93PanSti-A
93Sky-18
93Sky-145
93Sky-332
93SkyCenS-CS3
93SkyDynD-D2
93SkyShoS-SS8
93SkyUSAT-15
93Sta-10
93Sta-25
93Sta-39
93Sta-50
93Sta-75

FREE 3-MONTH SUBSCRIPTION TO BECKETT FUTURE STARS AND SPORTS COLLECTIBLES*

PERFECT FOR THE MODERN MEMORABILIA COLLECTOR!

Bigger and better than ever, **Beckett Future Stars and Sports Collectibles** now includes more action-packed pages featuring Price Guides for and articles about:

- Autographed sports collectibles
- Game-used apparel and equipment
- Collectible sports publications
- Kenner Starting Lineup figures
- Sports-themed cereal boxes
- Collectible sports plates and plaques
- Championship tickets and collectibles
- Minted coins and much more!

* New subscriptions only

BECKETT PRICE GUIDE READER REGISTRATION CARD
Complete and return this postage-paid card today !

Please circle the title of the book from which you pulled this registration card. Circle only one please.

Basketball Alpha Checklist No. 1	Baseball Almanac No. 2
Football Alpha Checklist No. 1	Football Price Guide No. 14
Hockey Price Guide No. 7	Basketball Price Guide No. 6
Baseball Alpha Checklist No. 7	

Mr. Ms. Name _____

Address _____

City _____ State _____ Zip _____

E-mail address _____ Birthdate ___/___/___

Please circle your response to the following questions:
Do you own a personal computer? Yes/No   Do you own a CD-ROM drive? Yes/No
Circle Beckett Price Guide books you might purchase in 1997: Baseball, Basketball, Football, Hockey, Football Alphabetical Checklist No.1, Basketball Alphabetical Checklist No.1, Baseball Almanac, Baseball Alphabetical Checklist No. 7
Where do you purchase Beckett Price Guides?   Card shop   Book Store   Other_____

☐ Yes! I'd like to receive three **FREE** issues of *Beckett Future Stars and Sports Collectibles!**
☐ While you're at it, send 12 additional issues for $24.95 and bill me later!

* New subscriptions only. Please allow 4-6 weeks for delivery of first issue. Canadian and foreign postage $12 extra per year.

LOOK FOR THESE 1997 BECKETT HOBBY TITLES AT A CARD SHOP OR BOOKSTORE NEAR YOU!

- Beckett Baseball Card Price Guide No. 19 – April 1997
- Beckett Racing Price Guide and Alphabetical Checklist No. 2 – June 1997
- *(1st Edition!)* Beckett Basketball Card Alphabetical Checklist No. 1 – July 1997
- Beckett Almanac of Baseball Cards and Collectibles No. 2 – July 1997
- *(1st Edition!)* Beckett Football Card Alphabetical Checklist No. 1 – August 1997
- Beckett Football Card Price Guide No. 14 – September 1997
- Beckett Hockey Card Price Guide and Alphabetical Checklist No. 7 – October 1997
- Beckett Basketball Card Price Guide No. 6 – November 1997

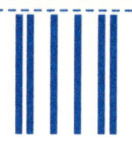

BUSINESS REPLY MAIL
FIRST-CLASS MAIL PERMIT NO. 3231 DALLAS, TX

POSTAGE WILL BE PAID BY ADDRESSEE

BECKETT
PUBLICATIONS
PO BOX 809052
DALLAS TX 75380-9900

NO POSTAGE NECESSARY IF MAILED IN THE UNITED STATES

93Sta-88
93Sta-100
93StaClu-110
93StaClu-177
93StaClu-188
93StaClu-320
93StaCluBT-5
93StaCluFDI-110
93StaCluFDI-177
93StaCluFDI-188
93StaCluFDI-320
93StaCluFFP-1
93StaCluFFU-188
93StaCluMO-110
93StaCluMO-177
93StaCluMO-188
93StaCluMO-320
93StaCluMO-BT5
93StaCluMO-ST21
93StaCluRR-3
93StaCluST-21
93StaCluSTNF-110
93StaCluSTNF-177
93StaCluSTNF-188
93StaCluSTNF-320
93Top-1
93Top-104
93Top-204
93Top-373
93Top-393
93TopGol-1G
93TopGol-104G
93TopGol-204G
93TopGol-373G
93TopGol-393G
93Ult-145
93UltAll-1
93UltAwaW-2
93UltFamN-1
93UltJamC-1
93UltRebK-1
93UltScoK-1
93UppDec-174
93UppDec-197
93UppDec-205
93UppDec-230
93UppDec-280
93UppDec-498
93UppDecA-AN1
93UppDecE-15
93UppDecE-52
93UppDecE-226
93UppDecFM-1
93UppDecFT-FT2
93UppDecH-H21
93UppDecLT-LT8
93UppDecPV-54
93UppDecPV-90
93UppDecS-91
93UppDecS-2
93UppDecSBtG-G4
93UppDecSDCA-W10
93UppDecSEC-91
93UppDecSEG-91
93UppDecSUT-1
93UppDecTD-TD1
93UppDecTM-TM21
93UppDecWJ-FT2
94ColCho-186
94ColCho-199
94ColCho-234
94ColCho-392
94ColCho-406
94ColChoCtGS-S1
94ColChoCtGSR-S1
94ColChoGS-186
94ColChoGS-199
94ColChoGS-234
94ColChoGS-392
94ColChoGS-406
94ColChoSS-186
94ColChoSS-199
94ColChoSS-234
94ColChoSS-392
94ColChoSS-406
94Emb-74
94EmbGoII-74
94Emo-77
94EmoN-T-N1
94Fin-34
94Fin-275
94FinCor-CS8
94FinRef-34
94FinRef-275

94Fla-116
94FlaScoP-1
94Fle-175
94FleAll-14
94FleSup-1
94FleTeaL-7
94FleTowoP-1
94Hoo-166
94Hoo-238
94HooBigN-BN12
94HooBigNR-12
94HooMagC-21
94HooPowR-PR41
94HooShe-12
94HooSupC-SC36
94JamSes-147
94JamSesG-1
94JamSesSDH-1
94JamSesTS-1
94McDNotBNM-1
94PanSti-174
94ProMag-101
94Sky-128
94Sky-176
94Sky-302
94SkyCensR-CS8
94SkySkyF-SF3
94SP-131
94SPCha-21
94SPCha-108
94SPChaDC-21
94SPChaDC-108
94SPChaPH-P1
94SPChaPHDC-P1
94SPDie-D131
94StaClu-13
94StaClu-101
94StaClu-360
94StaCluBT-21
94StaCluCC-21
94StaCluDaD-10A
94StaCluFDI-13
94StaCluFDI-101
94StaCluFDI-360
94StaCluMO-13
94StaCluMO-101
94StaCluMO-360
94StaCluMO-BT21
94StaCluMO-CC21
94StaCluMO-DD10A
94StaCluMO-SS16
94StaCluSS-16
94StaCluST-21
94StaCluSTDW-SU13
94StaCluSTDW-SU360
94StaCluSTNF-13
94StaCluSTNF-101
94StaCluSTNF-360
94Top-109
94Top-195
94Top-259
94Top-260
94TopFra-19
94TopOwntG-2
94TopSpe-109
94TopSpe-195
94TopSpe-259
94TopSpe-260
94Ult-146
94UltAll-6
94UltPow-1
94UltPowITK-1
94UltScoK-1
94UppDec-17
94UppDec-121
94UppDecE-75
94UppDecE-181
94UppDecETD-TD1
94UppDecFMT-21
94UppDecFMT-30H
94UppDecNBN-1
94UppDecNBN-10
94UppDecNBN-11
94UppDecNBN-12
94UppDecPAW-H1
94UppDecPAW-H17
94UppDecPAWR-H1
94UppDecPAWR-H17
94UppDecPLL-R9
94UppDecPLLR-R9
94UppDecSDS-S2

94UppDecSE-158
94UppDecSEG-158
94UppDecSEJ-21
95ColCho-34
95ColCho-341
95ColCho-386
95ColCho-397
95ColChoCtG-C3
95ColChoCtGS-C3
95ColChoCtGS-C3B
95ColChoCtGS-C3C
95ColChoCtGSG-C3
95ColChoCtGSG-C3B
95ColChoCtGSG-C3C
95ColChoCtGSGR-C3
95ColCholE-186
95ColCholE-199
95ColCholE-234
95ColCholE-392
95ColCholE-406
95ColCholEGS-392
95ColCholJGSI-173
95ColCholJGSI-406
95ColCholJI-186
95ColCholJI-199
95ColCholJI-173
95ColCholJI-234
95ColCholJI-406
95ColCholSI-186
95ColCholSI-15
95ColCholSI-173
95ColCholSI-187
95ColChoPC-34
95ColChoPC-341
95ColChoPC-386
95ColChoPC-397
95ColChoPCP-34
95ColChoPCP-341
95ColChoPCP-386
95ColChoPCP-397
95Fin-34
95FinDisaS-DS21
95FinMys-M6
95FinMysB-M6
95FinMysBR-M6
95FinRef-34
95FinVet-RV27
95Fla-104
95Fla-230
95FlaHotN-1
95Fle-142
95Fle-340
95FleAll-1
95FleEur-180
95FleFlaHL-21
95Hoo-126
95Hoo-369
95HooNumC-10
95HooPowP-10
95HooSky-SV10
95HooSla-SL35
95HooTopT-AR8
95JamSes-83
95JamSesDC-D83
95JamSesP-2
95Met-84
95MetMaxM-1
95MetMetF-2
95MetSilS-84
95Pan3ti-235
95ProMag-101
95ProMagDC-2
95Sky-94
95Sky-268
95Sky-294
95SkyClo-C7
95SkyE-X-64
95SkyE-XACA-9
95SkyE-XB-64
95SkyE-XU-13
95SkyLarTL-L8
95SP-103
95SPAll-AS15
95SPAllG-AS15
95SPCha-82
95SPCha-138
95SPChaCotC-C21
95SPChaCotCD-C21
95SPChaCS-S10
95SPChaCSG-S10
95SRKroSA-SA3
95StaClu-34
95StaClu-121

95StaCluBT-BT11
95StaCluMO5-40
95StaCluMOI-34
95StaCluMOI-121B
95StaCluMOI-121R
95StaCluMOI-N5
95StaCluMOI-PZ2
95StaCluN-N5
95StaCluPZ-PZ2
95StaCluSS-SS5
95StaCluX-X5
95TedWil-80
95TedWilC-CO1
95TedWilCon-C2
95TedWilG-G1
95TedWilP-P1
95Top-34
95TopGal-8
95TopGalPG-PG17
95TopShoS-SS5
95Ult-139
95Ult-302
95UltAll-6
95UltAllGM-6
95UltDouT-1
95UltDouTGM-1
95UltGolM-139
95UltPow-1
95UltPowGM-1
95UppDec-136
95UppDec-171
95UppDec-294
95UppDec-342
95UppDecAC-AS25
95UppDecEC-136
95UppDecEC-171
95UppDecEC-294
95UppDecEC-342
95UppDecECG-136
95UppDecECG-171
95UppDecECG-294
95UppDecECG-342
95UppDecPM-R7
95UppDecPMR-R7
95UppDecSE-151
95UppDecSEG-151
95BowBes-46
95BowBesAR-46
95BowBesC-BC4
95BowBesCAR-BC4
95BowBesCR-BC4
95BowBesHR-HR1
95BowBesHRAR-HR1
95BowBesHRR-HR1
95BowBesR-46
95ColCho-126
96ColCho-248
96ColCho-376
96ColCholI-121
96ColCholI-131
96ColCholI-176
96ColCholI-187
96ColCholJ-34
96ColCholJ-341
96ColCholJ-386
96ColCholJ-397
96ColChoM-M83
96ColChoMG-M83
96ColChoS1-S21
96Fin-160
96Fin-290
96FinRef-160
96FinRef-290
96FlaSho-A4
96FlaSho-B4
96FlaSho-C4
96FlaShoLC-4
96FlaShoLC-B4
96FlaShoLC-C4
96Fle-85
96Fle-140
96Fle-190
96Fle-280
96FleAusS-16
96FleDecoE-11
96FleGamB-12
96FleS-13
96FleSwiS-2
96FleThrS-2
96FleUSAWE-M1
96FleUSAWE-M3
96FleUSAWE-M5
96FleUSAWE-M7

96FleUSAWE-M9
96FleUSAWE-M11
96Hoo-120
96Hoo-184
96Hoo-212
96Hoo-318
96HooFlyW-1
96HooHIP-H15
96HooSil-120
96HooStaF-10
96Met-75
96Met-172
96MetCyb-CM4
96MetMaxM-1
96MetMetE-1
96MetMolM-13
96MetPlaP-1
96MetPowT-2
96MetPreM-172
96Sky-42
96Sky-156
96Sky-260
96SkyE-X-23
96SkyE-XC-23
96SkyE-XNA-5
96SkyInt-2
96SkyRub-42
96SkyRub-155
96SkyRub-260
96SkyThuaL-5
96SkyUSA-1
96SkyUSAWE-61
96SkyUSAWE-63
96SkyUSAWE-65
96SkyUSAWE-67
96SkyUSAWE-69
96SkyUSAWE-71
96SkyUSAWE-B11
96SkyUSAWE-G11
96SkyUSAWE-Q16
96SkyUSAWE-S11
96SkyZ-F-68
96SkyZ-F-111
96SkyZ-F-170
96SkyZ-FBMotC-1
96SkyZ-FBMotCZ-1
96SkyZ-FV-V1
96SkyZ-FZ-68
96SP-39
96SPGamF-GF3
96SPInsI-IN1
96SPInsIG-IN1
96SPPreCH-PC14
96SPSPxFor-F2
96SPx-37
96SPxGol-37
96StaClu-57
96StaClu-94
96StaCluF-F17
96StaCluFR-4
96StaCluFRR-4
96StaCluGPPI-8
96StaCluM-57
96StaCluSM-SM1
96StaCluTC-TC7
96StaCluWA-WA1
96Top-179
96TopChr-34
96TopChr-179
96TopChrR-34
96TopChrR-179
96TopChrSB-SB9
96TopHobM-HM27
96TopMysF-M21
96TopMysFB-M21
96TopMysFBR-M21
96TopMysFBR-M21
96TopNBAa5-34
96TopNBAa5-179
96TopNBAS-4
96TopNBAS-54
96TopNBAS-104
96TopNBASF-4
96TopNBASF-54
96TopNBASFAR-4
96TopNBASFAR-54
96TopNBASFAR-104
96TopNBASFR-4
96TopNBASFR-54
96TopNBASFR-104
96TopNBASI-I24
96TopNBASR-4

96TopSeaB-SB9
96TopSupT-ST21
96Ult-39
96Ult-125
96Ult-189
96UltBoaG-2
96UltCouM-11
96UltDecoE-U11
96UltGolE-G39
96UltGolE-G125
96UltGolE-G189
96UltPlaE-P39
96UltPlaE-P125
96UltPlaE-P189
96UppDec-94
96UppDec-145
96UppDec-223
96UppDec-316
96UppDec-340
96UppDecGK-38
96UppDecPS2-P5
96UppDecPTVCR2-TV5
96UppDecU-41
96UppDecU-42
96UppDecU-43
96UppDecU-44
96UppDecU-59
96UppDecU-27
96UppDecUES-41
96UppDecUES-42
96UppDecUES-43
96UppDecUES-44
96UppDecUES-59
96UppDecUFYD-F11
96UppDecUFYDES-FD1
96UppDecUSCS-S11
96UppDecUSCSG-S11
96UppDecUSS-S10
96UppDecUTWE-W2
Barksdale, Don
91UCLColC-121
Barksdale, Johns
91UCLColC-118
Barlow, Bill
89KenColC*-285
Barlow, Jeb
81NorCarS-1
89NorCarCC-192
Barlow, Ken
90NotDam-22
Barnes, Barry
92AusFutN-26
Barnes, Binnie
48TopMagP*-J10
Barnes, Brian
90CleColC*-11
Barnes, Bryan
92UTE-10
Barnes, Darryl
89GeoTec-5
90GeoTec-5
91GeoTec-2
92GeoTec-9
Barnes, Freddie
92PenSta*-1
Barnes, Harry
68RocJacitB-2
Barnes, Hector
94IHSBoyAST-19
Barnes, Jim ARK
91ArkColC*-72
Barnes, Jim UTEP
70Top-121
89UTE-2
Barnes, Marvin (Bad News)
75Top-225
75Top-252
75Top-283
76Top-35
82TCMCBA-90
91ImpHaloF-54
91Pro-17
Barnes, Milton
92Min-2
93Min-17
94Min-16
Barnes, Norm
90MicStaCC2*-95
Barnes, Rick
91Pro-4
Barnes, Val
90Iow-1
91Iow-1

92Iow-1
Barnes, Yuri
91Vir-3
92Vir-3
93Vir-3
Barnett, Brinkley
89KenColC*-96
Barnett, Dave CO
91HooTeaNS-24
Barnett, Dave FRES
89FreSta-3
90FreSta-2
Barnett, Dick
69Top-18
70Top-43
71Top-17
72Top-52
Barnett, Gene
91DavLip-20
92DavLip-20
Barnett, Harlon
90MicStaCC2*-42
Barnett, Jim
68RocJacitB-3
69Top-51
70Top-142
71Top-104
71WarTeal-3
72Top-71
73LinPor-47
73Top-108
74Top-47
75Top-92
90HooAnn-5
Barnhill, Bill
91SouCarCC*-140
Barnhill, John
71Top-222
91ArkColC*-5
Barnhorst, Leo
54BulGunB-1
90NotDam-9
Barniak, Jim
90HooAnn-6
Barnstable, Dale
88KenColC-58
Barone, Ken
90UCL-38
Barone, Tony
85Bra-D6
94TexAaM-6
Barr, Mike
73Top-198
Barray, Roland
90LSUColC*-59
Barrett, Marty
90AriStaCC*-192
Barrett, Mike
71Top-162
Barrett, Tim
94IHSBoyAST-123
Barrios, Gregg
90Neb*-5
Barron, David
92FloSta*-1
Barros, Dana
90Fle-175
90Hoo-274
90HooTeaNS-24A
90HooTeaNS-24B
90HooTeaNS-24C
90HooTeaNS-24D
90Sky-263
90SupKay-14
90SupSmo-1
91Fle-357
91Hoo-438
91HooTeaNS-25
91Sky-265
91UppDec-102
92Fle-243
92Fle-430
92FleSha-2
92Hoo-212
92Hoo-321
92PanSti-62
92Sky-227
92SpoIllfKI*-379
92StaClu-39
92StaCluMO-39
92Top-58
92TopGol-58G
92Ult-168
92UppDec-275

92UppDecS-9
93Fin-69
93FinRef-69
93Fle-348
93Hoo-204
93Hoo-384
93HooFifAG-204
93HooFifAG-384
93JamSes-165
93PanSti-59
93Sky-262
93StaClu-347
93StaCluFDI-347
93StaCluMO-347
93StaCluSTNF-347
93Top-231
93TopGol-231G
93Ult-309
93UppDec-404
93UppDecS-52
93UppDecSEC-52
93UppDecSEG-52
94ColCho-267
94ColChoGS-267
94ColChoSS-267
94Emo-72
94Fin-31
94FinRef-31
94Fla-110
94Fle-165
94Hoo-157
94JamSes-139
94PanSti-101
94ProMag-96
94Sky-122
94SP-127
94SPCha-20
94SPCha-104
94SPChaDC-20
94SPChaDC-104
94SPDie-D127
94StaClu-239
94StaCluFDI-239
94StaCluMO-239
94StaCluST-20
94StaCluSTNF-239
94Top-263
94TopSpe-263
94Ult-138
94UppDec-62
94UppDecSE-147
94UppDecSEG-147
95ColCho-41
95ColCho-185
95ColCho-289
95ColChoCtG-C4
95ColChoCtGS-C4
95ColChoCtGS-C4B
95ColChoCtGS-C4C
95ColChoCtGSG-C4
95ColChoCtGSG-C4B
95ColChoCtGSG-C4C
95ColChoCtGSGR-C4
95ColCholE-267
95ColCholJI-267
95ColCholSI-48
95ColChoPC-41
95ColChoPC-185
95ColChoPC-289
95ColChoPCP-41
95ColChoPCP-185
95ColChoPCP-289
95Fin-181
95FinDisaS-DS20
95FinRef-181
95Fla-100
95Fla-155
95FlaPerP-1
95Fle-135
95Fle-207
95FleAll-11
95FleEur-172
95FleFlaHL-20
95Hoo-120
95Hoo-208
95Hoo-243
95Hoo-292
95HooMagCAW-4
95JamSes-79
95JamSesDC-D79
95Met-80
95Met-127
95MetSilS-80
95PanSti-47

95Sky-90
95Sky-141
95Sky-153
95SkyE-X-4
95SkyE-XB-4
95SP-6
95SPCha-5
95SPCha-119
95StaClu-120
95StaClu-256
95StaCluMOI-120B
95StaCluMOI-120R
95Top-273
95TopGal-57
95TopGalPPI-57
95Ult-131
95Ult-205
95UltFabF-1
95UltFabFGM-1
95UltGolM-131
95UppDec-282
95UppDecEC-282
95UppDecAC-AS7
95UppDecECG-282
96BowBes-78
96BowBesAR-78
96BowBesR-78
96ColCho-7
96ColChoCtGS2-C2A
96ColChoCtGS2-C2B
96ColChoCtGS2R-R2
96ColChoCtGS2RG-R2
96ColChoCtGSG2-C2A
96ColChoCtGSG2-C2B
96ColCholI-115
96ColCholI-185
96ColCholI-8
96ColCholJ-41
96ColCholJ-289
96ColChoINE-E3
96ColChoM-M102
96ColChoMG-M102
96ColChoS1-S2
96Fle-154
96Hoo-7
96HooHIP-H2
96HooSil-7
96HooStaF-2
96Met-4
96Sky-6
96SkyAut-6
96SkyAutB-6
96SkyRub-6
96SP-5
96StaClu-37
96StaCluM-37
96Top-159
96TopChr-159
96TopChrR-159
96TopNBAa5-159
96TopSupT-ST2
96Ult-6
96UltGolE-G6
96UltPlaE-P6
96UppDec-9
96UppDec-137
96UppDec-332
Barry, Amadou Coco
87Mai*-13
Barry, Brent
90OreSta-4
91OreSta-4
92OreSta-3
93OreSta-2
95ClaBKR-14
95ClaBKRAu-14
95ClaBKRIE-IE14
95ClaBKRPP-14
95ClaBKRRR-12
95ClaBKRSS-14
95ClaBKV-14
95ClaBKV-73
95ClaBKV-84
95ClaBKVE-14
95ClaBKVE-73
95ClaBKVE-84
95ColCho-299
95ColChoPC-299
95ColChoPCP-299
95Fin-125
95FinRacP-RP2
95FinVet-RV15
95FivSp-14

95FivSpAu-14A
95FivSpAu-14B
95FivSpD-14
95FivSpRS-14
95Fla-200
95FlaClao'-R1
95Fle-282
95FleClaE-21
95Hoo-266
95Met-157
95MetRooRC-R1
95MetRooRCSS-R1
95PacPreGP-26
95PrePas-15
95Sky-229
95SkyE-X-36
95SkyE-X-93
95SkyE-XB-36
95SkyE-XB-93
95SkyHigH-HH8
95SkyRooP-RP14
95SP-155
95SPCha-46
95SPChaCS-S13
95SPChaCSG-S13
95SPHol-PC16
95SPHolDC-PC16
95SRAut-15
95SRFam&F-3
95SRSigPri-3
95SRSigPriS-3
95SRTet-21
95StaClu-331
95StaCluDP-15
95StaCluMOI-DP15
95Top-259
95TopDraR-15
95TopGal-42
95TopGalPPI-42
95Ult-264
95UppDec-309
95UppDecEC-309
95UppDecECG-309
95UppDecSE-124
95UppDecSEG-124
96AllSpoPPaF-5
96BowBes-14
96BowBesAR-14
96BowBesR-14
96CleAss-18
96CleAss$5PC-9
96ColCho-70
96ColChoCtGS2-C12A
96ColChoCtGS2-C12B
96ColChoCtGS2R-R12
96ColChoCtGS2RG-R12
96ColChoCtGSG2-C12A
96ColChoCtGSG2-C12B
96ColCholI-48
96ColCholJ-260
96ColChoM-M36
96ColChoMG-M36
96ColChoS1-S12
96Fin-94
96Fin-111
96Fin-277
96FinRef-94
96FinRef-111
96FinRef-277
96FivSpSig-14
96Fle-14
96FleRooR-1
96FleS-16
96Hoo-70
96Hoo-192
96HooRooH-3
96HooSil-70
96Met-44
96MetSteS-1
96PacPreGP-26
96PacPri-26
96PrePas-43
96PrePasS-43
96ScoBoaBasRoo-94
96Sky-51
96SkyAut-7
96SkyAutB-7
96SkyRub-51
96SkyZ-F-40
96SkyZ-FZ-40
96SPx-22
96SPxGol-22
96StaClu-76
96StaCluCA-CA3

96StaCluCAAR-CA3
96StaCluCAR-CA3
96StaCluHR-HR4
96StaCluM-76
96StaCluSM-SM11
96Top-60
96TopChr-60
96TopChrR-60
96TopChrY-YQ14
96TopNBAa5-60
96TopYou-U14
96Ult-48
96UltGolE-G48
96UltPlaE-P48
96UltRooF-7
96UppDec-53
96UppDec-147
96UppDec-342
96UppDecGE-G7
96UppDecPS1-P10
96UppDecPTVCR1-TV10
96UppDecU-45
96VisSig-24
96VisSigAuG-24A
96VisSigAuS-24A
Barry, Drew
91GeoTec-3
92GeoTec-12
96AllSpoPPaF-124
96ColEdgRR-3
96ColEdgRRD-3
96ColEdgRRG-3
96ScoBoaAB-40
96ScoBoaAB-40B
96ScoBoaAB-40C
96ScoBoaACA-4
96ScoBoaBasRoo-60
96ScoBoaBasRooCJ-CJ24
Barry, Jim
91GeoColC-18
Barry, Jon
90GeoTec-6
91GeoTec-4
92Cla-25
92ClaGol-25
92ClaMag-BC6
92FouSp-22
92FouSpGol-22
92FroR-5
92SkyDraP-DP21
92SkySchT-ST5
92StaClu-244
92StaCluMO-244
92StaPic-44
92StaPic-74
92Top-348
92TopGol-348G
92Ult-296
92UppDec-417
93Fle-115
93Hoo-120
93HooFifAG-120
93JamSes-121
93JamSesTNS-6
93JamSesTNS-8
93Sky-109
93StaClu-70
93StaCluFDI-70
93StaCluMO-70
93StaCluSTNF-70
93Top-260
93TopGol-260UG
93Ult-283
93UppDec-319
93UppDecS-213
93UppDecSEC-213
93UppDecSEG-213
94ColCho-272
94ColChoGS-272
94ColChoSS-272
94Fin-116
94FinRef-116
94Fla-84
94Fle-124
94Hoo-117
94JamSes-105
94PanSti-70
94ProMag-75
94Sky-92
94StaClu-143
94StaCluFDI-143
94StaCluMO-143
94StaCluSTNF-143

94Top-79
94TopSpe-79
94Ult-103
94UppDec-147
95ColCholE-272
95ColCholJI-272
95ColCholSI-53
95FleEur-128
95PanSti-119
95ProMag-75
95WarTop-GS6
96Sky-132
96SkyRub-132
Barry, Rick
71Top-147
71Top-149
71Top-170
71TopTri-13A
72Com-4
72Spa-1
72Spa-2
72Top-1
72Top-242
72Top-244
72Top-250
72Top-259
72Top-262
73LinPor-48
73Top-90
73Top-156
74Top-50
74Top-87
74Top-147
75Top-1
75Top-3
75Top-6
75Top-100
75Top-122
76BucDis-2
76Top-50
76Top-132
77PepAll-1
77SpoSer4*-415
77Top-130
78RoyCroC-3
78Top-60
79Qualro-2
79Top-120
80Top-28
80Top-116
81TCMNBA-36
85StaSchL-2
89HooAnn-2
90HooAnn-7
92CenCou-24
92CouFla-3
92CouFlaPS 1
93ActPacHoF-48
93ActPacHoF-5
95SRKroFFTP-FP4
95SRKroFFTPS-FP4
95TedWilE-EC1
95TedWilHL-HL3
96StaCluFR-5
96StaCluFRR-5
96TopNBAS-5
90TopNBAS-55
96TopNRAS-105
96TopNBASF-5
96TopNBASF-5
96TopNBASF 105
96TopNBASFAR-5
96TopNBASFAR-55
96TopNBASFAR-105
96TopNBASFR-5
96TopNBASFR-55
96TopNBASFR-105
96TopNBASI-I9
96TopNBASR-5
96TopNBASRA-5
Barry, Scooter
87Kan-2
89ProCBA-198
90ProCBA-195
Barsness, Linda
90Neb*-14
Bartels, Eddie
89NorCarSCC-13
89NorCarSCC-14
89NorCarSCC-15
Bartels, Jim
90Iow-2
91Iow-2

93Iow-1
94Iow-1
Bartholomew, Jacinta
90AriStaCC*-132
Bartles, Jim
92Iow-2
Bartolome, Vic
71WarTeal-4
Barton, Harris
90NorCarCC*-35
90NorCarCC*-58
Barton, Kale
85ForHayS-4
Barton, Leslie
92FloSta*-23
Bartow, Gene
91UCLColC-21
92Ala-15
93Ala-1
Barwick, Brook
90NorCarCC*-69
Barwick, Parrish
90FloStaCC*-28
Basehart, Richard
48TopMagP*-J36
Baskerville, Damien
96Web StS-1
Baskerville, Jerry
80TCMCBA-10
Basnight, Jarvis
89ProCBA-33
91ProCBA-61
Bass, Bob
79SpuPol-NNO
Bass, Earl
91SouCarCC*-92
Bass, Jerry
87IndGreI-39
Bass, Ron
91SouCarCC*-117
Bassett, Tim
75Top-274
77Top-54
78Top-96
79Top-73
Basso, Maurice
85Vic-1
88Vic-1
Bastanchury, Jane
90AriStaCC*-140
Bastock, Andy
90Bra-4
Batambuze, Jonah
94IHSBoyAST-87
Bates, Billy Ray
80TCMCBA-43
81TCMCBA-10
81Top-W83
81TraBlaP-12
Bates, Chip
82TCMCBA-31
Bates, Thaddeus
94IHSBoyAST-196
Bathe, Walter
76PanSti-35
Batiste, Troy
90SanJosS 1
Battaglia, Matt
09LouColC*-145
Battie, Derrick
96ScoBoaBasRoo-51
Battle, Alvin
89NorCarSCC-16
89NorCarSCC-17
89NorCarSCC-18
Battle, John
86HawPizH-6
87HawPizH-6
89Fle-1
89Hoo-154
89Fle-1
90Hoo-27
90HooActP-23
90HooTeaNS-1
90Sky-1
91Fle-1
91Fle-260
91Hoo-1
91Hoo-347
91HooTeaNS-5
91PanSti-103
91Sky-1
91Sky-621
91UppDec-388

91UppDec-424
92Fle-38
92Hoo-36
92Sky-37
92StaClu-112
92StaCluMO-112
92Top-275
92TopGol-275G
92Ult-33
92UppDec-218
92UppDecM-CL1
92UppDecS-2
93CavNicB-1
93Fle-263
93Hoo-35
93HooFifAG-35
93Top-108
93TopGol-108G
93Ult-225
93UppDec-304
93UppDecE-123
93UppDecS-26
93UppDecSEC-26
93UppDecSEG-26
94Sky-218
Battle, Kenny
90FleUpd-U74
90Hoo-233
90HooTeaNS-21
90Sky-405
91ProCBA-153
91UppDec-209
Battle, Ronnie
92Aub-5
Battles, Daryl
87Sou*-5
Batton, Dave
90NotDam-34
Bauer, Alaina
90MonSta-9
Bauer, Alice
52Whe*-1A
52Whe*-1B
Bauer, Kim
91TexA&MCC*-92
Bauer, Marlene
52Whe*-2A
52Whe*-2B
Baugh, Sammy
48ExhSpoC-2
Baughan, Maxie
91GeoTecCC*-74
Baum, John
72Top-191
Baumgartner, Bruce
82IndSta*-1
Baurer, Ron
85Bra-9
Baxter, Ron
82TCMCBA-31
Baxter, William
55AshOil-2
Bay, Willow
92Hoo-487
95UppDec-345
95UppDecEC-345
95UppDecECG-345
Bayer, Ellen
90Tex*-3
Bayi, Filbert
76PanSti-111
Baylor, Elgin
61Fle-3
61Fle-46
61LakBelB-1
68TopTes-18
69NBAMem-2
69Top-35
70Top-65
70Top-113
71MatInsR-2
71Top-10
77SpoSer1*-1614
81TCMNBA-19
92CenCou-20
92LakCheP-1
92UppDecAW-2
92UppDecS-5
93ActPacHoF-8
93LakFor*-BC1
96StaCluFR-6
96StaCluFRR-6
96TopNBAS-6
96TopNBAS-56

96TopNBAS-106
96TopNBASF-6
96TopNBASF-56
96TopNBASF-106
96TopNBASFAR-6
96TopNBASFAR-56
96TopNBASFAR-106
96TopNBASFR-6
96TopNBASFR-56
96TopNBASFR-106
96TopNBASI-I24
96TopNBASR-6
Baynham, Craig
91GeoTecCC*-73
Bazarevich, Sergei
94ColCho-226
94ColChoGS-226
94ColChoSS-226
94Fin-169
94FinRef-169
94Fle-241
94Hoo-301
94HooSch-1
94Sky-201
94StaClu-223
94StaCluMO-223
94StaCluSTNF-223
94Top-233
94TopSpe-233
94UppDec-253
95ColCholE-226
95ColCholJI-226
95ColCholSI-7
95FleEur-2
Beal, Dicky
80KenSch-1
81KenSch-2
82KenSch-1
83KenSch-2
88KenColC-121
88KenColC-195
88KenColC-236
89KenBigBTot8-44
89KenColC*-10
Beale, Charleata
91VirWom-1
92VirWom-1
93VirWom-1
Beam, Chet
89LouColC*-95
Beamon, Bob
76PanSti-89
77SpoSer1*-1017
81TopThiR*-34
91ImpHaloF-11
92SniU.SOC-2
95Kod-4
Bear, Darren
91NorDak*-11
Beard, Butch
72Top-142
73LinPor-49
73Top-136
74Top-67
76Top-2
75Top-33
76Top-6
78Top-17
88LouColC-6
88LouColC-106
88LouColC-168
89LouColC*-7
89LouColC*-11
89LouColC*-227
89LouColC*-286
94Hoo-385
95Hoo-185
Beard, Ralph
48TopMagP*-B1
50BreforH-2
71Top-10
88KenColC-4
88KenColC-161
89KenColC*-7
Beard, Van
83Ari-1
Bearden, Eric
91GeoTecCC*-36
Bearden, Jeremy
92Ala-2
93Ala-10
Bearup, Bret
80KenSch-2
82KenSch-1

83KenSch-3
88KenColC-122
88KenColC-228
Bearup, Butch
81KenSch-3
84KenSch-12
Bearup, Todd
90KenBigBDTW-31
91KenBigB1-7
Beasley, Chris
90AriStaCC*-23
Beasley, Corey
91ProCBA-31
Beasley, John
71Top-211
91TexA&MCC*-8
Beathard, Pete
91SouCal*-55
Beats, Manhattan
48TopMagP*-B6
Beatty, Garrett
94IHSBoyAST-198
Beaty, Zelmo
68TopTes-17
69NBAMem-3
71Top-148
71Top-165
71TopTri-16A
72Top-220
72Top-256
73Top-225
74Top-252
75Top-177
85StaSchL-3
Beccali, Luigi
76PanSti-53
Beck, Byron
71Top-210
72Top-187
73Top-258
74Top-222
74Top-264
75Top-258
Beck, Corey
92Ark-5
93Ark-1
94ArkTic-12
95ClaBKR-63
95ClaBKRAu-63
95ClaBKRPP-63
95ClaBKRSS-63
95Col-70
95Col-90
95PacPreGP-51
95SRDraD-49
95SRDraDSig-49
96PacPreGP-51
96PacPri-51
Beck, Ed
88KenColC-69
Beck, Ernie
57Top-36
Beck, Harry
94IHSBoyAST-54
Beck, Jerry
92OhiValCA-3
Beck, Steve
90AriStaCC*-26
Becker, Art
72Top-178
90AriStaCC*-161
Becker, Boris
93FaxPaxWoS*-38
Becker, George
48TopMagP*-D7
Becker, Mark
87AriSta*-1
90ProCBA-127
Becker, Matt
94IHSBoyAST-16
Becker, Mike
94IHSBoyAST-1
Becker, Steve
94IHSBoyAST-349
Beckham, Gordon
91SouCarCC*-141
Bedell, Bob
71Top-153
Bedford, Darryl
82Ark-2
Bedford, William
90FleUpd-U28
90Hoo-102
90HooTeaNS-8

90PisSta-2
90Sky-83
91Fle-278
91Hoo-360
91HooTeaNS-8
91PisUno-16
91Sky-79
91UppDec-183
92Hoo-63
92Hoo-464
92Sky-67
92StaClu-389
92StaCluMO-389
92Top-241
92TopGol-241G
92UppDec-83
Bednarik, Chuck (Charles P.)
48TopMagP*-C7
Bee, Clair F.
54BulGunB-2
68HalofFB-3
92CenCou-49
Beemstebuer, Jennifer
91GeoTecCC*-150
Beene, Stephen
86SouLou*-1
87SouLou*-4
Behagen, Ron
73KinLin-2
73LinPor-61
74Top-11
75Top-106
76Top-138
Behney, Mel
90MicStaCC2*-85
Behning, Mark
84Neb*-9
Behrends, Scott
90Bra-5
Behrman, Dave
90MicStaCC2*-28
Belcher, Earl
79St.Bon-1
Beler, Ernie
93Neb*-3
Bell, Alexander Graham
48TopMagP*-N8
Bell, Becky
90AriColC*-89
Bell, Byron
92Aub-10
Bell, Cecil
89KenColC*-97
Bell, David GT
91GeoTecCC*-28
Bell, Dennis
73JetAllC-5
Bell, Gary
94IHSBoyAST-108
Bell, Greg
88Ten-23
Bell, Mark
93Cla-12
93ClaF-23
93ClaG-12
93FouSp-12
93FouSpG-12
Bell, Mickey
73NorCarPC-4D
74NorCarS-1
89NorCarCC-182
90NorCarCC-166
Bell, Milton
88Geo-7
89Geo-7
Bell, T.
90AriColC*-14
Bell, Terrell
92Geo-2
93Geo-2
96ColEdgRR-4
96ColEdgRRF-4
96ColEdgRRG-4
96PacPow-3
96ScoBoaAB-NNOA
96ScoBoaAB-NNOB
96ScoBoaAB-NNOC
96ScoBoaBasRoo-61
Bell, William
89NorCarSCC-19
89NorCarSCC-20
Bellamy, Walt
61Fle-4

69Top-95
69TopRul-1
70Top-18
71Top-116
71TopTri-40
72Com-5
72Top-97
72Top-173
73LinPor-1
73Top-46
74Top-65
74Top-81
81TCMNBA-42
85StaSchL-4
86IndGreI-2
93ActPacHoF-61
95ActPacHoF-9
Belle, Albert (Joey)
85LSU*-1
Belobraydic, John
80Ari-1
81Ari-2
Belose, Milissa
90AriStaCC*-147
Belov, Sergei
77SpoSer2*-209
92ChaHOFI-2
Benbow, Leon
75Top-196
Benbrook, Tom
55AshOil-74
Bench, Johnny
68ParMea*-2
71KedKed*-2
71KedKed*-3
Bendix, William
48TopMagP*-J17
Benedict, Billy
48TopMagP*-J28
Benedict, Moby
91Mic*-2
Benjamin, Benoit
86Fle-8
87Fle-10
88Fle-61
89Fle-69
89Hoo-114
89PanSpaS-200
90Fle-84
90Hoo-142
90Hoo100S-43
90HooTeaNS-12
90HooTeaNS-24C
90HooTeaNS-24D
90PanSti-33
90Sky-124
90SupKay-5
90SupTeal-1
91Fle-189
91FleTonP-65
91Hoo-197
91HooTeaNS-25
91PanSti-39
91Sky-266
91UppDec-159
92Fle-209
92FleTonP-7
92Hoo-213
92PanSti-60
92Sky-228
92StaClu-115
92StaCluMO-115
92Top-161
92TopArc-61
92TopArcG-61G
92TopGol-161G
92Ult-169
92UppDec-97
93Fin-4
93FinRef-4
93Fle-331
93Hoo-103
93Hoo-368
93HooFifAG-103
93HooFifAG-368
93HooShe-3
93JamSes-138
93PanSti-214
93Sky-121
93StaClu-242
93StaCluFDI-242
93StaCluMO-242
93StaCluSTNF-242
93Top-307

93TopGol-307G
93UppDec-376
93UppDecS-174
93UppDecSEC-174
93UppDecSEG-174
94ColCho-300
94ColChoGS-300
94ColChoSS-300
94Fin-236
94FinRef-236
94Fla-94
94Fle-140
94Hoo-131
94PanSti-78
94SP-115
94SPCha-93
94SPChaDC-93
94SPDie-D115
94StaClu-140
94StaCluFDI-140
94StaCluMO-140
94StaCluSTNF-140
94Top-361
94TopSpe-361
94Ult-115
94UppDec-327
94UppDecSE-55
94UppDecSEG-55
95ColCho-118
95ColCholE-300
95ColCholJI-300
95ColCholSI-81
95ColChoPC-118
95ColChoPCP-118
95Fin-93
95FinRef-93
95Fla-141
95Fle-113
95Fle-272
95FleEur-144
95Hoo-102
95JamSes-112
95JamSesDC-D112
95Met-113
95MetSilS-113
95PanSti-200
95ProMag-142
95SP-74
95StaClu-128
95StaClu-287
95StaCluMOI-128B
95StaCluMOI-128R
95Top-176
95TopGal-133
95TopGalPPI-133
95Ult-189
95Ult-227
95UltGolM-189
95UppDec-297
95UppDecEC-297
95UppDecECG-297
95ColCholl-100
96ColCholJ-118
96TopSupT-ST15
Benjamin, Fred
87Van-3
Benjamin, Ishua
94NorCarS-1
Benjamin, Mike
90AriStaCC*-16
Benjamin, Rudy
90MicStaCC2*-142
Benjamin, Sonny
93OreSta-3
Benneman, Doremus
94Cla-52
94ClaG-52
Bennerman, Doremus
94SRTet-44
94SRTetS-44
95SRKro-39
95SupPix-43
95TedWil-4
Bennett, Arlando
89Geo-2
96Geo-1
92Geo-3
95UppDecCAM-M5
95UppDecCBA-15
95UppDecCBA-85
95UppDecCBA-86
95UppDecCBA-88
Bennett, Bob
89NorCarCC-165

Bennett, Byron
93Neb*-4
Bennett, Constance
48TopMagP*-J38
Bennett, Elmer
90NotDam-32
92Cla-74
92ClaGol-74
92FouSp-62
92FouSpGol-62
92FroR-6
92StaPic-55
Bennett, Mario
95ClaBKR-25
95ClaBKR-90
95ClaBKR-117
95ClaBKRAu-25
95ClaBKRPP-25
95ClaBKRPP-90
95ClaBKRPP-117
95ClaBKRRR-6
95ClaBKRS-S15
95ClaBKRSS-25
95ClaBKRSS-90
95ClaBKRSS-117
95ClaBKV-25
95ClaBKVE-25
95Col-2
95Col-58
95Col2/1-T4
95ColCho-316
95ColChoPC-316
95ColChoPCP-316
95Fin-137
95FinVet-RV27
95FivSp-25
95FivSpD-25
95Fle-283
95Hoo-276
95PacPreGP-6
95PrePas-24
95Sky-237
95SPHol-PC27
95SPHolDC-PC27
95SRAut-27
95SRDraD-2
95SRDraDSig-2
95SRFam&F-4
95SRSigPri-4
95SRSigPriS-4
95SRTet-30
95StaClu-350
95Top-214
95TopDraR-27
95Ult-265
95UppDec-275
95UppDecEC-275
95UppDecECG-275
96ColCholl-80
96ColCholJ-316
96ColLif-L2
96FivSpSig-21
96PacPreGP-6
96PacPri-6
Bennett, Mel
80TCMCBA-40
Bennett, Robert
92Ill-1
Bennett, Tony
92Cla-4
92ClaGol-4
92Fle-308
92FleTeaNS-2
92FouSp-4
92FouSpGol-4
92FroR-7
92Hoo-358
92HorSta-1
92Sky-335
92StaClu-238
92StaCluMO-238
92StaPic-11
92Top-353
92TopGol-353G
92Ult-201
92UppDec-407
93Fle-251
93Hoo-17
93HooFifAG-17
93Sky-200
93StaClu-19
93StaCluFDI-19
93StaCluMO-19
93StaCluSTNF-19

93Ult-212
93UppDec-97
94Fla-13
94Fle-254
94Hoo-15
94HooShe-2
94HooShe-4
94Top-177
94TopSpe-177
94Ult-212
95PanSti-73
Bennett, Von
91OklSta-17
91OklSta-40
Bennett, Winston
83KenSch-4
87Ken*-9
88KenColC-48
88KenColC-168
88KenColC-194
89KenBigBTot8-41
90Hoo-70
90HooTeaNS-5
90PanSti-104
90Sky-48
91Fle-261
91Hoo-348
91HooTeaNS-5
91Sky-45
91UppDec-247
Bennington, John
90MicStaCC2*-151
Benoit, David
91Fle-362
91FroR-66
91FroRowP-30
91FroRU-70
91HooTeaNS-26
91UppDec-487
91UppDecRS-R34
91WilCar-12
92Fle-218
92Hoo-221
92PanSti-107
92Sky-236
92StaClu-62
92StaCluMO-62
92Top-49
92TopGol-49G
92Ult-177
92UppDec-174
92UppDec-375
92UppDec-447
92UppDecS-1
93Fle-205
93Hoo-213
93HooFifAG-213
93JamSes-221
93JazOldH-1
93PanSti-113
93Sky-285
93StaClu-21
93StaCluFDI-21
93StaCluMO-21
93StaCluSTNF-21
93Top-51
93TopGol-51G
93Ult-184
93UppDec-27
93UppDecE-27
93UppDecFT-FT3
94ColCho-121
94ColChoGS-121
94ColChoSS-121
94Fin-85
94FinRef-85
94Fla-145
94Fle-219
94Hoo-207
94HooShe-15
94JamSes-184
94PanSti-213
94Sky-161
94SP-160
94SPCha-128
94SPChaDC-128
94SPDie-D160
94StaClu-21
94StaCluFDI-21
94StaCluMO-21
94StaCluSTNF-21
94Top-163
94TopSpe-163
94Ult-182

94UppDec-94
94UppDecE-107
94UppDecSE-175
94UppDecSEG-175
95ColCho-137
95ColCho-204
95ColCholE-121
95ColCholJI-121
95ColCholSI-121
95ColChoPC-137
95ColChoPC-204
95ColChoPCP-137
95ColChoPCP-204
95Fla-135
95Fle-183
95FleEur-223
95Hoo-158
95JamSes-107
95JamSesDC-D107
95Met-108
95MetSilS-108
95PanSti-190
95Sky-116
95StaClu-296
95Top-58
95TopTopF-TF17
95Ult-182
95UltGolM-182
95UppDec-102
95UppDecEC-102
95UppDecECG-102
95UppDecSE-85
95UppDecSEG-85
96ColCho-289
96ColCholI-158
96ColCholI-204
96ColCholJ-137
96ColCholJ-204
96TopSupT-ST27
Bensel, Fran Ten
92Neb*-21
Benson, Kent
77BucActP-1
79BucOpeP*-6
79BucPol-54
79Top-121
80Top-21
80Top-109
81Top-MW80
83Sta-86
84Sta-262
85Sta-11
86IndGrel-13
Bentley, Doug
48ExhSpoC-3
Bentley, Max
48ExhSpoC-3
Benton, Janel
91WasSta-7
Benton, Jim
91ArkColC*-41
Berberich, John
91UCLColC-99
Bercher, Martine
91ArkColC*-65
Berenson, Red (Gordon)
91Mic*-3
Berezniak, Chris
94IHSBoyA3S-NNO
Berg, Patty
52Whe*-3A
52Whe*-3B
Berger, Cliff
88KenColC-87
Berger, Jay
90CleColC*-117
Berger, Steve
91ProCBA-30
Bergines, William
55AshOil-85
Bergman, Ingrid
48TopMagP*-F4
Berlenheiter, Michael
90AriStaCC*-194
Berlin, Steve
90CleColC*-54
Bernard, Tod
89FreSta-6
90FreSta-3
Bernstine, Rod
91TexA&MCC*-1
Berra, Tim
91SouCarCC*-151
Berra, Yogi (Larry)

52Whe*-4A
52Whe*-4B
Berringer, Brook
95Neb*-7
Berry, Curtis
81TCMCBA-41
82TCMLanC-11
82TCMLanC-12
Berry, Dean
96Geo-4
Berry, Ricky
88KinCarJ-34
89Fle-134
89Hoo-186
Berry, Todd
91SouCarCC*-105
Berry, Walter
86TraBlaF-1
88Fle-102
89Hoo-44
91WilCar-62
91WooAwaW-15
Berson, Mark
91SouCarCC*-43
Bertman, Skip
85LSU*-2
87LSU*-9
88LSU*-9
Berube, Carla
93ConWom-2
Beshore, Delmer
79BulPol-1
Bessillieu, Don
91GeoTecCC*-72
Bessone, Amo
90MicStaCC2*-62
Best, John
91TenTec-1
92TenTec-1
93Cla-13
93ClaG-13
Best, Travis
91GeoTec-5
92GeoTec-7
95ClaBKR-21
95ClaBKRAu-21
95ClaBKRPP-21
95ClaBKRS-S11
95ClaBKRSS-21
95ClaBKV-21
95ClaBKV-88
95ClaBKVE-21
95ClaBKVE-88
95Col-3
95Col-45
95ColCho-319
95ColChoPC-319
95ColChoPCP-319
95Collgn-I1
95Fin-133
95FinVet-RV23
95FivSp-21
95FivSp-183
95FivSpD-21
95FivSpD-183
95FivSpRS-19
95Fla-201
96Fle-204
95Hoo-265
96PacPreGP-11
95PrePas-21
95Sky-228
95SPHol-PC15
95SPHolDC-PC15
95SRAut-23
95SRDraD-7
95SRDraDSig-7
95SRFam&F-5
95SRSigPri-5
95SRSigPriS-5
95SRTetAut-1
95StaClu-339
95Top-251
95TopDraR-23
95Ult-266
95UppDec-299
95UppDecEC-299
95UppDecECG-299
95UppDecSE-121
95UppDecSEG-121
96ColCho-68
96ColCholI-45
96ColCholJ-319
96ColChoM-M33

96ColChoMG-M33
96FivSpSig-19
96Fle-196
96Hoo-64
96HooSil-64
96Met-176
96MetPreM-176
96PacPreGP-11
96PacPri-11
96SkyAut-8
96SkyAutB-8
96SkyZ-F-36
96SkyZ-FZ-36
96SP-43
96Ult-195
96UltGolE-G195
96UltPlaE-P195
96UppDec-47
96UppDec-146
96VisSig-27
96VisSigAuG-27
96VisSigAuS-27
Besuden, Henry
89KenColC*-22
Better, Kim
93ConWom-3
Betts, Marcus
94IHSBoyAST-211
Betz, Dave
89LouColC*-198
Bevan, George
90LSUColC*-122
Beyers, Rich
94IHSBoyAST-144
Bialosuknia, Wes
91ConLeg-1
Bianchi, Al
57Top-59
75Sun-3
84SunPol-NNO
Bianco, Mike
88LSU*-12
Bias, Len
92ACCTouC-31
Bibb, Greg
92TenTec-2
93TenTec-1
94TenTec-1
Bibb, William
55AshOil-14
89KenColC*-292
Bibby, Henry
73LinPor-86
73Top-48
74Top-16
75Top-146
76Top-36
77Top-2
78Top-65
79Top-3
80Top-10
80Top-150
81TCMCBA-5
81Top-W90
82TCMLanC-8
80ProCBA 147
90ProCBA-117
91ProCBA-59
91UCLColC-7
Bice, Gym
92UTE-2
Bice, Travis
89UNL7-E-3
89UNLHOF-7
90UNLHOF-5
90UNLSeatR-5
90UNLSmo-4
Bickerstaff, Bernie
89Hoo-269A
89Hoo-269B
89PanSpaS-244
96Hoo-176
Bickett, Duane
91SouCal*-45
Bickford, Charles
48TopMagP*-J43
Biddle, Tom
90NorCarCC*-60
Bierderbach, Eddie
73NorCarSPC-S13
89NorCarSCC-21
89NorCarSCC-22
89NorCarSCC-23
Biermann, Debbie

94TexAaM-13
Biggers, Ray
91ArkColC-2
92Ark-15
93Ark-2
Biggs, Mike
93EasTenS-5
Biley, Ken
91ArkColC-3
92Ark-3
93Ark-3
Billings, Brock
94IHSBoyAST-57
Billington, Dana
87Mai*-6
Bing, Dave
68TopTes-10
69Top-55
69TopRul-16
70Top-125
70TopPosI-7
71KedKed*-1
71Top-78
71TopTri-25
72Com-6
72Top-35
73NBAPlaA-2
73Top-158
73Top-170
74Top-40
74Top-86
75Top-5
75Top-121
75Top-160
76Top-76
77CelCit-1
77SpoSer7*-7824
78Top-61
81TCMNBA-22
85StaSchL-5
91PisUno-2
92CenCou-21
93ActPacHoF-3
93StaCluFR-7
96StaCluFRR-7
96TopNBAS-7
96TopNBAS-57
96TopNBAS-107
96TopNBASF-7
96TopNBASF-57
96TopNBASF-107
96TopNBASFAR-7
96TopNBASFAR-57
96TopNBASFAR-107
96TopNBASFR-7
96TopNBASFR-57
96TopNBASFR-107
96TopNBASI-I25
96TopNBASI-I57
Bing, Keith
91SouCarCC*-112
Bing-Hsiang, Charng
95UppDecCBA-47
Bingham, Paul
90KenSovPl-4
Binnes, Glenn
92AusFutN-49
Biondi, Matt
91FooLocSF*-25
92ClaWorCA 1
96UppDecUOC-1
Bird, Calvin
89KenColC*-116
Bird, Jerry
55AshOil-15
88KenColC-70
88KenColC-225
Bird, Larry
77SpoSer7*-7418
78WheCerB*-56
78WheCerB*-57
80Top-6
80Top-48
80Top-49
80Top-94
80Top-98
80Top-165
81Top-4
81Top-45
81Top-E101
82IndSta*-2
83Sta-26
83StaAllG-2
83StaAllG-29

84Sta-1
84Sta-12
84StaAllG-2
84StaAllGDP-2
84StaAre-A1
84StaAre-A9
84StaAwaB-8
84StaAwaB-10
84StaAwaB-15
84StaAwaB-24
84StaCelC-4
84StaCelC-7
84StaCelC-11
84StaCelC-14
84StaCelC-24
84StaCouK5-18
84StaLarB-1
84StaLarB-2
84StaLarB-3
84StaLarB-4
84StaLarB-5
84StaLarB-6
84StaLarB-7
84StaLarB-8
84StaLarB-9
84StaLarB-10
84StaLarB-11
84StaLarB-12
84StaLarB-13
84StaLarB-14
84StaLarB-15
84StaLarB-16
84StaLarB-17
84StaLarB-18
85JMSGam-14
85PriSti-2
85PriSti-3
85Sta-95G
85Sta-95W
85StaCruA-2
85StaLakC-2
85StaLakC-9
85StaLas1R-6
85StaLitA-2
85StaTeaS5-BC1
86Fle-9
86FleSti-2
86StaBesotB-3
86StaCouK-4
87Fle-11
87FleSti-4
88CelCit-2
88Fle-9
88Fle-124
88FleSti-2
88FouNBAE-1
88FouNBAES-3
89Con-2
89Fle-8
89FleSti-10
89Hoo-150
89PanSpaS-8
89PanSpaS-XX
89SpolllfKI*-4
89Fle-8
90FleAll-2
90Hoo-2
90Hoo-39
90Hoo-356
90Hoo100S-6
90HooActP-1
90HooActP-30
90HooCol-37
90HooTeaNS-2
90PanSti-135
90PanSti-H
90PanSti-L
90Sky-14
90UppDecP-33
91SMaj-39
91SMaj-52
91Fle-8
91Fle-373
91FleTonP-58
91FleWheS-7
91Hoo-9
91Hoo-314
91Hoo-319
91Hoo-451
91Hoo-532
91Hoo-576
91Hoo100S-5
91HooLarBV-NNO
91HooMcD-2

91HooMcD-52
91HooPro-9
91HooTeaNS-2
91KelColG-7
91LitBasBL-3
91PanSti-100
91PanSti-146
91Sky-12
91Sky-460
91Sky-531
91Sky-591
91SkyCanM-2
91SkyMaraSM-531
91SkyMaraSM-546
91UppDec-30
91UppDec-77
91UppDec-344
91UppDecS-4
91WooAwaW-9
92ClaWorCA-2
92CouFla-4
92Fle-11
92Fle-256
92FleSpaSS-1
92Hoo-10
92Hoo-322
92Hoo-337
92Hoo100S-4
92ImpU.SOH-9
92KelTeaUP-1
92LimRocLB-1
92LimRocLB-2
92LimRocLB-3
92Sky-10
92SkyOlyT-6
92SkyUSA-10
92SkyUSA-11
92SkyUSA-12
92SkyUSA-13
92SkyUSA-14
92SkyUSA-15
92SkyUSA-16
92SkyUSA-17
92SkyUSA-18
92SkyUSA-102
92StaClu-33
92StaClu-194
92StaCluMO-33
92StaCluMO-194
92Top-1
92Top-100
92TopGol-1G
92TopGol-100G
92UppDec-33A
92UppDec-507
92UppDec-507
92UppDec-SP1
92UppDecAW-37
92UppDecLBH-19
92UppDecLBH-20
92UppDecLBH-21
92UppDecLBH-22
92UppDecLBH-23
92UppDecLBH-24
92UppDecLBH-25
92UppDecLBH-26
92UppDecLBH-27
92UppDecLBH-NNO
92UppDecS-3
93ActPacHoF-17
93ActPacHoF-18
93ActPacHoF-19
93ActPacHoF-20
93ActPacHoF-21
93Fin-2
93FinRef-2
93FleLivL-2
93Hoo-MB1
93Hoo-NNO
93Hoo-NNO
93HooFifAG-MB1
93SkyShoS-SS12
93SkyUSAT-11
93Sta-1
93Sta-17
93Sta-51
93Sta-66
93Sta-79
93Sta-98
93UppDecE-87
93UppDecE-90
93UppDecSUT-2
94CelTri-3

94McDNotBNM-2
94SRGolSLeg-L2
94SRTetT-120
94SRTetTSig-120
94UppDecNBN-1
94UppDecNBN-6
94UppDecNBN-7
94UppDecNBN-9
94UppDecNBN-12
94UppDecNBN-14
94UppDecU-86
94UppDecUGM-86
95SRKroFFTP-FP2
95SRKroFFTPS-FP2
95TedWil-81
95TedWilC-CO2
95TedWilCon-C3
95TedWilE-EC2
95TedWilG-G2
96StaCluFR-8
96StaCluFRR-8
96TopFinR-22
96TopFinRR-22
96TopNBAS-8
96TopNBAS-58
96TopNBAS-108
96TopNBASF-8
96TopNBASF-58
96TopNBASF-108
96TopNBASFAR-8
96TopNBASFAR-58
96TopNBASFAR-108
96TopNBASFR-8
96TopNBASFR-58
96TopNBASFR-108
96TopNBASI-I9
96TopNBASR-8
96TopNBASR-22
96UppDecUOC-12
Bird, Rodger
89KenColC*-122
Birdsong, Otis
79Top-87
80Top-28
80Top-86
80Top-101
80Top-145
81Top-17
81Top-54
83Sta-146
84NetGet-2
84Sta-89
84StaAllG-3
84StaAllGDP-3
84StaCouK5-43
85Sta-59
86Fle-10
86NetLif-2
92Hou-19
Birdsong, Terry
90MurSta-8
Biriukov, Jose
92UppDecE-127
Bishop, Darryl
89KenColC*-174
Bishop, Gale
48Bow-3
Blab, Uwe
86IndGreI-8
88MavBudLB-33
88MavBudLCN-33
89Hoo-104
90Hoo-264
90Sky-253
Black, Alan
94AusFutN-106
96AusFutN-97
Black, Brian
89GeoTec-6
90GeoTec-7
Black, Debbie
92AusStoN-83
Black, Hawk (Charles)
48Bow-50
Black, Jimmy FSU
90FloStaCC*-158
Black, Jimmy NC
81NorCarS-2
89NorCarCC-93
89NorCarCC-94
90NorCarCC*-30
90NorCarCC*-57
Black, Mike
90AriStaCC*-81

Black, Norman
81TCMCBA-57
Black, Tom
70SupSunB-1
Black, Tony
88WakFor-1
Blackburn, Bob
83SupPol-10
Blacklock, Jimmy
92Glo-67
Blackman, Pete
91UCLColC-133
Blackman, Rolando
83Sta-50
84Sta-251
84StaAre-B2
84StaCouK5-27
85Sta-159
86Fle-11
86StaCouK-5
87Fle-12
87MavMilL-2
88Fle-28
88MavBudLB-22
88MavBudLCN-22
89Con-3
89Fle-32
89Hoo-20
89PanSpaS-126
89SpolllfKI*-244
90Fle-38
90Hoo-14
90Hoo-82
90Hoo-360
90Hoo100S-21
90HooActP-49
90HooAllP-3
90HooCol-38
90HooTeaNS-6
90PanSti-55
90Sky-60
91Fle-43
91FleTonP-96
91FleWheS-2
91Hoo-43
91Hoo-459
91Hoo100S-20
91HooMcD-9
91HooTeaNS-6
91LitBasBL-4
91PanSti-50
91Sky-57
91Sky-464
91SkyCanM-11
91UppDec-87
91UppDec-154
92Fle-149
92Fle-393
92FleSha-18
92Hoo-45
92Hoo-433
92Hoo100S-21
92PanSti-180
92Sky-47
92Sky-373
92SkyNes-2
92StaClu-226
92StaCluMO-226
92Top-355
92TopArc-14
92TopArcG-14G
92TopGol-355G
92Ult-319
92UppDec-89
92UppDec-321
92UppDec1PC-PC9
93Fle-138
93Hoo-144
93HooFifAG-144
93HooGolMB-3
93JamSes-146
93JamSesTNS-7
93JamSesTNS-9
93PanSti-222
93Sky-125
93StaClu-342
93StaCluFDI-342
93StaCluMO-342
93StaCluSTNF-342
93Top-85
93TopGol-85G
93Ult-125
93UppDec-127
93UppDec-227

94ProMag-87
Blackmon, James
83KenSch-5
84KenSch-9
88KenColC-127
88KenColC-193
88KenColC-216
Blackstaffe, Harry
76PanSti-30
Blackwell, Alex
92Cla-80
92ClaGol-80
92FroR-8
92Hoo-408
92StaClu-281
92StaCluMO-281
92StaPic-34
92Top-371
92TopGol-371G
92Ult-285
Blackwell, Barry
90FloStaCC*-85
Blackwell, Cory
84Sta-114
Blackwell, Marria
87SouLou*-14
Blade, Freeman
80TCMCBA-32
81TCMCBA-42
Blades, David
93AusFutN-85
94AusFutN-89
95AusFutN-46
96AusFutN-83
Blair, Bill
94Hoo-384
94HooShe-9
95Hoo-184
Blair, Buddy
90LSUColC*-165
Blair, Curtis
92Cla-10
92ClaGol-10
92FouSp-9
92FouSpGol-9
92FroR-9
Blair, Joseph
96AllSpoPPaF-119
96ColEdgRR-5
96ColEdgRRD-5
96ColEdgRRG-5
96PacPow-4
96ScoBoaBasRoo-41
Blair, Paul
91OklStaCC*-22
Blair, Scott
91WriSta-1
93WriSta-1
Blake, Rodney
90ProCBA-128
Blakemore, Chris
93AusFutN-1
94AusFutN-103
94AusFutN-113
95AusFutII-II4
95AusFutN-29
95AusFutN-107
96AusFutN-3
96AusFutNFF-FFB1
Blakley, Anthony
89ProCBA-191
91FroR-59
91FroRowP-39
91ProCBA-181
Blalock, Joe
90CleColC*-170
Blalock, Sybil
80PriNewOW-2
Blanchard, Don
94IHSBoyAST-212
Blanda, George
77SpoSer2*-204
81TopThiB*-40
89KenColC*-115
Blanford, Rhonda
84Neb*-31
Blankenship, Buddy
90FloStaCC*-157
Blankenship, Keith
94WriSta-9
Blankers-Koen, Francina
76PanSti-63
77SpoSer1*-109
92VicGalOG-10

Blanks, Lance
90FleUpd-U29
90StaPic-69
90Tex*-4
91Fle-279
91Hoo-361
91PisUno-16
91Sky-80
91Sky-493
91UppDec-108
92Fle-378
92Hoo-380
92Sky-68
92StaClu-290
92StaCluMO-290
92Top-233
92TopGol-233G
92Ult-303
92UppDec-319
Blanton, Ricky
85LSU*-3
87LSU*-2
88LSU*-1
90LSUColC*-4
90ProCBA-168
Blasingame, Dominique
91SouCarCC*-110
Blaylock, Mookie
90Fle-117
90Hoo-193
90HooTeaNS-17
90NetKay-1
90PanSti-162
90Sky-176
91Fle-128
91FleTonP-7
91FleWheS-1
91Hoo-131
91HooTeaNS-17
91PanSti-159
91Sky-177
91UppDec-235
92Fle-141
92Fle-301
92FleDra-2
92FleTotD-13
92Hoo-145
92Hoo-351
92Hoo100S-61
92PanSti-173
92Sky-152
92Sky-367
92StaClu-64
92StaClu-344
92StaCluMO-64
92StaCluMO-344
92Top-180
92Top-268
92TopArc-117
92TopArcG-117G
92TopGol-180G
92TopGol-268G
92Ult-115
92Ult-221
92UppDec-151
92UppDec-318
92UppDecS-7
93Fin-135
93FinRef-135
93Fle-2
93Hoo-2
93Hoo*-289
93HooFifAG-2
93HooFifAG-289
93HooGolMB-4
93JamSes-2
93PanSti-132
93Sky-25
93StaClu-249
93StaCluFDI-249
93StaCluMO-249
93StaCluSTDW-H249
93StaCluSTNF-249
93Top-125
93TopGol-125G
93Ult-2
93UppDec-279
93UppDec-442
93UppDecE-92
93UppDecS-87
93UppDecSEC-87
93UppDecSEG-87
94ColCho-90
94ColChoCtGA-A3

94ColChoCtGAR-A3
94ColChoGS-90
94ColChoSS-90
94Emb-2
94EmbGoII-2
94Emo-2
94Fin-125
94FinRef-125
94Fla-2
94FlaPla-2
94Fle-2
94FleAll-1
94FleAll-3
94FleTeaL-1
94FleTotD-1
94FleTriT-1
94Hoo-2
94Hoo-226
94Hoo-253
94Hoo-258
94HooMagC-1
94HooPowR-PR1
94HooShe-1
94HooSupC-SC1
94JamSes-2
94PanSti-6
94ProMag-2
94Sky-2
94SP-33
94SPCha-1
94SPCha-29
94SPChaDC-1
94SPChaDC-29
94SPDie-D33
94StaClu-53
94StaClu-54
94StaClu-327
94StaCluBT-1
94StaCluFDI-54
94StaCluFDI-327
94StaCluMO-53
94StaCluMO-54
94StaCluMO-327
94StaCluMO-BT1
94StaCluMO-SS5
94StaCluSS-5
94StaCluSTNF-53
94StaCluSTNF-54
94StaCluSTNF-327
94Top-2
94Top-219
94Top-220
94TopFra-1
94TopOwntG-3
94TopOwntG-4
94TopOwntGR-8
94TopSpe-2
94TopSpe-219
94TopSpe-220
94Ult-2
94UltDefG-1
94UppDec-321
94UppDecPLL-R12
94UppDecPLLR-R12
94UppDecS-4
94UppDooSE-3
94UppDecSEG-3
95ColCho-59
95ColCho-321
95ColCho-396
95ColChoCtG-C6
95ColChoCtGA-C6
95ColChoCtGA-C6B
95ColChoCtGA-C6C
95ColChoCtGAG-C6
95ColChoCtGAG-C6B
95ColChoCtGAG-C6C
95ColChoCtGAGR-C6
95ColChoCtGASR-C6
95ColChoCtGS-C6
95ColChoCtGS-C6B
95ColChoCtGS-C6C
95ColChoCtGSG-C6
95ColChoCtGSG-C6B
95ColChoCtGSG-C6C
95ColChoCtGSGR-C6
95ColChoIE-90
95ColChoJI-90
95ColChoISI-90
95ColChoPC-59
95ColChoPC-321
95ColChoPC-396
95ColChoPCP-59

95ColChoPCP-321
95ColChoPCP-396
95Fin-169
95FinDisaS-DS1
95FinRef-169
95FinVet-RV16
95Fla-2
95Fla-152
95Fle-2
95Fle-202
95Fle-320
95FleEndtE-1
95FleEur-3
95FleEurA-1
95FleEurTT-1
95FleFlaHL-1
95FleTotD-1
95Hoo-2
95Hoo-219
95Hoo-388
95HooNumC-25
95JamSes-2
95JamSesDC-2
95JamSesP-3
95Met-2
95Met-122
95MetSilS-2
95PanSti-65
95ProMag-2
95Sky-2
95SkyE-X-2
95SkyE-XB-2
95SkyHotS-HS1
95SkyKin-K1
95SP-2
95SPCha-2
95SPCha-118
95SPHol-PC1
95SPHolDC-PC1
95StaClu-101
95StaClu-290
95StaCluMO5-19
95StaCluMOI-101B
95StaCluMOI-101R
95StaCluMOI-WS5
95StaCluMOI-WZ3
95StaCluW-W3
95StaCluWS-WS5
95Top-22
95Top-285
95TopGal-55
95TopGalPPI-55
95TopMysF-M9
95TopMysFR-M9
95TopPowB-22
95TopPowB-285
95Ult-2
95Ult-202
95Ult-303
95UltGolM-2
95UppDec-198
95UppDecECG-198
95UppDecSE-4
95UppDecSEG-1
96BowBes-7
96BowBesAR-7
96BowBesR-7
96ColCho-1
96ColCho-367
96ColChoCtGS1-C1A
96ColChoCtGS1R-R1
96ColChoCtGS1RG-R1
96ColChoCtGSG1-C1A
96ColChoCtGSG1-C1B
96ColChoII-3
96ColChoII-111
96ColChoII-186
96ColChoIJ-59
96ColChoIJ-321
96ColChoIJ-396
96ColChoM-M2
96ColChoMG-M2
96ColChoS1-S1
96Fin-46
96Fin-112
96Fin-147
96FinRef-46
96FinRef-112
96FinRef-147
96FlaSho-A53
96FlaSho-B53
96FlaSho-C53

96FlaShoLC-53
96FlaShoLC-B53
96FlaShoLC-C53
96Fle-2
96Fle-120
96Hoo-2
96HooSil-2
96HooStaF-1
96Met-1
96Sky-1
96SkyRub-1
96SkyZ-F-1
96SkyZ-FLBM-2
96SkyZ-FZ-1
96SkyZ-FZ-5
96SP-1
96SPPreCH-PC1
96SPSPxFor-F3
96SPx-2
96SPxGol-2
96StaClu-58
96StaCluF-F24
96StaCluM-58
96Top-55
96TopChr-55
96TopChrR-55
96TopChrSB-SB17
96TopNBAa5-55
96TopSeaB-SB17
96Ult-1
96Ult-139
96UltFulCT-6
96UltFulCTG-6
96UltGivaT-1
96UltGolE-G1
96UltGolE-G139
96UltPlaE-P1
96UltPlaE-P139
96UppDec-1
96UppDec-136
96UppDec-321
96UppDecPS1-P1
96UppDecPTVCR1-TV1
96UppDecUTWE-W13
Blaylock, Ron
81Geo-16
Blazejowski, Carol
77SpoSer6*-6008
94FlaUSA-113
95ActPacHoF-32
Blazer, Phil
90NorCarCC*-149
Blears, Lord Jan
48TopMagP*-D21
Blemker, Bud
91GeoTecCC*-168
Blemker, Ray
91GeoTecCC*-107
Blevins, Mike
89JacCla-1
Bliss, Dave
88NewMex-3
89NewMex-3
90NewMex-3
91NewMex-3
92NewMex-1
Bliss, Harry
89KenColC*-201
Block, Anthony Robert
95UppDecCBA-65
95UppDecCBA-117
Block, John
68RocJacitB-4
69Top-9
70Top-58
71Top-16
72Top-41
73KinLin-3
73LinPor-62
73Top-169
74Top-168
75Top-64
91SouCal*-20
Blocker, Randy
94Cla-86
94ClaG-86
95TedWil-5
Blodgett, Cindy
92SpoIllfKI*-385
Blomberg, Ron
81TopThiB*-22
Blondeau, Hal
89NorCarSCC-101
89NorCarSCC-159

Blood, Ed
33SpoKinR*-9
Blossom, Marcus
94IHSBoyA3S-1
Blount, Corie
92Cin-2
93Cin-1
93Cla-14
93ClaF-25
93ClaG-14
93Fin-134
93FinRef-134
93Fle-256
93FouSp-13
93FouSpG-13
93Hoo-311
93HooFifAG-311
93JamSes-28
93Sky-205
93Sky-295
93SkyDraP-DP25
93SkySch-5
93StaClu-159
93StaClu-262
93StaCluFDI-159
93StaCluFDI-262
93StaCluMO-159
93StaCluMO-262
93StaCluSTNF-159
93StaCluSTNF-262
93Top-15
93Top-326
93TopGol-15G
93TopGol-326G
93Ult-27
93Ult-218
93UppDec-165
93UppDecS-3
94ColCho-29
94ColChoGS-29
94ColChoSS-29
94Fin-174
94FinRef-174
94Fle-257
94Hoo-24
94HooShe-5
94Ima-27
94Sky-22
94StaClu-156
94StaCluFDI-156
94StaCluMO-156
94StaCluSTNF-156
94Top-376
94TopSpe-376
94Ult-216
95ColCholE-29
95ColCholJI-29
95ColCholSI-29
95Fle-232
95Hoo-311
95StaClu-259
95Top-79
95Top-211
96ColCho-266
96Sky-162
96SkyRub-161
Blue, David
81Geo-17
82Geo-7
91GeoColC-46
Blues, Memphis
95WomBasA-L5
Blum, Frank
86DePPlaC-C2
Blum, John
91Mic*-4
Blundin, Matt
88Vir-2
Blunt, Bernard
95ClaBKR-65
95ClaBKRAu-65
95ClaBKRPP-65
95ClaBKRSS-65
Blunt, Herb
89ProCBA-99
Bockhorn, Arlen
58Kah-1
59Kah-1
60Kah-1
61Fle-5
61Kah-1
62Kah-1

63Kah-2
64Kah-5
Boden, Patrik
 90Tex*-5
Boden, Peter
 87AriSta*-2
Bodnar, Marty
 91Mic*-5
Boeheim, Jim
 88Syr-1
 89Syr-9
Boerwinkle, Tom
 69BulPep-1
 69Top-7
 70Top-68
 71Top-15
 72IceBea-2
 72Top-65
 73LinPor-38
 74Top-69
 75Top-102
 76BucDis-3
 76Top-85
 77BulWhiHP-1
 77Top-69
 90BulEqu-2
Boettner, Bob
 90CleColC*-63
Boggs, Phil
 76PanSti-268
 83TopHisGO-85
 83TopOlyH-2
Bogosh, Mark
 93Vir-4
Bogues, Muggsy (Tyrone)
 88Fle-13
 88FouNBAE-14
 89Con-4
 89Hoo-218
 89PanSpaS-16
 89PanSpaS-21
 90Fle-16
 90Hoo-50
 90Hoo100S-9
 90HooActP-33
 90HooCol-26
 90HooTeaNS-3
 90PanSti-81
 90Sky-26
 91Fle-17
 91FleTonP-54
 91FleWheS-6
 91Hoo-18
 91Hoo-505
 91Hoo100S-10
 91HooPro-18
 91HooTeaNS-3
 91LitBasBL-5
 91PanSti-110
 91Sky-23
 91Sky-298
 91UppDec-242
 92Fle-20
 92FleTeaNS-2
 92FleTonP-8
 92Hoo-19
 92Hoo100S-10
 92HorHivF-3
 92HorSta-4
 92PanSti-121
 92Sky-19
 92SkyThuaL-TL5
 92SpoIIIfKI*-329
 92StaClu-71
 92StaCluMO-71
 92Top-176
 92TopArc-89
 92TopArcG-89G
 92TopGol-176G
 92Ult-17
 92UltPla-2
 92UppDec-222
 92UppDec-352
 92UppDecE-35
 93Fin-53
 93FinRef-53
 93Fle-17
 93Hoo-18
 93HooFifAG-18
 93HooGoIMB-5
 93JamSes-17
 93PanSti-140
 93Sky-36
 93StaClu-204

93StaCluFDI-204
93StaCluMO-204
93StaCluSTNF-204
93Top-9
93TopGol-9G
93Ult-16
93UltFamN-2
93UppDec-1
93UppDec-194
93UppDec-437
93UppDecE-107
93UppDecFM-2
93UppDecLT-LT12
93UppDecS-163
93UppDecSEC-163
93UppDecSEG-163
94ColCho-101
94ColChoCtGA-A4
94ColChoCtGAR-A4
94ColChoGS-101
94ColChoSS-101
94Emb-9
94EmbGoII-9
94Emo-8
94Fin-51
94Fin-94
94Fin-204
94FinRef-51
94FinRef-94
94FinRef-204
94Fla-188
94Fle-19
94Hoo-16
94Hoo-253
94HooShe-2
94HooShe-4
94JamSes-18
94PanSti-22
94ProMag-11
94Sky-14
94SP-45
94SPCha-36
94SPChaDC-36
94SPDie-D45
94StaClu-134
94StaCluFDI-134
94StaCluMO-134
94StaCluST-3
94StaCluSTNF-134
94Top-69
94TopOwntG-5
94TopSpe-69
94Ult-18
94UppDec-208
94UppDecE-64
94UppDecPLL-R15
94UppDecPLLR-R15
94UppDecSE-7
94UppDecSEG-7
95ColCho-237
95ColChoCtGA-C20
95ColChoCtGA-C20B
95ColChoCtGA-C20C
95ColChoCtGAG-C20
95ColChoCtGAG-C20B
95ColChoCtGAG-C20C
95ColChoCtGAGR-C20
95ColChoCtGASR-C20
95ColChoIE-101
95ColChoIJI-101
95ColChoISI-101
95ColChoPC-237
95ColChoPCP-237
95Fin-82
95FinDisaS-DS3
95FinRef-82
95Fla-10
95Fle-14
95FleEur-21
95Hoo-14
95Hoo-233
95Hoo-374
95Hoo-389
95JamSes-9
95JamSesDC-D9
95JamSesP-4
95Met-9
95MetSiIS-9
95PanSti-74
95ProMag-13
95Sky-10
95Sky-145
95Sky-249

95StaClu-65
95StaCluMOI-65
95StaCluMOI-WZ9
95StaCluW-W9
95Top-20
95Top-230
95TopGal-118
95TopGalPPI-118
95TopPowB-20
95Ult-17
95UltGolM-17
95UppDec-41
95UppDec-145
95UppDecEC-41
95UppDecEC-145
95UppDecECG-41
95UppDecECG-145
95UppDecSE-97
95UppDecSEG-97
96ColCho-18
96ColChoIJ-11
96ColChoIJ-237
96ColChoINE-E1
96Fin-154
96FinRef-154
96HooStaF-3
96SkyAut-9
96SkyAutB-9
96SkyZ-F-8
96SkyZ-FLBM-3
96SkyZ-FZ-8
96StaClu-145
96Top-98
96TopChr-98
96TopChrR-98
96TopNBAaS-98
96TopSupT-ST3
96UppDec-189
96UppDecGK-14
Boit, Mike
 76PanSti-106
Bol, Manute
 86Fle-12
 87Fle-13
 89Fle-52
 89Hoo-75
 89PanSpaS-190
 90Fle-62
 90FleUpd-U69
 90Hoo-112
 90Hoo-424
 90Hoo100S-33
 90HooActP-67
 90HooTeaNS-20
 90PanSti-25
 90Sky-94
 90Sky-403
 91Fle-335
 91Hoo-157
 91Hoo-522
 91HooTeaNS-20
 91Sky-212
 91Sky-603
 91UppDec-178
 92Fle-167
 92Fle-285
 92FleTonP-75
 92Hoo-171
 92Sky-180
 92SkyNes-3
 92StaClu-347
 92StaCluMO-347
 92Top-175
 92TopGol-175G
 92Ult-136
 92UppDec-277
 92UppDecE-80
 92UppDecE-194
 92UppDecFE-FE1
 93Fle-317
 93Hoo-359
 93HooFifAG-359
 93Sky-242
 93Top-215
 93TopGol-215G
 93UppDec-411
 93UppDecE-75
 93UppDec-222
 94Fle-285
 94StaClu-346
 94StaCluFDI-346
 94StaCluMO-346
 94StaCluSTNF-346
 94Top-386

94TopSpe-386
95FleEur-74
Bolden, Barbara
 89LouTec-9
Bolden, Bruce
 92AusFutN-74
 92AusStoN-66
 93AusFutN-93
 93AusStoN-49
 94AusFutLotR-LR8
 94AusFutN-74
 94AusFutN-102
 94AusFutOT-OT12
 94AusFutSS-SS7
 95AusFutN-25
 96AusFutN-73
 96AusFutNFDT-4
Bolden, LeRoy
 90MicStaCC2*-30
Bolden, Pat
 90ProCBA-6
Bolding, Jim
 76PanSti-124
Boley, Scott
 88KenSovPI-6
Bolger, Bill
 54BulGunB-3
Boline, Jelani
 93OreSta-4
Bolli, Becky
 90Neb*-15
Bolton, Ruthie
 96TopUSAWNT-2
 96TopUSAWNT-14
 96UppDecU-62
Bolyard, Tom
 86IndGreI-31
Bomar, Buddy
 48ExhSpoC-4
Bomar, Gayle
 90NorCarCC*-160
Bombardir, Brad
 91NorDak*-18
Bonasorte, Monk
 90FloStaCC*-96
Bond, Alysiah
 92OhiStaW-1
 93OhiStaW-2
 94OhiStaW-2
Bond, Boot
 82TCMCBA-2
Bond, Phil
 88LouColC-42
 88LouColC-131
 88LouColC-177
 88LouColC-178
 89LouColC*-6
 89LouColC*-228
 89LouColC*-273
Bond, Walter
 91ProCBA-16
 92Fle-322
 92FleTeaNS-4
 92StaClu-382
 92StaCluMO-382
 92Top-339
 92TopGol-339G
 92Ult-244
 92UppDec-314
 93Top-291
 93TopGol-291G
 93Ult-347
 93UppDec-103
 93UppDecE-131
Bonds, Barry
 90AriStaCC*-17
 91FooLocSF*-3
Bonds, Keith
 88WicSta-1
Boney, Dexter
 92UNL-2
 93Cla-15
 93ClaF-27
 93ClaG-15
 93FouSp-14
 93FouSpG-14
Bongratz, Joe
 94IHSBoyAST-78
Bonifay, Cam
 91GeoTecCC*-61
Bonilla, Juan
 90FloStaCC*-122
Bonk, Gert
 76PanSti-225

Bonner, Anthony
 90FleUpd-U82
 90KinSaf-1
 90StaPic-12
 91Fle-347
 91Hoo-180
 91HooTeaNS-23
 91Sky-243
 91UppDec-379
 92Fle-194
 92Hoo-196
 92Sky-208
 92StaClu-40
 92StaCluMO-40
 92Top-75
 92TopGol-75G
 92Ult-156
 92UppDec-224
 93Fle-181
 93Fle-340
 93Hoo-186
 93Hoo-377
 93HooFifAG-186
 93HooFifAG-377
 93PanSti-50
 93Sky-255
 93Sky-309
 93StaCluFDI-250
 93StaCluMO-250
 93StaCluSTDW-K250
 93StaCluSTMP-K2
 93StaCluSTNF-250
 93Top-243
 93TopGol-243G
 93Ult-301
 93UppDec-121
 93UppDec-392
 94ColCho-86
 94ColChoGS-86
 94ColChoSS-86
 94Fle-148
 94Hoo-140
 94HooShe-10
 94JamSes-122
 94StaClu-173
 94StaCluFDI-173
 94StaCluMO-173
 94StaCluSTNF-173
 94Top-323
 94TopSpe-323
 94Ult-123
 94UppDec-139
 95ColChoIE-86
 95ColChoIJI-86
 95ColChoISI-86
 95PanSti-28
 95Ult-116
 95UltGolM-116
Bonner, Guy
 92Mon-1
Bontemps, Kevin
 80III-1
 81III-1
Bontranger, Steve
 89ProCBA-152
 90ProCBA-28
 91ProCBA-182
Book, Ed
 92Cla-63
 92ClaGol-63
 92FroR-10
Booker, Barry
 87Van-4
Booker, Deon
 89LouColC*-113
Booker, Kenny
 91UCLColC-81
Booker, Melvin
 90Mis-1
 91Mis-2
 92Mis-2
 93Mis-2
 94Cla-91
 94ClaG-91
 94FouSp-48
 94FouSpG-48
 94FouSpPP-48
 94PacP-4
 94PacPriG-4
 94SRTet-45
 94SRTetS-45
 95SRKro-40
 95SupPix-69

95TedWil-6
Booker, Tonya
92III-17
Boone, David
89ProCBA-201
9088'CalW-1
Boone, Jaron
94Neb*-3
95Neb*-1
96ScoBoaBasRoo-13
Boone, Ricky
94IHSBoyAST-183
Boone, Ron
71Top-178
72Top-239
73Top-217
73Top-237
74Top-195
74Top-210
75Top-221
75Top-235
75Top-286
76Top-95
77Top-119
78Top-49
80Top-66
80Top-111
90HooAnn-8
Boone, Tonya
93ConWom-4
Booth, Billy
90LSUColC*-142
Booth, Calvin
96PenSta*-5
Booth, David
92Cla-23
92ClaGol-23
92FouSp-20
92FouSpGol-20
92StaPic-63
Bootz, Dolores
91GeoTecCC*-6
Boozer, Bob
60Kah-2
61Fle-6
61Kah-2
62Kah-2
63Kah-3
69NBAMem-4
69SupSunB-2
69Top-89
69TopRul-23
70Top-41
71Top-43
90BulEqu-3
Boozer, Cameron
92Auh-6
Boozer, Lamont
94JamMad-1
Borah, Bob
89LouColC*-213
Bordelon, Kenny
90LSUColC*-72
Border, Allan
93FaxPaxWoS*-12
94AusFutNP*-RC1
Boren, Ralph
80KenOolC*-248
Borgmann, Bernhard
68HaloHB-4
Born, Josh
94IHSBoyASD-21
Borner, Ray
92AusFutN-50
92AusStoN-47
93AusFutN-26
93AusStoN-43
94AusFutN-23
94AusFutN-128
95AusFut3C-GC7
95AusFutN-74
96AusFutN-13
96AusFutNFDT-1
Borrelli, Ralph
57UniOilB*-33
Boryla, Vince
50BreforH-3
90NotDam-43
Borzov, Valeri
76PanSti-98
Bosanac, Vladimir
90Geo-12
91Geo-7
92Geo-5

93Geo-5
Bosley, David
93LSU-2
Bosnich, Mark
94AusFutNP*-RC4
Bossard, Jason
92Mic-2
Bostic, Curtis
92Cin-2
93Cin-2
Bostic, Jeff
90CleColC*-127
Bostic, Joe
90CleColC*-127
Bostic, Troy
91JamMad-1
Bostick, Jon
91Neb*-3
Bostick, Sid
77WesVirS-1
Boston, Bryant
91Was-1
Boston, Ralph
77SpoSer1*-1317
83HosU.SOGM-20
83TopHisGO-83
91ImpHaloF-31
96UppDecUOC-15
Boswell, Tommy (Tom)
77CelCit-2
77Top-19
79Top-82
80Top-82
80Top-170
83Sta-136
Botham, Ian
93FaxPaxWoS*-13
Bottom, Joe
77SpoSer1*-10324
91SouCal*-90
Bottom, Tyson
94IHSBoyAST-30
Boucek, Jenny
92VirWom-1
93VirWom-2
Bouchie, Steve
87IndGreI-36
Boudeman, Matt
94IHSBoyA3S-42
Boudreau, Lou
48TopMagP*-K1
48TopMagP*-K5
Boudreaux, Carroll
95UppDecCBA-53
Boudreaux, Harold
95UppDecCBA-69
95UppDecCBA-84
95UppDecCBA-107
95UppDecCBA-109
95UppDecCBA-113
Bouggess, Lee
89LouColC*-171
Boulet, Steve
89McNSta*-13
Bounds, Brad
89KenColC*-56
Bourgeois, Rene
90LSUColC*-146
Bourque, Ray
93CosBroPC*-4
Bovain, Andre
000Ie*-I
Bowden, Bobby
90FloStaCC*-56
90FloStaCC*-57
90FloStaCC*-58
90FloStaCC*-59
90FloStaCC*-60
90FloStaCC*-66
90FloStaCC*-67
90FloStaCC*-68
90FloStaCC*-69
90FloStaCC*-70
90FloStaCC*-76
90FloStaCC*-77
90FloStaCC*-78
90FloStaCC*-79
90FloStaCC*-80
90FloStaCC*-86
90FloStaCC*-87
90FloStaCC*-88
90FloStaCC*-89
90FloStaCC*-90
92FloSta*-44

93FCA-3
Bowe, D.J.
87SouMis-7
Bowe, Riddick
93FaxPaxWoS*-9
Bowen, L.C.
85Bra-D4
Bowen, Ryan
94Iow-2
Bowers, Arlyn
89Ark-13
Bowie, Anthony
90Fle-69
90Sky-105
91ProCBA-42
92Fle-159
92FleTeaNS-9
92Hoo-439
92StaCluMO-81
92Top-15
92TopGol-15G
92Ult-129
92UppDec-206
92UppDecM-OR2
93Fle-148
93Hoo-153
93HooFifAG-153
93HooGolMB-6
93HooShe-6
93JamSes-157
93PanSti-186
93StaClu-42
93StaCluFDI-42
93StaCluMO-42
93StaCluSTNF-42
93Top-165
93TopGol-165G
93Ult-134
93UppDec-33
94ColCho-280
94ColChoGS-280
94ColChoSS-280
94Fla-275
94Fle-336
94Hoo-150
94HooShe-11
94JamSes-133
94StaClu-213
94StaCluFDI-213
94StaCluMO-213
94StaCluSTDW-M213
94StaCluSTMP-M2
94StaCluSTNF-213
94Ult-133
94UppDec-123
94UppDeE-122
95ColCho-114
95ColCholE-280
95ColCholJI-280
95ColCholSI-61
95ColChoPC-114
95ColChoPCP-114
95Fle-127
96ColCholI-112
96ColCholJ-114
Bowie, Cam
79Ken-11
79KenSch-2
80KenSch-3
81KenSch-4
82KenSch-3
83KenSch-6
84Sta-162
84StaCouK5-44
84TraBlaF-2
84TraBlaP-10
85Sta-104
85StaAllT-4
85TraBlaF-2
86Fle-13
86TraBlaF-2
87Ken*-7
88KenColC-21
88KenColC-165
88KenColC-192
88KenColC-239
88TraBlaF-2
89Hoo-111
89Hoo-337
89KenBigBtot8-43
89KenColC*-41
90Fle-118
90Hoo-194

90HooCol-1
90HooTeaNS-17
90NetKay-2
90PanSti-160
90Sky-177
91Fle-129
91FleTonP-17
91FleWheS-4
91Hoo-132
91Hoo-481
91HooTeaNS-17
91LitBasBL-6
91PanSti-156
91Sky-178
91Sky-421
91Sky-475
91UppDec-231
92Fle-142
92FleTonP-9
92Hoo-146
92Hoo100S-62
92PanSti-171
92Sky-153
92StaClu-91
92StaCluMO-91
92Top-132
92TopArc-45
92TopArcG-45G
92TopGol-132G
92UppDec-198
92Ult-116
93Fin-214
93FinRef-214
93Fle-131
93Fle-311
93Hoo-138
93Hoo-353
93HooFifAG-138
93HooFifAG-353
93JamSes-102
93PanSti-23
93Sky-96
93Sky-239
93StaClu-298
93StaCluFDI-298
93StaCluMO-298
93StaCluSTNF-298
93Top-318
93TopGol-318G
93Ult-92
93Ult-272
93UppDec-417
94Fin-76
94FinRef-76
94Fle-305
94ProMag-61
94StaClu-116
94StaCluFDI-116
94StaCluMO-116
94StaCluSTNF-116
94Top-329
94TopSpe-329
94Ult-270
95PanSti-226
95Ult-85
95UltGolM-85
Bowling, Mark
89McNSta*-15
Bowman, Eldon
00LouTec*-I
Bowman, Nate
70Top-138
Bowman, Sid
90LSUColC*-162
Bowsher, Brad
94IHSBoyAST-2
Boyatt-Hall, Kerry
90CleWom-1
92CleSch*-1
Boyce, Donnie
95ClaBKR-40
95ClaBKRAu-40
95ClaBKRPP-40
95ClaBKRSS-40
95ClaBKV-40
95ClaBKVE-40
95Col-29
95SRDraD-38
95SRDraDSig-38
95SRFam&F-6
95SRSigPri-6
95SRSigPriS-6
96ColCho-203

Boychuk, Dallas
93PurWom-14
Boyd, Bob
90MicStaCC2*-117
91SouCal*-52
Boyd, Cal
88WakFor-2
Boyd, Dwight
89ProCBA-34
Boyd, Fred
73Top-91
74Top-154
75Top-167
90OreSta-18
91OreSta-5
Boyd, L.T.
94IHSBoyAST-168
Boyd, Roger
87SouMis-13
Boyd, Steve
92Neb*-23
Boyd, Terry
92FroR-80
Boykin, Tyrone
88Jac-2
89Jac-1
Boyle, Chris
91SouCarCC*-72
Boyle, Mark
90HooAnn-9
Boylen, Jim
90MicStaCC2-16
Boynes, Winford
80Top-71
80Top-107
Bozeman, Todd
94Cal-12
Bracey, Steve
73LinPor-2
73Top-119
Bracken, Sam
91GeoTecCC*-157
Bradberry, Dwain
93NewMexS-7
Bradburd, Rus
89UTE-3
Bradburn, Angie
90Tex*-6
Braddock, James J.
48TopMagP*-A14
56AdvR74*-90
Braddock, Jimmy (Jim)
82NorCarS-1
89NorCarCC*-161
90NorCarCC*-50
Braddy, Junior
91KenBigB1-8
91KenBigB2-5
Bradford, Brad
89LouColC*-129
Bradley, Bill
68TopTes-8
69NBAMem-5
69Top-43
70Top-7
70Top-172
71Top-2
72Top-122
73LinPor-8
73NBAPlaA-3
73NBAPlaA8-G
73Top-82
74Top-93
74Top-113
75CarDis-2
75Top-3
75Top-37
75Top-128
76BucDis-4
76Top-43
81TCMNBA-18
83TopHisGO-9
83TopOlyH-3
91ImpHaloF-55
91ImpHaloF-58
91ImpHaloF-60
92CenCou-2
92SpoIlfKl*-322
93ActPacHoF-7
93ActPacHoF-74
94UppDec-356
95ActPacHoF-30
95ActPacHoF-37
Bradley, Charles

42 • Bradley, Charles

83SupPol-12
90ProCBA-112
Bradley, Dudley
78NorCarS-1
80Top-35
80Top-123
81SunPep-2
84Sta-187
Bradley, Eric
94IHSBoyAST-79
Bradley, James
91ProCBA-142
Bradley, Jim
75Top-304
Bradley, John Ed
90LSUColC*-51
Bradley, Ken
89LouColC*-76
Bradley, Mark
91GeoTecCC*-114
Bradley, Omar
48TopMagP*-08
Bradley, Shawn
93Fin-220
93FinMaiA-20
93FinRef-220
93Fle-349
93FleFirYP-1
93FleLotE-2
93FleTowOP-2
93Hoo-385
93HooDraR-LP2
93HooFifAG-385
93HooMagA-2
93JamSes-166
93JamSesRS-2
93Sky-188
93Sky-311
93SkyDraP-DP2
93SkySch-6
93SkyThuaL-TL7
93StaClu-82
93StaClu-260
93StaClu-267
93StaCluFDI-82
93StaCluFDI-260
93StaCluFDI-267
93StaCluMO-82
93StaCluMO-260
93StaCluMO-267
93StaCluSTNF-82
93StaCluSTNF-260
93StaCluSTNF-267
93Top-41
93Top-308
93TopBlaG-21
93TopGol-41G
93TopGol-308G
93Ult-139
93Ult-310
93UltAllS-2
93UppDec-163
93UppDec-345
93UppDec-485
93UppDecDPP-DP1
93UppDecH-H29
93UppDecPV-80
93UppDecRE-RE2
93UppDecREG-RE2
93UppDecRS-RS6
93UppDecS-2
93UppDecS-181
93UppDecS-6
93UppDecSBtG-G14
93UppDecSDCA-E14
93UppDecSEC-76
93UppDecSEC-181
93UppDecSEG-76
93UppDecSEG-181
93UppDecWJ-485
94ColCho-76
94ColCho-419
94ColChoB-76
94ColChoB-A76
94ColChoGS-76
94ColChoGS-419
94ColChoSS-76
94ColChoSS-419
94Emb-71
94EmbGolI-71
94Emo-73
94Fin-131
94FinRef-131
94Fla-111

94Fle-166
94FleRooS-2
94Hoo-158
94Hoo-422
94HooPowR-PR39
94HooSupC-SC34
94JamSes-140
94PanSti-102
94PanSti-J
94ProMag-97
94Sky-123
94Sky-196
94Sky-326
94SkyRagR-RR19
94SkyRagRP-RR19
94SkySkyF-SF4
94SP-130
94SPCha-105
94SPChaDC-105
94SPDie-D130
94StaClu-89
94StaCluFDI-89
94StaCluMO-89
94StaCluSTNF-89
94Top-161
94Top-284
94TopOwntG-6
94TopOwntGR-10
94TopSpe-161
94TopSpe-284
94Ult-139
94UltAllT-6
94UppDec-8
94UppDec-324
94UppDecE-34
94UppDecPLL-R34
94UppDecPLLR-R34
94UppDecS-1
94UppDecSE-66
94UppDecSEG-66
95ColCho-162
95ColChoDT-T11
95ColChoDTPC-T11
95ColChoDTPCP-T11
95ColChoIE-76
95ColChoIE-419
95ColChoIJI-76
95ColChoIJI-419
95ColChoISI-76
95ColChoISI-200
95ColChoPC-162
95ColChoPCP-162
95Fin-100
95FinRef-100
95Fla-101
95Fla-177
95Fle-136
95FleEur-173
95Hoo-121
95HooBloP-19
95JamSes-80
95JamSesDC-D80
95JamSesP-5
95Met-81
95Met-169
95MetSilS-81
95MetSteT-1
95PanSti-48
95Sky-91
95Sky-185
95SkyE-X-52
95SkyE-XB-52
95SP-83
95StaClu-173
95StaCluMOI-173
95Top-28
95Top-245
95TopPowB-28
95Ult-132
95Ult-229
95UltGolM-132
95UppDec-67
95UppDecEC-67
95UppDecEC-331
95UppDecECG-67
95UppDecECG-331
96BowBes-28
96BowBesAR-28
96BowBesR-28
96ColCho-97
96ColCho-383
96ColChoCtGS2-C17A
96ColChoCtGS2-C17B

96ColChoCtGS2R-R17
96ColChoCtGS2RG-R17
96ColChoCtGSG2-C17A
96ColChoCtGSG2-C17B
96ColChoIl-120
96ColChoIJ-162
96ColChoINE-E8
96ColChoM-M13
96ColChoMG-M13
96ColChoS1-S17
96Fin-57
96Fin-126
96Fin-174
96FinRef-57
96FinRef-126
96FinRef-174
96FlaSho-A87
96FlaSho-B87
96FlaSho-C87
96FlaShoLC-87
96FlaShoLC-B87
96FlaShoLC-C87
96Fle-67
96Hoo-97
96Hoo-194
96HooStaF-17
96Met-61
96Sky-71
96SkyE-X-14
96SkyE-XC-14
96SkyRub-71
96SkyZ-F-55
96SkyZ-FZ-55
96SP-68
96StaClu-90
96StaCluM-90
96Top-44
96TopChr-44
96TopChrR-44
96TopChrSB-SB22
96TopNBAa5-44
96TopSeaB-SB22
96Ult-68
96UltGolE-G68
96UltPlaE-P68
96UppDec-77
96UppDec-152
97SchUltNP-3
Bradley, Tyrone
90FreSta-4
Bradley, Warren
91ProCBA-74
Bradshaw, Bill
91SoucarCC*-149
Bradshaw, Charlie
89KenColC*-166
Bradshaw, Clyde
86DePPlaC-S10
Bradtke, Mark
92AusFutN-1
92AusStoN-2
93AusFutN-53
93AusStoN-70
94AusFutDG-DG7
94AusFutLotR-LR4
94AusFutN-47
94AusFutN-148
95AusFutN-71
95AusFutN-99
95AusFutSC-NBL3
96AusFutN-44
Bragan, Jimmy
68ParMea*-3
Bragg, Don
83HosU.SOGM-4
83TopHisGO-17
91UCLColC-124
Bragg, Marques
92FroR-11
95TopGol-183G
93UppDec-22
93UppDecE-124
94ColCho-49
94ColChoGS-49
94ColChoSS-49
94Fin-69
94FinRef-69
94Fla-26
94Fle-38
94Hoo-32
94JamSes-32
94PanSti-37

93AusFutN-27
93AusStoN-53
94AusFutN-21
94AusFutOT-OT3
Branch, Lisa
94TexAaM-13
Branch, Marvin
87Kan-3
Branch, Tony
88LouColC-16
88LouColC-114
88LouColC-150
Brand, Rodney
91ArkColC*-77
Brande, Cheryl
89Mon*-1
Brandewie, Tom
91OhiSta-3
92OhiSta-3
Brandon, Jamie
93LSU-4
94Cla-94
94ClaG-94
94IHSHisRH-91
95SupPix-60
95TedWil-7
Brandon, Marc
96AusFutN-42
Brandon, Terrell
91Cla-7
91Cou-6
91Fle-262
91FouSp-134
91FouSp-154
91FroR-10
91FroR-41
91FroRowP-73
91FroRowP-114
91Hoo-556
91HooTeaNS-5
91Sky-523
91StaPic-39
91UppDec-6
91UppDec-441
91UppDecRS-R22
91WilCar-40
91WilCarRHR-10
92Fle-39
92Fle-280
92FleRooS-3
92FleTonP-76
92FroRowDP-96
92FroRowDP-97
92FroRowDP-98
92FroRowDP-99
92FroRowDP-100
92Hoo-37
92PanSti-138
92Sky-38
92StaClu-154
92StaCluMO-154
92Top-69
92TopGol-69G
92Ult-34
92UppDec-245
92UppDecA-AR7
92UppDecM-CL2
93CavNicB-2
93Fle-34
93Hoo-36
93HooFifAG-36
93JamSes-36
93PanSti-158
93Sky-49
93SkySch-7
93StaClu-208
93StaCluFDI-208
93StaCluMO-208
93StaCluSTNF-208
93Top-183
93TopGol-183G
93Ult-35
93UppDec-22
93UppDecE-124
94ColCho-49
94ColChoGS-49
94ColChoSS-49
94Fin-69
94FinRef-69
94Fla-26
94Fle-38
94Hoo-32
94JamSes-32
94PanSti-37

94Sky-28
94StaClu-249
94StaCluFDI-249
94StaCluMO-249
94StaCluSTNF-249
94Top-251
94TopSpe-251
94Ult-32
94UppDec-41
94UppDecE-45
95ColCho-257
95ColCho-325
95ColCholE-49
95ColCholJI-49
95ColCholSI-49
95ColChoPC-257
95ColChoPC-325
95ColChoPCP-257
95ColChoPCP-325
95Fin-109
95FinRef-109
95FinVet-RV17
95Fla-19
95Fle-27
95FleEur-39
95Hoo-26
95HooMagC-5
95JamSes-17
95JamSesDC-D17
95Met-16
95MetSilS-16
95PanSti-91
95ProMag-25
95Sky-19
95SkyE-X-14
95SkyE-XB-14
95SkyE-XU-5
95SP-24
95SPAll-AS7
95SPAllG-AS7
95SPCha-122
95SPChaCotC-C5
95SPChaCotCD-C5
95StaClu-105
95StaClu-257
95StaCluMOI-105B
95StaCluMOI-105R
95Top-49
95TopGal-29
95TopGalPPI-29
95Ult-29
95UltGolM-29
95UppDec-46
95UppDecEC-46
95UppDecECG-46
95UppDecSE-103
95UppDecSEG-103
96AllJamSTB-1
96AllJamSTB-2
96AllJamSTB-3
96AllJamSTBT-NNO
96BowBes-11
96BowBesAR-11
96BowBesR-11
96ColCho-30
96ColCho-371
96ColChoCtGS1-C5A
96ColChoCtGS1-C5B
96ColChoCtGS1R-R5
96ColChoCtGS1RG-R5
96ColChoCtGSG1-C5A
96ColChoCtGSG1-C5B
96ColCholl-20
96ColCholl-115
96ColCholJ-257
96ColCholJ-325
96ColChoM-M167
96ColChoMG-M167
96ColChoS1-S5
96Fin-51
96Fin-108
96Fin-152
96FinRef-51
96FinRef-108
96FinRef-152
96FlaSho-A55
96FlaSho-B55
96FlaSho-C55
96FlaShoLC-55
96FlaShoLC-B55
96FlaShoLC-C55
96Fle-17
96Fle-124

96FleS-6
96Hoo-26
96HooHIP-H5
96HooSil-26
96HooStaF-5
96Met-16
96MetMolM-14
96Sky-20
96SkyE-X-12
96SkyE-XC-12
96SkyGolT-1
96SkyRub-20
96SkyZ-F-15
96SkyZ-FLBM-4
96SkyZ-FZ-15
96SP-18
96StaClu-44
96StaCluM-44
96StaCluSM-SM14
96StaCluTC-TC10
96Top-148
96TopChr-148
96TopChrR-148
96TopNBAa5-148
96Ult-20
96Ult-140
96UltGolE-G20
96UltGolE-G140
96UltPlaE-P20
96UltPlaE-P140
96UltScoK-5
96UltScoKP-5
96UppDec-140
96UppDec-198
96UppDec-335
96UppDecPS1-P4
96UppDecPTVCR1-TV4
96UppDecU-25
97SchUltNP-4
Brandt, Kate
91GeoTecCC*-158
Branham, Rich
89Cal-1
Brann, Quincy
94WriSta-2
Brannan, Andy
94IHSBoyAST-31
Branning, Rich
90NotDam-18
Brannon, Audra
92FloSta*-9
Brannon, Robert
82Ark-3
Brannum, Bob
88KenColC-31
Branson, Brad
81TCMCBA-65
Branson, Brandon
94IHSBoyAST-73
Brantley, Brandon
92Pur-1
93Pur-1
Brantley, Will
89OreSta-4
90OreSta-5
Braselton, Fred
91GeoTecCC*-63
Brassow, Jeff
90KenBigBDTW-30
91KenBigB1-9
91KenBigB2-4
93Ken-1
93KenSch-7
Bratton, Steve
90FloStaCC*-105
Bratz, Mike
77SunHumDD-3
80Top-39
80Top-139
81Top-47
81Top-MW71
83Sta-253
84Sta-151
Braucher, Dick
89NorCarSCC-24
89NorCarSCC-25
89NorCarSCC-26
Braun, Carl
48Bow-72
57Top-4
61Fle-7
81TCMNBA-23
81TCMNBA-40
Braun, Sandy

94IHSHisRH-63
Braun, Terry
82IndSta*-3
Brawner, Bruce
85ForHayS-5
Braxton, Mel
89ProCBA-185
Bray, Jeff
92FloSta*-17
Bray, Kevin
94TenTec-15
Brazell, Carl
91SouCarCC*-166
Breaker, Bubby
89ProCBA-153
Breaux, Tim
94ColCho-245
94ColChoGS-245
94ColChoSS-245
94Fla-227
94Fle-291
94Hoo-330
94Sky-234
94StaCluFDI-214
94StaCluMO-214
94StaCluSTMP-R1
94StaCluSTNF-214
94Top-357
94TopSpe-357
94Ult-253
95ColCholE-245
95ColCholJI-245
95ColCholSI-26
95StaClu-58
95StaCluMOI-58
95UppDec-73
95UppDecEC-73
95UppDecECG-73
Brecunier, Chad
94IHSBoyASD-30
Breden, Kyle
94IHSBoyA3S-29
Breeze, David
55AshOil-49
Bregel, Jeff
91SouCal*-35
Breland, Jim
91GeoTecCC*-71
Brennan, James
55AshOil-86
Brennan, Jim
90CleColC*-149
Brennan, Pete
73NorCarPC-10
89NorCarCC-78A
89NorCarCC-78B
89NorCarCC-79
90NorCarCC*-99
Brenner, Allen
90MicStaCC2*-3
Brenner, Hoby
91SouCal*-4
Breuer, Eric
94IHSBoyAST-109
Breuer, Randy
83Sta-40
84Sta-126
85BucCarN-2
86BucLif-2
87BucPol-45
88BucGreB-2
88Fle-73
89Hoo-153
89TimBurK-45
90Fle-111
90Hoo-184
90HooTeaNS-16
90PanSti-77
90Sky-167
91Fle-317
91Hoo-123
91HooTeaNS-16
91Sky-166
91UppDec-301
92UppDec-276
93Fle-368
Breunig, Bob
90AriStaCC*-155
Brewer, James (Boo)
92Lou-11
92Lou-20
92Lou-25
92LouSch-1

Brewer, Jim
74Top-134
75Top-46
76Top-74
77Top-9
Brewer, John
55AshOil-16
88KenColC-65
Brewer, Mel
89KenColC*-98
Brewer, Ron
78TraBlaP-8
79Top-79
79TraBlaP-10
80Top-1
80Top-49
80Top-165
80Top-176
83Sta-243
84Sta-66
91ArkColC*-69
Brewster, Ann
90CalStaW-1
Brewster, Gary
92UTE-14
Brian, Frank
52RoyDes-4
90LSUColC*-37
Brickey, Robert
87Duk-21
88Duk-2
90ProCBA-167
Brickhouse, Jack
85Bra-C6
85Bra-S12
Brickowski, Frank
84Sta-115
88Fle-103
88SpuPolS-3
89Fle-141
89Hoo-206
89PanSpaS-170
90Fle-169
90FleUpd-U52
90Hoo-265
90Hoo-417
90HooTeaNS-15
90PanSti-48
90Sky-254
90Sky-394
91Fle-113
91Hoo-115
91HooTeaNS-15
91PanSti-138
91Sky-155
91UppDec-350
92Fle-124
92FleTeaNS-8
92FleTonP-10
92Hoo-125
92PanSti-112
92Sky-132
92StaClu-136
92StaCluMO-136
92Top-187
92TopGol-187G
92Ult-105
92UppDec-35
92UppDec-205
92UppDec-404
93Fle-116
93Hoo-121
93HooFifAG-121
93JamSes-122
93JamSesTNS-6
93JamSesTNS-8
93PanSti-123
93Sky-110
93StaClu-223
93StaCluFDI-223
93StaCluMO-223
93StaCluSTNF-223
93Top-347
93TopGol-347G
93Ult-107
93UppDec-70
93UppDecE-203
93UppDecS-130
93UppDecSEC-130
93UppDecSEG-130
94ColCho-70
94ColChoGS-70
94ColChoSS-70

94Fin-291
94FinRef-291
94Fle-20
94Fle-361
94Sky-277
94StaClu-262
94StaCluFDI-262
94StaCluMO-262
94StaCluSTNF-262
94Top-382
94TopSpe-382
94UppDecE-7
95ColCholE-70
95ColCholJI-70
95ColCholSI-70
96Fin-164
96FinRef-164
Bridgeman, Junior
76BucPlaC-C4
76BucPlaC-D11
76BucPlaC-H11
76BucPlaC-S4
76Top-11
77BucActP-2
77Top-114
78Top-56
79BucOpeP*-7
79BucPol-2
79Top-91
80Top-49
80Top-137
81Top-MW97
83Sta-41
84Sta-14
84StaAre-C2
87BucPol-2
88LouColC-21
89LouColC*-229
89LouColC*-270
92UppDecS-6
94UppDec-352
Bridges, Bill
68TopTes-16
69Top-86
70Top-71
71Top-132
72Top-17
73LinPor-68
73Top-174
74Top-13
Brieffies, Lyndon
92AusFutN-14
Brigham, Andrew
89Cal-2
Bright, Donta
96ScoBoaBasRoo-62
Bright, Shane
93AusFutN-98
Brilliant, Paul
88NewMexSA*-8
Brind'Amour, Rod
90MicStaCC2*-197
Brink, Brad
91SouCal*-72
Brinkman, Cookie
89LouColC*-194
Brisker, John
71ConPitA 1
71Top-146
71Top-147
71Top-180
72Top-135
73SupShu-1
73Top-7
74Top-18
75Top-149
Bristol, Dave
68ParMea*-4
Bristow, Allan
75Top-74
80Top-35
80Top-81
80Top-152
80Top-169
81Top-65
81Top-W102
91Fle-252
91Sky-380
92Fle-21
92Hoo-241
92Sky-257
93Hoo-232
93HooFifAG-232

94Hoo-276
95Hoo-172
Britt, James
88LSUAll*-13
90LSUColC*-168
Brittain, Maurice
88GeoTec-1
Brittain, Mike
91SouCarCC*-150
Britton, Dave
81TCMCBA-52
Brix, Jim
94IHSBoyAST-145
Brkovich, Mike
90MicStaCC2*-122
Broadnax, Horace
82Geo-6
83Geo-8
84Geo-2
85Geo-3
91GeoColC-24
Broadnax, Vincent
88Mar-1
Broadway, Rod
90NorCarCC*-164
Brock, Bob
91TexA&MCC*-28
Brock, Jeffrey
55AshOil-3
Brock, Jim
87AriSta*-3
90AriStaCC*-20
Brock, Lou
81TopThiB*-11
Brockington, John
74NabSugD*-8
75NabSugD*-8
Brodnax, George
91GeoTecCC*-62
Brogan, Jim
80TCMCBA-8
81TCMCBA-75
Brogan, Michelle
94AusFutN-214
Brogden, Cindy
80PriNewOW-3
Brokaw, Gary
74BucLin-2
75Top-178
90NotDam-37
Bromawn, Troy
93Neb*-18
Brondello, Sandy
94AusFutN-206
Bronner, Jennifer
94TexAaM-18
Bronston, Jake
89KenColC*-99
Brookfield, Price
48Bow-26
Brookin, Rod
89Pit-1
Brooks, Alvin
92Hou-16
Brooks, Bud
91ArkColC*-74
Drooks, Delray
93Ken-15
Brooks, Derrick
92FloSta*-49
Brooks, Eddie
93KenSch-1
Brooks, Franklin
91GeoTecCC*-65
Brooks, Garth
91OklStaCC*-87
Brooks, Greg
91GeoColC-69
Brooks, Hazel
48TopMagP*-F20
Brooks, Hubie
90AriStaCC*-172
90AriStaCC*-173
Brooks, Jason
92UNL-3
Brooks, Kevin
87LouVou*-3
91Cla-12
91Cou-7
91Fle-273
91FouSp-160
91FroR-11
91FroRowP-104

91StaPic-8
91UppDec-427
91WilCar-22
92Fle-327
92Hoo-374
92StaClu-215
92StaCluMO-215
92Top-225
92TopGol-225G
92Ult-250
93Hoo-325
93HooFifAG-325
93JamSes-53
93StaClu-79
93StaCluFDI-79
93StaCluMO-79
93StaCluST-7
93StaCluSTNF-79
93Top-32
93TopGol-32G
Brooks, Michael
81Top-W91
83Sta-122
88LSUAll*-10
90LSUColC*-36
91WilCar-91
Brooks, Richard
90LSUColC*-141
Brooks, Scott
8976eKod-3
89Fle-114
89Hoo-34
90Fle-140
90Hoo-226
90Hoo-419
90HooTeaNS-16
90Sky-212
90Sky-396
91Fle-318
91Hoo-395
91HooTeaNS-16
91Sky-167
91UppDec-303
92Fle-344
92Hoo-135
92Hoo-390
92Sky-142
92Sky-343
92StaClu-271
92StaCluMO-271
92Top-320
92TopGol-320G
92Ult-267
92UppDec-248
92UppDec-329
93Fle-74
93Hoo-76
93HooFifAG-76
93JamSes-76
93PanSti-86
93StaClu-37
93StaCluFDI-37
93StaCluMO-37
93StaCluSTDW-R37
93StaCluSTMP-R1
93StaCluSTNF-37
93Top-107
93TopGol-107G
93Ult-253
93UppDec-131
93UppDecE-163
93UppDecS-66
93UppDecSEC-66
93UppDecSEG-66
94ColCho-265
94ColChoGS-265
94ColChoSS-265
94Fin-128
94FinRef-128
94Fla-228
94Fle-79
94StaClu-341
94StaCluFDI-341
94StaCluMO-341
94StaCluSTMP-R2
94StaCluSTNF-341
94Top-26
94TopSpe-26
94Ult-254
94UppDecE-89
95ColChoIE-265
95ColChoIJI-265
95ColChoISI-46
95FleEur-83

95Top-88
95UppDec-32
95UppDecEC-32
95UppDecECG-32
Brooks, Tim
93Cla-16
93ClaF-29
93ClaG-16
93FouSp-15
93FouSpG-15
Brosseuk, Dan
82Vic-2
Broussard, Duane
90Bra-6
93Bra-2
93Bra-4
94Bra-3
95Bra-3
Brousson, Colin
88Vic-2
Brown, Angie
93PurWom-13
Brown, Antonio
94IHSBoyAST-64
Brown, Barry
94Cla-56
94ClaG-56
95TedWil-8
Brown, Bill
94Min-16
Brown, Bobby
88LouColC-43
Brown, Boyd
48TopMagP*-E10
Brown, Brett
93AusStoN-74
95AusFutN-104
Brown, Bubba
90CleColC*-107
Brown, Carl
90ProCBA-80
Brown, Chucky
87NorCarS-1
88NorCarS-1
89NorCarSCC-27
89NorCarSCC-28
89NorCarSCC-29
90FleUpd-U16
90Hoo-71
90HooTeaNS-5
90Sky-49
91Hoo-35
91Sky-46
91UppDec-393
92Fle-386
92Hoo-427
92StaClu-371
92StaCluMO-371
92Top-263
92TopGol-263G
92Ult-313
93Fle-132
93Hoo-139
93HooFifAG-139
93HooGolMB-7
93HooShe-3
93UppDec-6
95Fin-141
95FinRef-141
95Hoo-231
95PanSti-163
95Sky-173
95StaClu-224
95Top-185
95UppDecSE-118
95UppDecSEG-118
96ColCho-62
96TopSupT-ST10
Brown, Colby
88Cle-1
89Cle-1
90Cle-2
Brown, Dale
85LSU*-4
87LSU*-1
88LSU*-2
90LSUColC*-11
90LSUColCP*-8
91KenBigB2-9
92CanSumO-79
93LSU-3
Brown, Danny
89LouColC*-70
Brown, Dathon

92Geo-4
93Geo-3
Brown, Dave
91Mic*-6
Brown, David
91OreSta-6
92OreSta-4
93OreSta-5
Brown, Dee
88Jac-3
89Jac-2
90FleUpd-U6
90StaDeeB-1
90StaDeeB-2
90StaDeeB-3
90StaDeeB-5
90StaDeeB-6
90StaDeeB-7
90StaDeeB-8
90StaDeeB-9
90StaDeeB-10
90StaDeeB-11
90StaPic-8
90StaPro-2
91Fle-9
91Fle-228
91FleRooS-10
91FleTonP-69
91FleWheS-4
91Hoo-10
91HooTeaNS-2
91PanSti-180
91Sky-13
91Sky-315
91Sky-322
91Sky-406
91Sky-487
91Sky-577
91StaPic-40
91UppDec-37
91UppDec-143
91UppDecRS-R12
91UppDecS-6
92Fle-12
92Fle-281
92FleDra-4
92FleTeaNS-1
92FleTonP-77
92Hoo-11
92Hoo100S-5
92SkyNes-4
92SpoIllfKI*-8
92StaClu-168
92StaCluMO-168
92Top-17
92TopArc-131
92TopArcG-131G
92TopGol-17G
92Ult-9
92UppDec-252
92UppDec-351
92UppDecM-BT1
93Fin-88
93FinRef-88
93Fle-10
93Hoo-10
93HooFifAG-10
93HooGolMB-8
93JamSes-11
93JamSesTNS-1
93PanSti-195
93Sky-30
93StaClu-114
93StaClu-349
93StaCluFDI-114
93StaCluFDI-349
93StaCluFFP-2
93StaCluFFU-349
93StaCluMO-114
93StaCluMO-349
93StaCluSTNF-114
93StaCluSTNF-349
93Top-180
93TopGol-180G
93Ult-10
93UppDec-38
93UppDec-436
93UppDec-476
93UppDecE-100
93UppDecFT-FT4
93UppDecH-H2

93UppDecS-171
93UppDecSEC-171
93UppDecSEG-171
93UppDecWJ-FT4
94ColCho-270
94ColChoGS-270
94ColChoSS-270
94Emb-5
94EmbGoll-5
94Fin-46
94FinRef-46
94Fla-6
94Fle-10
94Hoo-8
94HooMagC-2
94JamSes-7
94PanSti-13
94ProMag-6
94Sky-8
94Sky-340
94SkySlaU-SU2
94SP-38
94SPCha-32
94SPChaDC-32
94SPDie-D38
94StaClu-266
94StaCluFDI-266
94StaCluMO-266
94StaCluSTNF-266
94Top-52
94Top-165
94TopSpe-52
94TopSpe-165
94Ult-8
94UppDec-52
94UppDecE-14
94UppDecSE-6
94UppDecSEG-6
95ColCho-7
95ColCho-322
95ColCho-350
95ColChoIE-167
95ColChoIEGS-167
95ColChoIJGSI-167
95ColChoIJI-167
95ColChoIJI-270
95ColChoIJSS-167
95ColChoISI-167
95ColChoPC-7
95ColChoPC-322
95ColChoPCP-7
95ColChoPCP-322
95ColChoPCP-350
95Fin-29
95FinRef-29
95Fla-5
95Fle-8
95FleEur-10
95Hoo-8
95JamSes-5
95JamSesDC-D5
95Met-5
95MetSilS-5
95PanSti-1
95ProMag-9
95Sky-5
95SP-7
95SPCha-6
95StaClu-201
95Top-139
95TopGal-85
95TopGalPPI-85
95TopTopF-TF15
95Ult-9
95UltGoIM-9
95UppDec-224
95UppDecEC-224
95UppDecSE-1
95UppDecSEG-4
96ColCho-167
96ColCho-206
96ColChoII-7
96ColChoII-112
96ColChoII-140
96ColChoIJ-7
96ColChoIJ-322
96ColChoIJ-350
96Fin-96
96FinRef-96
96Hoo-202

96HooStaF-2
96Sky-135
96SkyRub-135
96SkyZ-F-102
96StaClu-9
96StaCluM-9
96Top-46
96TopChr-46
96TopChrR-46
96TopNBAa5-46
96UppDec-5
96UppDec-137
Brown, DeShon
89Cal-3
Brown, Dion
91Was-1
Brown, Eric
89ProCBA-7
Brown, Fred
73SupShu-2
73Top-103
74Top-97
74Top-125
75Top-41
76Top-15
77Top-30
78SupPol-1
78SupTeal-1
78Top-59
79SupPol-13
79SupPor-2
79Top-46
80Top-77
80Top-165
81Geo-12
81Top-63
82Geo-5
83Geo-7
83Sta-194
83SupPol-15
91GeoColC-12
91GeoColC-75
Brown, Fred Jr.
92Iow-3
Brown, Gene
90NorCarCC*-156
Brown, Greg LIP
91DavLip-23
92DavLip-23
Brown, Greg NM
92NewMex-2
Brown, Hardin
91SouCarCC*-11
Brown, Harper
91GeoTecCC*-166
Brown, Herb
87SunCirK-2
Brown, Hubie
78HawCok-1
79HawMajM-1
84KniGetP-3
85StaCoa-2
90HooAnn-10
Brown, J.B.
92Glo-53
Brown, Jamaal
91OhiSta-4
Brown, Jerohn
92OreSta-5
93OreSta-6
Brown, Jim
91GeoColC-84
Brown, Jim WRSt
91WriSta-18
93WriSta-15
94WriSta-17
Brown, Jimmy
81TopThiB*-38
Brown, Joe
89NorCarCC-149
90NorCarCC*-122
Brown, Joey
90Geo-11
91Geo-4
92Geo-10
93Geo-3
94Cla-72
94ClaG-72
94PacP-5
94PacPriG-5
95SupPix-68
95SupPixAu-68
95TedWil-9
Brown, John FSU

90FloStaCC*-26
Brown, John SM
87SouMis-8
Brown, John Young
73LinPor-3
74Top-139
75Top-191
79HawMajM-2
90Mis-2
Brown, Johnny Mack
48TopMagP*-J1
Brown, Karl
88GeoTec-2
89GeoTec-7
91GeoTecCC*-46
Brown, Ken
85Bra-H4
Brown, Kevin
91GeoTecCC*-111
Brown, Kwame
90Bra-7
Brown, Larry
71Top-152
72Top-264
73NorCarPC-9H
87Kan-4
88SpuPolS-4
89Hoo-102
89NorCarCC-60
89NorCarCC-110
89NorCarCC-111
89PanSpaS-164
90Hoo-328
90HooTeaNS-23
90NorCarCC*-187
90Sky-324
91Fle-183
91Hoo-244
91Sky-401
91UCLColC-31
92CouFla-5
92Fle-97
92Hoo-250
92Sky-266
93Hoo-240
93HooFifAG-240
93JamSesTNS-3
94Hoo-284
95Hoo-180
96Hoo-259
Brown, Lavon
92FloSta*-50
Brown, Lester
90CleColC*-109
Brown, Liz
91OklStaCC*-41
Brown, Lorne
85Bra-H4
Brown, Mack
90NorCarCC*-23
Brown, Marc
91Cou-8
91FroR-76
91FroRowP-19
91ProCBA-162
Brown, Marcus
92MurSta-3
96PacPow-5
96ScoBoaBacRoo-63
Brown, Matt
93WriSta-1
94WriSta-10
Brown, Mike
87BulEnt-17
89Hoo-336
89JazOldH-2
90CleColC*-86
90Fle-183
90Hoo-286
90HooTeaNS-25
90JazSta-6
90Sky-275
91Fle-363
91Hoo-206
91HooTeaNS-26
91Sky-277
91Sky-457
91UppDec-118
92Fle-219
92Hoo-222
92Sky-237
92StaClu-144
92StaCluMO-144
92Top-177

92TopGol-177G
92Ult-178
92UppDec-118
92UppDecS-1
93Fin-29
93FinRef-29
93Fle-325
93Hoo-366
93HooFifAG-366
93JamSes-130
93PanSti-97
93Sky-249
93Sky-307
93StaClu-293
93StaCluFDI-293
93StaCluMO-293
93StaCluSTNF-293
93Top-219
93TopGol-219G
93Ult-287
93UppDec-406
94ColCho-84
94ColChoGS-84
94ColChoSS-84
94Fin-191
94FinMarM-19
94FinRef-191
94Fla-88
94Fle-321
94Hoo-122
94HooShe-9
94PanSti-166
94Sky-97
94StaClu-258
94StaCluFDI-258
94StaCluMO-258
94StaCluSTNF-258
94Top-156
94TopSpe-156
94UppDec-150
95ColChoIE-84
95ColChoJI-84
95ColChoISI-84
95FleEur-135
95Top-196
Brown, Milton
91OklSta-15
91OklSta-37
Brown, Monroe
92PenSta*-2
Brown, Myron
91Cla-24
91Cou-9
91FouSp-172
91FroR-12
91FroRowP-103
91StaPic-43
91UppDec-15
91WilCar-104
Brown, NaFeesha
93Neb*-12
Brown, Ollie
85LSU*-5
Brown, P.J.
89LouTec-2
92Cla-51
92ClaGol-51
92FouSp-46
92FouOpGol-40
92FroR-12
92StaPic-77
93Fle-332
93Hoo-369
93HooFifAG-369
93SkySch-8
93StaClu-18
93StaCluFDI-18
93StaCluMO-18
93StaCluSTNF-18
93Top-94
93TopGol-94G
93Ult-294
93UppDec-403
93UppDecS-190
93UppDecSEC-190
93UppDecSEG-190
94ColCho-74
94ColChoGS-74
94ColChoSS-74
94Emb-59
94EmbGoII-59
94Fin-79
94FinRef-79
94Fla-95

94Fle-141
94FleRooS-3
94Hoo-132
94JamSes-116
94PanSti-79
94Sky-104
94SkyRagR-RR17
94StaClu-12
94StaCluFDI-12
94StaCluMO-12
94StaCluSTNF-12
94Top-316
94TopSpe-316
94Ult-116
94UppDec-235
95ColCho-85
95ColChoIE-74
95ColChoJI-74
95ColChoISI-74
95ColChoPC-85
95ColChoPCP-85
95Fin-92
95FinRef-92
95Fla-83
95Fle-114
95FleEur-145
95Hoo-316
95JamSes-68
95JamSesDC-D68
95Met-69
95MetSilS-69
95PanSti-20
95Sky-78
95SP-84
95StaClu-189
95Top-47
95TopGal-129
95TopGalPPI-129
95Ult-112
95UltGolM-112
95UppDec-57
95UppDecEC-57
95UppDecECG-57
95UppDecSE-53
95UppDecSEG-53
96BowBes-12
96BowBesAR-12
96BowBesR-12
96ColCho-272
96ColChoII-85
96ColChoM-M151
96ColChoMG-M151
96Fin-179
96FinRef-179
96Fle-208
96Hoo-98
96Hoo-216
96HooStaF-14
96Met-184
96MetPreM-184
96Sky-165
96SkyAut-10
96SkyAutB-10
96SkyRub-164
96StaClu-109
96Top-147
96TopChr-147
96TopChrR-147
96TopNBAa5-147
96TopSupT-ST17
96UppDec-242
Brown, Randy
91Cla-21
91Cou-10
91FouSp-169
91FroR-25
91FroRowP-68
91HooTeaNS-23
91StaPic-45
91UppDec-437
91WilCar-38
92Fle-421
92Hoo-460
92Sky-209
92StaClu-70
92StaCluMO-70
92Top-181
92TopGol-181G
92Ult-347
92UppDec-262
93Fle-369
93Hoo-187
93Hoo-400

93HooFifAG-187
93HooFifAG-400
93JamSes-193
93StaClu-311
93StaCluFDI-311
93StaCluMO-311
93StaCluSTNF-311
93Top-335
93TopGol-335G
93Ult-329
93UppDec-114
94ColCho-95
94ColChoGS-95
94ColChoSS-95
94Fla-126
94Fle-362
94PanSti-189
94StaClu-92
94StaCluFDI-92
94StaCluMO-92
94StaCluSTNF-92
94Ult-324
95ColCho-105
95ColChoIE-95
95ColChoJI-95
95ColChoISI-95
95ColChoPC-105
95ColChoPCP-105
95PanSti-253
95StaClu-18
95StaCluMOI-18
95UppDecSE-75
95UppDecSEG-75
96ColCho-218
96ColChoII-137
96ColChoJ-105
96SkyAut-11
96SkyAutB-11
96Top-63
96TopChr-63
96TopChrR-63
96TopNBAa5-63
Brown, Raymond
89ProCBA-35
Brown, Raynard
91SouCarCC*-193
Brown, Rickey
83Sta-264
84Sta-77
Brown, Ricky
94IHSBoyASD-2
94IHSBoyAST-184
Brown, Roger
71PacMarO-1
71Top-148
71TopTri-4A
72Top-210
73Top-231
73Top-236
74Top-209
74Top-240
85StaSchL-6
Brown, Ron
90AriStaCC*-122
Brown, Russell
00Ari-2
90AriColC*-40
Brown, Shaun
93Ken-15
Brown, Stephane
93OreSta-7
Brown, Terry KS
89Kan-49
Brown, Terry OKSt
91OklStaCC*-20
Brown, Tico
80TCMCBA-31
81TCMCBA-32
82TCMCBA-33
91GeoTecCC*-160
Brown, Tim
91FooLocSF*-8
Brown, Timmy
81TopThiB*-42
Brown, Tisa
92VirTec*-1
Brown, Tony CalSt
82TCMCBA-71
Brown, Tony W.
84Sta-53
87Fle-14
91ArkColC*-15
91Hoo-376

91Sky-278
91Sky-629
91UppDec-308
Brown, Tracy
93PurWom-13
Brown, Troy
95ClaBKR-43
95ClaBKRAu-43
95ClaBKRPP-43
95ClaBKRSS-43
95ClaBKV-43
95ClaBKVE-43
Brown, Vicki
91TexA&MCC*-96
Brown, Walter A.
68HalofFB-5
92CouCol-13
Brown, Wiley
81Lou-25
88LouColC-26
88LouColC-120
88LouColC-175
88LouColC-179
89LouColC*-252
89ProCBA-42
Brown, Willie
87SouMis-8
Browndyke, David
90LSUColC*-97
Browne, Clyde
90CleColC*-136
Browne, Jeremy
94IHSBoyASD-55
Browne, Rob
91DavLip-3
92DavLip-3
Browning, Carlos
92Ala-3
93Ala-4
Browning, Jim
33SpoKinR*-41
48TopMagP*-D4
Broyles, Frank
91ArkColC*-1
Bruce, Donnell
88Cle-2
89Cle-2
90Cle-3
Brumel, Valeri
76PanSti-84
Brummer, Jackie
90AriStaCC*-134
Brundage, Avery
76PanSti-9
Brundy, Stanley
91ProCBA-63
Brunet, Laurie
90AriColC*-19
Brunkhorst, Brock
81Ari-3
83Ari-3
84Ari-1
Brunn, Leslie
91EasTenS-5
92EasTenS-1
93EasTenS-1
Bruno, Al
89KenColC*-107
Bruns, George
73JetAllC-7
Brunson, Rick
95ClaBKR-62
95ClaBKRAu-62
95ClaBKRPP-62
95ClaBKRSS-62
95PacPreGP-8
96PacPreGP-8
96PacPri-8
Brust, Chris
81NorCarS-3
89NorCarCC-193
Bruton, Cal
92AusStoN-29
93AusStoN-11
94AusFutN-199
Brutsaert, Elke
87Mai*-8
Bryan, Brad HS
94IHSBoyAST-17
Bryan, Brad NEB
90Neb*-17
Bryan, Fred
90ProCBA-42
Bryan, Shandy

90CleWom-2
Bryan, Steve
90Tex*-7
Bryan, Vince
87BYU-19
88BYU-10
Bryant, Bear (Paul)
89KenColC*-112
91TexA&MCC*-2
Bryant, Bobby
91SouCarCC*-170
Bryant, Clyde
89LouColC*-59
Bryant, Dwayne
86Geo-4
87Geo-4
88Geo-4
89Geo-4
91GeoColC-15
91GeoColC-26
Bryant, Ellis
89LouColC*-211
Bryant, Emmette
69Top-47
70Top-116
70TopPosI-11
71Top-48
73SupShu-3
86DePPlaC-C7
Bryant, Gregory
94IHSBoyAST-213
Bryant, Hallie
86IndGreI-16
Bryant, Jeff
90CleColC*-57
Bryant, Joe
80Top-74
80Top-162
81Top-W92
Bryant, Kelvin
90NorCarCC*-6
90NorCarCC*-31
90NorCarCC*-72
90NorCarCCP*-NC8
Bryant, Kobe
96AllSpoPPaF-11
96AllSpoPPaF-150
96AllSpoPPaF-185
96BowBesP-BP10
96BowBesPAR-BP10
96BowBesPR-BP10
96BowBesRo-R23
96BowBesRoAR-R23
96BowBesRoR-R23
96ColCho-267
96ColCho-361
96ColChoM-M129
96ColChoMG-M129
96ColEdgRR-6
96ColEdgRRD-6
96ColEdgRRG-6
96ColEdgRRKK-3
96ColEdgRRKKG-3
96ColEdgRRKKH-3
96ColEdgRRRR-3
96ColEdgRRRRG-3
96ColEdgRRRRH-3
96ColEdgRRTW-3
96ColEdgRRTWG-3
96ColEdgRRTWH-3
96Fin-74
96Fin-269
96FinRef-74
96FinRef-269
96FlaSho-A31
96FlaSho-B31
96FlaSho-C31
96FlaShoCo'-4
96FlaShoLC-31
96FlaShoLC-B31
96FlaShoLC-C31
96Fle-203
96FleLuc1-13
96FleRooS-3
96FleS-17
96Hoo-281
96HooGraA-3
96HooRoo-3
96Met-137
96Met-181
96MetCyb-CM5
96MetFreF-FF3
96MetMetE-15
96MetPreM-181

96PacPow-6
96PacPowGCDC-GC3
96PacPowITP-IP5
96PacPowJBHC-JB3
96PrePas-13
96PrePas-44
96PrePasAu-2
96PrePasNB-13
96PrePasNB-44
96PrePasP-3
96PrePasS-13
96PrePasS-44
96ScoBoaAB-15
96ScoBoaAB-15A
96ScoBoaAB-15B
96ScoBoaAB-15C
96ScoBoaAB-PP14
96ScoBoaAC-13
96ScoBoaACA-6
96ScoBoaACGB-GB13
96ScoBoaBasRoo-15
96ScoBoaBasRooD-DC13
96Sky-55
96Sky-203
96SkyE-X-30
96SkyE-XC-30
96SkyE-XSD2-11
96SkyNewE-3
96SkyRooP-R3
96SkyRub-55
96SkyRub-203
96SkyZ-F-142
96SkyZ-FZ-3
96SkyZ-FZZ-3
96SP-134
96SPPreCH-PC18
96StaCluR1-R12
96StaCluR2-R9
96StaCluRS-RS11
96Top-138
96TopChrR-138
96TopChrY-YQ15
96TopDraR-13
96TopNBAa5-138
96TopYou-U15
96Ult-52
96Ult-266
96UltAll-3
96UltFleF-3
96UltGolE-G52
96UltGolE-G266
96UltPlaE-P52
96UltPlaE-P266
96UltRisS-2
96UppDec-58
96UppDec-148
96UppDecRE-R10
96UppDecU-19
96UppDecU-43
Bryant, Mark
88TraBlaF-3
89Fle-127
89Hoo-36
89TraBlaF-2
90FleUpd-U80
90Hoo-243
90HooActP-132
90HooTeaNS-22
90Sky-231
90TraBlaF-11
91Hoo-172
91HooTeaNS-22
91Sky-234
91TraBlaF-7
91UppDec-392
92Fle-415
92Hoo-454
92Sky-200
92StaClu-222
92StaCluMO-222
92Top-235
92TopGol-235G
92TraBlaF-8
92Ult-148
92UppDec-246
93Fle-172
93Hoo-395
93HooFifAG-395
93Sky-269
93StaClu-136
93StaCluFDI-136
93StaCluMO-136
93StaCluSTNF-136

93Top-189
93TopGol-189G
93TraBlaF-4
93Ult-153
93UppDec-266
94ColCho-292
94ColChoGS-292
94ColChoSS-292
94Fla-292
94Fle-356
94PanSti-181
94StaClu-193
94StaCluFDI-193
94StaCluMO-193
94StaCluSTNF-193
94TraBlaF-4
94Ult-154
95ColChoIE-292
95ColChoIJI-292
95ColChoISI-73
95ColChoPCP-231
95Top-258
96ColCho-61
96ColChoII-39
96ColChoIJ-231
96Hoo-58
96HooSil-58
96Top-26
96TopChr-26
96TopChrR-26
96TopNBAa5-26
Bryant, Tyson
96PenSta*-11
Bryant, Wallace
83Sta-170
84Sta-252
Bryant, Warren
89KenColC*-138
Brynjelsen, Rob
94IHSBoyAST-3
Bryson, James
93Cla-17
93ClaF-31
93ClaG-17
93FouSp-16
93FouSpG-16
Bryson, Tarise
94IHSBoyA3S-51
Bubas, Vic
89NorCarSCC-30
89NorCarSCC-31
Bucci, Kim
93KenSch-2
Buchanan, Darren
91Haw-2
Buchanan, Shawn
90Neb*-26
Buchheit, George C.
89KenColC*-51
Buckhalter, Joe
61Kah-3
Buckingham, Wayne
89Cle-3
Buckley, Bruce
73NorCarPC-3S
76NorCarS-1
89NorCarS-178
Buckley, Clay
87Duk-61
88Duk-3
Buckley, Dennis
93TenTec-2
Buckley, Monty
94Cal-1
Buckley, Rob
94IHSBoyA3S-2
Bucknall, Steve
86NorCar-20
87NorCar-20
88NorCar-20
88NorCarS-1
91WilCar-31
Buckner, Quinn
76BucPlaC-C6
76BucPlaC-D9
76BucPlaC-H9
76BucPlaC-S6
77BucActP-3
78Top-29
79BucOpeP*-8
79BucPol-21
80Top-11
80Top-50
80Top-138

80Top-144
81Top-56
83Sta-28
84Sta-3
85Sta-82
87IndGreI-21
92CouFla-6
93Hoo-235
93HooFifAG-235
Bucks, Milwaukee
73TopTeaS-27
74FleTeaP-12
74FleTeaP-31
75Top-213
75TopTeaC-213
77FleTeaS-13
80TopTeaP-9
89PanSpaS-113
89PanSpaS-122
90Sky-342
91Hoo-288
91Sky-365
92Hoo-280
92UppDecDPS-12
92UppDecE-145
93JamSesTNS-6
93PanSti-125
93StaCluMO-ST15
93StaCluST-15
93UppDec-224
93UppDecDPS-15
94Hoo-405
94ImpPin-15
94StaCluMO-ST15
94StaCluST-15
94UppDecFMT-15
95FleEur-252
95PanSti-123
96TopSupT-ST15
Buckwalter, Bucky (Morris)
79TraBlaP-xx
81TraBlaP-NNO
82TraBlaP-NNO
83TraBlaP-NNO
84TraBlaP-5
Budde, Brad
91SouCal*-12
Budde, Ed
90MicStaCC2*-22
Budge, Donald
48KelPep*-11
Budko, Pete
80NorCarC-157
89NorCarCC-157
90NorCarCC*-134
Budko, Walter
48Bow-70
50BreforH-4
Buechler, Jud
86Ari-1
87Ari-1
88Ari-1
89Ari-1
90FleUpd-U59
90NetKay-3
90StaPic-36
91Hoo-133
91Hoo-432
91Sky-179
91UppDec-334
92Hoo-385
92StaClu-96
92StaCluMO-96
92Top-245
92TopGol-245G
92Ult-261
92UppDec-380
93Fle-287
93Hoo-335
93HooFifAG-335
93StaClu-45
93StaCluFDI-45
93StaCluMO-45
93StaCluSTNF-45
93Top-218
93TopGol-218G
93Ult-247
93UppDec-259
93WarTop-11
94Fla-192
94Fle-258
94Ult-217

96ColCho-219
Buescher, Chuck
85Bra-D6
Buffone, Doug
89LouColC*-109
Buford, Anthony
92FroR-13
Buford, Mark
93Cla-83
93ClaF-58
93ClaG-83
93FouSp-73
93FouSpG-73
Buie, Boid
92Glo-46
Bukumirovich, Neboisha
87LSU*-7
Bull, Sitting
48TopMagP*-S3
Bullard, Matt
90StaPic-51
91Fle-289
91Hoo-368
92Fle-345
92Hoo-80
92Sky-85
92StaClu-328
92StaCluMO-328
92Top-274
92TopGol-274G
92Ult-268
92UppDec-99
93Fle-75
93Hoo-77
93HooFifAG-77
93JamSes-77
93Top-17
93TopGol-17G
93Ult-71
93UppDec-276
92UppDecE-164
94Hoo-72
Bullets, Washington
74FleTeaP-19
74FleTeaP-38
75Top-220
75TopTeaC-220
77FleTeaS-22
80TopTeaP-16
89PanSpaS-53
89PanSpaS-62
90Sky-354
91Hoo-300
91Sky-377
92UppDecDPS-20
92UppDecE-157
93PanSti-242
93StaCluBT-27
93StaCluMO-ST27
93StaCluST-27
93UppDec-236
93UppDecDPS-27
94Hoo-417
94ImpPin-29
94StaCluMO-ST27
94StaCluST-27
94UppDecFMT-27
95FleEur-264
95PanSti-60
96TopSupT-ST29
Bullock, James
91WilCar-30
Bullock, Keith
93Cla-84
93ClaG-84
Bulls, Chicago
73TopTeaS-18
74FleTeaP-5
74FleTeaP-24
75Top-206
75TopTeaC-206
77FleTeaS-4
78WheCerB*-32
78WheCerB*-33
78WheCerB*-34
78WheCerB*-47
78WheCerB*-48
78WheCerB*-59
80TopTeaP-3
89PanSpaS-73
89PanSpaS-82
90Sky-331
91Hoo-277
91Sky-354

91UppDecSiSS-3
92Hoo-269
92PanSti-15
92Sky-318
92UppDecDPS-3
92UppDecE-134
93PanSti-152
93StaCluBT-4
93StaCluST-4
93UppDec-208
93UppDec-213
93UppDec-SP4
93UppDecDPS-4
93UppDecS-3
94Hoo-394
94ImpPin-4
94StaCluMO-ST4
94StaCluST-4
94UppDecFMT-4
95FleEur-241
95PanSti-87
96Top-72
96TopChr-72
96TopChrR-72
96TopSupT-ST4
Bumpas, Dick
91ArkColC*-36
Bunch, Fernando
94IHSHisRH-62
Bunche, Ralph
91UCLColC-90
Bundy, Heather
96PenSta*-16
Bunn, John W.
68HalofFB-6
Buntin, Nathan
88Mis-1
89Mis-1
Bunting, Bill
73NorCarPC-8H
89NorCarCC-91
89NorCarCC-92
90NorCarCC*-136
Bunting, John
90NorCarCC*-114
Bunton, Bill
88LouColC-38
89LouColC*-16
89LouColC*-272
Bunton, Stanley
88LouColC-132
88LouColC-188
Buonaguro, Mitch
94TexAaM-6
Burchett, Carroll
89KenColC*-16
Burcy, Audrey
92OhiStaW-2
Burden, Ticky
76Top-51
Burdick, Randi
77SpoSer7*-7919
Burditt, Albert
94Cla-21
94ClaG-21
94PacP-6
94PacPriQ-0
95SupPix-36
95TedWil-10
Bure, Vladimir
76PanSti-242
Burge, Heather
91VirWom-2
92VirWom-3
Burge, Heidi
91VirWom-3
92VirWom-4
Burger, Jeff
87Aub*-3
Burgess, Annie
92AusStoN-86
94AusFutN-205
Burgess, Bob
84MarPlaC-D10
Burgess, Eldon
94TenTec-17
Burgess, Frank
61UniOil-1
Burgin, George
87Duk-42
88Duk-4
Burke, Dave
84Neb*-10
Burke, Eddie

33SpoKinR*-33
Burke, Pat
92Aub-11
Burkhamer, Jeff
91ProCBA-108
Burkman, Roger
88LouColC-39
88LouColC-128
88LouColC-161
89LouColC*-31
89LouColC*-243
89LouColC*-267
Burks, Eric
90Cle-4
Burks, Luther
89ProCBA-116
90ProCBA-184
91ProCBA-94
Burks, Shawn
90LSUColC*-96
Burks, Steve
82TCMCBA-56
Burks, Willie
91GeoTecCC*-101
Burles, Ryan
82Vic-3
Burleson, Tom (Tommy)
73NorCarSPC-C6
73NorCarSPC-H1
73NorCarSPC-S5
73NorCarSPC-S6
75Top-24
76Top-41
77Top-97
80Top-22
80Top-131
89NorCarSCC-32
89NorCarSCC-33
89NorCarSCC-34
92CouFla-7
Burmeister, Ken
83Ari-4
83Ari-18
84Ari-2
Burnell, Shanon
91NorDak*-12
Burnett, Amy
94WyoWom-2
Burnett, Bill
91ArkColC*-82
Burnett, Ken
90FloStaCC*-189
Burnett, Marc
93TenTec-3
Burnham, Lawrence
89KenColC*-295
Burns, Cameron
91FroR-85
91FroRowP-9
91FroRU-94
Burns, Craig
90LSUColC*-68
Burns, Dan
79St.Bon-2
Burns, David
82TCMCBA-84
Burns, Evers
93Cla-18
93ClaF-33
93ClaG-18
93Fle-370
93FouSp-17
93FouSpG-17
93Top-366
93TopGol-366G
93Ult-330
93UppDec-346
Burns, John
89Mis-2
90Mis-3
91Mis-3
92Mis-3
Burns, Lenear
93LSU-5
Burns, Lewis
55AshOil-38
Burns, Tommy
48TopMagP*-A1
56AdvR74*-31
Burns, Willie
91GeoTecCC*-20
Burny, Jean-Pierre
76PanSti-161
Burrell, Clinton (Ode)

90LSUColC*-119
Burrell, Kerry
93Bra-14
94Bra-9
95Bra-11
Burrell, Scott
90Con-1
91Con-2
92Con-1
93Cla-19
93ClaF-35
93ClaG-19
93Fin-178
93FinRef-178
93Fle-252
93FouSp-18
93FouSpG-18
93Hoo-307
93HooFifAG-307
93JamSes-18
93Sky-201
93SkyDraP-DP20
93SkySch-9
93Sta-14
93Sta-30
93Sta-44
93Sta-63
93Sta-86
93StaClu-343
93StaCluFDI-343
93StaCluMO-343
93StaCluSTNF-343
93Top-299
93TopGol-299G
93Ult-17
93Ult-213
93UppDec-374
93UppDec-496
93UppDecRS-RS12
94ColCho-58
94ColChoGS-58
94ColChoSS-58
94Fin-183
94FinRef-183
94Fla-189
94Fle-21
94Hoo-17
94HooNSCS-NNO
94HooShe-2
94HooShe-4
94Ima-76
94Sky-15
94SP-44
94SPCha-37
94SPChaDC-37
94SPDie-D44
94StaClu-148
94StaCluFDI-148
94StaCluMO-148
94StaCluSTNF-148
94Top-73
94Top-74
94TopSpe-73
94TopSpe-74
94Ult-213
94UppDec-268
94UppDecSE-98
94UppDecSFG-98
95ColCho-63
95ColChoIE-58
95ColChoIJI-58
95ColChoISI-58
95ColChoPC-63
95ColChoPCP-63
95Fin-218
95FinRef-218
95Fla-11
95Fle-15
95FleEur-22
95Hoo-15
95Hoo-244
95HooProS-6
95JamSes-10
95JamSesDC-10
95Met-10
95MetSilS-10
95PanSti-75
95ProMag-14
95Sky-11
95SP-13
95StaClu-134
95StaCluMOI-134
95Ult-18
95UltGolM-18

95UppDec-202
95UppDecEC-202
95UppDecECG-202
95UppDecSE-2
95UppDecSEG-7
96ColCho-16
96ColChoII-14
96ColChoIJ-63
96ColChoM-M159
96ColChoMG-M159
96ColChoS1-S3
96Fle-158
96Hoo-14
96HooSil-14
96UppDec-11
96UppDec-138
Burrough, Junior
91Vir-4
92Vir-4
93Vir-5
95ClaBKR-31
95ClaBKRAu-31
95ClaBKRPP-31
95ClaBKRSS-31
95ClaBKV-31
95ClaBKVE-31
95Col-32
95Col-93
95FivSp-31
95FivSpD-31
95Hoo-252
95PacPreGP-24
95SRDraD-15
95SRDraDSig-15
95SRFam&F-7
95SRSigPri-7
95SRSigPriS-7
95SRTetAut-2
95StaClu-347
95Ult-267
95UppDec-276
95UppDecEC-276
95UppDecECG-276
96ColCho-207
96FivSpSig-24
96PacPreGP-24
96PacPriGP-24
Burroughs, James
90MicStaCC2*-41
Burroughs, Tim
92Cla-62
92ClaGol-62
92FouSp-56
92FouSpGol-56
92FroR-76
92StaPic-85
Burrow, Robert
55AshOil-17
57Top-64
88KenColC-26
88KenColC-164
89KenColC*-42
Burrows, Pembrook
89JacCla-2
Burson, Jay
89ProCBA-81
91NorDak*-18
Burton, Darnell
03Cin-3
Burton, Darren
84Neb*-29
Burton, Leon
90AriStaCC*-142
Burton, Leonard
91SouCarCC*-153
Burton, M.C.
91Mic*-7
Burton, Marsha
94SouMisSW-1
Burton, Thad
94WriSta-14
Burton, Willie
90FleUpd-U47
90HeaPub-2
90Hoo-398
90HooTeaNS-14
90Sky-360
90StaPic-27
91Fle-105
91FleRooS-7
91FleTonP-99
91FleWheS-8

91Hoo-107
91HooTeaNS-14
91PanSti-154
91Sky-144
91Sky-499
91UppDec-168
91UppDecRS-R6
92Fle-115
92FleTeaNS-7
92Hoo-116
92PanSti-168
92Sky-123
92StaClu-84
92StaCluMO-84
92Top-62
92TopGol-62G
92Ult-97
92UppDec-128
93Fle-318
93Hoo-360
93HooFifAG-360
93StaClu-33
93StaCluFDI-33
93StaCluMO-33
93StaCluST-14
93StaCluSTNF-33
93Top-350
93TopGol-350G
93Ult-279
93UppDec-34
94Fla-281
94Fle-343
94SP-129
94SPDie-D129
94StaClu-348
94StaCluFDI-348
94StaCluMO-348
94StaCluSTNF-348
94Ult-309
94UppDec-92
94UppDec-344
95Fle-137
95Hoo-122
95PanSti-49
95Ult-133
95UltFabF-2
95UltFabFGM-2
95UltGolM-133
Burtt, Steve
84Sta-152
91ProCBA-54
Busby, Steve
91SouCal*-39
Busch, Frank
90AriColC*-58
Buse, Don
73Top-222
75Top-299
77SunHunDD-4
77Top-94
78Top-35
79Top-114
80Top-69
80Top-157
83Sta-217
84Sta-271
86KinSmo-1
92Sun25t-13
Busey, Bill
89KenColC*-58
Bush, George
90CleColC*-140
Bush, Grant
85Bra-H7
Bush, Pete
87LSU*-15
88LSU*-11
Busone, Frank
85Bra-H3
85Bra-H4
Buss, Jerry
85StaLakC-1
Bussell, Lawrence
92MurSta-4
Butler, Bobby
90FloStaCC*-75
Butler, David
88UNL-5
89UNL7-6
89UNLHOF-8
90StaPic-64
91WilCar-14
Butler, George
93Geo-10

94Geo-8
Butler, Greg
88KniFriL-1
89KniMarM-1
90ProCBA-202
91ProCBA-3
Butler, Jack
83Day-1
91WriSta-18
93WriSta-15
94WriSta-17
Butler, James
91OklStaCC*-73
Butler, Jerry
90CleColC*-58
90CleColC*-141
90CleColC*-160
Butler, Kelvin
91UCLColC-41
Butler, Leroy
90FloStaCC*-95
Butler, Lois
48TopMagP*-J20
Butler, Mitchell
90UCL-5
91UCL-14
93Cla-85
93ClaF-60
93ClaG-85
93Fle-392
93FouSp-74
93FouSpG-74
93Ult-352
94ColCho-332
94ColChoGS-332
94ColChoSS-332
94Fla-317
94Fle-380
94Hoo-217
94HooShe-16
94HooShe-17
94HooShe-18
94JamSes-191
94Top-21
94TopSpe-21
94Ult-190
95ColCho-65
95ColChoIE-332
95ColChoJI-332
95ColChoISI-113
95ColChoPC-65
95ColChoPCP-65
95FleEur-230
95PanSti-55
95StaClu-59
95StaCluMOI-59
96ColCholI-162
96ColCholJ-65
Butler, Robert
91DavLip-25
92DavLip-25
Butsayev, Vyacheslav
93ClaMcDF-12
Butt, Bryan
94IHSBoyAST-100
Butters, Ken
89LouColC*-77
Buttery, Susan
92FloSta*-24
Button, Richard
48ExhSpoC-5A
48ExhSpoC-5B
77SpoSer1*-1624
83TopHisGO-55
83TopOlyH-5
91ImpHaloF-12
Buurma, Mike
73NorCarSPC-H4
Buxton, John
91Neb*-9
Buysee, Mary
84Neb*-11
Byington, John
91TexA&MCC*-60
Byrd, Leo
84MarPlaC-D12
84MarPlaC-S12
Byrd, Leroy
84KenSch-6
88KenColC-128
88KenColC-191
88KenColC-208
88KenColC-269
Byrd, Richard E.

48TopMagP*-P2
Byrd, Sean
88Jac-4
89Jac-3
Byrd, Tyrone
92Neb*-6
Byrdsong, Ricky
83Ari-2
83Ari-18
84Ari-3
Byrne, Jay
82Fai-1
Byrnes, Tommy
48Bow-64
Byrum, Tom
88NewMexSA*-2
Cable, Barney
61HawEssM-1
85Bra-S3
Cabral, Jason
91Haw-3
Cadden, Corey
91NorDak*-20
Cade, Jon
89LouColC*-126
Cadigan, Dave
91SouCal*-34
Cafferky, Joe
89NorCarSCC-55
89NorCarSCC-56
Caffey, Jason
95BulJew-1
95ClaBKR-18
95ClaBKRAu-18
95ClaBKRIE-IE18
95ClaBKRPP-18
95ClaBKRSS-18
95ClaBKV-18
95ClaBKVE-18
95Col-4
95Col-36
95Col-94
95ColCho-315
95ColChoPC-315
95ColChoPCP-315
95Fin-130
95FinVet-RV20
95FivSp-18
95FivSpD-18
95Fla-202
95Fle-286
95FleClaE-22
95Hoo-255
95PacPreGP-7
95PrePas-18
95Sky-222
95SRAut-20
95SRDraD-43
95SRDraDSig-43
95SRFam&F-8
95SRSigPri-8
95SRTet-29
95StaClu-337
95Top-246
95TopDraR-20
95Ult-268
95UppDec-300
95UppDecEC-300
95UppDecECG-300
96ColCho-220
96ColCholI-18
96ColCholJ-315
96ColChoM-M111
96ColChoMG-M111
96PacGolCD-DC1
96PacPreGP-7
96PacPri-7
96Sky-141
96SkyRub-141
96SPx-7
96SPxGol-7
96Ult-161
96UltGolE-G161
96UltPlaE-P161
96UppDec-194
96Vis-20
96VisSig-16
96VisSigAuG-16
96VisSigAuS-16
Cage, Michael
84Sta-15
85Sta-89
87Fle-15
88Fle-62

89Fle-145
89Hoo-245
89PanSpaS-249
89PanSpaS-289
90Fle-176
90Hoo-275
90Hoo100S-92
90HooActP-147
90HooTeaNS-24A
90HooTeaNS-24B
90HooTeaNS-24C
90HooTeaNS-24D
90PanSti-22
90Sky-264
90SupKay-4
90SupSmo-2
91Fle-358
91Hoo-198
91Hoo100S-91
91HooTeaNS-25
91PanSti-40
91Sky-267
91UppDec-127
92Fle-210
92FleTonP-11
92Hoo-214
92Sky-229
92StaClu-17
92StaCluMO-17
92Top-79
92TopArc-46
92TopArcG-46G
92TopGol-79G
92Ult-170
92UppDec-300
93Fle-197
93Hoo-205
93HooFifAG-205
93JamSes-211
93StaClu-85
93StaCluFDI-85
93StaCluMO-85
93StaCluSTDW-S85
93StaCluSTNF-85
93SupTacT-9
93Top-120
93TopGol-120G
93Ult-175
93UppDec-332
94ColCho-347
94ColChoGS-347
94ColChoSS-347
94Fin-217
94FinRef-217
94Fla-197
94Fle-211
94Fle-264
94Hoo-315
94JamSes-33
94PanSti-38
94Sky-219
94StaClu-349
94StaCluFDI-349
94StaCluMO-349
94StaCluSTNF-349
94Top-337
94TopSpe-337
94Ult-222
94UppDec-334
95ColCho-75
95ColCholE-347
95ColCholJI-347
95ColCholSI-128
95ColChoPC-75
95ColChoPCP-75
95Fin-160
95FinRef-160
95PanSti-92
95ProMag-23
95SP-25
95StaClu-235
95Top-101
95Ult-30
95UltGolM-30
95UppDecSE-13
95UppDecSEG-13
96ColCho-33
96ColCholl-27
96ColCholJ-75
96Hoo-230
96HooStaF-20
96SkyZ-F-123
96Top-91
96TopChr-91

96TopChrR-91
96TopNBAa5-91
96UppDec-272
Caicedo, Robert
92FloSta*-11
Caikins, Bob (Ace)
91UCLColC-141
Cain, George
89LouColC*-163
Cala, Craig
88LSU*-13
Calabria, Dante
96ScoBoaBasRoo-46
Calabro, Kevin
90HooAnn-11
Calcagni, Ron
91ArkColC*-63
Caldwell, Adrian
90Sky-106
91Sky-100
91UppDec-310
91WilCar-82
94Top-391
94TopSpe-391
96Top-156
96TopChr-156
96TopChrR-156
96TopNBAa5-156
Caldwell, Alan
90NorCarCC*-66
Caldwell, Jim
91GeoTecCC*-167
Caldwell, Joe
69Top-41
70Top-37
70TopPosI-2
71Top-155
71TopTri-10A
72Top-206
73Top-255
74Top-204
74Top-221
90AriStaCC*-154
91ImpHaloF-52
Caldwell, Nikki
90TenWom-2
92TenWom-2
93TenWom-1
Caldwell, Tim
94IHSBoyAST-138
Calhoun, Corky
72SunHol-1
73LinPor-99
73Top-166
74Top-107
76Top-12
77TraBlaP-10
Calhoun, Doug
92Lou-4
93Lou-1
93Lou-16
93Lou-10
Calhoun, Jeff
91Con-3
92Con-2
93Con-2
Calhoun, Jim
90Con-2
90StaPic-40
91ConLeg-2
92Con-3
93Con-3
94Con-2
95Con-2
Calhoun, Kim
96PenSta*-6
Calhoun, Paul
89KenColC*-133
Calhoun, Rory
48TopMagP*-J12
Calip, Demetrius
88Mic-1
89Mic-9
91FroR-60
91FroRowP-38
91FroRU-84
91WilCar-103
Calipari, John
96Hoo-265
Call, Nathan
87BYU-4
87BYU-22
Calland, Lee
89LouColC*-153

Callandrillo, Dan
82TCMCBA-35
Calloway, Rick
89Kan-44
Calverley, Ernie
48Bow-1
Calvert, Gerry
55AshOil-28
88KenColC-68
Calvin, Mack
71FloMcD-2
71Top-151
71Top-160
71TopTri-4A
72Top-179
72Top-262
73Top-230
74Top-210
74Top-221
74Top-245
75Top-224
75Top-226
75Top-227
75Top-278
76Top-62
77Top-96
87BucPol-NNO
88BucGreB-16
Calza, George
48TopMagP*-D16
Cambridge, Dexter
92Cla-38
92ClaGol-38
92FleTeaNS-4
92FouSp-33
92FouSpGol-33
92FroR-14
92StaPic-48
92Ult-245
Camby, Marcus
96AllSpoPPaF-8
96AllSpoPPaF-186
96AllSpoPPaFR-R6
96BowBesPB-BP2
96BowBesPR-BP2
96BowBesPAR-BP2
96BowBesRo-R4
96BowBesRoAR-R4
96BowBesRoR-R4
96BowBesThAR-TB19
96BowBesTh-TB19
96BowBesTR-TB19
96ColCho-339
96ColChoCtGS2-C26A
96ColChoCtGS2-C26B
96ColChoCtGS2R-R26
96ColChoCtGS2RG-R26
96ColChoCtGSG2-C26A
96ColChoCtGSG2-C26B
96ColChoDT-DR2
96ColChoM-M146
96ColChoMG-M146
96ColEdgRR-7
96ColEdgRRD-7
96ColEdgRRG-7
96ColEdgRRKK-4
96ColEdgRRKKG-4
96ColEdgRRKKH-4
96ColEdgRRRR-4
96ColEdgRRRRG-4
96ColEdgRRRRH-4
96ColEdgRRTW-4
96ColEdgRRTWG-4
96ColEdgRRTWH-4
96Fin-82
96Fin-258
96Fin-282
96FinRef-82
96FinRef-258
96FinRef-282
96FlaSho-A49
96FlaSho-B49
96FlaShoCo'-5
96FlaShoLC-49
96FlaShoLC-B49
96FlaShoLC-C49
96Fle-254
96FleLuc1-2
96FleRooS-4
96FleS-34
96FleTowoP-2
96Hoo-232
96HooGraA-4

96HooRoo-4
96HooStaF-26
96Met-215
96Met-234
96MetFreF-FF4
96MetMoIM-15
96MetPreM-215
96MetPreM-234
96PacPow-7
96PacPowGCDC-GC4
96PacPowITP-IP4
96PacPowJBHC-JB4
96PrePas-2
96PrePasA-2
96PrePasAu-3
96PrePasJC-J2
96PrePasL-2
96PrePasNB-2
96PrePasP-4
96PrePasS-2
96ScoBoaAB-2
96ScoBoaAB-2A
96ScoBoaAB-2B
96ScoBoaAB-2C
96ScoBoaAB-PP2
96ScoBoaAC-10
96ScoBoaACA-7
96ScoBoaACGB-GB10
96ScoBoaBasRoo-2
96ScoBoaBasRoo-80
96ScoBoaBasRoo-82
96ScoBoaBasRooCJ-CJ3
96ScoBoaBasRooD-DC2
96Sky-113
96Sky-204
96SkyAut-12
96SkyAutB-12
96SkyE-X-70
96SkyE-XC-70
96SkyE-XSD2-12
96SkyEmAuEx-E2
96SkyInt-3
96SkyLarTL-B2
96SkyNewE-4
96SkyRooP-R4
96SkyRub-113
96SkyRub-204
96SkyZ-F-143
96SkyZ-FZ-4
96SkyZ-FZZ-4
96SP-144
96SPPreCH-PC36
96SPSPxFor-F4
96StaCluR1-R2
96StaCluR2-R17
96StaCluRS-RS1
96Top-161
96TopChr-161
96TopChrR-161
96TopChrY-YQ7
96TopDraR-2
96TopNBAa5-161
96TopYou-U7
96Ult-107
96Ult-267
96UltAll-4
96UltFreF-4
96UltGolF-G107
96UltGolE-G267
96UltPlaE-P107
96UltPlaE-P267
96UppDec-118
96UppDec-356
96UppDecPS2-P17
96UppDecPTVCR2-TV17
96UppDecRE-R5
96UppDecU-11
96UppDecUTWE-W18
96VisSigBRR-VBR2
Cameron, Jason
 96AusFutN-84
Cameron, Rod
 48TopMagP*-J29
Camp, Frank
 89LouColC*-139
Campanella, Roy
 52Whe*-5A
 52Whe*-5B
Campanelli, Lou
 89Cal-4
Campbell, Bruce
 91Pro-20
Campbell, Elden
 88Cle-3

89Cle-4
90CleColC*-17
90FleUpd-U43
90StaPic-35
91SMaj-1
91Fle-300
91Hoo-382
91HooTeaNS-13
91Sky-133
91UppDec-126
91UppDecM-M1
91UppDecRS-R15
92Fle-106
92FleTeaNS-6
92Hoo-107
92PanSti-37
92Sky-113
92StaClu-7
92StaCluMO-7
92Top-150
92TopGol-150G
92Ult-89
92UppDec-152
92UppDecM-LA1
93Fin-75
93FinRef-75
93Fle-98
93Hoo-104
93HooFifAG-104
93JamSes-103
93JamSesTNS-5
93PanSti-24
93Sky-240
93StaClu-35
93StaCluFDI-35
93StaCluMO-35
93StaCluSTNF-35
93Top-146
93TopGol-146G
93Ult-273
93UppDec-123
93UppDecE-187
93UppDecS-173
93UppDecSEC-173
93UppDecSEG-173
94ColCho-241
94ColChoGS-241
94ColChoSS-241
94Fin-153
94Fin-193
94FinRef-153
94FinRef-193
94Fla-71
94Fle-106
94Hoo-98
94JamSes-89
94PanSti-157
94Sky-78
94SP-95
94SPDie-D95
94StaClu-4
94StaCluFDI-4
94StaCluMO-4
94StaCluSTNF-4
94Top-379
94Top-380
94TopSpe-379
94TopSpe-380
94Ult-84
94UppDec-70
94UppDecC-114
94UppDecE-267
94UppDecSE-44
94UppDecSEG-44
95ColCho-93
95ColCholE-241
95ColCholJI-221
95ColCholSI-22
95ColChoPC-93
95ColChoPCP-93
95Fin-19
95FinRef-19
95Fla-64
95Fle-86
95FleEur-110
95Hoo-77
95Met-51
95MetSilS-51
95PanSti-227
95Sky-58
95SP-64
95StaClu-289
95Top-62
95Ult-86
95UltGolM-86

95UppDec-126
95UppDecEC-126
95UppDecECG-126
96BowBes-17
96BowBesAR-17
96BowBesR-17
96ColCho-268
96ColCholI-75
96ColCholJ-93
96ColChoM-M149
96ColChoMG-M149
96Fin-189
96FinRef-189
96Fle-52
96Hoo-76
96HooStaF-13
96Met-47
96SkyInt-4
96SP-51
96StaClu-47
96StaCluM-47
96Top-7
96TopChr-7
96TopChrR-7
96TopNBAa5-7
96TopSupT-ST13
96Ult-201
96UltGolE-G201
96UltPlaE-P201
96UppDec-60
97SchUltNP-5
Campbell, Elwayne
 91WilCar-85
Campbell, Fred
 85ForHayS-6
Campbell, Kayla
 90KenWomS-1
 93KenSch-3
Campbell, Kenton
 88KenColC-59
Campbell, Lee
 90ProCBA-185
Campbell, Mark
 91DavLip-9
 92DavLip-9
Campbell, Milt
 91ImpDecG-2
Campbell, Patrick
 89KenColC*-94
Campbell, Sarah
 95WomBasA-3
Campbell, Tony
 89Hoo-19
 89TimBurK-19
 90Fle-112
 90HooActP-99
 90HooTeaNS-16
 90PanSti-73
 90Sky-168
 91Fle-121
 91Fle-387
 91FleTonP-97
 91Hoo-124
 91Hoo-518
 91Hoo100S-58
 91HooTeaNS-16
 91PanSti-67
 91Sky-168
 91Sky-474
 91Sky-504
 91SkyCanM-30
 91UppDec-326
 92Fle-132
 92Fle-394
 92FleTeaL-16
 92Hoo-136
 92Hoo4-434
 92Hoo100S-57
 92PanSti-82
 92Sky-143
 92Sky-374
 92SkyNes-5
 92StaClu-233
 92StaCluMO-233
 92Top-391
 92TopArc-47
 92TopArcG-47G
 92TopGol-391G
 92Ult-320
 92UppDec-182
 92UppDec-392
 92Fle-139
 93Hoo-378

93HooFifAG-378
93JamSes-147
93Sky-256
93StaClu-58
93StaCluFDI-58
93StaCluMO-58
93StaCluSTNF-58
93UppDec-136
94ColCho-19
94ColChoGS-19
94ColChoSS-19
94Fla-198
94Fle-265
94PanSti-117
94Ult-223
95ColCholE-19
95ColCholJI-19
95ColCholSI-19
Campion, Paul
 90NorCarS-15
Canada, Donyale
 94TexAaM-13
Candrea, Mike
 90AriColC*-95
Cann, Howard G.
 68HalofFB-7
Cannavino, Andy
 91Mic*-8
Cannon, Billy Jr.
 91TexA&MCC*-7
Cannon, Billy Sr.
 90LSUColC*-7
 90LSUColCP*-1
Cannon, Larry
 71Top-196
 71TopTri-16A
Cannon, Maurice
 91MurSta-4
 92MurSta-5
Cannon, Terry
 90SanJosS-2
Cantarello, Davide
 92UppDecE-116
Cantor, Mort
 85Bra-H4
 85Bra-H7
Cantrelle, Arthur
 90LSUColC*-131
Capece, Bill
 90FloStaCC*-91
Capellen, Dave
 90FloStaCC*-48
Capers, Chris
 89Jac-4
Caples, Kendall
 94IllISDoyAST-105
Capone, Warren
 90LSUColC*-195
Cappleman, Bill
 90FloStaCC*-125
Caray, Harry
 90HooAnn-12
Caray, Skip
 89HooAnn-3
 90HooAnn-13
Card, Frank
 73JetAllC-3
Cardinal, Brian
 94IHSBoyAST-184
Cardwell, Joe
 91LouCC*-49
Carey, Bob (Robert W.)
 90MicStaCC2*-58
Carey, Burgess
 88KenColC-56
Carl, Adam
 90Bra-8
Carl, Howie
 86DePPlaC-C4
Carlander, Wayne
 91SouCal*-42
Carlesimo, P.J.
 91Hoo-587
 91Sky-541
 92SkyUSA-91
 92SkyUSA-92
 94Hoo-386
 94HooShe-13
 94TraBlaF-2
 95Hoo-190
 95TraBlaF-7
 96Hoo-270
Carling, Will
 93FaxPaxWoS*-37

Carlino, Mark
 87AriSta*-4
Carlisle, Ralph
 88KenColC-29
Carlisle, Rick
 84Sta-4
 84StaAre-A3
Carlos de Oliveira, Joao
 76PanSti-138
Carlsen, Lisa
 95WomBasA-4
Carlson, Don (Swede)
 48Bow-37
Carlson, H. Clifford
 68HalofFB-8
Carlson, Marc
 94IHSBoyAST-131
Carlton, Steve
 81TopThiB*-9
 83NikPosC*-18
Carlyle, David
 88WakFor-3
Carmichael, Brent
 89ProCBA-91
 94IHSHisRH-64
Carmichael, Cartwright
 89NorCarCC-118
Carner, JoAnne
 90AriStaCC*-109
Carnera, Primo
 33SpoKinR*-43
 48TopMagP*-A12
 48TopMagP*-D19
Carnesecca, Lou
 92CenCou-25
 92ChaHOFI-3
 93ActPacHoF-14
 95ActPacHoF-3
Carnevale, Bernard
 68HalofFB-47
Carney, Bob
 85Bra-S1
 94Bra-1
Carollo, Phil
 90FloStaCC*-12
Caron, Stacy
 87Mai*-12
Carpenter, Eric
 94JamMad-2
Carpenter, Leonard
 55AshOil-50
Carpenter, Ray
 91SouCarCC*-119
Carr, Antoine
 80WicSta-1
 84Sta-78
 86HawPizH-7
 87HawPizH-7
 88Fle-1
 89Hoo-278
 90Fle-163
 90Hoo-255
 90KinSaf-2
 90PanSti-38
 90Sky-244A
 90Sky-244B
 91Fle-174
 01Flo-363
 91Hoo-180
 91Hoo-433
 91Hoo100S-84
 91HooTeaNS-24
 91PanSti-34
 91Sky-244
 91Sky-648
 91UppDec-313
 91UppDec-404
 92Fle-202
 92FleTonP-12
 92Hoo-205
 92Hoo100S-86
 92PanSti-92
 92Sky-219
 92StaClu-23
 92StaCluMO-23
 92Top-149
 92TopArcG-48G
 92TopGol-149G
 92Ult-163
 92UppDec-106
 92UppDecM-P36
 93Fle-188
 93Hoo-196

93HooFifAG-196
93JamSes-202
93PanSti-105
93Sky-162
93StaClu-118
93StaCluFDI-118
93StaCluMO-118
93StaCluSTNF-118
93Top-80
93TopGol-80G
93Ult-168
93UppDec-96
93UppDecE-238
94ColChoGS-135
94ColChoSS-135
94Fin-173
94FinRef-173
94Fla-312
94Fle-202
94Fle-376
94Hoo-376
94Ult-339
94UppDecE-59
95ColCho-91
95ColCholE-135
95ColCholJI-135
95ColChoISI-135
95ColChoPC-91
95ColChoPCP-91
95Fla-136
95Fle-184
95StaClu-143
95StaCluMOl-143
95Ult-183
95UltGolM-183
95UppDec-54
95UppDecEC-54
95UppDecECG-54
96ColCho-154
96ColCholl-155
96ColCholJ-91
96ColChoM-M115
96ColChoMG-M115
96Hoo-157
96Sky-117
96SkyRub-117
96UppDec-123
96UppDec-162
Carr, Austin
72Com-7
72IceBea-3
72Top-90
73LinPor-44
73NBAPlaA-5
73Top-115
74Top-60
74Top-85
75Top-105
76Top-53
77SpoSer6*-6320
77Top-32
78Top-9
79Top-76
80Top-14
80Top-102
90NotDam-5
92CouFla-8
Carr, Brian
85Neb*-26
Carr, Charlie
90NorCarCC*-138
Carr, Chris
95ClaBKV-51
95ClaBKVE-51
95SRFam&F-9
95SRSigPri-9
95SRSigPriS-9
96StaClu-100
Carr, Henry
90AriStaCC*-145
Carr, Kenny
80Top-47
80Top-116
81Top-47
81Top-MW72
82TraBlaP-34
83Sta-98
83TraBlaP-34
84Sta-163
84TraBlaF-3
84TraBlaMZ-1
84TraBlaP-11
85Sta-105

85TraBlaF-3
86TraBlaF-3
89NorCarSCC-58
89NorCarSCC-59
89NorCarSCC-60
Carr, M.L.
77Top-47
78Top-82
79Top-107
80Top-69
80Top-135
81Top-E72
83Sta-29
84Sta-5
84StaCelC-13
84StaCelC-22
95Hoo-334
96Hoo-250
Carr, Vernon
90MicStaCC2*-108
Carrasco, Rafael
92Hou-7
Carrega, Michel
76PanSti-286
Carreker, Alphonso
90FloStaCC*-63
Carrell, Duane
90FloStaCC*-190
Carrier, Chris
90LSUColC*-16
Carrier, Darrell
71ColMarO-1
71Top-149
71Top-177
72Top-207
Carrington, Dave
91ProCBA-84
Carroll, Chris
93AusFutN-82
94AusFutN-72
Carroll, Joe Barry
81Top-W71
83Sta-252
85Sta-132
86Fle-14
87Fle-16
88Fle-50
89Fle-95
89Hoo-198
89PanSpaS-30
90Hoo-92
90PanSti-66
90Sky-72
91Sky-221
91UppDec-373
Carroll, Peter
94IHSBoyAST-125
Carroway, Rod
91SouCarCC*-161
91SouCarCC*-167
Carson, Bud
91GeoTecCC*-98
Carson, Carlos
90LSUColC*-186
Carson, Dion
95Con-3
Carter, Anthony
91Mic*-9
Carter, Butch
83Sta-158
84KniGetP-4
84Sta-28
87IndGreI-31
Carter, Carlos
92TenTec-3
93TenTec-4
94TenTec-2
Carter, Deanna
88MarWom-12
Carter, Dexter
90FloStaCC*-82
Carter, Fred
70Top-129
71Top-14
72Top-29
73NBAPlaA-4
73Top-111
74Top-75
74Top-94
7576eMcDS-1
75Top-38
75Top-129
76BucPlaC-C13
76BucPlaC-D2

76BucPlaC-H2
76BucPlaC-S13
76Top-111
8976eKod-15
93Hoo-249
93HooFifAG-249
Carter, Garret
91SouCarCC*-113
Carter, Gary
82TCMCBA-62
Carter, George
71ConPitA-2
71Top-205
71TopTri-19A
72Top-197
73Top-191
74Top-178
74Top-230
75Top-230
75Top-281
Carter, Howard
83NugPol-32
83Sta-183
90LSUColC*-40
90LSUColC*-196
Carter, James
90ProCBA-109
Carter, Jeff
84Neb*-22
Carter, Jim
90AriStaCC*-129
Carter, John
93Iow-2
94Iow-3
Carter, Kendall
90AriStaCC*-57
Carter, Larry
89LouColC*-75
Carter, Pat
90FloStaCC*-9
Carter, Paul
91JamMad-2
92JamMad-1
Carter, Perry
91FouSp-211
91StaPic-55
91WilCar-44
Carter, Randy
91Min-1
92Min-2
93Min-2
Carter, Skip
94WriSta-18
Cartier, Warren
89NorCarSCC-63
Cartmill, Kyle
94IHSBoyAST-353
Carton, Adam
92PenSta*-8
Cartwright, Bill
80Top-42
80Top-53
80Top-60
80Top-68
80Top-94
80Top-148
80Top-158
80Top-166
81Top-26
81Top-58
81Top-E102
83Sta-62
84Sta-29
85Sta-167
87Fle-17
88BulEnt-24
89BulDaiC-1
89BulEqu-2
89Fle-19
89Hoo-255
89PanSpaS-80
90BulEqu-4
90Fle-23A
90Fle-23B
90Hoo-61
90Hoo100S-15
90HooActP-42
90HooTeaNS-4
90Sky-38
91SMaj-31
91Fle-22
91FleTonP-76
91FleWheS-4
91Hoo-27

91HooMcD-64
91HooTeaNS-4A
91HooTeaNS-4B
91PanSti-114
91Sky-35
91UppDec-189
92Fle-29
92FleTeaNS-3
92Hoo-28
92PanSti-129
92Sky-29
92StaClu-174
92StaCluMO-174
92Top-165
92TopGol-165G
92UppDec-93
92UppDecM-CH2
92UppDecS-8
93Fin-170
93FinRef-170
93Fle-26
93Hoo-26
93HooFifAG-26
93HooShe-1
93JamSes-29
93PanSti-150
93Sky-43
93StaCluFDI-16
93StaCluMO-16
93StaCluSTNF-16
93Top-45
93TopGol-45G
93Ult-28
93UppDec-155
93UppDecE-116
93UppDecS-62
93UppDecS-3
93UppDecSEC-62
93UppDecSEG-62
94ColCho-242
94ColChoGS-242
94ColChoSS-242
94Fin-262
94FinRef-262
94Fle-372
94Hoo-25
94Hoo-373
94HooShe-14
94JamSes-177
94Sky-286
94StaClu-222
94StaCluFDI-222
94StaCluMO-222
94StaCluSTNF-222
94Top-313
94TopSpe-313
94Ult-336
94UppDec-317
94UppDecE-135
94UppDecSE-11
94UppDecSEG-11
95ColChoIE-242
95ColCholJI-242
95ColChoISI-23
95FleEur-214
95StaClu-52
95StaCluMOl-52
Carty, John
89Cal-5
Caruthers, Jim
85Bra-S5
Carver, A.C.
91ProCBA-178
Carver, Tamara
90TenWom-3
Casanova, Tommy
90LSUColC*-121
Casazez, Lucy
90AriStaCC*-125
Case, Everett
73NorCarSPC-D1
73NorCarSPC-S4
89NorCarSCC-186
89NorCarSCC-187
89NorCarSCC-188
89NorCarSCC-198
Case, Mike
92Lou-10
92Lou-19
92Lou-25
92LouSch-2
Casem, Marino

87Sou*-1
Casey, Don
89Hoo-107
89PanSpaS-194
Casey, Dwane
76KenSch-1
77Ken-13
77KenSch-2
78Ken-10
78KenSch-3
88KenColC-110
88KenColC-201
88KenColC-259
Casey, Kevin
94IHSBoyA3S-43
Casey, Mike
88KenColC-92
88KenColC-217
Casey, Willis
73NorCarSPC-C1
Cash, Marion
88Cle-4
89Cle-5
Cashion, Jim
91TexA&MCC*-77
Caskey, Mike
91SouCarCC*-57
Caslavska, Vera
76PanSti-88
Casler, Jeff
90MicStaCC2-8
Cass, Justin
92AusStoN-31
93AusFutN-49
94AusFutN-32
95AusFutN-20
96AusFutN-24
Cassady, Billy Ray
89KenColC*-59
Cassell, Danny
94IHSBoyAST-214
Cassell, Sam
92FloSta*-40
93Cla-20
93ClaChDS-DS23
93ClaF-37
93ClaG-20
93Fin-169
93FinRef-169
93Fle-293
93FouSp-19
93FouSpG-19
93Hoo-342
93HooFifAG-342
93JamSes-78
93Sky-228
93Sky-301
93SkyDraP-DP24
93SkySch-10
93StaClu-314
93StaCluFDI-314
93StaCluMO-314
93StaCluSTDW-R314
93StaCluSTMP-R2
93StaCluSTNF-314
93Top-301
93TopGol-301G
93Ult-72
93Ult-254
93UppDec-161
93UppDec-322
93UppDecRS-RS18
93UppDecS-104
93UppDecS-196
93UppDecSEC-104
93UppDecSEC-196
93UppDecSEG-104
93UppDecSEG-196
94ColCho-87
94ColChoGS-87
94ColChoSS-87
94Emb-35
94EmbGoll-35
94Emo-35
94Fin-54
94Fin-67
94Fin-209
94FinRef-54
94FinRef-67
94FinRef-209
94Fla-54
94FlaHotN-2
94FlaPla-3
94Fle-80

94FleRooS-4
94Hoo-73
94Hoo-268
94Hoo-436
94HooSupC-SC18
94Ima-79
94JamSes-68
94PanSti-141
94Sky-58
94Sky-181
94Sky-195
94SkyRagR-RR10
94SkyRagRP-RR10
94SP-80
94SPCha-64
94SPChaDC-64
94SPDie-D80
94StaClu-329
94StaClu-352
94StaCluFDI-329
94StaCluFDI-352
94StaCluMO-329
94StaCluMO-352
94StaCluSTMP-R5
94StaCluSTNF-329
94StaCluSTNF-352
94Top-63
94TopSpe-63
94TopSupS-4
94Ult-65
94UltIns-1
94UppDec-277
94UppDecE-53
94UppDecSE-31
94UppDecSEG-31
95ColCho-142
95ColCho-375
95ColCholE-87
95ColCholJI-87
95ColCholSI-87
95ColChoPC-142
95ColChoPC-375
95ColChoPCP-142
95ColChoPCP-375
95Fin-90
95FinRef-90
95Fla-48
95Fla-166
95Fle-65
95Fle-220
95FleEur-84
95Hoo-59
95HooSla-SL18
95JamSes-38
95JamSesDC-D38
95JamSesP-6
95Met-37
95Met-151
95MetSilS-37
95PanSti-164
95ProMag-48
95Sky-44
95Sky-138
95SkyE-X-29
95SkyE-XB-29
95SkyE-XU-9
95SP*-49
95SPCha-38
95StaClu-180
95StaClu-181
95StaCluMOI-180
95Top-121
95TopGal-35
95TopGalPPI-35
95Ult-65
95Ult-216
95UltGolM-65
95UppDec-123
95UppDecEC-123
95UppDecECG-123
95UppDecSEG-119
95UppDecSEG-123
96ColCho-304
96ColCholI-59
96ColCholI-165
96ColCholJ-142
96ColCholJ-375
96ColChoM-M30
96ColChoMG-M30
96Fle-39
96Fle-236
96FleAusS-26
96Hoo-59
96Hoo-232

96HooSil-59
96HooStaF-21
96Met-35
96Met-162
96MetPreM-162
96Sky-145
96Sky-240
96SkyRub-178
96SkyRub-240
96SkyZ-F-32
96SkyZ-F-125
96SkyZ-FZ-32
96SP-24
96StaClu-69
96StaClu-133
96StaCluM-69
96Top-82
96TopChr-82
96TopChrR-82
96TopNBAa5-82
96Ult-167
96UltGolE-G167
96UltPlaE-P167
96UppDec-43
96UppDec-205
97SchUltNP-6
Cassidy, Steve
90LSUColC*-82
Casteel, Kelli
90TenWom-4
Castelli, Bob
94IHSBoyA3S-38
Caston, Toby
90LSUColC*-49
Catalano, Dominic
94IHSBoyA3S-22
Catallini, Martin
96AusFutNFF-FFC5
Catchings, Harvey
7576eMcDS-2
77Top-81
79BucPol-42
83Sta-42
84Sta-16
94UppDec-354
Catey, Schaun
94IHSBoyAST-199
Catledge, Terry
87Fle-18
89Fle-108
89Hoo-239
89Hoo-308
89MagPep-3
89PanSpaS-58
90Fle-133
90Hoo 216
90HooActP-115
90HooTeaNS-19
90PanSti-126
90Sky-201
91Fle-144
91Hoo-149
91Hoo100S-69
91HooTeaNS-19
91PanSti-71
91Sky-202
91UppDec-205
92Fle-160
92FleTeaNS-9
92Hoo 1C1
92Hoo100S-69
92PanSti-154
92Sky-170
92StaClu-89
92StaCluMO-89
92Top-70
92TopArc-62
92TopArcG-62G
92TopGol-70G
92Ult-130
92UppDec-196
92UppDecM-OR3
93Top-18
93TopGol-18G
Catlett, Gale
78WesVirS-1
Cattage, Bobby
82TCMCBA-22
86NetLif-3
Cattalini, Martin
94AusFutN-167
95AusFutN-56
Causwell, Duane

90FleUpd-U83
90KinSaf-3
90StaPic-47
91Fle-175
91Hoo-182
91HooTeaNS-23
91PanSti-38
91Sky-245
91UppDec-358
91UppDecRS-R11
92Fle-195
92FleTonP-13
92Hoo-197
92PanSti-55
92Sky-210
92StaClu-262
92StaCluMO-262
92Top-323
92TopGol-323G
92Ult-157
92Ult-212
92Ult-JS212
92Ult-NNO
92UppDec-207
93Fle-182
93Hoo-188
93HooFifAG-188
93HooGolMB-9
93JamSes-194
93PanSti-51
93Sky-273
93StaClu-147
93StaCluFDI-147
93StaCluMO-147
93StaCluSTNF-147
93Top-136
93TopGol-136G
93Ult-160
93UppDec-71
94ColCho-231
94ColChoGS-231
94ColChoSS-231
94Fin-88
94FinRef-88
94Fla-299
94Fle-192
94Hoo-183
94SP-145
94SPDie-D145
94Top-341
94TopSpe-341
94Ult-164
94UppDec-310
94UppDecE-147
95ColCho-224
95ColCholE-231
95ColCholJI-231
95ColCholSI-12
95ColChoPC-224
95ColChoPCP-224
95StaClu-204
95UppDec-104
95UppDecEC-104
95UppDecECG-104
96ColCho-320
96ColCholI-85
96ColCholJ-224
Cavalioro, Clovolond
73TopTeaS-19
74FleTeaP-6
74FleTeaP-25
75Top-207
75TopTeaC-207
77FleTeaS-5
80TopTeaP-4
89PanSpaS-83
89PanSpaS-92
90Sky-332
91Hoo-278
91Sky-355
92Hoo-270
92UppDecDPS-4
92UppDecE-135
92UppDecE-160
92PanSti-161
93StaCluBT-5
93StaCluST-5
93UppDec-214
93UppDecDPS-5
94Hoo-395
94ImpPin-5
94StaCluMO-ST5
94StaCluST-5
94UppDecFMT-5

95FleEur-242
95PanSti-96
96TopSupT-ST5
Cavanaugh, Jim
88Jac-5
Cavanaugh, Pat
89Pit-2
Cavarretta, Phil
48KelPep*-1
Cavell, Bob
89OreSta-5
90OreSta-6
Cavenall, Ron
90ProCBA-170
Caveness, Ronnie
91ArkColC*-53
Caviezel, Tim
91Was-2
91Was-2
Cavinder, Tim
94IHSBoyASD-4
Cazzetta, Vin
82Fai-2
Ceasar, Clarence
93LSU-6
Ceballos, Cedric
90FleUpd-U75
90StaPic-23
915Maj-16
91Fle-339
91Hoo-417
91HooTeaNS-21
91Sky-222
91UppDec-160
91UppDec-476
91UppDec-479
91UppDecRS-R20
92Fle-179
92Fle-275
92FleTonP-78
92Hoo-178
92Sky-188
92Sky-311
92StaClu-280
92StaCluMO-280
92SunTopKS-3
92Top-153
92TopArc-132
92TopArcG-132G
92TopGol-153G
92Ult-142
92UppDec-214
92UppDec-383
92UppDec-448
93Fle-164
93Fle-222
93Hoo-170
93Hoo-285
93HooFifAG-170
93HooFifAG-285
93HooGolMB-10
93HooShe-5
93JamSes-175
93PanSti-34
93Sky-146
93Top-344
93TopGol-344G
93Ult-140
93UppDec-170
93UppDec-348
93UppDecFT-FT5
93UppDecPV-96
93UppDecS-2
94ColCho-123
94ColCho-287
94ColChoGS-123
94ColChoGS-287
94ColChoSS-123
94ColChoSS-287
94Emo-45
94Fla-240
94Fle-176
94Fle-306
94Hoo-167
94Hoo-338
94Hoo-440
94JamSes-90
94PanSti-175
94ProMag-102
94Sky-129
94Sky-243
94SP-91
94SPCha-76

94SPChaDC-76
94SPDie-D91
94SPHol-PC10
94SPHolDC-10
94StaClu-36
94StaCluFDI-36
94StaCluMO-36
94StaCluSTNF-36
94Top-175
94TopSpe-175
94Ult-147
94Ult-271
94UltIns-2
94UppDec-151
94UppDecE-182
94UppDecFMT-21
94UppDecSE-69
94UppDecSE-131
94UppDecSEG-69
94UppDecSEG-131
94UppDecSEJ-13
95ColCho-178
95ColCho-241
95ColCho-357
95ColCholE-123
95ColCholE-287
95ColCholJI-123
95ColCholJI-287
95ColCholSI-123
95ColCholSI-68
95ColChoPC-178
95ColChoPC-357
95ColChoPCP-178
95ColChoPCP-241
95ColChoPCP-357
95Fin-35
95FinDisaS-DS13
95FinRef-35
95Fla-65
95Fle-87
95FleAll-6
95FleEur-111
95FleFlaHL-13
95Hoo-78
95Hoo-381
95HooNumC-22
95JamSes-51
95JamSesDC-D51
95Met-52
95MetMetF-3
95MetSilS-52
95PanSti-228
95ProMag-64
95Sky-59
95Sky-286
95SkyE-X-39
95SkyE-XB-39
95SP-65
95SPCha-50
95StaClu-95
95StaCluBT-BT20
95StaCluMO5-39
95StaCluMOI-95
95Top-35
96TopGal 100
95TopGalPPI-109
95TopPanFG-8
95TopTopF-TF19
95Ult-87
95Ult-304
95UltFabF-3
95UltFabFGM-3
95UltGolM-87
95UppDec-26
95UppDec-326
95UppDec-353
95UppDecAC-AS22
95UppDecEC-26
95UppDecEC-326
95UppDecEC-353
95UppDecECG-26
95UppDecECG-326
95UppDecECG-353
95UppDecSE-127
95UppDecSEG-127
96BowBes-37
96BowBesAR-37
96BowBesR-37
96ColCho-74
96ColChoCtGS1-C13A
96ColChoCtGS1-C13B
96ColChoCtGS1R-R13
96ColChoCtGS1RG-R13

52 • Ceballos, Cedric

96ColChoCtGSG1-C13B
96ColChoCtGSG1-C13B
96ColCholl-178
96ColCholl-53
96ColCholl-147
96ColCholJ-178
96ColCholJ-241
96ColCholJ-357
96ColChoM-M36
96ColChoMG-M36
96Fin-34
96Fin-102
96FinRef-34
96FinRef-102
96FlaSho-A89
96FlaSho-B89
96FlaSho-C89
96FlaShoLC-B89
96FlaShoLC-C89
96Fle-53
96Fle-132
96FleGamB-6
96Hoo-77
96Hoo-193
96HooStaF-13
96Met-48
96Met-202
96MetPreM-202
96Sky-56
96SkyE-X-55
96SkyE-XC-55
96SkyRub-56
96SkyZ-F-43
96SkyZ-FZ-43
96SP-85
96StaClu-27
96StaCluF-F22
96StaCluM-27
96Top-90
96TopChr-90
96TopChrR-90
96TopHolC-HC3
96TopHolCR-HC3
96TopNBAa5-90
96Ult-53
96Ult-231
96UltGolE-G53
96UltGolE-G231
96UltPlaE-P53
96UltPlaE-P231
96UppDec-148
96UppDec-171
96UppDec-237
96UppDecFBC-FB7
Cecil, Chuck
90AriColC*-9
90AriColC*-24
90AriColC*-68
90AriColCP*-1
Celestine, Allan
89OreSta-6
90OreSta-7
Celtics, Boston
73TopTeaS-13
73TopTeaS-14
74FleTeaP-3
74FleTeaP-22
75Top-204
75TopTeaC-204
77FleTeaS-2
80TopTeaP-2
89PanSpaS-3
89PanSpaS-12
90Sky-329
91Hoo-275
91Sky-352
91UppDecSiSS-1
92Hoo-267
92UppDecE-132
93JamSesTNS-1
93PanSti-197
93StaCluBT-2
93StaCluST-2
93UppDec-211
93UppDecDPS-2
93UppDecS-200
93UppDecSEC-200
93UppDecSEG-200
94Hoo-392
94ImpPin-2
94StaCluMO-ST2
94StaCluST-2
94UppDecFMT-2

95FleEur-239
95PanSti-6
96TopSupT-ST2
Cerdan, Marcel
48TopMagP*-A23
Cerny, Kelly
94TexAaM-13
Ceruti, Roberto
76PanSti-183
Cerven, David
94IHSBoyASD-63
Cervi, Al
50BreforH-5
Cesar, Dennis
91GeoColC-91
Chadwick, Dave
89NorCarCC-131
90NorCarCC*-145
Chaffe, Bonni
94TexAaM-17
Chaffee-Kiner, Nancy
57UniOilB*-21
Chai-Hung, Lin
95UppDecCBA-39
Chalmers, Kelvin
89Bay-1
Chamberlain, Bill
73NorCarPC-10H
Chamberlain, Wilt
61Fle-8
61Fle-47
68TopTes-1
69NBAMem-6
69Top-1
69TopRul-11
70Top-50
70Top-173
70TopPosI-17
71MatInsR-3
71Top-70
71Top-140
71Top-142
71TopTri-43
72IceBea-4
72Spa-3
72Spa-4
72Top-1
72Top-159
72Top-168
72Top-173
72Top-175
73Top-64
73Top-80
73Top-155
73Top-157
74Top-250
77SpoSer1*-1310
77SpoSer7*-720
81TCMNBA-44
81TopThiB*-16
81TopThiB*-17
81TopThiB*-18
89SpoIllfKl*-208
915Maj-2
91FooLocSF*-11
91FooLocSF*-29
91UppDecS-7
92UppDecAW-3
92UppDecWCBB-NNO
92UppDecWCH-10
92UppDecWCH-11
92UppDecWCH-12
92UppDecWCH-13
92UppDecWCH-14
92UppDecWCH-15
92UppDecWCH-16
92UppDecWCH-17
92UppDecWCH-18
92UppDecWCH-NNO
93LakFor*-BC2
93UppDec-SP3
96TopFinR-9
96TopFinRR-9
96TopNBAS-9
96TopNBAS-109
96TopNBASF-9
96TopNBASF-59
96TopNBASF-109
96TopNBASFAR-9
96TopNBASFAR-59
96TopNBASFAR-109
96TopNBASFR-9
96TopNBASFR-59

96TopNBASFR-109
96TopNBASI-I1
96TopNBASR-9
Chambers, Bill
73NorCarPC-3D
75NorCarS-1
89NorCarCC-189
89NorCarCC-190
Chambers, Bob
81KenSch-5
82KenSch-4
Chambers, Jeff
91JamMad-3
92JamMad-2
Chambers, Jerry
69SunCarM-1
70Top-62
71Top-13
Chambers, Sean
9088'CalW-18
Chambers, Tom
83Sta-195
83SupPol-3
84Sta-113
84StaCouK5-39
85Sta-66
86Fle-15
86StaBesotB-4
86StaCouK-6
87Fle-19
88Fle-106
88FouNBAE-28
89Fle-119
89FleSti-11
89Hoo-170
89Hoo-197
89HooAllP-1
89PanSpaS-219
89PanSpaS-282
89SpoIllfKl*-217
90Fle-146
90FleAll-8
90Hoo-15
90Hoo-234A
90Hoo-234B
90Hoo100S-77
90HooActP-3
90HooActP-125
90HooAllP-4
90HooCol-2
90HooTeaNS-11
90PanSti-13
90Sky-220
90StaPro-3
90StaTomC-1
90StaTomC-2
90StaTomC-3
90StaTomC-4
90StaTomC-5
90StaTomC-6
90StaTomC-7
90StaTomC-8
90StaTomC-9
90StaTomC-10
90StaTomC-11
90SunSmo-1
915Maj-17
915Maj-53
91Fle-158
91FleTonP-41
91FleWheS-7
91Hoo-163
91Hoo-261
91Hoo-489
91Hoo-523
91Hoo100S-75
91HooAllM-8
91HooMcD-32
91HooTeaNS-21
91PanSti-26
91ProSetP-1
91Sky-223
91Sky-479
91SkyPro-223
91UppDec-56
91UppDec-95
91UppDec-174
92Fle-180
92Hoo-179
92Hoo100S-76
92JazChe-4
92PanSti-41
92Sky-189
92StaClu-152

92StaCluMO-152
92Sun25t-23
92SunTopKS-4
92Top-18
92Top-201
92TopArc-15
92TopArcG-15G
92TopGol-18G
92TopGol-201G
92Ult-143
92UppDec-64
92UppDec-114
92UppDec-409
92UppDec1PC-PC12
92UppDecAW-38
92UppDecE-83
93Fin-20
93FinRef-20
93Fle-165
93Fle-387
93Hoo-412
93HooFifAG-412
93JamSes-222
93JazOldH-2
93PanSti-36
93Sky-286
93StaClu-338
93StaCluFDI-338
93StaCluMO-338
93StaCluSTNF-338
93Top-220
93TopGol-220G
93Ult-348
93UppDec-205
93UppDec-410
93UppDecS-71
93UppDecSEC-71
93UppDecSEG-71
94ColCho-342
94ColChoGS-342
94ColChoSS-342
94Fin-242
94FinRef-242
94Fla-313
94Fle-220
94Hoo-208
94HooShe-15
94StaClu-51
94StaCluFDI-51
94StaCluMO-51
94StaCluSTNF-51
94Top-117
94TopSpe-117
94Ult-340
94UppDecE-125
95ColCholE-342
95ColCholJI-342
95ColCholSI-123
Chambers, Wally
75NabSugD*-5
Champ, Joy
95WomBasA-5
Chancellor, Darrin
91Cla-47
91Cou-11
91FouSp-195
91FroR-21
91FroRowP-74
91StaPic-67
Chandik, John
90MicStaCC2*-69
Chandler, Derrick
92Neb*-12
93Cla-21
93ClaG-21
Chandler, Happy (A.B.)
87Ken*-22
89KenBigB-29
Chandler, Tom
91TexA&MCC*-16
Chandnois, Lynn
90MicStaCC2*-26
Chaney, Don
70Top-47
71Top-82
72Top-131
73LinPor-11
73Top-57
74CelLin-1
74Top-133
75CarDis-3
75Top-265
77CelCit-3
77Top-27

87HawPizH-4
89Hoo-123A
89Hoo-123B
89PanSpaS-144
90Hoo-314
90Hoo-350
90HooTeaNS-10
90Sky-310
91Fle-73
91Hoo-230
91HooTeaNS-10
91Sky-349
93Hoo-237
93HooFifAG-237
93HooShe-2
94FlaUSA-1
94FlaUSA-2
94Hoo-281
94HooShe-8
94SkyUSA-79
94SkyUSAG-79
Chaney, Lon
48TopMagP*-J26
Chang-Ching, Hung
95UppDecCBA-55
95UppDecCBA-79
Chao-Chyun, Yen
95UppDecCBA-56
Chapman, Allen
87SouMis-7
Chapman, Gil
91Mic*-10
Chapman, Kyle
95Con-4
Chapman, Rex
87Ken*-21
88KenColC-144
88KenColC-202
88KenColC-233
89Con-5
89Fle-15
89Hoo-54
89KenBigBTot8-39
89KenColC*-12
89PanSpaS-15
89SpoIllfKl*-150
90Fle-17
90Hoo-51
90Hoo-357
90Hoo100S-10
90HooActP-34
90HooTeaNS-3
90PanSti-79
90Sky-27
91Fle-18
91Fle-229
91Fle-374
91FleTonP-67
91FleWheS-1
91Hoo-19
91Hoo-453
91HooTeaNS-3
91PanSti-109
91Sky-24
91Sky-407
91Sky-461
91Sky-578
91SkyPro-24
91UppDec-81
91UppDec-325
92BulCro-WB2
92Fle-229
92FleTonP-14
92Hoo-231
92Sky-246
92StaClu-56
92StaCluMO-56
92Top-262
92TopArc-102
92TopArcG-102G
92TopGol-262G
92Ult-366
92UppDec-79
93Fin-158
93FinRef-158
93Fle-214
93Hoo-221
93HooFifAG-221
93HooGolMB-11
93HooSco-HS27
93HooScoFAG-HS27
93PanSti-240
93Sky-288
93StaClu-39

93StaCluFDI-39
93StaCluMO-39
93StaCluSTNF-39
93Top-323
93TopGol-323G
93Ult-353
93UppDec-135
93UppDecE-251
93UppDecS-58
93UppDecSEC-58
93UppDecSEG-58
94ColCho-359
94ColChoGS-359
94ColChoSS-359
94Fin-43
94FinRef-43
94Fla-152
94Fle-229
94FleTeaL-9
94Hoo-218
94HooPowR-PR53
94HooShe-16
94HooShe-17
94HooShe-18
94JamSes-192
94PanSti-109
94Sky-170
94SP-162
94SPCha-132
94SPChaDC-132
94SPDie-D162
94StaClu-175
94StaCluFDI-175
94StaCluMO-175
94StaCluSTNF-175
94Top-94
94Top-205
94TopSpe-94
94TopSpe-205
94Ult-191
94UppDec-311
94UppDecE-65
94UppDecSE-92
94UppDecSEG-92
95ColCho-95
95ColCholE-359
95ColCholJI-359
95ColCholSI-140
95ColChoPC-95
95ColChoPCP-95
95Fin-175
95FinRef-175
95Fle-191
95FleEur-231
95Hoo-164
95PanSti-10
95StaClu-92
95StaClu-217
95StaCluMOI-92TB
95StaCluMOI-92TR
95Top-63
95Top-263
95Ult-93
95UltGolM-93
95UppDec-239
95UppDecEC-239
95UppDecECG-239
96ColCho-79
96ColCholl-164
96ColCholJ-95
96StaClu-73
96StaCluM-73
96TopSupT-ST14
96Ult-232
96UltGolE-G232
96UltPlaE-P232
96UppDec-64
Chapman, Robert
90MicStaCC2*-129
Chapman, Roosevelt
83Day-2
Chapman, Vicky
80PriNewOW-4
Chapman, Willie
92Ala-4
92Ala-16
Chappell, Len
69Top-68
70Top-146
70TopPosI-24
Chappins, Bob
48TopMagP*-C11
Chappus, Bob
91Mic*-11

Charles, Daedra
90TenWom-5
94UppDecU-80
94UppDecUGM-80
Charles, Ken
73LinPor-23
75Top-101
76Top-121
77Top-24
Charles, Ron
82TCMCBA-3
90MicStaCC2*-150
Charlesworth, Charles
91ProCBA-11
Charpentier, Robert
76PanSti-60
Chase, Darnell
87Bay*-9
Chatham, Mike
90NorCarCC*-56
Chatman, Canaan
90OreSta-8
91OreSta-7
Chatman, Jeff
87BYU-9
87BYU-23
Chavez, Julio Cesar
93FaxPaxWoS*-10
Chazalon, Jackie
77SpoSer1*-1820
Cheaney, Calbert
90KenBigBDTW-21
91IndMagI-3
92Ind-2
93Fin-84
93FinRef-84
93Fle-393
93FleLotE-6
93Hoo-416
93HooDraR-LP6
93HooFifAG-416
93HooMagA-6
93Ind-17
93JamSes-231
93JamSesRS-3
93Sky-191
93Sky-318
93SkyDraP-DP6
93SkySch-11
93StaClu-127
93StaClu-329
93StaCluBT-27
93StaCluFDI-127
93StaCluFDI-329
93StaCluMO-127
93StaCluMO-329
93StaCluMO-BT27
93StaCluSTNF-127
93StaCluSTNF-329
93Top-158
93Top-250
93TopGol-158G
93TopGol-250G
93Ult-193
93Ult-354
93UppDec-164
93UppDec-354
93UppDec-487
93UppDecDPP-DP2
93UppDecPV-81
93UppDecRE-RE6
93UppDecREG-RE6
93UppDecRS-RS13
93UppDecS-40
93UppDecS-182
93UppDecS-6
93UppDecSDCA-E15
93UppDecSEC-40
93UppDecSEC-182
93UppDecSEG-40
93UppDecSEG-182
93UppDecWJ-487
94ColCho-40
94ColChoB-40
94ColChoB-A40
94ColChoGS-40
94ColChoSS-40
94Emo-97
94Fin-261
94FinRef-261
94Fla-153
94Fle-230
94FleRooS-5

94Hoo-219
94Hoo-426
94HooMagC-27
94HooShe-16
94HooShe-17
94HooShe-18
94HooSupC-SC49
94JamSes-193
94PanSti-110
94ProMag-132
94Sky-171
94Sky-193
94SkyRagR-RR24
94SP-164
94SPCha-133
94SPChaDC-133
94SPDie-D164
94StaClu-164
94StaCluMO-164
94StaCluFDI-164
94StaCluSTNF-164
94Top-125
94TopSpe-125
94Ult-192
94UppDec-40
94UppDecE-86
94UppDecS-1
94UppDecSE-88
94UppDecSE-89
94UppDecSEG-88
95BulPol-1
95ColCho-56
95ColCholE-40
95ColCholJI-40
95ColCholSI-40
95ColChoPC-56
95ColChoPCP-56
95Fin-77
95FinRef-77
95Fla-144
95Fle-192
95FleEur-232
95Hoo-165
95JamSes-115
95JamSesDC-D115
95Met-115
95MetSilS-115
95PanSti-56
95ProMag-133
95Sky-120
95SkyDyn-D9
95SP-143
95StaClu-131
95StaCluMOI-131
95Top-103
95TopGal-87
95TopGalPPI-87
95Ult-191
95UltGolM-191
95UppDec-21
95UppDecEC-21
95UppDecECG-21
95UppDecSE-21
95UppDecSEG-178
96ColCho-162
96ColCholl-161
96ColCholJ-56
96ColChoM-M90
96ColChoMG-M90
96Fin-4
96FinRef-4
96Fle-115
96Hoo-169
96HooStaF-29
96Sky-126
96SkyRub-126
96SkyZ-FZ-6
96SP-122
96StaClu-79
96StaCluM-79
96Top-89
96TopChr-89
96TopChrR-89
96TopNBAa5-89
96Ult-120
96UltGolE-G120
96UltPlaE-P120
96UppDec-132
96UppDec-164
Chears, Sterling
94IHSBoyAST-186
Cheatum, Melvin
91StaPic-12

Checklist, Checklist
69Top-99
70Top-24
70Top-101A
70Top-101B
71Top-144A
71Top-144B
71Top-145
72Top-160
72Top-248
73Top-121
73Top-242
74Top-141
74Top-203
75Top-61
75Top-181
75Top-257
76Top-48
77Top-29
78Top-67
79Top-101
81TCMCBA-90
81Top-E93A
81Top-E93B
81Top-W97
81Top-MW76
82TCMCBA-17
82TCMCBA-63
84StaAwaB-1
84StaSlaD-1
85StaCruA-1
85StaGatSD-1
85StaSlaDS5-1
86Fle-132
86IndGreI-42
86NetLif-14
87Fle-132
87IndGreI-42
88Fle-132
88KenBigB-18
88KenSovPl-1
89Con-14
89Fle-168
89HooChe-CL1
89HooChe-CL2
89KenBigB-19
89KenBigBTot8-37
89NorCarSCC-100
89NorCarSCC-200
89ProCBA-1
89ProCBA-14
89ProCBA-26
89ProCBA-38
89ProCBA-51
89ProCBA-61
89ProCBA-75
89ProCBA-87
89ProCBA-101
89ProCBA-115
89ProCBA-128
89ProCBA-141
89ProCBA-154
89ProCBA-166
89ProCBA-179
89ProCBA-193
90AriColC*-100
90AriStaCC*-100
90AriStaCC*-200
90CleColC*-100
90CleColC*-200
90Fle-187
90Fle-198
90FleUpd-U100
90FloStaCC*-100
90Hoo-13A
90Hoo-13B
90Hoo-332
90Hoo-333
90Hoo-334
90Hoo-335
90Hoo-439
90Hoo-440
90KenBigBDTW-27
90KenProI-1
90KenSovPI-1
90LSUColC*-100
90LSUColC*-200
90MicStaCC2*-100
90MicStaCC2*-200
90NorCarCC*-100
90NorCarCC*-200
90ProCBA-16
90ProCBA-44
90ProCBA-59

90ProCBA-71
90ProCBA-81
90ProCBA-96
90ProCBA-107
90ProCBA-118
90ProCBA-134
90ProCBA-148
90ProCBA-162
90ProCBA-171
90ProCBA-183
90ProCBA-192
90ProCBA-203
90Sky-295
90Sky-296
90Sky-297
90Sky-298
90Sky-299
90Sky-421
90Sky-422
90Sky-423
90SouCal*-20
90StaPic-1
90UCL-40
91ArkColC*-25
91ArkColC*-100
91Fle-239
91Fle-240
91Fle-399
91Fle-400
91FooLocSF*-18
91FooLocSF*-19
91FooLocSF*-20
91FroR-99
91FroRowP-120
91FroRU-100
91GeoColC-100
91GeoTecCC*-100
91GeoTecCC*-200
91Hoo-328
91Hoo-329
91Hoo-330
91Hoo-589
91Hoo-590
91ImpDecG-NNO
91ImpHaloF-89
91ImpHaloF-90
91Kan-18
91KenBigB1-18
91NorDak*-20
91OklStaI-NNO
91OklStaCC*-100
91OutWicG-NNO
91Pro-24
91ProCBA-24
91ProCBA-35
91ProCBA-48
91ProCBA-60
91ProCBA-71
91ProCBA-72
91ProCBA-85
91ProCBA-97
91ProCBA-109
91ProCBA-135
91ProCBA-147
91ProCBA-159
91ProCBA-171
91ProCBA-183
91ProDA-195
91ProCBA-205
91ProCBA-206
91Sky-345
91Sky-346
91Sky-347
91Sky-348
91Sky-349
91Sky-350
91Sky-654
91Sky-655
91Sky-656
91Sky-657
91Sky-658
91Sky-659
91SkyCanM-50
91SmoLarJ-7
91SouCarCC*-100
91StaPic-72
91TexA&MCC*-100
91UCL-21
91UCLColC-100
91UCLColC-144
91UppDec-100
91UppDec-200
91UppDec-300
91UppDec-400

54 • Checklist, Checklist

91UppDec-449	92UppDecE-1	93UppDecS-178	95AusFutN-30	96FinRef-246
91UppDec-450	92UppDecE-2	93UppDecS-179	95AusFutN-60	96Fle-149
91UppDec-500	92UppDecE-100	93UppDecS-180	95AusFutN-89	96Fle-150
91UppDecM-M10	92UppDecE-200	93UppDecSEC-178	95AusFutN-109	96Fle-299
91WilCar-118	92UppDecMH-NNO	93UppDecSEC-179	95AusFutN-110	96Fle-300
91WilCar-119	93Ala-14	93UppDecSEC-180	95Bra-1	96FleUSA-51
91WilCar-120	93AusStoN-33	93UppDecSEG-178	95ClaNat*-NC20	96FleUSA-52
92AusStoN-90	93AusStoN-92	93UppDecSEG-179	95Col-100	96Hoo-199
92BulCro-NNO	93Bra-1	93UppDecSEG-180	95Fin-140	96Hoo-200
92BulCro-NNO	93Cla-109	94AusFutN-107	95FinRef-251	96Hoo-349
92BulCro-NNO	93Cla-110	94AusFutN-108	95Fla-149	96Hoo-350
92CanSumO-261	93ClaC3*-30	94AusFutN-109	95Fla-150	96Met-149
92CanSumO-262	93ClaF-99	94AusFutN-110	95Fla-249	96Met-150
92CanSumO-263	93ClaF-100	94AusFutN-217	95Fla-250	96Met-249
92CenCou-26	93ClaG-109	94AusFutN-218	95Fle-198	96Met-250
92CenCou-52	93ClaG-110	94AusFutN-219	95Fle-199	96PrePas-45
92ChaHOFI-10	93Fle-238	94AusFutN-220	95Fle-200	96PrePasNB-45
92Cla-99	93Fle-239	94AusFutSS-SS1	95Fle-349	96PrePasS-45
92Cla-100	93Fle-240	94Cla-76	95Fle-350	96Sky-130
92ClaGol-99	93Fle-399	94Cla-77	95FleEur-268	96Sky-131
92ClaGol-100	93Fle-400	94ClaC3*-NNO	95FleEur-269	96Sky-280
92Fle-262	93FouSp-320	94ClaG-76	95FleEur-270	96Sky-281
92Fle-263	93FouSp-321	94ClaG-77	95Hoo-248	96SkyRub-130
92Fle-264	93FouSp-322	94Emo-121	95Hoo-249	96SkyRub-131
92Fle-443	93FouSp-323	94Fla-173	95Hoo-250	96SkyUSA-60
92Fle-444	93FouSp-324	94Fla-174	95Hoo-348	96SkyZ-F-99
92FleDra-NNO	93FouSp-325	94Fla-175	95Hoo-399	96SkyZ-F-100
92FloSta*-xx	93FouSpG-320	94Fla-324	95Hoo-400	96SkyZ-F-199
92FloSta*-xx	93FouSpG-321	94Fla-325	95JamSes-119	96SkyZ-F-200
92FouSp-320	93FouSpG-322	94FlaUSA-119	95JamSes-120	96Top-111
92FouSp-321	93FouSpG-323	94FlaUSA-120	95JamSesDC-D119	96Top-221
92FouSp-322	93FouSpG-324	94FlaUSAKJ-119	95JamSesDC-D120	96TopChr-111
92FouSp-323	93FouSpG-325	94FlaUSAKJ-120	95Met-119	96TopChrR-111
92FouSp-324	93Hoo-298	94Fle-238	95Met-120	96Ult-149
92FouSp-325	93Hoo-299	94Fle-239	95Met-219	96Ult-150
92FouSpGol-320	93Hoo-300	94Fle-240	95Met-220	96Ult-299
92FouSpGol-321	93Hoo-419	94Fle-389	95MetSilS-119	96Ult-300
92FouSpGol-322	93Hoo-420	94Fle-390	95MetSilS-120	96UppDec-180
92FouSpGol-323	93Hoo-421	94FouSp-198	95Sky-149	96UppDec-360
92FouSpGol-324	93HooFifAG-298	94FouSp-199	95Sky-150	**Cheek, Louis**
92FouSpGol-325	93HooFifAG-299	94FouSp-200	95Sky-299	91TexA&MCC*-68
92FroR-100	93HooFifAG-300	94FouSpG-198	95Sky-300	**Cheeks, Maurice**
92Glo-NNO	93HooFifAG-419	94FouSpG-199	95SkyE-X-100	80Top-30
92Hoo-348	93HooFifAG-420	94FouSpG-200	95SkyE-XB-100	80Top-66
92Hoo-349	93HooFifAG-421	94FouSpPP-198	95SRTetAut-100	80Top-154
92Hoo-350	93JamSes-239	94FouSpPP-199	95SupPix-80	80Top-171
92Hoo-488	93JamSes-240	94FouSpPP-200	95TedWil-89	81Top-59
92Hoo-489	93Mia-20	94Hoo-298	95TedWil-90	81Top-E90
92Hoo-490	93Sky-1	94Hoo-299	95TedWilC-CO9	83Sta-2
92Hou-NNO	93Sky-2	94Hoo-300	95TedWilE-E9	83StaAllG-3
92ImpU.SOH-109	93Sky-3	94Hoo-389	95TedWilG-G9	83StaSixC-9
92ImpU.SOH-110	93Sky-339	94Hoo-390	95TedWilHL-HL9	83StaSixC-16
92Lou-NNO	93Sky-340	94HooSch-30	95TedWilKAJ-KAJ9	84Sta-203
92Mic-14	93Sky-341	94Ima-148	95TedWilRC-RC9	84StaAre-E2
92OhiValCA-18	93SkyUSAT-NNO	94Ima-149	95TedWilWU-WU9	84StaAwaB-22
92Pur-18	93StaClu-179	94Ima-150	95Top-181	84StaCouK5-29
92Sky-322	93StaClu-180	94JamSes-198	95Top-291	85JMSGam-1
92Sky-323	93StaClu-359	94JamSes-199	95Ult-198	85Sta-1
92Sky-324	93StaClu-360	94JamSes-200	95Ult-199	85StaTeaS5-PS2
92Sky-325	93StaCluFDI-179	94ScoBoaDD-DD13	95Ult-200	86Fle-16
92Sky-326	93StaCluFDI-180	94ScoBoaNP*-20A	95Ult-349	86StaCouK-7
92Sky-327	93StaCluFDI-359	94ScoBoaNP*-20B	95Ult-350	87Fle-20
92Sky-411	93StaCluFDI-360	94ScoBoaNP*-20C	95UltGolM-198	88Fle-86
92Sky-412	93StaCluMO-179	94ScoBoaNP*-20D	95UltGolM-199	89Fle-115
92Sky-413	93StaCluMO-180	94ScoBoaNP*-20E	95UltGolM-200	89Hoo-65
92SkyUSA-99	93StaCluMO-359	94Sky-199	95UppDecCBA-124	89Hoo-320
92SkyUSA-100	93StaCluMO-360	94Sky-200	95UppDecCBA-125	89PanSpaS-45
92SniU.SOC-NNO	93StaCluSTNF-179	94Sky-298	95WomBasA-1	90Fle-124
92StaClu-189	93StaCluSTNF-180	94Sky-299	96AusFutN-99	90Hoo-202
92StaClu-190	93StaCluSTNF-359	94Sky-300	96AusFutN-100	90HooActP-138
92StaClu-399	93StaCluSTNF-360	94SkyBluC-89	96ClaLegotFF-NNO	90HooTeaNS-18A
92StaClu-400	93Top-197	94SkyBluC-90	96ColCho-396	90HooTeaNS-18B
92StaCluMO-189	93Top-198	94SkyHeaotC-NNO	96ColCho-397	90PanSti-139
92StaCluMO-190	93Top-395	94SkyUSA-89	96ColCho-398	90Sky-186
92StaCluMO-399	93Top-396	94SkyUSAG-89	96ColCho-399	91Fle-135
92StaCluMO-400	93Ult-199	94SRTet-NNO	96ColCho-400	91Fle-242
92StaPic-90	93Ult-200	94SRTet-NNO	96ColEdgRR-49	91Hoo-139
92TexTecW-17	93Ult-374	94Top-197	96ColEdgRR-50	91Hoo-320
92Top-197	93Ult-375	94Top-198	96ColEdgRRD-49	91Hoo-331
92Top-198	93Ult-M3	94Top-395	96ColEdgRRD-50	91Hoo-533
92Top-395	93UppDec-252	94Top-396	96ColEdgRRG-49	91Hoo100S-64
92Top-396	93UppDec-253	94Ult-198	96ColEdgRRG-50	91HooTeaNS-1
92TopArc-149	93UppDec-254	94Ult-199	96ColEdgRRKK-CK	91PanSti-165
92TopArc-150	93UppDec-255	94Ult-200	96ColEdgRRKKG-CK	91Sky-188
92Ult-199	93UppDec-507	94Ult-349	96ColEdgRRKKH-CK	91Sky-405
92Ult-200	93UppDec-508	94Ult-350	96ColEdgRRRR-NNO	91Sky-615
92Ult-373	93UppDec-509	94UppDecJH-45	96ColEdgRRRRG-NNO	91UppDec-281
92Ult-374	93UppDec-510	94UppDecU-CK1	96ColEdgRRRRH-NNO	92Hoo-2
92Ult-375	93UppDecE-254	94UppDecU-CK2	96ColEdgRRTW-NNO	92Sky-2
92UppDec-90	93UppDecE-255	94UppDecUGM-CK1	96ColEdgRRTWG-NNO	92Ult-314
92UppDec-200	93UppDecH-NNO	94UppDecUGM-CK2	96ColEdgRRTWH-NNO	**Cheeley, Darryl**
92UppDec-310	93UppDecMJ-MJ10	95AusFut3C-GC17	96Fin-100	88WakFor-4
92UppDec-419	93UppDecPV-109	95AusFutA-NA9	96Fin-246	**Cheevers, Gerry**
92UppDec-420	93UppDecPV-110	95AusFutC-CM15	96FinRef-100	81TopThiB*-43

Cheieh-Teh, Tungfang
95UppDecCBA-9
Chenault, Chris
89KenColC*-171
Cheng-Kwei, Chen
95UppDecCBA-54
95UppDecCBA-105
Cheng-Sbiun, Chen
95UppDecCBA-7
Chenier, Phil
72Top-102
73BulSta-1
73Top-113
74Top-98
74Top-165
75Top-190
76Top-27
77BulSta-2
77SpoSer4*-4421
77Top-55
79Top-103
92BulCro-WB3
Cherio, Tony
91ArkColC*-21
Cherry, Scott
92NorCarS-1
Chesbro, Tom
91OklStaCC*-65
Chi-Chian, Li
95UppDecCBA-41
95UppDecCBA-112
Chickerella, Vincent
91ProCBA-146
Chief-Te, Tungfang
95UppDecCAM-M4
95UppDecCAM-M8
Chieh-Teh, Tungfang
95UppDecCBA-87
95UppDecCBA-90
Chien-Ping, Lin
95UppDecCBA-2
Chievous, Derrick
88Mis-2
89Fle-58
89Hoo-16
90Hoo-72
90Sky-373
91ProCBA-160
Chih-Ming, Lan
95UppDecCBA-66
Chilcutt, Pete
86NorCar-32
87NorCar-32
88NorCar-32
90NorCarS-1
91Cla-17
91Cou-12
91Fle-348
91FouSp-165
91FroR-4
91FroRowP-119
91HooTeaNS-23
91StaPic-13
91UppDec-415
91WilCar-95
92Fle-422
92Hoo-198
92Sky-211
92StaSubT-ST17
92StaClu-143
92StaCluMO-143
92Top-38
92TopGol-38G
92Ult-348
92UppDec-283
93Fle-371
93Hoo-189
93HooFifAG-189
93Top-33
93TopGol-33G
93Ult-331
93UppDecS-113
93UppDecSEC-113
93UppDecSEG-113
94UppDec-42
95Fin-178
95FinRef-178
95Hoo-305
95Top-271
Childers, Sam
90FloStaCC*-39
Childress, Randolph
95ClaBKR-17
95ClaBKR-91

95ClaBKRAu-17
95ClaBKRCS-CS10
95ClaBKRIE-IE17
95ClaBKRPP-17
95ClaBKRPP-91
95ClaBKRRR-11
95ClaBKRS-RS10
95ClaBKRSS-17
95ClaBKRSS-91
95ClaBKV-17
95ClaBKV-87
95ClaBKVE-17
95ClaBKVE-87
95ClaBKVHS-HC9
95Col-5
95Col-41
95Col2/1-T10
95ColCho-292
95ColChoPC-292
95ColChoPCP-292
95CoIlgn-I2
95Fin-129
95FinVet-RV19
95FivSp-17
95FivSpAu-17
95FivSpD-17
95FivSpRS-16
95Fle-287
95FleClaE-23
95Hoo-278
95PacPreGP-41
95PrePas-17
95ProMag-106
95Sky-238
95SkyRooP-RP18
95SPCha-86
95SPHol-PC29
95SPHolDC-PC29
95SRAut-19
95SRDraD-47
95SRDraDSig-47
95SRFam&F-10
95SRSigPri-10
95SRSigPriS-10
95SRTet-28
95SRTetAut-3
95StaClu-348
95StaCluDP-19
95StaCluMOI-DP19
95Top-215
95TopDraR-19
95TraBlaF-2
95Ult-269
95UppDec-315
95UppDecEC-315
95IInpDecECG-315
96ColCho-313
96ColCholI-84
96ColCholJ-292
96ColChoM-M46
96ColChoMG-M46
96FivSpSig-16
96PacPreGP-41
96PacPri-41
96SPx-39
96SPxGol-39
96UppDec-32
96Vis-21
96VisSig-17
96VisSigAuG-17A
96VisSigAuS-17A
Childress, Ray
91TexA&MCC*-9
Childs, Chris
89ProCBA-32
90ProCBA-51
90ProCBA-181
91ProCBA-1
94Fla-265
95Fin-188
95FinRef-188
95PanSti-21
95SkyE-X-53
95SkyE-XB-53
95SPCha-66
95StaClu-250
96FlaSho-A61
96FlaSho-B61
96FlaSho-C61
96FlaShoLC-A61
96FlaShoLC-B61
96FlaShoLC-C61
96Fle-68
96Hoo-99

96Met-111
96Met-194
96MetPreM-194
96Sky-173
96SkyAut-13
96SkyAutB-13
96SkyRub-172
96SkyZ-F-56
96SkyZ-FZ-56
96SP-72
96StaCluWA-WA8
96TopSupT-ST17
96Ult-219
96UltGolE-G219
96UltPlaE-P219
96UppDec-259
Childs, Gary
85Bra-D7
Chilton, Tom
92OhiValCA-4
Chime, Phil
90Iow-3
91Iow-3
Chinaglia, Giorgio
81TopThiB*-53
Chisolm, Donnie
91GeoTecCC*-186
Choice, Wally
87IndGreI-15
Chones, Jim
73Top-259
74Top-6
75Top-66
75Top-120
76Top-97
77Top-57
78RoyCroC-4
78Top-105
79Top-19
80Top-70
80Top-154
81Top-W76
Christensen, Brian
89ProCBA-117
90ProCBA-90
Christian, Bob
72Top-53
73LinPor-4
73Top-11
Christian, Jerry
80TCMCBA-25
Christian, Myron
82IndSta*-4
Christian, Toby
89Bay-2
Christic, Dan
83Day-3
Christie, Doug
92Cla-20
92ClaGol-20
92ClaMag-BC1
92FouSp-17
92FouSpGol-17
92FroR-49
92LitSunW*-3
92StaPic-73
92UppDec-32
92UppDec-466
93FinMaiA-13
93Fle-99
93FleNooD-8
93Hoo-105
93HooFifAG-105
93JamSes-104
93JamSesTNS-5
93PanSti-29
93Sky-97
93Sky-DP17
93SkySch-12
93StaClu-243
93StaCluFDI-243
93StaCluMO-243
93Top-212
93TopGol-212G
93Ult-93
93UppDec-265
93UppDecE-188
93UppDecS-48
93UppDecS-211
93UppDecSEC-48
93UppDecSEC-211
93UppDecSEG-211

94ColCho-8
94ColChoGS-8
94ColChoSS-8
94Fin-133
94FinRef-133
94Fla-72
94Fle-107
94Hoo-69
94JamSes-91
94PanSti-158
94Sky-79
94StaClu-131
94StaCluCC-13
94StaCluFDI-131
94StaCluMO-131
94StaCluMO-CC13
94StaCluSTNF-131
94Ult-85
94UppDec-140
94UppDecE-155
95ColCholE-8
95ColCholJI-8
95ColCholSI-8
95Top-153
96ColCho-150
96ColChoM-M170
96ColChoMG-M170
96Fin-61
96FinRef-61
96FlaSho-A72
96FlaSho-B72
96FlaSho-C72
96FlaShoLC-A72
96FlaShoLC-B72
96FlaShoLC-C72
96Met-97
96Sky-190
96SkyRub-190
96SkyZ-F-86
96SkyZ-FZ-86
96SP-109
96StaClu-169
96Top-48
96TopChr-48
96TopChrR-48
96TopNBAa5-48
96Ult-108
96UltGolE-G108
96UltPlaE-P108
96UppDec-161
Christie, Jason
95Neb*-14
Christie, Linford
88KenPolOA-25
93FaxPaxWoS*-28
Christopher, Daryl
92UTE-7
Christy, Jim
91GeoColC-85
Chun-Hsiung, Huang
95UppDecCBA-24
95UppDecCBA-74
95UppDecCBA-76
Chung, Eugene
92VirTec*-5
Chung-Chi, Chu
95UppDecCBA-1
Chung Chinn, Ohen
95UppDecCBA-40
95UppDecCBA-99
Chung-Shi, Li
96UppDccCBA-10
Church, Greg
88Mis-3
Church, Irvin
91Geo-15
92Geo-9
93Geo-15
94Geo-6
Churchill, Mark
94IHSBoyAST-101
Churchwell, Robert
90Geo-10
91Geo-2
92Geo-11
93Geo-6
94Cla-99
94ClaG-99
94PacP-7
94PacPriG-7
95SupPix-57
95SupPixAu-57
95TedWil-11
Ciampi, Joe

87Aub*-6
Ciraco, Adria
92FloSta*-30
Citronnelli, Eddie
86SouLou*-2
Clack, Darryl
90AriStaCC*-85
Claggett, Erwin
95ClaBKR-50
95ClaBKRAu-50
95ClaBKRPP-50
95ClaBKRSS-50
95PacPreGP-8
96PacPreGP-8
96PacPri-8
Claiborne, Jerry
89KenColC*-101
89KenColC*-200
Clancy, Robert
90MicStaCC2*-116
Clancy, Sam
81TCMCBA-61
Clarida, Riley
82TCMCBA-7
Clark, Archie
69Top-32
70Top-105
71Top-106
71TopTri-16
72IceBea-5
72Top-120
72Top-170
73BulSta-2
73LinPor-34
73Top-15
74Top-172
75Top-96
75Top-132
Clark, Carlos
83Sta-30
89ProCBA-163
9088'CalW-12
9088'CalW-14
9088'CalW-19
Clark, Chris
91Min-2
Clark, Deondri
92FloSta*-51
Clark, Dwight
90CleColC*-71
90CleColP*-C8
Clark, Emery
89KenColC*-127
Clark, Jason
94IHSBoyA3S-45
Clark, Mark
95UppDecCBA-13
Clark, Matt
87Bay*-15
Clark, Melinda
91TexA&MCC*-33
Clark, Regina
90TenWom-6
Clark, Rickey
88Ten-24
Clark, Robort
94IHSBoyASD-35
Clark, Ronald
55AshOil-75
Clark, Rusty
73NorCarPC-5H
89NorCarCC-89
89NorCarCC-90
90NorCarCC*-158
Clark, Ryan
94IHSBoyA3S-44
Clark, Steve
89LouColC*-210
Clark, Tony
90Ari-1
Clarke, Martin
92AusFutN-51
Clarke, Sean
94TexAaM-7
Clausen, Clint
92UNL-4
Clausen, Mark
87BYU-20
Claxton, Charles
90Geo-2
92Geo-5
93Geo-4
Claxton, Tracy
96ClaLegotFF-9

Clay, Dwight
90NotDam-45
Claybrook, Stephen
94TexAaM-2
Clayton, Karen
92IowWom-2
93IowWom-1
Clayton, Mark
89LouColC*-117
Claytor, Truman
76KenSch-2
77Ken-20
77KenSch-3
78Ken-11
78KenSch-4
88KenColC-111
88KenColC-200
88KenColC-232
88KenColC-235
Cleamons, Jim
73Top-29
74Top-42
75Top-120
75Top-137
78Top-31
79Top-112
80Top-15
80Top-103
96Hoo-254
Clem, Glen
89ProCBA-169
Clemens, Barry
69SupSunB-3
70SupSunB-2
70Top-119
71Top-119
72Top-57
73Top-92
75Top-22
75TraBlaI0-2
Clemens, Cord
83Vic-1
84Vic-1
Clemens, Roger
93FaxPaxWoS*-1
Clements, Wes
90AriColC*-20
Clemons, Rennie
92Ill-2
Cleveland, Daryl
88LouColC-87
88LouColC-144
Clevenger, Steve
88KenColC-84
Clifford, Brian
93Cla-86
93ClaF-62
93ClaG-86
93FouSp-75
93FouSpG-75
Clifford, Dennis
88LouColC-95
Clifton, Nat (Sweetwater)
57Top-1
Clinger, Cynthia
92TexTecW-2
92TexTecWNC-10
92TexTecWNC-23
Clinton, Anita
92Ill-18
Clippers, Los Angeles
89PanSpaS-193
89PanSpaS-202
90Sky-339
91Hoo-285
91Sky-362
92Hoo-277
92UppDecDPS-9
92UppDecE-142
93JamSesTNS-4
93PanSti-17
93StaCluBT-12
93StaCluST-12
93UppDec-221
93UppDecDPS-12
94Hoo-402
94ImpPin-12
94StaCluMO-ST12
94StaCluST-12
94UppDecFMT-12
95FleEur-249
95PanSti-222
96ColCho-378
96TopSupT-ST12

Close, Casey
91Mic*-12
Close, David
93AusFutN-46
94AusFutN-33
96AusFutN-15
Clough, Brian
94IHSBoyAST-32
Clucas, Greg
93NorCarS-1
Clustka, Chuck
91UCLColC-102
Clutter, Jack
55AshOil-63
Clyde, Andy
48TopMagP*-J2
Coan, Andy
76PanSti-241
Cobb, Coy
90CleColC*-187
Cobb, John
48ExhSpoC-7
Cobb, Ric
82Mar-1
Cobb, Ty
33SpoKinR*-1
48TopMagP*-K13
Cober, Debbie
90MonSta-10
Coble, Greg
90MurSta-4
Cochenour, Todd
93Eva-2
Cochran, Bobby
92FloSta*-2
Cockran, Cindy
91GeoTecCC*-17
Coder, Paul
89NorCarSCC-64
89NorCarSCC-65
89NorCarSCC-66
Codrington, John
94TexAaM-3
Cody, Buffalo Bill
48TopMagP*-S2
Cody, Wayne
74SupKTWMC-1
Coes, Richard
92FloSta*-52
Coffield, Randy
90FloStaCC*-135
Coffin, Liz (Elizabeth)
87Mai*-9
Coffman, Bennie
88KenColC-62
Coffman, Wayne
90CleColC*-153
Cofield, Fred
89ProCBA-92
95AusFutC-CM3
95AusFutHTH-H5
95AusFutN-3
Coggin, Redus
90FloStaCC*-8
Cohen, Jeff
61UniOil-2
Cohen, Sid
88KenColC-75
Cohen-Mintz, Uri
94Con-3
Coker, Pete
89NorCarSCC-70
89NorCarSCC-72
89NorCarSCC-181
Colangelo, Jerry
75Sun-4
Colasurdo, Pat
77SpoSer8*-8515
Colbert, Claudette
48TopMagP*-F15
Colbert, Dave AUS
93AusFutN-11
94AusFutN-7
94AusFutN-117
95AusFutN-26
Colbert, Dave DAY
83Day-4
Colborn, Jim
79AriSpoCS*-1
Coldebella, Claudio
92UppDecE-118
Cole, Al
82IndSta*-5
Cole, Alice

90CalStaW-2
Cole, Gary
92FloSta*-10
Cole, George
91ArkColC*-39
Cole, Jervis
89ProCBA-202
90ProCBA-198
Cole, Lynn
55AshOil-76
Cole, Rod
89Geo-3
90Geo-3
Coleman, Ben
90Sky-156
91WilCar-101
Coleman, Derrick
88Syr-2
89Syr-1
89Syr-15
90FleUpd-U60
90Hoo-390
90HooTeaNS-17
90NetKay-4
90Sky-362
90StaDerCl-1
90StaDerCl-2
90StaDerCl-3
90StaDerCl-4
90StaDerCl-5
90StaDerCl-6
90StaDerCl-7
90StaDerCl-8
90StaDerCl-9
90StaDerCl-10
90StaDerCl-11
90StaDerCl-1
90StaDerCl-2
90StaDerCl-3
90StaDerCl-4
90StaDerCl-5
90StaDerCl-6
90StaDerCl-7
90StaDerCl-8
90StaDerCl-9
90StaDerCl-10
90StaDerCl-11
90StaPic-43
90StaPro-4
90StaPro-5
91Fle-130
91Fle-388
91FleRooS-3
91FleTonP-27
91FleWheS-7
91Hoo-134
91Hoo-482
91Hoo-519
91HooMcD-25
91HooTeaNS-17
91PanSti-157
91PanSti-179
91Sky-180
91Sky-318
91Sky-475
91Sky-502
91SkyCanM-31
91StaPic-2
91UppDec-35
91UppDec-88
91UppDec-332
91UppDecAWH-AW7
91UppDecRS-R10
91UppDecS-1
91UppDecS-2
92Fle-143
92Fle-296
92FleDra-34
92FleTeaL-17
92FleTonP-79
92Hoo-147
92Hoo100S-63
92PanSti-169
92Sky-154
92Sky-298
92SkyNes-6
92SpoIllfKI*-25
92StaClu-193
92StaClu-384
92StaCluMO-193
92StaCluMO-384
92Top-230
92TopArc-10

92TopArc-133
92TopArcG-10G
92TopArcG-133G
92TopArcMP-1990
92TopGol-230G
92Ult-117
92Ult-210
92Ult-NNO
92UppDec-124
92UppDec-485
92UppDec-502
92UppDecA-AD2
92UppDecAW-28
92UppDecE-74
92UppDecEAWH-1
92UppDecM-P26
92UppDecMH-17
92UppDecTM-TM18
93Fin-80
93Fin-98
93FinMaiA-17
93FinRef-80
93FinRef-98
93Fle-133
93FleNBAS-3
93FleTowOP-3
93Hoo-140
93HooAdmC-AC2
93HooFifAG-140
93HooSco-HS17
93HooScoFAG-HS17
93HooShe-3
93JamSes-139
93PanSti-216
93Sky-122
93SkyThuaL-TL4
93SkyUSAT-7
93StaClu-101
93StaClu-170
93StaClu-190
93StaClu-282
93StaCluBT-7
93StaCluFDI-101
93StaCluFDI-170
93StaCluFDI-190
93StaCluFDI-282
93StaCluFFP-3
93StaCluFFU-190
93StaCluMO-101
93StaCluMO-170
93StaCluMO-190
93StaCluMO-282
93StaCluMO-BT7
93StaCluMO-ST17
93StaCluST-17
93StaCluSTNF-101
93StaCluSTNF-170
93StaCluSTNF-190
93StaCluSTNF-282
93Top-166
93Top-388
93TopBlaG-8
93TopGol-166G
93TopGol-388G
93Ult-119
93Ult-361
93UltAll-11
93UltFamN-3
93UltJamC-2
93UltRebK-2
93UppDec-83
93UppDec-428
93UppDecA-AN12
93UppDecE-36
93UppDecE-212
93UppDecFH-28
93UppDecFM-3
93UppDecFT-FT6
93UppDecH-H17
93UppDecLT-LT7
93UppDecPV-28
93UppDecPV-75
93UppDecPV-92
93UppDecS-44
93UppDecS-4
93UppDecSDCA-E10
93UppDecSEC-44
93UppDecSEG-44
93UppDecSUT-22
93UppDecTM-TM17
94ColCho-44
94ColCho-182
94ColCho-388
94ColChoCtGR-R1

94ColChoCtGRR-R1
94ColChoCtGS-S2
94ColChoCtGSR-S2
94ColChoGS-44
94ColChoGS-182
94ColChoGS-388
94ColChoSS-44
94ColChoSS-182
94ColChoSS-388
94Emb-60
94EmbGolI-60
94Emo-61
94Fin-50
94Fin-101
94Fin-228
94FinLotP-LP8
94FinRef-50
94FinRef-101
94FinRef-228
94Fla-96
94Fla-159
94FlaUSA-9
94FlaUSA-10
94FlaUSA-11
94FlaUSA-12
94FlaUSA-13
94FlaUSA-14
94FlaUSA-15
94Fle-142
94FleAll-4
94FlePro-4
94Hoo-133
94Hoo-227
94HooPowR-PR34
94HooSupC-SC29
94JamSes-117
94PanSti-80
94ProMag-81
94Sky-105
94Sky-303
94SkySlaU-SU3
94SkyUSA-37
94SkyUSA-38
94SkyUSA-39
94SkyUSA-40
94SkyUSA-41
94SkyUSA-42
94SkyUSADP-DP7
94SkyUSAG-37
94SkyUSAG-38
94SkyUSAG-39
94SkyUSAG-40
94SkyUSAG-41
94SkyUSAG-42
94SkyUSAOTC-10
94SkyUSAP-PT7
94SkyUSAP-1
94SP-111
94SPCha-94
94SPChaDC-94
94SPDie-D111
94SPHol-PC14
94SPHolDC-14
94StaClu-23
94StaClu-103
94StaClu-359
94StaCluBT-17
94StaCluCC-17
94StaCluDaD-2B
94StaCluFDI-23
94StaCluFDI-103
94StaCluFDI-359
94StaCluMO-23
94StaCluMO-103
94StaCluMO-359
94StaCluMO-BT17
94StaCluMO-CC17
94StaCluMO-DD2B
94StaCluSTNF-23
94StaCluSTNF-103
94StaCluSTNF-359
94Top-12
94Top-103
94Top-176
94TopFra-13
94TopOwntG-7
94TopSpe-12
94TopSpe-103
94TopSpe-176
94Ult-117
94UltAll-11
94UltDouT-1
94UltPow-2
94UltRebK-1

94UppDec-21
94UppDec-171
94UppDec-274
94UppDecE-27
94UppDecE-183
94UppDecPLL-R29
94UppDecPLLR-R29
94UppDecPLLR-R39
94UppDecSDS-S3
94UppDecSE-56
94UppDecSEG-56
94UppDecU-1
94UppDecU-2
94UppDecU-3
94UppDecU-4
94UppDecU-5
94UppDecU-6
94UppDecUCT-CT1
94UppDecUFYD-1
94UppDecUGM-1
94UppDecUGM-2
94UppDecUGM-3
94UppDecUGM-4
94UppDecUGM-5
94UppDecUGM-6
95ColCho-138
95ColCho-182
95ColChoDT-T14
95ColChoDTPC-T14
95ColChoDTPCP-T14
95ColCholE-44
95ColCholE-182
95ColCholE-388
95ColCholEGS-182
95ColCholEGS-388
95ColCholEGS-406
95ColCholJGSI-182
95ColCholJGSI-169
95ColCholJI-44
95ColCholJI-182
95ColCholJI-169
95ColCholJSS-182
95ColCholSI-44
95ColCholSI-182
95ColCholSI-169
95ColChoPC-138
95ColChoPC-182
95ColChoPCP-138
95ColChoPCP-182
95Fin-240
95FinDisaS-DS17
95FinMys-M30
95FinMysB-M30
95FinMysBR-M30
95FinRef-240
95Fla-84
95Fla-181
95Fle-115
95FleEur-146
95FleFlaHL-17
95Hoo-103
95Hoo-320
95HooBloP-24
95HooSla-SL30
95JamSes-69
95JamSesDC-D69
95Met-70
95Met-176
95MetSilS-70
95PanSti-22
95ProMag-81
95ProMagDC-3
95Sky-79
95Sky-192
95SkyAto-A9
95SkyE-X-61
95SkyE-XB-61
95SP-98
95SPCha-78
95StaClu-86
95StaClu-117
95StaCluMO5-8
95StaCluMOI-86
95StaCluMOI-117B
95StaCluMOI-117R
95StaCluMOI-PZ6
95StaCluPZ-PZ6
95StaCluX-X7
95Top-149
95TopGal-73
95TopGalPPI-73
95Ult-113
95Ult-234

95UltGolM-113
95UppDec-295
95UppDecEC-295
95UppDecECG-295
95UppDecSE-54
95UppDecSEG-54
96BowBes-47
96BowBesAR-47
96BowBesR-47
96ColCho-118
96ColCho-185
96ColCholl-102
96ColCholl-182
96ColCholJ-138
96ColCholJ-182
96ColChoM-M28
96ColChoMG-M28
96Fin-211
96FinRef-211
96FlaSho-A32
96FlaSho-B32
96FlaSho-C32
96FlaShoLC-32
96FlaShoLC-B32
96FlaShoLC-C32
96Fle-81
96Hoo-115
96Hoo-319
96HooStaF-20
96Met-72
96Sky-84
96SkyE-X-52
96SkyE-XC-52
96Skylnt-5
96SkyRub-84
96SkyZ-F-124
96SP-81
96StaClu-64
96StaCluM-64
96Top-167
96TopChr-167
96TopChrR-167
96TopNBAa5-167
96Ult-81
96UltGolE-G81
96UltPlaE-P81
96UppDec-90
96UppDec-155
96UppDecRotYC-RC7
Coleman, Don
90MicStaCC2*-27
Coleman, E.C.
75Top-127
75Top-163
77Top-123
70Top-12
Coleman, H.L.
94Wyo-2
Coleman, Jack
57Top-70
88LouColC-94
89LouColC*-231
Coleman, Jamal
88Mis-4
89Mis-4
90Mis-4
91Mis-4
Coleman, Kevin
92Neb*-22
Coleman, Lorenzo
90TenTec-5
94TenTec-1
Coleman, Norris
92UltUSBPS-NNO
Coleman, Romain
94TenTec-4
Coleman, Ron NMSt.
92NewMexS-10
93NewMexS-1
Coleman, Ronnie USC
90SouCal*-2
91WilCar-42
Coleman, Willie
94IHSBoyAST-139
Colemano, James
94JamMad-4
Coles, Bimbo (Vernell)
90FleUpd-U48
90HeaPub-3
90StaPic-25
91Fle-106
91FleWheS-3
91Hoo-108
91Hoo-567

91HooTeaNS-14
91Sky-145
91Sky-418
91Sky-549
91UppDec-149
92Fle-116
92FleTeaNS-7
92Hoo-117
92PanSti-167
92Sky-124
92StaClu-110
92StaCluMO-110
92Top-156
92TopGol-156G
92Ult-98
92UppDec-121
93Fin-146
93FinRef-146
93Fle-106
93Hoo-111
93HooFifAG-111
93HooGolMB-12
93JamSes-111
93PanSti-203
93StaClu-230
93StaCluFDI-230
93StaCluMO-230
93StaCluSTNF-230
93Top-73
93TopGol-73G
93Ult-98
93UppDec-303
93UppDecE-195
93UppDecS-16
93UppDecSEC-16
93UppDecSEG-16
94ColCho-118
94ColChoGS-118
94ColChoSS-118
94Fin-49
94FinRef-49
94Fla-78
94Fle-115
94Hoo-107
94PanSti-61
94SP-99
94SPCha-80
94SPChaDC-80
94SPDie-D99
94StaClu-3
94StaCluFDI-3
94StaCluMO-3
94StaCluSTNF-3
94Top-131
94TopSpe-131
94Ult-93
94UppDec-292
95ColCho-49
95ColCholE-118
95ColCholJI-118
95ColCholSI-118
95ColChoPC-49
95ColChoPCP-49
95Fin-27
95FinRef-27
95Fla-69
95Fle-99
95FleEur-119
95Hoo-83
95Met-56
95MetSilS-56
95PanSti-11
95Sky-64
95SP-69
95StaClu-282
95Top-48
95TopGal-136
95TopGalPPI-136
95Ult-94
95UltGolM-94
95UppDec-30
95UppDecEC-30
95UppDecECG-30
96ColCho-53
96ColCholl-80
96ColCholJ-80
96ColChoM-M56
96ColChoMG-M56
96Sky-155
96SkyRub-154
96UppDec-218
Coles, Sidney
92MemSta-10
93MemSta-5

Colescott, Dave
79NorCarS-1
89NorCarCC-147
90NorCarCC*-142
Coley, Keith
94IHSBoyAST-42
Coley, Woody
76NorCarS-2
Collier, Blanton
89KenColC*-165
Collier, Chris
91ProCBA-196
95UppDecCBA-62
Collier, Cory
91GeoTecCC*-8
Collier, Gary
94Cla-92
94ClaG-92
94FouSp-42
94FouSpAu-42A
94FouSpG-42
94FouSpPP-42
94PacP-8
94PacPriG-8
95TedWil-12
Collier, Troy
92Easlll-7
Collins, Bryan
95Col-71
95SRDraD-16
95SRDraDSig-16
Collins, Don
81Top-E95
83Sta-254
Collins, Doug
74Top-129
7576eMcDS-3
75Top-129
75Top-148
76Top-38
77SpoSer3*-3915
77Top-65
78RoyCroC-5
78Top-2
79Top-148
80Top-32
80Top-148
87BulEnt-NNO
89PanSpaS-74
90HooAnn-4
95Hoo-177
96Hoo-256
Collins, Jeff
80Ari-3
81Ari-4
Collins, Jimmy
70Top-157
88NewMexSA*-3
92Ill-3
Collins, Laura
90UCL-24
Collins, Lee
91SouCarCC*-61
Collins, Martha Layne
87Ken*-1
Collins, Paul
55AshOil-4
Collins, Rip
90LSUColC*-137
Collins, Ronnio
91SouCarCC*-90
Collins, Sonny
89KenColC*-104
Collins, Sterling
93WriSta-2
Collins, Tank
91ProCBA-7
Collins, Terry
91OklSta-8
91OklSta-39
Collinsworth, Lincoln
89KenColC*-70
Colman, Doug
95Neb*-8
Colorito, Anthony
91SouCal*-41
Colp, Steven
90MicStaCC2*-155
Colson, Gary
89Cal-6
90FreSta-5
Colter, Steve
84Sta-164
84TraBlaF-4

84TraBlaP-6
85TraBlaF-4
88NewMexSA*-4
89Hoo-214
90KinSal-4
90Sky-286
90Sky-408
94Ult-224
Comaneci, Nadia
76PanSti-214
77SpoSer1*-1003
92ClaWorCA-27
Combs, Carl
89KenColC*-273
Combs, Cecil
89KenColC*-272
Combs, Charley
89KenColC*-280
Combs, Edwin Leroy
83Sta-159
90ProCBA-113
Combs, Glen
71Top-215
72Top-194
72Top-261
73Top-209
73Top-236
74Top-199
Combs, Glenn
88LouColC-49
Combs, Pat
87Bay*-2
Combs, Roy
89LouColC*-56
Combs, Scott
95Mis-2
Comegys, Dallas
88SpuPolS-5
92UltUSBPS-NNO
Comer, Kurt
92Easlll-6
Commare, Ben
94IHSBoyAST-171
Compise, Pete
89LouColC*-149
Compton, Deward
89LouColC*-42
Compton, Joyce
91SouCarCC*-45
Compton, Larry
89LouColC*-165
Conacher, Roy
48ExhSpoC-8
Cone, Fred
90CleColC*-81
Cone, Ronny
91GeoTecCC*-11
Conklin, Abby
93TenWom-2
94TenWom-1
Conley, Larry
88KenColC-39
88KenColC-143
88KenColC-190
88KenColC-222
Conley, Mike
88FooLocCF*-2
89FooLocSF*-1
91ArkColC*-7
91FooLocSF*-9
Conlin, Ed
57Top-58
Conlon, Jocko
79AriSpoCS*-2
Conlon, Marty
90ProCBA-53
91Fle-359
91FroR-50B
91FroRowP-49
91HooTeaNS-25
91WilCar-92
92Hoo-461
92Sky-395
92StaClu-370
92StaCluMO-370
92Top-349
92TopGol-349G
92Ult-349
94ColCho-284
94ColChoGS-284
94ColChoSS-284
94Fin-271
94FinRef-271
94Fla-253

94Fle-316
94SP-103
94SPCha-85
94SPChaDC-85
94SPDie-D103
94Top-228
94TopSpe-228
94Ult-282
94UppDec-257
95ColCho-128
95ColCholE-284
95ColCholJI-284
95ColCholSI-65
95ColChoPC-128
95ColChoPCP-128
95Fin-220
95FinRef-220
95Fle-101
95Hoo-90
95PanSti-120
95StaClu-136
95StaCluMOI-136
95Top-194
95Ult-101
95UltGolM-101
95UppDec-92
95UppDecEC-92
95UppDecECG-92
96ColCho-87
96ColCholI-89
96ColCholJ-128
96StaClu-40
96StaCluM-40
Connealy, Terry
94Neb*-7
Connelly, Jeffty
91ProCBA-126
Conner, Gary
90CleColC*-37
Conner, Lester
83Sta-255
84Sta-153
85Sta-133
89Fle-96
89Hoo-222
90Fle-119
90Hoo-195
90HooActP-103
90HooTeaNS-17
90NetKay-5
90PanSti-159
90Sky-178
91Fle-310
91Hoo-390
91HooTeaNS-15
91Sky-156
91Sky-299
91UppDec-381
92PanSti-151
Conner, Mike
94WriSta-10
Connolly, Missy
92FloSta*-12
Connor, George
48TopMagP*-C9
Connor, Jimmy Dan
88KenColC-104
88KenColC-188
88KenColC-206
88KenColC-258
Conrad, Bobby Joe
90CleColC*-12
91TexA&MCC*-81
Conradt, Jody
90Tex*-8
Consolini, Adolfo
76PanSti-64
Constantine, Marc
55AshOil-87
Conway, Hollis
86SouLou*-3
87SouLou*-13
92SniU.SOC-4
Conway, Rubin
94IHSBoyAST-215
Coogan, Jackie
48TopMagP*-J5
Cook, Allison
94AusFutN-207
96AusFutN-86
Cook, Anthony
85Ari-1
86Ari-2
87Ari-2

88Ari-2
90AriColC*-33
90FleUpd-U24
91Hoo-355
91Sky-69
91UppDec-203
92StaClu-303
92StaCluMO-303
93UppDec-368
94PanSti-71
Cook, Bob (Tarmac)
48ExhSpoC-9
Cook, Darwin
81Top-E77
83Sta-147
84NetGet-3
84Sta-90
85Sta-60
86NetLif-4
Cook, Greg
80Ari-4
81Ari-5
Cook, Jeff
80SunPep-9
81Top-W80
83Sta-230
87SunCirK-3
Cook, Joe
87Duk-13
Cook, Mike
91SouCarCC*-84
Cooke, David Lewayne
95UppDecCBA-34
Cooke, Jeff
81SunPep-3
Cooke, Joe
71Top-62
Cooke, Mark
88Vir-3
Cooke, Mike
89NorCarC-181
Cooke, Troy
83Ari-5
Cooks, Eric
92AusStoN-88
Cooley, Gaye
90MicStaCC2*-164
Coomes, Mark
92III-4
Coon, Korey
94IHSBoyA3S-26
Cooper, Carl
90AriColC*-120
Cooper, Cecil
79BucOpeP*-3
Cooper, Duane
92Cla-72
92ClaGol-72
92Fle-362
92FleTeaNS-6
92FouSp-60
92FouSpGol-60
92FroR-86
92Hoo-409
92PanSti-8
92StaClu-217
92StaCluMO-217
92StaPic-24
92Top-329
92TopGol-329G
92Ult-286
92UppDec-396
92UppDec-455
92UppDec-467
92UppDecM-LA2
93Fle-100
93Fle-355
93Ult-317
Cooper, Eric
85Ari-2
Cooper, Evan
91Mic*-13
Cooper, Gary
90CleColC*-78
Cooper, Jackie
48TopMagP*-J7
Cooper, Joe
81TCMCBA-16
82TCMCBA-70
82TCMLanC-9
82TCMLanC-10
Cooper, John AZSt
87AriSta*-5
Cooper, John WichSt

87WicSta-1
88WicSta-2
91ProCBA-80
Cooper, Michael
80Top-45
80Top-133
81Top-W77
82LakBAS-2
83LakBAS-2
83NikPosC*-35
83Sta-15
84LakBAS-2
84Sta-174
84StaAllGDP-26
84StaAre-D2
84StaAwaB-2
84StaSlaD-2
85JMSGam-19
85LakDenC-2
85Sta-27
85StaLakC-11
86Fle-17
87Fle-21
88Fle-65
89Fle-75
89Hoo-187
89SpoIIIfKI*-107
90Fle-90
90Hoo-153
90HooActP-87
90Sky-134
Cooper, Reggie
90Neb*-2
Cooper, Teena
86SouLou*-4
87SouLou*-6
Cooper, Wayne
80Top-25
80Top-113
81Top-W103
82TraBlaP-42
83Sta-99
83TraBlaP-42
84Sta-138
85NugPol-6
85Sta-51
86Fle-18
88NugPol-42
89Hoo-122
89Hoo-335
89PanSpaS-139
89TraBlaF-3
90Hoo-244
90HooTeaNS-22
90Sky-232
90TraBlaF-12
91Hoo-424
91HooTeaNS-22
91Sky-235
91TraBlaF-8
91UppDec-378
Copa, Tom
91FroR-86
91FroRowP-7
91FroRU-77
91WilCar-102
Copeland, Lanard
8976eKod-4
90ProCBA-79
90Sky-213
91Hoo-377
92AusFutN-37
92AusStoN-39
93AusFutN-54
93AusFutSG-2
93AusStoN-30
93AusStoN-91
94AusFutBoBW-BW2
94AusFutBoBW-CD2
94AusFutBoBW-RD2
94AusFutLotR-LR2
94AusFutN-44
94AusFutN-146
94AusFutN-191
95AusFutN-5
95AusFutSC-NBL10
96AusFutN-45
96AusFutNFDT-5
Coppock, Chet
90HooAnn-15
Corbelli, John
94TexAaM-19
Corbelli, Laurie
94TexAaM-19

Corbett, James J.
48TopMagP*-A3
Corbin, Tyrone
88SunSun5x8TI-1
89Hoo-263
89Hoo-319
89TimBurK-23
90Fle-113
90Hoo-186
90Hoo100S-58
90HooActP-100
90HooTeaNS-16
90PanSti-75
90Sky-169
91Fle-122
91Fle-364
91FleTonP-107
91Hoo-125
91Hoo-479
91Hoo100S-59
91HooTeaNS-26
91PanSti-66
91Sky-169
91Sky-649
91UppDec-322
91UppDec-414
92Fle-220
92FleTonP-15
92Hoo-223
92JazChe-1
92Sky-238
92StaClu-114
92StaCluMO-114
92Sun25t-22
92Top-145
92TopGol-145G
92UppDec-100A
92UppDec-100B
92UppDecS-1
93Fle-206
93Hoo-214
93HooFifAG-214
93HooGoIMB-13
93JamSes-223
93PanSti-114
93Sky-175
93StaClu-44
93StaCluMO-44
93StaCluSTNF-44
93Top-190
93TopGol-190G
93Ult-185
93UppDec-94
93UppDecSEC-139
93UppDecSEG-139
94ColCho-138
94ColCho-216
94ColChoGS-138
94ColChoGS-216
94ColChoSS-138
94ColChoSS-216
94Fin-198
94FinRef-198
94Fla-176
94Fle-221
94Fle-242
94Hoo-209
94Hoo-302
94HooShe-1
94JamSes-3
94PanSti-214
94ProMag-127
94Sky-162
94Sky-202
94StaClu-187
94StaCluFDI-187
94StaCluMO-187
94StaCluSTNF-187
94Top-142
94Top-297
94TopSpe-142
94TopSpe-297
94Ult-183
94Ult-201
94UppDec-76
94UppDecE-156
94UppDecSE-91
94UppDecSEG-91
95ColCho-35
95ColCholE-138

95ColCholE-426
95ColCholJI-138
95ColCholJI-426
95ColCholSI-138
95ColCholSI-207
95ColChoPC-35
95ColChoPCP-35
95Fle-249
95FleEur-4
95Hoo-325
95StaClu-99
95StaCluMOI-99TB
95StaCluMOI-99TR
95Top-72
95Ult-239
95UppDec-231
95UppDecEC-231
95UppDecECG-231
95UppDecSE-6
95UppDecSEG-2
96ColCholI-2
96ColCholJ-35
96Met-151
96MetPreM-151
96StaCluWA-WA13
96Ult-151
96UltGolE-G151
96UltPlaE-P151
Corbitt, Anthony
91ProCBA-75
Corchiani, Chris
87NorCarS-2
88NorCarS-2
89NorCarS-1
90NorCarS-2
91Cla-26
91Cou-13
91FouSp-174
91FroR-13
91FroRowP-102
91StaPic-46
91UppDec-17
91WilCar-20
92StaClu-183
92StaCluMO-183
92Top-98
92TopGol-98G
92UppDec-76
93Fle-245
93Hoo-304
93HooFifAG-304
93Sky-196
93StaClu-345
93StaCluFDI-345
93StaCluMO-345
93StaCluSTNF-345
93Top-333
93TopGol-333G
93Ult-206
93UppDec-289
Cordileone, Lou
90CleColC*-189
Corkeron, Mike
92AusFutN-2
93AusFutN-42
94AusFutN-43
95AusFutN-12
Corkrum, Rob
91WasSta-1
Corley, Chris
91SouCarCC*-115
Cormier, Covington
92Con-4
Cornelis, Scott
94IHSBoyAST-115
Cornelius, Greg
81TCMCBA-47
Cornilius, Stacey
95UppDecCBA-28
95UppDecCBA-97
Corona, Joe
90ProCBA-39
Correa, Emilio
76PanSti-177
Correll, Ray
89KenColC*-109
Corrigan, Doug
48TopMagP*-L7
Corso, Lee
89LouColC*-138
90FloStaCC*-104
Corzine, Dave
81Top-62
81Top-MW101

83Sta-169
84Sta-102
84StaCouK5-24
85Sta-119
85StaTeaS5-CB4
86DePPlaC-D10
87BulEnt-40
87Fle-22
88BulEnt-40
88Fle-15
89Fle-109
89Hoo-93
89Hoo-343
89MagPep-4
90Hoo-217
90Hoo-436
90HooActP-117
90Sky-202
90Sky-417
90SupKay-6
90SupSmo-3
91UppDec-106
Costa, Ario
92UppDecE-115
Costas, Bob
90HooAnn-16
90SkyBro-1
92TopStaoS*-2
Costello, Larry
57Top-33
58SyrNat-1
61Fle-9
61Fle-48
Costner, Tony
90ProCBA-54
Cottrell, Simon
92AusFutN-27
92AusStoN-16
93AusFutN-18
95AusFut3C-GC14
95AusFutN-52
Cotts, Neal
94IHSBoyAST-1
Couch, Sean
89ProCBA-47
Coughran, John
82TCMCBA-12
Counts, Mel
69Top-49
70SunA1PB-1A
70SunA1PB-1B
70SunCarM-1
70Top-103
71Top-127
72SunCarM-1
72Top-67
73LinPor-69
73Top-151
75Top-199
Coupet, Ben
94Bra-16
95Bra-10
Coupland, Nicole
90CalStaW-3
Courtney, Joe
93Fle-356
93Ult-318
93UppDec-320
93UppDec-506
Courts, Scott
77Ken-9
77KenSch-4
Cousy, Bob (Robert J.)
57Top-17
57UniOilB*-34
60PosCer*-1
61Fle-10
61Fle-49
68HalofFB-49
81TCMNBA-41
85StaSchL-7
89CelCitP-1
91CouColP-1
91CouColP-3
91CouColP-4
91CouColP-5
92CouCol-1
92CouCol-2
92CouCol-3
92CouCol-4
92CouCol-5
92CouCol-6
92CouCol-7

92CouCol-8
92CouCol-9
92CouCol-10
92CouCol-11
92CouCol-12
92CouCol-13
92CouCol-14
92CouCol-15
92CouCol-16
92CouCol-17
92CouCol-18
92CouCol-19
92CouCol-20
92CouCol-21
92CouCol-22
92CouCol-23
92CouCol-24
92CouCol-25
94CelTri-3
94SkyBluC-9
94SkyBluC-37
94SkyBluC-52
94SkyBluC-76
94SRGolSHFSig-4
95ActPacHoF-39AU
95SRKroFFTP-1
96StaCluFR-10
96StaCluFRR-10
96TopNBAS-10
96TopNBAS-60
96TopNBAS-110
96TopNBASF-10
96TopNBASF-110
96TopNBASFAR-10
96TopNBASFAR-60
96TopNBASFAR-110
96TopNBASFR-10
96TopNBASFR-60
96TopNBASFR-110
96TopNBASI-I14
96TopNBASR-10
Covelli, Frank
90AriStaCC*-130
Covill, Nate
92Mon-2
Covington, Sheryl
92FloSta*-18
Cowan, Derek
94IHSBoyAST-65
Cowan, Fred
77Ken-14
77KenSch-5
78Ken-16
78Ken3ch-5
79Ken-6
79KenSch-3
80KenSch-4
88KenColC-114
88KenColC-189
88KenColC-234
88KenColC-268
89KenBigBTot8-52
Coward, Lee
89Mis-4
Cowart, Chris
92FloSta*-53
Cowden, Wayne
92PenSta*-9
Cowens, Dave
71Top-47
71TopTri-28
72Com-8
72Top-7
73LinPor-12
73NBAPlaA-6
73NBAPlaA8-E
73Top-40
73Top-157
74CelLin-2
74Top-82
74Top-148
74Top-155
75CarDis-4
75CelLinGB-1
75Top-4
75Top-117
75Top-170
76BucDis-5
76Top-30
76Top-131
77CelCit-4
77CelCit-5
77CelCit-6

77DelFli-2
77PepAll-2
77SpoSer4*-414
77Top-90
78RoyCroC-6
78Top-40
79Top-5
80Top-7
80Top-95
89CelCitP-1
90FloStaCC*-131
92UppDecAW-4
92UppDecS-5
93ActPacHoF-6
94CelTri-4
94SRGolSHFSig-5
95SRKroFFTP-FP8
95SRKroFFTPS-FP8
96Hoo-251
96TopFinR-11
96TopFinRR-11
96TopNBAS-11
96TopNBAS-61
96TopNBAS-111
96TopNBASF-11
96TopNBASF-61
96TopNBASF-111
96TopNBASFAR-11
96TopNBASFAR-61
96TopNBASFAR-111
96TopNBASFR-11
96TopNBASFR-61
96TopNBASFR-111
96TopNBASI-I2
96TopNBASR-11
Cowins, Ben
91ArkColC*-19
Cowling, Larry
85Bra-S7
Cowlings, Al
91SouCal*-23
Cowsen, McKinley
86DePPlaC-C5
Cox, Aaron
87AriSta*-6
90AriStaCC*-39
Cox, Chubby
80TCMCBA-1
Cox, Corky
88LouColC-56
Cox, Craig
85ForHayS-7
Cox, Darrell
89KenColC*-179
Cox, Johnny
88KenColC-14
Cox, Kristy
90CalStaW-4
Cox, Lori
90CalStaW-5
Cox, Mike
94IHSBoyA3S-3
Cox, Ryan
94IHSBoyAST-160
Cox, Steve
91ArkColC*-73
Cox, Tracy
90AriStaCC*-118
Cox, Wesley
88LouColC-17
88LouColC-102
88LouColC-171
88LouColC-183
89LouColC*-232
89LouColC*-271
Coy, Hugh
89KenColC*-277
Coyne-Logan, Dan
94IHSBoyAST-116
Coyne-Logan, Mike
94IHSBoyAST-117
Cozens, Carl
91UCLColC-113
Crabill, Derek
94IHSBoyASD-17
Craft, Donald
89LouColC*-148
Craft, Patrick
92Ala-5
Craig, Peter
94IHSBoyAST-59
Craig, Steve
81TCMCBA-83
Craighead, Jason

94TenTec-15
Crain, Kurt
87Aub*-5
Craven, Johnny
86EmpSta-3
Craven, Ken
90NorCarCC*-177
Crawford, Chris
94Mar-2
95Mar-3
Crawford, Dickie
89LouTec-3
Crawford, Fred
70Top-162
92Haw-3
Crawford, James
92AusFutN-62
92AusStoN-56
92AusStoN-91
93AusFutN-78
93AusStoN-20
94AusFutLotR-LR7
94AusFutN-68
94AusFutN-164
94AusFutN-192
95AusFutN-GC5
95AusFutN-83
95AusFutN-66
Crawford, Laurent
89ProCBA-4
95UppDecCBA-33
Crawford, Roger
92Ark-11
93Ark-4
Crawford, Sam
92NewMexS-13
93Cla-22
93ClaF-39
93ClaG-22
93FouSp-20
93FouSpG-20
Creamer, Eddie
88LouColC-55
Credit, Mario
89Ark-4
Cremins, Bobby
88GeoTec-3
89GeoTec-8
90GeoTec-8
91GeoTec-6
91GeoTecCC*-124
91SouCarCC*-80
92GeoTec-1
96SkyUSA-52
Crenshaw, Adam
94IHSBoyA3S-43
Crenshaw, Ben
91ProSetPF*-2
Crenshaw, Bobby
90FloStaCC*-187
Cresswell, Danyell
94IHSBoyA3S-64
Crews, Jim
86IndGreI-24
93Eva-3
Crigler, John
88KenColC-67
Criss, Charlie
78HawCok-2
78Top-87
79HawMajM-3
80Top-15
80Top-164
81Top-E67
Crist, Kevin
92FloSta*-19
Crite, Winston
87SunCirK-4
89ProCBA-132
Crittenden, Hosea
93Min-3
94Min-1
Crittenden, Howard (Howie)
55AshOil-64
92OhiValCA-5
Critton, Ken
91WasSta-2
Critz, George
89KenColC*-60
Crocker, Phil
92UTE-13
Crockett, Bobby
91ArkColC*-91

Crockett, Ray
87Bay*-11
Crockett, Willis
91GeoTecCC*-49
Croel, Mike
90Neb*-6
Croft, Bobby
71ColMarO-2
Crombie, Paul
95AusFutN-80
Cromer, Jamie
90KenProI-14
Crompton, Geoff
77NorCarS-1
80TCMCBA-12
83Sta-231
Crook, Herbert
88LouColC-7
88LouColC-107
88LouColC-169
89LouColC*-12
89LouColC*-38
89LouColC*-254
89LouColC*-287
89ProCBA-138
Cross, Dan
95ClaBKR-61
95ClaBKRAu-61
95ClaBKRPP-61
95ClaBKRSS-61
95Col-72
95Col-99
95SRDraD-3
95SRDraDSig-3
Cross, Dion
96ScoBoaBasRoo-24
Cross, Jesseca
94WyoWom-3
Cross, Pete
70SupSunB-3
71SupSunB-1
71Top-33
72Top-49
Crotty, Burke
77SpoSer6*-6305
Crotty, John
88Vir-4
91Cou-14
91FroR-92
91FroRowP-113
91FroRU-80
91StaPic-6
92Fle-433
92Hoo-472
92StaClu-305
92StaCluMO-305
92Top-335
92TopGol-335G
92Ult-362
93Fle-388
93Hoo-413
93HooFifAG-413
93Ult-349
94ColCho-256
94ColChoGS-256
94ColChoSS-256
94Fla-314
94Fle-377
94HooShe-15
94StaClu-208
94StaCluFDI-208
94StaCluMO-208
94StaCluSTNF-208
94Ult-341
95ColCholE-256
95ColCholJI-256
95ColCholSI-37
Crouch, Casey
94WyoWom-4
Crouch, Chad
92TenTec-4
93TenTec-6
94TenTec-5
Crouch, Eddie
92AusStoN-81
Crow, John David
91TexA&MCC*-10
Crowder, Corey
91FroR-68
91FroRowIP-2
91FroRowP-28
91FroRU-71
Crudup, Jevon
90Mis-5

91Mis-5
92Mis-4
93Mis-3
94Cla-98
94ClaG-98
94FouSp-47
94FouSpAu-47A
94FouSpG-47
94FouSpPP-47
94PacP-9
94PacPriG-9
94SRTet-46
94SRTetS-46
95SRKro-35
95SupPix-56
95TedWil-13
Crum, Denny
81Lou-23
81Lou-27
81Lou-29
83Lou-1
88LouColC-1
88LouColC-99
88LouColC-173
88LouColC-181
89LouColC*-1
89LouColC*-288
89LouColC*-298
91UCLColC-103
91UCLColC-111
92Lou-DC2
92Lou-1
92Lou-27
92Lou-DC1
93Lou-2
95ActPacHoF-33
Crum, Francis
55AshOil-39
Crump, Marcus
94IHSBoyAST-216
Crutcher, James
90KenSovPl-5
Cryder, Jed
94IHSBoyAST-343
Cubelic, Mary Ann
90CleColC*-185
Cuble, Antwan
94IHSBoyAST-56
Cuddeford, Michelle
90Neb*-27
Cudjoe, Lance
92Glo-47
Cudjoe, Lawrence
92Glo-47
Cueto, Al
71Top-223
Cuff, Ryan
96Web StS-2
Cuk, Vladimir
91JamMad-4
92JamMad-3
93JamMad-1
Culbertson, Richard
55AshOil-5
Culicerto, Ryan
93JamMad-2
94JamMad-5
Culik, Carolina
91SouCarCC*-29
Culp, Curley
90AriStaCC*-67
Culp, Ron
77TraBlaP-NNO
83TraBlaP-NNO
Culuko, Kent
91JamMad-5
92JamMad-4
93JamMad-3
94JamMad-6
Cumberledge, Melinda
87Ken*-6
Cummings, Jack
90NorCarCC*-183
Cummings, Jeff
91OutWicG-2
Cummings, Pat
79BucPol-6
83Sta-51
84KniGetP-5
84Sta-30
85Sta-168
86Fle-19
89Hoo-158
Cummings, Robert

48TopMagP*-J15
Cummings, Terry
83Sta-123
83StaAll-1
84Sta-125
84StaCouK5-37
85BucCarN-3
85Sta-124
85StaLas1R-3
85StaTeaS5-MB1
86BucLif-3
86DePPlaC-S6
86DePPlaC-S7
86DePPlaC-S11
86Fle-20
86StaBesotB-5
86StaCouK-8
87BucPol-34
87Fle-23
88BucGreB-3
88Fle-74
89Fle-142
89Hoo-100
89Hoo-256
89Hoo-312
89HooAllP-3
89PanSpaS-119
89PanSpaS-268
89SpoIllfKl*-200
90Fle-170
90Hoo-266
90Hoo100S-87
90HooActP-140
90HooCol-14
90HooTeaNS-23
90PanSti-45
90Sky-255
91Fle-184
91FleTonP-77
91FleWheS-1
91Hoo-189
91Hoo-495
91Hoo100S-87
91HooMcD-39
91HooTeaNS-24
91PanSti-75
91Sky-255
91Sky-482
91SkyCanM-42
91UppDec-267
92Fle-203
92Hoo-206
92PanSti-88
92Sky-220
92StaClu-120
92StaCluMO-120
92Top-91
92Top-209
92TopArc-24
92TopArcG-24G
92TopGol-91G
92TopGol-209G
92Ult-164
92UppDec-168
92UppDec1PC-PC14
92UppDecE-91
93Fin-45
93FinRef-45
93Fle-189
93Hoo-197
93HooFifAG-197
93HooGolMB-14
93JamSes-203
93PanSti-106
93Sky-277
93StaClu-290
93StaCluFDI-290
93StaCluMO-290
93StaCluSTNF-290
93Top-273
93TopGol-273G
93Ult-336
93UppDec-273
94ColCho-65
94ColChoGS-65
94ColChoSS-65
94Fin-108
94Fin-119
94FinRef-108
94FinRef-119
94Fla-303
94Fle-203
94JamSes-169
94Sky-280

94StaClu-122
94StaClu-123
94StaCluFDI-122
94StaCluFDI-123
94StaCluMO-122
94StaCluMO-123
94StaCluSTDW-SP122
94StaCluSTNF-122
94StaCluSTNF-123
94Top-35
94TopSpe-35
94Ult-170
94UppDec-350
94UppDecSE-79
94UppDecSEG-79
95ColCholE-65
95ColCholJI-65
95ColCholSI-65
95Fle-166
95FleEur-206
95StaClu-139
95StaClu-302
95StaCluMOI-139
95UppDec-245
95UppDecEC-245
95UppDecSE-78
95UppDecSEG-78
96TopSupT-ST8
Cummins, Albert
89KenColC*-100
Cunegin, Derrell
95UppDecCBA-68
95UppDecCBA-73
Cunningham, Billy
69Top-40
69TopRul-21
70Top-108
70Top-140
70TopPosl-16
71Top-79
71TopTri-40
72Top-167
72Top-215
73NorCarPC-4C
73Top-200
74Top-221
74Top-235
7576eMcDS-4
75Top-20
75Top-129
76Top-93
81TCMNBA-43
83StaSixC-2
89NorCarCC-37
89NorCarCC-38
89NorCarCC-39
89NorCarCC-40
89NorCarCC-61
93ActPacHoF-81
93ActPacHoF-6
96StaCluFR-12
96StaCluFRR-12
96TopNBAS-12
96TopNBAS-62
96TopNBAS-112
96TopNBASF-12
96TopNBASF-62
96TopNBASF-112
96TopNBASFAR-12
96TopNBASFAR-62
96TopNBASFAR-112
96TopNBASFR-12
96TopNBASFR-62
96TopNBASFR-112
96TopNBASI-I19
96TopNBASI-12
Cunningham, Blake
94IHSBoyAST-33
Cunningham, Bob
89NorCarCC*-123
89NorCarCC-124
Cunningham, Brent
91GeoTecCC*-55
Cunningham, Dick
70Top-49
72Top-62
73Top-134
Cunningham, Durius
94IHSBoyAST-20
Cunningham, Gary
91UCLColC-35
91UCLColC-103
Cunningham, Glen

84Neb*-25
Cunningham, Leon
91SouCarCC*-69
Cunningham, Mandy
92Ill-19
Cunningham, Merimartha
92Ill-20
Cunningham, William
96ScoBoaBasRoo-64
Cupples, Mitch
91TenTec-2
92TenTec-5
Curci, Fran
89KenColC*-168
Curcic, Radisav
92StaClu-304
92StaCluMO-304
92Ult-246
Cureton, Earl
83Sta-87
84Sta-263
85Sta-12
89Hoo-112
91WilCar-74
Curl, Ronald
90MicStaCC2*-81
Curley, Bill
94Cla-89
94ClaBCs-BC21
94ClaG-89
94ColCho-337
94ColChoGS-337
94ColChoSS-337
94Emo-26
94Fin-267
94FinRef-267
94Fla-211
94Fle-278
94FouSp-22
94FouSpAu-22A
94FouSpG-22
94FouSpPP-22
94Hoo-321
94HooSch-2
94HooShe-8
94JamSes-53
94PacP-10
94PacPriG-10
94Sky-225
94SkyDraP-DP22
94SP-21
94SPDie-D21
94SPHol-PC33
94SPHolDC-33
94SRGolS-3
94StaClu-315
94StaCluFDI-315
94StaCluMO-315
94StaCluSTNF-315
94Top-336
94TopSpe-336
94Ult-237
94UppDec-156
94UppDecRS-RS19
94UppDecSE-113
94UppDecSEG-113
95ColCho-60
95ColCholE-337
95ColCholJI-337
95ColCholSI-118
95ColChoPC-60
95ColChoPCP-60
95FleEur-64
95Ima-20
95PanSti-100
95SRKro-16
95SRKroS-1
95StaClu-97
95StaCluMOl-97
95SupPix-21
95SupPixAu-21
95SupPixCM-21
95SupPixCG-21
95TedWil-14
95Top-56
95TraBlaF-12
95UppDecSE-22
95UppDecSEG-22
96ColCholl-46
96ColCholJ-60
Currie, Dan
90MicStaCC2*-60
Currie, Michelle
87Sou*-12

Curry, Bill
91GeoTecCC*-67
91GeoTecCC*-90
Curry, Buddy
90NorCarCC*-20
90NorCarCC*-49
Curry, Dell
88Fle-14
89Hoo-299
90Fle-18
90Hoo-52
90Hoo-387
90HooActP-36
90HooTeaNS-3
90PanSti-80
90Sky-28
91Fle-19
91FleTonP-72
91Hoo-20
91HooTeaNS-3
91Sky-25
91Sky-434
91UppDec-327
92Fle-22
92FleSha-16
92FleTeaNS-2
92Hoo-20
92Hoo100S-9
92HorHivF-4
92HorSta-2
92PanSti-123
92Sky-20
92StaClu-132
92StaCluMO-132
92Top-242
92TopArc-77
92TopArcG-77G
92TopGol-242G
92Ult-18
92UppDec-289
92VirTec*-8
93Fle-78
93Hoo-19
93HooFifAG-19
93JamSes-19
93PanSti-141
93Sky-37
93StaClu-146
93StaCluFDI-146
93StaCluMO-146
93StaCluSTNF-146
93Top-70
93TopGol-70G
93UppDec-3
93UppDecE-108
93UppDecS-119
93UppDecSEC-119
93UppDecSEG-119
94ColCho-30
94ColChoGS-30
94ColChoSS-30
94Emb-10
94EmbGoll-10
94Fin-16
94FinRef-16
94Fla-14
94Fle-22
94FleAwaW-1
94FleSha-1
94Hoo-18
94Hoo-262
94HooShe-2
94HooShe-3
94HooShe-4
94JamSes-19
94PanSti-23
94ProMag-12
94Sky-16
94StaClu-307
94StaCluFDI-307
94StaCluMO-307
94StaCluSTNF-307
94Top-164
94TopSpe-164
94Ult-19
94UltAwaW-1
94UppDec-78
94UppDecE-10
95ColCho-26
95ColCholE-30
95ColCholJI-30
95ColCholSI-30
95ColChoPC-26

95ColChoPCP-26
95Fin-51
95FinRef-51
95Fla-12
95Fle-16
95FleEur-23
95FleEurAW-1
95Hoo-16
95HooSla-SL5
95PanSti-76
95Sky-12
95Sky-250
95SP-14
95StaClu-255
95Top-112
95TopGal-86
95TopGalPPI-86
95Ult-19
95UltGolM-19
95UppDec-101
95UppDecEC-101
95UppDecECG-101
95UppDecSE-8
95UppDecSEG-8
96ColCho-14
96ColCholl-13
96ColChoIJ-26
96ColChoM-M56
96ColChoMG-M56
96Fin-8
96FinRef-8
96Fle-10
96Hoo-15
96HooSil-15
96HooStaF-3
96Met-8
96Sky-11
96SkyAut-14
96SkyAutB-14
96SkyRub-11
96SkyZ-F-103
96SP-9
96StaClu-16
96StaCluF-F12
96StaCluM-16
96Top-168
96TopChr-168
96TopChrR-168
96TopNBAa5-168
96TopSupT-ST3
96Ult-11
96UltGolE-G11
96UltPlaE-P11
96UppDec-12
96UppDec-167
Curry, Denise
91UCLColC-45
Curry, Eric
93ClaMcDF-3
Curry, Michael
93Fle-350
93Top-286
93TopGol-286G
Curry, Ron AZ
88Ari-3
Curry, Ron MARQ
91Mar-2
92Mar-2
93Cla-23
93ClaF-41
93ClaG-23
93FouSp-21
93FouSpG-21
Curry, Theron
94TenTec-6
Curtis, Ann
48ExhSpoC-10
Curtis, Fred
89KenColC*-64
Curtis, Tom
91Mic*-14
Curtis, Tommy
91UCLColC-29
Cushenberry, Kristi
90KenWomS-2
Custer, George
48TopMagP*-S1
Cuthbert, Curtis
87low-2
Cutov, Simion
76PanSti-176
Cutrell, Porter
89ProCBA-177
Cutright, Michael

89McNSta*-9
91FroR-77
91FroRowP-18
91ProCBA-200
Cutshaw, Lauren
96PenSta*-17
Cutsinger, Gary
91OklStaCC*-27
Cutts, Willie
82Ark-4
Cuyler, Sylvester
80TCMCBA-2
Cvijanovich, Stacey
88UNL-10
89UNL7-E-5
89UNLHOF-9
Cyrulik, Dan
90Con-3
91Con-4
92FroR-37
Czaplinski, Lane
91Kan-1
D'Amico, Brian
87NorCarS-3
88NorCarS-3
89NorCarS-2
D'Antoni, Danny
84MarPlaC-C9
84MarPlaC-D7
D'Antoni, Mike
73KinLin-4
73LinPor-63
74Top-138
75Top-176
84MarPlaC-D5
84MarPlaC-H10
D'Inzeo, Piero
76PanSti-283
D'Oriola, Christian
76PanSti-65
77SpoSer1*-1619
Dabbs, Brent
88Vir-5
91OutWicG-3
Dade, Anthony
89LouTec-4
92Cla-81
92ClaGol-81
Dade, Brandon
92Mon-3
Dagley, Corey
94IHSBoyAST-21
Dahl, Steve
94IHSBoyA3S-9
95ActPacHoF-34
Dahlgren, Karen
85Neb*-14
93FaxPaxWoS*-23
Dahlinghaus, Rory
83Day-5
Dahlstrom, Todd
94IHSBoyAST-4
Dailey, Chris
93ConWom-16
Dailey, Quintin
83Sta-171
83StaAll-2
84Sta-103
85Sta-120
85StaTea55-CB3
89Hoo-221
89PanSpaS-196
90Hoo-276
90HooTeaNS-24A
90HooTeaNS-24B
90HooTeaNS-24C
90HooTeaNS-24D
90Sky-265
90SupKay-8
90SupSmo-4
91Hoo-439
91Sky-268
91UppDec-188
Dairsow, Clifton
83Geo-13
Dakich, Dan
86IndGrel-17
92Ind-15
93Ind-15
Daland, Leslie
91SouCal*-46
Dale, Jeffery
90LSUColC*-109
Daley, John
91ArkColC*-48
Dallas, David

92VirTec*-4
Dallmar, Howard
48Bow-14
Dalrymple, Bruce
91GeoTecCC*-134
Dalson, Kevin
90MicStaCC2*-94
Dalton, Brad
92AusFutN-86
Dalton, Jed
92Neb*-27
93Neb*-19
94Neb*-1
Dalton, Karen
94AusFutN-213
Dalton, Mark
92AusFutN-87
92AusStoN-78
93AusFutN-110
95AusFutN-28
94AusFutN-78
Dalton, Ralph
81Geo-19
82Geo-4
83Geo-11
84Geo-3
85Geo-4
91GeoColC-19
Daly, Chuck
89Hoo-11
89PanSpaS-94
90Hoo-312
90HooTeaNS-8
90PisSta-13
90PisUno-2
90Sky-308
91Fle-58
91Hoo-228
91Hoo-585
91HooMcD-61
91HooTeaNS-8
91PisUno-3
91PisUno-15
91Sky-385
91Sky-540
92Fle-144
92Hoo-255
92Sky-271
92SkyUSA-93
92SkyUSA-94
93Hoo-246
93HooFifAG-246
93HooShe-3
95ActPacHoF-34
Daly, John
93FaxPaxWoS*-23
Dampier, Erick
96AllSpoPPaF-14
96BowBesRo-R14
96BowBesRoAR-R14
96BowBesRoR-R14
96ColCho-253
96ColChoDT-DR10
96ColEdgR-8
96ColEdgRRD-8
96ColEdgRRG-8
96ColEdgRRKK-5
96ColEdgRRKKG-5
96ColEdgRRKKH-5
96ColEdgRRRR-5
96ColEdgRRRRG-5
96ColEdgRRRRH-5
96ColEdgRRTW-5
96ColEdgRRTWG-5
96ColEdgRRTWH-5
96Fin-70
96FinRef-70
96FlaSho-A42
96FlaSho-B42
96FlaSho-C42
96FlaShoLC-6
96FlaShoLC-B42
96FlaShoLC-C42
96Fle-197
96FleLuc1-10
96FleRooS-5
96Hoo-283
96HooRoo-5
96Met-177
96MetPreM-177
96PacPow-8
96PacPowGCDC-GC5
96PacPowITP-IP5

96PacPowJBHC-JB5
96PrePas-10
96PrePas-42
96PrePasNB-10
96PrePasNB-42
96PrePasP-5
96PrePasS-10
96PrePasS-42
96ScoBoaAB-6
96ScoBoaAB-6A
96ScoBoaAB-6B
96ScoBoaAB-6C
96ScoBoaAB-PP6
96ScoBoaBasRoo-6
96ScoBoaBasRoo-86
96ScoBoaBasRooCJ-CJ5
96ScoBoaBasRooD-DC10
96Sky-46
96Sky-205
96SkyE-X-26
96SkyE-XC-26
96SkyE-XSD2-5
96SkyRooP-R5
96SkyRub-46
96SkyRub-205
96SkyZ-F-144
96SkyZ-FZ-5
96SkyZ-FZZ-5
96SP-132
96SPPreCH-PC16
96SPSPxFor-F4
96StaCluR1-R10
96StaCluR2-R13
96StaCluRS-RS9
96Top-110
96TopChr-133
96TopChrR-133
96TopDraR-10
96TopNBAa5-133
96Ult-43
96Ult-268
96UltGolE-G43
96UltGolE-G268
96UltPlaE-P43
96UltPlaE-P268
96UppDec-228
96UppDecRE-R20
96UppDecU-7
Dampier, Louis
71ColMarO-3
71Top-224
71TopTri-10A
72Top-198
72Top-261
72Top-264
73Top-183
73Top-236
74Top-209
74Top-212
74Top-224
74Top-255
75Top-223
75Top-270
75Top-280
77SpoSer8*-8307
78Top-51
88KenColC-12
88KenColC-169
88KenColC-257
00KenColO*-9
Dan, Matt ten
93Pur-2
Dandridge, Bobby
70Top-63
71Top-59
71Top-135
71TopTri-4
72Top-42
73Top-33
74Top-126
75CarDis-5
75Top-17
76BucDis-6
76BucPlaC-C10
76BucPlaC-D5
76BucPlaC-H5
76BucPlaC-S10
76Top-81
77BilSta-3
77Top-25
78Top-92
79Top-130

80Top-85
80Top-173
Dane, Chris
91Haw-4
Danek, Ludvik
76PanSti-143
Danforth, Bob
82TCMLanC-7
Dangel, Joel
94IHSBoyAST-80
Daniel, Jeff
88Vir-6
Daniel, Mia
90KenWomS-3
Daniel, Michael
91OklStaCC*-95
Daniel, Sam
91SouCarCC*-96
Daniels, Bob
84MarPlaC-H3
84MarPlaC-H11
Daniels, Jay
81III-2
Daniels, Jonathan
94IHSBoyA3S-49
Daniels, Lloyd
89ProCBA-45
92Fle-425
92Hoo-465
92Sky-397
92StaClu-334
92StaCluMO-334
92Top-236
92TopGol-236G
92Ult-353
92UltUSBPS-NNO
92UppDec-86
92UppDec-480
92UppDecMH-28
92UppDecRS-RS19
93Fin-204
93FinRef-204
93Fle-190
93FleRooS-3
93Hoo-198
93HooFifAG-198
93JamSes-204
93Sky-163
93SkySch-13
93StaClu-140
93StaCluFDI-140
93StaCluMO-140
93StaCluSTNF-140
93Top-360
93TopGol-360G
93Ult-169
93UppDec-267
93UppDecE-73
93UppDecPV-74
93UppDecS-161
93UppDecSEC-161
93UppDecSEG-161
94Hoo-192
94UppDec-51
94UppDecF-70
Daniels, Mel
71PacMar0-2
71Top-150
71Top-195
71TopTri-7A
72Top-200
72Top-263
73Top-195
73Top-238
74Top-192
75Top-292
85StaSchL-8
Daniels, Ricky
91SouCarCC*-139
92NorCarS-2
94NorCarS-2
Daniels, Robert
55AshOil-77
Danilovic, Sasha (Predrag)
92Cla-93
92ClaGol-93
92FouSp-75
92FouSpGol-75
92StaPic-58
95ColChoPCP-245
95Fin-216
95FinRef-216
95Fla-203
95Fle-288

95Hoo-268
95Met-162
95MetTemS-1
95ProMag-66
95Sky-230
95SP-156
95SPCha-54
95StaClu-313
95Ult-270
95UppDec-214
95UppDecEC-214
95UppDecECG-214
96ColCho-80
96ColChoCtGS2-C14A
96ColChoCtGS2-C14B
96ColChoCtGS2R-R14
96ColChoCtGS2RG-R14
96ColChoCtGSG2-C14A
96ColChoCtGSG2-C14B
96ColCholI-54
96ColCholJ-245
96ColChoM-M39
96ColChoMG-M39
96ColChoS1-S14
96Fin-198
96FinRef-198
96FlaSho-A57
96FlaSho-B57
96FlaSho-C57
96FlaShoLC-57
96FlaShoLC-B57
96FlaShoLC-C57
96Fle-209
96Hoo-82
96Met-51
96SP-56
96StaClu-36
96StaCluM-36
96Top-51
96TopChr-51
96TopChrR-51
96TopNBAa5-51
96Ult-206
96UltGolE-G206
96UltPlaE-P206
96UppDec-65
96UppDec-149
Dantley, Adrian
77Top-56
78RoyCroC-7
78Top-132
79LakAlt*-1
79Top-54
80Top-9
80Top-34
80Top-61
80Top-128
80Top-156
80Top-157
81Top-40
81Top-65
83Sta-133
84Sta-228
84StaAllG-16
84StaAllGDP-16
84StaAwaB-4
84StaAwaB-10
84StaAwaB-19
84StaCouK5-36
85Sta-138
85StaCruA-8
85StaLitA-9
85StaLas1R-9
86Fle-21
86FleSti-3
86StaCouK-9
87Fle-24
88Fle-39
88FouNBAE-8
88MavBudLCN-4
89Fle-33
89Hoo-125
89PanSpaS-98
90Fle-39A
90Fle-39B
90Hoo-83
90NotDam-14
90Sky-61
91WilCar-53
94UppDecU-88
94UppDecUGM-88
Darby, Darrell
89KenColC*-65
Dare, Brian

90Tex*-9
Dare, Yinka
94Cla-64
94ClaBCs-BC13
94ClaG-64
94ClaPhoC$2-1
94ClaPre-BP3
94ClaROYSw-13
94ClaVitPTP-13
94Emb-114
94EmbGolI-114
94Emo-62
94Fin-176
94FinRef-176
94Fle-327
94FouSp-14
94FouSpG-14
94FouSpP-14
94Hoo-352
94JamSes-118
94PacP-11
94PacPriG-11
94Sky-258
94SkyDraP-DP14
94SRGolS-4
94SRTet-47
94SRTetS-47
94StaClu-265
94StaCluFDI-265
94StaCluMO-265
94StaCluSTNF-265
94Top-77
94Top-253
94TopFra-14
94TopSpe-77
94TopSpe-253
94Ult-118
94Ult-293
94UppDec-161
95ColCho-282
95ColChoPC-282
95ColChoPCP-282
95FleEur-147
95Ima-13
95SRKro-8
95SRKroFR-FR8
95SRKroJ-J8
95SRKroS-2
95StaClu-315
95SupPix-13
95SupPixAu-13
95SupPixC-13
95SupPixCG-13
95TedWil-15
95Top-253
96ColCho-98
96ColCholI-62
96ColCholJ-282
Darling, Sumner
93Neb*-14
Darmody, Kevin
91SouCarCC*-5
Darner, Linc
92Pur-2
93Pur-3
Darragh, William
55AshOil-25
88LouColC-83
Darsch, Nancy
92OhiStaW-3
93OhiStaW-3
94OhiStaW-13
Dascenzo, Doug
91OklStaCC*-70
Datin, Joe
91SouCarCC*-89
Daugherty, Brad
85NorCarS-1
87Fle-25
88Fle-22
89Fle-25
89Fle-166
89Hoo-48
89Hoo-50
89HooAllP-2
89PanSpaS-90
89PanSpaS-270
89SpollIfKI*-123
90Fle-31
90Hoo-73
90Hoo100S-19
90HooActP-47
90HooTeaNS-5
90PanSti-105

90Sky-50
915Maj-54
91Fle-34
91Fle-376
91FleTonP-82
91FleWheS-3
91Hoo-36
91Hoo-249
91Hoo-457
91Hoo-507
91Hoo100S-15
91HooMcD-8
91HooTeaNS-5
91LitBasBL-7
91PanSti-119
91Sky-47
91SkyCanM-9
91UppDec-63
91UppDec-76
91UppDec-364
91UppDec-461
91UppDecS-1
91UppDecS-2
92Fle-40
92Fle-257
92FleAll-3
92FleDra-10
92FleTonP-16
92Hoo-38
92Hoo-295
92Hoo100S-17
92PanSti-134
92Sky-39
92Sky-286
92SkyNes-7
92SkySchT-ST17
92SkyThuaL-TL6
92StaClu-245
92StaCluMO-245
92Top-116
92Top-352
92TopArc-6
92TopArc-78
92TopArcG-6G
92TopArcG-78G
92TopArcMP-1986
92TopGol-116G
92TopGol-352G
92Ult-35
92Ult-209
92Ult-NNO
92UltAll-13
92UppDec-247
92UppDec-421
92UppDec-427
92UppDec-498
92UppDecA-AD6
92UppDecAW-12
92UppDecE-13
92UppDecE-42
92UppDecE-167
92UppDecM-P7
92UppDecM-CL3
92UppDecS-2
92UppDecTM-TM6
93CavNicB-3
93Fin-100
93Fin-193
93FinRef-100
93FinRef-193
93Fle-35
93FleAll-1
93FleTowOP-4
93Hoo-37
93Hoo-268
93Hoo-285
93HooFifAG-37
93HooFifAG-268
93HooFifAG-285
93JamSes-37
93PanSti-159
93Sky-7
93Sky-50
93StaClu-7
93StaClu-317
93StaCluFDI-7
93StaCluFDI-317
93StaCluMO-7
93StaCluMO-317
93StaCluMO-ST5
93StaCluST-5
93StaCluSTNF-7
93StaCluSTNF-317
93Top-349

93TopGol-349G
93Ult-36
93UppDec-60
93UppDec-181
93UppDec-241
93UppDec-433
93UppDecE-1
93UppDecE-7
93UppDecE-40
93UppDecE-125
93UppDecFM-4
93UppDecH-H5
93UppDecPV-10
93UppDecS-67
93UppDecS-203
93UppDecSEC-67
93UppDecSEC-203
93UppDecSEG-67
93UppDecSEG-203
94Fin-20
94FinRef-20
94Fla-27
94Fle-39
94Hoo-33
94HooSupC-SC9
94JamSes-34
94PanSti-39
94ProMag-21
94Sky-29
94StaClu-11
94StaCluFDI-11
94StaCluMO-11
94StaCluSTNF-11
94Top-110
94TopGol-110
94Ult-33
94UppDec-114
94UppDecE-37
95FleEur-40
Daugherty, Hugh (Duffy)
90MicStaCC2*-47
90MicStaCC2*-79
90MicStaCC2*-92
Daulton, Darren
93ClaMcDF-11
93ClaMcDFL-LP1
Davender, Ed
84KenSch-14
88KenColC-47
88KenColC-160
88KenColC-187
Davenport, Ron
89LouCouC*-123
Davenport, Scott
88KenSovPI-2
Davenport, Steve
91GeoTecCC*-5
David, Brian
85Ari-3
86Ari-3
87Ari-3
88Ari-4
89Ari-2
David, Dallas
89UTE-4
David, Lawrence
89McNSta*-8
Davidson, Gene
94TenTec-17
Davidson, Jim
84MarPlaC-C2
Davidson, Marc
92Ill-5
Davidson, Mike
90MicStaCC2*-126
Davies, Bob (Robert E.)
48Bow-10
50BreforE-1
50BreforH-6
52Whe*-6A
52Whe*-6B
68HalofFB-48
69ConSta-1
85StaSchL-9
92CenCou-35
93ActPacHoF-25
Davies, David Edward
95UppDecCBA-49
95UppDecCBA-82
Davies, Lisa
94SouMisSW-2
Davies, Mike
87AriSta*-7
90AriStaCC*-6

Davis, Aaron
87WicSta-2
88WicSta-3
Davis, Alex
91OhiSta-5
92OhiSta-4
Davis, Alvin
90AriStaCC*-52
Davis, Anthony
91SouCal*-2
Davis, Antonio
89UTE-5
90StaPic-3
91WilCar-36
93Fle-297
93Hoo-345
93HooFifAG-345
93JamSesTNS-3
93Sky-232
93Sky-302
93Ult-258
93UppDec-353
93UppDecS-169
93UppDecS-193
93UppDecSEC-169
93UppDecSEG-169
93UppDecSEG-193
94ColCho-233
94ColChoGS-233
94ColChoSS-233
94Fin-24
94FinRef-24
94Fla-60
94Fle-88
94FleRooS-6
94Hoo-81
94JamSes-76
94PanSti-53
94Sky-65
94SkyRagR-RR11
94StaClu-121
94StaCluFDI-121
94StaCluMO-121
94StaCluMO-RS11
94StaCluRS-11
94StaCluSTDW-P121
94StaCluSTNF-121
94Top-82
94TopSpe-82
94TopSupS-8
94Ult-72
94UppDec-129
94UppDecSE-125
94UppDecSEG-125
95ColCho-218
95ColCholE-233
95ColCholJI-233
95ColCholSI-4
95ColChoPC-218
95ColChoPCP-218
95Fin-211
95FinRef-211
95Fla-54
95Fle-226
95FleEur-92
95Hoo-307
95Met-155
95PanSti-109
95Sky-175
95StaClu-83
95StaCluMOI-83
95Top-143
95TopGal-27
95TopGalPI-27
95TopPanFG-14
95Ult-72
95UltGolM-72
95UppDec-8
95UppDecE-8
95UppDecECG-8
96ColCho-254
96ColCholI-42
96ColCholJ-218
96ColChoM-M151
96ColChoMG-M151
96Fin-153
96FinRef-153
96Fle-198
96Hoo-65
96HooSil-65
96Met-39
96StaClu-160
96Ult-196

96UltGolE-G196
96UltPlaE-P196
96UppDec-48
96UppDec-146
Davis, Barry
91TexA&MCC*-49
Davis, Ben
91Kan-2
96ColEdgRR-9
96ColEdgRRD-9
96ColEdgRRG-9
96ColEdgRRKK-16
96ColEdgRRKKG-16
96ColEdgRRKKH-16
96ColEdgRRRR-15
96ColEdgRRRRG-15
96ColEdgRRRRH-15
96PacPow-9
96ScoBoaAB-41
96ScoBoaAB-41A
96ScoBoaAB-41B
96ScoBoaAB-41C
96ScoBoaBasRoo-66
Davis, Berkley
89KenColC*-271
Davis, Bernard
90Geo-4
92Geo-6
93Geo-5
Davis, Bill
89KenColC*-69
Davis, Bob
82TCMCBA-81
89KenColC*-160
Davis, Brad
80TCMCBA-36
81TCMCBA-15
81Top-48
83Sta-52
84Sta-253
84StaAre-B3
85Sta-161
86Fle-22
88MavBudLB-15
88MavBudLCN-15
89Hoo-296
90Fle-40
90Hoo-84
90HooActP-51
90HooTeaNS-6
90LSUColC*-143
90Sky-62
91Fle-266
91Hoo-44
91HooTeaNS-6
91Sky 58
91Sky-437
91UppDec-229
Davis, Brian
88Duk-5
92Cla-27
92ClaGol-27
92FouSp-24
92FouSpGol-24
92FroR-15
92StaPic-18
93Fle-326
93Top-269
93TopGol-269G
93Ult-288
Davis, Bruce
89KenColC*-297
Davis, Chandra
89McNSta*-4
Davis, Charles E.
83Sta-206
84Sta-127
85BucCarN-4
86BucLif-4
88BulEnt-22
89BulEqu-3
89Hoo-13
90Hoo-62
91WilCar-58
Davis, Charlie L.
72Top-27
73Top-8
Davis, Clarissa
96ClaLegotFF-10
Davis, Craig
89NorCarSCC-73
89NorCarSCC-75
Davis, Dale
88Cle-5

89Cle-6
90Cle-5
91Cla-8
91Cou-15
91Fle-293
91FouSp-156
91FroR-31
91FroR-39
91FroRowP-52
91StaPic-63
91UppDec-409
91UppDecRS-R38
91WilCar-14
92Fle-88
92FleTeaNS-5
92Hoo-89
92Sky-94
92StaClu-362
92StaCluMO-362
92Top-237
92TopGol-237G
92Ult-75
92UppDec-193
92UppDecE-159
93Fin-167
93FinRef-167
93Fle-82
93FleTowOP-5
93Hoo-84
93Hoo-285
93HooFifAG-84
93HooFifAG-285
93JamSes-86
93JamSesTNS-3
93PanSti-176
93Sky-84
93StaClu-206
93StaCluFDI-206
93StaCluMO-206
93StaCluSTNF-206
93Top-123
93TopGol-123G
93Ult-79
93UppDec-119
93UppDecE-171
93UppDecS-19
93UppDecSEC-19
93UppDecSEG-19
94ColCho-146
94ColChoGS-146
94ColChoSS-146
94Fin-68
94FinRef-68
94Fla-61
94Fle-89
94Hoo-82
94JamSes-77
94PanSti-54
94ProMag-51
94Sky-66
94SP-85
94SPCha-68
94SPChaDC-68
94SPDie-D85
94StaClu-188
94StaCluFDI-188
94StaCluMO-188
94StaCluGTDW-P188
94StaCluSTNF-188
94Top-18
94TopSpe-18
94Ult-73
94UppDec-213
94UppDecSE-126
94UppDecSEG-126
95ColCho-64
95ColCholE-146
95ColCholJI-146
95ColCholSI-146
95ColChoPC-64
95ColChoPCP-64
95Fin-101
95FinRef-101
95Fla-55
95Fle-73
95FleEur-93
95Hoo-65
95HooBloP-13
95JamSes-43
95JamSesDC-D43
95Met-42
95MetSilS-42
95PanSti-110
95ProMag-54

95Sky-49
95SP-54
95SPCha-42
95StaClu-164
95StaCluMOI-164
95Top-117
95TopGal-75
95TopGalPPI-75
95Ult-73
95UltGolM-73
95UppDec-195
95UppDecEC-195
95UppDecECG-195
95UppDecSE-33
95UppDecSEG-33
96ColCho-255
96ColChoCtGS2-C11A
96ColChoCtGS2-C11B
96ColChoCtGS2R-R11
96ColChoCtGS2RG-R11
96ColChoCtGSG2-C11A
96ColChoCtGSG2-C11B
96ColCholl-60
96ColCholJ-60
96ColChoM-M149
96ColChoMG-M149
96Fin-26
96FinRef-26
96Fle-43
96HooStaF-11
96Met-40
96Sky-47
96Sky-261
96SkyRub-47
96SkyRub-261
96SkyZ-F-37
96SkyZ-FZ-37
96SP-44
96StaClu-2
96StaCluM-2
96Top-96
96TopChr-96
96TopChrR-96
96TopNBAa5-96
96TopSupT-ST11
96Ult-44
96UltBoaG-3
96UltGolE-G44
96UltPlaE-P44
96UppDec-49
96UppDec-146
96UppDecGK-25
Davis, Damon
91TenTec-3
Davis, Dwight
73Top-104
74Top-85
74Top-158
75Top-11
Davis, Emanuel
91FroR-78
91FroRowP-17
91FroRU-91
96Hoo-284
96HooRoo-6
96Sky-206
96SkyRub-206
96SkyZ-F-145
96Ult-190
96UltGolF-G190
96UltPlaE-P190
Davis, Eric
89SpoIllFKI*-140
Davis, Fritgerald
91SouCarCC*-39
Davis, Glenn
52Whe*-7A
52Whe*-7B
77SpoSer1*-1305
83TopHisGO-97
91ImpHaloF-35
Davis, Harry
80TCMCBA-3
81TCMCBA-84
Davis, Hubert
91NorCarS-1
92Cla-22
92ClaGol-22
92Fle-395
92FouSp-19
92FouSpGol-19
92FroR-85
92Hoo-435

92Sky-375
92SkyDraP-DP20
92SkySchT-ST18
92StaClu-333
92StaCluMO-333
92StaPic-51
92Top-381
92TopGol-381G
92Ult-321
92UppDec-15
92UppDec-473
92UppDecRS-RS14
93Fin-211
93FinRef-211
93Fle-140
93FleRooS-4
93Hoo-145
93HooFifAG-145
93JamSes-148
93JamSesTNS-7
93JamSesTNS-9
93Sky-257
93Sky-309
93SkySch-14
93StaClu-23
93StaCluFDI-23
93StaCluMO-23
93StaCluSTDW-K23
93StaCluSTMP-K3
93StaCluSTNF-23
93Top-365
93TopGol-365G
93Ult-126
93UppDecE-74
94ColCho-144
94ColChoGS-144
94ColChoSS-144
94Fin-144
94FinRef-144
94Fla-98
94Fle-149
94Hoo-141
94HooShe-10
94JamSes-123
94PanSti-86
94Sky-109
94StaClu-6
94StaCluFDI-6
94StaCluMO-6
94StaCluSTNF-6
94Top-162
94TopSpe-162
94Ult-124
94UppDec-99
94UppDocE 102
95ColCho-158
95ColCholE-144
95ColCholJI-144
95ColCholSI-144
95ColChoPC-158
95ColChoPCP-158
95Fin-213
95FinRef-213
95Fla-87
95Fle-119
95FleEur-153
95Hoo-317
95PanSti-29
95Sky-187
95SkyRub-200
95Top-98
95UppDec-2
95UppDecEC-2
95UppDecECG-2
95UppDecSE-56
95UppDecSEG-56
96BowBes-71
96BowBesAR-71
96BowBesR-71
96ColCho-105
96ColCholl-108
96ColCholJ-158
96Fin-226
96FinRef-226
96Hoo-103
96Hoo-241
96HooSil-103
96HooStaF-26
96MetPreM-216
96Sky-191
96SkyRub-191
96SkyZ-F-134
96StaClu-138

96StaCluWA-WA17
96Top-74
96Top-114
96TopChr-74
96TopChr-114
96TopChrR-74
96TopChrR-114
96TopNBAa5-74
96TopNBAa5-114
96TopSupT-ST18
96Ult-248
96UltGolE-G248
96UltPlaE-P248
96UppDec-300
Davis, Jeff
90CleColC*-96
Davis, Jim
69Top-53
70Top-54
71Top-97
72Top-51
75Top-174
90CleColC*-148
90CleWom-3
Davis, John FLSt
92FloSta*-54
Davis, John GT
91GeoTecCC*-44
Davis, Johnathon
91KenBigB1-1
Davis, Johnny
77TraBlaP-16
78Top-22
79Top-92
80Top-58
80Top-86
80Top-122
80Top-145
81Top-16
81Top-53
83Sta-265
84Sta-216
85Sta-154
96Hoo-268
Davis, Katu
96ScoBoaBasRoo-65
Davis, Kendall
94IHSBoyAST-348
Davis, Larry
94Min-16
Davis, Latanya
94SouMisSW-3
Davis, Latina
92TenWom-3
93TenWom-3
94TenWom-2
Davis, Lee
71Top-212
73Top-253
75Top-234
Davis, Lucius
92Cla-36
92ClaGol-36
92FroR-16
92StaPic-25
Davis, Mark AUST
92AusFutN-3
92AusSto-N-3
93AusFutN-5
93AusFutSG-8
93AusStoN-29
94AusFutDG-DG6
94AusFutN-5
94AusFutN-112
94AusFutOT-OT11
95AusFutN-72
95AusFutN-88
96AusFutNA-ASS3
96AusFutNFDT-5
Davis, Mark G. OldD
91ProCBA-156
Davis, Mark NCSt
91NorCarS-2
92NorCarS-2
93NorCarS-3
94NorCarS-3
95ClaBKR-46
95ClaBKRAu-46
95ClaBKRPP-46
95ClaBKRSS-46
95ClaBKV-46
95ClaBKVE-46
95Fle-289
95PacPreGP-49

95SRDraD-9
95SRDraDSig-9
95SRFam&F-11
95SRSigPri-11
95SRSigPriS-11
96PacPreGP-49
96PacPri-49
96Ult-228
96UltGolE-G228
96UltPlaE-P228
96UppDec-275
Davis, Mel (Killer)
74Top-43
75Top-179
77Top-38
80TCMCBA-34
Davis, Mel (Melvin)
71Glo84-18
71Glo84-30
71Glo84-33
71Glo84-34
71Glo84-35
71Glo84-36
71Glo84-37
71Glo84-38
71GloCocP2-5
71GloCocP2-8
71GloCocP2-10
71GloCocP2-27
Davis, Mickey
71ConPitA-3
73LinPor-80
73Top-107
74BucLin-4
74Top-73
75Top-53
75Top-126
Davis, Mike (Maryland)
82TCMCBA-61
Davis, Mike A. (Crusher)
70Top-29
71Top-99
72Top-39
85Bra-S5
90ProCBA-133
91ProCBA-22
Davis, Mulford
89KenColC*-270
Davis, Percy
81TCMCBA-33
Davis, Ralph E.
60Kah-3
Davis, Ralph UTEP
89UTE-6
92UTE-9
Davis, Randy
91OklSta-10
91OklSta-46
Davis, Robert
89LouColC*-57
Davis, Robert HS
94IHSBoyAST-5
Davis, Rodell
87Iow-3
90Iow-4
91Iow-4
Davis, Ron AZ
80Ari-5
Davis, Ron WashSt.
80TCMCBA-30
81TCMCBA-80
Davis, Rueben
90NorCarCC*-43
Davis, Shawn
89Ark-14
91ArkColC-4
Davis, Steve
93AusFutN-84
Davis, Tara
91Was-10
91Was-10
Davis, Terry
89HeaPub-1
90FleUpd-U49
90HeaPub-4
90Sky-144
91Fle-267
91Hoo-109
91Hoo-352
91HooTeaNS-6
91Sky-146
91Sky-622
91UppDec-179
91UppDec-423

92Fle-48
92FleTeaL-6
92FleTeaNS-4
92FleTonP-17
92Hoo-46
92PanSti-65
92Sky-48
92StaClu-282
92StaCluMO-282
92Top-261
92TopGol-261G
92Ult-41
92UppDec-92
93Fle-43
93Hoo-44
93HooFifAG-44
93JamSes-45
93PanSti-68
93Sky-55
93StaClu-153
93StaCluFDI-153
93StaCluMO-153
93StaCluSTNF-153
93Top-188
93TopGol-188G
93Ult-43
93UppDecE-132
94Fin-238
94FinRef-238
94Fle-266
94Hoo-41
94HooShe-6
94MavBoo-6
94Ult-40
95ColCho-313
95ColChoPC-313
95ColChoPCP-313
95StaClu-29
95StaCluMOI-29
96ColCho-227
96ColChoI-25
96ColChoIJ-313
Davis, Tracye
90KenWomS-4
Davis, Walt
57Top-49
Davis, Walter
73NorCarPC-8D
76NorCarS-3
77SpoSer4*-4009
77SunHumDD-5
78RoyCroC-8
78Top-10
79Top-80
80SunPep-1
80Top-70
80Top-78
80Top-158
80Top-172
81SunPep-4
81Top-33
82SunGiaS-1
83Sta-109
84Sta-39
84StaAllG-17
84StaAllGDP-17
84SunPol-6
85Sta-36
85StaLas1R-8
86Fle-23
87Fle-26
87SunCirK-5
88NugPol-6
89Fle-39
89Hoo-61
89NorCarCC-51
89NorCarCC-53
89NorCarCC-54
89NugPol-2
89PanSpaS-135
90Fle-47
90Hoo-93
90HooTeaNS-7
90NorCarCC*-9
90PanSti-64
90Sky-73
91Fle-274
91Hoo-173
91Hoo-356
91Hoo-557
91HooTeaNS-7
91Sky-236
91Sky-623

91TraBlaF-9
91UppDec-380
91UppDec-422
92Sky-58
92Sun25t-11
92Sun25t-19
Davis, Warren
71Top-219
73Top-229
Davis, Wendell
88LSUAll*-9
90LSUColC*-70
Davis, Wendy
93ConWom-16
Davis, Will
93Mia-1
94Mia-2
Davis, William
91JamMad-6
92JamMad-5
93Cla-24
93ClaF-43
93ClaG-24
93FouSp-22
93FouSpG-22
Dawkins, Bill
90FloStaCC*-188
Dawkins, Darryl
77Top-132
78Top-34
79Top-105
80Top-55
80Top-160
81Top-29
81Top-E103
83Sta-148
84NetGet-4
84Sta-88
85Sta-61
86Fle-24
86NetLif-5
86StaCouK-10
91WilCar-69
92Fle-300
92Fle-SD300
92FleTonP-80
Dawkins, Johnny
87Fle-27
88Fle-104
88SpuPolS-6
8976eKod-5
89Fle-143
89Hoo-78
89Hoo-311
89PanSpaS-165
90Fle-141
90Hoo-227
90HooActP-119
90HooTeaNS-20
90PanSti-131
90Sky-214
91Fle-152
91FleTonP-25
91FleWheS-6
91Hoo-158
91Hoo100S-72
91HooTeaNS-20
91LitBasBL-8
91Sky-213
91UppDec-176
92Fle-168
92FleTonP-18
92Hoo-172
92Hoo100S-73
92PanSti-182
92Sky-181
92StaClu-52
92StaCluMO-52
92Top-168
92TopArc-79
92TopArcG-79G
92TopGol-168G
92Ult-137
92UppDec-55
92UppDec-231
92UppDecE-81
93Fin-151
93FinRef-151
93Fle-156
93Hoo-162
93HooFifAG-162
93JamSes-167
93PanSti-231

93Sky-138
93StaClu-128
93StaCluFDI-128
93StaCluMO-128
93StaCluSTNF-128
93Top-22
93TopGol-22G
93Ult-140
93UppDec-151
94Fin-65
94FinRef-65
94Fle-212
94Fle-279
94JamSes-141
94PanSti-103
94ProMag-98
94Sky-124
94StaClu-141
94StaClu-256
94StaCluFDI-141
94StaCluFDI-256
94StaCluMO-141
94StaCluMO-256
94StaCluSTNF-141
94StaCluSTNF-256
94Ult-238
94UppDec-111
94UppDec-202
94UppDecE-143
95ColChoIE-12
95ColChoIJI-12
95ColChoISI-12
95FleEur-65
Dawkins, Vincent
94IHSBoyAST-187
Dawson, Bill
90FloStaCC*-154
Dawson, Mike
90AriColC*-69
Dawson, Rhett
90FloStaCC*-196
Dawson, Tony
89ProCBA-56
90ProCBA-37
Day, Ned
48ExhSpoC-11
52Whe*-8A
52Whe*-8B
Day, Todd
89Ark-12
89Ark-18
89Ark-22
91ArkColC-5
92Cla-12
92ClaGol-12
92ClaLPs-LP8
92ClaMag-BC11
92Fle-372
92FleTeaNS-8
92FouSp-11
92FouSpAu-11A
92FouSpGol-11
92FouSpLPs-LP13
92FroR-17
92FroRowDP-71
92FroRowDP-72
92FroRowDP-73
92FroRowDP-74
92FroRowDP-75
92Hoo-416
92HooDraR-G
92HooMagA-7
92Sky-363
92SkyDraP-DP8
92StaClu-263
92StaCluMO-263
92StaPic-4
92StaPic-83
92Top-284
92TopGol-284G
92Ult-297
92UppDec-20
92UppDec-470
92UppDecM-P48
92UppDecMH-29
92UppDecRS-RS11
92UppDecS-10
93Fin-49
93FinRef-49
93Fle-117
93FleRooS-5
93Hoo-122
93HooFactF-11
93HooFifAG-122

93HooGolMB-15
93JamSes-123
93JamSesTNS-6
93JamSesTNS-8
93PanSti-124
93Sky-112
93SkySch-15
93StaClu-252
93StaCluFDI-252
93StaCluMO-252
93StaCluSTNF-252
93Top-28
93TopGol-28G
93Ult-108
93UppDec-77
93UppDecE-65
93UppDecE-204
93UppDecPV-59
93UppDecS-2
93UppDecS-213
93UppDecSEC-2
93UppDecSEC-213
93UppDecSEG-2
93UppDecSEG-213
94ColChoGS-110
94ColChoSS-110
94Emb-53
94EmbGoII-53
94Fin-81
94FinRef-81
94Fla-85
94Fle-125
94Hoo-118
94JamSes-106
94PanSti-72
94ProMag-73
94Sky-93
94SP-102
94SPDie-D102
94StaClu-66
94StaCluFDI-66
94StaCluMO-66
94StaCluSTNF-66
94Top-17
94TopSpe-17
94Ult-104
94UppDec-341
94UppDecE-40
94UppDecSE-49
94UppDecSEG-49
95ColCho-67
95ColChoDT-T8
95ColChoDTPC-T8
95ColChoDTPCP-T8
95ColChoIE-110
95ColChoIJI-110
95ColChoISI-110
95ColChoPC-67
95ColChoPCP-67
95Fin-91
95FinRef-91
95Fla-75
95Fle-102
95FleEur-129
95Hoo-90
95JamSes-60
95JamSesDC-D60
95Met-62
95MetSilS-60
95PanSti-121
95ProMag-73
95Sky-70
95SP-8
95StaClu-62
95StaCluMOI-62
95Top-44
95Ult-102
95UltGolM-102
95UppDec-44
95UppDecEC-44
95UppDecECG-44
95UppDecSE-133
95UppDecSEG-133
96ColCho-208
96ColChoII-87
96ColChoIJ-67
96ColChoM-M49
96ColChoMG-M49
96Fle-155
96Hoo-8
96HooSil-8
96HooStaF-2
96Sky-136

96SkyRub-136
96StaClu-151
96Ult-155
96UltGolE-G155
96UltPlaE-P155
96UppDec-6
Daye, Darren
83Sta-207
84Sta-188
85Sta-111
91UCLColC-27
Daye, Jimmy (James)
85NorCarS-2
89NorCarCC-191
Dayhuff, Bruce
73NorCarSPC-H2
De Ambrosis, Tony
92AusFutN-88
93AusFutN-106
93AusStoN-28
94AusFutN-86
94AusFutN-133
95AusFutN-53
96AusFutN-29
De Baillet-Latour, Henri
76PanSti-8
De Coubertin, Pierre
76PanSti-7
De La Hoya, Oscar
93FaxPaxWoS*-29
Deal, Jeff
92UTE-3
Dean, Charley
92TenTec-6
93TenTec-7
Dean, Everett S.
54QuaSpoO*-24
68HalofFB-9
86IndGreI-14
Dean, Joe
69ConSta-2
77Ken-6
77KenSch-6
78Ken-22
78KenSch-6
79Ken-15
79KenSch-4
80KenSch-5
81KenSch-6
82KenSch-5
90LSUColC*-6
90LSUColCP*-10
Dean, Willard
90MonSta-1
Deane, Harold
93Vir-6
Deane, Mike
94Mar-3
95Mar-4
Deanes, Roosevelt
94IHSBoyAST-188
Deardorff, Donna
85Neb*-33
DeBaillie, Nathan
94IHSBoyAST-102
DeBernardi, Forrest S.
60IIaIofFD-10
DeBisschop, Pete
82Fai-3
DeBortoli, Joel
90ProGRA-140
DeBose, Carlton
94IHSBoyAST-93
DeBose, Keenan
82Ark-5
DeBusschere, Dave
68TopTes-11
69Top-85
70Top-135
70Top-170
71Top-107
71TopTri-10
72IceBea-6
72Top-105
73LinPor-88
73NBAPlaA-7
73NBAPlaA8-A
73Top-30
74Top-93
81TCMNBA-39
85StaSchL-10
92CenCou-28
93ActPacHoF-36
94SRGolSHFSig-6

95SRKroFFTP-FP7
95SRKroFFTPS-FP7
95TedWilHL-HL2
96StaCluFR-13
96StaCluFRR-13
96TopNBAS-13
96TopNBAS-63
96TopNBAS-113
96TopNBASF-13
96TopNBASF-63
96TopNBASF-113
96TopNBASFAR-13
96TopNBASFAR-63
96TopNBASFAR-113
96TopNBASFR-13
96TopNBASFR-63
96TopNBASFR-113
96TopNBASI-I10
96TopNBASR-13
DeClercq, Andrew
95ClaBKR-32
95ClaBKRAu-32
95ClaBKRPP-32
95ClaBKRSS-32
95ClaBKV-32
95ClaBKVE-32
95Col-43
95Col-99
95ColCho-251
95ColChoPC-251
95ColChoPCP-251
95FivSp-32
95FivSpA-184
95FivSpAu-32
95FivSpD-32
95FivSpD-184
95Hoo-263
95PacPreGP-44
95SRDraD-17
95SRDraDSig-17
95SRFam&F-12
95SRSigPri-12
95SRSigPriS-12
95SRTetAut-4
96ColCho-243
96ColCholl-35
96ColCholJ-251
96FivSpSig-25
96PacPreGP-44
96PacPri-44
96SkyAut-15
96SkyAutB-15
DeCuire, Travis
92Mon-4
Dedeaux, Rod
91SouCal*-74
Deden, Karen
91Was-11
Dedmon, Lee
89NorCarCC-164
90NorCarCC*-181
Deeken, Dennis
89LouColC*-79
Deeken, Ted
89KenColC*-18
Dees, Archie
58Kah-2
86IndGreI-34
Dees, Clair
89KenColC*-294
DeForge, Anne
95Neb*-5
DeFrank, Matt
90LSUColC*-169
DeGiglio, Bruno
79St.Bon-3
Degitz, Dave
92PenSta*-3
DeGraffenried, Jimmy
96Web StS-3
DeHavilland, Olivia
48TopMagP*-F7
DeHeer, Bill
86IndGreI-41
Dehere, Terry
93Cla-87
93ClaChDS-DS22
93ClaF-64
93ClaG-87
93ClaSB-SB12
93Fin-192
93FinRef-192
93Fle-306
93FouSp-76

93FouSp-314
93FouSpG-76
93FouSpG-314
93Hoo-351
93HooFifAG-351
93JamSes-95
93JamSesTNS-4
93Sky-236
93Sky-303
93SkyDraP-DP13
93SkySch-16
93StaClu-296
93StaCluFDI-296
93StaCluMO-296
93StaCluSTNF-296
93Top-272
93TopGol-272G
93Ult-266
93UppDec-335
93UppDec-482
93UppDec-494
93UppDecRS-RS4
94ColCho-128
94ColChoGS-128
94ColChoSS-128
94Emb-43
94EmbGolI-43
94Fin-113
94FinRef-113
94Fla-66
94Fle-97
94Hoo-90
94Ima-90
94PanSti-149
94Sky-72
94SkyRagR-RR12
94SP-87
94SPCha-72
94SPChaDC-72
94SPDie-D87
94StaClu-94
94StaCluFDI-94
94StaCluMO-94
94StaCluSTNF-94
94Top-99
94TopSpe-99
94Ult-260
94UppDec-103
95ColCho-51
95ColCho-377
95ColCholE-128
95ColCholJ-128
95ColCholSI-128
95ColChoPC-51
95ColChoPC-377
95ColChoPCP-51
95ColChoPCP-377
95Fin-102
95FinRef-102
95Fle-80
95Hoo-71
95Met-158
95PanSti-217
95ProMag-57
95Sky-177
95StaClu-147
95StaCluMOI-147
95Top-96
95Ult-78
95UppDec-48
95UppDecEC-48
95UppDecECG-48
96ColCho-260
96ColCholI-68
96ColCholI-167
96ColCholJ-51
96ColCholJ-377
96ColChoM-M38
96ColChoMG-M38
96Fin-97
96FinRef-97
96Hoo-71
96HooSil-71
96HooStaF-12
96Sky-160
96SkyRub-159
96StaClu-114
96Top-211
96TopChr-211
96TopChrR-211
96TopNBAa5-211
96TopSupT-ST12

96UppDec-147
96UppDec-232
Dehnert, Henry G.
68HalofFB-11
77SpoSer8*-8317
Del Negro, Vinny (Vincent)
87NorCarS-4
88KinCarJ-15
89Hoo-6
89KenColC*-24
89KinCarJ-15
89NorCarSCC-88
89NorCarSCC-89
89NorCarSCC-90
90Hoo-256
90PanSti-42
90Sky-245
91WilCar-79
92Fle-426
92Hoo-466
92Sky-380
92StaClu-277
92StaCluMO-277
92Top-365
92TopGol-365G
92Ult-354
92UppDec-333
93Fle-191
93Hoo-403
93HooFifAG-403
93JamSes-205
93Sky-278
93StaClu-59
93StaCluFDI-59
93StaCluMO-59
93StaCluSTNF-59
93Top-31
93TopGol-31G
93Ult-337
93UppDec-140
93UppDecE-239
94ColCho-115
94ColChoGS-115
94ColChoSS-115
94Fin-298
94FinRef-298
94Fla-133
94Fle-204
94Hoo-193
94JamSes-170
94PanSti-198
94ProMag-120
94Sky-149
94SPCha-120
94SPChaDC-120
94StaClu-331
94StaCluFDI-331
94StaCluMO-331
94StaCluSTDW-SP331
94StaCluSTNF-331
94Ult-330
94UppDec-30
94UppDecE-98
95ColCho-115
95ColCholE-115
95ColCholI-115
95ColCholSI-115
95ColChoPC-115
95ColChoPCP-115
95Fin-78
95FluRef-78
95Fla-121
95Fle-167
95FleEur-207
95Hoo-145
95Met-190
95PanSti-181
95ProMag-120
95Sky-107
95SP-118
95StaClu-237
95Top-42
95Ult-161
95UltPlaE-161
95UppDec-12
95UppDecEC-12
95UppDecECG-12
95UppDecSE-79
95UppDecSEG-79
96ColCho-139
96ColCholl-144
96ColCholJ-115
96ColChoM-M112A
96ColChoMG-M112A

96Fin-172
96FinRef-172
96Fle-97
96FleS-31
96Hoo-139
96Met-88
96Sky-103
96SkyRub-103
96SkyZ-F-78
96SkyZ-FZ-78
96StaClu-143
96TopSupT-ST24
96Ult-98
96UltGolE-G98
96UltPlaE-P98
96UppDec-109
96UppDec-159
Del Rio, Jack
91SouCal*-51
DeLamielleure, Joe
90MicStaCC2*-63
Delany, Jim
89NorCarCC-125
90NorCarCC*-162
Delesalle, Philip
76CanOly-34
Delk, Tony
93Ken-2
96AllSpoPPaF-16
96BowBesRo-R10
96BowBesRoAR-R10
96BowBesRoR-R10
96ColCho-213
96ColChoCtgS2-CS3A
96ColChoCtgS2-C3B
96ColChoCtgS2RG-R3
96ColChoCtgSG2-C3A
96ColChoCtgSG2-C3B
96ColEdgRR-10
96ColEdgRRD-10
96ColEdgRRG-10
96ColEdgRRKK-6
96ColEdgRRKKG-6
96ColEdgRRKKH-6
96ColEdgRRRR-6
96ColEdgRRRRG-6
96ColEdgRRRRH-6
96Fin-20
96FinRef-20
96FinRef-170
96Fle-159
96FleRooS-6
96Hoo-285
96HooRoo-7
96PacPow-10
96PacPowGCDC-GC6
96PrePas-15
96PrePas-40
96PrePasAu-4
96PrePasNB-15
96PrePasS-15
96PrePasS-40
96ScoBoaAB-22
96ScoBoaAB-22A
96ScoBoaAB-22B
96ScoBoaAB-22C
96ScoBoaAB-PP20
96ScoBoaACA-12
96ScoBoaBasRoo-20
96ScoBoaBasRoo-90
96ScoBoaBasRooCJ-CJ22
96ScoBoaBasRooD-DC16
96Sky-12
96SkyAut-16
96SkyAutB-16
96SkyE-X-6
96SkyE-XC-6
96SkyRooP-R6
96SkyRub-12
96SkyRub-20
96SkyZ-F-146
96SP-128
96SPPreCH-PC4
96StaCluR1-R14
96StaCluR2-R2
96StaCluRS-RS13
96Top-155
96TopChr-155
96TopChrRS-155
96TopDraR-16
96TopNBAa5-155

96Ult-12
96Ult-269
96UltAll-5
96UltGolE-G12
96UltGolE-G269
96UltPlaE-P12
96UltPlaE-P269
96UppDec-190
96UppDecRE-R17
96UppDecU-10
Delph, Marvin
91ArkColC*-44
DeMarcus, David
88KenSovPl-7
DeMarie, John
90LSUColC*-89
DeMarie, Mike
90LSUColC*-167
Demars, Kent
91SouCarCC*-12
Dembo, Fennis
89Hoo-72
90ProCBA-77
91WilCar-89
Demic, Larry
80Top-76
80Top-132
90AriColC*-21
DeMoisey, John
88KenColC-22
DeMoisey, Truett
89KenColC*-91
89LouColC*-219
DeMoss, Mickie
90TenWom-7
92TenWom-4
93TenWom-4
94TenWom-3
Demps, Dell
96TopSupT-ST24
Dempsey, George
57Top-60
Dempsey, Jack
33SpoKinR*-17
48ExhSpoC-12
48TopMagP*-A8
56AdvR74*-34
77SpoSer1*-1302
Dempsey, Tom
81TopThiB*-48
Dendy, Thomas
91SouCarCC*-147
Denham, Harry
89KenColC*-33
Denisov, Vladimir
76PanSti-192
Dennard, Jerry
92AusFutN-4
93AusFutN-7
Dennard, Ken
81TCMCBA-35
83NugPol-33
Dennard, Mark
91TexA&MCC*-62
Dennis, Brenda
88MarWom-6
Dennis, Greg
89EasTenS-1
90EasTenS-3
91EasTenS-2
92Cla-85
92ClaGol-85
92FouSp-70
92FouSpGol-70
92FroR-18
92StaPic-66
Dennis, Phil
94TenTec-18
Dennis, Shawn
93AusFutN-59
Dennison, Daniel
91DavLip-12
92DavLip-12
Denny, Jeff
86NorCar-3
87NorCar-3
88NorCar-3
89NorCarS-1
Denny, Mike
80WicSta-2
Dent, Ian
94IHSBoyAST-217
Dent, Rodney
93Ken-3

93KenSch-7
94Cla-41
94ClaG-41
94FouSp-31
94FouSpG-31
94FouSpPP-31
94PacP-12
94PacPriG-12
94SRGolS-5
94SRTet-48
94SRTetS-48
95Ima-26
95SRKro-4
95TedWil-16
Denton, Julius
89Bay-3
Denton, Randy
72Top-202
73Top-211
74Top-189
74Top-225
75Top-266
Depaola, Len
89LouColC*-176
DePiazza, Kevin
94IHSBoyAST-200
Deppe, Cameron
94IHSBoyAST-201
DePre, Joe
71Top-226
DePriest, Lyman
90Con-4
DeRatt, Jimmy
90NorCarCC*-110
Derline, Rod
75Top-112
Derouillere, Jean
91ProCBA-5
91StaPic-91
Derricks, Leon
92Mic-12
DeSantis, Joe
82Fai-4
Desdunes, Jean
90CleColC*-83
DeShields, Delino
91FooLocSF*-2
Desmond, Jim
91SouCarCC*-111
DeSouza, Marcel
85Bra-H8
Detiatin, Alexandre
76PanSti-213
Detton, Dean
48TopMagP*-D10
Deuser, Greg
81Lou-14
88LouColC-88
Deutsch, Darcy
91NorDak*-8
Devaney, Bob
90Neb*-1
Deveaux, Drexel
91FroR-52
91FroRowP-46
Devereaux, Mike
90AriStaCC*-158
Devereux, Jim
94IHSBoyAST-218
Devine, Dan
90AriStaCC*-105
Devoe, Don
88Ten-xx
DeVries, William
87Ken*-3
Dewberry, John
91GeoTecCC*-1
Dewey, George
48TopMagP*-O9
DeWilde, Derrick
94IHSBoyASD-56
Dia, Cheikh
93Geo-12
94Geo-11
Diamond, Neil
93LakFor*-2
Dias, Lisa
91SouCarCC*-20
Diaz, Adrain
94IHSBoyA3S-61
Diaz, David
92Hou-9
Dibble, Dorne
90MicStaCC2*-20

Dibiasi, Klaus
76PanSti-267
DiCarlo, George
90AriColC*-50
Dick, Joe
94WriSta-18
Dickenman, Howie
92Con-15
93Con-16
Dickerson, Dave
88Mar-2
Dickerson, Eric
89FooLocSF*-4
91FooLocSF*-27
Dickey, Curtis
91TexA&MCC*-29
Dickey, Derrek
73LinPor-50
75Top-69
Dickey, Dick
73NorCarSPC-C13
89NorCarSCC-76
89NorCarSCC-77
89NorCarSCC-78
Dickinson, Cameron
95AusFutCC-CM14
95AusFutN-84
96AusFutN-82
Dickson, Mack
90CleColC*-98
Dickson, Todd
90MonSta-2
Dicus, Chuck
91ArkColC*-76
Diddle, Ed
55AshOil-78
Didrickson, Babe
33SpoKinR*-45
91ImpHaloF-6
Dieckman, Johnny
57UniOilB*-16
Diehl, Charles
52Whe*-9A
52Whe*-9B
Dierking, Connie
58SyrNat-2
69Top-28
70Top-66
Dietrich, Mark
90Bra-9
Dietrick, Coby
75Top-273
79BulPol-26
91HooTeaNS-24
Dietz, Diane
91Mic*-15
Dietzel, Paul
90LSUColC*-183
DiGregorio, Ernie
73LinPor-24
73LinPor-25
73NBAPlaA-8
73NBAPlaA8-D
74BraBufL-1
74Top-83
74Top-135
74Top-147
74Top-149
75CarDis-6
75Top-45
76Top-82
77Top-131
91Pro-16
Dilger, Cindy
92Ill-21
Dillard, Al
93Ark-5
94ArkTic-18
Dillard, Harrison
48ExhSpoC-13
48TopMagP*-E4
83TopHisGO-88
91ImpHaloF-15
Dillard, Skip
82TCMCBA-46
Diller, Ken
91SouCarCC*-114
Dilligard, Rachone
92TenWom-5
93TenWom-5
Dillingham, Virgie
92IowWom-3
93IowWom-2
Dillman, Debbie

92FloSta*-3
Dillon, Hook
73NorCarPC-6C
Dillon, John
89NorCarCC-85
Dillon, Tim
89ProCBA-98
91ProCBA-25
Dimas, Ted
90Neb*-18
Dinardo, Tommy
89NorCarSCC-79
89NorCarSCC-80
Dineen, Kevin
93ClaMcDF-13
Dingman, Dean
91Mic*-16
Dinkins, Byron
90Hoo-123
91ProCBA-139
Dinneen, Tim
94IHSBoyAST-118
Dinwiddie, Jim
88KenColC-88
88KenColC-267
Dionne, Marcel
79LakAlt*-5
93LakFor*-9
Discherger, Terry
69Top-33
70Top-96
71Top-8
72Top-143
Dishman, J.A.
89KenColC*-245
Distefano, Bob
89NorCarSCC-82
Divac, Vlade
89SpoIllfKI*-246
90Fle-91
90FleRooS-9
90Hoo-154
90Hoo-384
90HooTeaNS-13
90PanSti-3
90Sky-135
915Maj-3
915Maj-55
91Fle-97
91FleTonP-32
91Hoo-99
91Hoo-540
91Hoo-542
91Hoo100S-46
91HooMcD-20
91HooTeaNS-13
91PanSti-16
91Sky-134
91Sky-335
91Sky-498
91UppDec-175
91UppDecM-M2
91UppDecS-4
92Fle-107
92FleTeaNS-6
92FleTonP-19
92Hoo-108
92Hoo100S-44
92Sky-114
92Sky-294
92StaClu-126
92StaCluMO-126
92StaPic-30
92Top-32
92TopArcG-118G
92TopGol-32G
92UppDec-199
92UppDecE-64
92UppDecE-186
92UppDecFE-FE2
92UppDecM-LA3
93Fin-120
93Fin-197
93FinRef-120
93FinRef-197
93Fle-101
93FleInt-2
93FleTowOP-6
93Hoo-106
93HooFifAG-106
93JamSes-105
93JamSesTNS-5

93PanSti-25
93Sky-98
93StaClu-50
93StaCluFDI-50
93StaCluMO-50
93StaCluSTNF-50
93Top-14
93TopGol-14G
93Ult-94
93UppDec-16
93UppDec-197
93UppDec-457
93UppDecE-76
93UppDecE-189
93UppDecFM-5
93UppDecPV-6
93UppDecS-12
93UppDecSEC-12
93UppDecSEG-12
94ColCho-312
94ColChoGS-312
94ColChoSS-312
94Emb-46
94EmbGolI-46
94Fin-89
94FinRef-89
94Fla-73
94Fle-108
94FleTeaL-5
94Hoo-100
94Hoo-441
94HooMagC-13
94HooPowR-PR25
94JamSes-92
94PanSti-159
94ProMag-62
94Sky-80
94Sky-327
94SP-94
94SPCha-77
94SPChaDC-77
94SPDie-D94
94StaClu-201
94StaClu-297
94StaCluFDI-201
94StaCluFDI-297
94StaCluMO-201
94StaCluMO-297
94StaCluSTNF-201
94StaCluSTNF-297
94Top-114
94TopSpe-114
94Ult-86
94UppDec-135
94UppDecE-162
94UppDecSE-132
94UppDecSEG-132
95ColCho-47
95ColCholE-312
95ColCholJI-312
95ColCholSI-93
95ColChoPC-47
95ColChoPCP-47
95Fin-219
95FinRef-219
95Fla-66
95FlaCenS-1
95Fle-88
95FleDouD-2
95FleEndtE-2
95FleLeu-112
95Hoo-79
95HooBloP-5
95HooMagC-13
95HooSla-SL22
95JamSes-52
95JamSesDC-D52
95Met-53
95MetSilS-53
95MetSteT-2
95PanSti-229
95ProMag-61
95Sky-60
95Sky-261
95SkyAto-A4
95StaClu-9
95StaClu-113
95StaClu-353
95StaCluMOI-9
95StaCluMOI-113B
95StaCluMOI-113R
95StaCluX-X10
95Top-255
95TopGal-140

95TopGalPPI-140
95Ult-88
95Ult-305
95UltGolM-88
95UppDec-79
95UppDecEC-79
95UppDecECG-79
96BowBes-65
96BowBesAR-65
96BowBesR-65
96ColCho-25
96ColCho-78
96ColCho-214
96ColChoII-74
96ColChoIJ-47
96ColChoINE-E5
96ColChoM-M39
96ColChoMG-M39
96Fin-202
96FinRef-202
96FlaSho-A79
96FlaSho-B79
96FlaSho-C79
96FlaShoLC-79
96FlaShoLC-B79
96FlaShoLC-C79
96Fle-54
96Fle-160
96FleAusS-14
96Hoo-78
96Hoo-204
96HooStaF-3
96Met-112
96Met-155
96MetPreM-155
96Sky-138
96SkyRub-138
96SkyZ-F-104
96SP-10
96StaClu-120
96Top-39
96Top-170
96TopChr-39
96TopChr-170
96TopChrR-39
96TopChrR-170
96TopNBAa5-39
96TopNBAa5-170
96TopSupT-ST13
96Ult-158
96UltGolE-G158
96UltPlaE-P158
96UppDec-138
96UppDec-191
Divoky, Jerry
84Vic-2
86Vic-1
88Vic-3
Dixon, Corey
93Neb*-5
Dixon, Herb
90ProCBA-67
Dixon, Kevin
91DavLip-14
92DavLip-14
Dixon, King
91SouCarCC* 70
Dixon, Rod
76PanSti-114
Djordjevic, Aleksandar
96Fle-241
96UppDec-283
Djuricic, Zarko
80WicSta-3
Dobard, Rodney
92FloSta*-41
93Cla-25
93ClaF-45
93ClaG-25
93FouSp-23
93FouSpG-23
Dobbins, Sean
92Mic-15
Dobbs, Glenn
48ExhSpoC-14
Dobosz, Stan
90FloStaCC*-199
Dobras, Radenko
92Cla-9
92ClaGol-9
92FroR-19
92StaPic-37
Dockery, James
92NewMexS-12

93NewMexS-2
Dodd, Bobby
91GeoTecCC*-16
91GeoTecCC*-99
Dodds, Gil
48ExhSpoC-15
Dodge, Dedrick
90FloStaCC*-83
Dodson, Casey
94IHSBoyAST-202
Doetschman, Peter
94IHSBoyAST-172
Doggett, Robert
92EasTenS-2
93EasTenS-2
Doherty, Matt
83NorCarS-1
89NorCarCC-62
89NorCarCC-128
89NorCarCC-201
90NorCarCC*-19
90NorCarCC*-65
90NorCarCCP*-NC5
92Kan-1
93Kan-15
Dohner, Mark
72BraSch-2
85Bra-D6
85Bra-S5
Dokes, Phillip
91OklStaCC*-31
Doktorczyk, Mike
89ProCBA-197
Dole, Melvin
91GeoTecCC*-159
Doll, Bob
48Bow-45
50LakSco-1
Doll, Don
91SouCal*-59
Domako, Tom
89ProCBA-182
Domalik, Brian
88GeoTec-4
89GeoTec-9
90GeoTec-9
Dombkiewicz, James
94IHSBoyAST-127
Dombrowski, Bob
87AriSta*-8
Donahue, Hugh
89NorCarCC-176
Donahue, Mark
91Mic*-17
Donahue, Pat
93Bra-4
94Bra-3
95Bra-3
Donaldson, James
83Sta-124
84Sta-17
87Fle-28
87MavMiIL-3
88Fle-29
88MavBudLB-40
88MavBudLCN-40
09Fle-34
89Hoo-189
89PanSpaS-130
90Fle-41
90Hoo-85
90Hoo100S-23
90HooActP-52
90HooTeaNS-6
90PanSti-57
90Sky-63
91Fle-44
91FleTonP-103
91Hoo-45
91Hoo100S-21
91HooTeaNS-6
91LitBasBL-9
91PanSti-46
91ProSetPF*-3
91Sky-59
91Sky-410
91UppDec-124
Donaldson, Mario
90ProCBA-47
91ProCBA-29
94AusFutN-174
94AusFutNH-HZ4
94AusFutSS-SS4

95AusFutN-64
95AusFutSC-NBL8
Donato, Bill
86DePPlaC-H9
Donlon, Bill
94IHSBoyAST-128
Donnalley, Rick
90NorCarCC*-37
Donnelly, Carl
90AriStaCC*-188
Donnelly, Johnny
94TenTec-16
Donnelly, Mike
90MicStaCC2*-136
Donnelly, Terry
90MicStaCC2*-199
Donoher, Don
83Day-6
Donohue, Warfield
89KenColC*-201
Donovan, Billy
89KenBigB-23
91KenBigB2-17
91Pro-22
93Ken-15
Donovan, Paul
91ArkColC*-24
Doohan, Peter
91ArkColC*-30
Doolittle, James
33SpoKinR*-28
48TopMagP*-L2
Dorge, John
92AusFutN-75
92AusStoN-69
93AusFutN-102
93AusFutSG-1
94AusFutN-76
95AusFutN-76
94AusFutN-67
96AusFutNA-ASS5
96AusFutNFDT-5
Dornbrook, Tom
89KenColC*-130
Dorow, Al
90MicStaCC2*-61
Dorsett, Tony
77SpoSer1*-1024
Dorsey, Jacky
81TCMCBA-85
Dossey, Bernice
48TopMagP*-H2
Dosty, Robbie
80Ari-6
Dotson, Bobby
83Lou 17
88LouColC-63
Dotson, Ovie
92Glo-68
92Glo-77
Dougherty, Jim
94IHSBoyAST-66
Dougherty, Lynn
92PenSta*-4
Doughton, Ged
78NorCarS-2
89NorCarCC-188
Douglas, Anthony
92MemSta-3
Douglas, Brandon
04IHICBoyACT-040
Douglas, Brett
94IHSBoyAST-347
Douglas, John
82TCMCBA-66
Douglas, Leon
78Top-64
79Top-126
80Top-63
80Top-170
Douglas, Maurice
94IHSBoyAST-67
Douglas, Michael
92Glo-54
Douglas, Richard
94IHSBoyAST-2
Douglas, Sherman
88Syr-3
89HeaPub-2
90Fle-98
90FleRooS-10
90HeaPub-5
90Hoo-164
90HooActP-89

90HooTeaNS-14
90PanSti-156
90Sky-145
91Fle-107
91FleTonP-109
91Hoo-110
91Hoo-475
91Hoo-516
91Hoo100S-53
91PanSti-149
91Sky-147
91SkyCanM-27
91UppDec-122
91UppDec-426
92Fle-305
92FleTeaNS-1
92Hoo-12
92Sky-12
92SkySchT-ST9
92StaClu-19
92StaCluMO-19
92Top-65
92TopArc-119
92TopArcG-119G
92TopGol-65G
92Ult-228
92UppDec-293
92UppDecM-BT2
92Fle-11
93Hoo-11
93HooFifAG-11
93JamSes-12
93JamSesTNS-1
93PanSti-196
93Sky-31
93StaClu-13
93StaCluFDI-13
93StaCluMO-13
93StaCluSTNF-13
93Top-367
93TopGol-367G
93Ult-11
93UppDec-125
93UppDec-101
93UppDecS-146
93UppDecSEC-146
93UppDecSEG-146
94ColCho-120
94ColChoCtGA-A5
94ColChoCtGAR-A5
94ColChoGS-120
94ColChoSS-120
94Fin-55
94Fin-123
94FinRef-55
94FinRef-123
94Fla-7
94Fle-11
94Hoo-9
94JamSes-8
94PanSti-14
94ProMag-7
94Sky-9
94StaClu-68
94StaCluFDI-68
94StaCluMO-68
94StaCluSTNF-68
94Top-23
94TopOwntG-8
94TopSpe-23
94Ult-8
94UppDec-71
94UppDecE-20
94UppDecPLL-R19
94UppDecPLLR-R19
95ColCho-53
95ColCho-367
95ColChoDT-T5
95ColChoDTPC-T5
95ColChoDTPCP-T5
95ColChoIE-120
95ColChoIJI-120
95ColChoISI-120
95ColChoPC-53
95ColChoPC-367
95ColChoPCP-53
95ColChoPCP-367
95Fin-42
95FinDisaS-DS2
95FinRef-42
95Fla-6
95Fle-9
95FleEur-11
95Hoo-9

95JamSes-6
95JamSesDC-D6
95Met-6
95Met-165
95MetSilS-6
95PanSti-2
95ProMag-8
95Sky-6
95SP-75
95SPCha-59
95StaClu-28
95StaCluMOI-28
95Top-289
95TopGal-82
95TopGalPPI-82
95TopPowB-289
95Ult-10
95UltGolM-10
95UppDec-287
95UppDecEC-287
95UppDecECG-287
95UppDecSE-3
95UppDecSEG-5
96ColCho-86
96ColChoII-8
96ColChoII-157
96ColChoIJ-53
96ColChoIJ-367
96ColChoM-M28
96ColChoMG-M28
96Fle-62
96Hoo-88
96HooSil-88
96HooStaF-15
96Met-56
96Sky-167
96SkyAut-17
96SkyAutB-17
96SkyRub-166
96SP-61
96StaClu-156
96Top-94
96TopChr-94
96TopChrR-94
96TopNBAa5-94
96Ult-62
96UltGolE-G62
96UltPlaE-P62
96UppDec-150
96UppDecFBC-FB25
Douglass, Bobby FB
74NabSugD*-5
90AriStaCC*-99
Douglass, Bobby Wis
89Wis-1
Douglass, Monroe
89ProCBA-199
Dove, Herb
92Pur-3
93Pur-4
Dove, Sonny
71Top-229
Dow, Marty
91Cou-16
91StaPic-35
Downes, Michael
94IHSBoyAST-129
Downing, Steve
73LinPor-13
86IndGreI-25
Downing, Walter
94IHSHisRH-65
Doyle, Mike
91SouCarCC*-125
Doyle, Pat
89KenColC*-62
Dozier, Terry
91SouCarCC*-103
94WilCar-63
92AusStoN-41
93AusFutBoBW-1
93AusFutHA-4
93AusFutN-65
93AusFutSG-1
93AusStoN-1
94AusFutDG-DG1
94AusFutN-56
94AusFutN-100
94AusFutN-153
95AusFutN-79
Drain, Jessie
92Hou-3
Drake, Ducky

91UCLColC-125
Drake, Melvin
93Geo-6
Drakeford, David
93OreSta-8
Drakeford, Konecka
93VirWom-3
Draper, Ron
90ProCBA-142
90ProCBA-165
Draud, Scott
87Van-14
Drawdy, Oswald
90CleColC*-143
Drechsler, David
90NorCarCC*-29
90NorCarCC*-95
Dreifort, Darren
94ClaC3*-17
Dreiling, Greg
90FleUpd-U37
90Hoo-132
90HooTeaNS-11
90Sky-387
91Hoo-372
91HooTeaNS-11
91Sky-111
91UppDec-306
92Fle-349
92Hoo-395
92StaClu-24
92StaCluMO-24
92Top-139
92TopGol-139G
92Ult-273
93Fle-268
93Ult-230
94Ult-225
Dressendorfer, Kirk
90Tex*-10
Drew, John
75Top-116
75Top-134
76Top-59
77Top-98
78HawCok-3
78RoyCroC-9
78Top-44
79HawMajM-4
79Top-118
80Top-3
80Top-41
80Top-42
80Top-94
80Top-173
80Top-175
81Top-1
81Top-44
83Sta-137
Drew, Larry
83Sta-218
84Sta-272
85KinSmo-6
85Sta-75
86Fle-25
87Fle-29
89Hoo-329
89Mis-5
90Hoo-155
90Sky-136
91Sky-135
91UppDec-104
Drew, Ryan
89Cal-7
Drewitz, Rick
89KenColC*-63
Drexler, Clyde
78WheCerB*-61
83Sta-100
83TraBlaP-22
84Sta-165
84StaAllGDP-27
84StaSlaD-3
84TraBlaF-5
84TraBlaMZ-2
84TraBlaP-7
85Sta-106
85StaGatSD-4
85StaSlaDS5-2
85TraBlaF-5
86Fle-26
86TraBlaF-4
87Fle-30
87TraBlaF-1

88Fle-92
88FleSti-3
88FouNBAE-11
88TraBlaF-4
89Fle-128
89Fle-164
89Hoo-190
89Hoo-69
89HooAllP-4
89PanSpaS-226
89PanSpaS-279
89SpoIllfKI*-221
89TraBlaF-5
90Fle-154
90FleAll-11
90Hoo-16
90Hoo-245
90Hoo-376
90Hoo100S-80
90HooActP-4
90HooActP-129
90HooCol-3
90HooTeaNS-22
90PanSti-8
90Sky-233
90SkyPro-233
90StaClyD-1
90StaClyD-2
90StaClyD-3
90StaClyD-4
90StaClyD-5
90StaClyD-6
90StaClyD-7
90StaClyD-8
90StaClyD-10
90StaClyD-11
90StaPro-6
90TraBlaBP-2
90TraBlaF-13
915Maj-40
91Fle-168
91Fle-234
91Fle-393
91FleTonP-78
91FleWheS-8
91Hoo-174
91Hoo-262
91Hoo-491
91Hoo100S-80
91HooMcD-34
91HooPro0-1
91HooTeaNS-22
91KelColG-2
91PanSti-29
91Sky-237
91Sky-480
91Sky-579
91Sky-NNO
91SkyCanM-39
91SkyPro-237
91TraBlaF-10
91TraBlaP-1
91UppDec-53
91UppDec-98
91UppDec-357
91UppDec-463
91UppDecS-14
92Fle-186
92Fle-250
92Fle-270
92FleAll-13
92FleDra-43
92FleSha-13
92FleTeaL-22
92Hoo-189
92Hoo-266
92Hoo-338
92Hoo-TR1
92Hoo100S-79
92HooSupC-SC3
92Hou-22
92PanSti-11
92PanSti-46
92PanSti-93
92Sky-201
92Sky-315
92SkyNes-8
92SkyOlyT-1
92SkyThuaL-TL2
92SpoIllfKI*-411
92StaClu-199
92StaClu-287

92StaCluBT-4
92StaCluMO-199
92StaCluMO-287
92StaCluMO-BT4
92Top-102
92Top-212
92Top-354
92TopArc-33
92TopArcG-33G
92TopBeaT-1
92TopBeaTG-1
92TopGol-102G
92TopGol-212G
92TopGol-354G
92TraBlaF-5
92TraBlaF-6
92TraBlaF-9
92Ult-149
92UltAll-5
92UppDec-132
92UppDec-438
92UppDec-486
92UppDec-503
92UppDec1PC-PC13
92UppDecA-AD20
92UppDecA-AN2
92UppDecAW-13
92UppDecE-15
92UppDecE-86
92UppDecE-171
92UppDecE-174
92UppDecE-175
92UppDecM-P33
92UppDecMH-22
92UppDecTM-TM23
93AviClyD-1
93AviClyD-2
93AviClyD-3
93AviClyD-4
93AviClyD-5
93AviClyD-6
93AviClyD-NNO
93Fin-74
93Fin-129
93FinMaiA-22
93FinRef-74
93FinRef-129
93Fle-173
93FleAll-14
93FleClyD-1
93FleClyD-2
93FleClyD-3
93FleClyD-4
93FleClyD-5
93FleClyD-6
93FleClyD-7
93FleClyD-8
93FleClyD-9
93FleClyD-10
93FleClyD-11
93FleClyD-12
93FleClyD-13
93FleClyD-14
93FleClyD-15
93FleClyD-16
93FleClyD-AU
93FleNBAS-4
93Hoo-176
93Hoo-270
93HooFactF-4
93HooFifAG-176
93HooFifAG-270
93JamSes-184
93PanSti-41
93Sky-150
93Sky-334
93SkyShoS-SS11
93SkyUSAT-8
93StaClu-117
93StaCluFDI-117
93StaCluFDI-354
93StaCluFFU-4
93StaCluFFU-354
93StaCluMO-117
93StaCluMO-354
93StaCluSTNF-117
93StaCluSTNF-354
93Top-206
93Top-249
93TopGol-206G
93TopGol-249G
93TraBlaF-5
93Ult-154

93UltFamN-4
93UltJamC-3
93UppDec-90
93UppDec-238
93UppDec-473
93UppDecE-18
93UppDecE-54
93UppDecE-230
93UppDecFM-6
93UppDecFT-FT7
93UppDecH-H22
93UppDecPV-68
93UppDecPV-103
93UppDecS-10
93UppDecSDCA-W11
93UppDecSEC-10
93UppDecSEG-10
93UppDecSUT-3
93UppDecTM-TM22
93UppDecWJ-FT7
94ColCho-22
94ColCho-187
94ColChoGS-22
94ColChoGS-187
94ColChoSS-22
94ColChoSS-187
94Emb-79
94EmbGolI-79
94Emo-76
94Fin-30
94FinRef-30
94Fla-120
94Fle-183
94FleAll-15
94Hoo-174
94Hoo-239
94HooMagC-22
94HooPowR-PR43
94HooShe-13
94HooSupC-SC39
94JamSes-155
94JamSesTS-2
94PanSti-182
94ProMag-106
94Sky-134
94Sky-304
94SkySlaU-SU4
94SP-77
94SPCha-65
94SPChaDC-65
94SPDie-D77
94StaClu-64
94StaClu-104
94StaClu-227
94StaCluDaD-8A
94StaCluFDI-64
94StaCluFDI-104
94StaCluFDI-227
94StaCluMO-64
94StaCluMO-104
94StaCluMO-227
94StaCluMO-DD8A
94StaCluSTMP-R3
94StaCluSTNF-64
94StaCluSTNF-104
94StaCluSTNF-227
94Top-184
94Top-255
94TopSpe-184
94TopSpe-255
94TraBlaF-11
94Ult-155
94UppDec-35
94UppDec-33
94UppDec-179
94UppDecE-184
94UppDecSDS-S4
94UppDecSE-162
94UppDecSEG-162
94UppDecSEJ-22
95ColCho-22
95ColCho-199
95ColCho-330
95ColCho-356
95ColCholE-22
95ColCholE-187
95ColCholEGS-187
95ColCholJGSI-187
95ColCholJI-22
95ColCholJI-187
95ColCholJSS-187
95ColCholSI-22
95ColCholSI-187

95ColChoPC-22
95ColChoPC-199
95ColChoPC-330
95ColChoPC-356
95ColChoPCP-22
95ColChoPCP-199
95ColChoPCP-330
95ColChoPCP-356
95Fin-75
95FinDisaS-DS10
95FinHotS-HS3
95FinMys-M27
95FinMysB-M27
95FinMysBR-M27
95FinRef-75
95Fla-49
95Fla-167
95FlaPerP-2
95FlaPlaM-1
95Fle-66
95Fle-221
95FleEndtE-3
95FleEur-188
95Hoo-60
95Hoo-379
95HooHoo-HS4
95HooMagC-10
95HooNumC-19
95JamSes-39
95JamSesDC-D39
95JamSesP-7
95Met-38
95Met-152
95MetSilS-38
95PanSti-165
95ProMag-50
95Sky-45
95Sky-285
95SkyAto-A14
95SkyClo-C3
95SkyE-X-30
95SkyE-XB-30
95SkyE-XNBT-4
95SP-50
95SPAII-AS13
95SPAIIG-AS13
95SPCha-39
95StaClu-4
95StaClu-268
95StaCluMO5-31
95StaCluMOI-4
95Top-160
95TopGal-74
95TopGalE-EX14
95TopGalPPI-74
95TopMysF-M3
95TopMysFR-M3
95TopF-TF5
95TopWorC-WC10
95Ult-66
95Ult-217
95Ult-306
95UltAll-11
95UltAllGM-11
95UltGolM-66
95UppDec-56
95UppDec-180
95UppDecEC-56
95UppDecEC-180
95UppDecECG-56
95UppDecECG-180
95UppDecSE-120
95UppDecSEG-120
96BowBes-75
96BowBesAR-75
96BowBesR-75
96ColCho-175
96ColCho-249
96ColCho-376
96ColChoCtGS2-C10A
96ColChoCtGS2-C10B
96ColChoCtGS2R-R10
96ColChoCtGSG2-C10A
96ColChoCtGSG2-C10B
96ColCholl-55
96ColCholl-199
96ColCholl-120
96ColCholl-146
96ColCholJ-22
96ColCholJ-187
96ColCholJ-199
96ColCholJ-330
96ColCholJ-356
96ColChoM-M66

96ColChoMG-M66
96ColChoS2-S10
96Fin-23
96Fin-121
96Fin-276
96FinRef-23
96FinRef-121
96FinRef-276
96FlaSho-A22
96FlaSho-B22
96FlaSho-C22
96FlaShoHS-18
96FlaShoLC-22
96FlaShoLC-B22
96FlaShoLC-C22
96Fle-40
96Fle-283
96FleAusS-13
96FleDecoE-1
96FleGamB-5
96FleS-14
96Hoo-60
96Hoo-329
96HooHeatH-HH4
96HooHIP-H8
96HooSil-60
96HooStaF-10
96Met-36
96MetDecoE-1
96MetSteS-2
96Sky-43
96SkyAut-18
96SkyAutB-18
96SkyE-X-24
96SkyE-XC-24
96SkyNetS-2
96SkyRub-43
96SkyZ-F-33
96SkyZ-FSC-SC1
96SkyZ-FZ-33
96SP-40
96StaClu-84
96StaCluCA-CA7
96StaCluCAAR-CA7
96StaCluCAR-CA7
96StaCluF-F25
96StaCluHR-HR5
96StaCluM-84
96StaCluMH-MH4
96StaCluTC-TC8
96Top-192
96TopChr-192
96TopChrR-192
96TopFinR-14
96TopFinRR-14
96TopMysF-M13
96TupMysFB-M13
96TopMysFBR-M13
96TopMysFBR-M13
96TopNBAa5-192
96TopNBAS-14
96TopNBAS-64
96TopNBAS-114
96TopNBASF-14
96TopNBASF-64
96TopNBASF-64
96TopNBASFAR-14
96TopNBASFAR-64
96TopNBASFAR-114
96TopNBASFR-14
96TopNBASFR-64
96TopNBASFR-114
96TopNBASI-I7
96TopNBASR-14
96TopSupT-ST15
96Ult-40
96Ult-289
96UltBoaG-4
96UltDecoE-U1
96UltGolE-G40
96UltGolE-G289
96UltPlaE-P40
96UltPlaE-P289
96UppDec-44
96UppDec-145
96UppDec-317
96UppDecFBF-FB6
96UppDecGK-31
96UppDecSG-SG6
96UppDecU-59
96UppDecUTWE-W19
Drez, David J.
89McNStaT*-16
Driesell, Lefty

91JamMad-7
92JamMad-7
93JamMad-7
94JamMad-7
Driscoll, Terry
73BucLin-3
73LinPor-81
73Top-17
Dro, Bob
87IndGrel-2
Drollinger, Ralph
91UCLColC-55
Dromo, John
88LouColC-4
88LouColC-104
89LouColC*-280
Dropo, Walt
91ConLeg-3
Drotman, Doug
92SkyDavR-R8
Drucker, Jim
81TCMCBA-88
Drummer, Sammy
91GeoTecCC*-23
Drummond, Kenny
89ProCBA-189
Drut, Guy
76PanSti-121
77SpoSer1*-105
Drysdale, Don
60PosCer*-2
81TopThiB*-14
Duberman, Justin
91NorDak*-19
Dublin, Chip
89JacCla-3
DuBose, Doug
85Neb*-2
Duck, Randy
94Cal-2
Duckett, Ellis
90MicStaCC2*-33
Duckett, Richard
57Kah-1
Duckworth, Kevin
87TraBlaF-2
88Fle-93
88TraBlaF-5
89Fle-129
89Hoo-103
89Hoo-193
89HooAllP-2
89PanSpaS-230
89PanSpaS-283
89SpoIllfKI*-255
89TraBlaF-4
90Fle-155
90Hoo-246
90Hoo100S-82
90HooActP-131
90HooTeaNS-22
90PanSti-10
90Sky-234
90TraBlaBP-3
90TraBlaF-14
91Fle-169
91FleTonP-88
91FleWheS-5
91Hoo-175
91Hoo-263
91HooTeaNS-22
91LitBasBL-10
91PanSti-28
91Sky-238
91SkyPro-238
91TraBlaF-11
91TraBlaP-2
91UppDec-55
91UppDec-216
92Fle-187
92Hoo-190
92PanSti-50
92Sky-202
92StaClu-44
92Top-60
92TopArc-80
92TopArcG-80G
92TopGol-80G
92Ult-150
92UppDec-104
92UppDecA-AD16
92UppDecE-88

92UppDecE-162
93Fin-187
93FinRef-187
93Fle-174
93Fle-394
93Hoo-177
93Hoo-417
93HooFifAG-177
93HooFifAG-417
93JamSes-232
93PanSti-241
93Sky-181
93Sky-289
93Sky-318
93StaClu-221
93StaCluMO-221
93StaCluSTNF-221
93Top-343
93TopGol-343G
93Ult-355
93UppDec-370
93UppDecE-50
93UppDecS-105
93UppDecSEC-105
93UppDecSEG-105
94ColCho-75
94ColChoGS-75
94ColChoSS-75
94Fin-222
94FinRef-222
94Fla-318
94Fle-231
94HooShe-17
94HooShe-18
94PanSti-111
94Sky-292
94StaClu-22
94StaCluFDI-22
94StaCluMO-22
94StaCluSTNF-22
94Top-178
94TopSpe-178
94Ult-193
94UppDec-297
95ColChoE-75
95ColChoIJ-75
95ColChoISI-75
95Fin-23
95FinRef-23
95FleEur-233
95StaClu-36
95StaCluMOI-36
Duckwyler, Beverly
88MarWom-3
Dudley, Charles
75Top-194
Dudley, Chris
90NetKay-6
90Sky-398
91Fle-131
91FleTonP-70
91Hoo-135
91HooPro-135
91HooTeaNS-17
91LitBasBL-11
01Cky-101
91Sky-448
91UppDec-311
92Fle-387
92Hoo-148
92PanSti-174
92Sky-155
92StaClu-169
92StaCluMO-169
92Top-148
92Ult-118
92UppDec-153
93Fin-46
93FinRef-46
93Fle-134
93Fle-362
93Hoo-396
93HooFifAG-396
93JamSes-185
93PanSti-217
93Sky-270
93Sky-313
93StaClu-195
93StaCluFDI-195
93StaCluMO-195
93StaCluSTNF-195
93Top-364

93TopGol-364G
93TraBlaF-7
93Ult-322
93UppDec-395
94Fin-264
94FinRef-264
94Fla-293
94Fle-357
94Hoo-175
94HooShe-13
94Top-348
94TopSpe-348
94TraBlaF-6
94Ult-321
94UppDecE-82
95ColCho-61
95ColChoPC-61
95ColChoPCP-61
95Fin-74
95FinRef-74
95Fle-150
95Hoo-133
95PanSti-244
95SP-108
95StaClu-288
95Top-73
95TraBlaF-3
95Ult-147
95UltGolM-147
95UppDec-55
95UppDecEC-55
95UppDecECG-55
96ColCho-314
96ColCholI-130
96ColCholJ-61
96Top-87
96TopChr-87
96TopChrR-87
96TopNBAa5-87
96TopSupT-ST22
96UppDec-103
Dudley, Ray
94AirFor-9
Dudley, Reece
91EasTenS-5
Dudley, Rickey
91OhiSta-6
92OhiSta-5
93OhiSta-10
Dufek, Donald
91Mic*-18
Duff, Mike
94IHSHisRH-66
Dufficy, Pat
91SouCarCC*-88
Duffy, Brian
94IHSBoyAST-173
Dugas, Robert
90LSUColC*-87
Dugger, Darin
88WicSta-4
Duhe, Adam
90LSUColC*-28
Duhe, Craig
90LSUColC*-60
Dukes, Walter
57Top-30
61Fle-11
61Fle-50
Dukehire, Kelly
92Vig-1
Dumars, Joe
86Fle-27
87Fle-31
88Fle-40
89Fle-45
89Hoo-1
89PanSpaS-96
89SpoIllfKI*-91
90Fle-55
90Hoo-3
90Hoo-103
90Hoo-339
90Hoo-362
90Hoo100S-28
90HooActP-5
90HooActP-59
90HooAllP-3
90HooCol-27
90HooTeaNS-8
90PanSti-86
90PisSta-3
90PisUno-3
90Sky-84

91Fle-59
91Fle-379
91FleTonP-100
91FleWheS-1
91Hoo-60
91Hoo-250
91Hoo-463
91Hoo100S-27
91HooMcD-11
91HooTeaNS-8
91PanSti-129
91PisUno-4
91PisUno-5
91PisUno-15
91Sky-81
91Sky-317
91Sky-565
91SkyBliI-6
91SkyCanM-15
91UppDec-11
91UppDec-335
91UppDec-459
91UppDecS-5
91UppDecS-9
92Fle-63
92FleAll-4
92FleDra-16
92FleTonP-20
92FleTotD-4
92Hoo-64
92Hoo-296
92Hoo100S-27
92PanSti-139
92Sky-69
92SkyNes-9
92StaClu-386
92StaCluMO-386
92Top-111
92Top-347
92TopArc-63
92TopArcG-63G
92TopGol-111G
92TopGol-347G
92Ult-56
92UppDec-55
92UppDec-268
92UppDec-357
92UppDec-428
92UppDec-500
92UppDecE-11
92UppDecE-48
92UppDecE-161
92UppDecM-P11
93Fin-103
93Fin-199
93FinMaiA-8
93FinRef-103
93FinRef-199
93Fle-59
93FleAll-2
93FleNBAS-5
93Hoo-61
93Hoo-262
93HooFifAG-61
93HooFifAG-262
93HooGolMB-10
93HooProP-NNO
93HooSho-2
93JamSes-60
93JamSesTNS-2
93PanSti-108
93Sky-66
93Sky-324
93SkyShoS-SS10
93SkyUSAT-9
93StaClu-335
93StaCluFDI-335
93StaCluMO-335
93StaCluSTNF-335
93Top-115
93Top-351
93TopGol-115G
93TopGol-351G
93Ult-56
93UltAll-1
93UltAll-6
93UltScoK-2
93UppDec-42
93UppDecA-AN10
93UppDecE-8
93UppDecFE-5
93UppDecFM-7
93UppDecPV-16

93UppDecS-68
93UppDecSEC-68
93UppDecSEG-68
93UppDecSUT-20
93UppDecTM-TM8
94ColCho-104
94ColCho-173
94ColChoCtGS-S3
94ColChoCtGSR-S3
94ColChoGS-104
94ColChoGS-173
94ColChoSS-104
94ColChoSS-173
94Emb-27
94EmbGoII-27
94Emo-27
94Fin-160
94FinRef-160
94Fla-45
94Fla-160
94FlaUSA-16
94FlaUSA-17
94FlaUSA-18
94FlaUSA-19
94FlaUSA-20
94FlaUSA-21
94FlaUSA-22
94FlaUSA-23
94FlaUSA-24
94Fle-65
94FleSha-2
94FleTeaL-3
94FleTeaL-3A
94Hoo-57
94HooMagC-8
94HooPowR-PR15
94HooShe-8
94HooSupC-SC14
94JamSes-54
94PanSti-46
94ProMag-36
94Sky-47
94Sky-315
94SkySlaU-SU5
94SkyUSA-49
94SkyUSA-50
94SkyUSA-51
94SkyUSA-52
94SkyUSA-53
94SkyUSA-54
94SkyUSADP-DP9
94SkyUSAG-49
94SkyUSAG-50
94SkyUSAG-51
94SkyUSAG-52
94SkyUSAG-53
94SkyUSAG-54
94SkyUSAOTC-5
94SkyUSAP-PT9
94SkyUSAP-2
94SP-66
94SPCha-56
94SPChaDC-56
94SPDie-D66
94StaClu-83
94StaClu-229
94StaCluFDI-83
94StaCluFDI-229
94StaCluMO-83
94StaCluMO-229
94StaCluMO-ST8
94StaCluST-8
94StaCluSTNF-83
94StaCluSTNF-229
94Top-25
94Top-309
94TopFra-7
94TopSpe-25
94TopSpe-309
94Ult-56
94UppDec-169
94UppDec-323
94UppDecE-3
94UppDecSE-26
94UppDecSEG-26
94UppDecU-7
94UppDecU-8
94UppDecU-9
94UppDecU-10
94UppDecU-11
94UppDecU-12
94UppDecUCT-CT2
94UppDecUFYD-2
94UppDecUGM-7

94UppDecUGM-8
94UppDecUGM-9
94UppDecUGM-10
94UppDecUGM-11
94UppDecUGM-12
95ColCho-4
95ColChoCtG-C25
95ColChoCtGA-C28
95ColChoCtGA-C28B
95ColChoCtGA-C28C
95ColChoCtGAG-C28
95ColChoCtGAG-C28B
95ColChoCtGAG-C28C
95ColChoCtGAGR-C28
95ColChoCtGASR-C28
95ColChoCtGS-C25
95ColChoCtGS-C25B
95ColChoCtGS-C25C
95ColChoCtGSG-C25
95ColChoCtGSG-C25B
95ColChoCtGSG-C25C
95ColChoCtGSR-C25
95ColChoIE-104
95ColChoIE-173
95ColChoIEGS-173
95ColChoIJI-104
95ColChoIJI-173
95ColChoIJSI-173
95ColChoISI-104
95ColChoISI-173
95ColChoPC-4
95ColChoPCP-4
95Fin-25
95FinDisaS-DS8
95FinMys-M25
95FinMysB-M25
95FinMysBR-M25
95FinRef-25
95Fla-36
95Fle-50
95FleAll-12
95FleEur-66
95Hoo-45
95Hoo-209
95Hoo-234
95HooSla-SL13
95JamSes-29
95JamSesDC-D29
95Met-28
95MetSilS-28
95PanSti-101
95ProMag-37
95Sky-34
95Sky-254
95SkyE-X-23
95SkyE-XB-23
95SkySta-S11
95SP-39
95SPCha-30
95StaClu-193
95StaCluMO5-18
95StaCluMOI-N10
95StaCluN-N10
95Top-145
95TopGal-69
95TopGalPPI-69
95TopPanFG-4
95Ult-51
95Ult-307
95UltGoIM-51
95UppDec-38
95UppDec-139
95UppDecAC-AS10
95UppDecEC-38
95UppDecEC-139
95UppDecECG-38
95UppDecECG-139
95UppDecSE-112
95UppDecSEG-112
96BowBes-76
96BowBesAR-76
96BowBesR-76
96BowBesTh-TB4
96BowBesThAR-TB4
96BowBesTR-TB4
96ColCho-47
96ColCho-363
96ColChoCtGS1-C8A
96ColChoCtGS1-C8B
96ColChoCtGS1R-R8
96ColChoCtGSG1-C8A
96ColChoCtGSG1-C8B

96ColChoII-43
96ColChoIJ-4
96ColChoM-M66
96ColChoMG-M66
96ColChoS2-S8
96Fin-125
96Fin-203
96FinRef-125
96FinRef-203
96FlaSho-A65
96FlaSho-B65
96FlaSho-C65
96FlaShoLC-65
96FlaShoLC-B65
96FlaShoLC-C65
96Fle-30
96Fle-179
96FleDecoE-2
96Hoo-45
96Hoo-210
96HooSil-45
96HooStaF-8
96Met-28
96MetDecoE-2
96Sky-33
96SkyE-X-18
96SkyE-XC-18
96SkyRub-33
96SkyThuaL-3
96SkyZ-F-25
96SkyZ-FZ-25
96SP-31
96StaClu-121
96StaCluF-F15
96Top-40
96Top-213
96TopChr-40
96TopChr-213
96TopChrR-40
96TopChrR-213
96TopNBAa5-40
96TopNBAa5-213
96TopSupT-ST8
96Ult-32
96Ult-178
96UltDecoE-U2
96UltGoIE-G32
96UltGoIE-G178
96UltPlaE-P32
96UltPlaE-P178
96UppDec-33
96UppDec-143
96UppDecPS1-P6
96UppDecPTVCR1-TV6
96UppDecUTWE-W17
97SchUltNP-7
Dumas, Richard
915Maj-18
91Cla-36
91Cou-17
91FouSp-184
91FroR-30
91FroRowP-62
91StaPic-71
91WilCar-39
92Ult-338
92UppDec-339
92UppDec-476
92UppDecRS-RS17
93Fle-166
93FleRooS-6
93Hoo-171
93Hoo-296
93HooFactF-12
93HooFifAG-171
93HooFifAG-296
93PanSti-37
93Sta-16
93Sta-34
93Sta-47
93Sta-60
93Sta-87
93UppDec-58
93UppDec-202
93UppDecA-AR10
93UppDecE-71
93UppDecE-227
95ColCho-303
95ColChoPC-303
95ColChoPCP-303
95Fle-243
95Hoo-321
95Sky-193
95StaClu-200

95Ult-235
95UppDec-209
95UppDecEC-209
95UppDecECG-209
96ColChoII-74
96ColChoIJ-303
Dumas, Tony
94Cla-24
94ClaBCs-BC18
94ClaG-24
94ColCho-227
94ColChoCtGRS-S1
94ColChoCtGSR-S1
94ColChoGS-227
94ColChoSS-227
94Emb-119
94EmbGoII-119
94Emo-18
94Fle-267
94FouSp-19
94FouSpG-19
94FouSpP-19
94Hoo-316
94HooSch-3
94HooShe-6
94MavBoo-5
94PacP-19
94PacPriG-13
94ProMagRS-1
94Sky-220
94Sky-316
94SkyDraP-DP19
94SkySlaU-SU6
94SP-18
94SPDie-D18
94SRTet-49
94SRTetS-49
94StaClu-295
94StaCluFDI-295
94StaCluMO-295
94StaCluSTNF-295
94Top-276
94TopSpe-276
94Ult-227
94UppDec-164
95ColCho-83
95ColChoIE-227
95ColChoIJI-227
95ColChoISI-8
95ColChoPC-83
95ColChoPCP-83
95Fin-69
95FinRef-69
95Fla-162
95Fle-215
95FleEur-47
95Hoo-32
95Met-140
95ProMag-28
95Sky-24
95SP-29
95SRKro-13
95StaClu-228
95SupPix-18
95SupPixAu-18
95SupPixC-18
95SupPixCG-18
95TedWil-17
95Top-38
95Ult-212
95UppDec-16
95UppDecEC-16
95UppDecECG-16
96ColCho-35
96ColChoII-34
96ColChoIJ-83
96ColChoM-M170
96ColChoMG-M170
96Fle-170
96Hoo-32
96HooSil-32
96Top-97
96TopChr-97
96TopChrR-97
96TopNBAa5-97
96UppDec-24
96UppDec-141
Dumas, Troy
93Neb*-6
94Neb*-8
Dunbar, Bob
89LouColC*-61
Dunbar, Karl
90LSUColC*-63

Dunbar, Sweet (Lou)
92Glo-63
Duncan, Calvin
90ProCBA-17
91ProCBA-133
Duncan, Lawson
90CleColC*-21
Duncan, Scott
88NewMex-4
89NewMex-4
Dunham, Derek
90Mis-6
91Mis-6
92Mis-5
Dunkin, Tony
93Cla-26
93ClaF-47
93ClaG-26
93FouSp-24
93FouSpG-24
Dunkley, Spencer
93Cla-27
93ClaF-49
93ClaG-27
93FouSp-25
93FouSpG-25
Dunlap, Robert
90SanJosS-3
Dunleavy, Mike
81Top-MW85
84Sta-128
84StaAre-C3
85BucCarN-5
85StaTeaS5-MB4
87BucPol-NNO
88BucGreB-16
90Hoo-351
90Hoo-410
90HooTeaNS-13
90Sky-313
91Fle-98
91Hoo-233
91Sky-390
92Fle-125
92FleTeaNS-8
92Hoo-253
92Sky-269
93Hoo-244
93HooFifAG-244
94Hoo-287
95Hoo-183
Dunn, Brad
91ArkColC-20
93Ark-15
Dunn, David
82Geo-3
Dunn, Eric
91ProCBA-125
Dunn, Lin
93PurWom-12
Dunn, Mitchell
94Mia-3
Dunn, T.R.
77TraBlaP-23
78TraBlaP-2
79TraBlaP-23
81Top-W67
82NugPol-23
83NugPol-23
83Sta-184
84Sta-139
85NugPol-10
85Sta-52
89NugPol-3
90Sky-378
Dupont, Jerry
88LouColC-84
Dupps, Kris
92Ill-22
DuPree, Billy Joe
90MicStaCC2*-73
90MicStaCC2*-92
Duran, Ernie
85Neb*-22
Durden, Alan
90AriColC*-26
Durden, LaZelle
92Cin-3
93Cin-4
95ClaBKR-87
95ClaBKRAu-87
95ClaBKRPP-87
95ClaBKRSS-87
95PacPreGP-28

95SRDraD-28
95SRDraDSig-28
96PacPreGP-28
96PacPri-28
Duren, John
91GeoColC-5
91GeoColC-37
Duren, Lonnie
91GeoColC-72
Durham, Hugh
89Geo-4
90FloStaCC*-147
90Geo-5
93Geo-7
Durham, James
89KenColC*-25
Durham, Jim
90HooAnn-17
Durham, Pat
90ProCBA-18
94Fla-258
94Fle-322
Durham, Sherwin
92Glo-55
Durkin, Phil
94IHSBoyASD-5
Durnan, Bill
48ExhSpoC-16
Durrant, Devin
84Sta-54
Durrett, Ken
72Top-134
73KinLin-5
73LinPor-64
Duryea, C.E.
48TopMagP*-N3
Dusek, Brad
91TexA&MCC*-34
Dusek, Ernie
48TopMagP*-D8
Dusek, Rudy
48TopMagP*-D9
Dusenberry, Cody
94Neb*-18
Dusewicz, Adam
93Mia-2
Dutch, Al
91GeoColC-17
91GeoColC-50
Dutcher, Brian
89Mic-2
Duval, Nicole
93Neb*-15
94Neb*-16
Dwan, Jack
48Bow-51
Dwight, Simon
96AusFutN-16
96AusFutNFDT-3
Dwyer, Richard
54QuaSpoO*-22
Dyches, Tim
91SouCarCC*-142
Dye, Pat
87Aub*-1
Dyer, Duffy
90AriStaCC*-106
Dyer, Kevin
94IHSBoyAST-74
Dykes, Hart Lee
91OklStaCC*-17
Dykstra, John
91TenTec-4
92TenTec-7
Eackles, Ledell
89Fle-158
89Hoo-194
90Fle-191
90Hoo-296
90PanSti-150
90Sky-287
91Fle-204
91Hoo-213
91HooTeaNS-27
91PanSti-174
91Sky-288
91Sky-458
91UppDec-382
92Fle-230
92Hoo-232
92PanSti-190
92Sky-247
92StaClu-37
92StaCluMO-37

92Ult-185
92UppDec-159
94Fla-245
94Fle-310
94Top-252
94TopSpe-252
94Ult-276
94UppDec-345
96TopSupT-ST29
Eaddy, Ephraim
94IHSBoyAST-189
Eagles, Tommy Joe
92Aub-1
Eaker, Gerald
92OhiSta-6
93OhiSta-11
Eakins, Jim
71Top-197
72Top-213
73Top-178
74Top-230
74Top-258
75Top-297
Earhart, Amelia
48TopMagP*-L5
Earl, Acie
90Iow-5
91Iow-5
92Iow-4
93Cla-88
93ClaF-66
93ClaG-88
93ClaSB-SB10
93Fin-24
93FinRef-24
93Fle-246
93FouSp-77
93FouSpAu-77A
93FouSpG-77
93Hoo-305
93HooFifAG-305
93Sky-197
93Sky-293
93SkyDraP-DP19
93SkySch-17
93StaClu-244
93StaCluFDI-244
93StaCluMO-244
93StaCluSTNF-244
93Top-236
93TopGol-236G
93Ult-207
93UppDec-334
93UppDecRS-RS10
94ColCho-155
94ColChoGS-155
94ColChoSS-155
94Fin-163
94FinRef-163
94Fla-8
94Fle-12
94FleRooS-7
94Hoo-10
94Ima-89
94JamSes-9
94Sky-10
94OtaClu-90
94StaClu-91
94StaCluFDI-91
94StaCluFDI-91
94StaCluMO-91
94StaCluSTNF-90
94StaCluSTNF-91
94Top-261
94TopSpe-261
94Ult-10
94UppDec-295
95ColCholE-155
95ColCholJI-155
95ColCholSI-155
95FleEur-12
95Hoo-339
95PanSti-129
95ProMag-139
95Top-166
95UppDec-355
95UppDecECG-355
96ColCho-340
96TopSupT-ST26
Earl, Dan
96PenSta*-1
Earnhardt, Dale

94ScoBoaNP*-14
94ScoBoaNP*-15
94ScoBoaNP*-16
94ScoBoaNP*-17
94ScoBoaNP*-18
94ScoBoaNP*-20B
Easley, Chuck
91GeoTecCC*-19
Eastman, Ben
48TopMagP*-E3
Eaton, Mark
83Sta-138
84Sta-225
84Sta-286
84StaAwaB-11
84StaAwaB-19
84StaCouK5-32
85Sta-141
86Fle-28
86StaCouK-11
87Fle-32
88Fle-112
88Fle-131
88JazSmo-2
89Fle-152
89Fle-163
89Hoo-155
89Hoo-174
89HooAllP-4
89JazOldH-3
89PanSpaS-180
89PanSpaS-284
89PanSpaS-290
90Fle-184
90Hoo-287
90Hoo100S-96
90HooActP-152
90HooCol-39
90HooTeaNS-25
90JazSta-3
90PanSti-53
90Sky-276
91Fle-198
91FleTonP-74
91Hoo-207
91Hoo-534
91HooTeaNS-26
91PanSti-83
91Sky-279
91UppDec-82
91UppDec-116
92Fle-221
92Hoo-224
92PanSti-103
92Sky-239
92StaClu-178
92StaCluMO-178
92Top-71
92TopArc-25
92TopArcG-25G
92TopGol-71G
92Ult-180
92UppDec-180
92UppDecE-102
92UppDecS-1
93Fle-207
93Hoo-215
93HooFifAG-215
93HooGolMB-17
93JamSes-224
93JazOldH-14
93PanSti-115
93StaClu-96
93StaCluFDI-96
93StaCluMO-96
93StaCluMO5-2
93StaCluSTNF-96
93Top-19
93TopGol-19G
93Ult-186
93UppDec-45
93UppDecE-246
Eaves, Denard
94IHSBoyAST-94
Eaves, Jerry
81Lou-13
83Sta-139
88LouColC-19
88LouColC-64
88LouColC-116
88LouColC-152
89LouColC*-9
89LouColC*-32
89LouColC*-233

89LouColC*-262
Eberhart, Tedra
90KenWomS-5
93KenSch-3
Eckert, Denise
84Neb*-20
Eckwood, Stan
80TCMCBA-41
Eddie, Patrick
91FroR-35
91FroRowP-57
Eddington, Mike
90MicStaCC2*-177
Eddleman, Dwight
50BreforH-7
Edelman, Ray
88KenColC-98
Edgar, John
84Ari-4
85Ari-4
Edgar, Scott
91MurSta-14
92MurSta-6
Edge, Charlie
75Top-269
Edge, Junior
90NorCarCC*-118
Edison, Thomas A.
48TopMagP*-N2
Edmon, Dwayne
94IHSBoyAST-110
94IHSBoyAST-111
Edmonds, Bobby Joe
91ArkColC*-55
Edmondson, Jim
94IHSHisRH-67
Edmonson, Charles
91TenTec-5
Edmonson, Keith
83Sta-185
Edney, Tyus
91UCL-5
95AssGol-34
95AssGolPC$2-34
95AssGPP-34
95AssGSS-34
95ClaBKR-45
95ClaBKRAu-45
95ClaBKRPP-45
95ClaBKRS-S19
95ClaBKRSS-45
95ClaBKV-45
95ClaBKV-90
95ClaBKVE-45
95ClaBKVE-90
95Col-61
95Col-92
95Col2/1-T5
95ColCho-297
95ColChoPC-297
95ColChoPCP-297
95CollgnI-13
95FivSp-38
95FivSpAu-38
95FivSpD-38
95FivSpRS-28
95Fla-204
95FlaWavotT-1
95Fle-290
95Hoo-281
95Met-188
95MetTemS-2
95PacPreGP-22
95PrePas-29
95Sky-241
95SkyE-X-70
95SkyE-XB-70
95SkyHigH-HH16
95Sky-19
95SRDraB-8
95SRDraDSig-8
95SRFam&F-13
95SRSigPri-13
95SRSigPriS-13
95StaClu-321
95Top-234
95TopGal-38
95TopGalPPI-38
95Ult-271
95UppDec-305
95UppDecEC-305
95UppDecECG-305
96AllSpoPPaF-105

96CleAss-27
96ColCho-136
96ColCho-389
96ColCholI-89
96ColCholJ-297
96ColChoM-M10
96ColChoMG-M10
96Fin-113
96Fin-216
96FinRef-113
96FinRef-216
96FivSpSig-28
96Fle-93
96FleRooR-2
96Hoo-133
96HooRooH-8
96Met-83
96PacPow-11
96PacPowITP-IP6
96PacPreGP-22
96PacPri-22
96Sky-98
96SkyAut-19
96SkyAutB-19
96SkyRub-98
96SkyZ-F-74
96SkyZ-FZ-74
96StaClu-11
96StaCluM-11
96Top-134
96TopChr-134
96TopChrR-134
96TopNBAa5-134
96Ult-93
96UltGolE-G93
96UltPlaE-P93
96UltRooF-8
96UppDec-104
96UppDec-158
96UppDecFBC-FB13
96UppDecGE-G16
96Vis-22
96Vis-136
96VisSig-18
96VisSigAuG-18A
96VisSigAuS-18A
Edwards, Bill
91WriSta-3
93Cla-28
93ClaF-2
93ClaG-28
Edwards, Blue (Theodore)
88EasCar-6
90Fle-185
90Hoo-288
90HooActP-149
90HooTeaNS-25
90JazSta-4
90PanSti-52
90Sky-277
91Fle-199
91Fle-227
91FleWheS-4
91Hoo-208
91HooTeaNS-26
91PanSti-86
91Sky-280
91Sky-511
91Sky-580
91UppDec-199
92Fle-290
92Fle-373
92FleDra-29
92FleTeaNS-8
92FleTonP-8
92Hoo-225
92Hoo-417
92Hoo100S-93
92PanSti-114
92Sky-240
92Sky-364
92StaClu-358
92StaCluMO-358
92Top-291
92TopArc-120
92TopArcG-120G
92TopGol-291G
92Ult-298
92UppDec-87
92UppDec-404
93Fin-73
93FinRef-73
93Fle-118

93Hoo-123
93HooFifAG-123
93HooSco-HS15
93HooScoFAG-HS15
93JamSes-124
93JamSesTNS-6
93JamSesTNS-8
93PanSti-126
93Sky-111
93StaClu-339
93StaCluFDI-339
93StaCluMO-339
93StaCluSTNF-339
93Top-233
93TopGol-233G
93Ult-109
93UppDec-61
93UppDecE-205
93UppDecH-H15
93UppDecS-17
93UppDecSEC-17
93UppDecSEG-17
93UppDecTM-TM15
94ColCho-152
94ColCho-298
94ColChoGS-152
94ColChoGS-298
94ColChoSS-152
94ColChoSS-298
94Emb-6
94EmbGoll-6
94Fin-248
94FinRef-248
94Fla-180
94Fle-126
94Fle-247
94Hoo-306
94JamSes-10
94ProMag-72
94Sky-94
94Sky-206
94StaClu-221
94StaCluFDI-221
94StaCluMO-221
94StaCluSTNF-221
94Top-390
94TopSpe-390
94Ult-207
94UppDec-234
94UppDecE-31
95ColCho-129
95ColChoDT-T27
95ColChoDTPC-T27
95ColChoDTPCP-T27
95ColChoIE-152
95ColChoIE-298
95ColChoIJI-152
95ColChoIJI-298
95ColChoISI-152
95ColChoISI-79
95ColChoPC-129
95ColChoPCP-129
95Fin-47
95Fin-158
95FinRef-47
95FinRef-158
95Fla-142
95Fla-197
95Fle-185
95Fle-273
95FleEur-13
95Hoo-350
95JamSes-113
95JamSesDC-D113
95Met-203
95PanSti-201
95Sky-213
95SP-139
95SPCha-111
95StaClu-144
95StaClu-240
95StaCluMOI-144EB
95StaCluMOI-144ER
95Top-177
95Ult-256
95UppDec-205
95UppDecEC-205
95UppDecEC-354
95UppDecECG-205
96ColCho-158
96ColCholl-157
96ColCholJ-129
96ColChoM-M86
96ColChoMG-M86

96Fin-234
96FinRef-234
96Hoo-164
96Met-104
96SP-119
96TopSupT-ST28
96Ult-118
96UltGolE-G118
96UltPlaE-P118
96UppDec-128
96UppDec-163
Edwards, Bryan
91JamMad-8
92JamMad-8
93Cla-29
93ClaF-4
93ClaG-29
93FouSp-26
93FouSpG-26
Edwards, Danny
91OklStaCC*-82
Edwards, David George
89Geo-5
Edwards, David OKSt.
91OklStaCC*-64
Edwards, Doug
93Cla-30
93ClaChDS-DS24
93ClaF-6
93ClaG-30
93ClaSB-SB16
93Fle-241
93FouSp-27
93FouSpG-27
93JamSes-3
93SkyDraP-DP15
93StaClu-150
93StaCluFDI-150
93StaCluMO-150
93StaCluSTDW-H150
93StaCluSTNF-150
93Top-13
93TopGol-13G
93Ult-3
93Ult-201
93UppDec-158
93UppDec-317
93UppDecH-H35
94ColCho-100
94ColChoGS-100
94ColChoSS-100
94Hoo-3
94Ima-18
94ProMag-3
94Sky-3
94StaClu-77
94StaCluFDI-77
94StaCluMO-77
94StaCluSTNF-77
94Top-333
94TopSpe-333
94Ult-202
94UppDecE-56
95ColChoIE-100
95ColCholJI-100
95ColChoISI-100
95PanSti-201
96ColCho-347
96ColChoM-M92
96TopSupT-ST28
Edwards, Franklin
83Sta-3
84StaAre-E3
85Sta-90
86KinSmo-2
Edwards, James
78Top-27
79Top-113
80Top-36
80Top-54
80Top-103
80Top-124
81Top-53
81Top-MW90
83Sta-111
84Sta-40
84SunPol-53
85Sta-37
86Fle-29
87SunCirK-6
89Fle-46
89Hoo-284A
89Hoo-284B
89LouColC*-99

90Fle-56
90Hoo-104
90Hoo-342
90HooTeaNS-8
90PanSti-90
90PisSta-4
90PisUno-4
90Sky-85
91Fle-60
91Fle-296
91Hoo-61
91Hoo-378
91HooTeaNS-12
91PanSti-126
91Sky-82
91Sky-630
91UppDec-338
91UppDec-416
92Fle-98
92Fle-363
92FleTeaNS-6
92Hoo-98
92Sky-103
92Sky-356
92StaClu-227
92StaCluMO-227
92Top-374
92TopGol-374G
92Ult-287
92UppDec-84
92UppDec-335
92UppDecM-LA4
93Fle-312
93JamSes-106
93JamSesTNS-5
93Top-106
93TopGol-106G
94Fle-358
94StaClu-242
94StaCluFDI-242
94StaCluMO-242
94StaCluSTNF-242
94Top-288
94TopSpe-288
94TraBlaF-8
94Ult-322
Edwards, Johnathan
85Geo-5
86Geo-5
87Geo-5
88Geo-5
89ProCBA-57
91GeoColC-42
Edwards, Kevin
89Fle-81
89Hoo-41
89PanSpaS-156
90Fle-99
90HeaPub-6
90Hoo-165
90Hoo100S-51
90HooActP-88
90HooTeaNS-14
90PanSti-152
90Sky-146
91Fle-108
91Hoo-111
91HooTeaNS-14
91Sky-148
91Sky-445
91UppDec-141
92Fle-117
92FleTeaNS-7
92Hoo-118
92Hoo100S-50
92Sky-125
92StaClu-18
92StaCluMO-18
92Ult-99
92UppDec-185
93Fin-153
93FinRef-153
93Fle-333
93Hoo-370
93HooFifAG-370
93HooShe-3
93Sky-252
93Sky-308
93StaClu-205
93StaCluFDI-205
93StaCluMO-205
93Top-258

93TopGol-258G
93Ult-295
93UppDec-400
93UppDecE-196
93UppDecS-59
93UppDecSEC-59
93UppDecSEG-59
94ColCho-36
94ColChoGS-36
94ColChoSS-36
94Fin-28
94FinRef-28
94Fla-97
94Fle-143
94Hoo-134
94JamSes-119
94PanSti-81
94Sky-106
94StaClu-99
94StaCluFDI-99
94StaCluMO-99
94StaCluSTNF-99
94Top-216
94TopSpe-216
94Ult-119
94UppDec-48
95ColCho-236
95ColChoIE-36
95ColCholJI-36
95ColChoISI-36
95ColChoPC-236
95ColChoPCP-236
95Fin-205
95FinRef-205
95Fle-239
95FleEur-148
95Hoo-104
95Met-170
95PanSti-23
95Sky-186
95StaClu-48
95StaCluMOI-48
95Top-239
95Ult-230
95UppDec-88
95UppDecEC-88
95UppDecECG-88
96ColCho-100
96ColCholl-60
96ColCholJ-236
96ColChoMG-M92
96UppDec-78
Edwards, Leroy
88KenColC-23
Edwards, Michael
89Syr-5
Edwards, Simone
93IowWom-3
Edwards, Steven
93Mia-3
94Mia-4
Edwards, T.J.
91GeoTecCC*-148
Edwards, Teresa
89SpolllfKl*-223
92ImpU.SOH-19
92SpolllfKl*-452
93KelColGP-2
94FlaUSA-114
96TopUSAWNT-3
96TopUSAWNT-15
96UppDecU-63
96UppDecUOC-13
Eford, Roney
92Mar-3
94Mar-4
95Mar-5
Egan, Johnny
69Top-16
70Top-34
81TCMNBA-33
91Pro-8
Eggers, Robbie
93Ind-2
94Ind-2
Eggert, Sean
94IHSBoyAST-130
Eggleston, Don
89NorCarCC-196
Eggleston, Marty
89ProCBA-48
Ehle, Tory
91GeoTecCC*-24
Ehler, Jim

91WriSta-18
93WriSta-15
94WriSta-17
Ehlers, Eddie
48Bow-19
Ehlo, Craig
84Sta-238
89Fle-26
89Hoo-106
90Fle-32
90Hoo-74
90HooActP-44
90HooTeaNS-5
90PanSti-106
90Sky-51
91Fle-35
91FleTonP-104
91Hoo-37
91Hoo100S-16
91HooTeaNS-5
91PanSti-122
91Sky-48
91Sky-463
91UppDec-202
92Fle-41
92FleSha-15
92FleTonP-21
92Hoo-39
92PanSti-136
92Sky-40
92StaClu-59
92StaCluMO-59
92Top-191
92TopArc-49
92TopArcG-49G
92TopGol-191G
92Ult-36
92UppDec-212
92UppDecM-CL4
92UppDecS-2
93Fin-13
93FinRef-13
93Fle-36
93Fle-242
93Hoo-38
93Hoo-301
93HooFifAG-38
93HooFifAG-301
93PanSti-160
93Sky-26
93Sky-192
93Sky-292
93StaClu-218
93StaCluFDI-218
93StaCluMO-218
93StaCluSTDW-H218
93StaCluSTNF-218
93Top-352
93TopGol-352G
93Ult-202
93UppDec-378
93UppDecE-126
93UppDecS-73
93UppDecSEC-73
93UppDecSEG-73
94ColCho-98
94ColChoGS-98
94ColChoSS-98
94Fin-73
94FinRef-73
94Fla-3
94Fle-3
94Hoo-4
94Hoo-431
94HooShe-1
94JamSes-4
94PanSti-7
94Sky-4
94StaClu-264
94StaCluFDI-264
94StaCluMO-264
94StaCluMO-ST1
94StaCluSTNF-264
94Top-143
94TopSpe-143
94TopSpe-202
94Ult-3
94UppDec-81
95ColCho-13
95ColChoIE-98
95ColCholJI-98
95ColChoISI-98
95ColChoPC-13

95ColChoPCP-13
95Fin-72
95FinRef-72
95Fle-3
95FleEur-5
95Hoo-3
95Hoo-229
95HooMagC-1
95PanSti-66
95Sky-151
95StaClu-38
95StaCluMOI-38
95Ult-3
95UltGolM-3
95UppDec-86
95UppDecEC-86
95UppDecGC-86
96ColCho-4
96ColCho-331
96ColCholI-1
96ColCholJ-13
96Fin-158
96FinRef-158
96Fle-251
96Met-213
96MetPreM-213
96StaCluWA-WA22
96Ult-245
96UltGolE-G245
96UltPlaE-P245
96UppDec-296
Ehrhardt, Annelie
76PanSti-123
Eichmann, Eric
90CleColC*-22
Eierman, Mike
93Neb*-24
Eikenberg, Dana
92PenSta*-5
Eisaman, Jerry
89KenColC*-180
Eisenhower, Dwight
48TopMagP*-O10
Eisenmann, Derric
94IHSBoyAST-75
Eisley, Howard
94Cla-28
94ClaG-28
94ColCho-339
94ColChoGS-339
94ColChoSS-339
94Fla-259
94Fle-323
94FouSp-30
94FouSpAu-30A
94FouSpG-30
94FouSpPP-30
94Hoo-350
94PacP-14
94PacPriG-14
94Sky-256
94Ult-288
94UppDec-223
95ColCholE-339
95ColCholJI-339
95ColCholSI-120
95SkyRo-23
95SupPix-30
95SupPixAu-30
95TedWil-18
Eitutis, Jason
90KenSovPI-6
Ekker, Ron
89ProCBA-12
El Quafi, Ahmed
76PanSti-50
El, Antwaan Randle
94IHSBoyAST-103
El, Curtis Randle
94IHSBoyAST-104
Elenz, Jim
79St.Bon-4
Elie, Mario
89ProCBA-109
90ProCBA-151
91Fle-286
91Hoo-366
91HooTeaNS-9
91Sky-89
91UppDec-396
92Fle-73
92Fle-416
92Hoo-72
92Hoo-455

92Sky-77
92StaClu-376
92StaCluMO-376
92Top-289
92TopGol-289G
92TraBlaF-16
92Ult-343
92UppDec-28
92UppDec-346
93Fle-175
93Fle-294
93Hoo-178
93Hoo-343
93HooFifAG-178
93HooFifAG-343
93JamSes-79
93PanSti-42
93Sky-229
93Sky-301
93StaClu-254
93StaCluMO-254
93StaCluSTDW-R254
93StaCluSTMP-R3
93StaCluSTNF-254
93Top-319
93TopGol-319G
93Ult-255
93UppDec-386
93UppDecS-93
93UppDecSEC-93
93UppDecSEG-93
94ColCho-217
94ColChoGS-217
94ColChoSS-217
94Fin-6
94Fin-263
94FinRef-6
94FinRef-263
94Fla-229
94Fle-81
94Hoo-74
94JamSes-69
94PanSti-142
94StaClu-14
94StaCluFDI-14
94StaCluMO-14
94StaCluSTMP-R7
94StaCluSTNF-14
94Top-366
94TopSpe-366
94UppDec-134
94UppDecSE-122
94UppDecSEG-122
95ColCho-238
95ColCholE-427
95ColCholJI-427
95ColCholSI-208
95ColChoPC-238
95ColChoPCP-238
95Fin-208
95FinRef-208
95Fla-50
95Fle-67
95Fle-222
95FleEur-85
95Hoo-230
95Hoo-306
95PanSti-166
95Sky-174
95StaClu-220
95Top-43
95TopGal-132
95TopGalPPI-132
95Ult-67
95UltGolM-67
95UppDec-5
95UppDecEC-5
95UppDecECG-5
95UppDecSE-29
95UppDecSEG-29
96ColCho-60
96ColCholl-40
96ColCholJ-238
96ColChoM-M150
96ColChoMG-M150
96Fin-105
96FinRef-105
96Fle-191
96Hoo-61
96HooSil-61
96Sky-44
96SkyRub-44
96SP-41

96StaClu-142
96Top-218
96TopChr-218
96TopChrR-218
96TopNBAa5-218
96Ult-41
96UltGolE-G41
96UltPlaE-P41
96UppDec-45
96UppDec-145
96UppDecFBC-FB4
Elkind, Steve
91UCL-19
Elkins, Andy
93Eva-4
Elkins, Arlo
91SouCarCC*-50
Elkins, Rod
90NorCarCC*-12
Elleby, Bill
89Cal-8
Ellefson, Tom
96PenSta*-12
Ellenberger, Norm
89UTE-7
92Ind-15
93Ind-15
Ellenson, John
89Wis-2
Ellerbe, Brian
92Vir-12
93Vir-16
Ellery, Kevin
90NotDam-20
Eilet, Andy
94IHSBoyASD-29
Ellington, Russell
89KenColC*-202
Elliott, Bob
48TopMagP*-K3
90AriColC*-97
90AriColC*-106
Elliott, Bump (Chalmers)
48ExhSpoC-17
91Mic*-19
Elliott, Jamelle
93ConWom-6
Elliott, Pete
48TopMagP*-C2
57ConOilB*-28
Elliott, Sean
85Ari-5
86Ari-4
87Ari-4
88Ari-5
90AriColC*-2
90AriColC*-38
90AriColC*-85
90AriColC*-110
90AriColCP*-9
90Fle-171
90FleRooS-2
90Hoo-267
90HooActP-141
90HooTeaNS-23
90PanSti-44
90Sky-256
91SPCha-121
91SPChaDC-121
91Sky-185
91FleWho*-2
91FleWhoS-2
91Hoo-190
91Hoo-526
91HooMcD-40
91HooTeaNS-24
91PanSti-79
91Sky-256
91Sky-482
91UppDec-287
91WooAwaW-18
92Fle-204
92Fle-271
92FleDra-48
92FleTopN-83
92Hoo-207
92Hoo100S-87
92PanSti-90
92Sky-221
92SkyNes-10
92StaClu-65
92StaCluMO-65
92Top-10
92TopArc-121
92TopArcG-121G

92TopGol-10G
92Ult-165
92UppDec-56
92UppDec-131
92UppDec-439
92UppDec-505
92UppDecA-AD13
92UppDecE-93
92UppDecE-165
93Fin-37
93FinRef-37
93Fle-192
93Fle-281
93FleAll-15
93Hoo-199
93Hoo-271
93Hoo-331
93HooFifAG-199
93HooFifAG-271
93HooFifAG-331
93HooShe-2
93JamSes-61
93JamSesTNS-2
93PanSti-108
93Sky-164
93Sky-220
93StaClu-203
93StaCluFDI-203
93StaCluMO-203
93StaCluSTNF-203
93Top-196
93Top-229
93TopBlaG-1
93TopGol-196G
93TopGol-229G
93Ult-61
93Ult-242
93UppDec-183
93UppDec-416
93UppDecE-19
93UppDecE-47
93UppDecE-240
93UppDecFT-FT8
93UppDecPV-65
93UppDecS-50
93UppDecSEC-50
93UppDecSEG-50
94ColCho-273
94ColChoGS-273
94ColChoSS-273
94Emb-86
94EmbGolI-86
94Emo-88
94Fin-82
94FinRef-82
94Fla-134
94Fle-66
94Fle-366
94Hoo-58
94Hoo-370
94HooPowR-PR47
94JamSes-171
94PanSti-199
94ProMag-37
94Sky-48
94Sky-281
94SP-148
94SPCha-121
94SPChaDC-121
94SPDie-D148
94StaClu-313
94StaCluFDI-313
94StaCluMO-313
94StaCluSTDW-SP313
94StaCluSTNF-313
94Top-180
94TopSpe-180
94Ult-171
94UppDec-53
94UppDecE-72
94UppDecFMT-24
94UppDecSE-168
94UppDecSEG-168
94UppDecSEJ-24
95ColCho-202
95ColCho-389
95ColCholE-273
95ColCholSI-54
95ColChoPC-252
95ColChoPCP-389
95ColChoPCP-252
95ColChoPCP-389
95Fin-11

95FinHotS-HS5
95FinRef-11
95Fla-122
95Fle-168
95FleEur-208
95Hoo-146
95Hoo-370
95JamSes-95
95JamSesDC-D95
95Met-97
95MetSilS-97
95PanSti-182
95ProMag-119
95Sky-108
95SkyE-X-73
95SkyE-XB-73
95SkyE-XU-15
95SP-119
95SPAll-AS18
95SPAllG-AS18
95SPCha-94
95StaClu-75
95StaCluMO5-27
95StaCluMOI-75
95StaCluRM-RM6
95Top-122
95TopGal-117
95TopGalPPI-117
95TopTopF-TF18
95Ult-162
95Ult-308
95UltGolM-162
95UppDec-60
95UppDecEC-60
95UppDecECG-60
95UppDecSE-161
95UppDecSEG-161
96BowBes-60
96BowBesAR-60
96BowBesR-60
96BowBesTh-TB3
96BowBesThAR-TB3
96BowBesTR-TB3
96ColCho-140
96ColChoCtGS1-C24A
96ColChoCtGS1-C24B
96ColChoCtGS1R-R24
96ColChoCtGSG1-C24A
96ColChoCtGSG1-C24B
96ColCholI-93
96ColCholI-179
96ColCholJ-252
96ColCholJ-389
96ColChoM-M167
96ColChoMG-M167
96ColChoS2-S24
96Fin-68
96Fin-123
96Fin-200
96FinRef-68
96FinRef-123
96FinRef-200
96FlaSho-B78
96FlaSho-B78
96FlaSho-C78
96FlaShoLC-B78
96FlaShoLC-B78
96FlaShoLC-C78
96Fle-98
96FleAusS-39
96FleGamB-13
96Hoo-140
96HooHeatH-HH8
96Met-89
96Sky-104
96SkyE-X-64
96SkyE-XC-64
96SkyRub-104
96SkyTriT-TT5
96SkyZ-F-79
96SkyZ-FZ-79
96SP-100
96StaClu-118
96StaCluF-F29
96StaCluTC-TC4
96Top-107
96TopChr-107
96TopChrR-107
96TopMysF-M6
96TopMysFB-M6
96TopMysFBR-M6
96TopMysFBR-M6
96TopNBAa5-107

96Ult-99
96UltGolE-G99
96UltPlaE-P99
96UppDec-159
96UppDec-293
96UppDecFBC-FB16
96UppDecGE-G17
96UppDecU-58
Elliott, Thomas
92VirTec*-7
Ellis, Bill
91UCLColC-57
Ellis, Bo
81TCMCBA-25
Ellis, Bob
91TexA&MCC*-11
Ellis, Cliff
88Cle-6
89Cle-7
90Cle-6
90CleColC*-92
Ellis, Dale
83Sta-53
84Sta-254
84StaAre-B4
85Sta-162
87Fle-33
88Fle-107
89Fle-146
89FleSti-8
89Hoo-10
89Hoo-43
89HooAllP-3
89PanSpaS-246
89PanSpaS-274
89SpoIllfKI*-124
90Fle-177
90Hoo-277
90Hoo100S-89
90HooActP-7
90HooActP-143
90HooTeaNS-24A
90HooTeaNS-24B
90PanSti-21
90Sky-266
90SupSmo-5
91Fle-114
91FleTonP-80
91Hoo-116
91Hoo-517
91HooTeaNS-15
91PanSti-137
91Sky-161
91Sky-446
91Sky-592
91UppDec-266
92Fle-205
92Fle-427
92FleSha-12
92Hoo-126
92Hoo-467
92Hoo100S-53
92Sky-133
92Sky-398
92StaClu-289
92StaCluMO-289
92Top-204
92Top-361
92TopArc-34
92TopArcG-34G
92TopGol-204G
92TopGol-361G
92Ult-355
92UppDec-88
92UppDec-373
92UppDec-388
93Fin-217
93FinRef-217
93Fle-193
93Hoo-200
93HooFifAG-200
93PanSti-109
93Sky-165
93StaClu-207
93StaCluFDI-207
93StaCluMO-207
93StaCluSTNF-207
93Top-135
93TopGol-135G
93Ult-171
93UppDec-10
93UppDecS-46
93UppDecSEC-46
93UppDecSEG-46

94ColCho-356
94ColChoGS-356
94ColChoSS-356
94Fin-284
94FinRef-284
94Fla-205
94Fle-205
94Fle-272
94FleSha-3
94Hoo-194
94Hoo-319
94HooPowR-PR13
94PanSti-200
94ProMag-116
94Sky-150
94Sky-223
94StaClu-35
94StaClu-344
94StaCluFDI-35
94StaCluFDI-344
94StaCluMO-35
94StaCluMO-344
94StaCluSTNF-35
94StaCluSTNF-344
94Top-95
94Top-307
94TopSpe-95
94TopSpe-307
94Ult-232
94UppDec-116
95ColCholE-356
95ColCholJI-356
95ColCholSI-137
95Fin-26
95FinRef-26
95Fla-163
95Fle-42
95FleEur-55
95Hoo-301
95Met-141
95SPCha-27
95StaClu-267
95Top-52
95UppDec-236
95UppDecEC-236
95UppDecECG-236
96ColCho-46
96Fin-59
96FinRef-59
96FlaSho-A70
96FlaSho-B70
96FlaSho-C70
96FlaShoLC-70
96FlaShoLC-B70
96FlaShoLC-C70
96Met-165
96MetPreM-165
96SkyE-X-16
96SkyE-XC-16
96SP-26
96Top-153
96TopChr-153
96TopChrR-153
96TopNBAa5-153
96Ult-173
96UltGolE-G173
96UltPlaE-P173
96UppDec-29
96UppDec-142
Ellis, Harold
92FroR-20
92StaPic-88
93Ult-267
94ColCho-289
94ColChoGS-289
94ColChoSS-289
94Fin-211
94FinRef-211
94Fla-67
94Fle-98
94FleRooS-8
94Hoo-91
94Hoo-439
94PanSti-150
94Sky-73
94StaClu-241
94StaCluFDI-241
94StaCluMO-241
94StaCluSTNF-241
94Top-215
94TopSpe-215
94Ult-261
94UppDec-67
95ColCholE-289

95ColCholJI-289
95ColCholSI-70
95PanSti-218
95Top-54
Ellis, Ian
92AusFutN-28
Ellis, James
90MicStaCC2*-10
Ellis, Jim
89ProCBA-195
Ellis, Joe
69Top-57
70Top-28
71Top-51
71WarTeal-5
72Top-14
73Top-171
Ellis, LaPhonso
90NotDam-23
91WilCarRP-P1
92Cla-47
92ClaGol-47
92ClaLPs-LP5
92Fle-328
92FouSp-42
92FouSpGol-42
92FroR-97
92FroR-98
92FroR-99
92FroRowDP-91
92FroRowDP-92
92FroRowDP-93
92FroRowDP-94
92FroRowDP-95
92Hoo-375
92HooDraR-D
92HooMagA-4
92Sky-336
92Sky-NNO
92SkyDraP-DP5
92StaClu-343
92StaCluMO-343
92StaPic-33
92StaPic-69
92StaPic-89
92Top-319
92TopGol-319G
92Ult-251
92UltAll-1
92UppDec-4
92UppDec-21
92UppDec-460
92UppDecM-P46
92UppDecRS-RS4
92UppDecS-10
93Fin-43
93FinRef-43
93Fle-51
93FleRooS-7
93Hoo-53
93HooFactF-5
93HooFifAG-53
93JamSes-54
93PanSti-77
93Sky-61
93Sky-323
93SkyAll-AR5
93SkySch-18
93StaClu-144
93StaCluBT-16
93StaCluFDI-144
93StaCluMO-144
93StaCluMO-BT16
93StaCluSTNF-144
93Top-141
93TopBlaG-16
93TopGol-141G
93Ult-50
93UltAllT-1
93UppDec-391
93UppDecA-AR5
93UppDecE-58
93UppDecE-139
93UppDecFH-29
93UppDecFH-NNO
93UppDecFT-FT9
93UppDecPV-53
93UppDecS-74
93UppDecS-6
93UppDecSEC-74
93UppDecSEG-74
93UppDecWJ-391
94ColCho-20
94ColChoGS-20

94ColChoSS-20
94Emb-24
94EmbGolI-24
94Emo-22
94Fin-92
94FinRef-92
94Fla-39
94Fle-57
94Hoo-49
94HooPowR-PR14
94HooShe-7
94IHSHisRH-68
94JamSes-46
94PanSti-126
94ProMag-32
94Sky-41
94Sky-197
94Sky-305
94SkySkyF-SF5
94StaClu-150
94StaCluFDI-150
94StaCluMO-150
94StaCluMO-RS6
94StaCluRS-6
94StaCluSTNF-150
94Top-145
94TopSpe-145
94Ult-48
94UppDec-105
94UppDecE-118
94UppDecSDS-S5
94UppDecSE-23
94UppDecSEG-23
95ColCho-120
95ColCholE-20
95ColCholJI-20
95ColCholSI-20
95ColChoPC-120
95ColChoPCP-120
95Fin-242
95FinRef-242
95Fle-43
95FleEur-56
95Hoo-39
95Hoo-235
95PanSti-155
95Sky-29
95SP-35
95StaClu-298
95Top-225
95TopGal-126
95TopGalPPI-126
95UppDecSE-20
95UppDecSEG-20
96BowBes-67
96BowBesAR-67
96BowBesR-67
96ColCho-41
96ColCho-172
96ColChoCtGS2-C7A
96ColChoCtGS2-C7B
96ColChoCtGS2-R7
96ColChoCtGS2RG-R7
96ColChoCtGSG2-C7A
96ColChoCtGSG2-C7B
96ColChoGF-GF7
96ColCholl-40
96ColCholJ-120
96ColChoM-M110
96ColChoMG-M110
96ColChoS1-S7
96Fin-80
96FinRef-80
96FlaSho-A73
96FlaSho-B73
96FlaSho-C73
96FlaShoLC-73
96FlaShoLC-B73
96FlaShoLC-C73
96Hoo-40
96HooSil-40
96HooStaF-7
96Met-25
96Sky-30
96SkyRub-30
96SP-27
96StaClu-71
96StaCluM-71
96Top-203
96TopChr-203
96TopChrR-203
96TopNBAa5-203
96Ult-29
96UltGolE-G29

96UltPlaE-P29
96UppDec-30
96UppDec-142
Ellis, LeRon
88KenBigB-10
88KenBigB-14
89KenBigBTot8-51
89Syr-2
91Cla-14
91Cou-18
91Fle-297
91FouSp-162
91FroR-27
91FroRowP-66
91StaPic-54
91WilCar-2
93Fle-253
93Top-363
93TopGol-363G
93Ult-214
94Sky-17
Ellis, Leroy
69Top-42
70Top-35
70TopPosI-9
71Top-111
71TopTri-19
72Top-18
72Top-157
73Top-34
74Top-94
74Top-111
75Top-104
81TCMNBA-27
Ellis, Mike
92AusFutN-63
92AusStoN-57
95AusFut3C-GC12
Ellis, Phil
89LouColC*-155
Ellis, Robert
90MicStaCC2*-156
Ellis, Ron
92Cla-92
92ClaGol-92
92FouSp-74
92FouSpGol-74
Ellis, Todd
91SouCarCC*-2
91SouCarCC*-44
Ellis, Zarko
89LouColC*-193
Ellison, Janet
90CleColC*-198
Ellison, Pervis
87Ken*-17
89KinCarJ-42
89LouColC*-41
89LouColC*-206
89LouColC*-253
89LouColC*-290
90Fle-164
90FleUpd-U97
90Hoo-257
90Hoo-438
90HooTeaNS-26
90Sky-246
90Sky-419
90StaPic-50
91Fle-205
91FleTonP-106
91Hoo-214
91HooTeaNS-27
91Sky-289
91UppDec-285
91UppDecS-1
91UppDecS-2
91UppDecS-12
92BulCro-WB4
92Fle-231
92FleDra-53
92FleTeaL-77
92FleTonP-22
92Hoo-233
92Hoo100S-98
92PanSti-187
92Sky-248
92Sky-308
92SkyNes-11
92SkyThuaL-TL4
92StaClu-161
92StaCluMO-161
92Top-99

92TopArc-9
92TopArc-122
92TopArcG-9G
92TopArcG-122G
92TopArcMP-1989
92TopGol-99G
92Ult-186
92Ult-207
92Ult-JS207
92Ult-NNO
92UltAwaW-5
92UltProS-NNO
92UppDec-244
92UppDecE-105
92UppDecMH-27
92UppDecTM-TM28
93Fin-35
93FinRef-35
93Fle-215
93Hoo-222
93HooFifAG-222
93JamSes-233
93PanSti-243
93Sky-182
93StaClu-164
93StaCluFDI-164
93StaCluMO-164
93StaCluSTNF-164
93Top-297
93TopBlaG-22
93TopGol-297G
93Ult-194
93UppDec-285
93UppDecE-252
93UppDecFM-8
93UppDecPV-49
94Fla-181
94Fle-232
94Hoo-220
94JamSes-11
94PanSti-15
94ProMag-135
94Sky-172
94Ult-11
94UppDec-307
94UppDecE-109
95ColCho-66
95ColChoPC-66
95ColChoPCP-66
95Fin-150
95FinRef-150
95Hoo-10
95PanSti-3
95StaClu-307
95Top-41
95Ult-11
95UltGolM-11
95UppDec-249
95UppDecEC-249
95UppDecECG-249
96ColCho-209
96ColChoIJ-9
96ColChoIJ-66
96Top-109
96TopChr-109
96TopChrR-109
96TopNBAa5-109
96UppDec-107
96UppDec-185
Ellison, Shawn
96Lou-5
Elmendorf, Dave
91TexA&MCC*-95
Elmore, Len
75Top-259
76Top-71
83Sta-63
Elston, Darrell
73NorCarPC-13D
75Top-308
89NorCarCC-144
90NorCarCC*-165
Elston, Josh
94IHSBoyAST-169
Ely, Melvin
94IHSBoyAST-95
Embry, Marty
91WilCar-41
Embry, Randy
88KenColC-83
Embry, Wayne
59Kah-2
60Kah-4
61Fle-12

61Kah-4
62Kah-3
63Kah-4
64Kah-6
65Kah-1
Emery, Bryan
96Web StS-4
Emerzian, Bryan
88UNL-12
89UNL7-E-6
89UNLHOF-11
90UNLHOF-7
90UNLSeatR-7
90UNLSmo-5
Emmons, Mori
84Neb*-24
Emt, Steve
92Con-5
Enberg, Dick
90HooAnn-18
Ender, Kornelia
76PanSti-248
77SpoSer2*-221
Engelbert, Pat
91Neb*-2
Engelland, Chip
89ProCBA-78
9088'CalW-4
9088'CalW-6
9088'CalW-17
91ProCBA-188
Engen, Alf
57UniOilB*-10
England, Kenny
89KenColC*-203
Englehardt, Dan
89NorCarSCC-83
89NorCarSCC-84
Engler, Chris
83Sta-256
Engler, Jake
94IHSBoyAST-174
English, A.J.
90FleUpd-U98
90StaPic-46
91Fle-206
91Hoo-215
91HooTeaNS-27
91LitBasBL-12
91Sky-290
91UppDec-387
92Fle-232
92Hoo-234
92PanSti-191
92Sky-249
92StaClu-8
92StaCluMO-8
92Top-157
92TopGol-157G
92Ult-187
92UppDec-208
English, Alex
76BucPlaC-C5
76BucPlaC-D10
76BucPlaC-H10
76BucPlaC-S5
77BucActP-4
70Top 31
80Top-19
80Top-107
81Top-W08
82NugPol 2
83NugPol-2
83Sta-186
83StaAllG-15
84Sta-137
84StaAllG-18
84StaAllGDP-18
84StaCouK5-22
85NugPol-1
85Sta-50
86Fle-30
86FleSti-4
86StaCouK-12
87Fle-34
87FleSti-11
88Fle-34
88FleSti-4
88FouNBAE-19
88NugPol-2A
88NugPol-2B
89Fle-40
89Hoo-120
89Hoo-133

89HooAllP-2
89NugPol-4
89PanSpaS-138
89PanSpaS-275
89SpoIllfKI*-34
90Fle-48
90FleUpd-U19
90Hoo-94
90Hoo-407
90Hoo100S-26
90HooActP-6
90HooActP-55
90HooTeaNS-6
90Sky-74
90Sky-375
91Hoo-315
91PanSti-49
91SouCarCC*-3
91SouCarCC*-35
93MulAntP-6
96ColEdgRRTW-2
96ColEdgRRTW-3
96ColEdgRRTWG-2
96ColEdgRRTWG-3
96ColEdgRRTWH-2
96ColEdgRRTWH-3
English, Claude
71Top-46
English, Jo Jo
92Cla-79
92ClaGol-79
92FouSp-67
92FouSpGol-67
92FroR-22
93Fle-257
93UppDec-415
94ColCho-283
94ColChoGS-283
94ColChoSS-283
94UppDec-59
95ColChoIE-283
95ColChoIJI-283
95ColChoISI-64
English, Rodney
90EasTenS-4
91EasTenS-3
Engskov, John
94ArkTic-2
Enright, Rex
91SouCarCC*-71
Ensminger, Steve
90LSUColC*-185
Ensor, Ken
83Ari-6
Epley, Frank
85StaAre-E1
Eppley, Mike
90CleColC*-25
Epps, Anthony
93Ken-4
Erdelac, Tyson
94IHSBoyAST-132
Erhardt, Herb
86SouLou*-5
Erhgott, Ed
85Bra-H7
Erickson, Connie
94IHSHigRH-84
Erickson, Edward
90MicStaCC2*-54
Erickson, Keith
69Top-29
70Top-38
71Top-61
72Top-140
73LinPor-70
73Top-68
73Top-117
74SunTeal8-3
74Top-53
75Sun-5
75Top-113
75Top-130
76Sun-3
76Top-4
91UCLColC-132
93FCAFinF-5
Erickson, Ken
90AriColC*-80
Erlenbusch, Amy
93Neb*-20
Ernst, Vinny
91Pro-10
Errol, Leon

48TopMagP*-J25
Ervin, Tim
93Pur-5
Erving, Julius
72Spa-5
72Top-195
72Top-255
72Top-263
73Top-204
73Top-234
73Top-240
74Top-200
74Top-207
74Top-226
74Top-249
75Top-221
75Top-282
75Top-300
76Top-1
76Top-127
77DelFli-3
77PepAll-3
77SpoSer3*-315
77SpoSer3*-3506
77Top-100
78RoyCroC-10
78Top-130
79QuaIro-3
79Top-20
80Top-1
80Top-6
80Top-23
80Top-51
80Top-137
80Top-142
80Top-146
80Top-176
81Top-30
81Top-59
81Top-E104
83Sta-1
83StaAllG-1
83StaAllG-4
83StaAllG-26
83StaSixC-4
83StaSixC-10
83StaSixC-18
83StaSixC-22
83StaSixC-24
84Sta-204
84Sta-281
84StaAllG-4
84StaAllGDP-4
84StaAllGDP-28
84StaAre-E1
84StaCouK5 4
84StaJulE-1
84StaJulE-2
84StaJulE-3
84StaJulE-4
84StaJulE-5
84StaJulE-6
84StaJulE-7
84StaJulE-8
84StaJulE-9
84StaJulE-10
84StaJulE-11
84StaJulE-12
84StaJulE-13
84StaJulE-14
84StaJulE-15
84StaJulE-16
84StaJulE-17
84StaJulE-18
84StaSlaD-4
85JMSGam-5
85PriSti-4
85Sta-3
85StaCruA-3
85StaGatSD-5
85StaLitA-3
85StaSlaDS5-3
85StaTeaS5-PS1
86Fle-31
86FleSti-5
86StaBesotB-6
86StaBesotN-6
86StaCouK-13
87Fle-35
92SpoIllfKI*-104
93ActPacHoF-67
93ActPacHoF-68
93ActPacHoF-69
93ActPacHoF-70

93ActPacHoF-71
93ActPacHoF-72
94McDNotBNM-3
96StaCluFR-8
96StaCluFR-15
96StaCluFRR-8
96StaCluFRR-15
96TopFinR-22
96TopFinRR-22
96TopNBAS-15
96TopNBAS-65
96TopNBAS-115
96TopNBASF-15
96TopNBASF-65
96TopNBASF-115
96TopNBASFAR-15
96TopNBASFAR-65
96TopNBASFAR-115
96TopNBASFR-15
96TopNBASFR-65
96TopNBASFR-115
96TopNBASI-I4
96TopNBASR-8
96TopNBASR-15
96TopNBASR-22
Ervins, Ricky
90SouCal*-3
Erwin, Scott
91GeoTecCC*-103
Escarlega, Kathy
90AriStaCC*-127
Eshelman, Cory
94IHSBoyASD-41
Esherick, Craig
91GeoColC-21
91GeoColC-90
Esker, Eric
94IHSBoyASD-31
Eskew, Bob
94TenTec-1
Espeland, Gene
89ProCBA-113
Esposito, Phil
74NabSugD*-11
75NabSugD*-11
Esposito, Sam
73NorCarSPC-S11
Ess, Eric
94IHSBoyAST-68
Essensa, Bob
90MicStaCC2*-137
Estay, Ronnie
90LSUColC*-126
Estes, Joel
90AriColC*-82
Ectey, Jill
92Ill-23
Estrada, Miguel
94IHSBoyAST-235
Etheridge, Corey
94ColCho-165
94ColChoGS-165
94ColChoSS-165
Ethridge, Sheila
89LouTec-10
Etzler, Doug
91OhiSta-7
92OhiSta-1
93OhiSta-6
Eubanks, Greg
01DayLig 4
92DayLip-4
Eubanks, Kurt
84Neb*-23
Evans, Bill
88KenColC-37
Evans, Brian
91IndMagI-4
92Ind-3
93Ind-3
94Ind-1
94Ind-3
96AllSpoPPaF-125
96BowBesRo-R19
96BowBesRoAR-R19
96BowBesRoR-R19
96ColCho-297
96ColEdgRR-11
96ColEdgRRD-11
96ColEdgRRG-11
96Fin-28
96FinRef-28
96Fle-230
96Hoo-286

96HooRoo-8
96PacPow-12
96PrePas-22
96PrePasAu-5
96PrePasNB-22
96PrePasS-22
96ScoBoaAB-23
96ScoBoaAB-23A
96ScoBoaAB-23B
96ScoBoaAB-23C
96ScoBoaAB-PP21
96ScoBoaBasRoo-23
96ScoBoaBasRooCJ-CJ19
96ScoBoaBasRooD-DC27
96Sky-208
96SkyRooP-R7
96SkyRub-208
96StaCluR1-R23
96StaCluRS-RS22
96TopDraR-27
96Ult-224
96UltGolE-G224
96UltPlaE-P224
96UppDec-80
Evans, Bryon
90AriColC*-55
90AriColC*-109
Evans, Chuck
93Cla-31
93ClaF-8
93ClaG-31
93FouSp-28
93FouSpG-28
Evans, Cledella
95WomBasA-6
Evans, David
92Cin-4
93Cin-5
Evans, Dena
91VirWom-4
92VirWom-5
Evans, Dwayne
90AriStaCC*-126
Evans, Israel
92Mon-5
Evans, Jamal
91MurSta-5
Evans, Kimonie
94IHSBoyAST-34
Evans, Kwame
96ScoBoaBasRoo-21
Evans, Michael
95ClaBKR-86
95ClaBKRAu-86
95ClaBKRPP-86
95ClaBKRSS-86
Evans, Mike L.
79SpuPol-1
82TCMCBA-13
83NugPol-5
83Sta-187
84Sta-140
85NugPol-2
85Sta-53
87Fle-36
Evans, Paul
89Pit-3
Evans, Peggy
90TenWom-8
92TenWom-6
94OhiStaW-3
Evans, Peter
90AriColC*-22
Evans, Rob
91OklSta-23
Evans, Terry
93Cla-32
93ClaF-10
93ClaG-32
93FouSp-29
93FouSpG-29
Evans, Tyrone
92Hou-6
Evans, William
55AshOil-19
Everett, J.C.
89KenColC*-204
Everett, Jimmy
90FloStaCC*-115
Evers, Johnny
48TopMagP*-K18
Everson, Greg
91Mic*-20
Evert, Chris

77SpoSer2*-224
93LakFor*-3
Ewing, Patrick
81Geo-4
82Geo-2
83Geo-10
84Geo-4
85PriSti-5
85Sta-166
86Fle-32
86FleSti-6
86StaBesotB-7
86StaBesotN-1
86StaCouK-14
87Fle-37
88Fle-80
88Fle-130
88FleSti-5
88FouNBAE-15
88KniFriL-2
89Fle-100
89Fle-167
89FleSti-7
89Hoo-80
89Hoo-159
89HooAllP-4
89KniMarM-2
89PanSpaS-40
89PanSpaS-253
89PanSpaS-271
89SpoIllfKI*-77
90ActPacP*-1
90Fle-125
90FleAll-12
90Hoo-4
90Hoo-203
90Hoo-372
90Hoo-388
90Hoo100S-67
90HooActP-8
90HooActP-112
90HooAllP-2
90HooCol-15
90HooTeaNS-18A
90HooTeaNS-18B
90PanSti-140
90PanSti-I
90Sky-187
90StaPatE-1
90StaPatE-2
90StaPatE-3
90StaPatE-4
90StaPatE-5
90StaPatE-6
90StaPatE-7
90StaPatE-8
90StaPatE-9
90StaPatE-10
90StaPatE-11
90StaPro-7
91SMaj-41
91Fle-136
91Fle-215
91Fle-236
91Fle-237
91Fle-389
91FlePro-4
91FleTonP-3
91FleWheS-3
91GeoColC-30
91GeoColC-31
91GeoColC-49
91GeoColC-55
91GeoColC-77
91Hoo-140
91Hoo-251
91Hoo-483
91Hoo-577
91Hoo100S-65
91HooMcD-26
91HooPro0-2
91HooTeaNS-18
91PanSti-99
91PanSti-163
91PanSti-189
91ProSetP-2
91Sky-189
91Sky-476
91Sky-532
91SkyMaraSM-532
91SkyMaraSM-546
91SkyPro-189

91UppDec-33
91UppDec-68
91UppDec-343
91UppDec-455
91UppDecS-1
91UppDecS-8
91UppDecS-14
91WilCar-15
92ClaWorCA-51
92Fle-150
92Fle-291
92FleAll-5
92FleDra-35
92FleTeaL-18
92FleTonP-84
92FleTotD-7
92Hoo-153
92Hoo-297
92Hoo-333
92Hoo-339
92Hoo-484
92Hoo-485
92Hoo-AC1
92Hoo-NNO
92Hoo-NNO
92Hoo100S-64
92HooPro-2
92HooSupC-SC4
92ImpU.SOH-10
92PanSti-94
92PanSti-175
92Sky-161
92Sky-299
92SkyOlyT-8
92SkyUSA-19
92SkyUSA-20
92SkyUSA-21
92SkyUSA-22
92SkyUSA-23
92SkyUSA-24
92SkyUSA-25
92SkyUSA-26
92SkyUSA-27
92SkyUSA-103
92SpoIllfKI*-166
92StaClu-100
92StaClu-207
92StaCluBT-18
92StaCluMO-100
92StaCluMO-207
92StaCluMO-BT18
92Top-66
92Top-121
92Top-211
92TopArc-5
92TopArc-64
92TopArcG-5G
92TopArcG-64G
92TopArcMP-1985
92TopBeaT-2
92TopBeaTG-2
92TopGol-66G
92TopGol-121G
92TopGol-211G
92Ult-122
92UltAll-8
92UppDec-46
92UppDec-130
92UppDec-429
92UppDecA-AN8
92UppDecAW-14
92UppDecE-7
92UppDecE-76
92UppDecE-161
92UppDec-193
92UppDecFE-FE3
92UppDecM-P28
92UppDecMH-18
92UppDecTM-TM19
93FaxPaxWoS*-6
93Fin-90
93Fin-165
93FinMaiA-18
93FinRef-90
93FinRef-165
93Fle-141
93FleAll-3
93FleInt-3
93FleLivL-3
93FleNBAS-6
93FleTowOP-7
93Hoo-146
93Hoo-265

93HooFactF-2
93HooFifAG-146
93HooFifAG-265
93HooProP-NNO
93HooSco-HS18
93HooScoFAG-HS18
93HooShe-4
93HooSupC-SC3
93JamSes-149
93JamSesSDH-1
93JamSesTNS-7
93JamSesTNS-9
93PanSti-223
93Sky-10
93Sky-126
93SkyPro-4
93SkyShoS-SS1
93SkyShoS-SS2
93SkyThuaL-TL5
93SkyUSAT-3
93StaClu-68
93StaClu-189
93StaClu-200
93StaCluBT-3
93StaCluFDI-68
93StaCluFDI-189
93StaCluFDI-200
93StaCluFFP-5
93StaCluFFU-189
93StaCluMO-68
93StaCluMO-189
93StaCluMO-200
93StaCluMO-BT3
93StaCluMO-ST18
93StaCluMO5-3
93StaCluST-18
93StaCluSTDW-K200
93StaCluSTMP-K4
93StaCluSTNF-68
93StaCluSTNF-189
93StaCluSTNF-200
93Top-100
93Top-200
93Top-300
93Top-390
93TopGol-100G
93TopGol-200G
93TopGol-300G
93TopGol-390G
93Ult-127
93UltIns-1
93UltJamC-4
93UltScoK-3
93UppDec-186
93UppDec-244
93UppDec-256
93UppDec-471
93UppDecA-AN8
93UppDecE-9
93UppDecE-77
93UppDecE-215
93UppDecFM-9
93UppDecH-H18
93UppDecPV-8
93UppDecPV-98
93UppDecS-138
93UppDecS-216
93UppDecS-4
93UppDecSBtG-G2
93UppDecSDCA-E11
93UppDecSEC-138
93UppDecSEC-216
93UppDecSEG-138
93UppDecSEG-216
93UppDecSUT-4
93UppDecTM-TM18
93UppDecWJ-AN8
94Cla-66
94ColGa-66
94ColCho-183
94ColCho-201
94ColCho-333
94ColCho-389
94ColCho-405
94ColChoCtGR-R2
94ColChoCtGRR-R2
94ColChoCtGS-S4
94ColChoCtGSR-S4
94ColChoGS-183
94ColChoGS-201
94ColChoGS-333
94ColChoGS-389
94ColChoGS-405

94ColChoSS-183
94ColChoSS-201
94ColChoSS-333
94ColChoSS-389
94ColChoSS-405
94Emb-62
94EmbGolI-62
94Emo-63
94EmoN-T-N2
94Fin-33
94Fin-225
94FinCor-CS3
94FinLotP-LP1
94FinRef-33
94FinRef-225
94Fla-99
94FlaCenS-1
94FlaHotN-3
94FlaRej-1
94FlaScoP-2
94Fle-150
94FleAll-5
94FleCarA-1
94FleSup-2
94FleTeaL-6
94FleTowoP-2
94FleTriT-2
94Hoo-142
94Hoo-228
94Hoo-270
94HooBigN-BN4
94HooBigNR-4
94HooMagC-18
94HooPowR-PR35
94HooShe-10
94HooSupC-SC30
94JamSes-124
94JamSesG-2
94MetImp-5
94MetImp-6
94MetImp-7
94MetImp-8
94PanSti-87
94ProMag-88
94ScoBoaNP*-7
94Sky-110
94Sky-184
94Sky-328
94SkyRev-R1
94SkySlaU-SU7
94SP-116
94SPCha-18
94SPCha-96
94SPChaDC-18
94SPChaDC-96
94SPDie-D116
94StaClu-1
94StaClu-2
94StaClu-100
94StaClu-205
94StaCluBT-18
94StaCluDaD-6A
94StaCluFDI-1
94StaCluFDI-2
94StaCluFDI-100
94StaCluFDI-205
94StaCluMO-1
94StaCluMO-2
94StaCluMO-100
94StaCluMO-205
94StaCluMO-BT18
94StaCluMO-DD6A
94StaCluMO-SS21
94StaCluSS-21
94StaCluSTNF-1
94StaCluSTNF-2
94StaCluSTNF-100
94StaCluSTNF-205
94Top-1
94Top-199
94Top-200
94TopFra-15
94TopOwntG-9
94TopOwntG-10
94TopOwntGR-4
94TopSpe-1
94TopSpe-199
94TopSpe-200
94Ult-125
94UltDouT-2
94UltPowlTK-2
94UltScoK-2
94UppDec-119

94UppDecE-165
94UppDecFMT-32H
94UppDecPAW-H9
94UppDecPAW-H16
94UppDecPAW-H28
94UppDecPAWR-H9
94UppDecPAWR-H16
94UppDecPAWR-H28
94UppDecPLL-R7
94UppDecPLL-R36
94UppDecPLLR-R7
94UppDecPLLR-R36
94UppDecS-4
94UppDecSE-148
94UppDecSEG-148
94UppDecSEJ-18
95ColCho-183
95ColCho-244
95ColCho-338
95ColChoCtG-C19
95ColChoCtGA-C25
95ColChoCtGA-C25B
95ColChoCtGA-C25C
95ColChoCtGAG-C25
95ColChoCtGAG-C25B
95ColChoCtGAG-C25C
95ColChoCtGAGR-C25
95ColChoCtGASR-C25
95ColChoCtGS-C19
95ColChoCtGS-C19B
95ColChoCtGS-C19C
95ColChoCtGSG-C19
95ColChoCtGSG-C19B
95ColChoCtGSG-C19C
95ColChoCtGSGR-C19
95ColChoIE-183
95ColChoIE-201
95ColChoIE-333
95ColChoIE-389
95ColChoIE-405
95ColChoIEGS-183
95ColChoIEGS-389
95ColChoIEGS-405
95ColChoIJGSI-183
95ColChoIJGSI-170
95ColChoIJGSI-405
95ColChoIJI-183
95ColChoIJI-201
95ColChoIJI-170
95ColChoIJI-333
95ColChoIJI-405
95ColChoIJSS-183
95ColChoISI-183
95ColChoISI-201
95ColChoISI-114
95ColChoISI-170
95ColChoISI-186
95ColChoPC-183
95ColChoPC-244
95ColChoPC-338
95ColChoPCP-183
95ColChoPCP-244
95ColChoPCP-338
95Fin-243
95FinDisaS-DS18
95FinMys-M16
95FinMysB-M16
95FinMysBR-M16
95FinRef-243
95Fla-88
95Fla-231
95FlaCenS-2
95Fle-120
95Fle-337
95FleAll-9
95FleDouD-3
95FleEndtE-4
95FleEur-154
95FleEurCAA-1
95FleEurTT-2
95FleFlaHL-18
95FleTotD-2
95Hoo-107
95Hoo-236
95HooBloP-9
95HooHoo-HS7
95HooMagC-18
95HooSla-SL31
95JamSes-71
95JamSesDC-D71
95JamSesPB-1
95Met-71
95MetMaxM-2
95MetSilS-71

95MetSteT-3
95PanSti-30
95PosHonP-1
95ProMag-86
95ProMagDC-4
95Sky-81
95Sky-263
95SkyClo-C6
95SkyE-X-55
95SkyE-XB-55
95SkyE-XNB-6
95SkyLarTL-L6
95SP-88
95SPAll-AS8
95SPAllG-AS8
95SPCha-70
95SPCha-135
95SPChaCotC-C18
95SPChaCotCD-C18
95SPChaCS-S12
95SPChaCSG-S12
95SPHol-PC23
95SPHolDC-PC23
95SRKroSA-SA5
95StaClu-33
95StaClu-118
95StaCluBT-BT17
95StaCluMO5-11
95StaCluMOI-33
95StaCluMOI-118B
95StaCluMOI-118R
95StaCluMOI-N2
95StaCluMOI-PZ3
95StaCluN-N2
95StaCluPZ-PZ3
95StaCluSS-SS4
95StaCluX-X4
95Top-14
95Top-278
95TopGal-11
95TopGalE-EX7
95TopPowB-14
95TopPowB-278
95TopShoS-SS6
95Ult-117
95Ult-309
95UltGolM-117
95UltPow-2
95UltPowGM-2
95UltScoK-1
95UltScoKHP-1
95UppDec-33
95UppDec-140
95UppDecAC-AS11
95UppDecEC-33
95UppDecEC-140
95UppDecECG-33
95UppDecECG-140
95UppDecSE-142
95UppDecSEG-142
96BowBes-38
96BowBesAR-38
96BowBesC-BC13
96BowBesCAR-BC13
96BowBesCR-BC13
96BowBesHR-HR3
96BowBesHRR-HR3
96BowBesR-38
96BowBesTh-TB11
96BowBesThAR-TR11
96BowBesTR-TB11
96ColCho-183
96ColCho-290
96ColCho-384
96ColChoCtGS1-C18A
96ColChoCtGS1-C18B
96ColChoCtGS1-RG-R18
96ColChoCtGSG1-C18B
96ColChoII-183
96ColChoII-64
96ColChoII-128
96ColChoIJ-183
96ColChoIJ-244
96ColChoIJ-338
96ColChoISEH-H6
96ColChoM-M135
96ColChoMG-M135
96ColChoS1-S18
96Fin-44
96Fin-136B
96Fin-254

96FinRef-44
96FinRef-136B
96FinRef-254
96FlaSho-A45
96FlaSho-B45
96FlaSho-C45
96FlaShoLC-45
96FlaShoLC-B45
96FlaShoLC-C45
96Fle-71
96Fle-137
96Fle-281
96FleDecoE-12
96FleS-25
96FleTowoP-3
96Hoo-104
96Hoo-181
96Hoo-330
96HooHIP-H12
96HooHotL-2
96HooSil-104
96HooStaF-18
96Met-64
96MetCyb-CM6
96Sky-75
96Sky-262
96SkyE-X-46
96SkyE-XC-46
96SkyE-XNA-18
96SkyInt-6
96SkyNetS-3
96SkyRub-75
96SkyRub-262
96SkyThuaL-7
96SkyZ-F-58
96SkyZ-F-171
96SkyZ-F-FST-ST1
96SkyZ-FZ-58
96SP-73
96SPx-33
96SPxGol-33
96StaClu-12
96StaCluCA-CA2
96StaCluCAAR-CA2
96StaCluCAR-CA2
96StaCluF-F19
96StaCluGPPI-11
96StaCluM-12
96StaCluSM-SM6
96StaCluTC-TC3
96Top-1
96TopChr-1
96TopChrPF-PF8
96TopChrR-1
96TopFinR-16
96TopHobM-HM24
96TopHolC-HC8
96TopHolCR-HC8
96TopMysF-M17
96TopMysFB-M17
96TopMysFBR-M17
96TopMysFBR-M17
96TopNBAa5-1
96TopNBAS-16
96TopNBAS3-116
96TopNBASF-16
96TopNBASF-116
96TopNBASFAR-16
96TopNBASFAR-66
96TopNBASFR-16
96TopNBASFR-66
96TopNBASFR-116
96TopNBASI-I18
96TopNBASR-16
96TopProF-PF8
96Ult-72
96UltBoaG-5
96UltDecoE-U12
96UltGolE-G72
96UltPlaE-P72
96UltScoK-18
96UltScoKP-18
96UppDec-83
96UppDec-153
96UppDec-348
96UppDecPS2-P12
96UppDecPTVCR2-TV12
96UppDecRotYC-RC12
96UppDecU-30
97SchUltNP-8

Express, Nebraska
95WomBasA-L7
Exum, Cecil
83NorCarS-2
92AusStoN-20
93AusFutN-25
93AusFutSG-4
93AusStoN-5
94AusFutN-22
94AusFutN-129
95AusFutC-CM4
95AusFutN-68
96AusFutN-20
Ezenwa, Francis
89UTE-8
Facione, Jerome
92Haw-4
Faggins, Terry
89ProCBA-142
Fahs, Dave
90MicStaCC2*-160
Fair, Brian
91Con-5
92Con-6
93Con-4
94Con-4
Falcon, Joe
91ArkColC*-45
Fallon, Trish
94AusFutN-211
96AusFutN-87
Fannin, Omar
55AshOil-51
Fanning, Sharon
90KenWomS-7
Fanuzzi, Mike
89KenColC*-150
Farley, Dick
87IndGrel-29
Farmer, Jackie
90CleWom-4
Farmer, Jim
89Hoo-2
89Hoo-334
89ProCBA-58
Farmer, Larry
91UCLColC-4
91UCLColC-92
Farmer, Mike
60Kah-5
Farmer, Richie
88KenBigB-4
88KenSovPI-8
89KenBigB-20
89KenBigBDTW-28
91KenBigB1-3
91KenBigB2-3
Farmer, Tony
91Cla-50
91Cou-19
91FouSp-198
91FroR-17
91FroRowP-78
91ProCBA-113
91StaPic-36
Farnsley, Keith
89KenColC*-71
Farr, Heather
90AriStaCC*-63
Farr, James
90CloColC*-62
Farragut, David
48TopMagP*-O5
Farrah, Sharon
80PriNewOW-6
Farrell, John
91OklStaCC*-88
Farrell, Lon
91ArkColC*-33
Farris, Janice
92TexTecWNC-8
Farris, Monty
91OklStaCC*-75
Farris, Ray
90NorCarCC*-167
Fatheree, Jess
90LSUColC*-17
Fator, Laverne
33SpoKinR*-13
Fatta, Joey
89Bay-4
Faucette, Floyd
91GeoTecCC*-187
Faught, Robert

Faulk, Steve
90LSUColC*-194
Faulkner, Jamal
95ClaBKR-58
95ClaBKRAu-58
95ClaBKRPP-58
95ClaBKRSS-58
95Col-88
Faust, Andre
93ClaMcDF-14
Fava, Franco
76PanSti-153
Favrot, Ron
91ArkColC*-2
Fears, Tom
52Whe*-10A
52Whe*-10B
Federspiel, Joe
89KenColC*-139
Fedor, Dave
90FloStaCC*-194
Feerick, Bob
48Bow-6
Feggins, Bryant
89NorCarS-3
90NorCarS-3
91NorCarS-3
93NorCarS-4
94NorCarS-4
Feher, Butch
76Sun-4
Feick, Jamie
96AllSpoPPaF-114
96ColEdgRR-12
96ColEdgRRD-12
96ColEdgRRG-12
96PrePas-31
96PrePasNB-31
96PrePasS-31
96ScoBoaAB-31
96ScoBoaAB-31A
96ScoBoaAB-31B
96ScoBoaAB-31C
96ScoBoaBasRoo-31
Feitl, Dave
89PanSpaS-60
91Hoo-399
Feldhaus, Allen
89KenColC*-15
Feldhaus, Deron
88KenBigB-22
89KenBigB-24
89KenBigB-28
80KcnBigB-33
90KenBigBDTW-33
91KenBigB1-4
91KenBigB2-2
92FroR-23
Felix, Ray
54BulGunB-4
57Top-35
61LakBelB-2
81TCMNBA-12
Feller, Bob
51Whe*-1
52Whe*-11A
52Whe*-11B
Felling, Ron
0CInd 1C
93Ind-15
Fellmuth, Catherine
54QuaSpoO*-8
Felter, John
87WicSta-3
88WicSta-5
Felton, George
91SouCarCC*-15
Fenimore, Bob
91OklStaCC*-15
Fenlon, Terry
91GeoColC*-73
Fenwick, Jack
90FloStaCC*-112
Fergus, Kelly
92OhiStaW-4
93OhiStaW-4
94OhiStaW-4
Ferguson, Bambi
94TexAaM-13
Ferguson, Chip
90FloStaCC*-38
Ferguson, Desmond

95Mis-3
Ferguson, Joe
91ArkColC*-86
Ferguson, Ron
85Bra-D10
Fernandez, Anna-Lucia
91SouCal*-83
Fernandez, Anna-Maria
91SouCal*-56
Fernandez, Cecilia
91SouCal*-95
Fernandez, Gigi
90CleColC*-195
Fernandez, Javier
92UppDecE-120
Fernsten, Eric
83Sta-64
Ferrari, Albert R.
61HawEssM-2
90MicStaCC2*-109
Ferreira, Rolando
88TraBlaF-6
Ferrell, Duane
90Sky-2
91GeoTecCC*-35
91Hoo-332
91Sky-2
91Sky-432
91UppDec-274
92Fle-2
92FleTonP-23
92Hoo-3
92PanSti-120
92Sky-3
92SkySchT-ST4
92StaClu-249
92StaCluMO-249
92Top-9
92TopGol-9G
92Ult-2
92UppDec-166
92UppDec-327
92UppDecS-7
93Fle-3
93Hoo-3
93HooFifAG-3
93JamSes-4
93PanSti-133
93Sky-193
93Top-90
93TopGol-90G
93Ult-4
93UppDec-144
93UppDecE-93
94Fin-301
94FinRef-301
94Fle-4
94Fle-295
94Hoo-331
94PanSti-8
94Sky-235
94StaClu-219
94StaCluFDI-219
94StaCluMO-219
94StaCluSTDW-P219
94StaCluSTNF-219
94Top-269
94TopSpe-269
94Ult-256
94UppDec-58
94UppDecE-38
95ColCho-131
95ColChoPC-131
95ColChoPCP-131
95Fin-61
95FinRef-61
95PanSti-111
95StaClu-208
95Top-61
95UppDec-260
95UppDecEC-260
95UppDecECG-260
95UppDecSE-34
95UppDecSEG-34
96ColCho-256
96ColCholI-63
96ColCholJ-131
96HooStaF-11
96Sky-158
96SkyRub-157
96UppDec-229
Ferrell, Marvin
92FloSta*-55
Ferrer, Jim

89ProCBA-106
Ferrier, James
48KelPep*-12
Ferrin, Arnold
50BreforH-8
50LakSco-2
Ferry, Danny
87Duk-35
88Duk-6
90Fle-33
90Hoo-336
90Hoo-406A
90Hoo-406B
90HooTeaNS-5
90Sky-300
90Sky-374
90StaPic-10
91Fle-36
91FleTonP-102
91FroR-97
91FroRowIP-3
91FroRowP-92
91Hoo-38
91HooTeaNS-5
91PanSti-124
91Sky-49
91Sky-490
91UppDec-237
91UppDecRS-R18
92Fle-317
92Hoo-40
92Sky-41
92StaClu-182
92StaCluMO-182
92Top-131
92TopGol-131G
92Ult-239
92UppDec-250
92UppDecM-CL5
93CavNicB-4
93Fin-25
93FinRef-25
93Fle-37
93Hoo-39
93HooFifAG-39
93JamSes-38
93PanSti-162
93Sky-209
93StaClu-167
93StaCluFDI-167
93StaCluMO-167
93StaCluSTNF-167
93Top-29
93TopBlaG-17
93TopGol-29G
93Ult-37
93UppDec-65
94ColCho-51
94ColChoGS-51
94ColChoSS-51
94Fin-299
94FinRef-299
94Fla-199
94StaClu-308
94StaCluFDI-308
94StaCluMO-308
94StaCluST-5
94StaCluSTNF-308
94Top-172
94TopSpe-172
94Ult-226
94UppDec-299
95ColCho-144
95ColChoIE-51
95ColCholJI-51
95ColCholSI-51
95ColChoPC-144
95ColChoPCP-144
95Fin-225
95FinRef-225
95Met-135
95PanSti-93
95ProMag-21
95Sky-161
95Sky-252
95SP-26
95SPCha-19
95StaClu-16
95StaCluMOI-16
95Top-203
95UppDec-65
95UppDecEC-65
95UppDecECG-65
96ColCho-170

96ColCho-223
96ColCholI-30
96ColCholJ-144
96ColChoM-M75
96ColChoMG-M75
96Fin-98
96FinRef-98
96Fle-167
96Hoo-27
96HooSil-27
96Met-17
96Sky-21
96SkyRub-21
96StaClu-132
96Top-41
96TopChr-41
96TopChrR-41
96TopNBAa5-41
96Ult-164
96UltGolE-G164
96UltPlaE-P164
96UppDec-20
96UppDec-140
Fertig, Craig
91SouCal*-19
Fest, Fred
89KenColC*-247
Fetisov, Andrei
94Cla-55
94ClaG-55
94FouSp-36
94FouSpAu-36A
94FouSpG-36
94FouSpPP-36
95SRKro-29
95TedWil-19
Fetter, Leigh Ann
90Tex*-11
Feuerbach, Al
76PanSti-140
Fibingerova, Helena
76PanSti-141
Fichaud, Eric
94Ass-62
94Ass-87
94AssDieC-DC24
94AssPhoCOM-28
94ClaAssSS*-36
Ficke, Bill
82NugPol-NNO
83NugPol-NNO
Field, Jimmy
90LSUColC*-181
Fields, Andy
91WilCar-27
Fields, Eddie
91MurSta-16
Fields, Kenny
84Sta-129
85BucCarN-6
86BucLif-5
89ProCBA-131
91UCLColC-49
Fields, Rick
82IndSta*-6
Fields, Ronnie
94IHSBoyAST-227
Fife, Dugan
92Mic-13
Fife, Robert Zohn
95UppDecCBA-52
Fifield, Karen
87AriSta*-9
Figaro, Kevin
82TCMCBA-68
Figueras-Dotti, Marta
91SouCal*-57
Finch, Larry
74Top-215
74Top-265
75Top-281
92MemSta-1
93MemSta-1
94Mem-1
Finkel, Henry
68RocJacitB-5
69Top-34
70Top-27
71Top-18
73LinPor-14
73Top-66
73Top-94
74CelLin-4
74Top-118

75Top-26
Finley, Michael
95ClaBKR-19
95ClaBKR-113
95ClaBKRAu-19
95ClaBKRIE-IE19
95ClaBKRPP-19
95ClaBKRPP-113
95ClaBKRRR-17
95ClaBKRS-S12
95ClaBKRSS-19
95ClaBKRSS-113
95ClaBKV-19
95ClaBKVE-19
95Col-6
95Col-57
95Col2/1-T4
95ColCho-304
95ColChoPC-304
95ColChoPCP-304
95Collgn-I3
95Fin-131
95FinMys-M31
95FinMysB-M31
95FinMysBR-M31
95FinRacP-RP5
95FinVet-RV21
95FivSp-19
95FivSpAu-19
95FivSpD-19
95FivSpRS-17
95Fla-205
95FlaWavotF-2
95Fle-291
95Hoo-277
95Met-180
95MetTemS-3
95PacPreGP-48
95PrePas-19
95ProMag-103
95Sky-236
95SkyE-X-65
95SkyE-XB-65
95SkyE-XNBT-8
95SkyHigH-HH13
95SkyRooP-RP19
95SP-162
95SPCha-83
95SPChaCS-S3
95SPChaCSG-S3
95SPHol-PC28
95SPHolDC-PC28
95SRAut-21
95SRDraD-10
95SRDraDSig-10
95SRFam&F-14
95SRSigPri-14
95SRSigPriS-14
95SRTet-27
95SRTetAut-5
95StaClu-323
95Top-256
95TopDraR-21
95TopGal-46
95TopGalPPI-46
95Ult-272
95UltAll-2
95UppDec-253
95UppDecEC-253
95UppDecECG-253
95UppDecSE-152
95UppDecSEG-152
96AllSpoPPaF-6
96BowBes-73
96BowBesAR-73
96BowBesR-73
96CleAss-20
96CleAss$2PC-30
96ColCho-305
96ColCholI-79
96ColCholJ-304
96ColChoM-M177
96ColChoMG-M177
96Fin-81
96Fin-122
96FinRef-81
96FinRef-122
96FivSpSig-17
96FlaSho-A47
96FlaSho-B47
96FlaSho-C47
96FlaShoLC-A47
96FlaShoLC-B47
96FlaShoLC-C47

96Fle-86
96FleGamB-12
96FleRooR-3
96FleSwiS-3
96Hoo-121
96Hoo-320
96HooHotL-3
96HooRooH-6
96HooSil-121
96HooStaF-21
96Met-76
96MetMoIM-1
96MetSteS-3
96PacGolCD-DC2
96PacPow-13
96PacPowITP-IP7
96PacPreGP-48
96PrePas-36
96PrePasNB-36
96PrePasS-36
96Sky-88
96Sky-263
96SkyAut-20
96SkyAutB-20
96SkyE-X-15
96SkyE-XC-15
96SkyInt-7
96SkyRub-88
96SkyRub-263
96SkyZ-F-69
96SkyZ-F-172
96SkyZ-FSC-SC2
96SkyZ-FZ-69
96SPx-38
96SPxGol-38
96StaClu-42
96StaCluHH-HR8
96StaCluM-42
96Top-101
96TopChr-101
96TopChrR-101
96TopChrY-YQ6
96TopNBAa5-101
96TopSupT-ST21
96TopYou-U6
96Ult-85
96Ult-168
96UltGolE-G85
96UltGolE-G168
96UltPlaE-P85
96UltPlaE-P168
96UltRooF-1
96UppDec-156
96UppDec-277
96UppDecFBC-FB11
96UppDecGE-G14
96Vis-19
96Vis-134
96VisSig-15
96VisSigAuG-15A
96VisSigAuS-15A
Finn, John
90AriStaCC*-74
Finnegan, Tommy
88LouColC-92
Finner, Marlo
92Mis-6
93Mis-4
Finzier, Herman
90AriStaCC*-112
Fiorentino, Tony
89HeaPub-4
90HeaPub-16
Fischer, Bill
48TopMagP*-C5
Fish, John
88BYU-14
Fish, Matt
92Cla-82
92ClaGol-82
92FouSp-68
92FouSpGol-68
92FroR-84
92StaPic-17
94ColCho-350
94ColChoGS-350
94ColChoSS-350
94Fle-298
94Ult-262
94UppDec-258
95ColCholE-350
95ColCholJI-350
95ColCholSI-131

Fisher, Casey
87SouMis-3
Fisher, Derek
96AllSpoPPaF-117
96BowBesRo-R15
96BowBesRoAR-R15
96BowBesRoR-R15
96ColCho-269
96ColEdgRR-13
96ColEdgRRD-13
96ColEdgRRG-13
96Fin-43
96FinRef-43
96FlaShoCo`-7
96Fle-204
96Hoo-287
96HooRoo-9
96PacPow-14
96ScoBoaAB-NNOA
96ScoBoaAB-NNOB
96ScoBoaAB-NNOC
96ScoBoaBasRoo-52
96ScoBoaBasRooD-DC24
96Sky-209
96SkyRub-209
96SP-135
96StaCluR1-R20
96StaCluR2-R7
96StaCluRS-RS19
96Top-206
96TopChr-206
96TopChrR-206
96TopDraR-24
96TopNBAa5-206
96Ult-202
96UltAll-6
96UltGolE-G202
96UltPlaE-P202
96UppDec-238
96UppDecU-16
Fisher, Roy
89Cal-9
91Cou-20
91ProCBA-98
91StaPic-68
Fisher, Scott
89ProCBA-200
92AusFutN-52
92AusStoN-46
93AusFutHA-1
93AusFutHA-11
93AusFutN-77
93AusStoN-47
94AusFutN-70
94AusFutN-166
94AusFutNH-NH8
94AusFutNH-NH9
94AusFutNH-NH10
94AusFutNH-NH11
94AusFutNH-NH12
94AusFutNH-NH13
94AusFutNH-NH14
94AusFutOT-OT8
95AusFutN-86
96AusFutN-65
Fisher, Steve
80Mio-1
92Mic-1
Fitch, Bill
89Hoo-327
90Hoo-321
90HooTeaNS-17
90NetKay-13
90Sky-317
91Fle-132
91Hoo-237
91Sky-394
94Hoo-383
95Hoo-181
96Hoo-260
Fitzjarrald, Lori
94IHSHisRH-85
Fitzpatrick, Susan
94TenTec-15
Fitzpatrick, Terry
87SouLou*-9
Fitzpatrick, Thad
93Mia-16
Fitzsimmons, Bob
48TopMagP*-A4
56AdvR74*-78
Fitzsimmons, Cotton
85StaCoa-3
89Hoo-14

89PanSpaS-214
90Hoo-325
90HooTeaNS-21
90Sky-321
91Fle-159
91Hoo-241
91HooTeaNS-21
91Sky-398
Flagg, Keila
92Ill-24
Flagler, Terrance
90CleColC*-39
Flames, Oklahoma
95WomBasA-L8
Flanagan, John
76PanSti-29
Flanagan, Kevin
89Ari-3
90Ari-2
Flatow, Alfred
76PanSti-14
Fleetwood, Mark
91SouCarCC*-131
Fleisher, Larry
91StaPic-30
Fleming, Al
78SupTeal-2
90AriColC*-64
Fleming, Ed
57Top-79
Fleming, Keith
91GeoTecCC*-123
Fleming, Peggy
81PhiMor*-3
91ImpHaloF-16
Fleming, Reg
74NabSugD*-13
Fleming, Vern
84Sta-55
84Sta-196
85Sta-83
85StaAllT-6
86Fle-33
87Fle-38
88Fle-55
89Fle-64
89Hoo-231
89PanSpaS-105
90Fle-76
90Hoo-133
90Hoo100S-39
90HooActP-73
90HooTeaNS-11
90PanSti-114
90Sky-114
91Fle-81
91Hoo-83
91Hoo-558
91HooTeaNS-11
91PanSti-135
91Sky-112
91Sky-557
91UppDec-238
92Fle-89
92FleTeaNS-5
92FleTonP-24
92Hoo-90
92PanSti-150
92Sky-95
92StaClu-186
92StaCluMO-186
92Top-23
92TopArc-50
92TopArcG-50G
92TopGol-23G
92Ult-76
92UppDec-165
92UppDecE-58
93Fle-83
93Hoo-85
93HooFifAG-85
93HooGolMB-18
93JamSes-87
93JamSesTNS-3
93PanSti-177
93StaClu-80
93StaCluFDI-80
93StaCluMO-80
93StaCluSTNF-80
93Top-293
93TopGol-293G
93Ult-80
93UppDec-53
93UppDecE-172

94ColCho-348
94ColChoGS-348
94ColChoSS-348
94Fin-223
94FinRef-223
94Fle-90
94Hoo-83
94StaClu-26
94StaCluFDI-26
94StaCluMO-26
94StaCluSTDW-P26
94StaCluSTNF-26
94Top-327
94TopSpe-327
94UppDec-64
94UppDecE-13
95ColCho-314
95ColCholE-348
95ColCholJI-348
95ColChoISI-129
95ColChoPC-314
95ColChoPCP-314
95Fle-240
95FleEur-94
96ColCho-96
96ColCholI-63
96ColCholJ-314
96TopSupT-ST17
96UppDec-79
Flemons, Will
93Cla-33
93ClaF-12
93ClaG-33
93FouSp-30
93FouSpG-30
Fletcher, Adam
90NorCarS-4
91NorCarS-4
Fletcher, Clyde
89Ark-2
91ArkColC-6
Fletcher, Ralph
89NorCarCC-186
Fleury, Pascal
91Geo-8
Fleury, Theoren
93CosBroPC*-5
Flick, John
94IHSBoyAST-3
Flint, Crystal
95WomBasA-7
Flint, Damon
93Cin-6
Flock, Sarah
90MonSta-11
Floreal, Errick
91ArkColC*-14
Florent, Kevin
87Sou*-9
Flowers, Bill
91GeoTecCC*-169
Flowers, Bruce
90NotDam-46
Flowers, Kenny
90CleColC*-73
Floyd, Carlos
92TenTec-8
93TenTec-8
94TenTec-7
Floyd, Charlie
81TCMCBA-16
82TCMCBA-45
82TCMLanC-16
82TCMLanC-17
Floyd, James
55AshOil-6
Floyd, Junior
93EasTenS-3
Floyd, Keli
90CalStaW-6
Floyd, Kevin
84Geo-5
Floyd, Norman
91SouCarC*-165
Floyd, Paris
92HorHivF-NNO
Floyd, Sleepy (Eric)
81Geo-10
83Sta-257
84Sta-154
85Sta-134
86Fle-34
87Fle-39
88Fle-51

89Fle-59
89Hoo-117
89PanSpaS-145
90Fle-70
90Hoo-124
90Hoo100S-35
90HooTeaNS-10
90PanSti-71
90Sky-107
91Fle-74
91GeoColC-3
91GeoColC-51
91GeoColC-64
91Hoo-75
91Hoo100S-35
91HooTeaNS-10
91Sky-101
91Sky-441
91UppDec-252
92Fle-80
92Hoo-81
92PanSti-80
92Sky-86
92SkySchT-ST2
92StaClu-76
92StaCluMO-76
92Top-36
92TopArc-26
92TopArcG-26G
92TopGol-36G
92Ult-69
92UppDec-194
93Fin-72
93FinRef-72
93Fle-376
93Hoo-404
93HooFifAG-404
93JamSes-206
93PanSti-87
93Sky-279
93Sky-315
93StaClu-229
93StaCluFDI-229
93StaCluMO-229
93StaCluSTNF-229
93Top-263
93TopGol-263G
93Ult-338
93UppDec-302
93UppDecE-165
94Fla-266
94Fle-328
94StaClu-194
94StaCluFDI-194
94StaCluMO-194
94StaCluSTNF-194
94Ult-294
94UppDec-83
95FleEur-149
Flynn, Doug
87Ken*-5
Flynn, Jim
94IHSBoyAST-345
Flynn, Mike
88KenColC-103
90KenOolO-141
Flynn, Ray
91Pro-11
Fogle, Larry
80TCMCBA-23
81TCMCBA-81
Fogle, Mitch
89Bay-5
Fogler, Eddie
73NorCarPC-7S
87WicSta-4
89NorCarCC-112
89NorCarCC-113
90NorCarCC*-47
Foley, Jim
90HooAnn-19
Foley, Shane
90SouCal*-4
Fontaine, Joan
48TopMagP*-F8
Fontaine, Levi
71Top-92
Fontana, Dwayne
94SRTet-50

94SRTetS-50
95SRKro-41
Fontenet, B.B.
82TCMCBA-26
Fonville, Charlie
48TopMagP*-E12
Footman, Dan
92FloSta*-57
Ford, Alphonso
93Cla-34
93ClaF-14
93ClaG-34
93FouSp-31
93FouSpG-31
Ford, Chris
73Top-79
74Top-112
75Top-47
76Top-29
77Top-121
78Top-15
79Top-124
80Top-67
80Top-97
81Top-E73
84StaAre-A9
90Hoo-306
90Hoo-347
90HooTeaNS-2
90Sky-302
91Fle-10
91Hoo-222
91Hoo-260
91Sky-379
92Fle-13
92Hoo-240
92Sky-256
93Hoo-231
93HooFifAG-231
94Hoo-275
96Hoo-263
Ford, Danny
90CleColC*-133
Ford, Darrick
92Cin-5
Ford, Deuce
93MemSta-11
94Mem-2
Ford, Don
77Top-43
79LakAlt*-2
79Top-77
80Top-11
80Top-99
89ProCBA-127
91ProCBA-10
Ford, Gerald
91Mic*-21
92Glo-89
Ford, Gib
69ConSta-3
Ford, Jake
70SupSunB-4
71SupSunB-2
Ford, Jeff
91GeoTecCC*-188
Ford, John
94IHSBoyAST-112
Ford, Ken
91TexA&MCC*-69
Ford, Phil
77NorCarS-2
77SpoSer3*-3608A
77SpoSer3*-3612A
77SpoSer3*-3612B
77SpoSer7*-7915
79Top-108
80Top-40
80Top-41
80Top-128
80Top-129
81Top-18
81Top-54
83Sta-75
85StaLas1R-7
89NorCarCC-7
89NorCarCC-9
89NorCarCC-10
89NorCarCC-11
89NorCarCC-12
89NorCarCC-13
90NorCarCC*-7
90NorCarCC*-111

Ford, Randall
89LouColC*-58
Ford, Rick
86IndGreI-15
Ford, Shanae
94TexAaM-12
Ford, Sherrell
95ClaBKR-24
95ClaBKRAu-24
95ClaBKRPP-24
95ClaBKRSS-24
95ClaBKV-24
95ClaBKVE-24
95Col-7
95Col-63
95Col2/1-T10
95ColCho-312
95ColChoPC-312
95ColChoPCP-312
95ColIgn-I4
95Fin-136
95FinVet-RV26
95FivSp-24
95FivSpAu-24
95FivSpD-24
95Fle-292
95Hoo-284
95JamSesR-10
95PacPreGP-4
95PrePas-23
95SPHoI-PC34
95SPHoIDC-PC34
95SRAut-26
95SRDraD-14
95SRDraDSig-14
95SRFam&F-15
95SRSigPri-15
95SRSigPriS-15
95SRTet-65
95StaClu-328
95Top-243
95TopDraR-26
95Ult-273
95UppDec-252
95UppDecEC-252
95UppDecECG-252
96ColCho-332
96ColChoIJ-312
96ColChoII-97
96Hoo-145
96PacPreGP-4
96PacPri-4
Ford, Travis
88KenSovPI-9
89Mis-6
91KenBigB1-14
91KenBigB2-8
93Ken-5
93KenSch-7
94Cla-34
94ClaG-34
94PacP-15
94PacPriG-15
94SRTet-51
94SRTetS-51
95SRKro-42
95SupPix-61
95SupPixAu-61
95TedWil-20
Foreman, George
77SpoSer1*-1403
83TopHisGO-19
83TopOlyH-14
Forest, Augusta
80PriNewOW-8
Forman, Jane
90CleColC*-175
Forrest, Bayard
77SunHumDD-6
Forrest, Damion
94IHSBoyAST-81
Forrest, Derrick
88Cle-7
89Cle-8
90CleColC*-97
Forrest, Donna
90CleWom-5
Forrest, James
91GeoTec-7
92GeoTec-10
95ClaBKR-55

95ClaBKRPP-55
95ClaBKRSS-55
95SRDraD-23
95SRDraDSig-23
Forrest, Manuel
81Lou-15
83Lou-2
88LouColC-18
88LouColC-100
88LouColC-115
88LouColC-151
89LouColC*-10
89LouColC*-48
89LouColC*-275
Forrest, Rob
93MemSta-6
94Mem-3
Forrester, Bill
76PanSti-262
Forsythe, Paul
94IHSBoyAST-113
Fort, Dennis
86EmpSta-4
Fortier, Bill
90LSUColC*-43
Foster, Barry
91ArkColC*-95
Foster, Bill
90CleColC*-114
Foster, Brendan
76PanSti-115
Foster, Charles
76PanSti-122
Foster, Fred
70Top-53
72Top-60
73Top-56
75Top-29
Foster, Greg
88KenPolOA-19
89UTE-9
90FleUpd-U99
90StaPic-57
91Hoo-445
91HooTeaNS-27
92Ult-222
94Fle-259
Foster, Harold E.
68HaIofB-12
Foster, Maurice
94IHSBoyAST-82
Foster, Melvon
91OutWicG-4
Foster, Michael
91SouCarCC*-128
Foster, Pat
92Hou-1
92Hou-14
Foster, Robert
93Ind-4
Foster, Rod
83Sta-112
84Sta-41
84SunPol-10
91UCLColC-61
93FCAFinF-4
Foster, Roy
91SouCal*-62
Foster, Shelia
91SouCarCC*-198
Foster, Todd
92Pur-4
92Pur-6
Foster, Toni
92IowWom-4
Foucade, Katia
91Was-11
Fournet, Sid
90LSUColC*-110
Fouss, Jon
91DavLip-22
92DavLip-22
Fouss, Todd
91DavLip-24
92DavLip-24
Foust, Larry
57Top-18
61HawEssM-3
81TCMNBA-2
Fowler, Bob
89KenColC*-289
Fowler, Brent
94IHSBoyA3S-41
Fowler, Chris

94IHSBoyAST-76
Fowler, Larry
90MicStaCC2*-2
Fowler, Leon
92FloSta*-58
Fowlkes, Tremaine
94Cal-3
Fox, Abdul
94Cla-75
94ClaG-75
95SupPix-42
95TedWil-21
Fox, Corey
94IHSBoyA3S-4
Fox, Greg
92AusFutN-15
92AusStoN-11
93AusFutN-34
94AusFutN-31
Fox, Jason
93MemSta-7
94Mem-4
Fox, Jim
68SunCarM-1
69SunCarM-2
69Top-88
70Top-98
71Top-3
72Top-34
73SupShu-4
73Top-24
74Top-34
75Top-164
Fox, Reggie
90ProCBA-163
Fox, Rick
87NorCar-44
88NorCar-44
88NorCar-NNO
90KenBigBDTW-22
90NorCarS-2
91Cla-16
91Cou-21
91Fle-248
91FouSp-164
91FroR-3
91FroR-40
91FroRowP-8
91FroRowP-65
91StaPic-69
91UppDec-443
91UppDecRS-R23
91WilCar-19
91WilCarRHR-9
92Fle-14
92FleRooS-4
92FleTeaNS-1
92FroRowDP-36
92FroRowDP-37
92FroRowDP-38
92FroRowDP-39
92FroRowDP-40
92Hoo-13
92PanSti-157
92Sky-13
92SkySchT-ST17
92StaClu-116
92StaCluMO-116
92Top-33
92TopArc-143
92TopArcG-143G
92TopGol-33G
92Ult-10
92UppDec-232
92UppDecA-AR6
92UppDecE-31
92UppDecE-192
92UppDecM-BT3
93Fin-182
93FinRef-182
93Fle-12
93Hoo-12
93HooFifAG-12
93JamSes-13
93JamSesTNS-1
93PanSti-198
93Sky-32
93StaClu-285
93StaCluFDI-285
93StaCluMO-285
93StaCluSTNF-285
93Top-24
93TopGol-24G
94Ult-12

93UppDec-179
93UppDec-275
93UppDecE-102
94ColCho-244
94ColChoGS-244
94ColChoSS-244
94Fin-306
94FinMarM-16
94FinRef-306
94Fla-9
94Fle-13
94JamSes-12
94PanSti-16
94ProMag-8
94SP-40
94SPDie-D40
94StaClu-217
94StaCluFDI-217
94StaCluFDI-253
94StaCluMO-217
94StaCluMO-253
94StaCluSTNF-217
94StaCluSTNF-253
94Top-218
94TopSpe-218
94Ult-12
94UppDec-231
94UppDecSE-4
94UppDecSEG-4
95ColCho-253
95ColCholE-244
95ColCholJI-244
95ColChoISI-25
95ColChoPC-253
95ColChoPCP-253
95Fin-231
95FinRef-231
95Fla-156
95Fle-208
95FleEur-14
95Hoo-293
95Met-128
95PanSti-4
95Sky-154
95SP-9
95SPP-9
95StaClu-79
95StaCluI-IC4
95StaCluMOI-79
95StaCluMOI-IC4
95TopForL-FL2
95Ult-12
95UltGolM-12
95UppDec-35
95UppDecEC-35
95UppDecECG-35
95UppDecSE-94
95UppDecSEG-94
96ColCho-9
96ColCho-368
96ColChoII-6
96ColChoIJ-253
96Fin-177
96FinRef-177
96Fle-6
96Hoo-9
96HooSil-9
96HooStaF-2
96Met-5
96Sky-7
96SkyAut-21
96SkyAutB-21
96SkyZ-F-5
96SkyZ-FZ-5
96SP-6
96StaClu-173
96Top-71
96TopChr-71
96TopChrR-71
96TopNBAa5-71
96Ult-7
96UltGolE-G7
96UltPlaE-P7
96UppDec-7
Fox, Sheldon
91GeoTecCC*-102
Foxworth, Eric
87Sou*-15
Foyt, A.J.
77SpoSer1*-1917
81PriMor*-4
Frain, Todd
85Neb*-6

Fraler, Harold
55AshOil-7
Framton, Alan
88BYU-3
Francewar, Kevin
89ProCBA-118
Francis, Clarence (Bevo)
77SpoSer2*-2114
81TopThiB*-28
Francis, George Jr.
55AshOil-8
Francis, James
87Bay*-13
Franck, Tanya
95Neb*-15
Francona, Terry
90AriColC*-8
Frank, Gabe
94IHSBoyAST-131
Frank, Scott
94IHSBoyAST-133
Frank, Tellis
89HeaPub-5
90Hoo-166
90PanSti-153
90Sky-147
91Hoo-396
93Fle-327
93Ult-289
Franklin, Benjamin
48TopMagP*-N4
Franklin, Dee Dee
94IHSHisRH-86
Franklin, Dwayne
93OreSta-9
Franks, C.J.
94IHSBoyAST-185
Franz, Ron
71FloMcD-3
71Top-172
Fraser, Alex
93Mia-4
94Mia-5
Fraser, Bruce
84Ari-5
85Ari-5
86Ari-5
Fraser, Gretchen
52Whe*-12A
52Whe*-12B
83TopHisGO-81
Fraser, Ron
90FloStaCC*-134
Fratello, Mike
78HawCok-4
79HawMajM-5
86HawPizH-1
87HawPizH-1
89Hoo-179
89PanSpaS-64
90HooAnn-20
93Hoo-234
93HooFifAG-234
94Hoo-278
95Hoo-174
96Hoo-253
Frawley, William
48TopMagP*-J27
Frazier, Derrick
91SouCarCC*-192
Frazier, Jadie
88LouColC-50
Frazier, Joe
78SpoCha-1
83TopHisGO-98
83TopOlyH-15
Frazier, Lamont
90Mis-7
91Mis-7
92Mis-7
93Mis-5
Frazier, Mike
91GeoColC-39
Frazier, Raymond
55AshOil-40
Frazier, Ricky
91Mis-8
Frazier, Steve
93Mia-5
94Mia-6
Frazier, Tommie
95Neb*-17
Frazier, Walt
69Top-98

69TopRul-17
70Top-6
70Top-106
70Top-120
70Top-174
71Top-65
71TopTri-25
72Com-9
72IceBea-7
72Top-60
72Top-165
73LinPor-89
73Top-10
73Top-68
74Top-93
74Top-150
75CarDis-7
75Top-6
75Top-55
75Top-128
76BucDis-7
76Top-64
77SpoSer7*-713
77Top-129
78RoyCroC-11
78Top-83
81TCMNBA-30
85StaSchL-11
92CenCou-10
92UppDecAW-5
93ActPacHoF-1
93Sta-8
93Sta-22
93Sta-48
93Sta-65
93Sta-74
93Sta-92
94SRGolSHFSig-8
95SRKroFFTP-FP3
95SRKroFFTPS-FP3
95TedWilG-G4
95TedWilHL-HL1
96ColEdgRRTW-10
96ColEdgRRTW-12
96ColEdgRRTWG-10
96ColEdgRRTWG-12
96ColEdgRRTWH-10
96ColEdgRRTWH-12
96StaCluFR-17
96StaCluFRR-17
96TopNBAS-17
96TopNBAS-67
96SouCal*-5
96TopNBASF-17
96TopNBASF-67
96TopNBASF-117
96TopNBASFAR-17
96TopNBASFAR-67
96TopNBASFAR-117
96TopNBASFR-17
96TopNBASFR-67
96TopNBASFR-117
96TopNBASI-I23
96TopNBASR-17
96TopNBASRA-17
Freand, Derek
94IHSBoyAST-34
Frederick, Anthony
90PonColC*-102
91Hoo-342
91UppDec-432
92UppDec-27
Fredrick, Joe
90ProCBA-45
Fredrick, Zam
91SouCarCC*-26
91SouCarCC*-181
Free, World B. (Lloyd)
76Top-143
77Top-18
78CliHan-5A
78CliHan-5B
78Top-116
79Top-40
80Top-8
80Top-59
80Top-61
80Top-62
80Top-89
80Top-121
80Top-134
80Top-156
81Top-13

81Top-51
83Sta-228
84Sta-217
84StaCouK5-8
85Sta-152
86Fle-35
Freeman, Donnie
71Top-220
71TopTri-7A
72Top-190
72Top-252
73Top-254
74Top-253
75Top-263
Freeman, Reggie
92FloSta*-59
Freeman, Ron
83TopHisGO-66
83TopOlyH-16
90AriStaCC*-148
French, James
91Was-3
Frerichs, Brandon
94IHSBoyA3S-57
Frieder, Bill
88Mic-2
Friedkin, William (Billy)
94SkyBluC-58
94SkyBluC-82
Friend, Larry
57Top-47
Frier, Matt
92FloSta*-60
Friese, Brock
94IHSBoyAST-161
Frink, Mike
80Ari-7
Fritch, Ryan
94IHSBoyA3S-5
Fritsche, Jim
54BulGunB-5
Froling, Shane
92AusStoN-32
93AusFutN-15
93AusStoN-58
94AusFutN-8
94AusFutN-81
Frost, Jed
90Mis-8
91Mis-9
92Mis-8
93Mis-6
Fruge, Gene
90SouCal*-5
Frye, Jim
89NorCarCC-198
Fryer, Bernie
74Top-3
75Top-36
Fryer, Jeff
90ProCBA-153
91ProCBA-177
Fryer, Mark
91SouCarCC*-127
Frykholm, Erik
94IHSBoyAST-134
Fryman, Travis
93CosBroPC*-6
Fucci, Dominic
80KonColC* 106
Fuchs, Ruth
76PanSti-147
Fuentes, Mike
90FloStaCC*-127
Fuglar, Max
90LSUColC*-156
Fulcher, David
90AriStaCC*-36
Fulks, Joe
48Bow-34
48ExhSpoC-18
50BreforE-2
50BreforH-9
52RoyDes-5
Fullen, Saundra
88MarWom-12
Fuller, Brad
94IHSBoyA3S-23
Fuller, Corey
92FloSta*-61
Fuller, Eddie
90LSUColC*-90
Fuller, J.D.
91SouCarCC*-171

Fuller, Steve
90CleColC*-7
90CleColC*-141
Fuller, Todd
92NorCarS-3
93NorCarS-5
94NorCarS-5
96AllSpoPPaF-112
96BowBesP-BP8
96BowBesPAR-BP8
96BowBesPR-BP8
96BowBesRo-R13
96BowBesRoAR-R13
96BowBesRoR-R13
96ColCho-244
96ColEdgRR-14
96ColEdgRRD-14
96ColEdgRRG-14
96ColEdgRRKK-7
96ColEdgRRKKG-7
96ColEdgRRKKH-7
96ColEdgRRRR-7
96ColEdgRRRRG-7
96ColEdgRRRRG-7
96ColEdgRRRRH-7
96Fin-58
96Fin-159
96FinRef-58
96FinRef-159
96FlaShoCo'-8
96Fle-186
96FleLuc1-11
96Hoo-288
96HooRoo-10
96Met-170
96Met-235
96MetPreM-170
96MetPreM-235
96PacPow-15
96PrePas-11
96PrePasNB-11
96PrePasS-11
96ScoBoaAB-12
96ScoBoaAB-12A
96ScoBoaAB-12B
96ScoBoaAB-12C
96ScoBoaAB-PP12
96ScoBoaBasRoo-12
96ScoBoaBasRooCJ-CJ10
96ScoBoaBasRooD-DC11
96Sky-38
96Sky-210
96SkyRooP-R8
96SkyRub-38
96SkyRub-210
96SkyZ-F 147
96SkyZ-FZ-6
96SkyZ-FZZ-6
96SP-131
96StaCluR1-R11
96StaCluR2-R18
96StaCluRS-RS10
96Top-208
96TopChr-208
96TopChrR-208
96TopDraR-11
96TopNBAa5-208
96Ult-185
96UltGolE-G185
96UltPlaE-P185
06UppDoo 210
96UppDecRE-R13
96UppDecU-9
Fuller, Tony
81TCMCBA-14
90UCL-37
91UCL-11
Fulmer, Lacey
79St.Bon-5
Fulton, Chad
94IHSBoyA3S-42
Fulton, Ed
90FloStaCC*-54
Fulton, Phil
90MicStaCC2*-74
Fulton, Robert
48TopMagP*-N6
Funches, Dwayne
93Bra-8
94Bra-11
95Bra-7
Funchess, Carlos
91FroR-62
91FroRowP-35
Funderburke, Lawrence

91OhiSta-8
92OhiSta-8
94Cla-58
94ClaG-58
94FouSp-50
94FouSpG-50
94FouSpPP-50
94PacP-16
94PacPriG-16
94SRTet-52
94SRTetS-52
95SRKro-36
95SupPix-53
95TedWil-22
Furlong, Shirley
91TexA&MCC*-3
Furlow, Terry
90MicStaCC2*-171
Furman, Terri
84Neb*-13
Furniss, Bruce
76PanSti-247
83TopHisGO-89
83TopOlyH-17
Furrer, Will
92VirTec*-2
Furtado, Frank
78SupPol-14
79SupPol-12
83SupPol-2
Futch, Gary
90FloStaCC*-102
Futch, Greg
90FloStaCC*-197
Gabbard, Steve
90FloStaCC*-4
Gable, Clark
48TopMagP*-F1
Gabriel, Roman
74NabSugD*-4
78SpoCha-2
Gaddy, James
90GeoTec-10
91GeoTec-8
92GeoTec-3
Gadient, Heith
94IHSBoyAST-170
Gadomski, Mike
94IHSBoyAST-219
Gage, Bobby
90CleColC*-178
Gage, Shannon
94SouMisSW-4
Gain, Bob
89KenColC* 111
Gainer, Herb
90FloStaCC*-6
Gaines, Clarence
92CenCou-29
93ActPacHoF-58
Gaines, Corey
89ProCBA-74
90ProCBA-186
90Sky-379
91ProCBA-116
93Top-378
Gaines, Reginald
82TCMLanC-24
Gainos, Nowdy
87Aub*-15
Gainey, James
55AshOil-65
Gaiser, Jake
89KenColC*-205
Gajan, Hokie
90LSUColC*-153
Gale, Mike
73Top-228
74Top-191
76Top-141
77Top-79
78Top-37
79SpuPol-12
79Top-122
80Top-50
80Top-140
Galento, Tony
48TopMagP*-D14
Gales, Margaret
91GeoTecCC*-171
Gallagher, Chad
91Cla-22
91Cou-22

91FouSp-170
91FroR-20
91FroRowP-75
91StaPic-34
91WilCar-35
Gallagher, Ed
91OklStaCC*-12
Gallagher, Mark
91GeoColC-67
Gallatin, Harry
50BreforH-10
57Top-62
92CenCou-5
93ActPacHoF-44
Galligan, Kate
95Neb*-6
Gallon, Reggie
92Aub-7
Gallon, Ricky
88LouColC-34
88LouColC-126
88LouColC-164
89LouColC*-18
89LouColC*-274
Galy, Andy
87LSU*-14
Gambee, Dave
61Fle-19
70Top-154
Gamble, Gary
89KenColC*-221
Gamble, Kevin
89Hoo-338
90FleUpd-U8
90Hoo-40
90HooTeaNS-2
90Sky-15
91Fle-11
91Hoo-11
91HooTeaNS-2
91PanSti-145
91Sky-14
91UppDec-170
92Fle-15
92FleTeaNS-1
92Hoo-14
92Hoo100S-6
92PanSti-160
92Sky-14
92StaClu-88
92StaCluMO-88
92Top-183
92TopGol-183G
92Ult-11
02UppDec 211
92UppDecM-BT4
93Fin-150
93FinRef-150
93Fle-13
93Hoo-13
93HooFifAG-13
93HooGolMB-19
93JamSes-14
93JamSesTNS-1
93PanSti-199
93Sky-33
93StaClu-209
93StaCluFDI-4
93CtaClurDI 209
93StaCluMO-4
93StaCluMO-209
93StaCluSTNF-4
93StaCluSTNF-209
93Top-58
93TopGol-58G
93Ult-13
93UppDec-262
93UppDecS-75
93UppDecSEC-75
93UppDecSEG-75
94ColCho-330
94ColChoSS-330
94ColChoSS-330
94Fin-327
94FinRef-327
94Fla-10
94Fla-246
94Fle-14
94Fle-311
94Hoo-11
94Hoo-341
94PanSti-17
94Sky-11

94Sky-247
94StaClu-274
94StaCluFDI-274
94StaCluMO-274
94StaCluSTNF-274
94Top-369
94TopSpe-369
94Ult-277
94UppDec-86
94UppDecE-76
95ColChoIE-330
95ColChoIJI-330
95ColChoISI-111
95ColChoPC-72
95ColChoPCP-72
95Fin-148
95FinRef-148
95Fle-234
95FleEur-120
95PanSti-12
95StaClu-54
95StaCluMOI-54
95Top-226
95UppDec-200
95UppDecECG-200
95UppDecSE-43
95UppDecSEG-43
96ColCholI-81
96ColCholJ-72
Gamble, Phil
91ConLeg-4
Gambrell, Billy
91SouCarCC*-81
Gamez, Robert
90AriColC*-6
Ganakas, Gus
90MicStaCC2*-191
Gandy, Chris
92III-6
Gannon, Mark
94IHSBoyAST-103
Gannon, Terry
89NorCarSCC-171
89NorCarSCC-180
Garabaldi, Gino
48TopMagP*-D20
Garagnani, Romano
76PanSti-288
Garapick, Nancy
76CanOly-8
76PanSti-257
Garcia, Jason
94IHSBoyAST-41
Garcia, Robbie
95WomBasA-8
Garderud, Anders
76PanSti-119
Gardner, Chris
91NorDak*-2
Gardner, Ellis
91GeoTecCC*-51
Gardner, Jelani
94Cal-4
Gardner, Michael
93Mia-6
Gardner, Tammy
93VirWom-4
Garfinkel, Jack
48Bow-30
Garl, Tim
93Ind-15
Garland, Gary
86DePPlaC-D4
Garland, Thea
88MarWom-12
Garland, Winston
88Fle-46
88WarSmo-1
89Fle-53
89Hoo-294
89PanSpaS-186
90CliSta-2
90Fle-85
90Hoo-143
90HooTeaNS-12
90Sky-125
91Fle-275
91Hoo-91
91Hoo-357
91HooTeaNS-7
91Sky-123
91Sky-624

91UppDec-40
91UppDec-486
92Fle-55
92FleTonP-25
92Hoo-55
92PanSti-73
92Sky-59
92StaClu-130
92StaClu-308
92StaCluMO-130
92StaCluMO-308
92Top-83
92TopGol-83G
92Ult-48
92Ult-269
92UppDec-115
93UppDec-8
94Fla-260
94Ult-289
94UppDec-207
95Fle-106
95Hoo-95
95Ult-105
95UltGolM-105
Garlington, John
90LSUColC*-130
Garmaker, Dick
57Top-23
Garner, Brian
87Iow-4
Garner, Chris
93MemSta-10
94Mem-5
Garner, Jeff
91Haw-5
92Haw-5
Garner, Patrick
87Sou*-6
Garnett, Bill
83Sta-54
84Sta-56
84StaAre-85
85Sta-84
Garnett, Bret
86SouLou*-6
87SouLou*-7
Garnett, Kevin
94IHSBoyAST-226
95ClaBKR-2
95ClaBKRCC-CCH4
95ClaBKRCS-CS4
95ClaBKRIE-IE5
95ClaBKRPP-5
95ClaBKRS-RS5
95ClaBKRSS-5
95ClaBKV-5
95ClaBKV-69
95ClaBKV-94
95ClaBKVE-5
95ClaBKVE-69
95ClaBKVE-94
95ClaBKVLA-LA8
95Col-8
95Col-52
95Col2/1-T2
95Col24KG-1
95ColCho-275
95ColChoDT-D5
95ColChoPC-275
95ColChoPCP-275
95Collgn-I11
95Fin-115
95FinVet-RV5
95FivSp-5
95FivSpD-5
95FivSpFT-FT12
95FivSpOF-H9
95FivSpRS-RS9
95FivSpRS-5
95FivSpSF-BK7
95Fla-206
95FlaClao'-R2
95FlaWavotF-3
95Fle-293
95Fle-335
95FleClaE-24
95FleRooP-1
95FleRooPHP-1
95Hoo-272
95HooGraA-AR6
95Met-167
95MetTemS-4
95PrePas-5
95PrePasPC$5-1

95ProMag-78
95Sky-233
95SkyE-X-49
95SkyE-XB-49
95SkyE-XNBT-5
95SkyHigH-HH10
95SkyLotE-5
95SP-159
95SPAll-AS28
95SPAllG-AS28
95SPCha-62
95SPChaCotC-C16
95SPChaCotCD-C16
95SPChaCS-S9
95SPChaCSG-S9
95SRAut-5
95SRAutG-G1
95SRAutG-G2
95SRAutG-G3
95SRAutG-G4
95SRAutG-G5
95SRDraD-KG
95SRDraDDGS-AU1
95SRDraDDGS-NNO
95SRFam&F-16
95SRFam&FTF-T5
95SRSigPri-16
95SRSigPriH-H5
95SRSigPriHS-H5
95SRSigPriS-16
95SRSigPriT10-TT5
95SRSigPriT10S-TT5
95SRTetAut-77
95SRTetSRF-F25
95StaClu-343
95StaCluDP-5
95StaCluMOI-DP5
95Top-237
95TopDraR-5
95TopGal-41
95TopGalPG-PG15
95TopGalPPI-41
95Ult-274
95UltAll-3
95UppDec-273
95UppDecEC-273
95UppDecECG-273
95UppDecSE-136
95UppDecSEG-136
96Ass-13
96AssACA-CA15
96AssACAPC-8
96AssPC$2-9
96AssPC$5-8
96BowBes-42
96BowBesAR-42
96BowBesC-BC12
96BowBesCAR-BC12
96BowBesCR-BC12
96BowBesHR-HR10
96BowBesHRAR-HR10
96BowBesHRR-HR10
96BowBesR-42
96BowBes-BS5
96BowBesSAR-BS5
96BowBesSR-BS5
96CleAss-10
96ColCho-89
96ColCho-198
96ColChoCtGS1-C16A
96ColChoCtGS1-C16B
96ColChoCtGS1RG-R16
96ColChoCtGSG1-C16A
96ColChoCtGSG1-C16B
96ColCholI-59
96ColCholJ-275
96ColChoM-M129
96ColChoMG-M129
96ColChoS1-S16
96Fin-66
96Fin-138
96Fin-205
96FinRef-66
96FinRef-138
96FinRef-205
96FivSpSig-5
96FlaSho-A21
96FlaSho-B21
96FlaSho-C21
96FlaShoHS-2
96FlaShoLC-21
96FlaShoLC-B21
96FlaShoLC-C21

96Fle-64
96Fle-216
96Fle-269
96FleFraF-1
96FleGamB-9
96FleRooR-4
96FleS-22
96FleTowoP-4
96Hoo-92
96Hoo-220
96HooHotL-4
96HooRooH-4
96HooSil-92
96HooStaF-16
96Met-58
96Met-224
96MetFreF-FF5
96MetMoIM-2
96MetNet-1
96MetPlaP-2
96MetPreM-224
96MetSteS-4
96Sky-67
96SkyAut-22A
96SkyAut-22B
96SkyAutB-22
96SkyE-X-40
96SkyE-XACA-7
96SkyE-XC-40
96SkyE-XNA-16
96SkyInt-8
96SkyLarTL-B3
96SkyRub-67
96SkyZ-F-52
96SkyZ-F-173
96SkyZ-FST-ST2
96SkyZ-FZ-52
96SkyZ-FZ-7
96SP-64
96SPGamF-GF2
96SPInsI-IN2
96SPInsIG-IN2
96SPPreCH-PC22
96SPx-31
96SPxGol-31
96StaClu-59
96StaClu-177
96StaCluHR-HR6
96StaCluM-59
96Top-45
96Top-131
96TopChr-45
96TopChr-131
96TopChrPF-PF15
96TopChrR-45
96TopNBAa5-45
96TopNBAa5-131
96TopProF-PF15
96TopSupT-ST16
96Ult-126
96Ult-212
96Ult-290
96UltGolE-G64
96UltGolE-G126
96UltGolE-G212
96UltGolE-G290
96UltPlaE-P64
96UltPlaE-P126
96UltPlaE-P212
96UltPlaE-P290
96UltRooF-9
96UltStaR-1
96UppDec-151
96UppDec-251
96UppDecGE-G10
96UppDecPTVCR2-TV10
96UppDecSG-SG12
96UppDecU-21
96UppDecUTWE-W10
96Vis-16
96Vis-139
96VisBasVU-U108
97SchUltNP-9
Garnica, Jeff
90NorCarCC*-45
Garrett, Bill
87IndGreI-38
Garrett, Calvin
82TCMCBA-5
83LakBAS-3
83Sta-16

Garrett, Carla
90AriColC*-61
Garrett, Chris
91Neb*-8
Garrett, Chuck
94IHSBoyAST-22
Garrett, Dean
96Hoo-289
96Sky-211
96SkyRub-211
Garrett, Dick
70Top-85
70Top-169
71Top-67
72Top-108
73Top-77
Garrett, Lionel
82TCMCBA-89
Garrett, Mike
91SouCal*-5
Garrett, Reggie
94ArkTic-17
Garrett, Rick
94IHSBoyAST-23
Garrett, Rowland
75Top-42
76BucPlaC-C12
76BucPlaC-D3
76BucPlaC-H3
76BucPlaC-S12
90FloStaCC*-123
Garrick, Tom
89Hoo-91
90CliSta-3
90Hoo-144
90HooTeaNS-12
90Sky-126
91Hoo-434
Garris, John
83Sta-232
Garrison, Lon
57UniOilB*-44
Garrison, Walt
91OklStaCC*-13
Garst, Kindra
94SouMisSW-5
Gartner, Trevor
94IHSBoyAST-175
Garvey, Steve
90MicStaCC2*-66
90MicStaCC2*-105
90MicStaCC2*-107
90MicStaCC2*-176
90MicStaCC*-2
Garza, Annette
90Tex*-12
Gascoigne, Paul
93FaxPaxWoS*-18
Gast, Darrell
91GeoTecCC*-27
Gast, James
94IHSBoyASD-10
94IHSBoyASD-62
Gastevich, Vladimir
55AshOil-26
88LouColC-31
Gates, Pop (William)
92CenCou-6
Gates, William
91Mar-3
92Mar-4
94Mar-5
95ClaBKR-80
95ClaBKRAu-80
95ClaBKRPP-80
95ClaBKRSS-80
Gathers, Gene
95Bra-1
Gathers, Hank
89UNLHOF-6
89UNLHOF-12
Gatling, Chris
91Cla-10
91Cou-23
91FouSp-158
91FroR-11
91FroRowP-101
91StaPic-25
91UppDec-9
91UppDecS-11
91WilCar-86
92Fle-338
92Hoo-73
92Sky-78

92StaClu-74
92StaCluMO-74
92Top-96
92TopGol-96G
92Ult-63
92UppDec-221
93Fle-288
93Hoo-336
93HooFifAG-336
93JamSes-68
93PanSti-6
93Sky-223
93Top-79
93TopGol-79G
93Ult-64
93UppDec-147
93UppDecE-156
93UppDecS-164
93UppDecSEC-164
93UppDecSEG-164
93WarTop-3
94ColCho-225
94ColChoGS-225
94ColChoSS-225
94Fin-47
94FinRef-47
94Fla-50
94Fle-71
94Hoo-64
94JamSes-61
94PanSti-134
94Top-89
94TopSpe-89
94Ult-245
94UppDec-32
94WarTop-GS7
95ColCho-73
95ColChoIE-225
95ColChoIJI-225
95ColChoISI-6
95ColChoPC-73
95ColChoPCP-73
95Fin-156
95FinRef-156
95Fla-41
95Fle-57
95FleEur-75
95Hoo-51
95JamSes-33
95JamSesDC-D33
95PanSti-208
95PanSti-271
95Sky-38
95Sky-137
95StaClu-69
95StaCluMOI-69
95Ult-57
95UltGolM-57
95UppDec-193
95UppDecEC-193
95UppDecECG-193
95UppDecSE-25
95UppDecSEG-25
95WarTop-GS1
96ColCho-228
06ColChoIl 50
96ColChoIJ-73
96FlaSho-A69
96FlaSho-B69
96FlaSho-C69
96FlaShoLC-B69
96FlaShoLC-C69
96Fle-171
96Hoo-206
96HooStaF-6
96Met-163
96MetPreM-163
96Sky-146
96Sky-264
96SkyRub-145
96SkyRub-264
96SP-22
96StaClu-136
96Ult-169
96UltGolE-G169
96UltPlaE-P169
96UppDec-203
Gatti, Bill
89LouColC*-179
Gattison, Kenny
88Sun5x8TI-2
89ProCBA-39
90Hoo-53

90HooTeaNS-3
90Sky-368
91Fle-253
91Hoo-343
91HooTeaNS-3
91Sky-26
91UppDec-329
92Fle-23
92FleTeaNS-2
92Hoo-21
92HorSta-7
92Sky-21
92StaClu-9
92StaCluMO-9
92Top-21
92TopGol-21G
92Ult-19
92UppDec-284
93Fle-19
93Hoo-20
93HooFifAG-20
93JamSes-20
93PanSti-142
93Sky-202
93StaClu-121
93StaCluFDI-121
93StaCluMO-121
93StaCluSTNF-121
93Top-109
93TopGol-109G
93Ult-19
93UppDec-179
93UppDec-271
93UppDecE-109
94ColCho-160
94ColChoGS-160
94ColChoSS-160
94Fin-57
94FinRef-57
94Fla-15
94Fle-23
94HooShe-2
94HooShe-4
94JamSes-20
94PanSti-24
94Sky-211
94StaClu-38
94StaCluFDI-38
94StaCluMO-38
94StaCluSTNF-38
94Top-118
94Top-119
94TopSpe-118
94TopSpe-119
94Ult-20
94UppDec-248
94UppDecSE-8
94UppDecSEG-8
95ColChoDT-T28
95ColChoDTPC-T28
95ColChoDTPCP-T28
95ColChoIE-160
95ColChoIJI-160
95ColChoISI-160
95Fin-67
95Fin-207
95FinRef-67
95FinRef-207
95Fle-274
95FleEur-74
95Hoo-351
95JamSes-114
95JamSesDC-D114
95PanSti-203
95Sky-214
95SP-140
95StaClu-177
95StaCluMOI-177EB
95StaCluMOI-177ER
95Top-39
95Top-180
95TopGalPG-PG7
95Ult-257
95UppDec-314
95UppDecEC-314
95UppDecECG-314
Gaubatz, Dennis
90LSUColC*-112
Gauden, Edward
48ExhSpoC-19
Gaudin, Lucien
76PanSti-44
Gaudio, Matt
96PenSta*-2

Gaughan, Brendan
96Geo-5
Gault, Jim
90AriColC*-54
Gaunce, Donnie
55AshOil-52
Gauntlett, Tom
89NorCarCC*-159
90NorCarCC*-90
Gausepohl, Jeffra
92VirWom-6
93VirWom-5
Gavitt, Dave
91Pro-2
Gay, Larry
93Lou-15
Gayton, Kahil
94IHSBoyAST-140
Gaze, Andrew
91WilCar-45
92AusFutN-38
92AusStoN-35
92CouFla-10
93AusFutHA-2
93AusFutN-8
93AusFutN-52
93AusStoN-88
94AusFutBoBW-BW3
94AusFutBoBW-CC3
94AusFutBoBW-RC3
94AusFutN-48
94AusFutN-98
94AusFutN-99
94AusFutN-149
94AusFutN-191
94AusFutNP*-RC5
94AusFutOT-OT1
95AusFutC-CM8
95AusFutHTH-H1
95AusFutMR-MR2
95AusFutN-59
95AusFutN-101
95AusFutN-105
95AusFutSC-NBL4
96AusFutN-43
96AusFutN-90
96AusFutN-96
96AusFutNA-ASS1
96AusFutNFDT-1
96AusFutNOL-OL2
96AusFutNTTPC-TTP2
Gaze, Lindsay
92AusFutN-39
92AusStoN-34
Geary, Reggie
96ColEdgRR-18
96ColEdgRRD-18
96ColEdgRRG-18
96ColEdgRRKK-8
96ColEdgRRKKG-8
96ColEdgRRKKH-8
96ColEdgRRRR-16
96ColEdgRRRRG-16
96ColEdgRRRRH-16
96Hoo-290
96PacPow-10
96ScoBoaAB-24
96ScoBoaAB-24A
96ScoBoaAB-24B
96ScoBoaAB-24C
96ScoBoaAB-PP22
96Sky-212
96SkyRub-212
Gee, Sam
86IndGreI-18
Geer, Major
89EasTenS-2
90EasTenS-5
Gehrig, Lou
48TopMagP*-K14
Gehring, Ken
73NorCarSPC-C2
Geiger, Matt
89GeoTec-10
90GeoTec-13
91GeoTec-9
92Cla-30
92ClaGol-30
92Fle-367
92FouSp-27
92FouSpGol-27
92FroR-24
92Hoo-412
92StaClu-387

92StaCluMO-387
92StaPic-8
92Top-322
92TopGol-322G
92Ult-291
92UppDec-381
93Fle-319
93Hoo-361
93HooFifAG-361
93PanSti-204
93StaClu-304
93StaCluFDI-304
93StaCluMO-304
93StaCluSTNF-304
93Top-305
93TopGol-305G
93Ult-280
93UppDec-351
93UppDecS-135
93UppDecSEC-135
93UppDecSEG-135
94ColCho-252
94ColChoGS-252
94ColChoSS-252
94Fla-247
94Hoo-108
94PanSti-62
94StaClu-334
94StaCluFDI-334
94StaCluMO-334
94StaCluSTNF-334
94Ult-94
94UppDec-28
94UppDecSE-135
94UppDecSEG-135
95ColCho-231
95ColChoDT-T19
95ColChoDTPC-T19
95ColChoDTPCP-T19
95ColChoIE-252
95ColChoIJI-252
95ColChoISI-253
95ColChoPC-231
95Fle-94
95PanSti-13
95SP-15
95StaClu-73
95StaCluMOI-73
95Ult-95
95UltGolM-95
95UppDec-211
95UppDec-211
95UppDecEC-125
95UppDecECG-125
95UppDecECG-211
95UppDecSE-44
95UppDecSEG-44
96ColCho-15
96ColCho-196
96ColChoM-M33
96ColChoMG-M33
96Fle-161
96Hoo-16
96HooSil-16
96Met-9
96Sky-13
96SkyAut-23
96SkyAutB-23
96SkyRub-13
96StaClu-166
96Top-53
96TopChr-53
96TopChrR-53
96TopNBAa5-53
96Ult-13
96UltGolE-G13
96UltPlaE-P13
96UppDec-13
96UppDec-138
Gemberling, Brian
90GeoTec-14
Generic, Card
48Bow-5
48Bow-11
48Bow-17
48Bow-23
48Bow-35
48Bow-41
48Bow-47
48Bow-53
48Bow-59
48Bow-65

48Bow-71
48ExhSpoC-6
48ExhSpoC-33
48TopMagP*-C12
48TopMagP*-C13
48TopMagP*-D11
48TopMagP*-D17
48TopMagP*-D18
48TopMagP*-D24
48TopMagP*-D25
48TopMagP*-E14
48TopMagP*-E15
48TopMagP*-G1
48TopMagP*-G2
48TopMagP*-G3
48TopMagP*-G5
48TopMagP*-G6
48TopMagP*-G7
48TopMagP*-G8
48TopMagP*-G9
48TopMagP*-G10
48TopMagP*-G11
48TopMagP*-G12
48TopMagP*-G13
48TopMagP*-G14
48TopMagP*-G15
48TopMagP*-G16
48TopMagP*-G17
48TopMagP*-K2
48TopMagP*-K4
48TopMagP*-K19
48TopMagP*-L1
48TopMagP*-M1
48TopMagP*-M2
48TopMagP*-M3
48TopMagP*-M4
48TopMagP*-M5
48TopMagP*-M6
48TopMagP*-M7
48TopMagP*-M8
48TopMagP*-M9
48TopMagP*-Q1
48TopMagP*-Q2
48TopMagP*-Q3
48TopMagP*-Q4
48TopMagP*-Q5
48TopMagP*-R3
48TopMagP*-R4
48TopMagP*-R5
48TopMagP*-S6
48TopMagP*-S7
48TopMagP*-T1
48TopMagP*-T2
48TopMagP*-T3
48TopMagP*-T4
48TopMagP*-T5
48TopMagP*-T6
48TopMagP*-T7
54QuaSpoO*-6
54QuaSpoO*-10
54QuaSpoO*-12
54QuaSpoO*-21
54QuaSpoO*-23
54QuaSpoO*-25
54QuaSpoO*-27
56AdvR74*-1
56AdvR74*-2
56AdvR74*-3
56AdvR74*-4
56AdvR74*-5
56AdvR74*-6
56AdvR74*-7
56AdvR74*-8
56AdvR74*-9
56AdvR74*-10
56AdvR74*-11
56AdvR74*-12
56AdvR74*-13
56AdvR74*-14
56AdvR74*-15
56AdvR74*-16
56AdvR74*-17
56AdvR74*-18
56AdvR74*-19
56AdvR74*-20
56AdvR74*-21
56AdvR74*-22
56AdvR74*-23
56AdvR74*-24
56AdvR74*-25
56AdvR74*-26
56AdvR74*-27
56AdvR74*-28
56AdvR74*-29
56AdvR74*-30

56AdvR74*-36	71GloPhoC-7	75Top-329	76PanSti-86	77SpoSer1*-10321
56AdvR74*-37	71GloPhoC-8	75Top-330	76PanSti-87	77SpoSer1*-10322
56AdvR74*-38	71SupSunB-11	75TopTeaC-205	76PanSti-91	77SpoSer1*-1101
56AdvR74*-39	71Top-134	75TopTeaC-323	76PanSti-92	77SpoSer1*-1103
56AdvR74*-40	71Top-137	75TopTeaC-326	76PanSti-96	77SpoSer1*-1105
56AdvR74*-42	71TopTri-22A	75TopTeaC-328	76PanSti-97	77SpoSer1*-1107
56AdvR74*-43	71TopTri-23A	75TopTeaC-329	76PanSti-162	77SpoSer1*-1109
56AdvR74*-44	71TopTri-24A	75TopTeaC-330	76PanSti-163	77SpoSer1*-1110
56AdvR74*-45	71TopTri-46	76BucPlaC-C1	76PanSti-164	77SpoSer1*-1111
56AdvR74*-46	72Top-155	76BucPlaC-D1	76PanSti-165	77SpoSer1*-1112
56AdvR74*-47	72Top-156	76BucPlaC-H1	76PanSti-166	77SpoSer1*-1114
56AdvR74*-48	72Top-241	76BucPlaC-S1	76PanSti-167	77SpoSer1*-1116
56AdvR74*-49	72Top-246	76BucPlaC-NNO	76PanSti-168	77SpoSer1*-1117
56AdvR74*-50	72Top-247	76NabSugD1*-1	76PanSti-169	77SpoSer1*-1118
56AdvR74*-51	73Fle"ThS-1	76NabSugD1*-2	76PanSti-170	77SpoSer1*-1119
56AdvR74*-52	73Fle"ThS-2	76NabSugD1*-3	76PanSti-171	77SpoSer1*-1120
56AdvR74*-53	73Fle"ThS-3	76NabSugD1*-4	76PanSti-188	77SpoSer1*-1203
56AdvR74*-54	73Fle"ThS-4	76NabSugD1*-5	76PanSti-189	77SpoSer1*-1204
56AdvR74*-55	73Fle"ThS-5	76NabSugD1*-6	76PanSti-190	77SpoSer1*-1206
56AdvR74*-56	73Fle"ThS-6	76NabSugD1*-7	76PanSti-191	77SpoSer1*-1208
56AdvR74*-57	73Fle"ThS-7	76NabSugD1*-8	76PanSti-201	77SpoSer1*-1210
56AdvR74*-58	73Fle"ThS-8	76NabSugD1*-9	76PanSti-202	77SpoSer1*-1212
56AdvR74*-59	73Fle"ThS-9	76NabSugD1*-10	76PanSti-203	77SpoSer1*-1214
56AdvR74*-60	73Fle"ThS-10	76NabSugD1*-11	76PanSti-204	77SpoSer1*-1215
56AdvR74*-61	73Fle"ThS-11	76NabSugD1*-13	76PanSti-226	77SpoSer1*-1216
56AdvR74*-62	73Fle"ThS-12	76NabSugD1*-14	76PanSti-227	77SpoSer1*-1217
56AdvR74*-63	73Fle"ThS-13	76NabSugD1*-15	76PanSti-228	77SpoSer1*-1224
56AdvR74*-64	73Fle"ThS-14	76NabSugD1*-16	76PanSti-229	77SpoSer1*-1301
56AdvR74*-65	73Fle"ThS-15	76NabSugD1*-18	76PanSti-230	77SpoSer1*-1304
56AdvR74*-66	73Fle"ThS-16	76NabSugD1*-19	76PanSti-231	77SpoSer1*-1307
56AdvR74*-67	73Fle"ThS-17	76NabSugD1*-20	76PanSti-232	77SpoSer1*-1308
56AdvR74*-68	73Fle"ThS-18	76NabSugD1*-21	76PanSti-271	77SpoSer1*-1309
56AdvR74*-69	73Fle"ThS-19	76NabSugD1*-22	76PanSti-272	77SpoSer1*-1312
56AdvR74*-70	73Fle"ThS-20	76NabSugD1*-23	76PanSti-273	77SpoSer1*-1314
56AdvR74*-71	73Fle"ThS-21	76NabSugD1*-24	76PanSti-274	77SpoSer1*-1316
56AdvR74*-72	73NorCarPC-1C	76NabSugD1*-25	76PanSti-293	77SpoSer1*-1318
56AdvR74*-73	73NorCarPC-9S	76NabSugD2*-1	76PanSti-294	77SpoSer1*-1319
56AdvR74*-74	73NorCarPC-10S	76NabSugD2*-2	76PanSti-295	77SpoSer1*-1321
56AdvR74*-75	73NorCarPC-11S	76NabSugD2*-3	76PanSti-296	77SpoSer1*-1323
56AdvR74*-76	73NorCarPC-12S	76NabSugD2*-5	77CelCit-17	77SpoSer1*-1402
56AdvR74*-77	73NorCarPC-13S	76NabSugD2*-6	77FleTeaS-3	77SpoSer1*-1404
56AdvR74*-81	73NorCarSPC-D2	76NabSugD2*-7	77Ken-1	77SpoSer1*-1405
56AdvR74*-82	73NorCarSPC-D3	76NabSugD2*-8	77Ken-3	77SpoSer1*-1406
56AdvR74*-83	73NorCarSPC-D4	76NabSugD2*-9	77Ken-4	77SpoSer1*-1407
56AdvR74*-84	73NorCarSPC-D5	76NabSugD2*-10	77PosAueT-1	77SpoSer1*-1409
56AdvR74*-85	73NorCarSPC-D6	76NabSugD2*-11	77PosAueT-2	77SpoSer1*-1414
56AdvR74*-86	73NorCarSPC-D7	76NabSugD2*-12	77PosAueT-3	77SpoSer1*-1415
56AdvR74*-87	73NorCarSPC-D8	76NabSugD2*-13	77PosAueT-4	77SpoSer1*-1420
56AdvR74*-88	73NorCarSPC-D9	76NabSugD2*-14	77PosAueT-5	77SpoSer1*-1422
56AdvR74*-91	73NorCarSPC-D10	76NabSugD2*-15	77PosAueT-6	77SpoSer1*-1501
56AdvR74*-93	73NorCarSPC-D11	76NabSugD2*-16	77PosAueT-7	77SpoSer1*-1504
56AdvR74*-94	73NorCarSPC-D12	76NabSugD2*-17	77PosAueT-8	77SpoSer1*-1509
56AdvR74*-95	73NorCarSPC-D13	76NabSugD2*-18	77PosAueT-9	77SpoSer1*-1511
56AdvR74*-96	73NorCarSPC-S9	76NabSugD2*-19	77PosAueT-10	77SpoSer1*-1512
56AdvR74*-97	73NorCarSPC-S10	76NabSugD2*-20	77PosAueT-11	77SpoSer1*-1515
56AdvR74*-98	73Top-62	76NabSugD2*-21	77PosAueT-12	77SpoSer1*-1517
56AdvR74*-99	73Top-63	76NabSugD2*-22	77SpoSer1*-112	77SpoSer1*-1518
56AdvR74*-100	73Top-65	76NabSugD2*-24	77SpoSer1*-113	77SpoSer1*-1523
58SyrNat-9	73Top-67	76PanSti-1	77SpoSer1*-119	77SpoSer1*-1524
59ComSweOA-1	73Top-202	76PanSti-2	77SpoSer1*-120	77SpoSer1*-1602
59ComSweOA-2	73Top-203	76PanSti-3	77SpoSer1*-1001	77SpoSer1*-1603
59ComSweOA-3	73Top-205	76PanSti-4	77SpoSer1*-1004	77SpoSer1*-1606
59ComSweOA-4	73Top-206	76PanSti-5	77SpoSer1*-1006	77SpoSer1*-1608
59ComSweOA-5	73TopTeaS-1	76PanSti-6	77SpoSer1*-1011	77SpoSer1*-1609
59ComSweOA-6	73TopTeaS-2	76PanSti-11	77SpoSer1*-1015	77SpoSer1*-1610
59ComSweOA-7	73TopTeaS-4	76PanSti-12	77SpoSer1*-1021	77SpoSer1*-1613
59ComSweOA-8	73TopTeaS-5	76PanSti-16	77SpoSer1*-10101	77SpoSer1*-1615
59ComSweOA-9	73TopTeaS-6	76PanSti-17	77SpoSer1*-10104	77SpoSer1*-1616
59ComSweOA-10	73TopTeaS-8	76PanSti-21	77SpoSer1*-10106	77SpoSer1*-1617
59ComSweOA-11	73TopTeaS-9	76PanSti-22	77SpoSer1*-10114	77SpoSer1*-1620
59ComSweOA-12	73TopTeaS-10	76PanSti-26	77SpoSer1*-10116	77SpoSer1*-1702
59ComSweOA-13	73TopTeaS-15	76PanSti-27	77SpoSer1*-10118	77SpoSer1*-1705
59ComSweOA-14	73TopTeaS-16	76PanSti-31	77SpoSer1*-10119	77SpoSer1*-1706
59ComSweOA-15	73TopTeaS-17	76PanSti-32	77SpoSer1*-10122	77SpoSer1*-1708
59ComSweOA-16	74FleTeaP-1	76PanSti-36	77SpoSer1*-10124	77SpoSer1*-1710
59ComSweOA-17	74FleTeaP-4	76PanSti-37	77SpoSer1*-10203	77SpoSer1*-1712
59ComSweOA-18	74FleTeaP-10	76PanSti-41	77SpoSer1*-10207	77SpoSer1*-1716
59ComSweOA-19	74FleTeaP-20	76PanSti-42	77SpoSer1*-10210	77SpoSer1*-1717
59ComSweOA-20	74FleTeaP-23	76PanSti-46	77SpoSer1*-10213	77SpoSer1*-1719
59ComSweOA-21	74Top-92	76PanSti-47	77SpoSer1*-10214	77SpoSer1*-1720
59ComSweOA-22	74Top-161	76PanSti-51	77SpoSer1*-10215	77SpoSer1*-1722
59ComSweOA-23	74Top-162	76PanSti-52	77SpoSer1*-10216	77SpoSer1*-1724
59ComSweOA-24	74Top-163	76PanSti-56	77SpoSer1*-10219	77SpoSer1*-1801
59ComSweOA-25	74Top-164	76PanSti-57	77SpoSer1*-10220	77SpoSer1*-1804
69NBAMem-20	74Top-246	76PanSti-61	77SpoSer1*-10221	77SpoSer1*-1806
69SupSunB-11	74Top-247	76PanSti-62	77SpoSer1*-10222	77SpoSer1*-1809
70SupSunB-11	74Top-248	76PanSti-66	77SpoSer1*-10306	77SpoSer1*-1810
70Top-175	75Top-188	76PanSti-67	77SpoSer1*-10307	77SpoSer1*-1812
71Glo84-68	75Top-205	76PanSti-71	77SpoSer1*-10309	77SpoSer1*-1814
71Glo84-71	75Top-309	76PanSti-72	77SpoSer1*-10312	77SpoSer1*-1815
71Glo84-82	75Top-323	76PanSti-76	77SpoSer1*-10313	77SpoSer1*-1816
71Glo84-83	75Top-324	76PanSti-77	77SpoSer1*-10316	77SpoSer1*-1817
71GloCocP2-11	75Top-326	76PanSti-81	77SpoSer1*-10317	77SpoSer1*-1824
71GloCocP2-12	75Top-328	76PanSti-82	77SpoSer1*-10319	77SpoSer1*-1901

Generic, Card • 85

77SpoSer1*-1902
77SpoSer1*-1906
77SpoSer1*-1907
77SpoSer1*-1909
77SpoSer1*-1910
77SpoSer1*-1911
77SpoSer1*-1912
77SpoSer1*-1913
77SpoSer1*-1915
77SpoSer1*-1916
77SpoSer1*-1918
77SpoSer1*-1922
77SpoSer1*-1923
77SpoSer1*-1924
77SpoSer2*-207
77SpoSer2*-211
77SpoSer2*-213
77SpoSer2*-215
77SpoSer2*-216
78Ken-5
78Ken-6
78SupPol-15
78SupPol-16
78SupTeal-11
78WesVirS-14
78WesVirS-15
79BucPol-NNO
79BulPol-NNO
79Ken-1
79Ken-19
79Ken-21
79Ken-22
79LakAlt*-xx
79St.Bon-18
79SupPol-7
79SupPol-15
80Ill-15
80PriNewOW-12
80PriNewOW-13
80WicSta-15
81Geo-1
81Geo-20
81Ill-16
81Lou-2
81Lou-3
81Lou-5
81Lou-9
81Lou-17
81Lou-21
81Lou-24
81Lou-NNO
81SunPep-5
81TCMCBA-1
82Fai-10
82IndSta*-15
82LakBAS-13
82Mar-xx
82TCMCBA-18
82TCMCBA-64
82TCMLanC-1
82TCMLanC-2
83Day-20
83Geo-2
83Geo-5
83KenSch-9
83LakBAS-14
83Lou-18
83Lou-19
83Lou-20
83StaAllG-28
83StaSixC-7
83StaSixC-12
83StaSixC-13
83StaSixC-17
83StaSixC-21
83SupPol-6
83Vic-15
84Geo-13
84Geo-14
84KenSch-4
84LakBAS-12
84MarPlaC-NNO
84MarPlaC-NNO
84NetGet-12
84StaCelC-25
84SunPol-NNO
84TraBlaP-1
84Vic-16
85ForHayS-17
85ForHayS-18
85FouAsedB-NNO
85Geo-1
85Geo-6
85KinSmo-1

85KinSmo-4
85Neb*-1
85StaLakC-15
85StaLakC-16
85StaLakC-17
85StaLitA-1
85StaSchL-1
85Vic-17
86DePPlaC-C1
86DePPlaC-C8
86DePPlaC-C10
86DePPlaC-C12
86DePPlaC-D1
86DePPlaC-D5
86DePPlaC-D13
86DePPlaC-H2
86DePPlaC-H4
86DePPlaC-H6
86DePPlaC-H8
86DePPlaC-H11
86DePPlaC-S1
86DePPlaC-S3
86DePPlaC-S4
86DePPlaC-S8
86DePPlaC-S9
86DePPlaC-S12
86DePPlaC-S13
86DePPlaC-xx
86DePPlaC-xx
86Geo-1
87Aub*-7
87Aub*-8
87BucPol-NNO
87BYU-2
87BYU-10
87Geo-1
87IndGrel-17
87IndGrel-19
87IndGrel-22
87IndGrel-24
87Ken*-11
87Ken*-12
87Mai*-NNO
87NorCarS-15
87SouMis-1
87SouMis-2
87SouMis-14
87Van-1
87WicSta-12
88BucGreB-15
88BYU-1
88BYU-25
88CelCit-7
88Geo-1
88Geo-17
88Jac-14
88Jac-15
88JazSmo-7
88KenColC-133
88KenColC-134
88KenColC-135
88KenColC-136
88KenColC-137
88KniFriL-15
88LouColC-20
88LouColC-25
88LouColC-35
88LouColC-40
88LouColC-46
88LouColC-48
88LouColC-65
88LouColC-70
88LouColC-71
88LouColC-98
88MarWom-1
88MarWom-4
88MarWom-8
88MarWom-19
88NewMex-11
88NorCar-NNO
88NorCarS-14
88NorCarS-16
88Ten-xx
88Ten-xx
88Vir-14
88Vir-15
88Vir-16
8976eeKod-13
89Ark-20
89Ark-21
89Bay-15
89Con-NNO
89EasTenS-12

89Geo-1
89Geo-17
89GeoTec-19
89HeaPub-8
89Hoo-353A
89Hoo-353B
89Jac-13
89Kan-41
89Kan-NNO
89KenColC*-37
89KenColC*-40
89KenColC*-46
89LouColC*-201
89LouColC*-202
89LouColC*-203
89LouColC*-204
89LouColC*-205
89MagPep-8
89NorCarCC-50
89NorCarCC-59
89NorCarCC-86
89NorCarCC-95
89NorCarCC-96
89NorCarCC-100
89NorCarCC-116
89NorCarCC-117
89NorCarCC-142
89NorCarCC-177
89NorCarCC-187
89NorCarCC-195
89NorCarCC-200
89NorCarS-15
89NorCarSCC-149
89NorCarSCC-161
89NorCarSCC-190
89NorCarSCC-194
89NorCarSCC-199
89PanSpaS-1
89PanSpaS-2
89PanSpaS-52
89PanSpaS-255
89PanSpaS-256
89PanSpaS-258
89Pit-9
89ProCBA-25
89ProCBA-62
89ProCBA-63
89ProCBA-64
89ProCBA-90
89ProCBA-180
89ProCBA-207
9088'CalW-21
9088'CalW-23
90AriStaCC*-29
90AriStaCC*-62
90AriStaCC*-92
90AriStaCC*-94
90AriStaCC*-96
90AriStaCC*-101
90AriStaCC*-113
90AriStaCC*-115
90AriStaCC*-121
90AriStaCC*-123
90AriStaCC*-133
90AriStaCC*-141
90AriStaCC*-180
90AriStaCCP*-10
90CleColC*-10
90CleColC*-27
90CleColC*-29
90CleColC*-36
90CleColC*-49
90CleColC*-80
90CleColC*-87
90CleColC*-88
90CleColC*-91
90CleColC*-93
90CleColC*-94
90CleColC*-95
90CleColC*-99
90CleColC*-101
90CleColC*-105
90CleColC*-116
90CleColC*-119
90CleColC*-120
90CleColC*-122
90CleColC*-123
90CleColC*-126
90CleColC*-131
90CleColC*-132
90CleColC*-135
90CleColC*-137

90CleColC*-138
90CleColC*-139
90CleColC*-142
90CleColC*-146
90CleColC*-150
90CleColC*-161
90CleColC*-163
90CleColC*-165
90CleColC*-181
90CleColC*-182
90CleColC*-190
90CleColCP*-C2
90CleColCP*-C5
90CleWom-16
90Con-16
90FloStaCC*-200
90FreSta-15
90FreSta-16
90Geo-1
90Geo-15
90Geo-16
90GeoTec-20
90KenBigBDTW-26
90KenSovPI-2
90LSUColC*-48
90LSUColC*-81
90LSUColC*-107
90LSUColCP*-3
90LSUColCP*-9
90MicStaCC2-13
90MicStaCC2-20
90MicStaCC2*-38
90MurSta-16
90NetKay-14
90NewMex-17
90NorCarCC*-76
90NorCarCC*-85
90NorCarCC*-195
90NorCarCC*-199
90NorCarCCP*-NC10
90NorCarS-16
90PanSti-N
90PanSti-O
90PanSti-P
90PanSti-Q
90PanSti-R
90PanSti-XX
90PisUno-13
90PisUno-14
90PisUno-15
90PisUno-16
90ProCBA-12
90ProCBA-13
90ProCBA-14
90ProCBA-15
90ProCBA-29
90ProCBA-40
90ProCBA-41
90ProCBA-58
90ProCBA-95
90ProCBA-105
90ProCBA-119
90ProCBA-145
90ProCBA-182
90SanJosS-8
90SanJosS-9
90Sky-NNO
90StaPic-0
90StaPic-20
90StaPic-30
90StaPic-60
90StaPic-70
90StaPic-O
90TenWom-15
90TenWom-16
90TraBlaF-1
90TraBlaF-2
90TraBlaF-3
90TraBlaF-4
90TraBlaF-5
90UCL-1
90UNLHOF-15
915Maj-11
915Maj-12
915Maj-29
915Maj-83
915Maj-84
915Maj-85
91ArkColC-18
91ArkColC-24
91ArkColC*-59
91ConLeg-16
91EasTenS-12
91FooLocSF*-30

91FroR-50A
91FroR-100
91FroRowP-86
91FroRowP-88
91FroRowP-90
91FroRowP-91
91FroRowP-93
91FroRU-99
91Geo-1
91Geo-17
91GeoColC-20
91GeoColC-63
91GeoColC-82
91GeoColC-83
91GeoTecCC*-86
91GeoTecCC*-97
91GeoTecCC*-180
91Hoo-NNO
91Hoo-NNO
91HooMcD-62
91ImpHaloF-57
91ImpHaloF-59
91ImpHaloF-66
91ImpHaloF-67
91ImpHaloF-69
91ImpHaloF-71
91ImpHaloF-86
91ImpHaloF-87
91ImpHaloF-88
91KelColG-xx
91KenBigB1-16
91KenBigB1-17
91KenBigB2-NNO
91KenBigB2-NNO
91Mar-10
91Mar-11
91Mar-12
91MurSta-17
91NorCarS-15
91NorCarS-16
91NorDak*-6
91NorDak*-7
91NorDak*-11
91NorDak*-13
91OklSta-25
91OklSta-27
91OklSta-34
91OklSta-NNO
91OklSta-NNO
91OklStaCC*-6
91OklStaCC*-7
91OklStaCC*-8
91OklStaCC*-18
91OklStaCC*-24
91OklStaCC*-28
91OklStaCC*-35
91OklStaCC*-37
91OklStaCC*-39
91OklStaCC*-42
91OklStaCC*-44
91OklStaCC*-97
91PanSti-1
91PanSti-2
91PanSti-88
91PanSti-89
91PanSti-95
91PanSti-187
91PanSti-XX
91Pro-5
91Pro-6
91Sky-313
91Sky-328
91Sky-329
91Sky-330
91Sky-331
91Sky-338
91Sky-339
91Sky-340
91Sky-341
91Sky-342
91Sky-343
91Sky-344
91Sky-524
91Sky-525
91Sky-526
91Sky-527
91Sky-528
91Sky-529
91Sky-544
91Sky-545
91Sky-546
91Sky-610
91Sky-611
91Sky-612

86 • Generic, Card

91Sky-613	92CanKraO3-9	92NorCarS-16	93LSU-14	94OhiStaW-16
91Sky-614	92CanKraO3-10	92OhiStaW-15	93LSU-15	94PacP-NNO
91Sky-NNO	92CanKraSOPC-1	92OhiStaW-16	93LSU-16	94PanSti-XX
91SkyBlII-1	92CanKraSOPC-2	92PanSti-9	93Mia-17	94ScoBoaNP*-19
91SkyBlII-2	92CanKraSOPC-3	92PanSti-10	93Mia-18	94Sky-198
91SkyBlII-3	92CanKraSOPC-4	92PanSti-13	93Mia-19	94Sky-NNO
91SkyBlII-4	92CanKraSOPC-5	92PanSti-14	93Min-18	94Sky-NNO
91SkyMaraSM-NNO	92CanKraSOPC-6	92PanSti-XX	93NewMexS-16	94Sky-NNO
91SouCarCC*-4	92CanKraSOPC-7	92ProSetC-1	93NorCarS-15	94Sky-NNO
91SouCarCC*-200	92CanKraSOPC-8	92ProSetC-2	93NorCarS-16	94Sky-NNO
91StaPic-1	92CanKraSOPC-9	92ProSetC-3	93OhiStaW-14	94Sky-NNO
91StaPic-NNO	92CanKraSOPC-10	92ProSetC-4	93OhiStaW-15	94Sky-NNO
91TexA&MCC*-64	92CanKraSOPC-11	92ProSetC-5	93OhiStaW-16	94SkyHeaotC-NNO
91TexA&MCC*-80	92CanKraSOPC-12	92ProSetC-6	93PanSti-XX	94SkyUSA-83
91TexA&MCC*-83	92CanKraSOPC-13	92ProSetC-7	93Pur-18	94SkyUSA-84
91TraBlaF-1	92CanKraSOPC-14	92ProSetC-8	93PurWom-15	94SkyUSA-85
91TraBlaF-2	92CanKraSOPC-15	92Pur-17	93PurWom-16	94SkyUSA-86
91UCL-4	92CanKraSOPC-16	92SkyUSA-NNO	93PurWom-17	94SkyUSA-NNO
91UCLColC-15	92CanKraSOPC-17	92StaPic-1	93Sky-23	94SkyUSAG-83
91UCLColC-38	92CanKraSOPC-18	92TenWom-16	93Sky-NNO	94SkyUSAG-84
91UCLColC-53	92CanKraSOPC-19	92TexTecW-8	93Sky-NNO	94SkyUSAG-85
91UCLColC-69	92CanKraSOPC-20	92TexTecW-18	93SkyUSAT-NNO	94SkyUSAG-86
91UCLColC-80	92CanKraSOPC-21	92TexTecW-19	93StaCluFFU-NNO	94SkyUSAG-NNO
91UCLColC-84	92CanKraSOPC-22	92TexTecWNC-1	93StaCluSTNF-NNO	94SkyUSAOTC-NNO
91UCLColC-86	92CanKraWOPC-1	92TexTecWNC-19	93SupPlaTT-1	94SouMisSW-14
91UCLColC-117	92CanKraWOPC-2	92TexTecWNC-25	93SupPlaTT-2	94TexAaM-5
91UCLColC-119	92CanKraWOPC-3	92TopArcMP-NNO	93SupPlaTT-3	94TexAaM-10
91UCLColC-122	92CanKraWOPC-4	92UNL-15	93SupPlaTT-4	94TexAaM-15
91UCLColC-127	92CanKraWOPC-5	92UNL-16	93TenTec-18	94TexAaM-20
91UCLColC-129	92CanKraWOPC-6	92UppDec-1A	93TenWom-16	94TopOwntG-46
91UCLColC-137	92CanKraWOPC-7	92UppDec-1AX	93Top-NNO	94TopOwntG-47
91UppDecM-NNO	92CanKraWOPC-8	92UppDecMH-NNO	93TopBlaG-A	94TopOwntG-48
91VirWom-15	92CanKraWOPC-9	92UppDecS-4	93TopBlaG-B	94TopOwntG-49
91VirWom-16	92CanKraWOPC-10	92Vir-13	93TopBlaG-AX	94TopOwntG-50
91WasSta-12	92CanKraWOPC-11	92Vir-14	93TopBlaG-BX	94TraBlaF-1
91WilCar-5A	92CanKraWOPC-12	92Vir-15	93TopBlaG-AB	94UppDecDT-NNO
91WilCar-26A	92CanKraWOPC-13	92Vir-16	93TopGol-NNO	94UppDecNBN-3
91WilCar-46A	92CanKraWOPC-14	92VirTec*-1	93UppDecRE-TC1	94UppDecNBN-4
91WilCar-47A	92CanKraWOPC-15	92VirTec*-12	93UppDecRE-TC1	94UppDecNBN-15
91WilCar-98A	92CanKraWOPC-16	92VirWom-15	93UppDecRE-TC2	94UppDecPAW-H10
91WooAwaW-2	92CleSch*-11	92VirWom-16	93UppDecRE-TC2	94UppDecPAW-H20
91WooAwaW-5	92Con-16	93Ark-16	93UppDecREG-TC1	94UppDecPAW-H30
91WooAwaW-21	92EasIII-2	93Ark-17	93UppDecS-5	94UppDecPAW-H40
91WooAwaW-NNO	92EasIII-12	93Ark-18	93UppDecSBtG-NNO	94UppDecPAWR-H10
923MCanOG-22	92EasTenS-14	93AusFutBoBW-1R	93UppDecSBtG-NNO	94UppDecPAWR-H20
92ACCTouC-1	92Fle-NNO	93AusFutBoBW-2R	93UppDecSUT-NNO	94UppDecPAWR-H30
92ACCTouC-2	92FleSpaSS-5	93AusFutBoBW-3R	93UppDecSUT-NNO	94UppDecPAWR-H40
92ACCTouC-3	92FleTonP-XX	93AusFutBoBW-4R	93VirWom-15	94UppDecPLL-R10
92ACCTouC-4	92FloSta*-75	93AusFutN-NNO	93VirWom-16	94UppDecPLL-R20
92ACCTouC-5	92FloSta*-76	93AusStoN-10	93WriSta-16	94UppDecPLL-R30
92ACCTouC-6	92FloSta*-xx	93AusStoN-12	94AusFutN-184	94UppDecPLL-R40
92ACCTouC-7	92FloSta*-xx	93AusStoN-23	94AusFutN-185	94WriSta-19
92ACCTouC-10	92Geo-1	93AusStoN-59	94AusFutN-186	94WriSta-20
92ACCTouC-11	92Geo-16	93AusStoN-79	94AusFutN-187	94WriSta-NNO
92ACCTouC-12	92Hoo-NNO	93Cin-16	94AusFutN-188	94Wyo-13
92ACCTouC-13	92Hoo-NNO	93Cin-17	94AusFutN-189	94Wyo-14
92ACCTouC-14	92HooDraR-NNO	93Cin-18	94AusFutN-190	94Wyo-15
92ACCTouC-15	92HooDraR-NNO	93ConWom-5	94Cal-14	94Wyo-16
92ACCTouC-16	92HooPro-1	93ConWom-8	94Cal-15	94WyoWom-13
92ACCTouC-17	92HorHivF-NNO	93Eva-14	94Cal-16	94WyoWom-14
92ACCTouC-18	92Hou-17	93Eva-15	94ColCho-163	94WyoWom-15
92ACCTouC-19	92Hou-18	93Eva-16	94ColChoDT-NNO	94WyoWom-NNO
92ACCTouC-20	92Hou-24	93FCA-1	94ColChoGS-163	95AusFutMR-MR1
92ACCTouC-21	92Hou-25	93FCAFinF-NNO	94ColChoSS-163	95AusFutMR-MR3
92ACCTouC-22	92Hou-26	93FCAFinF-NNO	94FleLotE-NNO	95AusFutN-90
92ACCTouC-23	92Hou-NNO	93FleLotE-NNO	94Geo-1	95AusFutN-91
92ACCTouC-24	92Hou-NNO	93Geo-1	94Geo-16	95AusFutN-92
92ACCTouC-25	92III-8	93Geo-16	94Hoo-237	95AusFutN-93
92ACCTouC-26	92III-16	93Geo-16	94Hoo-251	95AusFutN-94
92ACCTouC-27	92Ind-14	93Hoo-281	94HooDraR-NNO	95BulPol-NNO
92ACCTouC-28	92Ind-16	93Hoo-282	94Iow-5	95ClaBKRRR-20
92ACCTouC-33	92Ind-18	93HooDraR-NNO	94Iow-12	95ColCho-NNO
92ACCTouC-34	92JamMad-6	93HooDraR-NNO	94Iow-13	95FleEur-267
92ACCTouC-35	92Kan-16	93HooFifAG-281	94JamMad-3	95HooNatP-7
92ACCTouC-36	92KenSch*-8	93HooFifAG-282	94JamMad-9	95Mar-16
92ACCTouC-xx	92KenSch*-9	93HooPro-7	94JamSes-NNO	95Mar-17
92ACCTouC-xx	92KenSch*-10	93HooSco-HS28	94Mar-15	95Mar-18
92ACCTouC-xx	92Lou-2	93HooScoFAG-HS28	94Mar-16	95Mar-19
92ACCTouC-xx	92Lou-26	93Ind-14	94Mar-17	95Mar-20
92AusStoN-59	92Lou-28	93Ind-16	94Mar-18	95MavTacB-NNO
92AusStoN-79	92Lou-NNO	93Ind-18	94Mar-19	95PanSti-XX
92AusStoN-80	92Lou-NNO	93JamMad-13	94Mar-20	95SkyLotE-NNO
92AusStoN-85	92Mar-16	93JazOldH-11	94Mem-16	95SkyLotE-NNO
92AusStoN-87	92Mar-17	93Ken-16	94Mia-16	95SkyLotE-NNO
92AusStoN-89	92Mar-18	93Ken-17	94Mia-17	95SRFam&F#P-P5
92AusStoN-92	92Mar-19	93Ken-18	94Mia-18	95TopDraR-NNO
92CanKraO3-1	92Mar-20	93KenSch-8	94Mia-19	95UppDec-334
92CanKraO3-2	92MemSta-13	93KenSch-9	94Mia-20	95UppDecCAM-M9
92CanKraO3-3	92MemSta-14	93KenSch-10	94Min-15	95UppDecEC-334
92CanKraO3-4	92MemSta-15	93LakFor*-1	94Min-17	95UppDecECG-334
92CanKraO3-5	92Mon-20	93LakFor*-11	94NorCarS-16	95UppDecPM-R10
92CanKraO3-6	92MurSta-17	93Lou-18	94OhiStaW-14	95UppDecPMR-R10
92CanKraO3-7	92NewMex-9	93Lou-19	94OhiStaW-15	95UppDecPPotM-R10
92CanKraO3-8	92NorCarS-15	93Lou-20		95UppDecPPotMR-R10

95UppDecPPotW-H10
95UppDecPPotWR-H10
95UppDecPS-H10
95UppDecPSR-H10
95WarTop-NNO
95WarTop-NNO
95WarTop-NNO
96AusFutN-98
96ClaLegotFF-NNO
96ColCho-NNO
96ColChoDT-NNO
96Geo-1
96Geo-18
96SkyUSA-14
96TopUSAWNT-24
96UppDecU-NNO
96Web StS-12
96Web StS-13
Gengler, Scott
94IHSBoyAST-176
Gent, Pete
90MicStaCC2*-130
Gentile, Ferdinando
92UppDecE-109
Gentry, Gary
79AriSpoCS*-3
90AriStaCC*-185
George, Don
33SpoKinR*-40
George, John (Jack)
57Top-67
81TCMNBA-40
George, Tate
90FleUpd-U61
90NetKay-7
90StaPic-28
91ConLeg-5
91Fle-323
91Hoo-400
91HooTeaNS-17
91Sky-182
91UppDec-336
92Fle-388
92Hoo-428
92Sky-156
92StaClu-159
92StaCluMO-159
92Top-314
92TopGol-314G
92Ult-315
92UppDec-155
93StaClu-152
93StaCluFDI-152
93StaCluMO-152
93StaCluSTNF-152
George, Tony
82Fai-5
Georgeson, Mark
87Ari-5
88Ari-6
Gerard, Gus
75Top-241
Gerould, Gary
90HooAnn-21
Gervas, Nacho
91GeoTecCC*-153
Gervin, Derrick
89ProCBA-120
90Hoo-196
90HooTeaNS-17
00NotKay-8
90Sky-179
91UppDec-384
Gervin, George
74Top-196
74Top-227
75Top-233
75Top-284
76Top-68
77Top-73
78RoyCroC-12
78Top-20
79Qualro-4
79SpuPol-44
79Top-1
80Top-58
80Top-70
80Top-73
80Top-122
80Top-154
80Top-161
81Top-37
81Top-62
81Top-MW106

83NikPosC*-2
83Sta-241
83StaAllG-16
84Sta-67
84StaAllG-19
84StaAllGDP-19
84StaCouK5-25
85Sta-121
85StaCruA-9
85StaLitA-10
86Fle-36
86StaBesotN-7
86StaCouK-15
92UppDecAW-6
96ColEdgRRTW-5
96ColEdgRRTW-11
96ColEdgRRTWG-5
96ColEdgRRTWG-11
96ColEdgRRTWH-5
96ColEdgRRTWH-11
96StaCluFR-18
96StaCluFRR-18
96TopNBAS-18
96TopNBAS-68
96TopNBAS-118
96TopNBASF-18
96TopNBASF-68
96TopNBASF-118
96TopNBASFAR-18
96TopNBASFAR-68
96TopNBASFAR-118
96TopNBASFR-18
96TopNBASFR-68
96TopNBASFR-118
96TopNBASI-I20
96TopNBASR-18
96TopNBASRA-18
Geter, Lewis
92FroR-25
Gettelfinger, Chris
77Ken-12
77KenSch-10
78Ken-18
78KenSch-7
79Ken-5
79KenSch-5
80KenSch-6
89KenColC*-67
Geurin, Mike
94IHSBoyA3S-47
Geyer, Scott
90AriColC*-44
Gianelli, John
73LinPor-90
73Top-162
74Top-79
75Top-128
75Top-141
76Top-117
77BucActP-5
77Top-31
78Top-101
79Top-37
Gibbs, Dick
73SupShu-5
74Top-106
Gibbs, James
80WicSta-4
Gibbs, Reggie
89LouTec-5
Gibson, Bob
81TopThiB*-3
Gibson, Bunny
84MarPlaC-H4
84MarPlaC-5
Gibson, Cheryl
76CanOly-7
90AriStaCC*-199
Gibson, Cheyenne
90ProCBA-34
95UppDecCBA-44
Gibson, Don
90SouCal*-6
Gibson, James (Hoot)
91TexA&MCC*-21
Gibson, Ken
92UNL-5
Gibson, Kirk
90MicStaCC2*-49
90MicStaCC2*-53
90MicStaCC2*-66
90MicStaCC2*-76
90MicStaCC2*-98

90MicStaCCP*-7
Gibson, Michael
83Sta-208
Gibson, Mickey
89KenColC*-26
Gibson, Rhese
96Geo-9
Gibson, Stu
89LouColC*-164
Gibson, Tarrance
92Cin-6
Gibson, Vince
89LouColC*-137
Giddey, Warrick
92AusFutN-40
92AusStoN-38
93AusFutN-51
93AusStoN-36
94AusFutN-50
94AusFutN-150
95AusFutN-34
Giddings, Erv
81TCMCBA-73
82TCMCBA-85
Gienger, Eberhard
76PanSti-209
Giertz, Mark
94IHSBoyAST-162
Gifford, Frank
57UniOilB*-30
60PosCer*-3
Gilb, Elmer
89KenColC*-206
Gilberg, Greg
94IHSBoyA3S-12
Gilbert, Dave
88LouColC-91
88LouColC-147
Gilbert, Ricky
91GeoTecCC*-191
Gilbert, Steve
88Jac-4
89Jac-5
Gilder, Bob
90AriStaCC*-116
Giles, Chris
82TCMCBA-27
Giles, John
89LouColC*-183
Gilgeous, Brian
93Cla-35
93ClaG-35
Gill, Amory T.
68HalofFB-13
Gill, Kendall
90FleUpd-U11
90Hoo-394
90Sky-356
90StaPic-45
91Fle-20
91Fle-232
91FleRooS-4
91FleTonP-111
91FleWheS-6
91Hoo-21
91Hoo-454
91HooTeaNS-3
91PanSti 12
91PanSti-186
91Sky-27
91Sky-321
91Sky-461
91Sky-488
91SkyCanM-5
91UppDec-39
91UppDec-321
91UppDecRS-R3
92Fle-24
92Fle-297
92FleTeaNS-2
92FleTonP-85
92Hoo-22
92Hoo100S-11
92HorHivF-2
92HorSta-8
92PanSti-122
92Sky-22
92Sky-284
92SkyNes-12
92SkySchT-ST10
92StaClu-151
92StaCluMO-151
92StaPic-50
92Top-158

92TopArc-134
92TopArcG-134G
92TopGol-158G
92Ult-20
92UppDec-43
92UppDec-63
92UppDec-138
92UppDecE-37
92UppDecTM-TM4
93Fin-207
93FinRef-207
93Fle-20
93Fle-381
93Hoo-21
93Hoo-408
93HooFifAG-21
93HooFifAG-408
93HooGolMB-20
93JamSes-212
93PanSti-144
93Sky-38
93Sky-282
93Sky-316
93StaClu-253
93StaCluFDI-253
93StaCluMO-253
93StaCluSTDW-S253
93StaCluSTNF-253
93SupTacT-8
93Top-221
93TopBlaG-25
93TopGol-221G
93Ult-176
93Ult-343
93UppDec-13
93UppDec-384
93UppDecE-110
93UppDecFT-FT10
93UppDecSEC-77
93UppDecSEG-77
94ColCho-13
94ColChoGS-13
94ColChoSS-13
94Emb-90
94EmbGolI-90
94Fin-140
94FinRef-140
94Fla-139
94Fle-212
94Hoo-198
94JamSes-178
94PanSti-205
94ProMag-121
94Sky-154
94SP-155
94SPCha-124
94SPChaDC-124
94SPDie-D155
94StaClu-71
94StaClu-109
94StaClu-326
94StaCluFDI-71
94StaCluFDI-109
94StaCluFDI-326
94StaCluMO-71
94StaCluMO-109
94StaCluMO-326
94StaCluSTNF-71
94StaCluSTNF-109
94StaCluSTNF-326
94Top-170
94Top-171
94Top-306
94TopSpe-170
94TopSpe-171
94TopSpe-306
94Ult-176
94UppDec-38
94UppDecE-91
94UppDecSE-82
94UppDecSEG-82
95ColCho-272
95ColChoDT-T15
95ColChoDTPC-T15
95ColChoDTPCP-T15
95ColChoIE-13
95ColChoIJI-13
95ColChoISI-13
95ColChoPC-272
95ColChoPCP-272
95Fin-13
95FinRef-13
95Fla-157

95Fle-176
95Fle-209
95FleEur-215
95Hoo-151
95Hoo-294
95Met-130
95PanSti-77
95ProMag-15
95Sky-155
95SP-85
95SPCha-67
95StaClu-77
95StaClu-300
95StaCluMOI-77TB
95StaCluMOI-77TR
95StaCluRM-RM9
95Top-152
95Top-262
95Ult-20
95Ult-206
95UltGolM-20
95UppDec-251
95UppDecEC-251
95UppDecECG-251
95UppDecSE-98
95UppDecSEG-98
96BowBes-13
96BowBesAR-13
96BowBesR-13
96ColCho-96
96ColChoII-12
96ColCholJI-272
96ColChoM-M67
96ColChoMG-M67
96Fin-67
96FinRef-67
96FlaSho-A74
96FlaSho-B74
96FlaSho-C74
96FlaShoLC-74
96FlaShoLC-B74
96FlaShoLC-C74
96Hoo-224
96HooStaF-17
96Met-191
96MetPreM-191
96Sky-72
96SkyAut-24
96SkyAutB-24
96SkyE-X-43
96SkyE-XC-43
96SkyRub-72
96SkyZ-F-116
96SP-69
96StaClu-26
96StaCluM-26
96Top-13
96TopChr-13
96TopChrR-13
96TopNBAa5-13
96Ult-69
96UltGolE-G69
96UltPlaE-P69
96UltScoK-17
96UltScoKP-17
96UppDec-152
96UppDec-255
Gill, Slats
57UniOilW*-36
Gillard, Bryant
91SouCarCC*-122
Gillen, Pete
94FlaUSA-3
94FlaUSA-4
94SkyUSA-80
94SkyUSAG-80
Gillery, Ben
86Geo-6
87Geo-6
88KinCarJ-50
Gillespie, Antoine
92UTE-11
95ClaBKR-76
95ClaBKRAu-76
95ClaBKRPP-76
95ClaBKRSS-76
Gillespie, Marty
90Bra-10
Gilliam, Armon
87SunCirK-7
88Fle-89
88Sun5x8TI-3
89Fle-120
89Hoo-64

89PanSpaS-218
90Fle-19
90FleUpd-U70
90Hoo-54
90HooTeaNS-20
90PanSti-83
90Sky-29
915Maj-57
91Fle-153
91Hoo-159
91HooPro-159
91HooTeaNS-20
91PanSti-172
91Sky-214
91UppDec-390
92Fle-169
92Hoo-173
92Hoo100S-74
92PanSti-183
92Sky-182
92SkySchT-ST14
92StaClu-170
92StaCluMO-170
92Top-12
92TopArc-90
92TopArcG-90G
92Ult-138
92UppDec-299
93Fle-334
93Hoo-371
93HooFifAG-371
93HooShe-3
93JamSes-140
93PanSti-232
93Sky-253
93StaClu-264
93StaCluFDI-264
93StaCluMO-264
93StaCluSTNF-264
93Top-330
93TopGol-330G
93Ult-296
93UppDec-418
93UppDecS-13
93UppDecSEC-13
93UppDecSEG-13
94ColCho-243
94ColChoGS-243
94ColChoSS-243
94Fla-267
94Fle-144
94Hoo-135
94JamSes-120
94PanSti-82
94SP-114
94SPCha-95
94SPChaDC-95
94SPDie-D114
94StaClu-322
94StaCluFDI-322
94StaCluMO-322
94StaCluSTNF-322
94Top-43
94TopSpe-43
94Ult-120
94UppDec-106
94UppDecE-81
94UppDecSE-146
94UppDecSEG-146
95ColCho-43
95ColChoE-243
95ColChoIJI-243
95ColChoISI-243
95ColChoPC-43
95ColChoPCP-43
95Fin-71
95FinRef-71
95FinVet-RV9
95Fla-85
95Fle-116
95FleEur-150
95Hoo-105
95JamSes-70
95JamSesDC-D70
95PanSti-25
95Sky-80
95SkyE-X-95
95SkyE-XB-95
95SP-86
95SPCha-68
95StaClu-172
95StaCluMOI-172
95Top-91

95TopGal-78
95TopGalPPI-78
95Ult-114
95UltGolM-114
95UppDec-203
95UppDecEC-203
95UppDecECG-203
95UppDecSE-55
95UppDecSEG-55
96ColCholI-97
96ColCholJ-43
96Fin-209
96FinRef-209
96Fle-69
96Fle-136
96Fle-213
96Hoo-218
96Hoo-100
96Met-187
96MetPreM-187
96Sky-265
96SkyRub-265
96SP-62
96StaCluWA-WA2
96Top-169
96TopChr-169
96TopChrR-169
96TopNBAa5-169
96TopSupT-ST17
96Ult-209
96UltGolE-G209
96UltPlaE-P209
96UppDec-248
Gilliam, Herm
69Top-87
70Top-73
71Top-123
72Top-113
73LinPor-5
73Top-106
74Top-5
75Top-43
76Top-87
Gilliam, John
74NabSugD*-6
75NabSugD*-6
Gillon, Jack
91SouCarCC*-106
Gilmore, Artis
72Top-180
72Top-251
72Top-260
72Top-263
73Top-207
73Top-235
73Top-238
73Top-250
74Top-180
74Top-211
74Top-222
75Top-222
75Top-225
75Top-250
75Top-280
75Top-310
76Top-25
77BulWhiHP-2
77SpoSer3*-3608A
77SpoSer3*-3608B
77SpoSer3*-3612A
77Top-115
78RoyCroC-13
78Top-73
79BulPol-53
79Top-25
80Top-17
80Top-59
80Top-109
80Top-134
81Top-7
81Top-46
81Top-MW107
83Sta-244
83StaAllG-17
84Sta-64
84StaAwaB-10
84StaAwaB-14
84StaCouK5-34
85Sta-145
86Fle-37
87Fle-40
89JacCla-4
90BulEqu-5
92CouFla-11

95TedWilHL-HL5
Gilmore, George
92FroR-26
92StaPic-57
Gilmore, Sharon
91SouCarCC*-97
Gilmur, Charles
48Bow-31
50BreforH-11
Gilvydis, Paul
93Pur-7
Gingold, Eric
96ScoBoaBasRoo-42
Gipple, Dale
89NorCarCC*-171
Gipson, Al
89ProCBA-148
Gipson, Dexter
94IHSBoyAST-184
Gipson, J.C.
71GloPhoC-1
74GloWonB-5
74GloWonB-20
Gipson, Sean
93LSU-7
Gische, Melissa
90UCL-29
Givens, Al
91TexA&MCC*-85
Givens, Jack
76KenSch-3
77Ken-21
77KenSch-11
78HawCok-5
78Ken-2
78Ken-3
79HawMajM-6
88KenColC-15
88KenColC-159
88KenColC-186
88KenColC-252
89HooAnn-4
89KenColC*-4
90HooAnn-22
92CouFla-12
Givins, Ernest
89LouColC*-115
Gjertsen, Doug
90Tex*-13
Gladden, Darryl
81TCMCBA-56
82TCMCBA-43
82TCMLanC-18
82TCMLanC-19
Glanton, Keith
91GeoTecCC*-29
Glanton, Marc
94TenTec-8
Glanzer, Barry
89ProCBA-66
Glasper, Mon'ter
92Iow-5
93Iow-3
94Iow-4
Glass, Eric
94IHSBoyAST-45
Glass, Gerald
90FleUpd-U56
90StaPic-67
91Fle-319
91Hoo-126
91Sky-170
91UppDec-307
91UppDecRS-R13
92Fle-133
92Fle-333
92Hoo-137
92PanSti-85
92Sky-144
92StaClu-14
92StaClu-267
92StaCluMO-14
92StaCluMO-267
92Top-171
92TopGol-171G
92Ult-110
92Ult-257
92UppDec-186
92UppDec-323
93UppDec-108
93UppDecE-149
Glass, Greg
90KenSovPI-7
Glass, Willie

89ProCBA-107
Glaza, Allan
55AshOil-27
89LouColC*-64
Gleason, James
48TopMagP*-J30
Glenn, Mike
83Sta-266
84Sta-79
Glessner, Jackie
93VirWom-6
Glickman, Harry
93TraBlaF-3
Glomp, Sam
94IHSBoyAST-135
Glosson, Tiffany
94OhiStaW-5
Glover, Herschel
94IHSBoyASD-49
Gminski, Mike
81Top-E78
83Sta-149
84NetGet-5
84Sta-91
85Sta-62
86Fle-38
86NetLif-6
87Fle-41
88Fle-87
8976eKod-6
89Fle-116
89Hoo-33
89PanSpaS-50
90Fle-142
90Hoo-228
90Hoo100S-74
90HooActP-122
90HooTeaNS-3
90PanSti-130
90Sky-215
91Fle-254
91Hoo-22
91HooTeaNS-3
91PanSti-191
91Sky-28
91UppDec-398
91FleTeaNS-2
92Hoo-23
92HorSta-5
92Sky-23
92StaClu-175
92StaCluMO-175
92Top-240
92TopGol-240G
92Ult-232
93Top-339
93TopGol-339G
93UppDec-109
94StaClu-171
94StaCluFDI-171
94StaCluMO-171
94StaCluSTNF-171
94Top-127
94TopSpe-127
Goad, Tim
90NorCarCC*-34
Gobrecht, Chris
91Was-12
91Was-13
Godfread, Dan
90ProCBA-48
90StaPic-42
91ProCBA-28
Goebel, Duane
94IHSBoyAST-18
Goetten, Ben
94IHSBoyAST-35
Goff, Dave
91TexA&MCC*-53
Goforth, Jim
89KenColC*-207
Gofourth, Derrel
91OklStaCC*-21
Goheen, Barry
87Van-13
Gola, Tom
57Top-44
61Fle-14
61Fle-51
92CenCou-30
93ActPacHoF-28
95ActPacHoF-31
Gold, Doug
90MurSta-2

Golden, Craig
82Fai-6
Golden, Mark
82IndSta*-7
Golden, Shaun
90Geo-5
92Geo-7
Goldsmith, Jo Jo
89LouTec-6
Goldstein, Al
90NorCarCC*-137
Goldstein, Don
88LouColC-89
88LouColC-145
89LouColC*-20
89LouColC*-249
Goldston, Lyndell
91DavLip-7
92DavLip-7
Goldwire, Anthony
92Hou-12
94Cla-47
94ClaG-47
94PacP-17
94PacPriG-17
94SRTet-53
94SRTetS-53
95SRKro-37
95SupPix-73
95TedWil-23
96ColCho-215
96Sky-139
96SkyRub-139
Gomez, Lefty
81TopThiB*-2
Gondrezick, Glen
82NugPol-22
Gonzalez, Hector
92UTE-12
Gonzalez, Pancho
57UniOilB*-17
77SpoSer1*-1618
Gonzalez, Tony
94Cal-5
Good, Brian
89Wis-3
Good, Larry
91GeoTecCC*-52
Good, Mike
90FloStaCC*-155
Goode, Irvin
89KenColC*-110
Goodman, Jim
89KenColC*-208
90ProCBA-43
Goodrich, Gail
68SunCarM-2
69SunCarM-3
69Top-2
69TopRul-7
70Top-93
71Top-121
72Com-10
72Spa-6
72Top-50
72Top-174
73LinPor-71
73NBAPlaA-9
73NBAPlaA8-J
73Top-55
74Top-90
74Top-120
75CarDis-9
75Top-110
75Top-125
76BucDis-8
76Top-125
77Top-77
78Top-95
79Top-32
91UCLColC-8
91UCLColC-89
91UCLColC-134
91UppDecS-7
92CouFla-13
92LakChEP-2
92Sun25t-1
Goodson, Mike
91FroR-51
91FroRowP-48
91FroRU-79
91ProCBA-138
Goodwin, Andrew
93AusFutN-33

93AusFutStoN-7
94AusFutN-26
96AusFutN-10
Goodwin, Damon
83Day-7
Goorjian, Brian
92AusFutN-76
92AusStoN-65
93AusFutHA-6
93AusStoN-85
Goots, John
78WesVirS-2
Goovert, Ron
90MicStaCC2*-5
Gorcey, Leo
48TopMagP*-J24
Gordan, Ray
93AusStoN-69
Gordon, Bridgette
89SpoIIIfKI*-97
92ImpU.SOH-20
96ClaLegotFF-7
Gordon, Lancaster
81Lou-6
83Lou-3
84Sta-18
88LouColC-9
88LouColC-109
88LouColC-167
88LouColC-185
89LouColC*-47
89LouColC*-234
89LouColC*-260
Gordon, Larry
90AriStaCC*-22
Gordon, Ray
92AusFutN-41
93AusFutN-55
94AusFutN-151
95AusFutN-88
Gordy, Len
80Ari-8
81Ari-6
88Cle-8
89Cle-9
90Cle-7
Gore, Curt
90LSUColC*-56
Goring, Butch
79LakAlt*-6
Gorius, Bob
89LouColC*-80
Gorman, Mike
90HooAnn-23
Gorman, Shelley
94AucFutN 200
96AusFutN-89
Goss, Fred
91UCLColC-131
Gotch, Frank
48TopMagP*-D1
Gottfried, Mark
90UCL-39
91UCL-15
Gotziaman, Chris
91NorDak*-17
Goudin, Lucien
48ExhSpoG-20
Gould, Renee
85Neb*-15
Gould, Torry
89ProCBA-13
Govan, Gerald
71Top-176
72Top-238
73Top-233
74Top-218
74Top-229
75Top-276
Govedarica, Bato
86DePPlaC-H10
Gowan, Charlie
91SouCarCC*-118
Grable, Betty
48TopMagP*-F5
Graboski, Joe
57Top-41
Grace, Richard
94Neb*-14
Grace, Ricky
92AusFutN-64
92AusStoN-53
92AusStoN-91
93AusFutN-81

93AusFutSG-13
93AusStoN-76
94AusFutBoBW-BW1
94AusFutBoBW-CD1
94AusFutBoBW-RD1
94AusFutN-69
94AusFutN-163
94AusFutN-192
95AusFutC-CM11
95AusFutN-2
96AusFutN-64
96AusFutNFDT-4
Graebner, Clark
71KedKed*-1
Graf, Jason
94IHSBoyAST-88
Graf, Joanne
92FloSta*-22
Graf, Steffi
93FaxPaxWoS*-39
Graham, Aaron
95Neb*-10
Graham, Chuck
92FloSta*-42
94Cla-87
94ClaG-87
94PacP-18
94PacPriG-18
95SupPix-59
95TedWil-24
Graham, David
92AusFutN-53
93AusFutN-99
93AusStoN-82
94AusFutN-78
94AusFutN-173
Graham, Ernie
81TCMCBA-21
Graham, Greg
91IndMagI-5
92Ind-4
93Cla-89
93ClaChDS-DS25
93ClaF-68
93ClaG-89
93ClaSB-SB17
93Fle-351
93FouSp-78
93FouSpG-78
93Hoo-386
93HooFifAG-386
93Ind-17
93JamSes-168
93Sky-263
93SkyDraP-DP17
93Top-358
93TopGol-358G
93Ult-311
93UppDec-388
94Fin-272
94FinRef-272
94Fla-282
94Fle-167
94Hoo-159
94Ima-124
94Sky-125
94StaClu-176
94StaCluFDI-176
94StaCluMO-176
94StaCluSTNF-176
94Top-34
94TopSpe-34
94Ult-140
94UppDec-107
95Fin-52
95FinRef-52
95StaClu-19
95StaCluMOI-19
95Top-266
Graham, Kevin
81TCMCBA-22
Graham, Kim
92CleSch*-2
Graham, Michael
83Geo-12
Graham, Orlando
89ProCBA-186
91ProCBA-145
Graham, Otto
48ExhSpoC-21
52Whe*-13A
52Whe*-13B
Graham, Pat
88KenSovPI-10

91IndMagI-6
92Ind-5
93Ind-5
Graham, Paul
90NewMex-4
90ProCBA-156
91Fle-243
91FroR-93
91FroRowP-115
91NewMex-4
91UppDec-431
91UppDecRS-R27
92Fle-3
92Hoo-4
92PanSti-117
92Sky-4
92StaClu-83
92StaCluMO-83
92Top-173
92TopGol-173G
92Ult-3
92UppDec-146
92UppDec-337
93Fle-4
93Hoo-4
93HooFifAG-4
93JamSes-5
93Sky-194
93Top-217
93TopGol-217G
93Ult-5
93UppDec-57
93UppDecE-94
94UppDecE-85
Graham, Robbie
88KenSovPI-11
Graham, Walter
92EasIII-6
Gramling, Johnny
91SouCarCC*-199
Grandelius, Everett
90MicStaCC2*-37
Grandison, Ronnie
89Hoo-248
91ProCBA-185
96Sky-166
96SkyRub-165
Graner, Ryan
94IHSBoyAST-36
Grange, Red
33SpoKinR*-4
Granger, Jeff
94ClaC3*-14
Granger, Kevin
96ScoBoaBasRoo-53
Granger, Stewart
83Sta-233
Granier, Richard
90LSUColC*-45
Grant, Anthony
83Day-8
Grant, Brian
94Cla-29
94ClaBCs-BC7
94ClaG-29
94ColCho-257
94ColCho-394
94ColClu-413
94ColChoCtGS-S2
94ColChoCtGRSR-S2
94ColChoDI-8
94ColChoGS-257
94ColChoGS-394
94ColChoGS-413
94ColChoSS-257
94ColChoSS-394
94ColChoSS-413
94Emb-108
94EmbGoII-108
94Emo-85
94Emo-101
94Fin-186
94FinRef-186
94Fla-300
94FlaWavotF-1
94Fle-363
94FleLotE-8
94FouSp-8
94FouSpG-8
94FouSpPP-8
94Hoo-368
94Hoo-428
94HooDraR-8
94HooMagA-AR7

94HooMagAF-FAR7
94HooMagAJ-AR7
94HooSch-4
94JamSesRS-1
94PacP-19
94PacPriG-19
94ProMagRS-2
94Sky-278
94SkyDraP-DP8
94SP-8
94SPCha-116
94SPChaDC-116
94SPChaFPH-F1
94SPChaFPHDC-F1
94SPDie-D8
94SPHol-PC20
94SPHolDC-20
94SRGolS-6
94SRTetS-54
94SRTetS-54
94StaClu-225
94StaCluFDI-225
94StaCluMO-225
94StaCluSTNF-225
94Top-294
94TopSpe-294
94Ult-325
94UltAII-1
94UppDec-181
94UppDec-254
94UppDecDT-D8
94UppDecRS-RS8
94UppDecSE-165
94UppDecSEG-165
94UppDecSEJ-23
95ClaBKR-103
95ClaBKRPP-103
95ClaBKRSS-103
95ClaBKV-61
95ClaBKV-79
95ClaBKVE-61
95ClaBKVE-79
95ColCho-133
95ColCho-207
95ColCho-343
95ColChoCtGA-C30
95ColChoCtGA-C30B
95ColChoCtGA-C30C
95ColChoCtGAG-C30
95ColChoCtGAG-C30B
95ColChoCtGAG-C30C
95ColChoCtGAGR-C30
95ColChoCtGASR-C30
95ColChoIE-257
95ColChoIE-394
95ColChoIE-413
95ColChoIEGS-394
95ColChoIEGS-413
95ColChoIJGSI-175
95ColChoIJGSI-413
95ColChoIJI-175
95ColChoIJI-257
95ColChoIJI-413
95ColChoISI-38
95ColChoISI-175
95ColChoISI-194
95ColChoPC-133
95ColChoPC-207
95ColChoPC-343
95ColChoPCP-133
95ColChoPCP-207
95ColChoPCP-343
95Fin-33
95FinRef-33
95Fla-116
95Fle-159
95FleClaE-2
95FleEur-197
95FleRooS-1
95Hoo-139
95Hoo-198
95HooBloP-6
95HooSla-SL39
95Ima-7
95JamSes-91
95JamSesDC-D91
95JamSesP-8
95Met-93
95MetSilS-93
95PanSti-254
95PanSti-281
95ProMag-113
95Sky-103
95SkyAto-A12

95SkyE-X-98
95SkyE-XB-98
95SkySta-S8
95SP-113
95SPCha-91
95SPChaCS-S6
95SPChaCSG-S6
95SPHol-PC30
95SPHolDC-PC30
95SRDraDR-R1
95SRDraDRS-R1
95SRKro-4
95SRKroFR-FR4
95SRKroJ-J4
95SRSpoS-8
95SRSpoS-36
95StaClu-123
95StaClu-168
95StaCluMOI-123B
95StaCluMOI-123R
95StaCluMOI-168
95SupPix-7
95SupPixAu-7
95SupPixC-7
95SupPixCG-7
95SupPixII-9
95SupPixLP-7
95TedWil-25
95TedWilWU-WU1
95Top-159
95TopGal-28
95TopGalPG-PG2
95TopGalPPI-28
95TopRataR-R5
95TopWhiK-WK5
95Ult-155
95UltAllT-1
95UltGoIM-155
95UppDec-50
95UppDec-159
95UppDec-351
95UppDecEC-50
95UppDecEC-159
95UppDecEC-351
95UppDecECG-159
95UppDecECG-351
95UppDecSE-158
95UppDecSEG-158
96BowBes-48
96BowBesAR-48
96BowBesR-48
96ColCho-134
96ColChoCtGS2-C23A
96ColChoCtGS2-C23B
96ColChoCtGS2R-R23
96ColChoCtGS2RG-R23
96ColChoCtGSG2-C23A
96ColChoCtGSG2-C23B
96ColChoII-138
96ColChoII-207
96ColChoII-133
96ColChoIJ-133
96ColChoIJ-207
96ColChoIJ-343
96ColChoM-M43
96ColChoMG-M43
96ColChoS2-S23
96Fin-220
96FinRef-236
96FlaSho-A37
96FlaSho-B37
96FlaSho-C37
96FlaShoLC-37
96FlaShoLC-B37
96FlaShoLC-C37
96Fle-94
96Hoo-134
96HooStaF-23
96Met-48
96Sky-99
96SkyAut-25
96SkyAutB-25
96SkyE-X-62
96SkyE-XC-62
96SkyRub-99
96SkyZ-F-75
96SkyZ-FZ-75
96SP-96
96SPPreCH-PC32
96SPx-41
96SPxGol-41
96StaClu-134

96Top-106
96TopChr-106
96TopChrR-106
96TopNBAa5-106
96TopSupT-ST23
96Ult-94
96UltGolE-G94
96UltPlaE-P94
96UppDec-105
96UppDec-158
96UppDecFBC-FB14
96Vis-32
Grant, Bud
50LakSco-3
Grant, Gary
89Fle-70
89Hoo-274
89PanSpaS-195
90CliSta-4
90FleUpd-U40
90Hoo-145
90Hoo100S-45
90HooActP-78
90HooTeaNS-12
90PanSti-31
90Sky-127
91Fle-89
91Hoo-92
91HooTeaNS-12
91PanSti-13
91Sky-124
91UppDec-195
92Fle-99
92Hoo-99
92PanSti-31
92Sky-104
92StaClu-29
92StaCluMO-29
92Top-164
92Top-216
92TopGol-164G
92TopGol-216G
92Ult-82
92UppDec-203
93Fin-64
93FinRef-64
93Fle-90
93Hoo-93
93HooFifAG-93
93JamSesTNS-4
93PanSti-14
93Sky-237
93StaClu-212
93StaCluFDI-212
93StaCluMO-212
93StaCluSTNF-212
93Top-230
93TopGol-230G
93Ult-268
93UppDec-463
93UppDecE-179
94ColCho-223
94ColChoGS-223
94ColChoSS-223
94Fin-136
94FinRef-136
94Fla-68
94Fle-99
94Hoo-92
94JamSes-84
94PanSti-151
94StaClu-49
94StaClu-50
94StaCluCC-12
94StaCluFDI-49
94StaCluFDI-50
94StaCluMO-49
94StaCluMO-50
94StaCluMO-CC12
94StaCluSTNF-49
94StaCluSTNF-50
94Top-71
94TopSpe-71
94Ult-80
95ColCho-306
95ColCholE-223
95ColCholJI-223
95ColCholSI-4
95ColChoPC-306
95ColChoPCP-306
95Fla-179
95FleEur-103
95UppDec-262
95UppDecEC-262

95UppDecECG-262
96ColCho-106
96ColCholI-50
96ColCholJ-306
96UppDec-246
Grant, Greg
90FleUpd-U63
90Hoo-235
90Hoo-421
90Sky-221
90Sky-400
92Fle-404
92Hoo-444
92Sky-183
92StaClu-225
92StaCluMO-225
92Ult-331
94Top-247
94TopSpe-247
Grant, Harvey
89Hoo-67
90Fle-192A
90Fle-192B
90Hoo-297
90HooTeaNS-26
90PanSti-149
90Sky-288
91Fle-207
91Hoo-216
91Hoo-501
91Hoo-529
91Hoo100S-98
91HooTeaNS-27
91LitBasBL-13
91PanSti-178
91Sky-485
91Sky-512
91SkyCanM-48
91UppDec-342
92BulCro-WB8
92Fle-233
92Hoo-235
92Hoo100S-99
92PanSti-189
92Sky-250
92StaClu-340
92StaCluMO-340
92Top-172
92TopArc-103
92TopArcG-103G
92TopGol-172G
92Ult-188
92UppDec-266
92UppDec-376
92UppDec-487
93Fin-145
93FinRef-145
93Fle-216
93Fle-363
93Hoo-223
93Hoo-397
93HooFifAG-223
93HooFifAG-397
93JamSes-186
93PanSti-43
93Sky-151
93Sky-271
93Sky-313
93StaClu-337
93StaCluFDI-337
93StaCluMO-337
93StaCluST-3
93StaCluSTNF-337
93Top-341
93TopGol-341G
93TraBlaF-8
93Ult-323
93UppDec-375
93UppDecS-88
93UppDecSEC-88
93UppDecSEG-88
94ColCho-344
94ColChoGS-344
94ColChoSS-344
94Fin-329
94FinRef-329
94Fla-121
94Fle-184
94Hoo-176
94HooShe-13
94JamSes-156
94PanSti-183

94Sky-135
94StaClu-268
94StaCluFDI-268
94StaCluMO-268
94StaCluSTNF-268
94Top-113
94TopSpe-113
94TraBlaF-9
94Ult-156
94UppDec-122
94UppDecSE-163
94UppDecSEG-163
95ColCho-12
95ColCholE-344
95ColCholJI-344
95ColCholSI-125
95ColChoPC-12
95ColChoPCP-12
95Fin-39
95FinRef-39
95FleEur-189
95JamSes-87
95JamSesDC-D87
95PanSti-245
95SP-109
95StaClu-159
95StaCluMOI-159
95TraBlaF-5
95Ult-148
95UltGolM-148
95UppDec-208
95UppDecEC-208
95UppDecECG-208
95UppDecSE-71
95UppDecSEG-71
96ColCho-128
96ColCho-353
96ColCholI-128
96ColCholJ-12
96Hoo-127
96Top-196
96TopChr-196
96TopChrR-196
96TopNBAa5-196
96UppDec-315
Grant, Horace
87BulEnt-54
88BulEnt-54
88Fle-16
89BulDaiC-2
89BulEqu-4
89Fle-20
89Hoo-242
89PanSpaS-78
90BulEqu-6
90CleColC*-8
90Fle-24
90Hoo-63
90HooTeaNS-4
90PanSti-95
90Sky-39
91SMaj-32
91Fle-27
91FleTonP-84
91FleWheS-1
91Hoo-28
91Hoo100S-12
91HooMcD-65
91HooTeaNS-4A
91HooTeaNS-4B
91KelColG-4
91LitBasBL-13
91PanSti-117
91Sky-36
91Sky-566
91UppDec-181
92Fle-30
92FleTeaNS-3
92FleTonP-26
92Hoo-29
92Hoo100S-13
92PanSti-130
92Sky-30
92Sky-285
92SpoIlIfKI*-124
92SpoIlIfKI*-404
92StaClu-138
92StaCluMO-138
92StaPic-40
92Top-324
92TopArc-91
92TopArcG-91G

92TopGol-324G
92Ult-26
92Ult-219
92Ult-NNO
92UppDec-135
92UppDecE-40
92UppDecM-P6
92UppDecM-CH3
92UppDecS-8
93Fin-89
93Fin-101
93FinRef-89
93FinRef-101
93Fle-27
93FleTowOP-8
93Hoo-27
93Hoo-297
93HooFifAG-27
93HooFifAG-297
93HooShe-1
93JamSes-30
93PanSti-151
93Sky-19
93Sky-44
93StaClu-130
93StaCluFDI-130
93StaCluMO-130
93StaCluST-4
93StaCluSTNF-130
93Top-288
93TopGol-288G
93Ult-29
93UltAll-6
93UppDec-101
93UppDec-203
93UppDec-434
93UppDecE-117
93UppDecFM-10
93UppDecS-115
93UppDecS-3
93UppDecSEC-115
93UppDecSEG-115
94ColCho-354
94ColChoCtGR-R3
94ColChoCtGRR-R3
94ColChoGS-354
94ColChoSS-354
94Emb-67
94EmbGolI-67
94Emo-68
94Fin-203
94Fin-324
94FinRef-203
94FinRef-324
94Fla-276
94Fle-30
94Fle-337
94FleAll-6
94FleAll-6
94Hoo-26
94Hoo-229
94Hoo-355
94HooShe-11
94HooSupC-SC7
94JamSes-134
94PanSti-95
94ProMag-17
94Sky-23
94Sky-263
94SkySlaU-SU8
94SP-124
94SPCha-101
94SPChaDC-101
94SPDie-D124
94StaClu-287
94StaCluFDI-287
94StaCluMO-287
94StaCluSTDW-M287
94StaCluSTMP-M5
94StaCluSTNF-287
94Top-7
94Top-375
94TopSpe-7
94TopSpe-375
94Ult-302
94UltPowITK-3
94UppDec-155
94UppDecE-62
94UppDecSE-151
94UppDecSEG-151
94UppDecSEJ-19
94ColCho-88
95ColCho-358

95ColCholE-354
95ColCholJI-354
95ColCholSI-135
95ColChoPC-88
95ColChoPC-358
95ColChoPCP-88
95ColChoPCP-358
95Fin-105
95FinMys-M37
95FinMysB-M37
95FinMysBR-M37
95FinRef-105
95Fla-95
95Fle-128
95FleEndtE-5
95FleEur-165
95FleEurA-2
95Hoo-115
95HooBloP-12
95JamSes-75
95JamSesDC-D75
95JamSesP-9
95Met-76
95MetSilS-76
95PanSti-38
95ProMag-95
95Sky-87
95SkyE-X-58
95SkyE-XB-58
95SP-94
95SPCha-74
95StaClu-5
95StaCluMOI-5
95Top-85
95TopGal-76
95TopGalPPI-76
95Ult-124
95UltGolM-124
95UppDec-9
95UppDec-146
95UppDec-332
95UppDec-347
95UppDecEC-9
95UppDecEC-146
95UppDecEC-332
95UppDecEC-347
95UppDecECG-9
95UppDecECG-146
95UppDecECG-332
95UppDecECG-347
95UppDecSE-146
95UppDecSEG-146
96BowBes-5
96BowBesAR-5
96BowBesR-5
96ColCho-298
96ColCholI-111
96ColCholI-148
96ColCholJ-88
96ColCholJ-358
96ColChoM-M149
96ColChoMG-M149
96Fin-27
96Fin-77
96Fin-266
96FinRef-27
96FinRef-77
96FinRef-266
96FlaSho-A88
96FlaSho-B88
96FlaSho-C88
96FlaShoLC-88
96FlaShoLC-B88
96FlaShoLC-C88
96Fle-77
96Hoo-110
96HooStaF-19
96Met-68
96MetPowT-3
96Sky-81
96SkyE-X-50
96SkyE-XC-50
96SkyRub-81
96SkyZ-F-62
96SkyZ-FZ-8
96SP-78
96StaClu-3
96StaCluF-F8
96StaCluM-3
96Top-27
96TopChr-27
96TopChrR-27
96TopNBAa5-27

96Ult-78
96UltFulCT-7
96UltFulCTG-7
96UltGolE-G78
96UltPlaE-P78
96UppDec-154
96UppDec-268
96UppDecGK-21
Grant, John
91SouCal*-85
Grant, Josh
93Cla-36
93ClaF-16
93ClaG-36
93Fle-289
93FouSp-32
93FouSpG-32
93Hoo-337
93HooFifAG-337
93Sky-224
93Top-298
93TopGol-298G
93Ult-248
93UppDec-363
94ColCho-53
94ColChoGS-53
94ColChoSS-53
95ColCholE-53
95ColCholJI-53
95ColCholSI-53
Grant, Kevin FISt.
90FloStaCC*-10
Grant, Kevin OreSt.
89OreSta-7
Grant, Mike
90Neb*-8
Grant, Russell
88LSU*-8
Grant, Steve
87Van-8
Grant, Travis
74Top-259
75Top-245
75Top-285
Grant, Wally
91Mic*-22
Grantz, Jeff
91SouCarCC*-55
Gratton, Chris
93FouSpG-AU2
94ClaC3*-20
Gravely, Stacie
90UCL-23
Graves, Bobby
93Vir-7
Grawemoycr, Phil
55AshOil-20
88KenColC-66
88KenColC-265
Gray, Allison
86SouLou*-7
Gray, Craig
91MurSta-11
Gray, Devin
95ClaBKR-83
95ClaBKRPP-83
95ClaBKRSS-83
95SRDraD-4
95SRDraDSig-4
Gray, Eric
93FouEp-33
93FouSpG-33
Gray, Evric
90UNLHOF-11
90UNLSeatR-11
90UNLSmo-6
92UNL-6
93Cla-37
93ClaF-18
93ClaG-37
Gray, Hector
90FloStaCC*-164
Gray, Herb
81TCMCBA-86
Gray, Jennifer
90KenWomS-6
93KenSch-3
Gray, Leonard
75Top-78
76Top-136
77Top-7
Gray, Roland
89ProCBA-72
91ProCBA-192

Gray, Stuart
84Sta-57
89Hoo-253
89Hoo-352
90Hoo-204
90HooTeaNS-18A
90Sky-188
91UCLColC-74
Gray, Sylvester
89Hoo-204
89ProCBA-36
Grayer, Jeff
88BucGreB-4
90Fle-104
90Hoo-174
90HooTeaNS-15
90Sky-157
91Fle-311
91Hoo-391
91Hoo-568
91HooTeaNS-15
91Sky-157
91Sky-500
91Sky-550
91UppDec-221
92Fle-339
92Hoo-127
92Hoo-386
92PanSti-25
92Sky-134
92Sky-340
92StaClu-299
92StaCluMO-299
92Ult-262
92UppDec-77
92UppDec-406
93Fle-290
93Hoo-338
93HooFifAG-338
93StaClu-143
93StaCluFDI-143
93StaCluMO-143
93StaCluSTNF-143
93Top-95
93TopGol-95G
93Ult-249
93WarTop-8
Grayer, Steve
87WicSta-5
88WicSta-6
89ProCBA-5
90ProCBA-19
Grayson, Darrell
92Hou-11
Green, A.C.
87Fle-42
88Fle-66
89Fle-76
89Hoo-124
89PanSpaS-208
90Fle-92
90Hoo-17
90Hoo-156
90Hoo100S-49
90HooActP-85
90HonAlIP-1
90HooTeaNS-13
00PanCti-c
90PanSti-C
90Sky-137
91Hoo-210
91Maj-4
91Fle-99
91FleTonP-42
91FleWheS-4
91Hoo-100
91Hoo100S-47
91HooTeaNS-13
91PanSti-19
91Sky-136
91UppDec-177
91UppDecM-M3
91UppDecS-4
92Fle-108
92FleTeaNS-6
92Hoo-109
92Hoo100S-45
92PanSti-38
92Sky-115
92StaClu-172
92StaCluMO-172
92Top-159
92TopArc-65
92TopArcG-65G
92TopGol-159G

92Ult-91
92UppDec-195
92UppDecM-LA5
93Fin-59
93FinRef-59
93Fle-102
93Fle-357
93Hoo-390
93HooFifAG-390
93HooShe-5
93JamSes-176
93PanSti-27
93Sky-266
93Sky-312
93StaCluFDI-215
93StaCluMO-215
93StaCluSTNF-215
93Top-227
93TopGol-227G
93Ult-319
93UppDec-398
93UppDec-499
93UppDecE-190
93UppDecS-8
93UppDecSEC-8
93UppDecSEG-8
94ColCho-145
94ColChoGS-145
94ColChoSS-145
94Fin-269
94FinMarM-20
94FinRef-269
94Fla-117
94Fle-177
94Hoo-168
94HooShe-12
94JamSes-148
94PanSti-176
94Sky-130
94SP-135
94SPDie-D135
94StaClu-152
94StaClu-153
94StaCluFDI-152
94StaCluFDI-153
94StaCluMO-152
94StaCluMO-153
94StaCluSTDW-SU152
94StaCluSTNF-152
94StaCluSTNF-153
94Top-169
94TopSpe-169
94Ult-148
94UltRebK-2
94UppDec-80
94UppDecE-57
95ColCho-71
95ColCholE-145
95ColCholJI-145
95ColCholSI-145
95ColChoPC-71
95ColChoPCP-71
95Fin-103
95FinRef-103
95Fla-105
95Fle-143
95FleEur-181
95Hoo-127
95HooNatP-3
95Met-181
95PanSti-236
95Sky-195
95SP-104
95StaClu-145
95StaCluMOI-145
95Top-195
95TopGal-97
95TopGalPPI-97
95Ult-140
95UltGolM-140
95UppDec-114
95UppDec-141
95UppDecEC-114
95UppDecEC-141
95UppDecECG-114
95UppDecECG-141
95UppDecSE-67
95UppDecSEG-67
96ColCho-127
96ColCholI-122
96ColCholJ-71
96ColChoM-M66

96ColChoMG-M66
96Hoo-122
96HooSil-122
96Top-18
96TopChr-18
96TopChrR-18
96TopNBAa5-18
96Ult-170
96UltGolE-G170
96UltPlaE-P170
96UppDec-156
96UppDec-278
Green, Al AUST
92AusStoN-43
93AusFutN-62
93AusStoN-8
94AusFutN-52
95AusFut3C-GC6
Green, Al LSU
80TCMCBA-6
90LSUColC*-65
Green, Andre
94IHSBoyAST-136
Green, Carlton
80TCMCBA-45
Green, Debbie
91SouCal*-99
Green, Ernie
89LouColC*-120
Green, Gary
91OklStaCC*-62
Green, Harold
91SouCarCC*-8
Green, Hubert
90FloStaCC*-99
Green, Jacob
91TexA&MCC*-43
Green, John
91UCLColC-75
Green, Johnny
70Top-3
70Top-81
71Top-86
71Top-140
71TopTri-13
72Top-48
73Top-124
81TCMNBA-40
90MicStaCC2*-128
Green, Ken
81TCMCBA-53
Green, Lamar
70SunA1PB-2
70SunCarM-2
71Top-30
72SunCarM-2
72SunHol-2
72Top-119
73LinPor-100
73Top-9
Green, Litterial
89Geo-5
90Geo-7
90KenBigBDTW-23
92Cla-5
92ClaGol-5
92Fle-399
92FouSp-5
92FouSpGol-5
92FroR-27
92Hoo-440
92StaClu-243
92StaCluMO-243
92StaPic-45
92Top-299
92TopGol-299G
92Ult-325
93Fle-342
93Hoo-154
93HooFifAG-154
93JamSes-158
93Sky-258
93Top-355
93TopGol-355G
93Ult-304
93UppDec-39
96TopSupT-ST28
Green, Michael
91DavLip-10
92DavLip-10
Green, Michael Clemson
92CleSch*-3
Green, Mike
74Top-254

75Top-247
75Top-278
77Top-99
80Ari-9
Green, Rickey
81TCMCBA-70
83Sta-140
84Sta-229
84StaAllG-20
84StaAllGDP-20
84StaAwaB-11
84StaAwaB-18
84StaCouK5-11
85Sta-142
86Fle-39
87Fle-43
89Hoo-56
90Hoo-134
90Hoo-425
90Sky-115
90Sky-404
91Fle-249
91Hoo-160
91Hoo-339
91PanSti-170
91Sky-215
91Sky-619
91UppDec-152
Green, Sean
87NorCarS-5
91Cla-31
91Cou-24
91Fle-294
91FouSp-179
91FroR-28
91FroRowP-4
91StaPic-22
91UppDec-421
91WilCar-37
92Hoo-396
92StaClu-228
92StaCluMO-228
92Ult-274
93Top-59
93TopGol-59G
93Ult-312
93UppDec-380
Green, Sidney
83Sta-172
84Sta-104
86Fle-40
87Fle-44
88Fle-81
88KniFriL-3
89Hoo-97
89Hoo-305
89MagPep-5
90Fle-134
90FleUpd-U88
90Hoo-218
90Hoo-435
90PanSti-122
90Sky-203
90Sky-413
91Fle-354
91Hoo-191
91HooTeaNJ-24
91Sky-257
91UppDec-259
92Fle-428
92Hoo-208
92HorSta-10
92PanSti-89
92Sky-222
92SkySchT-ST14
92StaClu-98
92StaCluMO-98
92Top-52
92TopArc-35
92TopArcG-35G
92TopGol-52G
92Ult-166
92UppDec-204
93Top-36
93TopGol-36G
Green, Sihugo
58Kah-3
59HawBusB-1
61Fle-15
Green, Steve
86IndGrel-38
Green, Tammie
88MarWom-11
Green, Woody

90AriStaCC*-162
Greenberg, Fran
 81TCMCBA-79
Greene, Gerald
 89ProCBA-44
Greene, Joe
 77SpoSer1*-1209
Greene, John
 89NorCarS-2
Greene, Shaunda
 91Was-12
Greenwood, David
 79BulPol-34
 80Top-25
 80Top-62
 80Top-89
 80Top-92
 81Top-MW67
 83Sta-173
 84Sta-105
 86Fle-41
 87Fle-45
 90Hoo-342
 90Hoo-433
 90HooTeaNS-23
 90PisSta-5
 90Sky-86
 90Sky-414
 91Hoo-192
 91Sky-258
 91UCLColC-107
 91UCLColC-116
 91UppDec-374
Greer, Curtis
 91Mic*-23
Greer, Hal
 58SyrNat-3
 61Fle-16
 68TopTes-2
 69Top-84
 69TopRul-13
 70Top-155
 70TopPosI-10
 71Top-60
 71TopTri-13
 72Top-56
 73NBAPlaA-10
 77SpoSer6*-6515
 84MarPlaC-D13
 84MarPlaC-S13
 92CenCou-31
 93ActPacHoF-34
 95ActPacHoF-28
 95TedWilE-EC4
 96StaCluFR-19
 96StaCluFRR-19
 96TopNBAS-19
 96TopNBAS-69
 96TopNBAS-119
 96TopNBASF-19
 96TopNBASF-69
 96TopNBASF-119
 96TopNBASFAR-19
 96TopNBASFAR-69
 96TopNBASFAR-119
 96TopNBASFR-19
 96TopNBASFR-69
 96TopNBASFR-119
 96TopNBASI-I20
 96TopNBASR-19
Greer, Hugh
 91ConLeg-6
Gregor, Gary
 68SunCarM-3
 69Top-11
 70Top-89
 71Top-56
 71TraBlaT-2
 72Top-36
 91SouCarCC*-85
Gregor, Keith
 92Cin-7
 93Cin-7
Gregory, Brian
 90MicStaCC2-15
Gregory, Johnny
 91SouCarCC*-93
Greiger, Gary
 86IndGrel-36
Gremmel, Janine
 90Tex*-14
Gressley, Jim
 90AriStaCC*-124
Gretzky, Wayne

91AreHol1N*-2
91ProStaP*-3
93FaxPaxWoS*-25
93LakFor*-10
Grevey, Kevin
 77BulSta-4
 77Top-23
 78Top-113
 79Top-34
 80Top-12
 80Top-90
 81Top-E96
 83Sta-43
 84Sta-118
 84StaAre-C4
 85BucCarN-7
 88KenColC-9
 88KenColC-154
 88KenColC-185
 88KenColC-251
 89KenColC*-49
 92CouFla-14
Grezaffi, Sam
 90LSUColC*-199
Gribble, Luke
 92AusFutN-16
 93AusFutN-14
 94AusFutN-13
 95AusFutN-10
Grider, Sydney
 91FroR-69
 91FroRowP-27
Griego, J.J.
 89NewMex-5
 91NewMex-5
 92NewMex-3
Griffey, Ken Jr.
 91FooLocSF*-1
 92ClaShoP2*-10
 93ClaSup*-SS3
 93FaxPaxWoS*-2
Griffin, Adrian
 96ScoBoaBasRoo-67
Griffin, Andra
 81TCMCBA-17
Griffin, Eddie
 90CleColC*-174
Griffin, Frank
 90SouCal*-7
Griffin, Hiawatha
 94IHSBoyAST-190
Griffin, James
 80Ill-2
 81Ill-3
Griffin, Joe
 87WicSta-6
 89UTE-10
Griffin, Marcus
 94IHSBoyAST-141
Griffin, Mark
 88Ten-33
Griffin, Melina
 93PurWom-1
Griffin, Mike
 88Mic-3
 89Mic-17
Griffin, Parker
 87LSU*-8
Griffin, Paul
 79SpuPol-30
 81Top-MW102
Griffin, Ty
 91GeoTecCC*-133
Griffith, Darrell
 81Lou-28
 81Top-41
 83Lou-4
 83NikPosC*-6
 83Sta-141
 84Sta-230
 84StaAllGDP-29
 84StaAwaB-10
 84StaAwaB-16
 84StaCouK5-45
 84StaSlaD-5
 85Sta-143
 85StaGatSD-6
 85StaLas1R-5
 85StaSlaDS5-4
 86Fle-42
 86StaCouK-16
 87Fle-46
 87Ken*-8
 88LouColC-3

88LouColC-101
88LouColC-172
88LouColC-182
89Fle-153
89Hoo-241
89JazOldH-4
89LouColC*-2
89LouColC*-25
89LouColC*-209
89LouColC*-266
89LouColC*-281
89LouColC*-297
89PanSpaS-176
90Hoo-289
90HooTeaNS-25
90JazSta-9
90PanSti-50
90Sky-278
91Hoo-209
91Sky-281
91UppDec-131
91WooAwaW-10
96ClaLegotFF-16
Griffith, Jason
 90CleColC*-38
Griffith, Rashard
 95ClaBKR-36
 95ClaBKRPP-36
 95ClaBKRRR-18
 95ClaBKRSS-36
 95ClaBKV-36
 95ClaBKVE-36
 95PacPreGP-52
 95PrePas-27
 96PacPreGP-52
 96PacPri-52
Griffiths, David
 94IHSBoyA3S-40
Griggley, Terry
 89McNSta*-2
Grigsby, Alfred
 94Cal-6
Grim, David
 91Min-3
 92Min-5
 93Min-4
 94Min-2
Grimm, Charlie
 79AriSpoCS*-4
Grimm, Derek
 93Mis-7
 95Mis-4
Grimsley, John
 89KenColC*-188
Gripp, Matt
 94IHSBoyAST-119
Grippaldi, Philip
 76PanSti-222
Grisham, Wes
 88LSUAll*-4
 90LSUColC*-163
Grissom, Greg
 89ProCBA-100
Grizzlies, Vancouver
 94Fle-388
 94Hoo-419
 94ImpPin-28
 94PanSti-3
 94PanSti-4
 95FleEur-266
 95PanSti-204
 95Sky-144
 96TopSupT-ST28
Groenhyde, Quinn
 82Vic-5
 83Vic-2
 84Vic-3
Gross, Bob
 75TraBlaIO-3
 77Top-11
 77TraBlaP-30
 78Top-98
 78TraBlaP-3
 79Top-4
 79TraBlaP-30
 80Top-53
 80Top-158
 81Top-W84
 81TraBlaP-30
Gross, Julie
 90LSUColC*-33
Grosso, Mike
 88LouColC-45
 89LouColC*-236

89LouColC*-294
Grove, Orval
 48KelPep*-2
Grovey, Quinn
 91ArkColC*-92
Groza, Alex
 50BreforH-12
 88KenColC-5
 88KenColC-149
 89KenColC*-3
Groza, Lou
 48KelPep*-6
Grubar, Dick
 73NorCarPC-4H
 89NorCarCC-87
 89NorCarCC-88
 90NorCarCC*-115
Grubb, John
 90FloStaCC*-61
Gruden, Jay
 89LouColC*-105
 89LouColC*-143
Gruiescu, Constantin
 76PanSti-173
Grunfeld, Ernie
 77BucActP-6
 81Top-MW94
 83Sta-65
 84KniGetP-6
 84Sta-31
 85Sta-169
 92CouFla-15
Grunke, Klaus-Jurgen
 76PanSti-187
Gruver, Mat
 88LSU*-14
Guardao, Cristy
 91GeoTecCC*-140
Guarducci, Marcello
 76PanSti-245
Gudmundsson, Petur
 81TraBlaP-40
 91ProCBA-110
Gueguen, Raoul
 76PanSti-277
Gueldner, Jeff
 87Kan-5
 89Kan-42
Guenther, Misty
 91Neb*-21
Guerin, Richie
 61Fle-17
 61Fle-52
 81TCMNBA-40
Guerrero, Karen
 91TexA&MCC*-89
Guest, Darren
 89ProCBA-93
Guffrovich, Paul
 87WicSta-7
 88WicSta-7
 91OutWicG-5
Gugliotta, Tom
 88NorCarS-4
 89NorCarS-4
 90NorCarS-5
 91NorCarS-5
 92BulCro-WB1
 92Cla-46
 92ClaGol-46
 92ClaLPs-LP6
 92Fle-437
 92FleDra-54
 92FouSp-41
 92FouSpBCs-BC4
 92FouSpGol-41
 92FroR-28
 92FroRowDP-66
 92FroRowDP-67
 92FroRowDP-68
 92FroRowDP-69
 92FroRowDP-70
 92Hoo-476
 92HooDraR-E
 92HooMagA-5
 92Sky-405
 92Sky-NNO
 92SkyDraP-DP6
 92StaClu-288
 92StaCluMO-288
 92StaPic-13
 92StaPic-78
 92Top-258
 92TopGol-258G

92Ult-367
92UltAll-2
92UppDec-14
92UppDec-481
92UppDecM-P50
92UppDecMH-30
92UppDecRS-RS20
92UppDecS-10
93Fin-96
93Fin-137
93FinMaiA-27
93FinRef-96
93FinRef-137
93Fle-217
93FleRooS-8
93FleSha-1
93FleTowOP-9
93Hoo-224
93HooFactF-7
93HooFifAG-224
93HooGoIMB-21
93JamSes-234
93JamSesSYS-1
93PanSti-244
93Sky-183
93SkyAll-AR4
93SkySch-19
93Sta-4
93Sta-21
93Sta-40
93Sta-62
93Sta-83
93Sta-97
93StaClu-88
93StaClu-107
93StaCluFDI-88
93StaCluFDI-107
93StaCluMO-88
93StaCluMO-107
93StaCluSTNF-88
93StaCluSTNF-107
93Top-12
93Top-151
93TopGol-12G
93TopGol-151G
93Ult-195
93UltAllT-2
93UppDec-236
93UppDec-270
93UppDec-423
93UppDecA-AR4
93UppDecE-68
93UppDecE-253
93UppDecH-H27
93UppDecPV-55
93UppDecS-147
93UppDecSEC-147
93UppDecSEG-147
93UppDecTM-TM27
94ColCho-7
94ColCho-324
94ColCho-398
94ColChoGS-192
94ColChoGS-324
94ColChoGS-398
94ColChoSS-192
94ColChoSS-324
94ColChoSS-398
94Emb-31
94EmbGoII-31
94Emo-57
94Fin-95
94Fin-206
94FinRef-95
94FinRef-206
94Fla-154
94Fla-218
94Fle-233
94Fle-286
94Hoo-221
94Hoo-325
94HooSupC-SC50
94JamSes-194
94PanSti-112
94ProMag-133
94Sky-173
94Sky-197
94Sky-229
94SkySlaU-SU9
94SP-75
94SPCha-88
94SPChaDC-88
94SPDie-D75
94StaClu-149

94StaCluFDI-149
94StaCluMO-149
94StaCluSTNF-149
94Top-315
94TopOwntG-12
94TopSpe-315
94Ult-194
94Ult-246
94UppDec-44
94UppDecE-161
95ColCho-57
95ColCholE-192
95ColCholE-324
95ColCholE-398
95ColCholEGS-192
95ColCholEGS-398
95ColCholJGSI-192
95ColCholJGSI-179
95ColCholJI-192
95ColCholJI-324
95ColCholJSS-192
95ColCholSI-192
95ColCholSI-105
95ColCholSI-179
95ColChoPC-57
95ColChoPCP-157
95Fin-154
95FinDisaS-DS16
95FinRef-154
95FinVet-RV5
95Fla-78
95Fle-107
95FleEur-234
95Hoo-96
95HooBloP-18
95HooMagC-16
95HooSla-SL28
95JamSes-63
95JamSesDC-D63
95Met-65
95MetSilS-65
95PanSti-172
95Sky-73
95SkyClo-C5
95SkyE-X-50
95SkyE-XB-50
95SP-78
95SPCha-63
95SPCha-133
95StaClu-171
95StaCluMO5-32
95StaCluMOI-171
95Top-162
95TopGal-24
95TopGalPG-PG10
95TopGalPPI-24
95Ult-106
95UltGolM-106
95UppDec-85
95UppDecEC-85
95UppDecECG-85
95UppDecSE-137
95UppDecSEG-137
96BowBes-35
96BowBesAR-35
96BowBesR-35
96ColCho-93
96ColCholI-92
96ColCholJ-57
96ColChoM-M00
96ColChoMG-M86
96ColChoS2-S16
96Fin-40
96Fin-104
96Fin-184
96FinRef-40
96FinRef-104
96FinRef-184
96FlaSho-A40
96FlaSho-B40
96FlaSho-C40
96FlaShoLC-40
96FlaShoLC-B40
96FlaShoLC-C40
96Fle-65
96Fle-217
96FleAusS-28
96Hoo-93
96Hoo-221
96HooSil-93
96HooStaF-16
96Met-59
96MetMolM-16

96Sky-68
96SkyE-X-41
96SkyE-XC-41
96SkyRub-68
96SkyZ-F-53
96SkyZ-FZ-53
96SP-65
96StaClu-43
96StaClu-137
96StaCluM-43
96Top-15
96TopChr-15
96TopChrR-15
96TopNBAa5-15
96TopSupT-ST16
96Ult-65
96Ult-213
96UltGolE-G65
96UltGolE-G213
96UltPlaE-P65
96UltPlaE-P213
96UltScoK-16
96UltScoKP-16
96UppDec-73
96UppDec-151
Guibert, Andres
94ColCho-251
94ColChoGS-251
94ColChoSS-251
94Fle-324
94Top-256
94TopSpe-256
94Ult-290
94UppDec-145
95ColCholE-251
95ColCholJI-251
95ColCholSI-32
Guidinger, Jay
92Fle-318
92Ult-240
93CavNicB-5
93Hoo-315
93HooFifAG-315
Guidry, Carlette
90Tex*-15
Guillory, Brett
89LouTec-7
Guillot, Monk
90LSUColC*-132
Guldseth, Scott
91NorDak*-2
Gullickson, Mike
94IHSBoyAST-203
Gullion, Cara
89LouTec-11
Gumbert, George
89KenColC*-209
Gumm, Cedric
90MurSta-12
91MurSta-12
92MurSta-7
Gundy, Mike
91OklStaCC*-50
Gunier, Matt
94IHSBoyASD-46
Gunkel, W
76PanSti-157
Gunn, Jimmy
91SouCal*-93
Gunnell, Sally
93FaxPaxWOS*-30
Guokas, Matt
70Top-124
71Top-113
72Top-9
73Top-18
73Top-155
74Top-117
75Top-28
89Hoo-321
90Hoo-323
90Hoo-352
90HooTeaNS-19
90Sky-319
91Hoo-239
91Sky-396
92Fle-161
92Hoo-257
92Sky-273
Gura, Larry
90AriStaCC*-38
Gurley, Greg
91Kan-3

92Kan-2
93Kan-1
Gustafson, Cliff
90Tex*-16
Guthridge, Bill
73NorCarPC-8S
89NorCarCC-101
90NorCarCC*-117
Guthrie, Grant
90FloStaCC*-165
Guthrie, Mark
85LSU*-6
Gutierrez, Toni
92FloSta*-25
Guy, Tony
82TCMCBA-79
Guyette, Bob
88KenColC-102
88KenColC-184
88KenColC-249
88KenColC-264
Gwynn, John
90Con-6
Gyton, Tony
91SouCarCC*-195
Haase, Tom
91Neb*-6
Habegger, Les
78SupPol-13
79SupPol-11
Habernigg, Sue
91SouCal*-18
Hackenmack, Ken
90Tex*-17
Hackenschmidt, George
48TopMagP*-D2
Hackett, Wilbur
89KenColC*-142
Haddad, Rich
88Jac-7
89Jac-6
Haddix, Harvey
81TopThiB*-8
Haddow, Kim
90AriColC*-111
Haden, Pat
77SpoSer1*-10117
91SouCal*-53
Hadley, John
90FloStaCC*-42
Hadnot, Jim
91Pro-9
Haffner, Scott
89HeaPub-6
90Sky-148
Hagamann, Char
84Neb*-14
Hagan, Cliff
57Top-37
59HawBusB-2
61Fle-18
61Fle-53
61HawEssM-4
78Ken-4
88KenColC-2
88KenColC-181
88KenColC-245
88KenColC-256
88KenColC-260
89KenColC*-6
Hagan, Glenn
80TCMCBA-22
81TCMCBA-20
Hagan, Jason
90KenProl-9
Hagan, Jimmy
92OhiValCA-6
Hagan, Joseph
89KenColC*-210
Hagen, Walter
33SpoKinR*-8
Hagg, Gunner
48TopMagP*-E7
Haggins, Odell
90FloStaCC*-94
Hagler, Scott
91SouCarCC*-104
Hagood, Kent
91SouCarCC*-6
Hahn, Archie
76PanSti-24
Hahn, Robert
94IHSBoyASD-6

Hai-Zunkg, Tsou
95UppDecCBA-35
Hairston, Happy (Harold)
64Kah-1
69Top-83
70Top-77
71Top-25
72Top-121
73LinPor-72
73Top-137
74Top-68
74Top-90
75CarDis-10
75Top-125
75Top-159
Hairston, Lindsay
90MicStaCC2*-118
Haith, Frank
94TexAaM-6
Haji-Sheikh, Ali
91Mic*-24
Hakstol, Dave
91NorDak*-19
Halas, George
54QuaSpoO*-19
Halbert, Chuck
48Bow-43
Hale, Bruce
48Bow-15
50BreforH-13
Hale, Jerry
88KenColC-101
Hale, Steve
85NorCarS-3
89NorCarCC-119
89NorCarCC-120
90NorCarCC*-32
90NorCarCC*-70
90NorCarCC*-82
90NorCarCCP*-NC3
Haley, Jack
88BulEnt-15
90Hoo-197
90HooTeaNS-17
90NetKay-9
90Sky-180
91Fle-301
91Hoo-383
91HooTeaNS-13
91Sky-183
91Sky-632
91UCLColC-54
91UppDec-317
92Sky-116
92StaClu-153
92StaCluMO-153
92Top-155
92TopGol-155G
92Ult-288
92Top-283
93TopGol-283G
94ColCho-254
94ColChoGS-254
94ColChoSS-254
95ColCholE-254
95ColCholJI-254
95ColCholSI-35
Haley, Mike
91WriSta-4
Haley, Roddie
91ArkColC*-28
Haley, Sammie
95Mis-5
Haley, Simeon
95Mis-6
Halimon, Shaler
69BulPep-2
70Top-127
71Top-89
Hall, Ann
92KenSch*-2
Hall, Bill
84MarPlaC-C4
Hall, Bob (Showboat)
71Glo84-1
71Glo84-2
71Glo84-3
71Glo84-63
71GloPhoC-2
Hall, Charlie
87IndGrel-16
Hall, Cris
91Neb*-12

Hall, Dale
89LouColC*-221
Hall, Dan
89KenColC*-283
Hall, Dana
92LitSunW*-8
Hall, Eugene
87Bay*-16
Hall, Heath
94IHSBoyAST-61
Hall, Henry
89UTE-11
Hall, Jeff
83Lou-5
88LouColC-22
88LouColC-58
88LouColC-117
88LouColC-154
89LouColC*-34
89LouColC*-256
89LouColC*-299
Hall, Joe B.
77Ken-2
77Ken-7
77KenSch-7
77KenSch-8
78Ken-1
78Ken-19
78KenSch-8
79Ken-18
79KenSch-6
80KenSch-7
81KenSch-7
82KenSch-6
83KenSch-7
84KenSch-1
88KenColC-30
88KenColC-140
89KenBigBTot8-54
89KenColC*-39
Hall, Randy
91TexA&MCC*-52
Hall, Ray
89ProCBA-80
Hall, Ricky
91ProCBA-79
Hall, Steve
91OhiSta-9
Hall, Terrill
91ProCBA-132
Halliburton, Jeff
73Top-163
Halligan, James
93NewMexS-17
Holsne, Ann
90Neb*-22
91Neb*-20
Ham, Darvin
96Fle-175
96Hoo-291
96ScoBoaBasRoo-68
96Sky-213
96SkyRub-213
96SkyZ-F-148
Hamblen, Frank
85KinSmo-3
87BucPol-NNO
88BucGreB-16
91Fle-312
Homer, Oteve
96AllSpoPPaF-120
96ColEdgRR-15
96ColEdgRRD-15
96ColEdgRRG-15
96PacPow-17
96ScoBoaAB-42
96ScoBoaAB-42A
96ScoBoaAB-42B
96ScoBoaBasRoo-43
Hamilton, Andy
90LSUColC*-145
Hamilton, Angelo
93Cla-90
93ClaF-70
93ClaG-90
93FouSp-79
93FouSpG-79
Hamilton, Clint
85Vic-2
Hamilton, Derrek
87SouMis-4
Hamilton, James
90Bra-11

Hamilton, Joe
71Top-164
72Top-227
73Top-224
74Top-217
Hamilton, Leonard
77Ken-5
77KenSch-9
78Ken-21
78KenSch-9
79Ken-16
79KenSch-7
80KenSch-8
81KenSch-8
82KenSch-7
83KenSch-8
84KenSch-2
93Mia-7
94Mia-7
Hamilton, Mark
94IHSBoyAST-24
Hamilton, Pat
89Geo-6
Hamilton, Ralph
48Bow-2
Hamilton, Roy
91UCLColC-63
Hamilton, Steve
55AshOil-53
92OhiValCA-7
Hamilton, Tabarris
89Jac-7
Hamilton, Thomas
94Cla-71
94ClaG-71
95TedWil-26
Hamilton, Vince
89ProCBA-156
90CleColC*-24
90ProCBA-63
91ProCBA-157
Hammer, Ryan
94IHSBoyA3S-38
94IHSBoyA3S-39
Hammink, Geert
93Cla-38
93ClaF-20
93ClaG-38
93FouSp-34
93FouSpG-34
94ColCho-369
94ColChoGS-369
94ColChoSS-369
94Fle-338
94Top-311
94TopSpe-311
94Ult-303
95ColCholE-369
95ColCholJI-369
Hammond, Julian
71Top-174
Hammond, Kim
90FloStaCC*-156
Hammonds, Kerry
90ProCBA-177
Hammonds, Sean
91WriSta-5
93WriSta-3
Hammonds, Tom
88GeoTec-5
90Fle-193
90Hoo-298A
90Hoo-298B
90HooTeaNS-26
90Sky-289
91Fle-368
91GeoTecCC*-15
91Hoo-446
91HooTeaNS-27
91Sky-292
91UppDec-349
92Fle-309
92Hoo-359
92Sky-24
92SkySchT-ST5
92StaClu-291
92Top-318
92TopGol-318G
93Fle-276
93Hoo-326
93HooFifAG-326
93Top-234
93TopGol-234G

93Ult-236
93UppDec-102
94ColCho-221
94ColChoGS-221
94ColChoSS-221
94Fin-294
94FinRef-294
94Fla-206
94Fle-273
94StaClu-165
94StaClu-166
94StaCluFDI-165
94StaCluFDI-166
94StaCluMO-165
94StaCluMO-166
94StaCluSTNF-165
94StaCluSTNF-166
94Top-258
94TopSpe-258
94Ult-233
94UppDec-113
95ColCho-281
95ColCholE-221
95ColCholJI-221
95ColCholSI-2
95ColChoPC-281
95ColChoPCP-281
95Fin-143
95FinRef-143
95Fle-216
95StaClu-37
95StaCluMOI-37
96ColCho-44
96ColCholI-30
96ColCholJ-281
96ColChoM-M23
96ColChoMG-M23
96UppDec-31
Hampton, Dan
91ArkColC*-6
Hampton, Darius
94IHSBoyAST-47
Hampton, Kym
90AriStaCC*-191
Hamrlik, Roman
92ClaShoP2*-15
92FouSpGol-AU
92FouSpPro-PR3
93ClaC3*-21
93ClaMcDF-15
Hanburger, Chris
90NorCarCC*-8
Hancock, Darrin
92Kan-3
94Cla-59
94ClaG-59
94ColCho-349
94ColChoGS-349
94ColChoSS-349
94Fla-190
94Fle-255
94FouSp-38
94FouSpG-38
94FouSpPP-38
94Hoo-311
94HooSch-5
94HooShe-2
94PacP-20
94PacPriG-20
94Sky-212
94Top-326
94TopSpe-326
94Ult-214
94UppDec-182
94UppDec-259
95ColCholE-349
95ColCholJI-349
95ColCholSI-130
95Fin-157
95FinRef-157
95Ima-24
95StaClu-23
95StaCluMOI-23
95SupPix-54
95SupPixAu-53
95TedWil-27
96ColChoM-M140
96ColChoMG-M140
Hancock, Dave
92AusFutN-65
Hancock, Mike
81Geo-13
91GeoColC-44
Hand, Pat

94IHSBoyAST-185
Hankinson, Phil
73LinPor-15
74CelLin-5
75Top-153
Hanna, Cindi
92III-25
Hanneman, Tom
90HooAnn-24
Hanners, Dave
73NorCarPC-2D
75NorCarS-2
89NorCarCC-132
90NorCarCC*-120
Hannibal, Roderick James
95UppDecCBA-3
Hannum, Alex
81TCMNBA-1
Hans, Rollen
54BulGunB-6
Hansen, Bobby
83Sta-142
88Fle-113
88JazSmo-8
89Hoo-27
89JazOldH-5
90Fle-186
90FleUpd-U84
90Hoo-290
90Hoo-428
90KinSaf-5
90Sky-279
90Sky-409
91Fle-256
91Hoo-183
91HooTeaNS-4A
91HooTeaNS-4B
91Sky-246
91Sky-620
91UppDec-318
91UppDec-408
Hansen, Glenn
90LSUColC*-22
90LSUColC*-197
Hansen, Hoan
90AriColC*-56
Hansen, Jenny
93KenSch-4
Hansen, Peter
92AusFutN-66
Hanson, Reggie
88KenBigB-11
88KenBigB-16
89KenBigB-21
89KenBigB-25
89KenBigB-31
89KenBigB-32
90KenBigBDTW-35
91Cou-25
91KenBigB1-2
91StaPic-38
91StaPic-56
Hanson, Tony
91ConLeg-7
Hanson, Victor A.
68HalofFB-14
Hanzlik, Bill
82NugPol-24
83NugPol-24
83Sta-188
84Sta-141
85NugPol-3
86Fle-43
87Fle-47
88NugPol-24
89Hoo-129
90NugPol-5
90Fle-49
90Hoo-95
90HooTeaNS-7
90NotDam-42
90Sky-75
Hao-Ren, Chu
95UppDecCBA-26
Hara, Yoshimi
76PanSti-235
Harbison, Bob
90FloStaCC*-169
Hardaway, Penny (Anfernee)
92MemSta-4
92SpolllfKl*-279
93Cla-2

93ClaAcDS-AD1
93ClaChDS-DS37
93ClaChrJ-2
93ClaChrJ-4
93ClaChrJ-6
93ClaChrJ-8
93ClaDeaJ-SE3
93ClaDraDD-1
93ClaDraDD-2
93ClaDraDD-3
93ClaF-3
93ClaFLPs-LP2
93ClaFT-2
93ClaG-2
93ClaIII-SS3
93ClaLPs-LP2
93ClaMcDF-21
93ClaPre-BK3
93ClaSB-SB2
93Fin-189
93FinRef-189
93Fle-343
93FleFirYP-2
93FleLotE-3
93FouSp-2
93FouSp-313
93FouSpAc-2
93FouSpCDSt-DS42
93FouSpG-2
93FouSpG-313
93FouSpLPs-LP3
93FouSpPPBon-PP2
93FouSpTri-TC1
93Hoo-286
93Hoo-380
93HooDraR-LP3
93HooFifAG-380
93HooMagA-3
93JamSes-159
93JamSesRS-4
93PolAnfH-1
93Sky-259
93Sky-310
93SkyDraP-DP3
93SkySch-20
93SkyThuAL-TL6
93StaClu-266
93StaClu-308
93StaCluBT-23
93StaCluFDI-266
93StaCluFDI-308
93StaCluMO-266
93StaCluMO-308
93StaCluMOT-B23
93StaCluMO5-4
93StaCluSTNF-266
93StaCluSTNF-308
93Top-334
93TopBlaG-19
93TopGol-334G
93Ult-305
93UltAllS-4
93UltFamN-5
93UppDec-382
93UppDecH-H30
93UppDecPV-83
93UppDecRE-RE3
93UppDecREG-RE3
93UppDecRS-RS17
93UppDecS-51
93UppDecS-188
93UppDecS-217
93UppDecSDCA-E12
93UppDecSEC-51
93UppDecSEC-188
93UppDecSEC-217
93UppDecSEG-51
93UppDecSEG-188
93UppDecSEG-217
93UppDecWJ-382
94Ass-53
94Ass-78
94AssPhoCOM-31
94Ble23KP-7
94BleAll-6
94Cla-14
94ClaAssPC$50-2
94ClaAssSS*-27
94ClaC3*-2
94ClaG-14
94ColCho-1
94ColChoCtGA-A6
94ColChoCtGAR-A6

94ColChoGS-1
94ColChoSS-1
94Emb-68
94EmbGoll-68
94Emo-69
94Emo-111
94EmoX-C-X2
94Fin-167
94FinCor-CS12
94FinIroM-7
94FinLotP-LP20
94FinMarM-10
94FinRef-167
94Fla-106
94FlaHotN-4
94FlaPla-4
94Fle-159
94FlePro-8
94FleRooS-9
94FleYouL-2
94Hoo-151
94Hoo-264
94Hoo-423
94HooBigN-BN8
94HooBigNR-8
94HooNSCS-NNO
94HooPowR-PR38
94HooShe-11
94HooSupC-SC32
94Ima-6
94Ima-134
94ImaChr-CC2
94ImaSI-SI13
94JamSes-135
94JamSesFS-1
94JamSesSYS-2
94PacP-21
94PacP-69
94PacPriDS-3
94PacPriG-21
94PacPriG-69
94PanSti-96
94PanSti-B
94ProMag-92
94Sky-117
94Sky-186
94SkyBluC-16
94SkyBluC-29
94SkyBluC-34
94SkyBluC-44
94SkyBluC-56
94SkyBluC-67
94SkyBluC-82
94SkyBluC-85
94SkyBluCF-F1
94SkyBluCF-F2
94SkyCenS-CS3
94SkyRagR-RR18
94SkySkyF-SF6
94SP-122
94SPCha-122
94SPChaDC-102
94SPChaFPH-F2
94SPChaFPHDC-F2
94SPDie-D122
94StaClu-16
94StaClu-179
94StaCluDaD-3B
94StaCluFDI-16
94StaCluFDI-17
94StaCluFDI-279
94StaCluMO-16
94StaCluMO-279
94StaCluMO-DD3B
94StaCluMO-RS10
94StaCluMO-TF1
94StaCluRS-10
94StaCluSTDW-M16
94StaCluSTMP-M8
94StaCluSTNF-17
94StaCluSTNF-279
94StaCluTotF-1
94Top-14
94Top-75
94Top-76
94TopFra-18
94TopOwntG-13
94TopSpe-14
94TopSpe-75
94TopSpe-76
94TopSupS-2

94Ult-134
94UltAllT-2
94UltDouT-3
94UltIns-4
94UppDec-2
94UppDecE-138
94UppDecPLL-R17
94UppDecPLLR-R17
94UppDecS-1
94UppDecS-2
94UppDecSE-63
94UppDecSEG-63
95ColCho-145
95ColCho-384
95ColCho-399
95ColChoCtG-C5
95ColChoCtGA-C15
95ColChoCtGA-C15B
95ColChoCtGA-C15C
95ColChoCtGAG-C15
95ColChoCtGAG-C15B
95ColChoCtGAG-C15C
95ColChoCtGAGR-C15
95ColChoCtGASR-C15
95ColChoCtGS-C5
95ColChoCtGS-C5B
95ColChoCtGS-C5C
95ColChoCtGSG-C5
95ColChoCtGSG-C5B
95ColChoCtGSG-C5C
95ColChoCtGSGR-C5
95ColChoIE-1
95ColChoIJI-1
95ColChoISI-1
95ColChoPC-145
95ColChoPC-384
95ColChoPC-399
95ColChoPCP-145
95ColChoPCP-384
95ColChoPCP-399
95Fin-234
95FinDisaS-DS19
95FinHotS-HS4
95FinMys-M3
95FinMysB-M3
95FinMysBR-M3
95FinRef-234
95Fla-96
95Fla-232
95FlaNewH-1
95FlaPerP-3
95FlaPlaM-2
95Fle-129
95FleAll-4
95FleEndtE-6
95FleEur-166
95FleFraF-2
95Hoo-116
95Hoo-394
95HooHoo-HS8
95HooMagC-19
95HooNumC-6
95HooPowP-7
95HooSky-SV7
95HooTopT-AR5
95JamSes-76
95JamSesDC-D76
95JamSesSS-1
95Met 77
95Met-209
95MetMolM-1
95MetScoM-1
95MetSilS-77
95MetSliS-2
95PanSti-39
95ProMag-91
95ProMagDC-5
95ProMagUB-8
95Sky-88
95Sky-292
95SkyAto-A15
95SkyE-X-59
95SkyE-XB-59
95SkyE-XNB-7
95SkyE-XNBT-6
95SkyHotS-HS6
95SkySta-S7
95SkyUSAB-U1
95SP-95
95SPAll-AS1
95SPAllG-AS1
95SPCha-75
95SPCha-136

95SPChaCS-S4
95SPChaCSG-S4
95SPHol-PC24
95SPHolDC-PC24
95StaClu-32
95StaCluM05-7
95StaCluMOI-32
95StaCluMOI-N7
95StaCluMOI-WS4
95StaCluMOI-WZ10
95StaCluN-N7
95StaCluW-W10
95StaCluWS-WS4
95TedWil-82
95TedWilC-CO3
95TedWilCon-C4
95TedWilG-G5
95TedWilRC-RC1
95Top-155
95TopGal-19
95TopGalPG-PG13
95TopGalPPI-19
95TopMysF-M2
95TopMysFR-M2
95TopShoS-SS4
95TopSpaP-SP4
95TopTopF-TF9
95TopWhiK-WK9
95TopWorC-WC7
95Ult-125
95Ult-310
95UltAll-1
95UltAllGM-1
95UltDouT-2
95UltDouTGM-2
95UltGolM-125
95UltRisS-2
95UltRisSGM-2
95UltUSAB-1
95UppDec-170
95UppDec-277
95UppDec-316
95UppDecAC-AS1
95UppDecEC-170
95UppDecEC-277
95UppDecEC-316
95UppDecECG-170
95UppDecECG-277
95UppDecECG-316
95UppDecPM-R9
95UppDecPMR-R9
95UppDecPPotW-H6
95UppDecPPotWR-H6
95UppDecSE-60
95UppDecSEG-60
96BowBes-31
96BowBesAR-31
96BowBesC-BC6
96BowBesCAR-BC6
96BowBesCR-BC6
96BowBesHR-HR8
96BowBesHRAR-HR8
96BowBesHRR-HR8
96BowBesR-31
96BowBesS-BS7
96BowBesSAR-BS7
96BowBesSR-BS7
96ColCho-111
96ColCho-113
96ColCho-02
96ColCho-115
96ColCho-117
96ColCho-198
96ColCho-356
96ColCho-385
96ColChoCtGS1-C19A
96ColChoCtGS1-C19B
96ColChoCtGS1R-R19
96ColChoCtGS1RG-R19
96ColChoCtGS2-C19A
96ColChoCtGS2-C19B
96ColChoCtGS2R-R19
96ColChoCtGS2RG-R19
96ColChoCtGSG1-C19A
96ColChoCtGSG1-C19B
96ColChoCtGSG2-C19A
96ColChoCtGSG2-C19B
96ColChoGF-GF1
96ColChoHACA-CA1
96ColChoHACA-CA2
96ColChoHACA-CA3
96ColChoHACA-CA4
96ColChoHACA-CA5

96ColChoHACA-CA6
96ColChoHACA-CA7
96ColChoHACA-CA8
96ColChoHACA-CA9
96ColChoHACA-CA10
96ColCholI-113
96ColCholI-174
96ColCholI-189
96ColCholJ-145
96ColCholJ-384
96ColCholJ-399
96ColChoM-M78
96ColChoMG-M78
96ColChoS1-S19
96ColChoS2-S19
96Fin-65
96Fin-129
96Fin-255
96FinRef-65
96FinRef-129
96FinRef-255
96FlaSho-A1
96FlaSho-B1
96FlaSho-C1
96FlaShoHS-4
96FlaShoLC-1
96FlaShoLC-B1
96FlaShoLC-C1
96Fle-78
96Fle-294
96FleGamB-10
96FleS-27
96FleStaA-2
96FleSwiS-4
96FleThrS-3
96FleTotO-1
96FleUSA-1
96FleUSA-11
96FleUSA-21
96FleUSA-31
96FleUSA-41
96FleUSAH-1
96Hoo-111
96Hoo-182
96Hoo-331
96HooHeatH-HH6
96HooHotL-5
96HooStaF-19
96HooSup-7
96Met-69
96Met-124
96Met-239
96MetTreF-TT6
96MetMaxM-2
96MetMolM-3
96MetNet-2
96MetPlaP-3
96MetPreM-239
96Sky-82
96Sky-241
96SkyClo-CU1
96SkyE-X-51
96SkyE-XACA-2
96SkyE-XC-51
96SkyE-XNA-3
96SkyLarTL-B4
96SkyNetS-4
96SkyRub-02
96SkyRub-241
96SkyUSA-1
96SkyUSA-11
96SkyUSA-21
96SkyUSA-31
96SkyUSA-41
96SkyUSA-2
96SkyUSAB-B1
96SkyUSABS-B1
96SkyUSAG-G1
96SkyUSAGS-G1
96SkyUSAQ-Q1
96SkyUSAQ-Q12
96SkyUSAQ-Q13
96SkyUSAS-S1
96SkyUSASS-S1
96SkyZ-F-63
96SkyZ-F-174
96SkyZ-FBMotC-2
96SkyZ-FBMotCZ-2
96SkyZ-FSC-SC3
96SkyZ-FV-V2
96SkyZ-FZ-53

96SP-79
96SPGamF-GF4
96SPInsI-IN3
96SPInsIG-IN3
96SPPreCH-PC27
96SPSPxFor-F4
96SPSPxFor-F5
96SPSPxFor-F5B
96SPx-34
96SPx-T1
96SPx-NNO
96SPx-NNO
96SPxGoI-34
96SPxHolH-H7
96StaClu-56
96StaCluCA-CA9
96StaCluCAAR-CA9
96StaCluCAR-CA9
96StaCluF-F16
96StaCluHR-HR2
96StaCluM-56
96StaCluMH-MH5
96StaCluSF-SF1
96StaCluTC-TC12
96Top-110
96TopChr-110
96TopChrPF-PF11
96TopChrR-110
96TopHobM-HM26
96TopHolC-HC5
96TopHolCR-HC5
96TopMysF-M3
96TopMysFB-M3
96TopMysFBR-M3
96TopMysFBR-M3
96TopNBAa5-110
96TopProF-PF11
96TopSupT-ST19
96Ult-79
96Ult-141
96Ult-279
96UltCouM-1
96UltGivaT-2
96UltGolE-G79
96UltGolE-G141
96UltGolE-G279
96UltPlaE-P79
96UltPlaE-P141
96UltPlaE-P279
96UltRisS-3
96UltScoK-19
96UltScoKP-19
96UltStaR-2
96UppDec-86
96UppDec-154
96UppDec-173
96UppDec-349
96UppDec-NNO
96UppDecGE-G12
96UppDecGK-20
96UppDecPS1-P12
96UppDecPS2-P13
96UppDecPTVCR1-TV12
96UppDecPTVCR2-TV13
96UppDecSG-SG13
96UppDecU-1
96UppDecU-2
96UppDecU-4
96UppDecU-49
96UppDecU-44
96UppDecUAHAM-A1
96UppDecUAHAM-A2
96UppDecUAHAM-A3
96UppDecUAHAM-A4
96UppDecUCC-C3
96UppDecUFYD-F1
96UppDecUFYDES-FD8
96UppDecUOC-93
96UppDecUOC-134
96UppDecUSCS-S1
96UppDecUSCSG-S1
96UppDecUSS-S3
96UppDecUTWE-W7

Hardaway, Tim
89SpoIllfKI*-302
89UTE-12
90Fle-63
90FleRooS-8
90Hoo-113
90HooActP-64
90HooTeaNS-9
90PanSti-28
90Sky-95

90StaPro-8
90StaTimH-1
90StaTimH-2
90StaTimH-3
90StaTimH-4
90StaTimH-5
90StaTimH-6
90StaTimH-7
90StaTimH-8
90StaTimH-9
90StaTimH-10
90StaTimH-11
91SMaj-58
91Fle-65
91Fle-216
91FleTonP-110
91FleWheS-2
91Hoo-67
91Hoo-264
91Hoo-465
91Hoo-511
91Hoo100S-33
91HooMcD-54
91HooTeaNS-9
91KelColG-14
91PanSti-6
91Sky-90
91Sky-303
91Sky-413
91Sky-467
91Sky-494
91SkyCanM-17
91StaPic-10
91UppDec-50
91UppDec-243
91UppDec-468
91UppDecS-11
91UppDecS-12
92Fle-74
92Fle-251
92FleAll-14
92FleDra-18
92FleTonP-27
92Hoo-74
92Hoo-307
92Hoo100S-31
92PanSti-21
92PanSti-98
92Sky-79
92SkyNes-13
92SkyThuaL-TL9
92StaClu-211
92StaCluBT-14
92StaCluMO-211
92StaCluMO-BT14
92Top-119
92Top-188
92TopArc-123
92TopArcG-123G
92TopBeaT-2
92TopBeaTG-2
92TopGol-119G
92TopGol-188G
92Ult-64
92UltAll-9
92UltPla-3
92UppDec-61
92UppDec-65
92UppDec-261
92UppDec-440
92UppDecA-AD19
92UppDecA-AN7
92UppDecE-20
92UppDecE-52
92UppDecE-164
92UppDecJWS-JW15
92UppDecJWS-JW20
92UppDecM-P13
93Fin-127
93Fin-198
93FinRef-127
93FinRef-198
93Fle-67
93FleAll-15
93Hoo-69
93Hoo-272
93HooFifAG-69
93HooFifAG-272
93HooFifAG-286
93HooProP-NNO
93HooSco-HS9
93HooScoFAG-HS9
93JamSes-69
93JamSesG-2

93PanSti-7
93Sky-73
93SkyUSAT-12
93Sta-6
93Sta-23
93Sta-42
93Sta-64
93Sta-82
93Sta-96
93StaClu-148
93StaCluBT-11
93StaCluFDI-148
93StaCluMO-148
93StaCluMO-BT11
93StaCluSTNF-148
93Top-130
93Top-320
93TopGol-130G
93TopGol-320G
93Ult-65
93Ult-363
93UltAll-12
93UppDec-239
93UppDec-323
93UppDec-439
93UppDec-470
93UppDecA-AN14
93UppDecE-20
93UppDecE-53
93UppDecE-157
93UppDecFM-11
93UppDecPV-41
93UppDecPV-76
93UppDecSUT-19
93WarTop-10
94ColCho-207
94ColCho-310
94ColChoCtGA-A7
94ColChoCtGAR-A7
94ColChoGS-207
94ColChoSS-207
94ColChoSS-310
94Emb-32
94EmbGoll-32
94Emo-29
94EmoX-C-X3
94Fin-106
94Fin-305
94FinRef-106
94FinRef-305
94Fla-161
94Fla-219
94FlaUSA-25
94FlaUSA-26
94FlaUSA-27
94FlaUSA-28
94FlaUSA-29
94FlaUSA-30
94FlaUSA-31
94FlaUSA-32
94Fle-72
94Hoo-65
94HooSupC-SC16
94JamSes-62
94PanSti-135
94ProMag-41
94Sky-53
94Sky-317
94SkyUSA-61
94SkyUSA-62
94SkyUSA-63
94SkyUSA-64
94SkyUSA-65
94SkyUSA-66
94SkyUSADP-DP11
94SkyUSAG-61
94SkyUSAG-62
94SkyUSAG-63
94SkyUSAG-64
94SkyUSAG-65
94SkyUSAG-66
94SkyUSAOTC-2
94SkyUSAP-PT11
94SP-72
94SPCha-60
94SPChaDC-60
94SPDie-D72
94StaClu-98
94StaClu-230
94StaCluFDI-98
94StaCluFDI-230
94StaCluMO-98
94StaCluMO-230

94StaCluMO-SS2
94StaCluSS-2
94StaCluSTNF-98
94StaCluSTNF-230
94Top-285
94TopSpe-285
94Ult-60
94UppDec-54
94UppDec-167
94UppDecE-111
94UppDecE-180
94UppDecPLL-R16
94UppDecPLLR-R16
94UppDecS-4
94UppDecSE-117
94UppDecSEG-117
94UppDecSEJ-9
94UppDecU-14
94UppDecU-15
94UppDecU-16
94UppDecU-17
94UppDecU-18
94UppDecUCT-CT3
94UppDecUFYD-3
94UppDecUGM-13
94UppDecUGM-15
94UppDecUGM-16
94UppDecUGM-17
94UppDecUGM-18
94WarTop-GS1
95ColCho-97
95ColChoCtGA-C2
95ColChoCtGA-C2B
95ColChoCtGA-C2C
95ColChoCtGAG-C2
95ColChoCtGAG-C2B
95ColChoCtGAG-C2C
95ColChoCtGAGR-C2
95ColChoCtGASR-C2
95ColCholE-207
95ColCholE-310
95ColCholJI-207
95ColCholJI-310
95ColCholSI-207
95ColCholSI-91
95ColChoPC-97
95ColChoPCP-97
95Fin-80
95FinDisaS-DS9
95FinMys-M26
95FinMysB-M26
95FinMysBR-M26
95FinRef-80
95FlaPerP-4
95Fle-58
95FleEur-76
95FleFlaHL-9
95Hoo-52
95Hoo-391
95HooMagC-9
95JamSes-34
95JamSesDC-D34
95JamSesP-10
95MetSilS-32
95PanSti-209
95ProMag-41
95Sky-39
95Sky-255
95Sky-284
95SkyE-X-42
95SkyE-XB-42
95SkyHotS-HS3
95SkyKin-K2
95SP-45
95SPCha-34
95SRKroSA-SA2
95SRKroSAP-1
95StaClu-109
95StaClu-160
95StaCluMOI-109B
95StaCluMOI-109R
95StaCluMOI-160
95StaCluMOI-WS6
95StaCluMOI-WZ2
95StaCluW-W2
95StaCluWS-WS6
95Top-18
95Top-287
95TopGal-130
95TopGalPPI-130

95TopMysF-M11
95TopMysFR-M11
95TopPanFG-6
95TopPowB-18
95TopPowB-287
95TopSpaP-SP8
95Ult-58
95Ult-311
95UltGolM-58
95UppDec-152
95UppDecEC-152
95UppDecECG-152
95UppDecSE-26
95UppDecSEG-26
95WarTop-GS3
96BowBes-74
96BowBesAR-74
96BowBesR-74
96ColCho-273
96ColCholI-52
96ColCholJ-97
96ColChoM-M93
96ColChoMG-M93
96Fin-109
96Fin-215
96Fin-278
96FinRef-109
96FinRef-215
96FinRef-278
96FlaSho-A52
96FlaSho-B52
96FlaSho-C52
96FlaShoLC-52
96FlaShoLC-B52
96FlaShoLC-C52
96Fle-57
96FleAusS-37
96FleGamB-7
96Hoo-83
96HooStaF-14
96Met-52
96Met-125
96Sky-60
96Sky-242
96SkyAut-26
96SkyAutB-26
96SkyE-X-34
96SkyE-XC-34
96SkyRub-60
96SkyRub-242
96SkyZ-F-46
96SkyZ-FZ-46
96SkyZ-FZ-9
96SP-57
96StaClu-161
96StaCluF-F31
96Top-216
96TopChr-216
96TopChrR-216
96TopNBAa5-216
96Ult-57
96UltGivaT-3
96UltGolE-G57
96UltPlaE-P57
96UppDec-68
96UppDec-149
96UppDec-322
Harden, Al
87IndGreI-10
Harden, Roger
82KenSch-8
84KenSch-15
88KenColC-126
88KenColC-183
88KenColC-248
88KenColC-263
89KenBigBTot8-49
Harder, Pat
48ExhSpoC-22
Hardge, Monte
95Mis-7
Hardin, Billy
90LSUColC*-150
Hardison, Shantel
89LouTec-12
Hardman, Leon
91GeoTecCC*-190
Hardnett, Thomas
85ForHayS-9
Hardt, David
89KenColC*-128
Hardwick, Erika
91Was-13
91Was-14

Hardwick, Mary
48KelPep*-13
Hardy, Alan
82TCMCBA-14
Hardy, Bertha
80PriNewOW-9
Hardy, Bob
89KenColC*-105
Hardy, Bruce
90AriStaCC*-75
Hardy, David
91TexA&MCC*-99
Hardy, James
80TCMCBA-35
Hardy, Matt
96PenSta*-22
Harge, Ira
71FloMcD-4
71Top-193
Hargett, Edd
91TexA&MCC*-65
Hargitay, Andras
76PanSti-264
Harkes, John
93FaxPaxWoS*-19
Harlan, Kevin
90HooAnn-25
Harlicka, Skip
91SouCarCC*-158
Harlicka, Todd
90GeoTec-11
91GeoTec-10
92GeoTec-11
Harling, Rodney
91OklStaCC*-11
Harlow, Pat
90SouCal*-8
Harman, Lee
61UniOil-3
Harmison, Chuck
92AusStoN-62
93AusFutN-37
93AusStoN-26
94AusFutN-42
94AusFutN-143
95AusFut3C-GC11
95AusFutN-50
96AusFutN-37
Harmon, Andrea
92IowWom-5
93IowWom-4
Harmon, Billy
89LouColC*-72
Harmon, Jerome
91FouSp-213
91StaPic-66
95Hoo-229
Harned, Victor
55AshOil-79
Harper, Derek
80III-3
81III-4
83Sta-55
84Sta-255
84StaAre-B6
85Sta-163
86Fle-44
87Fle-48
87MavMilL-4
88Fle-30
88MavBudLB-12
88MavBudLCN-12
89Fle-35
89Hoo-184
89PanSpaS-125
90Fle-42
90Hoo-86
90Hoo100S-20
90HooActP-48
90HooTeaNS-6
90PanSti-60
90Sky-64
91Fle-45
91Fle-377
91FleTonP-119
91FleWheS-8
91Hoo-46
91Hoo-460
91Hoo-508
91Hoo100S-22
91HooMcD-10
91HooTeaNS-6
91PanSti-45
91Sky-60

91Sky-464
91SkyCanM-12
91UppDec-137
92Fle-49
92FleCanM-11
92FleTeaNS-4
92FleTonP-28
92Hoo-47
92Hoo100S-22
92PanSti-66
92Sky-49
92Sky-287
92SkyNes-14
92SkySchT-ST11
92StaClu-6
92StaCluMO-6
92Top-93
92TopArc-36
92TopArcG-36G
92TopGol-93G
92Ult-42
92UppDec-49
92UppDec-98
92UppDecA-AD15
92UppDecE-44
92UppDecM-P9
92UppDecMH-6
92UppDecTM-TM7
93Fin-31
93FinRef-31
93Fle-44
93Hoo-45
93HooFifAG-45
93HooGolMB-22
93HooSco-HS6
93HooScoFAG-HS6
93JamSes-46
93JamSesTNS-7
93JamSesTNS-9
93PanSti-69
93Sky-56
93StaClu-192
93StaCluFDI-192
93StaCluMO-192
93StaCluSTDW-K192
93StaCluSTMP-K5
93StaCluSTNF-192
93Top-16
93Top-284
93TopGol-16G
93TopGol-284G
93Ult-44
93Ult-302
93UppDec-87
93UppDecE-49
93UppDecE-133
93UppDecFM-12
93UppDecPV-48
93UppDecS-151
93UppDecSEC-151
93UppDecSEG-151
94ColCho-99
94ColChoGS-99
94ColChoSS-99
94Emb-63
94EmbGoll-63
94Fin-11
94Fin-257
94FinRef-11
94FinRef-257
94Fla-100
94Fle-58
94Hoo-143
94Hoo-267
94HooShe-10
94JamSes-125
94PanSti-88
94Sky-111
94SP-119
94SPCha-97
94SPChaDC-97
94SPDie-D119
94StaClu-226
94StaClu-289
94StaCluFDI-226
94StaCluFDI-289
94StaCluMO-226
94StaCluMO-289
94StaCluSTNF-226
94StaCluSTNF-289
94Top-111
94TopSpe-111
94Ult-126
94UppDec-249

94UppDecE-11
94UppDecSE-61
94UppDecSEG-61
95ColCho-14
95ColCholE-99
95ColCholJI-99
95ColCholSI-99
95ColChoPC-14
95ColChoPCP-14
95Fin-54
95FinDisaS-DS18
95FinRef-54
95Fla-89
95Fle-121
95FleEur-155
95Hoo-108
95JamSes-72
95JamSesDC-D72
95Met-173
95PanSti-31
95ProMag-90
95Sky-82
95SP-89
95SPCha-71
95StaClu-80
95StaCluMOI-80
95Top-238
95TopGal-131
95TopGalPPI-131
95Ult-118
95UltGolM-118
95UppDec-83
95UppDecEC-83
95UppDecECG-83
95UppDecSE-143
95UppDecSEG-143
96ColCholI-103
96ColCholJ-14
96Fin-148
96FinRef-148
96Fle-72
96FleAusS-15
96FleDecoE-3
96MetDecoE-3
96StaClu-112
96StaCluWA-WA15
96Top-144
96TopChr-144
96TopChrR-144
96TopNBAa5-144
96UltDecoE-U3
96UppDec-204
Harper, Mike
81TraBlaP-32
Harper, Ron
87Fle-49
88Fle-23
88FouNBAE-18
89Fle-27
89Hoo-205
89PanSpaS-86
90CliSta-5
90Fle-86
90Hoo-146
90HooActP-79
90HooTeaNS-12
90PanSti-34
90Sky-128
915Maj-59
91Flo_00
91FleTonP-18
91Hoo-93
91Hoo-471
91Hoo-514
91Hoo100S-44
91HooTeaNS-12
91PanSti-10
91Sky-125
91Sky-581
91UppDec-78
91UppDec-133
92Fle-100
92Fle-272
92FleTonP-86
92Hoo-100
92Hoo100S-40
92PanSti-28
92Sky-105
92Sky-293
92StaClu-20
92StaCluMO-20
92Top-80
92TopArc-81
92TopArcG-81G
92TopGol-80G
92Ult-83
92UppDec-258
92UppDec-495
92UppDecE-62
92UppDecM-P19
92UppDecTM-TM13
93Fin-168
93FinRef-168
93Fle-91
93Hoo-94
93HooFifAG-94
93HooGolMB-23
93JamSes-96
93JamSesTNS-4
93PanSti-15
93Sky-90
93Sky-326
93StaClu-29
93StaClu-351
93StaCluFDI-29
93StaCluFDI-351
93StaCluFFP-6
93StaCluFFU-351
93StaCluMO-29
93StaCluMO-351
93StaCluST-12
93StaCluSTNF-29
93StaCluSTNF-351
93Top-328
93TopGol-328G
93Ult-86
93UppDec-48
93UppDec-221
93UppDecE-180
93UppDecH-H12
93UppDecPV-9
93UppDecS-157
93UppDecSBtG-G15
93UppDecSEC-157
93UppDecSEG-157
93UppDecWJ-48
94ColCho-177
94ColCho-319
94ColChoGS-177
94ColChoGS-319
94ColChoSS-177
94ColChoSS-319
94Emb-14
94EmbGolI-14
94Fin-293
94FinRef-293
94Fla-193
94Fle-100
94Fle-260
94Hoo-93
94Hoo-313
94JamSes-26
94PanSti-152
94ProMag-57
94Sky-74
94Sky-214
94SP-50
94SPDie-D50
94StaClu-276
94StaClu-281
94StaCluFDI-276
94StaCluFDI-281
94StaCluMO-276
94StaCluMO-281
94StaCluSTNF-276
94StaCluSTNF-281
94Syr-4
94Top-226
94TopSpe-226
94Ult-81
94Ult-218
94UppDec-109
94UppDec-236
94UppDecE-35
94UppDecFMT-33H
94UppDecSE-101
94UppDecSEG-101
95ColCho-159
95ColCholE-177
95ColCholE-319
95ColCholEGS-177
95ColCholJGSI-177
95ColCholJI-319
95ColCholJSS-177
95ColCholSI-177
95ColCholSI-100
95ColChoPC-159
95ColChoPCP-159
95Fin-53
95FinRef-53
95PanSti-82
95ProMag-18
95StaClu-266
95Top-142
95Ult-24
95UltGolM-24
96ColCho-19
96ColCholI-24
96ColCholJ-159
96ColChoM-M113
96ColChoMG-M113
96Fle-164
96Hoo-19
96HooSoli-19
96Met-157
96MetPreM-157
96Sky-15
96SkyRub-15
96StaClu-158
96Top-16
96TopChr-16
96TopChrR-16
96TopNBAa5-16
96TopSupT-ST4
96Ult-15
96UltGolE-G15
96UltPlaE-P15
96UppDec-15
96UppDec-139
Harper, Russ
91Haw-6
Harper, Sam
89KenColC*-68
Harper, Tom
89KenColC*-282
Harper, Tommy
68ParMea*-5
Harper, Travis
92Ala-6
93Ala-12
Harrah, Herbert
55AshOil-28
89LouColC*-93
Harrah, Toby
81TopThiB*-6
Harrell, Damon
89Wis-4
Harrell, Frank
91TenTec-6
92TenTec-18
94TenTec-15
Harrell, Jabari
94IHSBoyAST-344
Harrell, Julian
94IHSBoyAST-353
Harrell, Lonnie
91Geo-14
92Geo-12
Harrell, Quandalyn
90Tex*-18
Harrell, Sean
89Cal-10
Harrell, Warren
91Haw-7
Harrick, Jim
90UCL-35
91UCL-16
91UCLColC-9
Harried, Herman
88Syr-4
Harrington, Kevin
88Vic-4
Harrington, Othella
92Geo-7
93Geo-11
94Geo-10
96AllSpoPPaF-29
96ColCho-250
96ColEdgRR-16
96ColEdgRRD-16
96ColEdgRRG-16
96FlaShoCo'-9
96Fle-192
96Hoo-292
96HooRoo-11
96Met-173
96MetPreM-173
96PacPow-18
96PrePas-24
96PrePas-41
96PrePasAu-6
96PrePasNB-24
96PrePasP-6
96PrePasS-24
96PrePasS-41
96ScoBoaAB-32
96ScoBoaAB-32A
96ScoBoaAB-32B
96ScoBoaAB-32C
96ScoBoaAB-PP25
96ScoBoaACA-20
96ScoBoaBasRoo-32
96Sky-214
96SkyRub-214
96SkyZ-F-149
96SkyZ-FZ-7
96SkyZ-FZZ-7
96Ult-191
96UltGolE-G191
96UltPlaE-P191
96UppDec-224
Harris, Al
90AriStaCC*-72
Harris, Alonzo
89Jac-7
Harris, Anthony
94IHSBoyAST-137
Harris, Art
69SupSunB-4
69Top-76
70SunCarM-3
70Top-149
71Top-32
Harris, Bo
90LSUColC*-92
Harris, Bryan
92FloSta*-33
Harris, Carl Ray
90FreSta-6
94Cla-85
94ClaG-85
94PacP-22
94PacPriG-22
95SupPix-70
95TedWil-28
Harris, Chris
91FroR-91
91FroRowP-112
91FroRU-98
91ProCBA-56
Harris, Corey
94IHSBoyAST-96
Harris, Darryl
87AriSta*-10
90AriStaCC*-91
Harris, Del
87BucPol-NNO
88BucGreB-5
88BucGreB-16
89Hoo-126
89PanSpaS-114
90Hoo-319
90HooTeaNS-15
90Sky-315
91Fle-115
91Hoo-235
91Sky-392
94Hoo-285
95Hoo-182
95HooMagCAW-6
96Hoo-261
Harris, Dick
91SouCarCC*-197
Harris, Doug
90FreSta-7
Harris, Eric
94Min-3
Harris, Eugene
88Cle-9
89Cle-10
90Cle-8
Harris, Felix
92FloSta*-62
Harris, James
90FloStaCC*-171
Harris, Jimmy
94IHSBoyAST-35
94IHSBoyAST-62
Harris, John
89ProCBA-157
90AriStaCC*-49
Harris, John HS
94IHSBoyA3S-53
94IHSBoyA3S-53
94IHSBoyAST-138
94IHSBoyAST-69
Harris, Keith
87Kan-6
Harris, Kenny
94SRTet-55
94SRTetS-55
95SRKro-43
Harris, Kevin
89OreSta-8
90OreSta-9
91OreSta-8
92OreSta-6
92OreSta-7
Harris, Labron
91OklStaCC*-60
Harris, Leonard
89ProCBA-3
90ProCBA-83
91ProCBA-140
Harris, Leotis
91ArkColC*-84
Harris, Lucious
93Cla-39
93ClaF-22
93ClaG-39
93Fle-269
93Hoo-320
93HooFifAG-320
93Sky-213
93Top-353
93TopGol-353G
93Ult-231
93UppDec-393
94ColCho-16
94ColChoGS-16
94ColChoSS-16
94Fin-145
94FinRef-145
94Fla-33
94Fle-47
94Hoo-42
94HooShe-6
94Ima-113
94PanSti-118
94Sky-35
94StaClu-60
94StaCluFDI-60
94StaCluMO-60
94StaCluSTNF-60
94Ult-228
94UppDec-49
95ColCho-112
95ColCholE-16
95ColCholJI-16
95ColCholSI-16
95ColChoPC-112
95ColChoPCP-112
95Fle-33
95PanSti-145
95Sky-164
95StaClu-314
95Ult-36
95UltGolM-36
95UppDec-212
95UppDecEC-212
95UppDecECG-212
95UppDecSE-16
95UppDecSEG-16
96ColCholI-35
96ColCholJ-112
96Fle-234
96Hoo-231
96Met-200
96MetPreM-200
96Sky-178
96SkyRub-177
96StaClu-139
96Ult-229
96UltGolE-G229
96UltPlaE-P229
96UppDec-273
Harris, Mackel
91GeoTecCC*-196
Harris, Mark
95Mar-8
Harris, Mike
92Cin-8
93Cin-8
Harris, Napoleon
94IHSBoyAST-97
Harris, Neil
84Neb*-8
Harris, Pete
81TCMCBA-58

Harris, Rick
93Bra-9
Harris, Robert
94TexAaM-4
Harris, Ron
85Bra-D6
Harris, Rufus
81TCMCBA-6
82TCMLanC-30
Harris, Steve
89ProCBA-85
90Cle-9
Harris, Tab
89McNSta*-3
Harris, Ted
83Day-9
Harris, Tony
90ProCBA-137
90StaPic-68
91ProCBA-43
Harris, Wayne
91ArkColC*-93
Harris, Wendell
90LSUColC*-84
90LSUColCP*-4
Harris-Stewart, Lusia
92CenCou-32
92ChaHOFI-9
Harrison, Anthony
91GeoTecCC*-39
Harrison, Bob (Robert W.)
50LakSco-4
57Top-63
Harrison, Charles
90Geo-8
91Geo-3
Harrison, Chris
90KenProI-12
91KenBigB2-10
93Ken-6
Harrison, Clint
94NorCarS-6
Harrison, Danny
91GeoTecCC*-34
91GeoTecCC*-104
Harrison, Dennis
92Neb*-19
93Neb*-16
Harrison, Kathy
91GeoTecCC*-172
Harrison, Larry
93Cin-9
Harrison, Lester
92CenCou-22
Harrison, Lisa
90TenWom-9
92TenWom-7
94ColCho-164
94ColChoGS-164
94ColChoSS-164
Harrison, Marla
94SouMisSW-6
Harrison, Pat
91SouCal*-100
Harrison, Ray
73NorCarPC-12D
Harrison, W.C.
89KenColC*-211
Harrod, Delmar
79St.Bon-6
Harron, Mike
89Geo-7
Harshman, Dave
82TCMCBA-80
83SupPol-4
Hart, Clyde
87Bay*-10
Hart, D.W.
89KenColC*-212
Hart, Jeff
91SouCal*-50
Hart, Kay Kay
95WomBasA-9
Hart, Marvin
56AdvR74*-80
Hart, Steve
93Ind-6
94Ind-4
Hart, Tom
89ProCBA-89
90ProCBA-56
Harter, Dick
89Hoo-127
89PanSpaS-14

90HooAnn-26
Hartman, Tony
94IHSBoyA3S-37
Hartsock, Mike
83Day-10
Hartsuyker, Craig
90SouCal*-9
Harvell, Joe
93Cla-40
93ClaF-24
93ClaG-40
93FouSp-35
93FouSpG-35
Harvey, Antonio
90Geo-8
93Cla-41
93ClaF-26
93ClaG-41
93Fle-313
93StaClu-327
93StaCluFDI-327
93StaCluMO-327
93StaCluSTNF-327
93Top-361
93TopGol-361G
93Ult-274
94ColCho-85
94ColChoGS-85
94ColChoSS-85
94Fin-266
94FinRef-266
94Fle-307
94Top-367
94TopSpe-367
94Ult-272
95ColCho-29
95ColCholE-85
95ColCholJI-85
95ColCholSI-85
95ColChoPC-29
95ColChoPCP-29
95Fle-275
95Hoo-352
95PanSti-205
95ProMag-143
95Sky-215
95StaClu-221
95Top-236
95UppDec-261
95UppDec-354
95UppDecEC-261
95UppDecECG-261
95UppDecECG-354
96ColCholI-73
96ColCholJ-29
Harvey, Boo
90StaPic-34
Harvey, Buck
90HooTeaNS-23
Harvey, Candi
94TexAaM-14
Harvey, Peter
93AusFutN-66
94AusFutN-53
95AusFutN-73
96AusFutN-27
96AusFutNFDT-1
Harvey, Shawn
96AllSpoPPaF-22
96ScoBoaAB-NNOA
96ScoBoaAB-NNOB
96ScoBoaBasRoo-54
Harwell, Randy
91SouCarCC*-37
Haskin, David
83Ari-7
84Ari-6
85Ari-7
Haskin, Scott
89OreSta-9
90OreSta-10
91OreSta-9
92OreSta-8
92OreSta-9
93Cla-42
93ClaChDS-DS26
93ClaG-42
93ClaSB-SB15
93Fle-298
93FouSp-36
93FouSpG-36
93Hoo-346

93HooFifAG-346
93JamSes-88
93JamSesTNS-3
93Sky-233
93SkyDraP-DP14
93SkySch-21
93StaClu-261
93StaCluFDI-261
93StaCluMO-261
93StaCluSTNF-261
93Top-346
93TopGol-346G
93Ult-259
93UppDec-359
94ColCho-143
94ColChoGS-143
94ColChoSS-143
94Hoo-84
95ColCholE-143
95ColCholJI-143
95ColCholSI-143
Haskins, Clem
69BulPep-3
70SunA1PB-3
70SunCarM-4
70Top-6
70Top-165
71Top-96
72SunCarM-3
72SunHol-3
72Top-72
73LinPor-101
73Top-59
74Top-62
75Top-133
75Top-173
91Min-4
92Min-1
92OhiValCA-8
93Min-5
94Min-4
96SkyUSA-53
Haskins, Don
89UTE-13
92UTE-1
Haskins, Merion
76KenSch-4
88KenColC-108
88KenColC-262
Haslam, Chris
94Wyo-3
Hassett, Bill
90NotDam-50
Hassett, Joe
78SupPol-2
78SupTeal-3
80Top-67
80Top-97
91Pro-19
Hassey, Ron
90AriColC*-53
Hastings, Scott
83Sta-267
84Sta-80
85Sta-43
86HawPizH-8
87HawPizH-8
89Hoo-176
89Hoo-317
90FleUpd-U30
90Hoo-105
90HooTeaNS-8
90PisSta-6
90Sky-87
91ArkColC*-35
91Hoo-358
91Sky-83
91UppDec-340
92Fle-329
92Hoo-376
92StaClu-36
92StaCluMO-36
92Top-50
92TopGol-50G
92Ult-252
93PanSti-78
93UppDec-88
Hatchell, Sylvia
96ClaLegotFF-WC4
Hatcher, Cornell
91OklSta-14
91OklSta-28
91OklSta-47

Hatcher, Dale
90CleColC*-45
Hatcher, Montel
91UCLColC-44
Hatfield, David
89LouColC*-187
Hatfield, Ken
90CleColC*-108
90CleColCP*-C6
91ArkColC*-90
Hatten, Paula
88MarWom-12
Hatton, Raymond
48TopMagP*-J32
Hatton, Vern
58Kah-4
88KenColC-13
88KenColC-162
Hattori, Michiko
90Tex*-19
Haucke, Rob
91WriSta-6
Hauptfuhrer, George
89LouColC*-27
Hausman, John
94IHSBoyAST-195
Havlicek, Chris
91Vir-5
92Vir-5
93Vir-8
Havlicek, John
68TopTes-5
69NBAMem-7
69Top-20
69TopRul-9
70Top-10
70Top-112
70TopPosI-18
71MatInsR-6
71Top-35
71Top-138
71Top-139
71TopTri-22
72Com-11
72IceBea-8
72Top-110
72Top-161
72Top-171
72Top-172
73LinPor-16
73NBAPlaA-11
73NBAPlaA8-B
73Top-20
74CelLin-6
74Top-82
74Top-100
75CarDis-11
75CelLinGB-2
75Top-80
76BucDis-9
76Top-90
77CelCit-7
77SpoSer1*-1018
77Top-70
81TopThiB*-25
85StaSchL-12
91FooLocSF*-14
91FooLocSF*-17
92UppDecAW-7
92UppDecS-5
93ActPacHoF-49
94CelTri-5
96TopFinR-20
96TopNBAS-20
96TopNBAS-70
96TopNBAS-120
96TopNBAS-170
96TopNBASF-70
96TopNBASF-120
96TopNBASFAR-20
96TopNBASFAR-70
96TopNBASFAR-120
96TopNBASFR-20
96TopNBASFR-70
96TopNBASFR-120
96TopNBASI-125
96TopNBASR-20
Havrilla, Jim
92FroR-29
93AusFutN-44
93AusStoN-67
Hawes, Steve

78HawCok-6
78Top-21
79HawMajM-7
79Top-78
80Top-4
80Top-92
81Top-E82
83Sta-196
83SupPol-13
Hawhee, Debbie
90TenWom-10
Hawkins, Alex
91SouCarCC*-59
Hawkins, Ben
90AriStaCC*-197
Hawkins, Bubbles
77Top-22
Hawkins, Connie
69SunCarM-4
69Top-15
70SunA1PB-4
70SunCarM-5
70Top-109
70Top-130
70TopPosI-22
71SunCarM-1
71Top-105
71TopTri-37
72Com-13
72IceBea-9
72SunCarM-4
72SunHol-4
72Top-30
73LinPor-102
73NBAPlaA-12
73Top-43
74NabSugD*-20
74Top-104
75NabSugD*-20
75Top-195
76BucDis-10
84MilLitACC-1
85StaSchL-13
92ChaHOFI-4
92Sun25t-2
93ActPacHoF-37
94SRGolSHFSig-11
95ActPacHoF-7
Hawkins, Darrell
89Ark-7
91ArkColC-7
92Ark-6
Hawkins, Greg
73NorCarSPC-H5
Hawkins, Hersey
8976eKod-7
89Fle-117
89Hoo-137
89PanSpaS-46
89PanSpaS-51
89SpolIIfKl*-309
90Bra-12
90Fle-143
90Hoo-229
90Hoo100S-71
90HooActP-118
90HooCol-28
90HooTeaNS-20
90PanSti-129
90Sky-216
91Fle-154
91FleTonP-60
91FleWheS-4
91Hoo-161
91Hoo-252
91Hoo-488
91Hoo-569
91Hoo100S-73
91HooMcD-1
91HooTeaNS-20
91PanSti-167
91Sky-216
91Sky-478
91Sky-505
91Sky-551
91Sky-593
91SkyCanM-36
91SkyPro-216
91UppDec-71
91UppDec-93
91UppDec-155
92Fle-170
92FleSha-9
92FleTeaL-20

Heat, Miami • 99

92FleTonP-29
92Hoo-174
92Hoo100S-75
92PanSti-181
92Sky-184
92Sky-301
92SkyNes-15
92StaClu-26
92StaCluMO-26
92Top-260
92TopArc-104
92TopArcG-104G
92TopGol-260G
92Ult-139
92UppDec-187
92UppDecE-82
92UppDecM-P30
92UppDecMH-20
92UppDecTM-TM21
93Bra-17
93Fin-149
93FinRef-149
93Fle-157
93Fle-254
93Hoo-163
93Hoo-308
93HooFifAG-163
93HooFifAG-308
93HooGolMB-24
93JamSes-21
93PanSti-234
93Sky-139
93Sky-203
93Sky-294
93StaClu-25
93StaClu-102
93StaClu-259
93StaCluFDI-25
93StaCluFDI-102
93StaCluFDI-259
93StaCluMO-25
93StaCluMO-102
93StaCluMO-259
93StaCluSTNF-25
93StaCluSTNF-102
93StaCluSTNF-259
93Top-276
93TopGol-276G
93Ult-20
93Ult-215
93UppDec-229
93UppDec-389
93UppDecE-223
93UppDecFM-13
93UppDecS-14
93UppDecSEC-14
93UppDecSEG-14
94ColCho-156
94ColChoGS-156
94ColChoSS-156
94Fin-109
94Fin-302
94FinMarM-7
94FinRef-109
94FinRef-302
94Fla-16
94Fle-24
94Hoo 10
94HooShe-2
94HooShe-3
94HooShe-4
94JamSes-21
94PanSti-25
94ProMag-13
94Sky-18
94SP-43
94SPDie-D43
94StaClu-271
94StaCluFDI-271
94StaCluMO-271
94StaCluSTNF-271
94Top-206
94Top-229
94TopSpe-206
94TopSpe-229
94Ult-21
94UppDec-88
94UppDecE-97
94UppDecFMT-20
94UppDecSE-99
94UppDecSEG-99
95ColCho-151
95ColChoDTPC-T4
95ColChoDTPCP-T4

95ColCholE-156
95ColCholJI-156
95ColCholSI-156
95ColChoPCP-151
95ColChoPCP-151
95Fin-235
95FinRef-235
95Fla-187
95Fle-17
95Fle-252
95FleEur-25
95Hoo-17
95Hoo-329
95Met-191
95PanSti-263
95Sky-202
95SP-123
95StaClu-88
95StaClu-291
95StaCluMOI-88TB
95StaCluMOI-88TR
95Top-212
95TopGal-93
95TopGalPPI-93
95Ult-170
95UltGolM-170
95UppDec-192
95UppDecEC-192
95UppDecECG-192
96ColCho-146
96ColCholI-18
96ColCholJ-151
96ColChoM-M161
96ColChoMG-M161
96Fin-181
96FinRef-181
96FlaSho-A84
96FlaSho-B84
96FlaSho-C84
96FlaShoLC-84
96FlaShoLC-B84
96FlaShoLC-C84
96Fle-101
96FleAusS-17
96Hoo-146
96HooStaF-25
96Met-92
96Sky-108
96SkyRub-108
96SkyZ-F-82
96SkyZ-FZ-82
96SP-104
96StaCluM-60
96StaCluM-60
96Top-209
96TopChr-209
96TopChrR-209
96TopNBAa5-209
96Ult-102
96UltGolE-G102
96UltPlaE-P102
96UppDec-113
96UppDec-160
96UppDecGK-35
Hawkins, Michael
95Col-74
95SRDraD-39
95CNDraDGig-39
Hawkins, Paul
83Day-11
Hawkins, Tom
61LakBelB-3
62Kah-4
63Kah-5
64Kah-7
90NotDam-8
Hawks, Atlanta
73TopTeaS-11
73TopTeaS-12
74FleTeaP-2
74FleTeaP-21
75TopTeaC-203
77FleTeaS-1
80TopTeaP-1
89PanSpaS-63
89PanSpaS-72
90Sky-328
91Hoo-274
91Sky-351
92Hoo-266
92UppDecDPS-1
92UppDecE-131
93PanSti-134

93StaCluBT-1
93StaCluST-1
93StaCluSTDW-HD1
93UppDec-210
93UppDecDPS-1
94Hoo-391
94ImpPin-1
94StaCluMO-ST1
94StaCluST-1
94UppDecFMT-1
95FleEur-238
95PanSti-69
96TopSupT-ST1
Hawks, Mike
94IHSBoyASD-7
Hawley, Ron
88LouColC-67
Hawn, Goldie
92GloPro-P6
Haws, Joey
96Web StS-5
Haws, Marty
87BYU-24
88BYU-11
88BYU-19
88BYU-22
88BYU-24
Hawthorne, Jimmy
91SouCarCC*-38
Hawthorne, Nate
74SunTeal8-4
75Sun-6
75Top-57
Hayden, Basil
88KenColC-86
Hayden, Brian
91NewMex-6
92NewMex-4
Hayden, Dan
90AriStaCC*-198
Hayden, Pam
90CleColC*-186
Hayes, Andrea
90Tex*-20
Hayes, Buzz
90AriStaCC*-60
Hayes, Carl
90Neb*-23
91Neb*-14
Hayes, Chris
94IHSBoyAST-83
Hayes, Conan
94AusFutNP*-RC2
Hayes, Elvin
68RocJacitB-6
69Top-75
69TopRul-4
70Top-1
70Top-2
70Top-5
70Top-70
70TopPosI-4
71Top-120
71Top-138
71Top-139
71Top-142
71TopTri-13
72Com-14
72Top-150
73BulSta-3
73LinPor-35
73Top-95
74Top-40
74Top-148
75Top-60
75Top-133
76Top-120
76Top-133
77BulSta-5
77Top-40
78RoyCroC-14
78Top-25
79QuaIro-5
79Top-90
80Top-4
80Top-69
80Top-88
80Top-124
80Top-135
80Top-176
81Top-42
81Top-66
83Sta-76

91FooLocSF*-23
92BulCro-WB9
92CenCou-11
92CouFla-16
92Hou-20
92UppDecAW-8
93ActPacHoF-9
93ActPacHoF-76
94SRGolSHFSig-12
95ActPacHoF-10
95SRKroFFTP-FP9
96TopFinR-21
96TopFinR-121
96TopNBAS-21
96TopNBAS-71
96TopNBAS-121
96TopNBASF-21
96TopNBASF-71
96TopNBASF-121
96TopNBASFAR-21
96TopNBASFAR-71
96TopNBASFAR-121
96TopNBASFR-21
96TopNBASFR-71
96TopNBASFR-121
96TopNBASI-I5
96TopNBASR-21
96TopNBASRA-21
Hayes, Eric
90FloStaCC*-92
Hayes, Moe
90EasTenS-2
91EasTenS-4
Hayes, Steve
81TCMCBA-30
83Sta-197
90ProCBA-55
91ProCBA-134
Haygood, Fred
92UNL-7
Haynes, Chris
92MemSta-5
Haynes, Kenny
91SouCarCC*-136
Haynes, Marques
73LinPor-110
Haynes, Mike
90AriStaCC*-28
90AriStaCC*-174
Hays, Bruce
93AusFutN-38
Hays, Butch
89ProCBA-196
92AusFutN-5
92AusStoN-4
93AusStoN-87
94AusFutN-38
94AusFutN-141
94AusFutN-195
95AusFutA-NA2
95AusFutC-CM7
95AusFutN-21
95AusFutSC-NBL7
96AusFutN-49
96AusFutNFDT-2
Hayward, Eddie
92Haw-6
Hayward, Eric
92Con-7
93Con-5
94Con-5
95Con-5
Hayward, Mike
91Was-4
Haywood, Frank
92Ala-7
93Ala-2
93Ala-13
Haywood, Spencer
71SupSunB-3
71Top-20
71TopTri-7
72Com-15
72Top-10
72Top-162
73LinPor-108
73NBAPlaA-13
73SupShu-6
73Top-120
73Top-153
73Top-154
74NabSugD*-18
74Top-70
74Top-97

75CarDis-12
75NabSugD*-18
75Top-132
75Top-200
76Top-28
77Top-88
78Top-107
79Top-12
Hazard, John
90LSUColC*-127
Head, Dena
90TenWom-11
Head, Elmo
89KenColC*-213
Headen, Andy
90CleColC*-118
Header, Opals
94AusFutN-204
Heal, Shane
92AusFutN-170
92AusStoN-9
93AusFutN-9
93AusFutSG-10
93AusStoN-3
94AusFutN-12
94AusFutN-118
94AusFutN-194
95AusFutN-78
95AusFutN-96
95AusFutN-98
95AusFutSC-NBL5
96AusFutN-11
96AusFutNA-ASN1
96AusFutNOL-OL1
96Fle-218
96Hoo-293
96Sky-215
96SkyRub-215
96SkyZ-F-150
96Ult-214
96UltGolE-G214
96UltPlaE-P214
96UppDec-252
Heald, Bobby
91SouCarCC*-67
Healy, Colleen
93ConWom-7
Healy, Rob
91GeoTecCC*-25
Heard, Garfield
70SupSunB-5
71SupSunB-4
72Top-98
73LinPor-26
73Top-99
74BraBufL-2
74Top-44
75CarDis-13
75Sun-7
75Top-136
76Sun-5
76Top-39
77SunHumDD-7
78Top-54
88MavBudLB-NNO
02Sun26t 10
Heard, Norman
89LouColC*-174
Hearn, Andy
91GeoTecCC*-37
Hearns, Thomas
91FooLocSF*-24
Heat, Miami
89PanSpaS-153
89PanSpaS-162
90Sky-341
91Hoo-287
91Sky-364
91UppDecSiSS-6
92Hoo-279
92UppDecDPS-11
92UppDecE-144
92PanSti-206
93StaCluBT-14
93StaCluST-14
93UppDec-223
93UppDecDPS-14
94Hoo-404
94ImpPin-14
94StaCluMO-ST14
94StaCluST-14
94UppDecFMT-14
95FleEur-251
95PanSti-15

96TopSupT-ST14
Heath, Nikki
92TexTecW-3
92TexTecWNC-3
Heathcote, Jud
90MicStaCC2-1
90MicStaCC2*-159
90MicStaCC2*-178
Heber, John G.
89KenColC*-155
Hebets, Brad
87SouLou*-11
Hebron, Vaughn
92VirTec*-11
Hedden, Larry
90MicStaCC2*-183
Heddy, Kathy
76PanSti-266
Hedge, Don
92Mon-6
Hefferman, Bert
90CleColC*-79
Heffner, Trent
91NewMex-7
92NewMex-5
Hegarty, Mary
90UCL-34
Heggins, Jimmy
90FloStaCC*-174
Heggs, Alvin
90ProCBA-100
Hegwood, John
9088'CalW-15
Heiden, Eric
77SpoSerI*-1416
81PhiMor*-5
91ImpHaloF-36
Heider, Jon
94IHSBoyA3S-25
Heimer, Merle
89UTE-14
Hein, Joe
94IHSBoyAST-132
Heine, Sonja
48ExhSpoC-23
Heineken, Harry
81TCMCBA-39
Heinsohn, Tom
57Top-19
61Fle-19
61Fle-54
85StaSchL-14
89CelCitP-2
92CouCol-16
93ActPacHoF-29
93ActPacHoF-80
94CelTri-6
Heintz, Gary J.
81Ari-7
Heintzman, Jack
85Bra-S7
Heise, Dick
86DePPlaC-H13
Heisler, Bill
94IHSBoyA3S-36
Heisman, John
90CleColC*-179
Heitmann, James (Mike)
91TexA&MCC*-63
Heitz, Kenny
91UCLColC-34
91UCLColC-140
Heitz, Tom
79Ken-14
79KenSch-8
80KenSch-9
81KenSch-9
82KenSch-9
83KenSch-10
88KenColC-120
88KenColC-255
Heller, Chris
89Mis-7
90Mis-9
91Mis-10
92Mis-9
93Mis-8
Hellmann, Angelika
76PanSti-217
Helm, Foster
89KenColC*-72
Helm, Mike
91Haw-8
Helms, Tommy

68ParMea*-6
Helton, Mike
90KenProI-18
Helvey, Sutton
94TexAaM-11
Hemann, Jackie
92Ill-26
Hency, Bill
91SouCarCC*-42
Henderson, Alan
91IndMagI-7
92Ind-6
93Ind-7
94Ind-5
95Col-9
95Col-28
95ColCho-242
95ColChoPC-242
95ColChoPCP-242
95ColIgn-I5
95Fin-126
95FinVet-RV16
95Fla-207
95Fle-294
95FleClaE-25
95Hoo-251
95JamSesR-8
95Met-123
95Sky-219
95SkyE-XU-1
95SkyHigH-HH1
95SkyRooP-RP15
95SP-148
95SPCha-3
95SRAut-16
95SRDraD-21
95SRDraDSig-21
95SRFam&F-17
95SRSigPri-17
95SRSigPriS-17
95SRTet-26
95SRTetAut-6
95StaClu-324
95StaCluDP-16
95StaCluMOI-DP16
95Top-261
95TopDraR-16
95TopGal-43
95TopGalPPI-43
95Ult-275
95UppDec-132
95UppDecEC-132
95UppDecECG-132
95UppDecSE-92
95UppDecSEG-92
96ColCho-201
96ColCholI-1
96ColCholJ-242
96Fin-169
96FinRef-169
96Fle-151
96Hoo-3
96HooSil-3
96Sky-2
96SkyRub-2
96SkyZ-F-2
96SkyZ-FZ-2
96StaClu-141
96TopNBAa5-72
96Ult-2
96UltGolE-G2
96UltPlaE-P2
96UppDec-2
96UppDec-136
Henderson, Cam
55AshOil-21
84MarPlaC-H9
84MarPlaC-S1
Henderson, Cedric
91WilCar-87
Henderson, Cedric MempSt.
93MemSta-12
94Mem-6
Henderson, Chris
89FreSta-5
Henderson, Corey
94TexAaM-9
Henderson, Dave
9088'CalW-13
Henderson, Gerald
81Top-E74
83Sta-31
84Sta-116

85Sta-67
86Fle-45
87Fle-50
89Hoo-208
90Hoo-106
90PisSta-7
90Sky-88
91Hoo-369
Henderson, Hubert
89ProCBA-174
Henderson, Jerome
81TCMCBA-67
90ProCBA-179
Henderson, Phil
87Duk-44
88Duk-7
90ProCBA-136
90StaPic-18
Henderson, Ronnie
93LSU-8
96ColEdgRR-43
96ColEdgRRD-43
96ColEdgRRG-43
96ColEdgRRKK-19
96ColEdgRRKKG-19
96ColEdgRRKKH-19
96ColEdgRRRR-19
96ColEdgRRRG-19
96ColEdgRRRH-19
96ScoBoaAB-43
96ScoBoaAB-43A
96ScoBoaAB-43B
96ScoBoaAB-43C
96ScoBoaBasRoo-44
96ScoBoaBasRooCJ-CJ23
Henderson, Tom
75Top-171
76Top-8
77BulSta-6
77Top-93
78Top-68
79Top-18
81Top-MW86
Hendrick, Brian
89Cal-11
93Cla-43
93ClaF-30
93ClaG-43
93FouSp-37
93FouSpG-37
Hendrickson, Mark
96AllSpoPPaF-27
96ColEdgRR-17
96ColEdgRRD-17
96ColEdgRRG-17
96Hoo-294
96PacPow-19
96ScoBoaAB-33
96ScoBoaAB-33A
96ScoBoaAB-33B
96ScoBoaAB-33C
96ScoBoaBasRoo-33
96ScoBoaBasRooCJ-CJ21
Hendrix, Billy
90LSUColC*-20
Hendrix, Kevin
91SouCarCC*-174
Henefeld, Nadav
91ConLeg-8
Henke, Brad
90AriColC*-51
Henke, Nolan
90FloStaCC*-113
Henneman, Mike
91OklStaCC*-92
Henning, Sonja
89SpoIIIfKI*-281
Henrie, Darren
90ProCBA-172
91FroR-90
91FroRowP-111
Henry, Carl
85KinSmo-7
Henry, Conner
87BucPol-21
Henry, Cordell
94IHSBoyA3S-34
Henry, Gary
90FloStaCC*-149
Henry, Jeff
89LouColC*-199
Henry, Randy
89ProCBA-20
Henry, Skeeter

90ProCBA-30
91ProCBA-197
Henry, Tommy
92FloSta*-63
Henry, Travis
88Ten-25
Hensley, Marty
86NorCar-45
87NorCar-45
88NorCar-45
89NorCarS-3
Henson, Lou
80Ill-4
81Ill-5
92Ill-7
Henson, Steve
90FleUpd-U53
91Fle-313
91Hoo-392
91HooTeaNS-15
91UppDec-366
92Ult-223
93PanSti-135
Herbert, Vic
78WesVirS-3
Herdes, Kevin
94IHSBoyAST-149
Heredia, Gilbert
90AriColC*-23
Herman, Geoff
92EasTenS-2
93EasTenS-4
Hermann, Dick
90FloStaCC*-168
Hermann, Doc
90FloStaCC*-101
Hermens, Jos
76PanSti-118
Hermon, Michael
94Ind-6
Hernandez, Joe
90AriColC*-117
Hernandez, Johnny
92EasIll-3
Hernandez, Jorge
76PanSti-172
Herner, Lisa
91TexA&MCC*-87
Herrera, Carl
91Fle-290
91WilCar-115
92Fle-346
92Hoo-391
92StaClu-285
92StaCluMO-285
92TopGol-396G
92Ult-270
92UppDec-199
93Fin-44
93FinRef-44
93Fle-76
93FleInt-4
93Hoo-78
93HooFifAG-78
93JamSes-80
93PanSti-88
93StaClu-162
93StaCluFDI-162
93StaCluMO-162
93StaCluMO5-5
93StaCluSTDW-R162
93StaCluSTMP-R4
93StaCluSTNF-162
93Top-216
93TopGol-216G
93Ult-73
93UppDec-289
94ColCho-47
94ColChoGS-47
94ColChoSS-47
94Fin-27
94FinRef-27
94Fla-55
94Fle-82
94Hoo-75
94Hoo-271
94JamSes-70
94PanSti-143
94Sky-59
94StaClu-115
94StaClu-203
94StaCluFDI-115
94StaCluFDI-203
94StaCluMO-115

94StaCluMO-203
94StaCluSTMP-R8
94StaCluSTNF-115
94StaCluSTNF-203
94Top-160
94TopSpe-160
94Ult-66
94UppDec-104
95ColCho-68
95ColChoIE-47
95ColChoIJI-47
95ColChoISI-47
95ColChoPC-68
95ColChoPCP-68
95Fle-68
95FleEur-86
95PanSti-167
95StaCluI-IC5
95StaCluMOI-IC5
95Ult-68
95UltGolM-68
95UppDec-34
95UppDecEC-34
95UppDecECG-34
96ColCho-328
96ColCholI-57
96ColCholJ-68
Herreros, Alberto
92UppDecE-129
Herriford, Chris
90MonSta-3
Herriman, Delme
91WriSta-7
93WriSta-4
94WriSta-6
Herring, Erik
94IHSBoyAST-98
Herring, Kyle
94IHSBoyAST-46
Herring, Mike
87BYU-11
88BYU-5
Herrington, Terrence
90CleColC*-77
Herron, Keith
81Top-MW81
Herrscher, Rick
61UniOil-4
Herter, Jason
91NorDak*-15
Hertzberg, Sid
48Bow-16
Herzog, Fred
93AusFutN-20
93AusStoN-11
94AusFutN-17
94AusFutN-124
Herzog, Paul
85Bra-H3
Hesch, Sue
91Neb*-19
Heslop, Mark
88BYU-5
Hess, Brad
93WriSta-17
94WriSta-18
Hessel, Billy
94Wyo-4
Hester, Dan
71Top-166
Hetenyi, Alex
93AusFutN-29
Hetzel, Fred
70Top-79
70Top-56
71Top-23
72Top-107
73Top-97
Heyns, Penny
95Neb*-16
Hickenbottom, Shannon
94IHSHisRH-87
Hickey, Lynn
91TexA&MCC*-55
Hickman, Bernard (Peck)
55AshOil-29
88LouColC-5
88LouColC-105
88LouColC-184
89LouColC*-279
Hickman, Fred
90HooAnn-27
Hickman, Greg

89LouColC*-180
Hickman, Parish
90MicStaCC2-3
Hickman, Tory
94IHSBoyAST-342
Hickox, Edward J.
68HalofFB-15
Hicks, Scott
9088'CalW-2
Hicks, Squirt
96Web StS-6
Hicks, Thomas
76PanSti-23
Hiel, Trevor
94IHSBoyASD-37
Higgins, Craig
82Vic-15
Higgins, Earle
71PacMarO-3
Higgins, Kevin
90AriStaCC*-54
Higgins, Mike
90ProCBA-187
Higgins, Ralph
91OklStaCC*-96
Higgins, Rod (Roderick)
83Sta-174
83StaAll-3
84Sta-106
88Fle-47
89Fle-54
89Hoo-209
90Fle-64
90Hoo-114
90Hoo100S-34
90HooActP-65
90HooTeaNS-9
90Sky-96
91Fle-66
91Hoo-68
91HooTeaNS-9
91PanSti-8
91Sky-91
91Sky-440
91UppDec-261
92StaClu-310
92StaCluMO-310
94WarTop-GS4
Higgins, Sean
88Mic-4
89Mic-13
90StaPic-14
91Hoo-435
91UppDec-25
94Fla-268
94Flc 329
94Sky-259
94Top-342
94TopSpe-342
94Ult-295
94UppDec-205
95StaClu-142
95StaCluMOI-142
96ColCho-120
Higgs, Kenny
81Top-49
90LSUColC*-136
Higgs, Mark
87Ken*-20
89KenColC*-140
High, Johnny
80SunPep-3
High, Tshombe
93Mia-8
Highmark, Scott
95Col-75
95SRDraD-44
95SRDraDSig-44
Highsmith, Ronnie
84Geo-6
85Geo-7
86Geo-7
87Geo-7
91GeoColC-14
Hightower, Wayne
71Top-187
Hildebrand, Andrea
93PurWom-2
Hilger, Rusty
91OklStaCC*-28
Hill, Albert
76PanSti-40
Hill, Armond
78HawCok-7

78Top-70
79HawMajM-8
79Top-57
80Top-20
80Top-60
80Top-100
80Top-130
Hill, Bob
91Fle-82
91Hoo-231
91Sky-388
92Fle-90
92FleTeaNS-5
92Hoo-249
92Sky-265
94Hoo-387
95Hoo-192
96Hoo-272
Hill, Bobby Joe
89UTE-15
Hill, Brian
86HawPizH-4
87HawPizH-3
93Hoo-248
93HooFifAG-248
94Hoo-290
95Hoo-187
96Hoo-267
Hill, Bruce
90AriColC*-52
90AriStaCC*-24
Hill, Bryan
90GeoTec-12
91GeoTec-11
92GeoTec-2
Hill, Carl
91SouCarCC*-107
Hill, Cleo
61HawEssM-6
Hill, Dametri
96ScoBoaBasRoo-73
Hill, Darren
91MurSta-6
Hill, Derek
90AriColC*-42
Hill, Donnie
90AriStaCC*-13
Hill, Drew
91GeoTecCC*-189
Hill, Eddie
91WasSta-3
Hill, Eric
90LSUColC*-24
Hill, Grant
92SpolllfKI*-361
92SpolllfKI*-423
94Ass-75
94AssDieC-DC11
94Cla-4
94ClaBCs-BC3
94ClaFouSpPic-24
94ClaG-4
94ClaIntP*-4
94ClaNatP*-2
94ClaPic-8
94ClaROYSw-3
94ClaVitPTP-3
94ColCho-219
94ColCho-379
94ColCho-409
94ColChoCIGR-3
94ColChoCtGRSR-S3
94ColChoDT-3
94ColChoGS-219
94ColChoGS-379
94ColChoGS-409
94ColChoSS-219
94ColChoSS-379
94ColChoSS-409
94Emb-103
94EmbGoII-103
94Emo-28
94Emo-102
94Emo-NNO
94EmoX-C-X4
94Fin-200
94Fin-240
94FinRacP-RP1
94FinRef-200
94FinRef-240
94Fla-213
94FlaWavotF-2
94Fle-280
94FleFirYP-1

94FleLotE-3
94FouSp-3
94FouSp-191
94FouSpBCs-BC8
94FouSpG-3
94FouSpG-191
94FouSpHigV-HV10
94FouSpPP-3
94FouSpPP-191
94FouSpPre-P3
94Hoo-322
94Hoo-423
94Hoo-NNO
94HooDraR-3
94HooMagA-AR3
94HooMagAF-FAR3
94HooMagAJ-AR3
94HooSch-6
94HooShe-8
94JamSes-55
94JamSesRS-2
94PacP-23
94PacPriG-23
94ProMagRS-10
94ScoBoaDD-DD7
94ScoBoaDD-DD8
94ScoBoaNP*-5
94Sky-226
94Sky-PR
94Sky-GHO
94SkyDraP-DP3
94SkyGraH-GH1
94SkyGraH-GH2
94SkyGraH-GH3
94SkyGraH-GH4
94SkyGraH-GH5
94SkyHeaotC-1
94SkyRev-R2
94SkySlaU-SU10
94SP-3
94SPCha-8
94SPCha-57
94SPChaDC-8
94SPChaDC-57
94SPChaFPH-F3
94SPChaFPHDC-F3
94SPDie-D3
94SPHol-PC34
94SPHolDC-34
94StaClu-181
94StaClu-195
94StaCluBT-8
94StaCluFDI-181
94StaCluFDI-195
94StaCluMO-181
94StaCluMO-I95
94StaCluMO-BT8
94StaCluMO-TF3
94StaCluSTNF-181
94StaCluSTNF-195
94StaCluTotF-3
94SupPioKP-3
94Top-211
94TopFra-8
94TopSpe-211
94Ult-239
94UltAll-2
94UltJamC-2
94UppDec-157
94UppDec-183
94UppDecDT-D3
94UppDecPAW-H32
94UppDecPAWR-H32
94UppDecRS-RS3
94UppDecSE-114
94UppDecSEG-114
95AssGol-48
95AssGol-NNO
95AssGol-NNO
95AssGolDCS-SDC6
95AssGPP-48
95AssGSS-48
95ColCho-33
95ColCho-173
95ColCho-198
95ColCho-328
95ColCho-373
95ColCho-398
95ColCholE-379
95ColCholE-409
95ColCholE-429
95ColCholEGS-379
95ColCholEGS-409
95ColCholJGSI-160

94FleLotE-3
95ColCholJGSI-409
95ColCholJI-160
95ColCholJI-409
95ColCholSI-160
95ColCholSI-190
95ColCholSI-210
95ColChoPC-33
95ColChoPC-173
95ColChoPC-198
95ColChoPC-328
95ColChoPC-373
95ColChoPC-398
95ColChoPCP-33
95ColChoPCP-173
95ColChoPCP-198
95ColChoPCP-328
95ColChoPCP-373
95ColChoPCP-398
95Fin-190
95FinDisaS-DS8
95FinHotS-HS2
95FinMys-M2
95FinMysB-M2
95FinMysBR-M2
95FinRef-190
95FinVet-RV18
95Fla-37
95Fla-233
95FlaAnt-1
95FlaHotN-2
95FlaNewH-2
95Fle-51
95Fle-327
95FleAll-1
95FleClaE-3
95FleEndtE-7
95FleEur-67
95FleFlaHL-8
95FleRooS-2
95FleTotO-1
95FleTotOHP-1
95Hoo-46
95Hoo-199
95Hoo-211
95Hoo-237
95Hoo-360
95Hoo-398
95Hoo-NNO
95Hoo-NNO
95Hoo-NNO
95HooGraHD-S1
95HooGraHD-S2
95HooGraHD-S3
95HooGraHD-S4
95HooGraHD-S5
95HooGraHD-D1
95HooGraHD-D2
95HooGraHD-D3
95HooGraHD-D4
95HooGraHD-D5
95HooHotL-4
95HooMagCAW-3
95HooNumC-3
95HooPowP-3
95HooSky-SV3
95HooSla-SL14
95HooTopT-AR2
95Ima-3
95Ima-119
95ImaCE-E1
95ImaCP-CP2
95ImaF-TF3
95ImaPOY-POY3
95ImaPre-IP1
95JamSes-30
95JamSes-NNO
95JamSesDC-D30
95JamSesFI-1
95JamSesP-11
95JamSesPB-2
95JamSesSS-2
95Met-29
95Met-210
95MetMaxM-3
95MetMetF-4
95MetMoIM-2
95MetScoM-2
95MetSiIS-29
95PanSti-102
95PanSti-282
95ProMag-36
95ProMagDC-6
95ProMagUB-10

95Sky-35
95Sky-283
95Sky-PR
95Sky-NNO
95SkyClo-C2
95SkyDyn-D5
95SkyE-X-24
95SkyE-X-NNO
95SkyE-XACA-3
95SkyE-XB-24
95SkyE-XNBT-3
95SkyE-XU-7
95SkyLarTL-L3
95SkyMel-M5
95SkyStaH-SH6
95SkyUSAB-U2
95SP-40
95SPAll-AS3
95SPAllG-AS3
95SPCha-31
95SPCha-125
95SPChaCotC-C8
95SPChaCotCD-C8
95SPHol-PC10
95SPHolDC-PC10
95StaClu-30
95StaClu-108
95StaCluBT-BT19
95StaCluMO5-48
95StaCluMOI-30
95StaCluMOI-108B
95StaCluMOI-108R
95StaCluMOI-N6
95StaCluN-N6
95StaCluRM-RM4
95StaCluWS-WS9
95SupPix-3
95SupPix-79
95SupPixC-3
95SupPixCG-3
95SupPixII-4
95SupPixLP-3
95TedWilC-CO4
95Top-33
95TopGal-5
95TopGalE-EX15
95TopMysF-M19
95TopMysFR-M19
95TopRataR-R3
95TopShoS-SS2
95TopSpaP-SP9
95TopTopF-TF10
95TopWhiK-WK1
95TopWorC-WC6
95Ult-52
95Ult-312
95UltAllT-2
95UltAllTGM-2
95UltJamC-1
95UltJamCHP-1
95UltRisS-3
95UltRisSGM-3
95UltScoK-2
95UltScoKHP-2
95UltUSAB-2
95UppDec-156
95UppDec-233
95UppDec-317
95UppDecAC-AS3
95UppDecC-156
95UppDecEC-233
95UppDecEC-317
95UppDecECG-233
95UppDecECG-317
95UppDecSE-23
95UppDecSEG-23
96BowBes-10
96BowBesAR-10
96BowBesC-BC16
96BowBesCAR-BC16
96BowBesCR-BC16
96BowBesHR-HR9
96BowBesHRAR-HR9
96BowBesHRR-HR9
96BowBesR-10
96BowBesS-BS8
96BowBesSAR-BS8
96BowBesSR-BS8
96BowBesTh-TB5
96BowBesThAR-TB5
96BowBesTR-TB5
96ColCho-173

96ColCho-240
96ColCho-374
96ColCholI-45
96ColCholI-173
96ColCholI-198
96ColCholI-118
96ColCholI-163
96ColCholI-188
96ColCholJ-33
96ColCholJ-173
96ColCholJ-198
96ColCholJ-328
96ColCholJ-373
96ColCholJ-398
96ColCholSEH-H3
96ColChoM-M25
96ColChoMG-M25
96ColChoS1-S8
96Fin-13
96Fin-130
96Fin-271
96FinRef-13
96FinRef-130
96FinRef-271
96FlaSho-A19
96FlaSho-B19
96FlaSho-C19
96FlaShoHS-6
96FlaShoLC-19
96FlaShoLC-B19
96FlaShoLC-C19
96Fle-31
96Fle-127
96Fle-180
96Fle-295
96FleAusS-25
96FleFraF-3
96FleGamB-3
96FleS-11
96FleSprGH-1
96FleSprGH-2
96FleSprGH-3
96FleSprGH-4
96FleSprGH-5
96FleSprGH-6
96FleSprGH-7
96FleSprGH-8
96FleSprGH-9
96FleSprGH-10
96FleStaA-3
96FleSwiS-5
96FleThrS-4
96FleTotO-2
96FleUSA-2
96FleUSA-12
96FleUSA-22
96FleUSA-32
96FleUSA-42
96FleUSAH-2
96Hoo-46
96Hoo-211
96Hoo-332
96Hoo-NNO
96Hoo-NNO
96HooGraA-5
96HooHeatH-HH3
96HooHIP-H7
96HooHotL-6
96HooSil-46
96HooStaF-8
96HooSup-3
96Met-29
96Met-139
96Met-168
96MetFreF-FF7
96MetMaxM-3
96MetMinMR-1
96MetMinMR-3
96MetMinMR-5
96MetMinMR-7
96MetMolM-4
96MetNet-3
96MetPlaP-4
96MetPreM-168
96Sky-34
96Sky-243
96SkyAut-27
96SkyAutB-27
96SkyClo-CU2
96SkyE-X-19
96SkyE-X-NNO
96SkyE-XACA-5
96SkyE-XC-19
96SkyE-XNA-11

96SkyEmAuEx-E3
96SkyLarTL-B5
96SkyNetS-5
96SkyRub-34
96SkyRub-243
96SkySta-SO1
96SkyThuaL-3
96SkyUSA-2
96SkyUSA-12
96SkyUSA-22
96SkyUSA-32
96SkyUSA-42
96SkyUSA-58
96SkyUSA-3
96SkyUSAB-B2
96SkyUSABS-B2
96SkyUSAG-G2
96SkyUSAGS-G2
96SkyUSAQ-Q2
96SkyUSAQ-Q12
96SkyUSAQ-Q13
96SkyUSAS-S2
96SkyUSASS-S2
96SkyZ-F-26
96SkyZ-F-175
96SkyZ-F-NNO
96SkyZ-FBMotC-3
96SkyZ-FBMotCZ-3
96SkyZ-FSC-SC4
96SkyZ-FV-V3
96SkyZ-FZ-26
96SP-32
96SPGamF-GF9
96SPInsI-IN4
96SPInsIG-IN4
96SPPreCH-PC11
96SPx-15
96SPxGol-15
96SPxHolH-H3
96StaClu-10
96StaClu-99
96StaCluCA-CA5
96StaCluCAAR-CA5
96StaCluCAR-CA5
96StaCluF-F7
96StaCluGPPI-5
96StaCluHR-HR7
96StaCluM-10
96StaCluSF-SF2
96StaCluTC-TC4
96Top-100
96Top-199
96TopChr-100
96TopChr-199
96TopChrPF-PF1
96TopChrR-100
96TopChrR-199
96TopHobM-HM21
96TopHolC-HC4
96TopHolCR-HC4
96TopNBAa5-100
96TopNBAa5-199
96TopProF-PF1
96TopSupT-ST8
96Ult-33
96Ult-142
96Ult-179
96Ult-291
96UltBoaG-6
96UltCouM-6
96UltGolE-G33
96UltGolE-G142
96UltGolE-G179
96UltGolE-G291
96UltPlaE-P33
96UltPlaE-P142
96UltPlaE-P179
96UltPlaE-P291
96UltRisS-4
96UltScoK-8
96UltScoKP-8
96UltStaR-3
96UppDec-34
96UppDec-143
96UppDec-174
96UppDec-338
96UppDecGE-G5
96UppDecGK-29
96UppDecRotYC-RC2
96UppDecSG-SG3
96UppDecU-6
96UppDecU-7

96UppDecU-8
96UppDecU-50
96UppDecU-33
96UppDecUFYD-F2
96UppDecUFYDES-FD5
96UppDecUSCS-S2
96UppDecUSCSG-S2
96UppDecUTWE-W4
Hill, Gus
88EasCar-1
Hill, Howard
57UniOilB*-25
Hill, J.D.
90AriStaCC*-97
Hill, Keith
91ProCBA-4
Hill, Kent
87Iow-5
91GeoTecCC*-106
Hill, Peter
92AusFutN-89
93AusFutN-36
93AusStoN-86
94AusFutN-135
95AusFutHTH-H6
95AusFutN-63
Hill, Simmie
73Top-184
Hill, Susan
90CleColC*-173
Hill, Thomas
93Cla-91
93ClaF-72
93ClaG-91
93FouSp-80
93FouSpG-80
Hill, Travis
92Neb*-7
Hill, Tyrone
90FleUpd-U31
90Hoo-400
90HooTeaNS-9
90Sky-358
90StaPic-38
91Fle-67
91FleWheS-3
91Hoo-69
91HooTeaNS-9
91Sky-92
91UppDec-263
91UppDecRS-R7
92Fle-75
92Hoo-75
92PanSti-26
92Sky-80
92StaClu-42
92StaCluMO-42
92Top-162
92TopGol-162G
92Ult-65
92UppDec-305
93CavNicB-6
93Fle-68
93Fle-264
93Hoo-70
93Hoo-316
93HooFifAG-70
93HooFifAG-316
93HooGolMB-25
93JamSes-39
93PanSti-9
93Sky-74
93Sky-210
93Sky-296
93StaClu-246
93StaCluFDI-246
93StaCluMO-246
93StaCluSTNF-246
93Top-275
93TopGol-275G
93Ult-226
93UppDec-401
93UppDecE-158
93UppDecS-65
93UppDecSEC-65
93UppDecSEG-65
94ColCho-316
94ColChoGS-316
94ColChoSS-316
94Emb-17
94EmbGoII-17
94Emo-15
94Fin-157
94FinRef-157

94Fla-28
94Fle-40
94Hoo-34
94PanSti-40
94Sky-30
94SP-52
94SPCha-44
94SPChaDC-44
94SPDie-D52
94StaClu-15
94StaCluFDI-15
94StaCluMO-15
94StaCluSTNF-15
94Top-237
94TopSpe-237
94Ult-34
94UppDecSE-143
94UppDecSE-104
94UppDecSEG-104
95ColCho-20
95ColCho-170
95ColCho-370
95ColChoCtGA-C29
95ColChoCtGA-C29B
95ColChoCtGA-C29C
95ColChoCtGAG-C29
95ColChoCtGAG-C29B
95ColChoCtGAG-C29C
95ColChoCtGAGR-C29
95ColChoCtGASR-C29
95ColCholE-316
95ColCholJI-316
95ColCholSI-97
95ColChoPC-20
95ColChoPC-170
95ColChoPC-370
95ColChoPCP-20
95ColChoPCP-170
95ColChoPCP-370
95Fin-30
95FinRef-30
95Fla-20
95Fle-28
95Fle-324
95FleAll-7
95FleDouD-4
95FleEur-41
95HooBloP-17
95HooSla-SL9
95JamSes-18
95JamSesDC-D18
95Met-17
95MetSilS-17
95PanSti-94
95ProMag-22
95Sky-20
95StaClu-96
95StaCluMO5-17
95StaCluMOI-96
95Top-15
95Top-70
95TopGal-63
95TopGalPPI-63
95TopPowB-15
95Ult-31
95Ult-313
95UltGolM-31
95UppDec-6
95UppDecAC-AS12
95UppDecEC-6
95UppDecECG-6
95UppDecSE-104
95UppDecSEG-104
96BowBes-68
96BowBesAR-68
96BowBesR-68
96ColCho-32
96ColCholI-25
96ColCholI-170
96ColCholI-160
96ColCholJ-20
96ColCholJ-170
96ColCholJ-370
96ColChoM-M43
96ColChoMG-M43
96Fin-6
96Fin-185
96FinRef-6
96FinRef-185
96Fle-168
96Hoo-28
96HooSil-28
96HooStaF-5

96Met-160
96MetPreM-160
96Sky-143
96Sky-266
96SkyAut-28
96SkyAutB-28
96SkyRub-143
96SkyRub-266
96SP-19
96StaClu-152
96Top-185
96TopChr-185
96TopChrR-185
96TopNBAa5-185
96Ult-165
96UltGolE-G165
96UltPlaE-P165
96UppDec-21
96UppDec-140
Hill, Walter
94IHSBoyAST-187
Hill, Yvonne
91TexA&MCC*-97
Hillard, Leon
71GloPhoC-3
Hilliad, Johnnie
91ProCBA-63
Hilliard, Dalton
90LSUColC*-8
Hilliard, Keith
82TCMLanC-27
82TCMLanC-28
Hillman, Darnell
72Top-236
73Top-244
74Top-182
75Top-290
76Top-86
77Top-5
78Top-119
79Top-47
Hills, Rachael
96PenSta*-18
Hiltabrand, Jada
92PenSta*-10
Hilton, Carton
91SouCarCC*-24
Hilton, Fred
72Top-23
73Top-36
Himes, Doug
71Glo84-57
71Glo84-58
Hinchen, Vince
92AusFutN-67
92AusStoN-58
93AusFutN-30
93AusStoN-54
94AusFutN-25
95AusFutN-49
Hines, Glenn Ray
91ArkColC*-83
Hinkle, Paul D.
68HalofFB-16
Hinnant, Mickey
88NorCarS-5
89NorCarS-5
Hinson, Roy
83Sta-234
84Sta-218
85Sta-155
86Fle-46
87Fle-51
88Fle-78
89Fle-97
89Hoo-276
89PanSpaS-28
89PanSpaS-31
90Hoo-198
90Hoo100S-63
90HooActP-107
90HooTeaNS-17
90PanSti-157
90Sky-181
91Hoo100S-61
91UppDec-389
Hinton, Harry
89LouColC*-216
Hinton, Jurado
87SouMis-9
Hinz, Gib
82TCMCBA-48
Hipsher, Dan
83Day-1

Hires, Brian
 94IHSBoyAST-37
Hirsch, Elroy
 57UniOilB*-1
 57UniOilB*-29
 91Mic*-25
Hirsch, Walt
 88KenColC-64
 88KenColC-261
Hising-Liang, Lo
 95UppDecCBA-95
Hisle, Larry
 79BucOpeP*-4
Hisle, Larry Jr.
 89Wis-5
Hisle, Mark
 93Eva-5
Hite, Ray
 89NorCarCC-166
Hitzblek, T.
 76PanSti-158
Hitzges, Norm
 91ProSetPF*-4
Hivley, Ryan
 94IHSBoyAST-77
Hixson, Jamie
 94IHSBoyAST-104
Hoadley, Bruce
 89NorCarSCC-110
 89NorCarSCC-112
Hoard, Antwan
 92MurSta-8
Hobbs, Bill
 91TexA&MCC*-70
Hobbs, Bobby
 86SouLou*-8
Hobbs, Michael
 89Bay-6
Hobgood, Jamie
 90KenWomS-8
Hobley, Billy Ray
 92Glo-56
Hobley, Lifford
 90LSUColC*-95
Hobson, Howard A.
 68HalofHB-17
Hochhausen, Jaime
 94CasHS-121
Hockensmith, Doug
 89LouColC*-184
Hodde, Rodney
 91TexA&MCC*-23
Hodgdon, Ray
 89NorCarSCC-135
 89NorCarSCC-174
 89NorCarSCC-195
Hodge, Billy
 91TexA&MCC*-12
Hodge, Damien
 91EasTenS-5
Hodge, Donald
 91Cla-23
 91Cou-26
 91Fle-268
 91FouSp-171
 91FroR-24
 91FroRowP-69
 91StaPic-48
 91WilCar-94
 92Fle-50
 92FleTeaNS-4
 92Hoo-370
 92Sky-50
 92StaClu-146
 92StaCluMO-146
 92Top-178
 92TopGol-178G
 92Ult-43
 92UppDec-220
 93Fin-63
 93FinRef-63
 93Fle-270
 93Hoo-46
 93HooFifAG-46
 93JamSes-47
 93PanSti-70
 93StaClu-24
 93StaCluFDI-24
 93StaCluMO-24
 93StaCluSTNF-24
 93Top-6
 93TopGol-6G
 93Ult-45
 93UppDec-116

93UppDecE-134
94Fin-48
94FinRef-48
94Fle-48
94PanSti-119
94StaClu-337
94StaCluFDI-337
94StaCluMO-337
94StaCluSTNF-337
94Top-331
94TopSpe-331
94Ult-229
94UppDecE-152
95StaClu-207
95UppDec-28
95UppDecEC-28
95UppDecECG-28
Hodge, Jeff
 89ProCBA-23
 91ProCBA-57
Hodge, Sandra
 89SpolllfKl*-119
Hodge, Walter
 89KenColC*-214
Hodges, Craig
 83Sta-125
 84Sta-131
 85BucCarN-8
 85Sta-125
 86BucLif-6
 86Fle-47
 87BucPol-15
 87Fle-52
 88BulEnt-14
 89BulEqu-6
 89Hoo-113
 89PanSpaS-75
 89Fle-25
 90Hoo-64
 90PanSti-96
 90Sky-40
 91Fle-257
 91Hoo-29
 91HooMcD-66
 91HooTeaNS-4A
 91HooTeaNS-4B
 91Sky-37
 91Sky-314
 91UppDec-148
 91UppDec-484
 92Sky-309
Hodges, Nigel
 92Ala-8
Hodgson, Rob
 94Ind-7
Hodson, Charles
 86IndGreI-38
Hodson, Tommy
 90LSUColC*-10
Hofeditz, Tom
 94IHSBoyAST-70
Hoff, Mustapha
 92OreSta-10
 93OreSta-10
Hoffman, Brad FLSt
 92FloSta*-13
Hoffman, Brad NC
 73NorCarPC-6D
 74NorCarS-2
 89NorCarCC-145
 00NorCarOO*-100
Hoffman, Paul
 50BreforH-14
 54BulGunB-7
Hoffman, Tammi
 93PurWom-13
Hofkamp, Matt
 90MicStaCC2-2
Hogan, Ben
 48ExhSpoC-24
 52Whe*-14A
 52Whe*-14B
Hogan, Jeff
 90FloSta*-107
Hogan, Mark
 91GeoTecCC*-45
Hoges, Daron
 91ProCBA-48
Hoiberg, Fred
 95ClaBKR-48
 95ClaBKRAu-48
 95ClaBKRPP-48
 95ClaBKRSS-48
 95ClaBKV-48

95ClaBKVE-48
95Col-46
95Col-91
95ColIgn-I14
95FivSp-40
95FivSpAu-40
95FivSpD-40
95SRDraD-50
95SRDraDSig-50
95SRFam&F-18
95SRSigPri-18
95SRSigPriS-18
Holcomb, Derek
 80III-5
Holcombe, Alex
 89Bay-7
 93Cla-92
 93ClaF-96
 93ClaG-92
Hold, Mike
 91SouCarCC*-183
Holdash, Irv
 90NorCarCC*-182
Holden, Cornelius
 91LouSch-1
Holden, Fred
 88LouColC-47
 88LouColC-133
 89LouColC*-15
Holden, Steve
 90AriStaCC*-86
Holder, Mike
 91OklStaCC*-89
Holderman, Andy
 91WriSta-8
 93WriSta-5
Holladay, Joe
 93Kan-15
Holland, Brad
 80Top-11
 80Top-144
 90UCL-36
 91UCL-7
Holland, Charlie
 94IHSBoyAST-47
Holland, James
 90MurSta-15
Holland, Joe
 88KenColC-34
 88KenColC-106
Holland, Steve
 76PanSti-250
Holland, Terry
 88Vir-7
Holland, Wilbur
 77BulWhlHP-3
 77Top-53
 78Top-4
 79Top-99
Hollenbeck, Kent
 88KenColC-93
 88KenColC-246
Holley, Kitty
 91TexA&MCC*-50
Holling, Henry
 85Bra-H7
Hollingsworth, Mo
 00KonProI-16
Hollins, Lionel
 76Top-119
 77Top-39
 77TraBlaP-14
 78Top-74
 78TraBlaP-4
 79Top-129
 79TraBlaP-9
 80Top-36
 80Top-119
 81Top-31
 83Sta-88
 84Sta-239
 85StaTeaS5-HR5
 89TraBlaF-12
 90AriStaCC*-12
Hollins, Paul
 91SouCarCC*-74
Hollis, Richard
 90ProCBA-38
Holloman, Darrin
 90FloStaCC*-17
Holloman, Tanner
 90FloStaCC*-43
Holloway, Keith
 85Bra-H7

Hollyfield, Larry
 91UCLColC-43
Holman, Nat
 33SpoKinR*-3
 68HalofFB-18
 77SpoSer7*-7721
Holman, Steve
 90HooAnn-28
Holmertz, Bret
 94IHSBoyAST-139
Holmes, Dick
 90MicStaCC2*-154
Holmes, Kermit
 91ProCBA-137
 92UltUSBPS-NNO
Holmes, Larry
 81TCMCBA-29
Holmes, Lester
 93ClaMcDF-5
 93ClaMcDF-35
 93ClaMcDFL-LP2
Holst, Don
 92Mon-7
Holt, Michael
 55AshOil-88
Holton, Michael
 84Sta-42
 86TraBlaF-5
 87TraBlaF-3
 89Hoo-119
 90Sky-30
 91ProCBA-131
 91UCLColC-18
Holtz, Lou
 91ArkColC*-47
 92TopStaoS*-3
Holup, John
 57Top-76
Holz, Mark
 85Bra-C6
Holzman, Red (William)
 48Bow-32
 85StaSchL-15
 92CenCou-16
 93ActPacHoF-13
 93ActPacHoF-82
 95ActPacHoF-4
Honeycutt, Tom
 94IHSBoyAST-6
Hood, Steve
 91Cla-32
 91Cou-27
 91FouSp-180
 91FroR-33
 91FroRowP-59
 91StaPic-44
 91UppDec-21
 92AusFutN-29
 92AusStoN-18
 93AusStoN-2
Hooker, Fair
 90AriStaCC*-19
Hooker, Wilbert
 89FreSta-6
 90FreSta-8
Hooks, Jasper
 91ProCBA-77
Hooks, Ray
 94IHSBoyA3S-7
Hoolahan, Paul
 90NorCarCC*-163
Hooper, Chip
 91ArkColC*-22
Hoot, Rick
 89NorCarSCC-185
Hoots, Matt
 94IHSBoyAST-38
Hope, Bob
 92Glo-35
Hope, Danny
 89LouColC*-130
Hopgood, Brian
 92Lou-3
 92Lou-17
Hopkins, Bernard
 96ScoBoaBasRoo-55
Hopkins, Bob
 57Top-53
 58SyrNat-4
Hopkins, Clyde
 91TenTec-7
Hopkins, Ed
 91GeoColC-57
Hopkins, Gayle

90AriColC*-119
Hopkins, Marcus
 90SouCal*-10
Hopkins, Mike
 89Syr-11
Hoppe, Willie
 33SpoKinR*-36
 48ExhSpoC-25
Hoppen, Dave
 84Neb*-16
 85Neb*-23
 89Hoo-99
 89PanSpaS-20
 90Hoo-55
 90Sky-31
 91Hoo-411
 92Sky-399
Hopson, Craig
 94IHSBoyAST-188
Hopson, Dennis
 89Hoo-199
 89PanSpaS-26
 90Fle-120
 90FleUpd-U14
 90Hoo-199
 90Hoo-404
 90Hoo100S-61
 90HooActP-104
 90HooTeaNS-4
 90Sky-182
 90Sky-371
 91Hoo-426
 91HooTeaNS-23
 91Sky-38
 91Sky-642
 91UppDec-169
 91UppDec-433
 92Hoo-199
 92Sky-212
Hord, Derrick
 79Ken-13
 79KenSch-9
 80KenSch-10
 81KenSch-10
 82KenSch-10
 88KenColC-10
 88KenColC-254
 89KenBigBTot8-53
Hordges, Cerrick
 91SouCarCC*-68
Horford, Tito
 88BucGreB-6
Horlen, Joel
 91OklStaCC*-33
Hornacek, Jeff
 87SunCirK-8
 88Sun5x8TI-4
 89Fle-121
 89Hoo-229
 90Fle-147
 90Hoo-236
 90Hoo100S-76
 90HooActP-124
 90HooTeaNS-21
 90PanSti-17
 90Sky-222
 91Maj-19
 91Fle-160
 91Hoo-164
 91Hoo100S-76
 91HooTeaNS-21
 91LitBasBL-14
 91PanSti-24
 91Sky-224
 91Sky-594
 91SkyCanM-37
 91UppDec-135
 91UppDec-469
 92Fle-171
 92Fle-405
 92FleAll-15
 92FleDra-9
 92FleSha-3
 92Hoo-180
 92Hoo-308
 92Hoo-445
 92Hoo100S-77
 92HooTeaNS-21
 92PanSti-24
 92Sky-190
 92Sky-384
 92StaClu-323
 92StaCluBT-9
 92StaCluMO-323

92StaCluMO-BT9
92Sun25t-20
92Top-112
92Top-343
92TopArc-82
92TopArcG-82G
92TopBeaT-2
92TopBeaTG-2
92TopGol-112G
92TopGol-343G
92Ult-332
92UppDec-22
92UppDec-369
92UppDec-403
92UppDecE-21
93Fin-188
93FinRef-188
93Fle-158
93Hoo-164
93HooFifAG-164
93JamSes-169
93PanSti-235
93Sky-140
93SkyThuaL-TL7
93StaClu-57
93StaCluFDI-57
93StaCluMO-57
93StaCluST-20
93StaCluSTNF-57
93Top-60
93TopGol-60G
93Ult-141
93UppDec-19
93UppDecE-224
93UppDecPV-51
93UppDecS-84
93UppDecSEC-84
93UppDecSEG-84
94ColCho-14
94ColChoGS-14
94ColChoSS-14
94Emb-95
94EmbGoll-95
94Emo-94
94Fin-96
94FinRef-96
94Fla-146
94Fle-222
94Hoo-210
94HooPowR-PR51
94HooShe-15
94JamSes-185
94PanSti-215
94ProMag-128
94Sky-163
94SP-158
94SPCha-129
94SPChaDC-129
94SPDie-D158
94StaClu-136
94StaClu-277
94StaCluFDI-136
94StaCluFDI-277
94StaCluMO-136
94StaCluMO-277
94StaCluMO-SS7
94StaCluSS-7
94StaCluSTNF-136
94StaCluSTNF-277
94Top-154
94Top-304
94TopSpe-154
94TopSpe-304
94Ult-184
94UppDec-296
94UppDecE-26
94UppDecSE-85
94UppDecSEG-85
95ColCho-69
95ColCholE-14
95ColCholJI-14
95ColCholSI-14
95ColChoPC-69
95ColChoPCP-69
95Fin-48
95FinRef-48
95Fla-137
95Fle-186
95FleEur-224
95Hoo-159
95JamSes-108
95JamSesDC-D108
95Met-109
95MetSilS-109

95PanSti-191
95ProMag-129
95Sky-117
95Sky-133
95SkyE-X-82
95SkyE-XB-82
95SP-133
95SPCha-106
95StaClu-8
95StaCluMOI-8
95Top-135
95TopGal-89
95TopGalPPI-89
95Ult-184
95UltGolM-184
95UppDec-183
95UppDecEC-183
95UppDecECG-183
95UppDecSE-86
95UppDecSEG-86
96ColCho-152
96ColCholl-154
96ColCholJ-69
96ColChoM-M2
96ColChoMG-M2
96Fin-136A
96FinRef-136C
96FlaSho-A58
96FlaSho-B58
96FlaSho-C58
96FlaShoLC-58
96FlaShoLC-B58
96FlaShoLC-C58
96Fle-109
96Fle-258
96Hoo-158
96HooStaF-27
96Met-100
96Sky-118
96SkyRub-118
96SkyTriT-TT7
96SkyZ-F-89
96SkyZ-FZ-89
96SP-113
96StaClu-68
96StaCluM-68
96Top-9
96TopChr-9
96TopChrR-9
96TopNBAa5-9
96Ult-111
96Ult-252
96UltGolE-G111
96UltGolE-G252
96UltPlaE-P111
96UltPlaE-P252
96UppDec-124
96UppDec-162
96UppDecFBC-FB28
Horne, Grey
91ArkColC*-87
Horne, Jerrell
92MemSta-11
93MemSta-3
Horner, Bob
90AriStaCC*-111
90AriStaCC*-172
Horner, Matt
94IHSBoyAST-48
Hornets, Charlotte
89PanSpaS-13
89PanSpaS-22
90Sky-330
91Hoo-276
91Sky-353
91UppDecSiSS-2
92Hoo-268
92UppDecDPS-2
92UppDecE-133
93PanSti-143
93StaCluBT-3
93UppDec-212
93UppDecDPS-3
94Hoo-393
94ImpJin-3
94StaCluMO-ST3
94StaCluST-3
94UppDecFMT-3
95FleEur-240
95PanSti-78
96TopSupT-ST3
Hornsby, Rogers
48TopMagP*-K8
Horry, Robert

91WilCarRP-P3
92Cla-33
92ClaGol-33
92ClaMag-BC14
92Fle-347
92FouSp-30
92FouSpGol-30
92FroR-30
92Hoo-392
92HooDraR-J
92HooMagA-9
92PanSti-3
92Sky-345
92SkyDraP-DP11
92StaClu-223
92StaCluMO-223
92StaPic-27
92Top-308
92TopGol-308G
92Ult-195
92Ult-271
92UltAll-3
92UppDec-7
92UppDecMH-31
92UppDec-464
92UppDecRS-RS6
93Fin-175
93FinRef-175
93Fle-77
93FleRooS-9
93Hoo-79
93HooFactF-9
93HooFifAG-79
93JamSes-81
93PanSti-90
93Sky-79
93SkyDynD-D3
93SkySch-22
93StaClu-210
93StaCluFDI-210
93StaCluMO-210
93StaCluRR-6
93StaCluSTDW-R210
93StaCluSTMP-R5
93StaCluSTNF-210
93Top-160
93TopGol-160G
93Ult-74
93UppDec-86
93UppDec-458
93UppDec-479
93UppDecA-AR7
93UppDecE-60
93UppDecE-166
93UppDecPV-19
93UppDecS-142
93UppDecSEC-142
93UppDecSEG-142
94ColCho-125
94ColChoGS-125
94ColChoSS-125
94Emb-36
94EmbGoll-36
94Emo-37
94Fin-149
94Fin-277
94FinLotP-LP18
94FinRef-149
94FinRef-277
94Fla-56
94FlaHotN-5
94Fle-83
94Hoo-76
94JamSes-71
94JamSesFS-2
94PanSti-144
94ProMag-46
94Sky-60
94Sky-194
94SP-79
94SPDie-D79
94StaClu-106
94StaClu-130
94StaCluFDI-106
94StaCluFDI-130
94StaCluMO-106
94StaCluMO-130
94StaCluMO-RS12
94StaCluMO-SS14
94StaCluRS-12
94StaCluSS-14
94StaCluSTMP-R10
94StaCluSTNF-106
94StaCluSTNF-130

94Top-319
94Top-320
94TopSpe-319
94TopSpe-320
94Ult-67
94UltJamC-3
94UppDec-136
94UppDecE-5
94UppDecSE-123
94UppDecSEG-123
95ColCho-86
95ColCho-361
95ColCho-364
95ColCholE-125
95ColCholJI-125
95ColCholSI-125
95ColChoPC-86
95ColChoPC-364
95ColChoPCP-86
95ColChoPCP-361
95ColChoPCP-364
95Fin-236
95FinHotS-HS15
95FinRef-236
95Fla-51
95Fla-168
95Fle-69
95Fle-223
95FleEur-87
95Hoo-61
95Hoo-361
95JamSes-40
95JamSesDC-D40
95Met-39
95Met-153
95MetMoIM-3
95MetSilS-39
95PanSti-169
95ProMag-47
95Sky-46
95Sky-125
95SkyE-X-31
95SkyE-XB-31
95SP-51
95SPCha-40
95StaClu-156
95StaCluMOI-156
95StaCluRM-RM8
95Top-191
95TopGal-102
95TopGalPPI-102
95TopF-TF20
95Ult-69
95Ult-218
95Ult-314
95UltGolM-69
95UltJamC-2
95UltJamCHP-2
95UppDec-87
95UppDec-333
95UppDecEC-87
95UppDecEC-333
95UppDecECG-87
95UppDecECG-333
95UppDecSE-30
95UppDecSEG-30
96BowBes-20
96BowBesAR-20
96BowBesR-20
96ColCho-59
96ColCho-306
96ColCholl-58
96ColCholl-154
96ColCholJ-361
96ColCholJ-364
96ColChoM-M44
96ColChoMG-M44
96Fin-193
96FinRef-193
96Fle-41
96Fle-237
96Hoo-62
96Hoo-233
96HooSil-62
96HooStaF-21
96Met-37
96Met-182
96MetPreM-182
96Sky-89
96Sky-179
96Sky-267

96SkyRub-89
96SkyRub-179
96SkyRub-267
96SkyZ-F-34
96SkyZ-F-127
96SkyZ-FZ-34
96SP-52
96StaClu-15
96StaCluM-15
96StaCluWA-WA9
96TopSupT-ST10
96UltGolE-G148
96UltPlaE-P148
96UppDec-46
96UppDec-279
96UppDecPS2-P15
96UppDecPTVCR2-TV15
Horton, Ed
87Iow-6
91ProCBA-62
Horton, Ethan
90NorCarCC*-10
90NorCarCC*-80
90NorCarCCP*-NC2
Horton, Gary
91TexA&MCC*-6
Horton, Jim
88Mis-5
89Mis-8
90Mis-10
Horton, Lenny
80TCMCBA-17
81TCMCBA-66
91GeoTecCC*-3
Horton, Steve
91Mis-11
92Mis-10
Hosey, Dennis
77WesVirS-2
78WesVirS-4
Hosket, Bill
70Top-104
Houbregs, Bob
54BulGunB-8
57Top-56
69ConSta-4
House, Joel
94IHSBoyAST-114
Houston, Allan
88KenSovPI-12
90KenBigBDTW-20
93Cla-8
93ClaChDS-DS27
93ClaF-15
93ClaG-8
93ClaPre-BK4
93ClaSB-SB8
93Fle-282
93FleLotE-11
93FouSp-8
93Hoo-332
93HooDraR-LP11
93HooFifAG-332
93HooShe-2
93Sky-221
93Sky-299
93SkyDraP-DP11
93SkySch-23
93StaClu-247
93StaCluFDI-247
93StaCluMO-247
93StaCluSTNF-247
93Top-261
93TopGol-261G
93Ult-243
93UppDec-405
93UppDec-493
93UppDecRS-RS7
94ColCho-162
94ColChoGS-162
94ColChoSS-162
94Fin-72
94FinRef-72
94Fla-46
94Fle-67
94FleRooS-10
94Hoo-59
94HooShe-8
94Ima-68
94JamSes-56
94PanSti-47
94ProMag-38
94Sky-49

94SkyRagR-RR7
94StaClu-142
94StaCluFDI-142
94StaCluMO-142
94StaCluSTNF-142
94Top-87
94TopSpe-87
94Ult-57
94UppDec-142
94UppDecSE-24
94UppDecSEG-24
95ColCho-80
95ColCholE-162
95ColCholJI-162
95ColCholSI-162
95ColChoPC-80
95ColChoPCP-80
95Fin-153
95FinRef-153
95Fla-38
95Fle-52
95FleEur-68
95Hoo-47
95HooMagC-8
95HooSla-SL15
95JamSes-31
95JamSesDC-D31
95Met-145
95PanSti-103
95ProMag-39
95Sky-36
95SkyE-136
95SkyE-X-25
95SkyE-XB-25
95SP-42
95SPCha-32
95StaClu-6
95StaCluMOI-6
95Top-274
95TopGal-26
95TopGalPPI-26
95Ult-53
95UltGolM-53
95UppDec-14
95UppDecEC-14
95UppDecECG-14
95UppDecSE-24
95UppDecSEG-24
96BowBes-16
96BowBesAR-16
96BowBesR-16
96ColCho-291
96ColCholI-47
96ColCholJ-80
96ColChoM-M146
96ColChoMG-M146
96Fin-204
96FinRef-204
96FlaSho-A71
96FlaSho-B71
96FlaSho-C71
96FlaShoLC-A71
96FlaShoLC-B71
96FlaShoLC-C71
96Fle-32
96Fle-224
96Fle-270
96FleGamB-3
96Hoo-47
96Hoo-179
96Hoo-226
96HooHotL-7
96HooSil-47
96HooStaF-18
96Met-113
96Met-126
96Met-195
96MetPreM-195
96Sky-174
96Sky-244
96SkyAut-29
96SkyAutB-29
96SkyGolT-2
96SkyRub-173
96SkyRub-244
96SkyZ-F-27
96SkyZ-F-118
96SkyZ-F-244
96SP-74
96StaClu-126
96StaCluWA-WA18
96Top-28
96Top-195
96TopChr-28

96TopChr-195
96TopChrR-28
96TopChrR-195
96TopNBAa5-28
96TopNBAa5-195
96Ult-220
96UltGolE-G220
96UltPlaE-P220
96UppDec-153
96UppDec-260
Houston, Anthony
91FroR-74
91FroRowP-22
91ProCBA-199
Houston, Byron
91OklSta-9
91OklSta-29
91OklSta-41
92Cla-48
92ClaGol-48
92ClaMag-BC13
92Fle-340
92FouSp-43
92FouSpGol-43
92Hoo-387
92PanSti-7
92Sky-341
92SkyDraP-DP27
92StaClu-350
92StaCluMO-350
92StaPic-53
92Top-338
92TopGol-338G
92Ult-263
92UppDec-315
92UppDec-462
93Fle-69
93FleRooS-10
93Hoo-71
93HooFifAG-71
93JamSes-70
93Top-43
93TopGol-43G
93Ult-66
93UppDec-113
93WarTop-2
94ColCho-61
94ColChoGS-61
94ColChoGS-321
94ColChoSS-61
94ColChoSS-321
94Fin-177
94FinRef-177
94Fle-373
94StaClu-261
94StaCluFDI-261
94StaCluMO-261
94StaCluSTNF-261
94Top-389
94TopSpe-389
95ColCho-119
95ColCholE-61
95ColCholE-321
95ColCholJI-61
95ColCholJI-321
95ColCholSI-61
95ColChoPC-119
95ColChoPCP-119
95StaClu-78
95StaCluMOI-78
95UppDec-248
95UppDecEC-248
95UppDecECG-248
96ColCholI-151
96ColCholJ-119
Houston, Maurice
91TenTec-8
92TenTec-9
93TenTec-9
Houston, Wade
83Lou-17
88LouColC-13
89LouColC*-66
Houston, Xanthus
90Bra-13
Houzer, Larry
89ProCBA-54
90ProCBA-36
Hovland, Tim
91SouCal*-38
Howard, Brian
87NorCarS-6
88NorCarS-6

89NorCarS-6
90ProCBA-5
91ProCBA-189
92Fle-323
92Hoo-371
92StaClu-295
92StaCluMO-295
92Top-385
92TopGol-385G
92Ult-247
92UppDec-378
93UppDecE-135
Howard, Frank
90CleColC*-9
90CleColC*-113
90CleColC*-C10
Howard, Greg
70SunA1PB-5
70Top-117
Howard, Jay
90HooAnn-29
Howard, Jeff
94IHSBoyAST-78
Howard, Julie
94SouMisSW-7
Howard, Juwan
92Mic-3
94Ass-56
94Ass-81
94AssPhoCOM-32
94Cla-5
94Cla-103
94ClaAssSS*-30
94ClaBCs-BC5
94ClaG-5
94ClaG-103
94ClaGamC-GC3
94ClaNatPA-1
94ClaPic-10
94ClaROYSw-5
94ClaVitPTP-5
94ColCho-278
94ColChoCtGRS-S4
94ColChoCtGRSR-S4
94ColChoDT-5
94ColChoGS-278
94ColChoSS-278
94Emb-105
94EmbGoll-105
94Emo-98
94Emo-103
94Fin-259
94Fin-288
94FinRacP-RP3
94FinRef-259
94FinRef-288
94Fla-319
94FlaWavotF-3
94Fle-381
94FleLotE-5
94FouSp-5
94FouSpAu-5A
94FouSpBCs-BC11
94FouSpG-5
94FouSpHigV-HV18
94FouSpPP-5
94Hoo-378
94HooDraR-5
94HooMagA-AR5
94HooMagAF-FAR5
94HooMagAJ-AR5
94HooShe-17
94HooShe-18
94JamSesRS-3
94ProMagRS-3
94ScoBoaDD-DD11
94ScoBoaDD-DD12
94ScoBoaNP*-4
94Sky-293
94SkyDraP-DP5
94SkyHeaotC-2
94SP-5
94SPCha-134
94SPChaDC-134
94SPDie-D5
94SPHol-PC24
94SPHolDC-24
94SRGoIS-7
94SRGoISSig-GS9
94SRTet-56
94SRTetFC-4
94SRTetS-56
94StaClu-210

94StaCluFDI-210
94StaCluMO-210
94StaCluSTNF-210
94Top-393
94TopSpe-393
94Ult-343
94UltAll-3
94UppDec-196
94UppDec-331
94UppDecDT-D5
94UppDecPAW-H38
94UppDecPAWR-H38
94UppDecRS-RS5
94UppDecSE-178
94UppDecSEG-178
94UppDecSEJ-27
95AssGol-41
95AssGolPC$2-41
95AssGPP-41
95AssGSS-41
95BulPol-2
95ClaBKR-102
95ClaBKRAu-102
95ClaBKRPP-102
95ClaBKRSS-102
95ClaBKV-60
95ClaBKVE-60
95ColCho-38
95ColCho-349
95ColChoCtGA-C3B
95ColChoCtGA-C3C
95ColChoCtGAG-C3
95ColChoCtGAG-C3B
95ColChoCtGAG-C3C
95ColChoCtGAGR-C3
95ColChoCtGASR-C3
95ColCholE-278
95ColCholJI-278
95ColCholSI-59
95ColChoPC-38
95ColChoPC-349
95ColChoPCP-349
95Fin-224
95FinDisaS-DS29
95FinMys-M20
95FinMysB-M20
95FinMysBR-M20
95FinRef-224
95Fla-145
95Fle-193
95FleClaE-4
95FleRooS-3
95Hoo-166
95Hoo-200
95HooBloP-14
95HooHoo-HS11
95HooMagC-29
95HooProS-4
95HooSla-SL49
95Ima-5
95ImaCP-CP4
95JamSes-116
95JamSesDC-D116
95Met-116
95MetSilS-116
95PanSti-57
95PanSti-283
95ProMag-132
95Sky-121
95Sky-297
95SkyClo-C9
95SkyE-X-88
95SkyE-XB-88
95SkyE-XU-20
95SP-144
95SPAII-AS9
95SPAIIG-AS9
95SPCha-114
95SPCha-146
95SPChaCotC-C29
95SPChaCotCD-C29
95SPChaCS-S7
95SPChaCSG-S7
95SPHol-PC39
95SPHolDC-PC39
95SRDraDR-R4
95SRDraDRS-R4
95SRKro-2
95SRKroFR-FR2
95SRKroJ-J1
95SRKroP-P2
95SRTetAut-78

95StaClu-10
95StaCluBT-BT2
95StaCluMO5-50
95StaCluMOI-10
95StaCluMOI-BT2
95SupPix-5
95SupPixAu-5
95SupPixC-5
95SupPixCG-5
95SupPixII-8
95SupPixLP-5
95TedWilCon-C5
95TedWilRC-RC6
95Top-161
95TopGal-21
95TopGalPPI-21
95TopRataR-R1
95TopWhiK-WK3
95Ult-192
95Ult-315
95UltAllT-6
95UltAllTGM-6
95UltGolM-192
95UppDec-160
95UppDec-207
95UppDec-348
95UppDecEC-160
95UppDecEC-207
95UppDecEC-348
95UppDecECG-160
95UppDecECG-207
95UppDecECG-348
95UppDecSE-88
95UppDecSEG-88
96Ass-15
96BowBes-33
96BowBesAR-33
96BowBesC-BC3
96BowBesCAR-BC3
96BowBesCR-BC3
96BowBesHR-HR9
96BowBesHRAR-HR9
96BowBesHRR-HR9
96BowBesR-33
96BowBesTh-TB20
96BowBesThAR-TB20
96BowBesTR-TB20
96ColCho-29
96ColCho-352
96ColChoCtGS2-C29A
96ColChoCtGS2-C29B
96ColChoCtGS2R-R29
96ColChoCtGSG2-C29A
96ColChoCtGSG2-C29B
96ColCholI 160
96ColCholI-139
96ColCholJ-38
96ColCholJ-349
96ColChoM-M178
96ColChoMG-M178
96ColChoS2-S29
96Fin-85
96Fin-261
96FinRef-85
96FinRef-140
96FinRef-261
96FlaSho-A5
96FlaSho-B5
96FlaCho-C5
96FlaShoHS-10
96FlaShoLC-A5
96FlaShoLC-B5
96FlaShoLC-C5
96Fle-116
96Fle-148
96Fle-297
96FleAusS-40
96FleFraF-4
96FleS-39
96FleTotO-3
96Hoo-170
96Hoo-333
96HooFlyW-2
96HooHIP-H20
96HooStaF-29
96Met-106
96Met-240
96MetMaxM-11
96MetMolM-5
96MetNet-4
96MetPowT-4
96MetPreM-240

96Sky-127
96Sky-245
96SkyAut-30
96SkyAutB-30
96SkyClo-CU3
96SkyE-X-79
96SkyE-XC-79
96SkyE-XSD2-9
96SkyNetS-6
96SkyRub-127
96SkyRub-245
96SkySta-SO2
96SkyThuaL-10
96SkyZ-F-95
96SkyZ-F-176
96SkyZ-FV-V4
96SkyZ-FZ-95
96SP-123
96SPPreCH-PC40
96SPSPxFor-F2
96StaClu-98
96StaCluCA-CA4
96StaCluCAAR-CA4
96StaCluCAR-CA4
96StaCluF-F18
96StaCluHR-HR15
96StaCluTC-TC7
96Top-137
96TopChr-137
96TopChrPF-PF12
96TopChrR-137
96TopMysF-M5
96TopMysFB-M5
96TopMysFBR-M5
96TopMysFBR-M5
96TopNBAa5-137
96TopProF-PF12
96TopSupT-ST29
96Ult-121
96Ult-127
96UltCouM-12
96UltGolE-G121
96UltGolE-G127
96UltPlaE-P121
96UltPlaE-P127
96UltRisS-5
96UppDec-164
96UppDec-312
96UppDecPS2-P20
96UppDecPTVCR2-TV20
96UppDecU-37
96UppDecUTWE-W11
96Vis-5
Howard, Lemuel
89Geo-8
90Geo-10
Howard, Roy
92UTE-4
Howard, Scott
93Mia-16
94Mia-8
Howard, Shanna
90CleWom-6
Howard, Stacie
92OhiStaW-5
93OhiStaW-5
Howard, Stephen
92Cla-55
92ClaGol-55
92Fle-434
92FouSp-50
92FouSpGol-50
92FroR-31
92Hoo-473
92StaClu-388
92StaCluMO-388
92Top-272
92TopGol-272G
92Ult-363
Howard, Terry
88LouColC-32
88LouColC-124
89LouColC*-293
Howat, Ed
90EasTenS-1
91EasTenS-1
Howe, Corey
91NorDak*-17
Howe, Dick
89KenColC*-73
Howell, Bailey
61Fle-20
61Fle-55
69Top-5

69TopRul-3
Howell, Jim Lee
91ArkColC*-97
Howell, Lenzie
89Ark-10
89Ark-16
Howey, Andrew
92AusFutN-77
Howling, Kirk (Kirkland)
88Cle-10
89Cle-11
90CleColC*-125
Howse, Derrick
86EmpSta-5
Howser, Dick
90FloStaCC*-1
Howze, William
93NewMexS-8
Hoyt, Carey
96PenSta*-19
Hristov, Valentin
76PanSti-223
Hsien-Ming, Chang
95UppDecCBA-12
Hsing-Liang, Ko
95UppDecCBA-23
95UppDecCBA-78
Huband, Kim
89NorCarCC-168
90NorCarCC*-172
Hubbard, D.J.
94IHSBoyAST-89
Hubbard, Greg
92AusStoN-61
93AusStoN-50
94AusFutN-81
94AusFutN-177
95AusFutN-14
96AusFutN-77
Hubbard, Harold
92Glo-69
Hubbard, Joel
94IHSBoyASD-20
Hubbard, Nathan
94IHSBoyAST-90
Hubbard, Phil
80Top-22
80Top-110
81Top-50
81Top-MW82
83Sta-235
84Sta-219
85Sta-156
86Fle-48
87Fle-53
91Mic*-27
Hubbell, Carl
33SpoKinR*-42
81TopThiB*-7
Huber, Lee
88KenColC-24
Hubert, Kelly
90Neb*-24
Hubert, Mick
83Day-12
Huch, Christi
96PenSta*-20
Hudock, Jim
89NorCarCC-143
Hudson, Cammy
94IHSHisRH-88
Hudson, Gerald
91OklStaCC*-16
Hudson, John
91SouCarCC*-143
Hudson, Lou
69Top-65
69TopRul-14
70Top-3
70Top-30
70Top-115
70TopPosl-19
71Top-110
71TopTri-1
72Top-130
73LinPor-6
73NBAPlaA-14
73Top-150
74Top-81
74Top-130
75CarDis-14
75Top-25
75Top-116

76BucDis-11
76Top-96
77Top-85
78Top-24
79Top-119
Huegen, Scott
94IHSBoyAST-19
Huery, Ron
89Ark-9
91ArkColC*-80
Huff, Derek
90AriColC*-101
Huff, Gary
90FloStaCC*-20
Huff, Ken
90NorCarCC*-140
Huffman, Chris
90KenProl-6
Huffman, Marv
87IndGreI-35
Huffman, Vern
86IndGreI-26
Huggins, Bob
92Cin-9
93Cin-10
Hughes, Carolyn
94CasHS-126
Hughes, Charles T.
89KenColC*-163
89KenColC*-215
Hughes, Delmar
89KenColC*-191
Hughes, Don
83Day-13
Hughes, Eddie
89NugPol-6
Hughes, John
86EmpSta-6
96PenSta*-23
Hughes, Juriad
92NewMexS-11
Hughes, Keith
91Cla-37
91Cou-28
91FouSp-185
91FroR-18
91FroRowP-77
91StaPic-56
Hughes, Lance
95ClaBKR-64
95ClaBKRAu-64
95ClaBKRPP-64
95ClaBKRSS-64
Hughes, Lowell
89KenColC*-139
89KenColC*-216
Hughes, Mark
88Mic-5
89Mic-15
91WilCar-68
Hughes, Rex
91Fle-349
Hughes, Steve
91TexA&MCC*-86
Hughes, Tyrone
92Neb*-2
Hull, Bobby
81PhiMor*-6
81TopThiB*-50
81TopThiB*-51
81TopThiB*-52
Hull, Brett
93CosBroPC*-7
93FaxPaxWoS*-26
Hull, Dennis
74NabSugD*-12
75NabSugD*-12
Hull, Marty
94IHSBoyASD-32
94IHSBoyAST-63
Humbles, Bobby
85Bra-D5
Hummer, John
71Top-125
72Com-16
72Top-147
73Top-52
74Top-52
Humphries, Jay
84Sta-43
85Sta-38
86Fle-49
87Sun5x8W-1
87SunCirK-9

88BucGreB-7
89Fle-86
89Hoo-298
89PanSpaS-116
89PanSpaS-121
89Fle-105
90Hoo-175
90Hoo100S-54
90HooActP-93
90HooTeaNS-15
90PanSti-102
90Sky-158
91Fle-116
91FleWheS-5
91Hoo-117
91Hoo-477
91Hoo100S-55
91HooTeaNS-15
91PanSti-139
91Sky-158
91Sky-473
91UppDec-241
92Fle-222
92Fle-435
92Hoo-208
92Hoo-474
92Hoo100S-54
92PanSti-108
92Sky-135
92Sky-403
92StaClu-240
92StaCluMO-240
92Top-372
92TopArc-51
92TopArcG-51G
92TopGol-372G
92Ult-364
92UppDec-81
92UppDec-340
92UppDecS-1
93Fin-67
93FinRef-67
93Fle-208
93Hoo-216
93HooFifAG-216
93JamSes-225
93JazOldH-5
93PanSti-117
93Sky-176
93StaClu-226
93StaCluFDI-226
93StaCluMO-226
93StaCluSTNF-226
93Top-122
93TopGol-122G
93Ult-187
93UppDec-301
94ColCho-306
94ColChoGS-306
94ColChoSS-306
94Fin-154
94Fin-307
94FinRef-154
94FinRef-307
94Fla-147
94Fle-223
94JamSes-186
94PanSti-216
94Sky-164
94Sky-289
94StaClu-339
94StaCluFDI-339
94StaCluMO-339
94StaCluSTNF-339
94Top-179
94TopSpe-179
94Ult-185
94UppDec-74
94UppDecSE-176
94UppDecSEG-176
95ColCholE-306
95ColCholJI-306
95ColCholSI-87
95FleEur-225
Humphries, Stefan
91Mic*-26
Hundley, Rod
55AshOil-89
57Top-43
61Fle-21
61LakBelB-4
69ConSta-5
92LakCheP-3
Hung-Zung, Chen

95UppDecCBA-6
Hunley, Lamonte
90AriColC*-74
Hunley, Ricky
90AriColC*-7
Hunnicutt, Joseph
55AshOil-42
Hunt, Anderson
88UNL-3
89UNL7-E-7
89UNLHOF-6
90UNLHOF-4
90UNLHOF-10
90UNLSeatR-4
90UNLSeatR-15
90UNLSmo-7
91Cla-46
91ClaAut-2
91FouSp-194
Hunt, Jerry
73NorCarSPC-C5
Hunt, Melvin
89Bay-8
Hunt, Michael
91MurSta-7
92MurSta-9
Hunt, Thom
90AriColC*-86
Hunter, Bobby Joe
71Glo84-73
71Glo84-74
71Glo84-75
71Glo84-76
71Glo84-77
71GloCocP2-20
71GloCocP2-21
Hunter, Cedric
89ProCBA-167
90ProCBA-9
91ProCBA-184
Hunter, Curtis
86NorCar-43
86NorCarS-1
89NorCarCC-172
90NorCarCC*-25
Hunter, Deon
89ProCBA-19
Hunter, Ivy Joe
89KenColC*-170
Hunter, Jo Jo
82TCMCBA-86
Hunter, Les
71ColMarO-4
71Top-157
72Top-217
73Top-263
Hunter, Lindsey
93Cla-7
93ClaChDS-DS39
93ClaF-13
93ClaG-7
93ClaLPs-LP7
93ClaSB-SB7
93Fin-184
93FinRef-184
93Fle-283
93FleFirYP-3
93FleLotE-10
93FouSp-7
93FouSpG-7
93FouSpLPs-LP9
93Hoo-333
93HooDraR-LP10
93HooFifAG-333
93HooMagA-9
93HooShe-2
93Sky-222
93Sky-299
93SkyDraP-DP10
93SkySch-24
93StaClu-274
93StaClu-309
93StaCluFDI-274
93StaCluFDI-309
93StaCluMO-274
93StaCluMO-309
93StaCluSTNF-274
93StaCluSTNF-309
93Top-331
93TopGol-331G
93Ult-244
93UltAllS-5
93UppDec-338
93UppDec-492

Issel, Dan • 107

93UppDecH-H34
93UppDecPV-87
93UppDecRE-RE10
93UppDecREG-RE10
93UppDecRS-RS14
93UppDecS-121
93UppDecS-185
93UppDecS-206
93UppDecSEC-121
93UppDecSEC-185
93UppDecSEC-206
93UppDecSEG-121
93UppDecSEG-185
93UppDecSEG-206
93UppDecWJ-492
94ColCho-82
94ColChoCtGA-A8
94ColChoCtGAR-A8
94ColChoGS-82
94ColChoSS-82
94Emb-28
94EmbGolI-28
94Fin-36
94FinMarM-5
94FinRef-36
94Fla-47
94Fle-68
94FleRooS-11
94Hoo-60
94Hoo-430
94HooPowR-PR16
94HooShe-8
94HooSupC-SC15
94Ima-75
94JamSes-57
94JamSesSYS-3
94PanSti-48
94PanSti-I
94ProMag-39
94Sky-50
94Sky-190
94SkyRagR-RR8
94SkyRagRP-RR8
94SP-69
94SPCha-58
94SPChaDC-58
94SPDie-D69
94StaClu-96
94StaCluCC-8
94StaCluFDI-96
94StaCluFDI-229
94StaCluMO-96
94StaCluMO-229
94StaCluMO-CC8
94StaCluSTNF-96
94StaCluSTNF-229
94Top-62
94TopSpe-62
94TopSupS-10
94Ult-58
94UltAllT-7
94UppDec-10
94UppDec-118
94UppDecE-121
94UppDecSE-115
94UppDecSEQ-115
94UppDecSEJ-8
95ColCho-256
95ColCholE-82
95ColCholI-82
95ColCholSI-82
95ColChoPC-256
95ColChoPCP-256
95Fin-98
95FinRef-98
95Fla-39
95Fle-53
95FleEur-69
95Hoo-48
95Met-30
95MetSilS-30
95PanSti-104
95ProMag-38
95Sky-37
95SP-41
95StaClu-158
95StaCluMOI-158
95Top-111
95Ult-54
95UltGolM-54
95UppDec-52
95UppDecEC-52
95UppDecECG-52

95UppDecSE-113
95UppDecSEG-113
96ColCho-49
96ColCholI-32
96ColCholJ-256
96ColChoM-M113
96ColChoMG-M113
96Fin-64
96FinRef-64
96FlaSho-A85
96FlaSho-B85
96FlaSho-C85
96FlaShoLC-85
96FlaShoLC-B85
96FlaShoLC-C85
96Hoo-48
96HooSil-48
96HooStaF-8
96Met-169
96MetPreM-169
96Sky-35
96SkyRub-35
96SP-33
96StaClu-50
96StaCluM-50
96Top-174
96TopChr-174
96TopChrR-174
96TopNBAa5-174
96TopSupT-ST8
96Ult-180
96UltGolE-G180
96UltPlaE-P180
96UppDec-35
96UppDec-143
Hunter, Tat
89ProCBA-69
91ProCBA-193
Huntington, Jade
91VanSch-1
Hupmann, Sascha
93Cla-44
93ClaF-32
93ClaG-44
93FouSp-38
93FouSpG-38
Hurd, Harry
89KenColC*-281
Hurley, Bobby
93Fin-26
93FinRef-26
93Fle-372
93FleFirYP-4
93FleLotE-7
93Hoo-401
93HooDraR-LP7
93HooFifAG-401
93HooMagA-7
93JamSes-195
93JamSesRS-5
93Sky-274
93Sky-314
93SkyDraP-DP7
93SkySch-28
93SkyThuaL-TL8
93StaClu-53
93StaClu-213
93StaClu-269
93StaCluBT-20
93StaCluFDI-53
93StaCluFDI-213
93StaCluFDI-269
93StaCluMO-53
93StaCluMO-213
93StaCluMO-269
93StaCluMO-BT20
93StaCluSTNF-53
93StaCluSTNF-213
93StaCluSTNF-269
93Top-86
93Top-232
93TopGol-86G
93TopGol-232G
93Ult-161
93UltAllS-6
93UppDec-314
93UppDec-489
93UppDecBB-1
93UppDecDPP-DP3
93UppDecPV-88
93UppDecRE-RE7
93UppDecREG-RE7
93UppDecRS-RS2

93UppDecS-156
93UppDecSEC-156
93UppDecSEG-156
94ColCho-132
94ColCho-418
94ColChoB-132
94ColChoB-A132
94ColChoGS-132
94ColChoGS-418
94ColChoSS-132
94ColChoSS-418
94Emb-82
94EmbGolI-82
94Emo-86
94Fin-330
94FinRef-330
94Fla-301
94Fle-193
94FleRooS-12
94Hoo-184
94Hoo-427
94HooSupC-SC42
94JamSes-162
94Sky-141
94Sky-341
94SkyRagR-RR21
94SkySkyF-SF7
94StaClu-112
94StaClu-278
94StaClu-321
94StaCluBT-23
94StaCluFDI-112
94StaCluFDI-278
94StaCluFDI-321
94StaCluMO-112
94StaCluMO-278
94StaCluMO-321
94StaCluMO-BT23
94StaCluSTNF-112
94StaCluSTNF-278
94StaCluSTNF-321
94Top-44
94TopSpe-44
94Ult-326
94UppDec-77
94UppDecE-106
94UppDecS-3
94UppDecSE-166
94UppDecSEG-166
95ColCho-25
95ColCholE-132
95ColCholE-418
95ColCholJI-132
95ColCholJI-418
95ColCholSI-132
95ColCholSI-199
95ColChoPC-25
95ColChoPCP-25
95Fin-17
95FinRef-17
95Fla-117
95Fle-160
95FleEur-198
95Hoo-326
95PanSti-255
95ProMag-112
95Sky-199
95StaClu-53
95StaCluMOI-53
95Top-189
95TopGal-121
95TopGalPPI-121
95Ult-156
95UltGolM-156
95UppDec-256
95UppDecEC-256
95UppDecSE-256
95UppDecSEG-76
96ClaLegotFF-17
96ColCho-321
96ColCholI-134
96ColCholJ-25
96ColChoM-M25
96ColChoMG-M25
96TopSupT-ST23
96UppDec-106
Hurley, Erin
85Neb*-28
Hurt, Bobby
82Fai-7
Hurt, Charles
79Ken-12
79KenSch-10

80KenSch-11
81KenSch-11
82KenSch-11
88KenColC-118
88KenColC-180
88KenColC-243
88KenColC-244
89KenColC*-47
Huschke, Thomas
76PanSti-186
Huston, Geoff
80Top-3
80Top-175
81Top-MW73
83Sta-236
85Sta-135
Hutchins, Aaron
94Mar-6
95Mar-7
Hutchins, Mel (Hutch)
57Top-46
81TCMNBA-4
Hutchinson, Tina
94IHSHisRH-89
Hutchinson, Tom
89KenColC*-148
Hutton, Joey
50LakSco-5
Hutton, Mark
92Aub-12
Hyatt, Charles D.
68HalofFB-19
Hyatt, Jeremy
93NorCarS-6
94NorCarS-7
Hyatt, Rodney
87NorCar-11
Hyde-Lay, Ian
83Vic-3
I-Shang, Liu
95UppDecCBA-19
Iavaroni, Marc
83Sta-4
84StaAre-E4
85Sta-146
88JazSmo-5
89Hoo-142
89JazOldH-6
89PanSpaS-177
Iba, Gene
87Bay*-6
89Bay-9
Iba, Henry P.
68HalofFB-20
91ImpHaloF-61
91ImpHaloF-74
91OklSta-33
91OklStaCC*-1
91OklStaCC*-63
93ActPacHoF-59
94UppDecU-90
94UppDecUGM-90
Iba, Moe
85Neb*-19
Ibrahim, I.M.
90CleColC*-69
Idzkowski, Dick
90MicStaCC2*-57
Igwebuike, Donald
90CleColC*-4
Ike, Larry
90MicStaCC2*-184
Ilgauskas, Zydrunas
96BowBesRo-R25
96BowBesRoAR-R25
96BowBesRoR-R25
96SkyAut-31
96SkyAutB-31
96TopDraR-20
Imhoff, Darrall
69Top-4
70Top-3
70Top-57
Immel, Dave
91UCLColC-28
Imming, Stacy
85Neb*-21
Incaviglia, Pete
91OklStaCC*-71
Ingalls, David
87Mai*-10
Ingersoll, Carl
87BYU-8
88BYU-15

Ingram, David
92TenTec-10
93TenTec-10
Ingram, Linty
87AriSta*-11
90AriStaCC*-21
90AriStaCCP*-3
Ingram, Riccardo
91GeoTecCC*-129
Ingwersen, Erin
92OhiStaW-6
93OhiStaW-6
94OhiStaW-6
Inman, Bridget
92Ill-27
Inman, Stu
69ConSta-6
Inniger, Erv
86IndGrel-39
Inyatkin, Ruslan
93Con-6
94Con-6
95Con-6
Ionata, Joey
90FloStaCC*-41
Ireland, George
90NotDam-56
Ireland, R.Y.
89KenColC*-217
Irish, Edward S.
68HalofFB-21
Irvin, Byron
88Mis-6
89TraBlaF-6
90Fle-156
90Sky-235
90Sky-420
91ProCBA-150
Irvin, Fess
87LSU*-4
Irvin, Michael
93CosBroPC*-8
Irvin, Nick
94IHSBoyAST-38
Irvine, George
73Top-248
74Top-233
75Top-320
Irwin, Jim
90HooAnn-30
Isaac, Reggie
91ProCBA-99
Isenhour, Tripp
91GeoTecCC*-120
Ishmael, Charles
88KenColC-79
Isles, David
94Mia-1
Isom, Bud
91GeoTecCC*-14
Issel, Dan
71ColMarO-5
71Top-146
71Top-147
71Top-200
71TopTri-1A
72Top-230
72Top-249
72Top-259
73Top-204
73Top-210
73Top-234
74Top-190
74Top-207
74Top-224
75Top-260
76Top-94
77Top-41
78RoyCroC-15
78Top-81
79Top-17
80Top-5
80Top-68
80Top-73
80Top-120
80Top-125
80Top-166
81Top-11
81Top-49
81Top-W107
82NugPol-44
83NugPol-44
83Sta-189

84Sta-142
84Sta-283
84StaCouK5-28
87Ken*-4
88KenColC-7
88KenColC-166
88KenColC-179
88KenColC-226
89KenColC*-2
90HooAnn-31
92Fle-56
92Hoo-245
92Sky-261
93ActPacHoF-60
93Hoo-236
93HooFifAG-236
94Hoo-280
94HooShe-7
95ActPacHoF-8

Iuzzolino, Mike
91Cla-25
91Cou-29
91Fle-269
91FouSp-173
91FroR-8
91FroRowP-107
91StaPic-53
91UppDec-16
91UppDecRS-R40
91WilCar-88
91WilCarRHR-8
92Fle-51
92FleTeaNS-4
92Hoo-48
92PanSti-67
92Sky-51
92StaClu-49
92StaCluMO-49
92Top-6
92TopGol-6G
92Ult-44
92UppDec-267
93Fle-45
93Hoo-47
93HooFifAG-47
93PanSti-72

Ivemeyer, John
91GeoTecCC*-10

Iverson, Allen
94Geo-5
96AllSpoPPaF-7
96AllSpoPPaF-80
96AllSpoPPaF-179
96AllSpoPPaFR-R1
96BowBesP-BP9
96BowBesPAR-BP9
96BowBesPR-BP9
96BowBesRo-R1
96BowBesRoAR-R1
96BowBesRoR-R1
96BowBesTh-TB13
96BowBesThAR-TB13
96BowBesTR-TB13
96ColCho-301
96ColChoDT-DR1
96ColChoM-M152
96ColChoMG-M152
96ColEdgRR-19
96ColEdgRRD-19
96ColEdgRRG-19
96ColEdgRRKK-9
96ColEdgRRKKG-9
96ColEdgRRKKH-9
96ColEdgRRRR-8
96ColEdgRRRRG-8
96ColEdgRRRRH-8
96ColEdgRRTW-6
96ColEdgRRTWG-6
96ColEdgRRTWH-6
96Fin-69
96Fin-240
96Fin-280
96FinRef-69
96FinRef-240
96FinRef-280
96FlaSho-A3
96FlaSho-B3
96FlaSho-C3
96FlaShoCo'-10
96FlaShoLC-3
96FlaShoLC-B3
96FlaShoLC-C3
96Fle-235
96FleLuc1-1

96FleRooS-7
96FleS-28
96FleThrS-5
96Hoo-295
96HooGraA-6
96HooRoo-12
96HooStaF-20
96Met-201
96Met-236
96MetFreF-FF8
96MetMolM-17
96MetPreM-201
96MetPreM-236
96PacPow-20
96PacPowGCDC-GC7
96PacPowITP-IP8
96PacPowJBHC-JB6
96PrePas-1
96PrePas-41
96PrePasA-1
96PrePasAu-7
96PrePasJC-J1
96PrePasL-1
96PrePasNB-1
96PrePasNB-41
96PrePasP-7
96PrePasS-1
96PrePasS-41
96ScoBoaAB-1
96ScoBoaAB-50
96ScoBoaAB-1A
96ScoBoaAB-1B
96ScoBoaAB-1C
96ScoBoaAB-50
96ScoBoaAB-PP1
96ScoBoaAC-7
96ScoBoaACA-23
96ScoBoaACGB-GB7
96ScoBoaBasRoo-1
96ScoBoaBasRoo-79
96ScoBoaBasRoo-81
96ScoBoaBasRooCJ-CJ1
96ScoBoaBasRooD-DC1
96Sky-85
96Sky-216
96SkyE-X-53
96SkyE-XACA-1
96SkyE-XC-53
96SkyE-XNA-1
96SkyE-XSD2-1
96SkyGolT-3
96SkyLarTL-B6
96SkyNetS-7
96SkyNewE-5
96SkyRooP-R9
96SkyRub-85
96SkyRub-216
96SkyZ-F-151
96SkyZ-FLBM-5
96SkyZ-FZ-8
96SkyZ-FZ-10
96SkyZ-FZZ-8
96SP-141
96SPInsI-IN5
96SPInsIG-IN5
96SPPreCH-PC28
96StaCluCA-CA10
96StaCluCAAR-CA10
96StaCluCAR-CA10
96StaCluR1-R1
96StaCluR2-R16
96StaCluRS-RS25
96StaCluSM-SM15
96Top-171
96TopChr-171
96TopChrR-171
96TopChrY-YQ1
96TopDraR-1
96TopNBAa5-171
96TopYou-U1
96Ult-82
96Ult-270
96UltAll-7
96UltFreF-5
96UltGivaT-4
96UltGolE-G82
96UltGolE-G270
96UltPlaE-P82
96UltPlaE-P270
96UltRisS-6
96UltScoK-20
96UltScoKP-20
96UppDec-91
96UppDec-350

96UppDecPS2-P14
96UppDecPTVCR2-TV14
96UppDecRE-R1
96UppDecSG-SG10
96UppDecU-14
96UppDecUSS-S8
96VisSigBRR-VBR1
97ScoBoaASP-REV1

Ivery, Eddie Lee
91GeoTecCC*-125
91GeoTecCC*-197

Ivery, Willie
88Jac-8
89Jac-8

Ivory, Darrell
94IHSBoyAST-142

Ivy, Sam
88WakFor-5

Izzo, Tom
90MicStaCC2-18

Jabali, Armstrong (Warren)
71FloMcD-1
71Top-188
72Top-205
72Top-261
73Top-220
73Top-239
75Top-296

Jackson, Allen
92Cin-10

Jackson, Bo
87Aub*-16A
87Aub*-16B
88FooLocSF*-4
90ColColP*-AU1
91FooLocSF*-22
91ProStaP*-1

Jackson, Bobby
90FloStaCC*-7

Jackson, Cleveland
92Geo-8
93Geo-8

Jackson, Clinton
76PanSti-178

Jackson, Corey
92Ala-9
93Ala-9

Jackson, Craig
89ProCBA-172
91UCLColC-71

Jackson, D.J.
92NewMexS-7
93NewMexS-3

Jackson, Dana
91Min-5
92Min-6

Jackson, Dane
91NorDak*-16

Jackson, Daymond
96Geo-3

Jackson, Deon
93Bra-10
94Bra-12
95Bra-4

Jackson, Derrick
91GeoColC-43
91GeoColC-98

Jackson, Donya
94IHSBoyA3S-58

Jackson, Elfrem
89ProCBA-168

Jackson, George
9088'CalW-9
9088'CalW-10

Jackson, Gigi
92OhiStaW-7
93OhiStaW-7
94OhiStaW-7

Jackson, Glover
93LSU-9

Jackson, Greg
75Top-201
80TCMCBA-28
88LSUAII*-15
90LSUColC*-94

Jackson, Inman
92Glo-50

Jackson, Jackie
71Glo84-78
71Glo84-79
71Glo84-80
71Glo84-81

Jackson, Jaren

85Geo-8
86Geo-8
87Geo-8
88Geo-8
90ProCBA-124
91GeoColC-9
91GeoColC-81
91ProCBA-154
92Fle-355
92Hoo-401
92StaClu-379
92StaCluMO-379
92Top-358
92TopGol-358G
93Ult-324
94Fle-344
94Ult-310

Jackson, Jay
80WicSta-5

Jackson, Jim
91OhiSta-10
92Cla-31
92ClaLPs-LP4
92ClaLPs-LP4
92ClaMag-BC8
92ClaPro-6
92ClaShoP2*-9
92FleTeaNS-4
92FouSp-28
92FouSp-317
92FouSpAu-28A
92FouSpBCs-BC3
92FouSpGol-28
92FouSpGol-317
92FouSpLPs-LP9
92Sky-NNO
92UppDec-33
92UppDec-458
92UppDecS-10
93Cla-107
93ClaC3*-10
93ClaG-107
93ClaMcDF-22
93Fin-116
93Fin-136
93FinRef-116
93FinRef-136
93Fle-46
93FleRooS-11
93FleSha-2
93FouSp-318
93FouSpG-318
93Hoo-48
93HooFactF-4
93HooFifAG-48
93HooPro-1
93JamSes-48
93JamSesSYS-2
93PanSti-73
93Sky-57
93Sky-DP4
93SkySch-26
93SkyThuaL-TL1
93StaClu-326
93StaCluFDI-326
93StaCluNO-326
93StaCluSTNF-326
93Top-38
93Top-150
93TopBlaG-7
93TopGol-38G
93TopGol-150G
93Ult-46
93UltIns-2
93UppDec-24
93UppDec-215
93UppDec-460
93UppDec-477
93UppDecE-136
93UppDecFH-30
93UppDecH-H6
93UppDecLT-LT15
93UppDecPV-61
93UppDecS-140
93UppDecS-4
93UppDecSDCA-W1
93UppDecSEC-140
93UppDecSEG-140
93UppDecTM-TM6
94ColCho-224
94ColChoGS-224
94ColChoSS-224
94Emb-20
94EmbGolI-20

94Emo-19
94EmoX-C-X5
94Fin-253
94Fin-265
94FinCor-CS13
94FinIroM-3
94FinMarM-4
94FinRef-253
94FinRef-265
94Fla-34
94Fle-49
94Hoo-43
94HooNSCS-NNO
94HooPowR-PR11
94HooShe-6
94HooSupC-SC11
94Ima-81
94ImaChr-CC3
94JamSes-40
94MavBoo-1
94PanSti-120
94ProMag-27
94Sky-36
94Sky-191
94SkySlaU-SU11
94SP-56
94SPCha-48
94SPChaDC-48
94SPDie-D56
94StaClu-78
94StaClu-280
94StaCluDaD-4B
94StaCluFDI-78
94StaCluFDI-280
94StaCluMO-78
94StaCluMO-280
94StaCluMO-DD4B
94StaCluMO-ST6
94StaCluMO-TF7
94StaCluST-6
94StaCluSTNF-78
94StaCluSTNF-280
94StaCluTotF-7
94Top-153
94Top-303
94TopSpe-153
94TopSpe-303
94Ult-41
94UltIns-5
94UppDec-131
94UppDecE-24
94UppDecFMT-6
94UppDecSE-19
94UppDecSEG-19
95ColCho-140
95ColCho-326
95ColCholE-224
95ColCholJI-224
95ColCholSI-5
95ColChoPC-140
95ColChoPC-326
95ColChoPCP-140
95ColChoPCP-326
95Fin-164
95FinRef-164
95Fla-25
95Fle-34
95FleEur-48
95FleFlaHL-6
95FleFraF-3
95Hoo-33
95HooMagC-6
95HooNumC-18
95HooSla-SL10
95JamSes-21
95JamSesDC-D21
95JamSesP-12
95MavTacB-1
95Met-20
95MetSilS-20
95PanSti-146
95ProMag-30
95Sky-25
95Sky-279
95SkyAto-A13
95SkyE-X-17
95SkyE-XB-17
95SP-30
95SPCha-22
95StaClu-106
95StaClu-150
95StaCluMOI-106B
95StaCluMOI-106R

95StaCluMOI-150
95Top-250
95TopGal-65
95TopGalPPI-65
95TopMysF-M6
95TopMysFR-M6
95Ult-37
95Ult-316
95UltFabF-4
95UltFabFGM-4
95UltGolM-37
95UltScoK-3
95UltScoKHP-3
95UppDec-225
95UppDecEC-225
95UppDecECG-225
95UppDecSE-17
95UppDecSEG-17
96BowBes-24
96BowBesAR-24
96BowBesR-24
96ColCho-36
96ColCho-360
96ColChoGF-GF9
96ColCholl-36
96ColCholl-116
96ColCholJ-140
96ColCholJ-326
96ColChoM-M90
96ColChoMG-M90
96Fin-101
96Fin-180
96FinRef-101
96FinRef-180
96FlaSho-A46
96FlaSho-B46
96FlaSho-C46
96FlaShoLC-46
96FlaShoLC-B46
96FlaShoLC-C46
96Fle-21
96FleGamB-2
96FleS-7
96FleSwiS-6
96Hoo-33
96HooSil-33
96HooStaF-6
96Met-21
96Sky-25
96SkyAut-32
96SkyAutB-32
96SkyE-X-44
96SkyE-XC-44
96SkyInt-9
96SkyRub-25
96SkyZ-F-18
96SkyZ-F-177
96SkyZ-FZ-18
96SP-23
96SPGamF-GF6
96StaClu-74
96StaCluM-74
96Top-75
96TopChr-75
96TopChrR-75
96TopNBAa5-75
96TopSupT-ST6
96Ult-24
96UltGolE-G24
96UltPlaE-P24
96UltScoK-6
96UltScoKP-6
96UppDec-26
96UppDec-141
96UppDecFBC-FB1
Jackson, John
90MurSta-5
91SouCal*-91
Jackson, Keith
81Ari-8
83Ari-8
84Ari-7
Jackson, Lance
93NewMexS-9
Jackson, Lucious
91ImpHaloF-56
91ImpHaloF-60
Jackson, Luke
69Top-67
70Top-33
71Top-5
72Spa-7
72Top-118
Jackson, Maree

90LSUColC*-61
Jackson, Mario
90OreSta-11
91OreSta-10
Jackson, Mark
88Fle-82
88Fle-121
88KniFriL-4
89Fle-101
89Fle-167
89Hoo-146
89Hoo-300
89HooAllP-2
89KniMarM-3
89PanSpaS-35
89PanSpaS-265
89PanSpaS-286
89SpolIlfKl*-10
90Fle-126
90Hoo-205
90Hoo100S-64
90HooActP-9
90HooActP-108
90HooTeaNS-18A
90HooTeaNS-18B
90PanSti-144
90Sky-189
91Fle-137
91FleTonP-13
91Hoo-141
91Hoo100S-66
91HooTeaNS-18
91LitBasBL-16
91Sky-190
91Sky-422
91Sky-449
91UppDec-212
91UppDecS-8
92Fle-151
92Fle-356
92FleDra-24
92Hoo-154
92Hoo-402
92PanSti-176
92Sky-162
92Sky-351
92SkyNes-17
92StaClu-368
92StaCluMO-368
92Top-325
92TopArc-92
92TopArcG-92G
92TopGol-325G
92Ult-84
92Ult-279
92UltPla-4
92UppDec-215
92UppDec-341
92UppDec-361
93Fin-8
93FinRef-8
93Fle-92
93Hoo-95
93HooFifAG-95
93JamSes-97
93JamSesTNS-4
93PanSti-16
93Sky-91
93StaClu-108
93StaCluFDI-108
93StaCluIDI-108
93StaCluMO-26
93StaCluMO-108
93StaCluSTNF-26
93StaCluSTNF-108
93Top-20
93TopGol-20G
93Ult-87
93UppDec-15
93UppDec-184
93UppDec-221
93UppDec-447
93UppDec-463
93UppDecE-181
93UppDecPV-57
93UppDecS-107
93UppDecSEC-107
93UppDecSEG-107
93UppDecTD-TD5
94ColCho-113
94ColCho-249
94ColChoCtGA-A9
94ColChoCtGAR-A9

94ColChoGS-113
94ColChoGS-249
94ColChoSS-113
94ColChoSS-249
94Emb-40
94EmbGoll-40
94Emo-39
94Fin-5
94Fin-247
94FinRef-5
94FinRef-247
94Fla-232
94Fle-101
94Fle-296
94Hoo-94
94Hoo-332
94HooPowR-PR21
94JamSes-78
94PanSti-55
94ProMag-58
94Sky-75
94Sky-236
94SP-84
94SPCha-69
94SPChaDC-69
94SPDie-D84
94StaClu-105
94StaClu-293
94StaClu-328
94StaCluFDI-105
94StaCluFDI-293
94StaCluFDI-328
94StaCluMO-105
94StaCluMO-293
94StaCluMO-328
94StaCluSTDW-P293
94StaCluSTNF-105
94StaCluSTNF-293
94StaCluSTNF-328
94Top-249
94TopOwntG-14
94TopSpe-249
94Ult-74
94Ult-257
94UppDec-290
94UppDecE-84
94UppDecETD-TD5
94UppDecSE-134
94UppDecSEG-134
94UppDecSEJ-11
95ColCho-302
95ColCho-401
95ColCholE-113
95ColCholE-249
95ColCholJI-113
95ColCholJI-249
95ColCholSI-113
95ColCholSI-30
95ColChoPC-302
95ColChoPC-401
95ColChoPCP-302
95ColChoPCP-401
95Fin-14
95FinDisaS-DS11
95FinRef-14
95Fla-56
95Flc-74
95FleEur-95
95Hoo-66
95Hoo-380
95JamSes-44
95JamSesDC-D44
95Met-43
95MetSilS-43
95ProMag-52
95Sky-50
95Sky-126
95StaClu-132
95StaCluMOI-132
95Top-281
95TopGal-143
95TopGalPPI-143
95TopPowB-281
95Ult-74
95UltGolM-74
95UppDec-129
95UppDec-147
95UppDecEC-129
95UppDecEC-147
95UppDecECG-129
95UppDecECG-147
95UppDecSE-122
95UppDecSEG-122
96ColCho-66

96ColCho-233
96ColCholl-44
96ColCholl-191
96ColCholJ-302
96ColCholJ-401
96ColChoM-M75
96ColChoMG-M75
96Fin-165
96FinRef-165
96Fle-44
96Fle-176
96Hoo-66
96HooSil-66
96HooStaF-7
96Met-114
96Met-166
96MetPreM-166
96Sky-268
96SkyAut-33
96SkyAutB-33
96SkyRub-268
96SP-28
96StaClu-115
96Top-49
96Top-166
96TopChr-49
96TopChrR-49
96TopChrR-166
96TopNBAa5-49
96TopNBAa5-166
96TopSupT-ST11
96Ult-174
96UltGolE-G174
96UltPlaE-P174
96UppDec-142
96UppDec-208
96UppDecGK-27
96UppDecRotYC-RC10
Jackson, Merv
71Top-154
72Top-233
Jackson, Michael
82Geo-8
83Geo-7
84Geo-7
85Geo-9
88KinCarJ-2
89KinCarJ-2
91GeoColC-8
91GeoColC-16
91GeoColC-34
91GeoColC-54
Jackson, Mike
74Top-261
75Top-236
Jackson, Petra
95WomBasA-10
Jackson, Phil
72Top-32
73LinPor-91
73Top-71
74Top-132
75CarDis-16
75Top-111
76Top-77
89Hoo-266
90BulEqu-7
90Hoo-308
90Hoo-348
90Sky-301
91SMaj-33
91Fle-28
91Hoo-224
91Sky-381
92Fle-31
92Hoo-242
92Hoo-305
92Sky-258
93Hoo-233
93HooFifAG-233
93HooShe-1
94Hoo-277
94HooShe-5
95BulJew-1
95Hoo-173
96Hoo-252
Jackson, Quinton
87NorCarS-7
89NorCarSCC-150
89NorCarSCC-151
89NorCarSCC-182
Jackson, Ralph
91UCLColC-65

Jackson, Ray
92Mic-9
95ClaBKR-70
95ClaBKRAu-70
95ClaBKRPP-70
95ClaBKRSS-70
95Col-76
95Col-97
95SRDraD-48
95SRDraDSig-48
Jackson, Reed
93Eva-6
Jackson, Reggie
81TopThiB*-24
90AriStaCC*-1
90AriStaCC*-151
90AriStaCCP*-1
Jackson, Reggie BK
95ClaBKR-71
95ClaBKRAu-71
95ClaBKRPP-71
95ClaBKRSS-71
Jackson, Rusty
90LSUColC*-73
Jackson, Stanley
92Ala-10
92Ala-16
93Cla-45
93ClaF-34
93ClaG-45
93FouSp-39
93FouSpG-39
Jackson, Stu
89Hoo-60
89KniMarM-4
90Hoo-322
90Sky-318
Jackson, Tia
92IowWom-6
93IowWom-5
Jackson, Tom
89LouColC*-200
Jackson, Tracy
90NotDam-57
Jackson, Trent
91ProCBA-14
Jacobs, A.J.
89LouColC*-185
Jacobs, Chris
94IHSBoyAST-7
Jacobs, Jack
48ExhSpoC-26
Jacobs, James
89EasTenS-6
Jacobs, Jerry
90IloStaCC*-172
Jacobs, John
92Cin-11
93Cin-11
Jacobs, Rolf
84Ari-8
85Ari-8
Jacobson, Ben
91NorDak*-3
Jacobson, Sam
94Min-5
Jacoby, Jennifer
93PurWom-3
Jacoby, Joe
89LouColC*-142
Jacques, Julin
91Geo-16
92Geo-8
93Geo-4
94Geo-3
Jaffee, Irving
33SpoKinR*-34
Jagr, Jaromir
93CosBroPC*-9
Jakubick, Joe
92OhiValCA-9
Jalewalia, Amy
90UCL-19
Jamerson, Dave
90FleUpd-U35
90RocTeal-1
90StaPic-16
91Hoo-370
91HooTeaNS-10
91Sky-102
91UppDec-296
92Hoo-456
92StaClu-366
92StaCluMO-366

92Top-179
92TopGol-179G
93Top-35
93TopGol-35G
Jamerson, Wilbur
89KenColC*-145
James, Aaron
75Top-91
78Top-52
79Top-111
James, Artis
94IHSBoyAST-45
James, Bruce
91ArkColC*-60
James, Garry
90LSUColC*-75
James, Gene
84MarPlaC-C6
James, Henry
90ProCBA-130
91Fle-263
91Hoo-349
91HooTeaNS-5
91UppDec-369
92Hoo-41
92Sky-42
93Hoo-352
93HooFifAG-352
93UppDec-377
James, Jessie
48TopMagP*-S5
James, Lindy
91SouCarCC*-95
James, Michael
92MurSta-10
James, Quinton
94TexAaM-7
James, Richard
94IHSBoyAST-220
James, Ron (Po)
88NewMexSA*-5
Jameson, Dan
94IHSBoyAST-140
Jamison, Alonzo
89Kan-47
91Kan-4
91Kan-17
92Cla-39
92ClaGol-39
92FouSp-34
92FouSpGol-34
92FroR-32
93StaPic-42
Jamison, Ryan
94Cal-7
Jamrozy, Ute
90CleColC*-171
Janka, Ed
82Fai-8
Jaracz, Robert
91GeoTecCC*-80
Jaracz, Thad
88KenColC-142
88KenColC-240
Jarman, Murray
90CleColC*-35
Jaros, Tony
50LakSco-6
Jarrett, Link
92FloSta*-34
Jarrett, Paul
93NewMexS-10
Jarvinen, M.
48TopMagP*-E17
Jarvis, John
76PanSti-18
Jaskulski, Mike
93Mia-16
94Mia-8
Jaworski, Brian
94IHSBoyAST-85
Jax, Garth
90FloStaCC*-93
Jaxon, Khari
90NewMex-5
91NewMex-8
92NewMex-6
93Cla-93
93ClaF-74
93ClaGal-93
93FouSp-81
93FouSpG-81
Jazz, Utah
74FleTeaP-13

74FleTeaP-32
75Top-214
75TopTeaC-214
77FleTeaS-15
89PanSpaS-173
89PanSpaS-182
90Sky-353
91Hoo-299
91Sky-376
92Hoo-291
92UppDecDPS-19
92UppDecE-156
93PanSti-116
93StaCluBT-26
93StaCluMO-ST26
93StaCluST-26
93UppDec-235
93UppDecDPS-26
94Hoo-416
94ImpPin-27
94StaCluMO-ST26
94StaCluST-26
94UppDecFMT-26
95FleEur-263
95PanSti-195
96TopSupT-ST27
Jeanette, Harry E. (Buddy)
48Bow-38
50BreforH-15
52RoyDes-8
95ActPacHoF-35
Jeelani, Abdul (Gary Cole)
79TraBlaP-11
80Top-51
80Top-142
81Top-MW77
Jeffcoat, Jim
90AriStaCC*-48
Jefferson, Fraser
85Vic-3
Jefferson, John
90AriStaCC*-3
90AriStaCC*-119
Jefferson, Norman
90LSUColC*-178
Jefferson, Sam
86Geo-9
87Geo-9
88Geo-9
89Geo-9
91GeoColC-33
Jeffries, Irvine
89KenColC*-218
Jeffries, James J.
48TopMagP*-A5
56AdvR74*-79
Jeffries, Royce
90ProCBA-103
Jeffries, Ted
91Vir-6
92Vir-6
Jenkins, Ab
54QuaSpoO*-13
Jenkins, Cedric
84KenSch-10
88KenColC-129
88KenColC-178
88KenColC-242
91ProCBA-69
Jenkins, Corey
92NewMex-7
Jenkins, Cory
94IHSBoyAST-171
Jenkins, Darryl
91GeoTecCC*-126
Jenkins, Dave
76PanSti-104
Jenkins, Ferguson
91ProSetPF*-5
Jenkins, Karen Ann
90CleColC*-191
Jenkins, Kelly
90Tex*-21
Jenkins, Martha
92Neb*-18
Jenkins, Monte
94IHSBoyAST-172
Jenkins, Paul
89KenColC*-253
Jenkins, Randy
89KenColC*-126
Jenner, Bruce
76PanSti-149
83HosU.SOGM-15

83TopHisGO-50
83TopOlyH-21
91ImpDecG-5
91ImpHaloF-33
92SniU.SOC-6
92TopStaoS*-4
Jennings, Justin
92Pur-5
93Pur-8
Jennings, Karen
91Neb*-17
92Neb*-13
Jennings, Keith
89EasTenS-3
90EasTenS-6
91Cou-30
91FouSp-214
92Fle-341
92Hoo-388
92StaClu-392
92StaCluMO-392
92Ult-264
92UppDec-410
93Hoo-339
93HooFifAG-339
93Sky-225
93Top-274
93TopGol-274G
93Ult-250
93UppDec-82
93WarTop-13
94ColCho-336
94ColChoGS-336
94ColChoSS-336
94Fin-56
94FinRef-56
94Fla-220
94Fle-73
94PanSti-136
94StaClu-192
94StaCluFDI-192
94StaCluMO-192
94StaCluSTNF-192
94Top-222
94TopSpe-197
94TopSpe-222
94Ult-247
94UppDec-36
94WarTop-GS8
95ColCholE-336
95ColCholJI-336
95ColCholSI-117
95StaClu-11
95StaCluMOI-11EB
95StaCluMOI-11ER
95Top-172
Jennings, Ned
88KenColC-74
Jensen, Jackie
57UniOilP*-38
Jensen, Tonny
93AusFutN-90
93AusStoN-89
94AusFutN-94
94AusFutN-154
95AusFutHTH-H5
96AusFutN-51
96AusFutN-94
Jent, Chris
91OhiSta-11
94Fle-292
96AusFutNOL-OL5
Jepsen, Les
87Iow-7
90FleUpd-U32
90StaPic-33
91Hoo-427
91HooTeaNS-23
91Sky-93
91Sky-643
92StaClu-165
92StaCluMO-165
Jergenson, Brad
91SouCarCC*-126
Jerome, Herbert
89KenColC*-300
Jerome, Jimmy
90NorCarCC*-129
Jestadt, Gary
79AriSpoCS*-5
Jeter, Chris
88UNL-11
89UNL7-E-8
89UNLHOF-10

90UNLHOF-9
90UNLSeatR-9
90UNLSmo-8
Jeter, James Louisville
81Lou-20
83Lou-6
88LouColC-29
Jeter, Marlene
90TenWom-12
Jewell, Mark
87Iow-8
Jewtraw, C.
33SpoKinR*-11
Jimenez, Andres
85FouAsedB-7d
92UppDecE-130
Jiunn-Chie, Chen
95UppDecCBA-45
Jiunn-San, Tsou
95UppDecCAM-M2
95UppDecCBA-17
95UppDecCBA-72
95UppDecCBA-80
95UppDecCBA-93
95UppDecCBA-115
Jobe, Ben
87Sou*-4
Joe, Darryl
87LSU*-5
89ProCBA-108
Jofresa, Rafael
92UppDecE-126
Jogis, Chris
90AriStaCC*-175
Johanning, David
91Kan-5
John, Chris
94IHSBoyAST-105
Johnk, Tim
91Neb*-5
Johnsen, Jason
89Wis-7
Johnson, Adam
91SouCal*-25
Johnson, Adrienne
92OhiStaW-8
93OhiStaW-8
94OhiStaW-8
Johnson, Antonio
88WakFor-6
Johnson, Antuan
94WriSta-15
Johnson, Archie
85ForHayS-9
Johnson, Arlando
90KenSovPI-8
Johnson, Arnie
48Bow-44
Johnson, Avery
87Sou*-7
90Sky-380
91Hoo-436
91Sky-259
91UppDec-394
92Fle-81
92Fle-429
92Hoo-82
92PanSti-79
92Sky-87
92StaClu-53
92StaClu-341
92StaCluMO-53
92StaCluMO-341
92Top-133
92Top-287
92TopGol-133G
92TopGol-287G
92Ult-70
92Ult-356
92UppDec-94
92UppDec-399
93Fin-143
93FinRef-143
93Fle-194
93Fle-291
93Hoo-201
93Hoo-340
93HooFifAG-201
93HooFifAG-340
93JamSes-207
93PanSti-110
93Sky-166
93Sky-226
93Sky-300

93StaClu-321
93StaCluFDI-321
93StaCluMO-321
93StaCluSTNF-321
93Top-251
93TopGol-251G
93Ult-172
93Ult-251
93UppDec-328
93UppDecS-128
93UppDecSEC-128
93UppDecSEG-128
93WarTop-16
94ColCho-6
94ColCho-301
94ColChoGS-6
94ColChoGS-301
94ColChoSS-6
94ColChoSS-301
94Fin-318
94FinRef-318
94Fla-135
94Fle-74
94Fle-367
94Hoo-66
94Hoo-371
94Hoo-447
94JamSes-172
94PanSti-201
94Sky-282
94SP-149
94SPDie-D149
94Top-130
94TopSpe-130
94Ult-172
94UppDec-43
95ColCho-6
95ColCho-360
95ColCho-403
95ColCholE-6
95ColCholE-301
95ColCholJI-6
95ColCholJI-301
95ColCholSI-6
95ColCholSI-82
95ColChoPC-6
95ColChoPC-360
95ColChoPC-403
95ColChoPCP-6
95ColChoPCP-360
95ColChoPCP-403
95Fin-97
95FinDisaS-DS24
95FinRef-97
95Fla-123
95Fle-169
95FleEur-209
95Hoo-147
95Hoo-396
95HooMagC-24
95JamSes-96
95JamSesDC-D96
95Met-98
95MetSilS-98
95PanSti-183
95Sky-109
95SkyE-X-74
95SkyE-XB-74
95SP-120
95SPCha-95
95StaClu-341
95StaCluMOI-169
95Top-209
95TopGal-66
95TopGalPPI-66
95Ult-163
95UltGolM-163
95UppDec-82
95UppDecEC-82
95UppDecECG-82
95UppDecSE-80
95UppDecSEG-80
96BowBes-36
96BowBesAR-36
96BowBesR-36
96BowBesTh-TB1
96BowBesThAR-TB1
96BowBesTR-TB1
96ColCho-138
96ColCho-199
96ColChoGF-GF6
96ColCholI-138
96ColCholI-150
96ColCholI-193

96ColCholJ-6
96ColCholJ-360
96ColCholJ-403
96ColCholNE-E4
96ColChoM-M22
96ColChoMG-M22
96Fin-32
96FinRef-32
96Fle-99
96Hoo-141
96HooStaF-24
96Met-90
96Sky-105
96SkyRub-105
96SkyTriT-TT4
96SkyZ-F-80
96SkyZ-FLBM-6
96SkyZ-FZ-80
96SkyZ-FZ-11
96SP-101
96StaClu-8
96StaCluM-8
96Top-202
96TopChr-202
96TopChrR-202
96TopChrSB-SB13
96TopNBAa5-202
96TopSeaB-SB13
96Ult-100
96UltGolE-G100
96UltPlaE-P100
96UppDec-110
96UppDec-159
96UppDec-178
96UppDecFBC-FB18
Johnson, Bert
89KenColC*-161
Johnson, Big Train (Walter)
48TopMagP*-K15
Johnson, Bob
68ParMea*-16
Johnson, Buck
89Hoo-237
89PanSpaS-148
90Fle-71
90Hoo-125
90Hoo100S-37
90HooActP-71
90HooTeaNS-10
90PanSti-70
90RocTeal-2
90Sky-108
91Fle-75
91Hoo-76
91HooTeaNS-10
91PanSti-61
91Sky-103
91UppDec-302
92Fle-82
92Fle-438
92Hoo-83
92Hoo-477
92Sky-88
92Sky-406
92StaClu-229
92StaCluMO-229
92Top-328
92TopGol-328G
92Ult-189
02Ult 368
92UppDec-377
93Fle-218
93JamSes-235
93Ult-196
Johnson, Cal
89LouColC*-50
Johnson, Chad
91NorDak*-16
Johnson, Charles
73LinPor-51
74Top-14
75Top-86
76Top-137
79Top-116
Johnson, Charles HS
94IHSBoyAST-230
Johnson, Charley FB
88NewMexSA*-6
Johnson, Charlie
89LouColC*-175
Johnson, Ching
33SpoKinR*-30
Johnson, Chris

90AriColC*-78
Johnson, Christy
95Neb*-18
Johnson, Clarence
83Sta-175
Johnson, Clay
81TCMCBA-48
82LakBAS-3
Johnson, Clemon
78TraBlaP-1
83Sta-5
83StaSixC-15
84Sta-205
84StaAre-E5
85JMSGam-9
85Sta-4
85StaTeaS5-PS4
Johnson, Clester
95Neb*-11
Johnson, Clyde
89KenColC*-164
Johnson, Corrie
93EasTenS-5
Johnson, Courtney
90CleWom-7
Johnson, Damon
94TexAaM-9
Johnson, Dana
92TenWom-8
93TenWom-6
94TenWom-4
Johnson, Darryl
89ProCBA-184
90MicStaCC2*-168
95AusFutN-11
Johnson, Dave (David)
88Syr-5
89Syr-6
92Cla-24
92ClaGol-24
92ClaMag-BC12
92ClaWorCA-19
92ClaWorCA-60
92Fle-417
92FouSp-21
92FouSpGol-21
92FroR-33
92Sky-392
92SkyDraP-DP26
92SkySchT-ST7
92StaClu-300
92StaCluMO-300
92StaPic-23
92Top-382
92TopGol-382G
02TraBlaF 18
92Ult-198
92Ult-344
93Fle-258
93Hoo-179
93HooFifAG-179
93Top-11
93TopGol-11G
93Ult-219
Johnson, Dennis
78SupPol-3
78SupTeal-4
78Top-78
79SupPol-9
79SupPor-3
70Top C
80SunPep-4
80Top-8
80Top-121
81SunPep-6
81Top-34
81Top-W108
83Sta-32
84Sta-6
84StaAre-A4
84StaCelC-19
85JMSGam-15
85Sta-97
85StaLakC-3
85StaTeaS5-BC4
86Fle-50
87Fle-54
88CelCit-3
88Fle-10
89Fle-9
89Hoo-121
89PanSpaS-5
90Fle-9
90Hoo-41

90HooActP-28
90Sky-16
92Sun25t-16
Johnson, Deron
89Ari-4
90Ari-3
Johnson, Derrick MO
92Mis-11
93Mis-9
Johnson, Derrick Virg.
91Vir-7
Johnson, Dervynn
87Sou*-10
Johnson, Dewayne
94IHSBoyAST-143
Johnson, Diane
90AriColC*-83
Johnson, DJ (Dwayne)
82Mar-2
Johnson, Don
91UCLColC-56
Johnson, Dusty
94IHSBoyASD-53
Johnson, Dwight
73NorCarSPC-C4
Johnson, Earl
91SouCarCC*-109
Johnson, Eddie A. III.
80III-6
83Sta-219
84Sta-273
85KinSmo-8
85Sta-76
86Fle-51
86KinSmo-3
87Fle-55
87SunCirK-10
88Fle-90
88Sun5x8TI-5
89Fle-122
89Hoo-195
89PanSpaS-217
90Fle-148
90Hoo-237
90Hoo100S-78
90HooActP-126
90HooTeaNS-24A
90HooTeaNS-24B
90HooTeaNS-24C
90HooTeaNS-24D
90Sky-223
90SunSmo-3
90SupKay-10
90SupTeal-2
91Fle-190
91Iloo-199
91HooTeaNS-25
91Sky-270
91Sky-483
91UppDec-371
92Fle-211
92Hoo-215
92PanSti-57
92Sky-230
92SkySchT-ST11
92StaClu-171
92StaCluMO-171
92Sun25t-21
92Top-384
92TopArc-16
92TopArcG-100
92TopGol-384G
92Ult-171
92UppDec-298
92UppDec1PC-PC15
92UppDecE-96
93Fin-27
93FinRef-27
93Fle-198
93Fle-255
93Hoo-206
93Hoo-309
93HooFifAG-206
93HooFifAG-287
93HooFifAG-309
93JamSes-22
93PanSti-60
93Sky-204
93Sky-294
93StaClu-231
93StaCluFDI-231
93StaCluMO-231
93StaCluSTNF-231
93Top-242

93TopGol-242G
93Ult-21
93Ult-216
93UppDec-146
93UppDec-185
93UppDec-399
93UppDecE-242
93UppDecS-39
93UppDecS-201
93UppDecSEC-39
93UppDecSEC-201
93UppDecSEG-39
93UppDecSEG-201
94Fle-25
94Hoo-20
95Fle-227
95StaClu-301
95Ult-220
95UppDec-289
95UppDecECG-289
96ColCho-65
96FleDecoE-13
96UltDecoE-U13
96UppDec-50
Johnson, Eddie Aub.
78HawCok-8
78Top-108
79HawMajM-9
79Top-24
80Top-9
80Top-32
80Top-128
80Top-148
81Top-44
81Top-E68
83Sta-268
84Sta-81
85Sta-44
Johnson, Eddie Louisville
89LouColC*-146
Johnson, Ellis
84MarPlaC-D1
84MarPlaC-H8
88KenColC-18
Johnson, Elylen
91SouCarCC*-190
Johnson, Eric
88Neb*-16
90Sky-280
91ProCBA-203
Johnson, Ernie Jr.
90HooAnn-32
96UppDec-209
Johnson, Ervin
93Cla-46
93ClaF-36
93ClaG-46
93Fin-71
93FinRef-71
93Fle-382
93FouSp-40
93FouSpG-40
93Hoo-409
93HooFifAG-409
93JamSes-213
93Sky-189
93SkyDraP-DP23
93SkySch-27
93StaClu-36
93StaClu-341
93StaCluFDI-36
93StaCluFDI-341
93StaCluMO-36
93StaCluMO-341
93StaCluSTDW-S341
93StaCluSTNF-36
93StaCluSTNF-341
93Top-171
93Top-240
93TopGol-171G
93TopGol-240G
93Ult-149
93Ult-344
93UppDec-321
94ColCho-94
94ColChoGS-94
94ColChoSS-94
94Fin-7
94FinRef-71
94Fla-140
94Fle-374
94Hoo-199
94HooShe-14
94Ima-90
94PanSti-206

94ProMag-122
94SkyRagR-RR22
94StaClu-170
94StaCluFDI-170
94StaCluMO-170
94StaCluSTNF-170
94Top-363
94TopSpe-363
94Ult-337
95ColCho-164
95ColCholE-94
95ColCholJI-94
95ColCholSI-94
95ColChoPC-164
95ColChoPCP-164
95Fin-18
95FinRef-18
95Fle-253
95FleEur-216
95Hoo-152
95ProMag-121
95StaClu-277
95Top-184
95UppDec-43
95UppDecEC-43
95UppDecECG-43
96ColCho-234
96ColCholI-152
96ColCholJ-164
96Fin-245
96FinRef-245
96Fle-171
96Hoo-208
96HooStaF-7
96Met-167
96MetPreM-167
96Sky-148
96SkyRub-147
96SkyZ-F-159
96StaCluWA-WA21
96Top-90
96Top-119
96TopChr-119
96TopChrR-92
96TopChrR-119
96TopNBAa5-92
96TopNBAa5-119
96TopSupT-ST25
96Ult-175
96UltGolE-G175
96UltPlaE-P175
96UppDec-209
Johnson, Frank
83Sta-209
84Sta-189
86Fle-52
89Hoo-57
89Hoo-333
91SMaj-20
92Sky-344
92StaClu-332
92StaCluMO-332
92SunTopKS-5
92Top-387
92TopGol-387G
92Ult-339
92UppDec-347
93Fle-358
93Hoo-391
93HooFifAG-391
93JamSes-177
93Top-304
93TopGol-197G
93TopGol-304G
93Ult-320
93UppDecS-159
93UppDecSEC-159
93UppDecSEG-159
94PanSti-177
94Ult-149
Johnson, G.Ray
92UTE-14
Johnson, Gary (Cat)
82TCMCBA-39
82TCMLanC-25
82TCMLanC-26
Johnson, Gary Purdue
92Pur-15
Johnson, Gea
87AriSta*-12
Johnson, George
79Top-39
80Top-37

80Top-45
80Top-53
80Top-113
80Top-114
80Top-141
Johnson, George E.
71Top-21
74Top-54
Johnson, George L.
83Sta-160
84Sta-92
84Sta-206
Johnson, George T.
74Top-159
75Top-13
78Top-55
Johnson, Gilbert
89Pit-4
Johnson, Grant
89Wis-8
Johnson, Greg
91NorDak*-1
91NorDak*-14
Johnson, Greg HS
94IHSBoyAST-177
Johnson, Gus
69Top-12
69TopRul-18
70SunCarM-6
70Top-92
71Top-77
71TopTri-43
72SunCarM-5
72Top-6
Johnson, Jack
48TopMagP*-A6
56AdvR74*-32
87IndGreI-33
Johnson, Jamal
93Mia-9
Johnson, Jamar
92Neb*-14
93Neb*-10
Johnson, James
94IHSBoyAST-99
Johnson, Janine
87SouLou*-16
Johnson, Jermaine
92Hou-10
Johnson, Jerry
91ProCBA-164
Johnson, Jerry Fair
82Fai-9
Johnson, Jessie (Oz)
89LouColC*-100
Johnson, Jimmy
91OklStaCC*-19
Johnson, Jo Jo
94IHSHisRH-69
Johnson, Joey
91ProCBA-90
Johnson, John Henry Ariz.
90AriStaCC*-70
Johnson, John Howard Getty
71Top-4
72Top-43
73Top-47
74Top-66
75Top-147
78SupPol-4
78SupTeal-5
79SupPol-14
79SupPor-4
79Top-104
80Top-25
80Top-78
80Top-92
80Top-166
81Top-W98
Johnson, John MD
88Mar-3
Johnson, John Okla.
91OklSta-35
Johnson, Katrena
90AriColC*-32
Johnson, Keith
93NewMexS-11
Johnson, Ken
85TraBlaF-6
87IndGreI-41
Johnson, Kevin GOLF
90CleColC*-14
Johnson, Kevin Maurice

88Sun5x8TI-6
89Fle-123
89Hoo-35
89PanSpaS-215
89PanSpaS-221
89SpolllfKl*-204
90Fle-149
90Hoo-19
90Hoo-238A
90Hoo-238B
90Hoo-375
90Hoo100S-75
90HooActP-123
90HooAllP-3
90HooCol-40
90HooTeaNS-21
90PanSti-16
90Sky-224A
90Sky-224B
90SkyPro-224
90StaKevJ-1
90StaKevJ-2
90StaKevJ-3
90StaKevJ-4
90StaKevJ-5
90StaKevJ-6
90StaKevJ-7
90StaKevJ-8
90StaKevJ-9
90StaKevJ-10
90StaKevJ-11
90StaPro-9
90SunSmo-4
915Maj-21
915Maj-22
915Maj-60
91Fle-161
91Fle-210
91Fle-392
91FleSch-4
91FleTonP-79
91FleWheS-5
91Hoo-165
91Hoo-265
91Hoo-302
91Hoo-490
91Hoo100S-77
91HooMcD-33
91HooTeaNS-21
91KelColG-5
91LitBasBL-18
91PanSti-21
91PanSti-87
91Sky-225
91Sky-479
91Sky-582
91SkyCanM-38
91UppDec-23
91UppDec-32
91UppDec-59
91UppDec-356
92Fle-181
92Fle-252
92Fle-258
92Fle-282
92FleSpaSS-2
92FleTeaL-21
92FleTonP-87
92Hoo-181
92Hoo-326
92Hoo-335
92Hoo100S-78
92PanSti-40
92Sky-191
92Sky-302
92SkyNes-18
92SkyThuaL-TL3
92StaClu-216
92StaCluBT-12
92StaCluMO-216
92StaCluMO-BT12
92Sun25t-24
92SunTopKS-6
92Top-190
92Top-222
92TopArc-93
92TopArcG-93G
92TopBeaT-3
92TopBeaTG-3
92TopGol-190G
92TopGol-222G
92Ult-144
92UltAll-15
92UltPla-5

92UppDec-57
92UppDec-64
92UppDec-119
92UppDec-418
92UppDecE-84
92UppDecE-165
92UppDecE-168
92UppDecM-P32
92UppDecTM-TM22
93Fin-183
93FinRef-183
93Fle-167
93Hoo-172
93Hoo-294
93HooFifAG-172
93HooFifAG-294
93HooShe-5
93JamSes-178
93JamSesG-3
93PanSti-38
93Sky-20
93Sky-147
93StaClu-15
93StaCluFDI-15
93StaCluMO-15
93StaCluSTNF-15
93Top-30
93Top-207
93TopGol-30G
93TopGol-207G
93Ult-147
93UppDec-7
93UppDec-190
93UppDec-191
93UppDec-200
93UppDec-472
93UppDec-502
93UppDecE-228
93UppDecPV-13
93UppDecS-31
93UppDecS-219
93UppDecS-2
93UppDecSEC-31
93UppDecSEC-219
93UppDecSEG-31
93UppDecSEG-219
94ColChoC-7
94ColChoCtGA-A10
94ColChoCtGAR-A10
94ColChoGS-7
94ColChoSS-7
94Emb-75
94EmbGoII-75
94Emo-78
94Fin-91
94FinLotP-LP5
94FinRef-91
94Fla-118
94Fla-162
94FlaUSAKJ-M1
94FlaUSAKJ-M2
94FlaUSAKJ-M3
94FlaUSAKJ-M4
94FlaUSAKJ-M5
94FlaUSAKJ-M6
94FlaUSAKJ-M7
94FlaUSAKJ-M8
94Fle-178
94FleAll-16
94Hoo-169
94Hoo-240
94HooPowR-PR42
94HooShe-2
94HooSupC-SC37
94JamSes-149
94PanSti-178
94Sky-131
94Sky-342
94SkySkyF-SF8
94SkyUSAKJ-90G
94SkyUSAKJ-90S
94SkyUSAKJ-91G
94SkyUSAKJ-91S
94SkyUSAKJ-92G
94SkyUSAKJ-92S
94SkyUSAKJ-93G
94SkyUSAKJ-93S
94SkyUSAKJ-94G
94SkyUSAKJ-94S
94SkyUSAKJ-95G
94SkyUSAKJ-95S
94SkyUSAKJ-DP14
94SkyUSAKJ-PT14
94SkyUSAOTC-9

94SP-132
94SPCha-109
94SPChaDC-109
94SPDie-D132
94StaClu-70
94StaClu-228
94StaCluFDI-70
94StaCluFDI-228
94StaCluMO-70
94StaCluMO-228
94StaCluMO-SS3
94StaCluSS-3
94StaCluSTDW-SU70
94StaCluSTNF-70
94StaCluSTNF-228
94Top-157
94Top-189
94TopOwntG-15
94TopSpe-157
94TopSpe-189
94Ult-150
94UltAll-7
94UppDec-20
94UppDec-57
94UppDec-176
94UppDecE-15
94UppDecPLL-R14
94UppDecPLLR-R14
94UppDecSE-70
94UppDecSEG-70
94UppDecUCT-CT14
94UppDecUFYD-4
95ColCho-94
95ColCho-355
95ColCholE-7
95ColCholJI-7
95ColCholSI-7
95ColChoPC-94
95ColChoPC-355
95ColChoPCP-94
95ColChoPCP-355
95Fin-237
95FinDisaS-DS21
95FinMys-M40
95FinMysB-M40
95FinMysBR-M40
95FinRef-237
95FinVet-RV21
95Fla-106
95Fle-144
95FleEur-182
95Hoo-128
95Hoo-238
95HooMagC-21
95HooSla-SL36
95JamSes-84
95JamSesDC-D84
95Met-85
95MetSilS-85
95PanSti-217
95ProMag-104
95Sky-95
95Sky-132
95Sky-269
95SkyE-X-66
95SkyE-XB-66
95SP-105
95SPCha-84
95StaClu-85
95StaCluMO-45
95StaCluMOI-85
95StaCluMOI-N3
95StaCluMOI-WS2
95StaCluMOI-WS2
95StaCluN-N3
95StaCluW-W8
95StaCluWS-WS2
95Top-90
95TopGal-72
95TopGalPPI-72
95TopMysF-M12
95TopMysFR-M12
95TopTopF-TF11
95Ult-141
95Ult-317
95UltGolM-141
95UppDec-61
95UppDec-148
95UppDecEC-61
95UppDecEC-148
95UppDecECG-61
95UppDecECG-148
95UppDecSE-68
95UppDecSEG-68

96ColCho-307
96ColChoCtGS1-C21A
96ColChoCtGS1-C21B
96ColChoCtGS1R-R21
96ColChoCtGSG1-C21A
96ColChoCtGSG1-C21B
96ColCholI-123
96ColCholI-145
96ColCholJ-94
96ColCholJ-355
96ColChoM-M37
96ColChoMG-M37
96ColChoS2-S21
96Fle-87
96FleAusS-8
96Hoo-123
96HooSil-123
96HooStaF-21
96Met-77
96Sky-90
96Sky-246
96SkyE-X-56
96SkyE-XC-56
96SkyRub-90
96SkyRub-246
96SkyThuaL-2
96SkyZ-F-70
96SkyZ-FLBM-7
96SkyZ-FZ-70
96SkyZ-FZ-12
96SP-86
96StaClu-147
96Top-175
96TopChr-175
96TopChrR-175
96TopNBAa5-175
96Ult-86
96UltGolE-G86
96UltPlaE-P86
96UppDec-95
96UppDec-156
96UppDecFBC-FB12
96UppDecU-35
96UppDecUTWE-W16
97SchUltNP-10
Johnson, Larry KY
76KenSch-5
88KenColC-105
88KenColC-177
88KenColC-227
88KenColC-237
Johnson, Larry UNLV
89UNL7-E-9
89UNLHOF-3
90UNLHOF-1
90UNLHOF-14
90UNLSeatR-1
90UNLSeatR-15
90UNLSmo-9
91Cla-1
91Cla-44
91Cla-45
91Cla-NNO
91Cou-1
91Cou-31
91Cou-45
91Cou-NNO
91CouHol-2
91Fle-255
91FouSp-1
91FouSp-149
91FouSp-192
91FouSp-201
91FouSpLPs-LP6
91FouSpLPs-LP9
91FroR-1
91FroR-44
91FroR-45
91FroR-46
91FroR-47
91FroR-48
91FroR-49
91FroRowLJ-1
91FroRowLJ-2
91FroRowLJ-3
91FroRowLJ-4
91FroRowLJ-5
91FroRowLJ-6
91FroRowLJ-7
91FroRowLJ-8
91FroRowLJ-9
91FroRowLJ-10
91FroRowP-31

91FroRowP-81
91FroRowP-100
91Hoo-546
91Hoo-XX
91HooMcD-47
91HooTeaNS-3
91ProSetPF*-6
91Sky-513
91SmoLarJ-1
91SmoLarJ-2
91SmoLarJ-3
91SmoLarJ-4
91SmoLarJ-5
91SmoLarJ-6
91SmoLarJ-PR
91StaPic-18
91UppDec-2
91UppDec-438
91UppDec-445
91UppDec-480
91UppDecRS-R126
91UppDecS-2
91UppDecS-13
91WilCar-1
91WilCar-24
91WilCarP-P1
91WilCarRHR-2
91WooAwaW-20
92Fle-25
92Fle-247
92Fle-253
92Fle-259
92Fle-292
92FleDra-6
92FleLarJ-1
92FleLarJ-2
92FleLarJ-3
92FleLarJ-4
92FleLarJ-5
92FleLarJ-6
92FleLarJ-7
92FleLarJ-8
92FleLarJ-9
92FleLarJ-10
92FleLarJ-11
92FleLarJ-12
92FleLarJ-13
92FleLarJ-14
92FleLarJ-15
92FleLarJ-AU
92FleLarJP-NNO
92FleRooS-5
92FleSpaSS-3
92FleTeaL-3
92FleTeaNS-2
92FleTonP-88
92FroRowDP-1
92FroRowDP-2
92FroRowDP-3
92FroRowDP-4
92FroRowDP-5
92FroRowH-1
92FroRowLPG-1
92FroRowLPG-2
92FroRowLPG-3
92Hoo-24
92HorHivF-1
92HorSta-11
92PanSti-124
92Sky-25
92Sky-319
92SkySchT-ST14
92SkyThuaL-TL5
92SpoIllfKI*-85
92SpoIllfKI*-370
92StaClu-192
92StaClu-213
92StaCluMO-192
92StaCluMO-213
92Top-283
92TopArc-11
92TopArc-144
92TopArcG-11G
92TopArcG-144G
92TopArcMP-1991
92TopGol-283G
92Ult-21
92UltAwaW-3
92UppDec-63
92UppDec-287
92UppDec-423
92UppDecA-AD8
92UppDecA-AR1
92UppDecAW-29

92UppDecAWH-AW5
92UppDecE-36
92UppDecJWS-JW18
92UppDecM-P4
92UppDecMH-3
93Fin-109
93Fin-162
93FinMaiA-3
93FinRef-109
93FinRef-162
93Fle-21
93Fle-223
93FleAll-4
93FleTowOP-10
93FroRowLG-G1
93FroRowLG-G2
93FroRowLG-G3
93FroRowLG-G4
93FroRowLG-G5
93FroRowLG-G6
93FroRowLG-G7
93FroRowLGG-1
93FroRowLGG-2
93FroRowLGG-3
93FroRowLGG-4
93FroRowLGG-5
93FroRowLGG-6
93FroRowLGG-7
93FroRowLGG-8
93FroRowLGG-9
93FroRowLGG-10
93Hoo-22
93Hoo-260
93Hoo-287
93HooFactF-5
93HooFifAG-22
93HooFifAG-260
93HooPro-2
93HooSupC-SC5
93JamSes-23
93JamSesSDH-2
93PanSti-145
93Sky-4
93Sky-39
93SkyCenS-CS5
93SkyShoS-SS8
93SkyUSAT-2
93StaClu-6
93StaClu-178
93StaClu-185
93StaClu-323
93StaCluBT-15
93StaCluFDI-6
93StaCluFDI-178
93StaCluFDI-185
93StaCluFDI-323
93StaCluFFP-7
93StaCluFFU-185
93StaCluMO-6
93StaCluMO-178
93StaCluMO-185
93StaCluMO-323
93StaCluMO-BT15
93StaCluMO-ST3
93StaCluST-3
93StaCluSTNF-C
93StaCluSTNF-178
93StaCluSTNF-185
93StaCluSTNF-323
93Top-131
93Top-223
93Top-394
93TopBlaG-9
93TopGol-131G
93TopGol-223G
93TopGol-394G
93Ult-22
93Ult-364
93UltAll-8
93UltFamN-6
93UltIns-3
93UltPowITK-1
93UltScoK-4
93UppDec-194
93UppDec-365
93UppDec-435
93UppDecA-AN7
93UppDecE-3
93UppDecE-42
93UppDecE-111
93UppDecEAWH-5
93UppDecFH-31
93UppDecFM-14
93UppDecFT-FT11

93UppDecPV-30
93UppDecPV-71
93UppDecPV-95
93UppDecS-5
93UppDecSBtG-G6
93UppDecSEC-57
93UppDecSEG-57
93UppDecSUT-18
93UppDecTD-TD7
93UppDecTM-TM3
94ColCho-206
94ColCho-302
94ColChoGS-206
94ColChoGS-302
94ColChoSS-206
94ColChoSS-302
94Emb-11
94EmbGolI-11
94Emo-9
94Fin-270
94FinLotP-LP11
94FinRef-270
94Fla-17
94Fla-163
94FlaUSA-33
94FlaUSA-34
94FlaUSA-35
94FlaUSA-36
94FlaUSA-37
94FlaUSA-38
94FlaUSA-39
94FlaUSA-40
94Fle-26
94FleYouL-3
94Hoo-21
94HooPowR-PR5
94HooShe-2
94HooShe-3
94HooShe-4
94HooSupC-SC4
94JamSes-22
94JamSesSDH-2
94PanSti-26
94ProMag-14
94Sky-19
94Sky-306
94SkySkyF-SF9
94SkyUSA-6
94SkyUSA-7
94SkyUSA-8
94SkyUSA-9
94SkyUSA-10
94SkyUSA-11
94SkyUSA-12
94SkyUSADP-DP2
94SkyUSAG-6
94SkyUSAG-7
94SkyUSAG-8
94SkyUSAG-9
94SkyUSAG-10
94SkyUSAG-11
94SkyUSAG-12
94SkyUSAOTC-13
94SkyUSAP-PT2
94SkyUSAP-4
94SP-42
94SPCha-38
94SPChaDC-38
94SPDie-D42
94SPHol-PC3
94SPHolDC-3
94StaClu-113
94StaClu-336
94StaCluFDI-113
94StaCluFDI-336
94StaCluMO-113
94StaCluMO-336
94StaCluSTNF-113
94StaCluSTNF-336
94Top-250
94TopSpe-250
94Ult-22
94UltPow-3
94UltPowITK-4
94UppDec-90
94UppDec-180
94UppDecE-80
94UppDecE-185
94UppDecETD-TD7
94UppDecPAW-H8
94UppDecPAW-H29
94UppDecPAWR-H8
94UppDecPAWR-H29
94UppDecSDS-S6

94UppDecSE-100
94UppDecSEG-100
94UppDecSEJ-3
94UppDecU-19
94UppDecU-20
94UppDecU-21
94UppDecU-22
94UppDecU-23
94UppDecU-24
94UppDecUCT-CT4
94UppDecUFYD-5
94UppDecUGM-19
94UppDecUGM-20
94UppDecUGM-21
94UppDecUGM-22
94UppDecUGM-24
95ColCho-2
95ColCho-368
95ColCho-404
95ColChoIE-206
95ColChoIE-302
95ColChoIJI-206
95ColChoIJI-302
95ColChoISI-206
95ColChoISI-83
95ColChoPC-2
95ColChoPC-368
95ColChoPC-404
95ColChoPCP-2
95ColChoPCP-368
95ColChoPCP-404
95Fin-233
95FinDisaS-DS3
95FinHotS-HS7
95FinMys-M13
95FinMysB-M13
95FinMysBR-M13
95FinRef-233
95FinVet-RV22
95Fla-13
95Fla-234
95FlaNewH-3
95Fle-18
95Fle-322
95FleAll-8
95FleEur-26
95Hoo-18
95Hoo-220
95HooMagC-3
95HooProS-5
95HooSla-SL6
95JamSes-11
95JamSesDC-D11
95JamSesFI-2
95Met-11
95Met-211
95MetMetF-5
95MetSilS-11
95PanSti-79
95PanSti-136
95ProMag-11
95ProMagDC-7
95Sky-13
95Sky-134
95CkyDyn-D1
95SkyE-X-8
95SkyE-XB-8
95SP-16
95SPCha-11
95SPCha-120
95SPHol-PC3
95SPHolDC-PC3
95StaClu-283
95StaClu-352
95StaCluMO5-21
95StaCluMOl-PZ5
95StaCluPZ-PZ5
95StaCluRM-RM3
95Top-280
95TopGal-17
95TopGalE-EX6
95TopPowB-280
95Ult-21
95Ult-318
95UltGolM-21
95UltPow-3
95UltPowGM-3
95UppDec-298
95UppDecAC-AS6
95UppDecEC-298
95UppDecECG-298
95UppDecSE-9
95UppDecSEG-9

96BowBes-58
96BowBesAR-58
96BowBesR-58
96ColCho-292
96ColChoGF-GF10
96ColChoII-12
96ColChoII-158
96ColChoII-194
96ColChoIJ-2
96ColChoIJ-368
96ColChoIJ-404
96ColChoISEH-H1
96ColChoM-M85
96ColChoMG-M85
96Fin-231
96FinRef-231
96Fle-11
96Fle-122
96Fle-225
96FleS-26
96Hoo-17
96Hoo-227
96Hoo-334
96HooHeatH-HH1
96HooHIP-H3
96HooSil-17
96HooStaF-18
96Met-115
96Met-196
96MetPowT-5
96MetPreM-196
96Sky-76
96SkyE-X-47
96SkyE-XC-47
96SkyRub-76
96SkyThuaL-7
96SkyZ-F-9
96SkyZ-F-119
96SkyZ-FZ-9
96SP-75
96SPx-5
96SPxGol-5
96StaClu-92
96StaCluF-F27
96StaCluGPPI-17
96StaCluWA-WA3
96Top-24
96Top-149
96TopChr-24
96TopChr-149
96TopChrR-24
96TopChrR-149
96TopHobM-HM30
96TopHolC-HC1
96TopHolGR-HC1
96TopNBAa5-24
96TopNBAa5-149
96TopSupT-ST3
96Ult-73
96Ult-128
96Ult-221
96UltGolE-G73
96UltGolE-G128
96UltGolE-G221
96UltPlaE-P73
96UltPlaE-P120
96UppDec-153
96UppDec-261
96UppDec-319
96UppDecRotYC-RC6
96UppDecU-56
96UppDecUTWE-W5
Johnson, Leslie
93PurWom-4
Johnson, Lonnie
92FloSta*-64
Johnson, Lynbert
81TCMCBA-89
Johnson, Magic (Earvin)
77SpoSer7*-7802
80Top-6
80Top-66
80Top-111
80Top-146
81Top-p-1
81Top-W109
82LakBAS-4
83LakBAS-4
83Sta-13
83StaAllG-18
84LakBAS-3
84Sta-172
84StaAllG-21

114 • Johnson, Magic (Earvin)

84StaAllGDP-11	91LitBasBL-17	94SkyUSA-87	92SniU.SOC-7	86Fle-55
84StaAllGDP-21	91PanSti-18	94SkyUSAG-87	93AusFutN-60	86TraBlaF-6
84StaAre-D3	91PanSti-90	94SkyUSAKJ-95G	93AusStoN-15	87Fle-57
84StaAre-D9	91PanSti-192	94SkyUSAKJ-95S	94AusFutN-51	87TraBlaF-4
84StaAwaB-6	91ProSetP-3	94SkyUSAP-3	95AusFut3C-GC9	87TraBlaF-12
84StaAwaB-11	91Sky-137	95ColChoDT-T1	95AusFutN-37	88Fle-94
84StaAwaB-17	91Sky-323	95ColChoDTPC-T1	96AusFutN-50	89Fle-92
84StaAwaB-24	91Sky-333	95ColChoDTPCP-T1	**Johnson, Michael Lee**	89Hoo-132
84StaCelC-5	91Sky-417	95Fin-252	95UppDecCBA-21	89Hoo-324
84StaCelC-10	91Sky-471	95FinRef-252	**Johnson, Michelle**	89PanSpaS-229
84StaCelC-11	91Sky-533	95Fla-173	92TenWom-9	90FleUpd-U33
84StaCouK5-15	91SkyBlil-5	95Met-161	**Johnson, Mickey**	90Hoo-278
85JMSGam-24	91SkyCanM-25	95MetMetF-6	76Top-14	90Hoo100S-60
85LakDenC-3	91SkyMagJV-NNO	95MetScoM-3	77BulWhiHP-4	90Sky-267
85PriSti-6	91SkyMaraSM-533	95Sky-301	77Top-86	90Sky-384
85Sta-28	91SkyMaraSM-545	95SkyE-X-40	78Top-36	**Johnson, Stew**
85StaCruA-10	91SkyPro-137	95SkyE-XACA-6	79Top-59	71ConPitA-4
85StaLakC-7	91UppDec-29	95SkyE-XB-40	80Top-13	71Top-159
85StaLakC-14	91UppDec-34	95SkyE-XNB-4	80Top-33	73Top-213
85StaLitA-11	91UppDec-45	95SkyHotS-HS11	80Top-37	74Top-214
85StaTeaS5-LA2	91UppDec-57	95SP-66	80Top-93	74Top-228
86Fle-53	91UppDec-464	95SPCha-51	80Top-121	75Top-249
86FleSti-7	91UppDecM-M4	95SPCha-130	80Top-125	**Johnson, Terry**
86StaBesotB-8	91UppDecS-4	95SPChaCotC-C13	81Top-56	93AusFutN-68
86StaCouK-17	91UppDecS-14	95SPChaCotCD-C13	81Top-MW98	96AusFutN-38
86StaMagJ-1	92Hoo-309	95StaClu-361	84Sta-155	96AusFutNFF-FFC3
86StaMagJ-2	92Hoo-328	95TopGal-6	85Sta-63	96AusFutNOL-OL7
86StaMagJ-3	92Hoo-329	95UppDec-237	86NetLif-7	**Johnson, Tiffani**
86StaMagJ-4	92Hoo-330	95UppDecEC-237	**Johnson, Mike**	94TenWom-5
86StaMagJ-5	92Hoo-331	95UppDecECG-237	91OklSta-35	**Johnson, Todd**
86StaMagJ-6	92Hoo-340	95UppDecSE-128	**Johnson, Mingo**	91NorDak*-5
86StaMagJ-7	92Hoo-482	95UppDecSEG-128	94Mem-7	**Johnson, Tom**
86StaMagJ-8	92Hoo-485	96SPx-24	96ScoBoaBasRoo-72	85Vic-4
86StaMagJ-9	92Hoo-NNO	96SPxGol-24	**Johnson, Neil**	86Vic-13
86StaMagJ-10	92Hoo-NNO	96SPxHolH-H5	68SunCarM-4	88Vic-5
87Fle-56	92Hoo-NNO	96StaCluFR-8	70Top-17	**Johnson, Tony**
87FleSti-1	92Hoo100S-46	96StaCluFRR-8	71Top-216	73JetAllC-1
88Fle-67	92HooMorMM-M1	96StaClugGPPI-6	72Top-222	**Johnson, Tracy**
88Fle-123	92HooPro-3	96TopFinR-22	73Top-188	90CleColC*-19
88FleSti-6	92HooSupC-SC10	96TopFinRR-22	**Johnson, Noel**	**Johnson, Trinette**
88FouNBAE-4	92ImpU.SOH-11	96TopNBAS-22	92TexTecW-4	92FloSta*-20
88FouNBAES-4	92PanSti-95	96TopNBAS-122	92TexTecWNC-7	**Johnson, Van**
89Con-6	92Sky-310	96TopNBASF-22	**Johnson, Ollie**	48TopMagP*-F13
89Fle-77	92Sky-358	96TopNBASF-72	73Top-109	**Johnson, Vance**
89FleSti-5	92Sky-NNO	96TopNBASF-122	75Top-51	90AriColC*-3
89Hoo-166	92Sky-NNO	96TopNBASFAR-22	75Top-124	90AriColC*-37
89Hoo-270	92SkyOlyT-12	96TopNBASFAR-72	79BulPol-27	90AriColC*-96
89HooAllP-2	92SkyUSA-28	96TopNBASFAR-122	**Johnson, Phil**	90AriColCP*-6
89PanSpaS-205	92SkyUSA-29	96TopNBASFR-22	79BulPol-NNO	**Johnson, Vinnie**
89SpoIllfKI*-27	92SkyUSA-30	96TopNBASFR-72	85KinSmo-2	79SupPol-8
90ActPacP*-2	92SkyUSA-32	96TopNBASFR-122	89KenColC*-74	81Top-64
90Fle-93	92SkyUSA-33	96TopNBASI-I8	**Johnson, Phillip**	81Top-W99
90FleAll-4	92SkyUSA-34	96TopNBASR-8	94IHSBoyAST-191	83Sta-89
90Hoo-18	92SkyUSA-35	96TopNBASR-22	**Johnson, Rafer**	84Sta-264
90Hoo-157	92SkyUSA-36	**Johnson, Mandy**	91ImpDecG-3	85Sta-13
90Hoo-367	92SkyUSA-101	82Mar-3	91ImpHaloF-9	85StaTeaS5-DP3
90Hoo-385	92SkyUSA-102	**Johnson, Mark**	91UCLColC-98	86Fle-56
90Hoo100S-47	92SkyUSA-103	91TexA&MCC*-38	**Johnson, Randy**	87Fle-58
90HooActP-10	92SkyUSA-104	94TexAaM-2	81TCMCBA-87	88Fle-41
90HooActP-83	92SkyUSA-105	95PanSti-112	**Johnson, Reggie**	89Fle-47
90HooAllP-2	92SkyUSA-106	**Johnson, Marques**	83Sta-150	89Hoo-188
90HooCol-29	92SkyUSA-107	77BucActP-7	**Johnson, Rich**	90Fle-57
90HooTeaNS-13	92SkyUSA-108	77SpoSer4*-4007	70Top-102	90Hoo-107
90MicStaCC2*-131	92SkyUSA-110	78RoyCroC-16	**Johnson, Richard**	90Hoo-341A
90MicStaCC2*-133	92StaClu-32	78Top-126	81TCMCBA-76	90Hoo-341B
90MicStaCC2*-182	92StaCluMO-32	79BucOpeP*-9	89ProCBA-160	90HooTeaNS-8
90MicStaCC2*-186	92Top-2	79BucPol-8	**Johnson, Rod**	90PanSti-89
90MicStaCC2*-189	92Top-54	79Top-70	92AusFutN-54	90PanSti-8
90MicStaCC2*-194	92Top-126	80Top-19	93AusFutN-74	90PisUno-5
90MicStaCCP*-4	92TopGol-2G	80Top-48	93AusStoN-73	90PisUno-6
90PanSti-1	92TopGol-54G	80Top-51	94AusFutN-62	90Sky-89
90PanSti-B	92TopGol-126G	80Top-88	96AusFutN-60	91Fle-61
90Sky-138	92UppDec-32A	80Top-99	**Johnson, Ron**	91Fle-355
90SkyPro-138	92UppDec-SP1	80Top-136	91Mic*-28	91Hoo-62
90UppDecP-32	92UppDecE-16	80Top-138	**Johnson, Ronny**	91Hoo100S-29
915Maj-5	92UppDecE-67	80Top-139	90NorCarCC*-131	91PanSti-128
915Maj-42	92UppDecE-106	81Top-24	**Johnson, Rudy**	91Sky-84
91Fle-100	92UppDecE-180	81Top-56	91Con-6	91UppDec-132
91Fle-237	92UppDecJWS-JW5	81Top-MW108	92Con-8	91UppDec-425
91FlePro-6	92UppDecJWS-JW7	83Sta-44	93Con-7	92Fle-206
91FleTonP-52	92UppDecJWS-JW10	83StaAllG-5	94Con-7	92Sky-223
91Hoo-101	93Hoo-MB1	84Sta-13	95Con-7	92UppDec-230
91Hoo-266	93Hoo-NNO	84StaAre-C5	**Johnson, Sam**	**Johnson, Wallace**
91Hoo-312	93Hoo-NNO	84StaCouK5-48	91ProCBA-176	83Sta-258
91Hoo-316	93HooFactF-8	85Sta-88	**Johnson, Sammy**	**Johnson, Walter KY**
91Hoo-321	93HooFifAG-MB1	86Fle-54	90NorCarCC*-194	89KenColC*-268
91Hoo-473	93LakFor*-BC3	91UCLColC-5	**Johnson, Savalious (Sly)**	**Johnston, Andy**
91Hoo-535	93SkyShoS-SS12	91UCLColC-82	94Wyo-5	90CleColC*-152
91Hoo-578	93SkySpoP-RR8	91WooAwaW-7	**Johnson, Steffond**	**Johnston, Chris**
91Hoo100S-48	93SkyUSAT-1	92CouFla-19	89ProCBA-124	94IHSBoyA3S-32
91HooAllM-11	93XXVJogO-78	**Johnson, Michael Aust.**	**Johnson, Steve**	**Johnston, Donn**
91HooMcD-54	94Hoo-296	92AusStoN-42	84Sta-107	89NorCarCC-170
91HooPro0-3	94Sky-NNO	92ClaWorCA-15	85Sta-147	**Johnston, Nate**
91HooPro0-8			85StaTeaS5-CB5	

91ProCBA-65
Johnston, Neil
57Top-3
Johnstone, Jim
82TCMCBA-8
Joliff, Howard
61LakBelB-5
Jolivette, Brian
86SouLou*-9
Jones, Alfonza
79St.Bon-7
Jones, Anthony Hamilton
81Geo-5
82Geo-15
88MavBudLCN-21
90Sky-65
91Cla-41
91FouSp-189
Jones, Antoine
90Pit-1
Jones, Askia
94Cla-27
94ClaG-27
94ClaROYSw-12
94ColCho-360
94ColChoGS-360
94ColChoSS-360
94PacP-24
94PacPriG-24
94SRGolS-8
94SRTet-57
94SRTetS-57
94StaClu-299
94StaCluFDI-299
94StaCluMO-299
94StaCluSTNF-299
94Top-283
94TopSpe-283
95ColChoIE-360
95ColCholJI-360
95ColChoISI-141
95SRKro-44
95SupPix-40
95SupPixAu-40
95TedWil-29
Jones, Bert
81TopThiB*-30
90LSUColC*-9
90LSUColC*-179
Jones, Bill (Clarence William)
87Iow-9
89Hoo-341
89ProCBA-46
Jones, Bill TR
85KinSmo-3
86KinSmo-4
Jones, Bobby C.
73NorCarPC-1D
75Top-222
75Top-298
76Top-144
77Top-118
78Top-14
79Top-132
80Top-67
80Top-74
80Top-155
80Top-159
81Top-32
81Top-E100
83NikPosC*-34
83Sta-6
83StaSixC-8
83StaSixC-19
84Sta-207
84StaAre-E6
84StaAwaB-22
85JMSGam-3
85Sta-5
85StaTeaS5-PS3
89NorCarCC-44
89NorCarCC-45
89NorCarCC-46
89NorCarCC-97
90NorCarCC*-128
91FooLocSF*-13
93FCAFinF-3
Jones, Bobby Golf
33SpoKinR*-38
Jones, Brad
91Mic*-29
Jones, Caldwell
74Top-187

74Top-211
74Top-228
75Top-285
75Top-305
76Top-112
77Top-34
78Top-103
79Top-33
80Top-17
80Top-64
80Top-109
80Top-141
81Top-59
81Top-E91
83Sta-77
84Sta-108
85TraBlaF-7
86TraBlaF-7
87TraBlaF-5
88TraBlaF-8
89Hoo-347
90Hoo-268
90Sky-257
Jones, Calvin
93Neb*-7
Jones, Chad
93Ala-11
Jones, Charles A. Louisville
81Lou-1
83Lou-7
84Sta-44
88LouColC-23
88LouColC-44
88LouColC-118
88LouColC-155
89LouColC*-23
89LouColC*-49
89LouColC*-259
89LouColC*-285
Jones, Charles AlbSt
84Sta-190
90HooActP-157
90HooTeaNS-26
90Sky-290
91Hoo-217
91HooTeaNS-27
91Sky-293
91UppDec-328
92Fle-439
92Hoo-236
92Hoo-292
92Sky-251
92StaClu-135
92StaCluMO-135
92Ult-369
96Fin-72
96FinRef-72
Jones, Charlie
82TCMCBA-32
Jones, Chauncey
94IHSBoyAST-100
Jones, Clinton
90MicStaCC2*-50
Jones, Collis
72Top-181
73Top-246
75Top-271
90NotDam-2
Jones, Craly
94IHSBoyAST-192
Jones, Danny
89Wis-6
91ProCBA-32
Jones, Dante
91GeoTecCC*-7
Jones, Darell
89EasTenS-6
90EasTenS-7
91EasTenS-6
92EasTenS-3
93EasTenS-6
Jones, Diane
76CanOly-29
76PanSti-151
Jones, Donta
94Neb*-9
Jones, Dontae'
96AllSpoPPaF-28
96ColCho-293
96ColEdgRR-20
96ColEdgRRD-20
96ColEdgRRG-20

96ColEdgRRKK-10
96ColEdgRRKKG-10
96ColEdgRRKKH-10
96ColEdgRRRR-9
96ColEdgRRRG-9
96ColEdgRRRRH-9
96Fin-92
96FinRef-92
96Fle-226
96Hoo-296
96HooRoo-13
96PacPow-21
96PacPowITP-IP9
96PacPowJBHC-JB7
96PrePas-19
96PrePas-42
96PrePasAu-8
96PrePasNB-19
96PrePasS-19
96PrePasS-42
96ScoBoaAB-25
96ScoBoaAB-25A
96ScoBoaAB-25B
96ScoBoaAB-25C
96ScoBoaAB-PP23
96ScoBoaBasRoo-25
96ScoBoaBasRooCJ-CJ14
96ScoBoaBasRooD-DC21
96Sky-217
96SkyRub-217
96SkyZ-F-152
96StaCluR1-R18
96StaCluRS-RS17
96TopDraR-21
96UppDec-262
96UppDecRE-R12
Jones, Dwight
73LinPor-7
74Top-59
75Top-81
76Top-33
78Top-84
79BulPol-13
80Top-26
80Top-80
81Top-MW68
Jones, Earl
84Sta-175
Jones, Earl OkSt.
91OklSta-1
91OklSta-38
Jones, Eddie
94Ass-69
94Ass-94
94AssDieC-DC13
94AssPhoCOM-33
94Cla-30
94ClaAssSS*-43
94ClaBCs-BC9
94ClaG-30
94ClaROYSw-8
94ClaVitPTP-8
94ColCho-296
94ColCho-384
94ColCho-415
94ColChoCtGRS-S5
94ColChoCtGRSR-S5
94ColChoDT-10
94ColChoGS-296
94ColChoGS-384
94ColChoSS-296
94ColChoSS-384
94ColChoSS-415
94Emb-110
94EmbGolI-110
94Emo-46
94Emo-104
94EmoX-C-X6
94Fin-323
94FinRef-323
94Fla-241
94FlaWavotF-4
94Fle-308
94FleLotE-10
94FouSp-10
94FouSpG-10
94FouSpPP-10
94Hoo-339
94Hoo-430
94HooDraR-10
94HooMagA-AR8
94HooMagF-FAR8
94HooMagAJ-AR8

94HooSch-7
94JamSes-93
94JamSesRS-4
94PacP-25
94PacPriG-25
94Sky-244
94SkyDraP-DP10
94SP-10
94SPCha-78
94SPChaDC-78
94SPChaFPH-F4
94SPChaFPHDC-F4
94SPDie-D10
94SPHol-PC9
94SPHolDC-9
94SRGolS-9
94SRTet-58
94SRTetS-58
94StaClu-180
94StaClu-240
94StaCluFDI-180
94StaCluFDI-240
94StaCluMO-180
94StaCluMO-240
94StaCluSTNF-180
94StaCluSTNF-240
94SupPixP-4
94Top-167
94Top-243
94TopSpe-167
94TopSpe-243
94Ult-87
94Ult-273
94UltAll-4
94UppDec-166
94UppDec-188
94UppDecDT-D10
94UppDecPAW-H34
94UppDecPAWR-H34
94UppDecRS-RS10
94UppDecSE-133
94UppDecSEG-133
95AssGol-37
95AssGolPC$2-37
95AssGPP-37
95AssGSS-37
95ClaBKR-104
95ClaBKRPP-104
95ClaBKRSS-104
95ClaBKV-62
95ClaBKV-77
95ClaBKV-89
95ClaBKVE-62
95ClaBKVE-77
95ClaBKVE-89
95ColCho-161
95ColCho-378
95ColChoIE-296
95ColChoIE-384
95ColChoIE-415
95ColCholEGS-384
95ColCholEGS-415
95ColCholJGSI-165
95ColCholJGSI-415
95ColChoIJI-165
95ColCholJI-415
95ColChoISI-165
95ColChoISI-196
95ColChoPC-161
95ColChoPC-378
95ColChoPCP-161
95ColChoPCP-378
95Fin-95
95FinHotS-HS8
95FinRef-95
95Fla-67
95FleClaE-5
95FleEndtE-8
95FleEur-113
95FleRooS-4
95Hoo-80
95Hoo-201
95HooBloP-15
95HooProS-1
95HooSla-SL23
95Ima-9
95ImaF-TF7
95JamSes-53
95JamSesDC-D53
95JamSesFl-3

95Met-54
95MetMolM-4
95MetSilS-54
95PacPreGP-34
95PanSti-230
95PanSti-284
95PrePas-32
95ProMag-65
95Sky-61
95SkyStaH-SH4
95SP-67
95SPCha-52
95SRDraDR-R5
95SRDraDRS-R5
95SRKro-6
95SRKroFR-FR6
95SRKroJ-J6
95SRSpoS-S5
95SRSpoS-12
95SRSpoS-27
95SRSpoS-S5
95SRTetAut-79
95StaClu-35
95StaCluMOI-35
95SupPix-9
95SupPixAu-9
95SupPixC-9
95SupPixCG-9
95SupPixLP-9
95TedWil-30
95Top-132
95TopGal-30
95TopGalPPI-30
95TopWhiK-WK12
95Ult-89
95Ult-319
95UltAllT-3
95UltAllTGM-3
95UltGolM-89
95UppDec-1
95UppDec-158
95UppDecEC-1
95UppDecEC-158
95UppDecECG-1
95UppDecECG-158
95UppDecSE-129
95UppDecSEG-129
96Ass-16
96AssPC$2-10
96BowBesTh-TB9
96BowBesThAR-TB9
96BowBesTR-TB9
96ColCho-197
96ColCholI-77
96ColCholJ-161
96ColCholJ-378
96ColChoM-M113
96ColChoMG-M113
96ColChoS2-S13
96Fin-220
96FinRef-220
96FlaSho-A59
96FlaSho-B59
96FlaCho-C59
96FlaShoHS-20
96FlaShoLC-59
96FlaShoLC-B59
96FlaShoL C-C59
96Fle-55
96Fle-201
96FleSwiS-7
96Hoo-79
96HooStaF-13
96Met-49
96Met-127
96MetSteS-5
96PacGolCD-DC3
96PacPreGP-34
96PacPri-34
96Sky-57
96SkyAut-34
96SkyAutB-34
96SkyE-X-31
96SkyE-XC-31
96SkyRub-57
96SkyZ-F-4
96SkyZ-F-178
96SkyZ-FZ-44
96SP-53
96SPx-25
96SPxGol-25
96StaClu-97

96Top-151
96TopChr-151
96TopChrR-151
96TopNBAa5-151
96TopSupT-ST13
96Ult-54
96UltGolE-G54
96UltPlaE-P54
96UppDec-59
96UppDec-148
96UppDecFBC-FB9
96UppDecGE-G8
96UppDecU-54
96Vis-34
Jones, Edgar
80TCMCBA-26
83Sta-245
84Sta-68
84Sta-220
84StaAllGDP-30
84StaSlaD-6
Jones, Fred
90FloStaCC*-44
Jones, Gary
91TexA&MCC*-59
Jones, Greg
89ProCBA-149
Jones, Harry
89KenColC*-119
Jones, Hassan
90FloStaCC*-144
Jones, Herb
92Cla-64
92ClaGol-64
92FouSp-57
92FouSpGol-57
92FroR-34
92StaPic-64
Jones, Ivan
89Bay-10
Jones, Jackie
91FroR-80
91FroRowP-14
91FroRU-92
91StaPic-61
Jones, Jackson
94IHSBoyASD-42
Jones, James
71Top-185
71TopTri-1A
72Top-229
73Top-260
74Top-208
74Top-210
74Top-229
74Top-260
75Top-23
Jones, James UNLV
88UNL-9
89UNL7-E-10
89UNLHOF-12
Jones, Jeff
91Vir-8
92Vir-11
93Vir-15
Jones, Jerry
83Lou-7
88LouColC-14
89LouColC*-276
93Lou-15
Jones, John
94IHSBoyAST-193
Jones, Johnny
87Geo-10
88Geo-10
89Geo-10
91GeoColC-62
Jones, Josh
94IHSBoyASD-26
Jones, K.C.
61Fle-22
76BucPlaC-NNO
84StaAre-A9
84StaCelC-6
84StaCelC-21
85StaLakC-13
85StaLitA-7
87Mai*-1
90Hoo-329
90Hoo-343
90Sky-325
90SupKay-7
90SupSmo-6
90SupTeal-3

91Fle-191
91Hoo-245
91Sky-402
92CenCou-33
93ActPacHoF-22
93ActPacHoF-79
94CelTri-7
95ActPacHoF-14
Jones, Keith
90FloStaCC*-30
Jones, Ken
80TCMCBA-19
Jones, Kenneth
85Bra-D7
Jones, Kent
81Lou-26
83Lou-8
88LouColC-68
Jones, Kevin
94IHSBoyAST-91
Jones, Larry
71FloMcD-5
71Top-230
71TopTri-13A
72Top-203
72Top-260
73Top-187
74Top-103
89KenColC*-120
Jones, Lyndon
91ProCBA-73
Jones, Major
83Sta-78
Jones, Mark
79St.Bon-8
Jones, Marvin
92FloSta*-65
93ClaMcDF-6
Jones, Mike
80WicSta-6
Jones, Nate
87Bay*-1
Jones, Nick
71WarTeal-6
72Top-58
Jones, Ozell
80WicSta-7
84Sta-69
89ProCBA-143
90ProCBA-98
Jones, Pat
91OklStaCC*-30
Jones, Perry T.
57UniOilB*-24
Jones, Pookie
92KenSch*-3
Jones, Popeye (Ron)
90MurSta-6
91MurSta-2
92Cla-50
92ClaGol-50
92FouSp-45
92FouSpGol-45
92FroR-35
92OhiValCA-10
92StaPic-35
93Fin-156
93FinRef-156
93Fle-271
93Hoo-321
93HooFifAG-321
93Sky-214
93Sky-297
93StaClu-276
93StaClu-283
93StaCluFDI-276
93StaCluFDI-283
93StaCluMO-276
93StaCluMO-283
93StaCluSTNF-276
93StaCluSTNF-283
93Top-256
93TopGol-256G
93Ult-232
93UltAllS-7
93UppDec-420
93UppDecS-11
93UppDecSEC-11
93UppDecSEC-184
93UppDecSEG-11
93UppDecSEG-184
94ColCho-139
94ColChoGS-139

94ColChoSS-139
94Emb-21
94EmbGoll-21
94Fin-122
94FinRef-122
94Fla-201
94Fle-50
94FleRooS-13
94Hoo-44
94HooShe-6
94MavBoo-4
94PanSti-121
94ProMag-28
94Sky-37
94SP-58
94SPDie-D58
94StaClu-39
94StaCluFDI-39
94StaCluMO-39
94StaCluSTNF-39
94Top-241
94TopSpe-241
94Ult-42
94UppDec-137
94UppDecSE-108
94UppDecSEG-108
95ColCho-62
95ColCholE-139
95ColCholJI-139
95ColCholSI-139
95ColChoPC-62
95ColChoPCP-62
95Fin-38
95FinRef-38
95Fla-26
95Fle-35
95FleDouD-5
95FleEur-49
95Hoo-34
95JamSes-22
95JamSesDC-D22
95Met-21
95MetSilS-21
95PanSti-147
95PanSti-272
95Sky-26
95Sky-135
95SP-31
95SPCha-23
95StaClu-89
95StaCluMOI-89
95Top-217
95TopGal-94
95TopGalPPI-94
95Ult-38
95UltGolM-38
95UppDec-184
95UppDecEC-184
95UppDecECG-184
95UppDecSE-18
95UppDecSEG-18
96ColCho-40
96ColChol|-33
96ColCholJ-62
96ColChoM-M23
96ColChoMG-M23
96Fin-241
96FinRef-241
96Fle-255
96Hoo-34
96Hoo-242
96HooSil-34
96HooStaF-26
96SkyZ-F-135
96SP-110
96Top-180
96TopChr-180
96TopChrR-180
96TopNBAa5-180
96TopSupT-ST6
96UppDec-301
Jones, Rashamel
95Con-8
Jones, Reginald
94IHSBoyAST-194
Jones, Rich
71Top-198
72Top-199
73Top-215
74Top-242
75Top-243
76Top-52
Jones, Ricky
88Cle-11

89Cle-12
90Cle-10
91ProCBA-186
93AusFutN-87
93AusStoN-55
94AusFutLotR-LR3
94AusFutN-90
94AusFutN-181
94AusFutOT-OT2
95AusFutA-NA7
95AusFutHTH-H3
95AusFutN-77
Jones, Roger
94IHSBoyAST-150
Jones, Ryan
94IHSBoyAST-106
Jones, Sam
61Fle-23
77CelCit-8
89CelCitP-3
92CenCou-34
93ActPacHoF-35
96TopFinR-23
96TopFinRR-23
96TopNBAS-23
96TopNBAS-73
96TopNBAS-123
96TopNBASF-23
96TopNBASF-73
96TopNBASF-123
96TopNBASFAR-23
96TopNBASFAR-73
96TopNBASFAR-123
96TopNBASFR-23
96TopNBASFR-73
96TopNBASFR-123
96TopNBASI-I13
96TopNBASR-23
96TopNBASRA-23
Jones, Shamel
96Geo-16
Jones, Shelton
89Hoo-51
89Hoo-306
Jones, Snapper (Steve H.)
71Top-175
71TopTri-19A
72Top-216
72Top-262
73Top-179
74Top-193
75Top-232
89HooAnn-5
90HooAnn-33
93FCA-24
Jones, Steve GA
92Geo-9
93Geo-9
Jones, Todd
91NorDak*-20
Jones, Tommy
92Hou-15
Jones, Tony
90Tex*-22
Jones, Tyrone
94IHSBoyAST-25
Jones, Wali (Wally)
69Top-54
70Top-83
71Top-42
72Top-78
75Top-319
Jones, Wallace KY
88KenColC-6
88KenColC-148
88KenColC-182
88KenColC-247
89KenColC*-185
Jones, Wilbert
71Top-168
72Top-193
73Top-221
74Top-237
75Top-289
77Top-63
78Top-42
Jones, Willie
82TCMCBA-16
90FloStaCC*-36
Jones, Zeke
90AriStaCC*-103
Joplin, Stan
90MicStaC2-17
Jordan, Adonis

89Kan-55
91Kan-6
92Kan-4
92Kan-13
93Cla-47
93ClaF-38
93ClaG-47
93FouSp-41
93FouSpG-41
94AusFutBoBW-BW4
94AusFutBoBW-CC4
94AusFutBoBW-RC4
94AusFutN-168
94AusFutNH-HZ5
95AusFutN-43
Jordan, Christe
90KenWomS-9
93KenSch-3
Jordan, Clinette
91OklStaCC*-52
Jordan, Eddie
79Top-94
80Top-35
80Top-54
80Top-103
80Top-152
82LakBAS-5
Jordan, Gandhi
90Pit-2
Jordan, Homer
90CleColC*-44
Jordan, Jim KY
89KenColC*-269
Jordan, Jim NC
89NorCarCC-133
Jordan, Jimmy
90FloStaCC*-47
Jordan, Keith
94AusFutNH-HZ6
Jordan, Lisa
94TexAaM-14
Jordan, Louis
92EasIll-5
Jordan, Michael
78WheCerB*-9
78WheCerB*-19
78WheCerB*-20
78WheCerB*-21
78WheCerB*-22
78WheCerB*-25
78WheCerB*-26
78WheCerB*-27
78WheCerB*-28
78WheCerB*-35
78WheCerB*-36
78WheCerB*-37
78WheCerB*-38
78WheCerB*-39
78WheCerB*-40
78WheCerB*-41
78WheCerB*-50
78WheCerB*-51
78WheCerB*-64
78WheCerB*-65
78WheCerB*-66
78WheCerB*-67
78WheCerB*-68
78WheCerB*-82
84Sta-101
84Sta-195
84Sta-288
84StaCouK5-26
85BullInt-1
85PriSti-7
85Sta-117
85StaAllT-2
85StaCruA-4
85StaGatSD-7
85StaLas1R-1
85StaLitA-4
85StaSlaDS5-5
85StaTeaS5-CB1
86Fle-57
86FleSti-8
86StaBesotB-9
86StaBesotN-2
86StaCouK-18
86StaMicJ-1
86StaMicJ-2
86StaMicJ-3
86StaMicJ-4
86StaMicJ-5
86StaMicJ-6
86StaMicJ-7

86StaMicJ-8
86StaMicJ-9
86StaMicJ-10
87BulEnt-23
87Fle-59
87FleSti-2
88BulEnt-23
88Fle-17
88Fle-120
88FleSti-7
88FouNBAE-22
88FouNBAES-5
89BulDaiC-3
89BulEqu-6
89Fle-21
89FleSti-3
89Hoo-21
89Hoo-200
89HooAllP-4
89NorCarCC-13
89NorCarCC-14
89NorCarCC-15
89NorCarCC-16
89NorCarCC-17
89NorCarCC-18
89NorCarCC-65
89PanSpaS-76
89PanSpaS-261
89PanSpaS-285
89SpoIllfKI*-16
90ActPacP*-3
90BulEqu-1
90ColColP*-NC1
90Fle-26
90FleAll-5
90Hoo-5
90Hoo-65
90Hoo-223A
90Hoo-358
90Hoo-382
90Hoo-385
90Hoo100S-12
90HooActP-11
90HooActP-39
90HooAllP-1
90HooAllP-2
90HooCol-4
90HooTeaNS-4
90McDJor*-1
90McDJor*-2
90McDJor*-3
90McDJor*-4
90McDJor*-5
90McDJor*-6
90McDJor*-7
90McDJor*-8
90NorCarCC*-3
90NorCarCC*-44
90NorCarCC*-61
90NorCarCC*-89
90NorCarCC*-93
90NorCarCCP*-NC1
90PanSti-91
90PanSti-G
90PanSti-K
90Cty 41
90SkyPro-41
915Maj-34
915Maj-43
91AreHol1N*-3
91CleMicJV-1
91CleMicJV-2
91CleMicJV-3
91CleMicJV-4
91CleMicJV-5
91CleMicJV-6
91CleMicJV-7
91CleMicJV-8
91CleMicJV-9
91CleMicJV-10
91CleMicJV-11
91FarFruS-1
91FarFruS-2
91FarFruS-3
91FarFruS-4
91Fle-29
91Fle-211
91Fle-220
91Fle-233
91Fle-237
91Fle-238
91Fle-375
91FlePro-2
91FleTonP-33

91FleWheS-6
91Hoo-30
91Hoo-253
91Hoo-306
91Hoo-317
91Hoo-455
91Hoo-536
91Hoo-542
91Hoo-543
91Hoo-579
91Hoo100S-13
91HooAllM-9
91HooMcD-5
91HooMcD-55
91HooPro0-4
91HooSlaD-4
91HooTeaNS-4A
91HooTeaNS-4B
91LitBasBL-19
91NikMicJL-1
91NikMicJL-2
91NikMicJL-3
91NikMicJL-4
91NikMicJL-5
91NikMicJL-6
91PanSti-96
91PanSti-116
91PanSti-190
91ProSetP-4
91ProStaP*-2
91Sky-39
91Sky-307
91Sky-333
91Sky-334
91Sky-337
91Sky-408
91Sky-462
91Sky-534
91Sky-572
91Sky-583
91SkyCanM-7
91SkyMaraSM-534
91SkyMaraSM-545
91UppDec-22
91UppDec-34
91UppDec-44
91UppDec-48
91UppDec-69
91UppDec-75
91UppDec-452
91UppDecAWH-AW1
91UppDecAWH-AW4
91UppDecP-1
91UppDecS-6
91UppDecS-14
91WooAwaW-13
92ACCTouC-29
92Fle-32
92Fle-238
92Fle-246
92Fle-273
92FleAll-6
92FleDra-7
92FleTeaL-4
92FleTeaNS-3
92FleTonP-09
92FleTotD-5
92Hoo-30
92Hoo-298
92Hoo-320
92Hoo-341
92Hoo-TR1
92Hoo100S-14
92HooSupC-SC1
92ImpU.SOH-12
92PanSti-12
92PanSti-16
92PanSti-17
92PanSti-18
92PanSti-19
92PanSti-20
92PanSti-102
92PanSti-128
92Sky-31
92Sky-314
92SkyOlyT-11
92SkySchT-ST16
92SkyUSA-37
92SkyUSA-38
92SkyUSA-39
92SkyUSA-40
92SkyUSA-41
92SkyUSA-42
92SkyUSA-43

92SkyUSA-44
92SkyUSA-45
92SkyUSA-105
92SpoIllfKI*-4
92SpoIllfKI*-374
92StaClu-1
92StaClu-210
92StaCluBT-1
92StaCluMO-1
92StaCluMO-210
92StaCluMO-BT1
92Top-3
92Top-115
92Top-141
92Top-205
92TopArc-52
92TopArcG-52G
92TopBeaT-3
92TopBeaTG-3
92TopGol-3G
92TopGol-115G
92TopGol-141G
92TopGol-205G
92Ult-27
92Ult-216
92Ult-NNO
92UltAll-4
92UltAwaW-1
92UppDec-23
92UppDec-62
92UppDec-67
92UppDec-425
92UppDec-453A
92UppDec-453B
92UppDec-488
92UppDec-506
92UppDec-510
92UppDec-SP2
92UppDec1PC-PC4
92UppDecA-AD9
92UppDecA-AN1
92UppDecAW-15
92UppDecAWH-AW1
92UppDecAWH-AW9
92UppDecE-4
92UppDecE-38
92UppDecE-107
92UppDecE-158
92UppDecE-166
92UppDecE-172
92UppDecE-174
92UppDecE-176
92UppDecE-177
92UppDecE-178
92UppDecE-181
92UppDecEAWH-2
92UppDecEAWH-3
92UppDecJWS-JW1
92UppDecJWS-JW4
92UppDecJWS-JW8
92UppDecJWS-JW9
92UppDecM-P5
92UppDecM-CH4
92UppDecM-NNO
92UppDecMH-4
92UppDec.3-8
92UppDecTM-TM1
92UppDecTM-TM5
93FaxPaxWoS*-7
93Fin-1
93FinRef-1
93Fle-28
93Fle-224
93FleAll-5
93FleLivL-4
93FleNBAS-7
93FleSha-3
93Hoo-28
93Hoo-257
93Hoo-283
93Hoo-289
93HooFactF-10
93HooFifAG-28
93HooFifAG-257
93HooFifAG-283
93HooFifAG-289
93HooSupC-SC11
93JamSes-33
93NikMicJ-1
93NikMicJ-2
93NikMicJ-3
93NikMicJ-4
93NikMicJ-5
93NikMicJ-6

93NikMicJ-7
93NikMicJ-8
93NikMicJ-9
93NikMicJ-10
93NikMicJ-11
93NikMicJ-12
93Sky-14
93Sky-45
93SkyCenS-CS1
93SkyDynD-D4
93SkyPro-1
93SkyShoS-SS11
93StaClu-1
93StaClu-169
93StaClu-181
93StaCluBT-4
93StaCluFDI-1
93StaCluFDI-169
93StaCluFDI-181
93StaCluMO-1
93StaCluMO-169
93StaCluMO-181
93StaCluMO-BT4
93StaCluMO5-6
93StaCluSTNF-1
93StaCluSTNF-169
93StaCluSTNF-181
93Top-23
93Top-64
93Top-101
93Top-199
93Top-384
93TopGol-23G
93TopGol-64G
93TopGol-101G
93TopGol-199G
93TopGol-384G
93Ult-30
93UltAll-2
93UltAll-2
93UltAllT-2
93UltFamN-7
93UltIns-4
93UltPowITK-2
93UltScoK-5
93UppDec-23
93UppDec-166
93UppDec-171
93UppDec-180
93UppDec-187
93UppDec-193
93UppDec-198
93UppDec-201
93UppDec-204
93UppDec-213
93UppDec-237
93UppDec-438
93UppDec-466
93UppDec-SP3
93UppDecA-AN4
93UppDecA-AN15
93UppDecBB-2
93UppDecE-5
93UppDecE-33
93UppDecE-43
93UppDecE-88
93UppDecE-90
93UppDecE-118
93UppDecEAWH-1
93UppDecEAWH-9
93UppDecFM-15
93UppDecH-H4
93UppDecLT-LT1
93UppDecMJ-MJ1
93UppDecMJ-MJ2
93UppDecMJ-MJ3
93UppDecMJ-MJ4
93UppDecMJ-MJ5
93UppDecMJ-MJ6
93UppDecMJ-MJ7
93UppDecMJ-MJ9
93UppDecPV-23
93UppDecPV-91
93UppDecS-MJR1
93UppDecS-1
93UppDecSBtG-G11
93UppDecSUT-5
93UppDecTD-TD2
94ColCho-23
94ColCho-204
94ColCho-240
94ColCho-402
94ColCho-420

94ColChoB-23
94ColChoB-A23
94ColChoGS-23
94ColChoGS-204
94ColChoGS-240
94ColChoGS-402
94ColChoGS-420
94ColChoJHB-M1
94ColChoJHB-M2
94ColChoJHB-M3
94ColChoJHB-M4
94ColChoJHB-M5
94ColChoSS-23
94ColChoSS-204
94ColChoSS-240
94ColChoSS-402
94ColChoSS-420
94Emb-121
94EmbGoII-121
94Emo-100
94EmoN-T-N3
94Fin-331
94FinRef-331
94Fla-326
94McDNotBNM-4
94SP-P23
94SP-MJ1R
94SP-MJ1S
94SPCha-4
94SPCha-41
94SPChaDC-4
94SPChaDC-41
94SPChaPH-P2
94SPChaPHDC-P2
94UppDecE-359
94UppDecE-23
94UppDecE-166
94UppDecE-167
94UppDecE-168
94UppDecE-169
94UppDecE-170
94UppDecE-171
94UppDecE-172
94UppDecE-173
94UppDecE-174
94UppDecE-175
94UppDecE-176
94UppDecETD-TD2
94UppDecFMT-4
94UppDecFMT-29H
94UppDecJH-37
94UppDecJH-38
94UppDecJH-39
94UppDecJH-40
94UppDecJH-41
94UppDecJH-42
94UppDecJH-43
94UppDecJH-44
94UppDecJH-45
94UppDecJH-NNO
94UppDecJHBR-23
94UppDecJHBR-23
94UppDecJHBR-41
94UppDecJHBR-44
94UppDecJHBR-204
94UppDecJHBR-237
94UppDecJHBR-402
94UppDecJHBR-425
94UppDecJHBR-453
94UppDecJHBR-J1
94UppDecJHBR-J2
94UppDecJHBR-J3
94UppDecJRA-1
94UppDecJRA-2
94UppDecJRA-3
94UppDecJRA-4
94UppDecJRA-5
94UppDecJRA-6
94UppDecJRA-7
94UppDecJRA-8
94UppDecJRA-9
94UppDecJRA-10
94UppDecJRA-11
94UppDecJRA-12
94UppDecJRA-13
94UppDecJRA-14
94UppDecJRA-15
94UppDecJRA-16
94UppDecJRA-17
94UppDecJRA-18
94UppDecJRA-19
94UppDecJRA-20
94UppDecJRA-21
94UppDecJRA-22

94UppDecJRA-23	95ColChoCtG-XC30	95ColChoPCP-195	95TopSpaP-SP2	96BowBesSAR-BS6
94UppDecJRA-24	95ColChoCtGA-C1	95ColChoPCP-210	95TopTopF-TF1	96BowBesSR-BS6
94UppDecJRA-25	95ColChoCtGA-C1B	95ColChoPCP-324	95TopWorC-WC1	96ColCho-23
94UppDecJRA-26	95ColChoCtGA-C1C	95ColChoPCP-353	95Ult-25	96ColCho-26
94UppDecJRA-27	95ColChoCtGAG-C1	95ColChoPCP-410	95UltDouT-3	96ColCho-196
94UppDecJRA-28	95ColChoCtGAG-C1B	95Fin-229	95UltDouTGM-3	96ColCho-195
94UppDecJRA-29	95ColChoCtGAG-C1C	95FinDisaS-DS4	95UltFabF-5	96ColCho-196
94UppDecJRA-30	95ColChoCtGAGR-C1	95FinHotS-HS1	95UltFabFGM-5	96ColCho-356
94UppDecJRA-31	95ColChoCtGASR-C1	95FinMys-M1	95UltGolM-25	96ColCho-362
94UppDecJRA-32	95ColChoCtGS-C1	95FinMysB-M1	95UltJamC-3	96ColCho-363
94UppDecJRA-33	95ColChoCtGS-C1B	95FinMysBR-M1	95UltJamCHP-3	96ColCho-364
94UppDecJRA-34	95ColChoCtGS-C1C	95FinRef-229	95UltScoK-4	96ColCho-365
94UppDecJRA-35	95ColChoCtGSG-C1	95FinVet-RV20	95UltScoKHP-4	96ColCho-366
94UppDecJRA-36	95ColChoCtGSG-C1B	95Fla-15	95UppDec-23	96ColCho-370
94UppDecJRA-37	95ColChoCtGSG-C1C	95Fla-235	95UppDec-137	96ColChoCtGS1-C30A
94UppDecJRA-38	95ColChoCtGSGR-C1	95FlaAnt-2	95UppDec-335	96ColChoCtGS1-C30B
94UppDecJRA-39	95ColChoCtGSGR-XC30	95FlaHotN-4	95UppDec-337	96ColChoCtGS1R-R30
94UppDecJRA-40	95ColCholDoD-J1	95FlaNewH-4	95UppDec-339	96ColChoCtGS1RG-R30
94UppDecJRA-41	95ColCholDoD-J2	95Fle-22	95UppDec-341	96ColChoCtGS2-C30A
94UppDecJRA-42	95ColCholDoD-J3	95Fle-323	95UppDec-352	96ColChoCtGS2-C30B
94UppDecJRA-43	95ColCholDoD-J4	95FleEndtE-9	95UppDecEC-23	96ColChoCtGS2R-R30
94UppDecJRA-44	95ColCholDoD-J5	95FleFlaHL-4	95UppDecEC-137	96ColChoCtGS2RG-R30
94UppDecJRA-45	95ColCholDoD-J6	95FleTotD-3	95UppDecEC-335	96ColChoCtGSG1-C30A
94UppDecJRA-46	95ColCholDoD-J7	95FleTotO-2	95UppDecEC-337	96ColChoCtGSG1-C30B
94UppDecJRA-47	95ColCholDoD-J8	95FleTotOHP-2	95UppDecEC-339	96ColChoCtGSG2-C30A
94UppDecJRA-48	95ColCholDoD-J9	95Hoo-21	95UppDecEC-341	96ColChoCtGSG2-C30B
94UppDecJRA-49	95ColCholDoD-J10	95Hoo-358	95UppDecEC-352	96ColChoGF-GF2
94UppDecJRA-50	95ColCholE-23	95HooHotL-1	95UppDecECG-23	96ColCholI-20
94UppDecJRA-51	95ColCholE-204	95HooMagC-4	95UppDecECG-137	96ColCholI-169
94UppDecJRA-52	95ColCholE-211	95HooNumC-1	95UppDecECG-335	96ColCholI-173
94UppDecJRA-53	95ColCholE-212	95HooPowP-1	95UppDecECG-337	96ColCholI-195
94UppDecJRA-54	95ColCholE-213	95HooSky-SV1	95UppDecECG-339	96ColCholI-210
94UppDecJRA-55	95ColCholE-214	95HooTopT-AR7	95UppDecECG-341	96ColCholI-114
94UppDecJRA-56	95ColCholE-215	95JamSes-13	95UppDecECG-352	96ColCholI-143
94UppDecJRA-57	95ColCholE-216	95JamSesDC-D13	95UppDecJC-JC5	96ColCholI-200
94UppDecJRA-58	95ColCholE-217	95JamSesSS-3	95UppDecJC-JC6	96ColCholJ-45
94UppDecJRA-59	95ColCholE-218	95Met-13	95UppDecJC-JC7	96ColCholJ-169
94UppDecJRA-60	95ColCholE-219	95Met-212	95UppDecJC-JC8	96ColCholJ-173
94UppDecJRA-61	95ColCholE-240	95MetMaxM-4	95UppDecJC-JC13	96ColCholJ-195
94UppDecJRA-62	95ColCholE-402	95MetScoM-4	95UppDecJC-JC14	96ColCholJ-210
94UppDecJRA-63	95ColCholE-420	95MetSilS-13	95UppDecJC-JC15	96ColCholJ-324
94UppDecJRA-64	95ColEGS-402	95MetSilS-3	95UppDecJC-JC16	96ColCholJ-353
94UppDecJRA-65	95ColCholJGSI-402	95MetStaS-S7	95UppDecPM-R1	96ColCholJ-410
94UppDecJRA-66	95ColCholJI-23	95PanSti-83	95UppDecPM-R2	96ColCholJC-JC1
94UppDecJRA-67	95ColCholJI-204	95Sky-278	95UppDecPM-R3	96ColCholJC-JC2
94UppDecJRA-68	95ColCholJI-211	95Sky-15	95UppDecPM-R4	96ColCholJC-JC3
94UppDecJRA-69	95ColCholJI-212	95SkyE-X-10	95UppDecPM-R5	96ColCholJC-JC4
94UppDecJRA-70	95ColCholJI-213	95SkyE-XB-10	95UppDecPMR-R1	96ColChoJACA-CA1
94UppDecJRA-71	95ColCholJI-214	95SkyE-XNB-1	95UppDecPMR-R2	96ColChoJACA-CA2
94UppDecJRA-72	95ColCholJI-215	95SkyE-XNBT-1	95UppDecPMR-R3	96ColChoJACA-CA3
94UppDecJRA-73	95ColCholJI-216	95SkyLarTL-L1	95UppDecPMR-R4	96ColChoJACA-CA4
94UppDecJRA-74	95ColCholJI-217	95SkyMel-M1	95UppDecPMR-R5	96ColChoJACA-CA5
94UppDecJRA-75	95ColCholJI-218	95SkyStaH-SH1	95UppDecPPotM-R1	96ColChoJACA-CA6
94UppDecJRA-76	95ColCholJI-219	95SP-23	95UppDecPPotM-R2	96ColChoJACA-CA7
94UppDecJRA-77	95ColCholJI-240	95SPAII-AS2	95UppDecPPotM-R3	96ColChoJACA-CA8
94UppDecJRA-78	95ColCholJI-402	95SPAIIG-AS2	95UppDecPPotM-R4	96ColChoJACA-CA9
94UppDecJRA-79	95ColCholJI-420	95SPCha-17	95UppDecPPotM-R5	96ColChoJACA-CA10
94UppDecJRA-80	95ColCholSI-23	95SPCha-121	95UppDecPPotMR-R1	96ColChoM-M78
94UppDecJRA-81	95ColCholSI-204	95SPChaCotC-C30	95UppDecPPotMR-R2	96ColChoMG-M78
94UppDecJRA-82	95ColCholSI-211	95SPChaCotC-C30D	95UppDecPPotMR-R3	96ColChoS1-S30
94UppDecJRA-83	95ColCholSI-212	95SPChaCotCD-C30	95UppDecPPotMR-R4	96ColChoS2-S30
94UppDecJRA-84	95ColCholSI-213	95SPChaCS-S16	95UppDecPPotMR-R5	96Fin-50
94UppDecJRA-85	95ColCholSI-214	95SPChaCSG-S16	95UppDecPPotW-H1	96Fin-127
94UppDecJRA-86	95ColCholSI-215	95SPChaJC-JC17	95UppDecPPotW-H2	96Fin-291
94UppDecJRA-87	95ColCholSI-216	95SPChaJC-JC18	95UppDecPPotW-H3	96FinRef-50
94UppDecJRA-88	95ColCholSI-217	95SPChaJC-JC19	95UppDecPPotW-H4	96FinRef-127
94UppDecJRA-89	95ColCholSI-218	95SPChaJC-JC20	95UppDecPPotW-H5	96FinRef-291
94UppDecJRA-90	95ColCholSI-219	95SPHol-PC5	95UppDecPPotWR-H1	96FlaSho-A23
94UppDecJRA-NNO	95ColCholSI-21	95SPHolDC-PC5	95UppDecPPotWR-H2	96FlaSho-B23
94UppDecJRA-NNO	95ColCholSI-183	95SPJorC-JC17	95UppDecPPotWR-H3	96FlaSho-C23
94UppDecNBN-1	95ColCholSI-201	95SPJorC-JC18	95UppDecPPotWR-H4	96FlaShoHS-1
94UppDecNBN-7	95ColChoJC-JC1	95SPJorC-JC19	95UppDecPPotWR-H5	96FlaShoLC-23
94UppDecNBN-9	95ColChoJC-JC2	95SPJorC-JC20	95UppDecPS-H1	96FlaShoLC-B23
94UppDecNBN-12	95ColChoJC-JC3	95StaClu-1	95UppDecPS-H2	96FlaShoLC-C23
94UppDecNBN-13	95ColChoJC-JC4	95StaCluBT-BT14	95UppDecPS-H3	96Fle-13
94UppDecS-5	95ColChoJC-JC9	95StaCluMO5-20	95UppDecPS-H4	96Fle-123
94UppDecU-85	95ColChoJC-JC10	95StaCluMOI-1	95UppDecPS-H5	96Fle-282
94UppDecUGM-85	95ColChoJC-JC11	95StaCluMOI-N10	95UppDecPSR-H1	96FleDecoE-4
94UppDecUJH-JH1	95ColChoJC-JC21	95StaCluMOI-WS1	95UppDecPSR-H2	96FleGamB-1
94UppDecUJH-JH2	95ColChoJC-JC22	95StaCluN-N10	95UppDecPSR-H3	96FleStaA-4
94UppDecUJH-JH3	95ColChoJC-JC23	95StaCluRM-RM2	95UppDecPSR-H4	96FleThrS-6
94UppDecUJH-JH4	95ColChoJC-JC24	95StaCluSS-SS1	95UppDecPSR-H5	96FleTotO-4
94UppDecUJH-JH5	95ColChoPC-45	95StaCluWS-WS1	95UppDecSE-100	96Hoo-20
95BulJew-1	95ColChoPC-169	95Top-1	95UppDecSEG-100	96Hoo-176
95ColCho-45	95ColChoPC-173	95Top-4	96BowBes-80	96Hoo-335
95ColCho-169	95ColChoPC-195	95Top-277	96BowBesAR-80	96HooHeatH-HH2
95ColCho-173	95ColChoPC-210	95TopGal-10	96BowBesC-BC2	96HooHotL-8
95ColCho-195	95ColChoPC-324	95TopGalE-EX2	96BowBesCAR-BC2	96HooSil-20
95ColCho-210	95ColChoPC-353	95TopMysF-M1	96BowBesCR-BC2	96HooStaF-4
95ColCho-324	95ColChoPC-410	95TopMysFR-M1	96BowBesHR-HR2	96HooSup-1
95ColCho-353	95ColChoPCP-45	95TopPowB-1	96BowBesHRAR-HR2	96Met-11
95ColCho-410	95ColChoPCP-169	95TopPowB-4	96BowBesHRR-HR2	96Met-128
95ColChoCtG-C1	95ColChoPCP-173	95TopPowB-277	96BowBesR-80	96Met-241
		95TopShoS-SS1	96BowBesS-BS6	96MetDecoE-4

96MetMaxM-4
96MetMolM-18
96MetNet-5
96MetPlaP-5
96MetPreM-241
96MetSteS-6
96Sky-16
96Sky-247
96SkyE-X-9
96SkyE-XACA-8
96SkyE-XC-9
96SkyE-XNA-17
96SkyGolT-4
96SkyLarTL-B7
96SkyNetS-8
96SkyRub-16
96SkyRub-247
96SkyThuaL-1
96SkyTriT-TT11
96SkyZ-F-11
96SkyZ-F-179
96SkyZ-FBMotC-4
96SkyZ-FBMotCZ-4
96SkyZ-FSC-SC5
96SkyZ-FV-V5
96SkyZ-FZ-11
96SP-16
96SPGamF-GF1
96SPInsI-IN17
96SPInsIG-IN17
96SPPreCH-PC5
96SPSPxFor-F1
96SPSPxFor-F5
96SPSPxFor-F5A
96SPx-8
96SPx-R1
96SPx-NNO
96SPx-NNO
96SPxGol-8
96SPxHolH-H1
96StaClu-101
96StaCluCA-CA1
96StaCluCAAR-CA1
96StaCluCAR-CA1
96StaCluF-F1
96StaCluFR-24
96StaCluFRR-24
96StaCluGM-GM3
96StaCluGPPI-10
96StaCluHR-HR14
96StaCluSF-SF4
96StaCluSM-SM2
96StaCluTC-TC9
96Top-139
96TopChr-139
96TopChrPF-PF3
96TopChrR-129
96TopChrSB-SB1
96TopChrSB-SB18
96TopHolC-HC2
96TopHolCR-HC2
96TopMysF-M14
96TopMysFBR-M14
96TopMysFBR-M14
96TopNBAa5-139
96TopNBAS-24
06TopNBAS-74
96TopNBAS-124
96TopNBASF-24
96TopNBASF-74
96TopNBASF-124
96TopNBASFAR-24
96TopNBASFAR-74
96TopNBASFAR-124
96TopNBASFR-24
96TopNBASFR-74
96TopNBASFR-124
96TopNBASI-I6
96TopNBASR-24
96TopProF-PF3
96TopSeaB-SB1
96TopSeaB-SB18
96TopSupT-ST4
96Ult-101
96Ult-143
96Ult-280
96UltBoaG-7
96UltCouM-2
96UltDecoE-U4
96UltFulCT-1
96UltFulCTG-1
96UltGivaT-5
96UltGolE-G16

96UltGolE-G143
96UltGolE-G280
96UltPlaE-P16
96UltPlaE-P143
96UltPlaE-P280
96UltScoK-4
96UltScoKP-4
96UltStaR-4
96UppDec-16
96UppDec-139
96UppDec-165
96UppDecBPJ-BP1
96UppDecBPJ-BP2
96UppDecBPJ-BP3
96UppDecBPJ-BP4
96UppDecBPJ-BP5
96UppDecBPJG-1
96UppDecBPJG-2
96UppDecBPJG-3
96UppDecBPJG-4
96UppDecBPJG-5
96UppDecFBC-FB23
96UppDecJGH-GH1
96UppDecJGH-GH2
96UppDecJGH-GH3
96UppDecJGH-GH4
96UppDecJGH-GH5
96UppDecJGH-GH6
96UppDecJGH-GH7
96UppDecJGH-GH8
96UppDecJGH-GH9
96UppDecJGH-GH10
96UppDecMV-VP1
96UppDecMV-VP3
96UppDecMV-VP4
96UppDecMV-VP5
96UppDecMV-VP6
96UppDecMV-VP7
96UppDecMV-VP8
96UppDecMV-VP9
96UppDecMV-VP10
96UppDecPS1-P3
96UppDecPS2-P2
96UppDecPTVCR1-TV3
96UppDecPTVCR2-TV2
96UppDecRotYC-RC13
96UppDecSG-SG8
96UppDecU-23
96UppDecUCC-C1
96UppDecUMJAM-M1
96UppDecUMJAM-M2
96UppDecUMJAM-M3
96UppDecUMJAM-M4
96UppDecUOC-11
96UppDecUOC-134
96UppDecUOCRoG-RG1
96UppDecUOCRoG-RN1
96UppDecUSS-S5
96UppDecUTWE-W1
97UDMJCJ-1
97UDMJCJ-2
97UDMJCJ-3
97UDMJCJ-4
97UDMJCJ-5
97UDMJCJ-6
97UDMJCJ-7
07UDMJCJ-8
97UDMJCJ-9
97UDMJCJ-10
97UDMJCJ-11
97UDMJCJ-12
97UDMJCJ-13
97UDMJCJ-14
97UDMJCJ-15
97UDMJCJ-16
97UDMJCJ-17
97UDMJCJ-18
97UDMJCJ-19
97UDMJCJ-20
97UDMJCJ-21
97UDMJCJ-22
97UDMJCJ-23
97UDMJCJ-24
97UDMJCJ-NNO
97UDMJCJ-NNO
97UppDec2NJE-1
97UppDec2NJE-2
97UppDec2NJE-3
97UppDec2NJE-5
97UppDec2NJE-6
97UppDec2NJE-7
97UppDec2NJE-8

97UppDec2NJE-9
97UppDec2NJE-10
97UppDec2NJE-11
97UppDec2NJE-12
97UppDec2NJE-13
97UppDec2NJE-14
97UppDec2NJE-15
97UppDec2NJE-16
97UppDec2NJE-17
97UppDec2NJE-18
97UppDec2NJE-19
97UppDec2NJE-20
97UppDec2NJE-21
97UppDec2NJE-22
97UppDec2NJE-23
97UppDec2NJE-NNO
97UppDec2NJE-NNO
Jordan, Michael (BB)
94ColCho-635
94ColCho-661
94ColChoGS-635
94ColChoGS-661
94ColChoSS-635
94ColChoSS-661
94FunPac-170
94SPHoI-16
94SPHoID-16
94UppDec-19
94UppDecED-19
94UppDecDC-C2
94UppDecNG-2
94UppDecNGED-8
95ColCho-500
95ColChoGS-500
95ColChoSS-500
95ColChoSE-238
95ColChoSEGS-238
95ColChoSESS-238
95UppDec-200
95UppDecED-200
95UppDecEDG-200
95UppDecSD-SD15
Jordan, Michael (Minors)
94ActPac-23
94Cla-1
94UppDec-MJG23
94UppDec-MJS23
95SPAu-14
95UppDec-45
95UppDecFS-45
95UppDecJJ-MJ1
95UppDecJJ-MJ2
95UppDecJJ-MJ3
95UppDecJJ-MJ4
95UppDecJJ-MJ5
95UppDecOO-1
95UppDecOO-2
95UppDecOO-3
95UppDecOO-4
95UppDecOO-5
95UppDecOO-6
95UppDecOO-7
95UppDecOO-8
95UppDecOO-9
95UppDecOO-10
95UppDecJS-MJ1
95UppDecJS-MJ2
95UppDecJS-MJ3
95UppDecJS-MJ4
95UppDecJS-MJ5
95UppDecJS-MJ6
95UppDecJS-MJ7
95UppDecJS-MJ8
95UppDecJS-MJ9
95UppDecJS-MJ10
95UppDecOP-OP6
Jordan, Michael (Racing)
95SP-CB1
95UppDec-133
95UppDecGS-133
95UppDecSS-133
Jordan, Payton
57UniOilB*-13
Jordan, Phil
57Top-55
60Kah-6
61Fle-24
Jordan, Reggie
91ProCBA-100
93UppDecS-154
93UppDecSEC-154
93UppDecSEG-154
94Hoo-101
Jordan, Scott

91GeoTecCC*-164
Jordan, Thomas
91Cla-49
91FouSp-197
Jordan, Walter
91ProCBA-84
Jorden, Jim
73NorCarPC-8C
Jordon, Lisa
91TexA&MCC*-78
Jorgensen, Dan
91SouCal*-82
Joseph, Abel
94Mar-7
95Mar-8
Joseph, MaCelle
93PurWom-14
Joseph, Mickey
90Neb*-10
91Neb*-1
Joseph, Yvon
91GeoTecCC*-42
Josic, Zlatko
89Cle-13
Jowdy, Ed
85Neb*-27
Joyce, Bobby
90UNLHOF-12
90UNLSeatR-12
90UNLSmo-10
Joyce, Kevin
75Top-237
91SouCarCC*-64
Joyce, Nod
92Aub-9
Joyner, Butch
87IndGreI-3
Joyner-Kersee, Jackie
88KenPolOA-2
90McDJor*-JK1
90McDJor*-JK2
90McDJor*-JK3
90McDJor*-JK4
90McDJor*-JK5
90McDJor*-JK6
90McDJor*-JK7
90McDJor*-JK8
92ClaWorCA-20
92SniU.SOC-8
93FaxPaxWoS*-31
95ReaActP*-3
Joynes, Jason
93AusFutN-64
Jozic, Drazen
94IHSBoyA3S-6
Juantorena, Alberto
76PanSti-103
77SpoSer1*-123
Juday, Steve
90MicStaCC2*-36
Judkins, Jeff
80Top-19
80Top-138
82TraBlaP-22
Judson, Rob
93Bra-4
94Bra-3
06Bra-3
Julian, Alvin F.
68HalofFB-22
Julson, Jackson
93Cin-12
Jumper, Anthony
94IHSBoyAST-71
Jung, Mark
81Ari-9
Jungers, John
94TexAaM-9
Jurgensen, Paul
91GeoTecCC*-78
Jurgensen, Sonny
76NabSugD2*-4
Justice, Charlie
90NorCarCC*-107
90NorCarCC*-143
90NorCarCC*-168
90NorCarCC*-174
Justice, David
91FooLocSF*-5
Jye-Wei, Wu
95UppDecCBA-70
Jyh-Long, Jeng
95UppDecCAM-M1
95UppDecCBA-22

95UppDecCBA-94
95UppDecCBA-111
Kacer, Kevin
91ProCBA-84
Kachan, Whitey
86DePPlaC-H7
Kahanamoku, Duke
33SpoKinR*-20
83HosU.SOGM-5
83TopHisGO-20
83TopOlyH-22
91ImpHaloF-20
Kahl, Steve
90ProCBA-27
Kahs, Todd
90AriStaCC*-37
Kaiser, Roger
90GeoTecCC*-170
Kajiyama, Hiroshi
76PanSti-208
Kalache, Celso
91SouCal*-9
Kalbaugh, Bill
79St.Bon-9
Kalenich, Steve
90FloStaCC*-175
Kaline, Al
60PosCer*-4
Kalinina, Irina
76PanSti-270
Kalinovich, Shawn (Sean)
83Vic-4
84Vic-4
86Vic-2
Kalmer, Kurt
94IHSBoyAST-20
Kaluzienski, Matt
88Mar-4
Kammes, Ronnie
94IHSBoyASD-47
Kamrath, Lynn
90UCL-21
Kanauna, Ken Sr.
90LSUCoIC*-187
Kancsal, Tamas
76PanSti-276
Kane, Gary
92Mon-8
Kane, Pete
95Con-9
Kannenberg, Bernd
76PanSti-154
Karamovic, Muamer
94IHSBoyA3S-7
Karasek, Tony
91ProCBA-76
Karem, Jason
90MurSta-14
Karl, George
73NorCarPC-13H
74Top-257
75Top-303
79SpuPol-NNO
80TCMCBA-14
81TCMCBA-77
90NorCarCC*-147
90NorCarCC*-175
00ProCBA-160
92Fle-212
92Hoo-263
92SKy-279
93Hoo-254
93HooFifAG-254
93SupTacT-7
94Hoo-294
94HooShe-14
95Hoo-193
96Hoo-273
Karnishovas, Arturas
94Cla-40
94ClaG-40
94FouSp-41
94FouSpAu-41A
94FouSpG-41
94FouSpPP-41
94PacP-26
94PacPriG-26
94SRTet-59
94SRTetS-59
95UppPix-49
95TedWil-31
Kartman, Jessica
94CasHS-125
Kasamatsu, Shigeru

76PanSti-205
Kashiwazaki, Katsuhiko
76PanSti-233
Kasoff, Mitch
88Mar-5
Kasprowicz, Heidi
91NorDak*-9
Kato, Sawao
76PanSti-95
Katstra, Dirk
88Vir-8
Kattus, Eric
91Mic*-30
Katz, Gilad
90Con-7
91Con-7
Katz, Stu
94IHSBoyAST-133
Kauffman, Bob
69BulPep-4
69Top-48
71Top-84
71TopTri-22
72Top-125
73LinPor-27
73NBAPlaA-15
73Top-116
74Top-153
75Top-98
Kaufmann, Andy
92Ill-9
Kaufmann, Cindy
94IHSHisRH-90
Kaull, Kurt
81Geo-14
82Geo-14
91GeoColC-13
Kazanowski, Gerald
82Vic-6
Kazanowski, Gregg
82Vic-7
Kea, Clarence
81TCMCBA-82
82TCMCBA-44
Keady, Gene
92Pur-6
92Pur-15
93Pur-9
93Pur-17
Kearns, Tommy
73NorCarPC-7H
89NorCarCC-83
89NorCarCC-84
90NorCarCC*-192
Keefe, Adam
91WilCarRP-P2
92Cla-45
92ClaGol-45
92ClaLPs-LP10
92Fle-302
92FouSp-40
92FouSpAu-40A
92FouSpGol-40
92FroR-36
92FroRowDP-61
92FroRowDP-62
92FroRowDP-63
92FroRowDP-64
92FroRowDP-65
92Hoo-352
92HooDraR-I
92PanSti-6
92Sky-328
92SkyDraP-DP10
92StaClu-232
92StaCluMO-232
92StaPic-31
92StaPic-75
92Top-344
92TopGol-344G
92Ult-194
92Ult-224
92UppDec-6
92UppDec-456
92UppDecRS-RS1
92UppDecS-7
93Fle-5
93FleRooS-12
93Hoo-5
93HooFifAG-5
93HooGolMB-26
93JamSes-6
93PanSti-136
93Sky-27

93SkySch-28
93StaClu-46
93StaCluFDI-46
93StaCluMO-46
93StaCluSTDW-H46
93StaCluSTNF-46
93Top-157
93TopGol-157G
93Ult-6
93UppDec-49
93UppDecE-55
93UppDecE-95
94ColCho-73
94ColChoGS-73
94ColChoSS-73
94Fin-292
94FinRef-292
94Fla-315
94Fle-5
94Fle-378
94PanSti-9
94ProMag-4
94Sky-5
94Sky-290
94StaClu-24
94StaCluFDI-24
94StaCluMO-24
94StaCluSTNF-24
94Top-272
94TopSpe-272
94Ult-4
94UppDec-267
95ColCho-28
95ColCholE-73
95ColCholJI-73
95ColCholSI-73
95ColChoPC-28
95ColChoPCP-28
95Fin-73
95FinRef-73
95Fle-187
95Hoo-331
95PanSti-192
95ProMag-130
95Sky-210
95SP-134
95StaClu-210
95Top-87
96ColCho-156
96ColCholI-153
96ColCholJ-28
96Fin-150
96FinRef-150
96Hoo-159
96HooStaF-27
96Sky-193
96SkyAut-35
96SkyAutB-35
96SkyRub-193
96UppDec-125
Keeling, Rudy
85Bra-D6
Keene, Richard
92Ill-10
Keevan, Shawn
94IHSBoyAST-120
Keffer, Richard (Dick)
55AshOil-30
89LouColC*-90
Kehrer, Jeff
94IHSBoyAST-21
Keightley, Bill
93Ken-7
Keigley, Gerald
90LSUColC*-86
Keino, Kipchoge
76PanSti-94
77SpoSer1*-1019
Keister, Joni
94TexAaM-18
Kelber, Jason
90Neb*-16
Kell, Brent
93Eva-7
Kell, George
52Whe*-15A
52Whe*-15B
Keller, Billy
71PacMarO-4
71Top-149
71Top-171
72Top-192
72Top-245
73Top-237

73Top-264
74Top-201
74Top-209
74Top-223
75Top-248
75Top-279
76Top-13
Keller, Chad
89EasTenS-4
Keller, Pat
94IHSBoyAST-178
Kelley, Dale
94IHSHisRH-70
Kelley, Derek
92EasIll-11
Kelley, Mike
91GeoTecCC*-43
Kelley, Rich
77Top-67
78Top-114
79Top-86
80SunPep-6
80Top-71
80Top-159
81Top-W81
82NugPol-53
83Sta-143
84Sta-231
85KinSmo-9
Kellogg, Clark
83Sta-161
83StaAll-4
84Sta-52
84StaCouK5-20
85Sta-81
86Fle-58
86StaCouK-19
Kellogg, Ron
89ProCBA-68
90ProCBA-188
Kelly, Arvesta
71ConPitA-5
71Top-228
Kelly, Brian George
90Geo-9
91Geo-9
Kelly, Brian WrSt.
93WriSta-17
Kelly, Carey
82Ark-6
Kelly, Jeff
88EasCar-3
Kelly, John
92GeoTec-14
Kelly, John S.
83KenSch-11
84KenSch-3
89KenColC*-152
Kelly, Ryan
94IHSBoyAST-121
Kelly, Tom
85Bra-C6
Kelm, Larry
91TexA&MCC*-47
Kelmmer, Grover
48TopMagP*-E9
Kelser, Greg
77SpoSer8*-8215
80Top-30
80Top-171
83Sta-126
90MicStaCC2*-112
90MicStaCC2*-132
90MicStaCCP*-9
Kelsey, Pat
94Wyo-6
Kelver, Ryan
94IHSBoyAST-86
Kemmerling, Troy
94IHSBoyA3S-66
Kemp, Shawn
88KenSovPI-13
90Fle-178
90Hoo-279
90HooTeaNS-24A
90HooTeaNS-24B
90HooTeaNS-24C
90HooTeaNS-24D
90PanSti-20
90Sky-268
90SupKay-1
90SupSmo-7
90SupTeal-4
915Maj-61

91Fle-192
91Fle-231
91FleTonP-75
91FleWheS-1
91Hoo-200
91Hoo-497
91Hoo-527
91Hoo100S-92
91HooMcD-42
91HooTeaNS-25
91PanSti-42
91Sky-271
91Sky-584
91SkyCanM-44
91StaPic-50
91UppDec-96
91UppDec-173
91UppDec-481
92Fle-213
92Fle-266
92Fle-SD266
92FleDra-49
92FleTonP-90
92Hoo-216
92Hoo100S-90
92PanSti-59
92Sky-231
92Sky-306
92SkyNes-19
92SkyThuaL-TL7
92SpoIllfKI*-46
92StaClu-102
92StaCluBT-3
92StaCluMO-102
92StaCluMO-BT3
92Top-267
92TopArc-136
92TopArcG-136G
92TopBeaT-5
92TopBeaTG-5
92TopGol-267G
92Ult-172
92Ult-205
92Ult-NNO
92UltJamSCI-1
92UltProS-NNO
92UppDec-240
92UppDec-441
92UppDecE-94
92UppDecE-169
92UppDecJWS-JW16
92UppDecM-P38
92UppDecMH-25
93Fin-123
93Fin-159
93FinMaiA-25
93FinRef-123
93FinRef-159
93Fle-199
93Fle-233
93FleAll-17
93FleNBAS-8
93FleTowOP-11
93Hoo-207
93Hoo-273
93HooAdmC-AC1
93HooFactF-3
93HooFifAG-207
93HooFifAG-273
93HooGolMB-27
93HooSco-HS25
93HooScoFAG-HS25
93JamSes-214
93JamSesSDH-3
93PanSti-61
93Sky-17
93Sky-169
93Sky-337
93SkyDynD-D5
93SkyShoS-SS7
93SkyUSAT-4
93Sta-7
93Sta-20
93Sta-31
93Sta-53
93Sta-67
93Sta-85
93StaClu-173
93StaClu-222
93StaClu-355
93StaCluFDI-173
93StaCluFDI-222
93StaCluFDI-355
93StaCluFFP-8

93StaCluFFU-355
93StaCluMO-173
93StaCluMO-222
93StaCluMO-355
93StaCluMO-ST25
93StaCluRR-5
93StaCluST-25
93StaCluSTDW-S173
93StaCluSTDW-S222
93StaCluSTNF-173
93StaCluSTNF-222
93StaCluSTNF-355
93SupTacT-6
93Top-202
93Top-296
93TopGol-202G
93TopGol-296G
93Ult-178
93Ult-365
93UltJamC-5
93UltRebK-3
93UppDec-234
93UppDec-251
93UppDec-305
93UppDec-475
93UppDecE-21
93UppDecE-243
93UppDecFH-32
93UppDecFM-16
93UppDecFT-FT12
93UppDecH-H25
93UppDecPV-40
93UppDecPV-104
93UppDecS-99
93UppDecSBtG-G1
93UppDecSDCA-W14
93UppDecSEC-99
93UppDecSEG-99
93UppDecSUT-17
93UppDecTM-TM25
93UppDecWJ-32
94ColCho-140
94ColCho-190
94ColCho-203
94ColCho-396
94ColCho-404
94ColCho-417
94ColChoB-140
94ColChoB-A140
94ColChoCtGR-R4
94ColChoCtGRR-R4
94ColChoGS-140
94ColChoGS-190
94ColChoGS-203
94ColChoGS-396
94ColChoGS-404
94ColChoGS-417
94ColChoSS-140
94ColChoSS-190
94ColChoSS-203
94ColChoSS-396
94ColChoSS-404
94ColChoSS-417
94Emb-91
94EmbGolI-91
94Emo-91
94Emo-112
94EmoN-T-N4
94Fin-40
94FinRef-40
94Fla-141
94Fla-164
94FlaHotN-6
94FlaUSA-41
94FlaUSA-42
94FlaUSA-43
94FlaUSA-44
94FlaUSA-45
94FlaUSA-46
94FlaUSA-47
94FlaUSA-48
94Fle-213
94FleAll-17
94FleTeaL-9
94FleTowoP-3
94FleTriT-3
94Hoo-200
94Hoo-241
94HooPowR-PR49
94HooShe-14
94HooSupC-SC46
94JamSes-179
94JamSesSDH-3
94PanSti-207

94ProMag-123
94Sky-155
94Sky-307
94SkySkyF-SF10
94SkyUSA-13
94SkyUSA-14
94SkyUSA-15
94SkyUSA-16
94SkyUSA-17
94SkyUSA-18
94SkyUSADP-DP3
94SkyUSAG-13
94SkyUSAG-14
94SkyUSAG-15
94SkyUSAG-16
94SkyUSAG-17
94SkyUSAG-18
94SkyUSAOTC-6
94SkyUSAP-PT3
94SkyUSAP-5
94SP-151
94SPCha-25
94SPCha-125
94SPChaDC-25
94SPChaDC-125
94SPChaPH-P3
94SPChaPHDC-P3
94SPDie-D151
94SPHol-PC22
94SPHolDC-22
94StaClu-309
94StaCluBT-25
94StaCluCC-25
94StaCluFDI-309
94StaCluMO-309
94StaCluMO-BT25
94StaCluMO-CC25
94StaCluSTNF-309
94Top-40
94Top-101
94Top-186
94TopSpe-40
94TopSpe-101
94TopSpe-186
94Ult-177
94UltAll-8
94UltJamC-4
94UltPow-4
94UppDec-16
94UppDec-124
94UppDec-172
94UppDecE-149
94UppDecE-177
94UppDecE-186
94UppDecFMT-25
94UppDecFMT-31H
94UppDecPAW-H6
94UppDecPAW-H26
94UppDecPAWR-H6
94UppDecPAWR-H26
94UppDecPLL-R38
94UppDecPLLR-R38
94UppDecS-3
94UppDecS-4
94UppDecSDS-S7
94UppDecSE-171
94UppDecSEG-171
94UppDecSEJ-25
94UppDecU-25
94UppDecU-26
94UppDecU-27
94UppDecU-28
94UppDecU-29
94UppDecU-30
94UppDecUCT-CT5
94UppDecUFYD-6
94UppDecUGM-25
94UppDecUGM-26
94UppDecUGM-27
94UppDecUGM-28
94UppDecUGM-29
94UppDecUGM-30
95ColCho-40
95ColCho-201
95ColCho-209
95ColCho-345
95ColCho-409
95ColChoCtG-C21
95ColChoCtGA-C4
95ColChoCtGAG-C4
95ColChoCtGAG-C4B
95ColChoCtGAG-C4C

95ColChoCtGAGR-C4
95ColChoCtGASR-C4
95ColChoCtGS-C21
95ColChoCtGS-C21B
95ColChoCtGS-C21C
95ColChoCtGSG-C21
95ColChoCtGSG-C21B
95ColChoCtGSG-C21C
95ColChoCtGSGR-C21
95ColCholE-140
95ColCholE-190
95ColCholE-203
95ColCholE-396
95ColCholE-404
95ColCholE-417
95ColCholEGS-190
95ColCholEGS-396
95ColCholEGS-404
95ColCholJGSI-190
95ColCholJGSI-177
95ColCholJGSI-404
95ColCholJI-140
95ColCholJI-190
95ColCholJI-203
95ColCholJI-404
95ColCholJI-417
95ColCholJSS-190
95ColCholSI-140
95ColCholSI-190
95ColCholSI-203
95ColCholSI-177
95ColCholSI-185
95ColCholSI-198
95ColChoPC-40
95ColChoPC-201
95ColChoPC-209
95ColChoPC-345
95ColChoPC-409
95ColChoPCP-40
95ColChoPCP-201
95ColChoPCP-209
95ColChoPCP-345
95ColChoPCP-409
95Fin-159
95FinDisaS-DS25
95FinHotS-HS12
95FinMys-M4
95FinMysB-M4
95FinMysBR-M4
95FinRef-159
95FinVet-RV26
95Fla-126
95Fla-188
95FlaAnt-3
95FlaHotN-5
95FlaNewH-5
95Fle-177
95Fle-254
95Fle-344
95FleAll-2
95FleDouD-6
95FleEur-217
95FleEurTT-3
95FleTowoP-1
95Hoo-153
95Hoo-221
95Hoo-371
95Hoo-385
95HooBloP-10
95HooHoo-HS9
95JamSes-99
95JamSesDC-D99
95JamSesP-13
95Met-101
95Met-192
95MetMaxM-5
95MetMetF-7
95MetSilS-101
95PanSti-137
95PanSti-264
95PosHonP-2
95ProMag-122
95ProMagDC-8
95Sky-112
95SkyE-X-76
95SkyE-XB-76
95SkyE-XNBT-9
95SkyE-XU-17
95SkySta-S9
95SP-124
95SPAll-AS16
95SPAllG-AS16
95SPCha-98

95SPCha-142
95SPChaCotC-C25
95SPChaCotCD-C25
95SPHol-PC35
95SPHolDC-PC35
95StaClu-125
95StaClu-219
95StaCluBT-BT7
95StaCluMO5-36
95StaCluMOI-125B
95StaCluMOI-125R
95StaCluMOI-BT7
95StaCluPZ-PZ9
95StaCluRM-RM1
95StaCluX-X8
95Top-110
95TopGal-2
95TopGalE-EX1
95TopTopF-TF7
95Ult-171
95Ult-241
95Ult-320
95UltAll-7
95UltAllGM-7
95UltGolM-171
95UltJamC-4
95UltJamCHP-4
95UltPow-4
95UltPowGM-4
95UppDec-153
95UppDec-172
95UppDec-222
95UppDec-329
95UppDec-357
95UppDecAC-AS15
95UppDecEC-153
95UppDecEC-172
95UppDecEC-222
95UppDecEC-329
95UppDecEC-357
95UppDecECG-153
95UppDecECG-172
95UppDecECG-222
95UppDecECG-329
95UppDecECG-357
95UppDecSE-83
95UppDecSEG-83
96BowBes-66
96BowBesAR-66
96BowBesC-BC9
96BowBesCAR-BC9
96BowBesCR-BC9
96BowBesHR-HR6
96BowBesHRAR-HR6
96BowBesHRR-HR6
96BowBesR-66
96BowBesS-BS9
96BowBesSAR-BS9
96BowBesSR-BS9
96BowBesTh-TB7
96BowBesThAR-TB7
96BowBesTR-TB7
96ColCho-190
96ColCho-333
96ColCho-358
96ColCho-201
96ColChoCtGS1-C25A
96ColChoCtGS1-C25B
96ColChoCtGS1R-R25
96ColChoCtGS1RG-R25
96ColChoCtGSG1-C25A
96ColChoCtGSG1-C25B
96ColChoGF-GF3
96ColCholl-147
96ColCholl-201
96ColCholl-209
96ColCholl-135
96ColCholl-199
96ColCholJ-40
96ColCholJ-201
96ColCholJ-209
96ColCholJ-345
96ColCholJ-409
96ColChoM-M78
96ColChoMG-M78
96ColChoS1-S25
96Fin-14
96Fin-144
96Fin-263
96FinRef-14
96FinRef-144
96FinRef-263
96FlaSho-A30
96FlaSho-B30

96FlaSho-C30
96FlaShoHS-8
96FlaShoLC-30
96FlaShoLC-B30
96FlaShoLC-C30
96Fle-102
96Fle-144
96Fle-288
96FleGamB-14
96FleStaA-5
96FleThrS-7
96FleTotO-5
96FleTowoP-5
96Hoo-147
96Hoo-187
96Hoo-336
96HooHotL-9
96HooStaF-25
96HooSup-9
96Met-93
96Met-242
96MetMaxM-12
96MetNet-6
96MetPlaP-6
96MetPowT-6
96MetPreM-242
96MetSteS-7
96Sky-109
96Sky-269
96SkyClo-CU5
96SkyE-X-67
96SkyE-XACA-10
96SkyE-XC-67
96SkyGoIT-5
96SkyLarTL-B8
96SkyNetS-9
96SkyRub-109
96SkyRub-269
96SkyThuaL-8
96SkyZ-F-83
96SkyZ-F-180
96SkyZ-FBMotC-5
96SkyZ-FBMotCZ-5
96SkyZ-FSC-SC6
96SkyZ-FZ-83
96SP-106
96SPGamF-GF10
96SPInsI-IN7
96SPInsIG-IN7
96SPPreCH-PC35
96SPSPxFor-F2
96SPSPxFor-F5
96SPSPxFor-F5C
96SPx-44
96SPxGol-44
96StaClu-20
96StaCluF-F13
96StaCluGPPI-2
96StaCluHR-HR13
96StaCluM-20
96StaCluSF-SF3
96StaCluTC-TC5
96Top-50
96TopChr-50
96TopChrPF-PF2
96TopChrSB-SB10
96TopHobM-HM25
96TopMysF-M8
96TopMysFR-M8
96TopMysFBR-M8
96TopNBAa5-50
96TopProF-PF2
96TopSeaB-SB10
96TopSupT-ST25
96Ult-103
96Ult-129
96Ult-292
96UltBoaG-8
96UltCouM-7
96UltGolE-G103
96UltGolE-G292
96UltPlaE-P103
96UltPlaE-P129
96UltPlaE-P292
96UltScoK-25
96UltScoKP-25
96UltStaR-5
96UppDec-114
96UppDec-160
96UppDec-176
96UppDec-355

96UppDec-NNO
96UppDecFBC-FB19
96UppDecGE-G18
96UppDecPS1-P17
96UppDecPS2-P16
96UppDecPTVCR1-TV17
96UppDecPTVCR2-TV16
96UppDecSG-SG15
96UppDecU-41
96UppDecUCC-C4
96UppDecUSS-S7
96UppDecUTWE-W14
97SchUltNP-11
Kempfert, Matt
92Mon-9
Kempton, Tim
89Hoo-288
89NugPol-7
90Sky-76
91WilCar-73
92Hoo-452
92Sky-390
92StaClu-373
92StaCluMO-373
92SunTopKS-7
92Top-375
92TopGol-375G
92Ult-340
93StaClu-124
93StaCluFDI-124
93StaCluMO-124
93StaCluSTNF-124
93Top-66
93TopGol-66G
Kendall, Duane
91SouCarCC*-7
Kendrick, Adam
93AusFutN-22
94AusFutN-126
Kendrick, Frank
92Pur-15
93Pur-17
Kenmotsu, Eizo
76PanSti-218
77SpoSer1*-10204
Kennedy, Andy
91FroR-64
91FroRowP-33
91FroRU-86
Kennedy, Barbara
90CleColC*-164
Kennedy, Billy
94Cal-13
Kennedy, Darryl
91ProCBA-51
Kennedy, Gene (Goo)
72Top-208
73Top-197
73Top-235
75Top-316
Kennedy, Jamie
92AusFutN-30
92AusStoN-13
Kennedy, Marcus
91Cla-43
91FouSp-191
91FroR-15
91FroRowP-80
91StaPic-58
Kennedy, Matthew P.
68HalofFB-23
Kennedy, Terry
92FloSta*-39
Kennedy, Tony
90FloStaCC*-98
Kennedy, Tony
92VirTec*-10
Kenneli, Harlan
94IHSBoyAST-151
Kennett, Ron
89KenColC*-265
Kenney, Keith
92GeoTec-13
Kenny, Bonnie
91SouCarCC*-13
Kenny, Chris
90UCL-7
Kenny, Eric
80NorCarS-2
89NorCarCC-194
Kenon, Larry
74Top-216
74Top-226
75Top-294

77Top-28
78Top-71
79SpuPol-35
79Top-49
80Top-41
80Top-77
80Top-167
80Top-173
Kent, David
91TexA&MCC*-32
Kent, Gerry
90LSUCoIC*-134
Kent, Scot
94IHSBoyA3S-27
Kenyon, Jay
86Vic-3
Keogh, Damian
92AusFutN-90
92AusStoN-74
93AusFutN-104
93AusStoN-51
94AusFutN-85
94AusFutN-179
95AusFut3C-GC3
95AusFutN-36
Keogh, Erin
90Tex*-23
Kercheval, Ralph
89KenColC*-162
Kerksick, Chad
94IHSBoyAST-4
Kerle, Brian
92AusFutN-18
Kerle, Simon
92AusFutN-19
92AusStoN-10
93AusFutN-100
94AusFutN-130
95AusFutHTH-H6
95AusFutN-31
96AusFutN-22
96AusFutNOL-OL4
Kerr, John (Red)
57Top-32
58SyrNat-5
61Fle-25
61Fle-56
68SunCarM-5
81TCMNBA-31
85StaSchL-16
90BulEqu-8
90HooAnn-34
Kerr, Steve
83Ari-9
84Ari-9
85Ari-9
86Ari-6
87Ari-6
89Hoo-351
90AriColC*-1
90AriColC*-28
90AriColC*-93
90AriColCP*-2
90Fle-34
90Hoo-75
90HooTeaNS-5
90Sky-52
91Fle-264
91Hoo-350
91HooTeaNS-5
91Sky-50
91UppDec-208
92FleTeaNS-9
92Hoo-365
92Sky-381
92StaClu-93
92StaClu-393
92StaCluMO-93
92StaCluMO-393
92Top-14
92TopGol-14G
92Ult-326
92UppDec-304
92UppDecE-195
93Fle-259
93Hoo-312
93HooFifAG-312
93Sky-206
93StaClu-227
93StaCluFDI-227
93StaCluMO-227
93StaCluSTNF-227
93Top-252
93TopGol-252G

93Ult-220
93UppDec-325
93UppDecS-108
93UppDecSEC-108
93UppDecSEG-108
94ColCho-271
94ColChoGS-271
94ColChoSS-271
94Fin-164
94FinRef-164
94Fla-21
94Fle-31
94HooShe-5
94JamSes-27
94PanSti-30
94Sky-215
94StaClu-212
94StaCluFDI-212
94StaCluMO-212
94StaCluSTNF-212
94Top-343
94TopSpe-343
94Ult-26
94UppDec-337
95ColCho-135
95ColChoIE-271
95ColChoIJI-271
95ColChoISI-52
95ColChoPC-135
95ColChoPCP-135
95Fin-22
95FinRef-22
95Fla-16
95Fle-23
95FleEur-32
95JamSes-14
95JamSesDC-D14
95PanSti-84
95PanSti-273
95Sky-16
95SP-18
95StaClu-199
95UppDec-91
95UppDecEC-91
95UppDecECG-91
95UppDecSE-101
95UppDecSEG-101
96ColCho-20
96ColCholl-23
96ColCholJ-135
96ColChoM-M102
96ColChoMG-M102
96Fle-165
96Hoo-21
96HooSil-21
96Met-158
96MetPreM-158
96SkyAut-36
96SkyAutB-36
96StaClu-81
96StaCluM-81
96Top-126
96TopChr-126
96TopChrR-126
96TopNBAa5-126
96Ult-162
96UltGolE-G162
96UltPlaE-P162
96UppDec-195
Kersey, Diana
92TexTecW-5
92TexTecWNC-2
Kersey, Jerome
84TraBlaF-6
84TraBlaP-9
85Sta-107
85TraBlaF-8
86TraBlaF-8
87Fle-60
87TraBlaF-6
88Fle-95
88TraBlaF-9
89Fle-130
89Hoo-285
89PanSpaS-227
89PanSpaS-231
89TraBlaF-7
90Fle-157
90Hoo-247
90Hoo340
90Hoo100S-81
90HooActP-130
90HooTeaNS-22
90PanSti-7

90Sky-236
90TraBlaBP-4
90TraBlaF-15
91SMaj-62
91Fle-170
91FleTonP-21
91Hoo-176
91Hoo100S-82
91HooTeaNS-22
91PanSti-30
91Sky-239
91Sky-604
91TraBlaF-12
91TraBlaP-3
91UppDec-277
92Fle-188
92Fle-293
92FleTonP-91
92Hoo-191
92Hoo100S-80
92PanSti-47
92Sky-203
92StaClu-99
92StaCluMO-99
92Top-143
92TopArc-53
92TopArcG-53G
92TopGol-143G
92TraBlaF-5
92TraBlaF-11
92Ult-151
92UppDec-145
93Fin-166
93FinRef-166
93Fle-176
93Hoo-180
93HooFifAG-180
93HooGolMB-28
93JamSes-187
93PanSti-45
93Sky-152
93StaClu-171
93StaClu-286
93StaCluFDI-171
93StaCluFDI-286
93StaCluMO-171
93StaCluMO-286
93StaCluSTNF-171
93StaCluSTNF-286
93Top-46
93TopGol-46G
93TraBlaF-11
93Ult-155
93UppDec-231
93UppDec-288
93UppDecS-56
93UppDecSEC-56
93UppDecSEG-56
94ColCho-325
94ColChoGS-325
94ColChoSS-325
94Fin-93
94FinRef-93
94Fla-122
94Fle-185
94HooShe-13
94PanSti-184
94ProMag-107
94Sky-275
94StaClu-40
94StaClu-41
94StaCluFDI-40
94StaCluFDI-41
94StaCluMO-40
94StaCluMO-41
94StaCluSTNF-40
94StaCluSTNF-41
94Top-45
94TopSpe-45
94TraBlaF-10
94Ult-157
95ColCho-122
95ColChoIE-325
95ColChoIJI-325
95ColChoISI-106
95ColChoPC-122
95ColChoPCP-122
95Fla-132
95Fle-151
95FleEur-190
95JamSes-104
95JamSesDC-D104
95PanSti-130
95StaClu-66

95StaCluMOI-66EB
95StaCluMOI-66ER
95Top-170
95Ult-178
95UltGolM-178
95WarTop-GS9
96ColCholl-132
96ColCholJ-122
Kessel, Kyle
94TexAaM-7
Kessler, Alec
89Geo-9
90FleUpd-U50
90HeaPub-7
90StaPic-32
91Fle-306
91HooTeaNS-14
91Sky-149
91UppDec-194
92Fle-368
92FleTeaNS-7
92Hoo-119
92Sky-126
92StaClu-51
92StaCluMO-51
92Top-31
92TopGol-31G
92Ult-292
92UppDec-238
93Fle-320
93Hoo-362
93HooFifAG-362
Kessman, Neil
94IHSBoyAST-141
Kestner, Rick
89KenColC*-113
Ketcham, Eric
96Web StS-7
Ketchum, Jack
91UCLIColC-136
Key, Damon
92Mar-5
94Cla-49
94ClaG-49
94PacP-27
94PacPriG-27
95SupPix-58
95TedWil-32
Key, Jimmy
90CleColC*-18
Key, Stan
88KenColC-138
Keye, Julius
71Top-150
71Top-186
71TopTri-13A
73Top-227
Keys, Daric
88WakFor-7
Keys, Randolph
87SouMis-5
89Hoo-181
90Hoo-56
90HooTeaNS-3
90Sky-369
91Sky-29
91UppDec-285
Keyton, Nikki
92OhiStaW-9
Khing, Tony
90ProCBA-94
Kidd, Jason
92SpoIllfKI*-395
94Ass-14
94Ass-39
94AssDieC-DC12
94AssPhoC$5-3
94AssPhoC$5-10
94AssPhoCOM-11
94Cla-2
94Cla-102
94ClaAssPC$100-3
94ClaAssPC$200-4
94ClaAssSS*-14
94ClaBCs-BC2
94ClaBCs-NNO
94ClaG-2
94ClaG-102
94ClaGamC-GC2
94ClaNatP*-3
94ClaPhoC$2-2
94ClaPic-7
94ClaPre-BP2

94ClaROYSw-2
94ClaVitPTP-2
94ColCho-250
94ColCho-377
94ColCho-408
94ColChoCtGRS-S6
94ColChoCtGRSR-S6
94ColChoDT-2
94ColChoGS-250
94ColChoGS-377
94ColChoGS-408
94ColChoSS-250
94ColChoSS-377
94ColChoSS-408
94Emb-102
94EmbGoII-102
94Emo-20
94Emo-105
94EmoX-C-X7
94Fin-286
94FinRacP-RP7
94FinRef-286
94Fla-202
94FlaWavotF-5
94Fle-268
94FleFirYP-2
94FleLotE-2
94FouPhoC$1-5
94FouSp-2
94FouSp-190
94FouSpAu-2A
94FouSpBCs-BC7
94FouSpG-2
94FouSpG-190
94FouSpHigV-HV6
94FouSpP-2
94FouSpPP-190
94FouSpPre-P4
94FouSpTri-TC3
94Hoo-317
94Hoo-422
94HooDraR-2
94HooMagA-AR2
94HooMagAF-FAR2
94HooMagAJ-AR2
94HooMagC-6
94HooSch-8
94HooShe-6
94JamSes-41
94JamSesRS-5
94MavBoo-3
94PacP-28
94PacPriDS-2
94PacPriG-28
94ScoBoaDD-DD4
94ScoBoaDD-DD5
94ScoBoaDD-DD6
94ScoBoaNP*-2
94Sky-221
94Sky-343
94SkyDraP-DP2
94SkyHeaotC-3
94SkySkyF-SF11
94SP-2
94SPCha-49
94SPChaDC-49
94SPDie-D2
94SPHolPC-PC32
94SPHolDC-32
94StaClu-172
94StaClu-190
94StaClu-280
94StaCluBT-6
94StaCluFDI-172
94StaCluFDI-190
94StaCluFDI-280
94StaCluMO-172
94StaCluMO-190
94StaCluMO-280
94StaCluMO-BT6
94StaCluMO-TF6
94StaCluSTNF-172
94StaCluSTNF-190
94StaCluSTNF-280
94StaCluTotF-6
94SupPixP-2
94Top-37
94Top-371
94TopSpe-37
94TopSpe-371
94Ult-43
94Ult-230
94UltAll-5

94UppDec-160
94UppDec-186
94UppDecDT-D2
94UppDecPAW-H31
94UppDecPAWR-H31
94UppDecRS-RS2
94UppDecS-3
94UppDecSE-109
94UppDecSEG-109
94UppDecSEJ-6
95AssGol-39
95AssGol-NNO
95AssGol-NNO
95AssGolDCS-SDC14
95AssGolPC$2-39
95AssGolPC$5-13
95AssGPC$100-2
95AssGPP-39
95AssGSS-39
95ClaBKR-101
95ClaBKRAu-101
95ClaBKRCC-CCR1
95ClaBKRPP-101
95ClaBKRS-RS3
95ClaBKRSS-101
95ClaBKV-58
95ClaBKV-76
95ClaBKVE-58
95ClaBKVE-76
95ClaBKVHS-HC12
95ClaBKVLA-LA2
95ClaNat*-NC9
95ColCho-5
95ColCho-407
95ColChoCtG-C22
95ColChoCtGA-C12
95ColChoCtGA-C12B
95ColChoCtGA-C12C
95ColChoCtGAG-C12
95ColChoCtGAG-C12B
95ColChoCtGAG-C12C
95ColChoCtGAGR-C12
95ColChoCtGASR-C12
95ColChoCtGS-C22
95ColChoCtGS-C22B
95ColChoCtGS-C22C
95ColChoCtGSG-C22
95ColChoCtGSG-C22B
95ColChoCtGSG-C22C
95ColChoCtGSGR-C22
95ColCholE-250
95ColCholE-377
95ColCholE-408
95ColCholEGS-377
95ColCholEGS-408
95ColCholJGSI-158
95ColCholJGSI-408
95ColCholJI-158
95ColCholJI-250
95ColCholJI-408
95ColCholSI-31
95ColCholSI-158
95ColCholSI-189
95ColChoPC-5
95ColChoPC-407
95ColChoPCP-5
95ColChoPCP-407
95Fin-5
95FinDisaS-DS6
95FinMys-M9
95FinMysB-M9
95FinMysBR-M9
95FinRef-5
95FinVet-RV24
95FivSp-198
95FivSpAu-198A
95FivSpAu-198B
95FivSpD-198
95FivSpHBAu-4
95FivSpOF-R1
95FivSpRS-98
95FivSpSF-BK11
95FivSpSigES-2
95Fla-27
95Fla-236
95FlaAnt-4
95FlaHotN-6
95Fle-36
95Fle-325
95FleClaE-6
95FleEndtE-10
95FleEur-50
95FleRooS-5
95Hoo-35

95Hoo-202
95Hoo-390
95HooHotL-2
95HooMagCAW-2
95HooNatP-4
95HooNumC-24
95HooPowP-2
95HooSky-SV2
95HooTopT-AR10
95Ima-2
95ImaCP-CP3
95ImaF-TF2
95JamSes-23
95JamSesDC-D23
95JamSesFl-4
95JamSesPB-4
95MavTacB-2
95MavTacB-3
95Met-22
95Met-213
95MetScoM-5
95MetSilS-22
95MetSliS-4
95PacPreGP-36
95PanSti-148
95PanSti-285
95PrePas-33
95PrePasPC$5-2
95ProMag-26
95ProMagDC-9
95Sky-27
95Sky-280
95SkyE-X-18
95SkyE-XACA-2
95SkyE-XB-18
95SkyE-XU-6
95SkyHotS-HS2
95SkyLarTL-L2
95SkyMel-M3
95SkyStaH-SH2
95SP-32
95SPAll-AS14
95SPAllG-AS14
95SPCha-24
95SPCha-123
95SPChaCotC-C6
95SPChaCotCD-C6
95SPHol-PC7
95SPHolDC-PC7
95SRKro-45
95StaClu-3
95StaCluMO5-47
95StaCluMOI-3
95StaCluMOI-WZ5
95StaCluW-W5
95StaCluWS-WS8
95SupPix-2
95SupPixAu-2
95SupPixC-2
95SupPixCG-2
95SupPixII-3
95SupPixLP-2
95TedWil-33
95TedWilC-CO5
95TedWilCon-C6
95TedWilNO-NO3
95TedWilWU-WU3
95Top-146
95TopGal-22
95TopGalF-FX5
95TopGalPPI-22
95TopMysF-M10
95TopMysFR-M10
95TopShoS-SS8
95TopWhiK-WK8
95Ult-39
95Ult-321
95UltAllT-4
95UltAllTGM-4
95UltGolM-39
95UltRisS-4
95UltRisSGM-4
95UppDec-105
95UppDec-155
95UppDec-340
95UppDecEC-105
95UppDecEC-155
95UppDecEC-340
95UppDecECG-105
95UppDecECG-155
95UppDecECG-340
95UppDecSE-106
95UppDecSEG-106
95AllSpoPPaF-81

96AllSpoPPaF-107
96Ass-19
96AssACA-CA16
96AssCPC$5-8
96AssPC$2-11
96AssPC$5-9
96AssS-5
96BowBes-79
96BowBesAR-79
96BowBesR-79
96CleAss-22
96CleAss$10PC-10
96CleAss$2PC-9
96CleAss$5PC-8
96ColCho-171
96ColCho-229
96ColCho-372
96ColChoCtGS1-C6A
96ColChoCtGS1-C6B
96ColChoCtGS1R-R6
96ColChoCtGS1RG-R6
96ColChoCtGSG1-C6A
96ColChoCtGSG1-C6B
96ColCholl-31
96ColCholl-197
96ColCholJ-5
96ColCholJ-407
96ColChoM-M37
96ColChoMG-M37
96ColChoS2-S6
96Fin-39
96Fin-135
96Fin-248
96FinRef-39
96FinRef-135
96FinRef-248
96FivSpSig-98
96FlaSho-A15
96FlaSho-B15
96FlaSho-C15
96FlaShoHS-11
96FlaShoLC-15
96FlaShoLC-B15
96FlaShoLC-C15
96Fle-22
96Fle-125
96Fle-298
96FleAusS-24
96FleFraF-5
96FleGamB-2
96FleS-8
96FleStaA-6
96FleThrS-8
96Hoo-35
96Hoo-337
96HooFlyW-3
96HooHeatH-HH3
96HooHIP-H6
96HooSil-35
96HooStaF-6
96HooSup-2
96Met-22
96Met-140
96Met-203
96MetCyb-CM7
96MetFieF-FF9
96MetMaxM-5
96MetMolM-6
96MetPreM-203
96PacCenoA-C1
96PacGolCD-DC4
96PacPow-22
96PacPowGCDC-GC8
96PacPowITP-IP10
96PacPreGP-36
96PacPri-36
96ScoBoaAB-46
96ScoBoaAB-46
96ScoBoaAB-PP28
96ScoBoaAC-3
96ScoBoaACGB-GB3
96ScoBoaBasRoo-95
96ScoBoaBasRooCJ-CJ28
96ScoBoaBasRooD-DC20
96Sky-26
96Sky-248
96SkyClo-CU4
96SkyE-X-57
96SkyE-XC-57
96SkyE-XNA-12
96SkyE-XSD2-7
96SkyNetS-10
96SkyRub-26
96SkyRub-248

96SkySta-SO3
96SkyZ-F-19
96SkyZ-F-181
96SkyZ-FV-V6
96SkyZ-FZ-19
96SP-87
96SPInsI-IN6
96SPInsIG-IN6
96SPx-11
96SPxGol-11
96SPxHolH-H2
96StaClu-13
96StaCluCA-CA6
96StaCluCAAR-CA6
96StaCluCAR-CA6
96StaCluM-13
96StaCluSM-SM13
96StaCluTC-TC12
96Top-5
96TopChr-5
96TopChrR-5
96TopChrSB-SB12
96TopChrSB-SB19
96TopHobM-HM28
96TopMysF-M2
96TopMysFB-M2
96TopMysFBR-M2
96TopMysFBR-M2
96TopNBAa5-5
96TopSeaB-SB12
96TopSeaB-SB19
96TopSupT-ST6
96Ult-25
96Ult-144
96Ult-233
96Ult-281
96UltBoaG-9
96UltGivaT-6
96UltGolE-G25
96UltGolE-G144
96UltGolE-G233
96UltGolE-G281
96UltPlaE-P25
96UltPlaE-P144
96UltPlaE-P233
96UltPlaE-P281
96UltRisS-7
96UppDec-141
96UppDec-177
96UppDec-276
96UppDec-336
96UppDecFBC-FB2
96UppDecGE-G3
96UppDecGK-22
96UppDecPS1-P5
96UppDecPTVCR1-TV5
96UppDecRotYC-RC3
96UppDecSG-SG2
96Vis-3
96Vis-128
96VisBasVU-U102
96VisSig-3
96VisSigAuG-3
96VisSigAuS-3A
Kidd, Warren
93Cla-48
93ClaF-40
93ClaG-48
93Fle-352
93Hoo-387
93HooFifAG-387
93Sky-264
93StaClu-301
93StaCluFDI-301
93StaCluMO-301
93StaCluSTNF-301
93Top-253
93TopGol-253G
93Ult-313
93UppDec-349
94Hoo-160
94Ima-12
Kiefer, Adolph
48KelPep*-14
Kieffer, Rick
94Neb*-15
Kiewel, Jeff
90AriColC*-87
Kiffin, Irv
79SpuPol-21
Kilgore, Mik
92Cla-65
92ClaGol-65
Kilgore, William

90MicStaCC2*-153
Killanin, Lord
76PanSti-10
Killebrew, Harmon
60PosCer*-5
Killen, Karen
90KenWomS-10
Killilea, John
79BucPol-NNO
Killum, Earnest
91OreSta-11
Kilroy, Johnny (Michael Jordan)
93UppDecS-JK1
Kilstein, Seymour
82TCMLanC-3
Kim, Nelli
76PanSti-219
Kimball, Toby
68RocJacitB-7
69Top-39
70Top-32
72Top-68
73Top-37
91ConLeg-9
Kimber, Bill
90FloStaCC*-126
Kimble, Bo
90CliSta-6
90FleUpd-U41
90Hoo-397
90HooTeaNS-12
90Sky-359
90StaPic-15
91Fle-91
91FleTonP-28
91Hoo-379
91HooTeaNS-12
91Sky-126
91UppDec-114
91UppDecRS-R5
92Hoo-436
92Sky-106
92StaClu-342
92StaCluMO-342
92Top-310
92TopGol-310G
93Top-195
93TopGol-195G
Kimbrough, Stan
90ProCBA-169
Kimmel, Bobby
91GeoTecCC*-176
Kinard, Bill
91GeoTecCC*-54
Kinard, Roger
91GeoTecCC*-117
91GeoTecCC*-192
Kinard, Terry
90CleColC*-89
Kincaid, Mike
90FloStaCC*-173
Kincaid, Tim
88Cle-12
Kinchen, Brian
90LSUColC*-15
93FCA-25
Kindall, Jerry
90AriColC*-15
93FCA-27
Kinder, Richard
55AshOil-66
Kinderman, Keith
90FloStaCC*-153
Kiner, Ralph
52Whe*-16A
52Whe*-16B
King, Albert
83Sta-151
84NetGet-6
84Sta-93
86Fle-59
86NetLif-8
89PanSpaS-168
90ProCBA-149
King, Bernard
77SpoSer4*-4202
78RoyCroC-17
78Top-75
79Top-14
81Top-W72
83Sta-61
84KniGetP-7
84Sta-25

84Sta-284
84StaAllG-5
84StaAllGDP-5
84StaAwaB-24
84StaCouK5-23
86Fle-60
86StaCouK-20
88Fle-116
89Con-7
89Fle-159
89Hoo-240
89PanSpaS-57
89SpoIllfKI*-230
90Fle-194
90Hoo-300
90Hoo-381
90Hoo100S-99
90HooActP-155
90HooCol-30
90HooTeaNS-26
90PanSti-148
90Sky-291
91Fle-208
91FleTonP-43
91Hoo-218
91Hoo-254
91Hoo-322
91Hoo-502
91Hoo100S-99
91HooMcD-46
91HooTeaNS-27
91KelColG-13
91PanSti-173
91Sky-294
91Sky-485
91Sky-573
91SkyCanM-49
91SkyPro-294
91UppDec-65
91UppDec-74
91UppDec-365
92Hoo100S-100
92Sky-252
92StaClu-158
92StaCluMO-158
92Top-11
92Top-202
92TopGol-11G
92TopGol-201
92UppDec-286
92UppDec1PC-PC17
92UppDecE-104
King, Billy
87Duk-55
King, Chris
88WakFor-8
92Cla-37
92ClaGol-37
92FouSp-32
92FouSpGol-32
92FroR-21
92StaPic-14
93Fle-383
93Ult-345
94Hoo-201
94UppDec-75
95ColChoDT-T29
95ColChoDTPC-T29
95ColChoDTPCP-T29
95Fle-276
95Hoo-353
95Sky-216
95SP-141
95Ult-258
95UppDec-312
95UppDecEC-312
95UppDecECG-312
96Hoo-165
King, Frankie NE
95ClaBKR-35
95ClaBKRAu-35
95ClaBKRPP-35
95ClaBKRSS-35
95ClaBKV-35
95ClaBKVE-35
95Fle-295
95Hoo-267
95StaClu-338
96TopSupT-ST13
King, George
57Kah-2
57Top-6
King, Gerald
95ClaBKR-77

95ClaBKRAu-77
95ClaBKRPP-77
95ClaBKRSS-77
King, Jeff
91ProCBA-143
King, Jeff BB
91ArkColC*-54
King, Jerry
88LouColC-192
89LouColC*-19
King, Jim
68TopTes-14
69Top-66
70Top-131
71Top-72
89KenColC*-219
King, Jimmy Louisville
92Lou-7
93Lou-3
King, Jimmy MI
92Mic-10
95ClaBKR-33
95ClaBKRAu-33
95ClaBKRPP-33
95ClaBKRS-S20
95ClaBKRSS-33
95ClaBKV-33
95ClaBKVE-33
95ClaBKVHS-HC8
95Col-65
95Col-97
95FivSp-33
95FivSp-185
95FivSpD-33
95FivSpD-185
95Fle-261
95Fle-296
95Hoo-285
95Hoo-340
95PacPreGP-29
95PrePasAu-1
95SRDraD-24
95SRDraDSig-24
95SRFam&F-19
95SRSigPri-19
95SRSigPriS-19
96CleAss-21
96ColChoM-M79
96ColChoMG-M79
96FivSpSig-29
96PacPreGP-29
96PacPri-29
96Vis-30
King, Kim
91GeoTecCC*-95
King, Kirk
93Con-8
94Con-8
95Con-10
King, Malcolm
91GeoTecCC*-87
King, Mike
94IHSBoyAST-173
King, Paul BRAD
85Bra-D7
King, Paul MurSt.
90MurSta-1
King, Reggie
80Top-85
80Top-168
81Top-54
81Top-MW95
83Sta-198
83SupPol-1
84Sta-117
King, Rich
91Fle-360
91FroRowP-1
91FroRU-61
91HooTeaNS-25
91StaPic-4
91UppDec-8
92Fle-431
92Hoo-470
92StaClu-275
92StaCluMO-275
93Fle-384
93Hoo-410
93HooFifAG-410
94ColCho-161
94ColChoGS-161
94ColChoSS-161
94Top-67
94TopSpe-67

95ColChoIE-161
95ColChoIJI-161
95ColChoISI-161
King, Rich BB
85Neb*-36
King, Richard HS
94IHSBoyAST-101A
94IHSBoyAST-101B
King, Ron
90FloStaCC*-183
King, Stacey
89BulDaiC-4
89BulEqu-7
90Fle-27
90FleRooS-5
90Hoo-66
90HooActP-41
90HooTeaNS-4
90PanSti-92
90Sky-42
91Fle-258
91Hoo-31
91HooMcD-67
91HooTeaNS-4A
91HooTeaNS-4B
91Sky-40
91UppDec-182
92Fle-33
92Hoo-31
92Sky-32
92StaClu-86
92StaCluMO-86
92Top-359
92TopGol-359G
92Ult-28
92UppDec-285
92UppDecM-CH5
93Fle-29
93Hoo-29
93HooFifAG-29
93HooGolMB-29
93HooShe-1
93JamSes-31
93PanSti-153
93StaClu-201
93StaCluFDI-201
93StaCluMO-201
93StaCluSTNF-201
93Top-128
93TopGol-128G
93Ult-31
93UppDec-329
93UppDecE-119
94ColCho-28
94ColChoGS-28
94ColChoSS-28
94Fin-274
94FinRef-274
94Fla-261
94Fle-132
94Hoo-123
94HooShe-9
94JamSes-109
94PanSti-167
94Sky-98
94SP-110
94SPDie-D110
94StaClu-174
94StaCluFDI-174
94StaCluMO-174
94StaCluSTNF-174
94Top-22
94TopSpe-22
94Ult-108
94UppDec-152
95ColChoIE-28
95ColChoIJI-28
95ColChoISI-28
95FleEur-136
King, William
89KenColC*-267
Kingery, Jeff
90HooAnn-35
Kings, Sacramento
73TopTeaS-24
74FleTeaP-29
75Top-211
75TopTeaC-211
77FleTeaS-11
89PanSpaS-233
89PanSpaS-242
90Sky-350
91Hoo-296

91Sky-373
92Hoo-288
92UppDecE-153
93PanSti-53
93StaCluBT-23
93StaCluST-23
93UppDec-232
93UppDecDPS-23
94Hoo-413
94ImpPin-23
94StaCluMO-ST23
94StaCluST-23
94UppDecFMT-23
95FleEur-260
95PanSti-258
96TopSupT-ST23
Kingsbury, Chris
93Iow-4
94Iow-6
Kinker, Don
89LouColC*-30
Kinnaird, Tony
89LouColC*-69
Kinne, Howard
89KenColC*-156
Kinney, Bob
48Bow-49
50BreforH-16
Kirby, Terry
91Vir-9
94ClaC3*-10
Kirk, Lowery
61UniOil-5
Kirk, Tonya
93PurWom-5
Kirkland, Krista
92TexTecW-6
92TexTecWNC-5
92TexTecWNC-22
92TexTecWNC-23
Kirkwood, Joe Jr.
48TopMagP*-J6
Kirov, Atanas
76PanSti-220
Kirwan, Albert D.
89KenColC*-157
Kiser, Brian
92Lou-8
93Lou-4
Kishbaugh, Clayce
55AshOil-90
Kitchel, Ted
86IndGrel-6
Kitchen, Joe
89LouColC*-87
Kitchen, Robert
82Ark-7
Kite, Dan
87LSU*-10
Kite, Greg
83Sta-37
84Sta-7
85JMSGam-18
89Hoo-202
89KinCarJ-32
90Hoo-258
90Hoo-423
90HooTeaNS-19
90Sky-247
90Sky-401
91Hoo-408
91HooTeaNS-19
91LitBasBL-20
91PanSti-74
91Sky-203
91UppDec-207
92Fle-400
92FleTeaNS-9
92Hoo-441
92StaClu-313
92StaCluMO-313
92Top-332
92TopGol-332G
92UppDec-256
92UppDecM-OR4
93Fle-344
93Hoo-381
93HooFifAG-381
93StaClu-75
93StaCluFDI-75
93StaCluMO-75
93StaCluSTNF-75

93Top-53
93TopGol-53G
93Ult-306
93UppDec-331
Kitley, Ralph
88WakFor-9
Kittles, Kerry
96AllSpoPPaF-109
96BowBesP-BP6
96BowBesPAR-BP6
96BowBesPR-BP6
96BowBesRo-R8
96BowBesRoAR-R8
96BowBesRoR-R8
96ColCho-285
96ColChoDT-DR8
96ColChoMG-M146
96ColChoM-M146
96ColEdgRR-21
96ColEdgRRD-21
96ColEdgRRG-21
96ColEdgRRKK-11
96ColEdgRRKKG-11
96ColEdgRRKKH-11
96ColEdgRRRR-10
96ColEdgRRRRG-10
96ColEdgRRRRH-10
96ColEdgRRTW-7
96ColEdgRRTWG-7
96ColEdgRRTWH-7
96Fin-79
96Fin-210
96Fin-267
96FinRef-79
96FinRef-210
96FinRef-267
96FlaSho-8
96FlaSho-B8
96FlaSho-C8
96FlaShoCo'-11
96FlaShoLC-8
96FlaShoLC-B8
96FlaShoLC-C8
96Fle-221
96FleLuc1-8
96FleRooS-8
96FleS-24
96FleSwiS-8
96Hoo-297
96HooGraA-7
96HooRoo-14
96Met-192
96Met-237
96MetMaxM-13
96MetMoIM-19
96MetPreM-192
96MetPreM-237
96PacPow-23
96PrePas-8
96PrePasA-8
96PrePasNB-8
96PrePasP-8
96PrePasS-8
96ScoBoaAB-9
96ScoBoaAB-9A
96ScoBoaAB-9B
96ScoBoaAB-9C
96ScoBoaAB-PP9
96ScoBoaAC-16
96ScoBoaACA-28
96ScoBoaBasRoo-9
96ScoBoaBasRoo-85
96ScoBoaBasRooCJ-CJ9
96ScoBoaBasRooD-DC8
96Sky-73
96Sky-218
96SkyAut-37
96SkyAutB-37
96SkyE-X-45
96SkyE-XC-45
96SkyE-XNA-15
96SkyE-XSD2-10
96SkyEmAuEx-E4
96SkyNewE-6
96SkyRooP-R10
96SkyRub-73
96SkyRub-218
96SkyZ-F-153
96SkyZ-FZ-9
96SkyZ-FZZ-9
96SP-138
96SPPreCH-PC24
96StaCluR1-R8
96StaCluR2-R10

96StaCluRS-RS7
96Top-198
96TopChr-198
96TopChrR-198
96TopChrY-YQ8
96TopDraR-8
96TopNBAa5-198
96TopYou-U8
96Ult-70
96Ult-271
96UltAll-8
96UltFreF-6
96UltGolE-G70
96UltGolE-G271
96UltPlaE-P70
96UltPlaE-P271
96UppDec-256
96UppDec-347
96UppDecPS2-P11
96UppDecPTVCR2-TV11
96UppDecRE-R3
96UppDecU-1
97ScoBoaASP-REV5
Kizer, Noble
90NotDam-28
Klaiber, Antric
95Con-11
Klasing, Anna
94TexAaM-18
Klein, Annie
94CasHS-122
Kleine, Chad
93Bra-11
94Bra-10
95Bra-5
Kleine, Joe
82Ark-8
85KinSmo-10
86KinSmo-5
88Fle-97
89Hoo-47
90Fle-10
90Hoo-42
90HooTeaNS-2
90PanSti-137
90Sky-17
91ArkColC*-38
91Fle-250
91Hoo-12
91Hoo-559
91HooTeaNS-2
91Sky-15
91Sky-558
91UppDec-107
92Fle-306
92FleTeaNS-1
92Hoo-355
92StaClu-122
92StaCluMO-122
92Top-41
92TopGol-41G
92Ult-12
92UppDecM-BT5
93Fle-359
93Hoo-14
93Hoo-392
93HooFifAG-14
93HooFifAG-392
93Sky-267
93Sky-312
92StaClu-210
93StaCluFDI-248
93StaCluMO-248
93StaCluSTNF-248
93Ult-321
93UppDec-412
94ColCho-335
94ColChoGS-335
94ColChoSS-335
94Fin-162
94FinRef-162
94Fla-286
94Fle-179
94HooShe-12
94JamSes-150
94StaClu-196
94StaCluFDI-196
94StaCluMO-196
94StaCluSTDW-SU196
94StaCluSTNF-196
94Ult-314
94UppDec-203
95ColCho-243
95ColCholE-335

95ColCholJl-335
95ColCholSl-116
95ColChoPC-243
95ColChoPCP-243
95Fin-68
95FinRef-68
95FleEur-183
95StaClu-279
95Top-141
96ColCho-308
96ColCholI-76
96ColCholJ-243
96Top-66
96TopChr-66
96TopChrR-66
96TopNBAa5-66
96TopSupT-ST21
Kleinecke, Bobby
91TexA&MCC*-94
Kleinschmidt, Tom
95ClaBKR-59
95ClaBKRAu-59
95ClaBKRPP-59
95ClaBKRSS-59
95Col-77
95SRDraD-30
95SRDraDSig-30
Kleiser, Bill
89KenColC*-220
Klier, Dan
81Ill-6
Klier, Leo (Crystal)
48Bow-24
90NotDam-17
Klinger, Michael
94IHSBoyASD-60
Klingler, Vicki
92Ill-28
Klobucher, Dave
72BraSch-3
Kloppenburg, Bob
90SupSmo-8
Klucas, Bill
80TCMCBA-33
81TCMCBA-49
82TCMCBA-24
91ProCBA-95
Knadler, Edwin
89KenColC*-23
Knaub, Peter
94IHSBoyAST-179
Knicks, New York
73TopTeaS-28
73TopTeaS-29
74FleTeaP-14
74FleTeaP-33
75Top-215
75TopTeaC-215
77FleTeaS-16
78SpoCha-3
80TopTeaP-11
89PanSpaS-33
89PanSpaS-42
90Sky-345
91Hoo-291
91Sky-368
92Hoo-283
92UppDooDPE-16
92UppDecE-148
93JamSesTNS-7
93PanSti-224
93StaCluBT-18
93StaCluST-18
93StaCluSTDW-KD18
93StaCluSTMP-KMP
93UppDec-227
93UppDecDPS-18
94Hoo-408
94ImpPin-18
94StaCluMO-ST18
94StaCluST-18
94UppDecFMT-18
95FleEur-255
95PanSti-8
96TopSupT-ST18
Knight, Billy
75Top-228
76Top-124
77Top-110
78Top-72
79Top-51
80Top-38
80Top-126
81Top-53

81Top-MW91
83Sta-216
84Sta-274
Knight, Bobby
86IndGreI-1
87IndGreI-37
90KenBigBDTW-24
91IndMagI-8
91UppDecS-10
92CenCou-7
92Ind-7
92Ind-17
92StaPic-5
93ActPacHoF-15
93Ind-8
94Ind-1
95ActPacHoF-12
Knight, Chris
90KenProI-5
95UppDecCBA-16
95UppDecCBA-75
95UppDecCBA-81
95UppDecCBA-83
95UppDecCBA-89
95UppDecCBA-116
Knight, Gene
90LSUColC*-133
Knight, Janet
90CleColC*-193
Knight, Larry
80TCMCBA-39
Knight, Negele
90FleUpd-U76
90StaPic-55
91Fle-162
91Hoo-418
91HooTeaNS-21
91Sky-226
91Sky-506
91UppDec-193
91UppDecRS-R16
92Fle-412
92Hoo-182
92Sky-192
92StaClu-15
92StaCluMO-15
92SunTopKS-8
92Top-84
92TopGol-84G
92Ult-145
92UppDec-278
92UppDec-390
93Fle-168
93Fle-377
93JamSes-179
93StaClu-43
93StaClu-279
93StaCluFDI-43
93StaCluFDI-279
93StaCluMO-43
93StaCluMO-279
93StaCluSTNF-43
93StaCluSTNF-279
93Top-167
93Top-372
93TopGol-167G
93TopGol-372G
93Ult-148
93Ult-339
93UppDec-336
93UppDec-503
93UppDecS-15
93UppDecS-2
93UppDecSEC-18
93UppDecSEG-18
94ColCho-64
94ColChoGS-64
94ColChoSS-64
94Fle-206
94UppDec-66
95ColCholE-64
95ColCholJI-64
95ColCholSI-64
Knight, Pat
91IndMagI-9
92Ind-8
93Ind-9
94Ind-8
Knight, Ron
71TraBlaT-3
72Top-101
Knight, Toby
79Top-29
80Top-61

80Top-149
90NotDam-33
Knight, Travis
92Con-9
93Con-9
94Con-9
95Con-12
96AllSpoPPaF-20
96ColEdgRR-22
96ColEdgRRD-22
96ColEdgRRG-22
96FlaShoCo'-12
96Fle-205
96PrePas-23
96PrePas-39
96PrePasAu-9
96PrePasNB-23
96PrePasS-23
96PrePasS-39
96ScoBoaAB-26
96ScoBoaAB-26A
96ScoBoaAB-26B
96ScoBoaAB-26C
96ScoBoaAB-PP24
96ScoBoaACA-29
96ScoBoaBasRoo-26
96ScoBoaBasRooCJ-CJ20
96ScoBoaBasRooD-DC29
96StaCluR1-R25
96StaCluRS-RS24
96TopDraR-29
96Ult-203
96UltGolE-G203
96UltPlaE-P203
96UppDec-239
Knighton, Rodney
89LouColC*-162
Knights, Ryan
94AusFutN-202
Knolhoff, Justin
94IHSBoyAST-26
Knop, Otto Sr.
89LouColC*-182
Knopf, Johnny
89LouColC*-40
Knorek, Lee
48Bow-68
Knowles, Carl
91UCLColC-123
Knox, Elyse
48TopMagP*-J40
Knox, Jamie (James)
88NorCarS-7
89NorCarS-7
90NorCarS-6
91NorCarS-6
92NorCarS-4
Knox, Jim
85Vic-5
Knox, Kenny
90FloStaCC*-124
Knox, Mike
85Neb*-5
Knox, Neil
92LouSch-3
Knuppel, Ryan
94IHSBoyA3S-NNO
Koback, Ed
82TCMLanC-6
Kobs, John Herman
90MicStaCC2*-106
Koch, Martina
90AriColC*-81
Koch, Matt
94IHSBoyAST-58
Koeleman, Hans
90CleColC*-26
Koenig, Gretchen
91SouCarCC*-23
Koenig, Marc
88Mic-9
89Mic-14
Koenigsmark, Theo.
55AshOil-67
Koering, Susan
93IowWom-6
Kofoed, Bart
90ProCBA-65
90ProCBA-189
91Hoo-440
92Hoo-356
92StaClu-302
92StaCluMO-302
Kofskey, Lisa

91GeoTecCC*-161
Kohrs, Bob
90AriStaCC*-40
Kojis, Don (Cochise)
68RocJacitB-8
69NBAMem-8
69Top-64
70Top-136
71SupSunB-5
71Top-64
72Com-17
72Top-116
73Top-102
74Top-63
75Top-197
Kolander, Chad
91Min-6
92Min-7
93Min-6
94Min-6
Kolb, Jon
91OklStaCC*-34
Kolbe, Peter-Michael
76PanSti-155
Kolehmainen, Duke
48TopMagP*-E6
Kolehmainen, Hannes
76PanSti-39
Kolenda, Greg
91ArkColC*-79
Koliopoulos, Steve
94IHSBoyAST-8
Komives, Howie
69Top-71
70Top-42
71Top-53
72Top-13
73Top-161
Komnick, Josh
94IHSBoyA3S-9
Kon, Marcel
90Geo-11
Koncak, Jon
86HawPizH-9
87HawPizH-9
89Fle-2
89Hoo-151
90FleUpd-U1
90Hoo-28
90HooTeaNS-1
90Sky-3
91Fle-2
91Hoo-333
91Hoo-560
91HooTeaNS-1
91Sky-3
91Sky-559
91UppDec-236
92Fle-4A
92Fle-4B
92Hoo-5
92Sky-5
92StaClu-60
92StaCluMO-60
92Top-78
92TopGol-78G
92Ult-225
92UppDec-210
92UppDec-242
93Fle-6
93Hoo-302
93HooFifAG-302
93JamSes-7
93PanSti-137
93StaClu-93
93StaCluFDI-93
93StaCluMO-93
93StaCluSTDW-H93
93StaCluSTNF-93
93Top-92
93TopGol-42G
93Ult-203
93UppDec-31
93UppDecE-96
94ColCho-108
94ColChoGS-108
94ColChoSS-108
94Fin-159
94FinRef-159
94Fla-4
94Fle-6
94Hoo-5
94HooShe-1

94Top-68
94TopSpe-68
94UppDec-342
95ColCholE-108
95ColCholJI-108
95ColCholSI-108
95Fla-180
95Fle-242
95Hoo-319
95StaClu-312
95Ult-233
96ColCho-299
96StaClu-149
96Top-173
96TopChr-173
96TopChrR-173
96TopNBAa5-173
96UppDec-87
Konz, Kenny
90LSUColC*-83
Koonce, Donnie
81TCMCBA-7
Koontz, Bob
84MarPlaC-C7
Koopman, Chris
94CasHS-112
94CasHS-114
Koopman, John
94CasHS-112
94CasHS-113
Koopman, Katie
94CasHS-119
Kopicki, Joe
82TCMCBA-76
83Sta-210
84Sta-143
Korab, Jerry
74NabSugD*-16
Korbut, Olga
76PanSti-211
77SpoSer1*-10209
92VicGal0G-6
Kornegay, Chuck
92NorCarS-5
Kornet, Frank
87Van-11
90Hoo-176
90HooTeaNS-15
90Sky-159
91WilCar-76
Kortas, Ken
89LouColC*-107
Korte, Steve
91ArkColC*-71
Korvas, Dan
94IHSBoyAST-9
Kosich, Tom
87WicSta-8
Kosmoski, Dan
92Min-2
93Min-17
Koster, Bridget
91GeoTecCC*-144
Kotar, Doug
89KenColC*-135
Kother, Rosemarie
76PanSti-263
Koubek, Greg
87Duk-22
88Duk-8
Koufax, Sandy
78SpoCha-4
81PhiMor*-7
Kovach, Jim
89KenColC*-125
Kowalczyk, Walt
90MicStaCC2*-72
Kowalski, Daryl
94IHSBoyAST-204
Kozakiewicz, Wladislaw
76PanSti-134
Kozelko, Tom
73BulSta-4
75Top-202
Kraak, Charley
87IndGreI-34
Kraenzlein, Alvin
76PanSti-19
91ImpHaloF-28
Kraft, Greg
91SouCarCC*-30
Krahenbuhl, Phillip
94IHSBoyAST-205
Kramer, Jack

48ExhSpoC-27
52Whe*-17A
52Whe*-17B
57UniOilB*-40
Kramer, Joel
80SunPep-8
81SunPep-7
Kramer, Ron
91Mic*-31
Krause, Moose (Edward)
90NotDam-12
Kraushaar, Karl
91UCLColC-70
Krebs, Jim
57Top-25
Krebs, Tina
90CleColC*-151
Kreke, Nathan
94IHSBoyAST-22
Kreke, Rob
86Vic-4
Kreke, Robert
84Vic-5
Kreklow, Wayne
82TCMCBA-78
Kremer, Mitzi
90CleColC*-155
Kremers, Jim
91ArkColC*-43
Krentra, Kris
91GeoTecCC*-198
Kretzer, Bill
89NorCarS-67
89NorCarS-137
92NorCarS-6
93NorCarS-7
94NorCarS-8
Kreuter, Howard
89KenColC*-266
Kriese, Chuck
90CleColC*-145
Kron, Tommy
88KenColC-82
88KenColC-253
Krueger, Al
91SouCal*-76
Krueger, Rolf
91TexA&MCC*-54
Kruger, Brian
86Vic-5
Kruger, Grant
94IHSBoyA3S-31
93AusFutN-63
93AusStoN-19
94AusFutN-55
94AusFutN-155
95AusFutN-47
96AusFutN-52
Kruse, Janet
91Neb*-11
Krystkowiak, Larry
87BucPol-42
88BucGreB-8
89Fle-87
89Hoo-258
90Hoo-177
90Sky-160
91Fle-314
91Hoo-393
91HooTeaNS-15
91Sky-159
91UppDec-368
92Fle-223
92Fle-436
92Hoo-129
92Hoo-475
92Sky-136
92Sky-404
92StaClu-261
92StaCluMO-261
92Top-247
92TopGol-247G
92Ult-365
92UppDec-72
92UppDec-387
93Fin-34
93FinRef-34
93Fle-209
93Fle-345
93Hoo-382
93HooFifAG-382
93Sky-260
93Sky-310
93StaClu-214
93StaCluFDI-214

93StaCluMO-214
93StaCluSTNF-214
93Top-214
93TopGol-214G
93Ult-307
93UppDec-68
93UppDec-397
94Fin-219
94FinRef-219
94Fla-194
94Fle-261
94Top-321
94TopSpe-321
94Ult-219
94UppDec-206
95FleEur-33
Krzyzewski, Mike
87Duk-xx
88Duk-9
91Hoo-588
91Sky-542
92SkyUSA-95
92SkyUSA-96
92StaPic-15
96ClaLegotFF-MC4
Kubank, Graham
92AusFutN-6
92AusStoN-6
93AusFutN-89
93AusStoN-63
94AusFutN-183
95AusFutN-9
Kuberski, Steve
70Top-67
71Top-98
72Top-153
73LinPor-17
73Top-2
74BucLin-5
74Top-136
76Top-54
85Bra-D3
Kubiak, Gary
91TexA&MCC*-5
Kuester, John
73NorCarPC-5S
76NorCarS-4
Kuhn, Eric
80WicSta-8
Kuhn, Guy
94IHSBoyA3S-31
Kuhweide, Willy
76PanSti-300
Kuiper, Paul
92AusStoN-44
93AusFutN-67
94AusFutN-156
94AusFutN-17
Kuipers, Jason
90FloStaCC*-72
Kuka, Ray
48Bow-39
Kukla, Renee
94TexAaM-18
Kukoc, Toni
90StaPic-39
93Cla-10
93ClaChDS-DS28
93ClaF-19
93ClaFLPs-LP5
93ClaFT-5
93ClaG-10
93ClaLPs-LP8
93ClaSB-SB9
93FaxPaxWoS*-32
93Fin-14
93FinRef-14
93Fle-260
93FleFirYP-5
93FouSp-10
93FouSpAc-5
93FouSpCDSt-DS45
93FouSpG-10
93FouSpLPs-LP7
93FouSpPPBon-PP5
93FouSpPre-CC5
93Hoo-313
93HooFifAG-313
93HooMagA-10
93Sky-207
93Sky-295
93SkySch-29
93StaClu-275
93StaClu-336

93StaCluFDI-275
93StaCluFDI-336
93StaCluMO-275
93StaCluMO-336
93StaCluSTNF-275
93StaCluSTNF-336
93Top-316
93TopGol-316G
93Ult-221
93UltAllS-8
93UltFamN-8
93UppDec-299
93UppDecRS-RS5
93UppDecS-160
93UppDecS-183
93UppDecSEC-160
93UppDecSEC-183
93UppDecSEG-160
93UppDecSEG-183
94ClaC3*-6
94ColCho-107
94ColChoGS-107
94ColChoSS-107
94Emb-15
94EmbGoII-15
94Emo-12
94Fin-320
94FinRef-320
94Fla-22
94FlaHotN-7
94Fle-32
94FlePro-3
94FleRooS-14
94Hoo-27
94Hoo-433
94HooPowR-PR7
94HooShe-5
94HooSupC-SC8
94JamSes-28
94JamSesSYS-4
94PanSti-31
94PanSti-H
94ProMag-18
94Sky-24
94Sky-189
94Sky-318
94SkyRagR-RR3
94SkySlaU-SU12
94SP-47
94SPCha-42
94SPChaDC-42
94SPDie-D47
94StaClu-18
94StaClu-252
94StaCluBT-4
94StaCluFDI-18
94StaCluFDI-252
94StaCluMO-18
94StaCluMO-252
94StaCluMO-SS12
94StaCluMO-SS12
94StaCluSS-12
94StaCluSTNF-18
94StaCluSTNF-252
94Top-98
94TopSpe-98
94Ult-27
94UltAllT-8
94UppDec-9
94UppDec-216
94UppDecE-157
94UppDecSE-12
94UppDecSEG-12
95BulJew-5
95ColCho-279
95ColCholE-107
95ColCholJI-107
95ColCholSI-107
95ColChoPC-279
95ColChoPCP-279
95Fin-108
95FinRef-108
95Fla-17
95FleEur-34
95Hoo-22
95Hoo-222
95Hoo-375
95JamSes-15
95JamSesDC-D15
95Met-14
95MetMoIM-5
95MetSilS-14
95PanSti-85

95ProMag-19
95Sky-17
95SkyE-X-11
95SkyE-XB-11
95SP-19
95SPCha-14
95StaClu-60
95StaCluMOI-60
95StaCluMOI-N9
95StaCluN-N9
95Top-125
95TopGal-119
95TopGalPPI-119
95Ult-26
95UltGoIM-26
95UppDec-113
95UppDecEC-113
95UppDecECG-113
96ColCho-21
96ColCho-29
96ColCho-359
96ColChoCtGS2-C4A
96ColChoCtGS2R-R4
96ColChoCtGS2RG-R4
96ColChoCtGSG2-C4A
96ColChoCtGSG2-C4B
96ColChoII-16
96ColCholJ-279
96ColChoM-M5
96ColChoMG-M5
96ColChoS2-S4
96Fin-168
96FinRef-168
96FlaSho-A48
96FlaSho-B48
96FlaSho-C48
96FlaShoLC-48
96FlaShoLC-B48
96FlaShoLC-C48
96Fle-14
96FleAusS-34
96FleS-5
96Hoo-22
96Hoo-191
96HooSil-22
96HooStaF-4
96Met-12
96Sky-17
96SkyAut-38
96SkyAutB-38
96SkyRub-17
96SkyZ-F-12
96SkyZ-FZ-12
96SP-14
96StaClu-35
96StaCluM-35
96Top-99
96TopChr-99
96TopChrR-99
96TopNBAa5-99
96Ult-17
96UltGolE-G17
96UltPlaE-P17
96UppDec-18
96UppDec-139
96UppDecFBC-FB24
96UppDecGK-7
97SchUltNP-12
Kula, Bob
90MicStaCC2*-9
Kulcsar, Gyozo
76PanSti-90
Kulick, Paul
90ProCBA-57
Kull, Herman
91ProCBA-9
Kundla, John
50LakSco-7
Kunert, Aaron
94IHSBoyAST-107
Kung, Li-Yung
95UppDecCBA-10
Kunnert, Kevin
73LinPor-57
75Top-123
75Top-145
76Top-91
77Top-84
78CliHan-9
79TraBlaP-44
81TraBlaP-44
Kunz, Jason
94IHSBoyAST-5

Kuo, Hung
95UppDecCBA-121
Kupchak, Mitch
73NorCarPC-10D
75NorCarS-3
77BulSta-7
77Top-128
78Top-48
79Top-2
80Top-73
80Top-125
81Top-E97
83LakBAS-5
83Sta-17
84LakBAS-4
84Sta-176
85Sta-29
89NorCarCC-47
89NorCarCC-48
89NorCarCC-49
90NorCarCC*-108
90NorCarCC*-123
Kupec, Chris
90NorCarCC*-101
90NorCarCC*-112
Kupec, Matt
90NorCarCC*-17
90NorCarCC*-51
Kupper, Ed
89LouColC*-29
Kurland, Bob (Robert A.)
68HalofFB-24
91OklStaCC*-5
91ActPacHoF-47
Kurtinaitas, Rimas
93AusFutN-86
93AusFutSG-9
93AusStoN-52
94AusFutN-91
Kush, Frank
90AriStaCC*-189
90MicStaCC2*-185
Kuszmaul, Craig
73NorCarSPC-H6
Kuts, Vladimir
76PanSti-75
Kwo-Hong, Lai
95UppDecCBA-57
Kyei, Kofi
95UppDecCBA-38
Laasonen, Kauko
76PanSti-291
Labanowski, Ken
84MarPlaC-D9
84MarPlaC-S2
LaBruzzo, Joe
90LSUColC*-180
Lacey, Bobby
90NorCarCC*-186
Lacey, Sam
71Top-57
72Top-63
73KinLin-6
73LinPor-65
73Top-85
74Top-09
74Top-99
75CarDis-17
75Top-4
75Top-124
75Top-158
76BucDis-13
76Top-67
77Top-49
78Top-99
79Top-28
80Top-47
80Top-64
80Top-116
80Top-141
81Top-MW96
88NewMexSA*-7
Lacheur, Josh
92Mon-10
Lackaff, John
94IHSBoyA3S-44
Lackey, David
85ForHayS-10
Lackey, Greg
85ForHayS-11
89UTE-16
LaCour, Fred
61HawEssM-7
Lacy, Venus

89LouTec-13
89SpoIllfKI*-310
Lade, Shawn
94IHSBoyASD-23
Ladner, Jay
87SouMis-10
Ladner, Wendell
72Top-226
73Top-261
74Top-244
Laettner, Christian
88Duk-10
915Maj-44
91UppDecS-14
91WilCar-26B
91WilCarRP-P5
92Cla-43
92Cla-NNO
92ClaGol-43
92ClaLPs-LP3
92ClaMag-BC7
92ClaPre-5
92ClaPro-3
92ClaShoP2*-13
92Fle-379
92FleDra-31
92FouSp-38
92FouSp-315
92FouSpAu-38A
92FouSpBCs-BC2
92FouSpGol-38
92FouSpGol-315
92FouSpLPs-LP11
92FroR-91
92FroR-92
92FroR-93
92FroRowCL-1
92FroRowCL-2
92FroRowCL-3
92FroRowCL-4
92FroRowDP-41
92FroRowDP-42
92FroRowDP-43
92FroRowDP-44
92FroRowDP-45
92Hoo-342
92Hoo-421
92HooDraR-C
92HooMagA-3
92Sky-369
92Sky-NNO
92SkyDraP-DP3
92SkyOlyT-9
92SpoIllfKI*-193
92StaClu-206
92StaClu-218
92StaCluMO-206
92StaCluMO-218
92StaPic-10
92StaPic-32
92Top-334
92TopGol-334G
92Ult-304
92UltAll-4
92UppDec-3
92UppDec-472
92UppDec-494
92UppDecAW-30
92UppDecM-P45
92UppDecMH-33
92UppDecRS-RS13
92UppDecS-10
93Cla-106
93ClaC3*-9
93ClaG-106
93ClaMcDF-23
93ClaSB-SB18
93Fin-111
93Fin-130
93FinRef-111
93FinRef-130
93Fle-123
93FleNBAS-9
93FleRooS-13
93FleTowOP-12
93FouSp-317
93FouSpG-317
93Hoo-129
93HooFactF-3
93HooFifAG-129
93HooSco-HS16
93HooScoFAG-HS16
93HooScoFAG-HS16
93JamSes-131

93JamSesSYS-3
93KelColGP-3
93PanSti-99
93Sky-116
93Sky-328
93SkyAll-AR3
93SkyPro-2
93SkySch-30
93SkyUSAT-7
93Sta-5
93Sta-19
93Sta-38
93Sta-54
93Sta-72
93Sta-91
93StaClu-216
93StaCluFDI-216
93StaCluMO-216
93StaCluMO-ST16
93StaCluST-16
93StaCluSTNF-216
93Top-27
93Top-178
93TopBlaG-11
93TopGol-27G
93TopGol-178G
93Ult-114
93UltAllT-3
93UppDec-294
93UppDec-430
93UppDecA-AR3
93UppDecE-67
93UppDecE-207
93UppDecFH-33
93UppDecFH-NNO
93UppDecPV-14
93UppDecSEC-141
93UppDecSEG-141
93UppDecSUT-6
93UppDecTM-TM16
94ColCho-66
94ColChoGS-66
94ColChoSS-66
94Emb-55
94EmbGolI-55
94Emo-58
94Fin-80
94Fin-207
94FinRef-80
94FinRef-207
94Fla-89
94Fle-133
94Hoo-124
94HooPowR-PR31
94HooShe-9
94HooSupC-SC26
94JamSes-110
94PanSti-168
94ProMag-77
94Sky-99
94Sky-329
94SkySkyF-SF12
94SP-108
94SPCha-89
94SPChaDC-89
94SPDie-D108
94SPHol-PC13
94SPHolDC-13
94StaClu-81
94StaClu-112
94StaCluCC-16
94StaCluFDI-81
94StaCluFDI-112
94StaCluMO-81
94StaCluMO-112
94StaCluMO-CC16
94StaCluST-16
94StaCluSTNF-81
94StaCluSTNF-112
94Top-65
94TopSpe-65
94Ult-109
94UppDec-55
94UppDecE-153
94UppDecSE-52
94UppDecSEG-52
95ColCho-124
95ColCho-336
95ColChoCtGA-C23
95ColChoCtGA-C23B
95ColChoCtGA-C23C
95ColChoCtGAG-C23
95ColChoCtGAG-C23B

95ColChoCtGAG-C23C
95ColChoCtGAGR-C23
95ColChoCtGASR-C23
95ColCholE-66
95ColCholJI-66
95ColCholSI-66
95ColChoPC-124
95ColChoPC-336
95ColChoPCP-124
95ColChoPCP-336
95Fin-104
95FinDisaS-DS16
95FinRef-104
95Fla-79
95Fle-108
95FleEur-137
95FleFlaHL-16
95Hoo-97
95JamSes-64
95JamSesDC-64
95JamSesP-14
95Met-66
95MetSilS-66
95PanSti-173
95ProMag-77
95Sky-74
95Sky-129
95Sky-146
95SkyE-X-3
95SkyE-XB-3
95SP-79
95SPCha-64
95SPHol-PC21
95SPHolDC-PC21
95StaClu-116
95StaClu-297
95StaCluMO5-28
95StaCluMOI-116B
95StaCluMOI-116R
95Top-97
95TopGal-112
95TopGalPPI-112
95Ult-107
95Ult-322
95UltGolM-107
95UppDec-103
95UppDecEC-103
95UppDecECG-103
95UppDecSE-50
95UppDecSEG-50
96BowBes-32
96BowBesAR-32
96BowBesR-32
96ColCho-3
96ColCholI-126
96ColCholJ-124
96ColCholJ-336
96ColChoM-M25
96ColChoMG-M25
96Fin-136C
96Fin-142
96FinRef-136C
96FinRef-142
96FlaSho-B39
96FlaSho-B39
96FlaSho-C39
96FlaShoLC-39
96FlaShoLC-B39
96FlaShoLC-C39
96Fle-3
96FleAusS-35
96Hoo-4
96HooHotL-10
96HooSil-4
96HooStaF-1
96Met-2
96Sky-3
96Sky-133
96SkyE-X-1
96SkyE-XC-1
96SkyRub-3
96SkyRub-133
96SkyZ-F-3
96SkyZ-FZ-3
96SP-2
96StaClu-29
96StaCluCA-CA5
96StaCluCAAR-CA5
96StaCluCAR-CA5
96StaCluM-29
96Top-2
96TopChr-2
96TopChrR-2

96TopNBAa5-2
96Ult-3
96UltGolE-G3
96UltPlaE-P3
96UppDec-3
96UppDec-136
96UppDecGK-39
LaFauci, Tyler
90LSUColC*-140
Lafayette, Lee
90MicStaCC2*-111
Lafferty, Pat
89HooAnn-6
LaFleur, Andre
92AusStoN-25
93AusFutN-32
93AusStoN-45
94AusFutN-27
94AusFutN-101
94AusFutN-134
94AusFutN-193
95AusFutN-8
96AusFutN-41
96AusFutNFDT-3
Lafleur, Greg
90LSUColC*-157
Laframboise, Tom
89LouColC*-124
LaGarde, Tom
73NorCarPC-4S
76NorCarS-5
78SupPol-5
79SupPol-4
79SupPor-5
80Top-16
80Top-104
81Top-10
81Top-48
Laguerre, Pat
88Jac-9
Lahay, Bruce
91ArkColC*-40
Lahtinen, Pasi
89FreSta-7
Laib, Art
89KenColC*-76
Laimbeer, Bill
81Top-MW74
83Sta-90
83StaAllG-6
84Sta-265
84StaAllG-6
84StaAllGDP-6
85Sta-14
85StaTeaS5-DP4
86Fle-61
87Fle-61
88Fle-42
89Con-8
89Fle-48
89Hoo-135
89PanSpaS-100
89SpoIllfKI*-129
90Fle-58
90Hoo-108
90Hoo100S-29
90HooActP-60
90HooTeaNS-8
90NotDam-13
90PanSti-80
90PisSta-9
90PisUno-7
90Sky-90
915Maj-63
91Fle-62
91FleTonP-46
91Hoo-63
91Hoo100S-28
91HooMcD-12
91HooTeaNS-8
91PanSti-127
91PisUno-7
91PisUno-15
91Sky-85
91Sky-466
91UppDec-167
91UppDecS-5
91UppDecS-9
92Fle-64
92Hoo-65
92Hoo100S-28
92PanSti-144
92Sky-70

92StaClu-25
92StaCluMO-25
92Top-29
92TopGol-29G
92Ult-57
92UppDec-223
92UppDecE-49
93Fle-60
93Hoo-62
93HooFifAG-62
93HooSco-HS8
93HooScoFAG-HS8
93JamSes-62
93JamSesTNS-2
93PanSti-169
93Sky-67
93StaClu-131
93StaCluFDI-131
93StaCluMO-131
93StaCluSTNF-131
93Top-147
93TopGol-147G
93Ult-57
93UppDec-153
93UppDecE-150
Lake, Arthur
48TopMagP*-J8
Lake, Bill
73NorCarSPC-H3
Lake, Christy
94TexAaM-12
Lake, Jeremy
92Mon-11
Lakers, Los Angeles
73TopTeaS-25
73TopTeaS-26
74FleTeaP-11
74FleTeaP-30
75Top-212
75TopTeaС-212
77FleTeaS-12
78WheCerB*-10
78WheCerB*-11
80TopTeaP-8
89PanSpaS-203
89PanSpaS-212
90Sky-340
91Hoo-286
91Sky-363
92Hoo-278
92HooMorMM-M2
92HooMorMM-M3
92UppDecDPS-10
92UppDecE-143
93JamSesTNS-5
93PanSti-26
93StaCluBT-13
93StaCluMO-ST13
93StaCluST-13
93UppDec-222
93UppDecDPS-13
94Hoo-403
94ImpFin-13
94StaCluMO-ST13
94StaCluST-13
94UppDecFMT-13
95FleEur-250
95PanSti-231
96TopSupT-ST13
Lamar, Dwight
74Top-177
74Top-228
75Top-256
Lamar, Lewis
91NewMex-9
92NewMex-8
Lamarr, Hedy
48TopMagP*-J14
Lambert, Jerome
96ScoBoaBasRoo-70
Lambert, Jody
88MarWom-5
Lambert, John
91SouCal*-54
Lambert, Ward L.
68HaloffB-25
Lambrecht, Dimitri
89FreSta-8
90FreSta-9
Lamkin, Jim
86DePPlaC-C2
Lammers, Glenn
94IHSBoyAST-23
Lamont, Brad Jr.

90MicStaCC2*-175
Lamour, Dorothy
48TopMagP*-F10
Lamp, Jeff
81TraBlaP-3
82TraBlaP-3
83Sta-101
83TraBlaP-3
86BucLif-7
89Hoo-144
Lampert, George
92CleSch*-4
Lamping, Cincy
93PurWom-9
Lampley, Damon
94IHSBoyASD-36
94IHSBoyAST-48
Lampley, Jim
89ProCBA-6
90ProCBA-116
Lancaster, Gerry
91JamMad-9
Lancaster, Harry C.
88KenCoIC-51
Lancaster, Les
91ArkCoIC*-12
Landacox, Ken
90AriStaCC*-153
Lander, Cassandra
90AriStaCC*-179
Lander, Ed
89KenCoIC*-284
Landreth, Debbie
91SouCal*-98
Landrum, Bill
91SouCarCC*-86
Landrum, Joe
90CleCoIC*-180
Landrus, Derrick
92EasIlI-7
Landry, Greg
74NabSugD*-10
Landsberger, Mark
79BulPol-54
80Top-46
80Top-134
81Top-W78
82LakBAS-6
83Sta-269
90AriStaCC*-41
Lane, Jerome
88NugPol-35
89Hoo-201
89NugPol-8
90Hoo-96
90HooTeaNS-7
90PanSti-63
90Sky-77
91Hoo-53
91Sky-71
91Sky-305
91Sky-309
91SkyCanM-14
91UppDec-295
92Fle-319
92Hoo-366
92Ult-241
LaNeve, Ronald
55AshOil-91
Lanford, Ernest
92FloSta*-1
Lang, Andrew
90Sky-225
91ArkCoIC*-67
91Fle-340
91Hoo-166
91Hoo-419
91HooTeaNS-21
91Sky-227
91UppDec-158
92Fle-172
92Fle-406
92Hoo-183
92Hoo-446
92PanSti-186
92Sky-193
92Sky-385
92StaClu-230
92StaCluMO-230
92Top-276
92TopGol-276G
92Ult-333
92UppDec-71
92UppDec-331

93Fin-54
93FinRef-54
93Fle-159
93Fle-243
93Hoo-165
93Hoo-303
93HooFifAG-165
93HooFifAG-303
93PanSti-236
93Sky-141
93Sky-195
93Sky-292
93StaClu-197
93StaCluFDI-197
93StaCluMO-197
93StaCluSTDW-H197
93StaCluSTNF-197
93Top-239
93TopGol-239G
93Ult-204
93UppDec-394
93UppDecS-176
93UppDecSEC-176
93UppDecSEG-176
94ColCho-228
94ColChoGS-228
94ColChoSS-228
94Fin-26
94FinRef-26
94Fla-5
94Fle-7
94HooShe-1
94PanSti-10
94StaClu-237
94StaCluFDI-237
94StaCluMO-237
94StaCluSTNF-237
94Top-36
94TopSpe-36
94Ult-5
94UppDec-110
95ColCho-103
95ColChoIE-228
95ColChoIJI-228
95ColChoISI-9
95ColChoPC-103
95ColChoPCP-103
95Fin-88
95FinRef-88
95Fla-153
95Fle-4
95FleEur-6
95Hoo-4
95Met-124
95PanSti-67
95SP-3
95StaClu-186
95Top-50
95Ult-4
95UltGolM-4
96ColCho-90
96ColChoII-5
96ColChoIJ-103
96ColChoM-M49
96ColChoMG-M49
96Fle-214
96Hoo-94
96Hoo-219
96HooSil-94
96HooStaF-15
96Met-188
96MetPreM-188
96SkyAut-39
96SkyAutB-39
96StaClu-167
96Ult-210
96UltGolE-G210
96UltPlaE-P210
96UppDec-249
Lang, Antonio
94Cla-97
94ClaG-97
94ColCho-327
94ColChoGS-327
94ColChoSS-327
94Fle-348
94FouSp-29
94FouSpG-29
94FouSpPP-29
94Hoo-362
94JamSes-151
94PacP-29
94PacPriG-29
94Sky-270

94Top-289
94TopSpe-289
95ColChoIE-327
95ColChoIJI-327
95Ima-23
95SupPix-29
95TedWil-34
96ColCho-224
96Sky-144
96SkyRub-144
96UppDec-199
Lang, Tom
87Geo-11
91GeoColC-27
91GeoColC-53
Langfitt, Tom
84MarPlaC-C3
Langhi, Donnie
90MurSta-7
Langseth, Misty
91NorDak*-9
Langston, Keith
91TexA&MCC*-41
Langston, Lisa
91TexA&MCC*-15
Lanier, Bob
71Top-63
71TopTri-10
72Com-18
72Top-80
73LinPor-46
73NBAPlaA-16
73Top-110
74Top-86
74Top-131
75CarDis-18
75NabSugD*-19
75Top-30
75Top-121
76BucDis-14
76Top-10
77Top-61
78RoyCroC-18
78Top-125
79Top-58
80Top-46
80Top-82
80Top-104
80Top-127
81Top-25
81Top-MW109
83Sta-45
84StaAre-C6
92ChaHOFI-1
92UppDec-69
92UppDecS-6
93ActPacHoF-42
94WarTop-GS12
Lanier, Gary
91GeoTecCC*-89
Lanier, Mike
90UCL-6
91UCL-1
Lanier, Thomas
91DavLip-18
92DavLip-18
Lanier, Willie
75NabSugD*-10
Lankster, Jim
90KenSovPI-3
Lansaw, Jeremy
94IHSBoyA3S-52
94IHSBoyA3S-52
Lansdell, Daryn
88Vic-6
Lanter, Bo
79Ken-8
79KenSch-11
80KenSch-12
81KenSch-12
88KenCoIC-117
Lantz, Rick
89LouCoIC*-128
91GeoTecCC*-93
Lantz, Stu
68RocJacitB-9
70Top-44
71Top-108
72Top-16
73Top-96
74Top-86
74Top-101
75Top-88
75Top-127

Lapchick, Joe
33SpokKinR*-32
68HaloffB-26
77SpoSer7*-7721
92CenCou-23
LaPierre, Gary
87Mai*-5
LaReau, Bernie
79SpuPol-NNO
Larese, York
73NorCarPC-7C
89NorCarCC-102
89NorCarCC-103
90NorCarCC*-96
Larkin, Barry
91Mic*-32
Larkins, Larry
89NorCarSCC-91
89NorCarSCC-92
89NorCarSCC-93
89NorCarSCC-94
Larkins, Wayne
92AusStoN-22
93AusFutN-28
93AusStoN-64
94AusFutN-20
LaRose, Rick
90AriColC*-72
Larranaga, Jim
91Pro-15
Larson, Jason
94IHSBoyAST-108
Larson, Jon
91NorDak*-17
Larson, Ken
83Vic-5
Larson, Russell
95ClaBKR-72
95ClaBKRAu-72
95ClaBKRPP-72
95ClaBKRSS-72
LaRusso, Rudy
61Fle-26
61Fle-57
61LakBelB-6
Lash, Kim
91GeoTecCC*-174
Laska, Mike
91GeoColC-78
Laskowski, John
86IndGreI-33
Laslo, Chris
88MarWom-18
Laster, Jon
91Min-7
Lastinger, Shawn
89Cle-14
90Cle-11
Latreille, Yves
57UniOilB*-35
Lattimer, Earl
90MicStaCC2*-8
Lattin, Dave
68SunCarM-6
71ConPitA-6
89UTE-17
Latynina, Larisa
76PanSti-73
Lauderdale, Priest
96BowBesRo-R22
96BowBesRoAR-R22
96BowBesRoR-R22
96ColCho-204
96ColEdgRR-23
96ColEdgRRD-23
96ColEdgRRG-23
96Fin-88
96FinRef-88
96Fle-152
96Hoo-298
96HooRoo-15
96ScoBoaAB-27
96ScoBoaAB-27A
96ScoBoaAB-27B
96ScoBoaAB-27C
96ScoBoaBasRoo-27
96ScoBoaBasRooD-DC28
96Sky-219
96SkyRub-219
96SkyZ-F-154
96SkyZ-FZ-10
96SkyZ-FZZ-10
96StaCluR1-R24
96StaCluR2-R3

96StaCluRS-RS23
96Top-205
96TopChr-205
96TopChrR-205
96TopDraR-28
96TopNBAa5-205
96Ult-152
96UltGolE-G152
96UltPlaE-P152
96UppDec-181
Laughinghouse, Scott
87Van-6
Laughlin, Bobby
55AshOil-54
Laughna, Mike
91GeoColC-94
Lautenbach, Todd
91Was-5
Laux, Trisha
91SouCal*-61
Lavelli, Dante
50BreforH-17
Lavette, Robert
91GeoTecCC*-79
Lavin, Bob
89KenColC*-244
Lavin, Jim
91GeoTecCC*-137
Lavin, Steve
91UCL-18
LaVine, Jackie
54QuaSpoO*-15
Lavole, Phil
91SouCarCC*-60
Law, Adam
94IHSBoyAST-341
Law, Billy
92Cla-88
92ClaGol-88
Law, Jolette
92Glo-58
Law, Reggie
88Jac-10
89Jac-9
Lawhon, Mike
88LouColC-37
88LouColC-127
88LouColC-163
89LouColC*-248
Lawler, Ralph
90HooAnn-36
Lawrence, Dave
89KenColC*-77
Lawrence, Larry
81TCMCBA-43
91IWilCar-99
Lawrence, Pat
93Mia-10
Lawson, David
91OreSta-12
92OreSta-11
Lawson, Donna
88MarWom-2
88MarWom-10
Lawson, Larry
90AriColC*-156
Lawson, Rick
04IHCBoyACD 10
Laxton, Brynae
94TenWom-6
Lay, Emmett
89NorCarSCC-113
89NorCarSCC-114
Layden, Frank
78HawCok-9
84StaAwaB-2
88JazSmo-3
89JazOldH-7
Layden, Jeff
93Eva-8
Layne, Roger
89KenColC*-75
Layton, Dennis (Moe)
72SunCarM-6
72SunHol-5
72Top-106
73Top-81
Lazenby, Jim
94IHSHisRH-71
Lazzaretti, Vic
82Mar-4
Leach, Michael
91Mic*-33
Leach, Rick

91SouCal*-27
Leader, Mark
92AusFutN-55
92AusStoN-50
93AusFutN-70
94AusFutN-60
94AusFutN-159
95AusFutN-41
Leaks, Manny
71Top-217
73BulSta-5
73Top-74
74Top-48
Lear, Geoff
92Cla-89
92ClaGol-89
92FouSp-73
92FouSpGol-73
Leary, Rob
85LSU*-7
Leary, Todd
92Ind-9
93Ind-10
Leathers, Buddy
89LouColC*-86
Leavell, Allen
80Top-29
80Top-79
80Top-117
80Top-126
81Top-52
83Sta-79
84Sta-240
85Sta-19
86Fle-62
89Hoo-77
Leaycraft, Donnie
90LSUColC*-192
LeBlanc, Chris
94TexAaM-7
94TexAaM-8
Lebo, Jeff
86NorCar-14
87NorCar-14
88NorCar-14
88NorCar-NNO
88NorCarS-2
89NorCarCC-134
89NorCarCC-135
Leckner, Eric
89Fle-154
89Hoo-12
89JazOldH-8
90Fle-187
90FleUpd-U85
90Hoo-291
90Hoo-429
90KinSaf-6
90Sky-281
90Sky-410
91Fle-21
91Hoo-344
91HooTeaNS-3
91Sky-30
91UppDec-204
92StaClu-94
92StaCluMO-94
92Top-40
92TopGol-40G
93Hoo-388
93HooFifAG-388
93StaClu-240
93StaCluFDI-240
93StaCluMO-240
93StaCluSTNF-240
93Top-332
93TopGol-332G
93Ult-314
94Fle-168
94Fle-281
94Hoo-161
94PanSti-49
94Top-268
94TopSpe-268
94Ult-240
LeCrone, Andrew
94IHSBoyAST-51
Ledford, Cawood
88KenColC-132
Lednev, Pavel

76PanSti-275
Lee, Butch
77SpoSer4*-4416
78HawCok-10
Lee, Christine
89McNSta*-7
Lee, Clyde
69Top-93
70Top-144
71Top-12
71WarTeal-7
72Top-138
73LinPor-52
73Top-143
74Top-32
75Top-93
Lee, Danny
91Neb*-13
Lee, David
88NorCarS-8
89NorCarS-8
90NorCarS-7
Lee, Don
90AriColC*-65
Lee, Doug
91FroR-84
91FroRowIP-4
91FroRowP-10
91FroRU-76
91WilCar-71
Lee, Gary
91GeoTecCC*-77
Lee, George
61Fle-27
Lee, Greg
91UCLColC-19
Lee, James
76NorSch-6
77Ken-17
77NorSch-12
78Ken-2
81TCMCBA-11
82TCMCBA-19
82TCMLanC-13
82TCMLanC-14
88KenColC-109
88KenColC-230
Lee, John
90CleColC*-75
Lee, Keith
89Hoo-236
Lee, Kirk
90NetKay-10
91UppDec-24
Lee, Michelle
92HorHivF-NNO
Lee, Paul
90Bra-14
91Haw-9
92Haw*-7
Lee, Raymond
85ForHayS-12
Lee, Ron
76Sun-6
77SunHumDD-8
77Top-117
78Top-97
81Top-50
Lee, Russell
73BucLin-4
73LinPor-82
84MarPlaC-H13
84MarPlaC-S10
Lee, Sammy
91ImpHaloF-49
95Kod-3
Lee, Spike
91NikMicJL-1
91NikMicJL-2
91NikMicJL-3
91NikMicJL-4
91NikMicJL-5
91NikMicJL-6
Lee, Theodis Ray
71Glo84-54
71Glo84-55
Lee, Treg
91Cou-32
91StaPic-3
91WilCar-49
Leeks, Ken
92Cla-66
92ClaGol-66
92FroR-38

LeFaivre, Jacques
94IHSBoyAST-187
Lefferts, Craig
90AriColC*-10
LeForce, Alan
90EasTenS-8
91EasTenS-7
92EasTenS-4
92EasTenS-5
93EasTenS-7
LeGassick, Brendan
94AusFutN-180
Leggett, Earl
90LSUColC*-80
Legler, Tim
89ProCBA-73
90ProCBA-8
91ProCBA-187
93Fle-272
93Ult-233
93UppDec-152
93UppDec-460
94Fle-51
94Hoo-45
94UppDecE-60
95Hoo-232
95UppDec-290
95UppDecEC-290
95UppDecECG-290
96ColCho-164
96ColChoM-M150
96ColChoMG-M150
96Fin-2
96FinRef-2
96Fle-265
96Hoo-171
96StaClu-54
96StaCluM-54
96StaCluSM-SM12
96Top-210
96TopChr-210
96TopChrR-210
96TopNBAa5-210
96UppDec-133
96UppDec-164
LeGree, Keith
92Lou-5
92Lou-18
Leheup, John
91SouCarCC*-196
Lehmann, George
71Top-192
72Top-211
73JetAllC-4
73Top-194
Leib, Curtis
92EasIll-10
Leitao, Dave
92Con-15
93Con-16
Lekang, Anton
33SpoKinR*-10
Lemamis, Andre
93AusFutN-101
Lemaster, Frank
89KenColC*-193
LeMaster, Jim
88KenColC-55
Lembke, Jeff
91NorDak*-20
Lemeschev, Vjatcheslav
76PanSti-179
Lemieux, Mario
93CosBroPC*-10
Lemming, Erik
76PanSti-33
Lemon, Bob
52Whe*-18A
52Whe*-18B
57UniOilB*-14
Lemon, Meadowlark
71Glo84-9
71Glo84-10
71Glo84-11
71Glo84-12
71Glo84-13
71Glo84-14
71Glo84-15
71Glo84-16
71Glo84-17
71Glo84-18
71Glo84-19
71Glo84-20
71Glo84-64

71Glo84-66
71Glo84-67
71Glo84-69
71Glo84-70
71Glo84-72
71GloCocP2-2
71GloCocP2-3
71GloCocP2-4
71GloCocP2-5
71GloCocP2-7
71GloCocP2-9
71GloCocP2-10
71GloCocP2-22
71GloCocP2-23
71GloCocP2-26
71GloPhoC-4
73LinPor-111
74GloWonB-16
92Glo-44
Lenard, Voshon
91Min-8
92Min-8
93Min-7
94Cla-73
94ClaG-73
94Min-7
96ColCho-274
96SkyAut-40
96SkyAutB-40
96TopSupT-ST14
96UppDec-243
Lentz, Frank
89LouColC*-60
Lentz, Larry
89KenColC*-78
Leon, Eddie
90AriColC*-36
Leonard, Bob (Slick)
57Top-74
61Fle-28
71PacMarO-5
81TCMNBA-35
85StaSchL-17
87IndGreI-4
Leonard, Bryan
80Ill-7
81Ill-7
Leonard, Dennis
93JamMad-5
94JamMad-10
Leonard, Ed
90ProCBA-39
Leonard, Gary
88Mis-7
91Hoo-334
Leonard, John
82Fai-10
82TCMCBA-36
Leonard, Pattresa
90KenWomS-11
Leonard, Quinton
89NorCarSCC-19
Leonard, Ray (Sugar)
90ActPacP*-4
91ImpHaloF-29
Leonard, Ricardo
92FroR-39
Les, Jim
89JazOldH-9
90Bra-15
90ProCBA-1
91Fle-176
91Hoo-307
91Hoo-426
91HooTeaNS-23
91Sky-247
91Sky-454
91UppDec-360
92Fle-423
92Hoo-462
92PanSti-56
92Sky-213
92StaClu-4
92StaCluMO-4
92Top-167
92TopGol-167G
92Ult-350
92UppDec-241
93Bra-17
93Fle-373
93Hoo-402
93HooFifAG-402
93Sky-275
93StaClu-256

93StaCluFDI-256
93StaCluMO-256
93StaCluSTNF-256
93Top-63
93TopGol-63G
93UppDec-112
94Top-246
94TopSpe-246
94Ult-203
Les, Tom
85Bra-C4
85Bra-S5
Lescheid, David
85Vic-6
Leskovar, Bill
89KenColC*-102
Leslie, Al
81TCMCBA-34
92AusFutN-7
Leslie, Lisa
92SpolIIfKI*-269
94UppDecU-81
94UppDecUGM-81
96TopUSAWNT-4
96TopUSAWNT-16
96UppDecU-64
Lesnevich, Gus
48TopMagP*-A16
Lesnik, Ivan
90AriColC*-62
Lesoravage, Chris
91VirWom-5
92VirWom-7
93VirWom-7
Lester, Avie
87NorCarS-8
88NorCarS-9
89NorCarS-9
Lester, Ronnie
83Sta-176
84LakBAS-5
84Sta-177
Lester, Steven
94IHSBoyA3S-10
Lett, Clifford
89ProCBA-55
90ProCBA-35
Levandowski, Chris
94IHSBoyAST-206
Levane, Andrew (Fuzzy)
48Bow-21
61HawEssM-8
Lever, Fat (Lafayette)
82TraBlaP-12
83Sta-102
83StaAll-5
83TraBlaP-12
84Sta-144
85NugPol-9
85Sta-54
86Fle-63
87Fle-62
88Fle-35
88NugPol-12A
88NugPol-12B
89Fle-41
89Hoo-220
89NugPol-9
89PanSpaS-137
89PanSpaS-141
89PanSpaS-257
90AriStaCC*-9
90AriStaCC*-33
90AriStaCCP*-2
90Fle-50
90FleUpd-U20
90Hoo-20
90Hoo-97
90Hoo-408
90Hoo100S-25
90HooActP-54
90HooAllP-3
90HooTeaNS-6
90Sky-78
90Sky-376
91Fle-270
91Hoo-47
91Hoo100S-23
91HooTeaNS-6
91Sky-61
91UppDec-157
92Hoo-49
92Sky-52
92StaClu-119

92StaCluMO-119
92Top-144
92Top-221
92TopArc-27
92TopArcG-27G
92TopGol-144G
92TopGol-221G
92Ult-45
92UppDec-307
93Fle-273
93Hoo-322
93HooFifAG-322
93Top-327
93TopGol-327G
93Ult-234
93UppDec-408
94Fle-52
Leverenz, Larry
93Pur-17
Levering, Melinda
90CalStaW-7
Levine, Chas. A.
48TopMagP*-L8
Levine, Sam
48TopMagP*-J9
Levingston, Cliff
80WicSta-9
83Sta-91
84Sta-82
85Sta-45
86HawPizH-10
87Fle-63
87HawPizH-10
88Fle-2
89Fle-3
89Hoo-22
90Fle-2
90FleUpd-U15
90Hoo-29
90Hoo-405
90HooTeaNS-4
90Sky-4
90Sky-372
915Maj-64
91Fle-30
91Hoo-32
91HooMcD-68
91HooTeaNS-4A
91HooTeaNS-4B
91Sky-41
91UppDec-187
92Fle-34
94ColCho-371
94ColChoGS-371
94ColChoSS-371
94Fle-274
95ColCholE-371
95ColCholJI-371
95ColCholSI-152
Levitt, Harold (Bunny)
54QuaSpoO*-5
69ConSta-7
Lew, Jerry
95UppDecCBA-60
95UppDecCBA-71
95UppDecCBA-104
Lewis, Alfonzo
94IHSBoyA3S-36
Lewis, Bill
85Neb*-11
Lewis, Bob
71Top-22
73NorCarPC-2C
89NorCarCC-200
89NorCarCC-70
89NorCarCC-71
90NorCarCC*-155
90NorCarCC*-161
90NorCarCC*-184
Lewis, Carl
88KenPolOA-7
91FooLocSF*-28
92ClaShoP2*-5
92ClaWorCA-1
92ClaWorCA-58
92VicGalOG-21
93ClaC3*-28
93FaxPaxWoS*-33
Lewis, Cedric
88Mar-6
91Cou-33
91FroR-73
91FroRowP-23
91FroRU-90

91ProCBA-101
Lewis, Chris
91SouCal*-86
Lewis, Frank
91OklStaCC*-69
Lewis, Fred
48Bow-4
Lewis, Freddie
71PacMarO-6
71Top-204
72Top-211
73Top-212
74Top-223
74Top-263
75Top-275
75Top-283
90AriStaCC*-184
Lewis, Garland
89KenColC*-264
Lewis, Gus
48ExhSpoC-28
Lewis, Guy V.
92Hou-23
Lewis, Junie
91ProCBA-55
Lewis, Junius
78WesVirS-5
Lewis, Kim
88MarWom-20
Lewis, Lance
90Neb*-11
Lewis, Lennox
93FaxPaxWoS*-11
Lewis, Marc
90NorCarS-8
91NorCarS-7
92NorCarS-7
93NorCarS-8
Lewis, Mike
71ConPitA-7
71Top-150
71Top-189
71TopTri-10A
72Top-234
73Top-219
Lewis, Nora
94IHSHisRH-72
Lewis, Quinton
91SouCarCC*-194
Lewis, Ralph
89ProCBA-9
91ProCBA-111
Lewis, Reggie
88CelCit-4
89Fle-10
89Hoo-17
90Hoo-43
90Hoo100S-5
90HooActP-29
90HooTeaNS-2
90PanSti-134
90Sky-18
91Fle-12
91FleTonP-93
91FleWheS-5
91Hoo-13
91Hoo100S-6
91HooTeaNS-2
91LitBasBL-21
91PanSti-147
91Sky-16
91Sky-567
91UppDec-123
91UppDec-458
92Fle-16
92FleAll-7
92FleDra-3
92FleTeaL-2
92FleTonP-31
92Hoo-15
92Hoo-299
92PanSti-158
92Sky-15
92Sky-283
92SkyNes-20
92StaClu-270
92StaCluMO-270
92Top-104
92Top-297
92TopArc-94
92TopArcG-94G
92TopGol-104G

92TopGol-297G
92Ult-13
92UppDec-120
92UppDecA-AD4
92UppDecE-10
92UppDecE-32
92UppDecJWS-JW19
92UppDecM-P2
92UppDecM-BT6
92UppDecMH-2
92UppDecTM-TM3
93Fle-14
93UppDecE-38
93UppDecE-103
93UppDecFM-17
Lewis, Richie
90FloStaCC*-97
Lewis, Ronald
90FloStaCC*-51
Lewis, Sherman
90MicStaCC2*-13
Lewis, Strangler
48TopMagP*-D6
Lewis, Terrence
92Cla-15
92ClaGol-16
Lewis, Tim
91SouCarCC*-77
Li-Bin, Wang
95UppDecCBA-36
95UppDecCBA-98
Liberatore, Samie
89NewMex-6
Liberty, Marcus
90FleUpd-U26
90StaPic-53
91Fle-50
91Hoo-359
91HooTeaNS-7
91PanSti-56
91Sky-72
91Sky-438
91UppDec-222
92Fle-58
92Hoo-57
92Sky-61
92SkySchT-ST12
92StaClu-162
92StaCluMO-162
92Top-248
92TopGol-248G
92Ult-50
92UppDec-175
93Fle-52
93Fle-284
93Hoo-54
93HooFifAG-54
93PanSti-81
93UppDec-81
93UppDecE-141
Lichtenstein, Nita
90Neb*-19
Lichti, Todd
89NugPol-10
90Fle-51
90Hoo-98
90HooTeaNS-7
90PanSti-65
90Sky-79
91Fle-51
91FleTonP-86
91Hoo-64
91Hoo-462
91HooTeaNS-7
91PanSti-52
91Sky-73
91UppDec-299
92Fle-330
92Hoo-58
92Hoo100S-25
92Sky-62
92StaClu-28
92StaCluMO-28
92Top-182
92TopGol-182G
92Ult-51
92UppDec-173
93Fle-346
93Hoo-383
93HooFifAG-383
93Sky-261
93UppDecE-142
Lickert, Bill
88KenColC-38

88KenColC-207
Lidman, Haaken
48TopMagP*-E15
Lieberman-Cline, Nancy
77SpoSer6*-6702
89SpolIIfKI*-101
94FlaUSA-115
Liebler, Steve
91SouCarCC*-108
Liedtke, Joe
88LouColC-93
88LouColC-148
Lien, Dick
85Bra-D7
Lightfoot, Allen
90MonSta-4
Ligon, Jim
71ColMarO-6
72Top-204
Lillie, Craig
92Hou-5
Lilljedahl, Bobby
90Tex*-24
Lilly, Bob
74NabSugD*-9
75NabSugD*-7
Lilly, Sammy
91GeoTecCC*-76
Limbrick, Garrett
91OklStaCC*-98
Limne, Paul
90AriStaCC*-167
Lindbergh, Charles
48TopMagP*-L6
Lindeman, Todd
92Ind-10
93Ind-11
94Ind-9
Linder, Kim
94TexAaM-11
Lindgren, Ryan
94IHSBoyAST-207
Lindros, Eric
93FaxPaxWoS*-27
Lindsey, Dennis
89Bay-11
Lindsey, Kathy
92III-29
Lindsey, Sammie
89FreSta-9
90FreSta-10
Lindsey, Shannon
93PurWom-7
Lindwall, Bob
94IHSBoyAST-142
Line, Jim
88KenColC-35
88KenColC-156
Lineker, Gary
93FaxPaxWoS*-20
Linn, Warren
89Ark-5
91ArkColC-8
92Ark-8
Linnamo, Vesa
85Vic-7
Linne, Paul
87AriSta*-13
Linonis, Ed
89LouColC*-74
Linthicum, Richard
91UCLColC-101
Linville, Shelby
88KenColC-43
Lipka, Warren
91SouCarCC*-31
Lisickey, Pete
96PenSta*-5
Lister, Alton
83Sta-46
84Sta-132
84StaAre-C7
85BucCarN-9
85Sta-126
85StaTeaS5-MB9
86BucLif-8
86Fle-64
87Fle-64
89Fle-147
89Hoo-293
89Hoo-325
89PanSpaS-250
90AriStaCC*-31
91Fle-287

91Hoo-70
91HooTeaNS-9
91PanSti-5
91Sky-94
91UppDec-316
92Fle-342
92Hoo-76
92Sky-81
92StaClu-137
92StaCluMO-137
92Top-16
92TopArc-17
92TopArcG-17G
92TopGol-16G
94Fin-297
94FinRef-297
94Ult-283
Little, Crowell
 90NorCarCC*-190
Little, Derrick
 91SouCarCC*-25
Little, Doug
 90FloStaCC*-142
Little, Ercel
 89KenColC*-263
Little, Floyd
 74NabSugD*-2
 75NabSugD*-2
Little, John
 91OklStaCC*-23
Little, Steve
 91ArkColC*-26
Littles, Gene
 74Top-184
 90Hoo-307
 90HooTeaNS-3
 90Sky-303
 91Fle-22
 91Hoo-223
Littles, Shane
 94Mar-8
Littlewood, Mary
 90AriStaCC*-196
Litwack, Harry
 92CenCou-36
Litwhiler, Danny
 90FloStaCC*-111
 90MicStaCC2*-17
Liu, Jen-Kai
 91SouCal*-21
Livingston, Otis
 87Kan-7
Livingston, Randy
 93LSU-10
 96AllSpoPPaF-121
 96ColEdgRR-24
 96ColEdgRRD-24
 96ColEdgRRG-24
 96PacPow-24
 96PrePas-29
 96PrePasAu-10
 96PrePasNB-29
 96PrePasS-29
 96ScoBoaAB-35
 96ScoBoaAB-35A
 96ScoBoaAB-35B
 96ScoBoaAB-35C
 96ScoBoaBasRoo-35
 96Sky-220
 96SkyRub-220
Livingston, Ron
 91UCLColC-59
Livingstone, Ron
 50BreforH-18
Livingstone, Scott
 91TexA&MCC*-17
Llewellyn, Duke
 91WooAwaW-6
Lloyd, Andrea
 92ImpU.SOH-21
Lloyd, Earl
 57Top-54
 69ConSta-8
Lloyd, Lewis
 83Sta-80
 84Sta-241
 85Sta-20
 85StaTeaS5-HR3
 86Fle-65
Lloyd, Michael
 96ScoBoaBasRoo-74
Lloyd, Scott
 76BucPlaC-C9
 76BucPlaC-D6

76BucPlaC-H6
76BucPlaC-S9
90AriStaCC*-18
Lloyd, Vince
 85Bra-C6
Loban, Noel
 90CleColC*-130
Lobo, Rebecca
 92SpoIllfKI*-363
 93ConWom-9
 95ClaBKR-82
 95ClaBKRPP-82
 95ClaBKRSS-82
 95ClaBKV-63
 95ClaBKV-80
 95ClaBKVE-63
 95ClaBKVE-80
 95ClaBKVLA-LA10
 95FivSp-42
 95FivSpCS-CS2
 95FivSpD-42
 95FivSpOF-H10
 95FivSpRS-30
 95FivSpSF-BK12
 96Ass-20
 96AssACA-CA18
 96ClaLegotFF-3
 96CleAss-28
 96CleAss3-X3
 96FivSpSig-30
 96TopUSAWNT-5
 96TopUSAWNT-17
 96UppDecU-65
 96Vis-38
 96VisBasVU-U110
Lochmueller, Bob
 88LouColC-57
Lochmueller, Steve
 89KenColC*-79
Lock, Rob
 84KenSch-8
 88KenColC-130
 88KenColC-176
 88KenColC-210
 89KenBigBTot8-47
Locke, Robert
 92AusStoN-19
Locke-Mattox, Bernadette
 91KenBigB2-16
 93Ken-15
Lockett, Annie
 89LouTec-14
Lockett, Danny
 90AriColC*-30
Lockhart, Detra
 90UCL-22
Lockhart, Ian
 88Ten-51
 91WilCar-97
Lockhart, June
 48TopMagP*-J13
Lockhart, Osbourne
 92Glo-64
Lockhood, Rick
 91GeoTecCC*-181
Locum, Tim
 89Wis-9
Loeffel, Rob
 88NewMex-5
Loeffler, Kenneth D.
 68HaIoIPB-27
Loescher, Doug
 91FroR-98
Loewer, Stan
 85LSU*-8
Lofstedt, Amy
 91VirWom-6
 92VirWom-8
 93VirWom-8
Lofton, David
 92NewMexS-6
Lofton, Kenny
 85Ari-10
 86Ari-7
 87Ari-7
 88Ari-7
 90AriColC*-79
 90AriColC*-121
Logan, John
 48Bow-7
Logan, Kevin
 90SanJosS-4
Logan, Marc
 89KenColC*-143

Logan, Steve
 91NewMex-10
 92NewMex-10
Loggins, Leroy
 92AusFutN-20
 92AusStoN-7
 93AusFutN-10
 93AusFutN-39
 94AusFutN-10
 94AusFutN-119
 94AusFutN-194
 94AusFutNH-NH1
 94AusFutNH-NH2
 94AusFutNH-NH3
 94AusFutNH-NH4
 94AusFutNH-NH5
 94AusFutNH-NH6
 94AusFutNH-NH7
 94AusFut3C-GC2
 95AusFutC-CM2
 95AusFutNH-HTH-H2
 95AusFutN-40
 95AusFutN-7
 96AusFutNA-ASN3
 96AusFutNFDT-3
 96AusFutNTTPC-TTP2
Logterman, Robb
 91Mar-4
 92Mar-6
Lohaus, Brad
 88KinCarJ-54
 89Hoo-74
 89Hoo-332
 89HooFifAG-112
 89TimBurK-54
 90FleUpd-U54
 90Hoo-178
 90HooTeaNS-15
 90PanSti-97
 90Sky-161
 91Hoo-118
 91HooTeaNS-15
 91Sky-160
 91UppDec-383
 92Fle-374
 92FleTeaNS-8
 92Hoo-418
 92StaClu-356
 92StaCluMO-356
 92Top-229
 92TopGol-229G
 92Ult-299
 92UppDec-201
 93Fle-119
 93Hoo-124
 93HooHFAG-124
 93JamSesTNS-125
 93JamSesTNS-6
 93JamSesTNS-8
 93PanSti-127
 93Sky-245
 93Top-149
 93TopGol-149G
 93Ult-284
 94Fla-248
 94Fle-312
 94Hoo-342
 94PanSti-70
 94Sky-248
 94Top-234
 94TopSpe-234
 94Ult-278
 94UppDec-138
Lollis, Lori
 91WasSta-8
Lombardo, Guy
 48ExhSpoC-29
Lon, Yue
 95UppDecCBA-120
Londos, Jim
 33SpoKinR*-14
 48TopMagP*-D5
Long, Art
 96ScoBoaBasRoo-69
Long, Bob
 91TexA&MCC*-71
Long, Carter
 92Ala-11
 93Ala-8
 93Ala-13
Long, Dallas
 91SouCal*-88
Long, Gary
 86IndGreI-23

Long, Grant
 89Fle-82
 89HeaPub-7
 89Hoo-141
 89PanSpaS-157
 90Fle-100
 90HeaPub-8
 90Hoo-167
 90HooActP-90
 90HooTeaNS-14
 90Sky-149
 915Maj-65
 91Fle-109
 91Hoo-387
 91HooTeaNS-14
 91PanSti-152
 91Sky-150
 91UppDec-192
 92Fle-118
 92FleTeaNS-7
 92Hoo-120
 92PanSti-165
 92Sky-127
 92StaClu-111
 92StaCluMO-111
 92Top-186
 92TopGol-186G
 92Ult-100
 92UppDec-108
 92UppDec-363
 93Fle-107
 93HeaBoo-1
 93Hoo-112
 93HooFifAG-112
 93HooSco-HS14
 93HooScoFAG-HS14
 93JamSes-112
 93Sky-102
 93StaClu-202
 93StaCluFDI-202
 93StaCluMO-202
 93StaCluSTNF-202
 93Top-277
 93TopGol-277G
 93Ult-99
 93UppDec-120
 93UppDecE-197
 94ColCho-43
 94ColCho-260
 94ColChoGS-43
 94ColChoGS-260
 94ColChoSS-43
 94ColChoSS-260
 94Fin-83
 94FinRef-83
 94Fla-177
 94Fle-116
 94Fle-243
 94Hoo-109
 94Hoo-303
 94JamSes-98
 94PanSti-63
 94Sky-203
 94SP-34
 94SPCha-30
 94SPChaDC-30
 94SPDie-D34
 94StaClu-93
 94StaCluFDI-93
 94StaCluMO-93
 94StaCluSTNF-93
 94Top-140
 94TopSpe-140
 94TopSpe-141
 94Ult-95
 94Ult-204
 94UppDec-214
 94UppDecE-4
 94UppDecSE-45
 94UppDecSEG-45
 95ColCho-79
 95ColChoIE-79
 95ColChoIE-260
 95ColChoIJI-43
 95ColChoIJI-260
 95ColChoISI-43
 95ColChoISI-79
 95ColChoPC-79
 95ColChoPCP-79
 95Fin-244
 95FinRef-244
 95Fla-3
 95Fle-5

95Fle-203
95FleEur-7
95Hoo-5
95JamSes-3
95JamSesDC-D3
95Met-3
95MetSilS-3
95PanSti-68
95ProMag-5
95Sky-3
95StaClu-12
95StaCluMOI-12
95Top-102
95Ult-5
95Ult-203
95UltGolM-5
95UppDec-213
95UppDecEC-213
95UppDecECG-213
95UppDecSE-7
95UppDecSEG-3
96ColCho-2
96ColChoII-4
96ColCholJ-79
96Fle-4
96Fle-181
96Hoo-5
96HooSil-5
96Met-116
96Sky-151
96SkyAut-41
96SkyRub-150
96TopSupT-ST1
96Ult-181
96UltGolE-G181
96UltPlaE-P181
96UppDec-214
Long, Greg
 89KenColC*-149
Long, John
 79Top-38
 80Top-23
 80Top-111
 81Top-50
 81Top-MW83
 83Sta-92
 84Sta-266
 85Sta-15
 85StaTeaS5-DP5
 87Fle-65
 88Fle-56
 89Hoo-167
 90Hoo-30
 90Sky-5
Long, Kevin
 90AriColC*-16
 90AriColC*-105
Long, Larry
 91GeoColC-70
Long, Shernard
 96Geo-7
Long, Terry
 92FloSta*-15
Long, Willie
 71FloMoD-6
 72Top-214
 73Top-251
 74Top-202
Longley, Griffin
 92AusFutN-68
Longley, Luc
 88NewMex-6
 89NewMex-7
 90NewMex-7
 91Fle-320
 91FroRowP-37
 91FroRowP-95
 91FroRU-54
 91Hoo-552
 91HooTeaNS-16
 91Sky-519
 91StaPic-31
 91UppDec-491
 91UppDecS-13
 92Fle-134
 92Hoo-138
 92Sky-145
 92StaClu-103
 92StaCluMO-103
 92Top-89
 92TopArc-145
 92TopArcG-145G
 92TopGol-89G

92Ult-111
92UppDec-105
92UppDecE-185
93AusStoN-25
93Fle-124
93FleInt-5
93Hoo-130
93HooFifAG-130
93HooGolMB-30
93JamSes-132
93PanSti-100
93Sky-250
93StaClu-245
93StaCluFDI-245
93StaCluMO-245
93StaCluSTNF-245
93Top-290
93TopGol-290G
93Ult-290
93UppDec-37
93UppDecE-208
94ColCho-213
94ColChoGS-213
94ColChoSS-213
94Fin-59
94FinRef-59
94Fle-33
94Hoo-28
94HooShe-5
94PanSti-32
94Sky-25
94StaClu-120
94StaClu-302
94StaCluFDI-120
94StaCluFDI-302
94StaCluMO-120
94StaCluMO-302
94StaCluSTNF-120
94StaCluSTNF-302
94Top-182
94TopSpe-182
94Ult-28
94UppDec-72
95BulJew-1
95ColCho-287
95ColCholE-423
95ColCholJI-423
95ColCholSI-204
95ColChoPC-287
95ColChoPCP-287
95Fin-223
95FinRef-223
95Fle-212
95FleEur-35
95Hoo-297
95PanSti-86
95Sky-158
95SP-20
95StaClu-215
95StaCluI-IC10
95StaCluMOI-IC10
95Top-186
95TopForL-FL1
95Ult-209
95UppDec-243
95UppDecEC-243
95UppDecECG-243
96ColCho-24
96ColCho-27
96ColCholI-17
96ColCholJ-287
96ColChoM-M13
96ColChoMG-M13
96Fle-166
96Hoo-23
96HooSil-23
96HooStaF-4
96Met-13
96Sky-142
96SkyAut-42
96SkyAutB-42
96SkyRub-142
96SP-15
96StaClu-48
96StaCluM-48
96Top-164
96TopChr-164
96TopChrR-164
96TopNBAa5-164
96TopSupT-ST4
96Ult-163
96UltGolE-G163
96UltPlaE-P163
96UppDec-17

Longstreth, Charitee
94SouMisSW-8
Longworth, Tiffany
96PenSta*-7
Look, Dean
90MicStaCC2*-78
Lookingbill, Wade
90Iow-6
91Iow-6
92Iow-6
Loomis, Bob
90NorCarCC*-84
Looze, Ray
91SouCal*-81
Lopez, Chris
93NewMexS-5
Lopez, Damon
91Cla-48
91FouSp-196
Lopez, Mary
88MarWom-9
88MarWom-10
LoPiccolo, Gina
89FreStaW-2
Lord, Paige
91GeoTecCC*-183
Lorenzen, Eric
87Iow-10
89ProCBA-183
Loscutoff, Jim
57Top-39
81TCMNBA-34
Lose, Reed
88EasCar-5
Lothridge, Billy
91GeoTecCC*-53
Lott, Charles
93JamMad-6
94JamMad-11
Lott, Ronnie
91SouCal*-24
Loucks, H. Donald
90FloStaCC*-184
Loughery, Kevin
69Top-94
70Top-51
71Top-7
72Com-19
72Top-83
85StaCoa-4
91Fle-110
91Hoo-234
91Sky-391
92Fle-119
92Hoo-252
92Sky-268
93Hoo-243
93HooFifAG-243
94Hoo-286
Loughran, Sean
92UNL-8
Louis, Joe
48ExhSpoC-30
48TopMagP*-A15
56AdvR74*-41
81PhiMor*-8
Louis, Spyros
76PanSti-13
Loukes, Wade
84Vic-6
86Vic-6
88Vic-7
Love, Amy
85Neb*-37
Love, Bob (Butterbean)
69BulPep-5
69Top-78
70BulHawM-1
70Top-84
71Top-45
71TopTri-28
72IceBea-11
72Top-148
72Top-166
73LinPor-39
73NBAPlaA-17
73Top-60
74Top-15
74Top-84
75CarDis-19
75Top-119
75Top-140
76BucDis-15
76Top-45

90BulEqu-9
Love, Melvin
90UNLSeatR-14
90UNLSmo-11
Love, Nick
94IHSBoyAST-102
Love, Stan
72Top-2
73Top-76
Love, Tiundra
90KenWomS-12
Lovejoy, Tim
92Haw-8
Lovelace, Stacey
93PurWom-8
Lovellette, Clyde
57Kah-3
57Top-78
59HawBusB-3
61Fle-29
61Fle-58
61HawEssM-9
81TCMNBA-14
92CenCou-37
93ActPacHoF-30
Lovette, Jarrod
95Mar-9
Lowe, Lawrence
91GeoTecCC*-59
Lowe, Sidney
83Sta-162
89Hoo-31
89Hoo-313
89NorCarSCC-95
89NorCarSCC-96
89TimBurK-35
90Hoo-187
90Hoo100S-59
90HooActP-98
90Sky-170
93Hoo-245
93HooFifAG-245
94Hoo-288
Lowery, Darlene
91SouCarCC*-46
Lowery, Terrell
92Cla-8
92ClaGol-8
92FouSp-8
92FouSpGol-8
92StaPic-79
Lowings, Dianne
86SouLou*-10
Lowry, Matt
94IHSBoyAST-180
Lowry, Nikita
94OhiStaW-13
Lowther, Bobby
90LSUColC*-54
Loy, Alan
94IHSBoyASD-58
Loy, Bob
85Bra-H3
Loyer, John
93Cin-9
Loynd, Mike
90FloStaCC*-81
Lubin, Frank
91UCLColC-78
Lucas, Darren
92AusFutN-78
92AusStoN-67
93AusFutN-95
93AusStoN-77
94AusFutDG-DG3
94AusFutN-73
94AusFutN-169
95AusFutHTH-H1
95AusFutN-70
95AusFutN-106
96AusFutN-68
96AusFutN-92
Lucas, Harold
90MicStaCC2*-18
Lucas, Jerry
63Kah-6
64Kah-8A
64Kah-8B
65Kah-2
68TopTes-21
69NBAMem-9
69Top-45
69TopRul-15
70Top-46

71MatInsR-4
71Top-81
72Com-20
72IceBea-12
72Top-15
73LinPor-92
73Top-125
81TCMNBA-38
91FooLocSF*-21
93ActPacHoF-38
95ActPacHoF-24
96TopFinR-25
96TopFinRR-25
96TopNBAS-25
96TopNBAS-75
96TopNBAS-125
96TopNBASF-25
96TopNBASF-75
96TopNBASF-125
96TopNBASFAR-25
96TopNBASFAR-75
96TopNBASFAR-125
96TopNBASFR-25
96TopNBASFR-75
96TopNBASFR-125
96TopNBASI-I11
96TopNBASR-25
Lucas, John
77Top-58
78Top-106
79Top-127
80Top-65
80Top-79
80Top-115
80Top-126
81Top-51
83Sta-246
84Sta-242
85Sta-21
87BucPol-10
87Fle-66
90HooActP-68
92CouFla-20
93Hoo-253
93HooFifAG-253
94Hoo-291
94UppDec-355
95Hoo-188
Lucas, Maurice
75Top-302
76Top-107
77SpoSer4*-4318
77Top-80
77TraBlaP-20
78RoyCroC-19
78Top-50
78TraBlaP-5
79Qualro-6
79Top-26
79TraBlaP-20
80Top-54
80Top-142
81Top-57
81Top-E79
82SunGiaS-2
83Sta-113
83StaAllG-19
84Sta-45
84SunPol-21
85Sta-30
86Fle-66
87TraBlaF-7
89TraBlaF-13
89TraBlaF-6
94TraBlaF-19
Luchetti, Jon
94IHSBoyAST-189
Lucia, Tom
89LouColC*-106
89LouColC*-178
Luckman, Sid
48ExhSpoC-31
Luisetti, Angelo
68HalofFB-28
Luisetti, Hank
77SpoSer5*-5224
93ActPacHoF-50
Lujack, Johnny
48ExhSpoC-32
48TopMagP*-C6
51Whe*-2
52Whe*-19A
52Whe*-19B

Luke, Keye
48TopMagP*-J4
Lukomski, Boris
76PanSti-196
Lumpkin, Mark
90LSUColC*-52
Lumpkin, Phil
75Sun-8
75Top-114
Lunardon, Steven
92AusFutN-42
Luppino, Art
90AriColC*-104
Lusk, Paul
90Iow-7
91Iow-7
Luther, Laura
93Neb*-22
Luyk, Sergio
90KenProl-4
Luzinski, Greg
93ClaMcDf-26
Luzinski, Ryan
93ClaC3*-6
93ClaMcDf-26
Lyle, Mel
90LSUColC*-93
Lyles, Lenny
89LouColC*-103
89LouColC*-110
Lynam, Jim
81TraBlaP-NNO
82TraBlaP-NNO
89 76eKod-14
89Hoo-68
89PanSpaS-44
90Hoo-324
90HooTeaNS-20
90Sky-320
91Fle-155
91Hoo-240
91HooTeaNS-20
91Sky-397
95Hoo-197
96Hoo-277
Lynch, Chris
87BYU-12
Lynch, David
87BYU-15
Lynch, George
92NorCarS-2
93Cla-9
93ClaChDS-DS29
93ClaF-17
93ClaG-9
93ClaSB-SB11
93Fle-314
93FouSp-9
93FouSpG-9
93Hoo-354
93HooFifAG-354
93JamSes-107
93JamSesTNS-5
93Sky-186
93Sky-304
93SkyDraP-DP12
93Top-264
93TopGol-264G
93Ult-95
93Ult-275
93UppDec-159
93UppDec-355
93UppDec-495
93UppDecH-H36
93UppDecRS-RS11
94ColCho-24
94ColChoGS-24
94ColChoSS-24
94Emb-47
94Emb-156
94EmbGoII-47
94Emo-47
94Fin-156
94FinRef-156
94Fla-74
94Fle-109
94FleRooS-15
94Hoo-102
94Ima-40
94JamSes-94
94ProMag-63
94Sky-91
94SkyRagR-RR14

94SP-93
94SPDie-D93
94StaClu-154
94StaCluBT-13
94StaCluFDI-154
94StaCluMO-154
94StaCluMO-BT13
94StaCluSTNF-154
94Top-20
94Ult-88
94UppDec-330
94UppDecSE-41
94UppDecSEG-41
95ColCho-213
95ColCholE-24
95ColCholJI-24
95ColCholSI-24
95ColChoPC-213
95ColChoPCP-213
95Fle-233
95FleEur-114
95Hoo-312
95Top-89
95Ult-225
95UppDec-112
95UppDecEC-112
95UppDecECG-112
96ColCho-77
96ColCho-348
96ColCholJ-213
96ColCholI-51
96HooStaF-28
96Sky-196
96SkyAut-43
96SkyAutB-43
96SkyRub-196
96StaClu-170
96Ult-257
96UltGolE-G257
96UltPlaE-P257
96UppDec-309
Lynch, Kevin
91Cla-18
91Cou-34
91FouSp-166
91FroR-19
91FroRowP-76
91StaPic-47
91UppDec-436
91WilCar-28
92Fle-310
92Hoo-360
92HorSta-12
92StaClu-187
92StaCluMO-187
92Top-315
92TopGol-315G
92Ult-233
92UppDec-219
93StaClu-168
93StaCluFDI-168
93StaCluMO-168
93StaCluSTNF-168
93Top-72
93TopGol-72G
93UppDec-344
Lynch, Rusty
94IHSBoyAST-65
Lynn, Bill
91GeoColC-76
Lynn, Fred
91SouCal*-26
Lyons, Dicky
89KenColC*-136
Lyons, Ronnie
88KenColC-99
88KenColC-229
Lysiak, Tom
75NabSugD*-14
Lyttle, Jim
90FloStaCC*-185
Mabay, Jim
91ArkColC*-62
Macaluso, Mike
73LinPor-28
MacArthur, Douglas
48TopMagP*-07
Macauley, Edward C. (Easy)
48TopMagP*-B3
57Top-27
68HalofFB-29
81TCMNBA-13

92CenCou-4
93ActPacHoF-46
95ActPacHoF-20
MacDonald, Dene
93AusFutN-41
94AusFutN-41
94AusFutN-145
95AusFutN-75
96AusFutN-39
Macek, Mark
90FloStaCC*-161
MacFarlane, Al
89LouColC*-167
Mack, Connie
48TopMagP*-K9
Mack, Johnny
90MonSta-5
Mack, Julie
90CalStaW-8
Mack, Katina
96PenSta*-8
Mack, Kevin
90CleColC*-2
Mack, Oliver
82TCMCBA-16
Mack, Sam
92Cla-67
92ClaGol-67
92StaClu-264
92StaCluMO-264
92StaPic-16
92Top-377
92TopGol-377G
92Ult-357
96ColCho-251
Mack, Tony
89ProCBA-173
Mackey, Malcolm
89GeoTec-11
90GeoTec-15
90GeoTec-16
91GeoTec-12
92GeoTec-5
93Cla-49
93ClaF-42
93ClaG-49
93Fle-360
93FouSp-42
93FouSpG-42
93Hoo-393
93HooFifAG-393
93JamSes-180
93Sky-268
93SkyDraP-DP27
93SkySch-31
93Top-139
93TopGol-139G
93Ult-149
93UppDec-360
94ColCho-127
94ColChoGS-127
94ColChoSS-127
94Hoo-170
94ProMag-103
95ColChoIE-127
95ColChoIJI-127
95ColChoISI-127
MacKinnon, Sam
94AusFutN-198
95AusFutA-NA1
95AusFutII-I2
95AusFutMR-MR2
95AusFutN-55
95AusFutN-103
96AusFutN-72
96AusFutNFDT-5
Mackinson, John
94IHSBoyA3S-50
Macklin, Antonia
92IowWom-7
93IowWom-7
Macklin, Durand (Rudy)
88LSUAll*-2
90LSUColC*-50
90LSUColC*-198
Macklin, Oliver
90Con-8
91Con-8
92Con-10
MacLane, Barton
48TopMagP*-J45
MacLean, Don
88KenSovPl-14
90UCL-14

91UCL-2
92Cla-44
92ClaGol-44
92ClaPre-3
92ClaPro-5
92Fle-440
92FouSp-39
92FouSpAu-39A
92FouSpGol-39
92Hoo-478
92Sky-407
92SkyDraP-DP19
92StaClu-330
92StaCluMO-330
92Top-333
92TopGol-333G
92Ult-370
92UppDec-16
92UppDec-408
93Fin-10
93FinRef-10
93Fle-395
93Hoo-225
93HooFifAG-225
93PanSti-245
93Sky-184
93StaClu-302
93StaCluFDI-302
93StaCluMO-302
93StaCluSTNF-302
93Top-55
93TopGol-55G
93Ult-356
93UppDec-358
93UppDecS-132
93UppDecS-225
93UppDecSEC-132
93UppDecSEC-225
93UppDecSEG-132
93UppDecSEG-225
94ColCho-158
94ColChoGS-158
94ColChoSS-158
94Emb-98
94EmbGoll-98
94Fin-126
94FinRef-126
94Fla-155
94Fle-234
94FleAwaW-2
94Hoo-222
94Hoo-265
94HooPowR-PR54
94HooShe-16
94HooShe-17
94HooShe-18
94JamSes-195
94PanSti-113
94Sky-174
94SP-163
94SPDie-D163
94StaClu-243
94StaCluCC-27
94StaCluFDI-243
94StaCluMO-243
94StaCluMO-CC27
94StaCluSTNF-243
94Top-61
94TopSpe-61
94Ult-195
94UltAwaW-2
94UppDec-246
94UppDecE-61
94UppDecSEG-89
95ColCho-36
95ColChoDT-T20
95ColChoDTPC-T20
95ColChoDTPCP-T20
95ColCholE-158
95ColCholJI-158
95ColCholSI-158
95ColChoPC-36
95ColChoPCP-36
95Fle-194
95FleEur-235
95FleEurAW-2
95Hoo-167
95Met-142
95PanSti-58
95Sky-122
95Sky-167
95StaClu-216
95Top-138

95Ult-193
95UltGolM-193
95UppDec-84
95UppDec-268
95UppDecEC-84
95UppDecEC-268
95UppDecECG-84
95UppDecECG-268
96ColCho-302
96ColCholI-159
96ColCholJ-36
96SkyAut-44
96SkyAutB-44
96StaClu-106
96Top-214
96TopChr-214
96TopChrR-214
96TopNBAa5-214
96TopSupT-ST7
96Ult-230
96UltGolE-G230
96UltPlaE-P230
96UppDec-274
MacLeod, John
75Sun-9
80SunPep-12
81SunPep-8
84SunPol-NNO
85StaCoa-5
88MavBudLB-NNO
88MavBudLCN-NNO
89Hoo-171A
89Hoo-171B
89PanSpaS-124
Macon, Charles
92OhiSta-9
93OhiSta-7
Macon, Mark
91Cla-4
91Cou-35
91CouHol-3
91Fle-276
91FouSp-152
91FroR-6
91FroR-43
91FroRowP-50
91Hoo-553
91HooTeaNS-7
91KelColG-16
91Sky-520
91StaPic-26
91UppDec-489
91UppDecRS-R25
91UppDecS-13
91WilCar-23
91WilCarRHR-5
92Fle-59
92FleRooS-6
92FroRowDP-56
92FroRowDP-57
92FroRowDP-58
92FroRowDP-59
92FroRowDP-60
92Hoo-59
92PanSti-72
92Sky-63
92SkyThuaL-TL1
92StaClu-18
92StaCluMO-16
92Top-154
92TopGol-154G
92UCL-52
92UppDec-191
92UppDecA-AR10
93Fle-53
93Fle-285
93Hoo-55
93HooFifAG-55
93JamSes-55
93PanSti-82
93Sky-62
93StaClu-113
93StaCluFDI-113
93StaCluMO-113
93StaCluSTNF-113
93Top-173
93TopGol-173G
93Ult-51
93Ult-245
93UppDec-62
93UppDecE-143
94ColCho-2
94ColChoGS-2
94ColChoSS-2

94Fla-214
94Fle-282
94Hoo-61
94HooShe-8
94PanSti-50
94StaClu-61
94StaCluFDI-61
94StaCluMO-61
94StaCluSTNF-61
94Top-129
94TopSpe-129
94Ult-241
95ColCholE-2
95ColCholJI-2
95ColCholSI-2
95Fin-83
95FinRef-83
95PanSti-106
95StaClu-234
Macy, Kyle
76KenSch-7
77Ken-15
77KenSch-13
78Ken-13
78KenSch-10
79Ken-2
79Ken-20
79KenSch-12
80SunPep-11
81SunPep-9
81Top-W82
83Sta-114
84Sta-46
84SunPol-4
87Ken*-16
88KenColC-10
88KenColC-155
88KenColC-175
88KenColC-221
89KenBigBTot8-38
92CouFla-21
92Sun25t-15
Madden, John
90FloStaCC*-150
Madden, Kevin
87NorCar-22
88NorCar-22
89NorCarS-4
Maddox, Bob
89LouColC*-131
Maddox, Jerry
90AriStaCC*-182
Maddox, Mike
87Kan-8
89Kan-46
Maddox, Zach
94IHSBoyAST-10
Madeya, John
89LouColC*-192
Madison, Guy
48TopMagP*-J44
Madison, Helene
33SpoKinR*-37
Madison, Richard
84KenSch-11
88KenColC-131
88KenColC-174
80KenColC-250
Madison, Toby
93Eva-9
Madkins, Gerald
90UCL-13
91UCL-13
92Cla-78
92ClaGol-78
92FouSp-66
92FouSpGol-66
92FroR-40
93CavNicB-7
93Fle-265
93Hoo-317
93HooFifAG-317
93Sky-211
93Ult-227
93UppDec-337
93Fin-188
94FinRef-188
Maffei, Richard
76PanSti-198
Magallanes, Ever
91TexA&MCC*-39
Magee, Kevin
91WilCar-109
Magic, Orlando

90Sky-346
91Hoo-292
91Sky-369
91Sky-423
91UppDecSiSS-8
92Hoo-284
93PanSti-188
93StaCluBT-19
93StaCluST-19
93UppDec-228
93UppDecDPS-19
94Hoo-409
94ImpPin-19
94StaCluMO-ST19
94StaCluST-19
94StaCluSTDW-MD19
94StaCluSTMP-MM19
94UppDecFMT-19
95FleEur-256
95PanSti-42
96TopSupT-ST19
Magnifico, Walter
88Sup-33
92UppDecE-110
Magno, Jack
80Ari-10
81Ari-10
Magrane, Joe
90AriColC*-41
Magyar, Zoltan
76PanSti-216
Mahaffey, Donnie
90CleColC*-199
Mahaffey, Randy
71Top-221
90CleColC*-188
Mahaffey, Richie
90CleColC*-177
Mahaffey, Tommy
90CleColC*-166
Maher, Brett
92AusFutN-8
93AusFutN-2
93AusStoN-57
94AusFutN-3
94AusFutN-115
95AusFutN-4
96AusFutN-2
96AusFutNFDT-1
96AusFutNFF-FFC1
Maher, Robyn
94AusFutN-210
Maher, Tom
94AusFutN-216
Mahnken, John
48Bow-63
Mahorn, Rick
81Top-E98
83Sta-211
84Sta-191
85Sta-16
8976eKod-8
89Fle-93
89Hoo-46
89Hoo-330
90Fle-144
90Hoo-230
90HooActP-121
90HooTeaNS-20
90PanSti-132
90Sky-217
91Fle-156
91Hoo-162
91Hoo100S-74
91PanSti-168
91Sky-217
91UppDec-42
91WilCar-113
92Fle-389
92Hoo-429
92StaClu-324
92StaCluMO-324
92Top-388
92TopGol-388G
92Ult-316
92UppDec-316
93Fle-335
93Hoo-372
93HooFifAG-372
93HooShe-3
93JamSes-141
93PanSti-218
93StaClu-49

93StaCluFDI-49
93StaCluMO-49
93StaCluSTNF-49
93Top-159
93TopGol-159G
93Ult-120
94Fin-296
94FinRef-296
94Fle-330
94ProMag-82
94Top-91
94TopSpe-91
95ProMag-82
96UppDec-215
Mahre, Phil
92LitSunW*-5
Mahre, Steve
92LitSunW*-5
Maile, Dick
90LSUColC*-71
Majerle, Dan
89Fle-124
89Hoo-183
89PanSpaS-216
90Fle-150A
90Fle-150B
90Hoo-239
90HooTeaNS-21
90PanSti-14
90Sky-226
90SunSmo-5
915Maj-23
915Maj-24
91Fle-163
91FleTonP-89
91Hoo-167
91Hoo-570
91Hoo100S-78
91HooTeaNS-21
91PanSti-23
91Sky-228
91Sky-425
91Sky-452
91Sky-552
91UppDec-172
91UppDec-475
92Fle-182
92Fle-267
92FleAll-16
92FleDra-42
92FleTonP-92
92Hoo-184
92Hoo-310
92PanSti-42
92Sky-194
92Sky-410
92SkyNes-21
92StaClu-184
92StaCluMO-184
92StaPic-60
92Sun25t-25
92SunTopKS-9
92Top-122
92Top-326
92TopArc-105
92TopArcG-105G
92TopGol-122G
92TopGol-326G
92Ult-146
92UppDec-177
92UppDec-370
92UppDec-395
92UppDec-442
92UppDecE-27
92UppDecE-85
92UppDecM-P31
92UppDecS-9
93Fin-121
93Fin-157
93FinRef-121
93FinRef-157
93Fle-169
93FleAll-18
93FleSha-4
93Hoo-173
93Hoo-274
93HooFifAG-173
93HooFifAG-274
93HooProP-NNO
93HooShe-5
93JamSes-181
93JamSesG-4
93PanSti-39
93Sky-15

93Sky-149
93SkyPro-3
93SkyUSAT-5
93StaClu-99
93StaClu-353
93StaCluBT-14
93StaCluFDI-99
93StaCluFDI-353
93StaCluFFP-9
93StaCluFFU-353
93StaCluMO-99
93StaCluMO-353
93StaCluMO-BT14
93StaCluST-21
93StaCluSTNF-99
93StaCluSTNF-353
93Top-259
93TopGol-259G
93Ult-150
93Ult-366
93UltAll-7
93UltIns-5
93UppDec-12
93UppDec-192
93UppDec-500
93UppDecE-22
93UppDecE-229
93UppDecPV-42
93UppDecS-106
93UppDecS-2
93UppDecSEC-106
93UppDecSEG-106
93UppDecSUT-14
94ColCho-69
94ColChoGS-69
94ColChoSS-69
94Emb-76
94EmbGoll-76
94Emo-79
94EmoX-C-X8
94Fin-135
94FinIroM-6
94FinRef-135
94Fla-119
94Fla-165
94FlaUSA-49
94FlaUSA-50
94FlaUSA-51
94FlaUSA-52
94FlaUSA-53
94FlaUSA-54
94FlaUSA-55
94FlaUSA-56
94Fle-180
94FlePro-9
94FleSha-4
94Hoo-171
94HooShe-12
94JamSes-152
94JamSesFS-3
94PacDanM-1
94PacDanM-2
94PacDanM-3
94PacDanM-4
94PacDanM-5
94PacDanM-6
94PacDanM-7
94PacDanM-8
94PacDanM-9
94PacDanM-10
94PacDanM-11
94PacDanM-12
94PacDanM-13
94PacDanM-14
94PacDanM-15
94PacDanM-16
94PacDanM-17
94PacDanM-18
94PacDanM-19
94PacDanM-20
94PanSti-179
94ProMag-104
94Sky-132
94SkyUSA-55
94SkyUSA-56
94SkyUSA-57
94SkyUSA-58
94SkyUSA-59
94SkyUSA-60
94SkyUSADP-DP10
94SkyUSAG-55
94SkyUSAG-56
94SkyUSAG-57
94SkyUSAG-58

94SkyUSAG-59
94SkyUSAG-60
94SkyUSAOTC-8
94SkyUSAP-PT10
94SP-134
94SPCha-110
94SPChaDC-110
94SPDie-D134
94StaClu-228
94StaClu-257
94StaCluFDI-228
94StaCluFDI-257
94StaCluMO-228
94StaCluMO-257
94StaCluSTDW-SU257
94StaCluSTNF-228
94StaCluSTNF-257
94Top-51
94Top-209
94Top-265
94TopSpe-51
94TopSpe-209
94TopSpe-265
94Ult-151
94UltIns-6
94UppDec-26
94UppDec-174
94UppDecE-9
94UppDecSE-159
94UppDecSEG-159
94UppDecU-31
94UppDecU-32
94UppDecU-33
94UppDecU-34
94UppDecU-35
94UppDecU-36
94UppDecUCT-CT6
94UppDecUFYD-7
94UppDecUGM-31
94UppDecUGM-32
94UppDecUGM-33
94UppDecUGM-34
94UppDecUGM-35
94UppDecUGM-36
95ColCho-153
95ColCho-186
95ColChoDT-T12
95ColChoDTPC-T12
95ColChoDTPCP-T12
95ColCholE-69
95ColCholJI-69
95ColCholSI-69
95ColChoPC-153
95ColChoPC-186
95ColChoPCP-153
95ColChoPCP-186
95Fin-248
95FinRef-248
95Fla-107
95Fla-161
95FlaPerP-5
95Fle-145
95Fle-214
95FleAll-4
95FleEur-184
95Hoo-129
95Hoo-239
95Hoo-299
95HooBloP-20
95HooProS-3
95JamSes-85
95JamSesDC-D85
95JamSesP-15
95Met-86
95Met-136
95MetSilS-86
95PanSti-238
95Sky-96
95Sky-162
95SkyMel-M2
95StaClu-130
95StaClu-195
95StaClu-358
95StaCluMOI-130
95Top-113
95TopPanFG-3
95TopPanF-TF13
95Ult-142
95Ult-211
95UltGolM-142
95UppDec-27
95UppDec-188
95UppDecAC-AS14
95UppDecEC-27

95UppDecEC-188
95UppDecECG-27
95UppDecECG-188
95UppDecSE-105
95UppDecSEG-105
96ColCho-275
96ColCholI-126
96ColCholI-186
96ColCholJ-153
96ColCholJ-186
96Fle-210
96Hoo-217
96HooStaF-14
96Met-185
96MetPreM-185
96SkyZ-F-15
96SP-58
96StaCluWA-WA10
96TopSupT-ST5
96Ult-207
96UltGolE-G207
96UltPlaE-P207
96UppDec-244
96UppDec-324
96UppDecGK-8
Majerle, Jeff
91ProCBA-17
Majerus, Rick
82Mar-5
94FlaUSA-5
94FlaUSA-6
94SkyUSA-81
94SkyUSAG-81
Major, Chris
91SouCarCC*-182
Majors, Joe
90FloStaCC*-198
Makarewicz, Scott
90MicStaCC2*-167
Makela, Ted
94IHSBoyAST-87
Makkonen, Timo
84NorCarS-1
89NorCarCC-199
Makovicka, Jeff
95Neb*-12
Maley, Paul
92AusFutN-56
92AusStoN-48
93AusFutN-76
93AusStoN-21
94AusFutLotR-LR11
94AusFutN-58
94AusFutN-158
95AusFutN-NA3
95AusFutN-158
96AusFutN-58
Malinchak, Jim
91Haw-10
Malinowski, Bronislaw
76PanSti-120
Mallory, Jasper
94IHSBoyA3S-33
Malloy, Edward (Monk)
90NotDam-16
Maloncon, Gary
91UCLColC-12
Malone, Art
90AriStaCC*-89
Malone, Ben
90AriStaCC*-78
Malone, Brendan
95Hoo-194
Malone, George
91GeoTecCC*-12
Malone, Jeff
83Sta-212
84Sta-192
84StaAwaB-29
85Sta-112
86Fle-67
87Fle-67
88Fle-117
88FouNBAE-21
89Fle-160
89Hoo-85
89PanSpaS-55
89PanSpaS-61
90Fle-195
90FleUpd-U94
90Hoo-301
90Hoo-437
90Hoo100S-97
90HooActP-153

90HooTeaNS-25
90JazSta-7
90Sky-292
90Sky-418
915Maj-66
91Fle-200
91FleTonP-31
91Hoo-210
91Hoo-308
91Hoo100S-95
91HooPro-210
91HooTeaNS-26
91PanSti-82
91Sky-282
91Sky-595
91UppDec-166
92Fle-224
92FleTonP-32
92Hoo-226
92Hoo100S-94
92JazChe-3
92PanSti-105
92Sky-241
92StaClu-90
92StaCluBT-10
92StaCluMO-90
92StaCluMO-BT10
92Top-130
92TopArc-37
92TopArcG-37G
92TopBeaT-6
92TopBeaTG-6
92TopGol-130G
92Ult-181
92UppDec-178
92UppDec1PC-PC19
92UppDecE-101
92UppDecE-171
92UppDecS-1
93Fin-36
93FinRef-36
93Fle-210
93Hoo-217
93HooFifAG-217
93HooProP-NNO
93JamSes-226
93JazOldH-6
93PanSti-118
93Sky-177
93StaClu-166
93StaCluFDI-166
93StaCluMO-166
93StaCluSTNF-166
93Top-87
93TopGol 87G
93Ult-188
93UppDec-52
93UppDecE-247
93UppDecPV-29
93UppDecS-27
93UppDecSEC-27
93UppDecSEG-27
94ColCho-60
94ColChoGS-60
94ColChoSS-60
94Emb-72
94EmbGoII-72
94Fin-37
94FinRef-37
94Fla 110
94Fle-169
94Hoo-162
94JamSes-142
94PanSti-104
94SP-128
94SPDie-D128
94StaClu-27
94StaCluFDI-27
94StaCluMO-27
94StaCluSTNF-27
94Top-49
94Top-208
94TopSpe-49
94TopSpe-208
94Ult-141
94UppDec-306
94UppDecE-79
94UppDecSE-68
94UppDecSEG-68
95ColCho-113
95ColCholE-60
95ColCholJI-60
95ColCholSI-60
95ColChoPC-113

95ColChoPCP-113
95Fin-186
95FinRef-186
95Fle-244
95FleEur-174
95Hoo-123
95PanSti-50
95StaClu-223
95Top-144
95Ult-134
95UltGolM-134
95UppDec-109
95UppDecEC-109
95UppDecECG-109
95UppDecSE-65
95UppDecSEG-65
96ColCholl-118
96ColCholJ-113
96TopSupT-ST14
Malone, Karl
86Fle-68
87Fle-68
88Fle-114
88FleSti-8
88FouNBAE-16
88JazSmo-4
89CAOMufY-NNO
89Con-9
89Fle-155
89Fle-163
89FleSti-1
89Hoo-30
89Hoo-116
89HooAIIP-3
89JazOldH-10
89PanSpaS-179
89PanSpaS-254
89PanSpaS-276
89SpoIlIfKI*-89
90Fle-188
90FleAll-7
90Hoo-21
90Hoo-292
90Hoo-380
90Hoo-383
90Hoo100S-94
90HooActP-12
90HooActP-150
90HooAIIP-2
90HooCol-5
90HooTeaNS-25
90JazSta-1
90PanSti-49
90Sky-282
90SkyPro-282
90StaKarM-1
90StaKarM-2
90StaKarM-3
90StaKarM-4
90StaKarM-5
90StaKarM-6
90StaKarM-7
90StaKarM-8
90StaKarM-9
90StaKarM-10
90StaKarM-11
90StaPro-10
915Maj-45
91Fle-201
91Fle 210
91Fle-236
91FlePro-5
91FleSch-5
91FleTonP-2
91FleWheS-2
91Hoo-211
91Hoo-267
91Hoo-306
91Hoo-499
91Hoo-580
91Hoo100S-96
91HooAlIM-10
91HooMcD-44
91HooMcD-56
91HooPro0-5
91HooPro0-5
91HooTeaNS-26
91KelColG-6
91PanSti-85
91PanSti-91
91PanSti-191
91ProSetP-5
91Sky-283
91Sky-430

91Sky-484
91Sky-535
91SkyCanM-46
91SkyMaraSM-535
91SkyMaraSM-545
91UppDec-31
91UppDec-51
91UppDec-355
91UppDec-466
91UppDecS-14
92Fle-225
92Fle-268
92FleAll-17
92FleDra-52
92FleTeaL-26
92FleTonP-93
92Hoo-227
92Hoo-311
92Hoo-320
92Hoo-343
92Hoo100S-95
92HooSupC-SC6
92ImpU.SOH-13
92JazChe-5
92KelTeaUP-2
92PanSti-100
92PanSti-104
92Sky-242
92Sky-313
92SkyNes-22
92SkyOlyT-4
92SkyThuaL-TL8
92SkyUSA-46
92SkyUSA-47
92SkyUSA-48
92SkyUSA-49
92SkyUSA-50
92SkyUSA-51
92SkyUSA-52
92SkyUSA-53
92SkyUSA-54
92SkyUSA-106
92SpoIlIfKI*-122
92SpoIlIfKI*-345
92StaClu-13
92StaClu-205
92StaCluBT-17
92StaCluMO-13
92StaCluMO-205
92StaCluMO-BT17
92Top-20
92Top-123
92Top-199
92TopArc-66
92TopArcG-66G
92TopBeaT-4
92TopBeaTG-4
92TopGol-20G
92TopGol-123G
92TopGol-199G
92Ult-182
92Ult-217
92Ult-NNO
92UltAll-1
92UppDec-44
92UppDec-66
92UppDec-112
92UppDec-434
92UppDec-489
92UppDec-508
92UppDec1PC-PC16
92UppDecA-AD12
92UppDecA-AN4
92UppDecAW-16
92UppDecAW-39
92UppDecE-18
92UppDecE-98
92UppDecE-169
92UppDecM-P40
92UppDecMH-26
92UppDecS-1
93Fin-112
93Fin-215
93FinMaiA-26
93FinRef-112
93Fle-211
93FleAll-19
93FleNBAS-10
93FleTowOP-13
93Hoo-218
93Hoo-275
93HooFactF-7
93HooFifAG-218

93HooFifAG-275
93HooFifAG-283
93HooPro-3
93HooSco-HS26
93HooScoFAG-HS26
93HooSupC-SC6
93JamSes-227
93JamSesSDH-4
93JazOldH-7
93PanSti-119
93Sky-178
93Sky-319
93SkyShoS-SS7
93SkyUSAT-4
93StaClu-125
93StaClu-174
93StaClu-186
93StaCluBT-9
93StaCluFDI-125
93StaCluFDI-174
93StaCluFDI-186
93StaCluFFP-10
93StaCluFFU-186
93StaCluMO-125
93StaCluMO-174
93StaCluMO-186
93StaCluMO-BT9
93StaCluSTNF-125
93StaCluSTNF-174
93StaCluSTNF-186
93Top-119
93Top-279
93Top-389
93TopGol-119G
93TopGol-279G
93TopGol-389G
93Ult-189
93UltAll-3
93UltFamN-9
93UltKarM-1
93UltKarM-2
93UltKarM-3
93UltKarM-4
93UltKarM-5
93UltKarM-6
93UltKarM-7
93UltKarM-8
93UltKarM-9
93UltKarM-10
93UltKarM-11
93UltKarM-12
93UltKarM-AU
93UltPowITK-3
93UltRebK-4
93UltScoK-6
93UppDec-249
93UppDec-274
93UppDec-422
93UppDecA-AN2
93UppDecE-14
93UppDecE-46
93UppDecE-88
93UppDecE-248
93UppDecFM-18
93UppDecFT-FT13
93UppDecH-H20
93UppDecLT-LT11
93UppDecPV-1
93UppDecPV-94
93UppDecS-152
93UppDecSDCA-W15
93UppDecSEC-152
93UppDecSEG-152
93UppDecSUT-7
93UppDecWJ-FT13
94ColCho-32
94ColCho-191
94ColCho-397
94ColChoCtGR-R5
94ColChoCtGRR-R5
94ColChoCtGS-S5
94ColChoCtGSR-S5
94ColChoGS-32
94ColChoGS-191
94ColChoGS-397
94ColChoSS-32
94ColChoSS-191
94ColChoSS-397
94Emb-96
94EmbGoII-96
94Emo-95
94Emo-113
94EmoN-T-N5
94Fin-195

94FinCor-CS4
94FinIroM-5
94FinMarM-14
94FinRef-195
94Fla-148
94FlaScoP-3
94Fle-224
94FleAll-18
94FleCarA-2
94FleTowoP-4
94FleTriT-4
94Hoo-211
94Hoo-242
94HooPowR-PR52
94HooShe-15
94HooSupC-SC48
94JamSes-187
94JamSesG-3
94PanSti-217
94ProMag-126
94Sky-165
94Sky-182
94Sky-308
94SkySkyF-SF13
94SP-156
94SPCha-26
94SPCha-130
94SPChaDC-26
94SPChaDC-130
94SPDie-D156
94StaClu-161
94StaClu-162
94StaClu-361
94StaCluBT-26
94StaCluCC-26
94StaCluDaD-2A
94StaCluFDI-161
94StaCluFDI-162
94StaCluFDI-361
94StaCluMO-161
94StaCluMO-162
94StaCluMO-361
94StaCluMO-BT26
94StaCluMO-CC26
94StaCluMO-DD2A
94StaCluMO-SS18
94StaCluSS-18
94StaCluSTNF-161
94StaCluSTNF-162
94StaCluSTNF-361
94Top-185
94Top-279
94Top-280
94TopOwntG-16
94TopOwntG-17
94TopSpe-185
94TopSpe-279
94TopSpe-280
94Ult-186
94UltAll-1
94UltPow-5
94UltPowITK-5
94UltScoK-3
94UppDec-12
94UppDec-241
94UppDecC-99
94UppDec-178
94UppDecPLL-R6
94UppDecPLL-R25
94UppDecPLL-R-R6
94UppDecPLLR-R25
94UppDecSE-86
94UppDecSEG-86
95ColCho-192
95ColCho-235
95ColCho-347
95ColCho-402
95ColChoCtG-C8
95ColChoCtGS-C8
95ColChoCtGS-C8B
95ColChoCtGS-C8C
95ColChoCtGSG-C8
95ColChoCtGSG-C8B
95ColChoCtGSGR-C8
95ColCholE-32
95ColCholE-191
95ColCholE-397
95ColCholEGS-191
95ColCholEGS-397
95ColCholJGSI-191
95ColCholJGSI-178
95ColCholJI-32
95ColCholJI-191

95ColCholJI-178
95ColCholJSS-191
95ColCholSI-32
95ColCholSI-191
95ColCholSI-178
95ColChoPC-192
95ColChoPC-235
95ColChoPC-347
95ColChoPC-402
95ColChoPCP-192
95ColChoPCP-235
95ColChoPCP-347
95ColChoPCP-402
95Fin-209
95FinDisaS-DS27
95FinHotS-HS9
95FinMys-M12
95FinMysB-M12
95FinMysBR-M12
95FinRef-209
95FinVet-RV28
95Fla-138
95Fla-237
95FlaHotN-7
95FlaNewH-6
95Fle-188
95Fle-346
95FleAll-7
95FleDouD-7
95FleEur-226
95FleEurCAA-1
95FleEurTT-4
95FleFlaHL-26
95FleTowoP-2
95Hoo-160
95Hoo-212
95Hoo-240
95Hoo-387
95HooHoo-HS10
95HooMagC-27
95HooNumC-17
95HooSla-SL46
95JamSes-109
95JamSesDC-D109
95JamSesSS-4
95Met-110
95Met-214
95MetMaxM-6
95MetMetF-8
95MetSilS-110
95PanSti-138
95PanSti-193
95PanSti-274
95ProMag-126
95ProMagDC-10
95ProMagUB-3
95Sky-118
95Sky-275
95SkyClo-C8
95SkyE-X-83
95SkyE-XB-83
95SkyE-XU-18
95SkyUSAB-U3
95SP-135
95SPAll-AS19
95SPAllG-AS19
95SPCha-107
95StaClu-127
95StaClu-187
95StaClu-354
95StaCluBT-BT8
95StaCluMO5-25
95StaCluMOI-127B
95StaCluMOI-127R
95StaCluMOI-N5
95StaCluMOI-PZ4
95StaCluN-N5
95StaCluPZ-PZ4
95StaCluX-X6
95Top-9
95Top-32
95TopGal-14
95TopGalE-EX9
95TopPanFG-9
95TopPowB-9
95TopShoS-SS10
95TopWorC-WC2
95Ult-185
95Ult-323
95UltAll-2
95UltAllGM-2
95UltGolM-185
95UltPow-5

95UltPowGM-5
95UltScoK-5
95UltScoKHP-5
95UltUSAB-3
95UppDec-69
95UppDec-142
95UppDec-166
95UppDec-318
95UppDecAC-AS16
95UppDecEC-69
95UppDecEC-142
95UppDecEC-166
95UppDecEC-318
95UppDecECG-69
95UppDecECG-142
95UppDecECG-166
95UppDecECG-318
95UppDecPM-R8
95UppDecPMR-R8
95UppDecSE-171
95UppDecSEG-171
96BowBes-55
96BowBesAR-55
96BowBesC-BC1
96BowBesCAR-BC1
96BowBesCR-BC1
96BowBesHR-HR3
96BowBesHRAR-HR3
96BowBesHRR-HR3
96BowBesR-55
96ColCho-155
96ColChoCtGS2-C27A
96ColChoCtGS2-C27B
96ColChoCtGS2R-R27
96ColChoCtGS2RG-R27
96ColChoCtGSG2-C27A
96ColChoCtGSG2-C27B
96ColCholl-192
96ColCholl-101
96ColCholl-137
96ColCholl-192
96ColCholJ-192
96ColCholJ-235
96ColCholJ-347
96ColCholJ-402
96ColChoM-M83
96ColChoMG-M83
96ColChoS1-S27
96Fin-52
96Fin-116
96Fin-285
96FinRef-52
96FinRef-116
96FinRef-285
96FlaSho-A28
96FlaSho-B28
96FlaSho-C28
96FlaShoHS-13
96FlaShoLC-28
96FlaShoLC-B28
96FlaShoLC-C28
96Fle-110
96Fle-146
96Fle-259
96Fle-284
96FleAusS-18
96FleDecoE-5
96FleGamB-15
96FleS-36
96FleStaA-7
96FleTotO-6
96FleUSA-3
96FleUSA-13
96FleUSA-33
96FleUSA-43
96FleUSAH-3
96Hoo-160
96Hoo-189
96Hoo-244
96Hoo-338
96HooHeatH-HH10
96HooHotL-11
96HooStaF-27
96Met-101
96Met-141
96Met-225
96MetCyb-CM8
96MetDecoE-5
96MetMaxM-6
96MetMolM-20
96MetPlaP-7
96MetPowT-7
96MetPreM-225

96Sky-119
96Sky-249
96SkyE-X-74
96SkyE-XC-74
96SkyE-XNA-14
96SkyGolT-6
96SkyNetS-11
96SkyRub-119
96SkyRub-249
96SkyThuaL-9
96SkyTriT-TT8
96SkyUSA-3
96SkyUSA-13
96SkyUSA-23
96SkyUSA-33
96SkyUSA-43
96SkyUSA-56
96SkyUSA-4
96SkyUSAB-B3
96SkyUSABS-B3
96SkyUSAG-G3
96SkyUSAGS-G3
96SkyUSAQ-Q3
96SkyUSAQ-Q11
96SkyUSAQ-Q15
96SkyUSAS-S3
96SkyUSASS-S3
96SkyZ-F-90
96SkyZ-F-182
96SkyZ-FSC-SC7
96SkyZ-FZ-90
96SP-114
96SPx-47
96SPxGol-47
96StaClu-87
96StaClu-135
96StaCluF-F28
96StaCluFR-26
96StaCluFRR-26
96StaCluGPPI-14
96StaCluM-87
96StaCluMH-MH3
96StaCluSM-SM3
96StaCluTC-TC6
96Top-105
96Top-178
96TopChr-105
96TopChr-178
96TopChrPF-PF18
96TopChrR-105
96TopChrR-178
96TopChrSB-SB4
96TopHobM-HM23
96TopHolC-HC15
96TopHolCR-HC15
96TopNBAa5-105
96TopNBAa5-178
96TopNBAS-26
96TopNBAS-76
96TopNBAS-126
96TopNBASF-26
96TopNBASF-126
96TopNBASFAR-26
96TopNBASFAR-76
96TopNBASFAR-126
96TopNBASFR-26
96TopNBASFR-76
96TopNBASFR-126
96TopNBASI-I16
96TopNBASR-26
96TopProF-PF18
96TopSeaB-SB4
96TopSupT-ST27
96Ult-112
96Ult-130
96Ult-253
96Ult-293
96UltBoaG-10
96UltCouM-3
96UltDecoE-U5
96UltGolE-G112
96UltGolE-G130
96UltGolE-G253
96UltGolE-G293
96UltPlaE-P112
96UltPlaE-P130
96UltPlaE-P253
96UltPlaE-P293
96UltScoK-27
96UltScoKP-27
96UltStaR-6
96UppDec-162
96UppDec-304

96UppDec-357
96UppDecFBC-FB30
96UppDecGK-16
96UppDecPS1-P19
96UppDecPTVCR1-TV19
96UppDecU-9
96UppDecU-10
96UppDecU-11
96UppDecU-12
96UppDecU-51
96UppDecU-47
96UppDecUFYD-F3
96UppDecUFYDES-FD9
96UppDecUSCS-S3
96UppDecUSCSG-S3
96UppDecUSS-S4
97SchUltNP-13
Malone, Mark
90AriStaCC*-17
Malone, Moses
75Top-254
75Top-286
76Top-101
77SpoSer8*-8202
77Top-124
78Top-38
79Top-100
80Top-2
80Top-45
80Top-71
80Top-74
80Top-90
80Top-107
80Top-114
80Top-159
81Top-14
81Top-52
81Top-MW110
83NikPosC*-19
83NikPosC*-35
83NikPosC*-57
83Sta-7
83StaAllG-7
83StaAllG-27
83StaSixC-1
83StaSixC-3
83StaSixC-14
83StaSixC-20
83StaSixC-23
83StaSixC-25
84Sta-201
84Sta-285
84StaAre-E7
84StaAwaB-11
84StaAwaB-20
84StaCouK5-17
85JMSGam-2
85PriSti-8
85PriSti-9
85Sta-6
85StaCruA-5
85StaLitA-5
85StaTeaS5-PS6
86Fle-69
86StaBesotB-10
86StaCouK-21
87Fle-69
88Fle-118
88FouNBAES-6
89Fle-4
89Fle-165
89Hoo-84
89Hoo-290
89HooAllP-1
89PanSpaS-70
89PanSpaS-264
89SpollIfKl*-137
90Fle-3
90Hoo-31
90HooActP-13
90HooActP-24
90HooTeaNS-1
90PanSti-115
90Sky-6
91Fle-315
91Hoo-2
91Hoo-315
91Hoo-318
91Hoo-323
91Hoo-394
91Hoo100S-1
91HooTeaNS-15

91PanSti-106
91Sky-4
91Sky-574
91Sky-634
91UppDec-47
91UppDec-402
92Fle-127
92FleTeaNS-8
92FleTonP-33
92Hoo-130
92Hoo100S-55
92PanSti-110
92Sky-137
92Sky-296
92StaClu-106
92StaCluMO-106
92Top-74
92Top-208
92TopGol-74G
92TopGol-208G
92Ult-106
92UppDec-301
92UppDec1PC-PC10
92UppDecAW-17
92UppDecE-71
93Fle-353
93Hoo-34
93Hoo-283
93Hoo-389
93HooFifAG-34
93HooFifAG-389
93HooGolMB-31
93JamSes-170
93PanSti-128
93Sky-265
93Sky-311
93StaClu-211
93StaCluFDI-211
93StaCluMO-211
93StaCluSTNF-211
93Top-381
93TopGol-381G
93Ult-315
93UppDec-372
93UppDecFM-19
93UppDecS-120
93UppDecS-218
93UppDecSEC-120
93UppDecSEC-218
93UppDecSEG-120
93UppDecSEG-218
94ColCho-281
94ColChoGS-281
94ColChoSS-281
94Fin-268
94FinRef-268
94Fla-304
94Fle-170
94Fle-368
94McDNotBNM-5
94Sky-283
94SPChaPH-P4
94SPChaPHDC-P4
94Top-244
94TopSpe-244
94Ult-331
94UppDec-288
94UppDecE-101
95ColCholE-25
95ColCholJI-281
95ColCholSI-62
95FleEur-210
96ColEdgRRTW-4
96ColEdgRRTW-9
96ColEdgRRTWG-4
96ColEdgRRTWG-9
96ColEdgRRTWH-4
96ColEdgRRTWH-9
96TopFinR-27
96TopFinRR-27
96TopNBAS-27
96TopNBAS-77
96TopNBAS-127
96TopNBASF-27
96TopNBASF-77
96TopNBASF-127
96TopNBASFAR-27
96TopNBASFAR-77
96TopNBASFAR-127
96TopNBASFR-27
96TopNBASFR-77
96TopNBASFR-127
96TopNBASI-I11
96TopNBASR-27

Malone, Ralph
91GeoTecCC*-112
Maloney, Jim
71KedKed*-1
Maloney, Matt
95ClaBKR-85
95ClaBKRAu-85
95ClaBKRPP-85
95ClaBKRSS-85
95Col-78
95Col-96
95SRDraD-26
95SRDraDSig-26
96FlaShoCo¹-13
96Fle-193
96Hoo-299
96HooRoo-16
96Met-174
96MetPreM-174
96Sky-221
96SkyNewE-7
96SkyRub-221
96SkyZ-F-155
96Top-124
96TopChr-124
96TopChrR-124
96TopNBAa5-124
96Ult-192
96UltAll-9
96UltGolE-G192
96UltPlaE-P192
96UppDec-226
Maloy, Rudy
90FloStaCC*-19
Mancinelli, Graziano
76PanSti-278
Mandarich, Tony
90MicStaCC2*-89
90MicStaCCP*-8
Mandeville, Richard
93Ind-12
94Ind-10
Mandich, Jim
91Mic*-34
Mangham, Mickey
90LSUColC*-125
Mangrum, Lloyd
48KelPep*-15
52Whe*-20A
52Whe*-20B
57UniOilB*-22
Manhart, Phil
94IHSBoyAST-163
Manion, Bob
89LouColC*-63
Manion, Tim
91GeoTecCC*-68
Manis, Charlie
94IHSBoyAST-122
Mann, Brad
94IHSBoyA3S-3
Mann, Cyrus
82TCMCBA-21
Mann, Joe
94IHSBoyAST-348
Mann, Marcus
96ColEdgRR-25
96ColEdgRRD-25
96ColEdgRRG-25
96ScoBoaAB-36
96ScoBoaAB-36A
96ScoBoaAB-36B
96ScoBoaAB-36C
96ScoBoaBasRoo-36
Manning, Danny
87Kan-9
88FouNBAE-30
89Fle-71
89Hoo-40
89PanSpaS-199
90CliSta-7
90Fle-87
90Hoo-147
90Hoo-366
90Hoo100S-46
90HooActP-81
90HooCol-17
90HooTeaNS-12
90PanSti-32
90Sky-129
91Fle-92
91FleTonP-63
91Hoo-94
91Hoo-571

91Hoo100S-42
91HooTeaNS-12
91PanSti-14
91Sky-127
91Sky-416
91Sky-470
91Sky-553
91SkyCanM-23
91UppDec-164
91UppDecS-1
91UppDecS-2
91WooAwaW-17
92Fle-101
92FleDra-23
92FleTeaL-12
92FleTonP-34
92Hoo-101
92Hoo100S-41
92Kan-5
92PanSti-27
92Sky-107
92SkyNes-23
92SpoIllfKI*-264
92StaClu-179
92StaCluMO-179
92Top-189
92TopArc-8
92TopArc-106
92TopArcG-8G
92TopArcG-106G
92TopArcMP-1988
92TopGol-189G
92Ult-85
92UppDec-40
92UppDec-271
92UppDec-443
92UppDecE-61
92UppDecE-108
92UppDecJWS-JW17
92UppDecM-P20
92UppDecMH-12
93Fin-124
93Fin-148
93FinMaiA-12
93FinRef-124
93FinRef-148
93Fle-93
93FleAll-20
93FleNBAS-11
93FleTowOP-14
93Hoo-96
93Hoo-276
93HooFifAG-96
93HooFifAG-276
93HooSco-HS12
93HooScoFAG-HS12
93JamSes-98
93JamSesTNS-4
93KelColGP-4
93PanSti-18
93Sky-92
93StaClu-233
93StaCluBT-26
93StaCluFDI-233
93StaCluMO-233
93StaCluMO-BT26
93StaCluMO-ST12
93StaCluST-12
93StaCluSTDW-W233
93StaCluSTNF-233
93Top-354
93TopGol-354G
93Ult-88
93UppDec-221
93UppDec-247
93UppDec-342
93UppDecE-23
93UppDecE-182
93UppDecFM-20
93UppDecPV-21
93UppDecS-82
93UppDecS-210
93UppDecSDCA-W7
93UppDecSEC-82
93UppDecSEC-210
93UppDecSEG-82
93UppDecSEG-210
93UppDecTM-TM12
94ColCho-166
94ColCho-315
94ColChoGS-166
94ColChoGS-315
94ColChoSS-166
94ColChoSS-315
94Emb-77

94EmbGoll-77
94Emo-80
94Fin-190
94FinLotP-LP6
94FinRef-190
94Fla-287
94Fle-8
94Fle-349
94FleAll-19
94Hoo-6
94Hoo-243
94Hoo-363
94HooShe-12
94HooSupC-SC2
94JamSes-153
94PanSti-11
94ProMag-5
94Sky-6
94Sky-271
94Sky-319
94SkyProS-SF14
94SkySkyF-SF14
94SP-133
94SPDie-D133
94StaClu-350
94StaCluMO-350
94StaCluFDI-350
94StaCluSTDW-SU350
94StaCluSTNF-350
94Top-188
94Top-385
94TopSpe-188
94TopSpe-385
94Ult-315
94UppDec-218
94UppDecE-108
94UppDecSE-160
94UppDecSEG-160
95ColCho-298
95ColChoCtGA-C22
95ColChoCtGA-C22B
95ColChoCtGA-C22C
95ColChoCtGAG-C22
95ColChoCtGAG-C22B
95ColChoCtGAG-C22C
95ColChoCtGAGR-C22
95ColChoCtGASR-C22
95ColChoIE-166
95ColChoIE-315
95ColChoIEGS-166
95ColChoIJGSI-166
95ColChoIJI-166
95ColChoIJI-315
95ColChoIJSS-166
95ColChoISI-166
95ColChoISI-9C
95ColChoPC-298
95ColChoPCP-298
95Fin-217
95FinRef-217
95Fla-108
95Fle-146
95FleEur-185
95Hoo-130
95HooSla-SL37
95Met-87
95MetSilS-87
95PanSti-239
95ProMag-102
95Sky-97
95SkyCloC-C3
95SPCha-85
95StaClu-309
95Top-270
95TopMysF-M17
95TopMysFR-M17
95Ult-143
95UltGolM-143
95UppDec-264
95UppDecEC-264
95UppDecECG-264
95UppDecSE-153
95UppDecSEG-153
96BowBes-54
96BowBesAR-54
96BowBesR-54
96ClaLegotFF-20
96ColCho-166
96ColCho-309
96ColCho-367
96ColChoCtGS2-C21A
96ColChoCtGS2-C21B
96ColChoCtGS2R-R21
96ColChoCtGS2RG-R21

96ColChoCtGSG2-C21A
96ColChoCtGSG2-C21B
96ColCholl-78
96ColCholJ-298
96ColChoM-M99
96ColChoMG-M99
96Fin-73
96Fin-182
96Fin-228
96FinRef-73
96FinRef-182
96FinRef-228
96FlaSho-A82
96FlaSho-B82
96FlaSho-C82
96FlaShoLC-82
96FlaShoLC-B82
96FlaShoLC-C82
96Fle-238
96Hoo-124
96HooSil-124
96HooStaF-21
96Met-204
96MetPreM-204
96Sky-180
96SkyRub-180
96SkyThuaL-2
96SkyZ-F-126
96SkyZ-FZ-13
96SP-88
96StaClu-168
96Top-116
96TopChr-116
96TopChrR-116
96TopNBAa5-116
96UltGolE-G234
96UltPlaE-P234
96UltScoK-21
96UltScoKP-21
96UppDec-96
96UppDec-351
96UppDec-156
96UppDecFBC-FB10
96UppDecU-49
Manning, Ed
69BulPep-6
70Top-132
71Top-122
Manning, Rich Syr.
88Syr-6
89Syr-3
Manning, Rich WA
91Was-3
93Cla-50
93ClaF-44
93ClaG-50
93FouSp-43
93FouSpG-43
Mannion, Pace
83Sta-259
84Sta-232
87BucPol-3
91WilCar-65
Manns, Kirk
90MicStaCC2*-139
Mansell, Nigel
93FaxPaxWoS*-35
Mantel, Alex
89LouColC*-88
Montlo, Mickey
60PosCer*-7
81TopThiB*-12
Manu, Rex Harrison
95UppDecCBA-30
95UppDecCBA-R16
95UppDecCBA-118
95UppDecCBA-119
Manuel, Barry
88LSUAll*-5
Manuel, Eric
92FroR-41
92StaPic-49
Manuel, Reggie
92UNL-9
Mao-Shen, Sun
95UppDecCBA-42
Maradona, Diego
93FaxPaxWoS*-21
Maras, Dee
81Ill-8
Marauders, Kentucky
95WomBasA-L4
Maravich, Pete (Pistol)

70Top-123
71MatInsR-5
71Top-55
71TopTri-22
72Com-21
72IceBea-13
72Top-5
73LinPor-8
73Top-130
74Top-10
74Top-81
74Top-144
74Top-145
75Top-75
75Top-127
76Top-60
76Top-130
77DelFli-4
77PepAll-5
77SpoSer1*-124
77SpoSer2*-2303
77Top-20
78RoyCroC-20
78Top-80
79Qualro-7
79Top-60
80Top-8
80Top-96
84MilLitACC-2
85StaSchL-18
87LSU*-16
90LSUColC*-1
90LSUColC*-74
90LSUColC*-154
90LSUColCP*-6
90LSUColCP*-7
93ActPacHoF-39
93ActPacHoF-75
95ActPacHoF-25
95TedWilC-CO6
95TedWilE-EC6
96StaCluFR-28
96StaCluFRR-28
96TopNBAS-28
96TopNBAS-78
96TopNBAS-128
96TopNBASF-28
96TopNBASF-78
96TopNBASF-128
96TopNBASFAR-28
96TopNBASFAR-78
96TopNBASFAR-128
96TopNBASFR-28
96TopNBASFR-78
96TopNBASFR-128
96TopNBASI-I13
Maravich, Press
89NorCarSCC-170
Marble, Roy
87Iow-11
90ProCBA-20
Marbury, Stephon
96AllSpoPPaF-9
96AllSpoPPaF-184
96BowBesP-BP1
96BowBesPAR-BP1
96BowBesPR-BP1
96BowBesRo-R2
96BowBesRoAR-R2
96BowBesRoR-R2
96ColCho-281
96ColCho-382
96ColChoCtGS2-C16A
96ColChoCtGS2-C16B
96ColChoCtGS2R-R16
96ColChoCtGS2RG-R16
96ColChoCtGSG2-C16A
96ColChoCtGSG2-C16B
96ColChoDT-DR4
96ColChoM-M140
96ColChoMG-M140
96ColEdgRR-26
96ColEdgRRD-26
96ColEdgRRG-26
96ColEdgRRKK-12
96ColEdgRRKKG-12
96ColEdgRRKKH-12
96ColEdgRRRR-12
96ColEdgRRRRG-12
96ColEdgRRRRH-12
96ColEdgRRTW-8
96ColEdgRRTWG-8
96ColEdgRRTWH-8

96Fin-62
96Fin-253
96Fin-287
96FinRef-62
96FinRef-253
96FinRef-287
96FlaSho-A11
96FlaSho-B11
96FlaSho-C11
96FlaShoCo'-14
96FlaShoLC-11
96FlaShoLC-B11
96FlaShoLC-C11
96Fle-219
96FleLuc1-4
96FleRooS-9
96FleS-23
96FleThrS-9
96Hoo-300
96Hoo-321
96HooGraA-8
96HooRoo-17
96HooStaF-16
96Met-134
96Met-189
96MetCyb-CM9
96MetFreF-FF10
96MetMaxM-14
96MetMetE-11
96MetPreM-189
96PacPow-25
96PacPowGCDC-GC9
96PacPowITP-IP11
96PacPowJBHC-JB8
96PrePas-4
96PrePas-43
96PrePasA-4
96PrePasAu-11
96PrePasL-4
96PrePasNB-4
96PrePasNB-43
96PrePasP-9
96PrePasS-4
96PrePasS-43
96ScoBoaAB-4
96ScoBoaAB-4A
96ScoBoaAB-4B
96ScoBoaAB-4C
96ScoBoaAB-PP4
96ScoBoaAC-12
96ScoBoaACA-30
96ScoBoaACGB-GB12
96ScoBoaBasRoo-3
96ScoBoaBasRoo-83
96ScoBoaBasRooCJ-CJ2
96ScoBoaBasRooD-DC4
96Sky-69
96Sky-222
96SkyAut-45
96SkyAutB-45
96SkyE-X-42
96SkyE-XC-42
96SkyE-XSD2-15
96SkyGoIT-7
96SkyLarTL-B9
96SkyNetS-12
96SkyNewE-8
96SkyRooP-R11
96SkyRub-69
96SkyRub-222
96SkyZ-F-156
96SkyZ-FLBM-8
96SkyZ-FZ-R2
96SkyZ-FZ-11
96SkyZ-FZ-14
96SkyZ-FZZ-11
96SP-137
96SPPreCH-PC23
96SPSPxFor-F3
96StaCluCA-CA8
96StaCluCAAR-CA8
96StaCluCAR-CA8
96StaCluR1-R4
96StaCluR2-R6
96StaCluRS-RS3
96Top-177
96TopChr-177
96TopChrR-177
96TopChrY-YQ3
96TopDraR-4
96TopNBAa5-177
96TopYou-U3
96Ult-66
96Ult-272

96UltAll-10
96UltFreF-7
96UltGolE-G66
96UltGolE-G272
96UltPlaE-P66
96UltPlaE-P272
96UltRisS-8
96UppDec-74
96UppDec-346
96UppDecRE-R15
96UppDecU-2
96VisSigBRR-VBR5
97ScoBoaASP-REV2
Marciano, Rocky
81TopThiB*-55
Marciniak, Michelle
93TenWom-7
94TenWom-7
Marciulionis, Sarunas
90Fle-65
90Hoo-115
90Hoo-384
90HooTeaNS-9
90PanSti-29
90Sky-97
91Fle-68
91FleTonP-35
91Hoo-71
91HooTeaNS-9
91Sky-95
91UppDec-354
91UppDecS-11
92Fle-76
92FleTonP-35
92Hoo-77
92Hoo100S-32
92PanSti-24
92Sky-82
92StaClu-181
92StaCluMO-181
92StaPic-79
92Top-357
92TopArc-124
92TopArcG-124G
92TopGol-357G
92Ult-66
92UppDec-249
92UppDec-358
92UppDecE-53
92UppDecE-182
92UppDecE-191
92UppDecFE-FE4
93Fin-12
93FinRef-12
93Fle-70
93FleInt-6
93Hoo-72
93HooFifAG-72
93JamSes-71
93PanSti-10
93Sky-75
93StaClu-72
93StaCluFDI-72
93StaCluMO-72
93StaCluSTNF-72
93Top-368
93TopGol-368G
93Ult-67
93UppDec-95
93UppDecE-78
93UppDecE-159
93UppDecFM-21
93WarTop-14
94ColCho-357
94ColChoGS-357
94ColChoSS-357
94Emb-92
94EmbGolI-92
94Fin-328
94FinRef-328
94Fla-309
94Fle-375
94Hoo-67
94Hoo-374
94Hoo-449
94HooShe-14
94PanSti-208
94Sky-287
94StaClu-273
94StaClu-304
94StaCluFDI-273
94StaCluFDI-304
94StaCluMO-273
94StaCluMO-304

94StaCluSTNF-273
94StaCluSTNF-304
94Top-350
94TopSpe-350
94Ult-338
94UppDec-243
94UppDecE-32
95ColCho-102
95ColCholE-357
95ColCholJI-357
95ColCholSI-138
95ColChoPC-102
95ColChoPCP-102
95Fin-173
95FinRef-173
95Fle-178
95Fle-250
95FleEur-218
95Met-187
95PanSti-265
95SP-114
95StaClu-161
95StaClu-222
95StaCluMOI-161
95StaCluMOI-IC9
95Ult-172
95UltGolM-172
95UppDec-242
95UppDecEC-242
95UppDecECG-242
96ColCho-235
96ColCholI-150
96ColCholJ-102
96Sky-149
96SkyRub-148
96StaClu-176
96TopSupT-ST23
96Ult-176
96UltGolE-G176
96UltPlaE-P176
96UppDec-210
Marin, Jack
69Top-26
70Top-36
71Top-112
72Com-22
72Top-70
72Top-174
73NBAPlaA-18
73Top-122
74Top-26
75Top-82
75Top-118
76Top-72
Marino, Dan
93FaxPaxWoS*-15
Maris, Roger
78SpoCha-5
Markkanen, Pekka
89Kan-51
Marks, John
77SpoSer1*-10323
Marks, Larry
89Ark-3
Marks, Sean
94Cal-8
Maroney, Tony
95SRDraDST-ST1
95SRDraDSTS-ST1
Marotta, Marc
82Mar-6
Marsh, B.G.
89KenColC*-30
Marsh, Jim
71TraBlaT-4
Marshall, Andre
94IHSBoyAST-27
Marshall, Archie
87Kan-10
Marshall, Avery
89EasTenS-5
Marshall, Curtis
91NorCarS-8
92NorCarS-8
93NorCarS-10
94NorCarS-10
Marshall, Donny
91Con-9
92Con-11
93Con-10
94Con-10
95ClaBKR-37

95ClaBKRAu-37
95ClaBKRPP-37
95ClaBKRSS-37
95ClaBKV-37
95ClaBKVE-37
95Col-34
95FivSp-35
95FivSpAu-35
95FivSpD-35
95Hoo-256
95PacPreGP-25
95PrePas-26
95PrePas-28
95SRDraD-1
95SRDraDSig-1
95SRFam&F-20
95SRSigPri-20
95SRSigPriS-20
95Ult-276
95UppDec-230
95UppDecEC-230
95UppDecECG-230
96FivSpSig-27
96PacPreGP-25
96PacPri-25
96TopSupT-ST5
Marshall, Donyell
91Con-10
92Con-12
93Con-11
94Ass-17
94Ass-42
94AssDieC-DC22
94AssPhoCOM-13
94Cla-74
94ClaAssSS*-17
94ClaBCs-BC4
94ClaC3GCC*-CC4
94ClaG-74
94ClaGamC-GC4
94ClaNatPA-2
94ClaPhoC$2-3
94ColCho-313
94ColCho-387
94ColCho-410
94ColChoCtGRS-S7
94ColChoCtGRSR-S7
94ColChoDT-4
94ColChoGS-313
94ColChoGS-387
94ColChoGS-410
94ColChoSS-313
94ColChoSS-387
94ColChoSS-410
94Emb-104
94EmbGolI-104
94Emo-30
94Fin-231
94Fin-313
94FinRacP-RP6
94FinRef-231
94FinRef-313
94Fla-262
94FlaWavotF-6
94Fle-325
94FleFirYP-3
94FleLotE-4
94FouSp-4
94FouSp-192
94FouSpBCs-BC10
94FouSpG-4
94FouSpG-192
94FouSpHigV-HV14
94FouSpP-PR1
94FouSpPP-4
94FouSpPP-192
94Hoo-351
94Hoo-424
94HooDraR-4
94HooMagA-AR4
94HooMagAF-FAR4
94HooMagAJ-AR4
94HooSch-10
94HooSch-30
94HooShe-9
94JamSes-111
94JamSesRS-6
94PacP-30
94PacPriG-30
94ProMagRS-4
94ScoBoaNP*-3
94Sky-257
94SkyDraP-DP4
94SkyHeaotC-4

94SkySlaU-SU13
94SP-4
94SPCha-61
94SPChaDC-61
94SPDie-D4
94SPHol-PC16
94SPHolDC-16
94SRGolS-10
94SRGolSP-P1
94SRGolSSig-GS14
94SRTet-60
94SRTetS-60
94StaClu-182
94StaClu-200
94StaCluBT-16
94StaCluFDI-182
94StaCluFDI-200
94StaCluMO-182
94StaCluMO-200
94StaCluMO-BT16
94StaCluSTNF-182
94StaCluSTNF-200
94Top-381
94TopSpe-381
94Ult-291
94UltAll-6
94UppDec-163
94UppDec-187
94UppDecDT-D4
94UppDecPAW-H35
94UppDecPAWR-H35
94UppDecRS-RS4
94UppDecSDS-S8
94UppDecSE-142
94UppDecSEG-142
95AssGol-45
95AssGolPC$2-45
95AssGPP-45
95AssGSS-45
95ColCho-155
95ColCholE-313
95ColCholE-387
95ColCholE-410
95ColCholEGS-387
95ColCholEGS-410
95ColCholJGSI-168
95ColCholJGSI-410
95ColCholJI-168
95ColCholJI-313
95ColCholJI-410
95ColCholSI-94
95ColCholSI-168
95ColCholSI-191
95ColChoPC-155
95ColChoPCP-155
95Fin-215
95FinRef-215
95Fla-43
95Fle-59
95Fle-297
95FleClaE-7
95FleEur-138
95FleRooS-6
95Hoo-53
95Hoo-200
95HooBloP-22
95HooSla-SL16
95Ima-4
95ImaF-TF4
95JamSes-35
95JamSesDC-D35
95Met-33
95MetSilS-33
95PanSti-210
95ProMag-45
95Sky-40
95SRKro-1
95SRKroFR-FR1
95SRKroJ-J2
95SRKroP-P1
95StaClu-46
95StaCluMO5-49
95StaCluMOI-46
95SupPix-4
95SupPixC-4
95SupPixCG-4
95SupPixLP-4
95TedWil-35
95TedWilRC-RC4
95Top-131
95TopGal-34
95TopGalPPI-34
95TopWhiK-WK7
95Ult-59

95UltAllT-7
95UltAllTGM-7
95UltGolM-59
95UppDec-164
95UppDec-216
95UppDecEC-164
95UppDecEC-216
95UppDecECG-164
95UppDecECG-216
95UppDecSE-27
95UppDecSEG-27
95WarTop-GS2
96ColCho-57
96ColCholI-54
96ColCholJ-155
96Hoo-53
96HooSil-53
96Top-117
96TopChr-117
96TopChrR-117
96TopNBAa5-117
96UppDec-39
96Vis-31
Marshall, Grayson
90CleColC*-40
Marshall, Jim
81TopThiB*-39
Marshall, Jonathon
91NorDak*-4
Marshall, Patrice
95WomBasA-11
Marshall, Tom
57Kah-4
57Top-22
58Kah-5
59Kah-3
92OhiValCA-11
Martin, Amos
89LouColC*-173
Martin, Anthony
82TCMCBA-57
Martin, Bill
81Geo-6
82Geo-13
83Geo-4
84Geo-8
89ProCBA-82
90ProCBA-62
91GeoColC-23
Martin, Billy
91GeoTecCC*-83
Martin, Bob
91Min-9
93Fle-307
93Top-255
93TopGol-255G
93Ult-209
94ColCho-48
94ColChoGS-48
94ColChoSS-48
94StaClu-270
94StaCluFDI-270
94StaCluMO-270
94StaCluSTNF-270
94UppDec-39
95ColCholI-48
95ColCholJI-48
95ColCholSI-48
Martin, Bobby
89Pit-5
90Pit-3
91ProCBA-30
Martin, Brian
89ProCBA-79
90ProCBA-178
Martin, Clifford
91FroR-95
91FroRowP-117
91FroRU-85
Martin, Cuonzo
92Pur-7
93Pur-10
95ClaBKR-53
95ClaBKR-118
95ClaBKRAu-53
95ClaBKRPP-53
95ClaBKRPP-118
95ClaBKRSS-53
95ClaBKRSS-118
95ClaBKV-52
95ClaBKVE-52
95Col-30
95PacPreGP-33
95SRDraD-42

95SRDraDSig-42
95SRFam&F-21
95SRSigPri-21
95SRSigPriS-21
96PacPreGP-33
96PacPri-33
Martin, Darrick
90UCL-4
91UCL-10
92Cla-77
92ClaGol-77
92FouSp-65
92FouSpGol-65
95Hoo-228
95Hoo-354
95PanSti-174
Martin, Darryl
91SouCarCC*-123
Martin, Earl
89OreSta-10
Martin, Elmer
91ArkColC-9
92Ark-13
93Ark-6
94ArkTic-7
Martin, Eric
88LSUAll*-12
90LSUColC*-57
Martin, Erick
92Cin-12
Martin, Ethan
90LSUColC*-32
Martin, Fernando
85FouAsedB-1b
86TraBlaF-9
Martin, Jay
91GeoTecCC*-147
Martin, Jeff
90CliSta-8
90Hoo-148
90HooTeaNS-12
90Sky-130
91Hoo-95
91ProCBA-102
91Sky-128
91UppDec-162
92OhiValCA-12
Martin, Jesse
88Mar-7
Martin, Jody
93LouSch-1
Martin, Kenneth
88KenSovPI-15
Martin, LaRue
73Top-89
75Top-183
75TraBlaU-4
Martin, Mike
90FloStaCC*-15
92FloSta*-32
Martin, Mike HS
94IHSBoyA3S-11
Martin, Rod
91SouCal*-78
Martin, Ryan
94IHSBoyAST-79
Martin, Slater (Dugie)
50LakSco-8
57Top-12
81TCMNBA-15
92CenCou-38
91ProODA-30
93ActPacHoF-23
Martin, Steve
91GeoColC-66
91GeoColC-74
Martin, T.X.
82TCMCBA-74
Martin, Tony CRSB
90ProCBA-21
Martin, Tony RCT
90ProCBA-78
Martin, Tony WS
80WicSta-10
Martin, Vada
89ProCBA-164
Martin, Wade
91GeoTecCC*-85
Martin, Warren
85NorCarS-4
89NorCarCC-140
89NorCarCC-141
90NorCarCC*-48
90NorCarCC*-67
Martin, Wayne

91ArkColC*-78
Martin, Wilf
91Mic*-35
Martinez, Gimel
90KenSovPI-9
91KenBigB1-10
91KenBigB2-7
93Ken-8
93KenSch-7
Martinez, Orlando
76PanSti-174
Martinez, Rick
93WriSta-6
94WriSta-11
Martz, Randy
91SouCarCC*-70
Marx, Cathy
92IowWom-8
93IowWom-8
Marzan, Jose
90FloStaCC*-24
Mashak, Mike
89ProCBA-139
91ProCBA-47
Mashburn, Jamal
90KenBigBDTW-29
90KenSovPI-10
91KenBigB1-11
91KenBigB2-12
92KenSch*-4
92SpoIllfKI*-368
93Cla-3
93ClaAcDS-AD2
93ClaC3FP-1
93ClaChDS-DS30
93ClaDeaJ-SE2
93ClaDraDD-4
93ClaDraDD-6
93ClaDraECN-1
93ClaF-5
93ClaFLPs-LP3
93ClaFT-3
93ClaG-3
93ClaG-AU
93ClaIII-SS2
93ClaLPs-LP3
93ClaMcDF-24
93ClaPre-BK2
93ClaSB-SB3
93ClaTriP-2
93Fin-22
93Fin-110
93FinMaiA-6
93FinRef-22
93FinRef-110
93Fle-274
93FleFirYP-6
93FleLotE-4
93FleTowOP-15
93FouSp-3
93FouSp-312
93FouSp-NNO
93FouSpAc-3
93FouSpAu-3A
93FouSpCDSt-DS43
93FouSpG-0
93FouSpG-312
93FouSpLPs-LP4
93FouSpPPBon-PP3
93Hon-323
93HooDraR-LP4
93HooFifAG-323
93HooMagA-4
93JamSes-49
93JamSesRS-6
93ProLinLL-LP3
93Sky-215
93Sky-297
93SkyDraP-DP4
93SkySch-32
93SkyThuAL-TL1
93StaClu-220
93StaCluBT-22
93StaCluFDI-220
93StaCluFDI-265
93StaCluMO-220
93StaCluMO-265
93StaCluMO-BT22
93StaCluSTNF-220
93StaCluSTNF-265
93Top-312
93TopBlaG-24

93TopGol-312G
93Ult-235
93Ult-373
93UltAllS-9
93UppDec-352
93UppDec-486
93UppDecPV-82
93UppDecH-H31
93UppDecRE-RE4
93UppDecREG-RE4
93UppDecRS-RS9
93UppDecS-167
93UppDecS-194
93UppDecS-204
93UppDecS-6
93UppDecSDCA-W2
93UppDecSEC-167
93UppDecSEC-194
93UppDecSEC-204
93UppDecSEG-167
93UppDecSEG-194
93UppDecSEG-204
93UppDecWJ-486
94Ass-58
94Ass-83
94AssPhoCOM-34
94Ble23KP-7
94BleAll-4
94Cla-12
94ClaAssSS*-32
94ClaC3*-3
94ClaC3MA-1
94ClaG-12
94ColCho-157
94ColCho-171
94ColChoGS-157
94ColChoGS-171
94ColChoSS-157
94ColChoSS-171
94Emb-22
94EmbGoII-22
94Emo-21
94EmoX-C-X9
94Fin-4
94Fin-60
94Fin-283
94FinCor-CS11
94FinLotP-LP21
94FinRef-4
94FinRef-60
94FinRef-283
94Fla-35
94FlaHotN-8
94Fle-53
94FlePro-1
94FleRooS-16
94FleTeaL-2
94Hoo-46
94Hoo-424
94HooBigN-BN2
94HooBigNR-2
94HooPowR-PR12
94HooShe-6
94HooSupC-SC12
94Ima-96
94Ima-141
94ImaChr-C65
94ImaP-NNO
94ImaSI-SI14
94JamSes-42
94JamSesSDH-1
94JamSesSYS-5
94MavBoo-2
94PacP-31
94PacP-70
94PacPriG-31
94PacPriG-70
94PanSti-122
94PanSti-D
94ProMag-29
94Sky-38
94Sky-188
94Sky-309
94SkyProS-R3
94SkyRagR-RR5
94SkyRev-R3
94SkySlaU-SU14
94SP-57
94SPCha-6
94SPChaDC-6
94SPChaDC-50
94SPChaFPH-F5
94SPChaFPHDC-F5

94SPDie-D57
94SPHol-PC35
94SPHolDC-35
94StaClu-125
94StaCluCC-6
94StaCluDaD-5B
94StaCluFDI-125
94StaCluMO-125
94StaCluMO-CC6
94StaCluMO-DD5B
94StaCluMO-RS3
94StaCluMO-TF8
94StaCluRS-3
94StaCluSTNF-125
94StaCluTotF-8
94Top-70
94TopSpe-70
94TopSupS-5
94Ult-44
94UltAllT-3
94UltDouT-4
94UltJamC-5
94UppDec-4
94UppDec-264
94UppDecE-145
94UppDecS-1
94UppDecS-2
94UppDecSDS-S9
94UppDecSE-16
94UppDecSEG-16
95AssGol-42
95AssGolPC$2-42
95AssGPP-42
95AssGSS-42
95ColCho-171
95ColCho-307
95ColCho-371
95ColCholE-157
95ColCholE-171
95ColCholEGS-171
95ColCholJGSI-171
95ColCholJI-157
95ColCholJI-171
95ColCholJSS-171
95ColCholSI-157
95ColCholSI-171
95ColChoPC-171
95ColChoPC-307
95ColChoPC-371
95ColChoPCP-171
95ColChoPCP-307
95ColChoPCP-371
95Fin-214
95FinDisaS-DS6
95FinMys-M19
95FinMysB-M19
95FinMysBR-M19
95FinRef-214
95FinVet-RV12
95Fla-28
95Fla-238
95FlaPerP-6
95FlaPlaM-3
95Fle-37
95FleEur-51
95FleFraF-4
95FleTotO-3
95FleTotOHP-3
95Hoo-36
95Hoo-223
95Hoo-377
95HooHotL-3
95HooNumC-6
95HooSla-SL11
95HooTopT-AR4
95ImaCP-CP7
95ImaF-TF5
95JamSes-24
95JamSesDC-D24
95JamSesSS-5
95MavTacB-4
95Met-23
95MetMetF-9
95MetMolM-6
95MetSilS-23
95PanSti-139
95PanSti-149
95ProMag-27
95ProMagDC-11
95Sky-28
95Sky-281
95SkyE-X-19
95SkyE-XB-19
95SkySta-S4

95SP-33
95SPCha-25
95SPChaCS-S18
95SPChaCSG-S18
95StaClu-278
95StaCluBT-BT9
95StaCluMO5-26
95StaCluMOI-BT9
95SupPix-77
95SupPixAu-77
95SupPixC-29
95SupPixCG-29
95SupPixII-7
95TedWil-83
95TedWilG-G6
95TedWilRC-RC5
95Top-10
95Top-60
95TopGal-18
95TopMysF-M16
95TopMysFR-M16
95TopPowB-10
95TopWhiK-WK10
95Ult-40
95Ult-324
95UltFabF-6
95UltFabFGM-6
95UltGolM-40
95UltJamC-5
95UltJamCHP-5
95UltRisS-5
95UltRisSGM-5
95UppDec-78
95UppDec-359
95UppDecEC-78
95UppDecEC-359
95UppDecECG-78
95UppDecECG-359
95UppDecPPotM-R6
95UppDecPPotMR-R6
95UppDecSE-107
95UppDecSEG-107
96BowBes-63
96BowBesAR-63
96BowBesR-63
96ColCho-39
96ColChoCtGS2-C6A
96ColChoCtGS2-C6B
96ColChoCtGS2R-R6
96ColChoCtGS2RG-R6
96ColChoCtGSG2-C6A
96ColChoCtGSG2-C6B
96ColChoII-171
96ColChoII-24
96ColChoII-161
96ColChoJ-171
96ColChoJ-307
96ColChoJ-371
96ColChoM-M137
96ColChoMG-M137
96ColChoS1-S6
96Fin-35
96Fin-171
96FinRef-35
96FinRef-171
96FlaSho-A90
96FlaSho-B90
96FlaSho-C90
96FlaShoLC-90
96FlaShoLC-B90
96FlaShoLC-C90
96Fle-23
96Fle-272
96Hoo-36
96HooSil-36
96HooStaF-6
96Met-23
96MetMetE-2
96PacPow-26
96ScoBoaAB-NNO
96Sky-27
96Sky-270
96SkyE-X-35
96SkyE-XC-35
96SkyE-XSD2-6
96SkyLarTL-B10
96SkyRub-27
96SkyRub-270
96SkyZ-F-20
96SkyZ-FZ-20
96SkyZ-FZ-15
96SP-25
96SPPreCH-PC9
96SPx-12

96SPxGol-12
96StaClu-30
96StaCluGPPI-18
96StaCluM-30
96Top-157
96TopChr-157
96TopChrR-157
96TopNBAa5-157
96TopSupT-ST6
96Ult-26
96UltGolE-G26
96UltPlaE-P26
96UppDec-27
96UppDec-141
96UppDecFBC-FB3
96UppDecPS2-P3
96UppDecPTVCR2-TV3
97SchUltNP-14
Mason, Anthony
90ProCBA-114
91Fle-326
91Hoo-404
91HooTeaNS-18
91UppDec-430
91UppDecS-8
92Fle-152
92Hoo-155
92OhiValCA-13
92Sky-163
92StaClu-164
92StaCluMO-164
92Top-195
92TopGol-195G
92Ult-123
92UltUSBPS-NNO
92UppDec-239
92UppDec-367
93Fin-47
93FinRef-47
93Fle-142
93Hoo-147
93HooFifAG-147
93HooGolMB-32
93JamSes-150
93JamSesTNS-7
93JamSesTNS-9
93KniAla-2
93PanSti-225
93Sky-127
93SkyDynD-D6
93StaClu-312
93StaCluFDI-312
93StaCluMO-312
93StaCluSTDW-K312
93StaCluSTMP-K6
93StaCluSTNF-312
93Top-78
93TopGol-78G
93Ult-128
93UppDec-186
93UppDec-297
93UppDecS-9
93UppDecSEC-9
93UppDecSEG-9
94ColCho-314
94ColChoGS-314
94ColChoSS-314
94Emb-64
94EmbGolI-64
94Fin-2
94Fin-77
94FinRef-2
94FinRef-77
94Fla-101
94Fle-152
94Hoo-144
94HooShe-10
94JamSes-126
94PanSti-89
94Sky-112
94StaClu-186
94StaCluFDI-186
94StaCluMO-186
94StaCluMO-SS13
94StaCluSS-13
94StaCluSTNF-186
94Top-151
94Top-152
94TopSpe-151
94TopSpe-152
94Ult-127
94UppDec-346
95ColCho-274
95ColChoIE-314

95ColCholJI-314
95ColCholSI-95
95ColChoPC-274
95ColChoPCP-274
95Fin-184
95FinMys-M34
95FinMysB-M34
95FinMysBR-M34
95FinRef-184
95Fla-90
95Fle-122
95FleEur-156
95Hoo-109
95Hoo-231
95HooMagCAW-5
95Met-72
95MetSilS-72
95PanSti-32
95ProMag-89
95Sky-83
95Sky-131
95SkyE-X-56
95SkyE-XB-56
95SP-90
95StaClu-292
95Top-276
95TopGal-108
95TopGalPPI-108
95TopPowB-276
95Ult-119
95UltGolM-119
95UppDec-232
95UppDecEC-232
95UppDecECG-232
96BowBes-34
96BowBesAR-34
96BowBesR-34
96ColCho-102
96ColCho-216
96ColChoII-66
96ColChoIJ-274
96Fin-218
96FinRef-218
96FlaSho-A34
96FlaSho-B34
96FlaSho-C34
96FlaShoLC-34
96FlaShoLC-B34
96FlaShoLC-C34
96Fle-73
96Fle-162
96FleS-4
96Hoo-105
96Hoo-205
96HooSil-105
96HooStaF-3
96HooSup-6
96Met-117
96Met-156
96MetPreM-156
96Sky-140
96Sky-271
96SkyE-X-7
96SkyE-XC-7
96SkyInt-10
96SkyRub-140
96SkyRub-271
96SkyZ-F-59
96SkyZ-F-105
96SkyZ-FZ-59
96SP-11
96StaCluWA-WA14
96Top-130
96TopChr-130
96TopChrR-130
96TopNBAa5-130
96TopSupT-ST18
96Ult-131
96Ult-159
96UltGolE-G131
96UltGolE-G159
96UltPlaE-P131
96UltPlaE-P159
96UppDec-192
96UppDec-326
Mason, Bobby Joe
71Glo84-39
71Glo84-40
71Glo84-41
71Glo84-42
71Glo84-43
71Glo84-44
71GloCocP2-14
85Bra-S8

Mason, Harvey
86Ari-8
87Ari-8
88Ari-8
89Ari-5
Mason, Jimmy
90Cle-12
Mason, Rod
90ProCBA-3
91ProCBA-191
Mason, Ron
90MicStaCC2*-146
Mason, Zan
90UCL-12
Massenburg, Todd
88Mar-8
Massenburg, Tony
90FleUpd-U89
90StaPic-22
91Hoo-437
94ColCho-235
94ColChoGS-235
94ColChoSS-235
94Fla-234
94Fle-299
94SP-90
94SPDie-D90
94Ult-263
94UppDec-199
95ColCholE-235
95ColCholJI-235
95ColCholSI-16
95Fle-81
95PanSti-137
95ProMag-137
95StaClu-264
95Ult-179
95UltGolM-179
96TopKelTR-4
Massey, Gary
89ProCBA-97
90ProCBA-50
Massey, Robert
91GeoTecCC*-131
Massimino, Rollie
92CouFla-22
92UNL-10
Masson, Paul
76PanSti-15
Mast, Eddie
73JetAllC-8
73Top-28
80TCMCBA-29
Masteller, Dan
90MicStaCC2*-174
Mastenbroek, Hendrika
76PanSti-58
Master, Jim
80KenSch-13
81KenSch-13
82KenSch-13
83KenSch-12
87Ken*-15
88KenColC-124
88KenColC-203
88KenColC-224
89KenBigBTot8-46
Masters, Bobby
86IndGrel-10
Masters, Norman
90MicStaCC2*-45
Masucci, Mike
87Kan-11
Mateen, Grady
84Geo-9
85Geo-10
Materic, Predrag
95Con-13
Mathews, Ed
60PosCer*-6
Mathewson, Christy
48TopMagP*-K10
81TopThiB*-20
Mathey, Grant
85Bra-H7
Mathias, Bob
48ExhSpoC-34
56AdvR74*-92
57UniOilB*-11
81PhiMor*-9
83HosU.SOGM-16
83TopHisGO-59
83TopOlyH-25
91ImpDecG-1

91ImpHaloF-5
Mathis, Jeff
91GeoTecCC*-50
Matlock, Shea
93ConWom-10
Maton, Matt
94IHSHisRH-73
Matson, Ollie
81TCMCBA-26
Matson, Randy
91TexA&MCC*-44
Matthes, Roland
76PanSti-252
Matthews, Andy
94IHSBoyAST-92
Matthews, Bruce
91SouCal*-63
Matthews, Clay
91SouCal*-3
Matthews, Jason
89Pit-6
90Pit-4
91Cou-36
Matthews, Kenny
89NorCarSCC-122
89NorCarSCC-189
Matthews, Ray
90CleCoIC*-194
Matthews, Wes
81Top-E69
84Sta-109
Matthews, Wilson
91ArkColC*-64
Mattingly, Paul
89LouColC*-141
Mattocks, Tom
89NorCarSCC-143
89NorCarSCC-144
89NorCarSCC-145
Mattox, Kristin
94LouSch-1
Mattress, Jackie
90CleWom-8
Matuszewski, Richard
90CleColC*-61
90CleColC*-70
Mauer, John
89KenCoIC*-27
Maughan, Ariel
48Bow-60
Maul, Terry
92FloSta*-9
Maury, Serge
76PanSti-297
Mavericks Team
89PanSpaS-123
89PanSpaS-132
90Sky-333
91Hoo-279
91Sky-356
92Hoo-271
92UppDecDPS-5
92UppDecE-136
93PanSti-71
93StaCluBT-6
93StaCluMO-ST6
93StaCluST-6
93UppDecDPS-6
94Hoo-396
94ImpHoo-6
94StaCluMO-ST6
94StaCluST-6
94UppDecFMT-6
95FleEur-243
95PanSti-150
96TopSupT-ST6
Maxey, Marlon
89UTE-18
92Cla-34
92ClaGol-34
92FouSp-31
92FouSpGol-31
92FroR-42
92Sky-408
92StaClu-278
92StaCluMO-278
92StaPic-9
92Top-346
92TopGol-346G
92Ult-305
93Fin-185
93FinRef-185
93Fle-328
93Hoo-131

93HooFifAG-131
93StaClu-141
93StaCluFDI-141
93StaCluMO-141
93StaCluSTNF-141
93Top-168
93TopGol-168G
93Ult-291
94StaClu-25
94StaCluFDI-25
94StaCluMO-25
94StaCluSTNF-25
Maxey, Tyrone
91WasSta-4
Maxwell, Cedric
77CelCit-9
78Top-128
79Top-23
80Top-27
80Top-117
81Top-5
81Top-E107
83Sta-33
84Sta-8
84StaAre-A5
84StaCelC-1
84StaCelC-13
85Sta-91
86Fle-70
87Fle-70
92CouFla-23
Maxwell, Vernon
89Fle-144
89Hoo-271
90AriStaCC*-30
90Fle-72
90Hoo-126
90HooTeaNS-10
90PanSti-67
90Sky-109
91Fle-76
91FleTonP-85
91FleWheS-4
91Hoo-77
91HooTeaNS-10
91PanSti-59
91Sky-104
91Sky-468
91Sky-495
91UppDec-275
92Fle-83
92FleTonP-36
92Hoo-84
92PanSti-77
92Sky-89
92StaClu-85
92StaCluMO-85
92Top-68
92Top-210
92TopArc-107
92TopArcG-107G
92TopGol-68G
92TopGol-210G
92Ult-71
92UppDec-172
93Fin-147
93FinRef-147
93Flo-78
93Hoo-80
93HooFifAG-80
93HooGolMB-33
93JamSes-82
93PanSti-91
93Sky-80
93StaClu-156
93StaCluFDI-156
93StaCluMO-156
93StaCluSTDW-R156
93StaCluSTMP-R6
93StaCluSTNF-156
93Top-140
93TopGol-140G
93Ult-75
93UppDec-272
93UppDecE-167
93UppDecS-41
93UppDecSEC-41
93UppDecSEG-41
94ColCho-211
94ColChoGS-211
94ColChoSS-211
94Emb-37
94EmbGoll-37
94Fin-161

94FinRef-161
94Fla-230
94Fle-84
94Hoo-77
94Hoo-272
94Hoo-437
94HooPowR-PR19
94JamSes-72
94PanSti-145
94ProMag-47
94Sky-61
94Sky-185
94SP-78
94SPCha-66
94SPChaDC-66
94SPDie-D78
94StaClu-263
94StaCluFDI-263
94StaCluFDI-329
94StaCluMO-263
94StaCluMO-329
94StaCluSTMP-R6
94StaCluSTNF-263
94StaCluSTNF-329
94Top-120
94TopSpe-120
94TopSpe-308
94Ult-68
94UppDec-27
94UppDecE-127
94UppDecSE-32
94UppDecSEG-32
95ColCho-212
95ColCholE-421
95ColCholJI-421
95ColCholSI-202
95ColChoPC-212
95ColChoPCP-212
95Fin-166
95FinRef-166
95Fla-182
95Fle-70
95Fle-245
95FleEur-88
95Hoo-62
95Hoo-322
95Hoo-384
95Met-177
95ProMag-100
95Sky-194
95SP-99
95StaClu-248
95Ult-236
95UppDecSE-148
95UppDecSEG-148
96ColCholI-71
96ColCholJ-212
96Fle-82
96Fle-248
96Hoo-116
96Hoo-238
96HooStaF-24
96Met-211
96MetPreM-211
96Sky-186
96SkyRub-186
96SkyZ-F-132
96Ult-242
96UltGulE-G242
96UltPlaE-P242
96UppDec-294
May, David
88NorCarS-3
May, Dean
89LouColC*-112
May, Don
70Top-152
71Top-6
71TopTri-16
72Top-96
73Top-131
74Top-2
May, Jerry
81Lou-18
May, Karla
88MarWom-15
May, Lee
68ParMea*-7
May, Scott
77BulWhiHP-5
77Top-36
78Top-115

79BulPol-17
80Top-10
80Top-98
87IndGrel-27
May, Todd
82KenSch-12
83KenSch-13
Mayabb, Jesse
55AshOil-55
Mayberry, Lee
89Ark-11
89Ark-15
89Ark-17
91ArkColC-10
92Cla-3
92ClaGol-3
92ClaMag-BC20
92Fle-375
92FleTeaNS-8
92FouSp-3
92FouSpAu-3A
92FouSpGol-3
92FroR-83
92Hoo-419
92Sky-365
92SkyDraP-DP23
92StaClu-221
92StaCluMO-221
92StaPic-72
92Top-390
92TopGol-390
92Ult-300
92UppDec-17
92UppDec-471
92UppDecRS-RS12
93Fin-180
93FinRef-180
93Fle-120
93FleRooS-14
93Hoo-125
93HooFifAG-125
93JamSes-126
93JamSesTNS-6
93JamSesTNS-8
93PanSti-129
93Sky-113
93StaClu-94
93StaCluFDI-94
93StaCluMO-94
93StaCluSTNF-94
93Top-105
93TopGol-105G
93Ult-110
93UppDec-407
93UppDecE-66
94ColCho-311
94ColChoGS-311
94ColChoSS-311
94Fin-158
94FinRef-158
94Fla-86
94Fle-127
94Hoo-119
94JamSes-107
94PanSti-74
94Sky-95
94SP-104
94SPDie-D104
94StaClu-34
94StaCluFDI-34
94StaCluMO-34
94StaCluSTNF-34
94Top-248
94TopSpe-248
94Ult-105
94UppDec-125
94UppDecSE-138
94UppDecSEG-138
95ColCho-160
95ColCholE-311
95ColCholJI-311
95ColCholSI-92
95ColChoPC-160
95ColChoPCP-160
95Fin-66
95FinRef-66
95Fla-175
95Fle-103
95FleEur-130
95Hoo-314
95PanSti-122
95Sky-183
95SP-76
95SPCha-60

95StaClu-94
95StaCluMOI-94
95Top-106
95UppDec-107
95UppDecECG-107
95UppDecSE-48
95UppDecSEG-49
96ColCholI-90
96ColCholJ-160
96Fin-157
96FinRef-157
96HooStaF-28
96Sky-197
96SkyAut-46
96SkyAutB-46
96SkyRub-197
96StaClu-119
96TopSupT-ST15
Maye, Mark
90NorCarCC*-15
90NorCarCC*-92
90NorCarCCP*-NC4
Mayes, Charles
87Van-12
Mayes, Tharon
90ProCBA-84
91FroR-63
91FroRowIP-5
91FroRowP-34
91FroRU-69
91WilCar-110
Mayes, Tony
89KenColC*-195
Mayfair, Bill
90AriStaCC*-65
Mayfield, Clarkie
89KenColC*-187
Mayhew, Martin
90FloStaCC*-49
Mayo, Reggie
93TenTec-11
Mayo, Sue
93ConWom-11
Mayo, Virginia
48TopMagP*-F14
Mayotte, Chris
91SouCarCC*-177
Maypole, John B.
54QuaSpoO*-4
Mays, Deanna
90Neb*-25
Mays, Jerry
91GeoTecCC*-22
91GeoTecCC*-113
Mays, P.J.
91TenTec-9
Mays, Travis
90FleUpd-U86
90KinSaf-7
90StaPic-59
90Tex*-25
91Fle-177
91FleRooS-5
91Hoo-184
91Hoo-335
91Hoo-503
91PanSti-36
91PanSti-185
91Sky-248
91Tex*-010
91UppDec-331
91UppDec-494
91UppDecRS-R9
92Fle-303
92Hoo-353
92Sky-376
92StaClu-311
92StaCluMO-311
92Top-252
92TopGol-252G
92Ult-226
92UppDec-233
92UppDec-379
Mays, Willie
77SpoSer1*-1106
81PhiMor*-10
Mazereeuw, Wijda
76PanSti-260
Mazey, Randy
90CleColC*-59
Mazmanian, Art
91SouCal*-16
Mazza, Gary

81TCMCBA-13
82TCMCBA-82
McAdams, Heather
94WyoWom-5
McAdoo, Bob
73LinPor-29
73NorCarPC-11H
73Top-135
74Top-80
74Top-83
74Top-144
74Top-145
74Top-146
74Top-148
75CarDis-20
75NabSugD*-24
75Top-1
75Top-118
76BucDis-16
76Top-140
77PepAll-6
77Top-45
78RoyCroC-21
78Top-5
79Top-75
80Top-88
80Top-99
82LakBAS-7
83LakBAS-6
83Sta-18
84LakBAS-5
84Sta-178
85JMSGam-22
85LakDenC-4
85StaTeaS5-LA5
88Sup-35
89NorCarCC-76
89NorCarCC-77
89NorCarCC-115
91WilCar-77
92CouFla-24
McAfee, George
48KelPep*-7
McAndrew, Steve
91NorDak*-3
McArthur, Gale
910klStaCC*-80
McAshen, Eddie
91GeoTecCC*-94
McAuliffe, Don
90MicStaCC2*-80
McBee, Rives
91ProSetPF*-7
McBrayer, Paul
55AshOil-9
88KenColC-55
McBride, Jerome
94IHSBoyAST-233
McBride, Lyssa
90Tex*-26
McBurrows, Marvin
88NewMex-7
89NewMex-8
90NewMex-7
McCaffrey, Billy
94Cla-16
94ClaG-16
94ClaVitPTP-6
94FouSp-7
94FouSpP-7
94FouSpPP-7
94PacP-32
94PacPriG-32
94SRTet-61
94SRTetS-61
95SRKro-46
95SupPix-48
95TedWil-36
McCall, Jennifer
94FloSta*-31
McCall, Mark
89UTE-19
McCall, Matt
91TexA&MCC*-31
McCall, Zack
94Mar-9
95Mar-10
McCallister, Megan
91SouCal*-33
McCann, Bob
89ProCBA-60
91PisUno-16
92Fle-380

92Hoo-422
92StaClu-301
92StaCluMO-301
92Top-363
92TopGol-363G
92Ult-306
92UppDec-382
McCants, Melvin
90ProCBA-85
McCarter, Andre
80TCMCBA-9
81TCMCBA-62
91UCLColC-17
McCarter, Willie
69TCMCBA-63
70Top-141
71Top-101
71TraBlaT-5
McCarthy, Joe
85Bra-S6
McCarthy, John
59HawBusB-4
61Fle-30
61HawEssM-10
McCarthy, Neil
92NewMexS-1
93NewMexS-18
McCarty, Walter
93Ken-9
96AllSpoPPaF-115
96ColCho-294
96ColChoM-M148
96ColChoMG-M148
96ColEdgRR-27
96ColEdgRRD-27
96ColEdgRRG-27
96ColEdgRRKK-13
96ColEdgRRKKG-13
96ColEdgRRKKH-13
96ColEdgRRRR-13
96ColEdgRRRRG-13
96ColEdgRRRRH-13
96Fin-87
96FinRef-87
96Fle-227
96Hoo-301
96HooRoo-18
96PacPow-27
96PrePas-18
96PrePas-40
96PrePasAu-12
96PrePasNB-18
96PrePasP-10
96PrePasS-18
96PrePasS-40
96ScoBoaAB-16
96ScoBoaAB-16A
96ScoBoaAB-16B
96ScoBoaAB-16C
96ScoBoaAB-PP15
96ScoBoaACA-32
96ScoBoaBasRoo-16
96ScoBoaBasRooCJ-CJ13
96ScoBoaBasRooD-DC19
96Sky-223
96SkyAut-47
96SkyAutB-47
96SkyRub-223
96SkyZ-F-157
96SP-139
96SPPreCH-PC25
96StaCluR1-R17
96StaCluR2-R14
96StaCluRS-RS16
96TopDraR-19
96Ult-222
96UltGolE-G222
96UltPlaE-P222
96UppDec-263
96UppDecRE-R9
96UppDecU-8
McCaskill, Amal
92Mar-7
94Mar-10
95Mar-11
96ColEdgRR-28
96ColEdgRRD-28
96ColEdgRRG-28
96Fle-231
96PacPow-28
96ScoBoaBasRoo-71
96Sky-224
96Ult-225
96UltGolE-G225

96UltPlaE-P225
McCauley, Don
90NorCarCC*-38
90NorCarCC*-127
90NorCarCC*-141
McCausland, Kent
94Iow-7
McClain, Dwayne
89ProCBA-162
9088'CalW-3
90ProCBA-64
92AusFutN-91
92AusStoN-75
93AusFutBoBW-2
93AusFutHA-9
93AusFutN-103
93AusFutN-84
94AusFutN-82
94AusFutOT-OT7
McClain, Katrina
92ClaWorCA-48
92ImpU.SOH-22
94UppDecUGM-82
94UppDecU-82
96TopUSAWNT-6
96TopUSAWNT-18
96UppDecU-66
McClain, Sergio
94IHSBoyAST-144
McClain, Ted
73Top-247
75Top-311
McClanahan, Brent
90AriStaCC*-79
McClard, Bill
91ArkColC*-49
McClary, Jeremiah
91GeoTecCC*-127
McClary, Kenny (Ken)
89ProCBA-21
90ProCBA-199
92AusFutN-92
92AusStoN-76
93AusFutN-105
93AusStoN-83
94AusFutN-83
McClean, Martin
96AusFutN-53
McClellan, Eric
92VirTec*-6
McClellan, Justin
91EasTenS-5
92EasTenS-6
93EasTenS-8
McClelland, Martha
94TexAaM-13
McClelland, Stacy
90CalStaW-9
McClendon, Andre
90KenProl-11
McClendon, Charlie
90LSUColC*-152
McClendon, Jason
91LouSch-3
McClendon, Skip
90AriStaCC*-35
McClintock, Matt
94IHSBoyAST-93
McCloud, George
90Fle-77
90HooTeaNS-11
90Sky-116
91Hoo-373
91HooTeaNS-11
91Sky-113
91UppDec-233
92Fle-350
92FleTeaNS-5
92Hoo-91
92Sky-96
92StaClu-104
92StaCluMO-104
92Top-76
92TopGol-76G
92Ult-77
92UppDec-167
93Fle-84
93Hoo-86
93HooFifAG-86
95ColChoDT-T13
95ColChoDTPC-T13
95ColChoDTPCP-T13
95Fin-201
95FinRef-201

95Fle-38
95Hoo-230
95PanSti-151
95Sky-165
95Ult-41
95UltGolM-41
95UppDecEC-278
96ColCho-230
96Fle-24
96Hoo-37
96HooSil-37
96Met-24
96Sky-28
96SkyAut-48
96SkyAutB-48
96SkyRub-28
96SkyZ-F-21
96SkyZ-FZ-21
96Top-57
96TopChr-57
96TopChrR-57
96TopNBAa5-57
96Ult-27
96UltGolE-G27
96UltPlaE-P27
96UppDec-25
McClouskey, Andy
90OreSta-18
91OreSta-13
McCollom, Jim
90CleColC*-103
McCollow, Mike
91ProCBA-158
McComb, Jeff
82IndSta*-8
McConica, James
91SouCal*-77
McConnell, Barb
88MarWom-14
McConnell, Chad
93ClaMcDF-31
McConnell, Joe
90HooAnn-37
McConnell, Vic
91SouCarC*-33
McConnell, Walt
91GeoTecCC*-146
McCormach, Brendan
91SouCarC*-184
McCormick, Dave
90LSUColC*-159
McCormick, Pat
57UniOilB*-23
83TopHisGO-76
McCormick, Tim
84Sta-118
85Sta-68
85StaAllT-10
87Fle-71
89Fle-60
89Hoo-272
90FleUpd-U2
90Hoo-401
90HooTeaNS-1
90Sky-366
91Fle-327
91Hoo-402
91HooTeaNS-18
91Mic*-36
91Sky-5
91Sky-637
91UppDec-386
92Sky-164
McCormick, Torey
93Mia-11
94Mia-9
McCovery, Smokey
92StaPic-56
McCowan, Bob
88KenColC-91
McCoy, Durwood
94IHSBoyA3S-2
McCoy, James
92Cla-17
92ClaGol-17
92StaPic-67
McCoy, Jim
92FroR-43
McCoy, Julius
90MicStaCC2*-188
McCoy, Kerry
96PenSta*-24
McCoy, L. Allen
90HooAnn-38

McCoy, Skip
93NewMexS-12
McCracken, Branch
68HaloFB-30
87IndGreI-5
McCracken, Trent
92TenTec-11
McCrady, Lisa
90Neb*-20
McCrary, Vladimir
90NewMex-8
91NewMex-11
McCray, Kevin
92FloSta*-36
McCray, Nikki
92SpoIllfKI*-406
92TenWom-10
93TenWom-8
94TenWom-8
96TopUSAWNT-7
96TopUSAWNT-19
96UppDecU-67
McCray, Rodney
81Lou-30
83Sta-81
84Sta-243
85Sta-22
85StaTeaS5-HR4
86Fle-71
87Fle-72
88Fle-52
88KinCarJ-22
88LouColC-11
88LouColC-111
88LouColC-160
88LouColC-187
89Fle-135
89Hoo-257
89KinCarJ-22
89LouColC*-45
89LouColC*-264
89LouColC*-292
89PanSpaS-236
90Fle-165
90Hoo-259
90Hoo-409
90Hoo100S-44
90HooActP-135
90HooTeaNS-6
90Sky-248
90Sky-377
91Fle-46
91FleTonP-38
91Hoo-48
91HooTeaNS-6
91PanSti-48
91Sky-62
91UppDec-109
92Fle-52
92FleTeaNS-3
92Hoo-50
92Hoo-362
92Hoo100S-23
92PanSti-68
92Sky-53
92Sky-333
92StaClu-212
92StaCluMO-212
92Top-368
92TopArc-38
92TopArcG-38G
92TopGol-368G
92Ult-236
92UppDec-279
92UppDec-344
92UppDecM-CH6
McCray, Scooter
81Lou-8
83Sta-199
83SupPol-7
88LouColC-12
88LouColC-112
88LouColC-157
88LouColC-190
89LouColC*-26
89LouColC*-44
89LouColC*-239
89LouColC*-263
89LouColC*-277
93Lou-15
McCreary, Jay
87IndGreI-40

McCuller, Lakista
91NorCarS-9
92NorCarS-9
93NorCarS-9
94NorCarS-9
McCullers, Dale
90FloStaCC*-140
McCulley, Danielle
93PurWom-9
McCulley, Dru
94IHSBoyA3S-32
McCullough, Glen
85Bra-S7
McCullough, John
82TCMCBA-34
88NewMex-8
89NewMex-9
90NewMex-9
91NewMex-12
McCune, Steve
78WesVirS-6
McCurdy, Paris
91FroR-79
91FroRowP-15
91FroRU-74
93AusStoN-56
McCutchan, Arad
93Eva-10
McDade, Joe Billy
85Bra-D9
McDade, Von
91Cla-42
91FouSp-190
91FroR-23
91FroRowP-70
91ProCBA-149
91StaPic-28
McDanel, Greg
94IHSBoyASD-38
McDaniel, Clint
91ArkColC-11
92Ark-14
93Ark-7
94ArkTic-8
95ClaBKR-66
95ClaBKRAu-66
95ClaBKRPP-66
95ClaBKRSS-66
95ClaBKV-64
95ClaBKVE-64
95Col-79
95Col-90
95SRDraD-13
95SRDraDSig-13
McDaniel, Orlando
90LSUColC*-19
McDaniel, Randall
87AriSta*-14
90AriStaCC*-93
McDaniel, Shawn (LaShun)
89ProCBA-10
90ProCBA-22
91ProCBA-175
McDaniel, Wayne
92AusStoN-30
93AusFutN-43
93AusStoN-9
94AusFutN-36
94AusFutN-138
94AusFutOT-OT14
95AusFutN-18
McDaniel, Xavier
86Fle-72
87Fle-73
88Fle-108
88FouNBAE-20
89Fle-148
89Hoo-70
89PanSpaS-247
89PanSpaS-251
90Fle-179
90FleUpd-U77
90Hoo-280
90Hoo-379
90Hoo100S-91
90HooActP-146
90HooCol-42
90PanSti-23
90Sky-269
90SupSmo-9
915Maj-67
91Fle-164
91Fle-328

91Hoo-168
91Hoo-403
91HooMcD-27
91HooTeaNS-18
91PanSti-25
91Sky-229
91Sky-585
91Sky-638
91UppDec-151
91UppDec-495
91UppDecS-8
92Fle-153
92Fle-307
92FleTeaNS-1
92Hoo-156
92Hoo-357
92Hoo100S-65
92PanSti-177
92Sky-165
92Sky-330
92StaClu-256
92StaCluMO-256
92Top-293
92TopArc-69
92TopArcG-69G
92TopGol-293G
92Ult-229
92UppDec-269
92UppDec-336
92UppDec-490
92UppDecM-BT7
93Fin-61
93FinRef-61
93Fle-15
93Hoo-15
93HooFifAG-15
93HooGolMB-34
93HooProP-NNO
93JamSes-15
93JamSesTNS-1
93PanSti-200
93Sky-34
93Sta-18
93Sta-28
93Sta-46
93Sta-57
93Sta-69
93StaClu-60
93StaClu-137
93StaCluFDI-60
93StaCluFDI-137
93StaCluMO-60
93StaCluMO-137
93StaCluST-2
93StaCluSTNF-60
93StaCluSTNF-137
93Top-313
93TopGol-313G
93Ult-14
93UppDec-18
93UppDecE-104
93UppDecPV-50
93UppDecS-117
93UppDecSEC-117
93UppDecSEG-117
94ColCho-131
94ColChoGS-131
94ColChoSS-131
94Fin-84
94FinRef-84
94Fla-1
94Fle-15
94Hoo-12
94JamSes-13
94PanSti-18
94ProMag-9
94Sky-12
94StaClu-157
94StaClu-158
94StaCluFDI-157
94StaCluFDI-158
94StaCluMO-157
94StaCluMO-158
94StaCluSTNF-157
94StaCluSTNF-158
94Top-46
94TopSpe-46
94Ult-13
94UppDec-226
94UppDecE-42
94UppDecSE-5
94UppDecSEG-5
95ColCholE-131
95ColCholJI-131

95ColCholSI-131
95FleEur-15
95StaClu-7
95StaCluMOl-7
95UppDec-81
95UppDecEC-81
95UppDecECG-81
96UppDec-257
McDaniels, Jim
72Top-137
73SupShu-8
73Top-152
McDermott, Mike
91GeoColC-68
McDermott, Bob
48ExhSpoC-35
92CenCou-48
McDermott, Marty
91NorDak*-2
McDonald, Arriel
91Min-10
92Min-9
93Min-8
McDonald, Ben BB
87LSU*-12
88LSU*-10
88LSUAll*-3
90LSUColC*-113
McDonald, Ben Cal-Irv
90ProCBA-157
McDonald, Bill
91GeoTecCC*-165
McDonald, Darryl
90ProCBA-104
91ProCBA-115
94AusFutLotR-LR10
94AusFutN-157
94AusFutN-197
94AusFutNH-HZ2
94AusFutSS-SS3
95AusFutA-NA8
95AusFutII-II1
95AusFutN-1
95AusFutN-102
95AusFutN-55
95AusFutN-95
96AusFutNA-ASS2
96AusFutNFDT-5
McDonald, Glenn
76Top-47
McDonald, Jim KY
88KenColC-80
McDonald, Jim OVC
92OhiValCA-14
McDonald, Michael
95ClaBKR-51
95ClaBKRPP-51
95ClaBKRSS-51
95ClaBKV-50
95ClaBKVE-50
95Col-44
95SRDraD-33
95SRDraDSig-33
95SRFam&F-22
95SRSigPri-22
95SRSigPriS-22
McDonald, Paul
91SouCal*-92
McDonald, Perry
84Geo-10
85Geo-11
86Geo-10
87Geo-12
91GeoColC-28
91GeoColC-32
91WilCar-111
McDonnell, Bob
91GeoTecCC*-110
McDonnell, John
91ArkColC*-8
McDonnell, Mary
94SkyBluC-15
94SkyBluC-74
94SkyBluC-81
McDonough, Eric
89Cal-12
McDowall, Roddy
48TopMagP*-J3
McDowell, Eugene
90FloStaCC*-191
90ProCBA-31
91ProCBA-202
McDowell, Hank

83Sta-127
84Sta-244
McDowell, Oddibe
90AriStaCC*-10
McDuffie, Jerome
89Jac-10
McDuffie, Wayne
90FloStaCC*-162
McDuffie, Willie
90ProCBA-158
McDyess, Antonio
95ClaBKR-2
95ClaBKRAu-2
95ClaBKRCC-CCR3
95ClaBKRCS-CS2
95ClaBKRIE-IE2
95ClaBKRPP-2
95ClaBKRRR-4
95ClaBKRS-S2
95ClaBKRS-RS2
95ClaBKRSS-1
95ClaBKV-2
95ClaBKV-92
95ClaBKVE-2
95ClaBKVE-92
95ClaBKVHS-HC2
95Col-10
95Col-47
95Col-94
95Col2/1-T1
95ColChoDT-T4
95ColChoDT-D2
95Fin-112
95FinMys-M44
95FinMysB-M44
95FinMysBR-M44
95FinRacP-RP6
95FinVet-RV2
95FivSp-2
95FivSp-182
95FivSpAu-2A
95FivSpAu-2B
95FivSpD-2
95FivSpD-182
95FivSpFT-FT16
95FivSpOF-R2
95FivSpRS-2
95FivSpSF-BK9
95FivSpSigFI-FS2
95Fla-208
95FlaClao'-R3
95FlaWavotF-4
95Fle-298
95FleClaE-26
95FleRooP-2
95FleRuuPHP-2
95FleTowoP-3
95Hoo-260
95HooGraA-AR2
95HooHoo-HS3
95JamSesR-2
95Met-143
95MetRooRC-R2
95MetRooRCSS-R2
95MetTemS-5
95PacPlaCD-P1
95PacPreGP-43
95PrePas-2
95PrePas-30
95PrePasAu-2
95PrePasP-1
95PrePasPCS5-3
95ProMag-34
95Sky-225
95SkyE-X-21
95SkyE-XB-21
95SkyE-XNB-2
95SkyE-XNBT-2
95SkyHigH-HH6
95SkyLotE-2
95SkyMel-M4
95SkyRooP-RP2
95SP-152
95SPAII-AS29
95SPAIIG-AS29
95SPCha-28
95SPChaCS-S1
95SPChaCSG-S1
95SPHol-PC9
95SPHolDC-PC9
95SRAut-2
95SRDraDDGS-DG3
95SRDraDDGS-DG4
95SRDraDG-3/4

95SRDraDG-DG3
95SRDraDG-DG4
95SRFam&F-23
95SRFam&FSS-S2
95SRFam&FTF-T2
95SRSigPri-23
95SRSigPriH-H2
95SRSigPriHS-H2
95SRSigPriS-23
95SRSigPriT10-TT2
95SRSigPriT10S-TT2
95SRTetAut-71
95SRTetSRF-F22
95StaClu-334
95StaCluDP-2
95StaCluMOI-DP2
95Top-268
95TopDraR-2
95TopGal-48
95TopGalPPI-48
95TopRataR-R6
95TopSudI-S8
95Ult-277
95UltAll-4
95UltJamC-6
95UltJamCHP-6
95UppDec-135
95UppDecEC-135
95UppDecEC-360
95UppDecECG-135
95UppDecECG-360
95UppDecSE-109
95UppDecSEG-109
96AllSpoPPaF-10
96AllSpoPPaF-180
96Ass-23
96AssPC$2-14
96BowBes-43
96BowBesAR-43
96BowBesR-43
96CleAss-8
96ColCho-43
96ColCho-197
96ColCho-373
96ColChoCtGS1-C7A
96ColChoCtGS1-C7B
96ColChoCtGS1R-R7
96ColChoCtGS1RG-R7
96ColChoCtGSGI-C7A
96ColChoCtGSGI-C7B
96ColChoM-M111
96ColChoMG-M111
96ColChoS2-S7
96ColLif-L5
96Fin-03
96Fin-249
96Fin-275
96FinRef-83
96FinRef-249
96FinRef-275
96FivSpSig-2
96FlaSho-A24
96FlaSho-B24
96FlaSho-C24
96FlaShoHS-17
96FlaShoLC-24
96FlaShoLC-B24
96FlaShoLC-C24
96Fle-26
96Fle-126
96Fle-273
96FleAusS-3
96FleFraF-6
96FleRooR-5
96FleS-10
96FleThrS-10
96Hoo-41
96HooHeatH-HH7
96HooHotL-12
96HooRooH-1
96HooSil-41
96HooStaF-7
96Met-26
96MetMolM-7
96MetPowT-8
96PacCenoA-C2
96PacGolCD-DC5
96PacPow-29
96PacPowITP-IP12
96PacPri-43
96PacPriPCDC-P1
96PrePas-38

96PrePasNB-38
96PrePasS-38
96ScoBoaAB-NNO
96ScoBoaAC-6
96Sky-31
96SkyAut-49
96SkyAutB-49
96SkyE-X-17
96SkyE-XC-17
96SkyE-XSD2-3
96SkyInt-11
96SkyLarTL-B11
96SkyRub-31
96SkyZ-F-23
96SkyZ-F-183
96SkyZ-FSC-SC8
96SkyZ-FZ-23
96SP-29
96SPInsI-IN8
96SPInsIG-IN8
96SPPreCH-PC10
96SPSPxFor-F4
96SPx-13
96SPxGol-13
96SPxHolH-H6
96StaClu-41
96StaCluHR-HR12
96StaCluM-41
96Top-30
96TopChr-30
96TopChrR-30
96TopChrY-YQ12
96TopNBAa5-30
96TopYou-U12
96Ult-30
96Ult-132
96Ult-294
96UltGolE-G30
96UltGolE-G132
96UltGolE-G294
96UltPlaE-P30
96UltPlaE-P132
96UltPlaE-P294
96UltRooF-2
96UltScoK-7
96UltScoKP-7
96UppDec-32
96UppDec-142
96UppDec-337
96UppDec-NNO
96UppDecGE-G4
96UppDecPS2-P4
96UppDecPTVCR2-TV4
96UppDecU-50
96Vis-24
96Vic-138
96VisSig-20
96VisSigAuG-20
96VisSigAuS-20
97SchUltNP-15
McEachin, Herb
92AusFutN-31
92AusStoN-14
93AusFutN-NNO
95AusFut3C-GC4
McElroy, James (Jimmy)
79HawMajM-10
80Top-63
80Top-170
McEnroe, John
93FaxPaxWoS*-40
93LakFor*-4
McFadden, Banks
90CleColC*-34
McFadden, Wesley
90CleColC*-115
McFall, Dan
90MicStaCC2*-147
McFarland, James
89KenColC*-249
McFerrin, Melissa
94OhiStaW-13
McGaha, Mel
91ArkColC*-96
McGee, Andre
89NewMex-10
91NewMex-13
McGee, Carlton
89Wis-10
McGee, Darrell
88NewMex-9
89NewMex-11
McGee, Mike (Michael)

144 • McGee, Mike (Michael)

82LakBAS-8
83LakBAS-7
83Sta-19
84LakBAS-7
84StaAre-D4
85JMSGam-25
85LakDenC-5
86HawPizH-11
89Fle-98
89PanSpaS-27
90Sky-227
McGeorge, Rich
79BucOpeP*-11
McGhee, Carla
96TopUSAWNT-8
96TopUSAWNT-20
96UppDecU-68
McGinnis, George
72Top-183
72Top-243
73Top-180
73Top-208
73Top-234
74Top-207
74Top-211
74Top-220
74Top-223
7576eMcDS-5
75Top-184
75Top-221
75Top-226
75Top-279
76Top-70
76Top-128
77SpoSer6*-621
77Top-50
78RoyCroC-22
78Top-90
79Top-125
80Top-39
80Top-127
81Top-MW92
86IndGreI-19
McGinnis, Lawrence
89KenColC*-222
McGinnis, Louis
89KenColC*-80
McGinnis, Tony
94TexAaM-9
McGlocklin, Jon
69Top-14
70Top-139
71Top-74
72Top-54
73LinPor-83
73Top-123
74BucLin-6
74Top-37
75Top-35
79BucOpeP*-10
86IndGreI-21
92UppDecS-6
McGowan, K.C.
89Mon*-5
McGowan, Paul
90FloStaCC*-29
McGrath, Tom
89McNSta*-5
McGuffin, Channing
92JamMad-9
McGuire, Al
86DePPlaC-D11
92CenCou-39
92ChaHOFI-5
92CouFla-25
93ActPacHoF-52
95ActPacHoF-13
McGuire, Allie
73JetAllC-2
McGuire, Bill
84Neb*-20
McGuire, Chris
91WriSta-9
McGuire, Dick
50BreforE-3
52RoyDes-2
57Top-16
81TCMNBA-26
93ActPacHoF-62
95ActPacHoF-2
McGuire, Frank
89NorCarCC-99
89NorCarCC-104

90NorCarCC*-193
91SouCarCC*-1
93ActPacHoF-53
McGwire, Mark
91SouCal*-71
McHale, Kevin
81Top-E75
83Sta-34
84Sta-9
84StaAllG-7
84StaAllGDP-7
84StaAre-A6
84StaAre-A9
84StaAwaB-5
84StaCelC-3
84StaCelC-8
84StaCouK5-42
85JMSGam-13
85Sta-98
85StaLakC-6
85StaTeaS5-BC3
86Fle-73
86StaCouK-22
87Fle-74
87FleSti-5
88CelCit-5
88Fle-11
88FleSti-9
88FouNBAE-3
88FouNBAES-7
89Con-10
89Fle-11
89Hoo-156
89Hoo-280
89HooAllP-3
89PanSpaS-9
89PanSpaS-269
89SpoIllfKI*-235
90Fle-12
90Hoo-6
90Hoo-44
90Hoo100S-7
90HooActP-14
90HooActP-31
90HooAllP-3
90HooCol-6
90HooTeaNS-2
90PanSti-136
90Sky-19
91Fle-13
91Fle-234
91FleSch-3
91FleTonP-71
91FleWheS-6
91Hoo-14
91Hoo-255
91Hoo-504
91Hoo100S-7
91HooMcD-3
91HooTeaNS-2
91LitBasBL-22
91PanSti-144
91Sky-17
91Sky-317
91Sky-433
91SkyCanM-3
91UppDec-62
91UppDec-225
92Fle-17
92FleTeaNS-1
92FleTonP-37
92Hoo-16
92Hoo100S-7
92PanSti-161
92Sky-16
92StaClu-147
92StaCluMO-147
92Top-57
92Top-213
92TopGol-57G
92TopGol-213G
92Ult-14
92UppDec-183
92UppDec1PC-PC2
92UppDecE-33
92UppDecE-159
92UppDecM-P3
92UppDecM-BT8
93Sta-13
93Sta-35
93Sta-68
93Sta-77
93Sta-81
93Sta-90

94CelTri-8
96StaCluFR-29
96StaCluFRR-29
96TopNBAS-29
96TopNBAS-79
96TopNBAS-129
96TopNBASF-29
96TopNBASF-79
96TopNBASF-129
96TopNBASFAR-29
96TopNBASFAR-79
96TopNBASFAR-129
96TopNBASFR-29
96TopNBASFR-79
96TopNBASFR-129
96TopNBASI-I10
96TopNBASR-29
McHaney, Jeannine
92TexTecWNC-18
McHone, Mo
90Bra-16
91ProCBA-204
McHugh, Mike
87Mai*-2
McIlvaine, Jim
91Mar-5
92Mar-8
94Cla-38
94ClaG-38
94Fla-320
94Fle-382
94FouSp-32
94FouSpAu-32A
94FouSpG-32
94FouSpPP-32
94Hoo-399
94HooShe-17
94HooShe-18
94PacP-33
94PacPriG-33
94Sky-294
94SRTet-62
94SRTetS-62
94StaClu-318
94StaCluFDI-318
94StaCluMO-318
94StaCluSTNF-318
94Top-238
94TopSpe-238
94Ult-344
94UppDec-303
95Ima-28
95SRKro-25
95StaClu-261
95SupPix-32
95SupPixAu-32
95TedWil-37
96ColCho-334
96Fle-252
96Hoo-240
96Met-214
96MetPreM-214
96SP-105
96Ult-246
96UltGolE-G246
96UltPlaE-P246
96UppDec-297
McInnis, Jeff
96AllSpoPPaF-116
96ColEdgRR-29
96ColEdgRRD-29
96ColEdgRRG-29
96Hoo-302
96HooRoo-19
96PacPow-30
96PrePas-27
96PrePasNB-27
96PrePasS-27
96ScoBoaAB-44
96ScoBoaAB-44A
96ScoBoaAB-44B
96ScoBoaAB-44C
96ScoBoaBasRoo-45
96Sky-225
96SkyRub-224
McIntee, Willie
91SouCarCC*-135
McIntire, Bart
96Web StS-8
McIntire, Jocelyn
91Was-14
McIntosh, Aaron
94IHSBoyAST-221
McIntosh, David

85Vic-8
McIntosh, Doug
91UCLColC-76
McIntosh, John
89KenColC*-28
McIntosh, Kennedy
73SupShu-9
73Top-164
74Top-173
McIntosh, Lamont
89OreSta-11
McIntosh, Toddrick
92FloSta*-66
McIntyre, Jim
48TopMagP*-B5
McIntyre, John
88Mis-8
89Mis-9
90ProCBA-180
McIntyre, Rod
89JacCla-5
McIntyre, Stacy
90KenWomS-13
McKale, Pop (J.F.)
90AriColC*-118
McKay, Antonio
91GeoTecCC*-155
McKay, Geoff
85Vic-9
86Vic-7
88Vic-8
McKay, John CO
91SouCal*-89
McKay, Michael AUST
92AusFutN-9
92AusStoN-5
93AusFutN-6
93AusStoN-18
94AusFutN-4
94AusFutN-116
95AusFut3C-GC16
95AusFutN-57
96AusFutN-6
McKay, Mike
91ConLeg-10
McKay, Spencer
85Vic-10
86Vic-8
88Vic-9
McKeever, Mike
91SouCal*-8
McKenna, Charlie
94IHSBoyA3S-8
McKenna, Joey
90CleColC*-196
McKenna, Kevin
83Sta-163
90ProCBA-91
91ProCBA-120
McKenzie, Ken
92FloSta*-6
McKenzie, Kyle
88LSU*-5
McKenzie, Stan
68SunCarM-7
69SunCarM-5
70Top-52
71TraBlaT-6
72Top-84
73Top-32
McKernan, Matt
91SouCarCC*-124
McKey, Derrick
88Fle-109
89Fle-149
89Hoo-233
89PanSpaS-248
90Fle-180
90Hoo-281
90Hoo100S-90
90HooActP-145
90Fla-57
90HooTeaNS-24A
90HooTeaNS-24B
90HooTeaNS-24C
90HooTeaNS-24D
90PanSti-24
90Sky-270
90SupKay-3
90SupSmo-10
90SupTeal-5
91Fle-193
91FleTonP-11
91Hoo-201
91Hoo100S-93

91HooTeaNS-25
91PanSti-41
91Sky-272
91UppDec-361
92Fle-214
92Hoo-217
92Sky-232
92StaClu-76
92StaCluMO-75
92Top-27
92TopArc-95
92TopArcG-95G
92TopGol-27G
92Ult-173
92UppDec-235
93Fin-52
93FinRef-52
93Fle-200
93Fle-299
93Hoo-208
93HooFifAG-208
93JamSes-215
93JamSesTNS-3
93PanSti-63
93Sky-170
93Sky-234
93Sky-302
93StaClu-284
93StaCluFDI-284
93StaCluMO-284
93StaCluSTNF-284
93SupTacT-5A
93Top-26
93Top-325
93TopGol-26G
93TopGol-325G
93Ult-179
93Ult-260
93UppDec-133
93UppDec-356
93UppDecE-244
93UppDecS-127
93UppDecS-209
93UppDecSEC-127
93UppDecSEC-209
93UppDecSEG-127
93UppDecSEG-209
94ColCho-9
94ColChoGS-9
94ColChoSS-9
94Fin-90
94FinRef-90
94Fla-233
94Fle-91
94Hoo-85
94JamSes-79
94PanSti-56
94Sky-67
94SP-83
94SPDie-D83
94StaClu-86
94StaCluFDI-86
94StaCluMO-86
94StaCluSTDW-P86
94StaCluSTNF-86
94Top-24
94TopSpe-24
94Ult-75
94UppDec-319
94UppDecE-133
94UppDecSE-36
94UppDecSEG-36
95ColCho-143
95ColCholE-9
95ColCholJI-9
95ColCholSI-9
95ColChoPC-143
95ColChoPCP-143
95Fin-228
95FinRef-228
95Fla-57
95Fle-75
95FleEur-96
95Hoo-67
95Met-44
95MetSilS-44
95PanSti-113
95ProMag-55
95SkyE-X-33
95SkyE-XB-33
95SP-55
95SPCha-43
95StaClu-227
95Top-93

95TopGal-135
95TopGalPPI-135
95Ult-75
95UltGoIM-75
95UppDec-64
95UppDecEC-64
95UppDecECG-64
95UppDecSE-35
95UppDecSEG-35
96ColCho-64
96ColCholI-64
96ColCholJ-143
96ColChoM-M44
96ColChoMG-M44
96Fin-120
96FinRef-120
96Fle-45
96Hoo-67
96HooSil-67
96Met-41
96Sky-48
96SkyRub-48
96StaClu-45
96StaCluM-45
96Top-188
96TopChr-188
96TopChrR-188
96TopNBAa5-188
96Ult-45
96UltFulCT-8
96UltFulCTG-8
96UltGoIE-G45
96UltPlaE-P45
96UppDec-51
96UppDecGK-26
McKie, Aaron
94Cla-22
94ClaBCs-BC16
94ClaG-22
94ClaROYSw-10
94ColCho-341
94ColCho-393
94ColChoGS-341
94ColChoGS-393
94ColChoSS-341
94ColChoSS-393
94Emb-117
94EmbGoII-117
94Emo-82
94Fin-314
94FinRef-314
94Fla-294
94Fle-359
94FouSp-17
94FouSpC 17
94FouSpPP-17
94Hoo-367
94HooSch-9
94PacP-34
94PacPriG-34
94Sky-276
94SkyDraP-DP17
94SP-16
94SPDie-D16
94SPHol-PC26
94SPHoIDC-26
94SRGoIS-11
94SRTet-63
94SRTetS-63
94ClaClu 205
94StaCluFDI-285
94StaCluMO-285
94StaCluSTNF-285
94Top-314
94TopSpe-314
94TraBlaF-12
94UppDec-195
94UppDec-247
94UppDecRS-RS17
95ColCho-23
95ColCholE-341
95ColCholE-393
95ColCholEGS-393
95ColCholJGSI-174
95ColCholJI-174
95ColCholJI-341
95ColCholSI-122
95ColCholSI-174
95ColChoPC-23
95ColChoPCP-23
95Fin-196
95FinRef-196
95Fla-184
95Fle-152

95FleEur-191
95Ima-16
95Met-183
95PanSti-246
95Sky-198
95SP-110
95SRKro-11
95StaClu-21
95StaCluMOI-21
95SupPix-16
95SupPixAu-16
95SupPixC-16
95SupPixCG-16
95TedWil-38
95Top-99
95TraBlaF-4
95Ult-149
95UltGoIM-149
95UppDec-11
95UppDecEC-11
95UppDecECG-11
95UppDecSE-72
95UppDecSEG-72
96ColCho-130
96ColCholI-129
96ColCholJ-23
96ColChoM-M67
96ColChoMG-M67
96Hoo-128
96Met-79
96Sky-93
96SkyRub-93
96TopSupT-ST22
96Ult-236
96UltGoIE-G236
96UltPlaE-P236
96UppDec-100
McKinley, Troy
81KenSch-14
82KenSch-14
83KenSch-14
84KenSch-5
88KenColC-125
McKinney, Billy
81Top-W69
82NugPol-7
83Sta-128
McKinney, Bones (Horace)
48Bow-46
50BreforH-19
89NorCarCC-105
89NorCarCC-126
89NorCarSCC-61
McKinney, Charles
89OreSta 12
90OreSta-12
91OreSta-14
92OreSta-12
92OreSta-13
McKinney, Jack
77TraBlaP-NNO
McKinney, Jason
94IHSBoyAST-11
McKinney, PJ
94IHSBoyAST-342
McKinney, Rick
90AriStaCC*-193
McKinnie, Silas
94Mia-8
McKinnon, Adrion
89ProCBA-96
McLain, Katrina
92SpoIlIfKI*-444
McLaughlin, Eric
89ProCBA-133
McLaurin, Jamell
94IHSBoyAST-195
McLean, Bobby
33SpoKinR*-12
McLean, Jeff
91NorDak*-15
McLean, John
90FloStaCC*-18
McLean, Price
89KenColC*-158
McLemore, McCoy
68SunCarM-8
70Top-19
71Top-83
McLeod, Gordie
92AusFutN-21
McLeod, Kevin
92Mon-12
McLeod, Lisa

89Mon*-6
McLinden, Melissa
90AriColC*-77
McLinton, Darren
93JamMad-7
94JamMad-12
McMahan, Ronnie
95ClaBKR-88
95ClaBKRAu-88
95ClaBKRPP-88
95ClaBKRSS-88
McMahon, Jack
57Top-66
63Kah-7
64Kah-2
McMahon, Ronn
91ProCBA-86
McManus, Danny
90FloStaCC*-27
McMillan, Craig
84Ari-10
85Ari-11
86Ari-9
87Ari-9
McMillan, Denise
92Neb*-26
McMillan, Jerry
86DePPlaC-S2
McMillan, Nate
87Fle-75
88Fle-110
89Fle-150
89Hoo-192
89NorCarSCC-103
89NorCarSCC-104
89NorCarSCC-105
89PanSpaS-245
90Fle-181
90Hoo-282
90HooActP-144
90HooTeaNS-24A
90HooTeaNS-24B
90HooTeaNS-24C
90HooTeaNS-24D
90PanSti-19
90Sky-271A
90Sky-271B
90SupKay-11
90SupSmo-11
91Fle-361
91Hoo-441
91HooTeaNS-25
91Sky-273
91Sky-429
91UppDec-186
92Fle-215
92Hoo-218
92Sky-233
92StaClu-246
92StaCluMO-246
92Top-220
92Top-306
92TopGol-220G
92TopGol-306G
92Ult-174
92UppDec-291
93Fle-201
93Hoo-209
93HooFifAG-209
93JamSoc-216
93PanSti-64
93Sky-171
93StaClu-115
93StaCluFDI-115
93StaCluMO-115
93StaCluSTDW-S115
93StaCluSTNF-115
93SupTacT-1
93Top-357
93TopGol-357G
93Ult-180
93UppDec-293
93UppDecS-60
93UppDecSEC-60
93UppDecSEG-60
94ColCho-147
94ColChoGS-147
94ColChoSS-147
94Fin-212
94FinRef-212
94Fla-142
94Fle-214
94FleAll-7
94FleLeaC-2

94FleTotD-2
94Hoo-202
94Hoo-258
94Hoo-450
94HooPre-P7
94HooShe-14
94JamSes-180
94PanSti-209
94Sky-156
94SP-154
94SPDie-D154
94StaClu-189
94StaCluFDI-189
94StaCluMO-189
94StaCluMO-SS10
94StaCluSS-10
94StaCluSTNF-189
94Top-135
94TopOwntG-18
94TopSpe-135
94Ult-178
94UppDec-97
94UppDecPAW-H13
94UppDecPAWR-H13
94UppDecSE-172
94UppDecSEG-172
95ColCho-31
95ColCholE-147
95ColCholJI-147
95ColCholSI-147
95ColChoPC-31
95ColChoPCP-31
95Fin-197
95FinRef-197
95Fla-127
95Fle-179
95FleEur-219
95FleEurA-3
95FleEurLL-4
95Hoo-154
95JamSes-100
95JamSesDC-D100
95Met-102
95MetSiIS-102
95PanSti-266
95Top-25
95Top-74
95TopPowB-25
95Ult-173
95UltGoIM-173
95UppDec-29
95UppDecEC-29
95UppDecECG-29
95UppDecSE-84
95UppDecSEG-84
96ColCho-143
96ColCholI-146
96ColCholJ-31
96ColChoM-M86
96ColChoMG-M86
96Fin-192
96FinRef-192
96Hoo-148
96Sky-188
96SkyAut-50
96SkyAuIB-50
96SkyRub-188
96StaClu-127
96Top-127
96TopChr-127
96TopChrR-127
96TopNBAa5-127
96Ult-247
96UltGoIE-G247
96UltPlaE-P247
96UppDec-115
McMillen, Denise
93Neb*-21
McMillen, Tom
77Top-66
78HawCok-11
79HawMajM-11
81Top-E70
83Sta-213
84Sta-193
85Sta-113
McMillian, Jim
71Top-41
72Top-89
73LinPor-30
73NBAPlaA-19
73Top-4
74BraBufL-3
74Top-38

75CarDis-21
75Top-27
76Top-9
77Top-107
78Top-88
91UppDecS-7
McMillon, Billy
92CleSch*-5
McMillon, Shellie
61HawEssM-11
85Bra-H10
McMillon, Tiger
92FloSta*-67
McMinn, Glenn
90AriStaCC*-190
McMullen, Mitch
89ProCBA-125
McNair, Lailee
73NorCarPC-12H
McNamara, Mark
83Sta-248A
83Sta-248B
84Sta-70
89Hoo-289
90Hoo-158
90Hoo-434
90Sky-139
90Sky-402
McNamara, Reggie
33SpoKinR*-15
McNamara, Rob
88LSUAll*-16
McNary, Cornelius
92Pur-8
93Pur-11
McNeal, Chris
90Pit-5
93Cla-51
93ClaF-46
93ClaG-51
93FouSp-44
93FouSpG-44
McNeil, Johnny
88GeoTec-6
89GeoTec-12
91GeoTecCC*-135
McNeil, Lori
91OkIStaCC*-74
McNeil, Patrick
92FloSta*-68
McNeil, Rodney
86SouLou*-11
McNeill, Larry
73KinLin-7
73LinPor-66
75Top-142
McNulty, Jean
89Mon*-7
McPhail, Ivan
94IHSBoyAST-28
McQueen, Andy
91DavLip-15
92DavLip-15
McQueen, Anwar
94Cal-9
McQueen, Cozell
91WilCar-11
McQueen, Derrick
88WakFor-10
McRae, Conrad
89Syr-8
93Cla-52
93ClaF-48
93ClaG-52
93FouSp-45
93FouSpG-45
McReynolds, Kevin
91ArkColC*-4
McSwain, Chuck
90CleColC*-64
McSwain, Mark
83Lou-9
88LouColC-33
88LouColC-125
88LouColC-174
88LouColC-180
89LouColC*-37
89LouColC*-255
McSween, Don
90MicStaC2*-196
McSweeney, Bryan
89NorCarCC-174
McWilliams, David
90Tex*-27

Meadors, Marynell
  92FloSta*-26
Meagher, Mary T.
  87Ken*-14
  96UppDecUOC-8
Medlin, Phil
  88WakFor-11
Mee, Darnell
  93Cla-94
  93ClaF-76
  93ClaG-94
  93Fle-277
  93FouSp-82
  93FouSpG-82
  93Hoo-327
  93HooFifAG-327
  93Sky-216
  93Sky-298
  93StaClu-235
  93StaCluFDI-235
  93StaCluMO-235
  93StaCluSTNF-235
  93Top-315
  93TopGol-315G
  93Ult-237
  93UppDec-350
  94ColCho-77
  94ColChoGS-77
  94ColChoSS-77
  94Fle-275
  94Ima-22
  94Top-293
  94TopSpe-293
  95ColCholE-77
  95ColCholJI-77
  95ColCholSI-77
Meekins, Doug
  91Was-6
  91Was-4
Meeks, Bryant
  91SouCarCC*-187
Meeks, Eric
  90AriColC*-27
Meeks, Erik
  95ClaBKR-39
  95ClaBKRAu-39
  95ClaBKRPP-39
  95ClaBKRSS-39
  95ClaBKV-39
  95ClaBKVE-39
  95PacPreGP-37
  96PacPreGP-37
  96PacPri-37
Meeks, Ewin
  94IHSBoyAST-29
Meeks, Jamal
  91IndMagI-10
Meely, Cliff
  72Top-46
  73Top-84
  74Top-36
  75Top-32
Meents, Scott
  90SupKay-2
  90SupSmo-12
Meers, Scott
  94IHSBoyAST-164
Meggett, Bill
  71Glo84-37
  71Glo84-59
  71Glo84-60
  71GloCocP2-5
Meggos, Todd
  94IHSBoyA3S-31
Meier, Whitney
  91NorDak*-1
Meilinger, Steve
  89KenColC*-141
Meiman, Joe
  89LouColC*-73
Meineke, Don
  57Top-21
Meinen, Dutch
  85Bra-S4
Melchionni, Bill
  71Top-151
  71Top-199
  71TopTri-7A
  72Top-225
  72Top-253
  72Top-264
  73Top-239
  73Top-249
  75Top-291

Melchionni, Gary
  74SunTeal8-5
  74Top-71
  75Top-21
Melchiorre, Gene
  85Bra-H111
Melling, Ryan
  94IHSBoyAST-190
Mellon, Donald
  80Ari-11
  81Ari-11
Melnik, Faina
  76PanSti-144
  77SpoSer1*-106
Melvin, Johnny
  92UTE-5
Meminger, Dean
  72Top-88
  73LinPor-93
  73Top-93
  74Top-23
  75CarDis-22
  75Top-116
  75Top-152
  82TCMCBA-40
Mendelson, Phil
  88WicSta-8
Menegazz, Paul
  91GeoTecCC*-82
Mengelt, John
  72Top-146
  73Top-3
  74Top-58
  75Top-12
  75Top-121
  77BulWhiHP-6
  77Top-101
  78Top-53
  79BulPol-15
  80Top-28
  80Top-101
Menke, Bob
  87IndGreI-11
Mennea, Pietro
  76PanSti-101
Menser, Josh
  94IHSBoyA3S-55
  94IHSBoyA3S-55
Mensik, Farah
  94TexAaM-16
Merchaint, Brandon
  94IHSBoyASD-51
Mercier, Tim
  91GeoColC-86
Meriweather, Joe
  76Top-37
  79Top-69
  80Top-62
  80Top-150
  83Sta-220
  84Sta-275
Merlie, Tony
  94IHSBoyA3S-33
Merlino, Laurie
  91Was-15
Merna, John
  90FloStaCC*-46
Merrett, Diane
  90Tex*-28
Merrick, Joe
  94IHSBoyAST-88
Merrill, Gretchen
  48ExhSpoC-36
Merriman, Christian
  94IHSBoyAST-165
Merriman, Patrick
  94IHSBoyAST-166
Merritt, Brent
  91Was-7
Merritt, Reggie
  94ArkTic-3
Merten, Joe
  81TCMCBA-63
  82TCMCBA-75
Mescan, Linda
  91SouCarCC*-40
Meschery, Tom
  61Fle-31
  69SupSunB-5
  69Top-19
  70SupSunB-7
  70Top-99
Meseroll, Mark
  90FloStaCC*-114

Mesich, Rick
  85Vic-11
  88Vic-10
Messier, Mark
  93CosBroPC*-11
Messier, Mitch
  90MicStaCC2*-187
Meyer, Don
  91DavLip-30
  92DavLip-30
Meyer, Heidi
  91NorDak*-10
Meyer, Jerry
  91DavLip-8
  92DavLip-8
Meyer, Joey
  86DePPlaC-C13
  86DePPlaC-S5
Meyer, Loren
  95ClaBKR-22
  95ClaBKR-116
  95ClaBKRAu-22
  95ClaBKRPP-22
  95ClaBKRPP-116
  95ClaBKRSS-22
  95ClaBKRSS-116
  95ClaBKV-22
  95ClaBKVE-22
  95Col-11
  95Col-38
  95Col-91
  95ColCho-318
  95ColChoPC-318
  95ColChoPCP-318
  95Fin-134
  95FinVet-RV24
  95FivSp-22
  95FivSpD-22
  95Fla-209
  95Fle-299
  95Hoo-258
  95PacPreGP-31
  95SRAut-24
  95SRDraD-37
  95SRDraDSig-37
  95SRFam&F-24
  95SRSigPri-24
  95SRSigPriS-24
  95SRTet-24
  95StaClu-322
  95Top-213
  95TopDraR-24
  95Ult-278
  95UppDec-279
  95UppDecEC-279
  95UppDecECG-279
  96ColCho-37
  96ColCholI-318
  96ColCholJ-318
  96ColLif-L6
  96PacPreGP-31
  96PacPri-31
  96UppDec-28
  96UppDec-141
Meyer, Marge
  86DePPlaC-H12
Meyer, Ray
  77SpoSer1*-10202
  86DePPlaC-D8
  86DePPlaC-D11
  86DePPlaC-H1
  86DePPlaC-H12
  86DePPlaC-S5
  90NotDam-47
  92CenCou-40
  93ActPacHoF-54
  95ActPacHoF-17
Meyer, Tom
  86DePPlaC-C9
Meyers, Ann
  77SpoSer1*-10304
  91UCLColC-110
  92SpoIllfKI*-316
  92TopStaoS*-9
  93ActPacHoF-66
  94FlaUSA-116
Meyers, Dave
  76BucPlaC-C7
  76BucPlaC-D8
  76BucPlaC-H8
  76BucPlaC-S7
  76Top-122
  77BucActP-8
  77Top-76

  78Top-8
  79BucPol-7
  91UCLColC-47
Meyers, Doug
  94IHSBoyAST-59
Meyers, Ed
  81Geo-15
Meyers, Paul
  84Neb*-21
  85Neb*-32
Meyfarth, Ulrike
  76PanSti-131
Miasek, Stan
  48Bow-40
  50BreforH-20
Michael, Tom
  92Ill-11
Michaels, Lou
  89KenColC*-132
Michaelson, Joe
  90LSUColC*-124
Michalik, Julius
  95ClaBKR-38
  95ClaBKRAu-38
  95ClaBKRPP-38
  95ClaBKRSS-38
  95Col-80
  95Col-91
  95SRDraD-12
  95SRDraDSig-12
Micheaux, Larry
  83Sta-221
  84Sta-133
  84Sta-245
  85BucCarN-10
Michel, J.M.
  96PenSta*-13
Miciotto, Binks
  90LSUColC*-123
Mickal, Abe
  90LSUColC*-104
Mickeal, Pete
  94IHSBoyAST-174
Mickens, Darrell
  91WilCar-116
Micoud, Eric
  92Geo-13
  93Geo-7
Middlebrooks, Levy
  91ProCBA-6
Middlecoff, Cary
  57UniOilB*-42
Middleton, Darryl
  87Bay*-5
Miez, Georges
  76PanSti-48
Miglinieks, Raimonds
  96ScoBoaBasRoo-56
Miguel, Niguel
  91UCLColC-95
Mihn, Pat
  91SouCarCC*-121
Mikan, Ed
  86DePPlaC-H7
Mikan, George L.
  48Bow-69
  48ExhSpoC-37
  48KelPep*-16
  50BreforE-4
  50BreforH-21
  50LakSco-9
  51Whe*-3
  52RoyDes-6
  52Whe*-21A
  52Whe*-21B
  68HalofFB-31
  77SpoSer5*-5415
  81TCMNBA-3
  86DePPlaC-H5
  86DePPlaC-H9
  92CenCou-1
  92CenCou-PD1
  92CouFla-26
  95TedWilCon-C7
  95TedWilE-EC7
  96TopFinR-30
  96TopFinRR-30
  96TopNBAS-30
  96TopNBAS-80
  96TopNBAS-130
  96TopNBASF-30
  96TopNBASF-130
  96TopNBASF-80
  96TopNBASF-130
  96TopNBASFAR-30

  96TopNBASFAR-80
  96TopNBASFAR-130
  96TopNBASFR-30
  96TopNBASFR-80
  96TopNBASFR-130
  96TopNBASI-I17
  96TopNBASR-30
  96TopNBASRA-30
Mikes, David
  94IHSBoyA3S-24
Mikez, Joseph
  55AshOil-68
Mikhailin, Nikolai
  76PanSti-269
Mikkelsen, Vern
  50LakSco-10
  57Top-28
  81TCMNBA-8
Milburn, Bryan
  90KenProI-10
Milchin, Mike
  90CleColC*-32
Miles, Barron
  94Neb*-10
Miles, Dick
  48ExhSpoC-38
Miles, Eddie
  69NBAMem-10
  69Top-21
  70Top-159
  71Top-44
Miley, Mike
  90LSUColC*-120
Milford, Lance
  90NewMex-10
  91NewMex-14
  92NewMex-11
Milhoan, John
  84MarPlaC-C13
Milholland, Todd
  91VanSch-2
Milhorn, Pete
  91UCLColC-138
Millard, Russ
  91Iow-8
  92Iow-7
  93Iow-5
  96PacPow-31
  96ScoBoaBasRoo-78
Millen, Kevin
  91Geo-11
  92Geo-15
  93Geo-9
  94Geo-7
Miller, Alex
  94IHSBoyAST-152
Miller, Angie
  84Neb*-19
Miller, Anthony
  94Cla-9
  94ClaG-9
  94ColCho-353
  94ColChoGS-353
  94ColChoSS-353
  94Fla-242
  94Fle-309
  94FouSpAu-39A
  94FouSpG-39
  94FouSpPP-39
  94Hoo-340
  94HooSch-11
  94Sky-245
  94Top-351
  94TopSpe-351
  94Ult-274
  94UppDec-338
  95ColCholE-353
  95ColCholJI-353
  95ColCholSI-134
  95FleClaE-8
  95SRKro-31
  95SupPix-51
  95TedWil-39
  95TedWilWU-WU4
  95Top-187
  95UppDec-229
  95UppDecEC-229
  95UppDecECG-229
Miller, Blake
  90MicStaCC2*-91
Miller, Brian
  89LouColC*-189
Miller, Brian HS

94IHSBoyASD-57
Miller, Charles
80Ari-12
81Ari-12
Miller, Charlie
94Ind-11
Miller, Cheryl
93KelColGP-5
94UppDecU-89
94UppDecUGM-89
96ClaLegotFF-2
Miller, Dencil
55AshOil-80
Miller, Derek
88KenSovPI-17
Miller, Derrick
88KenBigB-5
89KenBigB-27
89KenBigB-35
Miller, Dick
85Bra-S6
Miller, Ed
54BulGunB-9
Miller, Ferrel
55AshOil-81
Miller, Fred
90LSUColC*-160
Miller, Glen
92Con-15
93Con-16
Miller, Jack
91ProCBA-96
Miller, Johnny MemSt.
93MemSta-13
Miller, Johnny Quaker
54QuaSpoO*-1
Miller, Jonathan
90HooAnn-39
Miller, Kelly
90MicStaCC2*-145
Miller, Kenny
91ProCBA-26
Miller, Kent
91UCLColC-135
Miller, Kevin
89LouColC*-195
Miller, Kip
90MicStaCC2*-144
90MicStaCCP*-10
Miller, Kurt
88NewMex-10
89NewMex-12
90NewMex-11
Miller, Lance
93Cla-53
93ClaF-50
93ClaG-53
93FouSp-46
93FouSpG-46
Miller, Larry
71Top-208
72Top-188
73NorCarPC-12C
73Top-252
74Top-213
89NorCarCC-24
89NorCarCC-25
89NorCarCC-26
89NorCarCC-27
89NorCarCC-106
90NorCarCC*-125
90NorCarCC*-130
90NorCarCC*-155
Miller, Lindy
91OklStaCC*-91
Miller, Marianne
94TexAaM-12
Miller, Melissa
90CleWom-9
Miller, Mike Clem.
92CleSch*-6
Miller, Mike Ft.H
85ForHayS-13
Miller, Oliver
89Ark-23
91SMaj-25
91ArkColC-12
92Cla-49
92ClaGol-49
92Fle-413
92FouSp-44
92FouSpGol-44
92FroR-44
92Hoo-453

92Sky-391
92SkyDraP-DP22
92StaClu-319
92StaCluMO-319
92StaPic-19
92SunTopKS-10
92Top-227
92TopGol-227G
92Ult-341
92UppDec-325
92UppDec-477
93Fin-85
93FinRef-85
93Fle-170
93FleRooS-15
93FleTowOP-16
93Hoo-174
93HooFifAG-174
93HooGolMB-35
93HooShe-5
93JamSes-182
93JamSesSYS-4
93PanSti-40
93Sky-8
93Sky-148
93SkySch-33
93Sta-32
93Sta-36
93Sta-49
93Sta-61
93Sta-76
93StaClu-295
93StaCluFDI-295
93StaCluMO-295
93StaCluSTNF-295
93Top-289
93TopGol-289G
93Ult-151
93UltPowITK-4
93UppDec-182
93UppDec-188
93UppDec-258
93UppDec-456
93UppDec-505
93UppDecS-38
93UppDecS-205
93UppDecS-2
93UppDecSEC-38
93UppDecSEC-205
93UppDecSEG-38
93UppDecSEG-205
94ColCho-293
94ColChoGS-293
94ColChoSS-293
94Emb-29
94EmbGolI-29
94Fin-311
94FinRef-311
94Fla-215
94Fle-181
94Fle-283
94Hoo-172
94Hoo-323
94HooShe-8
94HooSupC-SC38
94JamSes-58
94PanSti-180
94Sky-133
94Sky-227
94SP-68
94SPDie-D68
94StaClu-288
94StaCluFDI-288
94StaCluMO-288
94StaCluSTNF-288
94Top-372
94TopOwntG-19
94TopSpe-372
94Ult-152
94Ult-242
94UppDec-285
94UppDecE-96
94UppDecSE-71
94UppDecSEG-71
95ColCho-15
95ColCho-191
95ColChoDT-T22
95ColChoDTPCP-T22
95ColChoIE-293
95ColChoIJI-293
95ColChoISI-74
95ColChoPC-15
95ColChoPC-191

95ColChoPCP-15
95ColChoPCP-191
95Fin-43
95FinDisaS-DS26
95FinRef-43
95Fla-133
95Fla-194
95Fle-54
95Fle-262
95FleEur-70
95Hoo-49
95Hoo-341
95HooBloP-1
95JamSes-105
95JamSesDC-D105
95Met-106
95Met-197
95MetSilS-106
95PanSti-133
95Sky-204
95SP-128
95StaClu-126
95StaClu-229
95StaCluMOI-126B
95StaCluMOI-126R
95Top-168
95Top-197
95TopGal-62
95TopGalPG-PG6
95TopGalPPI-62
95Ult-180
95Ult-248
95UltGolM-180
96ColCho-149
96ColCho-191
96ColCholI-44
96ColCholI-191
96ColCholJ-15
96ColCholJ-191
96ColChoM-M49
96ColChoMG-M49
96Fin-272
96FinRef-272
96Fle-172
96FleS-9
96Hoo-151
96HooStaF-6
96SkyZ-F-107
96StaClu-72
96StaCluM-72
96StaCluWA-WA24
96Ult-171
96UltGolE-G148
96UltGolE-G171
96UltPIaE-P140
96UltPIaE-P171
Miller, Paul
90NorCarCC*-191
Miller, Purvis
81TCMCBA-44
82TCMCBA-58
Miller, Reggie
88Fle-57
89Fle-65
89Hoo-29
89PanSpaS-106
89SpoIllfKI*-145
90Fle-78
90Hoo-7
90Hoo-135
90Hoo-365
90Hoo100S-40
90HooActP-74
90HooAllP-1
90HooCol-7
90HooTeaNS-11
90PanSti-111
90Sky-117
91Fle-83
91Fle-226
91FleTonP-19
91FleWheS-1
91Hoo-84
91Hoo-303
91Hoo-308
91Hoo-469
91Hoo100S-39
91HooMcD-17
91HooTeaNS-11
91LitBasBL-23
91PanSti-131
91Sky-114
91Sky-469

91Sky-596
91SkyCanM-21
91SkyPro-114
91StaPic-20
91UppDec-90
91UppDec-256
92Fle-91
92FleDra-21
92FleSha-1
92FleTeaL-11
92FleTeaNS-5
92FleTonP-38
92Hoo-92
92Hoo100S-37
92PanSti-145
92Sky-97
92Sky-292
92SkyNes-24
92SpoIllfKI*-336
92StaClu-357
92StaCluBT-7
92StaCluMO-357
92StaCluMO-BT7
92Top-193
92Top-215
92TopArc-67
92TopArcG-67G
92TopBeaT-1
92TopBeaTG-1
92TopGol-193G
92TopGol-215G
92Ult-78
92UppDec-123
92UppDecE-57
92UppDecM-P18
92UppDecMH-11
92UppDecS-9
92UppDecTM-TM12
93Fin-11
93Fin-106
93FinMaiA-11
93FinRef-11
93FinRef-106
93Fle-85
93FleNBAS-12
93Hoo-87
93HooFifAG-87
93HooProP-NNO
93JamSes-89
93JamSesTNS-3
93PanSti-119
93Sky-85
93SkyShoS-SS10
93SkyUSAT-11
93StaClu-306
93StaCluBT-6
93StaCluFDI-306
93StaCluMO-306
93StaCluMO-BT6
93StaCluSTNF-306
93Top-57
93Top-133
93Top-187
93TopGol-57G
93TopGol-133G
93TopGol-187G
93Ult-81
93Ult-M1
93UppDec-178
93UppDec-195
93UppDec-309
93UppDecE-173
93UppDecFM-22
93UppDecH-H11
93UppDecPV-5
93UppDecS-53
93UppDecSEC-53
93UppDecSEG-53
93UppDecSUT-23
93UppDecTM-TM11
93UppDecWJ-195
94ColCho-31
94ColCho-176
94ColCho-382
94ColChoCtGS-S6
94ColChoCtGSR-S6
94ColChoGS-31
94ColChoGS-382
94ColChoSS-31
94ColChoSS-176
94ColChoSS-382
94Emb-41
94EmbGolI-41

94Emo-40
94Fin-155
94Fin-235
94FinCor-CS10
94FinRef-155
94FinRef-235
94Fla-62
94Fla-166
94FlaHotN-9
94FlaUSA-57
94FlaUSA-58
94FlaUSA-59
94FlaUSA-60
94FlaUSA-61
94FlaUSA-62
94FlaUSA-63
94FlaUSA-64
94Fle-92
94FleSha-5
94FleTeaL-4
94FleTriT-5
94Hoo-86
94Hoo-252
94Hoo-255
94HooMagC-11
94HooPowR-PR22
94HooSupC-SC20
94JamSes-80
94JamSesFS-4
94PanSti-57
94ProMag-52
94Sky-68
94Sky-183
94Sky-320
94SkySlaU-SU15
94SkyUSA-73
94SkyUSA-74
94SkyUSA-75
94SkyUSA-76
94SkyUSA-77
94SkyUSA-78
94SkyUSADP-DP13
94SkyUSAG-73
94SkyUSAG-74
94SkyUSAG-75
94SkyUSAG-76
94SkyUSAG-77
94SkyUSAG-78
94SkyUSAOTC-3
94SkyUSAP-PT13
94SPCha-11
94SPCha-70
94SPChaDC-11
94SPChaDC-70
94SPChaPH-P5
94SPChaPHDC-P5
94SPDie-D81
94StaClu-107
94StaClu-144
94StaClu-328
94StaClu-353
94StaClu-NNO
94StaCluBT-11
94StaCluCC-11
04StaCluDI-107
94StaCluFDI-144
94StaCluFDI-328
94StaCluFDI-353
94StaCluMO-107
94StaCluMO-144
94StaCluMO-328
94StaCluMO-353
94StaCluMO-BT11
94StaCluMO-CC11
94StaCluMO-SS6
94StaCluMO-NNO
94StaCluSS-6
94StaCluSTDW-P144
94StaCluSTNF-107
94StaCluSTNF-144
94StaCluSTNF-328
94StaCluSTNF-353
94Top-146
94Top-310
94TopSpe-146
94TopSpe-310
94Ult-76
94UltDouT-5
94UppDec-126
94UppDec-175
94UppDecE-148
94UppDecE-195
94UppDecSE-127

94UppDecSEG-127
94UppDecU-37
94UppDecU-38
94UppDecU-39
94UppDecU-40
94UppDecU-41
94UppDecU-42
94UppDecUCT-CT7
94UppDecUFYD-8
94UppDecUGM-37
94UppDecUGM-38
94UppDecUGM-39
94UppDecUGM-40
94UppDecUGM-41
94UppDecUGM-42
95ColCho-157
95ColCho-176
95ColCho-331
95ColCho-359
95ColChoCtG-C24
95ColChoCtGA-C21
95ColChoCtGA-C21B
95ColChoCtGA-C21C
95ColChoCtGAG-C21
95ColChoCtGAG-C21B
95ColChoCtGAG-C21C
95ColChoCtGAGR-C21
95ColChoCtGASR-C21
95ColChoCtGS-C24
95ColChoCtGS-C24B
95ColChoCtGS-C24C
95ColChoCtGSG-C24
95ColChoCtGSG-C24B
95ColChoCtGSG-C24C
95ColChoCtGSGR-C24
95ColCholE-31
95ColCholE-176
95ColCholE-382
95ColCholEGS-382
95ColCholJGSI-163
95ColCholJI-31
95ColCholJI-176
95ColCholJI-163
95ColCholSI-31
95ColCholSI-176
95ColCholSI-163
95ColChoPC-157
95ColChoPC-176
95ColChoPC-331
95ColChoPC-359
95ColChoPCP-157
95ColChoPCP-176
95ColChoPCP-331
95ColChoPCP-359
95Fin-31
95FinDisaS-DS11
95FinMys-M14
95FinMysB-M14
95FinMysBR-M14
95FinRef-31
95FinVet-RV23
95Fla-58
95Fla-239
95FlaPerP-7
95FlaPlaM-4
95Fle-76
95Fle-330
95FleAll-5
95FleEur-97
95FleEurTT-1
95FleFlaHL-11
95FleTotO-4
95FleTotOHP-4
95Hoo-68
95Hoo-213
95Hoo-245
95HooNumC-16
95HooSla-SL20
95JamSes-45
95JamSesDC-D45
95JamSesSS-6
95Met-45
95MetSiIS-45
95MetSiIS-5
95PanSti-115
95ProMag-51
95ProMagDC-12
95ProMagUB-5
95Sky-51
95Sky-259
95SkyDyn-D7
95SkyE-X-34
95SkyE-XB-34
95SkyE-XU-10

95SkySta-S6
95SkyUSAB-U4
95SP-56
95SPAII-AS10
95SPAIIG-AS10
95SPCha-44
95SPCha-128
95SPChaCotC-C11
95SPChaCotCD-C11
95StaClu-31
95StaCluBT-BT4
95StaCluMO5-12
95StaCluMOI-31
95StaCluMOI-N8
95StaCluMOI-BT4
95StaCluN-N8
95StaCluSS-SS3
95Top-31
95TopGal-3
95TopGalE-EX3
95TopSpaP-SP3
95TopWorC-WC4
95Ult-76
95Ult-325
95UltAll-12
95UltAllGM-12
95UltGolM-76
95UltScoK-6
95UltScoKHP-6
95UltUSAB-4
95UppDec-179
95UppDec-270
95UppDec-319
95UppDec-350
95UppDecAC-AS2
95UppDecEC-179
95UppDecEC-270
95UppDecEC-319
95UppDecEC-350
95UppDecECG-179
95UppDecECG-270
95UppDecECG-319
95UppDecECG-350
95UppDecSE-36
95UppDecSEG-36
96BowBes-45
96BowBesAR-45
96BowBesR-45
96ColCho-257
96ColCho-365
96ColCho-377
96ColChoCtGS1-C11A
96ColChoCtGS-C11B
96ColChoCtGS1R-R11
96ColChoCtGS1RG-R11
96ColChoCtGSG1-C11A
96ColChoCtGSG1-C11B
96ColCholI-65
96ColCholI-176
96ColCholI-121
96ColCholI-149
96ColCholJ-157
96ColCholJ-176
96ColCholJ-331
96ColCholJ-359
96ColCholSEH-H4
96ColChoM-M102
96ColChoMG-M102
96ColChoS2-S11
96Fin-30
96Fin-141
96Fin-270
96FinRef-30
96FinRef-141
96FinRef-270
96FlaSho-A18
96FlaSho-B18
96FlaSho-C18
96FleShoLC-18
96FleShoLC-B18
96FleShoLC-C18
96Fle-46
96Fle-130
96Fle-291
96FleS-15
96FleSwiS-9
96FleThrS-11
96FleUSA-4
96FleUSA-14
96FleUSA-24
96FleUSA-34
96FleUSA-44
96FleUSAH-4
96Hoo-68

96Hoo-322
96Hoo-339
96HooHIP-H9
96HooHotL-13
96HooSil-68
96HooStaF-11
96Met-42
96Met-129
96MetCyb-CM10
96Sky-49
96Sky-250
96SkyE-X-27
96SkyE-XC-27
96SkyRub-49
96SkyRub-250
96SkySta-SO4
96SkyUSA-4
96SkyUSA-14
96SkyUSA-24
96SkyUSA-34
96SkyUSA-44
96SkyUSA-59
96SkyUSA-5
96SkyUSAB-B4
96SkyUSABS-B4
96SkyUSAG-G4
96SkyUSAGS-G4
96SkyUSAQ-Q4
96SkyUSAQ-Q13
96SkyUSAQ-Q15
96SkyUSAS-S4
96SkyUSASS-S4
96SkyZ-F-38
96SkyZ-F-184
96SkyZ-FV-V7
96SkyZ-FZ-38
96SP-45
96SPx-20
96SPxGol-20
96StaClu-105
96StaCluF-F14
96StaCluGPPI-3
96StaCluSM-SM7
96StaCluTC-TC11
96Top-201
96TopChr-201
96TopChrR-201
96TopHobM-HM18
96TopHolC-HC6
96TopHolCR-HC6
96TopMysF-M22
96TopMysFB-M22
96TopMysFBR-M22
96TopMysFBR-M22
96TopNBAa5-201
96TopSupT-ST11
96Ult-46
96UltCouM-13
96UltGolE-G46
96UltPlaE-P46
96UltScoK-11
96UltScoKP-11
96UppDec-52
96UppDec-146
96UppDec-341
96UppDecPS2-P6
96UppDecPTVCR2-TV6
96UppDecU-13
96UppDecU-14
96UppDecU-15
96UppDecU-16
96UppDecU-52
96UppDecU-40
96UppDecUFYD-F4
96UppDecUFYDES-FD3
96UppDecUSCS-S4
96UppDecUSCSG-S4
96UppDecUTWE-W3
Miller, Rick
90MicStaCC2*-104
Miller, Sean
89Pit-7
90Pit-7
92Cla-68
92ClaGol-68
92SPDie-D53
92FouSp-58
92FouSpGol-58
92FroR-45
Miller, Terry
91OklStaCC*-14
Miller, Tony
91Mar-6
92Mar-9
94Mar-11

Milligan, Laurie
94TenWom-9
Million, Doug
94Ass-64
94Ass-89
94AssPhoCOM-37
94ClaAssSS*-38
Mills, Chris
88KenBigB-2
88KenBigB-6
88KenBigB-9
88KenSovPI-16
89Ari-6
89KenBigBTot8-48
90Ari-4
93CavNicB-8
93Cla-54
93ClaF-51
93ClaG-54
93Fin-133
93FinRef-133
93Fle-266
93FouSp-47
93FouSpCDSt-DS47
93FouSpG-47
93FouSpPPBon-PP7
93Hoo-318
93HooFifAG-318
93JamSes-40
93Sky-212
93Sky-296
93SkyDraP-DP22
93SkySch-34
93StaClu-30
93StaClu-272
93StaClu-277
93StaCluFDI-30
93StaCluFDI-272
93StaCluFDI-277
93StaCluMO-30
93StaCluMO-272
93StaCluMO-277
93StaCluSTNF-30
93StaCluSTNF-272
93StaCluSTNF-277
93Top-148
93TopGol-148G
93Ult-38
93Ult-228
93UltAIIS-10
93UppDec-160
93UppDec-343
93UppDecRS-RS8
93UppDecS-125
93UppDecS-192
93UppDecSEC-125
93UppDecSEC-192
93UppDecSEG-125
93UppDecSEG-192
94Cla-11
94ClaG-11
94ColCho-124
94ColChoGS-124
94ColChoSS-124
94Emo-16
94Fin-98
94Fin-152
94FinRef-98
94FinRef-152
94Fla-200
94Fle-41
94FleRooS-17
94Hoo-35
94Ima-84
94JamSes-35
94PanSti-41
94ProMag-23
94Sky-31
94Sky-193
94SkyRagR-RR4
94SkySkyF-SF15
94SP-53
94SPCha-45
94SPChaDC-45
94SPDie-D53
94StaClu-44
94StaCluFDI-44
94StaCluMO-44
94StaCluSTNF-44
94Top-81
94TopSpe-81
94TopSupS-7
94Ult-35
94UppDec-98

94UppDecE-2
94UppDecSE-105
94UppDecSEG-105
94UppDecSEJ-5
95ColCho-222
95ColCholE-124
95ColCholJI-124
95ColCholSI-124
95ColChoPC-222
95ColChoPCP-222
95Fin-86
95FinDisaS-DS5
95FinRef-86
95Fla-21
95Fle-29
95FleEur-42
95Hoo-28
95Met-137
95PanSti-95
95ProMag-24
95Sky-21
95SP-27
95SPCha-20
95StaClu-281
95TedWil-84
95Top-129
95TopGal-92
95TopGalPPI-92
95Ult-32
95UltGolM-32
95UppDec-97
95UppDecEC-97
95UppDecECG-97
95ColCho-225
96ColChoII-19
96ColCholJ-222
96ColChoM-M175
96ColChoMG-M175
96Fin-95
96FinRef-95
96Fle-18
96FleAusS-2
96Hoo-29
96HooSil-29
96HooStaF-5
96Met-18
96Sky-22
96SkyAut-51
96SkyAutB-51
96SkyE-X-13
96SkyE-XC-13
96SkyRub-22
96SPx-9
96SPxGol-9
96StaClu-104
96Top-135
96TopChr-135
96TopChrR-135
96TopNBAa5-135
96Ult-21
96UltGolE-G21
96UltPlaE-P21
96UppDec-200
Mills, Dave
61UniOil-6
86DePPlaC-C11
Mills, Don
88KenColC-73
88KenColC-231
Mills, Jocelyn
90KenWomS-14
Mills, Ray
55AshOil-21
89KenColC*-52
Mills, Sherron
93Cla-95
93ClaF-78
93ClaG-95
93FouSp-83
93FouSpG-83
94Ima-10
Mills, Terry KY
88KenColC-99
Mills, Terry Mich.
88Mic-7
89Mic-8
90StaPic-44
91Fle-324
91Hoo-401
91HooTeaNS-17
91Sky-184
91UppDec-289
92Fle-145
92Fle-334

92Hoo-149
92Hoo-381
92Sky-157
92StaClu-235
92StaCluMO-235
92Top-369
92TopGol-369G
92Ult-258
92UppDec-292
92UppDec-349
93Fin-60
93FinRef-60
93Fle-61
93Hoo-63
93HooFifAG-63
93HooShe-2
93JamSes-63
93JamSesTNS-2
93PanSti-171
93Sky-68
93StaClu-232
93StaCluFDI-232
93StaCluMO-232
93StaCluSTNF-232
93Top-21
93TopGol-21G
93Ult-58
93UppDec-110
93UppDecE-151
93UppDecH-H8
93UppDecS-101
93UppDecSEC-101
93UppDecSEG-101
94ColCho-106
94ColChoGS-106
94ColChoSS-106
94Emb-30
94EmbGoll-30
94Fin-105
94Fin-142
94FinRef-105
94FinRef-142
94Fla-48
94Fle-69
94Hoo-62
94HooShe-8
94JamSes-59
94PanSti-51
94ProMag-40
94Sky-51
94SP-67
94SPCha-59
94SPChaDC-59
94SPDie-D67
94StaClu-29
94StaClu-111
94StaCluFDI-29
94StaCluFDI-111
94StaCluMO-29
94StaCluMO-111
94StaCluSTNF-29
94StaCluSTNF-111
94Top-38
94TopSpe-38
94Ult-59
94UppDec-284
94UppDecE-139
94UppDecSE-25
94UppDecSEG-25
95ColCho-214
95ColCholF-106
95ColCholJI-106
95ColCholSI-106
95ColChoPC-214
95ColChoPCP-214
95Fin-56
95FinRef-56
95Fla-40
95Fle-55
95FleEur-71
95Hoo-50
95JamSes-32
95JamSesDC-D32
95Met-31
95MetSilS-31
95PanSti-107
95ProMag-40
95Sky-169
95StaClu-71
95StaCluMOI-71
95Top-84
95Ult-55
95UltGolM-55
95UppDec-71

95UppDecEC-71
95UppDecECG-71
96ColCho-50
96ColCholI-31
96ColCholJ-214
96ColChoM-M178
96ColChoMG-M178
96Fle-182
96Hoo-49
96HooSil-49
96Sky-152
96SkyRub-151
96Ult-182
96UltGolE-G182
96UltPlaE-P182
96UppDec-36
Milone, Giuseppe
76PanSti-298
Milstead, Charley
91TexA&MCC*-19
Milton, Andy
94IHSBoyAST-175
Milward, Stanley
89KenColC*-259
Milward, Will
89KenColC*-262
Mimms, Larry
85Neb*-34
Mims, Bobbie
90CleColC*-192
Mims, Derrick
94IHSBoyAST-222
Mincevich, Frank
91SouCarCC*-169
Mincy, Jerome
91WilCar-100
Miner, Harold
92Cla-84
92ClaGol-84
92ClaMag-BC15
92ClaShoP2*-20
92Fle-369
92FleTeaNS-7
92FouSp-69
92FouSp-316
92FouSpAu-69A
92FouSpBCs-BC6
92FouSpGol-69
92FouSpGol-316
92FouSpLPs-LP12
92FroR-88
92FroR-89
92FroR-90
92FroRowDP-51
92FroRowDP-52
92FroRowDP-53
92FroRowDP-54
92FroRowDP-55
92Hoo-413
92HooMagA-10
92Sky-360
92StaClu-317
92StaCluMO-317
92StaPic-84
92Top-278
92TopGol-278G
92Ult-293
92UltAll-5
92UppDec-8
92UppDec-123
92UppDec-469
92UppDecAW-31
92UppDecMH-31
92UppDecRS-RS9
93Cla-108
93ClaC3*-11
93ClaChDS-DS31
93ClaG-108
93ClaMcDF-25
93ClaSB-SB14
93Fin-218
93FinRef-218
93Fle-108
93FleRooS-16
93FouSp-319
93FouSpG-319
93HeaBoo-2
93Hoo-113
93HooFactF-10
93HooFifAG-113
93HooPro-4
93JamSes-113
93JamSesSYS-5

93KelColGP-6
93PanSti-205
93Sky-103
93Sky-305
93SkySch-35
93SkyThuaL-TL2
93Sta-3
93Sta-15
93Sta-37
93Sta-59
93Sta-80
93Sta-94
93StaClu-86
93StaCluFDI-86
93StaCluMO-86
93StaCluRR-2
93StaCluSTNF-86
93Top-175
93Top-246
93TopGol-175G
93TopGol-246G
93Ult-100
93UltFamN-10
93UltJamC-6
93UppDec-21
93UppDec-223
93UppDecE-26
93UppDecE-63
93UppDecE-198
93UppDecFT-FT14
93UppDecH-H14
93UppDecLT-LT5
93UppDecPV-105
93UppDecS-129
93UppDecS-4
93UppDecSDCA-E7
93UppDecSEC-129
93UppDecSEG-129
94ColCho-88
94ColCho-209
94ColChoGS-88
94ColChoGS-209
94ColChoSS-88
94ColChoSS-209
94Emo-49
94Fin-214
94FinRef-214
94Fla-79
94Fle-117
94Hoo-110
94HooSupC-SC23
94Ima-123
94Ima-146
94ImaSI-SI11
94JamSes-99
94PacP-35
94PacPriG-35
94PanSti-64
94ProMag-66
94Sky-85
94SP-100
94SPDie-D100
94StaClu-218
94StaClu-330
94StaCluFDI-218
94StaCluFDI-330
94StaCluMO-218
94StaCluMO-330
94StaCluSTNF-218
94StaCluSTNF-330
94Top-123
94Top-124
94TopSpe-123
94TopSpe-124
94Ult-96
94UppDec-95
94UppDecE-21
94UppDecE-187
94UppDecSE-46
94UppDecSEG-46
95ColCho-24
95ColCholE-209
95ColCholJI-209
95ColCholSI-209
95ColChoPC-24
95ColChoPCP-24
95FleEur-121
95Hoo-84
95StaClu-294
95TedWil-85
95TedWilRC-RC2
95TopTopF-TF3
95UppDec-226
95UppDecEC-226

95UppDecECG-226
96ColCholl-78
96ColCholJ-24
Mines, Michael
94IHSBoyA3S-27
94IHSBoyAST-115
Ming-Li, Bai
95UppDecCBA-37
Minniefield, Dirk
79Ken-10
79KenSch-13
80KenSch-14
81KenSch-15
82KenSch-15
88KenColC-52
88KenColC-205
88KenColC-223
89KenBigBTot8-45
89KenColC*-8
Minniefield, Frank
87Ken*-19
89LouColC*-119
Minor, Dave
91UCLColC-68
Minor, Greg
92Lou-13
92Lou-22
93Lou-5
93Lou-16
93Lou-17
93LouSch-2
94Cla-88
94ClaBCs-BC24
94ClaG-88
94Emo-4
94Fla-182
94Fle-248
94FouSp-25
94FouSpG-25
94FouSpPP-25
94Hoo-307
94HooSch-12
94PacP-36
94PacPriG-36
94Sky-207
94SkyDraP-DP25
94SP-24
94SPDie-D24
94SRGolS-12
94SRTet-64
94SRTetS-64
94StaClu-335
94StaCluFDI-335
94StaCluMO-335
94StaCluSTNF-335
94Ult-208
94UppDec-305
95ColCho-123
95ColChoPC-123
95ColChoPCP-123
95FleEur-16
95Ima-35
95PanSti-5
95SRKro-19
95StaClu-225
95SupPix-24
95SupPixAu-24
95SupPixC-24
95SupPixCG-24
95TedWil-40
95Top-92
95UppDec-190
95UppDecEC-190
95UppDecECG-190
96ColCho-210
96ColCholI-11
96ColCholJ-123
96ColChoM-M109
96ColChoMG-M109
96Top-215
96TopChr-215
96TopChrR-215
96TopNBAa5-215
96Ult-156
96UltGolE-G156
96UltPlaE-P156
96UppDec-186
Minor, Lincoln
87Kan-12
Minor, Ryan
96AllSpoPPaF-21
96ColEdgRR-30
96ColEdgRRD-30
96ColEdgRRG-30

96PacPow-32
96PrePas-25
96PrePasNB-25
96PrePasS-25
96ScoBoaAB-17
96ScoBoaAB-17B
96ScoBoaAB-17A
96ScoBoaAB-PP16
96ScoBoaBasRoo-17
96ScoBoaBasRooCJ-CJ17
Minton, Reggie
94AirFor-14
Minturn, Lisa
90CalStaW-10
Miranda, Gilbert
92UTE-14
Mircea, Ilca
76PanSti-284
Mirken, Mark
89NorCarCC-185
Missett, Joe
91GeoColC-87
Mitchell, Allen
91SouCarCC*-162
Mitchell, Andy
94IHSBoyAST-61
Mitchell, Barry
91ProCBA-44
Mitchell, Ben
90ProCBA-69
Mitchell, Danny
81Lou-16
83Lou-10
88LouColC-85
88LouColC-142
Mitchell, Eric
91TenTec-10
92TenTec-12
93TenTec-12
94TenTec-9
Mitchell, James
55AshOil-10
Mitchell, Leon
92MemSta-6
93MemSta-4
94Mem-8
Mitchell, Leonard
90LSUColC*-25
Mitchell, Lightning
95WomBasA-2
Mitchell, Marc
89LouColC*-151
Mitchell, Mike Aub.
80Top-43
80Top-57
80Top-102
80Top-118
81Top-9
81Top-47
83Sta-247A
83Sta-247B
84Sta-71
85Sta-148
86Fle-74
03AuoFutN-31
93AusFutSG-11
93AusSton-44
94AusFutLotR-LR9
94AusFutN-30
94AusFutN-131
94AusFutN-193
94AusFutOT-OT1
95AusFutA-NA5
95AusFutN-24
95AusFutN-8
96AusFutNFDT-2
Mitchell, Mike Col.St.
94ProCBA-121
90StaPic-19
Mitchell, Rod
88Cle-13
Mitchell, Sam
89TimBurK-42
90Fle-114
90Hoo-188
90HooActP-101
90HooTeaNS-16
90PanSti-76
90Sky-171
91Fle-123
91FleTonP-117
91Hoo-127
91HooTeaNS-16

91PanSti-68
91Sky-171
91Sky-420
91UppDec-309
92Fle-135
92Fle-351
92FleTeaNS-5
92Hoo-139
92Hoo-397
92Hoo100S-58
92Sky-146
92Sky-347
92StaClu-374
92StaCluMO-374
92Top-249
92TopGol-249G
92Ult-275
92UppDec-188
92UppDec-317
93Fle-86
93Hoo-88
93HooFifAG-88
93HooGolMB-36
93JamSes-90
93JamSesTNS-3
93Top-162
93TopGol-162G
93Ult-82
93UppDec-98
93UppDecE-174
94Cla-80
94ClaG-80
94ColCho-285
94ColChoGS-285
94ColChoSS-285
94Top-377
94TopSpe-377
94Ult-258
94UppDec-329
95ColChoIE-285
95ColChoJI-285
95ColChoISI-66
95Fle-77
95SP-80
95StaClu-209
95SupPix-27
95UppDec-246
95UppDecEC-246
95UppDecECG-246
96ColCho-92
96Hoo-95
96HooSil-95
96Sky-70
96SkyAut-52
96SkyAutB-52
96SkyRub-70
96TopSupT-ST16
Mitchell, Todd
90ProCBA-68
Mitchell, Tracy
90ProCBA-86
Mitchell, Wade
91GeoTecCC*-75
Mitchem, Jim
86DePPlaC-D2
Mitton, Steve
86Vic-9
Mix, Steve
74Top-56
7576e6McDS-6
75Top-56
76Top-21
77Top-116
78Top-18
79Top-115
80Top-2
80Top-147
81Top-E92
Mobley, Eric
94Cla-95
94ClaBCs-BC17
94ClaG-95
94ColCho-261
94ColChoGS-261
94ColChoSS-261
94Emb-118
94EmbGoll-118
94Emo-54
94Fin-224
94FinRef-224
94Fla-254
94Fle-317
94FouSp-18
94FouSpG-18

94FouSpPP-18
94Hoo-346
94HooSch-13
94PacP-37
94PacPriG-37
94ProMagRS-5
94Sky-252
94SkyDraP-DP18
94SP-17
94SPDie-D17
94SRTet-65
94SRTetS-65
94StaClu-290
94StaCluFDI-290
94StaCluMO-290
94StaCluSTNF-290
94Top-373
94TopSpe-373
94Ult-284
94UppDec-238
94UppDecRS-RS18
94UppDecSE-139
94UppDecSEG-139
95ColCho-104
95ColChoIE-261
95ColChoJI-261
95ColChoISI-42
95ColChoPC-104
95ColChoPCP-104
95Fin-142
95FinRef-142
95Fle-236
95FleClaE-9
95FleEur-131
95Hoo-92
95Ima-17
95PanSti-124
95ProMag-74
95SRKro-12
95StaClu-272
95SupPix-17
95SupPixAu-17
95SupPixC-17
95SupPixCG-17
95TedWil-41
95Top-124
95UppDec-121
95UppDecEC-121
95UppDecECG-121
96ColCho-349
96ColCholl-88
96ColCholJ-104
96TopSupT-ST28
Mobley, Terry
88KenColC-88
88KenColC-220
Moe, Doug
71Top-181
73NorCarPC-9C
79SpuPol-NNO
82NugPol-NNO
83NugPol-NNO
85StaCoa-6
89Hoo-283
89NorCarCC-64
89NorCarCC-74
89NorCarCC-75
89PanSpaS-134
89PanSpaS-292
90Hoo-311
92Fle-173
92Hoo-258
92Sky-274
Moe, Jeff
87low-12
Moeller, Jon
94IHSBoyAST-134
Moeller, Mark
73NorCarSPC-H7
89NorCarSCC-146
89NorCarSCC-147
89NorCarSCC-148
Moeller, Steve
93Cin-9
Mogilny, Alexander
93CosBroPC*-13
Mogus, Lee
48Bow-67
Mohney, Gayle
89KenColC*-261
Moir, John
90NotDam-49
Mojsiejenko, Ralf
90MicStaCC2*-99

Mokeski, Paul
83Sta-47
84Sta-134
85BucCarN-11
85Sta-127
86BucLif-9
87BucPol-44
88BucGreB-9
89Hoo-42
90Hoo-76
90Sky-53
Mokray, William G.
68HalofFB-32
Molinari, Jim
93Bra-3
94Bra-2
95Bra-2
Molls, Andy
89KenColC*-129
Molodet, Vic
73NorCarSPC-C9
Monaghan, Rinty
48TopMagP*-A21
Moncrief, Sidney
79BucPol-4
80Top-52
80Top-140
81Top-MW99
83NikPosC*-43
83Sta-38
83Sta-39A
83StaAllG-8
83StaAllG-30
84Sta-135
84StaAllG-8
84StaAllGDP-8
84StaAre-C8
84StaAwaB-7
84StaAwaB-22
84StaCouK5-7
85BucCarN-12
85PriSti-10
85Sta-128
85StaTeaS5-MB2
86BucLif-10
86Fle-75
86StaCouK-23
87BucPol-4
87Fle-76
88BucGreB-10
89Hoo-275
89PanSpaS-115
90Hoo-402
90HooTeaNS-1
90Sky-367
91ArkColC*-3
91Hoo-3
91HooPro-3
91Sky-6
91UppDec-240
92CouFla-27
92UppDecS-6
Monday, Ken
91OklStaCC*-47
Monday, Rick
90AriStaCC*-183
Money, Eric
91DavLip-13
92DavLip-13
Monger, Matt
91OklStaCC*-57
Monk, Kevin
91TexA&MCC*-46
Monroe, Earl
68TopTes-12
69Top-80
69TopRul-20
70Top-20
70TopPosl-20
71Top-130
71TopTri-7
72Top-73
72Top-154
73LinPor-94
73NBAPlaA-20
73Top-142
74Top-25

75CarDis-23
75Top-73
76BucDis-17
76Top-98
77Top-6
78RoyCroC-24
78Top-45
79Top-8
80Top-63
80Top-151
85StaSchL-19
91FooLocSF*-26
92CenCou-41
93ActPacHoF-4
96TopFinR-31
96TopFinRR-31
96TopNBAS-31
96TopNBAS-81
96TopNBAS-131
96TopNBASF-81
96TopNBASF-81
96TopNBASF-131
96TopNBASFAR-31
96TopNBASFAR-81
96TopNBASFAR-131
96TopNBASFR-31
96TopNBASFR-81
96TopNBASFR-131
96TopNBASI-I7
96TopNBASN-31
96TopNBASRA-31
Monroe, Rodney
87NorCarS-9
88NorCarS-10
89NorCarS-10
90NorCarS-9
91Cla-20
91Fle-244
91FouSp-168
91FroRU-59
91UppDec-1
91UppDec-14
92StaClu-142
92StaCluMO-142
92UppDec-30
93AusFutN-19
93AusStoN-40
94AusFutN-14
94AusFutOT-OT6
Montana, Joe
91AreHol1N*-1
93FaxPaxWoS*-16
Montano, Carlo
76PanSti-194
Montano, Mario Aldo
76PanSti-197
Montero, Jose Antonio
85FouAsedB-7c
92UppDecF-125
Montgomery, Bill
91ArkColC*-46
Montgomery, George
81Ill-9
Montgomery, Greg
90MicStaCC2*-11
Montgomery, Malcolm
91DavLip-13
92DavLip-13
Montgomery, Mark
90MicStaCC2-11
Montgomery, Marv
91SouCal*-66
Montross, Eric
94Ass-19
94Ass-44
94AssPhoCOM-14
94Cla-6
94Cla-105
94ClaAssSS*-19
94ClaBCs-BC8
94ClaG-6
94ClaG-105
94ClaPhoC$2-4
94ClaPic-9
94ClaPre-BP1
94ClaROYSw-11
94ClaVitPTP-11
94ColCho-370
94ColCho-373
94ColCho-414
94ColChoCtGRS-S8
94ColChoCtGRSR-S8
94ColChoDT-9
94ColChoGS-370

94ColChoGS-373
94ColChoGS-414
94ColChoSS-370
94ColChoSS-373
94ColChoSS-414
94Emb-109
94EmbGoll-109
94Emo-5
94Emo-106
94Fin-208
94Fin-273
94FinRef-208
94FinRef-273
94Fla-183
94FlaWavotF-7
94Fle-249
94FleFirYP-4
94FleLotE-9
94FouSp-9
94FouSp-193
94FouSpAu-9A
94FouSpG-9
94FouSpG-193
94FouSpPP-9
94FouSpPP-193
94Hoo-308
94Hoo-429
94HooDraR-9
94HooSch-14
94JamSes-14
94JamSesRS-7
94PacP-38
94PacPriG-38
94ProMagRS-6
94ScoBoaDD-DD9
94ScoBoaDD-DD10
94Sky-208
94Sky-330
94SkyDraP-DP9
94SkySlaU-SU16
94SP-9
94SPCha-33
94SPChaDC-33
94SPDie-D9
94SPHol-PC1
94SPHolDC-1
94SRGolS-13
94SRGolSSig-GS12
94SRTet-66
94SRTetPre-T1
94SRTetS-66
94StaClu-179
94StaClu-235
94StaCluFDI-179
94StaCluFDI-235
94StaCluMO-179
94StaCluMO-235
94StaCluSTNF-179
94StaCluSTNF-235
94Top-136
94Top-344
94TopFra-4
94TopSpe-136
94TopSpe-344
94Ult-14
94Ult-209
94UltAll-7
94UppDec-162
94UppDec-189
94UppDecDT-D9
94UppDecPAW-H36
94UppDecPAWR-H36
94UppDecRS-RS9
94UppDecSE-95
94UppDecSEG-95
95ColCho-226
95ColChoCtGA-C24
95ColChoCtGA-C24B
95ColChoCtGA-C24C
95ColChoCtGAG-C24B
95ColChoCtGAG-C24C
95ColChoCtGAGR-C24
95ColChoCtGASR-C24
95ColChoIE-370
95ColChoIE-373
95ColChoIE-414
95ColChoIEGS-373
95ColChoIEGS-414
95ColChoIJGSI-154
95ColChoIJGSI-414
95ColChoJI-154
95ColChoJI-370
95ColChoJI-414

95ColCholSI-151
95ColCholSI-154
95ColCholSI-195
95ColChoPC-226
95ColChoPCP-226
95Fin-206
95FinRef-206
95Fla-7
95Fle-10
95FleClaE-10
95FleEur-17
95FleRooS-7
95Hoo-11
95Hoo-204
95HooBloP-16
95HooMagC-2
95HooSla-SL3
95Ima-8
95ImaF-TF6
95JamSes-7
95JamSesDC-D7
95JamSesP-16
95Met-7
95MetSilS-7
95PacPreGP-15
95PanSti-7
95PanSti-286
95ProMag-7
95Sky-7
95SkyAto-A1
95SP-10
95SPCha-7
95SRDraDR-R3
95SRDraDRS-R3
95SRKro-5
95SRKroFR-FR5
95SRKroJ-J5
95SRKroS-3
95SRSpoS-S3
95SRSpoS-3
95SRSpoS-31
95SRSpoS-S3
95StaClu-151
95StaCluMOI-151
95SupPix-8
95SupPixAu-8
95SupPixC-8
95SupPixCG-8
95SupPixLP-8
95TedWil-42
95TedWilWU-WU2
95Top-68
95TopGal-25
95TopGalPPI-25
95Ult-13
95UltAllT-8
95UltAllTGM-8
95UltGolM-13
95UppDec-161
95UppDec-238
95UppDecEC-161
95UppDecEC-238
95UppDecECG-161
95UppDecECG-238
95UppDecSE-5
95UppDecSEG-6
96ColCho-10
06ColCho-231
96ColCholI-4
96ColCholJ-226
96Fin-197
96FinRef-197
96Fle-173
96Hoo-10
96Hoo-207
96HooSil-10
96PacPreGP-15
96PacPri-15
96Sky-147
96SkyAut-53
96SkyRub-146
96SkyZ-F-108
96SPx-3
96SPxGol-3
96StaClu-172
96Top-194
96TopChr-194
96TopChrR-194
96TopNBAa5-194
96Ult-172
96UltGolE-G172
96UltPlaE-P172
96UppDec-206

Moo, David
94IHSBoyAST-89
Moo, Luke
94IHSBoyAST-90
Moody, Blowery
94IHSBoyAST-116
Moody, Dwight
91ProCBA-37
Moog, Greg
94IHSBoyA3S-21
Moomaw, Ryan
94IHSBoyAST-167
Moore, Allison
91VirWom-7
92VirWom-9
Moore, Andre
89ProCBA-150
92AusFutN-22
92AusStoN-8
93AusFutN-12
93AusStoN-60
94AusFutN-11
94AusFutN-120
96AusFutN-35
Moore, Billie
90UCL-16
Moore, Billy
91ArkColC*-61
Moore, Brenton Lloyd
95UppDecCBA-14
Moore, Bruce
93Neb*-8
Moore, Gene
71Top-231
72Top-201
73Top-223
Moore, Harry
94Cla-90
94ClaG-90
95SupPix-41
95SupPixAu-41
95TedWil-43
Moore, Jeff
87Aub*-9
90KenProI-16
90KenSovPI-11
Moore, John
91UCLColC-105
Moore, Johnny
81Top-62
81Top-MW103
83Sta-249
84Sta-72
85Sta-149
86Fle-76
90Hoo-289
90Sky-258
Moore, Kendrick
95Mis-8
Moore, Laura
91Was-16
91Was-15
Moore, Lefty
91ProCBA-180
Moore, Lisa
94SouMisSW-9
Moore, Lloyd
82Mar-7
Moore, Lowes
78WesVirS-7
81TCMCBA-40
82TCMCBA-10
91ProCBA-70
Moore, Mark
91OklStaCC*-51
Moore, Martice
92GeoTec-15
Moore, Marty
93KenSch-5
Moore, Noah
78WesVirS-8
Moore, Otis
90CleColC*-124
Moore, Otto
70SunCarM-7
70Top-9
71SunCarM-2
72SunCarM-7
72Top-86
73Top-101
74Top-29
75Top-54
76Top-106
Moore, Rickey

95Con-14
Moore, Ron
90ProCBA-2
Moore, Ted
94IHSBoyAST-223
Moore, Tim
96ScoBoaBasRoo-57
Moore, Tracy
89ProCBA-151
90ProCBA-110
91ProCBA-173
92Fle-324
92Hoo-372
92StaClu-231
92StaCluMO-231
92Top-336
92TopGol-336G
92Ult-248
Moorhead, Bobby
91GeoTecCC*-84
Mooty, Jim
91ArkColC*-94
Morales, Pablo
92ClaWorCA-8
93ClaC3*-29
Moran, Brian
94IHSBoyAST-123
Moran, Julie
90SkyBro-2
Moreau, Al
90LSUColC*-170
Moreau, Doug
90LSUColC*-166
Moreland, Milo
94IHSBoyAST-53
Morelon, Daniel
76PanSti-184
Moreman, Gerald
55AshOil-31
88LouColC-81
Moremen, Bill
90FloStaCC*-148
Morenz, Howie
33SpoKinR*-24
Morgan, J.D.
91UCLColC-108
91UCLColC-142
Morgan, James
55AshOil-32
Morgan, Jermaine
90Pit-6
Morgan, Jim
88LouColC-60
Morgan, Lamont
90Geo-13
91Geo-10
92Geo-14
93Geo-8
Morgan, Michael
87Iow-13
93Ult-121
Morgan, Ralph
89KenColC*-223
Morgan, Rex
89JacCla-6
Morgan, Richard
88Vir-9
Morgan, Sylvester
91TexA&MCC*-56
Morgan, Winston
87IndDel-29
94OolOhoGC-140
94ColChoSS-148
Morhardt, Greg
91SouCarCC*-51
Morici, Frank
96PenSta*-25
Moritz, Dave
90MonSta-6
Morningstar, Darren
89Pit-8
90Pit-8
92Cla-53
92ClaGol-53
92FouSp-48
92FouSpGol-48
92FroR-46
92StaPic-6
93Fle-275
93Hoo-324
93HooFifAG-324
Morocco, Chris
90CleColC*-16
Morocco, Tony
91ProCBA-34
Morrall, Earl

90MicStaCC2*-16
Morris, Chris
89Fle-99
89Hoo-26
90Fle-121
90Hoo-200
90Hoo-371
90Hoo100S-62
90HooActP-106
90HooTeaNS-17
90NetKay-11
90PanSti-158
90Sky-183
91Fle-133
91Hoo-136
91Hoo100S-62
91HooTeaNS-17
91PanSti-160
91Sky-185
91UppDec-339
92Fle-146
92Hoo-150
92PanSti-172
92Sky-158
92StaClu-34
92StaCluMO-34
92Top-30
92TopArc-108
92TopArcG-108G
92TopGol-30G
92Ult-119
92Ult-208
92Ult-NNO
92UltProS-NNO
92UppDec-129
93Fin-48
93FinRef-48
93Fle-135
93Hoo-141
93HooGolMB-37
93HooShe-3
93JamSes-142
93PanSti-219
93Sky-123
93StaClu-67
93StaClu-299
93StaClu-357
93StaCluFDI-67
93StaCluFDI-299
93StaCluFDI-357
93StaCluFFP-11
93StaCluFFU-357
93StaCluMO-67
93StaCluMO-299
93StaCluMO-357
93StaCluSTNF-67
93StaCluSTNF-299
93StaCluSTNF-357
93Top-8
93TopGol-8G
93Ult-121
93UppDec-56
93UppDec-462
93UppDecE-213
93UppDecPV-67
93UppDecS-116
93UppDecSEC-116
93UppDecSEG-116
94ColCho-148
94ColChoGC-140
94ColChoSS-148
94Emb-61
94EmbGoll-61
94Fin-114
94Fin-276
94FinRef-114
94FinRef-276
94Fle-145
94Hoo-136
94JamSes-121
94PanSti-83
94Sky-107
94SP-113
94SPDie-D113
94StaClu-19
94StaCluFDI-19
94StaCluMO-19
94StaCluST-17
94StaCluSTNF-19
94Top-394
94TopSpe-394
94Ult-121
94UppDec-262

94UppDecE-36
94UppDecSE-57
94UppDecSE-145
94UppDecSEG-57
94UppDecSEG-145
95ColChoDT-T10
95ColChoDTPC-T10
95ColChoDTPCP-T10
95ColCholE-148
95ColCholJI-148
95ColCholSI-148
95Fin-250
95FinRef-250
95Fla-86
95Fla-191
95Fle-117
95Fle-258
95FleEur-151
95Hoo-106
95Hoo-332
95Met-201
95PanSti-26
95Sky-211
95SP-136
95SPCha-108
95StaClu-253
95TopGal-114
95TopGalPPI-114
95Ult-115
95Ult-245
95UltGolM-115
95UppDec-215
95UppDecEC-215
95UppDecECG-215
95UppDecSE-172
95UppDecSEG-172
96ColCho-153
96ColChoM-M23
96ColCholMG-M23
96Hoo-161
96Sky-120
96SkyAut-54
96SkyAutB-54
96SkyRub-120
96Ult-113
96UltGolE-G113
96UltPlaE-P113
96UppDec-126
Morris, Cliff
84NorCarS-2
Morris, Craig
90MurSta-6
Morris, Dirk
91GeoTecCC*-128
Morris, Hal
91Mic*-37
Morris, Isaiah
91ArkColC-13
92Cla-54
92ClaGol-54
92Fle-335
92FouSp-49
92FouSpGol-49
92FroR-47
92Hoo-382
92Sky-338
92StaClu-345
92StaCluMO-345
92Top-386
92TopGol-386G
93StaClu-52
93StaCluFDI-52
93StaCluMO-52
93StaCluSTNF-52
Morris, Matt
94IHSBoyA3S-67
Morris, Victor
82Geo-12
83Geo-9
85Geo-12
Morrison, Joe
91SouCarCC*-54
Morrison, Michael
93AusFutN-24
93AusStoN-42
94AusFutN-24
Morrison, Stan
90SanJosS-5
Morrissey, Tim
92AusFutN-93
92AusStoN-77
93AusFutN-108
93AusStoN-4

94AusFutN-84
94AusFutN-176
95AusFut3C-GC13
Morrow, Jeff
89LouColC*-136
Morse, Bill
85ForHayS-14
Morse, Bob
77SpoSer6*-6711
Morse, Gene
85Bra-D1
Morse, Ron
85ForHayS-15
Morse, Samuel
48TopMagP*-N7
Mortensen, Jess
57UniOilB*-37
Morton, Dickey
91ArkColC*-32
Morton, Dwayne
90KenSovPI-12
92Lou-12
92Lou-21
93Lou-6
93Lou-16
93Lou-17
93LouSch-3
94Cla-10
94ClaG-10
94Fla-221
94FouSp-45
94FouSpAu-45A
94FouSpG-45
94FouSpPP-45
94PacP-39
94PacPriG-39
94UppDec-316
95Ima-36
95SupPix-50
95TedWil-44
Morton, John
90FleUpd-U17
90Hoo-77
90Sky-54
91Fle-307
91Hoo-351
91Sky-51
91UppDec-210
Morton, Richard
89ProCBA-204
90ProCBA-196
Mosebar, David
80Ari-13
Mosebar, Don
91SouCal*-58
Moseley, Doug
89KenColC*-121
Moseley, Tom
89KenColC*-252
Moser, Clay
90ProCBA-93
91ProCBA-121
Moser, Porter
94TexAaM-6
Moses, James
90Iow-8
91Iow-9
92FroR-48
Moses, Omo
90Pit-9
Mosley, Kirk
94IHSBoyAST-67
Mosley, Mike
91TexA&MCC*-82
Mosley, Shamona
87AriSta*-15
Mosmon, Dede
90UCL-26
Moss, Anita
90AriColC*-34
Moss, Eddie
81TCMCBA-64
Moss, Perry
82TCMCBA-51
Moss, Tony
90LSUColC*-176
Moss, Ty
94IHSBoyAST-30
Moten, Andrew
91WilCar-107
Moten, Lawrence
95ClaBKR-34
95ClaBKR-93
95ClaBKRAu-34

95ClaBKRPP-34
95ClaBKRPP-93
95ClaBKRSS-34
95ClaBKRSS-93
95ClaBKV-34
95ClaBKVE-34
95Col-68
95ColCho-277
95ColChoPC-277
95ColChoPCP-277
95FivSp-34
95FivSpD-34
95Fla-210
95Fle-277
95Fle-300
95Hoo-288
95Hoo-355
95PacPreGP-54
95Sky-246
95SRDraD-45
95SRDraDSig-45
95SRFam&F-25
95SRSigPri-25
95SRSigPriS-25
95StaClu-319
95Top-231
95Ult-259
95Ult-279
95UppDec-281
95UppDecEC-281
95UppDecECG-281
95UppDecSE-175
95UppDecSEG-175
96ColCho-161
96ColCholI-105
96ColCholJ-277
96ColChoM-M176
96FivSpSig-26
96Hoo-166
96PacPreGP-54
96PacPri-54
96SkyAut-55
96SkyAutB-55
96StaClu-25
96StaCluM-25
96Top-81
96TopChr-81
96TopChrR-81
96TopNBAa5-81
96TopSupT-ST28
96Ult-258
96UltGolE-G258
96UltPlaE-P258
96UppDec-163
96UppDec-310
96Vis-29
96VisSig-25
96VisSigAuG-25A
96VisSigAuS-25A
Motley, Marion
48ExhSpoC-39
Motta, Dick
69BulPep-7
90BulEqu-10
90Hoo-327
90KinSaf-8
90Sky-323
91Fle-178
91Hoo-243
91Sky-400
94Hoo-279
94HooShe-6
95Hoo-175
96Hoo-255
Motta, Kip
90SupSmo-13
Mougey, Matt
94IHSBoyAST-80
Moulton, Heather
90CalStaW-11
Mount, Rick
71PacMarO-7
71Top-213
72Top-237
73Top-192
74Top-206
75Top-261
Mourning, Alonzo
88Geo-11
89Geo-11
90Geo-5
91Geo-5
92Cla-60
92ClaGol-60

92ClaGolP-2
92ClaLPs-LP2
92ClaPre-2
92ClaPro-2
92ClaShoP2*-12
92Fle-311
92FleDra-5
92FleTeaNS-2
92FouSp-54
92FouSp-319
92FouSpAu-54A
92FouSpBCs-BC1
92FouSpGol-54
92FouSpGol-319
92FouSpLPs-LP10
92FouSpPre-CC5
92FouSpPro-PR5
92Hoo-361
92HooDraR-B
92HooMagA-2
92HorHivF-5
92HorSta-3
92Sky-332
92Sky-NNO
92SkyDraP-DP2
92SkySchT-ST1
92SpoIllfKI*-249
92SpoIllfKI*-449
92StaClu-209
92StaClu-297
92StaCluMO-209
92StaCluMO-297
92Top-393
92TopGol-393G
92Ult-193
92Ult-234
92UltAll-6
92UltRej-1
92UppDec-2
92UppDec-457
92UppDecAW-32
92UppDecM-P44
92UppDecMH-34
92UppDecRS-RS2
92UppDecS-10
93Cla-105
93ClaC3*-8
93ClaChDS-DS36
93ClaG-105
93ClaLPs-LP10
93ClaMcDF-27
93ClaMcDFL-LP3
93ClaSB-SB19
93CosBroPC*-14
93Fin-104
93Fin-201
93Fle-22
93Fle-234
93FleNBAS-13
93FleRooS-17
93FleTowOP-17
93FouSp-316
93FouSpAu-316A
93FouSpG-316
93FouSpG-AU3
93Hoo-23
93HooFactF-2
93HooFifAG-23
93HooSco-HS3
93HooScoFAG-HS3
93HooSupC-SC7
93JamSes-24
93JamSesSDH-5
93JamSesSYS-6
93PanSti-146
93Sky-5
93Sky-40
93Sky-320
93SkyAll-AR2
93SkyDynD-D7
93SkyPro-4
93SkySch-36
93SkyShoS-SS1
93SkyShoS-SS3
93SkyUSAT-3
93StaClu-176
93StaClu-292
93StaCluBT-10
93StaCluFDI-176
93StaCluFDI-292
93StaCluMO-176
93StaCluMO-292

93StaCluMO-BT10
93StaCluMO-ST3
93StaCluST-3
93StaCluSTNF-176
93StaCluSTNF-292
93Top-170
93Top-177
93TopBlaG-4
93TopGol-170G
93TopGol-177G
93Ult-23
93Ult-367
93UltAllT-4
93UltFamN-11
93UltPowITK-5
93UltRebK-5
93UltScoK-7
93UppDec-186
93UppDec-333
93UppDec-468
93UppDecA-AR2
93UppDecE-56
93UppDecE-112
93UppDecFH-34
93UppDecFT-FT15
93UppDecH-H3
93UppDecLT-LT4
93UppDecPV-22
93UppDecPV-73
93UppDecPV-100
93UppDecS-145
93UppDecS-4
93UppDecSBtG-G12
93UppDecSDCA-E2
93UppDecSEC-145
93UppDecSEG-145
93UppDecSUT-16
93UppDecWJ-FT15
94Ass-10
94Ass-35
94AssPhoCOM-15
94Ble23KP-1
94BleAll-1
94Cla-68
94ClaAssSS*-10
94ClaC3GCC*-CC1
94ClaG-68
94ColCho-133
94ColCho-168
94ColCho-194
94ColCho-374
94ColChoCtGR-R6
94ColChoCtGRR-R6
94ColChoGS-133
94ColChoGS-168
94ColChoGS-194
94ColChoGS-374
94ColChoSS-133
94ColChoSS-168
94ColChoSS-194
94ColChoSS-374
94Emb-12
94EmbGolI-12
94Emo-10
94Emo-114
94EmoN-T-N6
94Fin-100
94Fin-230
94FinCor-CS2
94FinLotP-LP16
94FinRef-100
94FinRef-230
94Fla-18
94Fla-167
94FlaCenS-2
94FlaRej-2
94FlaUSA-65
94FlaUSA-66
94FlaUSA-67
94FlaUSA-68
94FlaUSA-69
94FlaUSA-70
94FlaUSA-71
94FlaUSA-72
94Fle-27
94FleAll-7
94FleTeaL-1
94FleTowoP-5
94FleYouL-4
94Hoo-22
94Hoo-230
94HooBigN-BN11
94HooBigNR-11
94HooMagC-3

94HooPowR-PR6
94HooShe-2
94HooShe-3
94HooShe-4
94HooSupC-SC5
94Ima-112
94Ima-136
94ImaSI-SI10
94JamSes-23
94JamSesG-4
94MetImp-9
94MetImp-10
94MetImp-11
94MetImp-12
94PacP-40
94PacP-71
94PacPriG-40
94PacPriG-PR71
94PanSti-27
94ProMag-15
94ScoBoaNP*-9
94Sky-20
94SkyCenS-CS9
94SkyRev-R4
94SkySlaU-SU17
94SkyUSA-1
94SkyUSA-2
94SkyUSA-3
94SkyUSA-4
94SkyUSA-5
94SkyUSADP-DP1
94SkyUSAG-1
94SkyUSAG-2
94SkyUSAG-3
94SkyUSAG-4
94SkyUSAG-5
94SkyUSAOTC-11
94SkyUSAP-PT1
94SkyUSAP-6
94SP-41
94SPCha-3
94SPCha-39
94SPChaDC-3
94SPChaDC-39
94SPChaPH-P6
94SPChaPHDC-P6
94SPDie-D41
94StaClu-167
94StaClu-357
94StaCluBT-3
94StaCluCC-3
94StaCluDaD-6B
94StaCluFDI-167
94StaCluFDI-357
94StaCluMO-167
94StaCluMO-357
94StaCluMO-BT3
94StaCluMO-CC3
94StaCluMO-DD6B
94StaCluMO-RS4
94StaCluMO-TF10
94StaCluRS-4
94StaCluSTNF-167
94StaCluSTNF-357
94StaCluTotF-10
94Top-8
94Top-39
94Top-104
94TopOwntG-20
94TopSpe-8
94TopSpe-39
94TopSpe-104
94Ult-23
94UltDouT-6
94UltJamC-6
94UltRebK-3
94UppDec-179
94UppDec-232
94UppDecE-130
94UppDecE-188
94UppDecPAW-H7
94UppDecPAW-H15
94UppDecPAW-H25
94UppDecPAWR-H7
94UppDecPAWR-H25
94UppDecPLL-R28
94UppDecPLL-R37
94UppDecPLLR-R28
94UppDecPLLR-R37
94UppDecSDS-S11
94UppDecSE-9
94UppDecSEG-9
94UppDecU-43
94UppDecU-44

94UppDecU-45
94UppDecU-46
94UppDecU-47
94UppDecU-48
94UppDecUCT-CT8
94UppDecUFYD-9
94UppDecUGM-43
94UppDecUGM-44
94UppDecUGM-45
94UppDecUGM-46
94UppDecUGM-47
94UppDecUGM-48
95AssGol-44
95AssGolPC$2-44
95AssGPP-44
95AssGSS-44
95ClaBKR-107
95ClaBKRAu-107
95ClaBKRPP-107
95ClaBKRSS-107
95ClaBKV-56
95ClaBKV-95
95ClaBKVE-56
95ClaBKVE-95
95ClaBKVHS-HC13
95ClaBKVLA-LA3
95ClaNat*-NC14
95ColCho-168
95ColCho-211
95ColCho-323
95ColChoCtG-C9
95ColChoCtGS-C9
95ColChoCtGS-C9B
95ColChoCtGS-C9C
95ColChoCtGSG-C9
95ColChoCtGSG-C9B
95ColChoCtGSG-C9C
95ColChoCtGSGR-C9
95ColChoDT-T18
95ColChoDTPC-T18
95ColChoDTPCP-T18
95ColChoIE-133
95ColChoIE-168
95ColChoIE-194
95ColChoIE-374
95ColChoIEGS-168
95ColChoIEGS-374
95ColChoIJGSI-168
95ColChoIJGSI-155
95ColChoIJI-133
95ColChoIJI-194
95ColChoIJI-155
95ColChoIJSS-168
95ColChoISI-133
95ColChoISI-168
95ColChoISI-194
95ColChoISI-155
95ColChoPC-168
95ColChoPC-211
95ColChoPC-323
95ColChoPCP-168
95ColChoPCP-323
95Fin-247
95FinMys-M23
95FinMysB-M23
95FinMysBR-M23
95FinRef-247
95FinVet-RV10
95FivSp-200
95FivCpAu-200
95FivSpD-200
95FivSpRS-100
95FivSpSigES-4
95Fla-14
95Fla-174
95FlaAnt-5
95FlaCenS-3
95FlaHotN-8
95Fle-19
95Fle-235
95Fle-333
95FleAll-10
95FleEndtE-11
95FleEur-27
95FleFlaHL-3
95FleFraF-5
95FleTotD-4
95FleTowoP-4
95Hoo-19
95Hoo-313
95Hoo-362
95HooBloP-7
95HooHoo-HS5

95HooSla-SL24
95HooTopT-AR6
95ImaCP-CP6
95ImaF-TF8
95JamSes-12
95JamSesDC-D12
95JamSesP-17
95Met-12
95Met-163
95MetMolM-7
95MetSilS-12
95MetSteT-4
95PanSti-80
95PanSti-140
95PosHonP-3
95ProMag-12
95ProMagDC-13
95Sky-14
95Sky-182
95SkyDyn-D2
95SkyE-X-43
95SkyE-XB-43
95SkyE-XU-11
95SkySta-S1
95SP-70
95SPAll-AS11
95SPAllG-AS11
95SPCha-55
95SPCha-131
95SPChaCotC-C14
95SPChaCotCD-C14
95StaClu-40
95StaClu-103
95StaClu-243
95StaClu-356
95StaCluBT-BT10
95StaCluMO5-15
95StaCluMOI-40
95StaCluMOI-103B
95StaCluMOI-103R
95StaCluMOI-N4
95StaCluMOI-BT10
95StaCluN-N4
95StaCluPZ-PZ11
95StaCluSS-SS2
95SupPix-76
95SupPixAu-76
95SupPixC-28
95SupPixCG-28
95SupPixIl-6
95TedWil-86
95TedWilC-CO7
95TedWilCon-C8
95TedWilG-G7
95TedWilRC-RC7
95Top-30
95Top-150
95TopGal-13
95TopPowB-30
95Ult-22
95Ult-226
95Ult-326
95UltDouT-4
95UltDouTGM-4
95UltGolM-22
95UltJamC-7
95UltJamCHP-7
95UltPow-6
95UltPowGM-6
95UppDec-127
95UppDec-217
95UppDecAC-AS9
95UppDecEC-127
95UppDecEC-217
95UppDecECG-127
95UppDecECG-217
95UppDecSE-130
95UppDecSEG-130
95AllSpoPPaF-83
95AllSpoPPaF-102
96Ass-26
96AssPC$2-16
96BowBes-41
96BowBesAR-41
96BowBesC-BC8
96BowBesCAR-BC8
96BowBesCR-BC8
96BowBesHR-HR7
96BowBesHRAR-HR7
96BowBesHRR-HR7
96BowBesR-41
96CleAss-4
96CleAss$2PC-25
96CleAss$5PC-18

96ColCho-179
96ColCho-276
96ColCho-380
96ColChoCtGS1-C14A
96ColChoCtGS1-C14B
96ColChoCtGS1R-R14
96ColChoCtGS1RG-R14
96ColChoCtGSG1-C14A
96ColChoCtGSG1-C14B
96ColChoGF-GF4
96ColChoIl-168
96ColChoIl-113
96ColChoIJ-168
96ColChoIJ-323
96ColChoM-M135
96ColChoMG-M135
96ColChoS2-S14
96Fin-78
96Fin-118
96Fin-288
96FinRef-78
96FinRef-118
96FinRef-288
96FivSpSig-100
96FlaSho-A33
96FlaSho-B33
96FlaSho-C33
96FlaShoLC-33
96FlaShoLC-B33
96FlaShoLC-C33
96Fle-58
96Fle-133
96Fle-292
96FleAusS-20
96FleGamB-7
96FleS-19
96FleThrS-12
96FleTotO-7
96Hoo-84
96Hoo-323
96HooFlyW-4
96HooHIP-H10
96HooStaF-14
96HooSup-5
96Met-53
96Met-226
96MetCyb-CM11
96MetMetE-3
96MetPreM-226
96PacPow-33
96ScoBoaAB-47
96ScoBoaAB-47
96ScoBoaAB-PP26
96ScoBoaAC-5
96ScoBoaACGB-GB5
96ScoBoaBasRoo-98
96ScoBoaBasRooCJ-CJ29
96Sky-61
96Sky-272
96SkyAut-56
96SkyAutB-56
96SkyClo-CU6
96SkyE-X-36
96SkyE-XC-36
96SkyE-XNA-2
96SkyInt-12
96SkyLarTL-B12
96SkyNetS-13
96SkyRub-61
96SkyRub-272
96SkyZ-F-47
96SkyZ-F-185
96SkyZ-FBMotC-6
96SkyZ-FBMotCZ-6
96SkyZ-FST-ST3
96SkyZ-FZ-47
96SP-59
96SPGamF-GF8
96SPPreCH-PC20
96SPx-27
96SPxGol-27
96StaClu-131
96StaCluCA-CA2
96StaCluCAAR-CA2
96StaCluCAR-CA2
96StaCluF-F23
96StaCluGPPI-13
96StaCluTC-TC2
96Top-113
96TopChr-113
96TopChrPF-PF17
96TopChrR-113
96TopChrSB-SB25
96TopMysF-M10

96TopMysFB-M10
96TopMysFBR-M10
96TopMysFBR-M10
96TopNBAa5-113
96TopProF-PF17
96TopSeaB-SB25
96TopSupT-ST14
96Ult-58
96Ult-133
96Ult-295
96UltBoaG-11
96UltGolE-G58
96UltGolE-G133
96UltGolE-G295
96UltPlaE-P58
96UltPlaE-P133
96UltPlaE-P295
96UltScoK-14
96UltScoKP-14
96UppDec-66
96UppDec-149
96UppDec-175
96UppDec-344
96UppDecPS2-P8
96UppDecPTVCR2-TV8
96UppDecSG-SG9
96UppDecU-39
96UppDecUSS-S2
96Vis-6
96VisBasVU-U103
96VisSig-5
96VisSigAuG-5A
96VisSigAuS-5A
97SchUltNP-16
97ScoBoaASP-REV3
Mouton, Lyle
88LSU*-6
Moye, Linwood
91SouCarCC*-9
Moyle, Joanne
92AusStoN-84
Mudd, Charlie
89LouColC*-166
Mudd, Jim
89ProCBA-83
Muehlebach, Matt
87Ari-10
88Ari-9
89Ari-7
90Ari-5
Mueller, Erwin
69SupSunB-6
70Top-82
71Top-31
Mueller, Ty
91FloSta*-37
Mugg, Scott
82IndSta*-9
Muier, Warren
91SouCarCC*-176
Mulcrone, Marty
94IHSBoyAST-57
Mulgado, Bob
90AriStaCC*-144
Mullan, Paul
92FleLarJP-NNO
Mullaney, Joe
89ProCBA-52
91Pro-1
Mullen, Steve
91GeoTecCC*-48
Muller, George
90Tex*-29
Mullin, Chris
86Fle-77
87Fle-77
88Fle-48
88WarSmo-7
89Fle-55
89FleSti-9
89Hoo-90
89Hoo-230
89HooAllP-1
89PanSpaS-188
89PanSpaS-280
89SpollIfKI*-93
90Fle-66
90Hoo-22
90Hoo-116
90Hoo-363
90Hoo100S-32
90HooActP-15
90HooActP-66
90HooAllP-4

90HooCol-31
90HooTeaNS-9
90PanSti-26
90Sky-98
915Maj-46
91Fle-69
91Fle-218
91Fle-380
91FleSch-1
91FleTonP-45
91FleWheS-2
91Hoo-72
91Hoo-268
91Hoo-466
91Hoo-581
91Hoo100S-32
91HooMcD-15
91HooMcD-57
91HooTeaNS-9
91PanSti-3
91PanSti-93
91Sky-96
91Sky-301
91Sky-303
91Sky-467
91Sky-536
91Sky-597
91SkyCanM-18
91SkyMaraSM-536
91SkyMaraSM-544
91SkyPro-95
91UppDec-60
91UppDec-99
91UppDec-245
91UppDec-465
91UppDecS-11
91UppDecS-14
91WilCar-13
91WooAwaW-14
92CouFla-28
92CouFlaPS-1
92Fle-77
92Fle-245
92FleAll-18
92FleDra-17
92FleSha-17
92FleTeaL-9
92FleTonP-39
92Hoo-78
92Hoo-312
92Hoo-344
92Hoo100S-33
92HooSupC-SC9
92ImpU.SOH-14
92KelTeaUP-3
92PanSti-20
92PanSti-101
92Sky-83
92Sky-290
92SkyNes-25
92SkyOlyT-2
92SkyUSA-55
92SkyUSA-56
92SkyUSA-57
92SkyUSA-58
92SkyUSA-59
92SkyUSA-60
92SkyUSA-61
92SkyUSA-62
92SkyUCA-00
92SkyUSA-107
92SpollIfKI*-127
92StaClu-11
92StaClu-202
92StaCluBT-6
92StaCluMO-11
92StaCluMO-202
92StaCluMO-BT6
92Top-120
92Top-298
92TopArc-68
92TopArcG-68G
92TopBeaT-7
92TopBeaTG-7
92TopGol-120G
92TopGol-298G
92Ult-67
92UltAll-2
92UppDec-65
92UppDec-297
92UppDecA-AD17
92UppDecA-AN5
92UppDecAW-18
92UppDecE-17

92UppDecE-51
92UppDecM-P14
92UppDecMH-9
92UppDecTM-TM10
93Fin-122
93Fin-176
93FinRef-122
93FinRef-176
93Fle-71
93FleNBAS-14
93Hoo-73
93Hoo-288
93HooFactF-11
93HooFifAG-73
93HooFifAG-288
93JamSes-72
93KelColGP-7
93PanSti-11
93Sky-76
93Sky-325
93SkyUSAT-5
93Sta-2
93Sta-12
93Sta-29
93Sta-52
93Sta-73
93Sta-99
93StaClu-289
93StaCluFDI-289
93StaCluMO-289
93StaCluSTNF-289
93Top-191
93Top-209
93TopGol-191G
93TopGol-209G
93Ult-68
93UppDec-92
93UppDec-242
93UppDecE-51
93UppDecE-160
93UppDecFM-23
93UppDecPV-62
93UppDecPV-78
93UppDecS-61
93UppDecSEC-61
93UppDecSEG-61
93UppDecSUT-8
93UppDecTM-TM9
93WarTop-1
94ColCho-17
94ColChoGS-17
94ColChoSS-17
94Emb-33
94EmbGolI-33
94Emo-31
94Fin-1
94Fin-234
94Fin-245
94FinLotP-LP2
94FinRef-1
94FinRef-234
94FinRef-245
94Fla-222
94Fle-75
94Hoo-68
94HooPowR-PR18
94HooSupC-SC17
94JamSes-63
94PanSti-137
94ProMag-42
94Sky-54
94Sky-321
94SkySkyF-SF16
94SPCha-62
94SPChaDC-62
94StaClu-69
94StaClu-105
94StaCluCC-9
94StaCluFDI-69
94StaCluFDI-105
94StaCluMO-69
94StaCluMO-105
94StaCluMO-CC9
94StaCluMO-SS11
94StaCluSS-11
94StaCluSTNF-69
94StaCluSTNF-105
94Top-122
94Top-210
94TopFra-9
94TopSpe-122
94TopSpe-210
94Ult-61
94UppDec-224

94UppDecE-44
94UppDecSE-27
94UppDecSEG-27
94WarTop-GS5
95ColCho-117
95ColCholE-17
95ColCholJI-17
95ColCholSI-17
95ColChoPC-117
95ColChoPCP-117
95Fin-246
95FinDisAS-DS9
95FinRef-246
95Fla-44
95Fle-60
95FleEur-77
95Hoo-54
95JamSes-36
95JamSesDC-D36
95Met-34
95MetSilS-34
95PanSti-211
95ProMag-42
95Sky-41
95Sky-256
95SP-46
95SPCha-35
95StaClu-276
95StaCluMO5-35
95Top-40
95TopGal-71
95TopGalPPI-71
95Ult-60
95UltGolM-60
95UppDec-117
95UppDecEC-117
95UppDecECG-117
95UppDecSE-115
95UppDecSEG-115
95WarTop-GS11
96ColCho-55
96ColCho-174
96ColCho-200
96ColCholI-53
96ColCholJ-117
96ColChoM-M38
96ColChoMG-M38
96Fle-35
96FleDecoE-6
96Hoo-54
96HooSil-146
96HooStaF-9
96Met-32
96MetDecoE-6
96Sky-39
96SkyE-X-20
96SkyE-XC-20
96SkyRub-39
96SkyTriT-TT1
96SkyZ-F-29
96SkyZ-FZ-29
96SP-35
96StaClu-174
96Top-69
96TopChr-69
96TopChrR-69
96TopNBAa5-69
96Ult-36
96UltDecoE-U6
96UltGolE-G36
96UltPlaE-P36
96UppDec-40
96UppDec-144
Mullins, Gary
55AshOil-92
Mullins, Jeff
69NBAMem-11
69Top-70
69TopRul-8
70Top-4
70Top-76
70TopPosI-5
71Top-115
71TopTri-37
71WarTeal-8
72Top-85
73LinPor-53
73Top-75
74Top-123
74Top-147
75Top-157
Mullins, Noah
89KenColC*-177
Mumm, Lyndon

94IHSBoyAST-188
Mumphrey, Marcus
91WriSta-10
Mundell, Jacob
94IHSBoyA3S-54
94IHSBoyA3S-54
Munford, Marc
85Neb*-3
Munk, Chris
90ProCBA-126
Munlyn, James
88GeoTec-7
89GeoTec-13
90GeoTec-17
Munn, Clarence
90MicStaCC2*-59
Munro, John
83Vic-6
Murcer, Bobby
76NabSugD2*-25
Murdock, Courtney
94SouMisSW-10
Murdock, Eric
91Cla-13
91Cou-37
91Fle-365
91FouSp-161
91FroR-16
91FroRowP-79
91HooTeaNS-26
91Pro-23
91StaPic-11
91UppDec-12
91WilCar-4
92Fle-128
92Fle-376
92FleDra-30
92FleTeaNS-8
92Hoo-28
92Hoo-420
92Sky-243
92Sky-366
92StaClu-292
92StaCluMO-292
92Top-370
92TopGol-370G
92Ult-301
92UppDec-78
92UppDec-332
92UppDec-364
93Fin-160
93FinMaiA-15
93FinRef-160
93Fle-121
93Hoo-126
93HooFifAG-126
93JamSes-127
93JamSesTNS-6
93JamSesTNS-8
93PanSti-130
93Sky-114
93StaClu-51
93StaCluFDI-51
93StaCluMO-51
93StaCluSTNF-51
93Top-379
93TopGol-379G
93Ult-111
93UppDec-381
93UppDecE-206
93UppDecS-144
93UppDecSEC-144
93UppDecSEG-144
94ColCho-305
94ColChoCtGA-A11
94ColChoCtGAR-A11
94ColChoGS-305
94ColChoSS-305
94Emb-54
94EmbGolI-54
94Emo-55
94Fin-14
94Fin-227
94FinMarM-12
94FinRef-14
94FinRef-227
94Fla-87
94Fle-128
94Hoo-120
94HooPowR-PR30
94JamSes-108
94PanSti-75
94ProMag-74
94Sky-96

94SP-105
94SPCha-86
94SPChaDC-86
94SPDie-D105
94StaClu-159
94StaCluFDI-159
94StaCluMO-159
94StaCluSTNF-159
94Top-55
94Top-72
94TopOwntG-21
94TopSpe-55
94TopSpe-72
94Ult-106
94UppDec-108
94UppDecE-163
94UppDecSE-50
94UppDecSEG-50
95ColCho-311
95ColChoDT-T30
95ColChoDTPC-T30
95ColChoDTPCP-T30
95ColCholE-305
95ColCholJI-305
95ColCholSI-86
95ColChoPC-311
95ColChoPCP-311
95Fin-183
95FinDisAS-DS15
95FinRef-183
95Fla-76
95Fle-104
95FleEur-132
95Hoo-93
95JamSes-61
95JamSesDC-D61
95Met-63
95Met-204
95MetSilS-63
95PanSti-125
95Sky-71
95StaClu-236
95Top-264
95TopGal-58
95TopGalPPI-58
95Ult-103
95Ult-260
95UltGolM-103
95UppDec-304
95UppDecEC-304
95UppDecECG-304
95UppDecSE-49
95UppDecSEG-48
96ColCho-236
96ColCholI-58
96ColCholJ-311
96TopSupT-ST28
Murdock, L. Dee
95Mis-9
Murdock, Les
90FloStaCC*-117
Muresan, Gheorghe
93Cla-96
93ClaF-80
93ClaG-96
93Fle-396
93FouSp-84
93FouSpG-84
93Hoo-418
93HooFifAG-418
93Sky-290
93StaClu-344
93StaCluFDI-344
93StaCluMO-344
93StaCluSTNF-344
93Top-271
93TopGol-271G
93Ult-357
93UppDec-383
94ColCho-277
94ColChoGS-277
94ColChoSS-277
94Fin-139
94FinRef-139
94Fla-156
94Fle-235
94FleRooS-18
94Hoo-223
94HooNCSC-NNO
94HooShe-16
94HooShe-18
94Ima-41
94JamSes-196

94PanSti-114
94Sky-175
94Sky-196
94Sky-331
94StaClu-137
94StaCluFDI-137
94StaCluMO-137
94StaCluSTNF-137
94Top-257
94TopSpe-257
94Ult-196
94UppDec-63
94UppDecSDS-S10
95BulPol-3
95ColCho-77
95ColCholE-277
95ColCholJI-277
95ColCholSI-58
95ColChoPC-77
95ColChoPCP-77
95Fin-46
95FinRef-46
95Fla-146
95Fle-195
95FleEur-236
95Hoo-168
95JamSes-117
95JamSesDC-D117
95JamSesP-18
95Met-117
95MetSilS-117
95PanSti-9
95ProMag-135
95Sky-123
95Sky-142
95SkyE-X-89
95SkyE-XB-89
95SP-145
95SPCha-115
95StaClu-299
95Top-36
95TopForL-FL4
95Ult-194
95UltGolM-194
95UppDec-42
95UppDecEC-42
95UppDecECG-42
95UppDecSE-89
95UppDecSEG-89
96ColCho-165
96ColCho-395
96ColCholI-163
96ColCholJ-77
96ColCholNE-E9
96ColChoM-M125
96ColChoMG-M125
96ColChoS1-S29
96Fin-99
96Fin-175
96FinRef-99
96FinRef-175
96FlaSho-A43
96FlaSho-B43
96FlaSho-C43
96FlaShoLC-43
96FlaShoLC-B43
96FlaShoLC-C43
96Fle-117
96Hoo-172
96HooStaF-29
96Met-107
96Sky-128
96SkyAut-57
96SkyAutB-57
96SkyInt-13
96SkyRub-128
96SkyZ-F-96
96SkyZ-FZ-96
96SP-124
96StaClu-4
96StaCluF-F10
96StaCluM-4
96Top-77
96TopChr-77
96TopChrR-77
96TopNBAa5-77
96TopSupT-ST29
96Ult-122
96UltGolE-G122
96UltPlaE-P122
96UppDec-134
96UppDec-164
96UppDec-359
96UppDecGE-G20

Murphree, Eger V.
89KenColC*-153
Murphy, Allen
88LouColC-76
88LouColC-140
89LouColC*-240
89LouColC*-269
Murphy, Audie
48TopMagP*-J23
56AdvR74*-23
Murphy, Calvin
70Top-137
71Top-58
71TopTri-1
72Com-23
72IceBea-14
72Top-31
72Top-174
73LinPor-58
73NBAPlaA-21
73Top-13
73Top-156
74NabSugD*-24
74Top-88
74Top-149
74Top-152
75Top-3
75Top-123
75Top-180
76Top-44
77SpoSer6*-6209
77Top-105
78RoyCroC-25
78Top-13
79Top-81
80Top-30
80Top-75
80Top-105
80Top-118
81Top-15
81TopThiB*-27
84MilLitACC-3
91FooLocSF*-15
92CouFla-29
93ActPacHoF-63
95ActPacHoF-11
Murphy, Charles C.
68HalofFB-33
Murphy, Cris
91Haw-11
Murphy, Denise
90CleColC*-184
Murphy, Jay
84Sta-19
91WilCar-52
Murphy, Joe
90MicStaCC2*-135
Murphy, Kenny
88EasCar-2
Murphy, Mike
79LakAlt*-7
Murphy, Pete
81Ari-13
Murphy, Tod
89Hoo-304
90Fle-115
90Hoo-180
90HooTeaNS-16
90PanSti-74
90Sky-172
91Fle-124
91HeIonP-81
91Hoo-128
91PanSti-65
91Sky-172
91Sky-447
91UppDec-377
Murray, Andy
94IHSBoyA3S-22
Murray, Bruce
90CleColC*-33
Murray, Dave
90AriColC*-60
Murray, J.C.
94IHSBoyA3S-302
Murray, Kenyon
92Iow-8
93Iow-6
94Iow-8
Murray, Lamond
94ColCho-322
94ColCho-383
94ColCho-412
94ColChoCtGRS-S9

94ColChoCtGRSR-S9
94ColChoDT-7
94ColChoGS-322
94ColChoGS-383
94ColChoGS-412
94ColChoSS-322
94ColChoSS-383
94ColChoSS-412
94Emb-107
94EmbGoll-107
94Emo-42
94Emo-107
94EmoX-C-X10
94Fin-289
94FinRacP-RP4
94FinRef-289
94Fla-235
94FlaWavotF-8
94Fle-300
94FleFirYP-5
94FleLotE-7
94Hoo-333
94Hoo-427
94HooDraR-7
94HooSch-16
94JamSesRS-8
94Sky-239
94SkyDraP-DP7
94SkySkyF-SF17
94SP-7
94SPCha-73
94SPChaDC-73
94SPDie-D7
94SPHol-PC8
94SPHolDC-8
94StaCluBT-12
94StaCluFDI-220
94StaCluMO-220
94StaCluMO-BT12
94StaCluSTNF-220
94Top-262
94TopSpe-262
94Ult-264
94UltAll-8
94UppDec-185
94UppDec-273
94UppDecDT-D7
94UppDecRS-RS7
94UppDecSE-128
94UppDecSEG-128
94UppDecSEJ-12
95ColCho-107
95ColCho-208
95ColCho-332
95ColChoCtG-C7
95ColChoCtGA-C10
95ColChoCtGA-C10B
95ColChoCtGA-C10C
95ColChoCtGAG-C10
95ColChoCtGAG-C10B
95ColChoCtGAG-C10C
95ColChoCtGAGR-C10
95ColChoCtGASR-C10
95ColChoCtGS-C7
95ColChoCtGS-C7B
95ColChoCtGS-C7C
95ColChoCtGSG-C7
95ColChoCtGSG-C7B
95ColChoCtGSG-C7C
95ColChoCtGCR-C7
95ColChoIE-322
95ColChoIE-383
95ColChoIE-412
95ColChoIEGS-383
95ColChoIEGS-412
95ColChoIJGSI-164
95ColChoIJGSI-412
95ColChoIJI-164
95ColChoIJI-322
95ColChoIJI-412
95ColChoISI-103
95ColChoISI-164
95ColChoISI-193
95ColChoPC-107
95ColChoPC-208
95ColChoPC-332
95ColChoPCP-208
95ColChoPCP-332
95Fin-6
95FinDisaS-DS12
95FinRef-6
95Fla-60

95Fle-82
95FleClaE-11
95FleEur-104
95FleRooS-8
95Hoo-72
95HooMagC-12
95JamSes-47
95JamSesDC-D47
95JamSesP-19
95Met-47
95MetSilS-47
95PanSti-219
95ProMag-58
95Sky-53
95Sky-128
95SkyKin-K3
95SP-59
95SPCha-47
95StaClu-43
95StaCluMOI-43
95Top-148
95TopGal-36
95TopGalPPI-36
95Ult-79
95UltGolM-79
95UppDec-197
95UppDecEC-197
95UppDecECG-197
95UppDecSE-37
95UppDecSEG-37
96ColCho-71
96ColCholl-70
96ColCholl-208
96ColCholl-122
96ColCholJ-107
96ColCholJ-208
96ColCholJ-332
96ColChoM-M37
96ColChoMG-M37
96Hoo-214
96SPx-23
96SPxGol-23
96UppDec-54
96UppDec-147
Murray, Tracy
90UCL-2
91UCL-12
92Cla-41
92ClaGol-41
92ClaMag-BC9
92Fle-418
92FouSp-36
92FouSpAu-36A
92FouSpGol-36
92FroR-81
92Hoo-457
92PanSti-2
92Sky-393
92SkyDraP-DP18
92StaClu-224
92StaCluMO-224
92StaPic-80
92Top-279
92TopGol-279G
92TraBlaF-19
92Ult-197
92Ult-345
92UppDec-10
92UppDec-478
93Fle-364
93Hoo-181
93HooFifAG-181
93SkySch-37
93StaClu-48
93StaCluFDI-48
93StaCluMO-48
93StaCluSTNF-48
93Top-270
93TopGol-270G
93TraBlaF-13
93Ult-325
93UppDec-85
94ColCho-67
94ColChoGS-67
94ColChoSS-67
94Fin-63
94FinRef-63
94Fla-295
94Fle-186
94FleLeaL-3
94Hoo-177
94Hoo-252
94HooPre-P4
94HooShe-13

94JamSes-157
94Sky-136
94StaCluFDI-209
94StaCluMO-209
94StaCluSTNF-209
94Top-201
94TopSpe-147
94TopSpe-201
94TraBlaF-13
94Ult-158
94UppDec-148
95ColChoDT-T23
95ColChoDTPC-T23
95ColChoDTPCP-T23
95ColCholE-67
95ColCholJI-67
95ColCholSI-67
95Fle-263
95FleEur-192
95FleEurLL-2
95Hoo-342
95Met-198
95Sky-205
95SkyE-X-79
95SkyE-XB-79
95SP-129
95SPCha-103
95Top-275
95Ult-249
95UppDec-241
95UppDecEC-241
95UppDecECG-241
95UppDecSE-167
95UppDecSEG-167
96ColCho-354
96Fle-106
96Fle-266
96Hoo-152
96Hoo-247
96Met-222
96MetPreM-222
96Sky-198
96SkyRub-198
96SkyZ-F-137
96TopKelTR-5
96Ult-261
96UltGolE-G261
96UltPlaE-P261
96UppDec-313
Murrey, Dorie
69SupSunB-7
70Top-94
72Top-61
Murry, Ernie
89Ark-6
91ArkColC-23
Musial, Stan
51Whe*-4
52Whe*-22A
52Whe*-22B
92CouCol-9
Musselman, Art
73NorCarSPC-S12
Musselman, Bill
89Hoo-314
90Hoo-320
90HooTeaNS-16
90Sky-316
Musselman, Eric
89ProCBA-37
91ProCBA-69
Mustaf, Jerrod
88Mar-9
90FleUpd-U64
90StaPic-48
91Fle-341
91Hoo-420
91Sky-191
91Sky-641
91UppDec-284
91UppDec-417
92Fle-414
92Sky-195
92StaClu-80
92StaCluMO-80
92SunTopKS-11
92Top-43
92TopGol-43G
92Ult-342
93Fle-361
93Hoo-394
93HooFifAG-394

93Top-96
93TopGol-96G
93UppDec-501
Mustangs, Kansas City
95WomBasA-L1
Muto, Sean
91FroR-53
91FroRowP-45
91FroRU-81
Mutombo, Dikembe
88Geo-15
89Geo-15
90Geo-7
91Cla-3
91Cla-NNO
91ClaAut-3
91Fle-277
91Fle-277B
91Fle-378
91FleDikM-1
91FleDikM-2
91FleDikM-3
91FleDikM-4
91FleDikM-5
91FleDikM-6
91FleDikM-7
91FleDikM-8
91FleDikM-9
91FleDikM-10
91FleDikM-11
91FleDikM-12
91FleDikM-AU
91FleMutP-1
91FouSp-151
91FouSpAu-151A
91FroRowDM-1
91FroRowDM-2
91FroRowDM-3
91FroRowDM-4
91FroRowDM-5
91FroRowDM-6
91FroRowDM-7
91FroRowP-16
91FroRowP-83
91FroRowP-98
91FroRU-52
91Hoo-549
91Hoo-XX
91HooMcD-48
91HooTeaNS-7
91Sky-511
91Sky-516
91UppDec-3
91UppDec-446
91UppDcc 471
91UppDecRS-R29
91UppDecS-13
91WilCar-5B
91WilCarRHR-1
92Cla-98
92ClaGol-98
92ClaMutP-1
92ClaShoP2*-2
92Fle-60
92Fle-286
92FleAll-19
92FleDra-13
92FleRooS-7
92FleTeaL-7
92FleTonP-04
92FleTotD-12
92FouSp-312
92FouSpGol-312
92FroRowDP-6
92FroRowDP-7
92FroRowDP-8
92FroRowDP-9
92FroRowDP-10
92FroRowH-3
92Hoo-60
92Hoo-313
92PanSti-71
92Sky-64
92SkyNes-26
92SkySchT-ST2
92SkyThuaL-TL1
92SpolIIfKI*-41
92SpollIfKI*-299
92StaClu-196
92StaClu-273
92StaCluMO-196
92StaCluMO-273
92Top-110
92Top-281

Mutombo, Dikembe

92TopArc-146
92TopArcG-146G
92TopGol-110G
92TopGol-281G
92Ult-53
92Ult-202
92Ult-NNO
92UltJamSCI-1
92UltProS-NNO
92UltRej-2
92UppDec-255
92UppDec-499
92UppDec-509
92UppDecA-AR2
92UppDecAW-33
92UppDecE-23
92UppDecE-45
92UppDecE-196
92UppDecFE-FE5
92UppDecJWS-JW12
92UppDecJWS-JW13
92UppDecM-P10
92UppDecMH-7
92UppDecTM-TM8
93ClaC3*-13
93Fin-119
93Fin-164
93FinRef-119
93FinRef-164
93Fle-54
93FleInt-7
93FleTowOP-18
93Hoo-56
93Hoo-284
93Hoo-290
93HooFifAG-56
93HooFifAG-284
93HooFifAG-290
93HooGolMB-38
93HooPro-5
93JamSes-56
93PanSti-83
93Sky-63
93SkyShoS-SS4
93SkyShoS-SS6
93StaClu-56
93StaClu-63
93StaClu-109
93StaCluFDI-56
93StaCluFDI-63
93StaCluFDI-109
93StaCluMO-56
93StaCluMO-63
93StaCluMO-109
93StaCluMO-ST7
93StaCluST-7
93StaCluSTNF-56
93StaCluSTNF-63
93StaCluSTNF-109
93Top-262
93TopBlaG-12
93TopGol-262G
93Ult-52
93UltRebK-6
93UppDec-55
93UppDec-216
93UppDec-246
93UppDec-431
93UppDecE-79
93UppDecE-89
93UppDecE-144
93UppDecFM-24
93UppDecPV-64
93UppDecPV-107
93UppDecS-150
93UppDecS-205
93UppDecSBtG-G3
93UppDecSDCA-W3
93UppDecSEC-150
93UppDecSEC-205
93UppDecSEG-150
93UppDecSEG-205
93UppDecTD-TD8
94Ass-51
94Ass-76
94AssPhoCOM-39
94Cla-67
94ClaAssSS*-25
94ClaG-67
94ColCho-55
94ColCho-172
94ColChoCtGR-R7
94ColChoCtGRR-R7
94ColChoGS-55
94ColChoGS-172
94ColChoSS-55
94ColChoSS-172
94Emb-25
94EmbGolI-25
94Emo-23
94Fin-220
94Fin-232
94FinCor-CS7
94FinLotP-LP13
94FinMarM-18
94FinRef-220
94FinRef-232
94Fla-40
94FlaHotN-10
94FlaRej-3
94Fle-58
94FleLeaL-4
94FleTeaL-3
94FleTeaL-3A
94FleTotD-3
94FleTowoP-6
94Hoo-50
94Hoo-254
94HooMagC-7
94HooPre-P2
94HooShe-7
94HooSupC-SC13
94JamSes-47
94JamSesSDH-5
94MetImp-13
94MetImp-14
94MetImp-15
94MetImp-16
94PacP-41
94PacP-72
94PacPriG-41
94PacPriG-72
94PanSti-127
94ProMag-33
94ScoBoaNP*-8
94Sky-42
94Sky-179
94Sky-332
94SkyRev-R5
94SkySlaU-SU18
94SP-64
94SPCha-7
94SPCha-53
94SPChaDC-7
94SPChaDC-53
94SPChaPH-P7
94SPChaPHDC-P7
94SPDie-D64
94StaClu-65
94StaClu-305
94StaCluCC-7
94StaCluFDI-65
94StaCluFDI-305
94StaCluMO-65
94StaCluMO-305
94StaCluMO-CC7
94StaCluMO-RS9
94StaCluMO-SS23
94StaCluRS-9
94StaCluSS-23
94StaCluSTNF-65
94StaCluSTNF-305
94Top-50
94Top-105
94Top-339
94Top-340
94TopFra-5
94TopOwntG-22
94TopOwntG-23
94TopOwntGR-9
94TopSpe-50
94TopSpe-105
94TopSpe-339
94TopSpe-340
94Ult-49
94UltJamC-7
94UltPow-6
94UltRebK-4
94UppDec-132
94UppDecE-55
94UppDecETD-TD8
94UppDecPAW-H12
94UppDecPAWR-H12
94UppDecPLL-R24
94UppDecPLL-R31
94UppDecPLLR-R24
94UppDecPLLR-R31
94UppDecSE-110
94UppDecSEG-110
95ClaBKR-106
95ClaBKRAu-106A
95ClaBKRPP-106
95ClaBKRSS-106
95ClaBKV-57
95ClaBKVE-57
95ColCho-172
95ColCho-255
95ColCho-327
95ColChoCtGA-C19
95ColChoCtGA-C19B
95ColChoCtGA-C19C
95ColChoCtGAG-C19
95ColChoCtGAG-C19B
95ColChoCtGAG-C19C
95ColChoCtGAGR-C19
95ColChoCtGASR-C19
95ColChoIE-55
95ColChoIE-172
95ColChoIEGS-172
95ColChoIJGSI-172
95ColChoIJI-55
95ColChoIJI-172
95ColChoIJSS-172
95ColChoISI-55
95ColChoISI-172
95ColChoPC-172
95ColChoPC-327
95ColChoPCP-172
95ColChoPCP-255
95ColChoPCP-327
95Fin-55
95FinDisaS-DS7
95FinMys-M42
95FinMysB-M42
95FinMysBR-M42
95FinRef-55
95FinVet-RV2
95Fla-31
95FlaHotN-9
95Fle-44
95Fle-326
95FleAll-10
95FleDouD-8
95FleEndtE-12
95FleEur-57
95FleEurLL-2
95FleFlaHL-7
95FleFraF-6
95FleTotD-5
95Hoo-40
95Hoo-359
95HooBloP-4
95HooMagCAW-7
95HooSla-SL12
95JamSes-26
95JamSesDC-D26
95JamSesP-20
95Met-25
95MetSilS-25
95MetSteT-5
95PanSti-156
95PanSti-275
95ProMag-31
95Sky-30
95Sky-282
95SkyDyn-D3
95SkyE-X-22
95SkyE-X-92
95SkyE-XB-22
95SkyE-XB-92
95SP-36
95SPAll-AS20
95SPAllG-AS20
95SPCha-29
95SPChaCotC-C7
95SPChaCotCD-C7
95StaClu-170
95StaClu-351
95StaCluBT-BT15
95StaCluI-IC2
95StaCluMO5-29
95StaCluMOI-170
95StaCluMOI-IC2
95SupPix-75
95SupPixAu-75
95SupPixC-27
95SupPixCG-27
95SupPixII-5
95TedWil-87
95TedWilG-G8
95Top-12
95Top-26
95Top-190
95TopForL-FL3
95TopGal-16
95TopGalPG-PG8
95TopPowB-12
95TopPowB-26
95Ult-45
95Ult-327
95UltGolM-45
95UltPow-7
95UltPowGM-7
95UppDec-7
95UppDecAC-AS24
95UppDecEC-7
95UppDecECG-7
95UppDecSE-110
95UppDecSEG-110
96AllSpoPPaF-3
96AllSpoPPaF-182
96Ass-28
96BowBes-61
96BowBesAR-61
96BowBesR-61
96CleAss-23
96CleAss$2PC-20
96CleAss$5PC-14
96ColCho-205
96ColChoIl-28
96ColChoIl-117
96ColChoIJ-172
96ColChoIJ-255
96ColChoIJ-327
96ColChoINE-E6
96ColChoM-M135
96ColChoMG-M135
96Fin-196
96Fin-274
96FinRef-196
96FinRef-274
96Fle-27
96Fle-153
96FleS-1
96Hoo-42
96Hoo-201
96HooSil-42
96HooStaF-1
96Met-118
96Met-152
96MetPreM-152
96PacPow-34
96PacPowITP-IP13
96Sky-4
96Sky-134
96Sky-273
96SkyE-X-2
96SkyE-XC-2
96SkyInt-14
96SkyLarTL-B13
96SkyRub-4
96SkyRub-134
96SkyRub-273
96SkyZ-F-24
96SkyZ-F-101
96SkyZ-FST-ST4
96SkyZ-FZ-24
96SP-3
96SPInsI-IN9
96SPInsIG-IN9
96StaClu-96
96StaCluCA-CA10
96StaCluCAAR-CA10
96StaCluCAR-CA10
96StaCluF-F32
96StaCluGPPI-16
96StaCluTC-TC2
96Top-112
96TopChr-112
96TopChrPF-PF13
96TopChrR-112
96TopChrSB-SB8
96TopChrSB-SB21
96TopMysF-M11
96TopMysFB-M11
96TopMysFBR-M11
96TopNBAa5-112
96TopProF-PF13
96TopSeaB-SB8
96TopSeaB-SB21
96TopSupT-ST7
96Ult-4
96Ult-153
96UltBoaG-12
96UltGolE-G4
96UltGolE-G153
96UltPlaE-P4
96UltPlaE-P153
96UppDec-136
96UppDec-182
96UppDec-318
96UppDec-331
96UppDecGK-24
96UppDecU-28
96Vis-28
Muursepp, Martin
96BowBesRo-R24
96BowBesRoAR-R24
96BowBesRoR-R24
96ColCho-277
96Fin-11
96FinRef-11
96Fle-211
96Hoo-303
96HooRoo-20
96ScoBoaBasRoo-47
96ScoBoaBasRooD-DC25
96Sky-226
96SkyRub-225
96StaCluR1-R21
96StaCluRS-RS20
96Top-160
96TopChr-160
96TopChrR-160
96TopDraR-25
96TopNBAa5-160
96Ult-208
96UltGolE-G208
96UltPlaE-P208
96UppDec-245
Myers, Carlton
92UppDecE-112
Myers, Ernest
89NorCarSCC-97
89NorCarSCC-98
89NorCarSCC-99
Myers, Gene
89KenColC*-178
Myers, Pete
88KniFriL-5
89KniMarM-6
90Sky-184
91WilCar-66
93Fle-261
93Hoo-314
93HooFifAG-314
93Sky-208
93StaClu-255
93StaCluFDI-255
93StaCluMO-255
93StaCluSTNF-255
93Top-235
93TopGol-235G
93Ult-222
93UppDecS-37
93UppDecSEC-37
93UppDecSEG-37
94ColCho-37
94ColChoGS-37
94ColChoSS-37
94Fla-23
94Fle-34
94Hoo-29
94JamSes-29
94PanSti-33
94Ult-29
95ColChoIE-37
95ColChoIJI-37
95ColChoISI-37
Myles, Eric
94Geo-13
Myvett, DWight
95UppDecCBA-76
95UppDecCBA-106
95UppDecCBA-108
95UppDecCBA-114
Naber, Bob
89LouColC*-84
Naber, John
77SpoSer2*-222
83HosU.SOGM-6
83TopHisGO-23
83TopOlyH-29
91ImpHaloF-18
91SouCal*-11
96UppDecUOC-9

Nadeau, Wendy J.
87Mai*-11
Nadi, Nedo
76PanSti-38
Naftziger, Jason
94IHSBoyAST-94
Nagurski, Bronko
54QuaSpoO*-26
Nagy, Dick
80III-8
81III-10
92III-12
Nahar, Mike
91WriSta-11
93WriSta-7
Nairn, Chandler
91Was-5
Naismith, James A.
68HalofFB-34
91Hoo-301
91Hoo-CC1
91Sky-332
Nakamura, Tracy
91SouCal*-65
Nallet, Jean-Claude
76PanSti-125
Namath, Joe
81PhiMor*-11
90ColColP*-AL1
Nance, Greg
78WesVirS-9
Nance, Larry
81SunPep-10
82SunGiaS-3
83Sta-115
84Sta-47
84StaAllGDP-31
84StaAwaB-9
84StaCouK5-19
84StaSlaD-7
84StaSlaD-11
84SunPol-22
85Sta-34
85StaGatSD-2
85StaSlaDS5-6
86Fle-78
86StaCouK-24
87Fle-78
87Sun5X8W-2
87SunCirK-11
88Fle-24
89Fle-28
89Fle-166
89Hoo-25
89Hoo-217
89HooAllP 1
89PanSpaS-89
89PanSpaS-267
90CleColC*-6
90Fle-35
90Hoo-78
90Hoo100S-17
90HooActP-45
90HooCol-18
90HooTeaNS-5
90PanSti-107
90Sky-55
91Fle-37
91FleTonP-39
91Hoo-39
91Hoo-168
91Hoo100S-17
91HooSlaD-1
91HooTeaNS-5
91PanSti-120
91Sky-52
91SkyCanM-10
91UppDec-223
91UppDecS-6
92Fle-42
92Fle-276
92FleTonP-95
92FleTotD-9
92Hoo-42
92Hoo100S-18
92PanSti-135
92Sky-43
92StaClu-298
92StaCluMO-298
92Sun25t-18
92Sun25t-19
92Top-163
92TopArc-18
92TopArcG-18G

92TopGol-163G
92Ult-37
92UppDec-281
92UppDec-354
92UppDec-421
92UppDec-430
92UppDec1PC-PC18
92UppDecAW-36
92UppDecE-170
92UppDecM-CL6
92UppDecS-2
93CavNicB-9
93Fin-51
93FinRef-51
93Fle-38
93FleAll-6
93Hoo-40
93Hoo-266
93HooFifAG-40
93HooFifAG-266
93HooSco-HS5
93HooScoFAG-HS5
93JamSes-41
93PanSti-163
93Sky-51
93StaCluR-17
93StaClu-62
93StaCluFDI-17
93StaCluFDI-62
93StaCluMO-17
93StaCluMO-62
93StaCluSTNF-17
93StaCluSTNF-62
93Top-74
93TopGol-74G
93Ult-39
93UltAll-8
93UppDec-281
93UppDecE-1
93UppDecE-10
93UppDecE-127
93UppDecPV-39
94Fle-42
94Hoo-36
94ProMag-24
94UppDecE-105
Nance, Lynn
91Was-8
91Was-6
Narbeshuber, Tom
82Vic-8
Nared, Greg
88Mar-10
Nash, Cotton
88KenColC-8
88KenColC-172
Nash, Macolm
89Kan-53
91Kan-7
Nash, Mark
96AusFutN-32
Nash, Noreen
48TopMagP*-F22
Nash, Steve
96AllSpoPPaF-113
96BowBesRo-R18
96BowBesRoAR-R18
96BowBooRoR-R18
96ColCho-310
96ColEdgRR-32
96ColEdgRRD-32
96ColEdgRRG-32
96ColEdgRRKK-15
96ColEdgRRKKG-15
96ColEdgRRKKH-15
96ColEdgRRRR-14
96ColEdgRRRRG-14
96ColEdgRRRRH-14
96Fin-75
96Fin-217
96FinRef-75
96FinRef-217
96FlaShoCo'-15
96Fle-239
96FleRooS-10
96Hoo-304
96HooRoo-21
96Met-138
96Met-205
96MetPreM-205
96PacPow-35
96PacPowGCDC-GC10
96PacPowITP-IP14
96PrePas-14

96PrePasAu-13
96PrePasNB-14
96PrePasS-14
96ScoBoaAB-18
96ScoBoaAB-18A
96ScoBoaAB-18B
96ScoBoaAB-18C
96ScoBoaAB-PP17
96ScoBoaBasRoo-18
96ScoBoaBasRooCJ-CJ15
96ScoBoaBasRooD-DC15
96Sky-91
96Sky-227
96SkyAut-58
96SkyAutB-58
96SkyNewE-9
96SkyRooP-R12
96SkyRub-91
96SkyRub-226
96SkyZ-F-158
96SkyZ-FZ-12
96SkyZ-FZZ-12
96SP-142
96SPPreCH-PC30
96StaCluR1-R13
96StaCluR2-R12
96StaCluRS-RS12
96Top-182
96TopChr-182
96TopChrR-182
96TopDraR-15
96TopNBAaS-182
96Ult-87
96Ult-273
96UltFreF-8
96UltGolE-G87
96UltGolE-G273
96UltPlaE-P87
96UltPlaE-P273
96UppDec-280
96UppDecRE-R18
96UppDecU-15
Nater, Swen
74Top-205
74Top-208
74Top-227
75Top-225
75Top-231
75Top-284
76BucPlaC-C8
76BucPlaC-D7
76BucPlaC-H7
76BucPlaC-S8
76Top-103
77Top-92
78UltHan-6
78Top-23
79Top-109
80Top-16
80Top-75
80Top-112
80Top-163
81Top-38
81Top-63
83LakBAS-8
83Sta-20
84StaAre-D5
91UCLColC-91
Natt, Calvin
80Top-14
80Top-162
81Top-W85
81TraBlaP-33
82TraBlaP-33
83NikPosC*-35
83Sta-103
83TraBlaP-33
84Sta-145
85NugPol-12
85Sta-55
86Fle-79
89TraBlaF-14
Natt, Kenny
81TCMCBA-38
82TCMCBA-20
Nattin, George
90LSUColC*-58
Naughton, Ryan
94IHSBoyA3S-19
Naulls, Jonah
91UCL-17
Naulls, Willie
57Top-29
61Fle-32

91UCLColC-58
Nauman, Jake
94IHSBoyAST-181
Nayadley, Jesse
91TenTec-11
92TenTec-13
93TenTec-13
94TenTec-10
Neacsu, C.
76PanSti-156
Neal, Bilaal
94WriSta-8
Neal, Bob
90HooAnn-40
Neal, Craig
90ProCBA-175
91GeoTecCC*-33
Neal, Fred Curly
71Glo84-18
71Glo84-26
71Glo84-27
71Glo84-28
71Glo84-29
71Glo84-30
71Glo84-31
71Glo84-32
71Glo84-64
71Glo84-65
71Glo84-66
71Glo84-67
71Glo84-69
71Glo84-72
71GloCocP2-1
71GloCocP2-2
71GloCocP2-4
71GloCocP2-6
71GloCocP2-7
71GloCocP2-8
71GloCocP2-9
71GloCocP2-10
71GloCocP2-24
71GloCocP2-25
71GloCocP2-28
71GloPhoC-5
73LinPor-112
74GloWonB-3
92Glo-31
92Glo-57
92Glo-70
92Glo-72
92Glo-73
92GloPro-P2
92GloPro-P3
92GloPro-P4
Neal, Ida
91GeoTecCC*-2
Neal, Kim
90AriStaCC*-149
Neal, Lisa
91GeoTecCC*-130
Neal, Lloyd
73Top-129
75Top-58
76Top-7
77TraBlaP-36
78TraBlaP C
84TraBlaP-12
89TraBlaP-15
Neal, Robert
94IHSBoyAST-49
Nealy, Ed
83Sta-222
89BulEqu-8
90Hoo-426
90HooTeaNS-21
90Sky-43
90Sky-406
91Hoo-421
92StaClu-101
92StaCluMO-101
92Ult-265
92UppDec-309
Neely, Jess
90CleColC*-55
Negri, Lisa
92OhiStaW-10
93OhiStaW-9
94OhiStaW-9
Nehls, Joe
90AriColC*-99
Neidert, John
89LouColC*-172
Neiss, Sandy
90MonSta-12

Neiss, Susan
90MonSta-12
Nelson, Alonzo
89KenColC*-299
Nelson, Byron
81TopThiB*-46
91ProSetPF*-8
Nelson, Chris
91Neb*-10
Nelson, Don
69Top-82
70Top-86
71Top-114
72Top-92
73LinPor-18
73Top-78
74CelLin-7
74Top-46
75CarDis-24
75Top-2
75Top-44
76BucPlaC-NNO
79BucPol-NNO
85BucCarN-1
85StaCoa-7
86BucLif-1
89Hoo-273
89PanSpaS-184
90Hoo-313
90Hoo-345
90HooTeaNS-9
90Sky-309
91Fle-70
91Hoo-229
91HooTeaNS-9
91Sky-386
92Fle-78
92Hoo-247
92Hoo-319
92Sky-263
93Hoo-238
93HooFifAG-238
93Ult-372
93WarTop-4
94FlaUSA-7
94FlaUSA-8
94Hoo-282
94SkyUSA-82
94SkyUSAG-82
94UppDec-358
95Hoo-336
Nelson, Greg
89JacCla-7
Nelson, Jeff
91TexA&MCC*-58
Nelson, Keith
94AusFutN-140
95AusFutHTH-H4
95AusFutN-13
95AusFutN-100
Nelson, Korky
80TCMCBA-13
Nelson, Louie
90FloStaCC*-132
Nelson, Lynn
90AriStaCC*-152
Nelson, Mark
91SouCarCC*-102
Nelson, Melissa
89KenSch*-1
Nelson, Steve
94IHSBoyAST-12
Nelson, Ted
91TexA&MCC*-19
Nelson, Terry
92Cin-13
Nembhard, Ruben
96Sky-228
Nesland, Brett
91Haw-12
92Haw-9
Nessley, Martin
89ProCBA-24
Netolicky, Bob
71PacMarO-8
71Top-183
72Top-228
73Top-256
75Top-314
Nets, New Jersey

75Top-325
75TopTeaC-325
77FleTeaS-14
80TopTeaP-10
89PanSpaS-23
89PanSpaS-32
90Sky-344
91Hoo-290
91Sky-367
91UppDecSiSS-7
92Hoo-282
92UppDecDPS-14
92UppDecE-147
92UppDecE-160
93PanSti-215
93StaCluBT-17
93StaCluST-17
93UppDec-226
93UppDecDPS-17
94Hoo-407
94ImpPin-17
94StaCluMO-ST17
94StaCluST-17
94UppDecFMT-17
95FleEur-254
95PanSti-24
96TopSupT-ST17
Neumann, Johnny
72Top-184
73Top-243
74Top-238
82TCMCBA-60
Neves, Canonchet
92NewMex-12
Nevitt, Charles G.
89NorCarSCC-106
89NorCarSCC-107
89NorCarSCC-108
Newbern, Melvin
90StaPic-52
91FroR-89
91FroRowP-109
91FroRU-97
Newbern, Steve
91GeoTecCC*-119
Newbill, Ivano
89GeoTec-14
90GeoTec-18
91GeoTec-13
92GeoTec-4
94Fla-216
Newell, Pete
90MicStaCC2*-161
93ActPacHoF-55
Newlin, Mike
72Top-128
73NBAPlaA-22
73Top-44
73Top-156
74Top-127
75Top-103
75Top-123
76Top-139
77Top-37
78Top-124
79Top-15
80Top-36
80Top-55
80Top-119
80Top-143
81Top-57
81Top-E80
Newman, Charlie
94IHSBoyAST-192
Newman, Don
81TCMCBA-71
Newman, Jamie (James)
83Vic-7
84Vic-7
Newman, Johnny
88KniFriL-6
89Fle-102
89Hoo-58
89KniMarM-7
89PanSpaS-37
90Fle-127A
90Fle-127B
90FleUpd-U12
90Hoo-206
90Hoo-386
90Hoo-403
90HooActP-109
90HooTeaNS-3
90Sky-190

90Sky-370
91Fle-23
91Hoo-23
91Hoo100S-11
91HooTeaNS-3
91LitBasBL-24
91PanSti-108
91Sky-31
91UppDec-268
92Fle-26
92FleTeaNS-2
92Hoo-25
92Hoo100S-12
92HorSta-6
92PanSti-125
92Sky-26
92StaClu-123
92StaCluMO-123
92Top-5
92TopArc-83
92TopArcG-83G
92TopGol-5G
92Ult-17
92UppDec-202
93Fin-83
93Fle-23
93Hoo-24
93HooFifAG-24
93JamSes-25
93PanSti-147
93Sky-41
93StaClu-38
93StaClu-241
93StaCluFDI-38
93StaCluFDI-241
93StaCluMO-38
93StaCluMO-241
93StaCluSTNF-38
93StaCluSTNF-241
93Top-192
93TopGol-192G
93Ult-24
93Ult-297
93UppDec-277
93UppDecE-113
94ColCho-126
94ColCho-338
94ColChoGS-126
94ColChoGS-338
94ColChoSS-126
94ColChoSS-338
94Fin-199
94FinRef-199
94Fla-255
94Fle-146
94Fle-318
94Hoo-347
94ProMag-83
94Sky-253
94StaClu-311
94StaCluFDI-311
94StaCluMO-311
94StaCluSTNF-311
94Top-334
94TopSpe-334
94Ult-285
94UppDec-89
94UppDec-349
95ColCholE-126
95ColCholE-338
95ColCholJI-126
95ColCholJI-338
95ColCholSI-126
95Fin-249
95FinRef-249
95FleEur-133
95StaClu-183
95TopGal-111
95TopGalPPI-111
96ColCho-88
96ColChoM-M170
96ColChoMG-M170
96Hoo-89
96HooSil-89
96Sky-168
96SkyRub-167
96Top-56
96TopChr-56
96TopChrR-56
96TopNBAa5-56
96TopSupT-ST15
96Ult-211
96UltGolE-G211

96UltPlaE-P211
96UppDec-70
96UppDec-150
Newman, Paul
82Mar-8
Newman, Roger
89KenColC*-258
Newman, Victor
91NorCarS-10
92NorCarS-10
Newmark, Dave
70Top-156
Newsom, Rodney
92MemSta-12
93MemSta-8
94Mem-9
Newsome, Eric
89ProCBA-86
Newson, Gary
91GeoTecCC*-139
Newton, C.M.
87Van-2
88KenColC-63
89KenColC*-1
Newton, Milt
87Kan-13
89ProCBA-136
92AusFutN-79
Newton, Rob
89NewMex-13
90NewMex-12
Newton, Steve
90MurSta-15
Newton, William
94IHSBoyASD-40
Niblett, Jason
91EasTenS-8
92EasTenS-7
Nicholas, Danny
94IHSBoyA3S-30
Nicholes, Martin
94IHSBoyAST-50
Nichols, Chancellor
91FroR-56
91FroRowP-42
91FroRU-82
Nichols, Gerald
90FloStaCC*-25
Nichols, Jack
52RoyDes-3
57Top-9
Nichols, Jay
91GeoTecCC*-182
Nichols, Jerry
94Geo-9
96Geo-10
Nichols, Josh
91Min-11
Nichols, Steven
92EasIII-4
Nicholson, Darrell
90NorCarCC*-14
Nicholson, Steffan
94IHSBoyAST-72
Nicholson, Tina
96PenSta*-9
Nickerson, Gaylon
94Cla-60
94ClaG-60
94FouSp-34
94FouSpG-34
94FouSpP-34
94PacP-42
94PacPriG-42
94SRTet-67
94SRTetS-67
95Ima-30
95SRKro-27
95SupPix-71
95TedWil-45
Nicklaus, Jack
77SpoSer2*-202
81PhiMor*-12
93FaxPaxWoS*-24
Nicks, Carl
81Top-W104
82TCMCBA-77
Nicola, Marcelo
93Cla-97
93ClaG-97
Nidiffer, Jay
92EasTenS-8
93EasTenS-14
Nido, Miquel

90CleColC*-50
Nielsen, Justin
96Web StS-8
96Web StS-9
Niesen, Gertrude
48TopMagP*-J11
Niles, Mike
80SunPep-10
Nillen, John
82TCMCBA-55
Nilsson, David
94AusFutNP*-RC3
Nimitz, Chester
48TopMagP*-O2
Nimphius, Kurt
81TCMCBA-9
83Sta-56
84Sta-256
84StaAre-B7
89fe6eKod-9
90AriStaCC*-15
Ninnis, Scott
92AusFutN-80
92AusStoN-71
93AusFutN-4
93AusStoN-38
94AusFutN-2
94AusFutN-104
95AusFutN-44
96AusFutN-4
Nishibayashi, Brett
94IHSBoyA3S-4
Nissen, Inge
77SpoSer7*-7614
Nix, Dyron
88Ten-31
90Sky-118A
90Sky-118B
91ProCBA-103
Nixon, Kevin
89ProCBA-175
Nixon, Norm
78Top-63
79LakAlt*-4
79Top-97
80Top-47
80Top-55
80Top-135
80Top-160
81Top-22
81Top-55
82LakBAS-9
83NikPosC*-33
83Sta-129
84Sta-20
86Fle-80
89PanSpaS-197
Noble, Brian
90AriStaCC*-55
90AriStaCCP*-8
Noble, Chuck
57Top-11
88LouColC-82
89LouColC*-241
Nocke, Peter
76PanSti-243
Noel, Paul
89KenColC*-61
Nolan, Gary
68ParMea*-8
Nolan, Marcus
92MemSta-7
93MemSta-9
94Mem-10
Noll, Jenny
92IowWom-9
93IowWom-9
Noll, Randy KY
89KenColC*-89
Noll, Randy Mars.
84MarPlaC-S4
Nolte, Nick
94SkyBluC-9
94SkyBluC-25
94SkyBluC-35
94SkyBluC-37
94SkyBluC-42
94SkyBluC-78
94SkyBluC-82
94SkyBluCP-2
94SkyBluCP-9
None, Tera
95UppCBA-122
Noonan, Danny

85Neb*-7
Noonan, David
93Neb*-9
Norberg, Eric
94IHSBoyAST-52
Nord, Gary
89LouColC*-132
Nordgaard, Jeff
96ScoBoaBasRoo-76
Nordholz, Kris
92Geo-10
93Geo-10
Nordmann, Bob
61Kah-5
Nore, Christy
90AriStaCC*-104
Norlander, John
48Bow-27
69ConSta-9
Norman, Heather
91WasSta-9
Norman, Jerry
91UCLColC-104
Norman, Ken
89Fle-72
89Hoo-162
89PanSpaS-198
89PanSpaS-201
90CliSta-9
90Fle-88
90Hoo-149
90HooActP-82
90HooTeaNS-12
90PanSti-35
90Sky-131
91Fle-93
91FleTonP-73
91Hoo-96
91Hoo100S-43
91HooTeaNS-12
91PanSti-12
91Sky-129
91UppDec-111
92Fle-102
92FleTonP-40
92Hoo-102
92Hoo100S-42
92PanSti-29
92Sky-108
92SkySchT-ST12
92StaClu-48
92StaCluMO-48
92Top-7
92TopArc-96
92TopArcG-96G
92TopGol-7G
92Ult-86
92UppDec-295
93Fin-6
93Fin-108
93FinRef-6
93FinRef-108
93Fle-94
93Fle-322
93FleTowOP-19
93Hoo-97
93Hoo-364
93HooFifAG-97
93HooFifAG-364
93JamSes-128
93JamSesTNS-6
93JamSesTNS-8
93PanSti-19
93Sky-246
93Sky-306
93StaClu-193
93StaCluBT-25
93StaCluFDI-193
93StaCluMO-193
93StaCluMO-BT25
93StaCluSTNF-193
93Top-321
93TopGol-321G
93Ult-285
93UppDec-367
93UppDecE-183
93UppDecPV-52
93UppDecS-9
93UppDecS-213
93UppDecSEC-94
93UppDecSEC-213
93UppDecSEG-94
93UppDecSEG-213
94ColCho-71

94ColCho-268
94ColChoGS-71
94ColChoGS-268
94ColChoSS-71
94ColChoSS-268
94Emb-3
94EmbGolI-3
94Fin-110
94Fin-287
94FinRef-110
94FinRef-287
94Fla-178
94Fle-129
94Fle-244
94Hoo-121
94Hoo-304
94HooShe-1
94JamSes-5
94Sky-204
94SP-35
94SPDie-D35
94StaClu-109
94StaClu-306
94StaCluFDI-109
94StaCluFDI-306
94StaCluMO-109
94StaCluMO-306
94StaCluSTNF-109
94StaCluSTNF-306
94Top-355
94TopSpe-355
94Ult-6
94Ult-205
94UppDec-256
94UppDecE-158
94UppDecSE-93
94UppDecSEG-93
95ColCho-262
95ColCholE-71
95ColCholE-268
95ColCholJI-71
95ColCholJI-268
95ColCholSI-71
95ColCholSI-49
95ColChoPC-262
95ColChoPCP-262
95Fin-210
95FinRef-210
95Fle-6
95Fle-204
95FleEur-8
95Hoo-6
95Met-125
95PanSti-70
95ProMag-3
95StaClu-76
95StaCluMOI-76
95Top-208
95Ult-6
95UltGoIM-6
95UppDec-10
95UppDecECG-10
96ColCho-5
96ColCholI-5
96ColCholJ-262
96ColChoM-M92
96ColChoMG-M92
96HooStaF-1
96StaClu-175
96TopCupT-CT1
96UppDec-4
Norris, Audie
82TraBlaP-24
83Sta-104
83TraBlaP-24
84Sta-166
84TraBlaF-7
84TraBlaMZ-3
84TraBlaP-8
Norris, Kevin
94Mia-10
Norris, Moochie
96AllSpoPPaF-118
96ColEdgRR-33
96ColEdgRRD-33
96ColEdgRRG-33
96Fle-215
96Hoo-305
96HooRoo-22
96PacPow-36
96ScoBoaAB-28
96ScoBoaAB-28A
96ScoBoaAB-28B

96ScoBoaAB-28C
96ScoBoaBasRoo-28
96SkyRub-227
Norris, Ricky
94TenTec-11
Norris, Sherri
90AriStaCC*-166
Norton, Darrell
91GeoTecCC*-13
Norton, Jeff
91Mic*-38
Norton, Ken
93FCA-34
93LakFor*-7
Norton, Neil
85Bra-S6
Norton, Rick
89KenColC*-108
Norton, Ricky
82Ark-9
Norwood, Mike (Michael)
86NorCar-21
86NorCarS-2
Norwood, Ralph
90LSUCoIC*-173
Norwood, Ron
86DePPIaC-D9
Norwood, Willie
72Top-94
73Top-39
74Top-156
75Top-168
Nostrand, George
48Bow-42
Noth, Cathy
84Neb*-12
Novak, Gary
90NotDam-38
Nover, Matt
91IndMagI-11
92Ind-11
93Cla-55
93ClaF-53
93ClaG-55
93FouSpa-48
93FouSpG-48
93Ind-17
94SkyBluC-23
94SkyBluC-25
94SkyBluC-29
94SkyBluC-82
94SkyBluCF-F5
94SkyBluCF-F6
Novick, Tony
90AriStaCC*-58
Nowak, Paul
90NotDam-31
Nowinski, Chris
94IHSBoyAST-13
Nucatola, John
92CenCou-19
Nuce, Steve
73NorCarSPC-H9
89NorCarSCC-152
89NorCarSCC-153
89NorCarSCC-154
Nuggets, Denver
75Top-321
75TopTeaC-321
77FleTeaS-6
89PanSpaS-133
89PanSpaS-142
90Sky-334
91Hoo-280
91Sky-357
92Hoo-272
92UppDecDPS-6
92UppDecE-137
93PanSti-80
93StaCluBT-7
93UppDec-216
93UppDecDPS-7
94Hoo-397
94ImpPin-7
94StaCluMO-ST7
94StaCluST-7
94UppDecFMT-7
95FleEur-244
95PanSti-159
96TopSupT-ST7
Nunamacher, Jeff
90CleColC*-53

Nunley, Frank
91Mic*-39
Nunnally, Doc
89ProCBA-112
90ProCBA-161
Nuss, Dave
89LouCoIC*-177
Nutt, Dennis
89ProCBA-8
90ProCBA-82
Nuxhall, Joe
81TopThiB*-23
Nuzum, Rick
89KenColC*-144
Nwaogwugwu, Mbaukwu
94Bra-13
95Bra-8
Nwokocha, Nuamoi
90CleColC*-112
Nwosu, Julius
93Cla-98
93ClaF-84
93ClaG-98
94Fla-305
94Fle-369
94Ult-332
Nyikos, John
90NotDam-24
Nystrom, Carl (Buck)
90MicStaCC2*-7
Nzigamasabo, Ernest
91Min-12
92Min-10
93Min-9
O'Bannon, Ed
90UCL-3
91UCL-8
95AssGol-35
95AssGolDCS-SDC8
95AssGolPC$2-35
95AssGolPC$5-14
95AssGPC$25-5
95AssGPP-35
95AssGSS-35
95ClaBKR-8
95ClaBKR-89
95ClaBKRAu-8A
95ClaBKRCC-CCR2
95ClaBKRCS-CS6
95ClaBKRIE-IE8
95ClaBKRP-1
95ClaBKRPP-8
95ClaBKRPP-89
95ClaBKRRR-3
95ClaBKRS-RS7
95ClaBKRSS-8
95ClaBKRSS-89
95ClaBKV-8
95ClaBKV-70
95ClaBKV-85
95ClaBKVE-8
95ClaBKVE-70
95ClaBKVE-85
95ClaBKVHS-HC7
95ClaBKVLA-LA9
95ClaNat*-NC18
95Col-12
95Col-55
95Col-92
95Col2/1-T3
95Col24KG-2
95ColCho-278
95ColChoDT-D9
95ColChoPC-278
95ColChoPCP-278
95Fin-119
95FinVet-RV9
95FivSp-8
95FivSp-186
95FivSpAu-8
95FivSpD-8
95FivSpD-186
95FivSpFT-FT10
95FivSpOF-F6
95FivSpRS-RS3
95FivSpRS-8
95FivSpSF-BK4
95FivSpSigFI-FS4
95Fla-211
95FlaClao*-R4
95FlaWavotF-5
95Fle-301
95FleClaE-27
95FleRooP-3

95FleRooPHP-3
95Hoo-273
95HooGraA-AR7
95HooMagC-17
95Met-171
95MetRooRC-R3
95MetRooRCSS-R3
95PacPIaCD-P2
95PacPreGP-35
95PacPreGP-39
95PrePas-9
95PrePasP-2
95PrePasPC$5-4
95ProMag-85
95Sky-234
95SkyE-X-54
95SkyE-XB-54
95SkyHigH-HH11
95SkyLotE-9
95SkyRooP-RP8
95SP-160
95SPCha-69
95SPCha-134
95SPChaCotC-C17
95SPChaCotCD-C17
95SPChaCS-S8
95SPChaCSG-S8
95SPHoI-PC22
95SPHoIDC-PC22
95SRAut-9
95SRDraDSS-E1
95SRDraDSS-E2
95SRDraDSS-E3
95SRDraDSS-E4
95SRDraDSS-E5
95SRDraDSSS-E1
95SRDraDSSS-E2
95SRDraDSSS-E3
95SRDraDSSS-E4
95SRDraDSSS-E5
95SRFam&F-26
95SRFam&FCP-B2
95SRSigPri-26
95SRSigPriT10-TT9
95SRSigPriT10S-TT9
95SRTet-15
95SRTetAut-7
95StaClu-341
95StaCluDP-9
95StaCluMOI-DP9
95Top-188
95TopDraR-9
95TopGal-51
95TopGalPPI-51
95TopSudI-S6
95Ult-280
95UltAII-5
95UppDec-280
95UppDecEC-280
95UppDecECG-280
95UppDecSE-140
95UppDecSEG-140
96Ass-29
96AssACAPC-9
96AssPC$2-17
96CleAss-12
96CleAss$2PC-29
96ColCho-286
96ColChoCtGS1-C17A
96ColChoCtGS1-C17B
96ColChoCtGS1R-R17
96ColChoCtGS1RG-R17
96ColChoCtGSG1-C17A
96ColChoCtGSG1-C17B
96ColCholI-61
96ColCholJ-278
96ColChoM-M10
96ColChoMG-M10
96ColChoS2-S17
96ColLif-L7
96Fin-33
96FinRef-33
96FivSpSig-8
96Fle-70
96FleAusS-6
96Hoo-101
96HooStaF-17
96Met-62
96PacCenoA-C3
96PacGoICD-DC6
96PacPow-37
96PacPowITP-IP15
96PacPreGP-35

96PacPreGP-39
96PacPri-35
96PacPri-39
96PacPriPCDC-P2
96Sky-74
96SkyAut-59
96SkyAutB-59
96SkyRub-74
96SPx-32
96SPxGol-32
96StaClu-61
96StaCluM-61
96Top-88
96TopChr-88
96TopChrR-88
96TopNBAa5-88
96TopSupT-ST17
96Ult-71
96UltGoIE-G71
96UltPIaE-P71
96UppDec-80
96UppDec-152
96UppDecGE-G11
96UppDecGK-23
96Vis-9
96Vis-133
96VisBasVU-U109
96VisSig-8
96VisSigAuG-8
96VisSigAuS-8
O'Brien, Jimmy
71ConPitA-8
73Top-241
74Top-236
75Top-285
75Top-317
78SpoCha-6
O'Brien, Larry (Lawrence)
90PisUno-8
92CenCou-51
93ActPacHoF-73
O'Callaghan, Gerard
85Neb*-18
O'Connell, Rory
94IHSBoyAST-117
O'Conner, Tom
91SouCarCC*-173
O'Connor, Terry
82Fai-11
O'Dell, Billy
90CleColC*-169
O'Donnell, John
73NorCarPC-11D
89NorCarCC-175
O'Donnell, Simon
94AusFutN-57
O'Donovan, Cathy
86SouLou*-12
O'Gorman, Chriss
88NewMex-11
O'Hara, Maureen
48TopMagP*-F18
O'Hara, Tom
90SouCal*-11
O'Keefe, Dick
48Bow-61
O'Keefe, Tommy
91GeoCoIC-95
O'Koren, Mike
70NorCarC-2
81Top-E81
83Sta-152
84NetGet-7
84Sta-94
85Sta-64
86NetLif-9
89NorCarCC-55
89NorCarCC-56
89NorCarCC-57
89NorCarCC-58
90NorCarCC*-154
90NorCarCC*-189
O'Liney, Paul
93Mis-10
95Col-81
95SRDraD-27
95SRDraDSig-27
O'Loughlin, Terri
91SouCal*-84
O'Malley, Tom
90FloStaCC*-52
O'Neal, Calvin
91Mic*-40
O'Neal, Jermaine

O'Neal, Jermaine

96AllSpoPPaF-26
96BowBesRo-R20
96BowBesRoAR-R20
96BowBesRoR-R20
96ColCho-315
96ColChoM-M129
96ColChoMG-M129
96ColEdgRR-34
96ColEdgRRD-34
96ColEdgRRG-34
96Fin-31
96FinRef-31
96FlaShoCo'-16
96Fle-242
96Hoo-306
96HooRoo-23
96PacPow-38
96PacPowGCDC-GC11
96PacPowITP-IP16
96PrePas-16
96PrePas-44
96PrePasNB-16
96PrePasS-16
96PrePasS-44
96ScoBoaAB-19
96ScoBoaAB-19A
96ScoBoaAB-19B
96ScoBoaAB-19C
96ScoBoaAB-PP18
96ScoBoaBasRoo-19
96ScoBoaBasRooD-DC17
96Sky-94
96Sky-229
96SkyRub-94
96SkyRub-228
96SkyZ-F-159
96SkyZ-FZ-13
96SkyZ-FZZ-13
96SP-143
96SPPreCH-PC31
96StaCluR1-R15
96StaCluR2-R20
96StaCluRS-RS14
96Top-191
96TopChr-191
96TopChrR-191
96TopDraR-17
96TopNBAa5-191
96TraBla-1
96Ult-89
96Ult-274
96UltGolE-G89
96UltGolE-G274
96UltPlaE-P89
96UltPlaE-P274
96UppDec-284
96UppDecRE-R19
96UppDecU-3

O'Neal, Leslie
91OklStaCC*-46

O'Neal, Marcel
94IHSBoyAST-40

O'Neal, Renaldo
91WriSta-12

O'Neal, Shaquille
90KenBigBDTW-19
92Cla-1
92ClaGol-1
92ClaGol-AU
92ClaLPs-LP1
92ClaPre-1
92ClaPro-1
92ClaShoP2*-11
92ClaShoP2*-17
92Fle-298
92Fle-401
92FleDra-37
92FleTeaNS-9
92FleTonP-97
92FouSp-1
92FouSp-318
92FouSpAu-1A
92FouSpBCs-FS1
92FouSpGol-1
92FouSpGol-318
92FouSpGol-AU
92FouSpLPs-LP8
92FouSpLPs-LP14
92FouSpLPs-LP15
92FouSpPre-CC1
92FouSpPro-PR1
92Hoo-442
92HooDraR-A
92HooMagA-1

92PanSti-1
92Sky-382
92Sky-NNO
92SkyDraP-DP1
92SpoIlIfKI*-131
92SpoIlIfKI*-341
92SpoIlIfKI*-419
92StaClu-201
92StaClu-247
92StaCluBT-21
92StaCluMO-201
92StaCluMO-247
92StaCluMO-BT21
92Top-362
92TopArc-150G
92TopArcG-150G
92TopBeaT-7
92TopBeaTG-7
92TopGol-362G
92Ult-328
92UltAll-7
92UltRej-4
92UppDec-1
92UppDec-1B
92UppDec-424
92UppDec-474
92UppDecA-AD1
92UppDecAW-34
92UppDecM-P43
92UppDecM-OR5
92UppDecMH-35
92UppDecRS-RS15
92UppDecS-10
93Cla-104
93ClaC3P*-PR1
93ClaDraDD-7
93ClaF-NNO
93ClaG-104
93ClaLPs-LP9
93ClaMcDF-28
93ClaSB-SB20
93ClaSup*-SS1
93CosBroPC*-15
93FaxPaxWoS*-8
93Fin-3
93Fin-99
93FinMaiA-19
93FinRef-3
93FinRef-99
93Fle-149
93Fle-231
93FleAll-7
93FleNBAS-16
93FleRooS-18
93FleTowOP-21
93FouSp-315
93FouSpAu-315A
93FouSpG-315
93FouSpLPs-LP6
93FouSpTri-TC1
93Hoo-155
93Hoo-264
93Hoo-284
93Hoo-290
93HooAdmC-AC4
93HooFactF-1
93HooFifAG-155
93HooFifAG-284
93HooFifAG-290
93HooPro-6
93HooShe-6
93HooSupC-SC4
93JamSes-160
93JamSesSDH-7
93JamSesSYS-7
93PanSti-187
93PanSti-C
93ProLinLL-LP2
93Sky-133
93Sky-331
93SkyAll-AR1
93SkyCenS-CS2
93SkyPepSA-1
93SkyPepSA-2
93SkyPepSA-3
93SkyPepSA-4
93SkyPepSA-5
93SkyPro-5
93SkySch-38
93SkyShaT-1
93SkyShaT-2
93SkyShaT-3
93SkyShaT-4

93SkyShaT-5
93SkyShaT-6
93SkyShaT-7
93SkyShaT-8
93SkyShaT-9
93SkyShaT-10
93SkyShoS-SS2
93SkyShoS-SS3
93SkyThuaL-TL6
93SkyUSAT-10
93StaClu-100
93StaClu-175
93StaClu-358
93StaCluBT-1
93StaCluFDI-100
93StaCluFDI-175
93StaCluFDI-358
93StaCluFFP-13
93StaCluFFU-358
93StaCluMO-100
93StaCluMO-175
93StaCluMO-358
93StaCluMO-BT1
93StaCluMO-ST19
93StaCluMO5-8
93StaCluRR-1
93StaCluST-19
93StaCluSTNF-100
93StaCluSTNF-175
93StaCluSTNF-358
93Top-3
93Top-134
93Top-152
93Top-181
93Top-386
93TopBlaG-18
93TopGol-3G
93TopGol-134G
93TopGol-152G
93TopGol-181G
93TopGol-386G
93Ult-135
93Ult-M2
93UltAllT-5
93UltAwaW-4
93UltFamN-13
93UltJamC-7
93UltPowITK-7
93UltRebK-9
93UltScoK-8
93UppDec-177
93UppDec-228
93UppDec-300
93UppDec-469
93UppDecA-AR1
93UppDecE-4
93UppDecE-35
93UppDecE-69
93UppDecE-220
93UppDecFH-35
93UppDecFT-FT16
93UppDecH-H19
93UppDecLT-LT3
93UppDecPV-32
93UppDecPV-79
93UppDecPV-102
93UppDecS-32
93UppDecS-6
93UppDecSBtG-G13
93UppDecSDCA-E13
93UppDecSEC-32
93UppDecSEG-32
93UppDecSUT-24
93UppDecTM-TM19
93UppDecWJ-LT3
94Ass-1
94Ass-26
94Ass-73
94Ass-98
94AssDieC-DC1
94AssPhoCOM-17
94AssPhoCOM-40
94Ble23KP-2
94Ble23KP-4
94Ble23KP-5
94Ble23KSO-1
94Ble23KSO-2
94Ble23KSO-3
94BleAll-2
94BleAll-5
94Cla-69
94Cla-AU1
94Cla-NNO

94ClaAceSO-SO1
94ClaAssPC$1000-3
94ClaAssPC$2000-2
94ClaAssPC$25-3
94ClaAssPC$25-NNO
94ClaAssPC$50-3
94ClaAssSS*-1
94ClaAssSS*-47
94ClaG-69
94ClaG-NNO
94ClaG-NNO
94ColCho-184
94ColCho-197
94ColCho-232
94ColCho-390
94ColCho-400
94ColChoCtGR-R10
94ColChoCtGRR-R10
94ColChoCtGS-S7
94ColChoCtGSR-S7
94ColChoGS-184
94ColChoGS-197
94ColChoGS-205
94ColChoGS-232
94ColChoGS-390
94ColChoGS-400
94ColChoSS-184
94ColChoSS-197
94ColChoSS-205
94ColChoSS-232
94ColChoSS-390
94ColChoSS-400
94Emb-69
94EmbGoII-69
94Emo-70
94Emo-115
94EmoN-T-N7
94Fin-32
94Fin-280
94FinCor-CS1
94FinIroM-1
94FinLotP-LP15
94FinRef-32
94FinRef-280
94Fla-107
94Fla-168
94FlaCenS-4
94FlaHotN-12
94FlaRej-5
94FlaScoP-5
94FlaUSA-73
94FlaUSA-74
94FlaUSA-75
94FlaUSA-76
94FlaUSA-77
94FlaUSA-78
94FlaUSA-79
94FlaUSA-80
94Fle-160
94FleAll-9
94FleLeaL-5
94FleTeaL-7
94FleTowoP-8
94FleTriT-7
94FleYouL-5
94FouSp-PC1
94FouSpP-PR2
94FouSpSTC-SF1
94Hoo-152
94Hoo-231
94Hoo-256
94Hoo-257
94Hoo-NNO
94Hoo-NNO
94HooBigN-BN5
94HooBigNR-5
94HooMagC-19
94HooPre-P3
94HooShe-11
94HooSupC-SC33
94Ima-36
94Ima-128
94ImaSI-SI9
94JamSes-136
94JamSesG-6
94JamSesSDH-7
94JamSesTS-3
94MetImp-17
94MetImp-18
94MetImp-19
94MetImp-20
94PanSti-97
94Sky-118

94Sky-187
94SkyBluC-20
94SkyBluC-21
94SkyBluC-29
94SkyBluC-30
94SkyBluC-35
94SkyBluC-39
94SkyBluC-40
94SkyBluC-41
94SkyBluC-42
94SkyBluC-44
94SkyBluC-57
94SkyBluC-66
94SkyBluC-70
94SkyBluC-71
94SkyBluC-72
94SkyBluC-73
94SkyBluC-75
94SkyBluC-77
94SkyBluC-79
94SkyBluC-82
94SkyBluC-83
94SkyBluC-84
94SkyBluC-87
94SkyBluC-88
94SkyBluCF-F3
94SkyBluCF-F4
94SkyBluCF-SP
94SkyBluCP-3
94SkyCenS-CS2
94SkyRev-R6
94SkySlaU-SU19
94SkyUSA-67
94SkyUSA-68
94SkyUSA-69
94SkyUSA-70
94SkyUSA-71
94SkyUSA-72
94SkyUSADP-DP12
94SkyUSAG-67
94SkyUSAG-68
94SkyUSAG-69
94SkyUSAG-70
94SkyUSAG-71
94SkyUSAG-72
94SkyUSAOTC-14
94SkyUSAP-PT12
94SP-121
94SPCha-19
94SPCha-103
94SPChaDC-19
94SPChaDC-103
94SPChaFPH-F6
94SPChaFPHDC-F6
94SPDie-D121
94SPHol-PC29
94SPHoIDC-29
94StaClu-32
94StaClu-102
94StaClu-355
94StaCluBT-19
94StaCluDaD-7B
94StaCluFDI-32
94StaCluFDI-102
94StaCluFDI-355
94StaCluMO-32
94StaCluMO-102
94StaCluMO-355
94StaCluMO-BT19
94StaCluMO-DD7B
94StaCluMO-RS5
94StaCluMO-SS22
94StaCluMO-ST19
94StaCluMO-TF5
94StaCluRS-5
94StaCluSS-22
94StaCluST-19
94StaCluSTDW-M32
94StaCluSTMP-M6
94StaCluSTNF-32
94StaCluSTNF-102
94StaCluSTNF-355
94StaCluTotF-5
94Top-13
94Top-100
94Top-299
94Top-300
94TopFra-17
94TopOwntG-28
94TopOwntG-29
94TopOwntG-30
94TopOwntGR-1
94TopSpe-13
94TopSpe-100

94TopSpe-299
94TopSpe-300
94Ult-135
94UltAll-12
94UltJamC-8
94UltPow-8
94UltPowITK-7
94UltRebK-7
94UltScoK-5
94UppDec-23
94UppDec-100
94UppDec-178
94UppDecE-132
94UppDecE-189
94UppDecFMT-19
94UppDecPAW-H3
94UppDecPAW-H21
94UppDecPAWR-H15
94UppDecPAWR-H21
94UppDecPLL-R2
94UppDecPLL-R21
94UppDecPLL-R35
94UppDecPLLR-R2
94UppDecPLLR-R21
94UppDecPLLR-R35
94UppDecS-3
94UppDecSDS-S12
94UppDecSE-152
94UppDecSEG-152
94UppDecU-49
94UppDecU-50
94UppDecU-51
94UppDecU-52
94UppDecU-53
94UppDecU-54
94UppDecUCT-CT9
94UppDecUFYD-10
94UppDecUGM-49
94UppDecUGM-50
94UppDecUGM-51
94UppDecUGM-52
94UppDecUGM-53
94UppDecUGM-54
95199ClaPCP-NNO
95AssGoI-43
95AssGoIDCS-SDC2
95AssGoIPC$2-43
95AssGoIPC$5-15
95AssGPC$1000-4
95AssGPP-43
95AssGSS-43
95ClaBKR-105
95ClaBKRAu-105
95ClaBKRCC-CCH1
95ClaBKRPP-105
95ClaBKRSS-105
95ClaBKV-54
95ClaBKV-74
95ClaBKV-100
95ClaBKVE-54
95ClaBKVE-74
95ClaBKVE-100
95ClaBKVHS-HC10
95ClaBKVLA-LA1
95ClaNat*-NC1
95ColCho-184
95ColCho-202
95ColCho-286
95ColCho-339
95ColCho-350
95ColCholE-165
95ColCholE-184
95ColCholE-197
95ColCholE-205
95ColCholE-232
95ColCholE-390
95ColCholE-400
95ColCholEGS-184
95ColCholEGS-390
95ColCholEGS-400
95ColCholJGSI-184
95ColCholJGSI-171
95ColCholJGSI-400
95ColCholJI-165
95ColCholJI-184
95ColCholJI-197
95ColCholJI-205
95ColCholJI-171
95ColCholJI-232
95ColCholJI-400
95ColCholJSS-184
95ColCholSI-165
95ColCholSI-184

95ColCholSI-197
95ColCholSI-205
95ColCholSI-13
95ColCholSI-171
95ColCholSI-181
95ColChoPC-184
95ColChoPC-202
95ColChoPC-286
95ColChoPC-339
95ColChoPC-350
95ColChoPCP-184
95ColChoPCP-202
95ColChoPCP-339
95ColChoPCP-350
95Fin-32
95FinDisaS-DS19
95FinMys-M22
95FinMysB-M22
95FinMysBR-M22
95FinRef-32
95FinVet-RV25
95FivSp-199
95FivSpAu-199A
95FivSpAu-199B
95FivSpD-199
95FivSpHBAu-6
95FivSpRS-99
95FivSpSigES-1
95Fla-97
95Fla-240
95FlaAnt-7
95FlaCenS-5
95FlaHotN-11
95Fle-130
95Fle-338
95FleAll-3
95FleDouD-10
95FleEndtE-14
95FleEur-167
95FleEurLL-3
95FleEurTT-2
95FleFlaHL-19
95FleFraF-7
95FleTotD-7
95FleTotO-6
95FleTotOHP-6
95FleTowoP-6
95Hoo-117
95Hoo-366
95HooHotL-8
95HooNumC-2
95HooPowP-8
95HooSky-SV8
95HooTopT-AR1
95Ima-37
95ImaCE-C1
95ImaCP-CP5
95ImaF-TF10
95ImaPOY-POY4
95ImaPre-IP2
95JamSes-77
95JamSesDC-D77
95JamSesFl-6
95Met-78
95Met-215
95MetMaxM-8
95MetScoM-7
95MetSilS-10
95MetSteT-7
95PanSti-10
95PanSti-142
95PanSti-276
95ProMag-93
95ProMagUB-4
95Sky-89
95Sky-293
95SkyE-X-60
95SkyE-XACA-7
95SkyE-XB-60
95SkyE-XU-12
95SkyLarTL-L7
95SkyMel-M8
95SkyStaH-SH5
95SkyUSAB-U7
95SP-96
95SPAll-AS5
95SPAllG-AS5
95SPCha-76
95SPChaCotC-C19
95SPChaCotCD-C19
95SPChaCS-S20
95SPChaCSG-S20
95SPHol-PC25

95SPHolDC-PC25
95StaClu-119
95StaCluBT-BT6
95StaCluM05-1
95StaCluMOI-119B
95StaCluMOI-119R
95StaCluMOI-N4
95StaCluMOI-BT6
95StaCluMOI-PZ1
95StaCluN-N4
95StaCluPZ-PZ1
95StaCluSS-SS9
95StaCluX-X2
95SupPix-74
95SupPixAu-74
95SupPixC-30
95SupPixCG-30
95SupPixII-1
95Top-6
95Top-13
95Top-279
95TopGal-1
95TopGalE-EX10
95TopPowB-6
95TopPowB-13
95TopPowB-279
95TopShoS-SS7
95TopSpaP-SP1
95TopWorC-WC3
95Ult-126
95UltAll-8
95UltAllGM-8
95UltDouT-6
95UltDouTGM-6
95UltGolM-126
95UltJamC-9
95UltPowGM-9
95UltRisS-6
95UltRisSGM-6
95UltScoK-8
95UltScoKHP-8
95UltUSAB-6
95UppDec-95
95UppDec-173
95UppDec-321
95UppDec-327
95UppDecAC-AS5
95UppDecEC-95
95UppDecEC-173
95UppDecEC-321
95UppDecEC-327
95UppDecECG-95
95UppDecECG-173
95UppDecECG-321
95UppDecECG-327
95UppDecMoIM-22
95UppDecSE-147
95UppDecSEG-147
95AllSpoPPaF-1
95AllSpoPPaF-50
95AllSpoPPaFR-R5
95Ass-30
95AssACA-CA3
95AssACAPC-2
95AssCPC$5-5
95AssPC$10-5
95AssPC$100-3
95AssPC$1000-5
95AssPC$2-18
95AssPC$20-5
95AssPC$5-11
95AssS-6
95BowBes-70
95BowBesAR-70
95BowBesC-BC7
95BowBesCAR-BC7
95BowBesCR-BC7
95BowBesHR-HR7
95BowBesHRAR-HR7
95BowBesHRR-HR7
95BowBesR-R70
95BowBesS-BS3
95BowBesSAR-BS3
95BowBesSR-BS3
95BowBesTh-TB8
95BowBesThAR-TB8
95BowBesTR-TB8
95CleAss-1
95CleAss$1000PC-1
95CleAss$10PC-1
95CleAss$2PC-1
95CleAss$5PC-1
96ColCho-184

96ColCho-270
96ColCho-357
96ColCholI-184
96ColCholI-202
96ColCholI-69
96ColCholI-129
96ColCholI-140
96ColCholJ-184
96ColCholJ-202
96ColCholJ-286
96ColCholJ-339
96ColCholJ-350
96ColCholSEH-H7
96ColChoM-M152
96ColChoMG-M152
96DonKazP-NNO
96Fin-146
96Fin-243
96Fin-289
96FinRef-146
96FinRef-243
96FinRef-289
96FivSpSig-99
96FlaSho-A10
96FlaSho-B10
96FlaSho-C10
96FlaShoHS-5
96FlaShoLC-10
96FlaShoLC-B10
96FlaShoLC-C10
96Fle-79
96Fle-138
96Fle-206
96Fle-289
96FleGamB-10
96FleStaA-9
96FleThrS-13
96FleTotO-9
96FleTowoP-7
96FleUSA-6
96FleUSA-16
96FleUSA-26
96FleUSA-36
96FleUSA-46
96FleUSAH-6
96Hoo-112
96Hoo-183
96Hoo-215
96Hoo-324
96HooHeatH-HH6
96HooHIP-H13
96HooHotL-15
96HooStaF-13
96Met-119
96Met-143
96Met-103
96MetMoIM-22
96MetNet-7
96MetPlaP-8
96MetPreM-183
96MetSteS-8
96ScoBoaBasRoo-91
96ScoBoaBasRooCJ-CJ26
96ScoBoaBasRooCJ-LA34
96ScoBoaBasRooD-DC14
96Sky-58
96Sky-163
96Sky-274
96SkyE-X-32
96SkyE-XACA-9
96SkyE-XC-32
96SkyE-XNA-20
96SkyInt-15
96SkyLarTL-B15
96SkyNetS-15
96SkyRub-58
96SkyRub-162
96SkyRub-343
96SkySta-SO5
96SkyUSA-7
96SkyUSA-27
96SkyUSA-47
96SkyUSA-7
96SkyUSAB-B7
96SkyUSAG-G7
96SkyUSAGS-G7
96SkyUSAQ-Q7
96SkyUSAQ-Q11
96SkyUSAQ-Q15
96SkyUSAS-S7

96SkyUSASS-S7
96SkyZ-F-64
96SkyZ-F-114
96SkyZ-F-187
96SkyZ-FBMotC-8
96SkyZ-FBMotCZ-8
96SkyZ-FSC-SC9
96SkyZ-FST-ST6
96SkyZ-FZ-64
96SP-54
96SPGamF-GF5
96SPInsI-IN10
96SPInsIG-IN10
96SPPreCH-PC19
96SPx-35
96SPxGol-35
96SPxHolH-H10
96StaClu-18
96StaCluF-F30
96StaCluGPPI-1
96StaCluHR-HR11
96StaCluM-18
96StaCluSF-SF5
96StaCluTC-TC1
96StaCluWA-WA19
96Top-220
96TopChr-220
96TopChrPF-PF7
96TopChrR-220
96TopChrSB-SB3
96TopFinR-32
96TopFinRR-32
96TopHobM-HM11
96TopHolC-HC10
96TopHolCR-HC10
96TopMysF-M12
96TopMysFB-M12
96TopMysFBR-M12
96TopMysFBR-M12
96TopNBAa5-220
96TopNBAS-82
96TopNBAS-82
96TopNBAS-132
96TopNBASF-32
96TopNBASF-82
96TopNBASF-132
96TopNBASFAR-32
96TopNBASFAR-132
96TopNBASFR-82
96TopNBASFR-82
96TopNBASFR-132
96TopNBASI-I1
96TopNBASR-32
96TopProF-PF7
96TopSeaB-SB3
96TopSupT-ST19
96Ult-55
96Ult-135
96Ult-204
96Ult-296
96UltBoaG-14
96UltCouM-14
96UltGoIE-G55
96UltGoIE-G135
96UltGoIE-G204
96UltGoIE-G296
96UltPlaE-P55
96UltPlaE-P135
96UltPlaE-P204
96UltPlaE-P296
96UltScoK-13
96UltScoKP-13
96UltStaR-8
96UppDec-61
96UppDec-148
96UppDec-320
96UppDec-343
96UppDecPS2-P7
96UppDecPTVCR2-TV7
96UppDecRotYC-RC5
96UppDecSG-SG5
96UppDecU-17
96UppDecU-18
96UppDecU-19
96UppDecU-20
96UppDecU-53
96UppDecU-34
96UppDecUFYD-F5
96UppDecUFYDES-FD7
96UppDecUSCS-S5
96UppDecUSCSG-S5
96UppDecUSS-S1
96UppDecUTWE-W8

96Vis-1
96Vis-121
96VisBasVU-U101
96VisSig-1
96VisSigAuG-1
96VisSigAuS-1A
O'Neal-Warren, Mike
89NorCarSCC-120
89NorCarSCC-121
O'Neill, Jeff
94Ass-57
94Ass-82
94AssPhoCOM-41
94ClaAssSS*-31
O'Neill, Kevin
91Mar-7
92Mar-10
O'Shaughnessy, Niall
91ArkColC*-17
O'Shea, Kevin
48TopMagP*-B4
50LakSco-11
90NotDam-6
O'Shea, Michael
48TopMagP*-J19
O'Toole, Joe
86HawPizH-5
87HawPizH-5
O'Toole, Tim
82Fai-12
Oakley, Annie
48TopMagP*-S4
Oakley, Charles
86Fle-81
87BulEnt-34
87Fle-79
88Fle-18
88KniFriL-7
89Fle-103
89Hoo-213
89KniMarM-5
89PanSpaS-39
90Fle-128
90Hoo-207
90Hoo100S-66
90HooActP-111
90HooCol-32
90HooTeaNS-18A
90HooTeaNS-18B
90PanSti-141
90Sky-191
915Maj-68
91Fle-138
91FleTonP-23
91Hoo-142
91Hoo-484
91Hoo100S-67
91HooPro-142
91HooTeaNS-18
91PanSti-162
91Sky-192
91Sky-476
91Sky-605
91SkyCanM-32
91UppDec-258
91UppDecS-8
92Fle-154
92FleTonP-41
92Hoo-157
92Hoo100S-66
92PanSti-179
92Sky-166
92SkyNes-27
92StaClu-55
92StaCluMO-55
92Top-127
92TopArc-70
92TopArcG-70G
92TopGol-127G
92Ult-124
92UppDec-302
92UppDecF-77
93Fin-144
93FinRef-144
93Fle-143
93Hoo-148
93HooFifAG-148
93HooShe-4
93JamSes-151
93JamSesTNS-7
93JamSesTNS-9
93KniAla-3
93PanSti-226
93Sky-128

93StaClu-225
93StaCluFDI-225
93StaCluMO-225
93StaCluSTDW-K225
93StaCluSTMP-K7
93StaCluSTNF-225
93Top-25
93TopGol-25G
93Ult-129
93UltRebK-7
93UppDec-28
93UppDec-178
93UppDec-193
93UppDec-426
93UppDecE-216
93UppDecS-72
93UppDecSEC-72
93UppDecSEG-72
94ColCho-97
94ColChoCtGR-R8
94ColChoCtGRR-R8
94ColChoGS-97
94ColChoSS-97
94Emb-65
94EmbGolI-65
94Fin-210
94FinRef-210
94Fla-102
94Fle-153
94FleAll-2
94FleAll-8
94FleTotD-4
94Hoo-145
94Hoo-232
94HooShe-10
94JamSes-127
94PanSti-90
94ProMag-89
94Sky-113
94Sky-177
94SkySkyF-SF18
94SP-117
94SPCha-98
94SPChaDC-98
94SPDie-D117
94StaClu-127
94StaCluCC-18
94StaCluFDI-127
94StaCluMO-127
94StaCluMO-CC18
94StaCluMO-SS20
94StaCluSS-20
94StaCluSTNF-127
94Top-3
94Top-345
94TopOwntG-24
94TopSpe-3
94TopSpe-345
94Ult-128
94UltPow-7
94UltRebK-5
94UppDec-209
94UppDecE-141
94UppDecSE-149
94UppDecSEG-149
95ColCho-132
95ColCholE-97
95ColCholJI-97
95ColCholSI-97
95ColChoPC-132
95ColChoPCP-132
95Fin-87
95FinRef-87
95Fla-91
95Fle-123
95FleEur-157
95FleEurA-4
95Hoo-110
95Hoo-365
95JamSes-73
95JamSesDC-D73
95JamSesP-21
95Met-73
95MetSilS-73
95PanSti-34
95ProMag-88
95Sky-84
95Sky-264
95SkyAto-A2
95SkyE-X-57
95SkyE-XB-57
95SP-91
95SPCha-72

95StaClu-230
95StaCluMO5-2
95Top-50
95TopGal-80
95TopGalPPI-80
95TopPanFG-7
95Ult-120
95UltGolM-120
95UppDec-194
95UppDecEC-194
95UppDecECG-194
95UppDecSE-57
95UppDecSEG-57
96ColCho-101
96ColCholI-107
96ColCholJ-132
96ColChoM-M56
96ColChoMG-M56
96Fin-162
96FinRef-162
96Fle-74
96FleDecoE-7
96Hoo-106
96Hoo-195
96HooSil-106
96HooStaF-18
96Met-65
96MetDecoE-7
96Sky-77
96SkyAut-60
96SkyAutB-60
96SkyRub-77
96SkyZ-F-60
96SkyZ-FZ-60
96StaClu-162
96StaCluMH-MH7
96Top-108
96TopChr-108
96TopChrR-108
96Ult-74
96UltDecoE-U7
96UltGolE-G74
96UltPlaE-P74
96UppDec-153
96UppDec-264
96UppDecGK-18
Obradovich, Jim
91SouCal*-44
Obremskey, Pete
86IndGrel-3
Ochs, Debbie
90AriStaCC*-157
Oerter, Alfred
76PanSti-74
83HosU.SOGM-1
83TopHisGO-1
83TopOlyH-30
91ImpHaloF-4
92VicGalOG-2
Ogburn, Micah
94IHSBoyA3S-5
Ogg, Alan
90HeaPub-9
90StaPic-49
91Fle-308
91Hoo-388
91UppDec-198
Ogle, Craig
94IHSBoyAST-168
Ogorzaly, Jason
94IHSBoyASD-54
Ogrin, David
91TexA&MCC*-91
Ohl, Don
61Fle-33
69Top-77
70Top-128
Ohl, Phil
82Vic-9
83Vic-8
84Vic-8
Oistad, Maria
91NorDak*-10
Okey, Sam
94CasHS-135
94CasHS-147
94CasHS-148
94CasHS-149
Olajuwon, Hakeem (Akeem)
84Sta-237
84StaCouK5-47
85Sta-18
85StaAllT-1

85StaTeaS5-HR2
86Fle-82
86FleSti-9
86StaBesotB-11
86StaBesotN-3
86StaCouK-25
87Fle-80
87FleSti-3
88Fle-53
88Fle-126
88FouNBAE-23
89Fle-61
89Fle-164
89FleSti-2
89Hoo-178
89Hoo-180
89HooAllP-3
89PanSpaS-150
89PanSpaS-253
89PanSpaS-277
89SpoIIIfKI*-44
90Fle-73
90FleAll-3
90Hoo-23
90Hoo-127
90Hoo-364
90Hoo100S-38
90HooActP-16
90HooActP-72
90HooAllP-1
90HooCol-43
90HooTeaNS-10
90PanSti-69
90PanSti-D
90PanSti-M
90RocTeal-3
90Sky-110
90StaHakO-1
90StaHakO-2
90StaHakO-3
90StaHakO-4
90StaHakO-5
90StaHakO-6
90StaHakO-7
90StaHakO-8
90StaHakO-9
90StaHakO-10
90StaHakO-11
90StaPro-11
91Fle-76
91Fle-214
91Fle-223
91Fle-381
91FleTonP-37
91FleWheS-7
91Hoo-78
91Hoo-304
91Hoo-309
91Hoo-467
91Hoo100S-36
91HooMcD-16
91HooPro0-6
91HooTeaNS-10
91KelColG-11
91PanSti-57
91Sky-105
91Sky-311
91Sky-324
91Sky-414
91Sky-568
91SkyCanM-19
91UppDec-33
91UppDec-92
91UppDec-254
91UppDec-472
91UppDecAWH-AW8
92Fle-84
92Fle-294
92FleAll-20
92FleDra-19
92FleTeaL-10
92FleTonP-96
92FleTotD-14
92Hoo-85
92Hoo-314
92Hoo-323
92Hoo100S-34
92Hou-21
92PanSti-76
92Sky-90
92SpoIIIfKI*-238
92StaClu-220
92StaCluBT-16
92StaCluMO-220

92StaCluMO-BT16
92Top-105
92Top-214
92Top-337
92TopArc-4
92TopArc-54
92TopArcG-4G
92TopArcG-54G
92TopArcMP-1984
92TopBeaT-5
92TopBeaTG-5
92TopGol-105G
92TopGol-214G
92TopGol-337G
92Ult-72
92Ult-204
92Ult-NNO
92UltJamSCI-1
92UltProS-NNO
92UltRej-3
92UppDec-136
92UppDec-444
92UppDec-501
92UppDec1PC-PC20
92UppDecAW-19
92UppDecE-24
92UppDecE-55
92UppDecE-197
92UppDecEAWH-4
92UppDecFE-FE6
92UppDecM-P15
92UppDecMH-10
92UppDecTM-TM11
93Fin-76
93Fin-115
93FinMaiA-10
93FinRef-76
93FinRef-115
93Fle-79
93Fle-225
93Fle-230
93Fle-235
93FleAll-21
93FleLivL-5
93FleNBAS-15
93FleTowOP-20
93Hoo-81
93Hoo-277
93Hoo-290
93HooFifAG-81
93HooFifAG-277
93HooFifAG-290
93HooSco-HS10
93HooScoFAG-HS10
93HooSupC-SC9
93JamSes-83
93JamSesSDH-6
93PanSti-92
93PanSti-D
93Sky-6
93Sky-81
93SkyCenS-CS6
93SkyDynD-D8
93SkyShoS-SS4
93SkyShoS-SS5
93StaClu-64
93StaClu-89
93StaClu-348
93StaCluBT-12
93StaCluFDI-64
93StaCluFDI-89
93StaCluFDI-348
93StaCluFFP-12
93StaCluFFU-348
93StaCluMO-64
93StaCluMO-89
93StaCluMO-348
93StaCluMO-BT12
93StaCluMO5-7
93StaCluSTDW-R89
93StaCluSTMP-R7
93StaCluSTNF-64
93StaCluSTNF-89
93StaCluSTNF-348
93Top-2
93Top-116
93Top-205
93Top-266
93Top-385
93TopGol-2G
93TopGol-116G
93TopGol-205G
93TopGol-266G
93TopGol-385G

93Ult-76
93UltAll-3
93UltAll-4
93UltAwaW-3
93UltFamN-12
93UltIns-6
93UltPowlTK-6
93UltRebK-8
93UppDec-170
93UppDec-176
93UppDec-189
93UppDec-219
93UppDec-287
93UppDec-425
93UppDecA-AN3
93UppDecE-24
93UppDecE-80
93UppDecE-168
93UppDecFM-25
93UppDecH-H10
93UppDecPV-24
93UppDecS-78
93UppDecS-4
93UppDecSBtG-G5
93UppDecSDCA-W6
93UppDecSEC-78
93UppDecSEG-78
93UppDecTM-TM10
93UppDecWJ-TM10
94Ass-2
94Ass-27
94AssDieC-DC2
94AssPhoC$5-4
94AssPhoCOM-16
94Cla-70
94ClaAssPC$100-4
94ClaAssSS*-2
94ClaG-70
94ColCho-34
94ColCho-175
94ColCho-381
94ColCho-399
94ColChoCtGR-R9
94ColChoCtGRR-R9
94ColChoCtGS-S8
94ColChoCtGSR-S8
94ColChoGS-34
94ColChoGS-175
94ColChoGS-381
94ColChoGS-399
94ColChoSS-34
94ColChoSS-175
94ColChoSS-381
94ColChoSS-399
94Emb-38
94EmbGull-38
94Emo-38
94Emo-116
94EmoN-T-N8
94Fin-170
94FinCor-CS15
94FinIroM-10
94FinRef-170
94Fla-57
94FlaCenS-3
94FlaHotN-11
94FlaRej-4
94FlaSooP-1
94Fle-85
94FleAll-3
94FleAll-20
94FloAwaW-3
94FleCarA-3
94FleSup-3
94FleTeaA-4
94FleTotD-5
94FleTowoP-7
94FleTriT-6
94HakOlaFC-1
94HakOlaFC-2
94Hoo-78
94Hoo-244
94Hoo-254
94Hoo-257
94Hoo-260
94Hoo-261
94Hoo-266
94Hoo-269
94Hoo-270
94Hoo-273
94HooBigN-BN3
94HooBigNR-3
94HooMagC-10
94HooNSCS-NNO

94HooPowR-PR20
94HooSupC-SC19
94ImaAce-4
94JamSes-73
94JamSesG-5
94JamSesSDH-6
94MetImp-1
94MetImp-2
94MetImp-3
94MetImp-4
94PanSti-146
94ProMag-48
94ScoBoaNP*-6
94ScoBoaNP*-13
94ScoBoaNP*-20C
94Sky-62
94Sky-178
94Sky-333
94Sky-PR
94Sky-PR
94Sky-NNO
94Sky-NNO
94SkyCenS-CS1
94SkySkyF-SF19
94SP-76
94SPCha-10
94SPCha-67
94SPChaDC-10
94SPChaDC-67
94SPChaPH-P8
94SPChaPHDC-P8
94SPDie-D76
94StaClu-79
94StaClu-104
94StaClu-301
94StaCluBT-10
94StaCluCC-10
94StaCluDaD-7A
94StaCluFDI-79
94StaCluFDI-104
94StaCluFDI-301
94StaCluMO-79
94StaCluMO-104
94StaCluMO-301
94StaCluMO-BT10
94StaCluMO-CC10
94StaCluMO-DD7A
94StaCluMO-SS25
94StaCluMO-ST10
94StaCluSS-25
94StaCluST-10
94StaCluSTMP-R3
94StaCluSTMP-R4
94StaCluSTNF-79
94StaCluSTNF-104
94StaCluSTNF-301
94Top-102
94Top-187
94Top-295
94TopOwntG-25
94TopOwntG-26
94TopOwntG-27
94TopOwntGR-2
94TopSpe-102
94TopSpe-187
94TopSpe-295
94Ult-69
94UltAll-2
94UltAwaW-3
94UltDefG-2
94UltPowlTK-6
94UltRobK-6
94UltScoK-4
94UppDec-13
94UppDec-233
94UppDecE-113
94UppDecFMT-10
94UppDecFMT-28H
94UppDecPAW-H2
94UppDecPAW-H11
94UppDecPAW-H22
94UppDecPAWR-H2
94UppDecPAWR-H11
94UppDecPAWR-H22
94UppDecPLL-R3
94UppDecPLL-R22
94UppDecPLL-R32
94UppDecPLLR-R3
94UppDecPLLR-R22
94UppDecPLLR-R32
94UppDecSDS-S13
94UppDecSE-33
94UppDecSEG-33
95199ClaPCP-NNO

95ClaBKR-108
95ClaBKRPP-108
95ClaBKRSS-108
95ClaBKV-55
95ClaBKV-75
95ClaBKV-99
95ClaBKVE-55
95ClaBKVE-75
95ClaBKVE-99
95ClaBKVHS-HC11
95ColCho-175
95ColCho-196
95ColCho-265
95ColCho-361
95ColCho-363
95ColChoCtG-C10
95ColChoCtGA-C16
95ColChoCtGA-C16B
95ColChoCtGA-C16C
95ColChoCtGAG-C16
95ColChoCtGAG-C16B
95ColChoCtGAG-C16C
95ColChoCtGAGR-C16
95ColChoCtGASR-C16
95ColChoCtGS-C10
95ColChoCtGS-C10B
95ColChoCtGS-C10C
95ColChoCtGSG-C10
95ColChoCtGSG-C10B
95ColChoCtGSG-C10C
95ColChoCtGSGR-C10
95ColCholE-34
95ColCholE-175
95ColCholE-381
95ColCholE-399
95ColCholEGS-175
95ColCholEGS-381
95ColCholEGS-399
95ColCholJGSI-175
95ColCholJGSI-162
95ColCholJI-34
95ColCholJI-175
95ColCholJI-162
95ColCholJI-399
95ColCholJSS-175
95ColCholSI-34
95ColCholSI-175
95ColCholSI-162
95ColCholSI-180
95ColChoPC-175
95ColChoPC-196
95ColChoPC-265
95ColChoPC-361
95ColChoPC-363
95ColChoPCP-175
95ColChoPCP-196
95ColChoPCP-265
95ColChoPCP-361
95ColChoPCP-363
95Fin-1
95FinDisaS-DS10
95FinMys-M21
95FinMysB-M21
95FinMysBR-M21
95FinRef-1
95FivSp-192
95FivSpAu-192A
95FivSpAu-192B
95FivSpD-192
95FivSpRS-92
95FivSpSF-BK10
95FivSpSigES-10
95Fla-52
95Fla-169
95FlaAnt-6
95FlaCenS-4
95FlaHotN-10
95FlaNewH-7
95Fle-71
95Fle-224
95Fle-329
95FleAll-3
95FleDouD-9
95FleEndtE-13
95FleEur-89
95FleEurA-5
95FleEurAW-2
95FleEurCAA-2
95FleEurTT-5
95FleFlaHL-10
95FleTotD-6
95FleTotO-5
95FleTotOHP-5
95FleTowoP-5

95Hoo-63
95Hoo-241
95HooBloP-8
95HooHotL-6
95HooPowP-5
95HooSky-SV5
95HooSla-SL19
95ImaCE-E4
95JamSes-41
95JamSesDC-D41
95JamSesFI-5
95Met-40
95Met-154
95MetMaxM-7
95MetScoM-6
95MetSilS-40
95MetSteT-6
95PacPreGP-16
95PacPreGP-19
95PanSti-141
95PanSti-170
95ProMag-46
95ProMagDC-14
95ProMagUB-1
95Sky-47
95Sky-257
95SkyE-X-32
95SkyE-XACA-5
95SkyE-XB-32
95SkyE-XNB-3
95SkyLarTL-L4
95SkyMel-M7
95SkyStaH-SH3
95SkyUSAB-U6
95SP-52
95SP-C1
95SPAII-AS17
95SPAIIG-AS17
95SPCha-41
95SPCha-127
95SPChaCotC-C10
95SPChaCotCD-C10
95SPHol-PC14
95SPHolDC-PC14
95StaClu-110
95StaClu-310
95StaCluBT-BT12
95StaCluI-IC1
95StaCluM05-24
95StaCluMOI-110B
95StaCluMOI-110R
95StaCluMOI-N1
95StaCluMOI-IC1
95StaCluN-N1
95StaCluPZ-PZ7
95StaCluX-X1
95Top-7
95Top-27
95Top-100
95TopGal-9
95TopGalPG-PG4
95TopPowB-7
95TopPowB-27
95TopSpaP-SP7
95TopWorC-WC5
95Ult-70
95Ult-219
95Ult-328
95UltAll-13
95UltAllGM-13
95UltDouT-5
95UltDouTGM-5
95UltGoIM-70
95UltJamC-8
95UltJamCHP-8
95UltPow-8
95UltPowGM-8
95UltScoK-7
95UltScoKHP-7
95UltUSAB-5
95UppDec-138
95UppDec-178
95UppDec-181
95UppDec-320
95UppDec-343
95UppDecAC-AS17
95UppDecEC-138
95UppDecEC-178
95UppDecEC-181
95UppDecEC-320
95UppDecEC-343
95UppDecECG-138
95UppDecECG-178
95UppDecECG-181

95UppDecECG-320
95UppDecECG-343
95UppDecPM-R6
95UppDecPMR-R6
95UppDecPPotW-H7
95UppDecPPotWR-H7
95UppDecSE-31
95UppDecSEG-31
96AllSpoPPaF-81
96AllSpoPPaF-101
96Ass-31
96AssPC$2-19
96AssPC$5-12
96BowBes-15
96BowBesAR-15
96BowBesC-BC14
96BowBesCAR-BC14
96BowBesCR-BC14
96BowBesHR-HR2
96BowBesHRAR-HR2
96BowBesHRR-HR2
96BowBesR-15
96BowBesS-BS4
96BowBesSAR-BS4
96BowBesSR-BS4
96ClaLegotFF-12
96CleAss-2
96CleAss$2PC-17
96CleAss$5PC-13
96ColCho-58
96ColCho-357
96ColCho-376
96ColChoCtGS1-C10A
96ColChoCtGS1-C10B
96ColChoCtGS1R-R10
96ColChoCtGS1RG-R10
96ColChoCtGSG1-C10A
96ColChoCtGSG1-C10B
96ColCholI-175
96ColCholI-196
96ColCholI-41
96ColCholI-151
96ColCholI-153
96ColCholJ-175
96ColCholJ-196
96ColCholJ-265
96ColCholJ-361
96ColCholJ-363
96ColChoM-M125
96ColChoMG-M125
96ColChoS1-S10
96Fin-63
96Fin-124
96Fin-281
96FinRef-63
96FinRef-124
96FinRef-281
96FivSpSig-92
96FlaSho-A14
96FlaSho-B14
96FlaSho-C14
96FlaShoHS-12
96FlaShoLC-14
96FlaShoLC-B14
96FlaShoLC-C14
96Fle-42
96Fle-129
96Flo-270
96FleDecoE-14
96FleGamB-5
96FleTotLeA-8
96FleTotO-8
96FleTowoP-6
96FleUSA-5
96FleUSA-15
96FleUSA-25
96FleUSA-35
96FleUSA-45
96FleUSAH-5
96Hoo-63
96Hoo-180
96Hoo-340
96HooHeatH-HH4
96HooHotL-14
96HooStaF-10
96HooSup-4
96Met-38
96Met-142
96Met-227
96MetCyb-CM12
96MetMaxM-7
96MetMoIM-21
96MetPlaP-9
96MetPreM-227

Olajuwon, Hakeem (Akeem)

96PacCenoA-C4
96PacPreGP-16
96PacPreGP-19
96PacPri-16
96PacPri-19
96PacPriO-1
96PacPriO-2
96PacPriO-3
96PacPriO-4
96PacPriO-5
96PacPriO-6
96PacPriO-7
96PacPriO-8
96PacPriO-9
96PacPriO-10
96PacPriO-11
96PacPriO-12
96ScoBoaAB-48
96ScoBoaAB-48
96ScoBoaAB-PP30
96ScoBoaAC-4
96ScoBoaBasRoo-92
96Sky-45
96SkyAut-61
96SkyAutB-61
96SkyClo-CU7
96SkyE-X-25
96SkyE-XACA-6
96SkyE-XC-25
96SkyLarTL-B14
96SkyNetS-14
96SkyRub-45
96SkyThuaL-5
96SkyUSA-6
96SkyUSA-16
96SkyUSA-26
96SkyUSA-36
96SkyUSA-46
96SkyUSA-57
96SkyUSA-6
96SkyUSAB-B6
96SkyUSABS-B6
96SkyUSAG-G6
96SkyUSAGS-G6
96SkyUSAQ-Q6
96SkyUSAQ-Q11
96SkyUSAQ-Q14
96SkyUSAS-S6
96SkyUSASS-S6
96SkyZ-F-35
96SkyZ-F-186
96SkyZ-FBMotC-7
96SkyZ-FBMotCZ-7
96SkyZ-FST-ST5
96SkyZ-FZ-35
96SP-42
96SPInsI-IN11
96SPInsIG-IN11
96SPPreCH-PC15
96SPx-19
96SPxGol-19
96StaClu-123
96StaCluCA-CA7
96StaCluCAAR-CA7
96StaCluCAR-CA7
96StaCluGM-GM5
96StaCluGPPI-9
96StaCluMH-MH6
96StaCluSM-SM4
96StaCluTC-TC1
96Top-35
96TopChr-35
96TopChrPF-PF19
96TopChrR-35
96TopChrSB-SB2
96TopChrSB-SB24
96TopFinR-33
96TopFinRR-33
96TopHobM-HM29
96TopMysF-M19
96TopMysFB-M19
96TopMysFBR-M19
96TopMysFBR-M19
96TopNBAa5-35
96TopNBAS-33
96TopNBAS-83
96TopNBAS-133
96TopNBASF-33
96TopNBASF-83
96TopNBASF-133
96TopNBASFAR-33
96TopNBASFAR-83
96TopNBASFAR-133
96TopNBASFR-33

96TopNBASFR-83
96TopNBASFR-133
96TopNBASI-I5
96TopNBASR-33
96TopProF-PF19
96TopSeaB-SB2
96TopSeaB-SB24
96TopSupT-ST10
96Ult-42
96Ult-134
96Ult-148
96Ult-282
96UltBoaG-13
96UltCouM-8
96UltDecoE-U14
96UltFulCT-9
96UltFulCTG-9
96UltGolE-G42
96UltGolE-G134
96UltGolE-G148
96UltGolE-G282
96UltPlaE-P42
96UltPlaE-P134
96UltPlaE-P148
96UltPlaE-P282
96UltScoK-10
96UltScoKP-10
96UltStaR-7
96UppDec-145
96UppDec-225
96UppDecFBC-FB5
96UppDecGK-32
96UppDecPS1-P8
96UppDecPTVCR1-TV8
96UppDecU-21
96UppDecU-22
96UppDecU-23
96UppDecU-24
96UppDecU-54
96UppDecU-22
96UppDecUFYD-F6
96UppDecUFYDES-FD11
96UppDecUSCS-S6
96UppDecUSCSG-S6
96UppDecUSS-S6
96UppDecUTWE-W6
96Vis-4
96VisSig-4
96VisSigAuG-4
96VisSigAuS-4A
Olberding, Mark
79SpuPol-53
79Top-98
80Top-81
80Top-91
81Top-MW104
83Sta-223
84Sta-276
85KinSmo-11
85Sta-77
86KinSmo-6
Oldham, Calvin
91ProCBA-12
Oldham, Jawann
81TCMCBA-60
83Sta-177
84Sta-110
85Sta-122
91ProCBA-179
Olerud, John
92LitSunW*-6
93FaxPaxWoS*-3
Oleson, Ole
91SouCal*-47
Oliver, Anthony
88Vir-10
91Vir-10
Oliver, Brian
88GeoTec-8
89GeoTec-15
89GeoTec-20
90FleUpd-U71
90StaPic-58
91Fle-157
91GeoTecCC*-30
91Hoo-412
91Sky-218
91UppDec-119
92Hoo-175
92Sky-185
92StaClu-113
92StaCluMO-113
Oliver, Gary
91TexA&MCC*-36

Oliver, Gerald
89ProCBA-114
91ProCBA-83
Oliver, Hubie
90AriColC*-43
Oliver, Jimmy
91Cla-29
91Cou-38
91Fle-265
91FouSp-177
91FroR-22
91FroRowP-72
91StaPic-64
91UppDec-19
91WilCar-48
93Fle-247
93Top-257
93TopGol-257G
93Ult-208
Olivier, Kathy
90UCL-33
Olkowski, June
90AriColC*-75
Ollar, Carrie
91GeoTecCC*-185
Ollie, Kevin
91Con-11
92Con-13
93Con-12
94Con-11
Olliges, Will
83Lou-11
88LouColC-54
88LouColC-136
88LouColC-176
Olsen, Bill
81Lou-4
88LouColC-194
Olsen, Bud
62Kah-5
63Kah-8
64Kah-9
88LouColC-79
89LouColC*-242
Olson, Dale
88Vic-11
Olson, Kurt
94IHSBoyAST-95
Olson, Lance
90MicStaCC2*-110
Olson, Lute
83Ari-10
83Ari-18
84Ari-11
85Ari-12
86Ari-10
87Ari-11
88Ari-10
89Ari-8
90Ari-6
90AriColC*-4
90AriColC*-103
90AriColCP*-3
90AriColCP*-5
Olson, Merlin
75NabSugD*-4
Olson, Weldon
90MicStaCC2*-75
Olszewski, Harry
90CleColC*-121
Olynyk, Ken
88Vic-12
Onaschvili, Givi
76PanSti-234
Oney, Chris
94TexAaM-7
Ontiveros, Steve
91Mic*-41
Oosterbaan, Bennie
91Mic*-42
Oosterbaan, J.P.
88Mic-8
89Mic-12
Opper, Bernie
88KenColC-28
Ordonez, Ish
91ArkColC*-70
Ordway, Glenn
90HooAnn-41
Orem, Dale
89LouColC*-170
Orenga, Juan Antonio
92UppDecE-122
Orn, Mike

90AriStaCC*-120
Orr, George
55AshOil-82
Orr, Lorenzo
95ClaBKR-68
95ClaBKRAu-68
95ClaBKRPP-68
95ClaBKRSS-68
Orr, Louis
81Top-MW93
83Sta-66
84KniGetP-8
84Sta-32
86Fle-83
Orr, Ron
91SouCal*-97
Orr, Townsend
91Min-13
92Min-11
93Min-10
94Min-8
Orr, Vickie
87Aub*-10
Orsborn, Chuck
85Bra-C8
Ortiz, Jose
89Hoo-223
89JazOldH-11
91WilCar-112
Ortiz, Manuel
48TopMagP*-A22
Osborne, Jason
93Lou-7
94LouSch-2
Osborne, Tom
84Neb*-2
Osik, Keith
88LSU*-15
Ostertag, Greg
91Kan-8
92Kan-6
93Kan-2
95ClaBKR-26
95ClaBKR-114
95ClaBKRAu-26
95ClaBKRPP-26
95ClaBKRPP-114
95ClaBKRS-S16
95ClaBKRSS-26
95ClaBKRSS-114
95ClaBKV-26
95ClaBKVE-26
95Col-13
95Col-66
95Col2/1-T8
95ColCho-280
95ColChoPC-280
95ColChoPCP-280
95Fin-138
95FinVet-RV28
95FivSp-26
95FivSpD-26
95FivSpRS-22
95Fla-212
95Fle-302
95Hoo-287
95PacPlaCD-P3
95PacPreGP-13
95PacPreGP-38
95Sky-245
95SkyHigH-HH18
95SPHol-PC37
95SPHolDC-PC37
95SRAut-28
95SRDraDST-ST2
95SRDraDSTS-ST2
95SRFam&F-27
95SRSigPri-27
95SRSigPriS-27
95SRTet-14
95StaClu-340
95Top-207
95TopDraR-28
95Ult-281
95UppDec-288
95UppDecEC-288
95UppDecECG-288
95UppDecSE-173
95UppDecSEG-173
96CleAss-24
96ColCho-342
96ColCholI-103
96ColCholJ-280
96ColLif-L8

96Fin-173
96FinRef-173
96FivSpSig-22
96HooStaF-27
96PacCenoA-C5
96PacGolCD-DC7
96PacPreGP-13
96PacPreGP-38
96PacPri-13
96PacPri-38
96PacPriPCDC-P3
96Sky-194
96SkyAut-62
96SkyAutB-62
96SkyRub-194
96SP-115
96Top-58
96TopChr-58
96TopChrR-58
96TopNBAa5-58
96Ult-254
96UltGolE-G254
96UltPlaE-P254
96UppDec-305
96Vis-35
Othick, Matt
88Ari-11
89Ari-9
90Ari-7
Otorubio, Adubarie
90CleColC*-31
Ott, Evette
95WomBasA-12
Ottewell, Kevin
85Vic-12
88Vic-13
Outlaw, Bo (Charles)
92Hou-2
93Cla-56
93ClaF-55
93ClaG-56
93FouSp-49
93FouSpG-49
94ColCho-361
94ColChoGS-361
94ColChoSS-361
94Fla-236
94Fle-301
94Hoo-334
94Top-278
94TopSpe-278
94Ult-265
94UppDec-56
94UppDecSE-38
94UppDecSEG-38
95ColCho-81
95ColCholE-361
95ColCholJI-361
95ColCholSI-142
95ColChoPC-81
95ColChoPCP-81
95PanSti-220
95StaClu-163
95StaCluMOI-163
95Ult-80
95UltGolM-80
95UppDecSE-38
95UppDecSEG-38
96ColCho-201
96ColCholI-69
96ColCholJ-81
96HooStaF-12
96Sky-161
96SkyRub-160
96UppDec-233
Oven, Mike
91GeoTecCC*-81
Overstreet, Dale
94IHSBoyAST-51
Overstreet, Donald
90MurSta-3
Overton, Doug
91Cla-30
91Cou-39
91FouSp-178
91FroR-26
91FroRowP-67
91StaPic-41
91UppDec-20
91WilCar-33
92AusStoN-64
92Fle-441
92Hoo-479
92Sky-401

92StaClu-396
92StaCluMO-396
92Top-317
92TopGol-317G
92Ult-371
92UppDec-394
93AusFutBoBW-4
93AusFutHA-7
93Fle-397
93Hoo-226
93HooFifAG-226
93JamSes-236
93Ult-358
93UppDec-326
94ColCho-114
94ColChoGS-114
94ColChoSS-114
94Fla-157
94Fle-383
94Ult-345
95ColCho-121
95ColCholE-114
95ColCholJI-114
95ColCholSI-114
95ColChoPC-121
95ColChoPCP-121
95PanSti-61
95StaClu-87
95StaCluMOI-87
95Ult-195
95UltGolM-195
95UppDecSEG-90
95UppDecSEG-90
96ColCholI-165
96ColCholJ-121
Owens, Andre
93LSU-11
Owens, Billy
88Syr-7
89Syr-7
89Syr-13
91SMaj-69
91Cla-2
91Cla-45
91Cla-NNO
91ClaAut-4
91Fle-288
91FouSp-150
91FouSp-199
91FouSp-200
91FouSpAu-150A
91FouSpLPs-LP9
91FroRowBO-1
91FroRowBO-2
91FroRowBO-3
91FroRowBO-4
91FroRowBO-5
91FroRowBO-6
91FroRowBO-7
91FroRowP-3
91FroRowP-85
91FroRowP-96
91FroRU-51
91Hoo-548
91Hoo-XX
91HooMcD-49A
91HooMcD-49B
91Sky-515
91UppDec-438
91UppDec-442
01FroDecNC NOO
91UppDecS-11
91UppDecS-13
91WilCar-46B
91WilCarRHR-4
92Cla-97
92ClaGol-97
92ClaMag-BC2
92ClaShoP2*-1
92Fle-79
92FleRooS-8
92FleTonP-42
92FouSp-311
92FouSpGol-311
92FroRowDP-16
92FroRowDP-17
92FroRowDP-18
92FroRowDP-19
92FroRowDP-20
92FroRowH-2
92Hoo-79
92PanSti-23
92Sky-84
92SkySchT-ST8

92SkyThuaL-TL9
92StaClu-195
92StaClu-236
92StaCluMO-195
92StaCluMO-236
92Top-129
92TopArc-147
92TopArcG-147G
92TopGol-129G
92Ult-68
92UppDec-229
92UppDecA-AR3
92UppDecE-4
93ClaC3*-12
93Fin-65
93FinRef-65
93Fle-72
93Hoo-74
93HooFifAG-74
93HooGolMB-39
93JamSes-73
93PanSti-12
93Sky-77
93StaClu-198
93StaCluFDI-198
93StaCluMO-198
93StaCluSTNF-198
93Top-138
93TopBlaG-6
93TopGol-138G
93Ult-69
93UppDec-291
93UppDecE-161
93UppDecH-H9
93UppDecS-175
93UppDecSEC-175
93UppDecSEG-175
93WarTop-15
94ColCho-345
94ColChoGS-345
94ColChoSS-345
94Emb-49
94EmbGolI-49
94Fin-70
94Fin-185
94FinRef-70
94FinRef-185
94Fla-51
94Fla-249
94Fle-76
94Fle-313
94Hoo-69
94Hoo-343
94HooPowR-PR28
94JamSes-64
94PanSti-130
94ProMag-43
94Sky-55
94Sky-249
94SP-98
94SPCha-81
94SPChaDC-81
94SPDie-D98
94StaClu-332
94StaCluFDI-332
94StaCluMO-332
94StaCluSTNF-332
94Top-59
94Top-330
94TopSpe-59
94TopOpc-330
94Ult-62
94Ult-279
94UppDec-309
94UppDecE-137
94UppDecSE-28
94UppDecSEG-28
95ColCho-30
95ColCho-379
95ColCholE-345
95ColCholJI-345
95ColCholSI-126
95ColChoPC-30
95ColChoPCP-30
95ColChoPCP-379
95Fin-99
95FinRef-99
95Fla-70
95Fle-95
95FleEur-122
95Hoo-85
95JamSes-55
95JamSesDC-D55

95Met-57
95MetSilS-57
95PanSti-14
95ProMag-69
95Sky-65
95Sky-288
95SkyE-X-71
95SkyE-XB-71
95SP-71
95SPCha-56
95StaClu-176
95StaCluMOI-176
95Top-164
95TopGal-110
95TopGalPPI-110
95TopMysF-M18
95TopMysFR-M18
95Ult-96
95UltGolM-96
95UppDec-206
95UppDecEC-206
95UppDecECG-206
95UppDecSE-45
95UppDecSEG-45
96ColCho-133
96ColCholI-79
96ColCholJ-30
96ColCholJ-379
96Fin-151
96FinRef-151
96Fle-95
96Hoo-135
96HooStaF-23
96Met-85
96Sky-101
96SkyAut-63
96SkyAutB-63
96SkyRub-101
96SkyZ-F-76
96SkyZ-FZ-76
96StaClu-163
96Top-145
96TopChr-145
96TopChrR-145
96TopNBAa5-145
96Ult-240
96UltGolE-G240
96UltPlaE-P240
96UppDec-158
96UppDec-289
Owens, Carey
94TexAaM-11
Owens, Dallas
89KenColC*-183
Owens, DaPreis
91Neb*-18
Owens, Destah
90UCL-8A
Owens, Hays
89KenColC*-224
Owens, Jesse
48TopMagP*-E1
76PanSti-59
77SpoSer1*-104
81TopThiB*-35
83HosU.SOGM-14
83TopHicGO-40
83TopOlyH-91
91ImpHaloF-1
92MilU.3OC*-10
92VicGalOG-1
Owens, Jim
74SunTeal8-6
Owens, Keith
90UCL-8A
90UCL-8B
91Fle-302
91FroR-54
91FroRowP-44
91FroRU-78
Owens, Mike
85Bra-C3
Owens, Randy
81TCMCBA-72
82TCMCBA-83
Owens, Reggie
89ProCBA-187
Owens, Steve
74NabSugD*-3
Owens, Tom
73Top-189
73Top-235
74Top-208

74Top-221
74Top-256
75Top-239
75Top-281
77TraBlaP-25
78TraBlaP-7
79Top-102
79TraBlaP-25
80Top-72
80Top-87
80Top-110
80Top-160
Owens, Ray
96Fle-187
96SkyZ-F-160
96SkyZ-FZ-14
96SkyZ-FZZ-14
96Ult-186
96UltGolE-G186
96UltPlaE-P186
Owinje, Godwin
96Geo-12
Oyler, Wally
89LouColC*-121
Paar, Jack
58Kah-6
Pace, Darrell
76PanSti-290
77SpoSer1*-1324
Pace, Joe
77BulSta-8
Pacers, Indiana
73TopTeaS-3
75Top-322
75TopTeaC-322
77FleTeaS-10
80TopTeaP-7
89PanSpaS-103
89PanSpaS-112
90Sky-338
91Hoo-284
91Sky-361
92Hoo-276
92UppDecDPS-8
92UppDecE-141
93JamSesTNS-3
93PanSti-179
93StaCluBT-11
93StaCluMO-ST11
93StaCluST-11
93StaCluSTDW-PD11
94UppDecFMT-11
95FleEur-248
95PanSti-114
96TopSupT-ST11
Pack, Robert
90SouCal*-12
91FroR-83
91FroRowlP-6
91FroRowP-5
01FroRowP 110
91FroRU-75
91Sky-426
91TraBlaP-17
91UppDec-407
91UppDecRS-R30
91WilCar-17
92Fle-189
92Fle-331
92Hoo-192
92Hoo-377
92Sky-204
92StaClu-38
92StaClu-268
92StaCluMO-38
92StaCluMO-268
92Top-128
92Top-366
92TopGol-128G
92TopGol-366G
92Ult-152
92Ult-253
92UppDec-143
92UppDec-324
92UppDec-356
93Fle-55
93Hoo-57

93HooFifAG-57
93PanSti-84
93Top-370
93TopGol-370G
93Ult-238
93UppDec-118
93UppDecE-145
94ColCho-136
94ColChoGS-136
94ColChoSS-136
94Fin-64
94FinRef-64
94Fla-41
94FlaPla-5
94Fle-59
94Hoo-51
94HooShe-7
94JamSes-48
94PanSti-128
94Sky-43
94SP-65
94SPDie-D65
94StaClu-284
94StaCluFDI-284
94StaCluMO-284
94StaCluSTNF-284
94Top-31
94TopSpe-31
94Ult-50
94UltIns-7
94UppDec-91
94UppDecSE-111
94UppDecSEG-111
95BulPol-4
95ColCho-233
95ColChoDT-T17
95ColChoDTPC-T17
95ColChoDTPCP-T17
95ColChoIE-136
95ColCholJI-136
95ColCholSI-136
95ColChoPC-233
95Fin-180
95FinRef-180
95Fla-32
95Fle-192
95Fle-45
95Fle-259
95FleEur-58
95Hoo-41
95Hoo-333
95JamSes-27
95JamSesDC-D27
95Met-26
95Met-207
95MetSilS-26
95PanSti-157
95ProMag-33
95Sky-31
95Sky-218
95SP-146
95StaClu-192
95Top-107
95TopGal-56
95TopGalPPI-56
95Ult-46
95Ult-246
96UltGolM-46
95UppDec-20
95UppDec-196
95UppDecEC-20
95UppDecEC-196
95UppDecECG-20
95UppDecECG-196
95UppDecSE-21
95UppDecSEG-21
96ColCho-287
96Fin-235
96FinRef-235
96Fle-222
96Hoo-225
96Met-193
96MetPreM-193
96Sky-171
96SkyRub-170
96SP-70
96StaClu-124
96StaCluWA-WA11
96Top-186
96TopChr-186
96TopChrR-186
96TopNBAa5-186
96Ult-216
96UltGolE-G216

96UltPlaE-P216
96UppDec-152
96UppDec-258
Packer, Billy
87Ken*-SC
92ACCTouC-8
92ACCTouC-9
Padcock, Joe Bill
90LSUCoIC*-171
Paddio, Gerald
90FleUpd-U18
91ProCBA-106
91UppDec-230
92SkySchT-ST15
92StaClu-294
92StaCluMO-294
92Top-243
92TopGol-243G
93Hoo-347
93HooFifAG-347
93StaClu-160
93StaCluFDI-160
93StaCluMO-160
93StaCluSTNF-160
93Top-54
93TopGol-54G
93UppDec-341
Paddock, Charley
48ExhSpoC-40
91ImpHaloF-85
Page, Alan
75NabSugD*-3
Page, Lynn
95WomBasA-13
Page, Victor
96Geo-15
Pagel, Mike
90AriStaCC*-47
Paglierani, Joey
89FreSta-10
Pagnozzi, Tom
91ArkColC*-13
Paine, Jeff
91TexA&MCC*-72
Painter, Matt
92Pur-9
Palazzi, Togo
58SyrNat-6
Palmer, Bruce
92AusFutN-57
92AusStoN-45
93AusStoN-78
Palmer, Bud
48Bow-54
Palmer, Crawford
88Duk-11
Palmer, David
90FloStaCC*-71
Palmer, Eric
90EasTenS-2
91EasTenS-9
92EasTenS-9
Palmer, George
58Kah-7
Palmer, Jim
58Kah-8
Palmer, Neil
85Neb*-16
Palmer, Sterling
92FloSta*-69
Palmer, Thomas
91GeoTecCC*-115
Palmer, Walter
90FleUpd-U95
90JazSta-11
90StaPic-54
92StaClu-309
92StaCluMO-309
92Top-246
92TopGol-246G
Palmer, Wendy
92VirWom-10
93VirWom-9
Palombizio, Dan
91ProCBA-78
Palubinskas, Eddie
90LSUCoIC*-35
Panaggio, Dan
89ProCBA-50
90ProCBA-147
91ProCBA-46
Panaggio, Mauro
80TCMCBA-21
81TCMCBA-24

89ProCBA-49
90ProCBA-146
Papile, Leo
81TCMCBA-28
Papke, Karl
80WicSta-11
Papp, Laszlo
76PanSti-68
Pappas, Jim
92AusStoN-82
Pappas, Milt
68ParMea*-9
Papuga, Justin
94IHSBoyAST-224
Parent, Bernie
75NabSugD*-15
Parent, Leo
89ProCBA-11
Parilli, Vito (Babe)
89KenColC*-124
Parish, Robert
77Top-111
78RoyCroC-26
78Top-86
79Top-93
80Top-2
80Top-22
80Top-26
80Top-114
80Top-131
80Top-147
81Top-6
81Top-E108
83Sta-35
83StaAllG-9
83StaAllG-29
84Sta-10
84StaAllG-9
84StaAllGDP-9
84StaAre-A7
84StaAre-A9
84StaCelC-2
84StaCelC-17
84StaCouK5-31
85JMSGam-12
85Sta-99
85StaLakC-8
85StaTeaS5-BC2
86Fle-84
86StaCouK-26
87Fle-81
88CelCit-6
88Fle-12
88FouNBAE-2
88FouNBAES-8
89Fle-12
89Hoo-185
89PanSpaS-10
89PanSpaS-11
90Fle-13
90Hoo-8
90Hoo-45
90Hoo100S-8
90HooActP-32
90HooAllP-3
90HooCol-19
90HooTeaNS-2
90PanSti-138
90Sky-20
91Fle-14
91FleTonP-113
91FleWheS-3
91Hoo-15
91Hoo-305
91Hoo-313
91Hoo-324
91Hoo-452
91Hoo100S-8
91HooMcD-4
91HooTeaNS-2
91LitBasBL-25
91PanSti-143
91Sky-18
91Sky-460
91Sky-575
91SkyCanM-4
91UppDec-72
91UppDec-163
92Fle-18
92Fle-287
92FleTeaNS-1
92FleTonP-98
92Hoo-17

92Hoo100S-8
92PanSti-159
92Sky-17
92SpoIllfKI*-37
92StaClu-63
92StaCluMO-63
92Top-146
92TopGol-146G
92Ult-15
92Ult-214
92Ult-NNO
92UppDec-39
92UppDec-179
92UppDec-493
92UppDec1PC-PC3
92UppDecAW-20
92UppDecE-34
92UppDecM-BT9
93Fin-39
93FinRef-39
93Fle-16
93FleTowOP-22
93Hoo-16
93HooFifAG-16
93HooGolMB-40
93HooSco-HS2
93HooScoFAG-HS2
93JamSes-16
93JamSesTNS-1
93PanSti-201
93Sky-35
93Sta-11
93Sta-26
93Sta-43
93Sta-55
93Sta-78
93Sta-95
93StaClu-20
93StaCluFDI-20
93StaCluMO-20
93StaCluMO-ST2
93StaCluST-2
93StaCluSTNF-20
93Top-142
93TopGol-142G
93UppDec-284
93UppDecE-105
93UppDecFM-26
93UppDecPV-11
93UppDecS-30
93UppDecSEC-30
93UppDecSG-30
93UppDecTM-TM2
94ColCho-167
94ColCho-248
94ColChoGS-167
94ColChoGS-248
94ColChoSS-167
94ColChoSS-248
94Fin-216
94FinRef-216
94Fla-191
94Fle-16
94Fle-256
94FleCarA-4
94FleSup-4
94Hoo-13
94Hoo-312
94HooShe-2
94HooShe-4
94JamSes-24
94PanSti-28
94ProMag-10
94ClaG-83
94Sky-213
94Sky-334
94SPChaPH-P9
94SPChaPHDC-P9
94StaClu-211
94StaCluFDI-211
94StaCluMO-211
94StaCluSTNF-211
94Top-365
94TopSpe-365
94Ult-24
94UppDec-332
94UppDecE-92
95ColCho-100
95ColCholE-248
95ColCholJI-248
95ColCholSI-29
95ColChoPC-100
95ColChoPCP-100
95Fin-96

95FinRef-96
95Fle-20
95FleEur-28
95FleEurCAA-3
95PanSti-81
95StaClu-157
95StaCluMOI-157
95Top-57
95Ult-23
95UltGolM-23
95UppDec-116
95UppDecEC-116
95UppDecECG-116
96ColCholI-15
96ColCholJ-100
96Fin-207
96FinRef-207
96FleDecoE-15
96Met-159
96MetPreM-159
96SkyZ-F-106
96StaCluFR-34
96StaCluFRR-34
96StaCluGM-GM1
96TopNBAS-34
96TopNBAS-84
96TopNBAS-134
96TopNBASF-34
96TopNBASF-84
96TopNBASF-134
96TopNBASFAR-34
96TopNBASFAR-84
96TopNBASFAR-134
96TopNBASFR-34
96TopNBASFR-84
96TopNBASFR-134
96TopNBASI-I12
96TopNBASR-34
96TopSupT-ST3
96UltDecoE-U15
96UppDec-196
Park, Brad
75NabSugD*-13
Park, James
89KenColC*-169
89KenColC*-225
Park, Jeremy
92MurSta-11
Park, Med
57Top-45
59Kah-4
Parker, Andrew
80TCMCBA-42
90AriStaCC*-77
Parker, Anthony ArzSt.
87AriSta*-16
Parker, Anthony BRAD
93Bra-15
94Bra-8
95Bra-9
Parker, Buddy
89KenColC*-226
Parker, Chris
93Mia-2
Parker, Clyde (Ace)
89LouColC*-53
Parker, Clyde KY
89KenColC*-57
Parker, Cornell
91Vir-11
92Vir-7
93Vir-9
94Cla-83
94ClaG-83
95TedWil-46
Parker, Glenn
90AriColC*-98
Parker, Martha
91SouCarCC*-32
Parker, Sonny
78Top-111
79Top-36
80Top-27
80Top-115
81Top-W73
Parker, Stan
85Neb*-10
Parker, Tom
88KenColC-42
Parkins, Clarence
55AshOil-43
Parkinson, Andrew
92AusFutN-81
92AusStoN-70

93AusFutN-96
93AusStoN-34
94AusFutN-77
94AusFutN-171
95AusFutN-87
96AusFutN-71
96AusFutNOL-OL8
Parkinson, Jack
88KenColC-32
89KenColC*-36
Parks, Bobby
89ProCBA-94
Parks, Cherokee
95ClaBKR-11
95ClaBKR-109
95ClaBKRAu-11
95ClaBKRIE-IE11
95ClaBKRPP-11
95ClaBKRPP-109
95ClaBKRRR-8
95ClaBKRS-S8
95ClaBKRSS-11
95ClaBKRSS-109
95ClaBKV-11
95ClaBKV-97
95ClaBKVE-11
95ClaBKVE-97
95Col-14
95Col-37
95Col2/1-T7
95ColCho-270
95ColChoPC-270
95ColChoPCP-270
95Fin-122
95FinVet-RV12
95FivSp-11
95FivSpAu-11
95FivSpD-11
95FivSpRS-11
95FivSpSigFI-FS7
95Fla-213
95FlaClao'-R5
95Fle-303
95FleClaE-28
95Hoo-259
95HooGraA-AR1
95JamSesR-7
95MetRooRC-R4
95MetRooRCSS-R4
95PacPreGP-17
95PrePas-12
95PrePasAu-3
95Sky-224
95SkyHigH-HH5
95SkyLotE-L2
95SkyRooP-RP11
95SPHol-PC8
95SPHoIDC-PC8
95SRAut-12
95SRDraDDGS-DG5
95SRDraDDGS-DG6
95SRDraDG-DG5
95SRDraDG-DG6
95SRFam&F-28
95SRFam&FCP-B3
95SRSigPri-28
95SRSigPriS-28
95SRTet-13
95SRTetAut-8
95StaClu-346
95StaCluDP-12
95StaCluMOI-DP12
95Top-182
95TopDraR-12
95TopSudI-S2
95Ult-282
95UppDec-130
95UppDecEC-130
95UppDecECG-130
95UppDecSE-108
95UppDecSEG-108
96Ass-32
96CleAss-15
96ColCho-36
96ColCho-282
96ColChoGF-GF5
96ColCholI-22
96ColCholJ-270
96ColLif-L9
96Fin-155
96FinRef-155
96FivSpSig-11
96Hoo-38

96Hoo-222
96HooSil-38
96HooStaF-16
96PacGolCD-DC8
96PacPreGP-17
96PacPri-17
96UppDec-151
96UppDec-253
96Vis-13
96VisSig-11
96VisSigAuG-11
96VisSigAuS-11
Parks, Tory
91TexA&MCC*-48
Parr, Lance
94TenTec-12
Parrella, John
92Neb*-8
Parsons, Dick
77Ken-8
77KenSch-14
78Ken-20
78KenSch-11
79Ken-17
79KenSch-14
88KenColC-76
88KenColC-211
Parsons, Herb
57UniOilB*-26
Parzych, Scott
89NorCarSCC-155
89NorCarSCC-156
89NorCarSCC-157
Pascall, Brad
91NorDak*-19
Paschal, Doug
90NorCarCC*-26
Paschall, Bill
90NorCarCC*-40
Paspalj, Zarko
90Sky-259
Pasquale, Eli
82Vic-10
83Vic-9
Pasquale, Vito
82Vic-11
84Vic-9
86Vic-10
Patnoudes, Eric
94IHSBoyAST-118
Patrick, Wayne
89LouColC*-181
Patterson, Andrae
94Ind-12
Patterson, Andre
89ProCBA-105
Patterson, Choppy
90CleColC*-157
Patterson, Damon
92Cla-18
92ClaGol-18
92FouSp-15
92FouSpGol-15
92FroR-50
92StaPic-86
Patterson, Derrick
91Geo-13
92Geo-4
Patterson, Greg
85LSU*-9
Patterson, Jimmy
52Whe*-23A
52Whe*-23B
Patterson, Pat
89LouColC*-186
Patterson, Shawn
87AriSta*-17
90AriStaCC*-43
Patterson, Steve
73Top-73
74Top-24
75Top-193
87AriSta*-18
91UCLColC-85
Patterson, Tony
92EasTenS-2
93EasTenS-9
Pattisson, Rodney
76PanSti-299
Patton, Chris
90CleColC*-90
Patton, George
48TopMagP*-03
Patton, Jody

89Geo-10
90Geo-12
Pattyson, Meghan
93ConWom-16
Paul, Tyrone
90Cle-13
Pauley, Eric
91Kan-9
92Kan-7
92Kan-13
93Cla-57
93ClaF-57
93ClaG-57
93FouSp-50
93FouSpG-50
Paulk, Charlie
71Top-102
Paulk, Donnie
91TenTec-12
Paulling, Bob
90CleColC*-60
Paulsell, Dave
90UCL-9
Paulson, George
91GeoTecCC*-152
Paultz, Billy
71Top-148
71Top-156
72Top-218
73Top-216
73Top-238
74Top-262
75Top-262
76Top-19
77Top-103
78RoyCroC-27
78Top-91
79SpuPol-2
79Top-22
80Top-82
80Top-104
81Top-MW87
83Sta-270
84Sta-233
Pavesich, Matt
94IHSBoyAST-182
Pavlas, Lance
91TexA&MCC*-20
Pavletich, Don
68ParMea*-10
Pawlak, Stan
81TCMCBA-54
Paxson, Jim
79TraBlaP-4
81Top-61
81Top-W87
81TraBlaP-4
82TraBlaP-4
83Sta-97
83StaAllG-20
83TraBlaP-4
84Sta-167
84StaAllG-22
84StaAllGDP-22
84StaCouK5-13
84TraBlaF-8
84TraBlaP-2
85TraBlaF-9
86Fle-85
86TraBlaF-10
87Fle-82
87TraBlaF-8
89Hoo-18
89TraBlaF-16
90Fle-14
90Hoo-46
90Sky-21
Paxson, Jim Sr.
57Kah-5
57Top-73
Paxson, John
83Sta-250
84Sta-73
87BulEnt-5
87Fle-83
88BulEnt-5
88Fle-19
89BulDaiC-5
89BulEqu-9
89Fle-22
89Hoo-89
90BulEqu-11
90Fle-28

90Hoo-67
90Hoo100S-14
90HooActP-38
90HooTeaNS-4
90NotDam-30
90PanSti-94
90Sky-44
91Maj-35
91SMaj-70
91Fle-31
91FleTonP-53
91Hoo-33
91Hoo-541
91HooMcD-6
91HooTeaNS-4A
91HooTeaNS-4B
91LitBasBL-26
91PanSti-115
91Sky-42
91Sky-336
91Sky-598
91UppDec-117
92Fle-35
92FleTeaNS-3
92Hoo-32
92Hoo100S-15
92PanSti-131
92Sky-33
92SkyNes-28
92StaClu-127
92StaCluMO-127
92Top-24
92TopArc-39
92TopArcG-39G
92TopGol-24G
92Ult-29
92UppDec-137
92UppDecM-CH7
92UppDecS-8
93Fin-38
93FinRef-38
93Fle-30
93Hoo-30
93HooFifAG-30
93HooShe-1
93JamSes-32
93PanSti-1
93PanSti-2
93PanSti-154
93Sky-21
93Sky-46
93StaClu-92
93StaCluFDI-92
93StaCluMO-92
93StaCluSTNF-92
93Top-377
93TopGol-377G
93Ult-32
93UppDec-69
93UppDec-206
93UppDecE-120
93UppDecS-3
94ProMag-19
94Top-158
94TopSpe-158
94UppDecF-140
Paxton, Bob
80NorCarCC-130
Payne, Buddy
90NorCarCC*-169
Payne, Charles
94Cal-13
Payne, Chris
94IHSHisRH-74
Payne, Kenny
8976eKod-10
89LouColC*-39
89LouColC*-295
90FleUpd-U72
91Fle-336
91Hoo-413
91UppDec-28
92Fle-407
92Hoo-447
92StaClu-157
92StaCluMO-157
Payne, Steve
95ClaBKR-79
95ClaBKRAu-79
95ClaBKRPP-79
95ClaBKRSS-79
Payne, Vern
87IndGreI-26
Payton, Gary

89OreSta-13
90FleUpd-U92
90Hoo-391
90HooTeaNS-24A
90HooTeaNS-24B
90HooTeaNS-24C
90HooTeaNS-24D
90Sky-365
90StaPic-21
90SupKay-12
90SupSmo-14
90SupTeal-6
91Fle-194
91FleRooS-9
91FleTonP-9
91Hoo-202
91HooTeaNS-25
91KelColG-18
91PanSti-43
91PanSti-184
91Sky-274
91Sky-510
91UppDec-153
91UppDecRS-R1
92Fle-216
92FleDra-50
92Hoo-219
92Hoo100S-91
92PanSti-61
92Sky-234
92SkyThuaL-TL7
92SpoIllFKI*-383
92StaClu-124
92StaCluMO-124
92Top-184
92TopArc-137
92TopArcG-137G
92TopGol-184G
92Ult-175
92UppDec-158
92UppDec-374
92UppDecE-97
93Fin-140
93FinRef-140
93Fle-202
93Hoo-210
93HooFifAG-210
93JamSes-217
93PanSti-65
93Sky-172
93StaClu-196
93StaCluMO-196
93StaCluSTDW-S196
93StaCluSTNF-196
93SupTacT-3
93Top-155
93TopBlaG-10
93TopGol-155G
93Ult-181
93UppDec-234
93UppDec-295
93UppDec-441
93UppDecS-131
93UppDecSEC-131
93UppDecSEG-131
94ColCho-220
94ColChoCS-220
94ColChoSS-220
94Emb-93
94Emo-92
94EmoX-C-X11
94Fin-285
94FinLotP-LP9
94FinMarM-2
94FinRef-285
94Fla-143
94Fle-215
94FleAll-1
94FleAll-21
94FlePro-7
94FleTotD-6
94Hoo-203
94Hoo-245
94HooMagC-25
94HooPowR-PR50
94HooShe-14
94HooSupC-SC45
94PanSti-210
94ProMag-124
94Sky-157
94Sky-344

94SkySkyF-SF20
94SP-152
94SPCha-126
94SPChaDC-126
94SPDie-D152
94SPHol-PC23
94SPHolDC-23
94StaClu-117
94StaClu-326
94StaCluFDI-117
94StaCluFDI-326
94StaCluMO-117
94StaCluMO-326
94StaCluSTNF-117
94StaCluSTNF-326
94Top-192
94Top-224
94TopOwntG-31
94TopSpe-192
94TopSpe-224
94Ult-179
94UltAll-13
94UltDefG-3
94UppDec-25
94UppDec-82
94UppDecE-103
94UppDecFMT-25
94UppDecSE-173
94UppDecSEG-173
95ColCho-190
95ColCho-225
95ColCho-390
95ColCho-395
95ColCholE-220
95ColCholJI-220
95ColCholSI-1
95ColChoPC-190
95ColChoPC-225
95ColChoPC-390
95ColChoPC-395
95ColChoPCP-190
95ColChoPCP-225
95ColChoPCP-390
95ColChoPCP-395
95Fin-40
95FinDisaS-DS25
95FinRef-40
95Fla-128
95Fla-189
95FlaPerP-8
95FlaPlaM-5
95Fle-180
95Fle-255
95FleAll-11
95FleEndtE-15
95FleEur-220
95FleEurA-2
95FleFlaHL-25
95FleTotD-8
95Hoo-155
95Hoo-386
95HooNumC-13
95HooSla-SL43
95JamSes-101
95JamSesDC-D101
95Met-103
95Met-193
95MetSilS-103
95MetSliS-6
95PanSti-268
95ProMag-125
95Sky-113
95Sky-274
95Sky-287
95SkyE-X-77
95SkyE-XB-77
95SkyE-XNB-9
95SkyHotS-HS8
95SkyKin-K9
95SP-125
95SPAll-AS21
95SPAllG-AS21
95SPCha-99
95StaClu-15
95StaCluMO5-42
95StaCluMOI-15
95StaCluMOI-WS3
95StaCluMOI-WZ4
95StaCluW-W4
95StaCluWS-WS3
95Top-23
95Top-290
95TopGal-64
95TopGalPPI-64

95TopMysF-M13
95TopMysFR-M13
95TopPanFG-12
95TopPowB-23
95TopPowB-290
95Ult-174
95Ult-242
95Ult-329
95UltAll-9
95UltAllGM-9
95UltDouT-7
95UltDouTGM-7
95UltGolM-174
95UppDec-17
95UppDec-174
95UppDec-346
95UppDecAC-AS18
95UppDecEC-17
95UppDecEC-174
95UppDecEC-346
95UppDecECG-17
95UppDecECG-174
95UppDecECG-346
95UppDecSE-164
95UppDecSEG-164
96BowBesAR-22
96BowBesC-BC19
96BowBesCAR-BC19
96BowBesCR-BC19
96BowBesR-22
96BowBesS-BS2
96BowBesSAR-BS2
96BowBesSR-BS2
96BowBesTh-TB6
96BowBesThAR-TB6
96BowBesTR-TB6
96ColCho-335
96ColCho-366
96ColChoCtGS2-C25A
96ColChoCtGS2-C25B
96ColChoCtGS2R-R25
96ColChoCtGS2RG-R25
96ColChoCtGSG2-C25A
96ColChoCtGSG2-C25B
96ColChoII-190
96ColChoII-95
96ColChoII-180
96ColChoII-185
96ColChoIJ-225
96ColChoIJ-390
96ColChoIJ-395
96ColChoM-M167
96ColChoMG-M167
96ColChoS2-S25
96Fin-25
96Fin-114
96Fin-286
96FinRef-25
96FinRef-114
96FinRef-286
96FlaSho-A7
96FlaSho-B7
96FlaSho-C7
96FlaShoHS-19
96FlaShoLC-7
96FlaShoLC-B7
96FlaShoLC-C7
96Fle-103
96Fle-293
96FleGamB-14
96FleS-32
96FleStaA-10
96FleSwiS-10
96Hoo-149
96Hoo-188
96Hoo-325
96HooFlyW-5
96HooHIP-H19
96HooStaF-25
96Met-94
96Met-144
96Met-228
96Met-243
96MetCyb-CM13
96MetMaxM-8
96MetMetE-4
96MetMolM-23
96MetPreM-228
96MetPreM-243
96Sky-110
96Sky-251
96SkyE-X-68

96SkyE-XC-68
96SkyE-XNA-10
96SkyGolT-8
96SkyRub-110
96SkyRub-251
96SkySta-SO6
96SkyThuA-L-8
96SkyZ-F-84
96SkyZ-F-188
96SkyZ-FLBM-9
96SkyZ-FV-V8
96SkyZ-FZ-84
96SP-107
96SPx-45
96SPxGol-45
96StaClu-103
96StaCluCA-CA3
96StaCluCAAR-CA3
96StaCluCAR-CA3
96StaCluF-F5
96StaCluSF-SF9
96StaCluTC-TC9
96Top-212
96TopChr-212
96TopChrPF-PF20
96TopChrR-212
96TopChrSB-SB16
96TopHobM-HM16
96TopHolC-HC14
96TopHolCR-HC14
96TopMysF-M4
96TopMysFB-M4
96TopMysFBR-M4
96TopMysFBR-M4
96TopNBAa5-212
96TopProF-PF20
96TopSeaB-SB16
96TopSupT-ST25
96Ult-104
96Ult-145
96Ult-283
96UltCouM-9
96UltFulCT-2
96UltFulCTG-2
96UltGivaT-7
96UltGolE-G104
96UltGolE-G145
96UltGolE-G283
96UltPlaE-P104
96UltPlaE-P145
96UltPlaE-P283
96UppDec-117
96UppDec-160
96UppDec-179
96UppDecFBC-FB20
96UppDecGK-34
96UppDecU-29
96UppDecUFYDES-FD10
Peacock, Doug
95AusFutC-CM5
95AusFutN-35
96AusFutN-28
Peacock, Gerald
91SouCarCC*-148
Peacock, Walter
89LouColC*-114
Peake, Jason
94IHSBoyASD-8
Pearce, Darryl
92AusFutN-58
92AusStoN-10
93AusFutN-69
93AusStoN-72
94AusFutN-59
95AusFut3C-GC8
Pearl, John
85Bra-S6
Pearlman, Jamie
94AusFutN-14
96AusFutNFDT-4
Pearson, Danny
89ProCBA-111
Pearson, Lorenzo
93Mia-12
94Mia-11
Pearson, Michael
90FreSta-11
Pearson, Sean
91Kan-10
92Kan-8
93Kan-3
Pearson, Toby
91GeoTecCC*-70
Peary, Robert

48TopMagP*-P1
Peavy, Ben
91Mar-8
92Mar-11
Peck, Carolyn
93TenWom-9
94TenWom-10
Peck, Wiley
79SpuPol-54
Peebles, Todd
89FreSta-11
Peel, Keith
90KenSovPI-13
Peeler, Anthony
88Mis-9
89Mis-10
90Mis-11
91Mis-12
92Cla-13
92ClaGol-13
92ClaMag-BC19
92Fle-364
92FleTeaNS-6
92FouSp-12
92FouSpGol-12
92FroR-87
92Hoo-410
92Sky-359
92SkyDraP-DP15
92StaClu-250
92StaCluMO-250
92StaPic-47
92Top-288
92TopGol-288G
92Ult-196
92Ult-289
92UppDec-11
92UppDec-455
92UppDec-468
92UppDecM-LA6
92UppDecRS-RS8
93Fle-103
93FleRooS-19
93Hoo-107
93HooFifAG-107
93JamSes-108
93JamSesTNS-5
93PanSti-28
93Sky-99
93SkySch-39
93StaClu-151
93StaCluFDI-151
93StaCluMO-151
93StaCluSTNF-151
93Top-49
93Top-176
93TopGol-49G
93TopGol-176G
93Ult-96
93UppDec-130
93UppDecE-62
93UppDecE-191
93UppDecPV-38
93UppDecS-80
93UppDecSEC-80
93UppDecSEG-80
94ColCho-62
94ColChoGS-62
94ColChoSS-62
94Fin-304
94FinRef-304
94Fla-75
94Fle-110
94Hoo-103
94JamSes-95
94PanSti-100
94ProMag-64
94Sky-82
94StaClu-197
94StaCluFDI-197
94StaCluMO-197
94StaCluSTNF-197
94Top-271
94TopSpe-271
94Ult-89
94UppDec-65
94UppDecE-110
95ColCho-139
95ColChoIE-62
95ColChoIJI-62
95ColChoISI-62
95ColChoPC-139
95ColChoPCP-139
95Fin-187

95FinRef-187
95Fle-90
95FleEur-115
95PanSti-232
95ProMag-62
95Sky-62
95Sky-139
95StaClu-63
95StaCluMOI-63
95Ult-90
95UltGolM-90
95UppDec-210
95UppDecEC-210
95UppDecECG-210
95UppDecSE-40
95UppDecSEG-40
96ColCho-76
96ColCho-350
96ColChoII-76
96ColChoIJ-139
96FlaSho-A63
96FlaSho-B63
96FlaSho-C63
96FlaShoLC-63
96FlaShoLC-B63
96FlaShoLC-C63
96Fle-263
96Hoo-80
96Hoo-246
96HooStaF-28
96SkyZ-F-136
96SP-120
96StaClu-148
96TopSupT-ST13
96Ult-259
96UltGolE-G259
96UltPlaE-P259
96UppDec-311
Peeples, George
71Top-179
Peeples, Teddy
91GeoTecCC*-56
Peercy, Allison
92FloSta*-27
Peete, Rodney
91SouCal*-15
Pejsa, Laura
94WyoWom-6
Pelham, James
94JamMad-13
Pelinka, Rob
88Mic-9
89Mic-6
92Mic-11
93FCA-37
Pell, Sean
91OklSta-16
91OklSta-44
Pelle, Anthony
95ClaBKR-42
95ClaBKRPP-42
95ClaBKRSS-42
95ClaBKV-42
95ClaBKVE-42
95Col-39
95FivSp-37
95FivSpAu-37
95FivSpD-37
95PacPreGP-3
95SRDraD-46
95SRDraDSig-46
95SRFam&F-29
95SRSigPri-29
95SRSigPriS-29
96PacPreGP-3
96PacPri-3
Pellegrinon, Ronald
55AshOil-11
Pellerin, Frank E.
90MicStaCC2*-51
Pellom, Sam
79HawMajM-12
Peloff, Dick
88LouColC*-75
Pelphrey, Jerry
89EasTenS-6
90EasTenS-10
91EasTenS-10
92EasTenS-10
93EasTenS-10
Pelphrey, John
89KenBigP-30
89KenBigB-30
89KenBigB-31

90KenBigBDTW-34
91KenBigB1-5
91KenBigB2-1
92FroR-51
92StaPic-59
Pelphrey, Karen
88MarWom-15
88MarWom-16
Penders, Tom
90Tex*-30
Pendygraft, Doug
89KenColC*-81
Penick, Andy
90KenSovPI-14
90MicStaCC2-10
Penley, Larry
90CleColC*-134
Pennell, Russ
91OklSta-21
Pennington, Andy
92EasTenS-11
93EasTenS-10
Peoples, Keith
91JamMad-10
Pep, Willie
48TopMagP*-A20
Peplowski, Mike
90MicStaCC2-19
93Cla-58
93ClaF-59
93ClaG-58
93Fle-374
93FouSp-51
93FouSpG-51
93StaClu-239
93StaCluFDI-239
93StaCluMO-239
93StaCluSTNF-239
93Top-314
93TopGol-314G
93Ult-333
93UppDec-340
94ColCho-70
94ColChoGS-117
94ColChoSS-117
94Ima-14
94UppDec-149
95ColChoIE-117
95ColChoIJI-117
95ColChoISI-117
Peppe, Mike
57UniOilB*-19
Pepper, Mike
80NorCarS-3
90NorCarCC-160
Perdue, Will
87Van-10
88BulEnt-32
89BulEqu-10
89Hoo-259
90Fle-29
90Hoo-68
90HooTeaNS-4
90Sky-45
91Fle-32
91Hoo-345
91HooMcD-69
91HooTeaNS-4A
91HooTeaNS-4B
91Sky-43
91UppDec-120
92Fle-314
92FleTeaNS-3
92Hoo-33
92Sky-34
92StaClu-27
92StaCluMO-27
92Top-342
92TopGol-342G
92Ult-30
92UppDec-274
92UppDecM-CH8
93Fle-31
93HooFifAG-31
93HooShe-1
93PanSti-155
93TopGol-395G
93Ult-33
94ColCho-149
94ColChoGS-149
94ColChoSS-149
94Fin-138
94FinRef-138

94Fla-195
94Fle-262
94JamSes-30
94PanSti-34
94Sky-216
94SP-49
94SPDie-D49
94StaClu-343
94StaCluFDI-343
94StaCluMO-343
94StaCluSTNF-343
94Top-88
94TopSpe-88
94Ult-30
94UppDec-328
95ColCho-108
95ColCholE-149
95ColCholJI-149
95ColCholSI-149
95ColChoPC-108
95ColChoPCP-108
95Fin-185
95FinRef-185
95Fle-25
95Fle-251
95FleEur-36
95Hoo-23
95Hoo-327
95PanSti-88
95ProMag-117
95StaClu-154
95StaClu-185
95StaCluMOI-154
95Ult-27
95Ult-240
95UltGolM-27
95UppDec-70
95UppDecEC-70
95UppDecECG-70
95UppDecSE-10
95UppDecSEG-162
95UppDecSEG-10
95UppDecSEG-162
96ColCho-142
96ColCholI-47
96ColCholJ-108
96ColChoM-M161
96ColChoMG-M161
96Fin-191
96FinRef-191
96StaClu-179
96Top-143
96TopChr-143
96TopChrR-143
96TopNBAa5-143
96UppDcc 111
Perez, Chris
89UTE-20
Perez, Fernando
90LSUCoIC*-193
Perez, Tony
68ParMea*-11
Pericola, Cookie
91SouCarCC*-178
Perkins, Johnny
90MonSta-7
Perkins, Paul
92Mon-13
Perkins, Sam
83NorCarS-3
04Cta 107
84Sta-257
84StaCouK5-33
85Sta-164
85StaAllT-5
86Fle-86
87Fle-84
87MavMilL-5
88Fle-31
88MavBudLB-44
88MavBudLCN-44
89Fle-36
89Hoo-286
89NorCarCC-32
89NorCarCC-33
89NorCarCC-34
89NorCarCC-35
89NorCarCC-36
89NorCarCC-73
89PanSpaS-129
89PanSpaS-131
90Fle-43
90FleUpd-U44
90Hoo-87
| 90Hoo-415
90Hoo100S-22
90HooActP-50
90HooTeaNS-13
90NorCarCC*-22
90NorCarCC*-39
90NorCarCC*-54
90NorCarCC*-87
90NorCarCCP*-NC7
90PanSti-56
90Sky-66
90Sky-391
91SMaj-6
91Fle-101
91FleTonP-98
91FleWheS-2
91Hoo-102
91Hoo-538
91Hoo-561
91Hoo100S-51
91HooTeaNS-13
91PanSti-15
91Sky-138
91Sky-560
91Sky-569
91UppDec-144
91UppDecM-M5
91UppDecS-4
92CouFla-30
92Fle-109
92FleTeaNS-6
92Hoo-110
92Hoo100S-47
92PanSti-34
92Sky-117
92SkyNes-29
92SkySchT-ST16
92StaClu-30
92StaCluMO-30
92Top-174
92TopArc-55
92TopArcG-55G
92TopGol-174G
92Ult-92
92UppDec-47
92UppDec-160
92UppDecE-66
92UppDecM-P22
92UppDecM-LA7
93Fle-186
93FinRef-186
93Fle-203
93Hoo-211
93HooFifAG-211
93HooGolMB-41
93JamSec-218
93PanSti-66
93Sky-12
93Sky-173
93StaClu-11
93StaClu-154
93StaCluFDI-11
93StaCluMO-11
93StaCluMO-154
93StaCluSTDW-S154
93StaCluSTNF-11
93StaCluSTNF-154
93SupTacT-2
03TopGol 336G
93Ult-182
93UppDec-189
93UppDecPV-31
93UppDecS-109
93UppDecSEC-109
93UppDecSEG-109
94ColCho-214
94ColChoGS-214
94ColChoSS-214
94Fin-99
94FinRef-99
94Fla-144
94Fle-216
94Hoo-204
94HooShe-14
94JamSes-182
94PanSti-211
94ProMag-125
94Sky-158
94StaClu-114
94StaClu-155
94StaCluFDI-114
| 94StaCluFDI-155
94StaCluMO-114
94StaCluMO-155
94StaCluSTNF-114
94StaCluSTNF-155
94Top-181
94TopSpe-181
94Ult-180
94UppDec-270
94UppDecE-28
94UppDecSE-83
94UppDecSEG-83
95ColCho-264
95ColCholE-424
95ColCholJI-424
95ColCholSI-205
95ColChoPC-264
95ColChoPCP-264
95Fin-94
95FinRef-94
95Fla-129
95Fle-181
95Fle-256
95FleEur-221
95Hoo-330
95Met-194
95PanSti-269
95ProMag-123
95Sky-114
95SP-126
95SPCha-100
95StaClu-194
95Top-51
95Ult-175
95Ult-243
95UltGolM-175
95UppDec-100
95UppDecEC-100
95UppDecECG-100
95UppDecSE-165
95UppDecSEG-165
96ColCho-336
96ColCholI-96
96ColCholJ-264
96ColChoM-M99
96ColChoMG-M99
96Fin-76
96FinRef-76
96Fle-253
96FleDecoE-8
96HooStaF-25
96Met-95
96MetDecoE-8
96Sky-111
96SkyAut-64
96SkyAutB-64
96SkyRub-111
96StaClu-164
96Top-29
96TopChr-29
96TopChrR-29
96TopNBAa5-29
96Ult-105
96UltDecoE-U8
96UltGolE-G105
96UltPlaE-P105
96UppDec-100
96UppDec-298
96UppDecGK-36
Perkins, Shahid
93EasTenS-11
Perno, Dana
78WesVirS-10
Perranoski, Ron
90MicStaCC2*-114
Perri, Oreste
76PanSti-160
Perrin, Tom
92Vir-12
93Vir-16
Perrot, Kim
87SouLou*-5
Perry, Angie
89McNSta*-6
Perry, Curtis
72Top-4
73BucLin-5
73LinPor-84
73Top-148
74SunTeal8-7
74Top-119
75Sun-10
75Top-76
75Top-130
| 76Sun-7
76Top-116
77SunHumDD-9
77Top-72
92Sun25t-7
92Sun25t-8
Perry, Darren
92AusFutN-82
92AusStoN-68
93AusFutN-92
93AusStoN-31
94AusFutN-79
94AusFutN-137
95AusFutC-CM6
95AusFutN-65
96AusFutN-33
Perry, Derek
90MicStaCC2*-169
Perry, Elliot
91Cla-27
91Cou-40
91FouSp-175
91FroR-29
91FroRowP-63
91StaPic-65
91UppDec-18
91WilCar-21
92TopGol-198G
92UppDec-259
94ColCho-274
94ColChoGS-274
94ColChoSS-274
94Fla-288
94Fle-350
94HooShe-12
94Top-277
94TopSpe-277
94Ult-316
95ColCho-273
95ColCholE-274
95ColCholJI-274
95ColCholSI-55
95ColChoPC-273
95ColChoPCP-273
95Fin-163
95FinRef-163
95Fla-109
95Fle-147
95Hoo-131
95PanSti-241
95Sky-196
95StaClu-254
95Ult-144
95UltGolM-144
95UppDec-228
95UppDecEC-228
95UppDecECG-228
95UppDecSE-69
95UppDecSEG-69
96ColCho-123
96ColCho-259
96ColCholI-77
96ColCholJ-273
96Fin-24
96FinRef-24
96StaClu-5
96TopSupT-ST21
96UppDec-97
96UppDec-250
Perry, Gaylord
77SpoSer1*-1920
83NikPosC*-31
Perry, Gerald
87Sou*-2
Perry, Max
61UniOil-7
89NorCarSCC-162
89NorCarSCC-163
89NorCarSCC-177
Perry, Michael Dean
90CleColC*-5
90CleColC*-111
90CleColCP*-C4
91FooLocSF*-7
Perry, Nicole
90CalStaW-12
Perry, Refrigerator (William)
90CleColC*-1
90CleColC*-111
90CleColC*-147
90CleColCP*-C3
90CleColCP*-C9
| **Perry, Tim**
89Hoo-38
90Fle-151
90Hoo-240
90HooTeaNS-21
90Sky-228
91Fle-342
91Hoo-422
91HooTeaNS-21
91UppDec-413
92Fle-174
92Fle-408
92Hoo-185
92Hoo-448
92PanSti-185
92Sky-196
92Sky-386
92StaClu-219
92StaCluMO-219
92Top-312
92TopGol-312G
92Ult-211
92Ult-334
92Ult-NNO
92UppDec-31
92UppDec-393
92UppDec-450
93Fle-160
93Hoo-166
93HooFifAG-166
93JamSes-171
93PanSti-237
93Sky-142
93StaClu-228
93StaCluFDI-228
93StaCluMO-228
93StaCluSTNF-228
93Top-129
93TopGol-129G
93Ult-142
93UppDec-100
93UppDecE-30
93UppDecS-168
93UppDecSEC-168
93UppDecSEG-168
94Fin-112
94FinRef-112
94Fla-113
94Fle-171
94Hoo-163
94JamSes-143
94PanSti-105
94ProMag-99
94StaClu-8
94StaCluFDI-8
94StaCluMO-8
94StaCluSTNF-8
94Top-97
94TopSpe-97
94Ult-142
94UppDec-50
94UppDecE-120
95Fin-79
95FinRef-79
95FleEur-175
95ProMag-95
95StaClu 68
95StaCluMOI-68
Pershing, John
48TopMagP*-04
Person, Chuck
87Aub*-14
87Fle-85
87FleSti-10
88Fle-58
88FouNBAE-26
89Fle-66
89Hoo-45
89PanSpaS-107
89PanSpaS-111
89SpollfKl*-307
90Fle-79
90Hoo-136
90Hoo100S-41
90HooActP-70
90HooCol-20
90HooTeaNS-11
90PanSti-110
90Sky-119
91Fle-84
91Fle-382
91FleTonP-29
90Hoo-85
91Hoo-513

91Hoo100S-40
91HooMcD-18
91HooTeaNS-11
91LitBasBL-27
91PanSti-133
91Sky-115
91Sky-570
91UppDec-30
91UppDec-253
92Fle-92
92Fle-381
92FleSha-10
92Hoo-93
92Hoo-423
92Hoo100S-38
92PanSti-147
92Sky-98
92Sky-370
92StaClu-364
92StaCluMO-364
92Top-327
92TopArc-84
92TopArcG-84G
92TopGol-327G
92Ult-307
92UppDec-125
92UppDec-345
92UppDecMH-16
93Fin-55
93FinRef-55
93Fle-125
93Hoo-132
93HooFifAG-132
93JamSes-133
93PanSti-101
93Sky-117
93StaClu-40
93StaCluFDI-40
93StaCluMO-40
93StaCluSTNF-40
93Top-345
93TopGol-345G
93Ult-115
93UppDec-5
93UppDecE-209
93UppDecLT-LT10
93UppDecPV-2
93UppDecS-103
93UppDecSEC-103
93UppDecSEG-103
94ColCho-362
94ColChoGS-362
94ColChoSS-362
94Emb-87
94EmbGolI-87
94Fin-213
94FinRef-213
94Fla-306
94Fle-134
94Fle-370
94Hoo-125
94Hoo-372
94HooPowR-PR48
94JamSes-173
94PanSti-202
94ProMag-78
94Sky-284
94StaClu-101
94StaClu-282
94StaCluFDI-101
94StaCluFDI-282
94StaCluMO-101
94StaCluMO-282
94StaCluSTDW-SP282
94StaCluSTNF-101
94StaCluSTNF-282
94Top-287
94TopSpe-287
94Ult-333
94UppDec-325
94UppDecE-39
94UppDecSE-169
94UppDecSEG-169
95ColCho-223
95ColChoIE-223
95ColChoIJI-362
95ColChoISI-143
95ColChoPC-223
95ColChoPCP-223
95Fin-146
95FinRef-146
95Fla-186
95Fle-170
95Hoo-148

95PanSti-184
95ProMag-118
95SP-121
95SPCha-96
95StaClu-303
95Top-86
95TopGal-95
95TopGalPPI-95
95Ult-164
95UltGolM-164
95UppDec-89
95UppDec-144
95UppDecEC-89
95UppDecEC-144
95UppDecECG-89
95UppDecECG-144
96ColCho-141
96ColChoII-92
96ColChoIJ-223
96Fin-12
96FinRef-12
96Hoo-142
96Sky-106
96SkyAut-65
96SkyAutB-65
96SkyRub-106
96Top-8
96TopChr-8
96TopChrR-8
96TopNBAa5-8
96UppDec-159
96UppDecRotYC-RC11
Person, Wesley
92Aub-3
94Cla-8
94ClaBCs-BC22
94ClaG-8
94ClaVitPTP-12
94ColCho-229
94ColChoGS-229
94ColChoSS-229
94Emo-81
94Emo-108
94EmoX-C-X12
94Fin-281
94Fin-322
94FinRacP-RP2
94FinRef-281
94FinRef-322
94Fla-289
94FlaWavotF-9
94Fle-351
94FleFirYP-6
94FouSp-23
94FouSpAu-23A
94FouSpG-23
94FouSpPP-23
94Hoo-364
94HooMagA-AR10
94HooMagAF-FAR10
94HooMagAJ-AR10
94HooSch-17
94HooShe-12
94PacP-43
94PacPriG-43
94Sky-272
94Sky-322
94SkyDraP-DP23
94SP-22
94SPCha-111
94SPChaDC-111
94SPDie-D22
94SPHol-PC19
94SPHolDC-19
94SRGoIS-14
94SRTet-68
94SRTetS-68
94StaClu-320
94StaCluFDI-320
94StaCluMO-320
94StaCluSTDW-SU320
94StaCluSTNF-320
94Top-66
94Top-392
94TopFra-20
94TopSpe-66
94TopSpe-392
94Ult-153
94Ult-317
94UltAll-9
94UppDec-165
94UppDec-192
94UppDecRS-RS20

94UppDecSE-161
94UppDecSEG-161
95AssGol-47
95AssGolPC$2-47
95AssGPP-47
95AssGSS-47
95ColCho-217
95ColChoIE-229
95ColChoIJI-229
95ColChoISI-10
95ColChoPC-217
95ColChoPCP-217
95Fin-9
95FinRef-9
95Fla-110
95Fle-148
95FleClaE-12
95FleEur-186
95FleRooS-9
95Hoo-132
95Ima-21
95JamSes-86
95JamSesDC-D86
95Met-88
95MetSilS-88
95PacPreGP-42
95PanSti-242
95PanSti-287
95Sky-98
95SP-106
95SRCluP-S4
95SRDraDR-R2
95SRDraDRS-R2
95SRKro-17
95SRKroJ-J12
95SRKroS-4
95SRSpoS-20
95SRSpoSS-20
95StaClu-57
95StaCluMOI-57
95SupPix-22
95SupPixAu-22
95SupPixCG-22
95SupPixII-10
95TedWil-47
95Top-64
95TopGal-32
95TopGalPPI-32
95Ult-145
95UltAllT-9
95UltAllTGM-9
95UltGolM-145
95UppDec-47
95UppDec-162
95UppDecEC-47
95UppDecEC-162
95UppDecECG-47
95UppDecECG-162
95UppDecSE-70
95UppDecSEG-70
96ColCho-125
96ColChoII-75
96ColChoIJ-217
96ColChoM-M140
96ColChoMG-M140
96Fle-88
96Hoo-125
96HooSil-125
96Met-78
96PacPreGP-42
96PacPri-42
96Sky-92
96Sky-252
96SkyAut-66
96SkyAutB-66
96SkyRub-92
96SkyRub-252
96SP-89
96StaClu-95
96Top-163
96TopChr-163
96TopChrR-163
96TopNBAa5-163
96Ult-88
96UltGolE-G88
96UltPlaE-P88
96UppDec-156
96UppDec-281
Pestka, Nick
94IHSBoyA3S-56
94IHSBoyA3S-56
Peters, Angie
90CleWom-10

Peters, Ricky
90AriStaCC*-165
Peters, Sue
80PriNewOW-10
Petersen, Darin
92Neb*-25
Petersen, Jim
84Sta-246
87Fle-86
88KinCarJ-43
89Fle-136
89Hoo-147
89PanSpaS-239
90Hoo-117
90HooTeaNS-9
90Sky-99
91Hoo-367
91HooTeaNS-9
91Sky-97
91UppDec-270
Petersen, Loy
69BulPep-8
69Top-37
70Top-153
Peterson, Bob
89LouColC*-52
Peterson, Brandon
92OreSta-14
93OreSta-11
Peterson, Brian
92Geo-11
93Geo-11
Peterson, Buzz
84NorCarS-3
89NorCarCC-180
90NorCarCC*-13
Peterson, Darin
94Neb*-2
Peterson, Jeff
94IHSBoyA3S-39
94IHSBoyAD-82
94IHSBoyAST-81
Peterson, Mark
89ProCBA-15
90ProCBA-10
91FroR-81
91FroRowP-13
91ProCBA-77
Peterson, Rafeal
91MurSta-8
Peterson, Ryan
94IHSBoyAST-193
Petrie, Geoff
71Top-34
71TopTri-40
71TraBlaT-7
72Com-22
72Top-3
73LinPor-106
73NBAPlaA-23
73Top-175
74Top-96
74Top-110
75NabSugD*-21
75Top-131
75Top-165
76Top-78
77Top-46
84TraBlaP-14
89TraBlaF-17
93TraBlaF-9
94TraBlaF-15
Petrovic, Drazen
89TraBlaF-8
90FleUpd-U81
90Hoo-248
90HooTeaNS-2
90Sky-297
90TraBlaF-16
91Fle-134
91Hoo-137
91HooTeaNS-17
91PanSti-158
91Sky-186
91Sky-599
91UppDec-315
92Fle-147
92FleDra-33
92FleSha-4
92FleTonP-43
92Hoo-151
92Hoo-137
92Hoo-332
92PanSti-170

92Sky-159
92SkyNes-30
92SpollIfKI*-109
92StaClu-10
92StaCluMO-10
92Top-234
92TopArc-125
92TopArcG-125G
92TopGol-234G
92Ult-120
92UppDec-50
92UppDec-122
92UppDec-491
92UppDec-502
92UppDecE-75
92UppDecE-179
92UppDecE-188
92UppDecFE-FE7
92UppDecM-P27
Petruska, Richard
91UCL-9
93Cla-99
93ClaF-86
93ClaG-99
93Fle-295
93FouSp-86
93FouSpG-86
93Sky-230
93StaClu-346
93StaCluFDI-346
93StaCluMO-346
93StaCluSTDW-R346
93StaCluSTMP-R8
93StaCluSTNF-346
93Ult-256
93UppDec-366
93UppDec-366
94ColCho-92
94ColChoGS-92
94ColChoSS-92
95ColChoIE-92
95ColChoIJI-92
95ColChoISI-92
Pettit, Bob (Robert C.)
57Top-24
59HawBusB-5
60PosCer*-8
61Fle-34
61Fle-59
61HawEssM-12
68HalofFB-50
77SpoSer1*-1914
81TCMNBA-5
85StaSchL-20
90LSUColC*-138
90LSUColCP*-5
92CenCou-9
93ActPacHoF-31
94SRGolSHFSig-19
95ActPacHoF-27
95TedWilE-EC3
96StaCluFR-35
96StaCluFRR-35
96TopNBAS-35
96TopNBAS-85
96TopNBAS-135
96TopNBASF-35
96TopNBASF-85
96TopNBASF-135
96TopNBASFAR-35
96TopNBASFAR-85
96TopNBASFAR-135
96TopNBASFR-35
96TopNBASFR-85
96TopNBASFR-135
96TopNBASI-I16
96TopNBASR-35
Pettus, Randy
87SouMis-11
Petty, Richard
77SpoSer1*-1115
93FaxPaxWoS*-36
Petway, Scott
91GeoTecCC*-141
Pfaff, Doug
90AriColC*-49
Pfund, Randy
92Fle-10
92Hoo-251
92Sky-267
93Hoo-242
93HooFifAG-242
Phegley, Roger
80Top-56

80Top-144
81Top-MW75
85Bra-S11
90Bra-17
Phelps, Derrick
94Cla-43
94ClaG-43
94PacP-44
94PacPriG-44
95SupPix-62
95TedWil-48
Phelps, Digger (Richard)
86DePPlaC-D8
90NotDam-1
Phelps, Don
89KenColC*-117
Phelps, Herbie
89LouColC*-169
Phelps, Ken
90AriStaCC*-163
Phelps, Michael
89ProCBA-122
90ProCBA-89
Phillip, Andy
48Bow-9
48ExhSpoC-41
50BreforH-22
57Top-75
68HalofFB-35
92CenCou-42
Phillips, Alan
86Vic-11
Phillips, Bum (O.A.)
91OklStaCC*-53
Phillips, Charlie
89McNSta*-14
Phillips, Darrell
90LSUColC*-128
Phillips, Gibbie
87Sou*-13
Phillips, John
90CleColC*-13
90CleColC*-144
Phillips, Kathy
92PenSta*-6
Phillips, Lloyd
91ArkColC*-88
Phillips, Lori
92Neb*-20
93Neb*-17
Phillips, Mike
76KenSch-9
77Ken-22
77KenSch-15
78Ken-2
88KenColC-139
88KenColC-204
Phillips, Shannon
90KenProI-7
Phills, Bobby
91Cla-35
91FouSp-183
91FroR-37
91FroRowP-55
91StaPic-29
92Hoo-367
92StaClu-267
92StaCluMO-257
92Top-226
92TopGol-226G
92Ult-242
93CavNicB-10
93Fle-267
93Hoo-319
93HooFifAG-319
93Ult-229
94ColCho-218
94ColChoGS-218
94ColChoSS-218
94Fla-29
94Fle-43
94Hoo-37
94JamSes-36
94Sky-32
94SP-55
94SPDie-D55
94Top-212
94TopSpe-212
94Ult-36
94UppDec-93
94UppDecSE-106
94UppDecSEG-106
95ColCho-52
95ColCholE-428

95ColCholJI-428
95ColCholSI-209
95ColChoPC-52
95ColChoPCP-52
95Fin-198
95FinRef-198
95Fla-22
95Fle-30
95FleEur-43
95Hoo-29
95Met-138
95PanSti-97
95Sky-163
95SkyE-X-15
95SkyE-XB-15
95SP-28
95SPCha-21
95StaClu-146
95StaCluMOI-146
95Top-242
95TopGal-124
95TopGalPPI-124
95Ult-33
95UltGolM-33
95UppDec-76
95UppDecEC-76
95UppDecEG-76
96BowBes-26
96BowBesAR-26
96BowBesR-26
96ColCho-31
96ColChoCtGS2-C5A
96ColChoCtGS2-C5B
96ColChoCtGS2-RG-R5
96ColChoCtGSG2-C5A
96ColChoCtGSG2-C5B
96ColCholI-26
96ColCholJ-52
96ColChoM-M22
96ColChoMG-M22
96ColChoS2-S5
96Fin-223
96FinRef-223
96FlaSho-A76
96FlaSho-B76
96FlaSho-C76
96FlaShoLC-76
96FlaShoLC-B76
96FlaShoLC-C76
96Fle-19
96Hoo-30
96HooSil-30
96HooStaF-5
96Met-19
96Sky-23
96SkyAut-67
96SkyAutB-67
96SkyRub-23
96SkyZ-F-16
96SkyZ-FZ-16
96SP-20
96StaClu-66
96StaCluM-66
96Top-68
96TopChr-68
96TopChrTl-68
96TopNBAa5-68
96Ult-22
96UltFulCT-10
96UltFulCTG-10
96UltGolE-G22
96UltPlaE-P22
96UppDec-22
96UppDec-140
Philpot, Greg
91SouCarCC*-175
Philpott, Mike
91OklSta-13
91OklSta-43
Phipps, Frank
89KenColC*-288
Pianko, Greg
89LouColC*-156
Piatkowski, Eric
91Neb*-16
92Neb*-16
93Neb*-11
94Cla-39
94ClaBCs-BC14
94ClaG-39
94ClaROYSw-16
94ColCho-331
94ColChoGS-331

94ColChoSS-331
94Emb-115
94EmbGoII-115
94Emo-43
94Fin-181
94FinRef-181
94Fla-237
94Fle-302
94FouSp-15
94FouSpAu-15A
94FouSpG-15
94FouSpPP-15
94Hoo-335
94HooSch-16
94PacP-45
94PacPriG-45
94Sky-240
94SkyDraP-DP15
94SP-14
94SPDie-D14
94SPHol-PC28
94SPHolDC-28
94SRGoIS-15
94SRTet-69
94SRTetS-69
94Top-322
94TopSpe-322
94Ult-266
94UppDec-240
94UppDecRS-RS15
94UppDecSE-129
94UppDecSEG-129
95ColCho-18
95ColCholE-331
95ColCholJI-331
95ColCholSI-112
95ColChoPC-18
95ColChoPCP-18
95Fin-172
95FinRef-172
95Fle-229
95FleClaE-13
95FleEur-105
95Hoo-73
95Ima-14
95ProMag-59
95Sky-54
95SRKro-9
95StaClu-67
95StaCluMOI-67
95SupPix-14
95SupPixAu-14
95SupPixC-14
95SupPixCG-14
95TedWil-49
95Ult-222
95UppDec-51
95UppDecEC-51
95UppDecECG-51
95UppDecSE-39
95UppDecSEG-39
96ColCho-72
96ColCholI-66
96ColCholJ-18
96UppDec-55
96UppDec-147
Pichette, Ken
91GeoColC-92
Pickard, Billy
91TexA&MCC*-90
Pickard, Fred
90FloStaCC*-177
Pickell, Stephen
76CanOly-18
76PanSti-254
Pickens, Bruce
90Neb*-12
Pieper, Anthony
94Mar-12
95Mar-12
Pierce, Adam
91DavLip-17
92DavLip-17
Pierce, John
91DavLip-11
92DavLip-11
Pierce, Ricky
83Sta-130
85Sta-129
86BucLif-11
86Fle-87
87Fle-87
88BucGreB-11
89Fle-88

89Hoo-212
89PanSpaS-118
89SpollIfKI*-226
90Fle-106
90Hoo-179
90Hoo100S-56
90HooActP-96
90HooCol-21
90HooTeaNS-15
90HooTeaNS-24C
90HooTeaNS-24D
90PanSti-99
90Sky-162
90SkyPro-162
90SupKay-9
91Fle-195
91Fle-396
91FleTonP-8
91Hoo-203
91Hoo-257
91Hoo-498
91HooMcD-43
91HooTeaNS-25
91PanSti-41
91Sky-269
91Sky-456
91Sky-483
91Sky-600
91SkyCanM-45
91SkyPro-268
91UppDec-67
91UppDec-156
92Fle-217
92FleTeaL-25
92FleTonP-44
92Hoo-220
92Hoo100S-92
92PanSti-58
92Sky-235
92SkyNes-31
92StaClu-148
92StaCluMO-148
92Top-85
92TopArc-28
92TopArcG-28G
92TopGol-85G
92Ult-176
92UppDec-58
92UppDec-273
92UppDecE-95
92UppDecE-164
92UppDecM-P39
92UppDecTM-TM26
93Fin-5
93FinRef-5
93Fle-204
93Hoo-212
93HooFifAG-212
93JamSes-219
93PanSti-67
93Sky-11
93Sky-174
93StaClu-278
93StaCluFDI-278
93StaCluMO-278
93StaCluSTDW-S278
93StaClu3TNF-278
93SupTacT-4
93Top-93
93TopGol-93G
93Ult-183
93UppDec-76
93UppDecE-245
93UppDecPV-15
93UppDecS-49
93UppDecSEC-49
93UppDecSEG-49
94ColCho-236
94ColChoGS-236
94ColChoSS-236
94Fin-194
94FinRef-194
94Fla-223
94Fle-217
94Fle-287
94Hoo-205
94Hoo-255
94Hoo-326
94JamSes-65
94Sky-159
94Sky-230
94SP-73
94SPDie-D73
94StaClu-351

94StaCluFDI-351
94StaCluMO-351
94StaCluSTNF-351
94Top-267
94TopSpe-267
94Ult-248
94UppDec-245
94UppDecE-8
94UppDecSE-118
94UppDecSEG-118
94WarTop-GS11
95ColChoDT-T16
95ColChoDTPC-T16
95ColCholE-236
95ColCholJI-236
95ColCholSI-17
95Fla-170
95Fle-228
95FleEur-78
95Hoo-308
95Met-156
95Sky-176
95SP-57
95StaClu-273
95Ult-221
95UppDec-296
95UppDecEC-296
95UppDecECG-296
96ColCho-67
96ColCho-237
96FleDecoE-9
96MetDecoE-9
96StaClu-150
96UltDecoE-U9
96UppDec-211
Pierre, Raymond
87Bay*-8
Pierson, Jerry
55AshOil-44
Pietkiewicz, Stan
80TCMCBA-15
Pifferini, RaeAnn
89FreStaW-2
Pigni-Cacchi, Paola
76PanSti-113
Pikalek, Lisa
92VirTec*-9
Pikiell, Steve
90Con-9
Pikiell, Tim
90Con-10
91Con-12
Pinckney, Ed
87Fle-88
89Fle-13
89Hoo-9
89PanSpaS-238
90Fle-15
90Hoo-47
90HooTeaNS-2
90Sky-22
91Fle-15
91Hoo-16
91HooTeaNS-2
91Sky-19
91UppDec-129
92Fle-19
92FleTeaNS-1
92Hoo-18
92Sky-19
92StaClu-316
92StaCluMO-316
92Top-231
92TopGol-231G
92Ult-16
92UppDec-257
92UppDecM-BT10
93Fle-248
93Sky-199
93Top-121
93TopGol-121G
93UppDec-129
93UppDecE-106
94ColCho-54
94ColChoGS-54
94ColChoSS-54
94Fla-256
94Fle-319
94Hoo-348
94PanSti-76
94Sky-254

94StaClu-244
94StaCluFDI-244
94StaCluMO-244
94StaCluSTNF-244
94Ult-286
94UppDec-255
95ColCho-17
95ColChoDT-T24
95ColChoDTPC-T24
95ColChoDTPCP-T24
95ColChoIE-54
95ColCholJI-54
95ColCholSI-54
95ColChoPC-17
95ColChoPCP-17
95Fle-264
95Hoo-343
95JamSes-106
95JamSesDC-D106
95ProMag-136
95SP-130
95SPCha-102
95Top-167
95UppDec-271
95UppDecEC-271
95UppDecECG-271
95UppDecSE-168
95UppDecSEG-168
96ClaLegotFF-19
96ColCholl-85
96ColCholJ-17
Pinder, Tiny
92AusFutN-69
92AusStoN-55
Pingel, John S.
90MicStaCC2*-24
Pingsterhaus, Troy
94IHSBoyAST-24
Pinkins, Al
94NorCarS-11
Pinone, John
91WilCar-60
Piontek, Dave
57Kah-6
57Top-31
58Kah-9
59Kah-5
Piotrowski, Tom
83Sta-105
83TraBlaP-54
Piper, Chris
87Kan-14
Piper, Don
91UCLColC-79
Pipines, Tom
82Mar-9
Pippen, Scottie
87BulEnt-33
88BulEnt-33
88Fle-20
89BulDaiC-6
89BulEqu-11
89Fle-23
89Hoo-244
89PanSpaS-77
89SpollIfKI*-160
90BulEqu-12
90Fle-30
90Hoo-9
90Hoo-69
90Hoo100S-13
90HooActP-40
90HooAllP-4
90HooCol-44
90HooTeaNS-4
90PanSti-93
90Sky-46
915Maj-36
915Maj-47
91Fle-33
91FleTonP-116
91FleWheS-8
91Hoo-34
91Hoo-456
91Hoo-506
91Hoo-539
91Hoo-582
91Hoo100S-14
91HooMcD-7
91HooMcD-58
91HooTeaNS-4A
91HooTeaNS-4B
91KelColG-17
91PanSti-113

91Sky-44
91Sky-462
91Sky-537
91Sky-586
91Sky-606
91SkyCanM-8
91SkyMaraSM-537
91SkyMaraSM-546
91UppDec-125
91UppDec-453
91UppDecS-14
91WilCar-83
92ClaWorCA-49
92Fle-36
92Fle-254
92Fle-260
92Fle-299
92FleAll-8
92FleDra-8
92FleSpaSS-4
92FleTeaNS-3
92FleTonP-99
92FleTotD-3
92Hoo-34
92Hoo-300
92Hoo-345
92Hoo100S-16
92HooSupC-SC2
92ImpU.SOH-15
92PanSti-127
92PanSti-96
92Sky-35
92Sky-317
92SkyNes-32
92SkyOlyT-5
92SkyUSA-64
92SkyUSA-65
92SkyUSA-66
92SkyUSA-67
92SkyUSA-68
92SkyUSA-69
92SkyUSA-70
92SkyUSA-71
92SkyUSA-72
92SkyUSA-108
92SpollIfKI*-346
92StaClu-198
92StaClu-367
92StaCluBT-5
92StaCluMO-198
92StaCluMO-367
92StaCluMO-BT5
92Top-103
92Top-389
92TopArc-97
92TopArcG-97G
92TopBeaT-6
92TopBeaTG-6
92TopGol-103G
92TopGol-389G
92Ult-31
92Ult-213
92Ult-NNO
92UltAll-6
92UltScoP-1
92UltScoP-2
92UltScoP-4
92UltScoP-5
92UltScoP-6
92UltScoP-7
92UltScoP-8
92UltScoP-9
92UltScoP-10
92UltScoP-11
92UltScoP-12
92UltScoP-AU
92UppDec-37
92UppDec-62
92UppDec-133
92UppDec-422
92UppDecA-AN9
92UppDecE-5
92UppDecE-39
92UppDecE-166
92UppDecE-170
92UppDecM-CH-15
92UppDecS-8
93Fin-105
93Fin-208
93FinMaiA-4
93FinRef-105
93FinRef-208
93Fle-32

93FleAll-8
93FleClyD-15
93Hoo-32
93Hoo-259
93Hoo-293
93HooFactF-9
93HooFifAG-32
93HooFifAG-293
93HooSco-HS4
93HooScoFAG-HS4
93HooShe-1
93HooSupC-SC10
93JamSes-34
93JamSesG-5
93KelColGP-8
93PanSti-156
93Sky-16
93Sky-47
93Sky-321
93SkyShoS-SS9
93SkyUSAT-9
93StaClu-61
93StaClu-184
93StaClu-300
93StaCluBT-18
93StaCluFDI-61
93StaCluFDI-103
93StaCluFDI-184
93StaCluFDI-300
93StaCluFFP-14
93StaCluFFU-184
93StaCluMO-61
93StaCluMO-103
93StaCluMO-184
93StaCluMO-300
93StaCluMO-BT18
93StaCluSTNF-61
93StaCluSTNF-103
93StaCluSTNF-184
93StaCluSTNF-300
93Top-92
93Top-117
93Top-391
93TopGol-92G
93TopGol-117G
93TopGol-391G
93Ult-34
93UltAll-4
93UltAll-13
93UltIns-7
93UppDec-196
93UppDec-199
93UppDec-205
93UppDec-310
93UppDec-449
93UppDecA-AN11
93UppDecE-2
93UppDecE-121
93UppDecFM-20
93UppDecFT-FT17
93UppDecPV-63
93UppDecPV-93
93UppDecS-1
93UppDecS-202
93UppDecS-3
93UppDecSBtG-G10
93UppDecSDCA-E4
93UppDecSEC-1
93UppDecSEC-202
93UppDecSEG-1
93UppDecSEG-202
93UppDecSUT-9
93UppDecTD-TD3
93UppDecTM-TM4
93UppDecWJ-TM4
93XXVJogO-77
94ColCho-33
94ColCho-169
94ColCho-375
94ColChoCtGS-S9
94ColChoCtGSR-S9
94ColChoGS-33
94ColChoGS-169
94ColChoGS-375
94ColChoSS-33
94ColChoSS-169
94ColChoSS-375
94Emb-16
94EmbGoll-16
94Emo-13
94Emo-117
94EmoX-C-X13

94Fin-75
94FinLotP-LP4
94FinRef-75
94Fla-24
94FlaHotN-13
94FlaPla-6
94FlaScoP-6
94Fle-35
94FleAll-5
94FleAll-10
94FleCarA-5
94FleSup-5
94FleTeaL-2
94FleTotD-7
94FleTriT-8
94Hoo-30
94Hoo-233
94Hoo-258
94Hoo-263
94HooBigN-BN9
94HooBigNR-9
94HooPowR-PR8
94HooShe-5
94JamSes-31
94JamSesG-7
94JamSesTS-4
94PanSti-34
94ProMag-20
94Sky-26
94Sky-180
94Sky-310
94SkyCenS-CS5
94SkyRev-R7
94SP-46
94SPCha-43
94SPChaDC-43
94SPDie-D46
94StaClu-33
94StaClu-356
94StaCluCC-4
94StaCluDaD-9A
94StaCluFDI-33
94StaCluFDI-356
94StaCluMO-33
94StaCluMO-356
94StaCluMO-CC4
94StaCluMO-DD9A
94StaCluMO-SS15
94StaCluSS-15
94StaCluSTNF-33
94StaCluSTNF-356
94Top-11
94Top-29
94TopOwntG-32
94TopOwntG-33
94TopOwntGR-7
94TopSpe-11
94TopSpe-29
94Ult-31
94UltAll-3
94UltDefG-4
94UltDouT-7
94UltIns-8
94UltScoK-6
94UppDec-11
94UppDec-127
94UppDecE-73
94UppDecE-190
94UppDecETD-TD3
94UppDecPAW-H4
94UppDecPAW-H24
94UppDecPAWR-H4
94UppDecPAWR-H24
94UppDecPLL-R4
94UppDecPLLR-R4
94UppDecS-3
94UppDecSDS-S14
94UppDecSE-102
94UppDecSEG-102
94UppDecSEJ-4
95BulJew-1
95ClaBKVHS-HC14
95ColCho-215
95ColCho-369
95ColChoCtGA-C8
95ColChoCtGA-C8B
95ColChoCtGA-C8C
95ColChoCtGAG-C8
95ColChoCtGAG-C8B
95ColChoCtGAG-C8C
95ColChoCtGAGR-C8
95ColChoCtGASR-C8
95ColChoIE-33
95ColChoIE-169

95ColChoIE-375
95ColCholEGS-169
95ColCholEGS-375
95ColCholJGSI-169
95ColCholJGSI-156
95ColCholJI-33
95ColCholJI-169
95ColCholJSS-169
95ColCholSI-33
95ColCholSI-169
95ColCholSI-156
95ColChoPC-215
95ColChoPC-369
95ColChoPCP-215
95ColChoPCP-369
95Fin-179
95FinDisaS-DS4
95FinHotS-HS11
95FinMys-M15
95FinMysB-M15
95FinMysBR-M15
95FinRef-179
95FivSpSigES-3
95Fla-18
95Fla-241
95FlaPerP-9
95FlaPlaM-6
95Fle-26
95FleAll-2
95FleEndtE-16
95FleEur-37
95FleEurA-1
95FleEurCAA-2
95FleEurTT-5
95FleTotD-9
95Hoo-24
95HooBloP-3
95HooHoo-HS1
95HooSla-SL7
95JamSes-16
95JamSesDC-D16
95JamSesFI-7
95JamSesP-22
95Met-15
95Met-216
95MetMetF-10
95MetSiIS-15
95PanSti-89
95PanSti-277
95ProMag-17
95ProMagDC-15
95ProMagUB-9
95Sky-18
95Sky-251
95SkyClo-C1
95SkyE-X-12
95SkyE-XACA-1
95SkyE-XB-12
95SkyE-XU-3
95SkySta-S2
95SkyUSAB-U5
95SP-21
95SPAll-AS4
95SPAlIG-AS4
95SPCha-15
95SPChaCotC-C4
95SPChaCotCD-C4
95SRKroSA-SA1
95StaClu-104
95StaClu-311
95StaCluM05-13
95StaCluMOI-104B
95StaCluMOI-104R
95StaCluMOI-N6
95StaCluN-N6
95StaCluRM-RM7
95StaCluSS-SS7
95StaCluWS-WS7
95Top-21
95Top-45
95TopGal-61
95TopGalPG-PG11
95TopGalPPI-61
95TopMysF-M20
95TopMysFR-M20
95TopPanFG-10
95TopPowB-21
95TopSpaP-SP10
95TopTopF-TF6
95TopWorC-WC8
95Ult-28
95Ult-330
95UltAll-3

95UltAllGM-3
95UltDouT-8
95UltDouTGM-8
95UltGolM-28
95UltScoK-9
95UltScoKHP-9
95UltUSAB-7
95UppDec-167
95UppDec-186
95UppDec-322
95UppDec-338
95UppDecAC-AS4
95UppDecEC-167
95UppDecEC-186
95UppDecEC-322
95UppDecEC-338
95UppDecECG-167
95UppDecECG-186
95UppDecECG-322
95UppDecECG-338
95UppDecPPotW-H8
95UppDecPPotWR-H8
95UppDecPS-H7
95UppDecPSR-H7
95UppDecSEG-11
95UppDecSE-11
96AllSpoPPaF-2
96AllSpoPPaF-181
96AllSpoPPaFR-R3
96Ass-34
96AssACA-CA5
96AssACAPC-3
96AssCPC$5-6
96AssPC$10-6
96AssPC$100-4
96AssPC$1000-2
96AssPC$2-20
96AssPC$20-2
96AssPC$5-13
96AssS-7
96BowBes-1
96BowBesAR-1
96BowBesC-BC10
96BowBesCAR-BC10
96BowBesCR-BC10
96BowBesHR-HR5
96BowBesHRAR-HR5
96BowBesHRR-HR5
96BowBesR-1
96BowBesS-BS1
96BowBesSAR-BS1
96BowBesSR-BS1
96CleAss-3
96CleAss$10PC-9
96ColCho-28
96ColCho-169
96ColCho-221
96ColCho-370
96ColChoCtGS1-C4A
96ColChoCtGS1-C4B
96ColChoCtGS1R-R4
96ColChoCtGSG1-R4
96ColChoCtGSG1-C4A
96ColChoCtGSG1-C4B
96ColCholI-1
96ColCholI-159
96ColCholI-215
96ColCholI-369
96ColCholISEH-H2
96ColChoM-M137
96ColChoMG-M137
96Fin-1
96Fin-133
96Fin-247
96FinRef-1
96FinRef-133
96FinRef-247
96FlaSho-A27
96FlaSho-B27
96FlaSho-C27
96FlaShoHS-9
96FlaShoLC-27
96FlaShoLC-B27
96FlaShoLC-C27
96Fle-15
96Fle-287
96FleAusS-23
96FleGamB-1
96FleStaA-11
96FleSwiS-11
96FleUSA-7
96FleUSA-17
96FleUSA-27
96FleUSA-37
96FleUSA-47
96FleUSAH-7
96Hoo-24
96Hoo-177
96Hoo-341
96HooHeatH-HH2
96HooHotL-16
96HooSil-24
96HooStaF-4
96Met-14
96Met-145
96Met-229
96MetCyb-CM14
96MetMetE-5
96MetMolM-14
96MetPreM-229
96ScoBoaAB-45
96ScoBoaAB-45
96ScoBoaAB-PP27
96ScoBoaAC-2
96ScoBoaACGB-GB2
96ScoBoaBasRoo-96
96Sky-18
96SkyAut-68
96SkyAutB-68
96SkyE-X-10
96SkyE-XC-10
96SkyNetS-16
96SkyRub-18
96SkySta-SO7
96SkyThuaL-1
96SkyTriT-TT12
96SkyUSA-5
96SkyUSA-15
96SkyUSA-25
96SkyUSA-35
96SkyUSA-45
96SkyUSA-58
96SkyUSA-8
96SkyUSAB-B5
96SkyUSABS-B5
96SkyUSAG-G5
96SkyUSAGS-G5
96SkyUSAQ-Q5
96SkyUSAQ-Q12
96SkyUSAQ-Q14
96SkyUSAS-S5
96SkyUSASS-S5
96SkyZ-F-13
96SkyZ-FBMotCZ-9
96SkyZ-FBMotCZ-9
96SkyZ-FV-V9
96SkyZ-FZ-13
96SP-13
96StaClu-1
96StaCluF-T9
96StaCluFR-36
96StaCluFRR-36
96StaCluHR-HR1
96StaCluM-1
96StaCluSF-SF6
96StaCluTC-TC5
96Top-33
96TopChr-33
96TopChrPF-PF9
96TopChrR-33
96TopHobM-HM22
96TopMysF-M1
96TopMysFB-M1
96TopMysFBR-M1
96TopMysTDR-M1
96TopNBAa5-33
96TopNBAS-36
96TopNBAS-86
96TopNBAS-136
96TopNBASF-36
96TopNBASF-86
96TopNBASFAR-36
96TopNBASFAR-86
96TopNBASFAR-136
96TopNBASFR-36
96TopNBASFR-86
96TopNBASFR-136
96TopNBASI-I4
96TopNBASR-36
96TopProF-PF9
96TopSupT-ST4
96Ult-18
96Ult-297
96UltBoaG-15
96UltCouM-4
96UltFulCT-3
96UltFulCTG-3
96UltGivaT-8
96UltGolE-G18
96UltGolE-G297
96UltPlaE-P18
96UltPlaE-P297
96UppDec-139
96UppDec-197
96UppDecFBC-FB22
96UppDecGK-6
96UppDecU-25
96UppDecU-26
96UppDecU-27
96UppDecU-28
96UppDecU-55
96UppDecU-42
96UppDecUFYD-F7
96UppDecUFYDES-FD4
96UppDecUSCS-S7
96UppDecUSCSG-S7
96Vis-2
96Vis-125
96VisSig-2
96VisSigAuG-2
96VisSigAuS-2
Pistole, Josh
94IHSBoyASD-25
Pistons, Detroit
73TopTeaS-20
74FleTeaP-7
74FleTeaP-26
75Top-208
75TopTeaC-208
77FleTeaS-7
78WheCerB*-8
78WheCerB*-18
80TopTeaP-5
89PanSpaS-93
89PanSpaS-102
90HooCol-XX
91Hoo-281
91Sky-358
91UppDecSiSS-4
92Hoo-273
92UppDecE-138
93JamSesTNS-2
93PanSti-170
93StaCluBT-8
93StaCluMO-ST8
93StaCluSI-8
93UppDec-217
93UppDecDPS-8
94Hoo-398
94ImpPin-8
94StaCluMO-ST8
94StaCluST-8
94UppDecFMT-8
95FleEur-245
95PanSti-105
96TopSupT-ST8
Pitino, Rick
88KniFriL-8
89KenBigB-36
89KenBigBTot8-54
89KenColC*-13
89KenSch*-2
89PanSpaS-34
90KenBigBDTW-36
91KenBigB1-15
91KenBigB2-13
91Pro-9
93Ken-10
Pitko, Bill
86EmpSta-1
Pittis, Riccardo
92UppDecE-113
Pittman, Charles
82TCMCBA-4
83Sta-116
84Sta-48
84SunPol-32
85Sta-39
Pittman, Johnny
91StaPic-23
Piurowski, Paul
90FloStaCC*-40
Plansky, Mark
89ProCBA-190
90ProCBA-111
Planutis, Gerald
90MicStaCC2*-35
Platt, Lolita
92Ill-30
Ploessl, Adam
94CasHS-134
Plummer, Gary
84Sta-156
92Ult-254
Plummer, Mona
90AriStaCC*-68
90AriStaCC*-143
Plunkett, Jim
74NabSugD*-9
75NabSugD*-9
Poaniewa, Paul
76PanSti-129
Podoloff, Maurice
92CouCol-11
Poerschke, Eric
82Ark-10
Pohl, Dan
90AriColC*-116
Poindexter, Cliff
77Top-21
Poinsett, David
91SouCarCC*-47
Polak, Brooke
94TexAaM-17
Polec, Larry
90MicStaCC2*-162
Polk, Charlie
92Glo-59
Pollak, Burglinde
76PanSti-150
Pollard, Alan
91ProCBA-127
Pollard, Jim
48Bow-66
50LakSco-12
52RoyDes-7
52Whe*-24A
52Whe*-24B
92CenCou-43
Pollard, Marcus
93Bra-9
94Bra-18
Pollard, Scot
93Kan-4
Pollock, Bob
90CleColC*-128
Pollock, Mike
91Haw-13
Polonowski, John
95Mar-13
Polynice, Olden
89Hoo-152
90FleUpd-U93
90Hoo-283
90HooTeaNS-24A
90HooTeaNS-24B
90Sky-272
90SupSmo-15
91Fle-94
91FleTonP-50
91Hoo-97
91HooTeaNS-12
91PanSti-11
91Sky-130
91UppDec-140
92Fle-65
92Hoo-103
92Hoo-383
92Sky-339
92StaClu-259
92StaCluMO-259
92Top-265
92TopArc-98
92TopArcG-98G
92TopGol-265G
92Ult-259
92UppDec-29
92UppDec-405
93Fin-152
93FinRef-152
93Fle-62
93FleTowOP-23
93Hoo-64
93HooFifAG-64
93HooGolMB-42
93HooShe-2
93JamSes-64
93JamSesTNS-2
93PanSti-172
93StaClu-84
93StaCluFDI-84
93StaCluMO-84
93StaCluSTNF-84
93Top-48
93TopGol-48G
93Ult-59
93UppDec-54
93UppDecE-152
93UppDecS-28
93UppDecSEC-28
93UppDecSEG-28
94ColCho-282
94ColChoCtGR-R11
94ColChoCtGRR-R11
94ColChoGS-282
94ColChoSS-282
94Emb-83
94EmbGolI-83
94Fin-10
94Fin-202
94Fin-317
94FinRef-10
94FinRef-202
94FinRef-317
94Fla-127
94Fle-194
94Hoo-185
94HooPowR-PR46
94JamSes-163
94PanSti-190
94Sky-142
94SP-143
94SPDie-D143
94StaClu-204
94StaClu-292
94StaCluFDI-204
94StaCluFDI-292
94StaCluMO-204
94StaCluMO-292
94StaCluMO-ST23
94StaCluST-23
94StaCluSTNF-204
94StaCluSTNF-292
94Top-235
94TopSpe-235
94Ult-165
94UppDec-280
94UppDecSE-167
94UppDecSEG-167
95ColCho-78
95ColChoE-282
95ColCholJI-282
95ColCholSI-63
95ColChoPC-78
95ColChoPCP-78
95Fin-89
95FinRef-89
95Fla-118
95Fle-161
95FleEur-199
95Hoo-140
95JamSes-92
95JamSesDC-D92
95Met-94
95MetSilS-94
95PanSti-256
95Sky-104
95SP-115
95StaClu-138
95StaCluMOI-138
95Top-104
95TopGal-68
95TopGalPPI-68
95Ult-157
95UltGolM-157
95UppDec-119
95UppDecEC-119
95UppDecECG-119
96ColCho-137
96ColCholI-136
96ColCholJ-78
96ColChoM-M112B
96ColChoMG-M112B
96Fin-9
96FinRef-9
96Hoo-106
96HooStaF-23
96Met-86
96SP-97
96StaClu-24
96StaCluM-24
96Top-76
96TopChr-76
96TopChrR-76
96TopNBAa5-76
96TopSupT-ST23
96Ult-95

96UltGolE-G95
96UltPlaE-P95
96UppDec-107
Pond, Nick
89NorCarSCC-172
Ponsetto, Joe
86DePPlaC-D7
Pool, Randy
88KenColC-89
Poole, Barney
48TopMagP*-C1
Poole, Eric
91SouCarCC*-152
Poole, Jim
91GeoTecCC*-142
Poole, Nathan
89LouColC*-122
Poole, Rob
86Vic-12
Poole, Sherry
90AriStaCC*-164
Poole, Stacey
93Cla-59
93ClaF-61
93ClaG-59
93FouSp-52
93FouSpG-52
Pooley, Don
90AriColC*-108
Pooser, Angela
92HorHivF-NNO
Popa, Constantin
93Mia-13
94Mia-12
95ClaBKR-49
95ClaBKRAu-49
95ClaBKRPP-49
95ClaBKRSS-49
95ClaBKV-49
95ClaBKVE-49
95Col-48
95FivSp-41
95FivSp-187
95FivSpAu-41
95FivSpD-41
95FivSpD-187
95PacPreGP-45
95SRDraDST-ST4
95SRDraDSTS-ST4
95SRFam&F-30
95SRSigPri-30
95SRSigPriS-30
96ColLif-L4
96PacPreGP-45
96PacPri-45
Pope, Derrick
91WilCar-105
Pope, Mark
91Was-7
96AllSpoPPaF-123
96ColEdgRR-35
96ColEdgRRD-35
96ColEdgRRG-35
96ColEdgRRKK-17
96ColEdgRRKKG-17
96ColEdgRRKKH-17
96ColEdgRRRR-17
96ColEdgRRRRG-17
96ColEdgRRRRH-17
96PacPow-39
96PrePas-32
96PrePas-40
96PrePasNB-32
96PrePasS-32
96PrePasS-40
96ScoBoaAB-21
96ScoBoaAB-21A
96ScoBoaAB-21B
96ScoBoaAB-21C
96ScoBoaBasRoo-48
Popson, Dave
86NorCar-35
86NorCarS-3
89NorCarCC-153
89ProCBA-110
90FleUpd-U7
90NorCarCC*-18
90NorCarCC*-59
91ProCBA-165
Poquette, Ben
80Top-18
80Top-83
80Top-155
80Top-171

81Top-65
81Top-W105
83Sta-237
84Sta-221
85Sta-157
Porche, Maia A.
90PisSta-14
Porco, Ken
89LouColC*-104
Pores, Chas.
48TopMagP*-E8
Porter, Courtney
94IHSHisRH-75
Porter, Darelle
89Pit-10
90Pit-10
Porter, Dave
87IndGreI-28
Porter, Howard
72Top-127
73LinPor-36
73Top-167
74Top-122
75Top-138
77Top-102
78Top-28
Porter, Joel
87Bay*-12
Porter, Kevin
73BulSta-7
73Top-53
74Top-12
74Top-98
75Top-5
75Top-79
75Top-133
76Top-84
77SpoSer7*-7705
77Top-16
78Top-118
79Top-13
80Top-60
80Top-86
80Top-130
80Top-174
81Top-66
81Top-E99
81Top-E105
81TopThiB*-19
Porter, Terry
85TraBlaF-10
86TraBlaF-11
87Fle-89
87TraBlaF-9
88Fle-96
88FouNBAE-12
88TraBlaF-10
89Fle-131
89Hoo-105
89PanSpaS-225
89TraBlaF-9
90Fle-158
90Hoo-249A
90Hoo-249B
90HooActP-128
90HooCol-16
90HooTeaNS-22
90PanSti-11
90Sky-238
90TraBlaBP-5
90TraBlaF-17
91Fle-171
91FleTonP-95
91FleWheS-3
91Hoo-177
91Hoo-269
91Hoo-492
91Hoo-524
91Hoo100S-81
91HooMcD-35
91HooTeaNS-22
91LitBasBL-28
91PanSti-27
91Sky-240
91Sky-480
91Sky-607
91SkyCanM-40
91SkyPro-240
91TraBlaF-13
91TraBlaP-4
91UppDec-36
91UppDec-351
92Fle-190

92FleDra-44
92FleSha-6
92Hoo-193
92Hoo100S-81
92PanSti-48
92Sky-205
92Sky-Nes-33
92StaClu-108
92StaCluMO-108
92Top-51
92TopArc-71
92TopArcG-71G
92TopGol-51G
92TraBlaF-4
92TraBlaF-12
92Ult-153
92UltPla-7
92UppDec-60
92UppDec-109
92UppDec-445
92UppDec-503
92UppDecE-87
92UppDecE-168
92UppDecM-P34
92UppDecS-9
93Fle-177
93FleAll-22
93Hoo-182
93Hoo-278
93HooFifAG-182
93HooFifAG-278
93HooGolMB-43
93JamSes-188
93PanSti-46
93Sky-153
93StaClu-219
93StaCluFDI-219
93StaCluMO-219
93StaCluSTNF-219
93Top-145
93TopGol-145G
93TraBlaF-14
93Ult-156
93UppDec-105
93UppDec-231
93UppDecE-25
93UppDecE-231
93UppDecRV-41
93UppDecS-24
93UppDecSEC-24
93UppDecSEG-24
94ColCho-230
94ColChoGS-230
94ColChoSS-230
94Fin-41
94FinRef-41
94Fla-296
94Fle-187
94Hoo-178
94HooShe-13
94JamSes-158
94PanSti-185
94Sky-137
94SPCha-112
94SPChaDC-112
94StaClu-82
94StaCluFDI-82
94StaCluMO-82
94StaCluSTNF-82
94Top-362
94TopSpe-362
94TraBlaF-14
94Ult-159
94UppDec-133
94UppDecE-146
94UppDecSE-164
94UppDecSEG-164
94SkyRub-230
95ColCho-355
95ColCholE-230
95ColCholJI-230
95ColCholSI-11
95ColChoPC-355
95ColChoPCP-355
95Fin-222
95FinRef-222
95Fla-111
95Fla-176
95Fle-153
95Fle-237
95FleEur-193
95Hoo-315
95Met-168
95PanSti-247
95SP-81

95StaClu-233
95TopGal-134
95TopGalPPI-134
95Ult-150
95Ult-228
95UltGolM-150
95UppDec-187
95UppDecEC-187
95UppDecECG-187
96ColCho-91
96ColChol-145
96ColCholJ-355
96SP-66
96StaClu-17
96StaCluM-17
96Top-207
96TopChr-207
96TopChrR-207
96TopNBAa5-207
96UppDec-75
96UppDec-151
Porter, Tommy
89KenColC*-82
Portis, John
92UTE-6
Portman, Bob
71WarTeal-9
Portmann, Kurt
89Wis-11
90ProCBA-129
91ProCBA-19
Post, Wiley
48TopMagP*-L3
Poston, Kenny
87NorCarS-10
88NorCarS-11
89NorCarSCC-179
89NorCarSCC-184
89NorCarSCC-197
Potapenko, Vitaly
94WriSta-12
96AllSpoPPaF-15
96BowBesRo-R11
96BowBesRoAR-R11
96BowBesRoAR-R11
96ColCho-226
96ColEdgRRD-36
96ColEdgRRG-36
96Fin-244
96FinRef-244
96FlaSho-B68
96FlaSho-B68
96FlaSho-C68
96FlaShoCo'-17
96FlaShoLC-68
96FlaShoLC-B68
96FlaShoLC-C68
96Fle-169
96FleLuc1-12
96Hoo-307
96HooRoo-24
96HooStaF-5
96Met-161
96MetPreM-161
96PacPow-40
96PrePas-12
96PrePasAu-14
96PrePasNB-12
96PrePasS-12
96ScoBoaAB-20
96ScoBoaAB-20A
96ScoBoaAB-20B
96ScoBoaAB-20C
96ScoBoaAB-PP19
96ScoBoaACA-38
96ScoBoaBasRoo-20
96ScoBoaBasRooD-DC12
96Sky-24
96Sky-230
96SkyRooP-R13
96SkyRub-24
96SkyRub-229
96SkyZ-F-161
96SkyZ-FZ-15
96SkyZ-FZZ-15
96SP-129
96SPPreCH-PC7
96StaCluR2-R15
96Top-172
96TopChr-172
96TopChrR-172
96TopDraR-12
96TopNBAa5-172

96Ult-166
96UltAll-11
96UltGolE-G166
96UltPlaE-P166
96UppDec-201
96UppDecRE-R16
96UppDecU-13
Poteet, Yogi
89NorCarCC-162
Potocnic, Joe
94IHSBoyAST-14
Potter, Brendan
82Fai-13
Potter, Sam
89KenColC*-17
Potthoff, Angie
96PenSta*-10
Potts, Bobby
82TCMCBA-9
Potts, Ray
89LouColC*-217
Pounds, Cleve
91GeoTecCC*-96
Powdrill, George
90NewMex-13
Powe, Phil
92EasTenS-11
93EasTenS-12
Powell, Al
89Jac-11
Powell, Broderick
91NorDak*-4
Powell, Cincy
71ColMarO-7
71Top-207
72Top-189
73Top-186
74Top-198
Powell, Cliff
91ArkColC*-99
Powell, Debra
84Neb*-17
Powell, Greg
90MonSta-8
Powell, John
76PanSti-142
Powell, Ken
90NorCarCC*-124
Powell, Marvin
91SouCal*-29
Powell, Mike Track
89FooLocSF*-9
91FooLocSF*-10
92ClaWorCA-16
Powell, Mike VA
93Vir-10
Powell, Roosevelt
89LouTec-8
Powell, Tyrone
91OutWicG-6
Powell, William Act.
48TopMagP*-F11
Powell, William BB
89LouColC*-62
Power, Tyrone
48TopMagP*-F6
Powers, Mike
92NewMex-13
Powless, John
55AshOil-69
Praedel, Lloyd
79St.Bon-10
Praskevicius, Virginius
96Hoo-308
96Sky-231
96SkyRub-230
Prather, Chris
94IHSBoyASD-50
Pratt, Mike
71ColMarO-8
88KenColC-50
88KenColC-150
88KenColC-170
88KenColC-209
Pratt, Robert
90NorCarCC*-135
Praylow, Dwayne
87WicSta-9
88WicSta-9
Praylow, Dwight
87WicSta-10
88WicSta-10
Preacely, Robbyn
92Ill-31

Precht, Ed
94IHSBoyAST-55
Preis, Ellen
76PanSti-55
Prescott, Jeff
92PenSta*-14
Presser, Patrick
94IHSBoyA3S-13
Pressey, Paul
83Sta-48
83StaAll-6
84Sta-136
84StaAre-C9
85BucCarN-13
85Sta-130
85StaTeaS5-MB3
86BucLif-12
86Fle-88
87BucPol-25
87Fle-90
88BucGreB-12
88Fle-75
88FouNBAE-29
89Fle-89
89Hoo-79
89PanSpaS-117
90Fle-107
90FleUpd-U90
90Hoo-180
90Hoo-432
90HooActP-95
90HooTeaNS-23
90Sky-163
90Sky-415
91Fle-186
91Hoo-193
91Hoo100S-88
91HooTeaNS-24
91PanSti-80
91Sky-260
91Sky-455
91UppDec-359
92StaClu-326
92StaCluMO-326
92Top-256
92TopGol-256G
Pressley, Dominic
90ProCBA-66
Pressley, Harold
86KinSmo-7
88KinCarJ-21
89Fle-137
89Hoo-24
89KinCarJ-21
90Fle-166
90Hoo-260
90HooActP-137
90PanSti-37
90Sky-249
91WilCar-80
Preston, Marc
90SouCal*-13
Preston, R.C.
89KenColC*-228
Preston, Steve
90MicStaCC2*-65
Previs, Steve
70NorOarFQ-311
89NorCarCC-108
89NorCarCC-109
90NorCarCC*-109
Price, Adam
94IHSBoyAST-39
Price, Brent
92BulCro-WB5
92Cla-75
92ClaGol-75
92Fle-442
92FouSp-63
92FouSpGol-63
92FroR-52
92Hoo-480
92StaClu-255
92StaCluMO-255
92StaPic-28
92Top-340
92TopGol-340G
92Ult-372
92UppDec-414
92UppDec-482
93FCA-39
93Fle-398
93Hoo-227
93HooFifAG-227

93PanSti-246
93Sky-185
93Top-71
93TopGol-71G
93Ult-359
93UppDec-91
94ColCho-320
94ColChoGS-320
94ColChoSS-320
94Fin-58
94FinRef-58
94Fla-158
94Fle-236
94PanSti-115
94StaClu-5
94StaCluFDI-5
94StaCluMO-5
94StaCluSTNF-5
94Top-387
94TopSpe-387
94UppDec-222
94UppDecE-69
94UppDecSE-90
94UppDecSEG-90
95ColCholE-320
95ColCholJI-320
96Fin-176
96FinRef-176
96Fle-194
96HooStaF-10
96Sky-157
96SkyRub-156
96StaCluWA-WA20
96Ult-193
96UltGolE-G193
96UltPlaE-P193
96UppDec-145
Price, Cebe (Cebert)
55AshOil-47
84MarPlaC-C12
84MarPlaC-H5
Price, George
61UniOil-8
Price, Jason
94IHSBoyAST-37
Price, Jay
93Pur-17
Price, Jim
73LinPor-73
73Top-38
74BucLin-7
74Top-137
75CarDis-25
75Top-107
76Top-32
88LouColC-61
88LouColC-138
89LouColC*-8
89LouColC*-230
89LouColC*-245
Price, Mark
88Fle-25
89Con-11
89Fle-29
89Fle-166
89Hoo-28
89Hoo-160
89HooAllP-3
89PanSpaS-85
89PanSpaS-266
90Fle-36
90Hoo-79
90Hoo-359
90Hoo100S-16
90HooActP-17
90HooActP-43
90HooCol-8
90HooTeaNS-4
90PanSti-103
90Sky-56
91SMaj-71
91Fle-38
91FleTonP-49
91FleWheS-8
91GeoTecCC*-122
91Hoo-40
91Hoo100S-18
91HooTeaNS-15
91KelColG-10
91LitBasBL-29
91Sky-53
91Sky-463
91Sky-601
91UppDec-239

91UppDec-460
92ACCTouC-32
92Fle-43
92Fle-242
92FleAll-9
92FleDra-9
92FleSha-7
92FleTeaL-5
92Hoo-43
92Hoo-301
92Hoo-322
92Hoo100S-19
92PanSti-133
92Sky-44
92SkyNes-34
92SkySchT-ST5
92SkyThuaL-TL6
92SpoIllfKI*-286
92StaClu-12
92StaCluBT-13
92StaCluMO-12
92StaCluMO-BT13
92Top-113
92Top-218
92Top-379
92TopArc-85
92TopArcG-85G
92TopBeaT-5
92TopBeaTG-5
92TopGol-113G
92TopGol-218G
92TopGol-379G
92Ult-38
92UltAll-14
92UltPla-6
92UppDec-38
92UppDec-234
92UppDec-421
92UppDec-431
92UppDec-498
92UppDecA-AD10
92UppDecE-12
92UppDecE-41
92UppDecM-P8
92UppDecM-CL7
92UppDecMH-5
92UppDecS-2
92UppDecS-9
93CavNicB-11
93Fin-107
93Fin-205
93FinMaiA-5
93FinRef-107
93FinRef-205
93Fle-39
93Fle-228
93FleAll-9
93FleNBAS-17
93FleSha-5
93Hoo-41
93Hoo-263
93Hoo-287
93HooFifAG-41
93HooFifAG-263
93HooFifAG-287
93JamSes-42
93JamSesG-6
93PanSti-161
93Sky-52
93Sky-322
93SkyUSAT-9
93StaClu-340
93StaCluBT-2
93StaCluFDI-340
93StaCluMO-340
93StaCluMO-BT2
93StaCluSTNF-340
93Top-118
93Top-203
93Top-294
93TopGol-118G
93TopGol-203G
93TopGol-294G
93Ult-40
93Ult-368
93UltAll-5
93UppDec-173
93UppDec-214
93UppDec-278
93UppDec-451
93UppDecA-AN5
93UppDecE-1
93UppDecE-11
93UppDecE-44

93UppDecE-128
93UppDecFM-28
93UppDecPV-35
93UppDecS-149
93UppDecS-198
93UppDecSDCA-E5
93UppDecSEC-149
93UppDecSEC-198
93UppDecSEG-149
93UppDecSEG-198
93UppDecSUT-21
93UppDecTM-TM5
93UppDecWJ-AN5
94ColCho-25
94ColCho-195
94ColCho-376
94ColChoCtGA-A12
94ColChoCtGAR-A12
94ColChoGS-25
94ColChoGS-170
94ColChoGS-195
94ColChoGS-376
94ColChoSS-25
94ColChoSS-170
94ColChoSS-195
94ColChoSS-376
94Emb-18
94EmbGolI-18
94Emo-17
94EmoX-C-X14
94Fin-205
94Fin-315
94FinRef-205
94FinRef-315
94Fla-30
94Fla-169
94FlaPla-7
94FlaUSA-81
94FlaUSA-82
94FlaUSA-83
94FlaUSA-84
94FlaUSA-85
94FlaUSA-86
94FlaUSA-87
94FlaUSA-88
94Fle-44
94FleAll-11
94FleSha-6
94FleTeaL-2
94Hoo-38
94Hoo-234
94Hoo-434
94HooMagC-5
94HooPowR-PR10
94HooSupC-SC10
94JamSes-37
94PanSti-42
94Sky-33
94Sky-345
94SkySkyF-SF21
94SkyUSA-19
94SkyUSA-20
94SkyUSA-21
94SkyUSA-22
94SkyUSA-23
94SkyUSA-24
94SkyUSADP-DP4
94SkyUSAG-19
94SkyUSAG-20
94SkyUSAG-21
94SkyUSAG-22
94SkyUSAG-23
94SkyUSAG-24
94SkyUSAOTC-7
94SkyUSAPT-4
94SP-51
94SPCha-5
94SPCha-46
94SPChaDC-5
94SPChaDC-46
94SPDie-D51
94StaClu-124
94StaClu-185
94StaCluBT-5
94StaCluDaD-1A
94StaCluFDI-124
94StaCluFDI-185
94StaCluMO-124
94StaCluMO-185
94StaCluMO-BT5
94StaCluMO-DD1A
94StaCluMO-SS1
94StaCluSS-1

94StaCluSTNF-124
94StaCluSTNF-185
94Top-4
94Top-196
94Top-270
94Top-305
94TopOwntG-34
94TopSpe-4
94TopSpe-196
94TopSpe-198
94TopSpe-270
94TopSpe-305
94Ult-37
94UltAll-14
94UppDec-24
94UppDec-170
94UppDec-220
94UppDecE-71
94UppDecFMT-5
94UppDecSEG-13
94UppDecU-55
94UppDecU-56
94UppDecU-57
94UppDecU-58
94UppDecU-59
94UppDecU-60
94UppDecUCT-CT10
94UppDecUFYD-11
94UppDecUGM-55
94UppDecUGM-56
94UppDecUGM-57
94UppDecUGM-58
94UppDecUGM-59
94UppDecUGM-60
95ColCho-125
95ColChoCtG-C11
95ColChoCtGS-C11B
95ColChoCtGS-C11C
95ColChoCtGSG-C11B
95ColChoCtGSG-C11C
95ColChoCtGSGR-C11
95ColCholE-25
95ColCholE-125
95ColCholE-195
95ColCholE-376
95ColCholEGS-170
95ColCholEGS-376
95ColCholJGSI-170
95ColCholJGSI-157
95ColCholJI-25
95ColCholJI-170
95ColCholJI-195
95ColCholJI-157
95ColCholJSS-170
95ColCholSI-25
95ColCholSI-170
95ColCholSI-195
95ColCholSI-157
95ColChoPC-125
95FinDisaS-DS5
95Fla-23
95Fle-31
95FleEur-44
95FleFlaHI-5
95Hoo-30
95JamSes-19
95JamCcsDC-D19
95JamSesP-23
95Met-18
95MetSiIS-18
95PanSti-98
95Sky-22
95StaClu-70
95StaClu-30
95StaCluMO5-22
95StaCluMOI-70
95Top-158
95Top-286
95TopGal-141
95TopGalPPI-141
95TopMysF-M4
95TopMysFR-M4
95TopPowB-286
95Ult-34
95UltGolM-34
95UppDecSE-14
95UppDecSEG-14
96ColCho-245
96ColCholI-29
96ColCholJ-125

96Fin-188
96FinRef-188
96FlaSho-A51
96FlaSho-B51
96FlaSho-C51
96FlaShoLC-51
96FlaShoLC-B51
96FlaShoLC-C51
96Fle-188
96HooStaF-9
96Met-171
96MetPreM-171
96SP-36
96StaClu-111
96Ult-187
96UltGolE-G187
96UltPlaE-P187
96UppDec-220
Price, Mike
73Top-51
Price, Rodney
91SouCarCC*-134
Price, Tim
89ProCBA-65
Prickett, Jared
93Ken-11
Primrose, John
76CanOly-44
76PanSti-289
92CanSumO-168
Prince, Calvin
89LouColC*-158
Prinzi, Vic
90FloStaCC*-159
Prior, Russ
76CanOly-49
76PanSti-221
Pritchard, Kevin
87Kan-15
89Kan-48
90FleUpd-U34
90StaPic-65
95ColCho-193
95ColChoPC-193
95ColChoPCP-193
95Hoo-196
96ColCholI-193
96ColCholJ-193
Pritchett, Scott
91NewMex-15
Proctor, Bill
90FloStaCC*-128
Proctor, Cathy
90KenWomS-15
Proctor, M. John
90HooAnn-42
Pronger, Chris
94ClaC3*-19
Prorok, Brent
94IHSBoyAST-15
Proski, Joe
75Sun-11
84SunPol-NNO
87SunCirK-12
Proud, Nick
93Kan-5
Provence, Andrew
91SouCarCC*-63
Prudhoe, John
55AshOil-33
88LouColC-22
89LouColC*-220
Prudhomme, Remi
90LSUColC*-103
Pruitt, Dillard
90CleColC*-167
Pruitt, Kim
92TexTecW-7
92TexTecWNC-9
Pruitt, Ron
90MicStaCC2*-87
Prunner, Lisa
88MarWom-13
Pry, Paul
89LouColC*-81
89LouColC*-283
Pryor, Jerry
88Cle-14
90CleColC*-172
Pryor, Mike
94IHSBoyA3S-46
Pshak, Tom
94IHSBoyASD-15
Pucillo, Lou

73NorCarSPC-C8
89NorCarSCC-173
89NorCarSCC-196
Puckett, Dana
90CleWom-11
Puckett, Linville
55AshOil-22
89KenColC*-83
Puddy, Glenn
90ProCBA-78
Pudenz, Tracey
91NorDak*-8
Pujats, Andy
92CleSch*-7
Pullard, Anthony
89McNSta*-10
90StaPic-17
92StaClu-321
92TopGol-303G
92UltUSBPS-NNO
Pulliam, Marty
81Lou-10
88LouColC-51
88LouColC-134
Pulliam, Ryan
94IHSBoyAST-68
Pulliams, Chris
94TexAaM-8
Punke, Brad
94IHSBoyAST-345
Punt, Tom
90Neb*-7
Purcell, Jay
92VirTec*-7
Purcell, Paul
94IHSBoyAST-119
Purchase, Nigel
92AusFutN-43
93AusFutN-8
Pursiful, Larry
88KenColC-77
88KenColC-219
89KenColC*-11
Purtzer, Tom
90AriStaCC*-186
Purvis, James
91GeoTecCC*-145
Pusch, Alexander
76PanSti-195
Putman, Don
48Bow-28
Putnam, Bill
91UCLColC-60
Putnam, Ed
91SouCal*-48
Puttemans, Emiel
76PanSti-116
Putzi, Ron
92NewMexS-2
Pyttel, Roger
76PanSti-261
Quam, George
54QuaSpoO*-3
Quarrie, Don
76PanSti-99
Queen, Mel
68ParMea*-12
Queenan, Daren
89ProCBA-7
Quesada, Dario
94TexAaM-7
Quick, Bob
70Top-161
71Top-117
Quigg, Joe
73NorCarPC-6H
89NorCarCC-121
89NorCarCC-122
90NorCarCC*-97
Quiggle, Jack
90MicStaCC2*-102
Quimby, Art
91ConLeg-15
Quinn, Chris
93Eva-11
Quinn, Marcus
90LSUColC*-174
Quinnett, Brian
89KniMarM-8
90HooTeaNS-18B
90Sky-192
91Fle-329

91Hoo-405
91HooTeaNS-18
91Sky-193
Quinones, Matt
94IHSBoyAST-176
Raab, Steve
90ProCBA-92
Rabb, Warren
90LSUColC*-116
Rabune, Ron
91SouCarCC*-28
Rackley, Luther
69Top-13
70Top-61
71Top-88
Rademacher, Erich
76PanSti-49
Radford, Wayne
87IndGrel-7
Radja, Dino
93Fin-93
93Fin-172
93FinMaiA-2
93FinRef-93
93FinRef-172
93Fle-249
93FleFirYP-7
93Hoo-306
93HooFifAG-306
93Sky-198
93Sky-293
93SkySch-40
93StaClu-271
93StaClu-318
93StaCluFDI-271
93StaCluFDI-318
93StaCluMO-271
93StaCluMO-318
93StaCluSTNF-271
93StaCluSTNF-318
93StaCluI-IC8
93Top-282
93TopGol-282G
93Ult-210
93UltAllS-11
93UppDec-150
93UppDecS-43
93UppDecS-195
93UppDecSEC-43
93UppDecSEC-195
93UppDecSEG-43
93UppDecSEG-195
94ColCho-129
94ColChoGS-129
94ColChoSS-129
94Emb-7
94EmbGoII-7
94Emo-6
94Fin-13
94FinRef-13
94Fla-12
94Fle-18
94FleRooS-19
94Hoo-14
94Hoo-432
94HooNSCS-NNO
94HooPowR-PR3
94HooSupC-SC3
94Ima-122
94ImaSI-SI20
94JamSes-15
94JamSesSYS-6
94PanSti-19
94PanSti-F
94Sky-13
94Sky-189
94SkyRagR-RR1
94SkySkyF-SF22
94SP-37
94SPCha-34
94SPChaDC-34
94SPDie-D37
94StaClu-135
94StaClu-202
94StaCluCC-2
94StaCluFDI-135
94StaCluFDI-202
94StaCluMO-135
94StaCluMO-202
94StaCluMO-CC2
94StaCluSTNF-135
94StaCluSTNF-202
94Top-58
94TopSpe-58
94Ult-15

94UltAllT-9
94UppDec-6
94UppDec-79
94UppDecE-49
94UppDecSE-96
94UppDecSEG-96
95ColCho-167
95ColCho-249
95ColCholE-129
95ColCholJI-129
95ColCholSI-129
95ColChoPC-167
95ColChoPC-249
95ColChoPCP-167
95ColChoPCP-249
95Fin-65
95FinDisaS-DS2
95FinRef-65
95FinVet-RV14
95Fla-8
95Fle-11
95Fle-321
95FleEur-18
95Hoo-12
95HooSla-SL4
95JamSes-8
95JamSesDC-D8
95Met-8
95MetStilS-8
95PanSti-8
95ProMag-10
95Sky-8
95SkyE-X-5
95SkyE-XB-5
95SP-11
95SPCha-8
95SPChaCotC-C2
95SPChaCotCD-C2
95StaClu-102
95StaClu-175
95StaCluI-IC8
95StaCluMOI-102B
95StaCluMOI-102R
95StaCluMOI-175
95StaCluMOI-IC8
95StaCluN-N9
95Top-220
95TopForL-FL6
95TopGal-116
95TopGalPPI-116
95Ult-14
95Ult-331
95UltGolM-14
95UppDec-19
95UppDecEC-19
95UppDecECG-19
95UppDecSE-95
95UppDecSEG-95
96BowBes-4
96BowBesAR-4
96BowBesR-4
96BowBesTh-TB15
96BowBesThAR-TB15
96BowBesTR-TB15
96ColCho-8
96ColCho-368
96ColChoCtGS1-C2A
96ColChoCtGS1-C2B
96ColChoCtGS1R-R2
96ColChoCtGSG1-C2A
96ColChoCtGSG1-C2B
96ColCholl-167
96ColCholl-5
96ColCholJ-167
96ColCholJ-249
96ColChoM-M5
96ColChoMG-M5
96ColChoS2-S2
96Fin-18
96Fin-117
96Fin-194
96FinRef-18
96FinRef-194
96FlaSho-A64
96FlaSho-B64
96FlaSho-C64
96FlaShoLC-64
96FlaShoLC-B64
96FlaShoLC-C64
96Fle-7
96Fle-121

96FleAusS-22
96Hoo-11
96HooSil-11
96HooStaF-2
96Met-6
96Sky-8
96SkyRub-8
96SkyZ-F-6
96SkyZ-FZ-6
96SP-7
96StaClu-113
96Top-121
96TopChr-121
96TopChrR-121
96TopNBAa5-121
96TopSupT-ST2
96Ult-8
96UltGolE-G8
96UltPlaE-P8
96UltScoK-2
96UltScoKP-2
96UppDec-8
96UppDec-137
96UppDecGK-9
96UppDecPS1-P2
96UppDecPTVCR1-TV2
97SchUltNP-17
Radliff, Ron
92AusStoN-27
Radocha, Jerry
80TCMCBA-27
Rados, Tug
88Vic-14
Radovich, Frank
86IndGrel-5
Radovich, Tony
89NorCarCC-152
Radunovich, Sasha
87WicSta-11
88WicSta-11
Raga, Manuel
77SpoSer5*-5423
Rahilly, Brian
89ProCBA-144
90ProCBA-61
91ProCBA-152
Rai, Roger
85Vic-13
Raina, Reuben
91ArkColC*-57
Raines, June
91SouCarCC*-22
Rambis, Kurt
82LakBAS-10
83LakBAS-9
83Sta-21
84LakBAS-8
84Sta-180
84StaAre-D6
85JMSGam-26
85LakDenC-6
85Sta-31
86Fle-89
89Fle-16
89Hoo-246
89PanSpaS-19
90Fle-152
90Hoo-241
90HooTeaNS-21
90PanSti-18
90Sky-229
915Maj-19
91Fle-343
91Hoo-169
91Sky-230
91UppDec-391
92StaClu-125
92StaClu-391
92StaCluMO-125
92StaCluMO-391
92TopArc-19
92TopArcG-19G
92Ult-193
93Hoo-355
93HooFifAG-355
93PanSti-52
Ramey, Jon
91WriSta-13
93WriSta-8
94WriSta-3
Ramsay, Jack
77TraBlaP-NNO
79TraBlaP-xx
81TraBlaP-NNO

82TraBlaP-NNO
83TraBlaP-NNO
84TraBlaF-1
84TraBlaP-5
85StaCoa-8
85TraBlaF-1
92ChaHOFI-6
93ActPacHoF-56
93TraBlaF-12
95ActPacHoF-15
Ramsey, Cal
91FooLocSF*-12
Ramsey, Frank
57Top-15
61Fle-35
61Fle-60
88KenColC-3
88KenColC-163
88KenColC-199
88KenColC-212
89KenColC*-44
93ActPacHoF-45
95ActPacHoF-25
Ramsey, Lloyd
89KenColC*-296
Ramsey, Ray
85Bra-S2
Randall, Ed
90HooAnn-43
Randall, Mark
87Kan-16
89Kan-45
91HooTeaNS-4B
91StaPic-7
91UppDec-13
92Fle-336
92StaClu-156
92StaClu-322
92StaCluMO-156
92StaCluMO-322
92Top-28
92TopGol-28G
Randell, Terry
91GeoTecCC*-108
Randle, Lenny
90AriStaCC*-50
90AriStaCCP*-7
Range, Perry
80III-9
81III-11
Rankin, Bill
91UCLColC-139
Rankin, Kevin
94Cla-50
94ClaG-50
94PacP-46
94PacPriG-46
94SRTet-70
94SRTetS-70
95SRKro-47
95SupPix-38
95TedWil-50
Ransdell, Bill
89KenColC*-194
Ransey, Kelvin
81Top-61
81Top-W88
81TraBlaP-14
83Sta-153
84NetGet-8
84Sta-95
86NetLif-10
89ProCBA-77
Ranzino, Sammy
73NorCarSPC-C12
Rapchak, Bill
90MicStaCC2*-120
Raptors, Toronto
94Fle-237
94Hoo-418
94ImpPin-26
94PanSti-1
94PanSti-2
95FleEur-265
95PanSti-132
95Sky-143
96ColCho-392
96TopSupT-ST26
Rashad, Ahmad (Bobby Moore)
90SkyBro-3
92Hoo-487
95UppDec-344
95UppDecEC-344

95UppDecECG-344
Rasmussen, Blair
85NugPol-7
88Fle-36
88NugPol-41
89Fle-42
89Hoo-261
89NugPol-11
90Fle-52
90Hoo-99
90HooActP-57
90HooTeaNS-7
90PanSti-62
90Sky-80
91Fle-52
91Fle-245
91Hoo-55
91Hoo-336
91HooTeaNS-1
91PanSti-54
91Sky-74
91Sky-617
91UppDec-312
91UppDec-498
92Fle-5
92Hoo-6
92Sky-6
92StaClu-109
92StaCluMO-109
92Ult-4
92UppDec-164
92UppDec-402
93Hoo-6
93HooFifAG-6
93StaClu-161
93StaCluFDI-161
93StaCluMO-161
93StaCluSTNF-161
94StaClu-97
94StaCluFDI-97
94StaCluMO-97
94StaCluSTNF-97
Rasmussen, Mark
94IHSBoyASD-34
Rath, C.R.
94IHSBoyAST-52
Rathburn, Jodi
90AriStaCC*-187
Rathje, Mike
93ClaC3*-22
Rathman, Tom
85Neb*-8
Ratleff, Ed
74Top-72
75Top-14
76Top-18
Ratliff, Allan
87Sou*-14
Ratliff, Jimmy
91OhiSta-12
92OhiSta-10
93OhiSta-4
Ratliff, Mike
82Ark-11
89ProCBA-123
Ratliff, Theo
94Wyo-7
95ClaBKR-16
95ClaBKRAu-16
95ClaBKRIF-IF16
95ClaBKRPP-16
95ClaBKRSS-16
95ClaBKV-16
95ClaBKVE-16
95Col-15
95Col-40
95ColCho-305
95ColChoPC-305
95ColChoPCP-305
95Fin-128
95FinVet-RV18
95FivSp-16
95FivSpAu-16
95FivSpD-16
95Fla-214
95Fle-304
95FleClaE-29
95Hoo-261
95HooGraA-AR3
95Met-146
95PacPreGP-12
95PrePas-16
95Sky-226
95SkyRooP-RP17

95SP-153
95SPChaCS-S19
95SPChaCSG-S19
95SPHol-PC11
95SPHolDC-PC11
95SRAut-18
95SRDraDST-ST5
95SRDraDSTS-ST5
95SRFam&F-31
95SRSigPri-31
95SRSigPriS-31
95SRTet-23
95StaClu-318
95StaCluDP-18
95StaCluMOI-DP18
95Top-210
95TopDraR-18
95Ult-283
95UppDec-259
95UppDecEC-259
95UppDecECG-259
96ColCho-48
96ColChoII-33
96ColChoIJ-305
96ColChoM-M13
96ColChoMG-M13
96ColLif-L10
96Fle-33
96Hoo-50
96HooSil-50
96Met-30
96PacPreGP-12
96PacPri-12
96Sky-36
96SkyAut-69
96SkyAutB-69
96SkyRub-36
96SPx-16
96SPxGol-16
96StaClu-85
96StaCluM-85
96Top-78
96TopChr-78
96TopChrR-78
96TopNBAa5-78
96TopSupT-ST8
96Ult-34
96UltGolE-G34
96UltPlaE-P34
96UppDec-37
96UppDec-143
96UppDec-172
96Vis-26
96VisSig-22
96VisSigAuG-22A
96VisSigAuS-22A
Raub, Kevin
94IHSBoyAST-120
Rausch, Emil
76PanSti-25
Rautins, Leo
83Sta-8
84Sta-83
89ProCBA-161
Ray, Clifford
72Top-91
73LinPor-54
73Top-16
74Top-84
74Top-114
75CarDis-26
75Top-122
75Top-185
75Top-189
76Top-109
77Top-64
78Top-131
79Top-72
80Top-18
80Top-155
Ray, Eddie
90LSUColC*-21
Ray, James
82NugPol-43
Ray, John
89KenColC*-167
Ray, Johnny
91ArkColC*-37
Ray, Steve
88WakFor-12
Rayford, Calvin
91Kan-11
92Kan-9
93Kan-6

Rayl, Jimmy
86IndGrel-32
Raymond, Craig
71Top-203
Raymonds, Hank
82Mar-10
Rdovic, Zoran
80WicSta-12
Reader, Cory
92AusFutN-94
Reagan, Ronald
85StaLakC-18
Reason, Terry
82Mar-11
Reasor, Rebekah
90KenWomS-16
Reaves, Mike
87Iow-14
Reboulet, Jeff
85LSU*-10
Recasner, Eldridge
96TopSupT-ST10
96Ult-116
96UltGolE-G154
96UltPlaE-P154
96UppDec-183
Recchi, Mark
93ClaMcDF-16
Reckard, John
89Mon*-9
Redd, Bob
84MarPlaC-S5
Redden, Don
85LSU*-11
Redden, Willie
82TCMLanC-23
Reddington, Mike
94IHSBoyAST-349
Redenbaugh, Steve
86IndGrel-11
Redfield, Ken
90MicStaCC2*-158
90ProCBA-87
91FroR-88
91FroRowP-4
91FroRU-96
91ProCBA-118
Reding, Roger
92TexTecW-9
92TexTecWNC-16
Redmond, Marlon
81TCMCBA-12
Redmond, Mickey
74NabSugD*-22
75NabSugD*-16
Redwine, Stanley
91ArkColC*-42
Redwood, Mike
92Haw-11
Reece, Matthew
92AusStoN-26
93AusFutN-35
94AusFutN-29
94AusFutN-132
Reed, Anthony
93Cla-60
93ClaF-63
93ClaG-60
93FouSp-53
93FouSpC-53
Reed, Cliff
92NewMexS-9
Reed, Erinn
93IowWom-10
Reed, Hub
59Kah-6
60Kah-7
61Kah-6
62Kah-6
Reed, Kareem
94ArkTic-5
Reed, Neil
94Ind-13
Reed, Ron
90NotDam-55
Reed, Seymour
72BraSch-4
85Bra-S5
Reed, Stacey
92KenSch*-5
Reed, Tony
89Mon*-10
Reed, U.S.
81TCMCBA-78

Reed, Willis
68TopTes-7
69Top-60
69TopRul-19
70Top-110
70Top-150
70Top-168
70TopPosI-3
71KedKed*-2
71KedKed*-3
71MatInsR-7
71Top-30
71TopTri-31
72Com-25
72Top-129
73LinPor-95
73NBAPlaA-24
73NBAPlaA8-C
73Top-66
73Top-105
81TCMNBA-6
86HawPizH-2
89Hoo-92
89PanSpaS-24
92CenCou-50
93ActPacHoF-5
96TopFinR-37
96TopFinRR-37
96TopNBAS-37
96TopNBAS-87
96TopNBAS-137
96TopNBASF-37
96TopNBASF-87
96TopNBASF-137
96TopNBASFAR-37
96TopNBASFAR-87
96TopNBASFAR-137
96TopNBASFR-37
96TopNBASFR-87
96TopNBASFR-137
96TopNBASI-I18
96TopNBASR-37
96TopNBASRA-37
Reeder, Carl
93Eva-12
Reel, Jamie
94IHSBoyASD-22
Reen, Alice
92FloSta*-7
Rees, Paul
92AusFutN-23
93AusFutN-75
94AusFutN-64
94AusFutN-162
94AusFutN-33
94AusFutN-33
95AusFutN-95
95AusFutSC-NBL2
96AusFutN-56
96AusFutNFDT-1
Reese, Brian
94Cla-44
94ClaG-44
94FouSp-49
94FouSpAu-49A
94FouSpG-49
94FouSpPP-49
94PacP-47
94PacPriG-47
95SupPix-64
95TedWil-51
Reese, Jason
92AusFutN-32
92AusStoN-25
93AusFutN-73
93AusStoN-75
94AusFutN-61
94AusFutN-122
94AusFutOT-OT4
95AusFutN-19
Reese, Matthew
93AusStoN-66
Reese, Pee Wee (Harold)
87Ken*-13
94SRGolSLeg-L4
Reese, Ronnie
88Ten-34
Reese, Steve
90CleColC*-46
Reese, Willie
88GeoTec-9
Reeve, Dustin
95Mis-10
Reeves, Bryant
91OklSta-18

91OklSta-45
95Col-16
95Col-67
95Col-95
95Col2/1-T7
95ColCho-269
95ColCho-348
95ColChoCtgA-C27
95ColChoCtGA-C27B
95ColChoCtGA-C27C
95ColChoCtGAG-C27
95ColChoCtGAG-C27B
95ColChoCtGAG-C27C
95ColChoCtGAGR-C27
95ColChoCtGASR-C27
95ColChoCtGSGR-XC29
95ColChoDT-D6
95ColChoPC-269
95ColChoPC-348
95ColChoPCP-269
95ColChoPCP-348
95Fin-116
95FinVet-RV6
95Fla-215
95FlaClao'-R6
95Fle-278
95Fle-305
95Fle-347
95FleClaE-30
95FleRooP-4
95FleRooPHP-4
95Hoo-289
95Hoo-356
95HooSla-SL48
95JamSesR-5
95Met-205
95MetRooRC-R5
95MetRooRCSS-R5
95MetTemS-6
95PrePas-6
95ProMag-145
95Sky-247
95SkyE-X-86
95SkyE-X-99
95SkyE-XB-86
95SkyE-XB-99
95SkyHigH-HH19
95SkyLotE-6
95SkyRooP-RP5
95SP-166
95SPCha-112
95SPCha-145
95SPChaCotC-C28
95SPChaCotCD-C28
95SPHolPC38
95SPHolDC-PC38
95SRAut-6
95SRDraDSS-B1
95SRDraDSS-B2
95SRDraDSS-B3
95SRDraDSS-B4
95SRDraDSS-B5
95SRDraDSSS-B1
95SRDraDSSS-B2
95SRDraDSSS-B3
95SRDraDSSS-B4
95SRDraDSSS-B5
95SRFam&F-32
95SRFam&FCP-B4
95SRSigPri-32
95SRSigPriS-32
95SRSigPriT10S-TT6
95SRSigPriT10S-TT6
95SRTet-12
95SRTetAut-9
95StaClu-344
95StaCluDP-6
95StaCluMOI-DP6
95Top-202
95TopDraR-6
95TopGal-44
95TopGalPPI-44
95TopRataR-R7
95TopSudI-S5
95Ult-261
95Ult-284
95UppDec-94
95UppDecECG-94
95UppDecSE-176
95UppDecSEG-176
96BowBes-64
96BowBesAR-64

96BowBesR-64
96ColCho-159
96ColChoCtGS1-C28A
96ColChoCtGS1-C28B
96ColChoCtGS1R-R28
96ColChoCtGS1RG-R28
96ColChoCtGSG1-C28A
96ColChoCtGSG1-C28B
96ColCholI-104
96ColCholI-138
96ColCholJ-269
96ColCholJ-348
96ColChoM-M177
96ColChoMG-M177
96ColChoS1-S28
96ColLif-L11
96Fin-45
96FinRef-45
96FlaSho-A38
96FlaSho-B38
96FlaSho-C38
96FlaShoLC-B38
96FlaShoLC-C38
96Fle-113
96Fle-147
96FleRooR-6
96Hoo-167
96HooRooH-10
96HooStaF-28
96Met-105
96Sky-124
96SkyE-X-77
96SkyE-XC-77
96SkyE-XNA-4
96SkyRub-124
96SkyZ-F-93
96SkyZ-FZ-93
96SP-121
96SPx-49
96SPxGol-49
96StaClu-55
96StaCluM-55
96Top-21
96TopChr-21
96TopChrR-21
96TopNBAa5-21
96Ult-119
96UltGolE-G119
96UltPlaE-P119
96UltRooF-10
96UppDec-130
96UppDec-163
96UppDecGK-11
96UppDecPS1-P20
96UppDecPTVCR1-TV20
Reeves, Dan
91SouCarCC*-76
Reeves, Kenny
88LouColC-73
Reeves, Khalid
90Ari-8
94Cla-51
94ClaBCs-BC11
94ClaFouSpPic-23
94ClaG-51
94ClaROYSw-7
94ClaVitPTP-7
94ColCho-318
94ColCho-385
94ColChoCtGRS-S10
94ColChoCtGRSR-S10
94ColChoGS-318
94ColChoGS-385
94ColChoSS-318
94ColChoSS-385
94Emb-112
94EmbGolI-112
94Emo-50
94Fin-303
94FinRef-303
94Fla-250
94Fle-314
94FleFirYP-7
94FouSp-12
94FouSp-194
94FouSpBCs-BC12
94FouSpG-12
94FouSpG-194
94FouSpP-12
94FouSpPP-194
94FouSpTri-TC3
94Hoo-344
94HooSch-18

94JamSesRS-10
94PacP-48
94PacPriG-48
94Sky-250
94Sky-346
94SkyDraP-DP12
94SkyProS-DP12
94SP-12
94SPDie-D12
94SPHolI-PC11
94SPHolDC-11
94StaClu-250
94StaClu-330
94StaCluBT-14
94StaCluFDI-250
94StaCluFDI-330
94StaCluMO-250
94StaCluMO-330
94StaCluMO-BT14
94StaCluSTNF-250
94StaCluSTNF-330
94Top-291
94TopFra-12
94TopSpe-291
94Ult-280
94UltAll-10
94UppDec-190
94UppDec-227
94UppDecRS-RS12
94UppDecSE-136
94UppDecSEG-136
95AssGol-38
95AssGolPC$2-38
95AssGPP-38
95AssGSS-38
95ColCho-136
95ColCholE-318
95ColCholE-385
95ColCholEGS-385
95ColCholJGSI-166
95ColCholJI-166
95ColCholJI-318
95ColCholSI-99
95ColCholSI-166
95ColChoPC-136
95ColChoPCP-136
95Fin-64
95FinDisaS-DS14
95FinRef-64
95Fla-71
95Fla-158
95Fle-96
95Fle-210
95FleClaE-14
95FleEur-123
95FleRooS-10
95Hoo-86
95Hoo-295
95Ima-11
95JamSes-56
95JamSesDC-D56
95Met-58
95Met-131
95MetSilS-58
95PanSti-16
95ProMag-68
95Sky-66
95Sky-156
95SkyKin-K6
95StaClu-162
95StaClu-190
95StaCluMOI-162
95SupPix-11
95SupPixC-11
95SupPixCG-11
95TedWil-52
95TedWilWU-WU5
95Top-109
95Ult-97
95Ult-207
95UltGolM-97
95UppDec-219
95UppDecEC-219
95UppDecECG-219
95UppDecSE-46
95UppDecSEG-46
96ColCho-288
96ColCholI-84
96ColCholJ-136
96ColChoM-M175
96ColChoMG-M175
96ColChoMG-M176
96HooStaF-17
96Sky-172

96SkyRub-171
96SkyZ-F-117
96Top-79
96TopChr-79
96TopChrR-79
96TopNBAa5-79
96Ult-217
96UltGolE-G217
96UltPlaE-P217
Regan, Richard
57Kah-7
57Top-50
Regelsky, Dolph
55AshOil-70
Reichenbach, Mike
92PenSta*-11
Reid, Billy
81TCMCBA-23
Reid, Don
91Geo-12
92Geo-6
93Geo-14
94Geo-15
95ClaBKR-54
95ClaBKRAu-54
95ClaBKRPP-54
95ClaBKRSS-54
95ClaBKV-53
95ClaBKVE-53
95PacPreGP-30
95SRFam&F-33
95SRSigPri-33
95SRSigPriS-33
96ColCho-51
96PacPreGP-30
96PacPri-30
Reid, Eric
87Van-7
Reid, J.R.
86NorCar-34
87NorCar-34
88NorCar-34
89NorCarCC-80
89NorCarCC-81
89NorCarCC-82
89NorCarCC-98
89SpoIllfKl*-139
90Fle-20
90FleRooS-4
90Hoo-57
90HooActP-37
90HooCol-41
90NorCarCC*-11
90NorCarCC*-63
90PanSti-82
90Sky-32
91Fle-24
91FleTonP-112
91FleWheS-2
91Hoo-24
91Hoo-572
91HooTeaNS-3
91LitBasBL-30
91PanSti-107
91Sky-32
91Sky-554
91SkyCanM-6
91UppDec-262
92Fle-27
92FleTonP-45
92Hoo-26
92PanSti-126
92Sky-27
92SkyNes-35
92SkySchT-ST17
92StaClu-41
92StaClu-355
92StaCluMO-41
92StaCluMO-355
92Top-376
92TopArc-126
92TopArcG-126G
92TopGol-376G
92Ult-23
92Ult-358
92UppDec-308
92UppDec-416
93Fle-195
93Hoo-202
93HooFifAG-202
93HooGolM-44
93JamSes-208
93PanSti-111
93Sky-167

93StaClu-32
93StaCluFDI-32
93StaCluMO-32
93StaCluSTNF-32
93Top-37
93TopBlaG-20
93TopGol-37G
93Ult-173
93UppDec-59
93UppDecS-143
93UppDecSEC-143
93UppDecSEG-143
94ColCho-263
94ColChoGS-263
94ColChoSS-263
94Fin-35
94FinRef-35
94Fla-136
94Fle-207
94Hoo-195
94JamSes-174
94ProMag-117
94Sky-151
94SP-150
94SPDie-D150
94StaClu-52
94StaCluFDI-52
94StaCluMO-52
94StaCluSTDW-SP52
94StaCluSTNF-52
94Top-388
94TopSpe-388
94Ult-173
94UppDec-318
94UppDecSE-80
94UppDecSEG-80
95ColCho-32
95ColCholE-263
95ColCholJI-263
95ColCholSI-44
95ColChoPC-32
95ColChoPCP-32
95Fin-49
95FinRef-49
95Fle-171
95FleEur-211
95Hoo-328
95PanSti-185
95Sky-201
95StaClu-178
95StaCluMOI-178
95Top-147
95Ult-165
95UltGolM-165
95UppDec-25
95UppDecEC-25
95UppDecECG-25
96ColCho-104
96ColCholI-142
96ColCholJ-32
96ColChoM-M57
96ColChoMG-M57
96TopSupT-ST18
Reid, Joe
91OhiSta-13
Reid, Robert
79Top-62
80Top-15
80Top-31
80Top-119
80Top-164
81Top-MW88
83Sta-82
84Sta-247
85Sta-23
86Fle-90
87Fle-91
89Fle-17
89Hoo-88
89PanSpaS-18
90Hoo-58
90HooTeaNS-3
90Sky-33
Reid, Roger
87BYU-7
88BYU-16
Reidy, Pat
92AusFutN-59
92AusStoN-49
93AusFutN-72
93AusFutSG-3
93AusStoN-22
94AusFutN-63
94AusFutN-161

94AusFutN-197
95AusFutN-27
96AusFutN-59
Rein, Torey
94IHSBoyA3S-15
Reinburg, Willie
94IHSBoyA3S-14
Reiss, Tammi
91VirWom-8
Reiter, Tom
92Pur-15
Reitsma, Lisa
95Neb*-19
Rellford, Richard
91Mic*-43
91ProCBA-117
Remington, George
48TopMagP*-H1
Remington, Mrs. George
48TopMagP*-H1
Rencher, Terrence
95ClaBKR-30
95ClaBKRAu-30
95ClaBKRPP-30
95ClaBKRSS-30
95ClaBKV-30
95Col-69
95FivSp-30
95FivSpAu-30
95FivSpD-30
95PacPreGP-20
95SRDraD-19
95SRDraDSig-19
95SRFam&F-34
95SRSigPri-34
95SRSigPriSS-34
95UppDec-247
95UppDecEC-247
95UppDecECG-247
96PacPreGP-20
96PacPri-20
96Vis-36
96VisSig-28
96VisSigAuG-28
96VisSigAuS-28
Rendina, Charlene
76PanSti-137
Renfrow, Sherri
90CalStaW-13
Renn, Bobby
90FloStaCC*-160
Rennick, Jess (Cob)
91OklStaCC*-49
Rensberger, Robert
90NotDam-52
Reppond, Mike
91ArkColC*-68
Requet, Adam
94IHSBoyAST-351
Respert, Shawn
90MicStaCC2-7
95ClaBKR-7
95ClaBKR-94
95ClaBKR-111
95ClaBKRAu-7
95ClaBKRCC-CCR5
95ClaBKNIE IE7
95ClaBKRPP-7
95ClaBKRPP-94
95ClaBKRPP-111
95ClaBKRR-5
95ClaBKRS-S5
95ClaBKRS-RS8
95ClaBKRSS-7
95ClaBKRSS-94
95ClaBKRSS-111
95ClaBKV-7
95ClaBKVE-7
95ClaBKVE-83
95ClaBKVHS-HC6
95Col-17
95Col-59
95Col-98
95Col2/1-T9
95ColCho-258
95ColChoPC-158
95ColChoPCP-258
95ColIgn-I6
95Fin-118
95FinVet-RV8
95FivSp-7

95FivSpD-7
95FivSpFT-FT7
95FivSpRS-7
95FivSpSF-BK5
95FivSpSigFI-FS10
95Fla-216
95FlaClao'-R7
95Fle-306
95FleClaE-31
95FleRooP-5
95FleRooPHP-5
95Hoo-270
95HooGraA-AR5
95JamSesR-6
95Met-166
95MetRooRC-R6
95MetRooRCSS-R6
95PacPreGP-50
95PrePas-8
95PrePasP-3
95Sky-232
95SkyE-X-47
95SkyE-XB-47
95SkyHigH-HH9
95SkyLotE-8
95SkyRooP-RP7
95SP-158
95SPHol-PC19
95SPHolDC-PC19
95SRAut-8
95SRDraDSS-S1
95SRDraDSS-S2
95SRDraDSS-S3
95SRDraDSS-S4
95SRDraDSS-S5
95SRDraDSSS-S1
95SRDraDSSS-S2
95SRDraDSSS-S3
95SRDraDSSS-S4
95SRDraDSSS-S5
95SRFam&F-35
95SRSigPri-35
95SRSigPriS-35
95SRSigPriT10-TT8
95SRSigPriT10S-TT8
95SRTet-11
95SRTetAut-10
95StaClu-332
95StaCluMOl-DP8
95Top-218
95TopDraR-8
95TopGal-45
95TopGalPPI-45
95TopSudl-S7
95Ult-285
95UppDec-131
95UppDecEC-131
95UppDecECG-131
95UppDecSE-134
95UppDecSEG-134
96CleAss-11
96ColCho-85
96ColCholI-57
96ColCholJ-258
96ColChoM-M46
96ColChoMo-M46
96Fiv3p3Ig-7
96Hoo-90
96HooSil-90
96PacCenoA-C6
96PacGolCD-DC9
96PacPreGP-50
96PacPri-50
96Sky-65
96SkyRub-65
96StaClu-52
96StaCluM-52
96Top-73
96TopChr-73
96TopChrR-73
96TopNBAa5-73
96UppDec-71
96UppDec-150
96Vis-15
96VisSig-13
96VisSigAuG-13
96VisSigAuS-13
Respess, Ray
89NorCarCC-179
Restani, Kevin
74BucLin-8
75Top-161
76BucPlaC-C11

76BucPlaC-D4
76BucPlaC-H4
76BucPlaC-S11
79SpuPol-31
80Top-80
80Top-174
Retzias, Efthmis
48TopMagP*-J21
96ScoBoaAB-29
96ScoBoaAB-29A
96ScoBoaAB-29B
96ScoBoaAB-29C
96ScoBoaBasRoo-29
96ScoBoaBasRooD-DC23
96TopDraR-23
Reuther, Joe
89LouColC*-67
Reuther, John
88LouColC-66
89LouColC*-22
Reyes, Andre
89Cal-13
Reynaud, Cecile
92FloSta*-29
Reynolds, Allie
91OklStaCC*-10
Reynolds, Bobby
90MicStaCC2*-134
Reynolds, Brandon
94IHSBoyAST-53
Reynolds, Burt
90FloStaCC*-182
Reynolds, Chris
91IndMagI-12
92Ind-12
93Ind-17
Reynolds, Jerry (Ice)
86BucLif-13
87BucPol-35
89Hoo-339
90FleUpd-U67
90Hoo-219
90HooActP-116
90HooTeaNS-19
90LSUColC*-98
90PanSti-125
90Sky-204
91Fle-146
91Hoo-150
91HooPro-150
91HooTeaNS-19
91Sky-204
91Sky-450
91UppDec-286
92Fle-402
92FleTeaNS-9
92Hoo-162
92PanSti-155
92Sky-171
92StaClu-131
92StaCluMO-131
92Top-90
92TopArc-72
92TopArcG-72G
92TopGol-90G
92Ult-131
02UppDoo 102
92UppDecM-OR6
93StaClu-71
93StaCluFDI-71
93StaCluMO-71
93StaCluSTNF-71
93UppDec-357
Reynolds, Jerry CO
85KinSmo-3
86KinSmo-8
88KinCarJ-NNO
89Hoo-161
89KinCarJ-NNO
89PanSpaS-234
Rezinger, Jim
89NorCarSCC-183
Rhine, Kendall
90Geo-13
92Geo-12
Rhoades, Tom
93WriSta-17
Rhoads, Kellie
90CalStaW-14
Rhodemyre, Jay
89KenColC*-175
Rhodes, Lafester
89ProCBA-40
Rhodes, Rodrick
93Ken-12

Rhodes, Sheri
90AriStaCC*-80
Rhoney, Ashley
86SouLou*-13
87SouLou*-8
Riano, Renie
48TopMagP*-J21
Rice, A.T.
89KenColC*-250
Rice, Barry
90FloStaCC*-106
Rice, Beryl
90FloStaCC*-193
Rice, Dave
89UNLHOF-14
89UNLHOF-8
90UNLSeatR-8
90UNLSmo-12
Rice, George
90LSUColC*-158
Rice, Glen
88Mic-10
89HeaPub-9
89Mic-5
90Fle-101
90FleRooS-3
90HeaPub-10
90Hoo-168
90HooTeaNS-14
90PanSti-151
90Sky-150
915Maj-72
91Fle-111
91Fle-385
91FleTonP-14
91FleWheS-6
91Hoo-113
91Hoo100S-54
91HooTeaNS-14
91LitBasBL-31
91PanSti-151
91Sky-151
91Sky-472
91UppDec-147
92Fle-120
92FleDra-27
92FleSha-5
92FleTeaL-14
92FleTeaNS-7
92FleTonP-46
92Hoo-121
92Hoo100S-51
92PanSti-164
92Sky-128
92Sky-295
92SkyNes-36
92SpollIfKI*-440
92StaClu-180
92StaClu-203
92StaCluBT-8
92StaCluMO-180
92StaCluMO-203
92StaCluMO-BT8
92Top-77
92TopArc-127
92TopArcG-127G
92TopBeaT-7
92TopBeaTG-7
92TopGol-77G
92Ult-101
92UppDec-42
92UppDec-126
92UppDecA-AD3
92UppDecE-69
92UppDecJWS-JW11
92UppDecMH-14
93Fin-15
93FinRef-15
93Fle-109
93FleSha-6
93Hoo-114
93HooFifAG-114
93JamSes-114
93PanSti-207
93Sky-104
93Sky-327
93StaClu-47
93StaCluFDI-47
93StaCluMO-47
93StaCluSTNF-47
93Top-337
93TopBlaG-5
93TopGol-337G

93Ult-101
93UppDec-154
93UppDec-480
93UppDecE-37
93UppDecE-199
93UppDecFM-29
93UppDecPV-10
93UppDecS-148
93UppDecS-212
93UppDecSEC-148
93UppDecSEC-212
93UppDecSEG-148
93UppDecSEG-212
93UppDecTM-TM14
93UppDecWJ-154
94ColCho-41
94ColChoCtGS-S10
94ColChoCtGSR-S10
94ColChoGS-41
94ColChoSS-41
94Emb-50
94EmbGolI-50
94Emo-51
94Fin-102
94Fin-147
94Fin-256
94FinRef-102
94FinRef-147
94FinRef-256
94Fla-251
94Fle-118
94FleSha-7
94FleTeaL-5
94Hoo-111
94HooMagC-14
94HooPowR-PR27
94JamSes-100
94PanSti-65
94ProMag-67
94Sky-86
94SkySlaU-SU20
94SP-96
94SPCha-14
94SPCha-82
94SPChaDC-14
94SPChaDC-82
94SPDie-D96
94StaClu-80
94StaClu-111
94StaCluFDI-80
94StaCluFDI-111
94StaCluMO-80
94StaCluMO-111
94StaCluST-14
94StaCluSTNF-80
94StaCluSTNF-111
94Top-56
94Top-57
94Top-207
94TopFra-11
94TopSpe-56
94TopSpe-57
94TopSpe-207
94Ult-97
94UppDec-333
94UppDecE-25
94UppDecSF-47
94UppDecSEG-47
95ColCho-179
95ColCho-334
95ColChoCtGA-C14
95ColChoCtGA-C14B
95ColChoCtGA-C14C
95ColChoCtGAG-C14
95ColChoCtGAG-C14B
95ColChoCtGAG-C14C
95ColChoCtGAGR-C14
95ColChoCtGASR-C14
95ColChoCtGS-C13
95ColChoCtGS-C13B
95ColChoCtGS-C13C
95ColChoCtGSG-C13
95ColChoCtGSG-C13B
95ColChoCtGSG-C13C
95ColChoCtGSGR-C13
95ColChoDT-T7
95ColChoDTPC-T7
95ColChoDTPCP-T7
95ColChoIE-41
95ColChoIJI-41
95ColChoISI-41
95ColChoPC-179
95ColChoPC-334

95ColChoPCP-179
95ColChoPCP-334
95Fin-189
95FinDisaS-DS14
95FinMys-M18
95FinMys-M32
95FinMysB-M18
95FinMysB-M32
95FinMysBR-M18
95FinMysBR-M32
95FinRef-189
95Fla-72
95Fla-159
95FlaPerP-10
95Fle-97
95Fle-211
95FleEur-124
95FleFlaHL-14
95Hoo-87
95Hoo-214
95Hoo-224
95Hoo-246
95Hoo-296
95HooMagC-14
95HooNatP-5
95HooNumC-20
95JamSes-57
95JamSesDC-D57
95JamSesP-24
95Met-59
95Met-132
95MetSilS-59
95PanSti-17
95ProMag-67
95ProMagDC-16
95Sky-67
95Sky-145
95Sky-157
95SkyE-X-9
95SkyE-XB-9
95SkyE-XU-2
95SP-17
95SPAll-AS12
95SPAllG-AS12
95SPCha-12
95SPChaCotC-C3
95SPChaCotCD-C3
95StaClu-17
95StaClu-232
95StaClu-357
95StaCluMO5-10
95StaCluMOI-17
95Top-80
95TopGal-59
95TopGalE-EX13
95TopGalPPI-59
95TopShoS-SS9
95Ult-98
95Ult-208
95Ult-332
95UltFabF-7
95UltFabFGM-7
95UltGoIM-98
95UppDec-72
95UppDec-311
95UppDecEC-72
95UppDecEC-311
95UppDecECG-72
95UppDecECG-311
95UppDecSE-99
95UppDecSEG-99
96BowBes-2
96BowBesAR-2
96BowBesHR-HR6
96BowBesHRAR-HR6
96BowBesHRR-HR6
96BowBesR-2
96ClaLegotFF-18
96ColCho-13
96ColCho-168
96ColCho-369
96ColChoCtGS1-C3A
96ColChoCtGS1-C3B
96ColChoCtGS1R-R3
96ColChoCtGS1RG-R3
96ColChoCtGSG1-C3A
96ColChoCtGSG1-C3B
96ColCholl-179
96ColCholl-124
96ColCholJ-179
96ColCholJ-334
96ColChoM-M99
96ColChoMG-M99
96ColChoS2-S3

96Fin-56
96Fin-103
96Fin-238
96FinRef-56
96FinRef-103
96FinRef-238
96FlaSho-A44
96FlaSho-B44
96FlaSho-C44
96FlaShoLC-44
96FlaShoLC-B44
96FlaShoLC-C44
96Fle-12
96FleAusS-12
96Hoo-18
96HooHeatH-HH1
96HooSil-18
96HooStaF-3
96Met-10
96Met-130
96Sky-14
96Sky-253
96SkyAut-70
96SkyAutB-70
96SkyE-X-8
96SkyE-XC-8
96SkyRub-14
96SkyRub-253
96SkyZ-F-10
96SkyZ-FZ-10
96SkyZ-FZ-16
96SP-12
96StaClu-51
96StaCluF-F4
96StaCluM-51
96StaCluTC-TC8
96TopSupT-ST3
96Ult-14
96UltGoIE-G14
96UltPlaE-P14
96UltScoK-3
96UltScoKP-3
96UppDec-14
96UppDec-138
96UppDec-333
96UppDecPS2-P1
96UppDecPTVCR2-TV1
96UppDecU-55
97SchUltNP-18
Rice, Greg
48TopMagP*-E5
Rice, Homer
73NorCarPC-1H
Rice, Jerry
93ClaMcDF-10
93CosBroPC*-16
Rice, King
87NorCar-21
88NorCar-21
88NorCar-NNO
90NorCarS-3
91WilCar-43
Rice, Mike
90HooAnn-44
Rice, Russell
88KenColC-53
Rich, Ryan
94IHSBoyAST-194
Rich, Steve
93Mia-14
94Mia-13
Richard, Maurice
78SpoCha-7
Richards, Bob
57UniOilB*-7
Richards, Geoff
94NorCarS-12
Richards, Vic
93FaxPaxWoS*-14
Richards, Vincent
33SpoKinR*-23
Richardson, Albert
88LSUAll*-14
90LSUColC*-117
Richardson, Bobby
91SouCarCC*-133
Richardson, Clint
83Sta-9
83StaSixC-5
84Sta-208
84StaAre-E8
85JMSGam-6
85StaTeaS5-PS9
Richardson, Dave

82TCMCBA-88
Richardson, Mark
94IHSBoyA3S-28
Richardson, Micheal Ray
80Top-20
80Top-33
80Top-59
80Top-100
80Top-106
80Top-147
81Top-27
81Top-58
81Top-E109
83Sta-154
84NetGet-9
84Sta-96
85Sta-65
86NetLif-11
Richardson, Mike AZSt.
90AriStaCC*-42
Richardson, Mike WV
78WesVirS-11
Richardson, Nolan
89Ark-1
89Ark-19
89Ark-24
89UTE-21
91ArkColC-1
92Ark-1
93Ark-8
93Ark-15
94ArkTic-1
94ArkTic-9
96ClaLegotFF-MC3
Richardson, Nolan III
91ArkColC-22
Richardson, Pooh (Jerome)
89TimBurK-24
90Fle-116
90FleRooS-6
90Hoo-190
90Hoo-370
90HooActP-102
90HooTeaNS-16
90PanSti-78
90Sky-173
90SkyPro-173
915Maj-73
91Fle-125
91FleTonP-36
91FleWheS-5
91Hoo-129
91Hoo-480
91HooMcD-24
91HooTeaNS-16
91PanSti-63
91Sky-173
91Sky-474
91Sky-501
91SkyPro-173
91UCLColC-24
91UppDec-97
91UppDec-246
91UppDecS-12
92Fle-136
92Fle-352
92FleTeaNS-5
92Hoo-140
92Hoo-398
92Hoo100S-59
92PanSti-81
92Sky-147
92Sky-348
92StaClu-318
92StaCluMO-318
92Top-280
92TopArc-128
92TopArcG-128G
92TopGol-280G
92Ult-276
92UppDec-134
92UppDec-328
92UppDec-360
92UppDecTM-TM17
93Fin-33
93FinRef-33
93Fle-87
93Hoo-89
93HooFifAG-89
93JamSes-91
93JamSesTNS-3

93PanSti-180
93Sky-86
93StaClu-106
93StaClu-142
93StaCluFDI-106
93StaCluFDI-142
93StaCluMO-106
93StaCluMO-142
93StaCluSTNF-106
93StaCluSTNF-142
93Top-110
93TopGol-110G
93Ult-83
93UppDec-260
93UppDecE-175
93UppDecPV-46
93UppDecS-64
93UppDecSEC-64
93UppDecSEG-64
94ColCho-215
94ColChoGS-215
94ColChoSS-215
94Fin-312
94FinRef-312
94Fla-238
94Fle-93
94Fle-303
94Hoo-336
94HooPowR-PR23
94JamSes-85
94PanSti-153
94ProMag-53
94Sky-69
94Sky-241
94SP-89
94SPCha-74
94SPChaDC-74
94SPDie-D89
94StaClu-107
94StaCluFDI-107
94StaCluFDI-317
94StaCluMO-107
94StaCluMO-317
94StaCluSTNF-107
94StaCluSTNF-317
94Top-352
94TopSpe-352
94Ult-267
94UppDec-252
94UppDecE-164
94UppDecSE-130
94UppDecSEG-130
95ColCho-177
95ColCho-301
95ColCholE-425
95ColCholJI-425
95ColCholSI-206
95ColChoPC-177
95ColChoPC-301
95ColChoPCP-177
95ColChoPCP-301
95Fin-63
95FinDisaS-DS12
95FinRef-63
95Fla-61
95Fle-83
95FleEur-106
95Hoo-74
95JamSes-48
95JamSesDC-D48
95Met-48
95MetSilS-48
95PanSti-221
95ProMag-60
95ReaActP*-4
95Sky-55
95StaClu-182
95Top-126
95TopGal-107
95TopGalPPI-107
95Ult-81
95UltGoIM-81
95UppDec-99
95UppDecEC-99
95UppDecECG-99
96ColCho-73
96ColCholl-177
96ColCholl-49
96ColCholJ-177
96ColCholJ-301
96Fle-200
96Hoo-72
96HooSil-72

96HooStaF-12
96SP-47
96StaClu-22
96StaCluM-22
96Top-104
96TopChr-104
96TopChrR-104
96TopNBAa5-104
96Ult-198
96UltGoIE-G198
96UltPlaE-P198
96UppDec-234
Richardson, Quinn
80Ill-10
81Ill-12
Richey, Patrick
91Kan-12
92Kan-10
93Kan-7
Richie, Lou
90UCL-15
Richins, Lori
85Neb*-35
Richmond, Cory
94IHSBoyAST-82
Richmond, Mike
89ProCBA-170
Richmond, Mitch
89Fle-56
89Hoo-260
89PanSpaS-185
90Fle-67
90Hoo-118
90Hoo100S-31
90HooActP-63
90HooCol-9
90HooTeaNS-9
90PanSti-30
90Sky-100
91Fle-71
91Fle-350
91FleTonP-55
91Hoo-73
91Hoo-429
91Hoo-573
91Hoo100S-34
91HooMcD-37
91HooTeaNS-23
91PanSti-4
91Sky-98
91Sky-303
91Sky-555
91Sky-644
91SkyPro-97
91UppDec-265
91UppDec-490
91UppDecS-12
92Fle-196
92FleDra-45
92FleSha-14
92FleTeaL-23
92FleTonP-47
92Hoo-200
92Hoo100S-82
92PanSti-51
92Sky-214
92SpollIfKl*-31
92StaClu-253
92StaCluMO-253
92Top-25
92TopArc-109
92TopArcG-109G
92TopGol-25G
92Ult-158
92UppDec-45
92UppDec-162
92UppDec-504
92UppDecE-89
92UppDecMH-23
92UppDecTM-TM24
93Fin-126
93Fin-179
93FinMaiA-23
93FinRef-126
93FinRef-179
93Fle-183
93FleNBAS-18
93FleSha-7
93Hoo-190
93HooFifAG-190
93JamSes-196
93PanSti-54
93Sky-157
93Sky-314

93Sky-335
93StaClu-54
93StaCluFDI-54
93StaCluMO-54
93StaCluSTNF-54
93Top-280
93TopGol-280G
93Ult-162
93UppDec-64
93UppDec-461
93UppDecE-234
93UppDecFM-30
93UppDecPV-27
93UppDecS-86
93UppDecSDCA-W12
93UppDecSEC-86
93UppDecSEG-86
93UppDecTM-TM23
93UppDecWJ-64
94ColCho-102
94ColCho-188
94ColChoCtGS-S11
94ColChoCtGSR-S11
94ColChoGS-102
94ColChoGS-188
94ColChoSS-102
94ColChoSS-188
94Emb-84
94EmbGoll-84
94Emo-87
94EmoX-C-X15
94Fin-22
94FinLotP-LP7
94FinRef-22
94Fla-128
94FlaPla-8
94FlaScoP-7
94Fle-195
94FleAll-22
94FleSha-8
94FleTeaL-8
94Hoo-186
94Hoo-246
94HooMagC-23
94HooPowR-PR45
94HooSupC-SC41
94JamSes-164
94JamSesFS-5
94PanSti-191
94ProMag-111
94Sky-143
94SkySkyF-SF23
94SP-141
94SPCha-23
94SPCha-117
94SPChaDC-23
94SPChaDC-117
94SPDie-D141
94SPHol-PC21
94SPHolDC-21
94StaClu-178
94StaClu-207
94StaClu-278
94StaCluCC-23
94StaCluDaD-4A
94StaCluFDI-178
94StaCluFDI-278
94StaCluFDI 278
94StaCluMO-178
94StaCluMO-207
94StaCluMO-278
94StaCluMO-DD4A
94StaCluSTNF-178
94StaCluSTNF-207
94StaCluSTNF-278
94Top-116
94Top-183
94Top-302
94Top-S396
94TopOwntG-35
94TopSpe-116
94TopSpe-183
94TopSpe-302
94TopSpe-396
94Ult-166
94UltAll-9
94UltIns-9
94UltScoK-7
94UppDec-19
94UppDec-313
94UppDecE-90
94UppDecFMT-23
94UppDecPLL-R8

94UppDecPLLR-R8
94UppDecSE-75
94UppDecSEG-75
95ColCho-188
95ColCho-263
95ColChoCtG-C14
95ColChoCtGS-C14
95ColChoCtGS-C14B
95ColChoCtGS-C14C
95ColChoCtGSG-C14
95ColChoCtGSG-C14B
95ColChoCtGSG-C14C
95ColChoCtGSGR-C14
95ColCholE-102
95ColCholE-188
95ColCholEGS-188
95ColCholJGSI-188
95ColCholJI-102
95ColCholJI-188
95ColCholJSS-188
95ColCholSI-102
95ColCholSI-188
95ColChoPC-188
95ColChoPC-263
95ColChoPCP-188
95ColChoPCP-263
95Fin-60
95FinDisaS-DS23
95FinMys-M17
95FinMysB-M17
95FinMysBR-M17
95FinRef-60
95FinVet-RV13
95Fla-119
95Fla-242
95FlaPerP-11
95FlaPlaM-7
95Fle-162
95Fle-342
95FleAll-13
95FleEur-200
95FleFaHL-23
95FleTotO-7
95FleTotOHP-7
95Hoo-141
95Hoo-225
95HooMagC-23
95HooNumC-11
95HooSla-SL40
95JamSes-93
95JamSesDC-D93
95Met-95
95MetMaxM-9
95MetSilS-95
95MetStiS-7
95PanStl-257
95ProMag-114
95ProMagDC-17
95Sky-105
95Sky-296
95SkyE-X-72
95SkyE-XB-72
95SP-116
95SPAII-AS22
95SPAllG-AS22
95SPCha-92
95SPCha-140
95SPChaCotCD-C23
95SPHol-PC31
95SPHolDC-PC31
95StaClu-280
95StaCluBT-BT3
95StaCluM05-37
95StaCluMOI-BT3
95Top-65
95TopGal-4
95TopPanFg-13
95Ult-158
95Ult-333
95UltAll-10
95UltAllGM-10
95UltGolM-158
95UppDec-149
95UppDec-175
95UppDecAC-AS19
95UppDecEC-31
95UppDecEC-149
95UppDecEC-175
95UppDecECG-31
95UppDecECG-149
95UppDecECG-175
95UppDecSE-159

95UppDecSEG-159
96BowBes-21
96BowBesAR-21
96BowBesR-21
96ColCho-188
96ColCho-322
96ColChoCtGS1-C23A
96ColChoCtGS1-C23B
96ColChoCtGS1-R-R23
96ColChoCtGS1RG-R23
96ColChoCtGSG1-C23A
96ColChoCtGSG1-C23B
96ColCholI-188
96ColCholI-87
96ColCholJ-188
96ColCholJ-263
96ColChoM-M161
96ColChoMG-M161
96ColChoS1-S23
96Fin-91
96Fin-139
96Fin-264
96FinRef-91
96FinRef-139
96FinRef-264
96FlaSho-A2
96FlaSho-B2
96FlaSho-C2
96FlaShoLC-2
96FlaShoLC-B2
96FlaShoLC-C2
96Fle-96
96Fle-142
96Fle-290
96FleAusS-9
96FleS-30
96FleSwiS-12
96FleUSAWE-M2
96FleUSAWE-M4
96FleUSAWE-M6
96FleUSAWE-M8
96FleUSAWE-M10
96FleUSAWE-M12
96Hoo-137
96Hoo-198
96Hoo-342
96HooHIP-H17
96HooHotL-17
96HooStaF-23
96Met-87
96Met-131
96Met-244
96MetCyb-CM15
96MetPreM-244
96Sky-100
96SkyE-X-63
96SkyE-XC-63
96SkyRub-100
96SkySta-SO8
96SkyUSA-9
96SkyUSAWE-62
96SkyUSAWE-64
96SkyUSAWE-66
96SkyUSAWE-68
96SkyUSAWE-70
96SkyUSAWE-71
96SkyUSAWE-B12
96SkyUSAWE-G12
96SkyUSAWE-Q17
96SkyUSAWE-S12
96SkyZ-7-77
96SkyZ-F-189
96SkyZ-FV-V10
96SkyZ-FZ-77
96SP-98
96SPPreCH-PC33
96SPSPxFor-F1
96SPx-42
96SPxGol-42
96StaClu-63
96StaCluGPPI-4
96StaCluM-63
96StaCluTC-TC11
96Top-23
96TopChr-23
96TopChrR-23
96TopHobM-HM17
96TopHolC-HC12
96TopHolCR-HC12
96TopMysF-M16
96TopMysFB-M16
96TopMysFBR-M16
96TopMysFBR-M16
96TopNBAa5-23

96TopSupT-ST23
96Ult-96
96Ult-284
96UltCouM-15
96UltGolE-G96
96UltGolE-G284
96UltPlaE-P96
96UltPlaE-P284
96UltScoK-23
96UltScoKP-23
96UppDec-158
96UppDec-290
96UppDec-353
96UppDecFBC-FB15
96UppDecGK-17
96UppDecPS1-P15
96UppDecPTVCR1-TV15
96UppDecRotYC-RC9
96UppDecU-45
96UppDecU-46
96UppDecU-47
96UppDecU-48
96UppDecU-60
96UppDecU-38
96UppDecUES-45
96UppDecUES-46
96UppDecUES-47
96UppDecUES-48
96UppDecUES-60
96UppDecUFYD-F12
96UppDecUFYDES-FD6
96UppDecUSCS-S12
96UppDecUSCSG-S12
97SchUltNP-19
Richmond, Pam
90AriStaCC*-87
Richmond, Steve
91Mic*-44
Richter, John
73NorCarSPC-C7
89NorCarSCC-62
89NorCarSCC-178
Richter, Les
57UniOilB*-2
Richter, Ulrike
76PanSti-255
Rickenbacker, Eddie
48TopMagP*-L4
54QuaSpoO*-14
Ricketts, Emily
85Neb*-24
Ricketts, Richard (Dick)
57Kah-8
57Top-8
Riddick, Andre
91KenBigB2-15
93Ken-13
95ClaBKR-52
95ClaBKRAu-52
95ClaBKRPP-52
95ClaBKRSS-52
Riddick, Loren
91EasTenS-4
Riddle, Jerry
55AshOil-56
Riddlesprigger, Pat
89FreSta-12
90FreSta-12
Rider, Isaiah
92UNL-11
93Cla-4
93ClaAcDS-AD3
93ClaChDS-DS38
93ClaF-7
93ClaFLPs-LP4
93ClaFT-4
93ClaFutP-1
93ClaG-4
93ClaLPs-LP4
93ClaSB-SB4
93Fin-79
93FinMaiA-16
93FinRef-79
93Fle-329
93FleFirYP-8
93FleLotE-5
93FouSpA-4
93FouSpAc-4
93FouSpAu-4A
93FouSpCDSt-DS44
93FouSpG-4
93FouSpLPs-LP5
93FouSpPPBon-PP4
93Hoo-367

93HooDraR-LP5
93HooFifAG-367
93HooMagA-5
93Sky-251
93Sky-307
93SkyDraP-DP5
93SkySch-41
93SkyThuaL-TL3
93StaClu-234
93StaClu-270
93StaCluBT-24
93StaCluFDI-234
93StaCluFDI-270
93StaCluMO-234
93StaCluMO-270
93StaCluMO-BT24
93StaCluSTNF-234
93StaCluSTNF-270
93Top-322
93TopBlaG-14
93TopGol-322G
93Ult-292
93UltAllS-12
93UppDec-361
93UppDec-488
93UppDecH-H32
93UppDecPV-86
93UppDecRE-RE5
93UppDecREG-RE5
93UppDecRS-RS3
93UppDecS-170
93UppDecS-191
93UppDecS-197
93UppDecS-214
93UppDecSDCA-W9
93UppDecSEC-170
93UppDecSEC-191
93UppDecSEC-197
93UppDecSEC-214
93UppDecSEG-170
93UppDecSEG-191
93UppDecSEG-197
93UppDecSEG-214
93UppDecWJ-361
94Ass-54
94Ass-79
94AssDieC-DC20
94AssPhoCOM-44
94Cla-15
94ClaAssSS*-28
94ClaC3*-4
94ClaG-15
94ColCho-134
94ColCho-181
94ColChoGS-134
94ColChoGS-181
94ColChoSS-134
94ColChoSS-181
94Emb-56
94EmbGoll-56
94Emo-59
94EmoX-C-X16
94Fin-141
94FinRef-141
94Fla-90
94FlaHotN-11
94Fle-135
94FleAll-5
94FleHooS-20
94FleTeaL-6
94Hoo-126
94Hoo-425
94HooBigN-BN10
94HooBigNR-10
94HooMagC-16
94HooPowR-PR32
94HooShe-9
94HooSupC-SC27
94Ima-50
94Ima-145
94ImaChr-CC6
94JamSes-112
94JamSesFS-6
94JamSesSYS-7
94PacP-49
94PacPriG-49
94PanSti-169
94PanSti-E
94Sky-100
94Sky-194
94SkyProS-SU21
94SkyRagR-RR16
94SkyRagRP-RR16
94SkySlaU-SU21
94SP-106

94SPCha-16
94SPCha-90
94SPChaDC-16
94SPChaDC-90
94SPChaFPH-F7
94SPChaFPHDC-F7
94SPDie-D106
94StaClu-56
94StaClu-57
94StaCluDaD-8B
94StaCluFDI-56
94StaCluFDI-57
94StaCluMO-56
94StaCluMO-57
94StaCluMO-DD8B
94StaCluMO-RS8
94StaCluRS-8
94StaCluSTNF-56
94StaCluSTNF-57
94Top-15
94Top-115
94TopSpe-15
94TopSpe-115
94TopSupS-6
94Ult-110
94UltAllT-4
94UppDec-5
94UppDec-237
94UppDecE-119
94UppDecS-1
94UppDecS-2
94UppDecSDS-S15
94UppDecSE-53
94UppDecSEG-53
95ColCho-101
95ColCho-181
95ColCho-381
95ColChoCtG-C12
95ColChoCtGS-C12
95ColChoCtGS-C12B
95ColChoCtGS-C12C
95ColChoCtGSG-C12
95ColChoCtGSG-C12B
95ColChoCtGSG-C12C
95ColChoCtGSGR-C12
95ColCholE-134
95ColCholE-181
95ColCholEGS-181
95ColCholJGSI-181
95ColCholJI-134
95ColCholJI-181
95ColCholJSS-181
95ColCholSI-134
95ColCholSI-181
95ColChoPC-101
95ColChoPC-181
95ColChoPC-381
95ColChoPCP-101
95ColChoPCP-181
95ColChoPCP-381
95Fin-45
95FinHotS-HS14
95FinRef-45
95Fla-80
95Fle-109
95FleEur-139
95Hoo-98
95Hoo-364
95HooNumC-21
95JamSes-65
95JamSesDC-D65
95Met-67
95MetSilS-67
95PanSti-175
95ProMag-76
95ProMagDC-18
95Sky-75
95SkyAto-A8
95SkyE-X-51
95SkyE-XB-51
95SP-82
95SPCha-65
95StaClu-84
95StaCluMOI-84
95StaCluRM-RM5
95Top-127
95TopGal-83
95TopGalPPI-83
95TopMysF-M21
95TopMysFR-M21
95TopTopF-TF2
95Ult-108
95UltGolM-108
95UppDec-68

95UppDecEC-68
95UppDecECG-68
95UppDecSE-138
95UppDecSEG-138
96ColCho-181
96ColCho-316
96ColCholI-94
96ColCholI-181
96ColCholI-171
96ColCholJ-101
96ColCholJ-181
96ColCholJ-381
96ColChoM-M36
96ColChoMG-M36
96Fin-222
96FinRef-222
96Fle-66
96Fle-135
96Fle-243
96FleGamB-9
96Hoo-96
96Hoo-235
96HooHotL-18
96HooSil-96
96HooStaF-22
96Met-120
96Met-207
96MetPreM-207
96Sky-182
96Sky-275
96SkyInt-16
96SkyRub-182
96SkyRub-275
96SkyZ-F-54
96SkyZ-F-129
96SkyZ-FZ-54
96SkyZ-FZ-17
96SP-91
96StaClu-122
96StaCluHR-HR10
96StaCluWA-WA5
96Top-102
96Top-154
96TopChr-102
96TopChr-154
96TopChrR-102
96TopChrR-154
96TopNBAa5-102
96TopNBAa5-154
96TraBla-6
96Ult-237
96UltGolE-G237
96UltPlaE-P237
96UppDec-157
96UppDec-285
96UppDecU-53
Rider, Jennifer
94WyoWom-7
Rider, Nichole
94WyoWom-8
Ridgely, Bill
85Bra-S7
Ridgeway, Dick
91UCLColC-67
Ridgeway, Sam
89KenColC*-227
Riebe, Mel
48Bow-8
Riedl, Marty
94CasHS-118
Riendeau, Donny
91NorDak*-16
Rigby, Cathy
76NabSugD2*-23
Riggins, Brian
92TenTec-14
Riggs, Bobby
48ExhSpoC-42
Riggs, Gerald
90AriStaCC*-2
Riggs, Jim
90CleColC*-30
Rigney, Bill
57UniOilB*-20
Riker, Tom
91SouCarCC*-78
Riley, Eric
88Mic-11
89Mic-16
92Mic-4
93Cla-61
93ClaF-65
93ClaG-61
93Fle-296

93FouSp-54
93FouSpG-54
93Hoo-344
93HooFifAG-344
93Sky-231
93Top-310
93TopGol-310G
93Ult-257
93UppDec-414
94ColCho-105
94ColChoGS-105
94ColChoSS-105
94Fle-293
94UppDec-269
95ColCholE-105
95ColCholJI-105
95ColCholSI-105
Riley, J. McIver
91SouCarCC*-66
Riley, Jackie
54QuaSpoO*-16
Riley, Mike
89ProCBA-178
91GeoColC-36
91GeoColC-99
Riley, Pat
68RocJacitB-10
70Top-13
72Top-144
73LinPor-74
73Top-21
74Top-31
75Sun-12
75Top-71
84StaCelC-15
85StaCoa-9
85StaLakC-12
85StaLitA-13
88KenColC-17
88KenColC-145
88KenColC-157
88KenColC-198
89Hoo-108
89KenColC*-38
89KenColC*-45
89PanSpaS-240
89PanSpaS-272
90Hoo-317
90HooAnn-45
90SkyBro-4
91Fle-139
91Hoo-238
91Sky-395
91Sky-576
91UppDecS-7
92Fle-155
92Hoo-256
92Sky-272
93Hoo-247
93HooFifAG-247
93KniAla-4
94Hoo-289
95Hoo-186
95Hoo-335
96Hoo-262
Riley, Ron
73Top-141
75Top-87
96ColEdgRR-38
96ColEdgRRD-38
96ColEdgRRG-38
96PacPow-41
96ScoBoaBasRoo-49
Rillie, John
96AusFutN-12
96AusFutN-91
96AusFutNFF-FFB3
Rimac, Davor
91ArkColC-14
92Ark-9
93Ark-9
94ArkTic-10
Rinaldi, Rich
73NBAPlaA-25
73Top-149
Rinehart, Bob
91SouCarCC*-82
Ringmar, Henrik
90OreSta-13
Riordan, Mike
70Top-26
71Top-126
72Top-37
73BulSta-8

73NBAPlaA-26
73Top-35
74Top-102
75Top-95
76Top-56
77SpoSer8*-8409
91Pro-13
Risen, Arnie
48Bow-58
50BreforH-23
57Top-90
Risher, Alan
90LSUColC*-85
Riska, Eddie
90NotDam-44
Risley, Steve
86IndGreI-40
Rison, Andre
90MicStaCC2*-12
90MicStaCC2*-77
90MicStaCC2*-96
90MicStaCCP*-5
Ritchie, Meg
90AriColC*-124
Ritola, Ville
76PanSti-43
Ritter, Chris
90NorCarS-15
Ritter, Clayton
91JamMad-11
92JamMad-10
93JamMad-8
94Cla-84
94ClaG-84
95TedWil-53
Ritter, John
86IndGreI-20
Riva, Adam
94IHSBoyA3S-35
Riva, Antonello
88Sup-37
92UppDecE-114
Rivas, Ramon
91WilCar-57
River Queens, St. Louis
95WomBasA-L3
Rivera, Eddie
92UTE-8
93FouSp-85
93FouSpG-85
Rivers, David
89Fle-94
89Hoo-203
89Hoo-346
90Hoo-150
90NotDam-36
Rivers, Doc (Glenn)
82Mar-12
83Sta-271
84Sta-84
85Sta-47
86Fle-91
86HawPizH-12
87Fle-92
87HawPizH-11
88Fle-3
89Fle-5
89Hoo-252
89PanSpaS-65
90FleUpd-U3
90Hoo-32
90Hoo100S-1
90HooActP-25
90HooCol-10
90HooTeaNS-1
90PanSti-116
90Sky-7
91Fle-298
91Hoo-4
91Hoo-380
91Hoo100S-2
91HooTeaNS-12
91LitBasBL-32
91PanSti-104
91Sky-7
91Sky-631
91UppDec-46
91UppDec-420
92Fle-103
92Fle-283
92Fle-396
92FleTonP-100
92Hoo-104
92Hoo-437

92PanSti-32
92Sky-110
92Sky-377
92StaClu-241
92StaCluMO-241
92Top-217
92Top-290
92TopArc-40
92TopArcG-40G
92TopGol-217G
92TopGol-290G
92Ult-125
92Ult-322
92UppDec-101
92UppDec-413
93Fle-144
93Hoo-149
93HooFifAG-149
93JamSes-152
93PanSti-227
93Sky-129
93StaClu-81
93StaCluFDI-81
93StaCluMO-81
93StaCluSTDW-K81
93StaCluSTMP-K8
93StaCluSTNF-81
93Top-210
93TopGol-210G
93Ult-130
93UppDec-36
93UppDec-443
93UppDecE-217
93UppDecS-102
93UppDecSEC-102
93UppDecSEG-102
94ColCho-290
94ColChoGS-290
94ColChoSS-290
94Fla-307
94Fle-154
94JamSes-128
94Top-60
94TopSpe-60
94Ult-129
94UppDecE-17
94UppDecSE-60
94UppDecSEG-60
95ColCho-293
95ColCholJI-290
95ColCholE-290
95ColCholSI-71
95ColChoPC-293
95ColChoPCP-293
95Fin-212
95FinRef-212
95Fle-172
95FleEur-158
95PanSti-187
95StaClu-270
95Top-235
95Ult-166
95UltGolM-166
95UppDec-204
95UppDecEC-204
95UppDecECG-204
95UppDecSE-163
95UppDecSEG-163
96ColCholI-94
96ColCholJ-293
96ColChoM-M75
96ColChoMG-M75
96TopSupT-ST24
Rivers, Larry Gator
92Glo-74
Rivers, Moe
73NorCarSPC-H10
Riviere, Bill
91NorDak*-12
Rivlin, Jules
84MarPlaC-D6
84MarPlaC-H12
Rizzotti, Jennifer
93ConWom-12
Rizzuto, Phil
52Whe*-25A
52Whe*-25B
Roach, Larry
91OklStaCC*-55
Robbins, Austin (Red)
71Top-233
72Top-212
73Top-193
75Top-287

75Top-295
Robbins, Jack
 91ArkColC*-98
Robbins, Lee Roy
 48Bow-56
Robbins, Randy
 90AriColC*-91
Robbins, Rob
 88NewMex-12
 89NewMex-14
 90NewMex-14
Roberson, Rick
 70Top-23
 72Top-126
 73Top-144
 74Top-57
 74Top-96
Roberts, Anthony
 78Top-62
 81TCMCBA-59
 83Sta-190
Roberts, Averrill
 92OhiStaW-11
Roberts, Brett
 92Cla-73
 92ClaGol-73
 92FouSp-61
 92FouSpGol-61
 92FroR-53
 92OhiValCA-15
Roberts, Danny
 91TexA&MCC*-27
Roberts, Dave
 76PanSti-133
Roberts, Doug
 90MicStaCC2*-55
Roberts, Fred
 83Sta-251
 84Fle-74
 84Sta-234
 88BucGreB-13
 89Hoo-136
 90Fle-108
 90Hoo-181
 90HooTeaNS-15
 90Sky-164
 91SMaj-74
 91Fle-117
 91FleTonP-26
 91Hoo-119
 91HooTeaNS-15
 91LitBasBL-33
 91PanSti-141
 91Sky-162
 91UppDec-293
 92Fle-129
 92FleTeaNS-8
 92Hoo-131
 92PanSti-113
 92Sky-138
 92StaClu-133
 92StaCluMO-133
 92Top-135
 92TopGol-135G
 92Ult-107
 92UppDec-225
 93UppDec-72
 95StaClu-231
Roberts, Jeron
 94Wyo-8
Roberts, K.J.
 94Cal-10
Roberts, Leigh
 91GeoTecCC*-163
Roberts, Marv
 74Top-194
 75Top-238
Roberts, Porter
 92Pur-10
 93Pur-12
Roberts, Roy
 89KenColC*-229
Roberts, Stanley
 91Cla-15
 91ClaAut-5
 91Fle-331
 91FouSp-163
 91FroRU-58
 91UppDec-497
 91UppDecRS-R28
 92Fle-162
 92Fle-357
 92FleRooS-9
 92FroRowDP-86

92FroRowDP-87
92FroRowDP-88
92FroRowDP-89
92FroRowDP-90
92Hoo-163
92Hoo-403
92Sky-172
92Sky-352
92StaClu-351
92StaCluMO-351
92Top-285
92TopGol-285G
92Ult-87
92Ult-280
92UppDec-147
92UppDec-391
92UppDecA-AR9
93Fle-95
93Hoo-98
93HooFifAG-98
93JamSes-99
93JamSesTNS-4
93PanSti-20
93Sky-93
93StaClu-257
93StaCluFDI-257
93StaCluMO-257
93StaCluSTNF-257
93Top-163
93TopGol-163G
93Ult-89
93UppDec-20
93UppDecE-184
94ColCho-253
94ColChoGS-253
94ColChoSS-253
94Emb-44
94EmbGoII-44
94Fin-44
94FinRef-44
94Fle-102
94Hoo-95
94JamSes-86
94ProMag-59
94StaClu-177
94StaCluFDI-177
94StaCluMO-177
94StaCluSTNF-177
94UppDec-60
94UppDecE-66
95ColCholE-253
95ColCholJI-253
95ColCholSI-34
95StaClu-284
96ColCho-262
96Ult-199
96UltGoIE-G199
96UltPlaE-P199
Roberts, Tommy
 77WesVirS-3
Robertson, A.J.
 85Bra-H13
Robertson, Alvin
 82Ark-12
 84Sta-75
 84Sta-198
 85Sta-150
 85StaAIIT-11
 86Fle-92
 87Fle-93
 88Fle-105
 88Fle-128
 88FouNBAE-27
 88SpuPoIS-7
 89Fle-90
 89Hoo-5
 89Hoo-350
 89PanSpaS-166
 89SpoIIIfKl*-263
 90Fle-109
 90Hoo-182
 90Hoo-369
 90Hoo100S-55
 90HooActP-94
 90HooCol-33
 90HooTeaNS-15
 90PanSti-101
 90Sky-165
 91SMaj-75
 91ArkColC*-51
 91Fle-118
 91Fle-222
 91Fle-235
 91Fle-386

91FleSch-6
91FleTonP-4
91FleWheS-3
91Hoo-120
91Hoo-258
91Hoo-310
91Hoo-478
91Hoo-562
91Hoo100S-56
91HooMcD-23
91HooPro-120
91HooTeaNS-15
91PanSti-142
91Sky-163
91Sky-312
91Sky-419
91Sky-473
91Sky-561
91SkyCanM-29
91UppDec-64
91UppDec-73
91UppDec-244
91UppDecAWH-AW2
92Fle-130
92FleTeaL-15
92FleTeaNS-8
92FleTonP-48
92FleTotD-11
92Hoo-132
92Hoo100S-56
92PanSti-109
92Sky-139
92SkyNes-37
92StaClu-185
92StaCluMO-185
92Top-169
92TopArc-56
92TopArcG-56G
92TopGol-169G
92Ult-108
92UppDec-253
92UppDecE-70
92UppDecEAWH-5
92UppDecM-P25
92UppDecMH-15
92UppDecTM-TM16
93Fle-63
93Hoo-65
93HooFifAG-65
93JamSes-65
93MulAntP-7
93PanSti-173
93Sky-69
93StaClu-98
93StaCluFDI-98
93StaCluMO-98
93StaCluSTNF-98
93Top-65
93TopGol-65G
93Ult-60
93UppDec-126
93UppDec-446
95ColChoDT-T25
95ColChoDTPC-T25
95ColChoDTPCP-T25
95Fla-195
95Fle-265
95Hoo-344
95Met-199
95ProMag-140
95Sky-206
95SP-131
95SPCha-104
95Ult-250
95UppDecEC-289
96TopChrSB-SB20
96TopKeITR-3
96TopSeaB-SB20
96TopSupT-ST26
Robertson, David
 91NorDak*-3
Robertson, Oscar
 60Kah-8
 61Fle-36
 61Fle-61
 61Kah-7
 62Kah-7
 63Kah-9
 64Kah-10A
 64Kah-10B
 65Kah-3
 68TopTes-22
 69NBAMem-13
 69Top-50

69TopRul-24
70Top-100
70Top-114
70TopPosI-6
71MatInsR-8
71Top-1
71Top-136
71Top-141
71Top-143
71TopTri-34
72Com-26
72IceBea-15
72Top-25
73BucLin-6
73LinPor-85
73NBAPIaA-27
73NBAPIaA8-F
73Top-70
74NabSugD*-17
74Top-55
74Top-91
77SpoSer1*-1418
81TCMNBA-17
81TopThiB*-26
83TopHisGO-63
83TopOlyH-33
85StaSchL-21
92CenCou-14
92SpoIIIfKl*-213
92UppDecAW-9
92UppDecS-6
93ActPacHoF-40
93ActPacHoF-78
93ActPacHoF-XX
96TopFinR-38
96TopFinRR-38
96TopNBAS-38
96TopNBAS-88
96TopNBAS-138
96TopNBASF-38
96TopNBASF-88
96TopNBASF-138
96TopNBASFAR-38
96TopNBASFAR-88
96TopNBASFAR-138
96TopNBASFR-38
96TopNBASFR-88
96TopNBASFR-138
96TopNBASI-I6
96TopNBASR-38
Robertson, Pablo (Pabs)
 71Glo84-4
 71Glo84-5
 71Glo84-6
 71Glo84-7
 71Glo84-8
 71Glo84-63
 71GloCocP2-13
 71GloCocP2-15
 71GloPhoC-6
 74GloWonB-14
Robertson, William
 85Bra-S7
Robey, Rick
 76KenSch-8
 77Ken 10
 77KenSch-16
 78Ken-2
 79Top-96
 80Top-9
 80+
 80Top-24
 80Top-97
 80Top-136
 81Top-E76
 83Sta-117
 84Sta-49
 84SunPol-8
 85Sta-40
 88KenColC-25
 88KenColC-167
 88KenColC-215
Robichaux, Mike
 90LSUColC*-79
Robinson, Al
 89KenColC*-287
Robinson, Alvin
 94IHSBoyAST-46
Robinson, Anthony
 90NorCarS-10
 91NorCarS-11
Robinson, Betty
 54QuaSpoO*-11
 95Kod-2
Robinson, Bill

91OhiSta-14
Robinson, Chris
 96ScoBoaAB-34
 96ScoBoaAB-34A
 96ScoBoaAB-34B
 96ScoBoaAB-34C
 96ScoBoaBasRoo-34
Robinson, Cliff USC
 80Top-57
 80Top-145
 83Sta-238
 85Sta-114
 86Fle-93
 88Fle-88
Robinson, Clifford UConn
 89PanSpaS-49
 89TraBlaF-10
 90Fle-159
 90Hoo-250
 90HooTeaNS-22
 90PanSti-12
 90Sky-239
 90TraBlaF-18
 91ConLeg-11
 91Fle-172
 91FleTonP-105
 91Hoo-178
 91HooTeaNS-24
 91Sky-241
 91Sky-507
 91TraBlaF-14
 91UppDec-220
 92Fle-191
 92FleTonP-49
 92Hoo-194
 92PanSti-49
 92Sky-206
 92Sky-303
 92SpoIIIfKl*-155
 92StaClu-21
 92StaCluMO-21
 92Top-94
 92TopArc-129
 92TopArcG-129G
 92TopGol-94G
 92TraBlaF-3
 92TraBlaF-13
 92Ult-104
 92UppDec-107
 92UppDec-371
 92UppDecE-173
 93Fin-23
 93FinRef-23
 93Fle-178
 93Fle-232
 93FleTowOP-24
 93Hoo-183
 93HooFifAG-183
 93HooSco-HS22
 93HooScoFAG-HS22
 93JamSes-189
 93PanSti-47
 93PanSti-F
 93Sky-154
 93Sky-333
 93SkyConC CC9
 93StaClu-158
 93StaCluFDI-158
 93StaCluMO-158
 93StaCluMO5-9
 93StaCluSTNF-158
 93Top-5
 93Top-303
 93TopGol-5G
 93TopGol-303G
 93TraBlaF-16
 93Ult-157
 93UltAwaW-5
 93UppDec-124
 93UppDec-175
 93UppDecE-232
 93UppDecPV-56
 93UppDecS-220
 93UppDecSEC-47
 93UppDecSEC-220
 93UppDecSEG-47
 93UppDecSEG-220
 94ColCho-56
 94ColChoGS-56
 94ColChoSS-56
 94Emb-80
 94EmbGoII-80
 94Emo-83

94Fin-226
94Fin-290
94FinRef-226
94FinRef-290
94Fla-123
94Fle-188
94FleAll-23
94Hoo-179
94Hoo-247
94Hoo-445
94HooPowR-PR44
94HooShe-13
94HooSupC-SC40
94JamSes-159
94PanSti-186
94ProMag-110
94Sky-138
94SkySkyF-SF24
94SP-137
94SPCha-22
94SPCha-113
94SPChaDC-22
94SPChaDC-113
94SPDie-D137
94StaClu-168
94StaCluBT-22
94StaCluCC-22
94StaCluFDI-168
94StaCluMO-168
94StaCluMO-BT22
94StaCluMO-CC22
94StaCluSTNF-168
94Top-150
94Top-193
94TopSpe-150
94TopSpe-193
94TraBlaF-16
94Ult-160
94UppDec-340
94UppDecE-16
94UppDecSE-72
94UppDecSEG-72
95ColCho-146
95ColCho-187
95ColCho-342
95ColCho-387
95ColChoCtG-C27
95ColChoCtGS-C27
95ColChoCtGS-C27B
95ColChoCtGS-C27C
95ColChoCtGSG-C27
95ColChoCtGSG-C27B
95ColChoCtGSG-C27C
95ColChoCtGSGR-C27
95ColCholE-56
95ColCholJI-56
95ColCholSI-56
95ColChoPC-146
95ColChoPC-187
95ColChoPC-342
95ColChoPC-387
95ColChoPCP-146
95ColChoPCP-187
95ColChoPCP-342
95ColChoPCP-387
95Fin-110
95FinDisaS-DS22
95FinRef-110
95Fla-112
95Fla-243
95Fle-154
95Fle-341
95FleEur-194
95FleFlaHL-22
95Hoo-134
95HooSla-SL38
95JamSes-88
95JamSesDC-D88
95JamSesP-25
95Met-89
95MetSilS-89
95PanSti-248
95ProMag-110
95Sky-99
95Sky-270
95SkyE-X-67
95SkyE-XB-67
95SkyE-XU-14
95SkySta-S10
95SP-111
95SPCha-87
95SPCha-139
95SPChaCotC-C22
95SPChaCotCD-C22

95StaClu-211
95StaCluMO5-38
95Top-151
95TopGal-120
95TopGalPPl-120
95TraBlaF-1
95Ult-151
95Ult-334
95UltGolM-151
95UppDec-120
95UppDecEC-120
95UppDecECG-120
95UppDecSE-155
95UppDecSEG-155
96BowBes-8
96BowBesAR-8
96BowBesR-8
96ColCho-187
96ColCho-317
96ColCho-388
96ColChoCtGS1-C22A
96ColChoCtGS1-C22B
96ColChoCtGS1R-R22
96ColChoCtGS1RG-R22
96ColChoCtGSG1-C22A
96ColChoCtGSG1-C22B
96ColCholl-133
96ColCholl-187
96ColCholl-132
96ColCholl-177
96ColCholJ-146
96ColCholJ-187
96ColCholJ-342
96ColCholJ-387
96ColChoM-M159
96ColChoMG-M159
96ColChoS1-S22
96Fin-21
96Fin-242
96FinRef-21
96FinRef-242
96FlaSho-A62
96FlaSho-B62
96FlaSho-C62
96FlaShoLC-62
96FlaShoLC-B62
96FlaShoLC-C62
96Fle-89
96Fle-141
96FleAusS-30
96Hoo-129
96Hoo-197
96HooHIP-H16
96HooStaF-22
96Met-80
96Sky-95
96SkyE-X-58
96SkyE-XC-58
96SkyInt-17
96SkyRub-95
96SkyZ-F-71
96SkyZ-F-190
96SkyZ-FZ-71
96SP-92
96StaClu-14
96StaCluM-14
96Top-125
96TopChr-125
96TopChrR-125
96TopNBAa5-125
96TopSupT-ST22
96TraBla-2
96Ult-90
96UltGolE-G90
96UltPlaE-P90
96UppDec-157
96UppDec-286
96UppDecGK-2
96UppDecPS1-P14
96UppDecPTVCR1-TV14
Robinson, Darnell
93Ark-10
94ArkTic-11
96ColEdgRR-31
96ColEdgRRD-31
96ColEdgRRG-31
96ColEdgRRKK-14
96ColEdgRRKKG-14
96ColEdgRRKKH-14
96ColEdgRRRR-11
96ColEdgRRRRG-11
96ColEdgRRRRH-11
96PacPow-42
96ScoBoaAB-37

96ScoBoaAB-37A
96ScoBoaAB-37B
96ScoBoaAB-37C
96ScoBoaBasRoo-37
Robinson, Darrin
93Cla-62
93ClaF-67
93ClaG-62
93FouSp-55
93FouSpG-55
Robinson, Dave
55AshOil-45
Robinson, David (Admiral)
87Ken*-SC
88SpuPolS-8
89Hoo-138
89Hoo-310
89SpollIfKl*-131
90Fle-172
90FleAll-10
90FleRooS-1
90Hoo-24
90Hoo-270
90Hoo-378
90Hoo-378B
90Hoo-NNO
90Hoo-NNO
90Hoo100S-88
90HooActP-18
90HooActP-142
90HooAllP-2
90HooAllP-4
90HooCol-34
90HooTeaNS-23
90PanSti-43
90Sky-260
90SkyPro-260
90StaDavRI-1
90StaDavRI-2
90StaDavRI-3
90StaDavRI-4
90StaDavRI-5
90StaDavRI-6
90StaDavRI-7
90StaDavRI-8
90StaDavRI-9
90StaDavRI-10
90StaDavRI-11
90StaDavRI-1
90StaDavRI-2
90StaDavRI-3
90StaDavRI-4
90StaDavRI-5
90StaDavRI-6
90StaDavRI-7
90StaDavRI-8
90StaDavRI-9
90StaDavRI-10
90StaDavRI-11
90StaDavRI-1
90StaDavRI-2
90StaDavRI-3
90StaDavRI-4
90StaDavRI-5
90StaDavRI-6
90StaDavRI-7
90StaDavRI-8
90StaDavRI-9
90StaDavRI-10
90StaDavRI-11
90StaPic-2
90StaPro-12
90StaPro-13
90StaPro-14
91SMaj-48
91DavRobFC-1
91DavRobFC-2
91Fle-187
91Fle-225
91Fle-237
91Fle-395
91FlePro-1
91FleTonP-16
91FleWheS-4
91Hoo-194
91Hoo-270
91Hoo-309
91Hoo-311
91Hoo-327
91Hoo-496
91Hoo-583
91Hoo100S-89
91HooMcD-41
91HooMcD-59

91HooTeaNS-24
91PanSti-77
91PanSti-92
91Sky-261
91Sky-311
91Sky-428
91Sky-509
91Sky-538
91SkyCanM-43
91SkyMaraSM-538
91SkyMaraSM-544
91UppDec-58
91UppDec-94
91UppDec-324
91UppDec-467
91UppDecAWH-AWH6
91UppDecP-400
91UppDecS-1
91UppDecS-2
91UppDecS-14
91WooAwaW-16
92CouFla-31
92CouFlaPS-1
92Fle-207
92Fle-244
92Fle-248
92Fle-288
92FleAll-21
92FleDra-47
92FleTeaL-24
92FleTonP-101
92FleTotD-1
92Hoo-209
92Hoo-315
92Hoo-323
92Hoo-334
92Hoo-346
92Hoo-481
92Hoo-485
92Hoo100S-88
92HooSupC-SC3
92ImpU.SOH-16
92KelTeaUP-4
92PanSti-87
92PanSti-99
92ProSectC-9
92Sky-224
92Sky-305
92Sky-305A
92Sky-NNO
92Sky-NNO
92SkyDavR-R1
92SkyDavR-R2
92SkyDavR-R3
92SkyDavR-R4
92SkyDavR-R5
92SkyDavR-R6
92SkyDavR-R7
92SkyDavR-R8
92SkyDavR-R9
92SkyDavR-R10
92SkyNes-38
92SkyOlyT-10
92SkyUSA-73
92SkyUSA-74
92SkyUSA-75
92SkyUSA-77
92SkyUSA-78
92SkyUSA-79
92SkyUSA-80
92SkyUSA-81
92SkyUSA-109
92SpollIfKl*-35
92SpollIfKl*-353
92SpollIfKl*-458
92StaClu-191
92StaClu-361
92StaCluBT-20
92StaCluMO-191
92StaCluMO-361
92StaCluMO-BT20
92Top-4
92Top-106
92Top-277
92TopArc-7
92TopArc-130
92TopArcG-7G
92TopArcG-130G
92TopArcMP-1987
92TopBeaT-6
92TopBeaTG-6
92TopGol-4G
92TopGol-106G

92TopGol-277G
92Ult-167
92Ult-201
92Ult-NNO
92UltAll-3
92UltAwaW-2
92UltJamSCI-1
92UltProS-NNO
92UltRej-5
92UppDec-82
92UppDec-436
92UppDec-496
92UppDec-505
92UppDecA-AD11
92UppDecA-AN3
92UppDecAW-21
92UppDecAWH-AW6
92UppDecAWH-AW7
92UppDecE-19
92UppDecE-92
92UppDecEAWH-6
92UppDecJWS-JW3
92UppDecM-P37
92UppDecMH-24
92UppDecTM-TM25
93Fin-21
93Fin-118
93FinMaiA-24
93FinRef-21
93FinRef-118
93Fle-196
93FleAll-23
93FleNBAS-19
93FleTowOP-25
93Hoo-203
93Hoo-279
93Hoo-291
93Hoo-DR1
93Hoo-NNO
93Hoo-NNO
93HooDavB-DB1
93HooDavB-DB2
93HooDavB-DB3
93HooDavB-DB4
93HooDavB-DB5
93HooFactF-1
93HooFifAG-203
93HooFifAG-279
93HooFifAG-291
93HooFifAG-298
93HooFifAG-300
93HooFifAG-DR1
93HooProP-NNO
93HooSco-HS24
93HooScoFAG-HS24
93HooSupC-SC2
93JamSes-209
93JamSesSDH-8
93KelColGP-9
93PanSti-112
93Sky-9
93Sky-22
93Sky-168
93Sky-336
93SkyMiIP-1
93SkyMiIP-2
93SkyPro-6
93SkyShoS-SS5
93SkyShoS-SS6
93SkySto-1
93SkySto-2
93SkySto-3
93SkyThuaL-TL9
93SkyUSAT-10
93StaClu-10
93StaClu-172
93StaClu-328
93StaClu-356
93StaCluBT-13
93StaCluFDI-10
93StaCluFDI-172
93StaCluFDI-328
93StaCluFDI-356
93StaCluFFP-15
93StaCluFFU-356
93StaCluMO-10
93StaCluMO-172
93StaCluMO-328
93StaCluMO-356
93StaCluMO-BT13
93StaCluMO-ST24
93StaCluMO5-10
93StaCluST-24
93StaCluSTNF-10

93StaCluSTNF-172
93StaCluSTNF-328
93StaCluSTNF-356
93Top-52
93Top-228
93Top-387
93TopGol-52G
93TopGol-228G
93TopGol-387G
93Ult-174
93UltAll-9
93UltAll-14
93UltFamN-14
93UltJamC-8
93UltScoK-9
93UppDec-50
93UppDec-183
93UppDec-233
93UppDec-248
93UppDec-464
93UppDec-474
93UppDecA-AN13
93UppDecE-16
93UppDecE-45
93UppDecE-241
93UppDecEAWH-6
93UppDecEAWH-7
93UppDecFM-31
93UppDecH-H24
93UppDecLT-LT9
93UppDecPV-70
93UppDecPV-97
93UppDecS-177
93UppDecS-222
93UppDecSDCA-W13
93UppDecSEC-177
93UppDecSEC-222
93UppDecSEG-177
93UppDecSEG-222
93UppDecSUT-10
93UppDecTM-TM24
93UppDecWJ-TM24
94AusFutN-6
94ColCho-50
94ColCho-189
94ColCho-395
94ColCho-403
94ColChoCtGR-R12
94ColChoCtGRR-R12
94ColChoCtGS-S12
94ColChoCtGSR-S12
94ColChoGS-50
94ColChoGS-189
94ColChoGS-395
94ColChoGS-403
94ColChoSS-50
94ColChoSS-189
94ColChoSS-395
94ColChoSS-403
94Emb-88
94EmbGoII-88
94Emo-89
94Emo-118
94EmoN-T-N9
94Fin-180
94FinCor-CS14
94FinIroM-8
94FinLotP-LP3
94FinRef-180
94Fla-137
94FlaCenS-5
94FlaHotN-15
94FlaRej-6
94FlaScoP-8
94Fle-208
94FleAll-8
94FleAll-24
94FleLeaL-6
94FleTeaL-8
94FleTotD-8
94FleTowoP-9
94FleTriT-9
94Hoo-196
94Hoo-248
94Hoo-254
94Hoo-257
94HooBigN-BN1
94HooBigNR-1
94HooMagC-24
94HooPre-P5
94HooPre-NNO
94HooSupC-SC43
94JamSes-175
94JamSesG-8

94JamSesTS-2
94PanSti-203
94ProMag-118
94Sky-152
94Sky-335
94Sky-NNO
94SkyCenS-CS6
94SkySkyF-SF25
94SkyUSA-88
94SkyUSAG-88
94SP-146
94SPCha-24
94SPCha-122
94SPChaDC-24
94SPChaDC-122
94SPDie-D146
94StaClu-160
94StaClu-354
94StaCluBT-24
94StaCluCC-24
94StaCluFDI-160
94StaCluFDI-354
94StaCluMO-160
94StaCluMO-354
94StaCluMO-BT24
94StaCluMO-CC24
94StaCluMO-SS24
94StaCluSS-24
94StaCluSTDW-SP160
94StaCluSTDW-SP354
94StaCluSTNF-160
94StaCluSTNF-354
94Top-108
94Top-194
94Top-359
94Top-360
94TopOwntG-36
94TopOwntG-37
94TopSpe-108
94TopSpe-194
94TopSpe-359
94TopSpe-360
94Ult-174
94UltAll-10
94UltDefG-5
94UltDouT-8
94UltPowITK-8
94UltRebK-8
94UltScoK-8
94UppDec-18
94UppDec-96
94UppDecE-50
94UppDecFMT-24
94UppDecPAW-H5
94UppDecPAW-H18
94UppDecPAW-H23
94UppDecPAWR-H5
94UppDecPAWR-H18
94UppDecPAWR-H23
94UppDecPLL-R1
94UppDecPLL-R33
94UppDecPLLR-R1
94UppDecPLLR-R33
94UppDecSDS-S16
94UppDecSE-170
94UppDecSEG-170
95AllJamSDR-1
95AllJamSDR-2
95AllJamSDR-3
95AllJamSDR-4
95ColCho-50
95ColCho-189
95ColCho-344
95ColCho-354
95ColCho-363
95ColCho-408
95ColChoCtG-C20
95ColChoCtGA-C11
95ColChoCtGA-C11B
95ColChoCtGA-C11C
95ColChoCtGAG-C11
95ColChoCtGAG-C11B
95ColChoCtGAG-C11C
95ColChoCtGAGR-C11
95ColChoCtGASR-C11
95ColChoCtGS-C20
95ColChoCtGS-C20B
95ColChoCtGS-C20C
95ColChoCtGSG-C20
95ColChoCtGSG-C20B
95ColChoCtGSG-C20C
95ColChoCtGSGR-C20
95ColChoIE-50
95ColChoIE-189

95ColChoIE-395
95ColChoIE-403
95ColChoIEGS-189
95ColChoIEGS-395
95ColChoIEGS-403
95ColChoIJGSI-189
95ColChoIJGSI-176
95ColChoIJGSI-403
95ColChoIJI-50
95ColChoIJI-189
95ColChoIJI-176
95ColChoIJI-403
95ColChoIJSS-189
95ColChoISI-50
95ColChoISI-189
95ColChoISI-176
95ColChoISI-184
95ColChoPC-50
95ColChoPC-189
95ColChoPC-344
95ColChoPC-363
95ColChoPC-408
95ColChoPCP-50
95ColChoPCP-189
95ColChoPCP-344
95ColChoPCP-354
95ColChoPCP-363
95ColChoPCP-408
95Fin-245
95FinDisaS-DS24
95FinMys-M11
95FinMysB-M11
95FinMysBR-M11
95FinRef-245
95FinVet-RV29
95Fla-124
95Fla-244
95FlaCenS-6
95FlaNewH-8
95FlaPlaM-8
95Fle-173
95Fle-343
95FleAll-9
95FleDouD-11
95FleEndtE-17
95FleEur-212
95FleEurA-4
95FleEurLL-3
95FleEurTT-3
95FleFlaHL-24
95FleTotD-10
95FleTotO-8
95FleTotOHP-8
95FleTowoP-7
95Hoo-149
95Hoo-242
95HooHotL-10
95HooMagCAW-1
95HooNumC-12
95HooSla-SL42
95JamSes-97
95JamSesDC-D97
95JamSesSS-7
95Met-99
95Met-217
95MetMaxM-10
95MetSooM-8
95MetSiIS-99
95MetSteT-8
95PanSti-189
95ProMag-116
95ProMagDC-19
95ProMagUB-6
95Sky-110
95Sky-273
95SkyE-X-75
95SkyE-XACA-10
95SkyE-XB-75
95SkyE-XU-16
95SkyLarTL-L9
95SkyMel-M10
95SkyUSAB-U8
95SP-122
95SPAII-AS23
95SPAIIG-AS23
95SPCha-97
95SPCha-141
95SPChaCotC-C24
95SPChaCotCD-C24
95SPHol-PC33
95SPHolDC-PC33
95StaClu-50

95StaClu-124
95StaCluBT-BT1
95StaCluMO5-34
95StaCluMOI-50
95StaCluMOI-124B
95StaCluMOI-124R
95StaCluMOI-N1
95StaCluMOI-BT1
95StaCluN-N1
95StaCluPZ-PZ8
95StaCluX-X3
95Top-5
95Top-8
95Top-29
95Top-283
95TopGal-12
95TopGalPG-PG12
95TopPanFG-11
95TopPowB-5
95TopPowB-8
95TopPowB-29
95TopPowB-283
95TopSpaP-SP6
95TopWorC-WC9
95Ult-167
95Ult-335
95UltAllGM-4
95UltDouT-9
95UltDouTGM-9
95UltGolM-167
95UltJamC-10
95UltJamCHP-10
95UltPow-10
95UltPowGM-10
95UltScoK-10
95UltScoKHP-10
95UltUSAB-8
95UppDec-154
95UppDec-168
95UppDec-310
95UppDec-323
95UppDec-349
95UppDecAC-AS20
95UppDecEC-154
95UppDecEC-168
95UppDecEC-310
95UppDecEC-323
95UppDecEC-349
95UppDecECG-154
95UppDecECG-168
95UppDecECG-310
95UppDecECG-323
95UppDecECG-349
95UppDecPPotM-R7
95UppDecPPotMR-R7
95UppDecPS-H6
95UppDecPSR-H6
95UppDecSE-81
95UppDecSEG-81
96BowBes-69
96BowBesAR-69
96BowBesC-BC11
96BowBesCAR-BC11
96BowBesCR-BC11
96BowBesHR-HR6
96BowBesHRAR-HR5
96BowBesHRR-HR5
96BowBesR-69
96ColCho-189
96ColCho-200
96ColCho-329
96ColChoCtGS2-C24A
96ColChoCtGS2-C24B
96ColChoCtGS2R-R24
96ColChoCtGS2RG-R24
96ColChoCtGSG2-C24A
96ColChoCtGSG2-C24B
96ColChoII-143
96ColChoII-189
96ColChoII-134
96ColChoII-144
96ColChoII-153
96ColChoII-198
96ColChoIJ-50
96ColChoIJ-344
96ColChoIJ-354
96ColChoIJ-363
96ColChoIJ-408
96ColChoM-M46
96ColChoMG-M46
96ColChoS1-S24
96Fin-60

96Fin-132
96Fin-257
96FinRef-60
96FinRef-132
96FinRef-257
96FlaSho-A6
96FlaSho-B6
96FlaSho-C6
96FlaShoHS-15
96FlaShoLC-6
96FlaShoLC-B6
96FlaShoLC-C6
96Fle-100
96Fle-143
96Fle-286
96FleAusS-31
96FleGamB-13
96FleStaA-12
96FleThrS-14
96FleTowoP-8
96FleUSA-8
96FleUSA-18
96FleUSA-28
96FleUSA-38
96FleUSA-48
96FleUSAH-8
96Hoo-143
96Hoo-186
96Hoo-343
96HooFlyW-6
96HooHeatH-HH8
96HooHIP-H18
96HooStaF-24
96Met-91
96Met-230
96MetCyb-CM16
96MetMaxM-9
96MetMolM-25
96MetPreM-230
96Sky-107
96Sky-254
96SkyE-X-65
96SkyE-XC-65
96SkyE-XNA-8
96SkyInt-18
96SkyNetS-17
96SkyRub-107
96SkyRub-254
96SkyTriT-TT6
96SkyUSA-8
96SkyUSA-18
96SkyUSA-28
96SkyUSA-38
96SkyUSA-48
96SkyUSA-57
96SkyUSA-10
96SkyUSAB-B8
96SkyUSABS-B8
96SkyUSAG-G8
96SkyUSAGS-Q8
96SkyUSAQ-Q8
96SkyUSAQ-Q11
96SkyUSAQ-Q14
96SkyUSAS-S8
96SkyUSASS-S8
96SkyZ-F-81
96SkyZ-F-191
96SkyZ-FBMotC-10
96SkyZ-FBMotCZ-10
96SkyZ-FST-ST7
96SkyZ-FZ-81
96SP-102
96SPPreCH-PC34
96SPx-43
96SPxGol-43
96StaClu-78
96StaCluF-F21
96StaCluGPPI-12
96StaCluM-78
96StaCluMH-MH2
96StaCluSM-SM8
96StaCluTC-TC3
96Top-80
96TopChr-80
96TopChrR-80
96TopChrSB-SB5
96TopChrSB-SB7
96TopChrSB-SB23
96TopFinR-39
96TopFinRR-39
96TopHolC-HC13
96TopHolCR-HC13
96TopMysF-M9
96TopMysFB-M9

96TopMysFBR-M9
96TopMysFBR-M9
96TopNBAa5-80
96TopNBAS-39
96TopNBAS-89
96TopNBAS-139
96TopNBASF-39
96TopNBASF-89
96TopNBASF-139
96TopNBASFAR-39
96TopNBASFAR-89
96TopNBASFAR-139
96TopNBASFR-39
96TopNBASFR-89
96TopNBASFR-139
96TopNBASI-I2
96TopNBASR-39
96TopSeaB-SB5
96TopSeaB-SB7
96TopSeaB-SB23
96TopSupT-ST24
96Ult-101
96Ult-136
96Ult-285
96UltBoaG-16
96UltCouM-5
96UltFulCT-4
96UltFulCTG-4
96UltGolE-G101
96UltGolE-G136
96UltGolE-G148
96UltGolE-G285
96UltPlaE-P101
96UltPlaE-P136
96UltPlaE-P148
96UltPlaE-P285
96UltScoK-24
96UltScoKP-24
96UltStaR-9
96UppDec-112
96UppDec-159
96UppDec-354
96UppDecFBC-FB17
96UppDecGK-37
96UppDecPS1-P16
96UppDecPTVCR1-TV16
96UppDecRotYC-RC8
96UppDecU-29
96UppDecU-30
96UppDecU-31
96UppDecU-32
96UppDecU-56
96UppDecU-36
96UppDecUFYD-F8
96UppDecUFYDES-FD2
96UppDecUSCS-S8
96UppDecUSCSG-S8
96UppDecUTWE-W15
97SchUltNP-20
Robinson, Flynn
69Top-92
70Top-4
70Top-40
72Top-104
74Top-197
Robinson, Glenn
92Pur-11
92SpoIllfKI*-428
93Pur-13
94Ass-6
94Ass-31
94Ass-50
94AssDieC-DC6
94AssPhoC$5-15
94AssPhoCOM-19
94Cla-1
94Cla-101
94ClaAssPC$1000-5
94ClaAssPC$25-5
94ClaAssPC$25-NNO
94ClaAssSS*-6
94ClaBCs-BC1
94ClaG-1
94ClaG-101
94ClaGamC-GC1
94ClaPhoC$2-5
94ClaPic-6
94ClaPre-BP4
94ClaROYSw-1
94ClaVitPTP-1
94ColCho-266
94ColCho-386
94ColCho-407
94ColChoCtGRS-S11

94ColChoCtGRSR-S11
94ColChoDT-1
94ColChoGS-266
94ColChoGS-386
94ColChoGS-407
94ColChoSS-266
94ColChoSS-386
94ColChoSS-407
94Emb-101
94EmbGolI-101
94Emo-56
94Emo-109
94EmoN-T-N10
94Fin-166
94Fin-250
94FinRacP-RP5
94FinRef-166
94FinRef-250
94Fla-257
94FlaWavotF-10
94Fle-320
94FleFirYP-8
94FleLotE-1
94FouPhoC$1-7
94FouSp-1
94FouSp-189
94FouSp-FO1
94FouSpAu-1A
94FouSpBCs-BC6
94FouSpG-1
94FouSpG-189
94FouSpHigV-HV2
94FouSpPP-1
94FouSpPP-189
94Hoo-349
94Hoo-421
94HooDraR-1
94HooMagA-AR1
94HooMagAF-FAR1
94HooMagAJ-AR1
94HooSch-19
94JamSesRS-11
94PacP-50
94PacPriDS-1
94PacPriG-50
94ProMagRS-11
94ScoBoaDD-DD1
94ScoBoaDD-DD2
94ScoBoaDD-DD3
94ScoBoaNP*-1
94Sky-255
94SkyDraP-DP1
94SkyHeaotC-5
94SkyProS-255
94SkyRev-R8
94SkySlaU-SU22
94SP-1
94SPCha-15
94SPCha-87
94SPChaDC-15
94SPChaDC-87
94SPChaFPH-F8
94SPChaFPHDC-F8
94SPDie-D1
94SPHol-PC12
94SPHolDC-12
94StaClu-183
94StaCluBT-15
94StaCluFDI-183
94StaCluMO-183
94StaCluMO-BT15
94StaCluMO-TF9
94StaCluSTNF-183
94StaCluTotF-9
94SupPixF-1
94Top-275
94TopSpe-275
94Ult-287
94UltAll-11
94UltJamC-9
94UppDec-15
94UppDec-281
94UppDecDT-D1
94UppDecPAW-H33
94UppDecPAWR-H33
94UppDecRS-RS1
94UppDecS-4
94UppDecSE-140
94UppDecSEG-140
94UppDecSJ-15
95AssGol-40
95AssGolDCS-SDC4
95AssGolPC$2-40
95AssGolPC$5-16

95AssGPC$25-3
95AssGPP-40
95AssGSS-40
95ClaBKR-100
95ClaBKRPP-100
95ClaBKRSS-100
95ClaBKV-59
95ClaBKV-78
95ClaBKV-86
95ClaBKVE-59
95ClaBKVE-78
95ClaBKVE-86
95ClaBKVHS-HC15
95ClaBKVLA-LA5
95ClaNat*-NC7
95ColCho-180
95ColCho-219
95ColCho-335
95ColChoCtG-C23
95ColChoCtGS-C23
95ColChoCtGS-C23B
95ColChoCtGS-C23C
95ColChoCtGSG-C23
95ColChoCtGSG-C23B
95ColChoCtGSGR-C23
95ColCholE-266
95ColCholE-386
95ColCholE-407
95ColCholEGS-386
95ColCholEGS-407
95ColCholJGSI-167
95ColCholJGSI-407
95ColCholJI-167
95ColCholJI-266
95ColCholJI-407
95ColCholSI-47
95ColCholSI-167
95ColCholSI-168
95ColChoPC-180
95ColChoPC-219
95ColChoPC-335
95ColChoPCP-180
95ColChoPCP-219
95ColChoPCP-335
95Fin-50
95FinDisaS-DS15
95FinMys-M10
95FinMysB-M10
95FinMysBR-M10
95FinRef-50
95Fla-77
95Fla-245
95FlaAnt-8
95FlaHotN-12
95FlaNewH-9
95Fle-105
95Fle-334
95FleClaE-15
95FleEur-134
95FleFlaHL-15
95FleRooS-11
95FleTotO-9
95FleTotOHP-9
95FleTowoP-8
95Hoo-94
95Hoo-205
95HooHoo-HS6
95HooHotL-7
95HooMagC-15
95HooNumC-15
95HooPowP-6
95HooSky-SV6
95HooSla-SL27
95HooTopT-AR9
95Ima-1
95ImaCP-CP1
95ImaF-TF1
95JamSes-62
95JamSesDC-D62
95JamSesFI-8
95JamSesPB-3
95Met-64
95Met-218
95MetMetF-11
95MetMolM-8
95MetSilS-64
95PacPreGP-18
95PanSti-126
95PanSti-288
95PrePas-34
95PrePasPC$5-5
95ProMag-71
95ProMagDC-20

95ProMagUB-2
95Sky-72
95Sky-290
95SkyAto-A7
95SkyE-X-48
95SkyE-X-94
95SkyE-XB-48
95SkyE-XB-94
95SkyLarTL-L5
95SkyUSAB-U9
95SP-77
95SPCha-61
95SPHol-PC20
95SPHolDC-PC20
95SRKro-49
95StaClu-2
95StaClu-115
95StaCluBT-BT5
95StaCluMO5-46
95StaCluMOI-2
95StaCluMOI-115B
95StaCluMOI-115R
95SupPix-1
95SupPix-78
95SupPixAu-1
95SupPixC-1
95SupPixCG-1
95SupPixlI-2
95SupPixLP-1
95TedWilC-CO8
95TedWilCon-C9
95Top-140
95TopGal-33
95TopGalPPI-33
95TopRataR-R2
95TopShoS-SS3
95TopWhiK-WK6
95Ult-104
95Ult-336
95UltAllT-5
95UltAllTGM-5
95UltGolM-104
95UltRisS-7
95UltRisSGM-7
95UltScoK-11
95UltScoKHP-11
95UltUSAB-9
95UppDec-13
95UppDec-157
95UppDec-324
95UppDec-328
95UppDecEC-13
95UppDecEC-157
95UppDecEC-324
95UppDecECG-13
95UppDecECG-157
95UppDecECG-324
95UppDecECG-328
95UppDecPPotW-H9
95UppDecPPotWR-H9
95UppDecPS-H9
95UppDecPSR-H9
95UppDecSE-135
95UppDecSEG-135
95AllSpoPPaF-85
95AllSpoPPaF-104
96Ass-37
96AssACA-CA20
96AssPC$2-22
96BowBes-77
96BowBesAR-77
96BowBesR-77
96CleAss-26
96ColCho-180
96ColCho-280
96ColChoCtGS2-C15A
96ColChoCtGS2R-R15
96ColChoCtGS2RG-R15
96ColChoCtGSG2-C15A
96ColChoCtGSG2-C15B
96ColCholI-180
96ColCholI-56
96ColCholI-125
96ColCholJ-180
96ColCholJ-219
96ColCholJ-335
96ColCholSEH-H5
96ColChoM-M90
96ColChoMG-M90
96ColChoS2-S15
96Fin-107
96Fin-161

96Fin-279
96FinRef-107
96FinRef-161
96FinRef-279
96FlaSho-A13
96FlaSho-B13
96FlaSho-C13
96FlaShoLC-13
96FlaShoLC-B13
96FlaShoLC-C13
96Fle-63
96Fle-274
96FleFraF-7
96FleGamB-8
96FleUSA-9
96FleUSA-19
96FleUSA-29
96FleUSA-39
96FleUSA-49
96FleUSAH-9
96Hoo-91
96HooHeatH-HH5
96HooHIP-H11
96HooSil-91
96HooStaF-15
96Met-57
96Met-245
96MetFreF-FF11
96MetMolM-26
96MetPreM-245
96PacCenoA-C7
96PacGolCD-DC10
96PacPow-43
96PacPreGP-18
96PacPri-18
96ScoBoaAC-9
96ScoBoaBasRoo-100
96Sky-66
96SkyE-X-39
96SkyE-XACA-4
96SkyE-XC-39
96SkyRub-66
96SkyThuaL-6
96SkyUSA-9
96SkyUSA-19
96SkyUSA-29
96SkyUSA-39
96SkyUSA-40
96SkyUSA-49
96SkyUSA-59
96SkyUSA-11
96SkyUSAB-B9
96SkyUSABS-B9
96SkyUSAG-G9
96SkyUSAGS-G9
96SkyUSAQ-Q9
96SkyUSAQ-Q12
96SkyUSAQ-Q15
96SkyUSAS-S9
96SkyUSASS-S9
96SkyZ-F-51
96SkyZ-F-192
96SkyZ-FV-V11
96SkyZ-FZ-51
96SP-63
96SPx-30
96SPxGol-30
96StaClu-7
96StaCluF-F3
96StaCluM-7
96StaCluMH-MH9
96Top-122
96TopChr-122
96TopChrR-122
96TopHolC-HC7
96TopHolCR-HC7
96TopNBAa5-122
96TopSupT-ST15
96Ult-63
96UltGolE-G63
96UltPlaE-P63
96UppDec-72
96UppDec-345
96UppDecFBC-FB26
96UppDecGK-3
96UppDecU-33
96UppDecU-34
96UppDecU-35
96UppDecU-36
96UppDecU-57
96UppDecU-46
96UppDecUFYD-F9
96UppDecUSCS-S9

96UppDecUSCSG-S9
96Vis-7
96VisBasVU-U105
96VisSig-6
96VisSigAuG-6
96VisSigAuS-6
Robinson, Jackie (Jack R.)
91UCLColC-96
93Cla-63
93ClaG-63
Robinson, Jamal
93Vir-11
Robinson, James
90CleColC*-110
93Cla-64
93ClaChDS-DS33
93ClaF-69
93ClaG-64
93Fle-365
93FouSp-56
93FouSpG-56
93Hoo-398
93HooFifAG-398
93JamSes-190
93Sky-272
93SkyDraP-DP21
93SkySch-42
93Top-213
93TopGol-213G
93TraBlaF-17
93Ult-326
93UppDec-369
94ColCho-26
94ColChoGS-26
94ColChoSS-26
94Fla-297
94Fle-189
94FleRooS-21
94Hoo-180
94HooShe-13
94Ima-94
94Sky-139
94SkyRagR-RR20
94SP-140
94SPDie-D140
94Top-231
94TopSpe-231
94TraBlaF-17
94Ult-161
94UppDec-200
95ColCho-221
95ColChoIE-26
95ColChoIJI-26
95ColChoISI-26
95ColChoPC-221
95ColChoPCP-221
95Fin-8
95FinRef-8
95Fle-155
95Hoo-135
95ProMag-108
95StaClu-51
95StaCluMOI-51
95Top-221
95TopGal-31
95TopGalTPG-31
95TraBlaF-10
95UppDec-36
95UppDecEC-36
95UppDecFCG-36
96ColChoII-81
96ColChoIJ-221
96HooStaF-16
96Sky-169
96SkyRub-168
96TopSupT-ST22
Robinson, Joe
90NorCarCC*-159
Robinson, Johnny
90LSUColC*-175
Robinson, Kareem
93JamMad-9
94JamMad-14
Robinson, Keith
90NotDam-15
90StaPic-13
91ProCBA-40
Robinson, Kenneth
91SouCarCC*-163
Robinson, Kenny
89LouColC*-191
Robinson, Larry
91ProCBA-67
Robinson, Leonard (Truck)

75Top-151
76Top-104
77SpoSer5*-5518
77Top-74
78Top-30
79Top-95
80SunPep-7
80Top-26
80Top-37
80Top-96
80Top-113
81SunPep-11
81Top-35
81Top-60
83Sta-67
84Sta-33
92Sun25t-14
Robinson, Les
89EasTenS-7
89NorCarSCC-102
89NorCarSCC-111
90NorCarS-11
91NorCarS-12
92NorCarS-11
93NorCarS-11
94NorCarS-13
Robinson, Maurice
77WesVirS-4
Robinson, Melvin
92StaPic-82
Robinson, Michael
90MicStaCC2*-101
90MicStaCC2*-143
Robinson, Paul
68ParMea*-15
Robinson, Pertha
92Geo-13
93Geo-12
Robinson, Ray
48TopMagP*-A19
78SpoCha-8
Robinson, Robert
91SouCarCC*-130
Robinson, Ron
74Top-251
Robinson, Ronnie
91TenTec-13
Robinson, Rumeal
88Mic-12
89Mic-7
90FleUpd-U4
90Hoo-399
90HooTeaNS-1
90Sky-355
91Fle-3
91FleTonP-94
91Hoo-5
91HooTeaNS-1
91Sky-8
91Sky-486
91UppDec-292
92Fle-6
92Fle-390
92FleTonP-50
92Hoo-7
92Hoo-430
92Hoo100S-1
92PanSti-116
92Sky-7
92Sky-379
92StaClu-163
92StaClu-380
92StaCluMO-163
92StaCluMO-380
92Top-257
92TopArcG-149G
92TopGol-257G
92Ult-5
92Ult-317
92UppDec-150
92UppDec-348
92UppDecE-30
92UppDecE-184
93Fin-206
93FinRef-206
93Fle-136
93FleInt-8
93Hoo-142
93HooFifAG-142
93JamSes-143
93PanSti-220
93Sky-124
93StaClu-8
93StaClu-123

93StaCluFDI-8
93StaCluFDI-123
93StaCluMO-8
93StaCluMO-123
93StaCluSTNF-8
93StaCluSTNF-123
93Top-137
93TopGol-137G
93Ult-122
93Ult-217
93UppDec-107
93UppDecE-214
93UppDecS-124
93UppDecSEC-124
93UppDecSEG-124
93UppDecTD-TD9
94UppDecE-30
94UppDecETD-TD9
96Sky-164
96SkyRub-163
Robinson, Sam
71FloMcD-7
71Top-184
Robinson, Steve
92Kan-1
93Kan-15
Robinson, Stew
87IndGreI-18
Robinson, Susan
92PenSta*-7
Robinson, Thomas
94IHSBoyASD-45
Robinson, Toren
87Sou*-3
Robinson, W.T.
90LSUColC*-191
Robinson, Wil
74Top-179
Robinzine, Bill Jr.
79Top-68
80Top-13
80Top-93
81Top-MW78
86DePPlaC-C3
86DePPlaC-D12
Robisch, Dave
72Top-223
73Top-199
74Top-183
74Top-222
75Top-224
75Top-318
80Top-12
80Top-24
80Top-90
80Top-136
81Top-W70
82NugPol-25
83Sta-224
94IHSHisRH-76
Robiskie, Terry
90LSUColC*-147
Robison, Dick
89LouColC*-91
Robison, Kennard
95UppDecCDA-40
95UppDecCBA-102
Roby, Mark
90AriColC*-102
Rocha, Red
48Bow-18
Roche, John
72Top-182
73Top-201
74Top-226
74Top-232
75Top-244
80Top-18
80Top-87
80Top-106
80Top-110
91SouCarCC*-58
Rocker, Tracy
87Aub*-11
Rockets, Houston
73TopTeaS-23
74FleTeaP-9
74FleTeaP-28
75Top-210
75TopTeaC-210
77FleTeaS-9
80TopTeaP-6
89PanSpaS-143
89PanSpaS-152

90Sky-337
91Hoo-283
91Sky-360
91UppDecSiSS-5
92Hoo-275
92UppDecDPS-7
92UppDecE-140
93PanSti-89
93StaCluBT-10
93StaCluMO-ST10
93StaCluMO5-5
93StaCluST-10
93StaCluSTDW-RD10
93StaCluSTMP-RMP
93StaCluSTNF-NF10
93UppDec-219
93UppDec-459
93UppDecDPS-10
93UppDecS-208
93UppDecSEC-208
93UppDecSEG-208
94Hoo-400
94ImpPin-10
94StaCluMO-ST10
94StaCluST-10
94StaCluSTMP-MR10
94StaCluSTNF-NF10
94UppDecFMT-10
95FleEur-247
95PanSti-168
96TopSupT-ST10
Rockins, Chris
91OklStaCC*-66
Rockne, Knute
33SpoKinR*-35
81PhiMor*-13
Rodes, William
89KenColC*-176
Rodgers, Guy
61Fle-37
69Top-38
70Top-22
90BulEqu-13
Rodgers, Hosea
90NorCarCC*-105
Rodgers, Jimmy
84StaAre-A9
89Hoo-277
89PanSpaS-4
91Fle-126
91Hoo-236
91Sky-393
92Fle-137
92Hoo-254
92Sky-270
Rodgers, Pat
79St.Bon-11
Rodgers, Terry
90Neb*-3
Rodl, Henrik
92NorCarS-3
Rodman, Dennis
88Fle-43
89Fle-49
89Hoo-211
89PanSpaS-97
89PanSpaS-101
89SpoIllfKI*-192
90Fle-59
90Hoo-10
90Hoo-109
90Hoo-337
90Hoo-338
90Hoo100S-30
90HooActP-62
90HooAllP-4
90HooCol-46
90HooTeaNS-8
90PanSti-85
90PisSta-10
90PisUno-9
90Sky-91
90SkyPro-91
91Fle-63
91FleTonP-56
91FleWheS-7
91Hoo-64
91Hoo-311
91Hoo100S-30
91HooTeaNS-8
91PanSti-130
91PisUno-8

91PisUno-15
91Sky-86
91Sky-608
91SkyCanM-16
91SkyPro-86
91UppDec-185
91UppDec-457
91UppDecAWH-AW9
91UppDecS-5
91UppDecS-9
92Fle-66
92Fle-239
92Fle-261
92Fle-289
92FleAll-10
92FleTonP-102
92FleTotD-2
92Hoo-66
92Hoo-302
92Hoo-325
92Hoo100S-29
92PanSti-141
92Sky-71
92Sky-312
92SkyNes-39
92SpoIllfKI*-242
92StaClu-314
92StaCluBT-19
92StaCluMO-314
92StaCluMO-BT19
92Top-117
92Top-137
92TopArc-86
92TopArcG-86G
92TopBeaT-3
92TopBeaTG-3
92TopGol-117G
92TopGol-137G
92Ult-58
92UltAll-11
92UppDec-242
92UppDecAWH-AW3
92UppDecE-9
92UppDecE-50
92UppDecEAWH-7
92UppDecJWS-JW2
93Fin-113
93Fin-173
93FinRef-113
93FinRef-173
93Fle-64
93Fle-227
93Fle-378
93FleTowOP-26
93Hoo-66
93Hoo-284
93Hoo-405
93HooFifAG-66
93HooFifAG-284
93HooFifAG-405
93JamSes-210
93PanSti-174
93Sky-70
93Sky-280
93Sky-315
93SkyThuL-TL9
93StaClu-183
93StaClu-305
93StaCluFDI-183
93StaCluFDI-305
93StaCluFFP-16
93StaCluFFU-183
93StaCluMO-183
93StaCluMO-305
93StaCluSTNF-183
93StaCluSTNF-305
93Top-77
93Top-324
93TopGol-77G
93TopGol-324G
93Ult-170
93Ult-340
93UltAll-5
93UltRebK-10
93UppDec-167
93UppDec-421
93UppDecE-153
93UppDecEAWH-3
93UppDecPV-43
93UppDecS-63
93UppDecSEC-63
93UppDecSEG-63
94ColCho-10

94ColCho-202
94ColChoCtGR-R13
94ColChoCtGRR-R13
94ColChoGS-10
94ColChoGS-202
94ColChoSS-10
94ColChoSS-202
94Emb-89
94EmbGolI-89
94Emo-90
94Fin-134
94FinRef-134
94Fla-138
94Fle-209
94FleAll-9
94FleLeaL-7
94FlePro-6
94Hoo-197
94Hoo-256
94Hoo-448
94HooPre-P6
94HooSupC-SC44
94JamSes-176
94PanSti-204
94ProMag-119
94Sky-153
94Sky-336
94SkySkyF-SF26
94SP-147
94SPCha-123
94SPChaDC-123
94SPDie-D147
94StaClu-72
94StaCluFDI-72
94StaCluFDI-73
94StaCluMO-72
94StaCluMO-73
94StaCluMO-SS17
94StaCluSS-17
94StaCluSTDW-SP72
94StaCluSTDW-SP73
94StaCluSTNF-72
94StaCluSTNF-73
94Top-54
94Top-107
94Top-213
94TopOwntG-38
94TopOwntGR-3
94TopSpe-54
94TopSpe-107
94TopSpe-213
94Ult-175
94UltPow-9
94UppDec-279
94UppDecE-78
94UppDecPAW-H14
94UppDecPAWR-H14
94UppDecPLL-R23
94UppDecPLLR-R23
94UppDecSE-81
94UppDecSEG-81
95BulJew-1
95ColCho-10
95ColCho-271
95ColCholE-10
95ColCholE-202
95ColCholJI-10
95ColCholJI-202
95ColCholSI-10
95ColCholSI-202
95ColChoPC-10
95ColChoPC-271
95ColChoPCP-10
95ColChoPCP-271
95Fin-149
95FinMys-M24
95FinMysB-M24
95FinMysBR-M24
95FinRef-149
95Fla-125
95Fla-160
95FlaHotN-13
95Fle-174
95Fle-213
95FleEur-213
95FleEurA-3
95FleEurLL-1
95FleTotD-11
95Hoo-150
95Hoo-298
95Hoo-376
95HooBloP-2
95HooSla-SL8

95JamSes-98
95JamSesDC-D98
95Met-100
95Met-134
95MetMetF-12
95MetSilS-100
95PanSti-189
95PanSti-278
95ProMag-16
95ProMagDC-21
95Sky-111
95Sky-159
95SkyDyn-D10
95SkyE-X-13
95SkyE-XB-13
95SkyE-XU-4
95SP-22
95SPCha-16
95SPChaCS-S14
95SPChaCSG-S14
95SRTetT-T2
95StaClu-244
95StaCluPZ-PZ10
95Top-2
95Top-11
95Top-69
95Top-227
95TopGal-90
95TopGalPG-PG14
95TopGalPPI-90
95TopPanFG-15
95TopPowB-2
95TopPowB-11
95Ult-168
95Ult-210
95Ult-337
95UltAllGM-14
95UltGolM-168
95UppDec-40
95UppDec-176
95UppDec-266
95UppDec-356
95UppDecEC-40
95UppDecEC-176
95UppDecEC-266
95UppDecEC-356
95UppDecECG-40
95UppDecECG-176
95UppDecECG-266
95UppDecECG-356
95UppDecSE-102
95UppDecSEG-102
96BowBes-40
96BowBesAR-40
96BowBesC-BC17
96BowBesCAR-BC17
96BowBesCR-BC17
96BowBesHR-HR4
96BowBesHRAR-HR4
96BowBesHRR-HR4
96BowBesR-40
96BowBesS-BS10
96BowBesSAR-BS10
96BowBesSR-BS10
96ColCho-22
96ColCholI-141
96ColCholI-10
96ColCholJ-10
96ColCholJ-271
96ColChoM-M83
96ColChoMG-M83
96ColChoS1-S4
Roe, Lou
96Fin-5
96Fin-145
96FinRef-5
96FinRef-145
96FinRef-260
96FlaSho-A9
96FlaSho-B9
96FlaSho-C9
96FlaShoHS-7
96FlaShoLC-9
96FlaShoLC-B9
96FlaShoLC-C9
96Fle-16
96Fle-296
96FleTowoP-9
96Hoo-25
96Hoo-178
96Hoo-326
96Hoo-344
96HooFlyW-7

96HooHIP-H4
96HooSil-25
96HooStaF-4
96Met-15
96Met-231
96MetMaxM-15
96MetNet-8
96MetPowT-9
96MetPreM-231
96Sky-19
96Sky-276
96SkyE-X-11
96SkyE-XACA-3
96SkyE-XC-11
96SkyE-XNA-9
96SkyInt-19
96SkyLarTL-B16
96SkyRub-19
96SkyRub-276
96SkyTriT-TT10
96SkyZ-F-14
96SkyZ-F-193
96SkyZ-FST-ST8
96SkyZ-FZ-14
96SP-17
96SPGamF-GF7
96SPInsI-IN12
96SPInsIG-IN12
96SPPreCH-PC6
96SPSPxFor-F2
96StaClu-130
96StaCluGM-GM3
96StaCluMH-MH1
96StaCluSF-SF10
96StaCluSM-SM9
96Top-176
96TopChr-176
96TopChrPF-PF14
96TopChrR-176
96TopChrSB-SB6
96TopHobM-HM13
96TopMysF-M7
96TopMysFB-M7
96TopMysFBR-M7
96TopMysFBR-M7
96TopNBAa5-176
96TopProF-PF14
96TopSeaB-SB6
96TopSupT-ST4
96Ult-19
96Ult-137
96UltBoaG-17
96UltFulCT-5
96UltFulCTG-5
96UltGolE-G19
96UltGolE-G137
96UltPlaE-P19
96UltPlaE-P137
96UppDec-19
96UppDec-139
96UppDec-169
96UppDec-323
96UppDec-334
96UppDecGK-5
96UppDecSG-SG1
96UppDecU-31
96UppDecUSS-S9
Rodriguez, Andre
92EasIII-5
Rodriguez, Quin
90SouCal*-14
Rodriguez, Ruben
90AriCoC*-90
Roe, Lou
95ClaBKR-28
95ClaBKR-95
95ClaBKR-115
95ClaBKRAu-28
95ClaBKRPP-28
95ClaBKRPP-95
95ClaBKRPP-115
95ClaBKRRR-19
95ClaBKRS-S18
95ClaBKRSS-28
95ClaBKRSS-95
95ClaBKRSS-115
95ClaBKV-28
95ClaBKVE-28
95Col-42
95ColIgn-I12
95FivSp-28
95FivSpD-28
95Fle-307
95Hoo-262

95PacPreGP-14
95PrePas-25
95SRDraD-40
95SRDraDSig-40
95SRFam&F-36
95SRSigPri-36
95SRSigPriS-36
95StaClu-349
95Ult-286
95UppDec-306
95UppDecEC-306
95UppDecECG-306
96FivSpSig-23
96PacPreGP-14
96PacPri-14
96TopSupT-ST8
Roe, Matt
88Syr-8
91FroR-72
91FroRowP-24
91FroRU-89
91ProCBA-114
Roe, Preacher (Elwin)
52Whe*-26A
52Whe*-26B
Roe, Robert
91Min-14
92Min-12
Roelants, Gaston
76PanSti-85
Roemer, Joe
96PenSta*-14
Rogala, Steve
94IHSBoyAST-60
Rogers, Carlos
94Cla-7
94ClaBCs-BC10
94ClaG-7
94ClaROYSw-15
94ClaVitPTP-15
94ColCho-328
94ColCho-416
94ColChoGS-328
94ColChoSS-328
94ColChoSS-416
94Emb-111
94EmbGolI-111
94Emo-32
94Fla-224
94Fle-288
94FleLotE-11
94FouSp-11
94FouSpAu-11A
94FouSpG-11
94FouSpPP-11
94Hoo-327
94HooDraR-11
94HooSch-20
94JamSesRS-12
94PacP-51
94PacPriG-51
94ProMagRS-7
94Sky-231
94SkyDraP-DP11
94SP-11
94SPDie-D11
94SPHol-PC7
94SPHolDC-7
94StaClu-245
94StaCluFDI-245
94StaCluMO-245
94StaCluSTNF-245
94Ult-249
94UltAll-12
94UppDec-194
94UppDec-314
94UppDecPAW-H39
94UppDecPAWR-H39
94UppDecRS-RS11
94UppDecSE-119
94UppDecSEG-119
94WarTop-GS10
95ColCho-76
95ColCho-391
95ColCholE-416
95ColCholEGS-416
95ColCholJGSI-416
95ColCholJI-328
95ColCholJI-416
95ColCholSI-109
95ColCholSI-197
95ColChoPC-76

95ColChoPC-391
95ColChoPCP-76
95ColChoPCP-391
95Fin-145
95FinRef-145
95Fla-45
95Fle-61
95Fle-266
95FleClaE-16
95Hoo-55
95Hoo-345
95Ima-10
95PanSti-212
95Sky-42
95Sky-207
95StaClu-24
95StaCluMOI-24
95SupPix-10
95SupPixC-10
95SupPixCG-10
95SupPixLP-10
95TedWil-54
95TedWilWU-WU6
95Top-233
95Ult-61
95Ult-251
95Ult-338
95UltGolM-61
95UppDec-250
95UppDecEC-250
95UppDecECG-250
95UppDecSE-169
95UppDecSEG-169
96ColCho-341
96ColCholI-51
96ColCholI-181
96ColCholJ-76
96ColCholJ-391
96Hoo-153
96Sky-114
96SkyRub-114
96StaClu-6
96StaCluM-6
96TopSupT-ST26
96Ult-249
96UltGolE-G249
96UltPlaE-P249
96UppDec-121
96UppDec-161
Rogers, Corey
92NewMexS-8
93NewMexS-4
Rogers, Elbert
92Cla-91
92ClaGol-91
Rogers, Erik
88Syr-9
89Syr-14
Rogers, George
91SouCarCC*-10
Rogers, Janice
92PenSta*-12
Rogers, Johnny
86KinSmo-9
Rogers, Keir
92Cla-87
92ClaGol-87
92FouSp-72
92FouSpGol-72
Rogers, Paul
91DavLip-19
92DavLip-19
Rogers, Rodney
93Cla-6
93ClaAcDS-AD4
93ClaChDS-DS34
93ClaDraDD-8
93ClaDraDD-9
93ClaF-11
93ClaG-6
93ClaLPs-LP6
93ClaSB-SB5
93Fin-131
93FinRef-131
93Fle-278
93FleLotE-9
93FouSp-6
93FouSpAu-6A
93FouSpCDSt-DS46
93FouSpG-6
93FouSpLPs-LP8
93FouSpPPBon-PP6
93Hoo-328
93HooDraR-LP9

93HooFifAG-328
93JamSes-57
93JamSesRS-7
93Sky-217
93Sky-298
93SkyDraP-DP9
93SkySch-43
93StaClu-194
93StaCluFDI-194
93StaCluMO-194
93StaCluSTNF-194
93Top-287
93TopGol-287G
93Ult-239
93UltAllS-13
93UppDec-347
93UppDec-491
93UppDecH-H33
93UppDecRE-RE9
93UppDecREG-RE9
93UppDecRS-RS20
94ClaC3*-5
94ColCho-154
94ColChoGS-154
94ColChoSS-154
94Emb-26
94EmbGoII-26
94Emo-24
94Fin-18
94FinRef-18
94Fla-42
94Fle-60
94FleRooS-22
94Hoo-52
94Hoo-429
94HooShe-7
94Ima-60
94JamSes-49
94PanSti-129
94ProMag-35
94Sky-44
94Sky-188
94SkyRagR-RR6
94SP-62
94SPCha-54
94SPChaDC-54
94SPDie-D62
94StaClu-28
94StaCluFDI-28
94StaCluMO-28
94StaCluST-7
94StaCluSTNF-28
94Top-80
94TopSpe-80
94Ult-51
94UppDec-84
94UppDecE-74
94UppDecSE-21
94UppDecSEG-21
95ColCho-54
95ColCho-205
95ColCho-259
95ColCholE-205
95ColCholJI-154
95ColCholSI-154
95ColCluPC-54
95ColChoPC-205
95ColChoPC-259
95ColChoPCP-54
95ColChoPCP-205
95ColChoPCP-259
95Fin-238
95FinRef-238
95Fla-171
95Fle-46
95Fle-230
95FleEur-59
95Hoo-42
95Hoo-309
95Met-159
95PanSti-223
95Sky-56
95Sky-178
95SP-60
95StaClu-91
95StaClu-212
95StaCluMOI-91TB
95StaCluMOI-91TR
95TedWil-88
95Top-78
95Top-265
95Ult-82
95Ult-223
95UltGolM-82

95UppDec-286
95UppDecEC-286
95UppDecECG-286
95UppDecSE-125
95UppDecSEG-125
96ColCho-69
96ColCholI-39
96ColCholI-205
96ColCholI-47
96ColCholJ-54
96ColCholJ-205
96ColCholJ-259
96ColChoM-M112B
96ColChoMG-M112B
96Fle-201
96Hoo-73
96HooSil-73
96HooStaF-12
96Met-179
96MetPreM-179
96Sky-52
96SkyAut-71
96SkyAutB-71
96SkyRub-52
96SkyZ-F-113
96SP-48
96StaClu-146
96Top-197
96TopChr-197
96TopChrR-197
96TopNBAa5-197
96Ult-200
96UltGolE-G200
96UltPlaE-P200
96UppDec-56
96UppDec-147
Rogers, Roy
96AllSpoPPaF-18
96BowBesRo-R21
96BowBesRoAR-R21
96BowBesRoR-R21
96ColCho-351
96ColEdgRR-39
96ColEdgRRD-39
96ColEdgRRG-39
96ColEdgRRKK-18
96ColEdgRRKKG-18
96ColEdgRRKKH-18
96ColEdgRRRR-18
96ColEdgRRRG-18
96ColEdgRRRH-18
96Fin-19
96FinRef-19
96FlaShoCo'-18
96Fle-264
96FleRooS-14
96Hoo-309
96HooRoo-25
96Met-221
96Met-238
96MetPreM-221
96MetPreM-238
96PacPow-44
96PrePas-20
96PrePasAu-15
96PrePasNB-20
96PrePasS-20
96ScoBoaAB-14
96ScoBoaAB-14A
96ScoBoaAB-14B
96ScoBoaAB-14C
96ScoBoaAB-PP13
96ScoBoaACA-39
96ScoBoaBasRoo-14
96ScoBoaBasRooCJ-CJ12
96ScoBoaBasRooD-DC22
96Sky-125
96Sky-232
96SkyE-X-78
96SkyE-XC-78
96SkyRooP-R14
96SkyRub-125
96SkyRub-231
96SkyZ-F-162
96SkyZ-FZ-16
96SkyZ-FZZ-16
96SP-146
96StaCluR1-R6
96StaCluR2-R4
96StaCluRS-RS18
96Top-132
96TopChr-132
96TopChrR-132
96TopDraR-22

96TopNBAa5-132
96Ult-260
96UltGolE-G260
96UltPlaE-P260
96UppDec-131
96UppDecRE-R4
96UppDecU-18
Rogers, Steve
92Cla-61
92ClaGol-61
92FouSp-55
92FouSpGol-55
92FroR-54
92StaPic-52
Rogers, Tick
92Lou-6
93Lou-8
Rogers, Timmy
94TenTec-18
Roges, Al
54BulGunB-10
Rohdemann, Aaron
94IHSBoyAST-153
Rohm, Pinky
90LSUColC*-47
Roland, Gilbert
48TopMagP*-J31
Roland, Jannon
93PurWom-10
Roland, Omar
91OutWicG-7
Roley, Eric
94IHSBoyAST-159
Rolfes, Don
89KenColC*-84
Rollen, David
91TexA&MCC*-98
Roller, David
89KenColC*-197
Roller, Mike
91DavLip-28
92DavLip-28
Rollins, Brandon
92Hou-8
Rollins, Kenny
88KenColC-20
Rollins, Phil
55AshOil-34
59Kah-7
69ConSta-10
88LouColC-28
88LouColC-122
89LouColC*-222
Rollins, Tree (Wayne)
78HawCok-12
79HawMajM-13
80Top-33
80Top-106
81Top-E71
83Sta-272
84StaAwaB-22
85Sta-46
86Fle-94
86HawPizH-13
87Fle-94
87HawPizH-12
89Hoo-2
90CleColC*-3
90CleColC*-C1
90Hoo-413
90Sky-57
90Sky-383
91Fle-291
91Hoo-371
92Fle-348
92Hoo-393
92StaClu-337
92StaCluMO-337
92Top-311
92TopGol-311G
92Ult-272
94ColCho-130
94ColCho-295
94ColChoGS-130
94ColChoSS-130
94ColChoSS-295
94Fle-339
94HooShe-11
94Ult-304
95ColCholE-295
95ColCholJI-295

95ColCholSI-76
Romaniuk, Russ
91NorDak*-15
Rome, Jamal
94IHSBoyAST-236
Romeo, Tony
90FloStaCC*-103
Romine, Kevin
90AriStaCC*-178
Ronaldson, Tony
92AusFutN-83
93AusFutN-97
93AusStoN-27
94AusFutN-80
94AusFutN-172
95AusFutC-CM12
95AusFutN-85
95AusFutSC-NBL1
96AusFutN-69
Ronan, Marc
90FloStaCC*-55
Rooks, Ron
88LouColC-97
Rooks, Sean
87Ari-12
88Ari-12
89Ari-10
90Ari-9
92Cla-58
92ClaGol-58
92Fle-325
92FleDra-12
92FleTeaNS-4
92FouSp-52
92FouSpGol-52
92FroR-55
92Hoo-373
92Sky-329
92StaClu-325
92StaCluMO-325
92StaPic-12
92Top-292
92TopGol-292G
92Ult-249
92UppDec-19
92UppDec-459
92UppDecRS-RS3
93Fle-47
93FleRooS-20
93Hoo-49
93HooFifAG-49
93JamSes-50
93PanSti-74
93Sky-58
93StaClu-303
93StaCluFDI-303
93StaCluMO-303
93StaCluSTNF-303
93Top-124
93TopGol-124G
93Ult-47
93UppDec-215
93UppDec-298
93UppDec-460
93UppDecE-57
93UppDecE-137
93UppDecS-98
93UppDecSEC-98
93UppDecSEG-98
94ColCho-93
94ColCho-276
94ColChoGS-93
94ColChoGS-276
94ColChoSS-93
94ColChoSS-276
94Fin-15
94Fin-237
94FinRef-15
94FinRef-237
94Fla-36
94Fle-263
94Fle-326
94Hoo-47
94JamSes-43
94PanSti-123
94Sky-39
94SP-109
94SPDie-D109
94StaClu-314
94StaCluFDI-314
94StaCluMO-314
94StaCluSTNF-314
94Top-19

94TopSpe-19
94Ult-45
94Ult-292
94UppDec-244
94UppDecSE-17
94UppDecSEG-17
95ColCholE-93
95ColCholE-276
95ColCholJI-93
95ColCholJI-276
95ColCholSI-93
95ColCholSI-57
95Fin-192
95FinRef-192
95Fle-110
95FleEur-140
95Hoo-99
95PanSti-176
95ProMag-80
95Sky-184
95StaClu-263
95Top-252
95Ult-109
95UltGolM-109
95UppDec-221
95UppDecEC-221
95UppDecECG-221
95UppDecSE-51
95UppDecSEG-51
96StaClu-129
96UppDec-240
Roosma, John S.
68HalofFB-36
Ropke, Van Buren
89KenColC*-29
Rosa, Anthony
93Mia-2
94Mia-14
Rose, Clarence
90CleColC*-82
Rose, Gayle
55AshOil-23
88KenColC-45
88KenColC-170
Rose, Glen
91ArkColC*-52
Rose, Jalen
92Mic-5
94Ass-22
94Ass-47
94AssPhoCOM-20
94Cla-78
94ClaAssSS*-22
94ClaBCs-BC12
94ClaG-78
94ClaNatPA-3
94ClaPhoC$-2-6
94ColCho-238
94ColCho-378
94ColChoCtGRS-S12
94ColChoCtGRSR-S12
94ColChoGS-238
94ColChoGS-378
94ColChoSS-238
94ColChoSS-378
94Emb-113
94EmbGoII-113
94Emo-25
94Fin-249
94FinRef-249
94FinRef-258
94Fla-207
94Fle-276
94FleFlirYP-9
94FouSp-13
94FouSp-195
94FouSpAu-13A
94FouSpBCs-BC9
94FouSpG-13
94FouSpG-195
94FouSpPP-13
94FouSpPP-195
94FouSpTri-TC3
94Hoo-320
94HooMagA-AR9
94HooMagAF-FAR9
94HooMagAJ-AR9
94HooSch-21
94JamSes-50
94JamSesRS-13
94PacP-52
94PacPriG-52
94ProMagRS-8

94Sky-224
94Sky-347
94SkyDraP-DP13
94SkySIaU-SU23
94SP-13
94SPDie-D13
94SPHol-PC5
94SPHolDC-5
94SRGoIS-16
94SRGoISP-P2
94SRGoISSig-GS20
94SRTetFC-4
94StaClu-260
94StaCluBT-7
94StaCluFDI-260
94StaCluMO-260
94StaCluMO-BT7
94StaCluSTNF-260
94Top-378
94TopFra-6
94TopSpe-378
94Ult-234
94UltAll-13
94UppDec-159
94UppDec-184
94UppDecRS-RS13
94UppDecSE-112
94UppDecSEG-112
94UppDecSEJ-7
95AssGoI-46
95AssGoIPC$2-46
95AssGPP-46
95AssGSS-46
95ColChoI-268
95ColChoIE-238
95ColChoIE-378
95ColChoIEGS-378
95ColChoIJGSI-159
95ColChoIJI-159
95ColChoIJI-238
95ColChoISI-19
95ColChoISI-159
95ColChoPC-268
95ColChoPCP-268
95Fin-85
95FinRef-85
95Fla-33
95Fle-47
95FleClaE-17
95FleEur-60
95FleRooS-12
95Hoo-43
95Hoo-206
95Hoo-378
95Ima-12
95ImaF-TF9
95JamSes-28
95JamSesDC-D28
95Met-27
95MetSiIS-27
95PanSti-158
95PrePas-35
95ProMag-32
95Sky-32
95SkyDyn-D4
95SP-37
95SPChaCS-S17
95SPChaCSG-S17
95SRKro-7
95SRKroFR-FR7
95SRKroJ-J7
95StaClu-13
95StaCluMOI-13
95SupPix-12
95SupPixCG-12
95TedWil-55
95TedWilWU-WU7
95Top-136
95Ult-47
95UltAllT-10
95UltAllTGM-10
95UltGoIM-47
95UppDec-93
95UppDec-163
95UppDecEC-163
95UppDecECG-93
95UppDecECG-163
96Ass-38
96ColCho-42
96ColCho-258
96ColChoII-29
96ColChoIJ-268

96ColChoM-M79
96ColChoMG-M79
96Fin-208
96FinRef-208
96Fle-28
96Fle-199
96Hoo-43
96Hoo-213
96HooSil-43
96HooStaF-11
96Met-123
96Met-178
96MetPreM-178
96Sky-159
96SkyRub-158
96SkyZ-F-112
96SPx-14
96SPxGoI-14
96StaClu-125
96StaCluWA-WA23
96Top-120
96TopChr-120
96TopChrR-120
96TopNBAa5-120
96Ult-197
96UltGoIE-G197
96UltPlaE-P197
96UppDec-230
96Vis-18
Rose, Malik
96AllSpoPPaF-25
96ColEdgRR-40
96ColEdgRRD-40
96ColEdgRRG-40
96Fle-163
96Hoo-310
96PrePas-30
96PrePasNB-30
96PrePasS-30
96ScoBoaAB-13
96ScoBoaAB-13A
96ScoBoaAB-13B
96ScoBoaAB-13C
96ScoBoaBasRoo-75
96Sky-233
96SkyRub-232
96Ult-160
96UltGoIE-G160
96UltPlaE-P160
Rose, Missy
93ConWom-13
Rose, Pete
68ParMea*-13
76NabSugD1*-12
Rose, Robert (Rob)
91ProCBA-15
93AusFutN-94
93AusStoN-81
94AusFutDG-DG2
94AusFutLotR-LR1
94AusFutN-75
94AusFutN-97
94AusFutN-111
95AusFutC-CM1
95AusFutHTH-H2
95AusFutN-15
96AusFutN-5
Rosen, Charley
89ProCBA-88
90ProCBA-88
91ProCBA-169
Rosen, Doug
94IHSBoyAST-135
Rosenberg, Andrew
90HooAnn-46
Rosenbluth, Lennie
57Top-48
73NorCarPC-13C
89NorCarCC-41
89NorCarCC-42
89NorCarCC-43
90NorCarCC*-98
Rosenbom, Joyce
54QuaSpoO*-20
Rosenthal, Dick
90NotDam-3
Roshso, Jim
90LSUCoIC*-30
Ross, Bobby
91GeoTecCC*-88
Ross, Chuck
91DavLip-1
92DavLip-1
Ross, Cordell

90MicStaCC2*-70
Ross, Frank
90ProCBA-88
Ross, Harold
88KenCoIC-71
Ross, Mark
91TexA&MCC*-35
Ross, Ray
91OreSta-15
Ross, Ricky
91OutWicG-8
Ross, Ron
82Fai-14
Ross, Scott
90SouCal*-15
Ross, Terri
90MonSta-13
Ross, Tom
90MicStaCC2*-64
Ross, Tony
90OreSta-14
Rossi, Giorgio
76PanSti-185
Rossignol, Matt
87Mai*-3
Rossini, Alberto
92UppDecE-111
Rossovich, Tim
91SouCal*-28
Rossum, Clint
88UNL-6
Roth, Doug
88Ten-50
Roth, Duane
94IHSBoyASD-52
94IHSBoyAST-6
Roth, Ken
91MurSta-15
Roth, Scott
89Hoo-349
89JazOldH-12
90Hoo-191
Rothman, Judd
89LouCoIC*-68
Rothrock, Dustin
94IHSBoyAST-323
Rothstein, Ron
89HeaPub-10
90HooFifAG-156
89HeaPub-14
89PanSpaS-154
90Hoo-318
90HooTeaNS-14
90Sky-314
92Fle-67
92Hoo-246
92Sky-262
Roubtchenko, Roman
93LSU-12
Rouge, Jean-Luc
76PanSti-236
Roulds, Parnell
94IHSBoyAST-7
Rouleau, Marie-Jose E.
92FloSta*-4
Roulier, Rachelle
90UCL-30
Roulston, Jeff
92Cla-86
92ClaGoI-86
92ProMag-71
92FouSpGoI-71
Roundfield, Dan
77Top-13
78HawCok-13
78Top-69
79HawMajM-14
79Top-43
80Top-1
80Top-5
80Top-80
80Top-89
80Top-93
80Top-174
81Top-2
81Top-64
81Top-E110
83Sta-273
84Sta-267
85Sta-115
86Fle-65
Roundfield, Kevin
81Ari-14
Rouse, James

91ArkCoIC*-89
Rouse, Willie
88KenCoIC-49
Roussel, Dominic
93ClaMcDF-18
Rowe, Curtis
72Top-24
73Top-127
74Top-22
75Top-68
76Top-118
77CeICit-10
77Top-3
91UCLCoIC-46
92CouFla-32
Rowe, Dee
91ConLeg-12
Rowe, Louis
93JamMad-10
94JamMad-15
Rowe, Todd Alan
95UppDecCAM-M3
95UppDecCBA-50
95UppDecCBA-101
95UppDecCBA-110
Rowinski, Jim
89ProCBA-171
90ProCBA-190
Rowland, Derrick
91ProCBA-166
Rowsom, Brian
90ProCBA-74
90Sky-34
Roy, Tommy
90HooAnn-47
Royal, Donald
90NotDam-11
90Sky-174
91ProCBA-122
92Hoo-443
92Sky-383
92StaClu-258
92StaCluMO-258
92Top-378
92TopGoI-378G
92UppDecM-OR7
93Fle-150
93Hoo-156
93HooFifAG-156
93HooShe-6
93JamSes-161
93PanSti-189
93Sky-134
93StaClu-291
93StaCluFDI-291
93StaCluMO-291
93StaCluSTNF-291
93UppDec-149
93UppDec-228
94ColCho-5
94ColChoGS-5
94ColChoSS-5
94Fin-87
94FinRef-87
94Fla-277
94Fle-161
94Hoo-153
94HooShe-11
94PanSti-98
94ProMag-93
94Sky-119
94SP-125
94SPDie-D125
94StaClu-7
94StaCluFDI-7
94StaCluMO-7
94StaCluSTDW-M7
94StaCluSTMP-M9
94StaCluSTNF-7
94Top-32
94TopSpe-32
94Ult-305
94UppDec-289
95ColCho-216
95ColChoIE-5
95ColChoIJI-5
95ColChoISI-5
95ColChoPC-216
95ColChoPCP-216
95Fin-170
95FinRef-170
95Fle-131
95FleEur-168
95PanSti-41

95StaClu-286
95Top-201
95Ult-127
95UltGoIM-127
95UppDec-37
95UppDecEC-37
95UppDecECG-37
95UppDecSE-61
95UppDecSEG-61
96ColCho-108
96ColChoII-67
96ColChoIJ-216
96ColChoM-M150
96ColChoMG-M150
96Top-62
96TopChr-62
96TopChrR-62
96TopNBAa5-62
96UppDec-88
Roye, Tim James
90HooAnn-48
Rozier, Clifford
92Lou-4
93Lou-9
94Cla-33
94ClaBCs-BC15
94ClaG-33
94ClaPre-BP5
94ClaROYSw-9
94ClaVitPTP-9
94ColCho-259
94ColChoGS-259
94ColChoSS-259
94Emb-116
94EmbGoII-116
94Emo-33
94Fla-225
94Fle-289
94FouSp-16
94FouSp-196
94FouSpAu-16A
94FouSpG-16
94FouSpG-196
94FouSpPP-16
94FouSpPP-196
94Hoo-328
94HooSch-22
94JamSesRS-14
94PacP-53
94PacPriG-53
94Sky-232
94SkyDraP-DP16
94SP-15
94SPDie-D15
94SPHol-PC27
94SPHolDC-27
94SRGoIS-17
94SRGoISSig-GS19
94StaClu-275
94StaCluFDI-275
94StaCluMO-275
94StaCluSTNF-275
94Top-356
94TopSpe-356
94Ult-250
94UppDec-308
94UppDecRS-RS16
94UppDecSE-120
94WarTop-GS6
95ColCho-284
95ColChoIE-259
95ColChoIJI-259
95ColChoPC-284
95ColChoPCP-284
95Fin-193
95FinRef-193
95Fla-46
95Fle-62
95FleClaE-18
95FleEur-79
95FleRooS-13
95Hoo-56
95Ima-15
95Met-35
95MetSiIS-35
95PanSti-214
95SRKro-10
95SRKroJ-J11
95StaClu-226
95SupPix-15
95SupPixAu-15
95SupPixC-15

95SupPixCG-15
95TedWil-56
95Top-67
95Ult-62
95UltGolM-62
95UppDec-189
95UppDecEC-189
95UppDecECG-189
95UppDecSE-28
95UppDecSEG-28
95WarTop-GS12
96ColCho-246
96ColChoIl-37
96ColChoIJ-284
96Top-6
96TopChr-6
96TopChrR-6
96TopNBAa5-6
Rubbert, Ed
89LouColC*-125
Rubenstein, Ron
88LouColC-80
Rubin, Roy
89LouColC*-54
Rubini, Cesare
95ActPacHoF-36
Rucker, Derek
94AusFutDG-DG5
94AusFutN-152
95AusFutC-CM9
95AusFutII-II5
95AusFutN-67
95AusFutN-97
95AusFutSC-NBL6
96AusFutN-79
96AusFutNA-ASN2
96AusFutNFDT-2
96AusFutNOL-OL6
Rucks, Norman
91SouCarCC*-75
Rudd, Delaney
90FleUpd-U96
90Hoo-293
90HooTeaNS-25
90JazSta-10
90Sky-283
91Fle-366
91Hoo-442
91HooTeaNS-26
91Sky-284
91UppDec-197
Ruddins, Kim
91SouCal*-22
Rudeen, Rick
90CleColC*-56
Rudolph, Ken
79AriSpoCS*-6
Rudolph, Wilma
76PanSti-80
77SpoSer1*-1802
83HosU.SOGM-22
83TopOlyH-34
91ImpHaloF-7
92SniU.SOC-11
92TopStapS*-11
Rueppell, Chris
89OreSta-14
90OreSta-15
Ruettgers, Ken
91SouCal*-31
Ruffin, Trevor
94Cla-79
94ClaG-79
94Fla-290
94Fle-352
94Hoo-366
94Sky-273
94SP-27
94SPDie-D27
94Ult-318
95Ima-34
95Met-178
95SP-100
95SPCha-79
95SupPix-72
95Top-179
96Hoo-117
96TopSupT-ST20
Ruffner, Paul
71ConPitA-9
73LinPor-31
Ruholl, Connie
92Ill-32

Ruland, Jeff
83Sta-204
84Sta-194
84StaAllG-10
84StaAllGDP-10
84StaCouK5-2
85Sta-116
86Fle-96
92Fle-175
92StaClu-58
92StaCluMO-58
92Ult-140
Rule, Bob
69SupSunB-8
69Top-30
69TopRul-6
70Top-15
70TopPosI-12
71SupSunB-6
71Top-40
71TopTri-1
72Top-40
73Top-138
Ruman, Robert
90AriColC*-123
Runager, Max
91SouCarCC*-83
Runnerstrum, Grant
90SouCal*-16
Rupp, Adolph
55AshOil-24
68HalofFB-37
88KenColC-1
88KenColC-213
89KenColC*-35
91UppDecS-10
93ActPacHoF-57
Rupp, Chip
87Van-5
Rupp, Herky
88KenColC-78
Rush, Arlandis
89UTE-22
Rusnak, Ron
90NorCarCC*-132
90NorCarCC*-153
Russak, Al
89LouColC*-55
Russell, Benny
89LouColC*-140
Russell, Bill
57Top-77
57UniOilB*-5
61Fle-38
61Fle-62
68HalofFB-53
68TopTes-4
69NBAMem-14
71MatInsR-9
73SupShu-7
74SupKTWMC-2
77SpoSer4*-412
81PhiMor*-14
81TCMNBA-16
89SpoIllfKl*-323
95ActPacHoF-40All
96TopFinR-40
96TopFinRN-40
96TopNBAS-40
96TopNBAS-90
96TopNBAS-140
96TopNBASF-40
96TopNBASF-90
96TopNBASF-140
96TopNBASFAR-40
96TopNBASFAR-90
96TopNBASFAR-140
96TopNBASFR-40
96TopNBASFR-90
96TopNBASFR-140
96TopNBASI-I3
96TopNBASR-40
Russell, Bryon
93Cla-65
93ClaF-71
93ClaG-65
93Fle-389
93FouSp-57
93FouSpG-57
93StaClu-199
93StaCluFDI-199
93StaCluMO-199
93StaCluSTNF-199
93Top-374

93TopGol-374G
93Ult-350
93UppDecS-158
93UppDecS-187
93UppDecSEC-158
93UppDecSEC-187
93UppDecSEG-158
93UppDecSEG-187
94ColCho-368
94ColChoGS-368
94ColChoSS-368
94Fin-137
94FinRef-137
94Fla-149
94Fle-225
94FleRooS-23
94Hoo-212
94HooShe-15
94Ima-13
94JamSes-188
94Sky-166
94SkyRagR-RR23
94SkyRagRP-RR23
94StaClu-296
94StaCluFDI-296
94StaCluMO-296
94StaCluSTNF-296
94Top-384
94TopSpe-384
94Ult-187
95ColCho-260
95ColCholE-368
95ColCholJI-368
95ColCholSI-149
95ColChoPC-260
95ColChoPCP-260
95FleEur-227
95PanSti-194
95StaClu-82
95StaCluMOI-82
96Top-114
95UppDec-15
95UppDecEC-15
95UppDecECG-15
96ColCho-343
96ColCholI-102
96ColCholJ-260
96ColChoM-M176
96ColChoMG-M176
96Fin-86
96FinRef-86
96Fle-260
96Met-219
96MetPreM-219
96SP-116
96StaClu-157
96Top-190
96TopChr-190
96TopChrR-190
96TopNBAa5-190
96Ult-114
96Ult-255
96UltGolE-G114
96UltGolE-G255
96UltPlaE-P114
96UltPlaE-P255
96UppDec-162
96UppDecG-300
Russell, Campy
75Top-156
76Top-23
77Top-83
78Top-32
79Top-56
80Top-12
80Top-100
81Top-E84
Russell, Carol
91Neb*-15
Russell, Cazzie
68TopTes-6
69Top-3
70Top-95
71Top-73
71WarTeal-10
72Com-22
72Top-112
73LinPor-55
73NBAPlaA-28
73Top-41
74Top-151
75Top-34
75Top-125
76Top-83

77Top-59
80TCMCBA-5
81TCMCBA-50
81TCMNBA-9
82TCMCBA-1
82TCMLanC-4
82TCMLanC-5
91Mic*-45
92CouFla-33
Russell, Charles
94IHSBoyAST-145
Russell, Cory
89ProCBA-194
Russell, Derek
91ArkColC*-16
Russell, Jennifer
94WyoWom-9
Russell, John D.
68HalofFB-38
Russell, Keith
90AriStaCC*-160
Russo, Laurie
92PenSta*-13
Rustamova, Zebinisio
76PanSti-292
Rustand, Warren
90AriColC*-11
Ruth, Babe
33SpoKinR*-2
48TopMagP*-K6
81TopThiB*-5
Rutherford, Randy
95ClaBKR-91
95ClaBKRAu-69
95ClaBKRPP-69
95ClaBKRSS-69
95Col-95
95SRDraD-34
95SRDraDSig-34
Ruyle, Matt
94IHSBoyAST-40
Ryan, Buddy
91OklStaCC*-67
Ryan, Debbie
91VirWom-9
92VirWom-11
93VirWom-10
Ryan, Nolan
81TopThiB*-10
91AreHol1N*-4
92ClaShoP2*-14
93FaxPaxWoS*-14
94ScoBoaNP*-11
94ScoBoaNP*-20D
Ryan, Pamela
76NabSugD1*-17
Ryan, Pat
48TopMagP*-E11
Rymer, Charlie
91GeoTecCC*-162
Rypien, Mark
92LitSunW*-2
Ryun, Jim
77SpoSer1*-1605
81PhiMor*-15
Sabo, Chris
91Mic*-40
Sabol, Mike
89Geo-12
90Geo-3
Sabonis, Arvydas
95ColChoDT-T2
95ColChoDTPC-T2
95ColChoDTPCP-T2
95Fla-217
95FlaWavotF-6
95Fle-308
95Hoo-279
95Met-184
95MetTemS-7
95Sky-239
95SkyE-X-68
95SkyE-XB-68
95SkyHigH-HH14
95SP-163
95SPCha-88
95TopGal-40
95TopGalPPI-40
95TraBlaF-9
95Ult-287
95UppDec-267
95UppDecEC-267
95UppDecECG-267

95UppDecSE-156
95UppDecSEG-156
96BowBes-29
96BowBesAR-29
96BowBesHR-HR4
96BowBesHRAR-HR4
96BowBesHRR-HR4
96BowBesR-29
96ColCho-209
96ColChoCtGS2-C22A
96ColChoCtGS2-C22B
96ColChoCtGS2R-R22
96ColChoCtGS2RG-R22
96ColChoCtGSG2-C22A
96ColChoCtGSG2-C22B
96ColChoM-M39
96ColChoMG-M39
96ColChoS2-S22
96Fin-41
96FinRef-41
96FlaSho-A36
96FlaSho-B36
96FlaSho-C36
96FlaShoLC-36
96FlaShoLC-B36
96FlaShoLC-C36
96Fle-90
96FleRooR-7
96FleS-29
96Hoo-130
96Hoo-185
96HooRooH-7
96HooStaF-20
96Met-81
96Sky-90
96SkyE-X-59
96SkyE-XC-59
96SkyRub-96
96SkyZ-F-72
96SkyZ-FV-V12
96SkyZ-FZ-72
96SP-93
96StaClu-33
96StaCluM-33
96Top-38
96TopChr-38
96TopChrR-38
96TopNBAa5-38
96TopSupT-ST22
96TraBla-5
96TraBla-NNO
96TraBla-NNO
96Ult-91
96UltGolE-G91
96UltPlaE-P91
96UltRooF-3
96UppDec-101
96UppDec-157
96UppDec-352
97SchUltNP-21
Sachs, Doug
87AriSta*-19
90AriStaCC*-110
Sadek, Mike
79AriSpoCS*-7
Sadowski, Ed
48Bow-48
Sage, John
90LSUColC*-67
Sager, Craig
89HooAnn-7
90HooAnn-49
90HooAnn-50
Sahm, Walt
90NotDam-58
Sailors, Kenny
48Bow-12
Saimes, George
90MicStaCC2*-71
Sain, Jerry
90NorCarCC*-126
Sain, Robert
91DavLip-21
92DavLip-21
Sale, Forest
88KenColC-19
Saleaumua, Dan
90AriStaCC*-11
Sales, Roland
91ArkColC*-75
Salisbury, Danny
80TCMCBA-4
Salley, John
88Fle-44

89Fle-51
89Hoo-109
89PanSpaS-99
90Fle-60
90Hoo-110
90HooActP-61
90HooTeaNS-8
90PisSta-11
90PisUno-10
90Sky-92
91SMaj-76
91Fle-280
91GeoTecCC*-58
91Hoo-65
91HooTeaNS-8
91PisUno-9
91Sky-87
91UppDec-190
91UppDecS-5
91UppDecS-9
92Fle-68
92Fle-370
92FleTeaNS-7
92Hoo-67
92Hoo-414
92PanSti-143
92Sky-72
92Sky-361
92SkySchT-ST6
92StaClu-375
92StaCluMO-375
92Top-383
92TopArc-87
92TopArcG-87G
92TopGol-383G
92Ult-294
92UppDec-24
92UppDec-342
92UppDec-497
93Fin-177
93FinRef-177
93Fle-110
93Hoo-115
93HooFifAG-115
93JamSes-115
93PanSti-208
93Sky-105
93StaClu-155
93StaCluFDI-155
93StaCluMO-155
93StaCluMO-ST14
93StaCluST-14
93Top-161
93TopGol-161G
93Ult-281
93UppDec-9
93UppDecE-200
94ColCho-122
94ColChoGS-122
94ColChoSS-122
94Fin-3
94Fin-19
94FinRef-3
94FinRef-19
94Fla-80
94Fle-119
94Hoo-112
94JamSes-101
94PanSti-66
94Sky-87
94StaClu-191
94StaCluFDI-191
94StaCluMO-191
94StaCluSTNF-191
94Top-174
94TopSpe-174
94Ult-98
94UppDecE-51
95ColCho-111
95ColCholE-122
95ColCholJI-122
95ColCholSI-122
95ColChoPC-111
95ColChoPCP-111
95Fin-177
95FinRef-177
95Fla-134
95Fle-98
95Fle-267
95FleEur-125
95Hoo-346
95Met-107
95MetSilS-107

95PanSti-134
95Sky-147
95Sky-208
95StaClu-22
95StaCluMOI-22EB
95StaCluMOI-22ER
95Top-169
95TopGal-137
95TopGalPPI-137
95Ult-181
95Ult-252
95UltGolM-181
95UppDec-108
95UppDec-307
95UppDecEC-108
95UppDecEC-307
95UppDecECG-108
95UppDecECG-307
96ColChoII-82
96ColCholJ-111
Sallier, Bryan
93Cla-100
93ClaF-88
93ClaG-100
93FouSp-87
93FouSpG-87
Salmon, John Byrd
90AriColC*-125
Salva, Mark
90FloStaCC*-74
Salvadori, Kevin
94Cla-45
94ClaG-45
94PacP-54
94PacPriG-54
95SupPix-65
95TedWil-57
Salz, Harvey
89NorCarCC-146
Salzano, Mike
90NorCarCC*-71
Sampson, Ralph
83Sta-73
84Sta-248
84StaAllG-23
84StaAllGDP-23
84StaAllGDP-32
84StaAwaB-3
84StaAwaB-23
84StaCouK5-14
84StaSlaD-8
85PriSti-11
85Sta-24
85StaCruA-11
85StaLas1R-2
85StaLitA-12
85StaTeaS5-HR1
86Fle-97
86StaBesotN-4
86StaCouK-27
87Fle-95
88Fle-49
88FouNBAE-24
88WarSmo-3
89Hoo-39
89KinCarJ-50
89PanSpaS-189
89PanSpaS-191
90Hoo-261
90PanSti-41
90Sky-250
91Sky-249
91Sky-651
91UppDec-397
91WooAwaW-12
92TopArc-3
92TopArcG-3G
92TopArcMP-1983
Sams, Bucky
91TexA&MCC*-57
Samuels, Marcus
94Bra-7
95Bra-15
Samuels, Rick
92EasIII-1
Samuelson, Shawn
92Mon-14
San Epifanio, Juan Antonio
85FouAsedB-8a
92UppDecE-119
Sanchelli, Karen
91SouCarCC*-27
Sanchez, Nick
94IHSBoyA3S-11

Sancho, Ron
90LSUColC*-135
Sandberg, Ryne
92LitSunW*-1
Sandberry, Jay
91SouCarCC*-116
Sandbothe, Lisa
95WomBasA-14
Sandbothe, Mike
88Mis-10
Sanders, Al
90LSUColC*-55
Sanders, Barry
91OklStaCC*-2
91OklStaCC*-61
91OklStaCC*-76
91OklStaCC*-78
91OklStaCC*-83
Sanders, Curtis M.
89KenColC*-159
Sanders, Deion
90FloStaCC*-145
91FooLocSF*-6
92ClaWorCA-57
Sanders, Frankie
82TCMCBA-87
Sanders, James Twiggy
92Glo-60
Sanders, Jeff
89BulEqu-12
90Sky-47
91ProCBA-161
92Sky-357
92StaClu-336
92StaCluMO-336
92TopGol-197G
92UppDec-270
Sanders, Marcus
90MicStaCC2*-121
Sanders, Mike
83Sta-118
84Sta-50
84SunPol-7
85Sta-41
87Fle-96
87Sun5x8W-3
87SunCirK-13
89Fle-30
89Hoo-226
89Hoo-340
89PanSpaS-88
89PanSpaS-91
90Fle-80
90Hoo-137
90HooTeaNS-11
90Sky-120
91Hoo-86
91Sky-116
91UCLColC-94
91UppDec-337
92Fle-44
92Hoo-368
92Sky-45
92StaClu-315
92StaCluMO-315
92Top-239
92TopGol-239G
92Ult-39
92UppDecM-CL8
93Fle-40
Sanders, Thomas
91TexA&MCC*-25
Sanders, Todd
88WakFor-13
89ProCBA-128
Sanders, Tom (Satch)
69Top-72
70Top-163
72Top-74
77CelCit-11
81TCMNBA-21
89CelCitP-4
94UppDec-360
Sanders, Tracy
90FloStaCC*-65
Sanders, Troy
92FloSta*-70
Sanderson, Derek
74NabSugD*-15
Saneyev, Viktor
76PanSti-139
Sansostri, Marina
93KenSch-6
Santelli, Felicia
91VirWom-10

Santiago, Kevin
88BYU-12
Santleben, Dana
94TexAaM-18
Saperstein, Abraham M.
68HalofFB-51
Sappleton, Wayne
84Sta-97
Sapwell, Rupert
96AusFutNFF-FFB5
Sarazen, Gene
33SpoKinR*-22
Sartini, Gene
89LouColC*-161
Sarver, Dwayne
91Haw-14
92Haw-11
Sasser, Jason
96AllSpoPPaF-23
96ColEdgRR-41
96ColEdgRRD-41
96ColEdgRRG-41
96PacPow-45
96PrePas-28
96PrePasAu-16
96PrePasNB-28
96PrePasS-28
96ScoBoaAB-38
96ScoBoaAB-38A
96ScoBoaAB-38B
96ScoBoaAB-38C
96ScoBoaBasRoo-38
Sassone, Bob
79St.Bon-12
Satalin, Jim
79St.Bon-13
Satalowich, Todd
89Mis-11
Satcher, Oku
94IHSBoyAST-121
Saul, Ronald
90MicStaCC2*-21
Sauldsberry, Woody
57Top-34
Saunders, Flip
89ProCBA-165
90ProCBA-70
96Hoo-264
Saunders, Fred
74SunTeal8-R
77CelCit-12
Savoldi, Joe
48TopMagP*-D22
Sawyer, Alan
91UCLColC-87
Sawyer, Corey
92FloSta*-71
Sawyer, Fred
61UniOil-9
88LouColC-72
89LouColC*-251
Sawyer, Gregg
94Wyo-9
Sawyer, Tommy
94IHSBoyASD-16
Scalera, Damiano
94IHSBoyASD-9
Scales, Clifford
90Neb*-21
91FroR-82
91FroRowP-12
91FroRU-93
91ProCBA-128
Scales, DeWayne
81Top-E85
90LSUColC*-46
Scales, Jervaughn
94Cla-35
94ClaG-35
94PacP-55
94PacPriG-55
95SupPix-33
95TedWil-58
96AusFutN-18
Scales, Tom
91GeoColC-45
Scalzone, Angelo
76PanSti-285
Scanlan, Raymond
90NotDam-41
Schabes, Adam
92Mar-12
Schabinger, Arthur A.

68HalofFB-39
Schaefer, Herman
48Bow-62
50LakSco-13
Schaefer, Mike
94IHSBoyAST-13
Schafer, Tom
89ProCBA-84
Schaffnit, Bill
85Bra-S6
Schaffnit, Ken
85Bra-S6
Schairer, Gavin
95Bra-16
Schalow, Jack
93TraBlaF-2
Schalow, John
90TraBlaF-8
Schambach, Lynwood
94IHSBoyAST-208
Schaus, Fred
50BreforH-24
52RoyDes-1
55AshOil-93
61LakBelB-7
Schayes, Danny (Dan)
83NugPol-34
83Sta-191
84Sta-146
85NugPol-5
85Sta-56
86Fle-98
88Fle-37
88NugPol-34
89Fle-43
89Hoo-82
89NugPol-12
89PanSpaS-140
90Fle-53
90FleUpd-U55
90Hoo-100
90Hoo-418
90HooActP-56
90HooTeaNS-15
90Sky-81
90Sky-395
91Fle-119
91Hoo-121
91HooTeaNS-15
91Sky-164
91UppDec-348
92Fle-377
92FleTeaNS-8
92Hoo-133
92Sky-140
92SkySchT-ST9
92StaClu-61
92StaCluMO-61
92Top-26
92TopGol-26G
92Ult-302
92UppDec-85
93Fle-323
93Hoo-365
93HooFifAG-365
93JamSesTNS-6
93JamSesTNS-8
93Sky-248
93StaClu-31
93StaCluFDI-31
93StaCluMO-31
93StaCluSTNF-31
93Top-47
93TopGol-47G
93UppDec-106
94ColCho-363
94ColChoGS-363
94ColChoSS-363
94Fin-309
94FinRef-309
94Fle-353
94Ult-319
95ColCho-130
95ColChoIE-363
95ColCholJI-363
95ColCholSI-144
95ColChoPC-130
95ColChoPCP-130
96ColCholI-125
96ColCholJ-130
96TopSupT-ST14
Schayes, Dolph (Adolph)
50BreforH-25
57Top-13

Scott, Byron • 193

58SyrNat-7
61Fle-39
61Fle-63
68HalofFB-52
81TCMNBA-7
92CenCou-8
93ActPacHoF-32
95ActPacHoF-22
95TedWilE-EC8
96StaCluFR-41
96StaCluFRR-41
96TopNBAS-41
96TopNBAS-91
96TopNBAS-141
96TopNBASF-41
96TopNBASF-91
96TopNBASF-141
96TopNBASFAR-41
96TopNBASFAR-91
96TopNBASFAR-141
96TopNBASFR-41
96TopNBASFR-91
96TopNBASFR-141
96TopNBASI-I21
96TopNBASR-41
Scheer, Carl
82NugPol-NNO
83NugPol-NNO
Scheffler, Steve
90FleUpd-U13
90StaPic-61
91ProCBA-41
93Fle-385
93Sky-283
96UppDec-299
Scheffler, Tom
84Sta-168
84TraBlaF-9
84TraBlaP-xx
Schellenberg, Larry
83Day-14
Schellhase, Dave
82IndSta*-10
Schieppe, Adam
94IHSBoyAST-8
Schimel, Adam
94IHSBoyAST-136
Schintzius, Dwayne
90FleUpd-U91
90StaPic-24
91Fle-351
91Hoo-195
91Hoo-430
91HooTeaNS-23
91Sky-262
91Sky-645
91UppDec-376
91UppDec-412
93Fle-336
93Hoo-373
93HooFifAG-373
93HooShe-3
93Top-285
93TopGol-285G
94StaClu-312
94StaCluFDI-312
94StaCluMO-312
94StaCluSTNF-312
Schlipf, Eric
94IHSBoyAST-96
Schlueter, Dale
70Top-164
71Top-76
71TraBlaT-8
72Top-69
74Top-167
75Top-154
Schlundt, Don
86IndGreI-7
Schlundt, Terrell
82Mar-13
Schmeling, Max
48TopMagP*-A10
Schmidt, Brian
90FloStaCC*-195
Schmidt, Casey
89Ari-11
90Ari-10
Schmidt, Derek
90FloStaCC*-13
Schmidt, Mike
83NikPosC*-18
91UppDecS-3

95ReaActP*-5
Schmidt, Tom
94IHSBoyA3S-45
Schmidt, Walter
76PanSti-148
Schmuck, Roger
90AriStaCC*-71
Schneider, Earl
87IndGreI-8
Schnellenberger, Howard
89KenColC*-123
89LouColC*-101
89LouColC*-127
Schnelten, Daryl
94IHSBoyAST-41
Schnitker, Chad
94IHSBoyAST-31
Schnittker, Dick
57Top-80
Schockemohle, Alwin
76PanSti-280
Schoendienst, Red
57UniOilB*-15
Schoene, Russ
91WilCar-72
Schoenmann, Carol
90CalStaW-15
Schofield, Terry
91UCLColC-25
Schollander, Don
76PanSti-83
83HosU.SOGM-23
83TopHisGO-96
83TopOlyH-35
91ImpHaloF-10
Schomburger, Ron
90FloStaCC*-118
Schonely, Bill
79TraBlaP-xx
83TraBlaP-NNO
90HooAnn-51
Schow, Jeff
91TexA&MCC*-84
Schrader, Charles
89KenColC*-20
Schreiner, Steve
87BYU-13
88BYU-8
Schrempf, Detlef
87Fle-97
88MavBudLB-32
89Fle-67
89Hoo-282
89PanSpaS-127
90Fle-81
90Hoo-138
90HooTeaNS-11
90PanSti-113
90Sky-121
91Fle-85
91FleTonP-62
91FleWheS-6
91Hoo-87
91Hoo-470
91Hoo100S-41
91HooTeaNC-11
91PanSti-132
91Sky-117
91Sky-415
91Sky-442
91Sky-469
91SkyCanM-22
91UppDec-260
91UppDecAWH-AW5
92Fle-93
92Fle-249
92FleDra-22
92FleTeaNS-5
92FleTonP-51
92Hoo-94
92Hoo100S-39
92PanSti-146
92Sky-99
92SkyNes-40
92SpoIllfKI*-97
92StaClu-141
92StaCluMO-141
92Top-64
92TopArc-73
92TopArcG-73G
92TopGol-64G
92Ult-79
92UltAwaW-4
92UppDec-169

92UppDec-432
92UppDecAWH-AW4
92UppDecE-59
92UppDecE-189
92UppDecEAWH-8
92UppDecFE-FE8
92UppDecJWS-JW6
92UppDecM-P17
93Fin-28
93Fin-128
93FinRef-28
93FinRef-128
93Fle-88
93Fle-386
93FleAll-10
93FleInt-9
93Hoo-90
93Hoo-267
93Hoo-411
93HooFifAG-90
93HooFifAG-267
93HooFifAG-411
93JamSes-92
93PanSti-181
93Sky-87
93Sky-284
93Sky-316
93StaClu-5
93StaClu-22
93StaClu-297
93StaCluFDI-5
93StaCluFDI-297
93StaCluMO-5
93StaCluMO-22
93StaCluMO-297
93StaCluSTDW-S297
93StaCluSTNF-5
93StaCluSTNF-22
93StaCluSTNF-297
93SupTacT-5B
93Top-132
93Top-268
93TopGol-132G
93TopGol-268G
93Ult-84
93Ult-346
93UppDec-104
93UppDec-220
93UppDec-362
93UppDecE-12
93UppDecE-81
93UppDecE-176
93UppDecEAWH-4
93UppDecFM-32
93UppDecS-3
93UppDecSEC-3
93UppDecSCG-3
93UppDecTD-TD4
94ColCho-111
94ColChoGS-111
94ColChoSS-111
94Emb-94
94EmbGoll-94
94Fin-118
94FinRef-118
94Fla-310
94Fle-218
94Hoo-206
94HooShe-14
94JamSes-183
94PanSti-212
94Sky-160
94SkySlaU-SU24
94SP-153
94SPCha-127
94SPChaDC-127
94SPDie-D153
94StaClu-48
94StaClu-254
94StaCluFDI-48
94StaCluFDI-254
94StaCluMO-48
94StaCluMO-254
94StaCluSTNF-48
94StaCluSTNF-254
94Top-112
94TopSpe-112
94Ult-181
94UppDec-312
94UppDecE-112
94UppDecETD-TD10
94UppDecSE-84
94UppDecSEG-84

95ColCho-55
95ColCholE-111
95ColCholJI-111
95ColCholSI-111
95ColChoPC-55
95ColChoPCP-55
95Fin-239
95FinRef-239
95Fla-130
95Fla-190
95Fle-182
95Fle-257
95FleAll-8
95FleEur-222
95Hoo-156
95HooMagC-25
95HooNumC-4
95HooProS-2
95HooSla-SL44
95JamSes-102
95JamSesDC-D102
95Met-104
95Met-195
95MetSilS-104
95PanSti-270
95ProMag-124
95Sky-115
95SkyDyn-D11
95SkyE-X-78
95SkyE-XB-78
95SP-127
95SPCha-101
95StaClu-135
95StaCluMOI-135
95Top-130
95TopForL-FL7
95TopGal-115
95TopGalPPI-115
95Ult-176
95Ult-244
95Ult-339
95UltAll-15
95UltAllGM-15
95UltGolM-176
95UppDec-66
95UppDec-143
95UppDec-177
95UppDecAC-AS21
95UppDecEC-66
95UppDecEC-143
95UppDecEC-177
95UppDecECG-66
95UppDecECG-143
95UppDecECG-177
95UppDecSE-166
95UppDecSEG-166
96BowBes-44
96BowBesAR-44
96BowBesR-44
96ColCho-145
96ColCho-359
96ColCholI-148
96ColCholJ-55
96ColChoM-M5
96ColChoMG-M5
96Fin-37
96FinRef-37
96FlaSho-A83
96FlaSho-B83
96FlaSho-C83
96FlaShoLC-83
96FlaShoLC-B83
96FlaShoLC-C83
96Fle-104
96FleAusS-10
96FleS-33
96Hoo-150
96HooStaF-25
96Met-96
96Sky-112
96SkyE-X-69
96SkyE-XC-69
96SkyRub-112
96SkyZ-F-85
96SkyZ-FZ-85
96SP-108
96StaClu-34
96StaCluM-34
96Top-152
96TopChr-152
96TopChrR-152
96TopNBAa5-152
96Ult-106
96UltGolE-G106

96UltPlaE-P106
96UppDec-116
96UppDec-160
96UppDecFBC-FB21
96UppDecGK-33
Schriek, Chris
85Vic-14
Schriner, Marty
91NorDak*-14
Schroeder, Ann
84Neb*-28
Schu, Wilber
89KenColC*-230
Schudder, Jan
94TexAaM-17
Schuler, Mike
86TraBlaF-13
87TraBlaF-10
88TraBlaF-11
89PanSpaS-224
90CliSta-10
90Hoo-316
90HooTeaNS-12
90Sky-312
91Fle-95
91Hoo-232
91HooTeaNS-12
91Sky-389
Schull, Gary
90FloStaCC*-116
Schulte, Brett
94IHSBoyAST-29
Schulting, Jason
94CasHS-128
Schultz, Dave
81TopThiB*-44
Schultz, Mike
82TCMCBA-42
Schumacher, Tim
89Bay-12
Schurfranz, Tom
92FroR-57
Schutz, Mike
93NewMexS-6
Schwartz, Greg
82Fai-15
Schwehr, Eric
94IHSBoyA3S-NNO
94IHSBoyAST-9
Schweitzr, John
82TCMCBA-67
84Sta-119
Scolari, Fred
50BreforH-26
Scott, Alvin
77SunHunDD-10
80SunPep-2
81SunPep-12
83Sta-119
84Sta-51
84SunPol-14
Scott, Anthony
88Syr-10
Scott, Antoine
92Glo-62
Scott, Barbara Ann
48ExhSpoC*-43A
48ExhSpoC*-43B
923MCanOG-11
Scott, Brent
93Cla-66
93ClaF-73
93ClaG-66
93FouSp-58
93FouSpG-58
Scott, Burke
87IndGreI-32
Scott, Byron
83LakBAS-10
83Sta-22
84LakBAS-9
84Sta-181
84StaAre-D7
84StaAwaB-23
85JMSGam-27
85LakDenC-7
85Sta-32
85StaLakC-5
85StaTeaS5-LA4
86Fle-99
88Fle-68
88Fle-122
88FouNBAE-6

194 • Scott, Byron

89Fle-78
89Hoo-15
89PanSpaS-206
89PanSpaS-211
90AriStaCC*-8
90AriStaCC*-64
90AriStaCCP*-5
90Fle-94
90Hoo-159
90Hoo100S-48
90HooActP-84
90HooTeaNS-13
90PanSti-4
90Sky-140
91SMaj-7
91SMaj-8
91Fle-102
91FleTonP-108
91FleWheS-6
91Hoo-103
91Hoo100S-49
91HooTeaNS-13
91LitBasBL-34
91PanSti-20
91Sky-139
91UppDec-142
91UppDecM-M6
91UppDecS-4
92Fle-111
92Fle-284
92FleTeaNS-6
92FleTonP-103
92Hoo-111
92Hoo100S-48
92PanSti-35
92Sky-118
92StaClu-22
92StaCluMO-22
92Top-47
92TopArc-41
92TopArcG-41G
92TopGol-47G
92Ult-93
92UppDec-197
92UppDecE-65
92UppDecM-LA8
93Fle-300
93Top-241
93TopGol-241G
93Ult-261
93UppDec-182
93UppDecE-192
93UppDecS-153
93UppDecSEC-153
93UppDecSEG-153
94ColCho-304
94ColChoSS-304
94Fin-132
94FinRef-132
94Fla-63
94Fle-94
94Hoo-87
94JamSes-81
94PanSti-58
94Sky-237
94StaClu-259
94StaCluFDI-259
94StaCluMO-259
94StaCluSTDW-P259
94StaCluSTNF-259
94Top-353
94TopSpe-353
94Ult-77
94UppDec-315
95ColCho-87
95ColCho-320
95ColChoIE-304
95ColChoIJI-304
95ColChoISI-85
95ColChoPC-87
95ColChoPCP-87
95ColChoPCP-320
95Fin-162
95FinDisaS-DS28
95FinRef-162
95Fla-143
95Fla-198
95Fle-78
95Fle-279
95FleEur-98
95Hoo-69
95Hoo-357

95Met-114
95Met-206
95MetSilS-114
95PanSti-206
95ProMag-144
95Sky-217
95SkyE-X-87
95SkyE-XB-87
95SP-142
95SPCha-113
95StaClu-166
95StaCluMOI-166EB
95StaCluMOI-166ER
95Top-175
95TopGal-139
95TopGalPPI-139
95Ult-190
95Ult-262
95Ult-340
95UltGolM-190
95UppDec-274
95UppDecECG-274
95UppDecSE-177
95UppDecSEG-177
96ColChoIl-61
96ColChoIl-107
96ColChoIJ-87
96ColChoIJ-320
96Fle-114
96Fle-207
96FleDecoE-16
96Hoo-168
96SkyAut-72
96SkyAutB-72
96SkyZ-F-94
96Top-37
96TopChr-37
96TopChrR-37
96TopNBAa5-37
96Ult-205
96UltDecoE-U16
96UltGolE-G205
96UltPlaE-P205
96UppDec-241
Scott, Chad
90OreSta-16
91OreSta-16
92OreSta-15
Scott, Charlie
71Top-146
71Top-151
71Top-190
71TopTri-16A
72SunHol-6
72Top-47
72Top-258
72Top-259
73LinPor-103
73NorCarPC-11C
73Top-140
74SunTeal8-9
74Top-35
74Top-95
75CarDis-27
75Top-65
75Top-130
76Top-24
77Top-125
78Top-43
79Top-106
80Top-83
80Top-149
89NorCarCC-28
89NorCarCC-29
89NorCarCC-30
89NorCarCC-31
89NorCarCC-72
90NorCarCC*-133
90NorCarCC*-139
92CouFla-34
92Sun25t-6
Scott, Clyde
91ArkColC*-10
Scott, Daryl
90SanJosS-6
95UppDecCBA-31
Scott, David
92FroR-58
Scott, Dennis
88GeoTec-10
89GeoTec-16
89GeoTec-17
89GeoTec-20

90FleUpd-U68
90Hoo-393
90HooTeaNS-19
90Sky-363
90StaPic-9
915Maj-77
91Fle-147
91FleRooS-2
91FleTonP-10
91FleWheS-5
91GeoTecCC*-4
91Hoo-151
91Hoo-485
91HooMcD-28
91HooTeaNS-19
91PanSti-69
91PanSti-183
91Sky-205
91Sky-320
91Sky-477
91Sky-504
91Sky-602
91SkyCanM-33
91SkyPro-205
91UppDec-38
91UppDec-257
91UppDecRS-R2
92Fle-163
92FleTeaNS-9
92FleTonP-52
92Hoo-164
92Hoo100S-70
92PanSti-156
92Sky-173
92SkyNes-41
92SkySchT-ST6
92StaClu-155
92StaCluMO-155
92Top-192
92TopArc-138
92TopArcG-138G
92TopGol-192G
92Ult-132
92UppDec-48
92UppDec-141
92UppDecE-P9
92UppDecM-OR8
93Fin-138
93FinRef-138
93Fle-151
93Hoo-157
93HooFifAG-157
93JamSes-162
93PanSti-190
93Sky-135
93StaClu-135
93StaCluFDI-135
93StaCluMO-135
93StaCluSTNF-135
93Top-383
93TopBlaG-2
93TopGol-383G
93Ult-136
93UppDec-43
93UppDecPV-69
93UppDecS-15
93UppDecSEC-15
93UppDecSEG-15
94ColCho-81
94ColChoGS-81
94ColChoSS-81
94Emb-70
94EmbGoll-70
94Fin-148
94FinRef-148
94Fla-108
94Fle-162
94FleSha-9
94Hoo-154
94HooShe-11
94JamSes-137
94PanSti-99
94ProMag-94
94Sky-120
94StaClu-108
94StaClu-279
94StaClu-319
94StaCluCC-9
94StaCluFDI-108
94StaCluFDI-279
94StaCluFDI-319
94StaCluMO-108
94StaCluMO-279
94StaCluMO-319

94StaCluMO-CC19
94StaCluSTDW-M319
94StaCluSTMP-M4
94StaCluSTNF-108
94StaCluSTNF-279
94StaCluSTNF-319
94Top-133
94TopSpe-133
94Ult-136
94UppDec-286
94UppDecE-177
94UppDecSE-64
94UppDecSEG-64
95ColCho-16
95ColChoIE-81
95ColChoIJI-81
95ColChoISI-81
95ColChoPC-16
95ColChoPCP-16
95Fin-199
95FinRef-199
95Fla-98
95Fle-132
95FleEur-169
95Hoo-118
95HooSla-SL33
95JamSes-78
95JamSesDC-D78
95Met-79
95MetSilS-79
95PanSti-43
95Sky-190
95Sky-266
95SP-97
95SPCha-77
95StaClu-184
95Top-249
95TopGal-104
95TopGalPPI-104
95Ult-128
95UltGolM-128
95UppDec-191
95UppDecEC-191
95UppDecECG-191
95UppDecSE-62
95UppDecSEG-62
96ColCho-112
96ColChoIl-109
96ColChoIJ-16
96ColChoM-M33
96ColChoMG-M33
96Fin-183
96FinRef-183
96Fle-80
96Hoo-113
96Hoo-196
96HooStaF-19
96Met-70
96Sky-83
96SkyAut-73
96SkyAutB-73
96SkyRub-83
96SkyZ-F-65
96SkyZ-FZ-65
96SP-80
96StaClu-117
96StaCluGM-GM4
96Top-158
96TopChr-158
96TopChrR-158
96TopNBAa5-158
96TopSupT-ST19
96Ult-80
96UltGolE-G80
96UltPlaE-P80
96UppDec-154
96UppDec-269
97SchUltNP-22
Scott, Douglas
94IHSBoyA3S-16
Scott, Herschel
89KenColC*-293
Scott, James
95ClaBKR-74
95ClaBKRPP-74
95ClaBKRSS-74
95Col-83
95SRDraD-32
95SRDraDSig-32
96Hoo-311
96SkyRub-233
Scott, Jerome
94AusFutN-36
Scott, Jim

92Neb*-9
Scott, Malcolm
90LSUColC*-27
Scott, Matt
94IHSBoyAST-347
Scott, Maurice
94IHSBoyAST-105
Scott, Mike
88KenBigB-3
88KenBigB-7
89KenColC*-34
Scott, Randy
90CleColC*-129
Scott, Ray
69Top-69
70Top-48
71Top-227
Scott, Richard
91Kan-13
92Kan-11
93Kan-8
Scott, Ron
90MicStaCC2*-124
90MicStaCCP*-1
Scott, Shawnelle
94Cla-65
94ClaG-65
94FouSp-43
94FouSpG-43
94FouSpPP-43
94PacP-56
94PacPriG-56
94SRTet-71
94SRTetS-71
95SRKro-33
95SupPix-46
95SupPixAu-46
95TedWil-59
Scott, Stephanie
92TexTecW-10
92TexTecWNC-4
Scott, Tony
89Syr-12
Scott, Will
91NewMex-16
Scott, Willie BRAD
85Bra-C9
Scott, Willie SC
91SouCarCC*-138
Scotton, Stefen
91GeoTecCC*-136
Screen, Pat
90LSUColC*-172
Scrubb, Lloyd
84Vic-10
86Vic-14
Scruggs, Bernie
89KenColC*-184
Scurry, Carey
89ProCBA-28
Scurry, Moses
88UNL-7
89UNL7-E-12
89UNLHOF-5
91WilCar-56
Seagren, Bob
91SouCal*-7
Seale, Donnie
91NorCarS-13
92NorCarS-12
Seals, Bruce
76Top-6
77Top-113
Seals, Donald
82TCMLanC-29
Sealy, Malik
91WilCarRP-P6
92Cla-29
92ClaGol-29
92ClaMag-BC17
92Fle-353
92FleTeaNS-5
92FouSp-26
92FouSpAu-26A
92FouSpGol-26
92FroR-56
92FroRowDP-81
92FroRowDP-82
92FroRowDP-83
92FroRowDP-84
92FroRowDP-85
92Hoo-399
92Sky-349
92SkyDraP-DP14

92StaClu-254
92StaCluMO-254
92StaPic-46
92Top-269
92TopGol-269G
92Ult-277
92UppDec-10
92UppDec-465
92UppDecRS-RS7
93Fin-216
93FinRef-216
93Fle-301
93Hoo-91
93HooFifAG-91
93JamSes-93
93JamSesTNS-3
93PanSti-182
93Sky-88
93SkySch-44
93StaClu-112
93StaCluFDI-112
93StaCluMO-112
93StaCluSTNF-112
93Top-69
93TopGol-69G
93Ult-262
93UppDec-128
93UppDecE-61
93UppDecE-177
93UppDecS-114
93UppDecSEC-114
93UppDecSEG-114
94ColCho-297
94ColChoGS-297
94ColChoSS-297
94Fla-239
94Hoo-337
94PanSti-154
94Sky-242
94SP-88
94SPDie-D88
94StaClu-198
94StaCluFDI-198
94StaCluMO-198
94StaCluSTNF-198
94Top-232
94TopSpe-232
94Ult-268
94UppDec-211
94UppDecE-47
95ColCho-21
95ColCholE-297
95ColCholJl-297
95ColCholSI-78
95ColChoPC-21
95ColChoPCP-21
95Fin-58
95FinRef-58
95Fla-62
95Fle-84
95FleEur-107
95Hoo-75
95JamSes-49
95JamSesDC-D49
95Met-49
95MetSilS-49
95PanSti-224
95Sky 170
95SP-61
95StaClu-14
95StaCluMOI-14
95Top-219
95TopGal-138
95TopGalPPI-138
95Ult-83
95UltGolM-83
95UppDec-74
95UppDecEC-74
95UppDecECG-74
96ColCho-263
96ColCholI-67
96ColCholJ-21
96Fin-186
96FinRef-186
96FlaSho-A77
96FlaSho-B77
96FlaShoLC-77
96FlaShoLC-B77
96FlaShoLC-C77
96Fle-49
96Met-45
96SP-49
96StaClu-171

96Top-32
96TopChr-32
96TopChrR-32
96TopNBAa5-32
96TopSupT-ST12
96Ult-49
96UltGolE-G49
96UltPlaE-P49
96UppDec-235
Sealyham, White
48TopMagP*-G4
Seamon, Jonathan
91DavLip-27
92DavLip-27
Sears, Kenny
57Top-7
Seaver, Tom
77SpoSer1*-121
81TopThiB*-13
91SouCal*-40
Seawright, James
91SouCarCC*-19
Seawright, Mike
92Haw-12
Sebastian, Lisa
92OhiStaW-12
Seegert, Alicia
91Mic*-47
Seikaly, Rony
89Fle-83
89HeaPub-11
89Hoo-243
89PanSpaS-160
89PanSpaS-161
90Fle-102
90HeaPub-11
90Hoo-169A
90Hoo-169B
90Hoo-368
90Hoo100S-53
90HooActP-91
90HooCol-11
90HooTeaNS-14
90PanSti-154
90Sky-151
90SkyPro-151
91Fle-112
91FleTonP-24
91FleWheS-4
91Hoo-114
91Hoo-476
91Hoo100S-52
91HooMcD-22
91HooTeaNS-14
91PanSti-150
91Sky-152
91Sky-472
91SkyCanM-28
91UppDec-80
91UppDec-145
92Fle-121
92FleDra-28
92FleTeaNS-7
92FleTonP-53
92FleTotD-15
92Hoo-122
92Hoo100S-52
92PanSti 166
92Sky-129
92SkyNes-42
92SkySchT-ST8
92StaClu-145
92StaCluMO-145
92Top-92
92TopArc-110
92TopArcG-110G
92TopGol-92G
92Ult-102
92UppDec-181
92UppDec-68
92UppDecE-158
92UppDecE-198
92UppDecM-P23
92UppDecTM-TM15
93Fin-92
93Fin-213
93FinRef-92
93FinRef-213
93Fle-111
93FleInt-10
93FleTowOP-27
93HeaBoo-3
93Hoo-116
93HooFifAG-116

93HooGolMB-45
93JamSes-116
93PanSti-209
93Sky-106
93StaClu-319
93StaCluFDI-319
93StaCluMO-319
93StaCluSTNF-319
93Top-111
93TopGol-111G
93Ult-102
93UppDec-223
93UppDec-308
93UppDec-432
93UppDecE-82
93UppDecE-201
93UppDecFM-33
93UppDecPV-36
93UppDecS-97
93UppDecSEC-97
93UppDecSEG-97
94ColCho-351
94ColChoGS-351
94ColChoSS-351
94Fin-117
94Fin-233
94FinRef-117
94FinRef-233
94Fla-81
94Fla-226
94Fle-120
94Fle-290
94Hoo-113
94Hoo-329
94JamSes-102
94PanSti-67
94ProMag-68
94Sky-88
94Sky-233
94Sky-337
94SP-74
94SPDie-D74
94StaClu-55
94StaClu-103
94StaClu-303
94StaCluFDI-55
94StaCluFDI-103
94StaCluFDI-303
94StaCluMO-55
94StaCluMO-103
94StaCluMO-303
94StaCluSTNF-55
94StaCluSTNF-103
94StaCluSTNF-303
94Top-347
94TopSpe-347
94Ult-99
94Ult-251
94UppDec-141
94UppDec-336
94UppDecE-160
94UppDecSE-121
94UppDecSEG-121
94WarTop-GS9
95ColCho-11
95ColCholE-351
95ColCholJl-351
95ColCholEl 132
95ColChoPC-11
95ColChoPCP-11
95Fin-106
95FinRef-106
95Fla-165
95Fle-63
95FleEur-80
95Hoo-57
95HooNatP-6
95Met-149
95PanSti-215
95Sky-172
95SP-48
95StaClu-137
95StaCluI-IC6
95StaCluMOI-137
95StaCluMOI-IC6
95Top-260
95TopForL-FL8
95TopGal-142
95TopGalPG-PG9
95TopGalPPI-142
95Ult-63
95UltGolM-63
95UppDec-39
95UppDecEC-39

95UppDecECG-39
95WarTop-GS10
96BowBes-53
96BowBesAR-53
96BowBesR-53
96ColCho-56
96ColCholl-49
96ColCholJ-11
96ColChoM-M28
96ColChoMG-M28
96FlaSho-A67
96FlaSho-B67
96FlaSho-C67
96FlaShoLC-67
96FlaShoLC-B67
96FlaShoLC-C67
96Hoo-56
96Hoo-228
96HooSil-56
96HooStaF-19
96Met-198
96MetPreM-198
96SkyZ-F-121
96StaClu-140
96Top-115
96TopChr-115
96TopChrR-115
96TopNBAa5-115
96Ult-226
96UltGolE-G226
96UltPlaE-P226
96UppDec-41
96UppDec-144
96UppDec-270
Seiple, Larry
89KenColC*-114
Seitzer, Bennie
93FouSp-59
93FouSpG-59
Sekunda, Glenn
96PenSta*-3
Self, Bill
91OklSta-24
Selinger, Joe
90MicStaCC2*-84
Sellers, Brad
87BulEnt-6
88BulEnt-2
88Fle-21
89Fle-24
89Hoo-139
89Hoo-348
89PanSpaS-79
89PanSpaS-81
90Hoo-192
90Sky-175
91Hoo-362
91HooTeaNS-8
91PisUno-16
91Sky-626
92Fle-382
92Hoo-384
92StaClu-306
92StaCluMO-306
92Top-82
92TopGol-82G
92Ult-308
Solloro, Kalo
94IHSBoyASD-28
Sellers, Rod
90Con 11
91Con-13
92FroR-59
Sellers, Ron
90FloStaCC*-167
Sells, Peggy
90CleWom-12
Seltzer, Bennie
93Cla-67
93ClaF-75
93ClaG-67
Selvie, Johnny
93NewMexS-13
94IHSHisRH-77
Selvin, Maurice
89ProCBA-17
Selvy, Frank
57Top-51
61Fle-40
61LakBelB-8
81TCMNBA-24
Selvy, Marv
88LouColC-90
88LouColC-146

Semith, Joe
94IHSBoyAST-73
Semjonova, Uljana
93ActPacHoF-64
Sendek, Herb
89KenBigB-23
91KenBigB2-18
Senesky, George
48Bow-25
50BreforH-27
Sengstock, Larry
92AusStoN-24
93AusFutN-71
93AusStoN-71
94AusFutN-65
94AusFutN-160
95AusFut3C-GC1
95AusFutN-58
96AusFutN-57
Seppala, L.
33SpoKinR*-48
Serini, Wash
89KenColC*-182
Server, Jim
89KenColC*-246
Sessoms, Petey
95ClaBKR-78
95ClaBKRAu-78
95ClaBKRPP-78
95ClaBKRSS-78
Seter, Chris
88Mic-13
89Mic-4
Settle, Evan
89KenColC*-231
Settles, Jess
93Iow-7
94Iow-9
Severin, Paul
90NorCarCC*-197
Severn, Dan
90AriStaCC*-146
Severn, Dave
90AriStaCC*-108
Severn, Rod
90AriStaCC*-98
Sexton, Frank
48TopMagP*-D15
Seymour, Paul
50BreforH-28
57Top-72
58SyrNat-8
Shackelford, Lynn
91UCLColC-36
Shackelford, Roscoe
55AshOil-35
89LouColC*-96
Shackleford, Charles
87NorCarS-11
89Hoo-169
89NorCarSCC-35
89NorCarSCC-36
89NorCarSCC-37
90Fle-122
90HooActP-105
91Fle-337
91Hoo-414
01HooTeaNE 20
91Sky-639
91UppDec-405
92Fle 170
92FleTonP-54
92Hoo-176
92Sky-186
92StaClu-57
92StaCluMO-57
92Top-34
92TopGol-34G
92Ult-141
92UppDec-294
Shackleford, Terry
89NorCarSCC-38
Shafer, Jo
91Was-16
Shafer, Kent
89Jac-11
Shaffer, Charlie
89NorCarCC-163
Shaffer, Craig
82IndSta*-11
Shaffer, Lee
73NorCarPC-5C
89NorCarCC-136
89NorCarCC-141

90NorCarCC*-170
Shambo, Ryan
94IHSBoyAST-154
Shamsid-Deen, Abdul
91WilCar-8
Shank, Doug
72BraSch-5
Shannon, Earl
48Bow-22
Shannon, Eileen
92Neb*-10
Shannon, Robert
92Ala-12
93Ala-7
93Ala-13
94Cla-42
94ClaG-42
95SupPix-37
Share, Chuck
57Top-61
Shareef, Ahmad
90Pit-11
Shareef, Danielle
95WomBasA-15
Sharkey, Jack
48TopMagP*-A11
Sharman, Bill
57Top-5
57UniOilB*-9
81TCMNBA-20
91SouCal*-6
91UppDecS-7
92CenCou-44
92CouCol-7
92CouCol-54
93ActPacHoF-27
93ActPacHoF-84
95ActPacHoF-23
95TedWilHL-HL7
96TopFinR-42
96TopFinRR-42
96TopNBAS-42
96TopNBAS-92
96TopNBAS-142
96TopNBASF-42
96TopNBASF-92
96TopNBASF-142
96TopNBASFAR-42
96TopNBASFAR-92
96TopNBASFAR-142
96TopNBASFR-42
96TopNBASFR-92
96TopNBASFR-142
96TopNBASI-I15
96TopNBASR-42
Sharp, James
89KenColC*-286
Sharp, Luke
94IHSBoyAST-32
Sharp, Marsha
92TexTecW-11
92TexTecWNC-14
Sharp, Sarah
93PurWom-14
Sharples, Warren
91Mic*-48
Shasky, John
89Hoo-268
91UppDec-101
Shaver, Tony
73NorCarPC-6S
Shavlik, Ronnie
73NorCarSPC-C10
89NorCarSCC-39
89NorCarSCC-40
89NorCarSCC-41
Shaw, Brian
89Fle-14
89Hoo-62
89PanSpaS-6
90FleUpd-U9
90Hoo-48
90HooTeaNS-2
90Sky-23
91Fle-16
91FleTonP-61
91FleWheS-8
91FroR-96
91FroRowIP-7
91FroRowP-87
91Hoo-17
91Hoo100S-9
91HooTeaNS-14

91PanSti-148
91Sky-20
91UppDec-346
91UppDec-496
92Fle-122
92FleTeaNS-7
92FleTonP-55
92Hoo-123
92Sky-130
92StaClu-149
92StaCluMO-149
92Top-185
92TopArc-111
92TopArcG-111G
92TopGol-185G
92Ult-103
92UppDec-189
93Fin-42
93FinRef-42
93Fle-112
93Hoo-117
93HooFifAG-117
93JamSes-117
93PanSti-210
93Sky-243
93StaClu-134
93StaCluFDI-134
93StaCluMO-134
93StaCluMO5-11
93StaCluTNF-134
93Top-44
93TopGol-44G
93Ult-103
93UppDec-283
93UppDecE-202
94Fin-308
94FinRef-308
94Fla-278
94Fle-121
94Fle-340
94Hoo-114
94Hoo-356
94HooShe-11
94ProMag-69
94Sky-89
94Sky-264
94StaClu-232
94StaCluFDI-232
94StaCluMO-232
94StaCluSTDW-M232
94StaCluSTMP-M10
94StaCluSTNF-232
94Top-374
94TopSpe-374
94Ult-100
94Ult-306
94UppDec-85
94UppDecSE-153
94UppDecSEG-153
95ColCho-266
95ColChoPC-266
95ColChoPCP-266
95Fin-167
95FinRef-167
95Fla-99
95Fle-133
95Hoo-119
95Met-175
95PanSti-44
95ProMag-92
95Sky-191
95StaClu-214
95Ult-129
95UltGolM-129
95UppDec-235
95UppDecEC-235
95UppDecECG-235
96ColCho-109
96ColCholI-68
96ColCholJ-266
96ColChoM-M151
96ColChoMG-M151
96Fin-230
96FinRef-230
96Fle-232
96Hoo-114
96Met-71
96Top-204
96TopChr-204
96TopChrR-204
96TopNBAa5-204
96UppDec-89
96UppDec-154

Shaw, Brian HS
94IHSBoyASD-19
Shaw, Jim
90OreSta-18
Shaw, Richard
94Mar-13
95Mar-14
Shaw, Tim
76PanSti-246
Sheehan, Dave (David)
82Vic-12
83Vic-10
84Vic-11
Sheehey, Tom
91ProCBA-85
Sheets, Mike
91OklStaCC*-84
Sheffer, Doron
93Con-13
94Con-12
95Con-15
96AllSpoPPaF-24
96ColEdgRR-42
96ColEdgRRD-42
96ColEdgRRG-42
96PacPow-46
96PrePas-26
96PrePas-39
96PrePasNB-26
96PrePasS-26
96PrePasS-39
96ScoBoaAB-39
96ScoBoaAB-39A
96ScoBoaAB-39B
96ScoBoaAB-39C
96ScoBoaBasRoo-39
Sheffey, Ed
96Geo-11
Sheffield, Larry
90NotDam-53
Sheffield, Russell
87Bay*-14
Shelby, Willie
89LouColC*-168
Sheldrake, Ed
91UCLColC-42
Shell, Lambert
92Cla-90
92ClaGol-90
Shelton, Bryan
91GeoTecCC*-184
Shelton, Craig
81TCMCBA-51
91GeoColC-6
91GeoColC-52
91GeoColC-97
Shelton, Lonnie
77Top-26
78SupPol-6
78Top-66
79SupPol-6
79SupPor-6
80Top-52
80Top-79
80Top-167
80Top-169
81Top-W86
83Sta-239
84Sta-222
Shepherd, Billy
75Top-223
75Top-301
Shepherd, Robert
91ArkColC-15
92Ark-10
Sheppard, Jeff
93Ken-14
Sheppard, Von
85Neb*-29
Sheridan, Jim
92CleSch*-8
Sherill, Tim
91ArkColC*-23
Sherk, Jerry
91OklStaCC*-56
Sherman, Chris
90CleColC*-18
Sherman, Rod
91SouCal*-94
Sherod, Ed
82TCMLanC-15
Sherrier, Eric
94IHSBoyA3S-35

Sherrod, Anthony
88GeoTec-11
Shibest, James
91ArkColC*-56
Shidler, Jay
76KenSch-10
77Ken-18
77KenSch-17
78Ken-15
78KenSch-12
79Ken-3
79KenSch-15
88KenColC-113
88KenColC-266
89KenBigBTot8-50
94IHSHisRH-78
Shields, Jim
83Day-15
Shields, Ken
82Vic-13
83Vic-11
84Vic-12
86Vic-15
88Vic-15
Shields, Tim
94IHSBoyAST-109
Shields, Will
92Neb*-1
Shikat, Dick
48TopMagP*-D23
Shilhanek, Emily
91NorDak*-10
Shin-Hwa, Lin
95UppDecCBA-67
Shipp, Larry
90LSUColC*-26
Shipway, Don
92AusFutN-10
Shirley, J. Dallas
92CenCou-45
Shively, Bernie A.
89KenColC*-198
Shiver, Stan
90FloStaCC*-35
Shoemaker, Willie
81PhiMor*-16
Shore, Eddie
33SpoKinR*-19
Shore, Rick
91OutWicG-1
Short, Ben
94IHSBoyAST-155
Short, Purvis
80Top-72
80Top-153
81Top-W74
83Sta-260
84Sta-149
84StaCouK5-10
85Sta-131
86Fle-100
88Fle-54
89Hoo-76
89PanSpaS-147
90Fle-123
90Hoo-201
90PanSti-161
90Sky-185
Shorter, Brian
89Pit-11
90Pit-12
91Cou-41
91FouSp-215
91StaPic-51
91WilCar-34
Shorter, Frank
76PanSti-117
77SpoSer1*-114
91ImpHaloF-21
Shoup, Cathy
94IHSHisRH-79
Shouppe, Jamey
90FloStaCC*-21
Shtereva, Nikolina
76PanSti-109
Shue, Gene
57Top-26
61Fle-41
61Fle-64
78CliHan-NNO
81TCMNBA-37
Shulman, Brian
87Aub*-12
Shulman, John

90EasTenS-1
91EasTenS-1
92EasTenS-8
93EasTenS-14
Shumate, Howard
55AshOil-57
Shumate, John
76Top-61
77Top-104
78Top-46
80Top-21
80Top-76
80Top-132
80Top-133
90NotDam-10
Sibley, Lew
90LSUColC*-66
Sibley, Robert
92AusFutN-44
92AusStoN-40
93AusFutN-57
93AusStoN-80
94AusFutN-46
94AusFutN-121
94AusFutN-48
96AusFutN-9
Sichting, Jerry
83Sta-164
84Sta-58
85Sta-100
86Fle-101
87Fle-99
88TraBlaF-12
89Hoo-157
Sidiak, Viktor
76PanSti-199
Sidle, Don
71Top-161
Sidney, Sylvia
48TopMagP*-F12
Sidwell, Kenny
92OhiValCA-16
Siebel, Max
85Bra-D7
Siegfried, Larry
69Top-59
70Top-88
71Top-36
Siegfried, Michael
94IHSBoyA3S-25
Sienkiewicz, Tom
82TCMCBA-49
82TCMLanC-20
82TCMLanC-21
Sierra, Daniel
94IHSBoyAST-234
Sierra, Omar
89NewMex-15
Siffri, Joe
91GeoTecCC*-138
Siganos, Mike
89KenColC*-106
Siitonen, Hannu
76PanSti-146
Sikma, Jack
77SpoSer5*-5322
78RoyCroC-28
78SupPol-7
78SupTeal-6
78Top-117
79SupPol-3
79SupPor-7
79Top-66
80Top-48
80Top-72
80Top-98
80Top-153
81Top-39
81Top-64
81Top-W110
83Sta-193
83StaAllG-21
83SupPol-8
84Sta-120
84StaAllG-24
84StaAllGDP-24
84StaCouK5-21
85Sta-69
86Fle-102
87BucPol-43
87Fle-100
88BucGreB-14
88Fle-76
89Con-12

89Fle-91
89Hoo-66
89PanSpaS-120
89PanSpaS-288
89SpollIfKI*-117
90Fle-110
90Hoo-183
90Hoo100S-57
90HooActP-97
90HooTeaNS-15
90PanSti-98
90Sky-166
91Fle-120
91Hoo-122
91Hoo100S-57
91LitBasBL-35
91PanSti-140
91Sky-165
91UppDec-370
Silas, James
74Top-186
74Top-227
75Top-224
75Top-253
75Top-284
76Top-80
76Top-134
79SpuPol-13
79Top-74
80Top-16
80Top-56
80Top-112
80Top-151
81Top-MW105
Silas, Paul
69SunCarM-6
69Top-61
70SunA1PB-6
70SunCarM-8
70Top-69
71Top-54
72Top-55
73LinPor-19
73NBAPlaA-29
73Top-112
74CelLin-8
74Top-9
75CarDis-28
75Top-8
75Top-117
76Top-3
78SupPol-8
78SupTeal-7
78Top-94
79SupPol-5
79SupPor-8
80Top-52
80Top-169
89CelCitP-5
92Sun25t-4
Silas, Pete
91GeoTecCC*-109
Siler, Robert
88WakFor-14
Silveria, Larry
90AriColC*-73
Silvers, Trazel
90EasTenS-2
91EasTenS-11
92EasTenS-12
93EasTenS-13
Sim, Marvin
90CleColC*-28
Simeoni, Sara
76PanSti-132
Simian, Stephane
91SouCarCC*-34
Simm, Andre
91GeoTecCC*-194
Simmons, Adrian
88Jac-11
Simmons, Chris
91GeoTecCC*-149
Simmons, Cornelius
48Bow-62
50BreforH-29
Simmons, David
92AusFutN-45
92AusStoN-36
93AusFutN-58
93AusStoN-35
94AusFutLotR-LR5
94AusFutN-49
94AusFutN-147

95AusFutA-NA6
95AusFutN-23
96AusFutN-47
96AusFutNFDT-3
Simmons, Lionel
90FleUpd-U87
90Hoo-396
90KinSaf-9
90Sky-364
90StaPic-66
91Fle-179
91Fle-394
91FleRooS-1
91FleTonP-20
91FleWheS-3
91Hoo-185
91Hoo-493
91Hoo-525
91HooMcD-38
91HooTeaNS-23
91PanSti-35
91PanSti-181
91Sky-250
91Sky-319
91Sky-481
91Sky-508
91UppDec-36
91UppDec-83
91UppDec-375
91WooAwaW-19
92Fle-198
92FleDra-46
92Hoo-201
92Hoo100S-83
92PanSti-52
92Sky-215
92StaCluMO-128
92Top-22
92TopArc-139
92TopArcG-139G
92TopGol-22G
92Ult-159
92UppDec-243
92UppDec-372
92UppDec-504
93Fin-68
93FinRef-68
93Fle-184
93Hoo-191
93HooFifAG-191
93HooGolMB-46
93HooSco-HS23
93HooScoFAG-HS23
93JamSes-197
93PanSti-55
93Sky-158
93StaClu-28
93StaCluFDI-28
93StaCluMO-28
93StaCluMO-ST23
93StaCluST-23
93StaCluSTNF-28
93Top-184
93TopGol-184G
93Ult-163
93UppDec-99
93UppDecE-235
93UppDecS-118
93UppDecSEC-118
93UppDecSFG-118
94Fin-127
94FinRef-127
94Fla-129
94Fle-196
94Hoo-187
94JamSes-165
94PanSti-192
94ProMag-112
94Sky-144
94StaClu-37
94StaCluFDI-37
94StaCluMO-37
94StaCluSTNF-37
94Top-134
94TopSpe-134
94Ult-167
94UppDecE-77
94UppDecSE-77
94UppDecSEG-77
95ColCho-254
95ColChoPC-254
95ColChoPCP-254
95Fin-203

95FinRef-203
95FleEur-201
95PanSti-259
95Sky-272
95StaClu-249
95Top-134
95UppDecSE-77
95UppDecSEG-77
96ColCho-323
96ColChoI-86
96ColCholJ-254
96Top-200
96TopChr-200
96TopChrR-200
96TopNBAa5-200
Simmons, Marty
94IHSHisRH-80
Simmons, Michael
93MemSta-14
Simmons, Willie
89ProCBA-130
90ProCBA-99
Simmons, Willie HS
94IHSBoyAST-146
Simms, Wayne
88LSU*-3
Simms, Willie
89Wis-12
91ProCBA-130
Simon, Melvin
94Cla-54
94ClaG-54
94SRTet-72
94SRTetS-72
95SRKro-48
95SupPix-35
95TedWil-61
Simon, Walt
71ColMar0-9
71Top-214
72Top-224
73Top-218
Simon, William
91ImpHaloF-80
Simons, Andrew
92AusFutN-60
Simons, Matt
93Lou-10
Simons, Neil
90CleColC*-66
Simpkins, Dickey
94ClaBCs-BC20
94ClaG-31
94ClaROYSw-19
94ColCho-262
94ColChoCtGRS-S13
94ColChoCtGRSS-S13
94ColChoGS-262
94ColChoSS-262
94Emo-14
94Fla-196
94Fle-263
94FouSp-21
94FouSpG-21
94FouSpPP-21
94Hoo-314
94HooSchi-23
94JamSesRS-15
94PacP-57
94PacPriG-57
94Sky-217
94SkyDraP-DP21
94SkySkyF-SF27
94SP-20
94SPDie-D20
94SPHol-PC4
94SPHolDC-4
94SRGolS-18
94SRTet-73
94SRTetS-73
94StaClu-310
94StaCluFDI-310
94StaCluMO-310
94StaCluSTNF-310
94Top-296
94TopSpe-296
94Ult-220
94UppDec-201
94UppDecSE-103
94UppDecSEG-103
95BulJew-1
95ColCho-92
95ColChoIE-262
95ColCholJI-262

95ColCholSI-43
95ColChoPC-92
95ColChoPCP-92
95Fin-62
95FinRef-62
95FleEur-38
95Hoo-25
95Ima-19
95ProMag-20
95Sky-160
95SRKro-15
95StaCluMOI-90
95SupPix-20
95SupPixAu-20
95SupPixC-20
95SupPixCG-20
95TedWil-62
95UppDec-199
95UppDecEC-199
95UppDecECG-199
95UppDecSE-12
95UppDecSEG-12
96ColCho-217
96ColChoII-21
96ColCholJ-92
Simpkins, Duane
96ScoBoaBasRoo-77
Simpson, Bill
90MicStaCC2*-29
Simpson, Carl
92FloSta*-72
Simpson, Craig
90MicStaCC2*-97
90MicStaCC2*-125
Simpson, Greg
92OhiSta-11
93OhiSta-8
Simpson, Kevin
96ScoBoaBasRoo-40
Simpson, Mark
86Vic-16
Simpson, O.J.
81TopThiB*-37
Simpson, Paul
93AusFutN-91
94AusFutN-95
Simpson, Ralph
71Top-232
72Top-235
72Top-257
73Top-190
74Top-219
74Top-222
75Top-240
75Top-270
76Top-22
90MicStaCC2*-170
Sims, Alvin
93Lou-11
Sims, Bobby
61HawEssM-13
Sims, Brian
94IHSBoyA3S-13
Sims, Gerald
82TCMCBA-52
Sims, Gig
91UCLColC-26
Sims, Joe
90Neb*-9
Sims, Kristy
94TexAaM-14
Sims, Lewis
93NorCarS-12
Sims, Malcolm
92Ind-13
Sinclair, Donald Clyde
92Glo-61
Sinclair, Tim
94IHSBoyAST-83
Singleton, Chris
90AriColC*-5
90AriColCP*-4
Singleton, McKinley
91ProCBA-88
Singleton, Tim
90NotDam-4
Singleton, Vernel
88LSU*-7
92FouSp-37
92FouSpGol-37
92FroR-60
Sinn, Pearl
90AriStaCC*-73

Siock, Dave
88Syr-11
Sippel, Lori
84Neb*-30
85Neb*-31
Sipple, Mark
91NorDak*-5
Sisler, George
48TopMagP*-K17
Sitton, Charlie
84Sta-258
Siuts, Brad
94IHSBoyAST-189
Sivills, Scott
90MurSta-11
91MurSta-9
92MurSta-12
Sizemore, Ted
91Mic*-49
Skaggs, Ricky
87Ken*-10
Skelton, Jamie
91OhiSta-15
92OhiSta-12
93OhiSta-3
Skeoch, Dan
91WriSta-14
93WriSta-9
Skidmore, Ian
89KenSch*-3
Skiles, Ricky
89LouColC*-196
Skiles, Scott
89Fle-110
89Hoo-249
89Hoo-318
90Hoo-220
90HooTeaNS-19
90MicStaCC2*-140
90MicStaCC2*-152
90PanSti-124
90Sky-205
91Fle-148
91Fle-390
91FleTonP-5
91Hoo-152
91Hoo-486
91Hoo-521
91HooMcD-29
91HooTeaNS-19
91PanSti-72
91Sky-206
91Sky-310
91Sky-477
91SkyCanM-34
91UppDec-86
91UppDec-226
92Fle-164
92FleDra-38
92FleTeaL-19
92FleTeaNS-9
92FleTonP-56
92Hoo-165
92Hoo100S-71
92PanSti-153
92Sky-174
92Sky-300
92SkyNes-43
92StaClu-160
92StaCluMO-160
92Top-42
92TopArc-88
92TopArcG-88G
92TopGol-224
92TopGol-224G
92Ult-133
92UltPla-8
92UppDec-149
92UppDecE-78
92UppDecM-P29
92UppDecM-OR9
92UppDecMH-19
92UppDecTM-TM20
93Fin-58
93FinRef-58
93Fle-152
93Hoo-158
93Hoo-286
93HooFifAG-158
93HooFifAG-286
93HooGolMB-47
93HooShe-6

93JamSes-163
93PanSti-191
93Sky-136
93StaClu-237
93StaCluFDI-104
93StaCluFDI-237
93StaCluMO-104
93StaCluMO-237
93StaCluSTNF-104
93StaCluSTNF-237
93Top-267
93TopGol-267G
93Ult-137
93UppDec-17
93UppDecE-221
93UppDecFM-34
93UppDecPV-25
93UppDecS-126
93UppDecSEC-126
93UppDecSEG-126
94ColCho-11
94ColCho-237
94ColChoGS-11
94ColChoGS-237
94ColChoSS-11
94ColChoSS-237
94Emb-99
94EmbGoll-99
94Fin-182
94FinRef-182
94Fla-321
94Fle-163
94Fle-384
94Hoo-155
94Hoo-380
94HooShe-16
94HooShe-17
94HooShe-18
94JamSes-197
94PanSti-116
94ProMag-95
94Sky-121
94Sky-295
94SkyProS-295
94SP-165
94SPDie-D165
94StaClu-110
94StaClu-291
94StaCluFDI-110
94StaCluFDI-291
94StaCluMO-110
94StaCluMO-291
94StaCluSTNF-110
94StaCluSTNF-291
94Top-274
94TopSpe-274
94Ult-197
94Ult-346
94UppDec-275
94UppDecE-151
94UppDecSE-380
94UppDecSEG-180
95ColCho-228
95ColCholE-11
95ColCholE-237
95ColCholJl-11
95ColCholJl-237
95ColCholSl-11
95ColCholSl-18
95ColChoPC-228
95ColChoPCP-228
95Fla-147
95Fle-196
95FleEur-237
95Hoo-169
95PanSti-62
95Ult-196
95UltGolM-196
95UppDec-62
95UppDecEC-62
95UppDecECG-62
96ColCholI-228
96ColCholJ-228
Skillett, Kevin
92Iow-9
93Iow-8
94Iow-10
Skinner, Al
75Top-272
77Top-91
Skinner, George
89KenColC*-290
Skinner, Talvin

75Top-187
Skinner, Troy
90Iow-9
91Iow-10
Skipper, Harry
91SouCarCC*-191
Skjoedt, Jens
91GeoTecCC*-175
Sklar, Ben
48ExhSpoC-44
Skort, Brett
94IHSBoyAST-33
Skow, Jim
85Neb*-9
Skyes, Larry
95SRDraD-41
95SRDraDSig-41
Slack, Charles
55AshOil-48
84MarPlaC-D4
84MarPlaC-S9
Slater, Reggie
92Cla-35
92ClaGol-35
92FroR-61
94Fla-208
94Fle-277
94Ult-235
Slater, Scott
91TexA&MCC*-67
Slaughter, Fred
91UCLColC-143
Slaughter, Jim
91SouCarCC*-157
Slaughter, Jose
89ProCBA-43
91ProCBA-167
Slaughter, Michael
92EasIII-3
Slaughter, Sterling
90AriStaCC*-181
Slavens, Robert
91TexA&MCC*-66
Slaymaker, Ron
86EmpSta-7
Sleeper, Jim
89ProCBA-140
Sloan, Jerry
68TopTes-20
69BulPep-9
70BulHawM-2
70BulHawM-3
70Top-148
70TopPosl-8
71Top-87
71TopTri-19
72IceBea-16
72Top-11
73LinPor-40
73NBAPlaA-30
73Top-83
74Top-51
75CarDis-29
75NabSugD*-17
75Top-9
76BucDis-18
76Top-123
79BulPol-NNO
89Hoo-267
89PanSpaS-174
90BulEqu-14
90Hoo-330
90Hoo-354
90HooTeaNS-25
90JazSta-12
90Sky-326
91Fle-202
91Hoo-246
91HooTeaNS-26
91Sky-403
92Fle-226
92Hoo-264
92Sky-280
93Hoo-255
93HooFifAG-255
93JazOldH-8
94Hoo-295
94HooShe-15
95Hoo-195
96Hoo-275
96SkyUSA-54
Sloan, Jo Ann
73NorCarSPC-S3
Sloan, Norm

73NorCarSPC-S1
Slocum, Chris
88Jac-12
Slocum, R.C.
91TexA&MCC*-4
93FCA-44
Slowes, Charles
90HooAnn-52
Sluby, Tom
84Sta-259
Slusher, Bobby
89KenColC*-232
Small, Hank
91SouCarCC*-186
Smart, Keith
89ProCBA-29
90ProCBA-72
91ProCBA-66
Smedsrud, Kristie
94TexAaM-16
Smiley, Jack
48Bow-33
Smilgoff, Jimmy
54QuaSpoO*-18
Smirl, Shea
91NorDak*-9
Smith, Aaron
94Wyo-10
Smith, Adrian (Odie)
61Kah-8
62Kah-8
63Kah-10
64Kah-11
68ParMea*-19
68TopTes-9
69Top-97
70Top-133
88KenColC-72
Smith, Al
82TCMCBA-25
Smith, Al R.
72Top-196
73Top-181
74Top-212
74Top-222
74Top-239
75Top-223
75Top-286
75Top-306
85Bra-C2
Smith, Alisa
86SouLou*-14
Smith, Andy
96Web StS-10
Smith, Anne
91ProSetPF*-9
Smith, Anthony AZ
90AriColC*-18
Smith, Anthony SC
91SouCarCC*-129
Smith, Audra
91VirWom-11
Smith, Barry
90FloStaCC*-146
Smith, Beau Zach
93Lou-12
Smith, Bill A.
71TraBlaT-9
Smith, Bill KY
89KenColC*-233
Smith, Billy MemSt.
92MemSta-8
Smith, Billy Ray AR
91ArkColC*-25
Smith, Blair
92AusFutN-24
96AusFutN-46
96AusFutNFDT-2
Smith, Bobby (Bingo)
68RocJacitB-11
70Top-74
71Top-93
71TopTri-34
72Top-149
73Top-49
74Top-78
75Top-120
75Top-175
76Top-114
77Top-126
Smith, Bubba
71KedKed*-1
71KedKed*-2
90MicStaCC2*-43

Smith, Chad
94TenTec-18
Smith, Charles D.
Pittsburgh
89Fle-73
89Hoo-262
89SpolllfKl*-239
90CliSta-11
90Fle-89
90Hoo-151
90Hoo100S-44
90HooActP-80
90HooCol-47
90HooTeaNS-12
90PanSti-36
90Sky-132
91Fle-96
91Fle-383
91FleTonP-83
91FleWheS-7
91Hoo-98
91Hoo-472
91Hoo-574
91Hoo100S-45
91HooMcD-19
91HooTeaNS-12
91KelColG-12
91PanSti-9
91Sky-131
91Sky-470
91Sky-497
91Sky-556
91SkyCanM-24
91SkyPro-130
91UppDec-161
91UppDecS-12
92Fle-104
92Fle-397
92Hoo-105
92Hoo-438
92Hoo100S-43
92PanSti-30
92Sky-111
92Sky-378
92SkyNes-44
92StaClu-214
92StaCluMO-214
92Top-207
92TopArcG-112G
92TopGol-207G
92TopGol-253G
92Ult-126
92Ult-323
92UppDec-254
92UppDec-326
93Fin-18
93FinRef-18
93Fle-145
93Hoo-150
93HooFifAG-150
93HooShe-4
93JamSes-153
93JamSesTNS-7
93JamSesTNS-9
93PanSti-228
93Sky-130
93StaClu-263
93StaCluFDI-263
93StaCluMO-263
93StaCluSTDW-K263
93StaCluSTMP-K9
93StaCluSTNF-263
93Top-144
93TopGol-144G
93Ult-131
93UppDec-4
94ColCho-72
94ColChoGS-72
94ColChoSS-72
94Fin-192
94FinRef-192
94Fla-103
94Fle-155
94Hoo-146
94HooShe-10
94JamSes-129
94PanSti-91
94Sky-114
94SP-120
94SPDie-D120
94StaClu-47
94StaCluFDI-47
94StaCluMO-47

94StaCluSTNF-47
94Top-312
94TopSpe-312
94Ult-298
94UppDec-115
94UppDecE-115
94UppDecSE-58
94UppDecSEG-58
95ColCho-39
95ColCholE-72
95ColCholJl-72
95ColCholSl-72
95ColChoPC-39
95ColChoPCP-39
95Fin-155
95FinRef-155
95Fla-92
95Fle-124
95FleEur-159
95Hoo-111
95Met-174
95PanSti-35
95Sky-188
95StaClu-153
95StaCluMOI-153
95Top-198
95Ult-121
95UppDec-63
95UppDecEC-63
95UppDecECG-63
95UppDecSE-144
95UppDecSEG-144
96ColCho-330
96ColCholI-104
96ColCholJ-39
96Fle-249
96Hoo-144
96HooStaF-24
96Top-54
96TopChr-54
96TopChrR-54
96TopNBAa5-54
96Ult-243
96UltGolE-G243
96UltPlaE-P243
Smith, Charles GT
85Geo-13
86Geo-11
87Geo-13
88Geo-13
91GeoColC-7
91GeoColC-47
Smith, Charlotte
96ClaLegotFF-6
Smith, Chris
90Con-12
91Con-14
91FouSp-210
91Mis-13
92Cla-6
92ClaGol-6
92Fle-383
92FouSp-6
92FouSpGol-6
92FroR-63
92Hoo-424
92Sky-371
92StaClu-248
92StaCluMO-248
92StaPic-29
92Top-244
92TopGol-244G
92Ult-309
92UppDec-401
93Fle-330
93Hoo-133
93HooFifAG-133
93JamSes-134
93PanSti-96
93StaClu-163
93StaCluFDI-163
93StaCluMO-163
93StaCluSTNF-163
93Top-247
93TopGol-247G
93Ult-293
93UppDec-122
94ColCho-46
94ColChoGS-46
94ColChoSS-46
94Fin-45
94FinRef-45
94Fla-264
94Fle-136

94Hoo-127
94PanSti-170
94StaClu-286
94StaCluFDI-286
94StaCluMO-286
94StaCluSTNF-286
94Top-338
94TopSpe-338
94Ult-111
94UppDec-47
94UppDecSE-143
94UppDecSEG-143
95ColCho-154
95ColCholE-46
95ColCholJI-46
95ColCholSI-46
95ColChoPC-154
95ColChoPC-154
95PanSti-178
95StaClu-56
95StaCluMOI-56
95Top-240
96ColCholI-96
96ColCholJ-154
Smith, Clarence
71Glo84-45
71Glo84-46
71Glo84-47
71Glo84-48
71GloCocP2-16
71GloCocP2-17
Smith, Clinton
89ProCBA-104
90ProCBA-154
Smith, Damian
92UNL-12
Smith, Danny
91SouCarCC*-154
Smith, Darnell
94IHSBoyAST-92
Smith, Darren
94AusFutN-96
94AusFutN-203
96AusFutN-31
Smith, David
89LouColC*-97
Smith, Dean
73NorCarPC-1S
88NorCar-NNO
89NorCarCC-1
89NorCarCC-2
89NorCarCC-3
89NorCarCC-4
89NorCarCC-5
89NorCarCC-6
90KenBigBDTW-25
90NorCarCC*-1
90NorCarCC*-27
90NorCarCC*-52
90NorCarCC*-150
90NorCarCC*-173
91UppDecS-10
92CenCou-18
92CouFla-35
93ActPacHoF-16
95ActPacHoF-19
90ClaLegofPF-MC2
Smith, Derek
81Lou-11
83Sta-131
84Sta-21
85Sta-92
86Fle-103
86KinSmo-10
88LouColC-15
88LouColC-113
88LouColC-156
88LouColC-191
8976eKod-11
89Hoo-83
89LouColC*-33
89LouColC*-265
89LouColC*-282
89PanSpaS-237
90Fle-145
90Hoo-231
90Sky-218
91Hoo-340
91UppDec-27
Smith, Derrick
92Hou-4
Smith, Donease
94SouMisSW-11
Smith, Doug MO

88Mis-11
89Mis-12
90Mis-12
91Fle-271
91FroRowP-94
91FroRowP-118
91Hoo-551
91Hoo-XX
91HooTeaNS-6
91KelColG-9
91Sky-518
91UppDec-493
91UppDecRS-R31
91UppDecS-13
92Fle-53
92FleRooS-10
92FleTeaNS-4
92FleTonP-57
92Hoo-51
92PanSti-64
92Sky-54
92StaClu-97
92StaCluMO-97
92Top-46
92TopGol-46G
92Ult-46
92UppDec-217
92UppDec-355
92UppDecE-43
93Fle-48
93Hoo-50
93HooFifAG-50
93JamSes-51
93PanSti-75
93Sky-59
93StaClu-87
93StaCluFDI-87
93StaCluMO-87
93StaCluSTNF-87
93Top-342
93TopGol-342G
93Ult-48
93UppDec-263
93UppDecE-138
93UppDecS-89
93UppDecSEC-89
93UppDecSEG-89
94ColCho-334
94ColChoGS-334
94ColChoSS-334
94Fin-179
94FinRef-179
94Fla-37
94Fle-55
94JamSes-44
94PanSti-120
94ProMag-26
94StaClu-151
94StaCluFDI-151
94StaCluMO-151
94StaCluSTNF-151
94Top-96
94TopSpe-96
94Ult-46
94UppDec-217
94UppDecSE-18
94UppDecSEG-18
95ColCholE-334
95ColCholSI-334
95FleCui-52
95Top-173
Smith, Doug VIRG
91FroRU-55
91StaPic-33
91Vir-12
92Vir-8
Smith, Earl
92TenTec-15
93TenTec-14
Smith, Eddie AZ
83Ari-11
84Ari-12
90AriColC*-92
Smith, Eddie ND
90NotDam-11
Smith, Elmore
72Com-28
72Top-76
73LinPor-75
73NBAPlaA-31
73Top-19
74Top-49
75Top-16

76Top-65
77Top-106
78Top-57
79Top-117
Smith, Elvado
81Geo-2
Smith, Emmitt
91ProCBA-198
93CosBroPC*-17
93FaxPaxWoS*-17
94ClaC3GCC*-CC3
94ClaNatP*-5
94ScoBoaNP*-12
94ScoBoaNP*-20E
Smith, Eric
81Geo-3
91GeoColC-40
91GeoTecCC*-151
Smith, Frank
80Ari-14
81Ari-15
Smith, Frank HS
94IHSBoyAST-237
94IHSBoyAST-238
Smith, Frederick
94IHSBoyA3S-20
Smith, G.J.
88KenColC-100
88KenColC-214
Smith, Gene
81Geo-11
82Geo-11
83Geo-6
91GeoColC-6
Smith, George
90MicStaCC2*-68
Smith, Greg
69Top-81
70Top-166
71Top-129
72Top-114
74Top-128
96AusFutN-23
Smith, Harry
91SouCal*-69
Smith, Heath
94JamMad-16
Smith, James IndSt.
82IndSta*-12
Smith, James NC
73NorCarPC-2S
Smith, Jason AUS
96AusFutNFF-FFB4
Smith, Jason MemSt.
93MemSta-15
94Mem-11
Smith, Jason WrSt.
93WriSta-10
94WriSta-7
Smith, Jeff
84Neb*-3
Smith, Jennifer
94TexAaM-19
Smith, Jimmy A&M
94TexAaM-4
Smith, Jimmy SoMiss
90SouMis-12
Smith, Joe Maryland
95ClaBKR-1
95ClaBKR-119
95ClaBKRAU-1
95ClaBKRCC-CCH2
95ClaBKRCS-CS1
95ClaBKRIE-IE1
95ClaBKRP-3
95ClaBKRPP-1
95ClaBKRPP-119
95ClaBKRRR-1
95ClaBKRS-S1
95ClaBKRS-RS1
95ClaBKRSS-1
95ClaBKRSS-119
95ClaBKV-1
95ClaBKV-66
95ClaBKV-91
95ClaBKVE-1
95ClaBKVE-66
95ClaBKVE-91
95ClaBKVHS-HC1
95ClaBKVLA-LA6
95ClaNat*-NC16
95Col-18
95Col-73
95Col2/1-T6

95Col24KG-3
95ColCho-300
95ColCho-329
95ColChoDT-D1
95ColChoPC-300
95ColChoPC-329
95ColChoPCP-300
95ColChoPCP-329
95Fin-111
95FinMys-M41
95FinMysB-M41
95FinMysBR-M41
95FinPacR-RP4
95FinVet-RV1
95FivSp-1
95FivSpAu-1
95FivSpCS-CS1
95FivSpD-1
95FivSpFT-FT1
95FivSpOF-H2
95FivSpPC$-3-5
95FivSpPre-SP2
95FivSpRS-RS5
95FivSpRS-1
95FivSpSF-BK1
95FivSpSigFI-FS1
95Fla-218
95FlaAnt-9
95FlaClao'-R8
95FlaWavotF-7
95Fle-309
95Fle-328
95FleClaE-32
95FleRooP-6
95FleRooPHP-6
95FleTowoP-9
95Hoo-264
95HooGraA-AR4
95HooHotL-5
95HooPowP-4
95HooSky-SV4
95JamSesR-1
95Met-150
95MetMetF-13
95MetRooRC-R7
95MetRooRCSS-R1
95MetTemS-8
95PacPlaCD-P4
95PacPreGP-1
95PacPreGP-32
95PrePas-1
95PrePas-36
95PrePasAu-4
95PrePasJS-JS1
95PrePasJS-JS2
95PrePasJS-JS3
95PrePasJS-JS4
95PrePasP-4
95PrePasPC$-5-6
95ProMag-43
95Sky-227
95SkyE-X-26A
95SkyE-XACA-4
95SkyE-XB-26
95SkyE-XU-8
95SkyHigH-HH7
95SkyLotE-1
95SkyMel-M5
95SkyRooP-RP1
95SP-154
95SPAII-AS30
95SPAIIG-AS30
95SPCha-37
95SPChaCotC-C9
95SPChaCotCD-C9
95SPChaCS-S11
95SPChaCSG-S11
95SPHol-PC12
95SPHolDC-PC12
95SRAut-1
95SRDraDDGS-DG7
95SRDraDDGS-DG8
95SRDraDG-7/8
95SRDraDG-DG7
95SRDraDG-DG8
95SRFam&F-37
95SRFam&F#P-P4
95SRFam&FCP-B7
95SRFam&FTF-T1
95SRSigPriH-H1
95SRSigPriHS-H1
95SRSigPriT10-TT1
95SRSigPriT10S-TT1
95SRTetAut-73

95SRTetM-P1
95SRTetM-P5
95SRTetP-3
95SRTetSRF-F21
95StaClu-326
95Top-205
95TopDraR-1
95TopGal-50
95TopGalE-EX11
95TopGalPPI-50
95TopRataR-R10
95TopSudI-S9
95Ult-288
95UltAll-6
95UltJamC-11
95UltJamCHP-11
95UppDec-255
95UppDecEC-255
95UppDecECG-255
95UppDecSE-116
95UppDecSEG-116
95WarTop-GS8
96AllSpoPPaF-106
96Ass-42
96AssACA-CA14
96AssCPC$-5-9
96AssPC$10-10
96AssPC$-2-24
96AssPC$5-17
96AssS-9
96BowBes-39
96BowBesAR-39
96BowBesR-39
96BowBesTh-TB17
96BowBesThAR-TB17
96BowBesTR-TB17
96CleAss-7
96CleAss$10PC-6
96CleAss$2PC-13
96CleAss$5PC-11
96CleAss3-X6
96ColCho-54
96ColCho-358
96ColCho-375
96ColChoCtGS1-C9A
96ColChoCtGS1-C9B
96ColChoCtGS1R-R9
96ColChoCtGS1RG-R9
96ColChoCtGSG1-C9A
96ColChoCtGSG1-C9B
96ColCholI-38
96ColCholI-119
96ColCholJ-300
96ColCholJ-329
96ColChoM-M152
96ColChoMG-M152
96ColChoS1-S9
96ColLif-L3
96Fin-29
96Fin-115
96Fin-213
96FinRef-29
96FinRef-115
96FinRef-213
96FivSpSig-1
90FlaSho-A17
96FlaSho-B17
96FlaSho-C17
96FlaShoHS-14
96FlaShoLC-17
96FlaShoLC-B17
96FlaShoLC-C17
96Fle-36
96Fle-275
96FleAusS-4
96FleFraF-8
96FleGamB-4
96FleRooR-8
96FleS-12
96FleTowoP-10
96Hoo-55
96Hoo-345
96HooFlyW-8
96HooHeatH-HH9
96HooRooH-2
96HooSil-55
96HooStaF-9
96Met-33
96MetCyb-CM17
96MetFreF-FF12
96MetMaxM-16
96MetMolM-8
96MetMolM-27
96MetPowT-10

96MetSteS-9
96PacCenoA-C8
96PacGolCD-DC11
96PacPow-47
96PacPowGCDC-GC12
96PacPowITP-IP17
96PacPreGP-1
96PacPreGP-32
96PacPri-1
96PacPri-32
96PacPriPCDC-P4
96PrePas-35
96PrePasNB-35
96PrePasS-35
96ScoBoaACGB-GB6
96ScoBoaBasRoo-93
96ScoBoaBasRooCJ-CJ27
96Sky-40
96SkyAut-74
96SkyAutB-74
96SkyE-X-21
96SkyE-XC-21
96SkyE-XNA-13
96SkyE-XSD2-8
96SkyNetS-18
96SkyRub-40
96SkySta-SO9
96SkyThuaL-4
96SkyTriT-TT2
96SkyZ-F-30
96SkyZ-F-194
96SkyZ-FST-ST9
96SkyZ-FZ-30
96SP-37
96SPPreCH-PC12
96SPx-17
96SPxGol-17
96SPxHolH-H4
96StaClu-80
96StaCluM-80
96StaCluMH-MH8
96Top-95
96TopChr-95
96TopChrPF-PF6
96TopChrR-95
96TopChrY-YQ13
96TopHobM-HM14
96TopMysF-M20
96TopMysFB-M20
96TopMysFBR-M20
96TopNBAa5-95
96TopProF-PF6
96TopSupT-ST9
96TopYou-U13
96Ult-37
96Ult-138
96UltGolE-G37
96UltGolE-G138
96UltPlaE-P37
96UltPlaE-P138
96UltRisS-9
96UltRooF-4
96UppDec-42
96UppDec-144
96UppDec-339
96UppDecGE-G6
96UppDecPS1-P7
96UppDecPTVCR1-TV7
96UppDecU-32
96Vis-10
96Vis-131
96VisBasVU-U106
96VisSig-9
96VisSigA-4
96VisSigAuG-9A
96VisSigAuS-9A
97SchUltNP-23
Smith, Joe SC
91SouCarCC*-99
Smith, John AZ
80Ari-15
81TCMCBA-37
82TCMCBA-69
Smith, John DUKE
87Duk-33
88Duk-12
91ProCBA-112
Smith, John HS
94IHSBoyAST-39
Smith, John OK
91OklStaCC*-25
Smith, Jon
91GeoColC-59

Smith, Katie
92OhiStaW-13
93OhiStaW-10
94OhiStaW-10
Smith, Keith
89Cal-14
90ProCBA-150
95UppDecCBA-29
Smith, Kenneth
94TenTec-13
Smith, Kenny
86NorCar-30
86NorCarS-4
88Fle-100
88KinCarJ-30
89Fle-138
89Hoo-232
89KinCarJ-30
89NorCarCC-66
89NorCarCC-67
89NorCarCC-68
89NorCarCC-107
89PanSpaS-235
89PanSpaS-241
90Fle-4
90FleUpd-U36
90Hoo-33
90Hoo-414
90HooActP-134
90HooTeaNS-10
90NorCarCC*-16
90NorCarCC*-33
90NorCarCC*-75
90NorCarCC*-94
90NorCarCCP*-NC9
90PanSti-120
90Sky-8
90Sky-385
91Fle-78
91Fle-230
91FleTonP-47
91FleWheS-8
91Hoo-79
91Hoo100S-37
91HooTeaNS-10
91LitBasBL-36
91PanSti-58
91Sky-106
91Sky-468
91Sky-587
91UppDec-276
91UppDecS-12
92Fle-85
92FleDra-20
92FleTonP-58
92Hoo-86
92Hoo100S-35
92PanSti-78
92Sky-91
92Sky-291
92SkyNes-45
92SkySchT-ST18
92StaClu-166
92StaCluMO-166
92Top-170
92TopArc-99
92TopArcG-99G
92TopGol-170G
92Ult-73
92UppDec-176
92UppDec-359
92UppDec-451
92UppDecS-9
93Fin-209
93FinRef-209
93Fle-80
93Hoo-82
93Hoo-288
93HooFifAG-82
93HooFifAG-288
93JamSes-84
93PanSti-93
93Sky-82
93StaClu-132
93StaCluFDI-132
93StaCluMO-132
93StaCluSTDW-R132
93StaCluSTMP-R9
93StaCluSTNF-132
93Top-382
93TopGol-382G
93Ult-77
93UppDec-47
93UppDec-184

93UppDec-444
93UppDecE-31
93UppDecE-169
93UppDecS-22
93UppDecSEC-22
93UppDecSEG-22
94ColCho-275
94ColChoGS-275
94ColChoSS-275
94Fin-9
94Fin-218
94FinRef-9
94FinRef-218
94Fla-58
94Fle-86
94Hoo-79
94JamSes-74
94PanSti-147
94ProMag-49
94Sky-63
94StaClu-236
94StaCluFDI-236
94StaCluMO-236
94StaCluSTMP-R9
94StaCluSTNF-236
94Top-132
94TopSpe-132
94Ult-70
94UppDec-102
94UppDecE-46
94UppDecSE-124
94UppDecSEG-124
94UppDecSEJ-10
95ColCho-37
95ColCho-365
95ColCholE-275
95ColCholJI-275
95ColCholSI-56
95ColChoPC-37
95ColChoPC-365
95ColChoPCP-37
95ColChoPCP-365
95Fin-37
95FinRef-37
95Fla-53
95Fle-72
95Fle-225
95FleEur-90
95Hoo-64
95JamSes-42
95JamSesDC-D42
95Met-41
95MetSilS-41
95PanSti-171
95ProMag-49
95Sky-48
95Sky-258
95SP-53
95StaClu-27
95StaCluMOI-27
95Top-77
95Ult-71
95UltGolM-71
95UppDec-111
95UppDecEC-111
95UppDecECG-111
95UppDecSE-32
95UppDecSEG-32
96ColCholI-56
96ColCholI-155
96ColCholJ-37
96ColCholJ-365
96Sky-153
96SkyAut-75
96SkyAutB-75
96SkyRub-152
Smith, Kevin Iowa
90Iow-11
91Iow-11
92Iow-11
Smith, Kevin MISt
82TCMCBA-59
90MicStaCC2*-138
Smith, LaBradford
91FroRowP-11
91FroRowP-89
91FroRU-63
91StaPic-49
91UppDec-485
92Fle-234
92Hoo-237
92Sky-253
92StaClu-372
92StaCluMO-372

92Top-296
92TopGol-296G
92Ult-190
92UppDec-80
93Fle-219
93Hoo-228
93HooFifAG-228
93JamSes-237
93PanSti-247
93StaClu-191
93StaCluFDI-191
93StaCluMO-191
93StaCluSTNF-191
93Top-143
93TopGol-143G
93Ult-197
93Ult-334
93UppDec-139
94UppDec-45
Smith, Lance
88LSUAll*-11
90LSUColC*-76
Smith, Larry
81Top-51
81Top-W75
83Sta-261
84Sta-157
85Sta-136
86Fle-104
87Fle-101
88WarSmo-4
89Hoo-168
89Hoo-309
89PanSpaS-187
90Hoo-128
90HooTeaNS-10
90Sky-111
91Fle-79
91Hoo-80
91HooTeaNS-10
91PanSti-62
91ProCBA-13
91Sky-107
91Sky-309
91UppDec-280
92Hoo-87
92Hoo-468
92Sky-92
92Sky-400
92StaClu-385
92StaCluMO-385
92UppDec-228
93UppDec-145
Smith, Leonard
92Aub-8
Smith, Mark
80Ill-11
Smith, Martin
91ArkColC*-58
Smith, Marty
89LouColC*-159
Smith, Michael J. BYU
87BYU-1
87BYU-25
88BYU-2
88BYU-20
88BYU-21
90FleUpd-U10
90PanSti-133
90Sky-24
91Sky-21
91UppDec-121
Smith, Michael J. Providence
94Cla-31
94Cla-32
94ClaG-32
94Fla-302
94Fle-364
94FouSp-35
94FouSpG-35
94FouSpP-35
94Hoo-369
94JamSesRS-16
94PacP-58
94PacPriG-58
94Sky-279
94SP-29
94SPDie-D29
94SRTet-74
94SRTetS-74
94Ult-327
94UppDec-250
94UppDecRS-RS14

94UppDecSE-174
94UppDecSEG-174
95ColCho-283
95ColChoPC-283
95ColChoPCP-283
95Fin-191
95FinRef-191
95Fla-185
95Fle-163
95FleClaE-19
95FleRooS-14
95Hoo-142
95Ima-25
95Met-188
95PanSti-260
95Sky-200
95SRKro-28
95StaClu-304
95TedWil-63
95Top-223
95Ult-159
95UltGolM-159
96ColCho-324
96ColCholI-88
96ColCholJ-283
96ColChoM-M176
96ColChoMG-M176
96Fin-93
96FinRef-93
96Fle-246
96Top-47
96TopChr-47
96TopChrR-47
96TopNBAa5-47
96Ult-241
96UltGolE-G241
96UltPlaE-P241
96UppDec-158
96UppDec-291
Smith, Michelle
85Neb*-12
Smith, Mickey
85Bra-S6
Smith, Moyer
90NorCarCC*-102
Smith, Otis
89Hoo-86
89Hoo-303
89MagPep-6
90Fle-135
90Hoo-221
90HooTeaNS-19
90PanSti-121
90Sky-206
91Fle-149
91Hoo-153
91Hoo-544
91HooTeaNS-19
91PanSti-73
91Sky-207
91UppDec-288
Smith, Phil
75Top-139
76Top-89
77Top-12
78Top-33
79Top-53
80Top-40
80Top-163
81Top-W93
Smith, Racine
85Neb*-17
Smith, Randal
86SouLou*-15
87SouLou*-1
Smith, Randy
72Top-8
73LinPor-32
73Top-173
74Top-8
75CarDis-30
75Top-63
75Top-118
76Top-40
76Top-135
77SpoSer3*-3013
77Top-82
78CliHan-1
78Top-112
79Top-85
80Top-38
80Top-95
81Top-E86
Smith, Ranzino

86NorCar-33
87NorCar-33
87NorCarS-1
89NorCarCC-169
90NorCarCC*-24
Smith, Reggie
90Mis-13
91Mis-14
92Cla-56
92ClaGol-56
92Fle-419
92FroR-82
92Mis-12
92StaClu-329
92StaCluMO-329
92StaPic-3
92Top-364
92TopGol-364G
92TraBlaF-20
93Fle-366
93Hoo-399
93HooFifAG-399
93Mis-11
93TraBlaF-10
93Ult-327
96AusFutN-93
Smith, Riley
90ProCBA-191
91ProCBA-91
Smith, Robert (Slick)
82TCMCBA-30
91WilCar-81
Smith, Rodger
92AusStoN-28
93AusFutN-13
94AusFutN-9
95AusFutN-61
Smith, Ronnie
84Neb*-18
Smith, Sam Bul.
79BulPol-28
Smith, Sam Col.
71ColMarO-10
Smith, Sean BRAD
90Bra-18
Smith, Sean GATech
91GeoTecCC*-31
Smith, Sebrena
89LouTec-15
Smith, Shannon
91Mar-9
92Mar-13
Smith, Sonny
87Aub*-4
Smith, Stan
71KedKed*-2
91SouCal*-49
Smith, Steve Delano
90MicStaCC2-9
90MicStaCC2-14
91Fle-309
91FroRowP-84
91FroRowP-97
91FroRowP-106
91FroRowSS-1
91FroRowSS-2
91FroRowSS-3
91FroRowSS-4
01FroRowGG-5
91FroRowSS-6
91FroRowSS-7
91FroRowSS-8
91Hoo-550
91Hoo-XX
91HooTeaNS-14
91Sky-517
91StaPic-21
91UppDec-4
91UppDec-447
91UppDecRS-R32
91UppDecS-13
91WilCar-98B
91WilCarRHR-3
92Cla-96
92ClaGol-96
92ClaMag-BC5
92Fle-123
92FleRooS-11
92FleTeaNS-7
92FleTonP-59
92FroRowDP-26
92FroRowDP-27
92FroRowDP-28
92FroRowDP-29

92FroRowDP-30
92Hoo-124
92PanSti-163
92Sky-131
92StaClu-79
92StaCluMO-79
92StaPic-NNO
92Top-147
92TopArc-148
92TopArcG-148G
92TopGol-147G
92Ult-104
92UppDec-110A
92UppDec-110B
92UppDecA-AR4
92UppDecAW-35
92UppDecM-P24
93Fin-70
93Fin-97
93FinMaiA-14
93FinRef-70
93FinRef-97
93Fle-113
93HeaBoo-4
93Hoo-118
93HooFifAG-118
93JamSes-118
93PanSti-211
93Sky-107
93Sky-305
93SkySch-45
93SkyThuaL-TL2
93SkyUSAT-1
93StaClu-3
93StaClu-287
93StaCluFDI-3
93StaCluFDI-287
93StaCluMO-3
93StaCluMO-287
93StaCluSTNF-3
93StaCluSTNF-287
93Top-10
93TopBlaG-15
93TopGol-10G
93Ult-104
93Ult-369
93UppDec-223
93UppDec-296
93UppDecS-35
93UppDecSEC-35
93UppDecSEG-35
93UppDecSUT-15
94Cla-23
94ClaG-23
94ColCho-3
94ColCho-179
94ColCho-279
94ColChoGS-3
94ColChoGS-179
94ColChoGS-279
94ColChoSS-3
94ColChoSS-179
94ColChoSS-279
94Emb-4
94EmbGolI-4
94Emo-3
94Fin-254
94FinRef-254
94Fla-82
94Fla-170
94Fla-179
94FlaUSA-89
94FlaUSA-90
94FlaUSA-91
94FlaUSA-92
94FlaUSA-93
94FlaUSA-94
94FlaUSA-95
94FlaUSA-96
94Fle-122
94Fle-245
94Hoo-115
94Hoo-305
94HooShe-1
94HooSupC-SC24
94JamSes-103
94PanSti-68
94ProMag-70
94Sky-90
94Sky-186
94Sky-205
94SkySlaU-SU25
94SkyUSA-25
94SkyUSA-26

94SkyUSA-27
94SkyUSA-28
94SkyUSA-29
94SkyUSA-30
94SkyUSADP-DP5
94SkyUSAG-25
94SkyUSAG-26
94SkyUSAG-27
94SkyUSAG-28
94SkyUSAG-29
94SkyUSAG-30
94SkyUSAOTC-4
94SkyUSAP-PT5
94SP-32
94SPCha-31
94SPChaDC-31
94SPDie-D32
94StaClu-128
94StaCluCC-14
94StaCluFDI-128
94StaCluMO-128
94StaCluMO-CC14
94StaCluSTNF-128
94Top-83
94TopSpe-83
94Ult-101
94Ult-206
94UppDec-37
94UppDec-173
94UppDecE-142
94UppDecSE-48
94UppDecSE-94
94UppDecSEG-48
94UppDecSEG-94
94UppDecSEJ-1
94UppDecU-61
94UppDecU-62
94UppDecU-63
94UppDecU-64
94UppDecU-65
94UppDecU-66
94UppDecUCT-CT11
94UppDecUFYD-12
94UppDecUGM-61
94UppDecUGM-62
94UppDecUGM-63
94UppDecUGM-65
94UppDecUGM-66
95ColCho-166
95ColCho-247
95ColChoIE-3
95ColChoIE-179
95ColChoIE-279
95ColChoIEGS-179
95ColChoIJGSI-179
95ColChoIJI-3
95ColChoIJI-179
95ColChoIJI-279
95ColChoIJSS-179
95ColChoISI-3
95ColChoISI-179
95ColChoISI-60
95ColChoPC-166
95ColChoPC-247
95ColChoPCP-166
95ColChoPCP-247
95Fin-16
95FinDisaS-DS1
95FinRef-16
95Fla-4
95Fla-154
95FlaPerP-12
95Fle-7
95Fle-205
95FleEur-16
95Hoo-7
95HooSla-SL2
95JamSes-4
95JamSesDC-D4
95Met-4
95Met-126
95MetSilS-4
95PanSti-71
95ProMag-4
95Sky-4
95Sky-127
95Sky-277
95SkyE-X-91
95SkyE-XB-91
95SP-4
95SPCha-4
95SPChaCotC-C1
95SPChaCotCD-C1

95StaClu-167
95StaClu-265
95StaCluM05-14
95StaCluMOI-167
95Top-128
95TopGal-84
95TopGalPPI-84
95TopMysF-M5
95TopMysFR-M5
95Ult-7
95Ult-204
95UltGolM-7
95UppDec-49
95UppDecEC-49
95UppDecECG-49
95UppDecSE-93
95UppDecSEG-93
96ColCho-202
96ColChoCtGS2-C1A
96ColChoCtGS2-C1B
96ColChoCtGS2R-R1
96ColChoCtGSG2-C1A
96ColChoCtGSG2-C1B
96ColChoIl-166
96ColChoIl-2
96ColChoIJ-166
96ColChoIJ-247
96ColChoM-M93
96ColChoMG-M93
96ColChoS2-S1
96Fin-214
96FinRef-214
96FlaSho-A54
96FlaSho-B54
96FlaSho-C54
96FlaShoLC-54
96FlaShoLC-B54
96FlaShoLC-C54
96Fle-5
96Fle-276
96FleS-2
96FleSwiS-13
96Hoo-6
96Hoo-175
96HooHIP-H1
96HooSil-6
96HooStaF-1
96Met-3
96Met-132
96MetMetE-6
96Sky-5
96Sky-255
96SkyE-X-3
96SkyE-XC-3
96SkyRub-5
96SkyRub-255
96SkyZ-F-4
96SkyZ-FZ-4
96SP-4
96StaClu-83
96StaCluM-83
96Top-150
96TopChr-150
96TopChrR-150
96TopNBAa5-150
96Ult-5
96UltGolF-G5
96UltPlaE-P5
96UltScoK-1
96UltSooKP 1
96UppDec-136
96UppDec-184
96UppDecGE-G1
97SchUltNP-24
Smith, Steve NCSt
73NorCarSPC-C3
9088'CalW-7
Smith, Stevin
94SRTet-75
94SRTetS-75
95SupPix-63
95TedWil-64
Smith, Tanika
93TenWom-10
94TenWom-11
Smith, Tom
90MicStaCC2*-195
Smith, Tony
90FleUpd-U45
91Fle-303
91Hoo-384
91HooTeaNS-13
91Sky-140

91UppDec-128
91UppDecM-M7
91UppDecRS-R19
92Fle-365
92Hoo-112
92Sky-119
92StaClu-107
92StaCluMO-107
92Top-72
92TopGol-72G
92Ult-94
92UppDec-102
93ClaC3*-18
93Fle-315
93Hoo-108
93HooFifAG-108
93JamSesTNS-5
93Top-237
93TopGol-237G
93Ult-276
93UppDec-409
94ColCho-366
94ColChoGS-366
94ColChoSS-366
94Fla-243
94Fle-111
94PanSti-161
94StaClu-324
94StaCluFDI-324
94StaCluMO-324
94StaCluSTNF-324
94Ult-275
94UppDec-33
95ColChoIE-366
95ColChoIJI-366
95ColChoISI-147
95FleEur-116
96TopSupT-ST14
Smith, Troy
92Lou-14
92Lou-23
92Lou-25
92LouSch-4
Smith, Tubby
89KenBigB-23
Smith, Ty
89LouColC*-133
Smith, Vadi
82Geo-10
Smith, Will
91Hoo-325
91Hoo-326
Smith, Willie
78TraBlaP-8
02TCMCBA-15
Smith, Willie MO
90Mis-14
Smithson, Gene
80WicSta-13
Smithson, Randy
80WicSta-14
Smits, Rik
89Fle-68
89Hoo-37
89PanSpaS-110
90Fle-82
90Hoo-130
90Hoo100S-42
90HooActP-77
90PanSti-109
90Sky-122
91Fle-86
91Hoo-88
91HooTeaNS-11
91PanSti-136
91Sky-118
91UppDec-294
92Fle-94
92FleTeaNS-5
92Hoo-95
92PanSti-149
92Sky-100
92SpoIllfKI*-468
92StaClu-43
92StaCluMO-43
92Top-140
92TopGol-140G
92Ult-80
92UppDec-52
92UppDec-91
92UppDecE-60
92UppDecE-183

92UppDecE-187
92UppDecFE-FE9
93Fin-132
93FinRef-132
93Fle-89
93FleInt-11
93Hoo-92
93HooFifAG-92
93JamSes-94
93JamSesTNS-3
93PanSti-183
93Sky-89
93StaClu-334
93StaCluFDI-334
93StaCluMO-334
93StaCluSTNF-334
93Top-226
93TopGol-226G
93Ult-85
93UppDec-132
93UppDec-220
93UppDecE-83
93UppDecE-178
93UppDecFM-35
93UppDecS-36
93UppDecSEC-36
93UppDecSEG-36
94ColCho-45
94ColChoGS-45
94ColChoSS-45
94Emb-42
94EmbGolI-42
94Emo-41
94Fin-38
94FinRef-38
94Fla-64
94Fle-95
94Hoo-88
94JamSes-82
94PanSti-59
94ProMag-54
94Sky-70
94Sky-338
94SP-82
94SPCha-71
94SPChaDC-71
94SPDie-D82
94StaClu-255
94StaClu-323
94StaCluFDI-255
94StaCluFDI-323
94StaCluMO-255
94StaCluMO-323
94StaCluMO-ST11
94StaCluST-11
94StaCluSTDW-P323
94StaCluSTNF-255
94StaCluSTNF-323
94Top-230
94TopSpe-230
94Ult-78
94UppDec-278
94UppDecE-94
94UppDecFMT-11
94UppDecSDS-S20
94UppDecSE-35
94UppDecSEG-35
95ColCho-98
95ColCho-351
95ColCho-362
95ColCho-376
95ColCholE-45
95ColCholJI-45
95ColCholSI-45
95ColChoPC-98
95ColChoPC-351
95ColChoPC-362
95ColChoPC-376
95ColChoPCP-98
95ColChoPCP-351
95ColChoPCP-362
95ColChoPCP-376
95Fin-194
95FinRef-194
95Fla-59
95FleEur-99
95Fle-79
95Hoo-70
95HooMagC-11
95JamSes-46
95JamSesDC-D46
95Met-46
95MetSilS-46
95MetSteT-9

95PanSti-116
95ProMag-53
95Sky-52
95Sky-260
95SkyAto-A3
95SkyE-X-35
95SkyE-XB-35
95SP-58
95SPCha-45
95StaClu-45
95StaCluI-IC7
95StaCluMO5-23
95StaCluMOI-45
95StaCluMOI-111B
95StaCluMOI-111R
95StaCluMOI-N2
95StaCluMOI-IC7
95StaCluN-N2
95Top-200
95TopForL-FL10
95TopGal-105
95TopGalPPI-105
95TopPanFG-5
95Ult-77
95Ult-341
95UltGolM-77
95UppDec-18
95UppDec-150
95UppDecEC-18
95UppDecEC-150
95UppDecECG-18
95UppDecECG-150
95UppDecSE-123
95UppDecSEG-123
96BowBes-23
96BowBesAR-23
96BowBesR-23
96ColCho-63
96ColCho-176
96ColCholI-62
96ColCholI-141
96ColCholI-152
96ColCholI-166
96ColCholJ-341
96ColCholJ-351
96ColCholJ-362
96ColCholJ-376
96ColCholM-M125
96ColCholNE-E7
96ColChoM-M125
96ColChoMG-M125
96ColChoS1-S11
96Fin-221
96FinRef-221
96FlaSho-A75
96FlaSho-B75
96FlaSho-C75
96FlaShoLC-75
96FlaShoLC-B75
96FlaShoLC-C75
96Fle-47
96FleAusS-36
96Hoo-69
96HooSil-69
96HooStaF-11
96Met-43
96Sky-50
96SkyAut-76
96SkyAutB-76
96SkyRub-50
96SkyZ-F-39
96SkyZ-FZ-39
96SP-46
96SPx-21
96SPxGol-21
96StaClu-67
96StaCluF-F6
96StaCluM-67
96Top-10
96TopChr-10
96TopChrR-10
96TopNBAa5-10
96TopSupT-ST11
96Ult-47
96UltGolE-G47
96UltPlaE-P47
96UppDec-146
96UppDec-231
96UppDecGK-28
96UppDecPS1-P9
96UppDecPTVCR1-TV9
97SchUltNP-25
Smolinski, Don
82Mar-14

Smrek, Mike
90Hoo-119
90HooTeaNS-9
90Sky-101
Smyth, John
90NotDam-29
Smyth, Phil
92AusFutN-33
92AusStoN-15
93AusFutN-3
93AusStoN-37
94AusFutN-1
94AusFutN-114
95AusFut3C-GC10
Snavely, Carl
90NorCarCC*-151
Snead, Samuel J.
48KelPep*-17
51Whe*-5
52Whe*-27A
52Whe*-27B
Snedeker, Jeff
87BucPol-NNO
88BucGreB-16
Snell, Dave
85Bra-C6
93Bra-15
93Bra-18
94Bra-17
95Bra-17
Snell, Steve
93EasTenS-14
Snider, Duke
57UniOilB*-12
Snite, Fred Sr.
54QuaSpoO*-2
Snively, John
82Ark-13
Snoddy, Chris
91DavLip-26
92DavLip-26
Snoddy, Ralph
33SpoKinR*-25
Snow, Eric
95ClaBKR-41
95ClaBKRAu-41
95ClaBKRPP-41
95ClaBKRSS-41
95ClaBKV-41
95ClaBKVE-41
95Col-51
95Col-98
95FivSp-36
95FivSpAu-36
95FivSpD-36
95PacPreGP-10
95SRDraD-20
95SRDraDSig-20
95SRFam&F-38
95SRSigPri-37
95SRSigPriS-37
95ColCho-337
96PacPreGP-10
96PacPri-10
96SkyAut-77
96SkyAutB-77
Snow, J.T.
90AriColC*-63
Snow, Lenny
91GeoTecCC*-199
Snow, Percy
90MicStaCC2*-44
90MicStaCC2*-56
90MicStaCC2*-82
90MicStaCCP*-3
Snowden, Fred
80Ari-16
81Ari-16
90AriColC*-17
Snyder, Dick
68SunCarM-9
69SunCarM-7
69Top-73
70SupSunB-8
70Top-64
71SupSunB-8
72Com-29
72Top-136
73NBAPlaA-32
73SupShu-10
73Top-86
74Top-115
75Top-83
75Top-120

Smrek, Mike
76Top-2
78SupPol-9
79SupPor-9
Snyder, Quin
87Duk-14
88Duk-13
Sobers, Ricky
75Sun-13
76Sun-8
76Top-102
77Top-42
78RoyCroC-29
78Top-93
79BulPol-40
79Top-71
80Top-23
80Top-137
81Top-8
83Sta-214
84Sta-121
85Sta-70
Sobie, Ron
57Top-69
Sobieszcyk, Ron
86DePPlaC-C3
Sodders, Mike
90AriStaCC*-159
Soderberg, Mark
89KenColC*-85
Soderstrom, Tommy
93ClaMcDF-20
Soergel, Dick
91OklStaCC*-58
Sogge, Steve
91SouCal*-64
Sojourner, Mike
75Top-62
76Top-79
Sojourner, Willie
72Top-232
75Top-312
Sommer, Coleen
90AriStaCC*-137
Sommer, Michael
94IHSBoyA3S-17
Somogyi, Kristen
92VirWom-12
Song, Jye
95UppDecCBA-27
Song, Tau
95UppDecCBA-4
Sonksen, Soenke
76PanSti-282
Sonovick, Dayna
92VirTec*-3
Sorensen, Lary
79BucOpeP*-5
91Mic*-50
Sorenson, Dave
71Top-71
72Top-12
73Top-14
Sossamon, Lou
91SouCarCC*-94
Sottos, Steve
94IHSBoyAST-124
South, Harry
91SouCarCC*-172
Southard, Judy
88MarWom-2
88MarWom-24
Southers, Brantley
91SouCarCC*-188
Sovern, Aaron
94IHSBoyA3S-26
94IHSBoyAST-350
Sowell, Dawn
88LSUAll*-6
Spadafore, Frank
55AshOil-94
Spahn, Warren
57UniOilB*-39
Spanarkel, Jim
81Top-48
81Top-MW79
83Sta-57
84StaAre-B8
Sparks, Chris
86EmpSta-8
Sparks, Scott
93Eva-13
Sparrow, Guy
57Top-38
Sparrow, Rory

80TCMCBA-20
83Sta-68
84KniGetP-9
84Sta-34
85Sta-170
86Fle-105
87BulEnt-2
87Fle-102
89Fle-84
89HeaPub-12
89Hoo-207
90Hoo-170
90Hoo-430
90Hoo100S-52
90HooActP-92
90KinSaf-10
90Sky-152
90Sky-411
91Fle-180
91Hoo-186
91PanSti-37
91Sky-251
91UppDec-395
91UppDec-434
Speaker, Tris
48TopMagP*-K7
Speaks, Jon Garwood
89NorCarSCC-42
89NorCarSCC-43
89NorCarSCC-44
Spears, Robert
89EasTenS-6
90EasTenS-10
91EasTenS-13
92EasTenS-13
Spector, Arthur
48Bow-57
Speight, Bob
73NorCarSPC-C11
Spellman, Robert
91OutWicG-9
Spence, Phil
73NorCarSPC-H8
89NorCarSCC-46
89NorCarSCC-47
89NorCarSCC-48
Spencer, Andre
94PanSti-193
Spencer, Duane
92Geo-3
93Geo-13
Spencer, Elmore
89Geo-11
90UNLSeatR-10
90UNLSmo-13
92Cla-57
92ClaGol-57
92Fle-358
92FouSp-51
92FouSpGol-51
92FroR-62
92Hoo-404
92Sky-353
92SkyDraP-DP25
92SkySchT-ST15
92StaClu-279
92StaCluMO-279
92StaPic-61
92Top-300
92TopGol-300G
92Ult-281
93Fle-308
93Hoo-99
93HooFifAG-99
93JamSesTNS-4
93SkySch-46
93Top-97
93TopGol-97G
93Ult-270
93UppDecS-166
93UppDecSEC-166
93UppDecSEG-166
94ColCho-27
94ColChoGS-27
94ColChoSS-27
94Fin-21
94FinRef-21
94Fla-69
94Fle-103
94JamSes-87
94PanSti-155
94StaClu-87
94StaCluFDI-87
94StaCluMO-87

94StaCluSTNF-87
94Top-92
94TopSpe-92
94Ult-82
94UppDec-230
94UppDecSE-39
94UppDecSEG-39
95ColCholE-27
95ColCholJI-27
95ColCholSI-27
95Fle-217
95FleEur-108
95Ult-213
95UppDec-244
95UppDecEC-244
95UppDecECG-244
Spencer, Felton
90FleUpd-U57
90Hoo-395
90Sky-361
90StaPic-41
91Fle-127
91FleRooS-6
91FleTonP-101
91FleWheS-1
91Hoo-130
91HooTeaNS-16
91PanSti-64
91PanSti-182
91Sky-174
91UppDec-305
91UppDecRS-R4
92Fle-138
92FleTonP-60
92Hoo-141
92Hoo100S-60
92PanSti-86
92Sky-148
92StaClu-121
92StaCluMO-121
92Top-152
92TopGol-152G
92Ult-112
92UppDec-190
92UppDecE-73
93Fle-126
93Fle-390
93Hoo-414
93HooFifAG-414
93JazOldH-9
93PanSti-120
93Sky-287
93Sky-317
93StaCluST-16
93Top-317
93TopGol-317G
93Ult-351
93UppDecS-111
93UppDecSEC-111
93UppDecSEG-111
94ColCho-150
94ColChoGS-150
94ColChoSS-150
94Fin-78
94FinRef-78
94Fla-150
94Fle-226
94Hoo-213
94HooShe-15
94JamSes-189
94PanSti-210
94ProMag-129
94Sky-167
94SP-159
94SPDie-D159
94StaClu-267
94StaCluFDI-267
94StaCluMO-267
94StaCluSTNF-267
94Top-318
94TopSpe-318
94Ult-188
94UppDec-343
94UppDecSE-87
94UppDecSEG-87
95ColCho-227
95ColCholE-150
95ColCholJI-150
95ColCholSI-150
95ColChoPC-227
95ColChoPCP-227
95Fin-176
95FinRef-176
95Fle-189

95FleEur-228
95Hoo-161
95PanSti-196
95ProMag-128
95StaClu-42
95StaCluMOl-42
95Top-254
95Ult-186
95UltGolM-186
95UppDec-24
95UppDecEC-24
95UppDecECG-24
96ColCho-300
96ColCholl-100
96ColCholJ-227
96Fle-189
96HooStaF-9
96StaCluWA-WA4
96TopSupT-ST27
96Ult-188
96UltGolE-G188
96UltPlaE-P188
96UppDec-221
Spencer, Jerry
91ArkColC*-34
Spencer, Mark
79St.Bon-14
Sperling, Jared
94IHSBoyAST-54
Spicer, Carey
88KenColC-54
Spiers, Bill
90CleColC*-20
Spiker, Tim
92Pur-12
Spillane, Jim
91UCLColC-64
Spinks, Angel
94TexAaM-13
Spinks, Leon
76PanSti-180
Spiro, Nitai
94IHSBoyAST-97
Spitz, Mark
76PanSti-199
77SpoSer1*-107
81TopThiB*-45
91ImpHaloF-2
92ClaWorCA-7
92VicGalOG-16
96UppDecUOC-3
Spivey, Bill
88KenColC-16
89KenColC*-50
Spivey, Ron
80ProCBA 146
90ProCBA-176
91ProCBA-144
Splane, Vince
89KenColC*-234
Spoelstra, Art
57Top-52
Spoelstra, Judy
90MonSta-14
Spoja, Chris
92Mon-15
Sport, Rachael
94AusFutN-212
Sprague, Cindy
87Mai*-4
Sprecker, Ryan
86EmpSta-9
Sprewell, Latrell
92Cla-21
92ClaGol-21
92ClaMag-BC3
92Fle-343
92FouSp-18
92FouSpGol-18
92FroR-64
92Hoo-389
92Sky-342
92SkyDraP-DP24
92SpoIllfKI*-295
92StaClu-320
92StaCluMO-320
92StaPic-38
92Top-392
92TopGol-392G
92Ult-266
92UltAll-8
92UppDec-386
92UppDec-463
92UppDecRS-RS5

93Fin-30
93FinRef-30
93Fle-73
93FleRooS-21
93FleSha-8
93Hoo-75
93HooFifAG-75
93JamSes-74
93PanSti-13
93Sky-78
93SkySch-47
93StaClu-294
93StaCluFDI-294
93StaCluMO-294
93StaCluSTNF-294
93Top-153
93Top-340
93TopGol-153G
93TopGol-340G
93Ult-70
93UltIns-8
93UppDec-63
93UppDec-452
93UppDecA-AR8
93UppDecE-59
93UppDecE-162
93UppDecLT-LT13
93UppDecPV-3
93UppDecS-21
93UppDecSDCA-W4
93UppDecSEC-21
93UppDecSEG-21
93WarTop-7
94ColCho-15
94ColCho-198
94ColCho-380
94ColChoCtGS-S13
94ColChoCtGSR-S13
94ColChoGS-15
94ColChoGS-198
94ColChoGS-380
94ColChoSS-15
94ColChoSS-198
94ColChoSS-380
94Emb-34
94EmbGoll-34
94Emo-34
94Emo-119
94EmoX-C-X17
94Fin-168
94Fin-279
94FinCor-CS6
94FinIroM-9
94FinMarM-1
94FinRef-168
94FinRof-279
94Fla-52
94FlaHotN-16
94FlaScoP-9
94Fle-77
94FleAll-10
94FleAll-25
94FleSha-10
94FleTeaL-3
94FleTeaL-3A
94FleTotD-9
94HelTri-10
94Hoo-70
94Hoo-249
94Hoo-435
94HooBigN BN6
94HooBigNR-6
94HooMagC-9
94HooNSCS-NNO
94HooPowR-PR17
94JamSes-66
94JamSesFS-7
94PanSti-139
94ProMag-44
94Sky-56
94Sky-191
94Sky-348
94SkyCenS-CS7
94SkyRev-R9
94SkySlaU-SU26
94SP-71
94SPCha-9
94SPCha-63
94SPChaDC-9
94SPChaDC-63
94SPChaFPH-F9
94SPChaFPHDC-F9
94SPDie-D71
94SPHol-PC6

94SPHolDC-6
94StaClu-45
94StaClu-106
94StaClu-230
94StaCluBT-9
94StaCluDaD-9B
94StaCluFDI-45
94StaCluFDI-106
94StaCluFDI-230
94StaCluMO-45
94StaCluMO-106
94StaCluMO-230
94StaCluMO-BT9
94StaCluMO-RS2
94StaCluMO-SS8
94StaCluMO-TF2
94StaCluRS-2
94StaCluSS-8
94StaCluSTNF-45
94StaCluSTNF-106
94StaCluSTNF-230
94StaCluTotF-2
94Top-191
94Top-239
94Top-240
94TopFra-10
94TopOwntG-39
94TopSpe-191
94TopSpe-239
94TopSpe-240
94Ult-63
94UltAll-4
94UltDefG-6
94UltDouT-9
94UltIns-10
94UltScoK-9
94UppDec-15
94UppDec-144
94UppDecE-54
94UppDecSE-29
94UppDecSEG-29
94WarTop-GS3
95ColCho-174
95ColCho-206
95ColCho-229
95ColCho-374
95ColChoCtG-C26
95ColChoCtGS-C26
95ColChoCtGS-C26B
95ColChoCtGS-C26C
95ColChoCtGSG-C26B
95ColChoCtGSG-C26C
95ColChoCtGSGR-C26
95ColCholE-15
95ColCholE-198
95ColCholE-380
95ColCholEGS-380
95ColCholJGSI-161
95ColCholJI-15
95ColCholJI-198
95ColCholJI-161
95ColCholSI-15
95ColCholSI-198
95ColCholSI-161
95ColCluPC-174
95ColChoPC-206
95ColChoPC-229
95ColChoPC-374
95ColChoPCP-174
95ColChoPCP-206
95ColChoPCP-229
95ColChoPCP-374
95Fin-10
95FinHotS-HS6
95FinMys-M7
95FinMysB-M7
95FinMysBR-M7
95FinRef-10
95FinVet-RV1
95Fla-47
95FleAll-5
95FleEndtE-18
95FleEur-81
95FleEurA-5
95FleEurTT-4
95Hoo-58
95Hoo-226
95HooNumC-7
95HooSla-SL17
95JamSes-37

95JamSesDC-D37
95JamSesFI-9
95Met-36
95MetMoIM-9
95MetSilS-36
95MetSliS-8
95PanSti-216
95ProMag-44
95Sky-43
95SkyDyn-D6
95SkyE-X-27
95SkyE-XB-27
95SkySta-S5
95SP-47
95SPCha-38
95SPCha-126
95SPChaCS-S5
95SPChaCSG-S5
95SPHol-PC13
95SPHolDC-PC13
95StaClu-293
95StaCluBT-BT18
95StaCluWS-WS12
95Top-157
95TopGal-100
95TopGalPPI-100
95TopMysF-M22
95TopMysFR-M22
95TopTopF-TF14
95Ult-64
95Ult-342
95UltGolM-64
95UppDec-3
95UppDecAC-AS13
95UppDecEC-3
95UppDecECG-3
95UppDecPPotM-R8
95UppDecPPotMR-R8
95UppDecSE-117
95UppDecSEG-117
95WarTop-GS7
96BowBes-18
96BowBesAR-18
96BowBesR-18
96BowBesTh-TB14
96BowBesThAR-TB14
96BowBesTR-TB14
96ColCho-247
96ColChoCtGS2-C9A
96ColChoCtGS2-C9B
96ColChoCtGS2R-R9
96ColChoCtGS2RG-R9
96ColChoCtGSG2-C9A
96ColChoCtGSG2-C9B
96ColCholl-174
96ColCholl-206
96ColCholl-34
96ColCholl-164
96ColCholJ-174
96ColCholJ-206
96ColCholJ-229
96ColCholJ-374
96ColChoM-M111
96ColChoMG-M111
96ColChoS2-S9
96Fin-128
96Fin-237
96Fin-250
96FinRef-128
96FinRef-237
96FinRef-250
96FlaSho-A41
96FlaSho-B41
96FlaSho-C41
96FlaShoLC-A41
96FlaShoLC-B41
96FlaShoLC-C41
96Fle-37
96Fle-128
96FleGamB-4
96FleSwiS-14
96Hoo-57
96HooSil-57
96HooStaF-9
96Met-34
96Met-232
96MetCyb-CM18
96MetMetE-7
96MetMoIM-28
96MetPreM-232
96Sky-41
96Sky-256
96SkyAut-78
96SkyAutB-78

96SkyE-X-22
96SkyE-XC-22
96SkyGoIT-9
96SkyRub-41
96SkyRub-256
96SkyThuaL-4
96SkyTriT-TT3
96SkyZ-F-31
96SkyZ-FZ-31
96SkyZ-FZ-18
96SP-38
96SPPreCH-PC13
96SPSPxFor-F1
96SPx-18
96SPxGoI-18
96StaClu-28
96StaCluM-28
96Top-183
96TopChr-183
96TopChrR-183
96TopNBAa5-183
96TopSupT-ST9
96Ult-38
96UltGoIE-G38
96UltPlaE-P38
96UltScoK-9
96UltScoKP-9
96UppDec-144
96UppDec-170
96UppDec-222
96UppDecU-57
Spriggs, Ed
81Geo-9
91GeoColC-41
Spriggs, Larry
81TCMCBA-36
82TCMCBA-50
83LakBAS-11
83Sta-23
84LakBAS-10
84Sta-182
89ProCBA-121
Springer, Russell
87LSU*-11
88LSU*-16
Springs, Albert
89ProCBA-137
90ProCBA-152
Spurs, San Antonio
73TopTeaS-7
75Top-327
75TopTeaC-327
77FleTeaS-20
89PanSpaS-163
89PanSpaS-172
90Sky-351
91Hoo-297
91Sky-374
91UppDecSiSS-10
92Hoo-289
92UppDecDPS-18
92UppDecE-154
93PanSti-107
93StaCluBT-24
93StaCluST-24
93UppDec-233
93UppDecDPS-24
94Hoo-414
94ImpPin-24
94StaCluMO-ST24
94StaCluST-24
94StaCluSTDW-SPD24
94UppDecFMT-24
95FleEur-261
95PanSti-186
96ColCho-390
96TopSupT-ST24
Srb, Justin
94Con-13
95Con-16
St. Jules, Steve
94IHSBoyAST-14
St.Jean, Garry
92Fle-197
92Hoo-261
92Sky-277
93Hoo-252
93HooFifAG-252
94Hoo-293
95Hoo-191
96Hoo-271
St.John, Dan
90AriStaCC*-131
Staak, Bob

88WakFor-15
Stacey, Howard
89LouColC*-85
Stachowicz, Ray
90MicStaCC2*-1
90MicStaCC2*-39
90MicStaCC2*-90
Stacker, Ian
92AusFutN-84
Stackhouse, Jerry
95ClaBKR-3
95ClaBKR-99
95ClaBKR-120
95ClaBKRAu-3
95ClaBKRCS-CS9
95ClaBKRIE-IE3
95ClaBKRPP-3
95ClaBKRPP-99
95ClaBKRPP-120
95ClaBKRRR-7
95ClaBKRS-S10
95ClaBKRSS-3
95ClaBKRSS-99
95ClaBKRSS-120
95ClaBKV-3
95ClaBKV-67
95ClaBKV-120
95ClaBKVE-3
95ClaBKVE-67
95ClaBKVE-81
95ClaBKVHS-HC3
95ClaBKVLA-LA7
95Col-19
95Col-56
95Col-89
95Col2/1-T2
95Col24KG-4
95ColCho-220
95ColCho-340
95ColChoDT-D3
95ColChoPC-220
95ColChoPC-340
95ColChoPCP-220
95ColChoPCP-340
95ColIgn-I7
95ColSta-J1
95ColSta-J2
95ColSta-J3
95ColSta-J4
95ColSta-J5
95ColSta-FH1
95ColSta-FH2
95ColSta-FH3
95ColSta-FH4
95ColSta-FH5
95Fin-113
95FinMys-M28
95FinMysB-M28
95FinMysBR-M28
95FinRacP-RP1
95FinVet-RV3
95FivSp-3
95FivSp-181
95FivSpCS-CS6
95FivSpD-3
95FivSpD-181
95FivSpFT-FT6
95FivSpOF-H7
95FivSpPC$4-4
95FivSpRS-RS6
95FivSpRS-3
95FivSpSF-BK13
95FivSpSigFl-FS6
95Fla-219
95FlaAnt-10
95FlaClao'-R9
95FlaPlaM-9
95FlaStaS-S5
95FlaStaS-S6
95FlaWavotF-8
95Fle-310
95Fle-339
95FleClaE-33
95FleRooP-7
95FleRooPHP-7
95FleStaS-S1
95FleStaS-S5
95FleTotO-10
95FleTotOHP-10
95Hoo-275
95Hoo-367
95HooGraA-AR8
95HooHotL-9
95HooMagC-20

95HooPowP-9
95HooSky-SV9
95HooSla-SL34
95JamSesPB-5
95JamSesR-3
95Met-179
95MetMetF-14
95MetRooRC-R8
95MetRooRCSS-R8
95MetStaS-S7
95MetStaS-S8
95MetTemS-9
95PrePas-3
95PrePasPC$5-7
95ProMag-98
95Sky-235
95Sky-NNO
95SkyE-X-62
95SkyE-XACA-8
95SkyE-XB-62
95SkyE-XNB-8
95SkyE-XNBT-7
95SkyE-XNBT-NNO
95SkyHigH-HH12
95SkyLotE-3
95SkyMel-M9
95SkyRooP-RP3
95SP-161
95SPAII-AS25
95SPAIIG-AS25
95SPCha-80
95SPCha-137
95SPChaCotC-C20
95SPChaCotCD-C20
95SPChaCS-S15
95SPChaCSG-S15
95SPHoI-PC26
95SPHoIDC-PC26
95SRAut-3
95SRAutPP-NNO
95SRAutS-S1
95SRAutS-S2
95SRAutS-S3
95SRAutS-S4
95SRAutS-S5
95SRDraDDGS-DG1
95SRDraDDGS-DG2
95SRDraDG-1/2
95SRDraDG-DG1
95SRDraDG-DG2
95SRFam&F-39
95SRFam&FCP-B8
95SRFam&FT-FT3
95SRSigPriH-H3
95SRSigPriHS-H3
95SRSigPriT10-TT3
95SRSigPriT10S-TT3
95SRTetAut-74
95SRTetP-4
95SRTetSRF-F23
95StaClu-329
95StaCluDP-3
95StaCluMOI-DP3
95StaCluRM-RM10
95StaCluSS-SS8
95Top-229
95TopDraR-3
95TopGal-39
95TopGalE-EX12
95TopGalPPI-39
95TopRataR-R9
95TopSudI-S10
95Ult-289
95UltAll-7
95UltJamC-12
95UltJamCHP-12
95UltScoK-12
95UltScoKHP-12
95UltStaS-S3
95UltStaS-S4
95UppDec-133
95UppDecEC-133
95UppDecEC-358
95UppDecECG-133
95UppDecECG-358
95UppDecPS-H8
95UppDecPSR-H8
95UppDecSE-149
95UppDecSEG-149
96Ass-43
96AssACA-CA9
96AssACAPC-5
96AssCPC$5-10

96AssPC$10-11
96AssPC$2-25
96AssPC$5-18
96AssS-10
96BowBes-19
96BowBesAR-19
96BowBesC-BC5
96BowBesCAR-BC5
96BowBesCR-BC5
96BowBesHR-HR10
96BowBesHRAR-HR10
96BowBesHRR-HR10
96BowBesR-19
96BowBesTh-TB12
96BowBesThAR-TB12
96BowBesTR-TB12
96CleAss-6
96CleAss$2PC-3
96CleAss$5PC-3
96CleAss3-X9
96ColCho-122
96ColCho-360
96ColCho-386
96ColChoCtGS2-C20A
96ColChoCtGS2-C20B
96ColChoCtGS2R-R20
96ColChoCtGS2RG-R20
96ColChoCtGSG2-C20A
96ColChoCtGSG2-C20B
96ColChoII-72
96ColChoII-130
96ColChoIJ-72
96ColChoIJ-340
96ColChoM-M57
96ColChoMG-M57
96ColChoS2-S20
96Fin-48
96Fin-137
96Fin-265
96FinRef-48
96FinRef-137
96FinRef-265
96FivSpSig-3
96FlaSho-A16
96FlaSho-B16
96FlaSho-O-16
96FlaShoLC-16
96FlaShoLC-B16
96FlaShoLC-C16
96Fle-83
96Fle-139
96Fle-277
96FleDewS-1
96FleDewS-2
96FleDewS-3
96FleDewS-4
96FleDewS-B
96FleFraF-9
96FleGamB-11
96FleRooR-9
96FleStaS-S9
96FleStaS-S10
96FleSwiS-15
96FleTotO-10
96Hoo-118
96Hoo-346
96Hoo-348
96Hoo-NNO
96HooFlyW-9
96HooHeatH-HH7
96HooHIP-H14
96HooRooH-5
96HooStaF-20
96HooSup-8
96Met-73
96Met-146
96Met-233
96MetFreF-FF13
96MetMaxM-17
96MetMinMR-2
96MetMinMR-4
96MetMinMR-8
96MetMoIM-9
96MetNet-9
96MetPreM-233
96MetSteS-10
96PrePas-34
96PrePasNB-34
96PrePasS-34
96Sky-86
96Sky-257
96SkyAut-79

96SkyAutB-79
96SkyClo-CU8
96SkyE-X-54
96SkyE-XC-54
96SkyEmAuEx-E5
96SkyLarTL-B17
96SkyRub-86
96SkyRub-257
96SkyZ-F-66
96SkyZ-F-195
96SkyZ-FV-V13
96SkyZ-FZ-66
96SP-83
96SPInsI-IN13
96SPInsIG-IN13
96SPPreCH-PC29
96SPSPxFor-F1
96SPx-36
96SPxHoIH-H8
96StaClu-31
96StaCluCA-CA1
96StaCluCAAR-CA1
96StaCluCAR-CA1
96StaCluHR-HR9
96StaCluM-31
96StaCluSF-SF8
96Top-42
96TopChr-42
96TopChrPF-PF16
96TopChrR-42
96TopChrY-YQ10
96TopHobM-HM12
96TopNBAa5-42
96TopProF-PF16
96TopYou-U10
96Ult-83
96Ult-146
96Ult-298
96UltGoIE-G83
96UltGoIE-G146
96UltGoIE-G298
96UltPlaE-P83
96UltPlaE-P146
96UltPlaE-P298
96UltRooF-5
96UppDec-92
96UppDec-155
96UppDecGE-G13
96UppDecGK-1
96UppDecSG-SG14
96UppDecU-60
96Vis-11
96Vis-135
96VisBasVU-U107
96VisSigA-7
Stacom, Kevin
75Top-99
75Top-117
77CelCit-13
77Top-108
91Pro-18
Stagg, Amos Alonzo
54QuaSpoO*-7
68HalofFB-40
Stahl, Ecaterina
76PanSti-200
Stahl, Ed
73NorCarPC-9D
74NorCarS-3
89NorCarCC-148
90NorCarCC*-157
Stahl, Regina
87AriSta*-20
90AriStaCC*-90
Staker, Carl
89KenColC*-235
Staley, Dawn
91VirWom-12
92SpoIllfKI*-67
93VirWom-14
94UppDecU-83
94UppDecUGM-83
96ClaLegotF-5
96TopUSAWNT-9
96TopUSAWNT-21
96UppDecU-69
Stallings, Kevin
92Kan-1
Stallings, Ron
89LouColC*-82
Stallworth, Bud
73SupShu-11
73Top-58

75Top-108
Stallworth, Cedric
91GeoTecCC*-32
91GeoTecCC*-132
Stallworth, Dave
69Top-74
70Top-78
71Top-49
72Top-132
73BulSta-9
73Top-133
Stammer, Wendy
88LSUAlI*-7
Stamper, Larry
88KenColC-97
Stanback, Ian
92Pur-13
93Pur-14
Standlee, Norm
48KelPep*-8
Stanich, George
91UCLColC-114
Stanich, John
91UCLColC-120
Stankavage, Scott
90NorCarCC*-41
Stanley, Marianne
96ClaLegotFF-WC3
Stansbury, Terence
84Sta-59
85Sta-85
85StaGatSD-3
85StaSlaDS5-7
91WilCar-75
Stanton, Jeremy
94IHSBoyAST-98
Stanton, Ryan
94IHSBoyAST-352
Stanwyck, Barbara
48TopMagP*-F2
Stapleton, Arthur
94IHSBoyA3S-40
Stapp, Courtney
94WyoWom-10
Starks, Byron
94Cla-96
94ClaG-96
95SupPix-39
95TedWil-65
Starks, John
89ProCBA-188
90HooTeaNS-18B
91Fle-330
91Hoo-406
91HooTeaNS-18
91OklStaCC*-40
91PanSti-166
91Sky-194
91Sky-503
91UppDec-219
91UppDec-482
91UppDecS-8
92Fle-156
92FleDra-36
92Hoo-158
92PanSti-178
92Sky-167
92SpoIllFKI*-250
92StaClu-140
92StaCluMO-140
92Top-44
92TopGol-44G
92Ult-127
92UppDec-282
92UppDec-492
93Fin-95
93Fin-194
93FinRef-95
93FinRef-194
93Fle-146
93FleSha-9
93Hoo-151
93HooFifAG-151
93HooShe-4
93JamSes-154
93JamSesG-7
93JamSesTNS-7
93JamSesTNS-9
93KniAla-5
93PanSti-229
93Sky-13
93Sky-131
93Sky-330
93SkyCenS-CS4

93SkyThuaL-TL5
93Sta-9
93Sta-24
93Sta-41
93Sta-56
93Sta-70
93Sta-93
93StaClu-116
93StaClu-350
93StaCluFDI-116
93StaCluFDI-350
93StaCluFFP-17
93StaCluFFU-350
93StaCluMO-116
93StaCluMO-350
93StaCluSTDW-K116
93StaCluSTMP-K10
93StaCluSTNF-116
93StaCluSTNF-350
93Top-61
93Top-208
93TopGol-61G
93TopGol-208G
93Ult-132
93UltAll-10
93UltIns-9
93UppDec-51
93UppDec-193
93UppDec-196
93UppDecE-218
93UppDecLT-LT14
93UppDecPV-20
93UppDecS-83
93UppDecSBtG-G8
93UppDecSEC-83
93UppDecSEG-83
94ColCho-303
94ColChoGS-303
94ColChoSS-303
94Emb-66
94EmbGolI-66
94Emo-64
94Fin-300
94FinRef-300
94Fla-104
94FlaHotN-17
94Fle-156
94FleAll-12
94FlePro-2
94Hoo-147
94Hoo-235
94Hoo-443
94HooPowR-PR36
94HooShe-10
94HooSupC-SC31
94JamSes-130
94PanSti-92
94ProMag-90
94Sky-115
94Sky-323
94SkySkyF-SF28
94SP-118
94SPCha-99
94SPChaDC-99
94SPDie-D118
94StaClu-226
94StaClu-248
94StaCluFDI-226
94StaCluFDI-248
94StaCluMO-226
94StaCluMO-248
94StaCluMO-SS9
94StaCluSS-9
94StaCluSTNF-226
94StaCluSTNF-248
94Top-5
94Top-30
94Top-204
94TopSpe-5
94TopSpe-30
94TopSpe-204
94Ult-130
94UppDec-265
94UppDecE-48
94UppDecSE-62
94UppDecSEG-62
95ColCho-110
95ColCho-383
95ColChoE-303
95ColChoIJI-303
95ColChoISI-84
95ColChoPC-110
95ColChoPC-383
95ColChoPCP-110

95ColChoPCP-383
95Fin-3
95FinHotS-HS10
95FinMys-M38
95FinMysB-M38
95FinMysBR-M38
95FinRef-3
95Fla-93
95FlaPerP-13
95Fle-125
95FleEur-160
95Hoo-112
95Hoo-232
95Hoo-383
95HooSla-SL32
95JamSes-74
95JamSesDC-D74
95Met-74
95MetSilS-74
95PanSti-36
95ProMag-87
95Sky-85
95SkyDyn-D8
95SP-92
95SPCha-73
95StaClu-275
95StaCluMOI-N8
95StaCluN-N8
95StaCluSS-SS10
95Top-115
95TopGal-144
95TopGalPPI-144
95TopTopF-TF12
95Ult-122
95UltGoIM-122
95UppDecSE-58
95UppDecSEG-58
96ColCho-103
96ColCho-364
96ColCholI-106
96ColCholI-173
96ColCholJ-110
96ColCholJ-383
96ColChoM-M30
96ColChoMG-M30
96ColChoS2-S18
96Fin-187
96FinRef-187
96Fle-75
96FleAusS-29
96Hoo-107
96HooSil-107
96HooStaF-18
96Met-66
96Sky-78
96SkyAut-80
96SkyAutB-80
96SkyRub-78
96SkyZ-F-120
96SP-76
96StaClu-39
96StaCluM-39
96Top-36
96TopChr-36
96TopChrR-36
96TopNBAaS-36
96Ult-75
96UltGolE-G75
96UltPlaE-P75
96UppDec-82
96UppDec-153
96UppDec-168
97SchUltNP-26
Starr, Bart
81TopThiB*-36
90ColColP*-AL2
Starr, Bob
85Bra-C6
Stars, Minnesota
95WomBasA-L6
Staubach, Roger
74NabSugD*-1
75NabSugD*-1
Staverman, Larry
59Kah-8
60Kah-9
Stecher, Renate
76PanSti-102
Steding, Katy
96TopUSAWNT-10
96TopUSAWNT-22
Stedling, Katy
96UppDecU-70
Steel, Randy

83Vic-12
84Vic-13
Steele, Chris
93AusFutN-40
93AusStoN-68
94AusFutN-39
94AusFutN-144
95AusFutN-32
Steele, David
90HooAnn-53
Steele, Larry
71TraBlaT-10
72Top-26
73Top-69
74Top-21
75Top-6
75Top-94
75TraBlaIO-5
77TraBlaP-15
78TraBlaP-9
79TraBlaP-15
88KenColC-41
88KenColC-158
89TraBlaF-18
Steele, Mike
88EasCar-4
Steers, Leo
48TopMagP*-E2
Steers, Mike
94IHSBoyAST-156
Steffen, Tony
88NewMex-13
89NewMex-16
Steffy, Joe
48TopMagP*-C8
Stegent, Larry
91TexA&MCC*-14
Stegman, Dave
90AriColC*-76
Stehlik, Wayne
91ArkColC-21
93Ark-15
Steigenga, Matt
90MicStaCC2-4
90MicStaCC2-14
92Cla-32
92ClaGol-32
92FouSp-29
92FouSpGol-29
92FroR-65
92StaPic-26
Stein, Bill
81Geo-7
Steinbach, Klaus
76PanSti-244
Steinberg, Kiki
92FloSta*-14
Stekic, Nenad
76PanSti-135
Stel, Travis
89OreSta-15
90OreSta-17
Stelzer, John
92AusFutN-34
93AusFutN-17
94AusFutN-19
Stengel, Casey
01PhiMor*-17
Stephen, Scott
90AriStaCC*-27
Stephens, Dwayne
90MicStaCC2-5
Stephens, Everette
89ProCBA-192
90ProCBA-46
93AusFutN-61
93AusStoN-16
93AusStoN-32
94AusFutN-54
94AusFutN-127
94AusFutOT-OT13
95AusFutN-7
Stephens, Frank
71Glo84-42
71Glo84-50
71Glo84-51
71Glo84-52
71Glo84-53
Stephens, Jack
90NotDam-26
Stephens, Kim
90CleWom-13
Stephens, Rehema
90UCL-17

Stephens, Rod
91GeoTecCC*-66
91GeoTecCC*-121
Stephens, Tim
76KenSch-11
77Ken-16
77KenSch-18
78Ken-12
78KenSch-13
89KenColC*-86
Stephenson, Travis
92NorCarS-4
Steppe, Brook
83Sta-165
91GeoTecCC*-26
Stern, David
84StaAwaB-21
84StaCelC-1
Sterner, Mike
95UppDecCBA-51
Stetson, Bill
91SouCal*-80
Stevens, Barry
90ProCBA-174
Stevens, Eric
94IHSBoyAST-190
Stevens, Howard
89LouColC*-108
Stevens, J. H.
33SpoKinR*-47
Stevens, John
94TexAaM-7
94TexAaM-8
Stevens, Larry
91SouCal*-68
Stevens, Larry HS
94IHSBoyAST-177
Stevenson, Gil
48TopMagP*-R2
Stevenson, Mark
90StaPic-29
Stevenson, Norris
90AriStaCC*-69
Stevenson, Robert
92FloSta*-73
Stevenson, Teofilo
76PanSti-181
77SpoSer2*-223
92VicGalOG-9
Stewart, Alprentice
89UTE-23
Stewart, Anthony
93AusFutN-48
94AusFutN-37
94AusFutN-139
95AusFutN-42
96AusFutN-63
Stewart, Bruce
91ProCBA-107
Stewart, Corey
91Vir-13
Stewart, Dwight
92Ark-2
93Ark-11
94ArkTic-15
95ClaBKR-57
95ClaBKRPP-57
95ClaBKRSS-57
95Col-84
95SRDraD-5
95SRDraDSig-5
Stewart, Ed
94Neb*-11
Stewart, Gene
89KenColC*-87
Stewart, Jim
68ParMea*-14
Stewart, Larry
91Fle-369
91FroR-71
91FroRowIP-8
91FroRowP-25
91FroRU-72
91UppDec-440
91UppDecRS-R39
92Fle-235
92FleRooS-12
92FroRowDP-31
92FroRowDP-32
92FroRowDP-33
92FroRowDP-34
92FroRowDP-35
92Hoo-238
92Sky-254

92StaClu-394
92StaCluMO-394
92Ult-191
92UppDec-226
92UppDecA-AR8
93Fle-220
93Hoo-229
93HooFifAG-229
93JamSes-238
93StaClu-14
93StaCluFDI-14
93StaCluMO-14
93StaCluSTNF-14
93Top-34
93TopGol-34G
93Ult-198
93UppDec-84
94Fin-86
94FinRef-86
94Fle-385
94StaClu-42
94StaCluFDI-42
94StaCluMO-42
94StaCluSTNF-42
95PanSti-207
96Sky-189
96SkyRub-189
Stewart, Maurice
92KenSch*-6
Stewart, Michael
94Cal-11
Stewart, Norm
88Mis-12
89Mis-13
90Mis-15
91Mis-15
92Mis-13
93Mis-12
95Mis-11
Stewart, Rod
89KenColC*-147
Stewart, Todd
94IHSBoyASD-39
Stiff, David
92AusStoN-33
96AusFutN-34
96AusFutNFF-FFB2
Stigge, Mike
92Neb*-5
Still, Art
89KenColC*-137
Stillwell, Joseph
48TopMagP*-O1
Stilwell, Tricia
90CalStaW-16
Stinson, Andrea
89NorCarS-11
90NorCarS-12
Stinson, Scott
85Vic-15
Stipanovich, Steve
83Sta-157
84Sta-60
84StaAwaB-23
85Sta-86
86Fle-106
87Fle-103
88Fle-59
88Mis-13
89Hoo-148
89Mis-14
89PanSpaS-109
Stirnaman, Tom
94IHSBoyA3S-18
Stith, Bryant
88Vir-11
91Vir-14
91WilCarRP-P4
92Cla-19
92ClaGol-19
92ClaMag-BC16
92Fle-332
92FouSp-16
92FouSpGol-16
92FroR-66
92FroRowDP-46
92FroRowDP-47
92FroRowDP-48
92FroRowDP-49
92FroRowDP-50
92Hoo-378
92PanSti-4
92Sky-337
92SkyDraP-DP13

92StaClu-237
92StaCluMO-237
92StaPic-2
92StaPic-43
92Top-341
92TopGol-341G
92Ult-255
92UppDec-9
92UppDec-21
92UppDec-461
93Fin-82
93FinRef-82
93Fle-56
93FleRooS-22
93Hoo-58
93HooFifAG-58
93JamSes-58
93Sky-64
93StaClu-316
93StaCluFDI-316
93StaCluMO-316
93StaCluSTNF-316
93Top-67
93TopGol-67G
93Ult-53
93UppDec-413
93UppDecS-23
93UppDecSEC-23
93UppDecSEG-23
94ColCho-323
94ColChoGS-323
94ColChoSS-323
94Fin-130
94FinRef-130
94Fla-209
94Fle-61
94Hoo-53
94HooShe-7
94JamSes-51
94PanSti-130
94Sky-45
94SP-63
94SPCha-58
94SPChaDC-55
94SPDie-D63
94StaClu-316
94StaCluFDI-316
94StaCluMO-316
94StaCluSTNF-316
94Top-173
94TopSpe-173
94Ult-52
94UppDec-117
94UppDecE-83
95ColCho-152
95ColCho-248
95ColCholE-323
95ColCholJI-323
95ColCholSI-104
95ColChoPC-152
95ColChoPC-248
95ColChoPCP-152
95ColChoPCP-248
95Fin-227
95FinRef-227
95Fla-34
95Fle-48
95FleEur-61
95Hoo-44
95Met-144
95PanSti-160
95Sky-33
95SP-38
95StaClu-141
95StaCluMOI-141
95Top-247
95TopGal-20
95TopGalPPI-20
95Ult-48
95UltGolM-48
95UppDec-128
95UppDecEC-128
95UppDecECG-128
96BowBes-3
96BowBesAR-3
96BowBesR-3
96ColCho-238
96ColCholI-42
96ColCholI-27
96ColCholJ-152
96ColCholJ-248
96ColChoM-M112A
96ColChoMG-M112A
96Fin-119

96Fin-233
96FinRef-119
96FinRef-233
96Fle-29
96Hoo-44
96HooSil-44
96HooStaF-7
96Met-27
96Sky-32
96SkyAut-81
96SkyAutB-81
96SkyRub-32
96SP-30
96StaClu-19
96StaCluM-19
96Top-103
96TopChr-103
96TopChrR-103
96TopNBAa5-103
96TopSupT-ST7
96Ult-31
96UltGolE-G31
96UltPlaE-P31
96UppDec-142
96UppDec-212
Stivrins, Alex
92StaClu-312
92StaCluMO-312
Stock, Tony
94IHSBoyAST-125
Stockstill, Rick
90FloStaCC*-14
Stockton, Dave
91SouCal*-60
Stockton, John
84Sta-235
85Sta-144
85StaAllT-8
86StaBesotB-12
88Fle-115
88Fle-127
88FouNBAE-32
88JazSmo-6
89Fle-156
89Fle-163
89Hoo-140
89Hoo-297
89HooAllP-1
89JazOldH-13
89PanSpaS-175
89PanSpaS-273
89PanSpaS-291
89SpollifKI*-104
90Fle-189
90FleAll-9
90Hoo-25
90Hoo-294
90Hoo100S-93
90HooActP-19
90HooActP-148
90HooCol-22
90HooTeaNS-25
90JazSta-2
90PanSti-51
90PanSti-A
90Sky-284
90StaJohS-1
90StaJohS-2
90StaJohS-3
90StaJohS-4
90StaJohS-5
90StaJohS-6
90StaJohS-7
90StaJohS-8
90StaJohS-9
90StaJohS-10
90StaJohS-11
90StaPro-15
915Maj-49
91Fle-203
91Fle-217
91Fle-221
91Fle-397
91FleTonP-118
91FleWheS-8
91Hoo-212
91Hoo-271
91Hoo-310
91Hoo-312
91Hoo-500
91Hoo-584
91Hoo100S-97
91HooMcD-45

91HooMcD-60
91KelColG-8
91LitBasBL-37
91PanSti-81
91Sky-285
91Sky-306
91Sky-484
91Sky-539
91SkyCanM-47
91SkyMaraSM-539
91SkyMaraSM-545
91UppDec-32
91UppDec-52
91UppDec-136
91UppDec-470
91UppDecAWH-AW3
91UppDecS-14
91WilCar-84
92ClaWorCA-50
92Fle-227
92Fle-240
92FleAll-22
92FleDra-51
92FleSha-11
92FleTonP-61
92FleTotD-6
92Hoo-229
92Hoo-316
92Hoo-324
92Hoo-326
92Hoo-347
92Hoo-483
92Hoo-485
92Hoo-486
92Hoo-SU1
92Hoo-SU1
92Hoo100S-96
92HooPro-4
92HooSupC-SC8
92ImpU.SOH-17
92JazChe-2
92KelTeaUP-5
92PanSti-97
92PanSti-106
92Sky-244
92Sky-307
92SkyNes-46
92SkyOlyT-3
92SkyThuaL-TL8
92SkyUSA-82
92SkyUSA-83
92SkyUSA-84
92SkyUSA-85
92SkyUSA-86
92SkyUSA-87
92SkyUSA-88
92SkyUSA-89
92SkyUSA-90
92SkyUSA-109
92SkyUSA-110
92SpollifKI*-378
92StaClu-200
92StaClu-265
92StaCluBT-11
92StaCluFDI-313
92StaCluMO-200
92StaCluMO-265
92StaCluMO-BT11
92Top-101
92Top-223
92Top-301
92TopArc-57
92TopArcG-57G
92TopBeaT-4
92TopBeaTG-4
92TopGol-101G
92TopGol-223G
92TopGol-301G
92Ult-183
92UltAll-10
92UltPla-9
92UppDec-66
92UppDec-116
92UppDec-437
92UppDecA-AD14
92UppDecA-AN6
92UppDecAW-22
92UppDecAW-39
92UppDecAWH-AW2
92UppDecAWH-AW8
92UppDecE-22
92UppDecE-99
92UppDecE-163
92UppDecEAWH-9
92UppDecM-P41

92UppDecS-1
92UppDecTM-TM27
93Fin-117
93Fin-219
93FinRef-117
93FinRef-219
93Fle-212
93Fle-228
93Fle-236
93FleAll-24
93Hoo-219
93Hoo-280
93Hoo-286
93Hoo-289
93HooFifAG-219
93HooFifAG-280
93HooFifAG-286
93HooFifAG-289
93HooSupC-SC8
93JamSes-228
93JazOldH-10
93PanSti-121
93PanSti-E
93Sky-179
93Sky-338
93SkyUSAT-6
93StaClu-313
93StaCluBT-19
93StaCluFDI-313
93StaCluMO-313
93StaCluMO-BT19
93StaCluMO5-12
93StaCluSTNF-313
93Top-102
93Top-201
93Top-356
93TopGol-102G
93TopGol-201G
93TopGol-356G
93Ult-190
93UltAll-9
93UppDec-12
93UppDec-168
93UppDec-445
93UppDec-478
93UppDecA-AN9
93UppDecE-17
93UppDecE-48
93UppDecE-249
93UppDecEAWH-2
93UppDecEAWH-8
93UppDecFM-36
93UppDecPV-18
93UppDecS-90
93UppDecS-224
93UppDecSEC-90
93UppDecSEC-224
93UppDecSEG-90
93UppDecSEG-224
93UppDecSUT-11
93UppDecTM-TM26
94ColCho-196
94ColCho-208
94ColCho-212
94ColChoCtGA-A13
94ColChoCtGAR-A13
94ColChoGS-196
94ColChoGS-208
94ColChoGS-212
94ColChoSS-196
94ColChoSS-208
94ColChoSS-212
94Emb-97
94EmbGoII-97
94Emo-96
94EmoX-C-X18
94Fin-150
94FinCor-CS9
94FinRef-150
94Fla-151
94FlaHotN-18
94FlaPla-9
94Fle-227
94FleAll-26
94FleLeaL-6
94FleTeaL-9
94FleTotD-10
94Hoo-214
94Hoo-250
94Hoo-253
94HooMagC-26
94HooPre-P8
94HooShe-15
94HooSupC-SC47

94JamSes-190
94PanSti-219
94ProMag-130
94Sky-168
94Sky-324
94SkySkyF-SF29
94SP-157
94SPCha-131
94SPChaDC-131
94SPChaPH-P10
94SPChaPHDC-P10
94SPDie-D157
94StaClu-75
94StaClu-76
94StaClu-277
94StaCluDaD-3A
94StaCluFDI-75
94StaCluFDI-76
94StaCluFDI-277
94StaCluMO-75
94StaCluMO-76
94StaCluMO-277
94StaCluMO-DD3A
94StaCluMO-SS4
94StaCluMO-ST26
94StaCluSS-4
94StaCluST-26
94StaCluSTNF-75
94StaCluSTNF-76
94StaCluSTNF-277
94Top-53
94Top-190
94Top-225
94TopOwntG-40
94TopOwntG-41
94TopOwntGR-5
94TopSpe-53
94TopSpe-190
94TopSpe-225
94Ult-189
94UltAll-5
94UltDouT-10
94UppDec-14
94UppDec-87
94UppDecE-63
94UppDecPAW-H19
94UppDecPAWR-H19
94UppDecPLL-R11
94UppDecPLLR-R11
94UppDecSE-177
94UppDecSEG-177
94UppDecSEJ-26
95ColCho-106
95ColCho-392
95ColChoCtGA-C7
95ColChoCtGA-C7B
95ColChoCtGA-C7C
95ColChoCtGAG-C7
95ColChoCtGAG-C7B
95ColChoCtGAG-C7C
95ColChoCtGAGR-C7
95ColChoCtGASR-C7
95ColCholE-163
95ColCholE-196
95ColCholE-208
95ColCholE-422
95ColCholJI-163
95ColCholJI-196
95ColCholJI-208
95ColCholJI-422
95ColCholSI-163
95ColCholSI-196
95ColCholSI-208
95ColCholSI-422
95ColChoPC-106
95ColChoPC-392
95ColChoPCP-106
95ColChoPCP-392
95Fin-15
95FinDisaS-DS27
95FinMys-M29
95FinMysB-M29
95FinMysBR-M29
95FinRef-15
95Fla-139
95Fla-246
95FlaPerP-14
95Fle-190
95FleAll-12
95FleDouD-12
95FleEndtE-19
95FleEur-229
95FleEurLL-4
95FleTotD-12

95Hoo-162
95Hoo-215
95Hoo-247
95Hoo-397
95HooNumC-23
95HooSla-SL47
95JamSes-110
95JamSesDC-D110
95JamSesSS-8
95Met-111
95MetSilS-111
95MetSliS-9
95PanSti-197
95PanSti-279
95ProMag-127
95ProMagDC-22
95ProMagUB-7
95Sky-119
95Sky-276
95SkyE-X-84
95SkyE-XB-84
95SkyE-XU-19
95SkyHotS-HS10
95SkyLarTL-L10
95SkyUSAB-U10
95SP-137
95SPAII-AS24
95SPAIIG-AS24
95SPCha-109
95SPCha-144
95SPChaCotC-C27
95SPChaCotCD-C27
95StaClu-100
95StaClu-355
95StaCluMO5-30
95StaCluMOI-100
95StaCluMOI-N3
95StaCluMOI-WZ7
95StaCluN-N3
95StaCluW-W7
95Top-3
95Top-16
95Top-24
95Top-284
95TopGal-60
95TopGalPPI-60
95TopMysF-M14
95TopMysFR-M14
95TopPanFG-2
95TopPowB-3
95TopPowB-16
95TopPowB-24
95TopPowB-284
95TopSpaP-SP5
95Ult-187
95Ult-343
95UltAll-5
95UltAllGM-5
95UltDouT-10
95UltDouTGM-10
95UltGolM-187
95UltUSAB-10
95UppDec-169
95UppDec-218
95UppDec-325
95UppDecAG-AS23
95UppDecEC-169
95UppDecEC-210
95UppDecEC-325
95UppDecECG-169
95UppDecECG-325
95UppDecSE-87
95UppDecSEG-87
96BowBes-30
96BowBesAR-30
96BowBesC-BC20
96BowBesCAR-BC20
96BowBesCR-BC20
96BowBesHR-HR1
96BowBesHRAR-HR1
96BowBesHRR-HR1
96BowBesR-30
96ColCho-192
96ColCho-344
96ColCho-393
96ColChoCtGS1-C27A
96ColChoCtGS1-C27B
96ColChoCtGS1R-R27
96ColChoCtGS1RG-R27
96ColChoCtGSG1-C27A
96ColChoCtGSG1-C27B
96ColCholl-156
96ColCholl-182

96ColCholJ-106
96ColCholJ-392
96ColCholSEH-H8
96ColChoM-M115
96ColChoMG-M115
96ColChoS2-S27
96Fin-90
96Fin-110
96Fin-283
96FinRef-90
96FinRef-110
96FinRef-283
96FlaSho-A12
96FlaSho-B12
96FlaSho-C12
96FlaShoLC-12
96FlaShoLC-B12
96FlaShoLC-C12
96Fle-111
96Fle-261
96Fle-285
96FleAusS-11
96FleGamB-15
96FleS-37
96FleUSA-10
96FleUSA-20
96FleUSA-30
96FleUSA-40
96FleUSA-50
96FleUSAH-10
96Hoo-162
96Hoo-245
96Hoo-347
96HooHeatH-HH10
96HooStaF-27
96Met-102
96Met-133
96Met-246
96MetCyb-CM19
96MetMaxM-18
96MetMetE-8
96MetPreM-246
96Sky-121
96Sky-195
96SkyE-X-75
96SkyE-XC-75
96SkyRub-121
96SkyRub-195
96SkyThuaL-9
96SkyTriT-TT9
96SkyUSA-10
96SkyUSA-20
96SkyUSA-30
96SkyUSA-50
96SkyUSA-56
96SkyUSA-12
96SkyUSAB-B10
96SkyUSABS-B10
96SkyUSAG-G10
96SkyUSAGS-G10
96SkyUSAQ-Q10
96SkyUSAQ-Q13
96SkyUSAQ-Q14
96SkyUSAS-S10
96SkyUSASS-S10
96SkyZ-F-91
96SkyZ-F-196
96SkyZ-FV-V14
96SkyZ-FZ-91
96SP-117
96SPInsI-IN14
96SPInsIG-IN14
96SPPreCH-PC38
96SPx-48
96SPxGol-48
96StaClu-32
96StaClu-107
96StaCluF-F20
96StaCluGM-GM2
96StaCluM-32
96StaCluSM-SM5
96StaCluTC-TC10
96Top-65
96Top-123
96TopChr-65
96TopChr-123
96TopChrR-65
96TopChrR-123
96TopChrSB-SB11
96TopFinR-43
96TopFinRR-43
96TopHoIC-HC11
96TopHoICR-HC11
96TopNBAa5-65

96TopNBAa5-123
96TopNBAS-43
96TopNBAS-93
96TopNBAS-143
96TopNBASF-43
96TopNBASF-93
96TopNBASF-143
96TopNBASFAR-43
96TopNBASFAR-93
96TopNBASFAR-143
96TopNBASFR-43
96TopNBASFR-93
96TopNBASFR-143
96TopNBASI-I14
96TopNBASR-43
96TopSeaB-SB11
96TopSupT-ST27
96Ult-115
96Ult-256
96Ult-286
96UltCouM-10
96UltGivaT-9
96UltGolE-G115
96UltGolE-G256
96UltGolE-G286
96UltPlaE-P115
96UltPlaE-P256
96UltPlaE-P286
96UppDec-127
96UppDec-162
96UppDecFBC-FB29
96UppDecGK-15
96UppDecPS2-P18
96UppDecPTVCR2-TV18
96UppDecU-37
96UppDecU-38
96UppDecU-39
96UppDecU-40
96UppDecU-58
96UppDecU-24
96UppDecUFYD-F10
96UppDecUFYDES-FD12
96UppDecUSCS-S10
96UppDecUSCSG-S10
96UppDecUTWE-W12
Stoddard, Tim
73NorCarSPC-H11
89NorCarSCC-49
89NorCarSCC-50
89NorCarSCC-51
Stofa, John
68ParMea*-17
Stojakovic, Predrag
96TopDraR-14
Stokan, Gary
89NorCarSCC-69
89NorCarSCC-85
Stokes, Ed
89Ari-12
90Ari-11
93Cla-68
93ClaF-77
93ClaG-68
93FouSp-60
93FouSpG-60
93UppDec-324
Stokes, Maurice
57Kah-9
57Top-42
Stokholm, Carol
54QuaSpoO*-17
Stoilings, Marlene
93OhiStaW-11
94OhiStaW-11
Stone, George
71Top-201
84MarPlaC-D3
84MarPlaC-S6
Stoneking, Kris
94IHSBoyASD-59
Stoner, Neale
80Ill-12
Stones, Dwight
76PanSti-127
Storm, Gale
48TopMagP*-J39
Storm, Hannah
90HooAnn-54
Story, Marty
89EasTenS-8
90EasTenS-11
91EasTenS-14
Stotts, Jason
94IHSBoyAST-70

Stotts, Terry
81TCMCBA-68
90ProCBA-160
91ProCBA-84
Stoudamire, Antoine
89Geo-16
90Geo-4
93Cla-69
93ClaF-79
93ClaG-69
93FouSp-61
93FouSpG-61
Stoudamire, Damon
95AssGol-36
95AssGolPC$2-36
95AssGolPC$5-7
95AssGPP-36
95AssGSS-36
95ClaBKR-6
95ClaBKRA-96
95ClaBKRAu-6
95ClaBKRCC-CCR4
95ClaBKRCS-CS5
95ClaBKRIE-IE6
95ClaBKRP-5
95ClaBKRPP-6
95ClaBKRPP-96
95ClaBKRRR-9
95ClaBKRS-RS6
95ClaBKRSS-6
95ClaBKRSS-96
95ClaBKV-6
95ClaBKV-82
95ClaBKVE-6
95ClaBKVE-82
95ClaBKVHS-HC5
95ClaBKVLA-LA4
95Col-20
95Col-64
95Col2/1-T5
95ColCho-276
95ColCho-346
95ColChoCtG-XC28
95ColChoCtGA-C26B
95ColChoCtGA-C26C
95ColChoCtGAG-C26
95ColChoCtGAG-C26B
95ColChoCtGAG-C26C
95ColChoCtGAGR-C26
95ColChoCtGSR-C26
95ColChoCtGSGR-XC28
95ColChoDT-D7
95ColChoPC-276
95ColChoPC-346
95ColChoPCP-276
95ColChoPCP-346
95ColIgn-I8
95Fin-117
95FinMys-M43
95FinMysB-M43
95FinMysBR-M43
95FinRacP-RP3
95FinVet-RV7
95FivSp-6
95FivSpAu-6A
95FivSpAu-6B
95FivSpD-6
95FivSpFT-FT18
95FivSpRS-6
95FivSpSF-BK6
95FivSpSigFI-FS5
95Fla-220
95FlaClao*-R10
95FlaWavotF-9
95Fle-268
95Fle-311
95Fle-345
95FleClaE-34
95FleRooP-8
95FleRooPHP-8
95Hoo-286
95Hoo-347
95HooGraA-AR9
95HooMagC-26
95HooSla-SL45
95Met-200
95MetTemS-10
95PacPreGP-23
95PrePas-7
95PrePasAu-5
95PrePasP-5
95ProMag-138
95Sky-244

95SkyE-X-80
95SkyE-XB-80
95SkyE-XNB-10
95SkyE-XNBT-10
95SkyHigH-HH17
95SkyHotS-HS9
95SkyLotE-7
95SkyRooP-RP6
95SP-165
95SPAll-AS26
95SPAllG-AS26
95SPCha-105
95SPCha-143
95SPChaCotC-C26
95SPChaCotCD-C26
95SPHol-PC36
95SPHolDC-PC36
95SRAut-7
95SRDraDSS-D1
95SRDraDSS-D2
95SRDraDSS-D3
95SRDraDSS-D4
95SRDraDSS-D5
95SRDraDSSS-D1
95SRDraDSSS-D2
95SRDraDSSS-D3
95SRDraDSSS-D4
95SRDraDSSS-D5
95SRFam&F-40
95SRSigPri-38
95SRSigPriS-38
95SRSigPriT10-TT7
95SRSigPriT10S-TT7
95SRTet-20
95SRTetAut-11
95StaClu-327
95Top-257
95TopDraR-7
95TopGal-37
95TopGalPG-PG16
95TopGalPPI-37
95TopSudI-S1
95Ult-253
95Ult-290
95UltAll-8
95UppDec-283
95UppDecEC-283
95UppDecECG-283
95UppDecSE-170
95UppDecSEG-170
96AllSpoPPaF-4
96AllSpoPPaF-183
96AllSpoPPaFR-R8
96Ass-44
96AssPC$-2-26
96BowBes-25
96BowBesAR-25
96BowBesC-BC15
96BowBesCAR-BC15
96BowBesCR-BC15
96BowBesR-25
96BowBesTh-TB18
96BowBesThAR-TB18
96BowBesTR-TB18
96CleAss-5
96CleAss$2PC-15
96CleAss3-X7
96ColCho-151
96ColCho-199
96ColChoCtGS1-C26A
96ColChoCtGS1-C26B
96ColChoCtGS1R-R26
96ColChoCtGSG1-C26A
96ColChoCtGSG1-C26B
96ColCholl-98
96ColCholl-136
96ColCholJ-276
96ColCholJ-346
96ColChoM-M177
96ColChoMG-M177
96ColChoS1-S26
96Fin-38
96Fin-131
96Fin-262
96FinRef-38
96FinRef-131
96FinRef-262
96FivSpSig-6
96FlaSho-A20
96FlaSho-B20
96FlaSho-C20
96FlaShoHS-3
96FlaShoLC-20

96FlaShoLC-B20
96FlaShoLC-C20
96Fle-107
96Fle-145
96Fle-278
96FleAusS-32
96FleFraF-10
96FleRooR-10
96FleS-35
96FleThrS-15
96Hoo-154
96Hoo-327
96HooFlyW-10
96HooHeatH-HH9
96HooRooH-9
96HooStaF-26
96HooSup-10
96Met-98
96Met-147
96Met-247
96MetFreF-FF14
96MetMaxM-10
96MetMolM-10
96MetNet-10
96MetPlaP-10
96MetPreM-247
96PacCenoA-C9
96PacGolCD-DC12
96PacPow-48
96PacPowGCDC-GC13
96PacPowITP-IP18
96PacPreGP-23
96PacPri-23
96PrePas-33
96PrePasNB-33
96PrePasS-33
96ScoBoaAB-49
96ScoBoaAB-49
96ScoBoaAB-PP29
96ScoBoaAC-1
96ScoBoaACGB-GB1
96ScoBoaBasRoo-97
96ScoBoaBasRooCJ-CJ25
96ScoBoaBasRooD-DC30
96Sky-115
96Sky-277
96SkyAut-82
96SkyAutB-82
96SkyClo-CU9
96SkyE-X-71
96SkyE-XC-71
96SkyE-XNA-7
96SkyE-XSD2-4
96SkyGolT-10
96SkyLarTL-B18
96SkyNetS-19
96SkyRub-115
96SkyRub-277
96SkyZ-F-87
96SkyZ-F-197
96SkyZ-FV-V15
96SkyZ-FZ-87
96SP-111
96SPInsI-IN15
96SPInsIG-IN15
96SPPreCH-PC37
96SPSPxFor-F3
96SPSPxFor-F5
96SPSPxFor-F5D
96SPx-46
96SPxGol-46
96SPxHolH-H9
96StaClu-46
96StaCluM-46
96StaCluSF-SF7
96StaCluSM-SM10
96Top-20
96TopChrP-20
96TopChrPF-PF10
96TopChrR-20
96TopChrSB-SB15
96TopChrY-YQ4
96TopHobM-HM15
96TopKelTR-2
96TopMysF-M15
96TopMysFB-M15
96TopMysFBR-M15
96TopMysFBR-M15
96TopNBAa5-20
96TopProF-PF10
96TopSeaB-SB15
96TopYou-U4
96Ult-109
96Ult-147

96Ult-287
96UltGivaT-10
96UltGolE-G109
96UltGolE-G147
96UltGolE-G287
96UltPlaE-P109
96UltPlaE-P147
96UltPlaE-P287
96UltRisS-10
96UltRooF-6
96UltScoK-26
96UltScoKP-26
96UltStaR-10
96UppDec-120
96UppDec-161
96UppDec-NNO
96UppDecGE-G19
96UppDecGK-30
96UppDecPS1-P18
96UppDecPTVCR1-TV18
96UppDecSG-SG4
96UppDecU-26
96UppDecUCC-C2
96Vis-12
96Vis-137
96VisBasVU-U104
96VisSig-10
96VisSigA-1
96VisSigAuG-10
96VisSigAuS-10
97SchUltNP-27
Stough, John
89KenColC*-236
Stovall, Claudene
87Sou*-11
Stovall, Jerry
90LSUColC*-41
Stovall, Maurice
90Bra-19
Stover, Eric
79St.Bon-15
Stowell, Joe
85Bra-D2
93Bra-15
93Bra-18
94Bra-17
95Bra-17
Stramm, Stu
89LouColC*-147
Strange, Bo
90LSUColC*-23
Strasburger, Scott
84Neb*-4
Strauss, Buddy
90FloStaCC*-121
Strawder, Joe
85Bra-H6
Streater, Dwaine
92Mar-14
94Mar-17
95Mar-15
Streater, Steve
90NorCarCC*-28
Street, Chris
90Iow-11
91Iow-12
92Iow-11
93Iow-9
Streete, Jon
90LSUColC*-101
Streets, Tai
94IHSBoyAST-106A
94IHSBoyAST-106B
Streller, Scott
91OkISta-20
Stricker, Nikki
93Neb*-23
Strickland, Bishop
91SouCarCC*-159
Strickland, Erick
94Neb*-4
95Neb*-2
Strickland, Jim
87IndGreI-9
Strickland, Kevin
87Duk-31
Strickland, Pat
91OreSta-17
92OreSta-16
Strickland, Rod
88KniFriL-9
89Fle-104
89Hoo-8

89KniMarM-9
90Fle-173
90Hoo-271
90HooTeaNS-23
90PanSti-47
90Sky-261
91Fle-188
91FleTonP-22
91Hoo-196
91Hoo100S-90
91HooTeaNS-24
91PanSti-76
91Sky-263
91UppDec-214
92Fle-192
92Fle-420
92Hoo-210
92Hoo-458
92Hoo100S-89
92Sky-225
92Sky-394
92StaClu-234
92StaCluMO-234
92Top-330
92TopArc-113
92TopArcG-113G
92TopGol-330G
92TraBlaF-19
92Ult-346
92UppDec-74
92UppDec-384
93Fin-195
93FinRef-195
93Fle-179
93Hoo-184
93HooFifAG-184
93JamSes-191
93PanSti-48
93Sky-155
93StaClu-105
93StaClu-165
93StaCluFDI-105
93StaCluFDI-165
93StaCluMO-105
93StaCluMO-165
93StaCluSTNF-105
93StaCluSTNF-165
93Top-84
93TopGol-84G
93TraBlaF-19
93Ult-158
93UppDec-73
93UppDec-455
93UppDecS-70
93UppDecSEC-70
93UppDecSEG-70
94ColCho-151
94ColChoCtGA-A14
94ColChoCtGAR-A14
94ColChoGS-151
94ColChoGSi-151
94Emb-81
94EmbGoll-81
94Emo-84
94EmoX-C-X19
94Fin-8
94Fin-165
94FinMarM-6
94FinRef-8
94FinRef-165
94Fla-124
94Fle-190
94FleTeaL-8
94Hoo-181
94JamSes-160
94PanSti-187
94ProMag-105
94Sky-140
94SkySlaU-SU27
94SP-138
94SPCha-114
94SPChaDC-114
94SPDie-D138
94StaClu-43
94StaClu-227
94StaCluFDI-43
94StaCluFDI-227
94StaCluMO-43
94StaCluMO-227
94StaCluSTNF-43
94StaCluSTNF-227
94Top-370
94TopOwntG-42
94TopSpe-370

94TraBlaF-18
94Ult-162
94UppDec-266
94UppDecE-6
94UppDecPLL-R18
94UppDecPLLR-R18
94UppDecSE-73
94UppDecSEG-73
95ColCho-1
95ColChoCtGA-C13
95ColChoCtGA-C13B
95ColChoCtGA-C13C
95ColChoCtGAG-C13
95ColChoCtGAG-C13B
95ColChoCtGAG-C13C
95ColChoCtGAGR-C13
95ColChoCtGASR-C13
95ColChoIE-151
95ColCholJ-151
95ColCholSI-151
95ColChoPC-1
95ColChoPCP-1
95Fin-226
95FinDisaS-DS22
95FinRef-226
95FinVet-RV11
95FinVet-RV19
95Fla-113
95Fle-156
95FleEndtE-20
95FleEur-195
95Hoo-136
95Hoo-227
95Hoo-395
95HooMagC-22
95HooNumC-14
95JamSes-89
95JamSesDC-D89
95Met-90
95MetSilS-90
95PanSti-250
95Sky-100
95Sky-295
95SkyE-X-69
95SkyE-XB-69
95SkyHotS-HS7
95SkyKin-K8
95SP-112
95SPCha-89
95StaClu-81
95StaClu-122
95StaCluBT-BT16
95StaCluMOI-91
95StaCluMOI-122B
95StaCluMOI-122R
95Top-19
95Top-288
95TopGal-70
95TopGalPPI-70
95TopMysF-M15
95TopMysFR-M15
95TopPowB-19
95TopPowB-288
95TraBlaF-11
95Ult-152
95UltGolM-152
95UppDec-98
95UppDecEC-98
95UppDecECG-98
95UppDecSE-73
95UppDecSEG-73
96BowBes-51
96BowBesAR-51
96BowBesR-51
96ColCho-355
96ColCholl-127
96ColCholJ-1
96Fin-206
96Fin-225
96FinRef-206
96FinRef-225
96Fle-91
96Fle-267
96Hoo-131
96Hoo-248
96HooHotL-19
96HooStaF-29
96Met-121
96Met-148
96Met-223
96MetPreM-223
96Sky-199
96Sky-258
96SkyAut-83

96SkyAutB-83
96SkyRub-199
96SkyRub-258
96SkyZ-F-73
96SkyZ-F-138
96SkyZ-FZ-73
96SkyZ-FZ-19
96SP-125
96StaClu-128
96StaCluF-F26
96StaCluWA-WA12
96Top-12
96Top-141
96TopChr-12
96TopChr-141
96TopChrR-12
96TopChrR-141
96TopChrSB-SB14
96TopNBAa5-12
96TopNBAa5-141
96TopSeaB-SB14
96Ult-262
96UltGolE-G262
96UltPlaE-P262
96UppDec-314
Stringer, Vivian
92IowWom-10
93IowWom-11
Stroeder, John
87BucPol-54
Strom, Rick
91GeoTecCC*-69
Strong, Carlos
92Geo-14
93Geo-13
96ScoBoaBasRoo-58
Strong, Derek
90StaPic-63
91FroR-70
91FroRowP-26
93Fle-324
93Hoo-127
93HooFifAG-127
93JamSesTNS-6
93JamSesTNS-8
93Sky-247
93Top-281
93TopGol-281G
93Ult-286
93UppDec-313
94ColCho-83
94ColChoGS-83
94ColChoSS-83
94Fin-319
94FinRef-319
94Fla-184
94Fle-130
94Fle-250
94Top-358
94TopSpe-358
94Ult-210
94UppDec-347
95ColCholE-83
95ColCholJI-83
95ColCholSI-83
96TopSupT-ST13
Strong, Guy
55AshOil-12
88KenColC-60
Strong, Steve
90AriColC*-13
Strothers, Lamont
91Cla-33
91FouSp-181
91FroR-32
91FroRowP-60
91StaPic-9
91WilCar-93
92TraBlaF-17
Strum, A.J.
94IHSBoyASD-27
Stuart, Shawn
92Aub-13
Stuck, Lisa
90AriStaCC*-107
Stuckey, Curtis
90Bra-20
Stuckey, Jim
90CleColC*-65
Stuckey, Kelby
90ProCBA-197
Studer, John
89LouColC*-78
Sturgill, Bill

89KenColC*-260
Su-Chung, Tien
95UppDecCBA-61
Suber, Tora
93VirWom-11
Suchy, Roger
93Bra-6
Sudhop, Glenn
89NorCarSCC-52
89NorCarSCC-53
89NorCarSCC-54
Suggs, Tommy
91SouCarCC*-179
Suhey, Steve
48TopMagP*-C10
Suhr, Brendan
79HawMajM-15
86HawPizH-3
87HawPizH-2
Suhr, Marc
90Con-13
Sullivan, Barry
48TopMagP*-J35
Sullivan, Bill
89LouColC*-94
Sullivan, Dustin
94IHSBoyAST-84
Sullivan, Everick
91LouSch-2
92Cla-26
92ClaGol-26
92FouSp-23
92FouSpGol-23
Sullivan, John L.
48TopMagP*-A2
Sullivan, John SC
91SouCarCC*-189
Sullivan, Mickey
87Bay*-3
Summers, Wilbur
89LouColC*-111
Summitt, Pat
90TenWom-13
92TenWom-11
93TenWom-11
94FlaUSA-117
94TenWom-12
96ClaLegotFF-WC2
Sumner, Walt
90FloStaCC*-178
Sumpter, Barry
83Lou-12
89LouColC*-92
90ProCBA-143
Sumpter, James
91SouCarCC*-101
Sundberg, Craig
84Neb*-5
Sunderland, Troy
92PenSta*-15
Sundvold, Jon
83Sta-200
83SupPol-14
84Sta-122
85Sta-151
87Fle-104
88Mis-14
89HeaPub-13
89Hoo-175
89PanSpaS-155
90HeaPub-12
90Hoo-171A
90Hoo-172B
90HooTeaNS-14
90Sky-153
91Hoo-389
91Sky-153
91UppDec-291
92Mis-14
Suns, Phoenix
73TopTeaS-31
74FleTeaP-16
74FleTeaP-35
75Top-217
75TopTeaC-217
77FleTeaS-18
80TopTeaP-13
89PanSpaS-213
89PanSpaS-222
90Sky-348
91Hoo-294
91Sky-371
92Hoo-286
92UppDecE-151

93PanSti-35
93StaCluBT-21
93StaCluST-21
93UppDec-209
93UppDec-230
93UppDecDPS-21
94Hoo-411
94ImpPin-21
94StaCluMO-ST21
94StaCluST-21
94StaCluSTDW-SUD21
94UppDecFMT-21
95FleEur-258
95PanSti-240
96TopSupT-ST21
Supersonics, Seattle
73TopTeaS-33
74FleTeaP-18
74FleTeaP-37
75Top-219
75TopTeaC-219
77FleTeaS-21
80TopTeaP-15
89PanSpaS-243
89PanSpaS-252
90Sky-352
91Hoo-298
91Sky-375
92Hoo-290
92UppDecE-155
93PanSti-62
93StaCluBT-25
93StaCluST-25
93StaCluSTDW-SD25
93UppDec-234
93UppDecDPS-25
93UppDecS-223
93UppDecSEC-223
93UppDecSEG-223
94Hoo-415
94ImpPin-25
94StaCluMO-ST25
94StaCluST-25
94UppDecFMT-25
95FleEur-262
95PanSti-267
96TopSupT-ST25
Sura, Bob
95ClaBKR-15
95ClaBKR-112
95ClaBKRAu-15
95ClaBKRIE-IE15
95ClaBKRPP-15
95ClaBKRPP-112
95ClaBKRRR-15
95ClaBKRS-S17
95ClaBKRSS-15
95ClaBKRSS-112
95ClaBKV-15
95ClaBKVE-15
95Col-21
95Col-33
95ColCho-288
95ColChoPC-288
95ColChoPCP-288
95ColIgn-10
95Fin-127
95FlvVet-RV17
95FivSp-15
95FivSp-190
95FivSpAu-15
95FivSpD-15
95FivSpD-190
95FivSpRS-15
95FivSpSigFI-FS8
95Fla-221
95Fle-152
95FleClaE-35
95Hoo-257
95Met-139
95Sky-223
95SkyE-X-16
95SkyE-XB-15
95SkyHigH-HH4
95SkyRooP-RP16
95SP-151
95SPHol-PC6
95SPHolDC-PC6
95SRAut-17
95SRDraD-22
95SRDraDSig-22
95SRFam&F-41
95SRSigPri-39
95SRSigPriS-39

95SRTet-19
95SRTetAut-12
95StaClu-325
95StaCluDP-17
95StaCluMOI-DP17
95Top-272
95TopDraR-17
95Ult-291
95UppDec-272
95UppDecEC-272
95UppDecECG-272
96CleAss-19
96ColCho-34
96ColCholI-21
96ColCholJ-288
96ColChoM-M112B
96ColChoMG-M112B
96FivSpSig-15
96Fle-20
96FleRooR-11
96Hoo-31
96Met-20
96SkyAut-84
96SkyAutB-84
96SkyZ-F-17
96SkyZ-FZ-17
96SP-21
96SPPreCH-PC8
96SPx-10
96SPxGol-10
96StaClu-23
96StaCluM-23
96Top-22
96TopChr-22
96TopChrR-22
96TopNBAa5-22
96TopSupT-ST5
96Ult-23
96UltGolE-G23
96UltPlaE-P23
96UppDec-23
96UppDec-140
96VisSig-26
96VisSigAuG-26A
96VisSigAuS-26A
Surles, Dirk
93Cla-70
93ClaF-81
93ClaG-70
93FouSp-62
93FouSpG-62
Susanj, Luciano
76PanSti-108
Suter, Josh
94IHSBoyA3S-16
Suter, Wes
84Neb*-15
85Neb*-13
Sutherland, Jason
93Mis-13
95Mis-12
Sutherland, Jock
88LouColC-193
Sutton, Bradd
88Mio-16
89Mis-15
Sutton, Ed
90NorCarCC*-176
Sutton, Eddie
82Ark-14
88KenBigB-17
88KenColC-40
89KenBigBTot8-54
91OklSta-22
91OklSta-26
91OklSta-33
91OklSta-36
91OklStaCC*-99
Sutton, Greg
91Cla-39
91Fle-356
91FouSp-187
91FroRowP-71
91FroRU-64
91HooTeaNS-24
91UppDec-428
92Hoo-211
92Sky-226
92StaClu-139
92StaCluMO-139
92Top-136
92TopGol-136G
92UppDec-280

94Ult-215
Sutton, Jason
93NorCarS-13
94NorCarS-14
Sutton, Leroy
82Ark-15
Sutton, Lorenzo
89ProCBA-129
Sutton, Scott
91OklSta-11
91OklSta-36
Sutton, Sean
88KenBigB-1
88KenBigB-8
88KenBigB-13
88KenBigB-15
91OklSta-5
91OklSta-31
91OklSta-36
91OklSta-49
Svaldenis, Andrew
93AusFutHA-3
93AusFutN-50
94AusFutN-34
96AusFutN-19
Swain, Donald C.
81Lou-7
Swain, Jeff
87Sou*-16
Swain, Rob
91TexA&MCC*-24
Swanson, Shane
84Neb*-7
Swartz, Dan
55AshOil-58
Swearengen, Clarence
88Ten-11
Sweet, Daimon
90NotDam-25
92Cla-76
92ClaGol-76
92FouSp-64
92FouSpGol-64
92FroR-67
92StaPic-20
Swenson, Olaf
48TopMagP*-D13
Swiacki, Bill
48TopMagP*-C4
Swift, Skeeter
71ConPitA-10
71Top-169
73Top-177
Swilley, Dennis
91TexA&MCC*-75
Swilling, Pat
91GeoTecCC*-57
Swinson, Aaron
92Aub-4
94Cla-100
94ClaG-100
94Fle-354
95TedWil-66
95TedWilRC-RC8
Swintosky, Daniel
90KenProI-13
90KenSovPI-15
Switer, Keith
91SouCarCC*-146
Swofford, John
90NorCarCC*-2
90NorCarCC*-106
Swoopes, Sheryl
92SpoIllfKl*-15B
92TexTecW-12
92TexTecWNC-6
92TexTecWNC-21
92TexTecWNC-22
92TexTecWNC-23
92TexTecWNC-24
94UppDecU-81
94UppDecUGM-84
96ClaLegotFF-1
96TopUSAWNT-11
96TopUSAWNT-23
96UppDecU-71
Syaldenis, Andrew
93AusStoN-6
Sydow, Franz
91GeoTecCC*-195
Sykes, Larry
95Col-53
Szabo, Brett
96Fle-156

Szajna, Andrzej
76PanSti-212
Szczepanski, Jeff
78WesVirS-12
Szewinska, Irena
76PanSti-105
Szezepanik, Vic
90FloStaCC*-110
Szigetti, John
94AusFutN-28
96AusFutN-26
Szurkowski, Ryszard
76PanSti-182
Szyszczak, Dagmara
90Tex*-31
Tabak, Zan
91StaPic-14
94Fla-231
94Fle-294
94Top-266
94TopSpe-266
94Ult-255
95ColCho-310
95ColChoPC-310
95ColChoPCP-310
95Fle-269
95Sky-209
95SP-132
95StaClu-202
95Ult-254
95UppDec-291
95UppDecEC-291
95UppDecECG-291
96ColCho-148
96ColCholI-99
96ColCholJ-310
96ColChoS2-S26
96Hoo-155
96Sky-116
96SkyAut-85
96SkyAutB-85
96SkyRub-116
96Ult-250
96UltGolE-G250
96UltPlaE-P250
96UppDec-119
96UppDec-161
Tackitt, Brian
94IHSBoyA3S-19
Tacy, Carl
84MarPlaC-H6
84MarPlaC-S11
Taft, John
91StaPic-37
Taft, Morris
91UCLColC-66
Taggart, Nicki
93PurWom-11
Tagliabue, Paul
91GeoColC-79
Tait, Michael
83Ari-12
89ProCBA-18
90CleColC*-74
Talbot, Layne
91TexA&MCC*-13
Talbott, Danny
90NorCarCC*-53
Tale, Bonnie
91GeoTecCC*-91
Talford, Calvin
89EasTenS-9
90EasTenS-12
91EasTenS-15
92Cla-94
92ClaGol-94
92StaPic-62
94AusFutN-136
94AusFutNH-HZ1
94AusFutSS-SS2
95AusFutA-NA4
95AusFutlI-II6
95AusFutlI-54
Tallent, Bob
89KenColC*-256
Talley, Josh
94IHSBoyAST-110
Talley, Michael
92Mic-6
Talvard, Bernard
76PanSti-193
Tamburo, Dick
90MicStaCC2*-34
Tanks, Michael

90FloStaCC*-34
Tanner, Pam
92TenWom-12
Tarabochia, Marcy
90UCL-31
Tarasovic, George
90LSUColC*-106
Tarkanian, Jerry
89UNL7-E-14
90UNLSmo-14
92CouFla-36
92Fle-208
92Hoo-262
92Sky-278
Tarkenton, Fran
81TopThiB*-32
Tarlac, Dragan
95ClaBKR-29
95ClaBKRPP-29
95ClaBKRSS-29
95ClaBKV-29
95ClaBKVE-29
95FivSp-29
95FivSpD-29
Tarpley, Roy
88Fle-32
88MavBudLB-42
89Hoo-23
90FleUpd-U22
90Hoo-88
90HooTeaNS-6
90PanSti-59
90Sky-67
91Hoo-49
91Hoo100S-24
91Sky-63
91UppDec-152
92UltUSBPS-NNO
94Fla-203
94Fle-269
94Hoo-318
94Sky-222
94SP-59
94SPCha-51
94SPChaDC-51
94SPDie-D59
94UppDec-261
94UppDecSE-116
94UppDecSEG-116
95ColCho-48
95ColChoPC-48
95ColChoPCP-48
95Fle-39
95FleEur-53
95Hoo-37
95PanSti-152
95ProMag-29
95StaClu-61
95StaCluMOI-61
95Top-116
95Ult-42
95UltGolM-42
96ColChoII-32
96ColCholJ-48
Tart, Levern
85Bra-C7
Tarver, Justin
94IHSBoyAST-10
Tarver, Shon
90UCL-10
91UCL-20
94Cla-46
94ClaG-46
94PacP-59
94PacPriG-59
95SupPix-67
Tate, Corey
95Mis-13
Tate, Lisa
95WomBasA-16
Tate, Michael
89Geo-13
Tatterson, John
89KenColC*-190
Tatum, Earl
77Top-226
78Top-47
Tatum, Jack
81TopThiB*-41
Tauber, Ulrike
76PanSti-265
Tauck, Reinhard
55AshOil-71
Taver, Shon

95TedWil-67
Taylor, Alan
82TCMCBA-53
Taylor, Angela
94TexAaM-14
Taylor, Blaine
92Mon-16
Taylor, Bob
89KenColC*-298
Taylor, Brad
91ArkColC*-81
Taylor, Brian BYU
87BYU-5
87BYU-16
Taylor, Brian D.
73Top-226
74Top-181
75Top-242
76Top-73
77Top-14
80Top-44
80Top-76
80Top-108
80Top-164
81Top-63
81Top-W94
Taylor, Brooks
92Ill-13
Taylor, Charles H.
68HalofFB-41
Taylor, Charley
90AriStaCC*-5
90AriStaCC*-176
Taylor, Cheryl
92VirWom-13
93VirWom-12
Taylor, Curtis
88Jac-13
89Jac-12
Taylor, Dave
79LakAlt*-8
Taylor, David
91SouCarCC*-185
Taylor, Derrick
85LSU*-12
90ProCBA-122
Taylor, Dwayne
89ProCBA-59
Taylor, Dwight
90AriColC*-94
Taylor, Fred
70SunA1PB-7
71SunCarM-3
72SunCarM-8
Taylor, Graham
83Vic-13
84Vic-14
Taylor, Greg
83Ari-13
Taylor, Jimmy FB
77SpoSer1*-1701
90LSUColC*-13
Taylor, Jimmy Lee
90FloStaCC*-136
Taylor, Jimmy NM
90NewMex-15
Taylor, Joy
94Neb*-17
Taylor, Kenneth
92MurSta-13
Taylor, Kirk
88Mic-14
89Mic-3
Taylor, Kym
92AusFutN-11
Taylor, Lawrence
90NorCarCC*-4
90NorCarCC*-64
90NorCarCC*-86
Taylor, Loyd
91TexA&MCC*-26
Taylor, Morgan
84Ari-13
Taylor, Oliver
91FroR-65
91FroRowP-32
91FroRU-87
Taylor, Ollie
71Top-182
72Top-209
73Top-262
Taylor, Pete
81TCMCBA-3
Taylor, Phillip

91TexA&MCC*-42
Taylor, Rissa
92Neb*-17
Taylor, Roland (Fatty)
71Top-173
72Top-177
73Top-214
74Top-188
74Top-230
75Top-268
Taylor, Sammy
89FreSta-13
90FreSta-13
Taylor, Steve
88Neb*-1
93TenTec-16
Taylor-Harris, Ernest
81Ari-17
Tchoukarine, Viktor
76PanSti-70
Teaff, Grant
87Bay*-17
93FCA-45
Teagle, Terry
83Sta-83
86Fle-107
89Fle-57
89Hoo-196
90Fle-68
90FleUpd-U46
90Hoo-120
90Hoo-416
90HooTeaNS-13
90PanSti-27
90Sky-102
90Sky-392
91Fle-103
91FleTonP-1
91Hoo-104
91Sky-141
91Sky-444
91UppDec-171
91UppDecM-M8
92Fle-112
92Hoo-113
Teague, Antoine
92MurSta-14
Teahan, Matt
80TCMCBA-44
Teal, Jimmy
91TexA&MCC*-18
Teal, Willie
90LSUColC*-77
Tebbe, Bob
94IHSBoyAST-26
Tebbs, Justyn
96Web StS-11
Tediashivili, Levan
76PanSti-239
Teh-Chih, Chio
95UppDecCBA-20
Teheran, Alvaro
91Cla-34
91Cou-42
91FouSp-182
91FroR-38
91FroRowP-54
91StaPic-19
91WilCar-3
Tempel, Eric
94IHSBoyAST-191
Temple, Joseph Nathenial
95UppDecCAM-M7
95UppDecCBA-32
95UppDecCBA-77
Temple, Roderick
Nathenial
95UppDecCAM-M6
Tennant, Jack
81Lou-12
Tennaper, Garth
91TexA&MCC*-73
Tennessen, Jane
94CasHS-127
Tennessen, Tom
94CasHS-130
Tepen, Mark
94IHSBoyAST-42
Terrell, Charles
90SanJosS-7
Terrell, Ira
76Sun-9
77SunHumDD-11
Terry, Chuck

73Top-172
Terry, Claude
75Top-288
Terry, James
82TCMCBA-54
Terry, Lloyd
82TCMCBA-41
Terry, Martin
91ArkColC*-66
Terry, Shannon
91DavLip-2
92DavLip-2
Tettleton, Mickey
91OklStaCC*-77
Teufel, Tim
90CleColC*-23
90CleColCP*-C7
Tewell, Doug
91OklStaCC*-36
Thacker, Angela
84Neb*-27
85Neb*-20
Thacker, Tom
63Kah-11
Thames, Kelly
93Mis-14
95Mis-14
Tharp, Scott
92Mon-17
Thater, Stephanie
92Neb*-11
Theato, Michel
76PanSti-20
Theobald, Phil
85Bra-D7
Theus, Reggie
79BulPol-24
79Top-44
80Top-31
80Top-84
80Top-85
80Top-129
80Top-143
80Top-168
81Top-46
81Top-MW69
83Sta-225
83StaAllG-10
83StaAllG-27
84Sta-270
84StaCouK5-16
85KinSmo-12
85Sta-74
86Fle-108
86KinSmo-11
88Fle-98
89Con-13
89Fle-111
89Hoo-165
89Hoo-302
89PanSpaS-67
89PanSpaS-71
90Fle-136
90FleUpd-U62
90Hoo-222
90Hoo-420
90Hoo100S-68
90HooActP-113
90HooTeaNS-17
90NetKay-12
90Sky-297
90Sky-399
91Hoo-138
91Hoo100S-63
91PanSti-155
91Sky-187
91UppDec-264
Thibault, Mike
89ProCBA-206
90ProCBA-7
91ProCBA-194
Thibeaux, Peter
84Sta-158
90ProCBA-23
Thibodeaux, Benjy
90LSUColC*-108
Thieben, Bill
57Top-20
Thieneman, Chris
89LouColC*-144
Thigpen, Justus
93Cla-71
93ClaF-83

93ClaG-71
93FouSp-63
93FouSpG-63
Thioune, Ibou
92OreSta-17
Thirdkill, David
83Sta-93
Thomas, Andre
91GeoTecCC*-18
Thomas, Arthur
87AriSta*-21
Thomas, Bill
91GeoColC-56
Thomas, Carl
91FroR-58
91FroRowIP-9
91FroRowP-40
91FroRU-68
91ProCBA-81
91WilCar-32
Thomas, Charles
91Fle-281
91FroR-57
91FroRowIP-10
91FroRowP-41
91FroRU-67
91PisUno-16
Thomas, Charlie
88NewMex-14
Thomas, Dedan
92UNL-13
Thomas, Deon
92Ill-14
94Cla-19
94ClaG-19
94ClaROYSw-18
94FouSp-28
94FouSpAu-28A
94FouSpG-28
94FouSpPP-28
94PacP-60
94PacPriG-60
94SRGolS-19
94SRTet-76
94SRTetS-76
95SRKro-22
95SupPix-28
95SupPixAu-28
95TedWil-68
Thomas, Eric GT
91GeoTecCC*-21
91GeoTecCC*-105
Thomas, Eric NM
91NewMex-17
92NewMex-14
Thomas, Frank
87Aub*-2
93CosBroPC*-18
Thomas, Henry KY
91KenBigB1-12
Thomas, Henry LSU
90LSUColC*-105
Thomas, Irving
89KenColC*-53
91ProCBA-64
Thomas, Isiah
83Sta-94
83StaAllO-11
84Sta-261
84Sta-287
84StaAllG-1
84StaAllG-11
84StaAllGDP-1
84StaAllGDP-11
84StaAwaB-12
84StaAwaB-24
84StaCouK-5-30
85PriSti-12
85Sta-10
85StaCruA-6
85StaLitA-6
85StaTeaS5-DP1
86Fle-109
86FleSti-10
86StaBesotB-13
86StaCouK-28
87Fle-106
87IndGrel-30
88Fle-45
88FleSti-10
88FouNBAE-7
88FouNBAES-9
89Fle-50
89FleSti-1

89Hoo-177
89Hoo-250
89HooAllP-2
89PanSpaS-95
89PanSpaS-260
89SpoIllfKl*-6
90Fle-61
90FleAll-6
90Hoo-11
90Hoo-111
90Hoo-340
90Hoo-389
90Hoo100S-27
90HooActP-20
90HooActP-58
90HooAllP-1
90HooCol-23
90HooTeaNS-8
90PanSti-87
90PanSti-F
90PisSta-12
90PisUno-11
90PisUno-12
90Sky-93
90StaIsiT-1
90StaIsiT-2
90StaIsiT-3
90StaIsiT-4
90StaIsiT-5
90StaIsiT-6
90StaIsiT-7
90StaIsiT-8
90StaIsiT-9
90StaIsiT-10
90StaIsiT-11
90StaPro-16
91SMaj-78
91Fle-64
91FleSch-2
91FleTonP-51
91FleWheS-5
91Hoo-66
91Hoo-464
91Hoo-510
91Hoo100S-31
91HooAllM-7
91HooMcD-13
91HooTeaNS-8
91PanSti-97
91PanSti-125
91PisUno-10
91PisUno-11
91PisUno-15
91Sky-88
91Sky-412
91Sky-466
91SkyBliI-6
91UppDec-91
91UppDec-333
91UppDec-451
91UppDecS-5
91UppDecS-9
91UppDecS-12
91WilCar-7
92Fle-69
92Fle-255
92FleAll-11
92FleDra-15
92FleTeaL-8
92FleTonP-62
92Hoo-68
92Hoo-303
92Hoo100S-30
92PanSti-140
92Sky-73
92Sky-289
92StaClu-50
92StaClu-204
92StaCluMO-50
92StaCluMO-204
92Top-118
92Top-219
92Top-331
92TopArc-20
92TopArcG-20G
92TopGol-118G
92TopGol-219G
92TopGol-331G
92Ult-59
92UppDec-263
92UppDec-426
92UppDec-500
92UppDec1PC-PC5

92UppDecAW-23
92UppDecE-3
92UppDecE-47
92UppDecM-P12
92UppDecMH-8
92UppDecTM-TM9
93Fin-87
93FinRef-87
93Fle-65
93FleAll-11
93Hoo-67
93Hoo-258
93HooFifAG-67
93HooFifAG-258
93HooShe-2
93JamSes-66
93JamSesTNS-2
93KelColGP-10
93PanSti-175
93Sky-71
93SkyUSAT-13
93StaClu-149
93StaCluFDI-149
93StaCluMO-149
93StaCluMO5-13
93StaCluSTNF-149
93Top-311
93TopGol-311G
93Ult-62
93Ult-370
93UppDec-217
93UppDec-245
93UppDec-264
93UppDec-450
93UppDecE-6
93UppDecE-154
93UppDecFM-37
93UppDecPV-44
93UppDecPV-77
93UppDecS-20
93UppDecSDCA-E6
93UppDecSEC-20
93UppDecSEG-20
93UppDecSUT-13
94ColCho-12
94ColChoGS-12
94ColChoSS-12
94Fla-171
94FlaUSA-97
94FlaUSA-98
94FlaUSA-99
94FlaUSA-100
94FlaUSA-101
94FlaUSA-102
94FlaUSA-103
94FlaUSA-104
94SkyUSA-43
94SkyUSA-44
94SkyUSA-45
94SkyUSA-46
94SkyUSA-47
94SkyUSA-48
94SkyUSADP-DP8
94SkyUSAG-43
94SkyUSAG-44
94SkyUSAG-45
94SkyUSAG-46
94SkyUSAG-47
94SkyUSAG-48
94SkyUSAOTC-1
94SkyUSAP-PT8
94SkyUSAP-7
94SRGolSLeg-L1
94SRTetT-130
94SRTetTSig-130
94UppDec-168
94UppDecE-28
94UppDecFMT-8
94UppDecU-68
94UppDecU-68
94UppDecU-69
94UppDecU-70
94UppDecU-71
94UppDecU-72
94UppDecUCT-CT12
94UppDecUFYD-13
94UppDecUGM-67
94UppDecUGM-68
94UppDecUGM-69
94UppDecUGM-70
94UppDecUGM-71
94UppDecUGM-72
95SRKroFFTP-FP5
95SRKroFFTPS-FP5

96ClaLegotFF-15
96ColEdgRRTW-6
96ColEdgRRTW-7
96ColEdgRRTWG-6
96ColEdgRRTWG-7
96ColEdgRRTWH-6
96ColEdgRRTWH-7
96StaCluFR-44
96StaCluFRR-44
96TopNBAS-44
96TopNBAS-94
96TopNBAS-144
96TopNBASF-44
96TopNBASF-94
96TopNBASF-144
96TopNBASFAR-44
96TopNBASFAR-94
96TopNBASFAR-144
96TopNBASFR-44
96TopNBASFR-94
96TopNBASFR-144
96TopNBASI-I15
96TopNBASR-44
Thomas, J.T.
90FloStaCC*-143
90FloStaCC*-151
Thomas, Jimmy
83Sta-166
84Sta-61
87IndGrel-25
89ProCBA-30
9088'CalW-8
9088'CalW-20
9088'CalW-22
Thomas, John CT
91ConLeg-13
Thomas, John MN
93Min-11
94Min-9
Thomas, Kurt IndSt.
82IndSta*-13
Thomas, Kurt TCU
95ClaBKR-9
95ClaBKRAu-9
95ClaBKRIE-IE9
95ClaBKRPP-9
95ClaBKRRR-10
95ClaBKRS-S6
95ClaBKRS-RS9
95ClaBKRSS-9
95ClaBKV-9
95ClaBKV-96
95ClaBKVE-9
95ClaBKVE-96
95Col-22
95Col-49
95Col2/1-T1
95ColCho-295
95ColChoDT-D10
95ColChoPC-295
95ColChoPCP-295
95Fin-120
95FinVet-RV10
95FivSp-9
95FivSpAu-9
95FivSpD-9
95FivSpRS-9
95FivSpSF-BK3
95Fla-222
95FlaClaP-R11
95Fle-313
95FleClaE-36
95Hoo-269
95Met-164
95PacPreGP-53
95PrePas-10
95PrePasP-6
95Sky-231
95SkyE-X-44
95SkyE-XB-44
95SkyLotE-10
95SkyRooP-RP9
95SP-157
95SPHol-PC18
95SPHolDC-PC18
95SRAut-10
95SRDraD-36
95SRDraDSig-36
95SRFam&F-42
95SRSigPri-40
95SRSigPris-40
95SRSigPriT10-TT10
95SRSigPriT10S-TT10
95SRTet-18

95StaClu-342
95Top-183
95TopDraR-10
95TopGal-54
95TopGalPPI-54
95TopSudI-S3
95Ult-292
95UppDec-254
95UppDecEC-254
95UppDecECG-254
95UppDecSE-131
95UppDecSEG-131
96CleAss-13
96ColCho-81
96ColChoII-55
96ColChoIJ-295
96ColChoM-M43
96ColChoMG-M43
96ColLif-L12
96Fin-55
96FinRef-55
96FivSpSig-9
96Fle-59
96FleRooR-12
96Hoo-85
96HooStaF-14
96Met-54
96PacPreGP-53
96PacPri-53
96Sky-62
96SkyRub-62
96SkyZ-F-48
96SkyZ-FZ-48
96SPx-28
96SPxGol-28
96StaClu-21
96StaCluM-21
96Top-11
96TopChr-11
96TopChrR-11
96TopNBAa5-11
96Ult-59
96UltGolE-G59
96UltPlaE-P59
96UppDec-67
96UppDec-149
96UppDecPS1-P11
96UppDecPTVCR1-TV11
96Vis-17
96VisSig-14
96VisSigAuG-14
96VisSigAuS-14
Thomas, Lawrence
92UNL-14
Thomas, Marcus
93Con-14
94Con-14
Thomas, Mark
94IHSBoyAST-74
Thomas, Melvin
92AusStoN-63
93AusFutN-39
93AusFutSG-5
93AusStoN-90
94AusFutDG-DG4
94AusFutN-40
94AusFutN-142
94AusFutN-195
94AusFutOT-OT5
96AucFutHTH-H1
94AusFutN-62
94AusFutN-40
96AusFutNFDT-4
Thomas, Michelle
92TexTecW-13
92TexTecWNC-11
Thomas, Pat
91TexA&MCC*-61
Thomas, Ron
75Top-277
88LouColC-62
89LouColC*-223
89LouColC*-247
Thomas, Skeets
91SouCarCC*-132
Thomas, Thurman
91OklStaCC*-3
91OklStaCC*-66
91OklStaCC*-78
91OklStaCC*-81
91OklStaCC*-86
91OklStaCC*-93
Thomas, Traci
91TexA&MCC*-88

Thompson, Bernard
84Sta-169
84TraBlaF-10
84TraBlaP-3
87Sun5x8W-4
87SunCirK-14
91ProCBA-49
Thompson, Billy
83Lou-13
88LouColC-10
88LouColC-110
88LouColC-165
88LouColC-186
89HeaPub-14
89Hoo-59
89LouColC*-35
89LouColC*-257
89LouColC*-291
89LouColC*-300
89PanSpaS-158
90Fle-103
90HeaPub-13
90Hoo-171B
90Hoo-172A
90HooTeaNS-14
90PanSti-155
90Sky-154
91PanSti-153
91Sky-154
91UppDec-196
Thompson, Bobby (Robert Lee)
90AriColC*-113
90AriColC*-122
90AriColCP*-8
Thompson, Brooks
91OklSta-12
91OklSta-54
94Cla-37
94ClaG-37
94ColCho-299
94ColChoGS-299
94ColChoSS-299
94Emo-71
94Fin-196
94FinRef-196
94Fla-279
94Fle-341
94FouSp-27
94FouSpG-27
94FouSpPP-27
94Hoo-357
94HooSch-24
94HooShe-11
94PacP-61
94PacPriG-61
94Sky-265
94SkyDraP-DP27
94SP-26
94SPDie-D26
94SRGolS-20
94SRTet-77
94SRTetS-77
94StaClu-345
94StaCluMO-345
94StaCluSTDW-M345
94StaCluSTMP-M7
94StaCluSTNF-345
94Top-346
94TopSpe-346
94Ult-307
94UppDec-198
94UppDec-335
94UppDecSE-154
94UppDecSEG-154
95ColCholE-299
95ColCholJI-299
95ColCholSI-80
95FleEur-170
95Ima-29
95ProMag-94
95SRKro-21
95StaClu-242
95SupPixAu-26
95SupPixC-26
95SupPixG-26
95TedWil-69
95Top-165
95UppDec-332
95UppDecEC-332
95UppDecECG-332
96ColCho-110

96Top-219
96TopChr-219
96TopChrR-219
96TopNBAa5-219
Thompson, Camille
91WasSta-10
Thompson, Charles
82TCMCBA-65
Thompson, Clarence
90ProCBA-24
Thompson, Corny
91ConLeg-14
Thompson, David
73NorCarSPC-H13
73NorCarSPC-S6
73NorCarSPC-S7
73NorCarSPC-S8
76Top-110
77DelFli-5
77PepAll-7
77SpoSer5*-5905
77Top-60
78RoyCroC-30
78Top-100
79Qualro-8
79Top-50
80Top-44
80Top-108
81Top-12
81Top-49
83StaAllG-22
89NorCarSCC-164
89NorCarSCC-165
89NorCarSCC-166
92CouFla-37
96ColEdgRRTW-1
96ColEdgRRTW-8
96ColEdgRRTWG-1
96ColEdgRRTWG-8
96ColEdgRRTWH-1
96ColEdgRRTWH-8
Thompson, Don (Zippy)
90MicStaCC2*-52
Thompson, Donnell
90NorCarCC*-21
Thompson, Emily
94Neb*-5
Thompson, George
71ConPitA-11
71Top-202
72Top-221
73Top-185
74BucLin-9
74Top-174
74Top-225
75Top-144
Thompson, Glen
91SouCarCC*-120
Thompson, Greg
91DavLip-5
92DavLip-5
Thompson, Harold
89NorCarSCC-116
89NorCarSCC-117
89NorCarSCC-118
Thompson, Harvey
80Ari-17
81Ari-18
83Ari-14
Thompson, Homer
89KenColC*-238
Thompson, Ian
76PanSti-152
Thompson, Jack
91SouCarCC*-62
Thompson, Jerry
86IndGreI-29
Thompson, Jessica
94WyoWom-11
Thompson, Jody
90KenProI-17
90KenSovPI-16
Thompson, John A.
68HalofFB-42
91Pro-12
Thompson, John R.
81Geo-18
82Geo-1
83Geo-1
84Geo-1
85Geo-2
86Geo-2
87Geo-2
88Geo-2

89Geo-2
90Geo-14
91Geo-18
91GeoColC-1
91GeoColC-25
91GeoColC-48
91GeoColC-58
91GeoColC-89
92Geo-2
93Geo-2
94Geo-2
96ClaLegotFF-MC5
96Geo-17
Thompson, Kevin
89NorCarS-12
90NorCarS-13
91NorCarS-14
92NorCarS-13
93Cla-72
93ClaF-85
93ClaG-72
93Fle-367
93FouSp-64
93FouSpG-64
93Top-380
93TopGol-380G
93Ult-328
Thompson, LaSalle
83Sta-226
84Sta-277
85KinSmo-13
85Sta-78
86Fle-110
86KinSmo-12
87Fle-107
88FouNBAE-31
89Hoo-281
89PanSpaS-240
89Fle-83
90Hoo-140
90HooActP-75
90HooTeaNS-11
90PanSti-112
90Sky-123
91Fle-87
91Hoo-89
91HooTeaNS-11
91PanSti-134
91Sky-119
91UppDec-218
92Fle-95
92FleTeaNS-5
92Hoo-96
92Sky-101
92StaClu-45
92StaCluMO-45
92Top-305
92TopGol-305G
92Ult-81
92UppDec-296
93Fle-302
93Hoo-348
93HooFifAG-348
93HooSco-HS11
93HooScoFAG-HS11
93PanSti-184
93StaClu-76
93StaCluFDI-76
93StaCluMO-76
93StaCluSTNF-76
93Top-245
93TopGol-245G
93UppDec-66
94Fin-178
94FinRef-178
94ProMag-55
94Top-166
94TopSpe-166
96TopSupT-ST20
Thompson, Leonard
91OklStaCC*-48
Thompson, M.C.
86DePPlaC-C6
Thompson, Marc
92NewMexS-5
Thompson, Mark
89McNSta*-11
Thompson, Mychal
79Top-63
79TraBlaP-43
81Top-36
81Top-61
81TraBlaP-43
82TraBlaP-43

83Sta-106
83TraBlaP-43
84Sta-170
84TraBlaF-11
84TraBlaMZ-4
84TraBlaP-13
85Sta-109
85TraBlaF-11
86Fle-111
87Fle-108
88Fle-69
89Fle-79
89Hoo-4
89PanSpaS-209
89TraBlaF-19
90Fle-95
90Hoo-160
90HooTeaNS-13
90PanSti-2
90Sky-141
91Hoo-105
91Sky-142
91UppDec-150
Thompson, Nathan
94IHSBoyAST-351
Thompson, Pashen
93TenWom-12
94TenWom-13
Thompson, Paul
83Sta-240
Thompson, Ray
93Cla-73
93ClaF-87
93ClaG-73
93FouSp-65
93FouSpG-65
Thompson, Rodderick
94IHSBoyAST-44
Thompson, Ronny
88Geo-6
89Geo-6
90Geo-6
91Geo-6
Thompson, Scott
83Ari-15
83Ari-18
84Ari-14
Thompson, Shelton
90FloStaCC*-64
Thompson, Stephen (Stevie)
88Syr-12
89Syr-4
89Syr-10
90ProCBA-73
90StaPic-11
91FroR-94
91FroRowP-116
91FroRU-83
91ProCBA-52
Thompson, Tim
90NorCarS-15
Thompson, Tolly
95Neb*-21
Thompson, Weegie
90FloStaCC*-23
Thorn, Rod
70Top-167
Thorne, Kenny
91GeoTecCC*-173
Thornton, Bob
8976eKod-12
90Hoo-232
90Sky-219
91Sky-175
Thornton, Dallas
71Glo84-84
Thornton, John
91TexA&MCC*-30
Thornton, Kevin
94IHSBoyAST-36
Thornton, Samantha
94AusFutN-215
Thorpe, Jim
33SpoKinR*-6
83HosU.SOGM-10
83TopHisGO-37
83TopOlyH-38
91ImpHalofF-3
92VicGalOG-5
Thorpe, Otis
84Sta-278
85KinSmo-14
85Sta-79

85StaAllT-7
86KinSmo-13
87Fle-109
88Fle-99
89Fle-62
89Hoo-265
89PanSpaS-149
89PanSpaS-151
90Fle-74
90Hoo-129
90Hoo100S-36
90HooActP-70
90HooTeaNS-10
90PanSti-68
90RocTeal-4
90Sky-112A
90Sky-112B
91Fle-80
91FleTonP-57
91FleWheS-5
91Hoo-81
91Hoo-468
91Hoo-512
91Hoo100S-38
91HooTeaNS-10
91PanSti-60
91Pro-21
91Sky-108
91Sky-302
91SkyCanM-20
91UppDec-271
91UppDec-474
92Fle-86
92FleAll-23
92FleTonP-63
92Hoo-88
92Hoo-317
92Hoo-327
92Hoo100S-36
92PanSti-75
92Sky-93
92SkyNes-47
92StaClu-3
92StaCluMO-3
92Top-19
92Top-124
92TopArc-58
92TopArcG-58G
92TopGol-19G
92TopGol-124G
92Ult-74
92Ult-203
92Ult-NNO
92UltJamSCI-1
92UltProS-NNO
92UppDec-54
92UppDec-140
92UppDec-501
92UppDecE-26
92UppDecE-56
92UppDecM-P16
93Fin-16
93FinRef-16
93Fle-81
93Hoo-83
93HooFifAG-83
93JamSes-85
93PanSti-94
93Sky-83
93StaClu-111
93StaCluFDI-111
93StaCluFDI-238
93StaCluMO-111
93StaCluMO-238
93StaCluSTDW-R238
93StaCluSTMP-R10
93StaCluSTNF-111
93StaCluSTNF-238
93Top-99
93TopGol-99G
93Ult-78
93UltPowITK-8
93UppDec-11
93UppDecE-170
93UppDecPV-7
93UppDecSEC-55
93UppDecSEG-55
94ColCho-258
94ColChoCtGR-R14
94ColChoCtGRR-R14
94ColChoGS-258
94ColChoSS-258

94Emb-39
94EmbGolI-39
94Fin-229
94Fin-295
94FinMarM-17
94FinRef-229
94FinRef-295
94Fla-59
94Fle-87
94Hoo-80
94JamSes-75
94PanSti-148
94ProMag-50
94Sky-64
94SP-136
94SPDie-D136
94StaClu-62
94StaCluFDI-62
94StaCluMO-62
94StaCluSTNF-62
94Top-335
94TopSpe-335
94Ult-71
94UppDec-219
94UppDecE-58
94UppDecSE-34
94UppDecSEG-34
95ColCho-74
95ColCholE-258
95ColCholJI-258
95ColCholSI-39
95ColChoPC-74
95ColChoPCP-74
95Fin-174
95FinRef-174
95Fla-114
95Fle-164
95Fle-157
95Fle-218
95FleEur-91
95Hoo-137
95Hoo-303
95Met-91
95Met-147
95MetSilS-91
95PanSti-251
95Sky-101
95Sky-170
95SP-43
95SPCha-33
95StaClu-179
95StaClu-262
95StaCluMOI-179
95Top-133
95TopGal-98
95TopGalPPI-98
95Ult-153
95Ult-214
95UltGolM-153
95UppDec-240
95UppDecEC-240
95UppDecECG-240
95UppDecSE-114
95UppDecSEG-114
96BowBes-50
96BowBesAR-50
96BowBesR-50
96ColCho-241
96ColCholI-131
96ColCholJ-74
96ColChoM-M115
96ColChoMG-M115
96Fin-219
96FinRef-219
96Fle-34
96Fle-183
96Hoo-51
96HooSil-51
96HooStaF-8
96Met-31
96Sky-37
96SkyRub-37
96SkyZ-F-28
96SkyZ-FZ-28
96SP-34
96StaClu-91
96Ult-35
96Ult-183
96UltGolE-G35
96UltGolE-G183
96UltPlaE-P35
96UltPlaE-P183
96UppDec-216
Thorson, Dave

92Min-2
93Min-17
Thorsson, Arn
91SouCarCC*-137
Thrash, Clarence
92Ala-13
93Ala-6
93Ala-13
Threatt, Sedale
83Sta-10
84Sta-209
85JMSGam-8
85Sta-7
85StaTeaS5-PS10
86Fle-112
87BulEnt-3
87Fle-110
89Hoo-287
90Hoo-284
90HooTeaNS-24A
90HooTeaNS-24B
90HooTeaNS-24C
90HooTeaNS-24D
90Sky-273
90SupKay-13
90SupSmo-16
91Fle-196
91Fle-304
91Hoo-204
91Hoo-385
91HooPro-204
91HooTeaNS-13
91Sky-275
91Sky-609
91Sky-633
91UppDec-110
91UppDec-492
92Fle-113
92FleDra-25
92FleTeaNS-6
92FleTonP-64
92Hoo-114
92PanSti-36
92Sky-120
92StaClu-73
92StaCluMO-73
92Top-45
92TopArc-42
92TopArcG-42G
92TopGol-45G
92Ult-95
92UppDec-154
92UppDec-362
92UppDecM-LA9
93Fin-141
93FinRef-141
93Fle-104
93Hoo-109
93HooFifAG-109
93HooGolMB-48
93JamSes-109
93JamSesTNS-5
93PanSti-30
93Sky-100
93StaClu-133
93StaCluFDI-133
93StaCluMO-133
93StaCluSTNF-133
93Top-172
93TopGol-172G
93Ult-277
93UppDec-67
93UppDec-197
93UppDec-453
93UppDecE-193
93UppDecS-137
93UppDecSEC-137
93UppDecSEG-137
94ColCho-68
94ColChoGS-68
94ColChoSS-68
94Fla-244
94Fle-112
94Hoo-104
94PanSti-162
94Sky-83
94Top-137
94TopSpe-137
94Ult-90
94UppDec-46
94UppDecE-41
95ColCho-230
95ColCholE-68
95ColCholJI-68

95ColChoISI-68
95ColChoPC-230
95ColChoPCP-230
95Fin-161
95FinRef-161
95Fle-91
95FleEur-117
95Hoo-81
95PanSti-233
95Sky-181
95StaClu-205
95Top-269
95Ult-91
95UltGolM-91
95UppDec-185
95UppDecEC-185
95UppDecECG-185
95UppDecSE-41
95UppDecSEG-41
96ColCholI-52
96ColCholJ-230
96TopSupT-ST13
Thulin, Ron
90HooAnn-55
Thurman, Scotty
92Ark-7
93Ark-12
94ArkTic-14
95ClaBKR-84
95ClaBKRAu-84
95ClaBKRPP-84
95ClaBKRSS-84
95ClaBKV-65
95ClaBKVE-65
95Col-85
95Col-90
95SRDraD-25
95SRDraDSig-25
95SRTetAut-13
Thurman, Stephanie
94SouMisSW-12
Thurmond, Mark
91TexA&MCC*-40
Thurmond, Nate
68TopTes-13
69Top-10
69TopRul-12
70Top-90
70Top-111
71Top-131
71TopTri-7
71WarTeal-11
72Top-28
73LinPor-56
73NBAPlaA-33
73NBAPlaA8-1
73Top-5
73Top-157
74NabSugD*-21
74Top-87
74Top-105
75Top-85
75Top-119
81TCMNBA-29
84MilLitACC-4
85StaEohL-22
91FooLocSF*-16
92CenCou-46
92CouFla-38
93ActPacHoF-10
93WarTop-5
95ActPacHoF-21
95TedWilHL-HL4
96TopFinR-45
96TopFinRR-45
96TopNBAS-45
96TopNBAS-95
96TopNBAS-145
96TopNBASF-45
96TopNBASF-95
96TopNBASF-145
96TopNBASFAR-45
96TopNBASFAR-95
96TopNBASFAR-145
96TopNBASFR-45
96TopNBASFR-95
96TopNBASFR-145
96TopNBASI-112
96TopNBASR-45
Ticco, Milt
89KenColC*-237
Ticknor, Duane
91ProCBA-70
Tideback, Molly

92IowWom-11
Tidrick, Hal
48Bow-36
Tidwell, Gary
94IHSHisRH-81
Tieh-Chu, Mu
77SpoSer6*-6404
Tieman, Rodger
89LouColC*-89
Tien-Lung, Kuo
95UppDecCBA-8
Tiger, Chris
92Geo-15
93Geo-14
Tiggle, Calvin
91GeoTecCC*-116
Tilden, Bill
33SpoKinR*-16
77SpoSer1*-1008
Tillet, Maurice
48TopMagP*-D12
Tillis, Darren
83Sta-262
Tillman, Clarence
78Ken-8
78KenSch-14
89KenColC*-239
Tillman, Lawyer
87Aub*-13
Tillmon, Mark
86Geo-12
87Geo-14
88Geo-14
89Geo-14
90ProCBA-201
91GeoColC-11
91GeoColC-38
91ProCBA-2
Timberlake, Aminu
91KenBigB2-14
Timberlake, Bob
91Mic*-51
Timberwolves, Minnesota
90Sky-343
91Hoo-289
91Sky-366
92Hoo-281
92UppDecDPS-13
92UppDecE-146
93PanSti-98
93StaCluBT-16
93StaCluST-16
93UppDec-225
93UppDecDPS-16
94Hoo-406
94ImpPin-16
94StaCluMO-ST16
94StaCluST-16
94UppDecFMT-16
95FleEur-253
95PanSti-177
96TopSupT-ST16
Timmerman, Chris
93EasTenS-15
Timmons, Steve
91CouQal*-07
92ClaWorCA-32
Timms, Michele
94AusFutN-208
96AusFutN-85
Timpf, Brad
93Mia-15
94Mia-15
Tinch, Reggie
90Geo-14
Tingle, Jack
88KenColC-33
Tingley, Jack
91SouCal*-67
Tinker, Joe
48TopMagP*-K18
Tinkle, Wayne
91ProCBA-123
Tinsley, Gaynell
90LSUColC*-38
Tinsley, George
71FloMcD-9
Tirado, Danny
89Jac-10
Tisdale, Wayman
86Fle-113
87Fle-111
88Fle-60
88KinCarJ-23

89Fle-139
89Hoo-225
89KinCarJ-23
90Fle-167
90Hoo-262
90Hoo-377
90Hoo100S-85
90HooActP-136
90HooCol-12
90KinSaf-11
90PanSti-40
90Sky-251
91Fle-181
91FleTonP-40
91FleWheS-2
91Hoo-187
91Hoo-494
91Hoo-563
91Hoo100S-85
91HooTeaNS-23
91KelColG-3
91LitBasBL-38
91PanSti-33
91Sky-252
91Sky-427
91Sky-481
91Sky-562
91SkyCanM-41
91UppDec-372
92Fle-199
92FleTonP-65
92Hoo-202
92Hoo100S-84
92PanSti-53
92Sky-216
92SkyNes-48
92StaClu-242
92StaCluMO-242
92Top-282
92TopArc-74
92TopArcG-74G
92TopGol-282G
92Ult-160
92UppDec-265
93Fin-155
93FinRef-155
93Fle-185
93FleTowOP-28
93Hoo-192
93HooFifAG-192
93JamSes-198
93PanSti-56
93Sky-159
93StaClu-83
93StaCluFDI-83
93StaCluMO-83
93StaCluSTNF-83
93Top-254
93TopGol-254G
93Ult-164
93UppDec-307
93UppDecS-81
93UppDecS-221
93UppDecSEC-81
93UppDecSEC-221
93UppDecSEG-81
93UppDecSEG-221
94ColCho-329
94ColChoGS-329
94ColChoSS-329
94Emb-78
94EmbGolI-78
94Fin-221
94FinRef-221
94Fla-291
94Fle-197
94Fle-355
94Hoo-188
94Hoo-365
94HooShe-12
94JamSes-154
94PanSti-194
94ProMag-113
94Sky-145
94Sky-274
94StaClu-132
94StaClu-133
94StaClu-294
94StaCluFDI-132
94StaCluFDI-133
94StaCluFDI-294
94StaCluMO-132
94StaCluMO-133
94StaCluMO-294

94StaCluSTDW-SU294
94StaCluSTNF-132
94StaCluSTNF-133
94StaCluSTNF-294
94Top-328
94TopSpe-328
94Ult-320
94UppDec-242
95ColCho-109
95ColCholE-329
95ColCholJI-329
95ColCholSI-110
95ColChoPC-109
95ColChoPCP-109
95Fin-165
95FinRef-165
95Fle-149
95FleEur-187
95Hoo-323
95PanSti-243
95ProMag-105
95StaClu-218
95TopGal-123
95TopGalPPI-123
95Ult-146
95UltGolM-146
95UppDec-285
95UppDecEC-285
95UppDecECG-285
96ColCho-124
96ColCholI-124
96ColCholJ-109
96FleDecoE-17
96StaClu-82
96StaCluM-82
96TopSupT-ST21
96UltDecoE-U17
96UppDec-98
Tisot, Jane
76PanSti-279
Tittle, Y.A.
57UniOilB*-4
90LSUColC*-3
Titus, Brandon
93LSU-13
Tobey, David
68HalofFB-43
Tocchet, Rick
91UppDecS-3
Tofflemire, Joe
90AriColC*-71
Tolan, Eddie
76PanSti-54
83TopHisGO-41
83TopOlyH-39
Tolbert, Lynda
90AriStaCC*-114
Tolbert, Ray
83Sta-95
87IndGreI-6
Tolbert, Tom
86Ari-11
87Ari-15
90Hoo-121
90HooTeaNS-9
90Sky-103
91Fle-72
91Hoo-74
91HooTeaNS-9
91PanSti-7
91Sky-99
91UppDec-283
92StaClu-176
92StaClu-359
92StaCluMO-176
92StaCluMO-359
92Top-81
92Top-356
92TopGol-81G
92TopGol-356G
92Ult-329
93Fle-153
93Fle-309
93Hoo-159
93HooFifAG-159
93JamSesTNS-4
93PanSti-192
93Top-369
93TopGol-369G
93Ult-271
93UppDec-228
95ColCho-352
95ColChoPC-352
95ColChoPCP-352

96ColCholI-142
96ColCholJ-352
Tolle, Harlan
55AshOil-59
Tollison, David
90Tex*-32
Tolone, Bob
94IHSBoyA3S-48
Tomberlin, Pat
90FloStaCC*-5
Tomey, Dick
90AriColCP*-7
90AriColCP*-10
Tomjanovich, Rudy
71Top-91
72Top-103
73NBAPlaA-34
73Top-145
74Top-28
74Top-88
74Top-146
75Top-2
75Top-70
75Top-123
76Top-66
77SpoSer7*-7303
77Top-15
78RoyCroC-31
78Top-58
79Top-41
80Top-32
80Top-120
91Mic*-52
92Fle-87
92Hoo-248
92Sky-264
93Hoo-239
93HooFifAG-239
94Hoo-283
95Hoo-179
96Hoo-258
Tomlin, Rebecca
94WyoWom-12
Tomov, Alexandre
76PanSti-240
Tompkins, Patrick
89Wis-13
91ProCBA-151
Toney, Andrew
83Sta-11
83StaAllG-12
83StaSixG-6
83StaSixC-11
84Sta-210
84StaAllG-12
84StaAllGDP-12
84StaAre-E9
84StaCouK5-35
85JMSGam-7
85Sta-8
85StaTeaS5-PS7
86Fle-114
86StaCouK-29
Toney, Sedric
83Day-16
90ProCBA-164
Tonkin, Phyllis
92VirTec*-1
Tonkovich, Andy
84MarPlaC-C8
Toolson, Andy
87BYU-17
88BYU-9
88BYU-23
90JazSta-8
91Sky-286
91UppDecSiSS-9
91WilCar-56
Toomer, Carlos
90KenSovPI-17
91KenBigB1-13
91KenBigB2-11
Toothman, Bill
84MarPlaC-C5
Torman, Michael
94IHSBoyA3S-24
Torrance, Jeff
90LSUColC*-164
Torrance, Trevor
92AusFutN-70
93AusFutN-83
93AusStoN-24
94AusFutN-66
94AusFutN-25

Torrence, Walt
91UCLColC-88
Torres, George
81TCMCBA-4
Toulotte, Theodule
76PanSti-238
Touomou, Joseph
96Geo-2
Toussaint, Wendy
91VirWom-13
92VirWom-14
93VirWom-13
Towe, Monte
73NorCarSPC-H12
73NorCarSPC-S5
73NorCarSPC-S6
89NorCarSCC-167
89NorCarSCC-168
89NorCarSCC-169
92CouFla-39
Tower, Chris
88NewMex-15
Tower, Keith
90NotDam-7
93Fle-347
93Ult-308
94ColCho-291
94ColChoGS-291
94ColChoSS-291
95ColCholE-291
95ColCholJI-291
95ColCholSI-72
Tower, Oswald
68HaloffFB-44
Towne, Dave
90AriColC*-66
Townes, Garland
89KenColC*-240
Townes, Linton
82TraBlaP-2
91WilCar-9
Townsend, Brad
90HooTeaNS-23
Townsend, Kurtis
94Cal-13
Townsend, Raymond
80TCMCBA-16
91UCLColC-39
Traber, Jim
91OklStaCC*-90
Trabue, Joe
89LouColC*-160
Traficana, Carl
85Bra-S7
Trafton, Todd
90AriColC*-25
Trahair, Aaron
94AusFutN-200
94AusFutN-39
96AusFutN-62
96AusFutNOL-OL3
Trahan, Warren
91TexA&MCC*-93
Trail Blazers, Portland
73TopTeaS-32
74FleTeaP-17
74FleTeaP-36
75Top-218
75TopTeaC-218
77FleTeaS-19
80TopTeaP-14
89PanSpaS-223
89PanSpaS-232
90Sky-349
91Hoo-295
91Sky-372
91UppDecSiSS-9
92Hoo-287
92TraBlaF-1
92UppDecDPS-16
92UppDecE-152
93PanSti-44
93StaCluST-22
93TraBlaF-1
93UppDec-231
93UppDecDPS-22
94Hoo-412
94ImpPin-22
94StaCluMO-ST22
94StaCluST-22
94UppDecFMT-22
95FleEur-259
95PanSti-249

96TopSupT-ST22
Trainor, Kendall
91ArkColC*-11
Trammell, Greg
88NewMexSA*-9
Trapkus, Brian
94IHSBoyAST-126
Trapp, George
72Top-38
73Top-22
74Top-76
75Top-84
Trapp, John Q.
68RocJacitB-12
70Top-12
71Top-68
Travaglini, Bob
82NugPol-NNO
Traylor, Bobby
94Wyo-11
Traylor, Eric
92NewMexS-3
Traynowicz, Mark
84Neb*-1
Treadwell, David
90CleColC*-41
Treiber, Birgit
76PanSti-256
Treloar, John
90ProCBA-131
91ProCBA-21
Trent, Gary
95ClaBKR-10
95ClaBKR-97
95ClaBKRAu-10
95ClaBKRCS-CS7
95ClaBKRIE-IE10
95ClaBKRPP-10
95ClaBKRPP-97
95ClaBKRRR-14
95ClaBKRS-S7
95ClaBKRSS-10
95ClaBKRSS-97
95ClaBKV-10
95ClaBKV-71
95ClaBKVE-10
95ClaBKVE-71
95Col-23
95Col-50
95ColCho-285
95ColChoPC-285
95ColChoPCP-285
95ColIgn-I10
95Fin-121
95FinVet-RV11
95FivSp-10
95FivSpD-10
95FivSpRS-10
95FivSpSF-BK2
95Fla-223
95FlaClao'-R12
95Fle-314
95FleClaE-37
95FleRooP-9
95FleRooPHP-9
95Hoo-280
95Met-185
95MetRooRC-R9
95MetRooRCSS-R9
95PacPreGP-46
95PrePas-11
95PrePasP-7
95ProMag-107
95Sky-240
95SkyE-X-97
95SkyE-XB-97
95SkyHigH-HH15
95SkyLotE-11
95SkyRooP-RP10
95SRAut-11
95SRDraD-11
95SRDraDSig-11
95SRFam&F-43
95SRSigPri-41
95SRSigPriS-41
95SRTet-17
95SRTetAut-14
95StaClu-317
95StaCluDP-11
95StaCluMOI-DP11
95Top-206
95TopDraR-11
95TopGal-47
95TopGalPPI-47

95TopRataR-R8
95TopSudI-S4
95TraBlaF-6
95Ult-293
95UppDec-292
95UppDecECG-292
95UppDecSE-157
95UppDecSEG-157
96CleAss-14
96ColCho-131
96ColCholI-83
96ColCholJ-285
96Fin-16
96FinRef-16
96FivSpSig-10
96Fle-92
96FleRooR-13
96Hoo-132
96Met-82
96PacPreGP-46
96PacPri-46
96Sky-97
96SkyRub-97
96SPx-40
96SPxGol-40
96StaClu-70
96StaCluM-70
96Top-93
96TopChr-93
96TopChrR-93
96TopNBAa5-93
96TopSupT-ST22
96TraBla-3
96Ult-92
96UltGolE-G92
96UltPlaE-P92
96UppDec-102
96UppDecGE-G15
96Vis-14
96VisSig-12
96VisSigAuG-12
96VisSigAuS-12
Tresh, Mike
48KelPep*-3
Tressler, Jeff
83Day-17
Tresvant, John
69SupSunB-9
69Top-58
70Top-126
71Top-37
72Top-87
73Top-26
Tresvant, Sean
91WasSta-5
Trevor, Claire
48TopMagP*-J37
Trgovich, Pete
91UCLColC-40
Tribble, Andy
90CleColC*-154
Trimble, Zach
94IHSBoyAST-192
Trimmingham, Leon
94AusFutLotR-LR12
94AusFutN-175
94AusFutN-196
94AusFutNH-HZ3
94AusFutSS-SS5
95AusFutC-CM13
95AusFutHTH-H3
95AusFutII-II3
95AusFutN-45
95AusFutSC-NBL9
96AusFutN-74
96AusFutNA-ASN4
96AusFutNFDT-3
Triplett, Binky
91OklSta-4
91OklSta-52
Triplett, Wally
48TopMagP*-R1
Trippi, Charlie
48KelPep*-9A
48KelPep*-9B
Tripplett, Shannon
94IHSBoyAST-143
Triptow, Dick
86DePPlaC-H3
Tripucka, Kelly
83Sta-85
84Sta-268
84StaAllG-13

84StaAllGDP-13
84StaCouK5-5
85PriSti-13
85Sta-17
85StaTeaS5-DP2
86Fle-115
86StaCouK-30
87Fle-112
89Fle-18
89Hoo-55
89PanSpaS-17
90Fle-21
90Hoo-59
90Hoo100S-11
90HooActP-35
90HooTeaNS-3
90NotDam-54
90PanSti-84
90Sky-35
91Hoo-25
91Sky-33
91UppDec-290
Trost, Gary
87BYU-14
93Cla-74
93ClaF-89
93ClaG-74
93FouSp-66
93FouSpG-66
Trott, Bill
89KenColC*-21
Trotter, Kerry
82Mar-15
Trout, Paul (Dizzy)
48KelPep*-4
Trowbridge, Brian
94IHSBoyAST-344
Truax, Billy
90LSUColC*-115
Trumpy, Bob
68ParMea*-18
Truvillion, Troy
91ProCBA-155
Tsi, Tsi-Fu
95UppDecCBA-5
95UppDecCBA-39
Tsioropoulos, Lou
57Top-57
88KenColC-44
Tsukahara, Mitsuo
76PanSti-215
Tsuranov, Juri
76PanSti-287
Tubbs, Brig
87Iow-15
90Iow-12
91Iow-13
Tubbs, Nate
91Min-15
92Min-13
Tucker, Al
69BulPep-10
71FloMcD-8
Tucker, Anthony
87Geo-15
92Cla-40
92ClaGol-40
92FouSp-35
92FouSpGol-35
94Fla-322
94Hoo-381
94HooSch-25
94JamSesRS-17
94Sky-296
94Ult-347
94UppDec-351
Tucker, Bryon
87NorCarS-12
Tucker, Byron GMASON
92Cla-83
92ClaGol-83
Tucker, Craig
80Ill-13
81Ill-13
82TCMCBA-47
Tucker, Jack
89KenColC*-257
Tucker, Lana
94TexAaM-12
Tucker, Mark
90SouCal*-17
91SouCal*-14
Tucker, Trent
83Sta-69

83StaAll-7
84KniGetP-10
84Sta-35
85Sta-171
87Fle-113
88KniFriL-10
89Fle-105
89Hoo-87
89KniMarM-10
89PanSpaS-36
90Fle-129
90Hoo-208
90HooTeaNS-18A
90HooTeaNS-18B
90Sky-193
91Fle-140
91Hoo-143
91Hoo-307
91Sky-195
91UppDec-341
92Fle-315
92FleTeaNS-3
92Hoo-363
92StaClu-284
92StaCluMO-284
92Top-232
92TopArc-29
92TopArcG-29G
92TopGol-232G
92Ult-237
92UppDec-389
92UppDecM-CH10
Tuliau, Brian
90SouCal*-18
Tuminello, Joe
90LSUColC*-114
Tung-Ching, Hsu
95UppDecCBA-11
Tunney, Gene
33SpoKinR*-18
48TopMagP*-4
56AdvR74*-35
81TopThiB*-55
Tunnicliffe, Tommy
90AriColC*-12
Tunsil, Necole
92IowWom-12
93IowWom-12
Tunstall, Sean
89Kan-52
Turishtscheva, Ljudmila
76PanSti-210
Turjillo, Maria
90AriStaCC*-169
Turk, Jason
91OklSta-3
91OklSta-48
Turk, Joe
87SouLou*-10
Turner, Amy
93OhiStaW-12
94OhiStaW-12
Turner, Andre
91Fle-370
91Hoo-447
91Sky-219
91Sky-652
91UppDec-134
92UppDec-25
Turner, Bill
70Top-150
71WarTeal-12
Turner, Bob
92AusFutN-95
92AusStoN-72
Turner, Bobby
88LouColC-53
88LouColC-135
89LouColC*-24
Turner, Chris
93TenTec-15
94TenTec-14
Turner, Clyde (Bulldog)
48ExhSpoC-45
Turner, Colonel (R.)
33SpoKinR*-27
Turner, Elston
83Sta-58
84Sta-147
84StaAre-B9
85NugPol-8
85Sta-57
88NugPol-20
89ProCBA-95

Turner, Henry
94Fle-365
94Ult-328
Turner, Herschel
89KenColC*-118
Turner, Howard
89NorCarSCC-119
Turner, Jeff
84NetGet-10
84Sta-98
84Sta-199
86NetLif-12
89Hoo-322
90Sky-208
91Fle-332
91Hoo-409
91Hoo-545
91Hoo-564
91HooTeaNS-19
91Sky-208
91Sky-563
91UppDec-304
92Fle-403
92FleTeaNS-9
92Hoo-166
92Sky-175
92StaClu-276
92StaCluMO-276
92Ult-330
92UppDecM-OR10
93Fle-154
93Hoo-160
93HooFifAG-160
93HooShe-6
93JamSes-164
93PanSti-193
93Top-68
93TopGol-68G
93Ult-138
93UppDec-143
93UppDecS-162
93UppDecSEC-162
93UppDecSEG-162
94ColCho-38
94ColChoGS-38
94ColChoSS-38
94Fin-129
94FinRef-129
94Fla-109
94Fle-164
94Hoo-156
94HooShe-11
94JamSes-138
94PanSti-100
94StaClu-74
94StaCluFDI-74
94StaCluMO-74
94StaCluSTDW-M74
94StaCluSTMP-M3
94StaCluSTNF-74
94Ult-137
94UppDec-29
95ColCho-58
95ColCholE-58
95ColCholJI-58
95ColCholSI-38
95ColChoPC-58
95ColChoPCP-58
95Fin-76
95FinRef-76
95FleEur-171
95PanSti-45
95Sky-267
95StaClu-98
95StaCluMOI-98
95UppDec-59
95UppDecEC-59
95UppDecECG-59
95UppDecSE-63
95UppDecSEG-63
96ColCholI-110
96ColCholJ-58
Turner, Joe
84Ari-15
85Ari-13
86Ari-12
87Ari-14
Turner, John GT
88Geo-12
91Fle-292
91FroRowP-21
91UppDec-11
Turner, John Louisville
88LouColC-86

88LouColC-143
89LouColC*-13
89LouColC*-224
89LouColC*-250
91FroRU-65
91StaPic-57
Turner, Kenny
88Vir-12
Turner, Kim
89McNSta*-12
Turner, Lana
48TopMagP*-F3
Turner, Landon
86IndGreI-22
Turner, Lavona
92OhiStaW-14
93OhiStaW-13
Turner, Nate
90Neb*-13
Turner, Neil
93AusFutN-47
Turner, Ralph
91DavLip-29
92DavLip-29
Turner, Reginald
89ProCBA-70
Turner, Tony
81TCMCBA-27
Turner, Travis
85Neb*-4
Turney-Loos, Billy
82Vic-14
Turnquist, Dale
91FroR-61
91FroRowP-36
Turpin, Mel (Melvin)
80KenSch-15
81KenSch-16
82KenSch-16
83KenSch-15
84Sta-213
84StaCouK5-50
85Sta-158
86Fle-116
87Ken*-7
88KenColC-123
88KenColC-146
89Hoo-316
89KenBigBTot8-42
89KenColC*-43
90Hoo-302
Turrall, Jenny
76PanSti-251
Tuten, Rick
90FloStaC*-53
Tuttle, Gerald
89NorCarCC-150
90NorCarCC*-116
Tuttle, Perry
90CleColC*-42
Tuttle, Richard
89NorCarCC-151
Tuttle, William
89KenColC*-199
89KenColC*-255
Twardzik, Dave
74Top-243
75Top-246
75Top-287
76Top-287
76Top-122
78TraBlaP-10
79TraBlaP-13
80Top-27
80Top-65
80Top-115
80Top-117
83TraBlaP-NNO
Tway, Bob
91OklStaCC*-9
Twisters, Chicago
95WomBasA-L2
Twitty, Howard
90AriStaCC*-150
Twogood, Forrest
57UniOilB*-6
Twyman, Jack
57Kah-10
57Top-71
58Kah-10
59Kah-9
60Kah-10

61Fle-42
61Fle-65
61Kah-9
62Kah-9
63Kah-12
64Kah-12
65Kah-4
81TCMNBA-28
92CenCou-17
93ActPacHoF-33
Tyan, Tim
91SouCal*-13
Tyler, B.J.
94Cla-57
94ClaBCs-BC19
94ClaG-57
94ColCho-326
94ColChoGS-326
94ColChoSS-326
94Emb-120
94EmbGoII-120
94Emo-74
94Fin-316
94FinRef-316
94Fle-283
94Fle-345
94FouSp-20
94FouSpG-20
94FouSpPP-20
94Hoo-359
94HooSch-26
94PacP-62
94PacPriG-62
94Sky-267
94Sky-349
94SkyDraP-DP20
94SkySIaU-SU28
94SP-19
94SPDie-D19
94SRGoIS-21
94SRTet-78
94SRTetS-78
94StaClu-300
94StaCluFDI-300
94StaCluMO-300
94StaCluSTNF-300
94Top-383
94TopSpe-383
94Ult-311
94UItAII-14
94UppDec-229
94UppDecSE-155
94UppDecSEG-155
95ColCho-147
95ColChoIE-326
95ColCholJI-326
95ColCholSI-107
95ColChoPC-147
95ColChoPCP-147
95Fin-202
95FinRef-202
95FleEur-176
95Ima-18
95PanSti-135
95SRKro-14
95SRKroFR-FR9
95SRKroJ-J9
95StaClu-55
95StaCluMOI-55BB
95StaCluMOI-55ER
95SupPix-19
95SupPixAu-19
95SupPixC-19
95SupPixCG-19
95TedWil-70
95Top-123
96ColChoII-119
96ColCholJI-147
96TopSupT-ST26
Tyler, Lefty
85Bra-D7
Tyler, Mike
94IHSBoyASD-12
Tyler, Terry
79Top-84
80Top-43
80Top-56
80Top-102
80Top-151
81Top-MW84
83Sta-96
84Sta-269

85KinSmo-15
86KinSmo-14
87Fle-114
88MavBudLB-41
88MavBudLCN-41
91WilCar-108
Tyra, Charles
55AshOil-36
57Top-68
81TCMNBA-40
88LouColC-27
88LouColC-121
89LouColC*-5
89LouColC*-208
89LouColC*-225
Tyson, Clarence
96AusFutN-80
96AusFutNA-ASN5
96AusFutNFDT-4
Tyson, Craig
92Ark-4
Tyson, Sean
89Cle-15
90Cle-14
91ProCBA-87
Tzeng-Cho, Tzeng
95UppDecCBA-43
95UppDecCBA-100
Udall, Morris
90AriColC*-88
Uetake, Yojiro
91OklStaCC*-43
Underhill, Ralph
91WriSta-15
91WriSta-18
93WriSta-11
94WriSta-1
Underwood, Lovell
89KenColC*-254
Underwood, Paul
55AshOil-46
84MarPlaC-10
Unger, Garry
74NabSugD*-14
77SpoSer1*-1823
Unglaub, Kurt
90FloStaCC*-129
Unitas, Johnny
60PosCer*-9
77SpoSer1*-115
81PhiMor*-18
81TopThiB*-33
89LouColC*-102
90ColColP*-LOU1
Unruh, Paul
85Bra-H1
85Bra-H7
90Bra-21
Unseld, Wes
69NBAMem-15
69Top-56
69TopRul-22
70Top-5
70Top-72
70TopPosI-21
71Top-95
71TopTri-34
72Com-30
72IceBea-17
72Top-21
72Top-175
73BulSta-10
73NBAPlaA-35
73Top-176
74Top-121
75Top-4
75Top-115
75Top-133
76Top-5
77BulSta-9
77SpoSer1*-1213
77Top-75
78RoyCroC-32
78Top-7
79Top-65
80Top-31
80Top-87
80Top-143
80Top-175
88LouColC-2
88LouColC-103
88LouColC-170
89Hoo-53
89LouColC*-3

89LouColC*-14
89LouColC*-207
89LouColC*-238
89PanSpaS-54
90Hoo-331
90Hoo-344
90HooTeaNS-26
90Sky-327
91Fle-209
91Hoo-247
91HooTeaNS-27
91Sky-404
92BulCro-WB6
92Fle-236
92Hoo-265
92Sky-281
93ActPacHoF-51
93Hoo-256
93HooFifAG-256
96TopFinR-46
96TopFinRR-46
96TopNBAS-46
96TopNBAS-46
96TopNBAS-146
96TopNBASF-46
96TopNBASF-96
96TopNBASF-146
96TopNBASFAR-46
96TopNBASFAR-96
96TopNBASFAR-146
96TopNBASFR-46
96TopNBASFR-96
96TopNBASFR-146
96TopNBASI-I21
96TopNBASR-46
Unverferth, Jeff
91WriSta-16
Upchurch, Craig
92Cla-69
92ClaGol-69
92FroR-68
92StaPic-41
Uplinger, Harold
54BulGunB-11
Uppena, Dennis
94CasHS-133
Uppena, Laura
94CasHS-124
Uppena, Scott
94CasHS-111
Upshaw, Kelvin
89Hoo-264
90Sky-104
91Sky-64
91UppDec-248
91WilCar-106
Upthegrove, Tanya
94Neb*-6
Urabano, Eddie
90AriStaCC*-139
Urban, Karli
90AriStaCC*-170
Urich, Robert
90FloStaCC*-133
Usevitch, Jim
87BYU-3
87BYU-18
91ProCBA-124
Usher, Van
91TenTec-14
92Cla-70
92ClaGol-70
92FroR-69
Uthoff, Dean
92AusFutN-96
92AusStoN-73
93AusFutN-109
93AusFutSG-6
93AusStoN-48
94AusFutN-87
94AusFutN-178
95AusFutN-6
Vachon, Rogie
93LakFor*-8
Vagotis, Christ
89LouColC*-134
Vaillancourt, Gerry
90HooAnn-56
Valen, Victor
87Bay*-7
Valentine, Alvin
94IHSBoyASD-64
Valentine, Carlton
90MicStaCC2*-149

Valentine, Darnell
81TraBlaP-10
82TraBlaP-14
83Sta-107
83TraBlaP-14
84Sta-171
84TraBlaF-12
84TraBlaMZ-5
84TraBlaP-4
85TraBlaF-12
87Fle-115
91Fle-39
91Hoo-41
91PanSti-123
91Sky-54
91UppDec-227
91WilCar-90
Valentine, Mike
94IHSBoyAST-50
Valentine, Robbie
83Lou-14
88LouColC-96
88LouColC-96
88LouColC-158
Valentine, Ron
81TCMCBA-45
Valenzuela, Ernie
80Ari-18
Vallely, John
91UCLColC-50
Valvano, Jim (James T.)
87NorCarS-13
88NorCarS-12
89NorCarS-13
89NorCarSCC-191
89NorCarSCC-192
89NorCarSCC-193
92ACCTouC-30
92CouFla-40
Van Alstyne, Ben
90MicStaCC2*-180
Van Arsdale, Dick
68SunCarM-10
69NBAMem-16
69SunCarM-8
69Top-31
70SunA1PB-8A
70SunA1PB-8B
70SunCarM-9
70Top-45
71Top-85
71TopTri-25
72Com-31
72IceBea-18
72SunCarM-9
72SunHol-7
72Top-95
73LinPor-104
73NBAPlaA-36
73Top-25
74SunTeal8-10
74Top-95
74Top-160
75CarDis-31
75Sun-14
75Top-150
76Sun-10
76Top-26
79AriSpoCS*-8
81TCMNBA-10
85StaSchL-23
87IndGrel-14
92Sun25t-3
Van Arsdale, Tom
68ParMea*-20
69Top-79
70Top-145
70TopPosI-23
71Top-75
71TopTri-10
72Com-30
72Top-79
73LinPor-97
73NBAPlaA-37
73Top-146
74Top-20
74Top-94
75Top-7
76Sun-11
76Top-99
79AriSpoCS*-9
85StaSchL-24
87IndGrel-14
Van Bever, Mark

91SouCarCC*-87
Van Brandt, Yvonne
91TexA&MCC*-79
Van Breda Kolff, Bill
72SunCarM-10
Van Breda Kolff, Jan
75Top-307
77Top-109
79Top-123
80Top-58
80Top-146
Van Brocklin, Norm
81TopThiB*-31
Van Buren, Steve
48ExhSpoC-46
90LSUColC*-161
Van Dyke, David
89UTE-21
Van Eman, Lanny
78WesVirS-13
91ProCBA-33
Van Exel, Nick
92Cin-14
92SpoIlfKI*-424
93Cin-1
93Cla-75
93ClaF-75
93ClaG-75
93Fin-50
93FinRef-50
93Fle-316
93FleFirYP-9
93FouSp-67
93FouSpG-67
93Hoo-356
93HooFifAG-356
93JamSesTNS-5
93Sky-241
93Sky-304
93StaClu-273
93StaClu-281
93StaCluBT-17
93StaCluFDI-273
93StaCluFDI-281
93StaCluMO-273
93StaCluMO-281
93StaCluMO-BT17
93StaCluSTNF-273
93StaCluSTNF-281
93Top-302
93TopGol-302G
93Ult-278
93UltAlIS-14
93UppDec-162
93UppDec-373
93UppDec-497
93UppDecRS-RS15
93UppDecS-134
93UppDecS-189
93UppDecSDCA-W8
93UppDecSEC-134
93UppDecSEC-189
93UppDecSEG-134
93UppDecSEG-189
93UppDecWJ-497
94ColCho-178
94ColCho-309
94ColChoGS-178
94ColChoGS-309
94ColChoSS-178
94ColChoSS-309
94Emb-48
94EmbGoll-48
94Emo-48
94EmoX-C-X20
94Fin-171
94FinRef-171
94Fla-76
94FlaHotN-10
94FlaPla-10
94Fle-113
94FleRooS-24
94Hoo-105
94Hoo-442
94HooPowR-PR26
94HooSupC-SC22
94Ima-100
94ImaChr-CC4
94JamSes-96
94PanSti-163
94PanSti-G
94Sky-84
94Sky-195
94SkyRagR-RR13

94SkyRagRP-RR13
94SkySlaU-SU29
94SP-92
94SPCha-13
94SPCha-79
94SPChaDC-13
94SPChaDC-79
94SPDie-D92
94SPHol-PC36
94SPHoIDC-36
94StaClu-269
94StaCluFDI-269
94StaCluMO-269
94StaCluMO-ST13
94StaCluST-13
94StaCluSTNF-269
94Top-223
94TopSpe-223
94TopSupS-9
94Ult-91
94UltAlIT-10
94UppDec-7
94UppDec-225
94UppDecE-128
94UppDecSE-42
94UppDecSEG-42
95ColCho-9
95ColCho-333
95ColCho-360
95ColCho-405
95ColChoCtG-C16
95ColChoCtGA-C5
95ColChoCtGA-C5B
95ColChoCtGA-C5C
95ColChoCtGAG-C5
95ColChoCtGAG-C5B
95ColChoCtGAG-C5C
95ColChoCtGAGR-C5
95ColChoCtGASR-C5
95ColChoCtGS-C16
95ColChoCtGS-C16B
95ColChoCtGS-C16C
95ColChoCtGSG-C16
95ColChoCtGSG-C16B
95ColChoCtGSG-C16C
95ColChoCtGSGR-C16
95ColCholE-178
95ColCholE-309
95ColChoIEGS-178
95ColCholJGSI-178
95ColCholJI-178
95ColCholJI-309
95ColCholJSS-178
95ColCholSI-178
95ColCholSI-90
95ColChoPC-9
95ColChoPC-333
95ColChoPC-360
95ColChoPC-405
95ColChoPCP-9
95ColChoPCP-333
95ColChoPCP-360
95ColChoPCP-405
95Fin-70
95FinDisaS-DS13
95FinMys-M35
95FinMysB-M35
95FinMysBR-M35
95FinRef-70
95Fla-68
95Fla-247
95FlaPerP-15
95FlaPlaM-10
95Fle-92
95Fle-332
95FleEur-118
95FleFraF-8
95Hoo-82
95Hoo-382
95Hoo-392
95HooNumC-9
95JamSes-54
95JamSesDC-D54
95Met-55
95MetSIlS-55
95MetSIiS-10
95PanSti-234
95ProMag-63
95ProMagDC-23
95Sky-63
95SkyClo-C4
95SkyE-X-41
95SkyE-XB-41
95SkyHotS-HS4

95SkyKin-K5
95SP-68
95SPCha-53
95SPChaCS-S2
95SPChaCSG-S2
95SPHol-PC15
95SPHolDC-PC17
95StaClu-165
95StaCluMO5-44
95StaCluMOI-165
95StaCluMOI-WZ1
95StaCluW-W1
95StaCluWS-WS10
95Top-163
95TopGal-79
95TopGalPPI-79
95TopWhiK-WK2
95Ult-92
95Ult-344
95UltGolM-92
95UltRisS-8
95UltRisSGM-8
95UppDec-336
95UppDecEC-302
95UppDecEC-336
95UppDecECG-302
95UppDecECG-336
95UppDecSE-42
95UppDecSG-42
96ColCho-178
96ColCho-271
96ColCho-379
96ColChoCtGS2-C13A
96ColChoCtGS2-C13B
96ColChoCtGS2R-R13
96ColChoCtGS2RG-R13
96ColChoCtGSG2-C13A
96ColChoCtGSG2-C13B
96ColChoIJ-72
96ColChoIJ-123
96ColChoIJ-150
96ColChoIJ-195
96ColChoIJ-9
96ColChoIJ-333
96ColChoIJ-360
96ColChoIJ-405
96ColChoM-M30
96ColChoMG-M30
96ColChoS1-S13
96Fle-56
96FleGamB-6
96FleS-18
96Hoo-81
96HooStaF-13
96Met-50
96MetMetE-9
96Sky-59
96Sky-259
96SkyE-X-33
96SkyE-XC-33
96SkyRub-59
96SkyRub-259
96SkyZ-F-45
96SkyZ-FLBM-10
96SkyZ-FZ-45
96CkyZ-FZ-20
96SP-55
96SPSPxFor-F3
96SPx-26
96SPxGol-26
96StaClu-153
96Top-70
96TopChr-70
96TopChrR-70
96TopNBAa5-70
96Ult-56
96UltGolE-G56
96UltPlaE-P56
96UppDec-62
96UppDecFBC-FB8
96UppDecGK-19
Van Gundy, Jeff
96Hoo-266
Van Lier, Norm
70Top-97
71Top-19
71Top-143
71TopTri-43
72Com-33
72Top-111
73LinPor-41
73Top-31

74Top-84
74Top-140
75CarDis-32
75Top-119
75Top-155
76BucDis-19
76Top-108
77BulWhiHP-7
77Top-4
78RoyCroC-33
78Top-102
90BulEqu-15
95TedWilHL-HL6
Van Liew, Debbie
88MarWom-15
Van Note, Jeff
89KenColC*-172
Van Oppen, Tammy
94IHSHisRH-82
Van Pelt, Brad
90MicStaCC2*-11
90MicStaCC2*-92
Van Raaphorst, Jeff
87LSU*-13
90AriStaCC*-51
Van Soelen, Greg
89ProCBA-16
Van Staveren, Mike
92Haw-13
90HooAnn-57
Van Wieren, Pete
Vance, Ellis (Gene)
48Bow-20
50BreforH-30
Vance, Jim
94IHSBoyASD-14
Vance, Van
81Lou-12
88LouColC-193
Vanderhorst, J.
76PanSti-159
VanDerveer, Tara
96ClaLegotFF-WC1
96TopUSAWNT-12
96UppDecU-72
VanderWoude, Cindy
94TexAaM-16
Vandeweghe, Kiki
82NugPol-55
83NugPol-55
83Sta-181
83StaAllG-23
84Sta-161
84StaAllG-25
84StaAllGDP-25
84StaCouK5-46
84TraBlaF 13
84TraBlaP-16
85Sta-103
85TraBlaF-13
86Fle-117
86StaCouK-31
86TraBlaF-12
87Fle-116
87TraBlaF-11
87TraBlaF-13
88KniFriL-11
88TraBlaF-13
89Fle-106
89Hoo-295
89KniMarM-11
89PanSpaC-220
90Hoo-209
90HooTeaNS-18A
90HooTeaNS-18B
90Sky-194
91Fle-141
91FleTonP-30
91Hoo-144
91HooTeaNS-18
91LitBasBL-39
91PanSti-164
91Sky-196
91UCLColC-14
91UppDec-323
91UppDecS-8
92Fle-359
92Hoo-405
92Hoo100S-67
92Sky-331
92StaClu-274
92StaCluMO-274
92Top-203
92Top-250
92TopGol-203G

92TopGol-250G
92Ult-282
92UppDec-385
92UppDec1PC-PC7
93UppDecE-84
Vandiver, Shaun
91StaPic-62
Vann, Kayode
89Geo-8
90Geo-2
VanNote, Matt
94IHSBoyAST-193
Vanoostveen, Genevieve
90UCL-25
Vargas, Jose
85LSU*-13
87LSU*-3
Varoscak, John
89LouColC*-83
Vary, Richard
90MicStaCC2*-165
Vasquez, Richie
87LSU*-19
Vaughn, Dave
75Top-287
Vaughn, David
92MemSta-9
93MemSta-2
94Mem-12
95ClaBKR-23
95ClaBKRAu-23
95ClaBKRPP-23
95ClaBKRRR-16
95ClaBKRS-S14
95ClaBKRSS-23
95ClaBKV-23
95ClaBKVE-23
95ColCho-317
95ColChoPC-317
95ColChoPCP-317
95Fin-135
95FinVet-RV25
95FivSp-23
95FivSpD-23
95Fla-224
95Fle-315
95Hoo-274
95PrePas-22
95PrePasAu-6
95SRAut-25
95SRFam&F-44
95SRSigPri-42
95SRSigPriS-42
95SRTet-16
95StaClu-335
95Top-222
95TopDraR-25
95Ult-294
95UppDec-313
95UppDecEC-313
95UppDecECG-313
96ColChoII-17
96ColChoIJ-317
96FivSpSig-20
96PacPreGP-2
96PacPri-2
96UppDec-271
96Vis-37
Vaughn, Eric
89LouColC*-188
Vaughn, Jacque
93Kan-9
Vaughn, Stacy
94IHSBoyAST-75
Vaught, Loy
88Mic-11
89Mic-11
90CliSta-12
90FleUpd-U42
90StaPic-37
91Fle-299
91Hoo-381
91HooTeaNS-12
91Sky-132
91Sky-443
91UppDec-138
91UppDecRS-R8
92Fle-105
92FleTonP-66
92Hoo-106
92Sky-112
92StaClu-95
92StaCluMO-95

92Top-88
92TopGol-88G
92Ult-88
92UppDec-251
93Fin-86
93FinRef-86
93Fle-96
93Hoo-100
93HooFifAG-100
93HooGolMB-49
93JamSes-100
93JamSesTNS-4
93PanSti-21
93Sky-94
93StaClu-90
93StaCluFDI-90
93StaCluMO-90
93StaCluSTNF-90
93Top-182
93TopGol-182G
93Ult-90
93UppDec-111
93UppDecE-185
93UppDecS-6
93UppDecSEC-6
93UppDecSEG-6
94ColCho-116
94ColChoGS-116
94ColChoSS-116
94Emb-45
94EmbGoll-45
94Emo-44
94Fin-74
94FinRef-74
94Fla-70
94Fle-104
94FleTeaL-4
94Hoo-96
94HooMagC-12
94HooPowR-PR24
94JamSes-88
94PanSti-156
94ProMag-60
94Sky-76
94SP-86
94SPCha-12
94SPCha-75
94SPChaDC-12
94SPChaDC-75
94SPDie-D86
94StaClu-138
94StaClu-139
94StaCluFDI-138
94StaCluFDI-139
94StaCluMO-138
94StaCluMO-139
94StaCluSTNF-138
94StaCluSTNF-139
94Top-159
94TopSpe-159
94Ult-83
94UppDec-101
94UppDecE-131
94UppDecSE-40
94UppDecSEG-40
95ColCho 166
95ColChoIE-116
95ColChoIJ-116
95ColChoISI-116
95ColChoPC-156
95ColChoPCP-156
95Fin-204
95FinRef-204
95FinVet-RV15
95Fla-63
95Fle-85
95Fle-331
95FleEur-109
95FleFlaHL-12
95Hoo-76
95HooBloP-21
95HooSla-SL21
95JamSes-50
95JamSesDC-D50
95Met-50
95MetSilS-50
95PanSti-225
95ProMag-56
95Sky-57
95SkyE-X-37
95SkyE-XB-37
95SP-62
95SPCha-48
95SPCha-129

95SPChaCotC-C12
95SPChaCotCD-C12
95StaClu-112
95StaClu-247
95StaCluMO5-41
95StaCluMOI-112B
95StaCluMOI-112R
95Top-108
95TopGal-77
95TopGalPPI-77
95Ult-84
95Ult-345
95UltGolM-84
95UppDec-118
95UppDecEC-118
95UppDecECG-118
95UppDecSE-126
95UppDecSEG-126
96BowBes-59
96BowBesAR-59
96BowBesR-59
96ColCho-177
96ColCho-264
96ColChoCtGS1-C12A
96ColChoCtGS1-C12B
96ColChoCtGS1R-R12
96ColChoCtGS1RG-R12
96ColChoCtGSG1-C12A
96ColChoCtGSG1-C12B
96ColChoII-71
96ColChoIJ-156
96ColChoM-M178
96ColChoMG-M178
96ColChoS2-S12
96Fin-195
96FinRef-195
96FlaSho-B66
96FlaSho-B66
96FlaSho-C66
96FlaShoLC-66
96FlaShoLC-B66
96FlaShoLC-C66
96Fle-50
96Fle-131
96Hoo-74
96HooSil-74
96HooStaF-12
96Met-46
96Sky-53
96SkyAut-86
96SkyAutB-86
96SkyE-X-28
96SkyE-XC-28
96SkyRub-53
96SkyZ-F-41
96SkyZ-FZ-41
96SP-50
96StaClu-38
96StaCluM-38
96Top-129
96TopChr-129
96TopChrR-129
96TopNBAa5-129
96Ult-50
96UltBoaG-18
96UltGolE-G50
96UltPlaE-P50
96UltScoK-12
96UltScoKP-12
96UppDec-67
96UppDecGK-10
97SchUltNP-28
Vayda, Jerry
73NorCarPC-2H
89NorCarCC-127
Veatch, Kris
88NewMexSA*-10
Veith, Josh
94IHSBoyAST-1
Veland, Tony
95Neb*-13
Velazquez, Frank
93Neb*-25
Venable, Clinton
91FroR-87
91FroRowP-6
91FroRU-95
Venable, Jerry
71Glo84-49
71Glo84-56
Venson, Michael
91JamMad-12
92JamMad-11
93JamMad-11

Ventura, Robin
91OklStaCC*-4
Verderber, Chuck
78Ken-9
78KenSch-15
79Ken-9
79KenSch-16
80KenSch-16
81KenSch-17
88KenColC-116
Verdun, Patrice
92FloSta*-21
Verga, Bob
71Top-167
71TopTri-4A
Verhoeven, Peter
81TraBlaP-31
82TraBlaP-31
83Sta-108
83TraBlaP-31
84Sta-279
Veripapa, Andy
48ExhSpoC-47
Verplank, Scott
91OklStaCC*-38
Verraszto, Zoltan
76PanSti-253
Versace, Dick
85Bra-S9
89Hoo-292
89PanSpaS-104
90Hoo-315
90Sky-311
Vesey, Tymon
94IHSBoyAST-178
Vetra, Gundars
92Hoo-425
92StaClu-251
92StaCluMO-251
92Top-304
92TopGol-304G
92Ult-310
93Top-114
93TopGol-114G
Vetrie, Guy
85Vic-16
88Vic-16
Vetter, J.D.
92OreSta-18
93OreSta-12
Vhalov, Andrew
94AusFutSS-SS6
Viana, Joao
91FroR-55
91FroRowP-43
91FroRU-66
Vianini, Alberto
92UppDecE-117
Vickerman, Dean
92AusFutN-46
Vickers, Martha
48TopMagP*-F21
Vidnovic, Nick
90NorCarCC*-196
Vidra, Kirk
93KenSch-2
Vilcheck, Al
88LouColC-59
88LouColC-137
89LouColC*-246
Villa, Danny
90AriStaCC*-45
Villacampa, Jordi
85FouAsedB-7b
92UppDecE-123
Vincent, Jay
83Sta-59
84Sta-260
84StaAre-B10
85Sta-165
86Fle-118
88Fle-38
89Hoo-191
89Hoo-345
90Hoo-161
90MicStaCC2*-123
90MicStaCC2*-192
91WilCar-70
Vincent, Mike
90LSUColC*-139
Vincent, Ron
87SouLou*-12
Vincent, Sam
88BulEnt-11

89Hoo-149
89Hoo-328
89MagPep-7
90Fle-137
90Hoo-223A
90Hoo-223B
90Hoo100S-69
90HooActP-114
90HooTeaNS-19
90MicStaCC2*-148
90MicStaCC2*-198
90Sky-209
91Fle-333
91Hoo-154
91HooTeaNS-19
91Sky-209
91UppDec-232
92Hoo-167
92PanSti-111
92Sky-176
Vines, Diana
95WomBasA-17
Vines, Ellsworth
33SpoKinR*-46
Vineyard, David
94IHSBoyAST-55
Vinson, Fred
91GeoTec-14
92GeoTec-8
94Fle-246
Virgil, John
79NorCarS-3
89NorCarCC-183
Vitale, Dick
94Cla-81
94ClaG-81
94ClaROYSw-20
Vivera, Eddie
93ClaF-82
Vlahogeorge, John
81Ari-19
Vlahov, Andrew
92AusFutN-71
92AusStoN-54
93AusFutHA-10
93AusFutN-79
93AusStoN-46
94AusFutLotR-LR6
94AusFutN-67
94AusFutN-105
94AusFutN-165
95AusFutN-16
96AusFutN-61
96AusFutNA-ASS4
96AusFutNFDT-2
Voce, Gary
90ProCBA-115
Vogel, Paul
91SouCarCC*-164
Voight, Larry
90NorCarCC*-188
Voight, Mike
90NorCarCC*-77
90NorCarCC*-171
Volkov, Alexander
90Hoo-34
90Sky-9
91Fle-246
91Hoo-337
91HooTeaNS-1
91Sky-618
91UppDec-411
Volmar, Doug
90MicStaCC2*-115
Volpe, Angelo
92TenTec-18
Volpert, Tim
94IHSBoyASD-43
Von Kolnitz, Fritz
91SouCarCC*-56
VonderHaar, Cory
94IHSBoyAST-350
Vonderheide, Brock
94IHSBoyAST-170
Vonesh, David
91NorDak*-1
Vosberg, Ed
90AriColC*-70
Voskuil, James
88Mic-16
89Mic-10
92Mic-7
Voss, Pat
94IHSBoyAST-127

Vranes, Danny
83Sta-201
83SupPol-11
84Sta-123
85Sta-71
91WilCar-51
Vrankovic, Stojko
91Fle-251
91Hoo-341
91Sky-22
91UppDec-103
96Fle-220
96Met-190
96MetPreM-190
96Ult-215
96UltGolE-G215
96UltPlaE-P215
96UppDec-254
Vroman, Brett
80TCMCBA-38
Vucurevic, Kris
91Neb*-22
92Neb*-24
Vulich, George
89KenColC*-275
Wachtel, John
90FloStaCC*-108
Wachter, Ed
33SpoKinR*-5
Waddell, Charles
73NorCarPC-5D
89NorCarCC-184
90NorCarCC*-180
Waddell, Matt
92Pur-14
93Pur-15
Wade, Bob
88Mar-11
Wade, Butch
91WilCar-59
Wade, Chris
91SouCarCC*-17
Wade, Mark
89ProCBA-33
90ProCBA-33
Wade, Sparky
90LSUColC*-62
Wadiak, Steve
91SouCarCC*-98
Wadkins, Lanny
91ProSetPF*-10
Wagener, Melanee
91VirWom-14
Waggoner, Gil
89LouColC*-212
Waggoner, Jaime
94Mia-1
Wagner, Hans
48TopMagP*-K11
Wagner, Kirk
89Kan-50
Wagner, Leila
92LitSunW*-4
Wagner, Milt
81Lou-22
83Lou-15
88LouColC-8
88LouColC-108
88LouColC-166
89LouColC*-17
89LouColC*-46
89LouColC*-235
89LouColC*-258
90ProCBA-135
90Sky-393
Wagner, Phil
91GeoTecCC*-177
Wagner, Sheila
91GeoTecCC*-60
Wagner, Sidney P.
90MicStaCC2*-32
Wagner, Steve
79BucOpeP*-12
Wahl, Kory
91NorDak*-12
Wainwright, Jonathan
48TopMagP*-06
Waiters, Granville
83Sta-167
84Sta-62
87BulEnt-31
Waites, Gary
91FroR-67
91FroRowP-29

91FroRU-88
91ProCBA-105
91StaPic-52
Waitz-Andersen, Grete
76PanSti-112
Wakefield, Andre
80TCMCBA-37
Wakefield, Dick
48KelPep*-5
Wakely, Jimmy
48TopMagP*-J22
Wald, Tom
95Neb*-3
Waldan, Alan
90AriStaCC*-136
Walden, Bo
91MurSta-10
92MurSta-15
Waldman, H.
90UNLHOF-13
90UNLSeatR-13
90UNLSmo-15
Walk, Neal
69SunCarM-9
69Top-46
70SunA1PB-9A
70SunA1PB-9B
70SunCarM-10
70Top-87
71SunCarM-4
71Top-9
72SunCarM-11
72SunHol-8
72Top-82
73LinPor-105
73Top-98
74Top-17
74Top-95
75Top-19
92Sun25t-5
Walker, Neal
Walker, Antoine
96AllSpoPPaF-13
96BowBesRoAR-R6
96BowBesRoR-R6
96ColCho-211
96ColChoM-M148
96ColChoMG-M148
96ColChoDT-DR6
96ColEdgRRD-44
96ColEdgRR-44
96ColEdgRRG-44
96ColEdgRRKK-20
96ColEdgRRKKG-20
96ColEdgRRKKH-20
96ColEdgRRRR-20
96ColEdgRRRG-20
96ColEdgRRRH-20
96ColEdgRRTW-9
96ColEdgRRTWG-9
96ColEdgRRTWH-9
96Fin-84
96Fin-224
96FinRef-84
96FinRef-224
96FlaSho-A26
96FlaSho-B26
96FlaSho-C26
96FlaShoCo'-19
96FlaShoLC-26
96FlaShoLC-B26
96FlaShoLC-C26
96Fle-157
96FleLuc1-6
96FleRooS-12
96FleS-3
96Hoo-312
96HooGraA-9
96HooRoo-26
96Met-153
96MetFreF-FF15
96MetMaxM-19
96MetE-14
96MetMoIM-29
96MetPreM-153
96PacPow-49
96PacPowGCDC-GC14
96PacPowITP-IP19
96PacPowJBHC-JB9
96PrePas-6
96PrePas-40
96PrePasA-6
96PrePasAu-17
96PrePasL-6

96PrePasNB-6
96PrePasNB-40
96PrePasP-11
96PrePasS-6
96PrePasS-40
96ScoBoaAB-7
96ScoBoaAB-7A
96ScoBoaAB-7B
96ScoBoaAB-7C
96ScoBoaAB-PP7
96ScoBoaAC-15
96ScoBoaACA-47
96ScoBoaACGB-GB9
96ScoBoaBasRoo-7
96ScoBoaBasRooCJ-CJ7
96ScoBoaBasRooD-DC6
96Sky-9
96Sky-234
96SkyAut-87
96SkyAutB-87
96SkyE-X-4
96SkyE-XC-4
96SkyE-XSD2-2
96SkyRooP-R15
96SkyRub-9
96SkyRub-234
96SkyZ-F-163
96SkyZ-FZ-17
96SkyZ-FZZ-17
96SP-127
96SPPreCH-PC2
96StaCluR1-R6
96StaCluR2-R11
96StaCluRS-RS5
96Top-146
96TopChr-146
96TopChrR-146
96TopDraR-6
96TopNBAa5-146
96Ult-9
96Ult-275
96UltAll-13
96UltFreF-9
96UltGolE-G9
96UltGolE-G275
96UltPlaE-P9
96UltPlaE-P275
96UppDec-187
96UppDecRE-R6
96UppDecU-6
96VisSigBRR-VBR4
Walker, Brady
50BreforH-31
Walker, Chet
68TopTes-3
69BulPep-11
69NBAMem-17
69Top-91
70BulHawM-4
70Top-4
70Top-60
70TopPosI-14
71Top-66
71Top-141
71TopTri-31
72Com-34
72Top-152
73LinPor-42
73NBAPlaA-38
73Top-45
74Top-84
74Top-171
75CarDis-33
75NabSugD*-23
75Top-119
85Bra-C1
90Bra-22
90BulEqu-16
95Bra-1
Walker, Clarence (Foots)
78Top-127
79Top-42
80Top-13
80Top-29
80Top-101
80Top-161
81Top-E83
83Sta-155
Walker, Dan
94IHSBoyAST-43
Walker, Darrell
82Ark-16
83Sta-70

84KniGetP-11
84Sta-36
84StaAwaB-23
85Sta-172
87Fle-117
89Fle-161
89Hoo-134
89PanSpaS-56
90Fle-196
90Hoo-303
90Hoo100S-98
90HooActP-154
90HooTeaNS-26
90PanSti-147
90Sky-293
91ArkColC*-85
91Fle-282
91Hoo-219
91Hoo-363
91Hoo100S-100
91HooTeaNS-8
91PanSti-176
91PisUno-12
91Sky-295
91Sky-304
91Sky-627
91UppDec-367
91UppDec-403
92Fle-70
92Hoo-69
92Sky-74
92StaClu-173
92StaCluMO-173
92Top-194
92TopGol-194G
92Ult-60
92UppDec-227
93UppDec-141
96Hoo-274
Walker, Daryll
91ProCBA-50
Walker, Doak
48TopMagP*-C3
52Whe*-28A
52Whe*-28B
Walker, Donnie
88NewMex-16
89NewMex-17
Walker, Earl
89ProCBA-22
Walker, Herschel
90ColColP*-GA1
Walker, Horace
90MicStaCC2*-193
Walker, J. Rice
89KenColC^-278
Walker, Jerry
93Cla-76
93ClaF-93
93ClaG-76
93FouSp-68
93FouSpG-68
Walker, Jimmy
69Top-8
70Top-25
71Top-90
71TopTri-16
72Top 124
73KinLin-8
73LinPor-59
73Top-81
74Top-45
74Top-89
75Top-31
76Top-92
91ArkColC*-18
91Pro-14
Walker, John
76PanSti-110
Walker, Joyce
90LSUColC*-53
Walker, Kenny (Sky)
82KenSch-17
83KenSch-16
84KenSch-13
87Ken*-2
88Fle-83
88KenColC-11
88KenColC-147
88KenColC-153
88KenColC-197
88KniFriL-12
89Hoo-3
89KenBigBTot8-40

89KenColC*-5
89KniMarM-12
90Fle-130
90Hoo-210
90HooTeaNS-18A
90HooTeaNS-18B
90PanSti-143
90Sky-195
91Hoo-145
91HooSlaD-5
91Sky-197
91UppDec-347
91UppDecS-6
92Fle-277
92Fle-SD277
92FleTonP-104
93Sky-291
93StaClu-280
93StaCluFDI-280
93StaCluMO-280
93StaCluSTNF-280
93Top-211
93TopGol-211G
93Ult-360
94Fle-386
94HooShe-17
94HooShe-18
94StaClu-199
94StaCluFDI-199
94StaCluMO-199
94StaCluSTNF-199
Walker, Kenny FB
90Neb*-4
Walker, Kevin
91UCLColC-32
Walker, Kirk
92Mon-18
Walker, Marielle
91GeoTecCC*-40
Walker, Myron
94Cla-93
94ClaG-93
95SupPix-45
95TedWil-71
Walker, Pam
90UCL-20
Walker, Phil
77BulSta-10
Walker, Ricky
80Ari-19
81Ari-20
Walker, Rodney
93NewMexS-14
Walker, Samaki
96AllSpoPPaF-111
96BowBesRo-R9
96BowBesRoAR-R9
96BowBesRoR-R9
96ColCho-232
96ColChoDT-DR9
96ColChoM-M109
96ColChoMG-M109
96ColEdgRR-45
96ColEdgRRD-45
96ColEdgRRG-45
96ColEdgRRKK-21
96ColEdgRRKKG-21
96ColEdgRRKKH-21
96ColEdgRRRR-21
96ColEdgRRRRG-21
96ColEdgRRRRH-21
96ColEdgRRTW-10
96ColEdgRRTWG-10
96ColEdgRRTWH-10
96Fin-42
96FinRef-42
96Fle-174
96FleLuc1-9
96FleRooS-13
96Hoo-313
96HooGraA-10
96HooRoo-27
96Met-164
96MetPreM-164
96PacPow-50
96PrePas-9
96PrePasA-9
96PrePasAu-18
96PrePasNB-9
96PrePasS-9
96ScoBoaAB-11
96ScoBoaAB-11A
96ScoBoaAB-11B
96ScoBoaAB-11C

96ScoBoaAB-PP11
96ScoBoaBasRoo-11
96ScoBoaBasRooCJ-CJ11
96ScoBoaBasRooD-DC9
96Sky-29
96Sky-235
96SkyAut-88
96SkyAutB-88
96SkyNewE-10
96SkyRooP-R16
96SkyRub-29
96SkyRub-235
96SkyZ-F-164
96SkyZ-FZ-18
96SkyZ-FZZ-18
96SP-130
96StaCluR1-R9
96StaCluRS-RS8
96Top-181
96TopChr-181
96TopChrR-181
96TopChrY-YQ2
96TopDraR-9
96TopNBAa5-181
96TopYou-U2
96Ult-28
96Ult-276
96UltAll-14
96UltGolE-G28
96UltGolE-G276
96UltPlaE-P28
96UltPlaE-P276
96UppDec-207
96UppDecRE-R8
96UppDecU-17
Walker, Sean
91OklSta-7
91OklSta-50
91OklSta-51
Walker, Toraino
90Con-14
91Con-15
Walker, Wally
78SupPol-10
78SupTeal-8
79SupPol-10
79SupPor-10
81Top-W100
83Sta-84
Wallace, B.J.
93ClaC3*-5
Wallace, Ben
96Fle-268
96Hoo-314
96Sky-236
96SkyRub-236
96SkyZ-F-165
96Ult-263
96UltGolE-G263
96UltPlaE-P263
Wallace, Derek
93ClaMcDF-34
Wallace, Grady
91SouCarCC*-73
Wallace, Jeff
94IHOBoyA3T-348
Wallace, Joe
90ProCBA-200
Wallace, John
96AllSpnPPaF-17
96BowBesP-BP4
96BowBesPAR-BP4
96BowBesPR-BP4
96BowBesRo-R17
96BowBesRoAR-R17
96BowBesRoR-R17
96BowBesTh-TB10
96BowBesThAR-TB10
96BowBesTR-TB10
96ColCho-295
96ColChoCtGS2-C18A
96ColChoCtGS2-C18B
96ColChoCtGS2R-R18
96ColChoCtGSG2-C18A
96ColChoCtGSG2-C18B
96ColChoM-M148
96ColChoMG-M148
96ColEdgRR-46
96ColEdgRRG-46
96ColEdgRRD-46
96ColEdgRRKK-22
96ColEdgRRKKG-22
96ColEdgRRKKH-22

96ColEdgRRRR-22
96ColEdgRRRRG-22
96ColEdgRRRRH-22
96ColEdgRRTW-11
96ColEdgRRTWG-11
96ColEdgRRTWH-11
96Fin-10
96FinRef-10
96Fle-228
96FleRooS-14
96Hoo-315
96HooRoo-28
96Met-197
96MetPreM-197
96PacPow-51
96PacPowGCDC-GC15
96PacPowITP-IP20
96PrePas-17
96PrePasNB-17
96PrePasP-12
96PrePasS-17
96ScoBoaAB-8
96ScoBoaAB-8A
96ScoBoaAB-8B
96ScoBoaAB-8C
96ScoBoaAB-PP8
96ScoBoaAC-17
96ScoBoaAcA-49
96ScoBoaBasRoo-8
96ScoBoaBasRooCJ-CJ6
96ScoBoaBasRooD-DC18
96Sky-79
96Sky-237
96SkyAut-89
96SkyAutB-89
96SkyE-X-48
96SkyE-XC-48
96SkyRooP-R17
96SkyRub-79
96SkyRub-237
96SkyZ-F-166
96SkyZ-FZ-19
96SkyZ-FZZ-19
96SP-140
96SPPreCH-PC26
96StaCluR1-R16
96StaCluR2-R8
96StaCluRS-RS15
96Top-189
96TopChr-189
96TopChrR-189
96TopChrY-YQ5
96TopDraR-18
96TopNBAa5-109
96TopYou-U5
96Ult-76
96UltAll-15
96UltGolE-G76
96UltGolE-G277
96UltPlaE-P76
96UltPlaE-P277
96UppDec-265
96UppDecRE-R2
96UppDecU-12
Wallace, Loren
94IHSBoyAST-346
Wallace, Rasheed
95AllDraBG-DG9
95AssGol-30
95AssGol-49
95AssGolDCS-SDC7
95AssGolPC$2-32
95AssGPC$100-4
95AssGPC$25-3
95AssGPP-32
95AssGPP-49
95AssGSS-32
95AssGSS-49
95BulPol-5
95ClaBKR-4
95ClaBKR-92
95ClaBKRAu-4
95ClaBKRCC-CCH3
95ClaBKRCS-CS3
95ClaBKRIE-IE4
95ClaBKRP-4
95ClaBKRPP-92
95ClaBKRR-2
95ClaBKRS-S3
95ClaBKRS-RS4
95ClaBKRSS-4
95ClaBKRSS-92

95ClaBKV-4
95ClaBKV-68
95ClaBKV-93
95ClaBKVE-4
95ClaBKVE-68
95ClaBKVE-93
95ClaBKVHS-HC4
95ClaNat*-NC17
95Col-24
95Col-86
95Col-89
95Col2/1-T6
95ColCho-239
95ColChoDT-D4
95ColChoPC-239
95ColChoPCP-239
95Fin-114
95FinRacP-RP7
95FinVet-RV4
95FivSp-4
95FivSpAu-4A
95FivSpAu-4B
95FivSpCS-CS8
95FivSpD-4
95FivSpFT-FT9
95FivSpOF-H6
95FivSpRS-4
95FivSpSF-BK8
95FivSpSigFI-FS9
95Fla-225
95FlaClao'-R13
95FlaWavotF-10
95Fle-316
95FleClaE-38
95FleRooP-10
95FleRooPHP-10
95Hoo-290
95HooGraA-AR10
95HooHoo-HS12
95JamSesR-4
95Met-208
95MetRooRC-R10
95MetRooRCSS-R10
95MetTemS-11
95PacPlaCD-P5
95PacPreGP-27
95PacPreGP-39
95PrePas-4
95PrePas-31
95PrePasAu-7
95PrePasP-8
95PrePasPC$5-8
95ProMag-134
95Sky-248
95SkyE-X-90
95SkyE-XB-90
95SkyHigH-HH20
95SkyLotE-4
95SkyRooP-RP4
95SP-167
95SPAll-AS27
95SPAllG-AS27
95SPCha-116
95SPHol-PC40
95SPHolDC-PC40
95SRAut-4
95SRDraDDCC-DQ9
95SRDraDDGS-DG10
95SRDraDG-9/10
95SRDraDG-DG9
95SRDraDG-DG10
95SRFam&F-45
95SRFam&FCP-B10
95SRFam&FTF-T4
95SRSigPriH-H4
95SRSigPriHS-H4
95SRSigPriT10-TT4
95SRSigPriT10S-TT4
95SRTetSRF-F24
95StaClu-313
95StaCluDP-4
95StaCluMOI-DP4
95Top-193
95TopDraR-4
95TopGal-52
95TopGalE-EX8
95TopGalPPI-52
95Ult-295
95UltAll-9
95UppDec-134
95UppDecEC-134
95UppDecECG-134
95UppDecSE-179
95UppDecSEG-179

96AllSpoPPaF-86
96AllSpoPPaF-103
96Ass-46
96AssACA-CA12
96AssPC$2-28
96AssPC$5-19
96CleAss-9
96CleAss$2PC-28
96CleAss3-X2
96ColCho-194
96ColCho-318
96ColChoCtGS1-C29A
96ColChoCtGS1-C29B
96ColChoCtGS1R-R29
96ColChoCtGSG1-C29A
96ColChoCtGSG1-C29B
96ColChoGF-GF8
96ColChoII-109
96ColChoIJ-239
96ColChoM-M57
96ColChoMG-M57
96ColLif-L15
96Fin-156
96FinRef-156
96FivSpSig-4
96Fle-118
96Fle-244
96FleRooR-14
96Hoo-173
96Hoo-236
96HooStaF-22
96Met-122
96Met-208
96MetPreM-208
96PacCenoA-C10
96PacGolCD-DC13
96PacPow-52
96PacPreGP-27
96PacPreGP-39
96PacPri-27
96PacPri-39
96PacPriPCDC-P5
96PrePas-37
96PrePasNB-37
96PrePasS-37
96ScoBoaAC-8
96ScoBoaACGB-GB8
96ScoBoaBasRoo-99
96ScoBoaBasRooCJ-CJ30
96Sky-183
96SkyE-X-60
96SkyE-XC-60
96SkyRub-183
96SkyZ-F-97
96SkyZ-F-130
96SkyZ-FZ-97
96SP-94
96SPx-50
96SPxGol-50
96StaClu-154
96Top-31
96TopChr-31
96TopChrR-31
96TopNBAa5-31
96TraBla-7
96Ult-238
96UltGolE-G238
96UltPlaE-P238
96UltRooF-11
96UppDec-157
96UppDec-287
96Vis-8
96Vis-132
96VisSig-7
96VisSigAuG-7
96VisSigAuS-7
Wallace, Roosevelt
91ArkColC-16
Wallace, Rusty
91ProSetPF*-11
Wallace, Tim
94IHSBoyAST-346
Walling, Denny
90CleColC*-197
Walls, Kevin
89LouColC*-268
Walls, Rob
94IHSBoyAST-225
Walls, Sean
94IHSBoyAST-148
Walowac, Walt
84MarPlaC-C11
84MarPlaC-D2

Walraven, Jeff
94IHSBoyAST-149
Walraven, Steve
94IHSBoyAST-11
Walsh, David H.
68HalofFB-45
Walsh, Donnie
89NorCarCC-154
90NorCarCC*-198
Walsh, Jim
91SouCarCC*-145
Walter, DeMarcus
94IHSBoyAST-12
Walter, Jenny
91NorDak*-8
Walters, Cody
91OutWicG-10
Walters, Raymond
89NorCarSCC-126
89NorCarSCC-127
89NorCarSCC-128
Walters, Rex
91Kan-14
92Kan-12
92Kan-13
93Cla-77
93ClaChDS-DS32
93ClaF-95
93ClaG-77
93ClaSB-SB13
93Fin-190
93FinRef-190
93Fle-337
93FouSp-69
93FouSpG-69
93Hoo-374
93HooFifAG-374
93HooShe-3
93JamSes-144
93Sky-187
93Sky-308
93SkyDraP-DP16
93SkySch-48
93StaClu-97
93StaCluFDI-97
93StaCluMO-97
93StaCluSTNF-97
93Top-40
93Top-359
93TopGol-40G
93TopGol-359G
93Ult-123
93Ult-298
93UppDec-157
93UppDec-316
93UppDecRS-RS16
94ColCho-119
94ColChoGS-119
94ColChoSS-119
94Fin-23
94FinRef-23
94Fla-269
94Fle-331
94Hoo-137
94Ima-109
94PanSti-84
94ProMag-85
94Sky-108
94StaCluFDI-247
94StaCluMO-247
94StaCluSTNF-247
94Top-273
94TopSpe-273
94Ult-296
94UppDecE-95
95ColCho-99
95ColCholE-119
95ColCholJI-119
95ColCholSI-119
95ColChoPCP-99
95Fin-36
95FinRef-36
95Fle-118
95ProMag-83
95StaClu-285
95Top-119
95UppDec-45
95UppDecEC-45
95UppDecECG-45
96ColCho-119
96ColChoII-99
96ColChoIJ-99

96ColChoM-M2
96ColChoMG-M2
96Fin-3
96FinRef-3
96UppDec-155
Walters, Trent
89LouColC*-135
Walther, Chip
92Mis-15
93Mis-15
95Mis-15
Walthour, Bill
33SpoKinR*-7
33SpoKinR*-31
Walton, Bill
74Top-39
75Top-77
75TraBlaIO-6
76Top-57
77DelFli-6
77PepAll-8
77SpoSer1*-1124A
77SpoSer3*-3304
77Top-120
77TraBlaP-32
78RoyCroC-34
78Top-1
79Top-45
80Top-46
80Top-127
83Sta-121
84Sta-22
84StaCouK5-9
85JMSGam-10
85Sta-101
86Fle-119
86StaBesotN-8
89TraBlaF-20
90TraBlaF-6
91UCLColC-3
91UCLColC-20
91UCLColC-62
91UCLColC-83
92CouFla-41
93ActPacHoF-65
93Sta-2
93Sta-45
93Sta-58
93Sta-71
93Sta-84
93Sta-89
93TraBlaF-15
94McDNotBNM-6
94SRGolSHFSig-22
94TraBlaF-3
94UppDec-357
95ActPacHoF-29
95ActPacHoF-38
96ClaLegotFF-13
96TopFinR-47
96TopFinRR-47
96TopNBAS-47
96TopNBAS-97
96TopNBAS-147
96TopNBASF-47
96TopNBASF-97
96TopNBASF-147
96TopNBASFAR-47
96TopNBASFAR-147
96TopNBASFR-47
96TopNBASFR-97
96TopNBASFR-147
96TopNBASI-I17
96TopNBASR-47
96TopNBASRA-47
Walton, Bryant
89Cal-15
Walton, Erik
94IHSBoyAST-122
Walton, Jayson
91Min-16
92Min-14
93Min-12
94Min-10
Walton, Lloyd
76BucPlaC-C3
76BucPlaC-D12
76BucPlaC-H12
76BucPlaC-S3
77BucActP-9
79BucPol-11
Walund, Kelly
90CalStaW-17

Wangler, John
91Mic*-53
Wanzer, Bobby
57Kah-11
92CenCou-3
93ActPacHoF-24
Ward, Charlie
92FloSta*-43
92FloSta*-74
94Cla-3
94Cla-82
94Cla-104
94ClaBCs-BC25
94ClaG-3
94ClaG-82
94ClaG-104
94ClaROYSw-17
94ClaVitPTP-10
94ColCho-239
94ColChoCtGRS-S14
94ColChoCtGRSR-S14
94ColChoGS-239
94ColChoSS-239
94Emo-65
94Fin-321
94FinRef-321
94Fla-271
94Fle-333
94FouSp-26
94FouSpG-26
94FouSpG-97
94FouSpPP-26
94FouSpPP-97
94Hoo-353
94HooSch-27
94JamSes-131
94JamSesRS-18
94PacP-63
94PacPriG-63
94ProMagRS-9
94Sky-261
94Sky-350
94SkyDraP-DP26
94SkySkyF-SF30
94SP-25
94SPDie-D25
94SPHol-PC30
94SPHolDC-30
94SRGolS-22
94SRTetFC-3
94SRTetFCSig-AU3
94SRTetPre-T5
94SRTetTP-131
94SRTetTPSig-131A
94StaClu-340
94StaCluFDI-340
94StaCluMO-340
94StaCluSTNF-340
94Top-368
94TopSpe-368
94Ult-299
94UppDec-158
94UppDec-197
94UppDecSE-150
94UppDecSEG-150
95ColCholE-239
95ColCholJI-239
95Fle-241
95FleEur-161
95Hoo-318
95Ima-27
95Sky-189
95SRKro-20
95SRKroFR-FR10
95SRKroJ-J10
95StaClu-49
95StaCluMOI-49
95SupPix-25
95SupPixAu-25
95SupPixC-25
95SupPixCG-25
95TedWil-72
95TedWilWU-WU8
95Ult-232
96ColCho-296
96Fle-229
96Hoo-108
96HooSil-108
96Sky-175
96SkyRub-174
96StaClu-86
96StaCluM-86
96Top-165
96TopChr-165

96TopChrR-165
96TopNBAa5-165
96Ult-223
96UltGolE-G223
96UltPlaE-P223
96UppDec-84
Ward, Dixon
91NorDak*-14
Ward, Jim
94IHSBoyAST-15
Ward, Joe
90ProCBA-76
Ward, John
91OklStaCC*-54
Ward, Vonda
92TenWom-13
93TenWom-13
94TenWom-14
Ware, Tracey
92NewMexS-4
Warford, Reggie
88KenColC-107
Warley, Carlin
95ClaBKR-73
95ClaBKRAu-73
95ClaBKRPP-73
95ClaBKRSS-73
Warlick, Bob
68SunCarM-11
Warlick, Holly
90TenWom-14
92TenWom-14
93TenWom-14
94TenWom-15
Warmenhoven, Joey
91WasSta-6
Warmerdam, Cornelius
48TopMagP*-E13
Warner, Cornell
72Top-59
73Top-12
74BucLin-10
74Top-109
75Top-72
Warner, Graylin
91WilCar-29
Warner, Jeremy
94IHSBoyAST-195
Warren, Alfred
91ArkColC-17
Warren, Anthony
89NorCarSCC-123
89NorCarSCC-124
Warren, Bob
73Top-196
73Top-237
75Top-313
Warren, Jeff
89Mis-16
90Mis-16
91Mis-16
92Mis-16
Warren, John
70Top-91
71Top-118
72Top-64
Warren, Kendrick
94Cla-63
94ClaG-63
94SRTet-79
94SRTetS-79
95SRKro-50
95SupPix-34
95TedWil-73
Warren, Mike
91UCLColC-11
Warren, Scott
90FloStaCC*-119
Warren, Terry
90FloStaCC*-45
Warrick, Bryan
83Sta-215
84Sta-23
Warriors, Golden State
73TopTeaS-21
73TopTeaS-22
74FleTeaP-8
74FleTeaP-27
75Top-209
75TopTeaC-209
77FleTeaS-8
89PanSpaS-183
89PanSpaS-192
90Sky-336

91Hoo-282
91Sky-359
92Hoo-274
92UppDecE-139
93PanSti-8
93StaCluBT-9
93StaCluMO-ST9
93StaCluST-9
93UppDec-218
93UppDecDPS-9
94Hoo-399
94ImpPin-9
94StaCluMO-ST9
94StaCluST-9
94UppDecFMT-9
95FleEur-246
95PanSti-213
96TopSupT-ST9
Washburn, Chris
87HawPizH-13
Washington, David
92Min-15
93Min-13
Washington, Denzel
94Hoo-297
Washington, Don
75Top-267
Washington, Duane E.
88Fle-71
89ProCBA-145
90ProCBA-173
91ProCBA-136
Washington, Eugene
90MicStaCC2*-23
Washington, Jim
69Top-17
70Top-14
71Top-28
72Top-22
73LinPor-10
73Top-87
74Top-41
75Top-172
Washington, John
91OklStaCC*-94
Washington, Jonathon
94IHSBoyAST-229
Washington, Kenny
91UCLColC-22
Washington, Kermit
74Top-166
77CelCit-14
78CliHan-8
78Top-16
79Top-128
79TraBlaP-42
80Top-10
80Top-77
80Top-150
80Top-167
81Top-61
81Top-W89
81TraBlaP-42
Washington, Kevin
94IHSHisRH-83
Washington, Leroy
92Mun-19
Washington, Mickey
91TexA&MCC*-22
Washington, Norman
81Geo-8
Washington, Pearl (Dwayne A.)
89Hoo-101
89PanSpaS-159
89ProCBA-31
Washington, Richard
77Top-78
78Top-121
79BucPol-31
80Top-75
80Top-105
91UCLColC-22
Washington, Rodney
87Sou*-8
Washington, Stan
90MicStaCC2*-113
Washington, Tom
72Top-240
72Top-260
73Top-182
Washington, William
92Neb*-4
Wasinger, Matt

94IHSBoyA3S-6
94IHSBoyAST-209
Waterfield, Bob
48ExhSpoC-48
48KelPep*-10
52Whe*-29A
52Whe*-29B
57UniOilB*-27
Waterman, Shawn
79St.Bon-16
Waters, Charlie
90CleColC*-104
Waterson, Eric
95AusFut3C-GC15
Wathen, Glen
90KenProI-8
Watkins, Curtis
86DePPlaC-D6
Watkins, Derek
94WriSta-16
Watkins, Earl
87SouLou*-2
Watkins, Jameel
96Geo-14
Watkins, Maurice
93Vir-12
Watkins, Micah
94Min-11
Watrous, Francis
55AshOil-72
Watson, Antonio
92OhiSta-13
93OhiSta-9
Watson, Bobby
88KenColC-36
Watson, Chris
94IHSBoyAST-128
Watson, Ivan
94IHSBoyAST-150
Watson, Jamie
94Cla-48
94ClaG-4
94Fla-316
94Fle-379
94FouSp-46
94FouSpAu-46A
94FouSpG-46
94FouSpPP-46
94Hoo-377
94PacP-64
94PacPriG-64
94Sky-291
94StaClu-233
94StaCluFDI-233
94StaCluMO-233
94StaClu3TNF-233
94Top-292
94TopSpe-292
94Ult-342
94UppDec-320
95Fin-230
95FinRef-230
95Hoo-163
95Ima-31
95PanSti-198
95StaClu-269
95SupPix-31
95TedWil-71
95Top-224
96ColCho-345
96UppDec-307
Watson, Jim
93Bra-15
93Bra-18
94Bra-17
95Bra-17
Watson, Ken
92AusStoN-1
Watson, Lou
86IndGreI-9
Watson, Pat
94IHSBoyAST-129
Watt, Jim
90MicStaCC2*-127
Watterson, Eric
92AusFutN-72
93AusFutN-80
94AusFutN-71
Watts, Craig T.
89NorCarSCC-45
89NorCarSCC-129
89NorCarSCC-131
Watts, Don (Slick)
74Top-142

75Top-59
75Top-100
76Top-105
77Top-51
Watts, Joey
90Cle-15
Watts, Stan
92CenCou-47
Watts, Tony
92FroR-70
Watts, Walter
91ProCBA-104
Waugh, Booker
91Haw-15
Waukau, Merv
86SouLou*-16
Wauters, Eric
76PanSti-281
Wawrzyniak, Mike
88Mis-16
Way, Stewart
84MarPlaC-C1
84MarPlaC-H7
Wayman, Michael
91SouCal*-36
Wayment, Heidi
80PriNewOW-11
Wayne, Gary
91Mic*-54
Wayne, Josh
94IHSBoyAST-352
Weakly, Paul
90ProCBA-4
Weatherly, Shawn
90CleColC*-162
Weatherspoon, Clarence
92Cla-28
92ClaGol-28
92ClaLPs-LP9
92Fle-409
92FleDra-40
92FouSp-25
92FouSpAu-25A
92FouSpGol-25
92FroR-71
92FroRowDP-21
92FroRowDP-22
92FroRowDP-23
92FroRowDP-24
92FroRowDP-25
92Hoo-449
92HooDraR-H
92HooMagA-8
92Sky-387
92SkyDraP-DP9
92StaClu-346
92StaCluMO-346
92StaPic-7
92StaPic-68
92StaPic-81
92Top-294
92TopGol-294G
92Ult-335
92UltAll-9
92UppDec-5
92UppDec-452
92UppDec-475
92UppDecM-P49
92UppDecRS-RS16
92UppMacDF-29
93Fin-77
93Fin-91
93FinRef-77
93FinRef-91
93Fle-161
93FleRooS-23
93Hoo-167
93HooFactF-6
93HooFifAG-167
93HooSco-HS20
93HooScoFAG-HS20
93JamSes-172
93PanSti-238
93Sky-143
93SkySch-49
93StaClu-66
93StaClu-95
93StaClu-187
93StaCluFDI-66
93StaCluFDI-95
93StaCluFDI-187
93StaCluFFP-18
93StaCluFFU-187
93StaCluMO-66

93StaCluMO-95
93StaCluMO-187
93StaCluMO-ST20
93StaCluST-20
93StaCluSTNF-66
93StaCluSTNF-95
93StaCluSTNF-187
93Top-164
93Top-179
93TopGol-164G
93TopGol-179G
93Ult-143
93UppDec-30
93UppDec-427
93UppDecA-AR9
93UppDecE-32
93UppDecE-70
93UppDecFT-FT18
93UppDecH-H20
93UppDecLT-LT6
93UppDecPV-66
93UppDecPV-99
93UppDecS-110
93UppDecSEC-110
93UppDecSEG-110
93UppDecTM-TM20
94ColCho-185
94ColChoGS-35
94ColChoGS-185
94ColChoSS-35
94ColChoSS-185
94Emb-73
94EmbGoll-73
94Emo-75
94Fin-215
94FinInroM-4
94FinLotP-LP17
94FinMarM-13
94FinRef-215
94Fla-114
94Fle-172
94FleTeaL-7
94Hoo-164
94HooMagC-20
94HooPowR-PR40
94HooSupC-SC35
94JamSes-144
94PanSti-106
94ProMag-100
94Sky-126
94Sky-192
94Sky-325
94SP-126
94SPCha-106
94SPDie-D126
94StaClu-163
94StaClu-358
94StaCluBT-20
94StaCluCC-20
94StaCluFDI-163
94StaCluFDI-358
94StaCluMO-163
94StaCluMO-358
94StaCluMO-BT20
94StaCluMO-CC20
94StaCluSTNF-163
94StaCluSTNF-358
94Top-27
94TopSpe-27
94Ult-143
94UppDec-282
94UppDecE-191
94UppDecE-191
94UppDecSDS-S17
94UppDecSE-67
94UppDecSEG-67
95ColCho-82
95ColChoIE-35
95ColChoIE-185
95ColChoIEGS-185
95ColChoIJGSI-185
95ColChoIJI-35
95ColChoIJI-185
95ColChoIJSS-185
95ColChoISI-35
95ColChoISI-185
95ColChoPC-82
95ColChoPCP-82
95Fin-221
95FinDisaS-DS20
95FinMys-M39
95FinMysB-M39

95FinMysBR-M39
95FinRef-221
95FinVet-RV3
95Fla-102
95Fle-138
95FleEur-177
95Hoo-124
95Hoo-368
95JamSes-81
95JamSesDC-D81
95Met-82
95MetSilS-82
95PanSti-52
95ProMag-99
95Sky-92
95SkyAto-A10
95SkyE-E-X-63
95SkyE-XB-63
95SP-101
95SPCha-81
95StaClu-77
95StaCluM05-9
95StaCluMOI-47
95Top-55
95TopGal-103
95TopGalPPI-103
95Ult-135
95Ult-346
95UltGolM-135
95UppDec-22
95UppDecEC-22
95UppDecECG-22
95UppDecSE-64
95UppDecSEG-64
96BowBes-62
96BowBesAR-62
96BowBesR-62
96ColCho-121
96ColChoCtGS1-C20A
96ColChoCtGS1-C20B
96ColChoCtGS1-R20
96ColChoCtGS1RG-R20
96ColChoCtGSG1-C20A
96ColChoCtGSG1-C20B
96ColCholI-117
96ColCholJ-82
96ColChoM-M110
96ColChoMG-M110
96ColChoS1-S20
96Fin-89
96Fin-167
96FinRef-89
96FinRef-167
96Fle-84
96FleAusG-21
96FleGamB-11
96Hoo-119
96HooStaF-20
96Met-82
96Sky-87
96SkyInt-20
96SkyRub-87
96SkyZ-F-67
96SkyZ-FZ-67
96SP-84
96StaClu-88
96StaCluM-88
96Top-85
96TopChr-85
96TopNBAa5-85
96Ult-84
96UltGolE-G84
96UltGolE-G148
96UltPlaE-P84
96UltPlaE-P148
96UppDec-93
96UppDec-155
96UppDecPS1-P13
96UppDecPTVCR1-TV13
97SchUltNP-29
Weatherspoon, Nick
73BulSta-11
74Top-61
75Top-48
78CliHan-2
79Top-61
Weaver, Colby
92FloSta*-38
Weaver, Dean
91GeoTecCC*-41
Webb, Derwin
92Lou-16
92Lou-24

92Lou-25
92LouSch-5
Webb, Jay
  90Iow-13
  91Iow-14
  92Iow-12
Webb, Marcus
  92StaClu-307
  92StaCluMO-307
  92Ult-230
Webb, Richard S.
  89KenColC*-151
Webb, Ricky
  89NorCarCC-197
Webb, Spud (Anthony)
  86Fle-120
  86HawPizH-14
  87HawPizH-14
  88Fle-4
  88FouNBAE-10
  89Fle-6
  89Hoo-115A
  89Hoo-115B
  89NorCarSCC-132
  89NorCarSCC-133
  89NorCarSCC-134
  89PanSpaS-66
  90Fle-5
  90Hoo-35
  90Hoo100S-3
  90HooActP-26
  90HooCol-24
  90HooTeaNS-1
  90PanSti-118
  90Sky-10
  91Fle-4
  91Fle-352
  91Hoo-6
  91Hoo-431
  91Hoo100S-3
  91HooSlaD-3
  91HooTeaNS-23
  91KelColG-15
  91LitBasBL-40
  91PanSti-105
  91Sky-9
  91Sky-646
  91UppDec-251
  91UppDec-419
  91UppDecS-6
  92Fle-200
  92Fle-278
  92FleTonP-105
  92Hoo-203
  92Hoo100S-85
  92PanSti-54
  92Sky-217
  92Sky-304
  92SpoIIIfKI*-147
  92StaClu-72
  92StaCluMO-72
  92Top-63
  92TopArc-75
  92TopArcG-75G
  92TopGol-63G
  92Ult-161
  92UppDec-96
  92UppDecE-90
  92UppDecM-P35
  93Fin-57
  93FinRef-57
  93Fle-186
  93Hoo-193
  93HooFifAG-193
  93JamSes-199
  93PanSti-57
  93Sky-160
  93StaClu-122
  93StaCluFDI-122
  93StaCluMO-122
  93StaCluSTNF-122
  93Top-169
  93TopGol-169G
  93Ult-165
  93UppDec-286
  93UppDecE-236
  93UppDecFT-FT19
  93UppDecPV-45
  93UppDecS-25
  93UppDecSEC-25
  93UppDecSEG-25
  94ColCho-89
  94ColChoGS-89
  94ColChoSS-89

94Emb-85
94EmbGoII-85
94Fin-146
94FinRef-146
94Fla-130
94Fle-198
94Hoo-189
94Hoo-446
94JamSes-166
94PanSti-195
94ProMag-115
94Sky-146
94SP-144
94SPCha-118
94SPChaDC-118
94SPDie-D144
94StaClu-95
94StaCluFDI-95
94StaCluMO-95
94StaCluSTNF-95
94Top-85
94TopSpe-85
94UppDec-128
94UppDecE-99
95ColCho-44
95ColChoDT-T6
95ColChoDTPC-T6
95ColChoDTPCP-T6
95ColCholE-89
95ColCholJI-89
95ColCholSI-89
95ColChoPC-44
95ColChoPCP-44
95Fin-195
95FinRef-195
95Fle-164
95Fle-206
95FleEur-202
95Hoo-143
95Hoo-291
95Hoo-373
95PanSti-74
95PanSti-280
95Sky-152
95SP-5
95StaClu-93
95StaClu-238
95StaCluMOI-93TB
95StaCluMOI-93TR
95Top-216
95Ult-8
95UltGolM-8
95UppDec-308
95UppDecEC-308
95UppDecECG-308
96ColCho-94
96ColCholI-135
96ColCholJ-44
96ColChoINE-E2
Webb, Tammy
  90AriStaCC*-66
Webber, Chris
  92Mic-8
  92SpoIIIfKI*-260
  92SpoIIIfKI*-421
  93Cla-1
  93ClaAcDS-AD5
  93ClaC3P*-PR2
  93ClaChDS-DS40
  93ClaChrJ-1
  93ClaChrJ-3
  93ClaChrJ-5
  93ClaChrJ-7
  93ClaDeaJ-SE1
  93ClaDraDD-10
  93ClaDraDD-11
  93ClaDraDD-12
  93ClaF-1
  93ClaFLPs-LP1
  93ClaFT-1
  93ClaG-1
  93ClaG-AU
  93ClaIII-SS1
  93ClaLPs-LP1
  93ClaMcDF-30
  93ClaMcDFL-NNO
  93ClaPre-BK1
  93ClaSB-SB1
  93ClaSB-NNO
  93ClaTriP-1
  93Fin-212
  93FinMaiA-9
  93FinRef-212
  93Fle-292

93FleFirYP-10
93FleLotE-1
93FleTowOP-29
93FouSp-1
93FouSp-311
93FouSpAc-1
93FouSpAu-1A
93FouSpCDSt-DS41
93FouSpG-1
93FouSpG-311
93FouSpLPJ-4
93FouSpLPJ-5
93FouSpLPs-LP1
93FouSpLPs-LP2
93FouSpMP-1
93FouSpPPBon-PP1
93FouSpPPBon-NNO
93FouSpPre-CC4
93FouSpTri-TC1
93FouSpTri-TC5
93Hoo-341
93HooAdmC-AC5
93HooDraR-LP1
93HooFifAG-341
93HooMagA-1
93JamSes-75
93JamSesRS-8
93ProLinLL-LP1
93Sky-227
93Sky-300
93SkyDraP-DP1
93SkySch-50
93StaClu-224
93StaClu-268
93StaClu-352
93StaCluBT-21
93StaCluFDI-224
93StaCluFDI-268
93StaCluFDI-352
93StaCluFFP-19
93StaCluFFU-352
93StaCluMO-224
93StaCluMO-268
93StaCluMO-352
93StaCluMO-BT21
93StaCluMO5-14
93StaCluSTNF-224
93StaCluSTNF-268
93StaCluSTNF-352
93Top-224
93TopBlaG-23
93TopGol-224G
93Ult-252
93UltAllS-15
93UltPowlTK-9
93UppDec-311
93UppDec-483
93UppDecH-H28
93UppDecPV-72
93UppDecPV-81
93UppDecPV-106
93UppDecRE-RE1
93UppDecREG-RE1
93UppDecRS-RS1
93UppDecS-4
93UppDecS-186
93UppDecS-207
93UppDecS-6
93UppDecSBtG-G7
93UppDecSDCA-W5
93UppDecSEC-4
93UppDecSEC-186
93UppDecSEC-207
93UppDecSEG-4
93UppDecSEG-186
93UppDecSEG-207
93UppDecWJ-483
93WarTop-6
94Ble23KP-6
94Ble23KP-7
94BleAll-3
94BleAll-4
94Cla-13
94ClaC3*-1
94ClaG-13
94ColCho-4
94ColCho-174
94ColCho-200
94ColCho-401
94ColChoCtGS-S14
94ColChoCtGSR-S14
94ColChoGS-4
94ColChoGS-174
94ColChoGS-200

94ColChoGS-401
94ColChoSS-4
94ColChoSS-174
94ColChoSS-200
94ColChoSS-401
94Emb-100
94EmbGoII-100
94Emo-99
94Emo-120
94Fin-104
94Fin-120
94Fin-255
94FinLotP-LP19
94FinRef-104
94FinRef-120
94FinRef-255
94Fla-53
94Fla-323
94FlaCenS-6
94FlaHotN-20
94Fle-78
94Fle-387
94FleAwaW-4
94FlePro-5
94FleRooS-25
94FleTowoP-10
94FleYouL-6
94Hoo-71
94Hoo-259
94Hoo-382
94Hoo-421
94HooBigN-BN7
94HooBigNR-7
94HooShe-16
94HooShe-17
94HooShe-18
94Ima-2
94Ima-132
94ImaAce-1
94ImaChr-CC1
94ImaSI-SI12
94JamSes-67
94JamSesSDH-8
94JamSesSYS-8
94PanSti-140
94PanSti-A
94ProMag-45
94Sky-57
94Sky-187
94Sky-297
94SkyCenS-CS4
94SkyRagR-RR9
94SkyRev-R10
94SP-161
94SPCha-27
94SPCha-135
94SPChaDC-27
94SPChaDC-135
94SPChaFPH-F10
94SPChaFPHDC-F10
94SPDie-D161
94StaClu-9
94StaClu-362
94StaCluBT-27
94StaCluDaD-10B
94StaCluFDI-9
94StaCluFDI-10
94StaCluFDI-362
94StaCluMO-9
94StaCluMO-10
94StaCluMO-362
94StaCluMO-BT27
94StaCluMO-DD10B
94StaCluMO-RS7
94StaCluMO-SS19
94StaCluMO-ST9
94StaCluMO-TF4
94StaCluRS-7
94StaCluSS-19
94StaCluST-9
94StaCluSTNF-9
94StaCluSTNF-10
94StaCluSTNF-362
94StaCluTotF-4
94Top-47
94Top-48
94Top-106
94Top-S395
94TopOwntG-43
94TopSpe-47
94TopSpe-48
94TopSpe-106
94TopSpe-395

94TopSupS-1
94Ult-64
94Ult-348
94UltAllT-5
94UltAwaW-4
94UltPow-10
94UltPowITK-9
94UltRebK-9
94UppDec-1
94UppDec-322
94UppDecE-100
94UppDecPLL-R5
94UppDecPLL-R27
94UppDecPLLR-R5
94UppDecPLLR-R27
94UppDecS-1
94UppDecS-2
94UppDecSDS-S18
94UppDecSE-30
94UppDecSE-179
94UppDecSEG-30
94UppDecSEG-179
95BulPol-6
95ColCho-194
95ColCho-200
95ColCho-294
95ColCho-394
95ColChoCtG-C15
95ColChoCtGS-C15
95ColChoCtGS-C15B
95ColChoCtGS-C15C
95ColChoCtGSG-C15
95ColChoCtGSG-C15B
95ColChoCtGSG-C15C
95ColChoCtGSGR-C15
95ColCholE-4
95ColCholE-174
95ColCholE-200
95ColCholE-401
95ColCholEGS-174
95ColCholEGS-401
95ColCholJGSI-174
95ColCholJGSI-401
95ColCholJI-4
95ColCholJI-174
95ColCholJI-200
95ColCholJI-401
95ColCholJSS-174
95ColCholSI-4
95ColCholSI-174
95ColCholSI-200
95ColCholSI-182
95ColChoPC-194
95ColChoPC-200
95ColChoPC-294
95ColChoPC-394
95ColChoPCP-194
95ColChoPCP-200
95ColChoPCP-294
95ColChoPCP-394
95Fin-144
95FinDisaS-DS29
95FinHotS-HS13
95FinMys-M8
95FinMysB-M8
95FinMysBR-M8
95FinRef-144
95FinVet-RV4
95Fla-148
95Fla-248
95FlaHotN-15
95FlaNewH-10
95Fle-197
95Fle-348
95FleEur-82
95FleEurAW-1
95FleFlaHL-37
95FleFraF-9
95FleTowoP-10
95Hoo-170
95Hoo-372
95HooBloP-23
95HooSla-SL50
95HooTopT-AR3
95JamSes-118
95JamSesDC-D118
95JamSesSS-9
95Met-118
95MetMetF-15
95MetMolM-10
95MetSilS-118
95PanSti-63
95PanSti-144
95ProMag-131

West, Doug • 223

95ProMagDC-24
95Sky-124
95Sky-298
95SkyDyn-D12
95SkySta-S12
95SP-147
95SPCha-117
95StaClu-129
95StaClu-220
95StaCluMO5-3
95StaCluMOI-129B
95StaCluMOI-129R
95Top-282
95TopGal-15
95TopPowB-282
95TopTopF-TF8
95TopWhiK-WK4
95Ult-197
95Ult-347
95UltGolM-197
95UltRisS-9
95UltRisSGM-9
95UppDec-53
95UppDecEC-53
95UppDecECG-53
95UppDecPPotM-R9
95UppDecPPotMR-R9
95UppDecSE-180
95UppDecSEG-180
96BowBes-27
96BowBesAR-27
96BowBesC-BC18
96BowBesCAR-BC18
96BowBesCR-BC18
96BowBesHR-HR8
96BowBesHRAR-HR8
96BowBesHRR-HR8
96BowBesR-27
96BowBesTh-TB2
96BowBesThAR-TB2
96BowBesTR-TB2
96ColCho-163
96ColCholl-194
96ColCholl-200
96ColCholl-110
96ColCholl-184
96ColCholJ-194
96ColCholJ-200
96ColCholJ-294
96ColCholJ-394
96ColCholSEH-H9
96ColChoM-M79
96ColChoMG-M79
96Fin-163
96Fin-273
96FinRef-163
96FinRef-273
96FlaSho-A25
96FlaSho-B25
96FlaSho-C25
96FlaShoLC-25
96FlaShoLC-B25
96FlaShoLC-C25
96Fle-119
96FleAusS-19
96FleS-40
96Hoo-174
96HooHotL-20
96IooStaF-29
96Met-108
96Met-248
96MetCyb-CM20
96MetMaxM-20
96MetMetE-10
96MetMolM-30
96MetPreM-248
96Sky-129
96Sky-278
96SkyE-X-80
96SkyE-XC-80
96SkyE-XNA-6
96SkyNetS-20
96SkyRub-129
96SkyRub-278
96SkyThuaL-10
96SkyZ-F-98
96SkyZ-F-198
96SkyZ-FZ-98
96SP-126
96SPInsI-IN16
96SPInsIG-IN16
96StaClu-65
96StaCluCA-CA4
96StaCluCAAR-CA4

96StaCluCAR-CA4
96StaCluF-F2
96StaCluGPPI-15
96StaCluM-65
96Top-4
96TopChr-4
96TopChrPF-PF5
96TopChrR-4
96TopHobM-HM19
96TopHolC-HC9
96TopHolCR-HC9
96TopNBAa5-4
96TopProF-PF5
96TopSupT-ST29
96Ult-123
96Ult-288
96UltBoaG-19
96UltGolE-G123
96UltGolE-G288
96UltPlaE-P123
96UltPlaE-P288
96UltScoK-29
96UltScoKP-29
96UppDec-135
96UppDec-164
96UppDec-170
96UppDec-329
96UppDecGK-4
96UppDecU-48
96UppDecRotYC-RC4
96UppDecUTWE-W20
97SchUltNP-30
Webber, Pam
93ConWom-14
Weber, Bill
84Neb*-6
Weber, Bruce
92Pur-15
93Pur-17
Weber, Don
91GeoColC-80
Weber, Jerry
55AshOil-83
Weber, Kathy
91WasSta-10
Webster, Demone
90ProCBA-25
90ProCBA-144
91ProCBA-58
Webster, George
90MicStaCC2*-88
Webster, Jeff
94Cla-61
94ClaG-61
94FouSp-40
94FouSpAu-40A
94FouSpG-40
94FouSpPP-40
94PacP-65
94PacPriG-65
94SRTet-80
94SRTetS-80
95SRKro-32
95SupPix-55
95SupPixAu-55
95TedWil-75
Webster, Marvin
77SpoSer5*-5611
77Top-71
78RoyCroC-36
78SupToal-0
78Top-19
79Top-88
80Top-64
80Top-152
81Top-E87
83Sta-71
Webster, Tracy
94Cla-36
94ClaG-36
95SupPix-47
95TedWil-76
Wedeking, Vaughn
89JacCla-8
Wedell, James R
33SpoKinR*-26
Wedman, Scott
75Top-89
76Top-142
77Top-17
78RoyCroC-36
78Top-79
79Top-7
80Top-42

80Top-130
81Top-19
83Sta-36
84Sta-11
84StaAre-A8
85JMSGam-17
85Sta-102
Weemer, Steve
92EasIII-4
Weems, Kelsey
87NorCarS-14
88NorCarS-13
90ProCBA-101
91ProCBA-53
Weems, Lance
92Aub-14
Weems, Zeno
94IHSBoyAST-346
Weese, Linden
92TexTecW-14
92TexTecWNC-15
Weeter, Karen
90MonSta-15
Wegrich, Rosie
90AriColC*-29
Weichbrodt, Blake
93Kan-10
Weinberg, Larry
93TraBlaF-18
Weiner, Art
90NorCarCC*-119
Weir, Murray
48ExhSpoC-49
48TopMagP*-B2
Weiss, Bob
69BulPep-12
69Top-62
70BulHawM-5
70BulHawM-6
70Top-16
71Top-128
72Top-141
73LinPor-43
73Top-132
74Top-33
90Hoo-305
90Hoo-346
90Sky-301
91Fle-6
91Hoo-221
91HooTeaNS-1
91Sky-378
92Fle-7
92Hoo-239
92Sky-255
93Hoo-241
93HooFifAG-241
93JamSesTNS-4
Weissmuller, John
33SpoKinR*-21
76PanSti-45
77SpoSer2*-218
91ImpHaloF-8
92VicGalOG-17
Welborn, Brandon
94IHSBoyAST-111
Welborn, Justin
04IHCBoyADT-112
Welborne, Tripp
91Mic*-55
Welch, Anthony
81III-14
Welch, Kendall
94IHSBoyAST-85
Welch, Rob
93WriSta-12
94WriSta-13
Weldon, Terri
92TexTecW-15
92TexTecWNC-17
Wellman, Bob
89LouColC*-218
Wellman, Gary
90SouCal*-19
Wells, Cheron
90CleWom-14
Wells, Dana
90AriColC*-31
Wells, Jennifer
94TexAaM-16
Wells, Kelly
90KenSovPI-18
Wells, Pam
89LouTec-16

Wells, Tony
81TCMCBA-69
Wells, Travis
92JamMad-12
Wells, Vernon
91ProSetPF*-12
Welp, Christian
89Fle-118
89Hoo-164
89Hoo-331
90Hoo-122
Wennington, Bill
88MavBudLB-23
88MavBudLCN-23
89Hoo-81
90Fle-44
90Hoo-89
90Hoo-431
90KinSaf-12
90Sky-68
90Sky-412
91Sky-253
91UppDec-399
91WilCar-61
93Fle-262
93Top-238
93TopGol-238G
93Ult-223
94ColChoGS-367
94ColChoSS-367
94Fin-246
94FinRef-246
94Fla-25
94Fle-36
94HooShe-5
94PanSti-36
94StaClu-231
94StaCluFDI-231
94StaCluMO-231
94StaCluSTNF-231
94Ult-221
94UppDec-204
95ColCho-246
95ColChoIE-367
95ColCholJI-367
95ColCholSI-148
95ColChoPC-246
95ColChoPCP-246
95PanSti-90
95StaClu-26
95StaCluI-IC3
95StaCluMOI-26
95StaCluMOI-IC3
95TopForl-FL9
96ColCho-222
96ColCholl-14
96ColCholJ-241
96SkyAut-90
96SkyAutB-90
Wennstrom, Steven
94IHSBoyA3S-14
Wenstrom, Matt
92NorCarS-5
93Fle-250
03Ult-211
Wente, Suzy
94TexAaM-18
Wenzel, Daniel
94IHSBoyAST-56
Werdann, Robert
92Cla-59
92ClaGol-59
92FouSp-53
92FouSpGol-53
92FroR-72
92Hoo-379
92StaClu-363
92StaCluMO-363
92StaPic-76
92Top-394
92TopGol-394G
92Ult-256
Wernke, Paul
90FloStaCC*-192
Wesenshein, Bob
61Kah-10
Weshinskey, Kris
90MicStaCC2-12
Wesley, Darius
94IHSBoyA3S-41
Wesley, David
89Bay-13
93Fle-338

93Ult-299
94ColCho-112
94ColChoGS-112
94ColChoSS-112
94Fla-185
94Fle-251
94Hoo-138
94SP-39
94SPDie-D39
94StaClu-298
94StaCluFDI-298
94StaCluMO-298
94StaCluSTNF-298
94Top-317
94TopSpe-317
94Ult-211
94UppDec-302
95ColCho-261
95ColChoIE-112
95ColChoIJI-112
95ColCholSI-112
95ColChoPC-261
95ColChoPCP-261
95Fla-9
95Fle-12
95PanSti-9
95StaClu-274
95Ult-15
95UltGolM-15
95UppDec-96
95UppDecEC-96
95UppDecECG-96
96BowBesTh-TB16
96BowBesThAR-TB16
96BowBesTR-TB16
96ColCho-368
96ColCholl-7
96ColCholJ-261
96FlaSho-A80
96FlaSho-B80
96FlaSho-C80
96FlaShoLC-80
96FlaShoLC-B80
96FlaShoLC-C80
96Hoo-203
96Met-154
96MetPreM-154
96Sky-91
96SkyAut-91
96SkyAutB-91
96SkyE-X-5
96SkyE-XC-5
96SkyRub-137
96Ult-157
96UltGolE-G157
96UltPlaE-P157
96UppDec-188
Wesley, Walt
69BulPep-13
69Top-22
70Top-55
71Top-52
71TopTri-4
72SunHol-9
72Top-109
73BulSta-12
73Top-118
74Top-143
Wessel, Joe
90FloStaCC*-62
West, Alvin
89EasTenS-10
90EasTenS-13
West, Brian
79St.Bon-17
West, Chris
83Lou-16
88LouColC-74
88LouColC-139
89LouColC*-296
West, Dick
91UCLAColC-97
West, Doug
90FleUpp-U58
90Sky-397
91Fle-321
91Hoo-397
91HooTeaNS-16
91Sky-176
91UppDec-269
91UppDec-483
92Fle-139
92FleTonP-67

92Hoo-142
92PanSti-84
92Sky-149
92Sky-297
92StaClu-68
92StaCluM0-68
92Top-37
92TopGol-37G
92Ult-113
92UppDec-59
92UppDec-103
92UppDec-365
92UppDecE-72
93Fin-202
93FinRef-202
93Fle-127
93Hoo-134
93HooFifAG-134
93JamSes-135
93PanSti-102
93Sky-118
93StaClu-119
93StaCluFDI-119
93StaCluMO-119
93StaCluSTNF-119
93Top-193
93TopGol-193G
93Ult-116
93UppDec-41
93UppDecE-210
93UppDecFM-38
93UppDecH-H16
93UppDecPV-34
93UppDecPV-108
93UppDecS-7
93UppDecSEC-7
93UppDecSEG-7
94ColCho-286
94ColChoGS-286
94ColChoSS-286
94Fin-61
94FinRef-61
94Fla-91
94Fle-137
94Hoo-128
94HooShe-9
94JamSes-113
94PanSti-171
94ProMag-79
94Sky-101
94SP-107
94SPCha-91
94SPChaDC-91
94SPDie-D107
94StaClu-30
94StaClu-31
94StaCluFDI-30
94StaCluFDI-31
94StaCluMO-30
94StaCluMO-31
94StaCluSTNF-30
94StaCluSTNF-31
94Top-214
94TopSpe-214
94Ult-112
94UppDec-34
94UppDecE-18
94UppDecE-194
94UppDecSE-141
94UppDecSEG-141
94UppDecSEJ-16
95ColCho-90
95ColCholE-286
95ColCholJI-286
95ColCholSI-67
95ColChoPC-90
95ColChoPCP-90
95Fin-84
95FinRef-84
95Fla-81
95Fle-111
95FleEur-141
95Hoo-100
95JamSes-66
95JamSesDC-D66
95PanSti-179
95ProMag-79
95Sky-76
95Sky-262
95StaClu-152
95StaCluMOI-152
95Top-37
95Ult-110
95UltGolM-110

95UppDec-122
95UppDecEC-122
95UppDecECG-122
95UppDecSE-52
95UppDecSEG-52
96ColCho-283
96ColCholl-93
96ColCholJ-90
96ColChoM-M92
96ColChoMG-M92
96Hoo-223
96Met-60
96Sky-170
96SkyAut-92
96SkyAutB-92
96SkyRub-169
96SP-67
96Top-61
96TopChr-61
96TopChrR-61
96TopNBAa5-61
96TopSupT-ST16
96Ult-67
96UltGolE-G67
96UltPlaE-P67
96UppDec-76
96UppDec-151
West, Eric
92Easlll-9
West, Freeman
89Kan-43
West, Jerry
60Kah-11
61Fle-43
61Fle-66
61Kah-11
61LakBelB-9
62Kah-10
63Kah-13
68TopTes-19
69NBAMem-18
69Top-90
69TopRul-2
70Top-1
70Top-2
70Top-107
70Top-160
70Top-171
70TopPosl-15
71MatInsR-10
71Top-50
71Top-143
71TopTri-31
72Com-35
72IceBea-19
72Top-75
72Top-158
72Top-164
72Top-176
73LinPor-76
73Top-100
74Top-176
77SpoSer1*-1310
77SpoSer8*-810
81TCMNBA-32
83TopHisGO-91
83TopOlyH-42
90MicStaCC2*-46
915Maj-9
91UppDecJWBB-1
91UppDecJWBB-2
91UppDecJWBB-3
91UppDecJWBB-4
91UppDecJWBB-5
91UppDecJWBB-6
91UppDecJWBB-7
91UppDecJWBB-8
91UppDecJWH-1
91UppDecJWH-2
91UppDecJWH-3
91UppDecJWH-4
91UppDecJWH-5
91UppDecJWH-6
91UppDecJWH-7
91UppDecJWH-8
91UppDecJWH-9
91UppDecJWH-AU
91UppDecJWH-NNO
91UppDecS-7
92LakCheP-4
92UppDecAW-10
92UppDecS-5
93ActPacHoF-2
93ActPacHoF-77

93LakFor*-BC3
94UppDec-353
94UppDecU-87
94UppDecUGM-87
96StaCluFR-48
96StaCluFRR-48
96TopNBAS-48
96TopNBAS-98
96TopNBAS-148
96TopNBASF-48
96TopNBASF-98
96TopNBASF-148
96TopNBASFAR-48
96TopNBASFAR-98
96TopNBASFAR-148
96TopNBASFR-48
96TopNBASFR-98
96TopNBASFR-148
96TopNBASI-I8
96TopNBASR-48
West, Mark
83Sta-60
84Sta-223
84StaAre-B11
88Fle-91
88Sun5x8TI-7
89Fle-125
89Hoo-228
89PanSpaS-220
90Fle-153
90Hoo-242
90HooActP-127
90HooTeaNS-21
90PanSti-15
90Sky-230
915Maj-27
91Fle-165
91FleTonP-12
91Hoo-170
91Hoo100S-79
91PanSti-22
91Sky-231
91UppDec-115
92Fle-183
92Hoo-186
92PanSti-43
92Sky-197
92StaClu-377
92StaCluM0-377
92SunTopKS-12
92Top-160
92TopGol-160G
92Ult-147
92UppDec-306
92UppDec-415
93Fin-9
93FinRef-9
93Fle-171
93Hoo-175
93HooFifAG-175
93HooShe-5
93JamSes-183
93StaClu-73
93StaCluFDI-73
93StaCluMO-73
93StaCluSTNF-73
93TopGol-396G
93Ult-152
93UppDec-80
93UppDecS-2
94ColCho-79
94ColChoGS-79
94ColChoSS-79
94Fin-184
94FinRef-184
94Fla-217
94Fle-182
94Fle-284
94Hoo-173
94Hoo-324
94HooShe-8
94JamSes-60
94PanSti-52
94Sky-228
94SP-70
94SPDie-D70
94StaClu-333
94StaCluFDI-333
94StaCluMO-333
94StaCluSTNF-333
94Top-286
94TopSpe-286
94Ult-243
94UppDec-300

95ColCho-148
95ColCholE-79
95ColCholJI-79
95ColCholSI-79
95ColChoPC-148
95ColChoPCP-148
95Fin-200
95FinRef-200
95Fle-56
95FleEur-72
95PanSti-108
95StaClu-305
95Top-248
95TopGal-128
95TopGalPPI-128
95Ult-56
95UltGolM-56
95UppDec-106
95UppDecEC-106
95UppDecECG-106
96ColCholl-48
96ColCholJ-148
96Fin-201
96FinRef-201
96StaCluWA-WA25
96TopSupT-ST8
96UppDec-202
West, Rob
91TenTec-15
92TenTec-16
93TenTec-17
West, Tim
94IHSBoyASD-13
Westbrooks, Erica
96ClaLegotFF-8
Wester, Wade
91TenTec-16
92TenTec-17
Westhead, Paul
90Hoo-422
90HooTeaNS-7
90Sky-307
91Fle-53
91Hoo-227
91HooTeaNS-7
91Sky-384
Westlund, Ryan
94IHSBoyAST-113
Weston, Al
90MicStaCC2*-166
Weston, Allison
95Neb*-17
Westover, Alan
92AusFutN-47
Westphal, Paul
73LinPor-20
73Top-126
74Top-64
75CarDis-34
75Sun-15
75Top-186
76Sun-12
76Top-55
77SpoSer3*-3811
77SunHumDD-12
77Top-10
78RoyCroC-37
78Top-120
79Qualro-9
79Top-30
80Top-7
80Top-38
80Top-83
80Top-95
80Top-123
80Top-133
80Top-149
81Top-W101
83Sta-120
84MilLitACC-5
84SunPol-44
915Maj-28
91SouCal*-75
92CouFla-42
92Fle-184
92Hoo-259
92Sky-275
92Sun25t-12
93Hoo-250
93HooFifAG-250
93HooShe-5
94Hoo-292
96Hoo-189

Westrope, Jack
33SpoKinR*-39
Wetherell, T.K.
90FloStaCC*-139
Wettstein, Max
90FloStaCC*-137
Wetzel, John
70SunA1PB-10
71SunCarM-5
72SunCarM-12
73Top-72
74Top-77
75Sun-16
87SunCirK-15
90TraBlaF-8
93TraBlaF-2
Whalen, Ellis
84Vic-15
Whaley, Darrell
94Min-12
Whatley, Ennis
83Sta-178
84Sta-111
90ProCBA-120
93Fle-244
93Ult-205
93UppDec-379
94ColCho-39
94ColChoGS-39
94ColChoSS-39
94UppDec-69
95ColCholE-39
95ColCholJI-39
95ColCholSI-39
Whatley, T.J.
93Kan-11
Wheat, DeJuan
93Lou-13
94LouSch-3
Wheatley, Bruce
85Ari-14
90ProCBA-32
Wheeler, Agnes
88MarWom-7
88MarWom-10
Wheeler, Brett
92AusFutN-12
Wheeler, Clint
89KenColC*-93
Wheeler, Erika
91WasSta-7
Wheeler, T.J.
92lll-15
Wheery, Anna
90MonSta-16
Wherry, Dan
89NorCarSCC-158
89NorCarSCC-160
Whisby, Glen
95ClaBKR-56
95ClaBKRPP-56
95ClaBKRSS-56
95SRDraD-18
95SRDraDSig-18
Whisnant, Art
91SouCarCC*-156
Whitaker, Lucian
88KenColC-61
Whitby, Cannon
89Ark-8
White, Charles
90Bra-23
91SouCal*-1
White, Chuckie
91ProCBA-119
White, Danny
90AriStaCC*-61
90AriStaCC*-135
White, Greg GATech
89GeoTec-18
90GeoTec-19
91GeoTec-15
White, Greg Marshall
84MarPlaC-DB
84MarPlaC-S3
White, Jahidi
94Geo-14
96Geo-13
White, Jo Jo
70Top-143
71Top-69
71TopTri-4
72Top-45
73LinPor-21

73NBAPlaA-39
73NBAPlaA8-H
73Top-168
74CelLin-9
74NabSugD*-19
74Top-27
74Top-82
75CarDis-35
75CelLinGB-3
75Top-117
75Top-135
76BucDis-20
76Top-115
77CelCit-15
77Top-35
78RoyCroC-38
78Top-85
79Top-11
84MilLitACC-6
95TedWilHL-HL8
White, John
87SouMis-6
White, K.G.
91GeoTecCC*-193
White, Kevin
91SouCarCC*-21
White, Leonard
93Cla-78
93ClaF-97
93ClaG-78
White, Linda
90CleColC*-183
White, Lorenzo
90MicStaCC2*-19
90MicStaCC2*-31
90MicStaCC2*-86
90MicStaCCP*-6
White, Lyman
90LSUColC*-34
White, Mark
91GeoTecCC*-154
White, Marlon
94IHSBoyAST-179
White, Maureen
94CasHS-120
White, Melinda
92TexTecW-16
92TexTecWNC-12
White, Michael
94IHSBoyAST-16
White, Nera
92ChaHOFI-7
White, Page
94TexAaM-17
White, Peter
55AshOil-95
White, Randy
90FleUpd-U23
90HooTeaNS-6
90Sky-69
91Fle-47
91Hoo-353
91HooTeaNS-6
91PanSti-47
91Sky-65
91Sky-491
91UppDec-105
92Fle-320
92FleTeaNS-4
92Hoo-52
92Sky-55
92StaClu-167
92StaCluMO-167
92Top-151
92TopGol-151G
92Ult-47
92UppDec-34
93Fin-161
93FinRef-161
93Fle-49
93Hoo-51
93HooFifAG-51
93PanSti-76
93StaClu-77
93StaCluFDI-77
93StaCluMO-77
93StaCluSTNF-77
93Top-225
93TopGol-225G
93UppDec-14
94ProMag-30
94UppDecE-159
White, Randy FLSt
90FloStaCC*-3

White, Ray
73NorCarPC-7D
White, Reggie
91UppDecS-3
White, Rory
84Sta-24
85Sta-93
White, Rudy
81TCMCBA-18
White, Tony
89ProCBA-158
White, Vincent
71Glo84-61
71Glo84-62
White, Walter
89KenColC*-251
White, Whizzer
90AriStaCC*-168
White, Willie
84Sta-148
85NugPol-11
Whitehead, Bud
90FloStaCC*-179
Whitehead, Eddie
88LouColC-52
Whitehead, Jerome
78CliHan-7
80Top-17
80Top-105
83Sta-132
84Sta-159
85Sta-137
Whitehead, LaDrell
94Wyo-12
Whitehead, Stephen
92AusFutN-48
92AusStoN-37
93AusFutN-56
93AusStoN-14
94AusFutN-45
95AusFutN-81
96AusFutN-48
Whitehouse, Donald
55AshOil-60
Whiteside, Donald
93AusFutN-45
93AusFutSG-14
93AusStoN-17
94AusFutN-35
96BowBesRo-R16
96BowBesRoAR-R16
96BowBesRoR-R16
96Fle-256
96UppDec-302
Whitewell, Mike
91TexA&MCC*-76
Whitey, Jay
90LSUColC*-118
Whitfield, Ike
89LouColC*-71
Whitfield, Mal
57UniOilB*-18
83TopHisGO-95
91ImpHaloF-39
Whiting, Val
92SpoIllfKI*-164
Whitley, Roland
89NorCarS-14
Whitlook, Sean
90HooActP-69
90PanSti-72
90Sky-113A
90Sky-113B
91Hoo-415
91Sky-640
Whitmore, Bob
90NutDam-35
Whitmore, David
88GeoTec-12
Whitmore, Joe
94IHSBoyA3S-21
Whitney, Charles
89NorCarSCC-138
89NorCarSCC-139
89NorCarSCC-140
Whitney, Chris
92CleSch*-9
93Cla-79
93ClaF-52
93ClaG-79
93Fle-379
93FouSp-70
93FouSpG-70
93Hoo-406
93HooFifAG-406
93Top-309
93TopGol-309G
93Ult-341
93UppDec-371

94Fle-371
94Ima-110
94StaClu-234
94StaCluFDI-234
94StaCluMO-234
94StaCluSTNF-234
94Ult-334
96StaClu-165
Whitney, Dave
90ProCBA-132
91ProCBA-23
Whitney, Eli
48TopMagP*-N1
Whitsell, Jerry
55AshOil-84
Whittaker, George
89ProCBA-181
Whittaker, Lou
92LitSunW*-7
Whittel, Jenny
94AusFutN-204A
Whittenburg, Dereck
89NorCarSCC-71
89NorCarSCC-141
89NorCarSCC-142
92CouFla-43
Whitton, Stefni
87SouLou*-15
Whyte, T.J.
94CasHS-131
Wickersham, Jeff
90LSUColC*-151
Wicks, Sidney
71TraBlaT-11
72IceBea-20
72Top-20
73LinPor-107
73Top-160
74Top-96
74Top-175
75Top-40
75Top-131
75TraBlaIO-7
76Top-31
77CelCit-16
77Top-52
78CliHan-4
78Top-109
79Top-16
91UCLColC-16
91UCLColC-52
92CouFla-44
Wiegart, Zach
94Neb*-12
Wiegert, Erik
91Neh*-7
Wiel, Randy
78NorCarS-3
89NorCarCC-158
90NorCarCC*-55
Wiggins, Mark
94IHSBoyAST-49
Wiggins, Mitchell
83Sta-179
84Sta-249
85Sta-25
86Fle-75
90Hoo-130
90PanSti-72
90Sky-113A
90Sky-113B
91Hoo-415
91Sky-640
Wiggins, Tammy
88MarWom-17
Wight, Laura
85Neb*-30
Wilbert, Joe
94TexAaM-9
Wilbourne, Nate
92OhiSta-14
93OhiSta-12
Wilburn, Ken
73JetAllC-6
Wilcox, Derrick
87Van-9
Wilcoxen, Harry
85Bra-D8
Wilder, Brent
90OreSta-18
91OreSta-18
Wilderman, Todd
94IHSBoyAST-157

Wiles, Lloyd
92Hou-13
Wiley, Aubrey
92Aub-2
Wiley, Morlon
88MavBudLB-20
88MavBudLCN-20
89Hoo-247
89Hoo-301
91Hoo-410
91UppDec-26
92Fle-304
92FleTeaNS-4
92Hoo-354
92Sky-350
92StaClu-283
92StaCluMO-283
92Top-295
92TopGol-295G
94ColCho-364
94ColChoGS-364
94ColChoSS-364
94Fle-270
95ColCholE-364
95ColCholJI-364
Wilfong, Win
57Top-65
59Kah-10
60Kah-12
Wilhelm, Bill
90CleColC*-106
Wilhelm, Hoyt
81TopThiB*-4
Wilhite, Kenny
92Neb*-3
Wilkens, Lenny (Len)
61Fle-44
68TopTes-15
69NBAMem-19
69SupSunB-10
69Top-44
70SupSunB-9
70Top-6
70Top-80
71SupSunB-9
71Top-80
72Com-36
72Top-81
72Top-176
73LinPor-45
73NBAPlaA-40
73Top-158
73Top-165
74Top-85
74Top-149
77SupSunS*-8102
78SupPol-12
79SupPol-16
81TCMNBA-11
83SupPol-16
85StaCoa-10
86Hoo-216
89PanSpaS-84
89PanSpaS-259
90Hoo-309
90Hoo-349
90HooTeaNS-5
90Sky-306
91Fle-41
91Hoo-225
91Hoo-380
91HooTeaNS-5
91Pro-7
91Sky-382
91Sky-543
92Fle-45
92Hoo-243
92Sky-259
92SkyUSA-97
92SkyUSA-98
93ActPacHoF-41
93ActPacHoF-83
93HooFifAG-230
94Hoo-274
94HooShe-1
95ActPacHoF-18
95Hoo-171
95Hoo-216
96Hoo-269
96SkyUSA-51
96SkyUSA-13
96StaCluFR-49
96StaCluFRR-49

96TopNBAS-49
96TopNBAS-99
96TopNBAS-149
96TopNBASF-49
96TopNBASF-99
96TopNBASF-149
96TopNBASFAR-49
96TopNBASFAR-99
96TopNBASFAR-149
96TopNBASFR-49
96TopNBASFR-99
96TopNBASFR-149
96TopNBASI-I22
96TopNBASR-49
Wilkerson, Bobby
78Top-41
79Top-67
80Top-57
80Top-118
81Top-MW70
86IndGrel-12
Wilkerson, George
92Ala-14
92Ala-16
93Ala-5
93Ala-13
Wilkerson, Sherron
93Ind-13
94Ind-14
Wilkes, Del
91SouCarCC*-91
Wilkes, Jamaal (Keith)
75Top-50
76Top-75
77Top-33
78Top-3
79Top-35
80Top-7
80Top-123
81Top-23
82LakBAS-11
83LakBAS-12
83NikPosC*-25
83NikPosC*-35
83Sta-24
83StaAllG-24
84Sta-183
85JMSGam-21
85LakDenC-8
85Sta-94
85StaLas1R-11
91UCLColC-37
91UCLColC-73
92LakCheP-5
Wilkes, James
91UCLColC-13
Wilkie, David
76PanSti-258
Wilkins, Dominique
83Sta-263
83StaAll-8
84Sta-76
84StaAllGDP-33
84StaSlaD-9
85StaGatSD-8
85StaSlaDS5-8
85StaSlaDS5-10
86Fle-121
86FleSti-11
86HawPizH-15
86StaBesotB-14
86StaCouK-32
87Fle-118
87FleSti-7
87HawPizH-15
88Fle-5
88FleSti-5
88FouNBAE-9
89Fle-7
89Hoo-165
89Hoo-234
89HooAllP-1
89PanSpaS-68
89PanSpaS-262
89PanSpaS-XX
89SpoIllfKI*-23
90Fle-6
90Hoo-12
90Hoo-36
90Hoo-355

90Hoo100S-2	92UppDec-SP2	94ColChoCtGS-S15	94UppDecU-73	90Fle-131
90HooActP-21	92UppDec1PC-PC1	94ColChoCtGSR-S15	94UppDecU-74	90Hoo-212
90HooActP-27	92UppDecA-AD7	94ColChoGS-247	94UppDecU-75	90Hoo100S-65
90HooAllP-4	92UppDecAW-24	94ColChoSS-247	94UppDecU-76	90HooActP-110
90HooCol-35	92UppDecE-29	94Emb-8	94UppDecU-77	90HooTeaNS-18A
90HooTeaNS-1	92UppDecE-190	94EmbGolI-8	94UppDecU-78	90HooTeaNS-18B
90PanSti-117	92UppDecFE-FE10	94Emo-7	94UppDecUCT-CT13	90PanSti-142
90Sky-11	92UppDecM-P1	94Fin-175	94UppDecUFYD-14	90Sky-197
90StaDomW-1	92UppDecMH-1	94Fin-278	94UppDecUGM-73	91Fle-142
90StaDomW-2	92UppDecS-7	94FinRef-175	94UppDecUGM-74	91FleTonP-34
90StaDomW-3	92UppDecTM-TM2	94FinRef-278	94UppDecUGM-75	91FleWheS-7
90StaDomW-4	93Fin-102	94Fla-172	94UppDecUGM-76	91Hoo-146
90StaDomW-5	93Fin-163	94Fla-186	94UppDecUGM-77	91Hoo-520
90StaDomW-6	93FinMaiA-1	94FlaScoP-10	94UppDecUGM-78	91HooTeaNS-18
90StaDomW-7	93FinRef-102	94FlaUSA-105	95ColCho-89	91PanSti-161
90StaDomW-8	93FinRef-163	94FlaUSA-106	95ColChoCtG-C18	91Sky-198
90StaDomW-9	93Fle-7	94FlaUSA-107	95ColChoCtGS-C18	91Sky-327
90StaDomW-10	93Fle-237	94FlaUSA-108	95ColChoCtGS-C18C	91UppDec-84
90StaDomW-11	93FleAll-12	94FlaUSA-109	95ColChoCtGSG-C18	91UppDec-234
90StaPro-17	93FleInt-12	94FlaUSA-110	95ColChoCtGSG-C18B	91UppDecS-8
91SMaj-79	93FleLivL-6	94FlaUSA-111	95ColChoCtGSG-C18C	92Fle-157
91Fle-6	93FleNBAS-20	94FlaUSA-112	95ColChoCtGSGR-C18	92Fle-320
91Fle-212	93FleSha-10	94Fle-105	95ColChoIE-247	92Hoo-159
91Fle-372	93FleTowOP-30	94Fle-252	95ColChoIJI-247	92Hoo-369
91FleDomW-1	93Hoo-7	94FleAll-13	95ColChoISI-28	92Hoo100S-68
91FleDomW-2	93Hoo-261	94FleCarA-6	95ColChoPC-89	92Sky-168
91FleDomW-3	93Hoo-283	94FleSup-6	95ColChoPCP-89	92Sky-334
91FleDomW-4	93HooFactF-12	94FleTeaL-1	95Fle-13	92StaClu-269
91FleDomW-5	93HooFifAG-7	94Hoo-97	95FleEur-19	92StaCluMO-269
91FleDomW-6	93HooFifAG-261	94Hoo-236	95FleEurCAA-3	92TopArc-76
91FleDomW-7	93HooFifAG-283	94Hoo-309	95FleFlaHL-2	92TopArcG-76G
91FleDomW-8	93HooSco-HS1	94HooPowR-PR4	95Hoo-13	92Ult-243
91FleDomW-9	93HooScoFAG-HS1	94HooSupC-SC21	95Hoo-217	92UppDec-73
91FleDomW-10	93JamSes-8	94JamSes-16	95Sky-9	92UppDec-411
91FleDomW-11	93JamSesG-8	94JamSesFS-8	95SRKroSA-SA4	92UppDecM-CL9
91FleDomW-12	93PanSti-138	94PanSti-20	95StaCluMO5-4	93CavNicB-12
91FleDomW-AU	93Sky-28	94ProMag-56	95StaCluMO-4	93Fle-41
91FleMutP-1	93SkyDynD-D9	94Sky-77	95Top-120	93Hoo-42
91FleTonP-114	93SkyShoS-SS9	94Sky-209	95TopTopF-TF4	93HooFifAG-42
91FleWheS-8	93SkyUSAT-8	94Sky-311	95Ult-16	93JamSes-43
91Hoo-7	93StaClu-65	94SkySlaU-SU30	95UltGolM-16	93PanSti-165
91Hoo-259	93StaClu-129	94SkyUSA-31	96ColCho-325	93Sky-53
91Hoo-449	93StaClu-182	94SkyUSA-32	96ColChoII-10	93StaClu-145
91Hoo100S-4	93StaCluBT-8	94SkyUSA-33	96ColChoIJ-89	93StaCluFDI-145
91HooMcD-1	93StaCluFDI-65	94SkyUSA-34	96Fin-229	93StaCluMO-145
91HooPro0-10	93StaCluFDI-129	94SkyUSA-35	96FinRef-229	93StaCluSTNF-145
91HooSlaD-2	93StaCluFDI-182	94SkyUSA-36	96FlaSho-A81	93Top-62
91HooTeaNS-1	93StaCluFFP-20	94SkyUSADP-DP6	96FlaSho-B81	93TopGol-62G
91LitBasBL-41	93StaCluFFU-182	94SkyUSAG-31	96FlaSho-C81	93Ult-41
91PanSti-101	93StaCluMO-65	94SkyUSAG-32	96FlaShoLC-81	93UppDec-32
91Sky-10	93StaCluMO-129	94SkyUSAG-33	96FlaShoLC-B81	93UppDec-187
91Sky-325	93StaCluMO-182	94SkyUSAG-34	96FlaShoLC-C81	93UppDecE-129
91Sky-326	93StaCluMO-BT8	94SkyUSAG-35	96Fle-209	93UppDecS-92
91Sky-459	93StaCluMO-ST1	94SkyUSAG-36	96Hoo-239	93UppDecSEC-92
91Sky-588	93StaCluRR-4	94SkyUSAOTC-12	96HooStaF-24	93UppDecSEG-92
91UppDec-66	93StaCluST-1	94SkyUSAP-PT6	96Met-212	94ColCho-21
91UppDec-79	93StaCluSTDW-H129	94SkyUSAP-8	96MetPreM-212	94ColChoGS-21
91UppDec-255	93StaCluSTNF-65	94SP-36	96Sky-187	94ColChoSS-21
91UppDecS-6	93StaCluSTNF-129	94SPCha-2	96SkyE-X-66	94FinMarM-8
91UppDecS-12	93StaCluSTNF-182	94SPCha-35	96SkyE-XC-66	94Fla-31
92Fle-8	93Top-103	94SPChaDC-2	96SkyRub-187	94Fle-45
92Fle-279	93Top-292	94SPChaDC-35	96SkyZ-F-133	94Hoo-39
92FleDra-1	93Top-392	94SPDie-D36	96SP-103	94JamSes-38
92FleTeaL-1	93TopGol-103G	94SPHol-PC2	96Ult-244	94PanSti-43
92FleTonP-106	93TopGol-292G	94SPHolDC-2	96UltGolE-G244	94ProMag-25
92Hoo-8	93TopGol-392G	94StaClu-184	96UltPlaE-P244	94Sky-34
92Hoo100S-2	93Ult-7	94StaClu-251	96UppDec-295	94StaClu-20
92PanSti-118	93Ult-371	94StaCluBT-2	96UppDec-330	94StaCluCC-5
92Sky-8	93UltAll-10	94StaCluFDI-184	96UppDecU-51	94StaCluFDI-20
92Sky-282	93UltFamN-15	94StaCluFDI-251	**Wilkins, Eddie Lee**	94StaCluMO-20
92SkyNes-49	93UltJamC-9	94StaCluMO-184	84Sta-37	94StaCluMO-CC5
92SpoIlIfKl*-19	93UltScoK-10	94StaCluMO-251	88KniFriL-13	94StaCluSTNF-20
92StaClu-208	93UppDec-240	94StaCluMO-BT2	89KniMarM-14	94Top-144
92StaClu-260	93UppDec-290	94StaCluSTNF-184	90FleUpd-U65	94TopSpe-144
92StaCluBT-2	93UppDec-467	94StaCluSTNF-251	90Hoo-211	94Ult-38
92StaCluMO-208	93UppDecA-AN6	94Top-6	90HooTeaNS-18A	94UppDecE-124
92StaCluMO-260	93UppDecE-13	94Top-290	90HooTeaNS-18B	94UppDecSE-14
92StaCluMO-BT2	93UppDecE-34	94TopFra-3	90Sky-196	94UppDecSEG-14
92Top-35	93UppDecE-41	94TopOwntG-45	91WilCar-67	95ColChoIE-21
92Top-125	93UppDecE-85	94TopSpe-6	92StaClu-266	95ColChoIJI-21
92Top-200	93UppDecE-97	94TopSpe-290	92StaCluMO-266	95ColChoISI-21
92TopArc-30	93UppDecFM-39	94Ult-16	92Top-373	95FleEur-45
92TopArcG-30G	93UppDecFT-FT20	94UltAll-15	92TopGol-373G	95StaClu-155
92TopBeaT-4	93UppDecH-H1	94UltJamC-10	**Wilkins, Gerald**	95StaCluMOI-155EB
92TopBeaTG-4	93UppDecPV-4	94UltScoK-10	86Fle-122	95StaCluMOI-155ER
92TopGol-35G	93UppDecPV-89	94UppDec-22	87Fle-119	95Top-174
92TopGol-125G	93UppDecS-155	94UppDec-146	88Fle-84	96Fin-149
92TopGol-200G	93UppDecSDCA-E1	94UppDec-177	88KniFriL-14	96FinRef-149
92Ult-6	93UppDecSEC-155	94UppDecE-68	89Fle-107A	96FleDecoE-18
92UppDec-148	93UppDecSEG-155	94UppDecE-192	89Fle-107B	96Hoo-229
92UppDec-400	93UppDecSUT-12	94UppDecSDS-S19	89Hoo-63	96Met-199
92UppDec-433	93UppDecTM-TM1	94UppDecSE-97	89KniMarM-13	96MetPreM-199
92UppDec-454A	93UppDecWJ-TM1	94UppDecSEG-97	89PanSpaS-38	96Sky-177
92UppDec-454B	94ColCho-247	94UppDecSEJ-2	89PanSpaS-41	96SkyRub-176

96SkyZ-F-122
96Top-118
96TopChr-118
96TopChrR-118
96TopNBAa5-118
96Ult-227
96UltDecoE-U18
96UltGolE-G227
96UltPlaE-P227
Wilkins, Jeff
81TCMCBA-8
83Sta-144
84Sta-236
Wilkinson, Dale
82TCMCBA-38
Willard, Jess
48TopMagP*-A7
56AdvR74*-33
Willard, Ken
90NorCarCC*-73
90NorCarCC*-148
Willard, Ralph
89KenBigB-23
Williams, Aaron
94StaClu-338
94StaCluFDI-338
94StaCluMO-338
94StaCluSTNF-338
Williams, Alphonso
90FloStaCC*-31
Williams, Andre
94IHSBoyASD-65
94IHSBoyASD-106
Williams, Andrea
94TexAaM-18
Williams, Art
68RocJacitB-13
69Top-96
70Top-151
72Top-19
73LinPor-22
73Top-147
Williams, B.J.
93Kan-12
Williams, Benford
92Cla-15
92ClaGol-15
92FouSp-14
92FouSpGol-14
92FroR-73
92StaPic-65
Williams, Bernie
68RocJacitB-14
70Top-122
72Top-186
73Top-257
Williams, Billy
90CleColC*-43
Williams, Brad
94AusFutN-201
96AusFutN-76
96AusFutNFF-FFC4
Williams, Brian AZ
89Ari-13
90Ari-12
91Cla-5
91ClaAut-6
91ClaAut-B
01FouOp-153
91Fle-334
91FouSpAu-153A
91FroRU-57
91Hoo-555
91HooTeaNS-19
91Sky-522
91UppDec-499
91UppDecRS-R35
92Fle-165
92FleTeaNS-9
92FleTonP-68
92Hoo-168
92Sky-177
92StaClu-46
92StaCluMO-46
92Top-55
92TopGol-55G
92Ult-134
92UppDec-111
93Fle-279
93Hoo-329
93HooFifAG-329
93Sky-137
93Sky-218
93StaClu-288
93StaCluFDI-288

93StaCluMO-288
93StaCluSTNF-288
93Top-362
93TopGol-362G
93Ult-240
93UppDec-419
93UppDecS-54
93UppDecSEC-54
93UppDecSEG-54
94ColCho-308
94ColChoGS-308
94ColChoSS-308
94Fin-39
94FinRef-39
94Fla-43
94Fle-62
94Hoo-54
94HooShe-7
94PanSti-131
94StaClu-216
94StaCluFDI-216
94StaCluMO-216
94StaCluSTNF-216
94Top-236
94TopSpe-236
94Ult-53
94UppDec-239
95ColCho-8
95ColChoIE-308
95ColChoIJI-308
95ColChoISI-89
95ColChoPC-8
95ColChoPCP-8
95ColChoPCP-233
95Fin-147
95FinRef-147
95Fla-172
95Fle-231
95FleEur-62
95Hoo-310
95Met-160
95PanSti-161
95Sky-180
95SkyE-X-38
95SkyE-XB-38
95SP-63
95SPCha-49
95StaClu-64
95StaClu-308
95StaCluMOI-64
95Top-204
95Ult-49
95Ult-224
95UltGolM-49
95UppDec-263
95UppDecEC-263
95UppDecECG-263
96ColCholI-38
96ColCholI-46
96ColCholJ-8
96ColCholJ-233
96Fle-51
96FleAusS-27
96Hoo-75
96HooSil-75
96SkyZ-F-42
06CkyZ FZ-42
96Top-14
96TopChr-14
96TopChrR-14
96TopNBAa5-14
Williams, Brian BB
91SouCarCC*-144
Williams, Brian FLSt
90FloStaCC*-138
Williams, Buck
83Sta-145
83StaAllG-13
84NetGet-11
84Sta-99
84StaCouK5-6
85PriSti-14
85Sta-58
85StaLas1R-4
86Fle-123
86NetLif-13
87Fle-120
88Fle-79
88FouNBAE-25
89Fle-132
89Hoo-145
89Hoo-315
89PanSpaS-29
89TraBlaF-11

90Fle-160
90Hoo-251
90HooCol-36
90HooTeaNS-22
90PanSti-9
90Sky-240
90TraBlaBP-6
90TraBlaF-19
91Fle-173
91Fle-224
91FleTonP-115
91FleWheS-7
91Hoo-179
91Hoo-313
91Hoo100S-83
91HooMcD-36
91HooTeaNS-22
91PanSti-31
91Sky-242
91Sky-571
91SkyPro-242
91TraBlaF-3
91TraBlaF-15
91TraBlaP-5
91UppDec-353
92Fle-193
92Fle-241
92Fle-269
92FleTonP-107
92FleTotD-10
92Hoo-195
92Hoo-327
92PanSti-45
92Sky-207
92SkyThuaL-TL2
92StaClu-177
92StaCluMO-177
92Top-196
92TopArc-21
92TopArcG-21G
92TopGol-196G
92TraBlaF-2
92TraBlaF-15
92Ult-155
92UppDec-163
93Fle-180
93Hoo-185
93HooFifAG-185
93JamSes-192
93MulAntP-8
93PanSti-49
93Sky-156
93StaClu-315
93StaCluFDI-315
93StaCluMO-315
93StaCluMO-ST22
93StaCluST-22
93StaCluSTNF-315
93Top-126
93TopGol-126G
93TraBlaF-20
93Ult-159
93UppDec-148
93UppDec-429
93UppDecE-233
93UppDecS-122
93UppDecSEC-122
93UppDecSEG-122
94ColCho-52
94ColChoGS-52
94ColChoCC-52
94Fin-172
94FinRef-172
94Fla-125
94Fle-191
94Hoo-182
94JamSes-161
94PanSti-188
94ProMag-109
94SP-139
94SPCha-115
94SPChaDC-115
94SPDie-D139
94Top-84
94TopSpe-84
94TraBlaF-7
94TraBlaF-20
94Ult-163
94UppDec-276
94UppDecE-129
94UppDecSE-74
94UppDecSEG-74
95ColCho-232
95ColCholE-52

95ColCholJI-52
95ColCholSI-52
95ColChoPC-232
95ColChoPCP-232
95Fin-152
95FinRef-152
95Fla-115
95Fle-158
95FleEur-196
95Hoo-138
95JamSes-90
95JamSesDC-D90
95Met-92
95MetSilS-92
95PanSti-252
95ProMag-109
95Sky-102
95Sky-271
95SkyAto-A5
95StaClu-188
95Top-46
95TopGal-101
95TopGalPPI-101
95TraBlaF-13
95Ult-154
95UltGolM-154
95UppDec-234
95UppDecEC-234
95UppDecECG-234
95UppDecSE-74
95UppDecSEG-74
96ColCho-132
96ColCholI-82
96ColCholJ-232
96FleDecoE-10
96MetDecoE-10
96UltDecoE-U10
96UppDec-266
96UppDecRotYC-RC14
Williams, C.J.
92EasIII-8
Williams, Carlo
89FreSta-14
Williams, Cedric
85ForHayS-16
Williams, Channing
87AriSta*-22
Williams, Charlie
71Top-158
72Top-231
Williams, Chris
90LSUCoIC*-88
Williams, Chuck
71Top-218
73Top-232
73Top-239
74Top-212
74Top-228
74Top-241
75Top-226
75Top-281
75Top-315
78Top-89
Williams, Corey
91OklSta-2
91OklSta-30
91OklSta-53
02Cla-71
92ClaGol-71
92Fle-316
92FleTeaNS-3
92FouSp-59
92FouSpGol-59
92FroR-74
92Hoo-364
92Sky-409
92StaClu-349
92StaCluMO-349
92StaPic-87
92Top-271
92TopGol-271G
92Ult-238
92UppDec-18
92UppDecM-CH11
93UppDec-26
Williams, Curtis
88Vir-17
Williams, Dan
89ProCBA-205
Williams, Dayne
90FloStaCC*-73
Williams, Del
90FloStaCC*-176
Williams, Dennis

91ProCBA-93
Williams, Derek
94IHSBoyAST-158
Williams, Dianne
91Was-17
91Was-17
Williams, Don (Duck)
90NotDam-19
Williams, Donald
95ClaBKR-60
95ClaBKRAu-60
95ClaBKRPP-60
95ClaBKRSS-60
95SRDraD-35
95SRDraDSig-35
95SRTetAut-16
Williams, Earl
74SunTeal8-11
75Top-109
Williams, Eric C. Providence
95ClaBKR-13
95ClaBKRAu-13
95ClaBKRIE-IE13
95ClaBKRPP-13
95ClaBKRS-S9
95ClaBKRSS-13
95ClaBKV-13
95ClaBKVE-13
95Col-25
95Col-31
95ColCho-309
95ColChoPC-309
95ColChoPCP-309
95Fin-124
95FinVet-RV14
95FivSp-13
95FivSp-189
95FivSpD-13
95FivSpD-189
95FivSpRS-13
95Fla-226
95FlaClao'-R14
95Fle-317
95FleClaE-39
95Hoo-253
95Met-129
95MetTemS-12
95PacPreGP-40
95PrePas-14
95PrePasAu-8
95ProMag-6
95Sky-220
95SkyE-X-6
95SkyE-XB-6
95SkyHigH-HH2
95SkyRooP-RP13
95SP-149
95SPCha-9
95SPHol-PC2
95SPHolDC-PC2
95SRAut-14
95SRDraD-29
95SRDraDSig-29
95SRFam&F-46
06SRSigPri 44
95SRSigPriS-44
95SRTet-64
95SRTetAut-17
95StaClu-316
95Top-199
95TopDraR-14
95TopGal-53
95TopGalPPI-53
95Ult-296
95UltAll-10
95UppDec-284
95UppDecEC-284
95UppDecECG-284
95UppDecSE-96
95UppDecSEG-96
96BowBes-52
96BowBesAR-52
96BowBesR-52
96CleAss-17
96ColCho-12
96ColCholJ-9
96ColCholJ-309
96ColChoM-M6
96ColChoMG-M6
96ColLif-L13
96Fin-227
96FinRef-227
96FivSpSig-13

96Fle-8
96FleRooR-15
96Hoo-12
96HooSil-12
96Met-7
96PacGolCD-DC14
96PacPreGP-40
96PacPri-40
96Sky-10
96SkyRub-10
96SkyZ-F-7
96SkyZ-FZ-7
96SP-8
96SPPreCH-PC3
96SPx-4
96SPxGol-4
96StaClu-75
96StaCluM-75
96Top-17
96TopChr-17
96TopChrR-17
96TopNBAa5-17
96TopSupT-ST2
96Ult-10
96UltGolE-G10
96UltPlaE-P10
96UppDec-10
96UppDec-137
96UppDecGE-G2
96Vis-27
96VisSig-23
96VisSigAuG-23
96VisSigAuS-23
Williams, Eric Fist.
90FloStaCC*-120
Williams, Frank
94IHSBoyAST-151
Williams, Freddie
90AriStaCC*-53
Williams, Freeman
78CliHan-3
80Top-29
80Top-161
81Top-63
81Top-W95
Williams, Gene
69SunCarM-10
Williams, Gus
76Top-69
77Top-89
78SupPol-11
78SupTeal-10
78Top-39
79SupPol-1
79SupPor-11
79SupPol-27
80Top-3
80Top-40
80Top-80
80Top-91
80Top-163
80Top-168
83Sta-202
83StaAllG-25
83SupPol-5
84Sta-185
84StaCouK5-40
85Sta-110
86Fle-124
86HawPizH-16
Williams, Harper
93Cla-101
93ClaF-90
93ClaG-101
93FouSp-88
93FouSpG-88
Williams, Henry
92Cla-7
92ClaGol-7
92FouSp-7
92FouSpGol-7
92FroR-75
92StaPic-22
Williams, Herb
83Sta-168
84Sta-63
85Sta-87
86Fle-125
87Fle-121
88MavBudLCN-32
89Fle-37
89Hoo-131
89PanSpaS-108
90Fle-45

90Hoo-90
90HooTeaNS-6
90PanSti-58
90Sky-70
91Fle-48
91Hoo-50
91HooTeaNS-6
91ProSetPF*-13
91Sky-66
91UppDec-320
92Fle-398
92Hoo-53
92PanSti-63
92Sky-56
92StaClu-354
92StaCluMO-354
92Ult-324
92UppDec-213
93Fle-341
93Hoo-379
93HooFifAG-379
93JamSes-115
93JamSesTNS-7
93JamSesTNS-9
93Top-278
93TopGol-278G
93Ult-303
93UppDec-315
94ColChoGS-269
94ColChoSS-269
94Fla-272
94Fle-334
94HooShe-10
94StaClu-224
94StaCluFDI-224
94StaCluMO-224
94StaCluSTNF-224
94Top-281
94TopSpe-281
94Ult-300
95ColCho-84
95ColCho-352
95ColCholE-269
95ColCholJI-269
95ColCholSI-50
95ColChoPC-84
95ColChoPC-352
95ColChoPCP-84
95ColChoPCP-352
95StaClu-174
95StaCluMOI-174
96ColCholI-105
96ColCholI-142
96ColCholJ-352
96FleDecoE-19
96UltDecoE-U19
Williams, Hot Rod (John)
87Fle-123
88Fle-26
89Fle-31B
89Hoo-118
89PanSpaS-87
90Fle-37
90Hoo-80
90Hoo100S-18
90HooTeaNS-5
90PanSti-108
90Sky-58
91Fle-40
91FleTonP-59
91Hoo-42
91Hoo100S-19
91HooTeaNS-5
91LitBasBL-42
91PanSti-121
91Sky-55
91Sky-409
91Sky-436
91UppDec-249
92Fle-46
92Hoo-44
92Hoo100S-20
92PanSti-137
92Sky-46
92StaClu-188
92StaCluMO-188
92Top-61
92TopArc-100
92TopArc-112
92TopArcG-100G
92TopGol-61G
92Ult-40

92Ult-218
92Ult-NNO
92UppDec-288
92UppDecM-CL10
92UppDecS-2
93Fin-171
93FinRef-171
93Fle-42
93Hoo-43
93HooFifAG-43
93JamSes-44
93PanSti-166
93Sky-54
93StaClu-41
93StaCluFDI-41
93StaCluMO-41
93StaCluST-5
93StaCluSTNF-41
93Top-248
93TopGol-248G
93Ult-42
93UppDec-78
93UppDecE-130
93UppDecS-96
93UppDecSEC-96
93UppDecSEG-96
94ColCho-18
94ColChoGS-18
94ColChoSS-18
94Emb-19
94EmbGoll-19
94FinRef-115
94Fla-32
94Fle-46
94Hoo-40
94HooPowR-PR9
94JamSes-39
94SP-54
94SPCha-47
94SPChaDC-47
94SPDie-D54
94StaCluFDI-283
94Ult-39
94UppDecSE-15
94UppDecSEG-15
95Fle-32
95Hoo-31
95Ult-35
96ColChoM-M38
96ColChoMG-M38
Williams, Ike BX
48TopMagP*-A18
Williams, Ike NM
90NewMex-16
91NewMex-18
92NewMex-15
93Cla-102
93ClaF-92
93ClaG-102
93FouSp-89
93FouSpG-89
Williams, Isaac
90FloStaCC*-22
Williams, James (Fly)
75Top-293
92OhiValCA-17
Williams, Jayson
90FleUpd-U73
90StaPic-5
91Fle-338
91Hoo-416
91Sky-220
91UppDec-191
91UppDecRS-R14
92Fle-391
92Hoo-177
92Hoo-431
92Sky-187
92StaClu-31
92StaClu-390
92StaCluMO-31
92StaCluMO-390
92Top-134
92Top-238
92TopGol-134G
92TopGol-238G
93Fle-339
93Hoo-375
93HooFifAG-375
93HooShe-3
93Ult-300
94ColCho-355
94ColChoGS-355

94ColChoSS-355
94Fle-332
94Sky-260
94Top-28
94TopSpe-28
94Ult-297
94UppDec-301
95ColCholE-355
95ColCholJI-355
95ColCholSI-136
95Fin-151
95FinRef-151
95Fla-178
95Met-172
95PanSti-27
95SP-87
95StaClu-213
95Top-267
95TopGal-106
95TopGalPPI-106
95Ult-231
95UppDecSE-141
95UppDecSEG-141
96BowBes-72
96BowBesAR-72
96BowBesR-72
96ColCho-99
96Fin-166
96FinRef-166
96Fle-223
96Hoo-102
96HooStaF-17
96Met-63
96Sky-279
96SkyRub-279
96SkyZ-F-57
96SkyZ-FZ-57
96SP-71
96StaClu-155
96Top-140
96TopChr-140
96TopChrR-140
96TopNBAa5-140
96Ult-218
96UltBoaG-20
96UltGolE-G218
96UltPlaE-P218
96UppDec-81
96UppDec-152
Williams, Jerome
94Geo-12
96AllSpoPPaF-19
96BowBesRo-R12
96BowBesRoAR-R12
96BowBesRoR-R12
96ColCho-242
96ColChoCtGS2-C8A
96ColChoCtGS2-C8B
96ColChoCtGS2R-R8
96ColChoCtGS2RG-R8
96ColChoCtGSG2-C8A
96ColChoCtGSG2-C8B
96ColEdgRR-47
96ColEdgRRD-47
96ColEdgRRG-47
96ColEdgRRKK-23
96ColEdgRRKKG-23
96ColEdgRRKKH-23
96ColEdgRRRR-23
96ColEdgRRRG-23
96ColEdgRRRH-23
96Fin-71
96Fin-239
96FinRef-71
96FinRef-239
96Fle-184
96Hoo-316
96HooRoo-29
96PacPow-53
96PrePas-21
96PrePas-41
96PrePasAu-19
96PrePasNB-21
96PrePasS-21
96PrePasS-41
96ScoBoaAB-30
96ScoBoaAB-30A
96ScoBoaAB-30B
96ScoBoaAB-30C
96ScoBoaACA-50
96ScoBoaBasRoo-30
96ScoBoaBasRooCJ-CJ16
96ScoBoaBasRooD-DC26
96Sky-238

96SkyRub-238
96SkyZ-F-167
96StaCluR1-R22
96StaCluRS-RS21
96Top-162
96TopChr-162
96TopChrR-162
96TopDraR-26
96TopNBAa5-162
96Ult-184
96UltGolE-G184
96UltPlaE-P184
96UppDec-217
Williams, John LSU
85LSU*-14
87Fle-122
88Fle-119
89Fle-31A
89Fle-162A
89Fle-162B
89Hoo-254
89PanSpaS-59
90Hoo-304
90Hoo100S-100
90HooActP-46
90HooActP-156
90HooTeaNS-6
90LSUColC*-14
90PanSti-146
90Sky-294
91Hoo-220
91PanSti-175
91Sky-296
91SouCal*-10
91UppDec-272
92Fle-360
92Hoo-406
92Sky-354
92StaClu-82
92StaClu-331
92StaCluMO-82
92StaCluMO-331
92Top-138
92Top-228
92TopGol-138G
92TopGol-228G
92Ult-283
92UppDec-320
93CavNicB-13
93Fle-97
93Hoo-101
93HooFifAG-101
93JamSes-101
93PanSti-22
93Top-127
93TopGol-127G
93Ult-91
93UppDec-137
93UppDecE-186
94ColCho-153
94ColChoGS-153
94ColChoSS-153
94Fin-115
94Fle-297
94PanSti-44
94ProMag-22
94Sky-238
94StaClu-283
94StaCluMO-283
94StaCluSTNF-283
94Top-16
94Top-221
94TopSpe-16
94TopSpe-221
94Ult-259
94UppDecE-22
95ColCho-96
95ColChoDT-T9
95ColChoDTPC-T9
95ColChoDTPCP-T9
95ColCholE-18
95ColCholE-153
95ColCholJI-18
95ColCholJI-153
95ColCholSI-18
95ColCholSI-153
95ColChoPC-96
95ColChoPCP-96
95Fin-41
95FinRef-41
95Fla-24
95Fle-246
95FleEur-46

95FleEur-100
95JamSes-20
95JamSesDC-D20
95Met-19
95Met-182
95MetSilS-19
95PanSti-99
95Sky-23
95Sky-197
95SP-107
95StaClu-41
95StaClu-196
95StaClu-359
95StaCluMOl-41
95Ult-237
95UltGolM-35
95UppDec-223
95UppDecEC-223
95UppDecECG-223
95UppDecSE-15
95UppDecSE-154
95UppDecSEG-15
95UppDecSEG-154
96ColCho-311
96ColCholI-28
96ColCholJ-96
96Hoo-126
96HooSil-126
Williams, Josh
94IHSBoyA3S-20
Williams, Kenny
90FleUpd-U38
91Fle-295
91Hoo-374
91Sky-120
91UppDec-211
92Fle-354
92Hoo-400
92StaClu-296
92StaCluMO-296
92Ult-278
93Fle-303
93Hoo-349
93HooFifAG-349
93Top-376
93TopGol-376G
93Ult-263
93UppDec-318
Williams, Kenny PURDUE
92Pur-16
93Pur-16
Williams, Kevin E.
84Sta-224
88Fle-72
Williams, Kevin McNSt.
89McNSta*-1
Williams, KIm
88MarWom-10
Williams, Landis
94ArkTic-8
Williams, Larry
88LouColC-41
88LouColC-130
89LouColC*-278
Williams, LaVon
76KenSch-12
77Ken-11
77KenSch-19
78Kon 14
78KenSch-16
79Ken-4
79KenSch-17
88KenColC-112
88KenColC-218
Williams, Leon
89LouColC*-190
Williams, Lorenzo
92StaClu-339
92StaCluMO-339
93PanSti-202
94ColCho-288
94ColChoGS-288
94ColChoSS-288
94Fla-204
94Fle-271
94SP-60
94SPDie-D60
94StaClu-238
94StaCluFDI-238
94StaCluMO-238
94StaCluSTNF-238
94Top-217
94TopSpe-217
94Ult-231

94UppDec-73
94UppDecSE-107
94UppDecSEG-107
95ColCho-290
95ColCholE-288
95ColCholJI-288
95ColCholSI-69
95ColChoPC-290
95ColChoPCP-290
95Fin-171
95FinRef-171
95Fla-29
95Fle-40
95Hoo-300
95PanSti-153
95StaClu-245
95TopGal-122
95TopGalPPI-122
95Ult-43
95UltGolM-43
95UppDec-201
95UppDecEC-201
95UppDecECG-201
96ColCholl-23
96ColCholJ-290
Williams, Luke
94IHSBoyA3S-23
Williams, Micheal
87Bay*-4
89Hoo-224
89Hoo-344
90FleUpd-U39
90Sky-36
90Sky-388
91Fle-88
91Hoo-90
91HooTeaNS-11
91Sky-121
91Sky-496
91UppDec-215
92Fle-96
92Fle-384
92FleDra-32
92FleTonP-69
92FleTotD-8
92Hoo-97
92Hoo-324
92Hoo-426
92PanSti-148
92Sky-102
92Sky-372
92StaClu-338
92StaCluMO-338
92Top-351
92TopArc-114
92TopArcG-114G
92TopGol-351G
92Ult-311
92UppDec-95
92UppDec-398
93Fin-19
93FinRef-19
93Fle-128
93Hoo-135
93HooFifAG-135
93JamSes-136
93PanSti 103
93Sky-119
93SkyThuaL-TL3
93StaClu-9
93StaClu-324
93StaCluFDI-9
93StaCluFDI-324
93StaCluMO-9
93StaCluMO-324
93StaCluMO5-15
93StaCluSTNF-9
93StaCluSTNF-324
93Top-39
93TopGol-39G
93Ult-117
93UppDec-268
93UppDec-440
93UppDec-481
93UppDecS-34
93UppDecSEC-34
93UppDecSEG-34
93UppDecTD-TD10
94ColCho-159
94ColChoCtGA-A15
94ColChoCtGAR-A15
94ColChoGS-159
94ColChoSS-159
94Emb-57

94EmbGoll-57
94Fin-29
94FinRef-29
94Fla-92
94Fle-138
94Hoo-129
94HooShe-9
94JamSes-114
94PanSti-172
94ProMag-80
94Sky-102
94StaClu-169
94StaCluFDI-169
94StaCluMO-169
94StaCluSTNF-169
94Top-139
94TopSpe-139
94Ult-113
94UppDec-287
94UppDecE-123
94UppDecETD-TD4
94UppDecSE-54
94UppDecSEG-54
95ColCho-27
95ColCholE-159
95ColCholJI-159
95ColCholSI-159
95ColChoPC-27
95ColChoPCP-27
95Fin-21
95FinRef-21
95Fle-238
95FleEur-142
95PanSti-180
95StaClu-39
95StaCluMOI-39
95Top-66
95UppDec-265
95UppDecEC-265
95UppDecECG-265
96ColCho-284
96ColCholl-91
96ColCholJ-27
96Fin-36
96FinRef-36
Williams, Mike
89ProCBA-155
90LSUCoIC*-64
90ProCBA-60
Williams, Monty
90NotDam-48
94Cla-26
94ClaBCs-BC23
94ClaG-26
94ClaROYSw-6
94ColCho-216
94ColChoGS-246
94ColChoSS-246
94Emo-66
94Fin-244
94FinRef-244
94Fla-273
94Fle-335
94FouSp-24
94FouSpAu-24A
94FouSpG-24
94FouSpPr-24
94Hoo-354
94HooSch-28
94JamSesRS-19
94PacP-66
94PacPriG-66
94Sky-262
94SkyDraP-DP24
94SP-23
94SPDie-D23
94SPHol-PC31
94SPHolDC-31
94SRGolS-23
94SRTet-81
94SRTetFC-5
94SRTetFCSig-AU21
94SRTetS-81
94StaClu-325
94StaCluFDI-325
94StaCluMO-325
94StaCluSTNF-325
94Top-227
94TopFra-16
94TopSpe-227
94Ult-301
94UppDec-283
95ColCho-250
95ColCholE-246

95ColCholJI-246
95ColCholSI-27
95ColChoPC-250
95ColChoPCP-250
95FleEur-162
95Hoo-113
95Ima-22
95SRKro-18
95SRSpoS-9
95SRSpoS-28
95StaClu-258
95SupPix-23
95SupPixAu-23
95SupPixC-23
95SupPixCG-23
95TedWil-77
95Top-76
95UppDec-278
95UppDecECG-278
95UppDecSE-59
95UppDecSEG-59
96ColCholl-65
96ColCholJ-250
96SkyAut-93
96SkyAutB-93
Williams, Murray
90Con-15
Williams, Natalie
90UCL-32
Williams, Nate
72Top-151
73KinLin-9
73LinPor-67
73Top-54
74Top-116
75Top-182
76Top-88
Williams, Paul
90AriStaCC*-44
Williams, Pete
83Ari-16
84Ari-16
85NugPol-4
90AriColC*-57
Williams, Phil
96PenSta*-4
Williams, Ray
78Top-129
79Top-48
80Top-65
80Top-153
81Top-28
83Sta-72
85JMSGam-16
Williams, Ray CLEM
90CleColC*-47
90CleColC*-102
Williams, Reggie
83Geo-15
84Geo-11
85Geo-14
86Geo-13
89Fle-74
89Hoo-128
90Hoo-272
90Sky-416
915Maj-80
91Flo 61
91FleTonP-44
91GeoColC-4
91GeoColC-41
91GeoColC-53
91GeoColC-65
91Hoo-56
91HooTeaNS-7
91PanSti-55
91Sky-75
91Sky-465
91UppDec-206
92Fle-61
92FleTonP-70
92Hoo-61
92PanSti-70
92Sky-65
92SkySchT-ST3
92StaClu-150
92StaCluMO-150
92Top-13
92TopGol-13G
92Ult-54
92UppDec-51
92UppDec-113
92UppDecE-46
95Fin-17

93FinRef-17
93Fle-57
93Hoo-59
93HooFifAG-59
93HooSco-HS7
93HooScoFAG-HS7
93JamSes-59
93PanSti-85
93Sky-65
93StaClu-27
93StaCluFDI-27
93StaCluMO-27
93StaCluSTNF-27
93Top-83
93TopGol-83G
93Ult-54
93UppDec-327
93UppDecE-146
93UppDecS-45
93UppDecSEC-45
93UppDecSEG-45
94Fin-52
94Fin-189
94FinRef-52
94FinRef-189
94Fla-44
94Fle-63
94Hoo-55
94HooShe-7
94JamSes-52
94PanSti-132
94ProMag-34
94Sky-46
94StaClu-100
94StaCluFDI-100
94StaCluMO-100
94StaCluSTNF-100
94Top-121
94TopSpe-121
94Ult-54
94UppDec-348
94UppDecSE-22
94UppDecSEG-22
95ColCho-134
95ColCholE-130
95ColCholJI-130
95ColCholSI-130
95ColChoPC-134
95ColChoPCP-134
95Fin-107
95FinRef-107
95Fla-35
95Fle-49
95FleEur-63
95Hoo-302
95PanSti-162
95ProMag-35
95Sky-168
95StaClu-197
95TopGal-96
95TopGalPPI-96
95Ult-50
95UltGolM-50
95UppDec-80
95UppDecEC-80
95UppDecSE-111
95UppDecSEG-111
96ColCho-259
96ColCholl-41
96ColCholJ-134
96Top-59
96TopChr-59
96TopChrR-59
96TopNBAa5-59
Williams, Ricky
81TCMCBA-19
Williams, Rob
82NugPol-21
83NugPol-21
83Sta-192
83StaAll-9
Williams, Rodney
90CleColC*-67
Williams, Ron (Fritz)
69Top-36
70Top-8
71Top-38
71Top-141
71TopTri-28
71WarTeal-13
72Top-123
73Top-23
75Top-198

Williams, Roy
89Kan-56
91Kan-15
92Kan-14
93Kan-13
Williams, Rudy
77SpoSer7*-7608
Williams, Sam
83Sta-12
84Sta-211
84StaAre-E10
90AriStaCC*-4
90AriStaCCP*-6
91ProCBA-8
Williams, Schwoonda
90LSUColC*-69
Williams, Scott
86NorCar-42
87NorCar-42
88NorCar-42
88NorCar-NNO
88NorCar-NNO
89NorCarS-5
90StaPic-26
91S Maj-37
91Fle-259
91Hoo-346
91HooMcD-70
91HooTeaNS-4A
91UppDec-362
92Fle-37
92FleTeaNS-3
92FleTonP-71
92Hoo-35
92Sky-36
92SkySchT-ST18
92StaClu-67
92StaCluMO-67
92Top-309
92TopGol-309G
92Ult-32
92UppDec-171
92UppDecM-CH12
93Fle-33
93Hoo-33
93HooFifAG-33
93HooShe-1
93JamSes-35
93PanSti-157
93Sky-48
93Top-348
93TopGol-348G
93Ult-224
93UppDec-205
93UppDec-306
93UppDecE-122
94ColCho-343
94ColChoGS-343
94ColChoSS-343
94Fin-187
94FinRef-187
94Fla-284
94Fle-37
94Fle-346
94Hoo-31
94Hoo-360
94Hoo-444
94JamSes-145
94PanSti-107
94Sky-27
94Sky-268
94StaClu-272
94StaCluFDI-272
94StaCluMO-272
94StaCluSTNF-272
94Top-242
94TopSpe-242
94Ult-144
94Ult-312
94UppDec-294
94UppDecSE-156
94UppDecSEG-156
95ColCho-46
95ColChoE-343
95ColChoJI-343
95ColChoISI-124
95ColChoPC-46
95ColChoPCP-46
95Fin-232
95FinRef-232
95Fle-139
95PanSti-53
95StaClu-295
95Top-82

95TopGal-127
95TopGalPPI-127
95Ult-136
95UltGolM-136
95UppDecSE-66
95UppDecSEG-66
96ColCho-303
96ColCholI-116
96ColChoIJ-46
96Fin-17
96FinRef-17
96StaClu-180
96Top-19
96TopChr-19
96TopChrR-19
96TopNBAa5-19
96UppDec-155
Williams, Sly
81Top-E88
83Sta-274
84Sta-87
Williams, Stan
82TCMLanC-22
Williams, Steve
76PanSti-100
Williams, Tammy
95WomBasA-18
Williams, Ted
51Whe*-6
52Whe*-30A
52Whe*-30B
77SpoSer1*-1303
90MicStaCC2*-47
90MicStaCC2*-173
Williams, Travis
91ProCBA-82
Williams, Ulis
90AriStaCC*-117
Williams, Walt
88Mar-12
92Cla-2
92ClaGol-2
92ClaLPs-LP7
92ClaMag-BC10
92ClaPre-4
92ClaPro-4
92Fle-424
92FouSp-2
92FouSpAu-2A
92FouSpBCs-BC5
92FouSpGol-2
92FroR-94
92FroR-95
92FroR-96
92FroRowDP-76
92FroRowDP-77
92FroRowDP-78
92FroRowDP-79
92FroRowDP-80
92Hoo-463
92HooDraR-F
92HooMagA-6
92Sky-396
92SkyDraP-DP7
92StaClu-293
92StaCluMO-293
92StaPic-36
92StaPic-71
92Top-302
92TopGol-302G
92Ult-352
92UltAll-10
92UppDec-330
92UppDec-479
92UppDecM-P47
92UppDecMH-36
92UppDecRS-RS18
92UppDecS-10
93Fin-210
93FinRef-210
93Fle-187
93FleRooS-24
93Hoo-194
93HooFactF-8
93HooFifAG-194
93JamSes-200
93PanSti-58
93Sky-161
93SkySch-51
93SkyThuaL-TL8
93StaClu-331
93StaCluFDI-331
93StaCluMO-331

93StaCluSTNF-331
93Top-98
93Top-154
93TopGol-98G
93TopGol-154G
93Ult-166
93UltIns-10
93UppDec-282
93UppDecA-AR6
93UppDecE-72
93UppDecE-237
93UppDecFH-36
93UppDecH-H23
93UppDecPV-33
93UppDecS-172
93UppDecSEC-172
93UppDecSEG-172
94ColCho-137
94ColChoGS-137
94ColChoSS-137
94Fin-62
94FinRef-62
94Fla-131
94Fle-199
94Hoo-190
94JamSes-167
94PanSti-196
94ProMag-114
94Sky-147
94Sky-312
94SP-142
94SPCha-179
94SPChaDC-119
94SPDie-D142
94StaClu-88
94StaCluFDI-88
94StaCluMO-88
94StaCluSTNF-88
94Top-168
94TopSpe-168
94Ult-168
94UppDec-291
94UppDecE-67
94UppDecSE-76
94UppDecSEG-76
95ColCho-165
95ColCho-388
95ColChoE-137
95ColChoJI-137
95ColChoISI-137
95ColChoPC-165
95ColChoPC-388
95ColChoPCP-165
95ColChoPCP-388
95Fin-241
95FinDisaS-DS23
95FinRef-241
95Fla-120
95Fle-165
95FleEur-203
95Hoo-144
95HooBloP-25
95HooSla-SL41
95JamSes-94
95JamSesDC-D94
95Met-96
95MetSilS-96
95PanSti-261
95ProMag-115
95Sky-106
95SkyE-X-45
95SkyE-XB-45
95SP-117
95SPCha-93
95StaClu-74
95StaCluMO5-43
95StaCluMOI-74
95Top-81
95TopGal-99
95TopGalPPI-99
95Ult-160
95UltGolM-160
95UppDec-75
95UppDecEC-75
95UppDecECG-75
96ColCho-83
96ColCholI-139
96ColCholI-178
96ColChoIJ-165
96ColChoIJ-388
96Fle-60
96Fle-257
96Hoo-86
96Hoo-243

96HooStaF-26
96Met-217
96MetPreM-217
96Sky-192
96SkyE-X-72
96SkyE-XC-72
96SkyRub-192
96SkyZ-F-49
96SkyZ-FZ-49
96SP-112
96Ult-251
96UltGolE-G251
96UltPlaE-P251
96UppDec-303
Williams, Willie
94IHSBoyAST-152
Williamson, Becky
88MarWom-12
Williamson, Corliss
92Ark-12
93Ark-13
94ArkTic-13
95AssGol-33
95AssGolPC$2-33
95AssGPC$25-5
95AssGPP-33
95AssGSS-33
95ClaBKR-12
95ClaBKR-98
95ClaBKR-110
95ClaBKRAu-12
95ClaBKRCC-CCH5
95ClaBKRCS-CS8
95ClaBKRIE-IE12
95ClaBKRP-2
95ClaBKRPP-12
95ClaBKRPP-98
95ClaBKRPP-110
95ClaBKRRR-13
95ClaBKRSS-12
95ClaBKRSS-98
95ClaBKRSS-110
95ClaBKV-12
95ClaBKV-72
95ClaBKV-98
95ClaBKVE-12
95ClaBKVE-72
95ClaBKVE-98
95ClaNat*-NC19
95Col-26
95Col-60
95Col2/1-T3
95ColCho-308
95ColChoPC-308
95ColChoPCP-308
95Fin-123
95FinVet-RV13
95FivSp-12
95FivSpD-12
95FivSpFT-FT20
95FivSpRS-12
95Fla-227
95FlaClao'-R15
95Fle-318
95FleClaE-40
95Hoo-282
95Met-189
95PacPreGP-5
95PrePas-13
95PrePasP-9
95ProMag-111
95Sky-242
95SkyLotE-13
95SkyRooP-RP12
95SRAut-13
95SRDraDSS-C1
95SRDraDSS-C2
95SRDraDSS-C3
95SRDraDSS-C4
95SRDraDSS-C5
95SRDraDSSS-C1
95SRDraDSSS-C2
95SRDraDSSS-C3
95SRDraDSSS-C4
95SRDraDSSS-C5
95SRFam&F-47
95SRSigPri-43
95SRSigPriS-43
95SRTet-63
95SRTetAut-15
95StaClu-345
95Top-244
95TopDraR-13
95Ult-297

95UppDec-303
95UppDecEC-303
95UppDecECG-303
95UppDecSE-160
95UppDecSEG-160
96Ass-47
96AssPC$2-29
96CleAss-16
96ColCho-135
96ColCholI-90
96ColCholJ-308
96ColLif-L14
96FivSpSig-12
96Fle-247
96Hoo-138
96Met-210
96MetPreM-210
96PacGolCD-DC15
96PacPreGP-5
96PacPri-5
96Sky-102
96SkyRub-102
96SP-99
96Ult-97
96UltGolE-G97
96UltPlaE-P97
96UppDec-166
96UppDec-166
96Vis-25
96Vis-140
96VisSig-21
96VisSigAuG-21
96VisSigAuS-21
Williamson, Darla
91WasSta-11
Williamson, Ernie
90NorCarCC*-144
Williamson, John
74Top-234
75Top-251
75Top-282
76Top-113
77Top-44
78RoyCroC-39
78Top-11
79Top-55
80Top-84
80Top-129
Williford, Jason
91Vir-15
92Vir-9
93Vir-13
Williford, Vann
71Top-229
73NorCarSPC-S2
89NorCarSCC-81
89NorCarSCC-87
89NorCarSCC-125
Willingham, Nantambu
91Con-16
92Con-14
93Con-15
94Con-15
Willis, Frank
92NewMex-16
Willis, Kevin
85Sta-48
85StaAllT-9
86Fle-126
86HawPizH-17
87Fle-124
87HawPizH-16
88Fle-6
89Hoo-98
89PanSpaS-69
90Fle-7
90Hoo-37
90HooTeaNS-1
90MicStaCC2*-119
90MicStaCC2*-163
90MicStaCC2*-179
90PanSti-119
90Sky-12
90StaDomW-5
91S Maj-81
91Fle-7
91FleTonP-92
91Hoo-8
91Hoo-450
91HooTeaNS-1
91PanSti-102
91Sky-11
91Sky-325
91Sky-326

91Sky-459
91SkyCanM-1
91UppDec-278
91UppDec-462
92Fle-9
92FleAll-12
92Hoo-9
92Hoo-304
92Hoo-325
92Hoo100S-3
92PanSti-119
92Sky-9
92StaClu-5
92StaCluMO-5
92Top-109
92Top-266
92TopArc-59
92TopArcG-59G
92TopGol-109G
92TopGol-266G
92Ult-7
92UltAll-12
92UppDec-41
92UppDec-144
92UppDec-350
92UppDec-397
92UppDecE-4
92UppDecS-7
93Fin-78
93FinRef-78
93Fle-8
93Hoo-8
93HooFifAG-8
93JamSes-9
93PanSti-139
93Sky-29
93StaClu-69
93StaClu-332
93StaCluFDI-69
93StaCluFDI-332
93StaCluMO-69
93StaCluMO-332
93StaCluST-1
93StaCluSTDW-H332
93StaCluSTNF-69
93StaCluSTNF-332
93Top-81
93TopGol-81G
93Ult-8
93UppDec-117
93UppDec-424
93UppDecE-98
93UppDecS-29
93UppDecSBtG-G9
93UppDecSEC-29
93UppDecSEG-29
94ColChoCtgR-R15
94ColChoCtgRR-R15
94ColChoGS-264
94ColChoSS-264
94Emb-51
94EmbGolI-51
94Emo-52
94Fin-97
94Fin-103
94Fin-251
94FinRef-97
94FinRef-103
94FinRef-251
94Fla-252
94Fle-9
94Fle-315
94Hoo-7
94Hoo-256
94Hoo-345
94JamSes-6
94PanSti-12
94Sky-7
94Sky-251
94SP-97
94SPCha-83
94SPChaDC-83
94SPDie-D97
94StaClu-110
94StaClu-145
94StaCluFDI-110
94StaCluMO-110
94StaCluMO-145
94StaCluST-1
94StaCluSTNF-110
94StaCluSTNF-145
94Top-41

94Top-42
94TopOwntG-44
94TopSpe-41
94TopSpe-42
94Ult-7
94Ult-281
94UltPowITK-10
94UltRebK-10
94UppDec-61
94UppDec-272
94UppDecE-43
94UppDecPLL-R26
94UppDecPLLR-R26
94UppDecS-4
94UppDecSE-2
94UppDecSE-137
94UppDecSEG-2
94UppDecSEG-137
94UppDecSEJ-14
95ColCho-126
95ColCholE-264
95ColCholJI-264
95ColCholSI-45
95ColChoPC-126
95ColChoPCP-126
95Fin-44
95FinRef-44
95Fla-73
95Fle-99
95FleEur-126
95Hoo-88
95HooSla-SL25
95JamSes-58
95JamSesDC-D58
95Met-60
95MetSilS-60
95MetSteT-10
95PanSti-18
95ProMag-70
95Sky-68
95SkyE-X-28
95SkyE-XB-28
95SP-72
95SPCha-57
95StaClu-114
95StaClu-191
95StaCluMO5-6
95StaCluMOI-114B
95StaCluMOI-114R
95Top-137
95TopGal-81
95TopGalE-EX4
95TopGalPPI-81
95Ult-99
95Ult-348
95UltGolM-99
95UppDec-58
95UppDecEC-58
95UppDecECG-58
95UppDecSE-132
95UppDecSEG-132
96ColCho-252
96ColCholI-83
96ColCholJ-126
96ColChoM-M110
96ColChoMG-M110
96Fin-232
96FinRef-232
96Fle-38
96Fle-195
96FleDecoE-20
96HooStaF-10
96Met-175
96MetPreM-175
96StaCluWA-WA6
96Ult-194
96UltDecoE-U20
96UltGolE-G194
96UltPlaE-P194
96UppDec-227
96UppDecGK-13
Willis, Kris
94CasHS-132
Willis, Peter Tom
90FloStaCC*-11
90FloStaCC*-141
Willoughby, Bill
83Sta-156
Wills, Elliott (Bump)
90AriStaCC*-25
Wills, Eric
91WriSta-17
93WriSta-17
94WriSta-4

Wills, Matt
94IHSBoyAST-86
Wills, Roy
94TexAaM-9
Wilson, Anthony
85LSU*-16
Wilson, Barry
90LSUColC*-102
Wilson, Ben
89ProCBA-2
Wilson, Bill
54QuaSpoO*-9
Wilson, Bob
75Top-169
92Haw-14
Wilson, Brad
94IHSBoyAST-180
Wilson, Byron
93Cla-103
93ClaF-94
93ClaG-103
93FouSp-90
93FouSpG-90
Wilson, Cynthia
95WomBasA-19
Wilson, Don
82Fai-16
Wilson, Eddie
90AriColC*-115
Wilson, Emeka
93JamMad-12
Wilson, Erik
92FroR-77
Wilson, Felix
89KenColC*-146
Wilson, George (Jif)
64Kah-3
68SunCarM-12
70Top-11
71Top-26
Wilson, Imani
90CleWom-15
Wilson, Jarred
94IHSBoyAST-114
Wilson, Jerry
90MurSta-13
91MurSta-13
92MurSta-16
Wilson, Joe
94IHSBoyAST-71
Wilson, Karl
90LSUColC*-31
Wilson, Keith
90ProCBA-108
91ArkColC*-20
91ProCBA-174
Wilson, Kenneth
91GeoTecCC*-143
Wilson, Lee
93Ark-14
94ArkTic-6
Wilson, Marcus
92NorCarS-14
93NorCarS-14
94NorCarS-15
Wilson, Marshall
89Geo-12
90Geo-15
Wilson, Merlin
91GeoColC-60
01GeoColO-90
Wilson, Michael
82TCMCBA-72
84Sta-100
94Mem-13
Wilson, Nancy
91SouCarCC*-18
Wilson, Nikita
85LSU*-15
90LSUColC*-42
Wilson, Othell
84Sta-160
86KinSmo-15
Wilson, Otis
89LouColC*-116
Wilson, Paul
92FloSta*-35
94ClaAssSS*-11
Wilson, Rick
78HawCok-14
80TCMCBA-7
88LouColC-24
88LouColC-119
88LouColC-153

89LouColC*-21
89LouColC*-237
Wilson, Ricky
89ProCBA-135
Wilson, Shawn
91Vir-16
92Vir-10
93Vir-14
Wilson, Tom
90Bra-24
Wilson, Trevor
90FleUpd-U5
90StaPic-7
91UCLColC-106
93Hoo-357
93HooFifAG-357
93Ult-335
93UppDec-312
94Fle-200
94Ult-329
94UppDec-153
95FleEur-204
Wilson, Ty
92Geo-16
93Geo-15
Wilson, Whip
48TopMagP*-J42
Wiltjer, Greg
83Vic-14
89ProCBA-67
90ProCBA-11
91ProCBA-190
Wimbley, Abner
90LSUColC*-184
Wimmer, Justin
93MemSta-16
94Mem-14
Winchester, Kennard
91Sky-109
91UppDec-273
92Hoo-394
92StaClu-381
92StaCluMO-381
92UppDec-412
Windsor, Scott
91SouCarCC*-155
Windy, Luke
94IHSBoyA3S-37
Wine, Robby
92Lou-15
93Lou-14
Winebarger, Rita
91SouCarCC*-14
Winfield, Julian
93Mis-16
95Mis-16
Winfield, Lee
70SupSunB-10
70Top-147
71SupSunB-10
71Top-103
72Top-33
73SupShu-12
73Top-42
74Top-157
75Top-192
Wingate, David
82Geo-9
83Geo-14
84Geo-12
85Geo-15
87Fle-125
89Hoo-323
90Fle-174
90Hoo-273
90Sky-262
91SMaj-82
91Fle-371
91GeoColC-10
91Hoo-448
91Sky-264
91Sky-653
91UppDec-217
91UppDec-401
92Fle-237
92Fle-312
92FleTeaNS-2
92HorSta-9
92PanSti-192
92StaCluMO-378
92TopGol-395G
92Ult-192
92Ult-235

92UppDec-303
92UppDec-338
93Fle-24
93Hoo-310
93HooFifAG-310
93JamSes-26
93PanSti-148
93TopGol-198G
93Ult-25
93UppDec-65
93UppDecE-114
94ColCho-255
94ColChoGS-255
94ColChoSS-255
94Fin-53
94Fin-121
94FinRef-53
94FinRef-121
94Fla-19
94Fle-28
94HooShe-2
94HooShe-4
94StaClu-84
94StaCluFDI-84
94StaCluMO-84
94StaCluSTNF-84
94Top-298
94TopSpe-298
94UppDec-112
95ColCho-149
95ColCholE-255
95ColCholJI-255
95ColCholSI-36
95ColChoPC-149
95ColChoPCP-149
95FleEur-29
96ColCho-338
96ColCholI-17
96ColCholJ-149
Wingfield, Dontonio
93Cin-13
94Cla-20
94ClaG-20
94ClaROYSw-14
94ClaVitPTP-14
94ColCho-365
94ColChoGS-365
94ColChoSS-365
94Emo-93
94Fla-311
94FouSp-37
94FouSpG-37
94FouSpPP-37
94Hoo-375
94HooShe-14
94PacP-67
94PacPriG-67
94Sky-298
94SP-30
94SPDie-D30
94SRGoIS-24
94SRTet-82
94SRTetS-82
94Top-254
94TopSpe-254
94UppDec-200
95ColCholE-365
95ColCholJI-365
95ColCholSI-146
95Fle-248
95Hoo-157
95Hoo-324
95Ima-33
95SRKro-30
95StaClu-44
95StaClu-241
95StaCluMOI-44EB
95StaCluMOI-44ER
95TedWil-78
95TraBlaF-8
95Ult-238
Wingo, Hawthorne
73LinPor-96
75CarDis-36
75Top-166
Winkles, Bob
90AriStaCC*-102
Winn, Richelle
94SouMisSW-13
Winsett, Billie
94Neb*-20
95Neb*-20
Winslow, David
93Bra-7

94Bra-4
Winslow, Ricky
 91WilCar-50
Winstead, Brian
 91SouCarCC*-65
Winston, Bobby
 85Geo-16
 86Geo-14
 87Geo-16
 88Geo-16
 91GeoColC-22
Winston, Otis
 92OhiSta-15
 93OhiSta-13
Winston, Roy
 90LSUColC*-144
Winter, Trevor
 92Min-16
 93Min-15
 94Min-13
Winters, Brian
 75Top-143
 76BucPlaC-C2
 76BucPlaC-D13
 76BucPlaC-H13
 76BucPlaC-S2
 76Top-46
 77BucActP-10
 77Top-48
 78RoyCroC-40
 78Top-76
 79BucPol-32
 79Top-21
 80Top-5
 80Top-120
 81Top-MW100
 91SouCarCC*-160
 92UppDecS-6
 95Hoo-337
 96Hoo-276
Winters, James
 90Iow-14
 91Iow-15
 92Iow-13
 93Iow-10
Winters, Mike
 88NewMex-17
 89NewMex-18
Winters, Roland
 48TopMagP*-J18
Winters, Voise
 85Bra-H2
Wise, Dale
 61UniOil-10
Wise, Earl
 90StaPic-31
Wise, Stevie
 91ProCBA-27
Wise, Tom
 88WakFor-16
Wise, Willie
 71Top-194
 71TopTri-1A
 72Top-185
 72Top-254
 73Top-245
 74Top-185
 74Top-229
 75Top-255
 75Top-287
Wiskus, Mike
 91NorDak*-4
Wisman, Jim
 86IndGreI-4
Wisman, Tom
 96AusFutN-97
Wistert, Albert
 91Mic*-56
Wistert, Alvin
 91Mic*-56
Wistert, Francis
 91Mic*-56
Withers, Justin
 92AusStoN-60
 93AusFutN-23
 93AusFutSG-12
 93AusStoN-62
 94AusFutN-15
 94AusFutN-125
 95AusFutN-38
 96AusFutN-75
Witherspoon, Leroy
 89ProCBA-102
Witkowski, Matt

92AusFutN-35
93AusFutN-21
94AusFutN-16
95AusFutN-66
Witt, Katarina
 93FaxPaxWoS*-34
Witting, Paul
 55AshOil-96
Wittman, Randy
 83Sta-275
 84Sta-86
 85Sta-49
 86Fle-127
 86HawPizH-18
 86IndGreI-37
 87Fle-126
 87HawPizH-17
 88Fle-7
 89Hoo-238
 90Hoo-141
 90HooTeaNS-11
 90Sky-389
 91Hoo-375
 91HooTeaNS-11
 92StaClu-129
 92StaCluMO-129
 92Top-56
 92TopGol-56G
Wittman, Tim
 92PenSta*-16
Witts, Garry
 82TCMCBA-23
Wohl, Dave
 72Top-99
 73LinPor-33
 73Top-6
 74Top-108
 75Top-162
 86NetLif-1
 89HeaPub-15
 90HeaPub-15
Wohlhuter, Rick
 76PanSti-107
Wolcott, Brian
 90MicStaCC2*-157
Wolf, Brian
 93Cin-14
Wolf, Charley
 61Kah-12
 62Kah-11
Wolf, Jeff
 79NorCarS-4
 89NorCarCC-156
 90NorCarCC*-178
Wolf, Joe
 86NorCar-24
 86NorCarS-5
 89Hoo-173
 89NorCarCC-138
 89NorCarCC-139
 90Hoo-152
 90Hoo-412
 90HooTeaNS-7
 90NorCarCC*-42
 90NorCarCC*-79
 90NorCarCC*-83
 90Sky-133
 90Sky-381
 91Fle-55
 91Hoo-57
 91Sky-76
 91UppDec-297
 96SkyAut-94
 96SkyAutB-94
Wolf, Paul
 94IHSBoyAST-17
Wolf, Ryan
 91Min-17
 92Min-17
 93Min-16
 94Min-14
Wolfe, David
 88BYU-13
Wolfermann, Klaus
 76PanSti-145
Wolff, Dennis
 92Vir-12
 93Vir-16
Woltering, Luke
 94IHSBoyAST-27
Wolters, Kara
 93ConWom-15
Womack, Wayne
 88Ari-13

89Ari-14
90Ari-13
94AusFutN-88
Wood, Al
 80NorCarS-4
 83Sta-203
 83SupPol-9
 84Sta-124
 85Sta-72
 86Fle-128
Wood, Brandy
 96PenSta*-15
Wood, David
 90RocTeal-5
 91Hoo-82
 91LitBasBL-43
 91Sky-110
 91UppDec-298
 92Hoo-469
 92Sky-346
 92StaClu-239
 92StaCluMO-239
 92Top-367
 92TopGol-367G
 92Ult-359
 93Fle-286
 93Hoo-334
 93HooFifAG-334
 93HooShe-2
 93StaClu-138
 93StaCluFDI-138
 93StaCluMO-138
 93StaCluSTNF-138
 93Ult-246
 93UppDec-385
 94Ult-252
 95StaClu-203
Wood, David AZ
 90AriColC*-59
Wood, Genny
 94TexAaM-19
Wood, Jim
 91GeoTecCC*-178
Wood, John
 90LSUColC*-78
Wood, Leon
 84Sta-200
 84Sta-212
 85Sta-9
 85StaTeaS5-PS5
 87Fle-127
 89ProCBA-119
Wood, Richard
 91SouCal*-73
Wood, Tara
 92HorHivF-NNO
Wood, Willie
 91OklStaCC*-72
Woodard, Lynette
 89SpollIfKI*-199
 92Glo-13
 92Glo-30
 92Glo-65
 94FlaUSA-118
Woodberry, Steve
 91Kan-16
 92Kan-15
 93Kan-14
 94Cla-17
 94ClaG-17
 94PacP-68
 94PacPriG-68
 95SupPix-66
 95TedWil-79
 96AusFutN-30
Wooden, John R.
 57UniOiIB*-32
 68HalofFB-46
 91UCLColC-1
 91UCLColC-20
 91UCLColC-51
 91UCLColC-103
 91UCLColC-108
 91UCLColC-130
 91UppDecS-10
 91WooAwaW-1
 91WooAwaW-3
 91WooAwaW-4
 92CenCou-15
 92CouFla-45
 92TopStaoS*-12
 93ActPacHoF-12
 93FCAFinF-2
 93FouSp-310

93FouSpAu-310A
93FouSpG-310
95ActPacHoF-16
96ClaLegotFF-MC1
Wooden, Nell
 91UCLColC-51
Woodfork, Maurice
 94IHSBoyAST-231
Woodham, Wally
 90FloStaCC*-37
Woodhead-Kantzer, Sippy
 91SouCal*-37
Woodhull, Lee Ann
 91GeoTecCC*-9
Woodley, David
 90LSUColC*-182
Woodruff, Dwayne
 89LouColC*-118
Woods, Andy
 91Was-8
Woods, Darryl
 93WriSta-14
 94WriSta-5
Woods, Dwight
 94IHSBoyAST-76
Woods, James
 80TCMCBA-11
Woods, Luke
 94IHSBoyAST-181
Woods, Michael
 89EasTenS-11
 90EasTenS-14
Woods, Randy
 92Cla-11
 92ClaGol-11
 92ClaMag-BC18
 92Fle-361
 92FouSp-10
 92FouSpGol-10
 92FroR-78
 92Hoo-407
 92PanSti-5
 92Sky-355
 92SkyDraP-DP16
 92StaClu-272
 92StaCluMO-272
 92StaPic-54
 92Top-286
 92TopGol-286G
 92Ult-284
 92UppDec-12
 93Fle-310
 93Hoo-102
 93HooFifAG-102
 93Sky-95
 93Sky-238
 93StaClu-126
 93StaCluFDI-126
 93StaCluMO-126
 93StaCluSTNF-126
 93Top-56
 93TopGol-56G
 94Fin-241
 94FinRef-241
 94StaClu-63
 94StaCluFDI-63
 94StaCluMO-63
 94StaCluSTNF-63
 94Top-126
 94TopSpe-126
 94Ult-269
Woods, Sean
 88KenSovPI-18
 89KenBigB-34
 90KenBigBDTW-32
 91KenBigB1-6
 91KenBigB2-6
Woods, Sparky
 91SouCarCC*-52
Woods, Tom
 76PanSti-128
Woods, Ursula
 92FloSta*-28
Woodside, Bernard
 87LSU*-6
Woodson, Mike
 81Top-E89
 83Sta-227
 84Sta-280
 85KinSmo-16
 85Sta-80
 86Fle-129
 87Fle-128

87IndGreI-13
88Fle-63
89Fle-63
89Hoo-49
89PanSpaS-146
90Hoo-131
90Sky-386
Woodson, Warren
 88NewMexSA*-12
Woodtli, Andy
 83Ari-17
Woodward, Woody
 90FloStaCC*-130
Woolford, Donnell
 90CleColC*-84
Woolpert, Phil
 57UniOiIB*-8
 92ChaHOFI-8
Woolridge, Andre
 93Iow-11
 94Iow-11
Woolridge, Orlando
 83Sta-180
 84Sta-112
 84StaAllGDP-34
 84StaCouK-538
 84StaSlaD-10
 85BullNt-2
 85Sta-123
 85StaGatSD-9
 85StaSlaDS5-9
 85StaTeaS5-CB2
 86Fle-130
 87Fle-129
 89Hoo-279A
 89Hoo-279B
 90Fle-96
 90FleUpd-U27
 90Hoo-162
 90Hoo-411
 90HooTeaNS-7
 90NotDam-27
 90Sky-142
 90Sky-382
 91Fle-56
 91Fle-283
 91Hoo-58
 91Hoo-364
 91Hoo100S-26
 91HooTeaNS-8
 91LitBasBL-44
 91PanSti-51
 91PisUno-13
 91Sky-77
 91Sky-628
 91UppDec-352
 91UppDec-406
 91UppDecS-9
 92Fle-71
 92FleTonP-72
 92Hoo-70
 92Hoo100S-26
 92PanSti-142
 92Sky-75
 92StaClu-92
 92StaCluMO-92
 92Top-39
 92TopArc-22
 92TopArcG-22G
 92TopGol-39G
 92Ult-61
 92Ult-220
 92Ult-NNO
 92UppDec-290
 93Fin-142
 93FinRef-142
 93Fle-354
 93StaClu-217
 93StaCluFDI-217
 93StaCluMO-217
 93StaCluSTNF-217
 93Top-156
 93Top-338
 93TopGol-156G
 93TopGol-338G
 93Ult-112
 93Ult-316
 94ColChoGS-96
 94ColChoSS-96
 94Fle-173
 94PanSti-108
 95ColCholE-96
 95ColCholJI-96

95ColCholSl-96
Woolum, Jerry
89KenColC*-189
Woosley, Tiffany
92TenWom-15
93TenWom-15
94TenWom-16
Wooten, Ron
90NorCarCC*-62
90NorCarCC*-88
Workman, Haywoode
89ProCBA-176
91PanSti-177
91Sky-297
91UppDec-330
91WilCar-78
93Fle-304
93StaClu-236
93StaCluFDI-236
93StaCluMO-236
93StaCluSTNF-236
93Ult-264
94ColCho-109
94ColChoGS-109
94ColChoSS-109
94Fla-65
94Fle-96
94Hoo-89
94Hoo-438
94JamSes-83
94PanSti-60
94Sky-71
94StaClu-46
94StaCluFDI-46
94StaCluMO-46
94StaCluSTDW-P46
94StaCluSTNF-46
94Top-33
94TopSpe-33
94Ult-79
94UppDec-326
94UppDecSE-37
94UppDecSEG-37
95ColCho-291
95ColCholE-109
95ColCholJI-109
95ColCholSl-109
95ColChoPC-291
95ColChoPCP-291
95Fin-168
95FinRef-168
95PanSti-117
95StaClu-246
95Top-241
95UppDec-293
95UppDecEC-293
95UppDecECG-293
96ColCholl-43
96ColCholJ-291
96Top-86
96TopChr-86
96TopChrR-86
96TopNBAa5-86
Workman, Tom
71Top-163
Works, Pierce
91UCLColC-112
Worlev, Joey
89KenColC*-134
Worrell, Chris
94IHSBoyAST-13
Worrell, William
90HooAnn-58
Worsley, Larry
89NorCarSCC-115
89NorCarSCC-130
Worthen, Sam
82TCMCBA-37
Worthington, Charles
89KenColC*-241
Worthy, James
82LakBAS-12
83LakBAS-13
83Sta-25
83StaAll-10
84LakBAS-11
84Sta-184
84StaAre-D8
84StaCelC-9
84StaCelC-12
84StaCouK5-49
85JMSGam-23
85LakDenC-9

85PriSti-3
85Sta-33
85StaTeaS5-LA3
86Fle-131
86StaBesotB-15
86StaCouK-33
87Fle-130
88Fle-70
88FouNBAES-10
89Fle-80
89Hoo-210
89Hoo-219
89HooAllP-4
89NorCarCC-19
89NorCarCC-21
89NorCarCC-22
89NorCarCC-23
89NorCarCC-114
89PanSpaS-207
89PanSpaS-281
89SpoIIlfKI*-113
90Fle-97
90Hoo-26
90Hoo-163
90Hoo100S-50
90HooActP-22
90HooActP-86
90HooAllP-1
90HooCol-48
90HooTeaNS-13
90NorCarCC*-5
90NorCarCC*-78
90NorCarCC*-104
90NorCarCC*-152
90PanSti-5
90PanSti-E
90Sky-143
90StaJamW-1
90StaJamW-2
90StaJamW-3
90StaJamW-4
90StaJamW-5
90StaJamW-6
90StaJamW-7
90StaJamW-8
90StaJamW-9
90StaJamW-10
90StaJamW-11
90StaPro-18
915Maj-10
91Fle-104
91Fle-384
91FleTonP-90
91FleWheS-7
91Hoo-106
91Hoo-272
91Hoo-474
91Hoo-515
91Hoo-539
91Hoo100S-50
91HooMcD-21
91HooTeaNS-13
91LitBasBL-45
91PanSti-17
91Sky-143
91Sky-471
91SkyBIiI-5
91SkyCanM-26
91SkyPro-143
91UppDec-49
91UppDec-85
91UppDec-146
91UppDec-473
91UppDecM-M9
91UppDecS-4
92Fle-114
92FleAll-24
92FleDra-26
92FleTeaL-13
92FleTeaNS-6
92FleTonP-108
92Hoo-115
92Hoo-318
92Hoo100S-49
92PanSti-33
92Sky-121
92SkyNes-50
92SkySchT-ST16
92StaClu-327
92StaCluMO-327
92Top-108
92Top-255

92TopArc-2
92TopArc-31
92TopArcG-2G
92TopArcG-31G
92TopArcMP-1982
92TopGol-108G
92TopGol-255G
92Ult-96
92UppDec-156
92UppDec1PC-PC8
92UppDecAW-25
92UppDecE-25
92UppDecE-63
92UppDecM-P21
92UppDecM-LA10
92UppDecMH-13
92UppDecTM-TM14
93Fin-181
93FinRef-181
93Fle-105
93Hoo-110
93HooFifAG-110
93HooSco-HS13
93HooScoFAG-HS13
93JamSes-110
93PanSti-31
93Sky-101
93StaCluFDI-91
93StaCluMO-91
93StaCluSTNF-91
93Top-88
93TopGol-88G
93Ult-97
93UppDec-142
93UppDec-250
93UppDec-457
93UppDecE-194
93UppDecFM-40
93UppDecH-H13
93UppDecPV-17
93UppDecS-42
93UppDecSEC-42
93UppDecSEG-42
93UppDecTM-TM13
94ColCho-142
94ColChoGS-142
94ColChoSS-142
94Fin-42
94FinRef-42
94Fla-77
94Fle-114
94Hoo-106
94JamSes-97
94PanSti-164
94ProMag-65
94StaClu-114
94StaClu-146
94StaClu-147
94StaCluDaD-5A
94StaCluFDI-114
94StaCluFDI-146
94StaCluFDI-147
94StaCluMO-114
94StaCluMO-146
94StaCluMO-147
94StaCluMO-DD5A
94StaCluSTNF-114
94StaCluSTNF-146
94StaCluSTNF-147
94Top-64
94TopSpe-64
94Ult-92
94UppDecE-150
94UppDecSE-43
94UppDecSEG-43
95ColCholE-142
95ColCholJI-142
95ColCholSI-142
95ClaLegotFF-14
95StaCluFR-50
96ColCluFRR-50
96TopNBAS-50
96TopNBAS-100
96TopNBAS-150
96TopNBASF-50
96TopNBASF-100
96TopNBASF-150
96TopNBASFAR-50
96TopNBASFAR-100
96TopNBASFAR-150
96TopNBASFR-50
96TopNBASFR-100
96TopNBASFR-150

96TopNBASI-I19
96TopNBASR-50
Worthy, Steve
93Cla-80
93ClaF-54
93ClaG-80
93FouSp-71
93FouSpG-71
Wosley, Larry
89NorCarSCC-57
Wotal, John
94IHSBoyAST-18
Wright, Alex
93Cla-81
93ClaF-98
93ClaG-81
Wright, Bill
90AriColC*-45
Wright, Billy
93Bra-12
94Bra-6
95Bra-6
95Bra-18
Wright, Bob
84MarPlaC-S8
Wright, Brad
91UCLColC-23
Wright, Chris
94IHSBoyAST-77
94IHSBoyAST-210
Wright, Gerry
90ProCBA-52
Wright, Harold
91ProCBA-129
Wright, Howard
71ColMarO-11
71PacMarO-9
Wright, Joby
86IndGrel-35
Wright, Joey
91Cla-40
91Cou-43
91FouSp-188
91FroR-34
91FroRowP-58
91StaPic-27
96AusFutN-21
Wright, Larry
77BulSta-11
77Top-112
Wright, Lonnie
71FloMcD-10
71Top-206
Wright, Lorenzen
94Mem-15
96AllSpoPPaF-110
96BowBesP-BP3
96BowBesPAR-BP3
96BowBesPR-BP3
96BowBesRo-R7
96BowBesRoAR-R7
96BowBesRoR-R7
96ColCho-265
96ColChoDT-DR7
96ColChoM-M109
96ColChoMG-M109
96ColEdg-48
96ColEdgRRD-48
96ColEdgRRG-48
96ColEdgRRKK-24
96ColEdgRRKKC-24
96ColEdgRRKKH-24
96ColEdgRRRR-24
96ColEdgRRRG-24
96ColEdgRRRH-24
96ColEdgRRTW-12
96ColEdgRRTWG-12
96ColEdgRRTWH-12
96Fin-53
96Fin-251
96FinRef-53
96FinRef-251
96FlaSho-A56
96FlaSho-B56
96FlaSho-C56
96FlaShoCo'-20
96FlaShoLC-56
96FlaShoLB-56
96FlaShoLC-C56
96Fle-202
96FleLuc1-7
96FleRooS-15
96Hoo-317
96HooGraA-11

96HooRoo-30
96Met-180
96MetPreM-180
96PacPow-54
96PacPowJBHC-JB10
96PrePas-7
96PrePasA-7
96PrePasNB-7
96PrePasS-7
96ScoBoaAB-10
96ScoBoaAB-10A
96ScoBoaAB-10B
96ScoBoaAB-10C
96ScoBoaAB-PP10
96ScoBoaACA-51
96ScoBoaBasRoo-10
96ScoBoaBasRoo-89
96ScoBoaBasRooCJ-CJ8
96ScoBoaBasRooD-DC7
96Sky-54
96Sky-239
96SkyE-X-29
96SkyE-XC-29
96SkyRooP-R18
96SkyRub-54
96SkyRub-239
96SkyZ-F-168
96SkyZ-FZ-20
96SkyZ-FZZ-20
96SP-133
96SPPreCH-PC17
96StaCluCA-CA9
96StaCluCAAR-CA9
96StaCluCAR-CA9
96StaCluR1-R7
96StaCluR2-R5
96StaCluRS-RS6
96Top-142
96TopChr-142
96TopChrR-142
96TopDraR-7
96TopNBAa5-142
96Ult-51
96Ult-278
96UltGolE-G51
96UltGolE-G278
96UltPlaE-P51
96UltPlaE-P278
96UppDec-236
96UppDecRE-R14
96UppDecU-20
Wright, Luther
93Cla-82
93ClaChDS-DS35
93ClaF-56
93ClaG-82
93Fin-196
93FinRef-196
93Fle-391
93FouSp-72
93FouSpG-72
93Hoo-415
93HooFifAG-415
93JamSes-229
93Sky-190
93Sky-317
93SkyDraP-DP10
93SkySch-52
93StaClu-139
93StaClu-251
93StaCluFDI-139
93StaCluFDI-251
93StaCluMO-139
93StaCluMO-251
93StaCluSTNF-139
93StaCluSTNF-251
93Top-75
93Top-244
93TopGol-75G
93TopGol-244G
93Ult-191
93UppDec-156
93UppDec-339
94ColCho-57
94ColChoGS-57
94ColChoSS-57
94Hoo-215
94Ima-67
94PanSti-220
95ColCholE-57
95ColCholJI-57
95ColCholSI-57
Wright, Marko

93Cin-15
Wright, Michael
94IHSBoyAST-228
Wright, Orville
48TopMagP*-L9
Wright, Poncho
81Lou-19
88LouColC-30
88LouColC-123
89LouColC*-43
89LouColC*-261
Wright, Sharone
94Cla-53
94ClaBCs-BC6
94ClaG-53
94ClaGamC-GC5
94ClaROYSw-4
94ClaVitPTP-4
94ColCho-346
94ColCho-385
94ColCho-411
94ColChoCtGRS-S15
94ColChoCtGRSR-S15
94ColChoDT-6
94ColChoGS-346
94ColChoGS-391
94ColChoGS-411
94ColChoSS-346
94ColChoSS-391
94ColChoSS-411
94Emb-106
94EmbGolI-106
94Emo-76
94Emo-110
94Fin-326
94FinRef-326
94Fla-285
94Fle-347
94FleFirYP-10
94FleLotE-6
94FouSp-6
94FouSpG-6
94FouSpPP-6
94Hoo-361
94Hoo-426
94HooDraR-6
94HooMagA-AR6
94HooMagAF-FAR6
94HooMagAJ-AR6
94HooSch-29
94JamSesRS-20
94Sky-269
94Sky-313
94SkyDraP-DP6
94SkyHeaotC-6
94SP-6
94SPCha-107
94SPChaDC-107
94SPDie-D6
94SPHol-PC18
94SPHolDC-18
94SRGolS-25
94SRGolSSig-GS16
94SRTet-81
94SRTetS-83
94StaClu-215
94StaCluFDI-215
94StaCluMO-215
94StaCluSTNF-215
94Top-349
94TopSpe-349
94Ult-313
94UltAll-15
94UppDec-191
94UppDec-263
94UppDecDT-D6
94UppDecPAW-H37
94UppDecPAWR-H37
94UppDecRS-RS6
94UppDecSE-157
94UppDecSEG-157
94UppDecSEJ-20
95ColCho-234
95ColCho-385
95ColChoCtGA-C18
95ColChoCtGA-C18B
95ColChoCtGA-C18C
95ColChoCtGAG-C18
95ColChoCtGAG-C18B
95ColChoCtGAG-C18C
95ColChoCtGAGR-C18
95ColChoCtGASR-C18
95ColCholE-346
95ColCholE-391

95ColCholE-411
95ColCholEGS-391
95ColCholEGS-411
95ColCholJGSI-172
95ColCholJGSI-411
95ColCholJI-172
95ColCholJI-346
95ColCholJI-411
95ColCholSI-127
95ColCholSI-172
95ColCholSI-192
95ColChoPC-234
95ColChoPC-385
95ColChoPCP-234
95ColChoPCP-385
95Fin-4
95FinRef-4
95Fla-103
95Fle-140
95FleClaE-20
95FleEur-178
95FleRooS-15
95Hoo-125
95Hoo-207
95Ima-6
95JamSes-82
95JamSesDC-D82
95Met-83
95MetSilS-83
95PanSti-54
95ProMag-97
95Sky-93
95SkyAto-A11
95SkyE-X-81
95SkyE-XB-81
95SP-102
95SRKro-3
95SRKroFR-FR3
95SRKroJ-J3
95SRKroS-5
95StaClu-148
95StaCluMOI-148
95SupPix-6
95SupPixAu-6
95SupPixC-6
95SupPixCG-6
95SupPixLP-6
95Top-105
95TopGal-23
95TopGalPPI-23
95TopRataR-R4
95Ult-137
95UltAllT-7
95UltAllTGM-7
95UltGolM-137
95UppDec-90
95UppDecEC-90
95UppDecECG-90
95UppDecECG-165
95UppDecSE-150
95UppDecSEG-150
96ColCho-147
96ColCholI-73
96ColCholI-175
96ColCholJ-234
96ColCholJ-385
96ColChoM-M6
96ColChoMG-M6
96Fle-108
96Hoo-156
96Met-99
96SkyAut-95
96SkyAutB-95
96SkyZ-F-88
96SkyZ-FZ-88
96StaClu-93
96Top-84
96TopChr-84
96TopChrR-84
96TopNBAa5-84
96Ult-110
96UltGolE-G110
96UltPlaE-P110
96UppDec-122
96UppDec-161
96Vis-33
Wright, Steve
91ProCBA-168
Wright, Wilbur
48TopMagP*-L9
Wrightson, Bernie
90AriStaCC*-177

Wulburn, Jeff
89Cal-16
Wulk, Ned
90AriStaCC*-128
Wunderlin, Sara
94CasHS-123
Wuycik, Dennis
73NorCarPC-3C
Wyatt, Horace
82TCMCBA-29
90CleColC*-76
Wyatt, Jane
48TopMagP*-J41
Wyatt, Thomas
93NewMexS-15
Wylie, Joe
91Cla-28
91Cou-44
91FouSp-176
91FroR-36
91FroRowP-56
91StaPic-42
91WilCar-10
Wynder, A.J.
90ProCBA-26
90ProCBA-139
91ProCBA-39
Wysinger, Tony
90Bra-25
Ya-Tang, Chang
95UppDecCBA-25
Ya-Ya Dia, Cheikh
96Geo-6
Yarborough, Bill
90CleColC*-168
Yarbrough, Arneda
92IowWom-13
93IowWom-13
Yarbrough, Syrus
92Haw-15
Yardley, Bill
91SouCal*-79
Yardley, George
57Top-2
57UniOilB*-31
81TCMNBA-25
85StaSchL-25
Yario, Chris
92KenSch*-7
Yary, Ron
91SouCal*-30
Yates, George
89KenColC*-88
Yates, Tony
80Ill-14
81Ill-15
Yates, Wayne
61LakBelB-10
Yedsena, Meggan
93Neb*-13
Yelverton, Charles
71TraBlaT-12
72Top-133
Yeoman, Felix
91GeoColC-71
Yeomans, Tony
90FloStaCC*-33
Yeomens, Greg
94Con-6
Yepremian, Garo
81TopThiB*-29
Yerina, Pat
82Fai-17
Yessin, Humzey
89KenColC*-66
Yessin, Rudy
89KenColC*-242
Yewcic, Tom
90MicStaCC2*-48
Yih-Chin, Tzeng
95UppDecCBA-63
95UppDecCBA-103
Yiling-Yan, Ko
95UppDecCBA-58
Yoder, Bob CO
91SouCal*-32
Yoder, Steve
89Wis-14
Yoest, Mike
90ProCBA-193
Yokley, John
89NorCarCC-173
Yonakor, Rick
79NorCarS-5

81TCMCBA-55
89NorCarCC-155
90NorCarCC*-146
York, Cliff
89LouColC*-215
York, Darrin
99UppDecCBA-91
York, Derrick
94IHSBoyAST-321
York, Smedes
89NorCarSCC-74
89NorCarSCC-86
Youmans, Gary
89ProCBA-76
Young, Amy
92CleSch*-10
Young, Barry ColoSt
81TCMCBA-74
82TCMCBA-28
Young, Barry UNLV
88UNL-8
89UNL7-E-13
89UNLHOF-13
Young, Claude (Buddy)
48ExhSpoC-50
Young, Cy
48TopMagP*-K16
83TopHisGO-53
Young, Danny
85Sta-73
87Fle-131
89Hoo-71
90Fle-161
90Hoo-252
90HooTeaNS-22
90Sky-241
90TraBlaF-20
91Fle-346
91Hoo-425
91HooTeaNS-22
91TraBlaF-16
91UppDec-41
92Fle-337
92StaClu-118
92StaClu-395
92StaCluMO-118
92StaCluMO-395
92Top-53
92Top-264
92TopGol-53G
92TopGol-264G
92Ult-260
Young, Darrell
92EasIll-8
Young, David
88Cle-15
89Cle-16
90Cle-16
Young, Ed
83Day-16
Young, Fredd
88NewMexSA*-11
Young, George
90AriColC*-107
Young, Grafton
90EasTenS-1
91EasTenS-1
92EasTenS-8
Young, Jim
90AriColC*-47
Young, Nicole
90UCL-27
Young, Perry
89ProCBA-41
9088'CalW-5
9088'CalW-11
9088'CalW-16
9088'CalW-24
90ProCBA-97
Young, Rey
89FreSta-15
90FreSta-14
Young, Ricky
91OklStaCC*-59
Youngblood, Kendall
92FroR-79
Youngblood, Quentin
91Was-9
91Was-9
Yow, Kay
88NorCarS-15
89NorCarS-15
90NorCarS-14
93FCA-50

Yowarsky, Walt
89KenColC*-186
Yule, Joe
48TopMagP*-J33
Yung-Kung, Li
95UppDecBA-91
Yunkus, Rick
91GeoTecCC*-179
Zale, Tony
48KelPep*-18A
48KelPep*-18B
48TopMagP*-A17
Zaliagiris, Tom
77NorCarS-3
89NorCarCC-167
90NorCarCC*-179
Zamberlan, Jim
89LouColC*-150
Zaranka, Ben
89KenColC*-181
Zaslofsky, Max
48Bow-56
50BreforH-32
Zatechka, Rob
94Neb*-19
Zatezalo, Butch
90CleColC*-68
Zatopek, Emil
76PanSti-69
77SpoSer1*-1412
92VicGalOG-12
Zaunbrecher, Godfrey
90LSUColC*-148
Zauner, Mat
92AusFutN-36
Zbyszko, Stanuslaus
48TopMagP*-D3
Zell, Dave HS
94IHSBoyA3S-17
Zeller, Dave
61Kah-13
Zendejas, Luis
90AriStaCC*-95
90AriStaCCP*-4
Zendejas, Max
90AriColC*-46
Zerfoss, George
89KenColC*-32
Zerfoss, Kark
89KenColC*-243
Zerfoss, Tom
89KenColC*-31
Zern, Jeff
83Day-19
Zevenbergen, Phil
91WilCar-18
Zeys, Lisa
90AriStaCC*-76
Zidek, George (Jiri)
91UCL-6
95ClaBKR-20
95ClaBKRAu-20
95ClaBKRIE-IE20
95ClaBKRPP-20
95ClaBKRS-S13
95ClaBKRSS-20
95ClaBKV-20
95ClaBKVE-20
95Col-27
95Col-35
95Col2/1-T8
95ColCho-240
95ColChoPC-240
95ColChoPCP-240
95Fin-132
95FinVet-RV22
95FivSp-20
95FivSpAu-20
95FivSpD-20
95FivSpRS-18
95FivSpSigFl-FS3
95Fla-228
95Fle-319
95Hoo-254
95JamSesR-9
95Met-133
95PacPreGP-9
95PrePas-20
95Sky-221
95SkyHigH-HH3
95SkyRooP-RP20
95SP-150
95SPCha-13
95SPHol-PC4

95SPHoIDC-PC4
95SRAut-22
95SRDraDST-ST3
95SRDraDSTS-ST3
95SRFam&F-48
95SRSigPri-45
95SRSigPriS-45
95SRTet-25
95StaClu-330
95StaCluDP-22
95StaCluMOI-DP22
95Top-192
95TopDraR-22
95TopGal-49
95TopGalPG-PG3
95TopGalPPI-49
95Ult-298
95UppDec-110

96UppDecEC-110
95UppDecECG-110
96ColCho-17
96ColCholI-10
96ColCholJ-240
96ColChoM-M10
96ColChoMG-M10
96Fin-47
96FinRef-47
96FivSpSig-18
96PacPreGP-9
96PacPri-9
96SPx-6
96SPxGol-6
96StaClu-62
96StaCluM-62
96Top-83
96TopChr-83

96TopChrR-83
96TopNBAa5-83
96UppDec-138
96UppDec-193
96Vis-23
96VisSig-19
96VisSigAuG-19A
96VisSigAuS-19A
Ziegler, Fred
91SouCarCC*-168
Ziegler, Paul
90LSUColC*-188
Ziegler, Todd
83KenSch-17
84KenSch-7
89KenColC*-92
Ziegler, Travis
89Pit-12

Zierden, Don
91ProCBA-158
Zieren, Adam
94IHSBoyAST-28
Zimmerman, Rodney
90UCL-11
91UCL-3
Zinke, Annelore
76PanSti-207
Zinter, Alan
90AriColC*-39
Zobrist, Aaron
93Bra-16
94Bra-5
95Bra-12
Zook, Tony
94IHSBoyASD-44
Zotz, Bryan

94IHSBoyASD-11
Zubkov, Vladimir
76PanSti-237
Zuffelato, Greg
89FreSta-16
Zulauf, Jay
92Mar-15
Zulauf, Jon
90MicStaCC2-6
Zuverink, George
79AriSpoCS*-10
Zvonocek, Brian
89Bay-14
Zworykin, V. K.
48TopMagP*-N5

Acknowledgments

Many Thanks!

Each year we refine the process of developing the most accurate and up-to-date information for this book. We believe this year's Price Guide is our best yet. Thanks again to all the contributors nationwide (listed below) as well as our staff here in Dallas.

Those who have worked closely with us on this and many other books, have again proven themselves invaluable in every aspect of producing this book: Rich Altman, Mike Aronstein, Jerry Bell, Chris Benjamin, Mike Blaisdell, Bill Bossert (Mid-Atlantic Coin Exchange), Classic, Todd Crosner (California Sportscard Exchange), Bud Darland, Bill and Diane Dodge, Willie Erving, Fleer SkyBox International (Rich Bradley and Ted Taylor), Gervise Ford, Steve Freedman, Larry and Jeff Fritsch, Dick Gariepy, Dick Gilkeson, Mike and Howard Gordon, Sally Grace, George Grauer, Wayne Grove, Highland Mint (Timm Boyle), Edward J. Kabala, Lew Lipset, Dave Lucey, Brian Marcy (Scottsdale Baseball Cards), Bill McAvoy, Mike Mosier (Columbia City Collectibles Co.), Clark Muldavin, B.A. Murry, Pacific Trading Cards (Mike Cramer and Mike Monson), Jack Pollard, Henry M. Reizes, Gavin Riley, John Rumierz, San Diego Sport Collectibles (Bill Goepner and Nacho Arredondo), Kevin Savage (Sports Gallery), Mike Schechter (MSA), Dan Sherlock, Glen J. Sidler, Signature Rookies (Tim Johnson), Spanky's, Nigel Spill (Oldies and Goodies), Sports Collectors Store (Pat Quinn and Don Steinbach), Murvin Sterling, Dan Stickney, Steve Taft, Ed Taylor, Topps (Marty Appel, Sy Berger, and Melisa Rosen), Upper Deck (Steve Ryan), Jim Woods, Kit Young, and Robert Zanze.

Many other individuals have provided price input, illustrative material, checklist verifications, errata, and/or background information. At the risk of inadvertently overlooking or omitting these many contributors, we should like to personally thank Joseph Abram, Darren Adams, Brett Allen, Alan Applegate, Randy Archer, Jeremy Bachman, Fran Bailey, Dean Bedell, Bubba Bennett, Eric Berger, Stanley Bernstein, Mike Blair, Andrew Bosarge, David Bowlby, Gary Boyd, Kenneth Bratz, Nelson Brewart, Ray Bright, Britt Britton, Terry Bunt, David Cadelina, Danny Cariseo, Sally Carves, Tom Cavalierre, Garrett Chan, Lance Churchill, Craig Coddling, H. William Cook, Dave Cooper, Paul Czuchna, Jeff Daniels, Robert Dichiara, Rick Donohoo, Joe Drelich, Brad Drummond, Charles Easterday Jr., Al Eng, Brad Engelhardt, Darrell Ereth, F&F Fast Break Cards, Gary Farbstein, Joe Filas, Bob Frye, Chris Gala, Greg George, Pete George, Arthur Goyette, Bob Grissett, Jess Guffey, Simon Gutis, Steve Hart, John Haupt, Sol Hauptman, Brian Headrick, Steven Hecht, Rod Heffem, Kevin Heffner, Kevin Hense, Neil Hoppenworth, Bill Huggins, Wendell Hunter, Frank Hurtado, Brett Hyle, John Inouye, Brian Jaccoma, David Johnson, Craig Jones, Carmen Jordan, Chuck Juliana, Loyd Jungling, Nick Kardoulias, Glenn Kasnuba, Jan Kemplin, Kal Kenfield, John Kilian, Tim Kirk, Mike Knoll, Don Knutsen, George Kruk, Tom Kummer, Tim Landis, Jeff La Scala, Howard Lau, John Law, Ed Lim, Neil Lopez, Kendall Loyd, Fernando Mercado, Bruce Margulies, Scott Martinez, Bob MacDonald, Steve McHenry, Chris Merrill, Robert Merrill, Blake Meyer, Chad Meyer, Mark Meyer, Midwest Sports Cards, Jeff Mimick, Jeff Monaco, Jeff Morris, Don Olson Jr., Michael Olsen, Glenn Olson, Michael Parker, Jeff Patton, Earl N. Petersen (U.S.A. Coins), Jeff Prillaman, Paul Purves, Ron Resling, Brent Ruland, Erik Runge, Mark Samarin, Bob Santos, Eric Shilito, Bob Shurtleff, Sam Sliheet, Doug Smith, Don Spagnolo, Doug Spooner, Dan Statman, Lisa Stellato, Geoff Stevers, Brad Stiles, Andy Stoltz, Nick Teresi, Jeff Thomas, Jim Tripodi, Rob Veres, Bill Vizas, Kevin Vo, Mark Wahlert, Mark Watson, Brian Wentz, Brian White, Doc White, Jeff Wiedenfeld, Mike Wiggins, Douglas Wilding, Steve Yeh, Diamond Zaferis, Zario Zigler, and Mark Zubrensky.

Every year we make active solicitations for expert input. We are particularly appreciative of help (however extensive or cursory) provided for this volume. We receive many inquiries, comments and questions regarding material within this book. In fact, each and every one is read and digested. Time constraints, however, prevent us from personally replying. But keep sharing your knowledge. Your letters and input are part of the "big picture" of hobby information we can pass along to readers in our books and magazines. Even though we cannot respond to each letter, you are making significant contributions to the hobby through your interest and comments.

The effort to continually refine and improve this book also involves a growing number of people and types of expertise on our home team. Our company boasts a substantial Technical Services team, which strengthens our ability to provide comprehensive analysis of the marketplace. Sports Data Publishing capably handled numerous technical details and provided able assistance in the preparation of this edition.

Our basketball analyst played a major part in compiling this year's book, traveling thousands of miles during the past year to attend sports card shows and visit card shops around the United States and Canada. The Beckett basketball specialists are Pat Blandford, Lon Levitan, Steven Judd, Grant Sandground (Senior Price Guide Editor) and Rob Springs (Price Guide Editor). Their pricing analysis and careful proofreading were key contributions to the accuracy of this alphabetical.

Rob Springs' coordination and reconciling of prices as Beckett Basketball Card Monthly Price Guide Editor helped immeasurable. He was also the key person in the organization of both technological and people resources for the book. He set up initial schedules and ensured that all deadlines were met, while looking for all the fine points to improve our process and presentation throughout the cycle.

The basketball team was ably assisted by Jeany Finch and Beverly Mills who helped enter new sets and performed other task in the production of this guide.

The effort was led by Senior Manager Pepper Hastings and Manager of SDP Dan Hitt. They were ably assisted by the rest of the Price Guide analyst: Theo Chen, Ben Ecklar, Mike Jaspersen, Eddie Kelly, and Bill Sutherland. Also contributing to SDP functions was the card librarian Gabriel Rangel who handled the ever-growing quantity of cards we need organized for efforts such as this.

The price gathering and analytical talents of this fine group of hobbyists have helped make our Beckett team stronger, while making this guide and its companion monthly Price Guide more widely recognized as the hobby's most reliable and relied upon sources of pricing information.

The IS (Information Services) department, ably headed by Mark Harwell, played a critical role in technology. Working with software designed by assistant manager David Schneider and Eric Best, they spent countless hours programming, testing, and implementing it to simplify the handling of thousands of prices that must be checked and updated for each edition.

In the Production Department, Paul Kerutis and Marlon DePaula were responsible for the typesetting and for the card photos you see throughout the book.

Loretta Gibbs spent tireless hours on the phone attending to the wishes of our dealer advertisers. Once the ad specifications were delivered to our offices, Phaedra Strecher used her computer skills to turn raw copy into attractive display advertisements.

In the years since this guide debuted, Beckett Publications has grown beyond any rational expectation. A great many talented and hard working individuals have been instrumental in this growth and success. Our whole team is to be congratulated for what we together have accomplished. Our Beckett Publications team is led by President Jeff Amano, Vice Presidents Claire Backus and Joe Galindo, Directors Jeff Anthony, Beth Harwell, Mark Harwell, Reed Poole, Margaret Steele and Dave Stock. They are ably assisted by Pete Adauto, Dana Alecknavage, Kaye Ball, Airey Baringer, Rob Barry, Therese Bellar, Andrea Bergeron, Eric Best, Julie Binion, Louise Bird, Amy Brougher, Bob Brown, Randall Calvert, Emily Camp, Mary Campana, Cara Carmichael, Susan Catka, Jud Chappell, Albert Chavez, Marty Click, Andy Costilla, Belinda Cross, Randy Cummings, Von Daniel, Aaron Derr, Gary Doughty, Ryan Duckworth, Denise Ellison, Eric Evans, Craig Ferris, Gean Paul Figari, Carol Fowler, Mary Gonzalez-Davis, Rosanna Gonzalez Oleachea, Jeff Greer, Mary Gregory, Robert Gregory, Jenifer Grellhesl, Julie Grove, Tracy Hackler, Patti Harris, Steve Harris, Becky Hart, Mark Hartley, Pepper Hastings, Brent Hawkins, Joanna Hayden, Chris Hellem, Melissa Herzog, Julia Jernigan, Wendy Kizer, Gayle Klancnik, Rudy J. Klancnik, Brian Kosley, Tom Layberger, Jane Ann Layton, Sara Leeman, Benedito Leme, Lori Lindsey, Stanley Lira, Kirk Lockhart, Sara Maneval, Louis Marroquin, John Marshall, Mike McAllister, Teri McGahey, Matt McGuire, Omar Mediano, Sherry Monday, Mila Morante, Daniel Moscoso Jr., Mike Moss, Randy Mosty, Hugh Murphy, Shawn Murphy, Bridget Norris, Mike Obert, Stacy Olivieri, Lisa O'Neill, Clark Palomino, Mike Pagel, Wendy Pallugna, Laura Patterson, Missy Patton, Mike Payne, Don Pendergraft, Tim Polzer, Bob Richardson, Tina Riojas, Lisa Runyon, Susan Sainz, David Schneider, Christine Seibert, Brett Setter, Len Shelton, Dave Sliepka, Judi Smalling, Sheri Smith, Jeff Stanton, Marcia Stoesz, Dawn Sturgeon, Doree Tate, Jim Tereschuk, Doug Williams, Steve Wilson, Bryan Winstead, Ed Wornson, Mark Zeske and Jay Zwerner. The whole Beckett Publications team has my thanks for jobs well done. Thank you, everyone.

Get All The Runs, Hits and Errors -- EVERY MONTH!

Subscribe to *Beckett Baseball Card Monthly* today!

Why wait 'til spring training for another great Price Guide? With a subscription to *Beckett Baseball Card Monthly*, you'll get the hobby's most accurate baseball card Price Guide every month!

Plus get great inside info about new product releases, superstar player coverage, off-season news and answers to all your collecting questions too!

Beckett Baseball Card Monthly

Name *(please print)* _____

Address _____

City _____ State _____ Zip _____

Birthdate ____/____/____ Phone No. (____) _____

Payment must accompany order *(please do not send cash)*

Payment enclosed via: ❏ Check or Money Order   ❏ Visa/MasterCard

Card No. ☐☐☐☐ ☐☐☐☐ ☐☐☐☐ ☐☐☐☐   Exp. ☐☐/☐☐

Cardholder's Name *(please print)* _____

Cardholder's Signature _____

Check One Please: Price   # of Subscriptions   Total

❏ 2 years (24 issues) $44.95 x _____ = _____
❏ 1 year (12 issues) $24.95 x _____ = _____

All Canadian & foreign addresses add $12 per year per title for postage (includes G.S.T.).
Payment must accompany order.   _____ = _____

Payable in U.S. funds   **Total Enclosed $** _____

Mail to:
Beckett Baseball Card Monthly
P.O. Box 2048
Marion, OH 43305-2048

Photocopies of this coupon are acceptable.
For Subscription customer service, please call (614) 383-5772. Please allow 4 to 6 weeks for delivery of first issue.

ABKA97 M

In Your Face, Behind-the-back, No-look, Slam Dunk Hobby Coverage!

Subscribe to *Beckett Basketball Monthly* today!

Looking for a reliable hoops Price Guide with up-to-the-minute info? With a subscription to *Beckett Basketball Monthly*, you'll get the hobby's most accurate basketball card Price Guide every month! Plus get great inside info about new product releases, superstar player coverage, off-the-court news and answers to all your collecting questions too!

Beckett Basketball Monthly

Name *(please print)* _____

Address _____

City _____ State _____ Zip _____

Birthdate ___/___/___ Phone No. (___) _____

Payment must accompany order *(please do not send cash)*

Payment enclosed via: ❑ Check or Money Order   ❑ Visa/MasterCard

Card No. ☐☐☐☐ ☐☐☐☐ ☐☐☐☐ ☐☐☐☐   Exp. ☐☐/☐☐

Cardholder's Name *(please print)* _____

Cardholder's Signature _____

Check One Please: Price   # of Subscriptions   Total
❑ 2 years (24 issues) $44.95 x _____ = _____
❑ 1 year (12 issues) $24.95 x _____ = _____

All Canadian & foreign addresses add
$12 per year per title for postage (includes G.S.T.).
Payment must accompany order.   _____ = _____

Payable in U.S. funds   **Total Enclosed $** _____

Mail to:
Beckett Basketball Monthly
P.O. Box 2048
Marion, OH 43305-2048

Photocopies of this coupon are acceptable.

For Subscription customer service, please call (614) 383-5772. Please allow 4 to 6 weeks for delivery of first issue.

AKKA97 4

Great Football Hobby Coverage That's a Kick in the Pants.

EVERY MONTH!

Subscribe to *Beckett Football Card Monthly* Today!

Need a monthly football Price Guide that's as sure as an NFC Super Bowl winner? With a subscription to *Beckett Football Card Monthly*, you'll get the hobby's most accurate football card Price Guide every month! Plus get great inside info about new product releases, superstar player coverage, off-the-field news and answers to all your collecting questions too!

Beckett Football Card Monthly

Name *(please print)* _____
Address _____
City _____ State _____ Zip _____
Birthdate ___/___/___ Phone No. (___) _____

Payment must accompany order *(please do not send cash)*
Payment enclosed via: ❑ Check or Money Order   ❑ Visa/MasterCard
Card No. ☐☐☐☐ ☐☐☐☐ ☐☐☐☐ ☐☐☐☐   Exp. ☐☐/☐☐
Cardholder's Name *(please print)* _____
Cardholder's Signature _____

Check One Please: Price   # of Subscriptions   Total
❑ 2 years (24 issues) $44.95 x _____ = _____
❑ 1 year (12 issues) $24.95 x _____ = _____

All Canadian & foreign addresses add
$12 per year per title for postage (includes G.S.T.).
Payment must accompany order.   _____ = _____

Payable in U.S. funds   **Total Enclosed $** _____

Mail to:
Beckett Football Card Monthly
P.O. Box 2048
Marion, OH 43305-2048
Photocopies of this coupon are acceptable.

For Subscription customer service, please call (614) 383-5772. Please allow 4 to 6 weeks for delivery of first issue.

AFKA97 E

Stick With Beckett's All-Pro Hockey Coverage!

EVERY MONTH!

Subscribe to *Beckett Hockey Monthly* today!

Wondering where "in-the-know" hockey collectors get their monthly Price Guide? A subscription to *Beckett Hockey Monthly* gives you the hobby's most accurate hockey card Price Guide <u>every</u> <u>month</u>! Plus great info about new product releases, superstar player coverage, off-ice news and answers to all your collecting questions too!

Beckett Hockey Monthly

Name *(please print)* _____
Address _____
City _____ State _____ Zip _____
Birthdate ____/____/____ Phone No. (____) _____

Payment must accompany order *(please do not send cash)*
Payment enclosed via: ❏ Check or Money Order   ❏ Visa/MasterCard
Card No. ☐☐☐☐ ☐☐☐☐ ☐☐☐☐ ☐☐☐☐   Exp. ☐☐/☐☐
Cardholder's Name *(please print)* _____
Cardholder's Signature _____

Check One Please: Price   # of Subscriptions   Total
❏ 2 years (24 issues) $44.95 x _____ = _____
❏ 1 year (12 issues) $24.95 x _____ = _____

All Canadian & foreign addresses add
$12 per year per title for postage (includes G.S.T.).
Payment must accompany order.   _____ = _____

Payable in U.S. funds   **Total Enclosed $ _____**

Mail to:
Beckett Hockey Monthly
P.O. Box 2048
Marion, OH 43305-2048
Photocopies of this coupon are acceptable.

For Subscription customer service, please call (614) 383-5772. Please allow 4 to 6 weeks for delivery of first issue.

AHKA97 A

GAS-GUZZLIN', PAINT-SWAPPIN', ZILLION-HORSEPOWER RACING COVERAGE!

EVERY MONTH!

SUBSCRIBE TO BECKETT RACING MONTHLY TODAY!

Don't wait for the next Daytona 500 to get another racing Price Guide! With a subscription to *Beckett Racing Monthly*, you'll get the hobby's best racing Price Guide every month! Plus get great inside info about new product releases, unmatched team coverage, off-track news and answers to all your collecting questions too! Subscribe today!

Beckett Racing Monthly

Name *(please print)* _____
Address _____
City _____ State _____ Zip _____
Birthdate ___/___/___ Phone No. (___) _____

Payment must accompany order *(please do not send cash)*
Payment enclosed via: ❑ Check or Money Order ❑ Visa/MasterCard
Card No. ☐☐☐☐ ☐☐☐☐ ☐☐☐☐ ☐☐☐☐   Exp. ☐☐/☐☐
Cardholder's Name *(please print)* _____
Cardholder's Signature _____

Check One Please: Price   # of Subscriptions   Total
❑ 2 years (24 issues) $49.95 x _____ = _____
❑ 1 year (12 issues) $29.95 x _____ = _____

All Canadian & foreign addresses add
$12 per year per title for postage (includes G.S.T.).
Payment must accompany order.   _____ = _____

Payable in U.S. funds   **Total Enclosed $** _____

Mail to:
Beckett Racing Monthly
P.O. Box 2048
Marion, OH 43305-2048

Photocopies of this coupon are acceptable.

For Subscription customer service, please call (614) 383-5772. Please allow 4 to 6 weeks for delivery of first issue.

ARKA97 T

Vintage Collectibles Coverage That's State-Of-The-Art!

EVERY MONTH!

Subscribe to *Beckett Vintage Sports* Today!

You don't have to be a long-time collector to appreciate the outstanding coverage provided by *Beckett Vintage Sports*. Every issue contains great multi-sport vintage hobby coverage with all the latest auction results, guest columns and autograph and rotating bonus Price Guides too! Subscribe today!

Beckett Vintage Sports

Name *(please print)* _____
Address _____
City _____ State _____ Zip _____
Birthdate ___/___/___ Phone No. (___) _____

Payment must accompany order *(please do not send cash)*

Payment enclosed via: ❏ Check or Money Order   ❏ Visa/MasterCard
Card No. ☐☐☐☐ ☐☐☐☐ ☐☐☐☐ ☐☐☐☐   Exp. ☐☐/☐☐
Cardholder's Name *(please print)* _____
Cardholder's Signature _____

Check One Please:	Price	# of Subscriptions	Total
❏ 2 years (24 issues)	$49.95 x	_____	= _____
❏ 1 year (12 issues)	$29.95 x	_____	= _____

All Canadian & foreign addresses add
$12 per year per title for postage (includes G.S.T.).
Payment must accompany order.   _____ = _____

Payable in U.S. funds   **Total Enclosed $** _____

Mail to:
Beckett Vintage Sports
P.O. Box 809052
Dallas, TX 75380-9900

Photocopies of this coupon are acceptable.

For Subscription customer service, please call (972) 991-6657. Please allow 4 to 6 weeks for delivery of first issue.

AVKA97

Notes

Notes

Notes